DESTATIS
Statistisches Bundesamt

WARENVERZEICHNIS FÜR DIE AUSSENHANDELSSTATISTIK

2022

Reguvis

Herausgeber:

Statistisches Bundesamt (Destatis)

in Kooperation mit

Reguvis Fachmedien GmbH, Köln

Internet: www.destatis.de

Ihr Kontakt zu uns:
www.destatis.de/kontakt

Zentraler Auskunftsdienst:
Tel.: +49 611 / 75 24 05

Fachliche Informationen zu dieser Publikation:

Tel.: +49 611 / 75 83 33

Fax: +49 611 / 75 89 67

Internet: www.destatis.de/warenverzeichnis

warenverzeichnis@destatis.de

Erscheinungsfolge: jährlich

Erschienen im Dezember 2021

Preis: EUR 38,– [D]

ISBN (Reguvis): 978-3-8462-1333-9

Verlagspartner: Reguvis Fachmedien GmbH
Amsterdamer Straße 192
50735 Köln
aussenwirtschaft@reguvis.de
Tel.: +49 221 / 97668-173/-357
Fax: +49 221 / 97668-232

Liebe Leserin, lieber Leser,

das „Warenverzeichnis für die Außenhandelsstatistik, Ausgabe 2022“ (WA 2022) tritt am 1. Januar 2022 in Kraft und ersetzt die Ausgabe 2021 (WA 2021).

Das WA dient der Klassifizierung der Waren für die Statistik des Warenverkehrs

– mit den Mitgliedstaaten der Europäischen Union (Intrahandel)

und

– mit den Drittländern (Extrahandel)

und ist damit die Grundlage für die Darstellung von Außenhandelsergebnissen in tiefer fachlicher Gliederung.

Das WA entspricht in den Kapiteln 1 bis 97 vollständig der zolltariflichen und statistischen Nomenklatur der Europäischen Union (Kombinierte Nomenklatur), einer tief gegliederten Warennomenklatur, die sowohl den Erfordernissen des Gemeinsamen Zolltarifs als auch denen der Außenhandelsstatistik der Europäischen Union sowie anderen Gemeinschaftspolitiken in den Bereichen Wareneinfuhr und -ausfuhr Rechnung trägt.

Die inhaltliche Gestaltung der Kapitel 98 und 99 im WA ist hauptsächlich auf nationale Gesichtspunkte ausgerichtet. Ihre Positionen dienen der vereinfachten Anmeldung von Waren, wenn die dafür bestimmten Voraussetzungen vorliegen.

Um veränderte Anforderungen in Bezug auf Statistik und Handelspolitik, die Erfüllung internationaler Verpflichtungen, technische oder wirtschaftliche Entwicklungen und die Notwendigkeit einer Angleichung oder Präzisierung des Wortlauts zu berücksichtigen und auch die Datenlieferanten zu entlasten, hat die Kommission der Europäischen Union zum 1. Januar 2022 eine Reihe von Änderungen in der Kombinierten Nomenklatur beschlossen. Die Änderungen berühren nicht die grundlegende Gliederungsstruktur der Nomenklatur.

Eine Zusammenstellung aller wesentlichen Änderungen und eine ausführliche Gegenüberstellung der Warennummern 2022/2021 kann im Internet (www.destatis.de) abgerufen werden.

Ihre

B. Settekorn

Dr. Birgit Settekorn
Leiterin der Abteilung G „Landwirtschaft, Umwelt, Außenhandel“

Inhalt

Inhalt

Kapitel Seite

Inhalt

Kapitel | Seite

Inhalt

Kapitel Seite

Inhalt

Kapitel Seite

Abkürzungen

A	=	Ampere
Al_2O_3	=	Aluminiumoxid (Tonerde)
AnzZel	=	Anzahl Zellen
ASTM	=	American Society for Testing Materials
AV	=	Allgemeine Vorschriften
bar	=	Druck-Einheit = 1,019 at
B_2O_3	=	Bortrioxid
Bq	=	Bequerel
° C	=	Grad Celsius
Ca	=	Calcium
CaO	=	Calciumoxid
cm	=	Zentimeter
cm/s	=	Zentimeter/Sekunde
cm^2	=	Quadratzentimeter
cm^3	=	Kubikzentimeter
Cl	=	Chlor
cN/tex	=	Zentinewton/tex
CO_2	=	Kohlendioxid
Cr	=	Chrom
Cr_2O_3	=	Chromtrioxid
dtex	=	Dezitex
DIN	=	Deutsche Industrie-Norm
dyn/cm	=	Oberflächenspannung (siehe N/m)
EURATOM	=	Europäische Atomgemeinschaft
EUR	=	Euro
Fe_2O_3	=	Eisenoxid
g	=	Gramm
g/cm^3	=	Gramm/Kubikzentimeter
g/l	=	Gramm/Liter
g/m^2	=	Gramm/Quadratmeter
GHT	=	Gewichtshundertteile
H_2O_2	=	Wasserstoffperoxid
HF-	=	Hochfrequenz-
Hz	=	Hertz
INN	=	International Nonproprietary Name
INNM	=	INN, modified
ISO	=	Int. Organization f. Standardization
Kbit	=	1 024 bits
kg	=	Kilogramm
kg met.am	=	Kilogramm Methylamine
kg/net eda	=	Kilogramm Abtropfgewicht
kgtr90 %	=	Kilogramm ber. auf 90 % trocken
kgf	=	Kilogramm force (Kilopond)
kN/m	=	Kilonewton/Meter
K2O	=	Kaliummonoxid
KOH	=	Kaliumhydroxid
kPa	=	Kilopascal
kV	=	Kilovolt
kVA	=	Kilovoltampere
kvar	=	Kilovoltampere reaktiv
kW	=	Kilowatt
kWh	=	Kilowattstunde
l	=	Liter

lAlk.100%	=	Liter reiner Alkohol
Lade-t	=	Ladetonne 1)
LCD	=	Liquid Crystal Displays
LED	=	Light Emittend Displays
m	=	Meter
m^2	=	Quadratmeter
m^3	=	Kubikmeter
m^3/h	=	Kubikmeter/Stunde
m^3/min	=	Kubikmeter/Minute
%mas	=	Massengehalt (Gewichts-%)
mbar	=	Millibar
Mbit	=	1 048 576 bits
MeV	=	Megaelektronenvolt
mg	=	Milligramm
Mg	=	Magnesium
MgO	=	Magnesiumoxid
ml/g	=	Milliliter/Gramm
mm	=	Millimeter
mm^2	=	Quadratmillimeter
m/N	=	Meter/Newton
MPa	=	Megapascal
µCi/g	=	Mikrocurie/Gramm
µm	=	Mikrometer
N	=	Stickstoff (Chem.) o. Newton (Kraft)
N/m	=	Newton/Meter
Na	=	Natrium
Na_2O	=	Natriummonoxid
NaOH	=	Natriumhydroxid
NE-Metalle	=	Nicht-Eisen-Metalle
nm	=	Nanometer
O_2	=	Sauerstoff
PbO	=	Bleioxid
pH	=	Wasserstoffionen-Konzentration
P_2O_5	=	Diphosphorpentaoxid
RAM	=	Random Access Memory
ROZ	=	Research-Oktan-Zahl
rH	=	Redoxpotential
RHT	=	Raumhundertteile
sec	=	Sekunde
SiO_2	=	Siliciumdioxid
St	=	Stück
tex	=	Tex
t	=	Tonnen
TJ	=	Terajoule (oberer Heizwert)
● tCO_2	=	Tonne CO_2 Äquivalent (Kohlenstoffdioxid-Äquivalent)
t/h	=	Tonnen/Stunde
U	=	Uran
UV-	=	Ultraviolett-
V	=	Volt
VA	=	Voltampere
vH	=	vom Hundert = %
%vol	=	Volumenkonzentration bei 20° C
W	=	Watt

1) Unter Ladetonnen versteht man die in metrischen Tonnen ausgedrückte Ladefähigkeit eines Schiffes. Die als Schiffsbedarf beförderten Güter (z. B. Treibstoff, Betriebsmittel, Proviant) bleiben ebenso wie die beförderten Personen (Schiffspersonal und Fahrgäste) einschließlich ihres Gepäcks in der Berechnung der Ladetonnen außer Betracht.

Einführung

1. Seit Januar 1988 bildet das „Harmonisierte System zur Bezeichnung und Codierung der Waren" (HS) des „Rates für die Zusammenarbeit auf dem Gebiet des Zollwesens" (RZZ) mit seinen sechsstelligen Kennziffern die Grundlage der EU-einheitlichen, achtstellig verschlüsselten "Kombinierten Nomenklatur" (KN)[1]. Diese wird jährlich auf der Grundlage einer Durchführungsverordnung der EU-Kommission aktualisiert.

   Das Warenverzeichnis für die Außenhandelsstatistik (WA) entspricht den Kapiteln 1 – 97 der KN.

   Im WA ist jederzeit erkennbar, welchen Ursprung die einzelnen Warenpositionen haben. Die Gliederung des HS ist durch Halbfettdruck hervorgehoben; ist die siebte und achte Stelle der Warennummer „00", wurde diese HS-Unterposition in der KN nicht weiter unterteilt. Wurde eine HS-Unterposition in der KN aufgefächert, sind diese Unterteilungen am Normaldruck und an der Verschlüsselung in der siebten und achten Stelle (ungleich „00") erkennbar. Auf dieser Basis enthält das WA

   21 Abschnitte (römisch beziffert I – XXI)

   96 zweistellig bezifferte Kapitel (Kapitel 1 – 76 und 78 – 97)

   1 228 vierstellig bezifferte HS-Positionen

   5 612 sechsstellig bezifferte HS-Unterpositionen

   9 736 achtstellig bezifferte Warennummern (auch als „KN-Unterpositionen" bezeichnet).

   Die Warennummern entsprechen in den ersten acht Stellen den elfstelligen Codenummern des Elektronischen Zolltarifs (EZT). Die zusätzlichen Kapitel 98 und 99 des WA enthalten verschiedene Sonder-Warennummern, die nur statistischen Zwecken dienen und nur im Rahmen bestimmter Vorschriften oder mit Genehmigung des Statistischen Bundesamtes verwendet werden dürfen. Diese Warennummern sind in der oben genannten Zahl nicht enthalten.

   Als kleinste Gliederungseinheiten der Außenhandelsstatistik ermöglichen die Warennummern eine Zusammenfassung der Ergebnisse in der Gliederung anderer Systematiken, insbesondere zu

   – „Warengruppen und -untergruppen der Ernährungswirtschaft und der Gewerblichen Wirtschaft" (EGW),
   – Positionen des „Internationalen Warenverzeichnisses für den Außenhandel" (SITC), Revision 4,
   – Güterabteilungen und Klassen des „Güterverzeichnisses für Produktionsstatistiken" (GP).

2. In der Spalte „Besondere Maßeinheit" zeigt ein Strich an, dass eine besondere Mengenangabe nicht gefordert wird; in diesen Fällen ist nur die Eigenmasse in Kilogramm anzumelden. In allen anderen Fällen ist in der Regel die Eigenmasse in Kilogramm und die Menge in der geforderten Maßeinheit anzumelden. Unter Eigenmasse wird die Masse der Ware ohne alle Umschließungen verstanden.

3. Ein alphabetisches Stichwortverzeichnis im Anhang des WA soll das Auffinden der gesuchten Warenarten erleichtern. Der Anhang enthält außerdem das Länderverzeichnis für die Außenhandelsstatistik. Es bezieht sich auf den Stand zum Zeitpunkt der Drucklegung des vorliegenden WA. Die gültige Fassung kann im Internet (www.destatis.de) abgerufen werden.

4. Das WA wird jährlich analog zur KN aktualisiert und die Buchausgabe jeweils im Dezember für das kommende Berichtsjahr herausgegeben. In Ausnahmefällen kann es zu geringfügigen textlichen Abweichungen des WA zur jeweils gültigen KN-Verordnung der EU kommen, da Letztere in sehr seltenen Fällen noch nach Drucklegung des WA geändert wird. Die jeweils gültige Fassung des WA ist im Internet (www.destatis.de) abrufbar.
   In der hier vorliegenden Druckfassung des WA werden Änderungen gegenüber der vorhergehenden Ausgabe durch einen Punkt (●) links neben den geänderten Zeilen kenntlich gemacht. Auf Warennummern des Vorjahres, deren Inhalt sich verändert hat, wird durch ein schwarzes Quadrat (■) hingewiesen.

5. Auskünfte über die Einreihung von Waren in das Warenverzeichnis für die Außenhandelsstatistik (WA) erteilt auf Antrage das Statistische Bundesamt unter der email-Adresse: warenverzeichnis@destatis.de bzw. der Telefon-Nummer +49 (0) 611 / 75 83 33.

1) Vgl. Verordnung (EWG) Nr. 2658/87 des Rates über die zolltarifliche und statistische Nomenklatur sowie den Gemeinsamen Zolltarif, Anhang I.

Allgemeine Vorschriften für die Auslegung des Warenverzeichnisses (AV)

1. Die Überschriften der Abschnitte, Kapitel und Teilkapitel sind nur Hinweise. Maßgebend für die Einreihung sind der Wortlaut der Positionen und der Anmerkungen zu den Abschnitten oder Kapiteln und – soweit in den Positionen oder in den Anmerkungen zu den Abschnitten oder Kapiteln nichts anderes bestimmt ist – die nachstehenden Allgemeinen Vorschriften.

2. a) Jede Anführung einer Ware in einer Position gilt auch für die unvollständige oder unfertige Ware, wenn sie im vorliegenden Zustand die wesentlichen Beschaffenheitsmerkmale der vollständigen oder fertigen Ware hat. Sie gilt auch für eine vollständige oder fertige oder nach den vorstehenden Bestimmungen dieser Vorschrift als solche geltende Ware, wenn diese zerlegt oder noch nicht zusammengesetzt ein- oder ausgeführt wird.

   b) Jede Anführung eines Stoffes in einer Position gilt für diesen Stoff sowohl in reinem Zustand als auch gemischt oder in Verbindung mit anderen Stoffen. Jede Anführung von Waren aus einem bestimmten Stoff gilt für Waren, die ganz oder teilweise aus diesem Stoff bestehen. Solche Mischungen oder aus mehr als einem Stoff bestehende Waren werden nach den Grundsätzen der Allgemeinen Vorschrift 3 eingereiht.

3. Kommen für die Einreihung von Waren bei Anwendung der Allgemeinen Vorschrift 2 b) oder in irgendeinem anderen Fall zwei oder mehr Positionen in Betracht, so wird wie folgt verfahren:

   a) Die Position mit der genaueren Warenbezeichnung geht den Positionen mit allgemeiner Warenbezeichnung vor. Zwei oder mehr Positionen, von denen sich jede nur auf einen Teil der in einer gemischten oder zusammengesetzten Ware enthaltenen Stoffe oder nur auf einen oder mehrere Bestandteile einer für den Einzelverkauf aufgemachten Warenzusammenstellung bezieht, werden im Hinblick auf diese Waren als gleich genau betrachtet, selbst wenn eine von ihnen eine genauere oder vollständigere Warenbezeichnung enthält.

   b) Mischungen, Waren, die aus verschiedenen Stoffen oder Bestandteilen bestehen, und für den Einzelverkauf aufgemachte Warenzusammenstellungen, die nach der Allgemeinen Vorschrift 3 a) nicht eingereiht werden können, werden nach dem Stoff oder Bestandteil eingereiht, der ihnen ihren wesentlichen Charakter verleiht, wenn dieser Stoff oder Bestandteil ermittelt werden kann.

   c) Ist die Einreihung nach den Allgemeinen Vorschriften 3 a) und 3 b) nicht möglich, wird die Ware der von den gleichermaßen in Betracht kommenden Positionen im Warenverzeichnis zuletzt genannten Position zugewiesen.

4. Waren, die nach den vorstehenden Allgemeinen Vorschriften nicht eingereiht werden können, werden in die Position der Waren eingereiht, denen sie am ähnlichsten sind.

5. Zusätzlich zu den vorstehenden Allgemeinen Vorschriften gilt für die nachstehend aufgeführten Waren Folgendes:

   a) Behältnisse für Fotoapparate, Musikinstrumente, Waffen, Zeichengeräte, Schmuck und ähnliche Behältnisse, die zur Aufnahme einer bestimmten Ware oder Warenzusammenstellung besonders gestaltet oder hergerichtet und zum dauernden Gebrauch geeignet sind, werden wie die Waren eingereiht, für die sie bestimmt sind, wenn sie mit diesen Waren ein- oder ausgeführt und üblicherweise zusammen mit ihnen verkauft werden. Diese Allgemeine Vorschrift wird nicht angewendet auf Behältnisse, die dem Ganzen seinen wesentlichen Charakter verleihen.

   b) Vorbehaltlich der vorstehenden Allgemeinen Vorschrift 5 a) werden Verpackungen[1)] wie die darin enthaltenen Waren eingereiht, wenn sie zur Verpackung dieser Waren üblich sind. Diese Allgemeine Vorschrift gilt nicht verbindlich für Verpackungen, die eindeutig zur mehrfachen Verwendung geeignet sind.

6. Maßgebend für die Einreihung von Waren in die Unterpositionen einer Position sind der Wortlaut dieser Unterpositionen, die Anmerkungen zu den Unterpositionen und – sinngemäß – die vorstehenden Allgemeinen Vorschriften. Einander vergleichbar sind dabei nur Unterpositionen der gleichen Gliederungsstufe. Soweit nichts anderes bestimmt ist, gelten bei Anwendung dieser Allgemeinen Vorschrift auch die Anmerkungen zu den Abschnitten und den Kapiteln.

1) Als „Verpackungen" gelten innere und äußere Behältnisse, Aufmachungen, Umhüllungen und Unterlagen mit Ausnahme von Beförderungsmitteln, insbesondere Behältern, Planen, Lademitteln und des bei der Beförderung verwendeten Zubehör. Der Ausdruck „Verpackung" umfasst nicht die in der Allgemeinen Vorschrift 5 a) angesprochenen Behältnisse.

Zusatzinformation zur Zulassung von Warennummern

Die Zulassung zu einigen Warennummern erfolgt nach den in den einschlägigen Bestimmungen der Europäischen Union festgesetzten Voraussetzungen, auf die in den Fußnoten zu den betreffenden Warennummern in der jeweils gültigen Fassung der Kombinierten Nomenklatur (KN)[1] verwiesen wird. Die entsprechenden Fußnoten sind ebenfalls im Elektronischen Zolltarif (EZT) verfügbar.

1) Vgl. Verordnung (EWG) Nr. 2658/87 des Rates über die zolltarifliche und statistische Nomenklatur sowie den Gemeinsamen Zolltarif, Anhang I.

Abschnitt I

Lebende Tiere und Waren tierischen Ursprungs

Anmerkungen

1. Soweit nichts anderes bestimmt ist, gilt in diesem Abschnitt jede Bezugnahme auf eine bestimmte Tiergattung oder Tierart auch für Jungtiere dieser Gattung oder Art.
2. Soweit nichts anderes bestimmt ist, gilt im Warenverzeichnis jede Bezugnahme auf getrocknete Waren auch für entwässerte, eingedampfte oder gefriergetrocknete Waren.

Kapitel 1

Lebende Tiere

Anmerkung

1. Zu Kapitel 1 gehören alle lebenden Tiere, ausgenommen:
   a) Fische, Krebstiere, Weichtiere und andere wirbellose Wassertiere der Positionen 0301, 0306, 0307 und 0308;
   b) Kulturen von Mikroorganismen und andere Waren der Position 3002;
   c) Tiere der Position 9508.

Warenbezeichnung	Warennummer	Besondere Maßeinheit
Pferde, Esel, Maultiere und Maulesel, lebend:	**0101**	
– Pferde:		
– – reinrassige Zuchttiere	0101 21 00	St
– – andere:		
– – – zum Schlachten	0101 29 10	St
– – – andere	0101 29 90	St
– Esel	0101 30 00	St
– andere	0101 90 00	St
Rinder, lebend:	**0102**	
– Hausrinder:		
– – reinrassige Zuchttiere:		
– – – Färsen (weibliche Rinder, die noch nicht gekalbt haben)	0102 21 10	St
– – – Kühe	0102 21 30	St
– – – andere	0102 21 90	St

Warenbezeichnung	Warennummer	Besondere Maßeinheit
– – andere:		
– – – der Untergattung *Bibos* oder *Poephagus*	0102 29 05	St
– – – andere:		
– – – – mit einem Gewicht von 80 kg oder weniger	0102 29 10	St
– – – – mit einem Gewicht von mehr als 80 kg bis 160 kg:		
– – – – – zum Schlachten	0102 29 21	St
– – – – – andere	0102 29 29	St
– – – – mit einem Gewicht von mehr als 160 kg bis 300 kg:		
– – – – – zum Schlachten	0102 29 41	St
– – – – – andere	0102 29 49	St
– – – – mit einem Gewicht von mehr als 300 kg:		
– – – – – Färsen (weibliche Rinder, die noch nicht gekalbt haben):		
– – – – – – zum Schlachten	0102 29 51	St
– – – – – – andere	0102 29 59	St
– – – – – Kühe:		
– – – – – – zum Schlachten	0102 29 61	St
– – – – – – andere	0102 29 69	St
– – – – – andere:		
– – – – – – zum Schlachten	0102 29 91	St
– – – – – – andere	0102 29 99	St
– Büffel:		
– – reinrassige Zuchttiere	0102 31 00	St
– – andere:		
– – – domestizierte Arten	0102 39 10	St
– – – andere	0102 39 90	St
– andere:		
– – reinrassige Zuchttiere	0102 90 20	St
– – andere:		
– – – domestizierte Arten	0102 90 91	St
– – – andere	0102 90 99	St
Schweine, lebend:	**0103**	
– reinrassige Zuchttiere	0103 10 00	St
– andere:		
– – mit einem Gewicht von weniger als 50 kg:		
– – – Hausschweine	0103 91 10	St
– – – andere	0103 91 90	St
– – mit einem Gewicht von 50 kg oder mehr:		
– – – Hausschweine:		
– – – – Sauen mit einem Gewicht von 160 kg oder mehr, die mindestens einmal geferkelt haben	0103 92 11	St
– – – – andere	0103 92 19	St
– – – andere	0103 92 90	St

Warenbezeichnung	Warennummer	Besondere Maßeinheit
Schafe und Ziegen, lebend:	**0104**	
– Schafe:		
– – reinrassige Zuchttiere	0104 10 10	St
– – andere:		
– – – Lämmer (bis zu einem Jahr alt)	0104 10 30	St
– – – andere	0104 10 80	St
– Ziegen:		
– – reinrassige Zuchttiere	0104 20 10	St
– – andere	0104 20 90	St
Hausgeflügel (Hühner, Enten, Gänse, Truthühner und Perlhühner), lebend:	**0105**	
– mit einem Gewicht von 185 g oder weniger:		
– – Hühner:		
– – – weibliche Zucht- und Vermehrungsküken:		
– – – – Legerassen	0105 11 11	St
– – – – andere	0105 11 19	St
– – – andere:		
– – – – Legerassen	0105 11 91	St
– – – – andere	0105 11 99	St
– – Truthühner	0105 12 00	St
– – Enten	0105 13 00	St
– – Gänse	0105 14 00	St
– – Perlhühner	0105 15 00	St
– andere:		
– – Hühner	0105 94 00	St
– – andere:		
– – – Enten	0105 99 10	St
– – – Gänse	0105 99 20	St
– – – Truthühner	0105 99 30	St
– – – Perlhühner	0105 99 50	St
Andere Tiere, lebend:	**0106**	
– Säugetiere:		
– – Primaten	0106 11 00	St
– – Wale, Delphine und Tümmler (Säugetiere der Ordnung *Cetacea*); Rundschwanzseekühe (Manatis) und Gabelschwanzseekühe (Dugongs) (Säugetiere der Ordnung *Sirenia*); Robben, Seelöwen und Walrösser (Säugetiere der Unterordnung *Pinnipedia*)	0106 12 00	St
– – Kamele (*Camelidae*)	0106 13 00	St
– – Kaninchen und Hasen:		
– – – Hauskaninchen	0106 14 10	St
– – – andere	0106 14 90	–
– – andere	0106 19 00	–
– Reptilien (einschließlich Schlangen und Schildkröten)	0106 20 00	St

Warenbezeichnung	Warennummer	Besondere Maßeinheit
– Vögel:		
– – Raubvögel	0106 31 00	St
– – Papageienvögel (einschließlich Papageien, Sittiche, Aras und Kakadus)	0106 32 00	St
– – Strauße; Emus (*Dromaius novaehollandiae*)	0106 33 00	St
– – andere:		
– – – Tauben	0106 39 10	St
– – – andere	0106 39 80	–
– Insekten:		
– – Bienen	0106 41 00	–
– – andere	0106 49 00	–
– andere	0106 90 00	–

Kapitel 2

Fleisch und genießbare Schlachtnebenerzeugnisse

Anmerkung

1. Zu Kapitel 2 gehören nicht:
   a) Waren der in den Positionen 0201 bis 0208 und 0210 erfassten Art, zur menschlichen Ernährung nicht geeignet;
   b) genießbare, nicht lebende Insekten (Position 0410)
   c) Därme, Blasen und Magen von Tieren (Position 0504) und tierisches Blut (Position 0511 oder 3002);
   d) tierische Fette, andere als Waren der Position 0209 (Kapitel 15).

Zusätzliche Anmerkungen

1. A. In den Positionen 0201 und 0202 gelten als:
   a) „ganze Tierkörper von Rindern" im Sinne der Unterpositionen 0201 10 und 0202 10 die ganzen Tierkörper von Schlachtrindern nach dem Ausbluten, Ausweiden und Enthäuten, mit oder ohne Kopf, mit oder ohne Füße und mit oder ohne die anderen vom Körper nicht getrennten Schlachtnebenerzeugnisse ein- oder ausgeführt. Werden die Tierkörper ohne Kopf ein- oder ausgeführt, muss Letzterer vom Tierkörper zwischen dem Hinterhauptbein und dem ersten Halswirbel abgetrennt sein. Werden die Tierkörper ohne Füße ein- oder ausgeführt, so müssen die Vorderfüße zwischen Carpus und Metacarpus, die Hinterfüße zwischen Tarsus und Metatarsus abgetrennt sein; als „ganzer Tierkörper" gilt auch der vordere Teil des Tierkörpers mit allen Knochen, Hals und Schultern, mit mehr als zehn Rippenpaaren;
   b) „halbe Tierkörper von Rindern" im Sinne der Unterpositionen 0201 10 und 0202 10 die beim symmetrischen Trennen durch die Mitte aller Hals-, Brust-, Lenden- und Beckenwirbel anfallenden Erzeugnisse; als „halber Tierkörper" gilt auch der vordere Teil des halben Tierkörpers mit allen Knochen, Hals und Schulter, mit mehr als zehn Rippen;
   c) „quartiers compensés" im Sinne der Warennummern 0201 20 20 und 0202 20 10 Warensendungen, die bestehen aus:
      – den Vordervierteln mit allen Knochen, Hals und Schulter, mit zehn Rippen, und den Hintervierteln mit allen Knochen, Keule, Roastbeef und Filet, mit drei Rippen,
      – oder den Vordervierteln mit allen Knochen, Hals und Schulter, mit fünf Rippen, mit Bauchlappen und Brust, und den Hintervierteln mit allen Knochen, Keule, Roastbeef und Filet, mit acht Rippen, abgeschnitten.

      Die die „quartiers compensés" bildenden Vorderviertel und Hinterviertel müssen gleichzeitig und in gleicher Anzahl ein- oder ausgeführt werden; hierbei müssen die Vorderviertel das gleiche Gesamtgewicht aufweisen wie die Hinterviertel. Die zugelassene Toleranz zwischen den Gewichten der beiden Teile der Sendung beträgt höchstens 5 % des Gesamtgewichts des schwereren Teils (Vorderviertel oder Hinterviertel);
   d) „Vorderviertel, zusammen" im Sinne der Warennummern 0201 20 30 und 0202 20 30: der vordere Teil des Tierkörpers mit allen Knochen, Hals und Schultern, mit mindestens vier und höchstens zehn Rippenpaaren (wobei die ersten vier Rippenpaare ganz sein müssen, die übrigen Rippenpaare teilweise abgeschnitten sein können), auch mit Fleisch- und Knochendünnung;
   e) „Vorderviertel, getrennt" im Sinne der Warennummern 0201 20 30 und 0202 20 30 der vordere Teil des halben Tierkörpers mit allen Knochen, mit Hals und Schulter, mit mindestens vier und höchstens zehn Rippen (wobei die ersten vier Rippen ganz sein müssen, die übrigen Rippen teilweise abgeschnitten sein können), auch mit Fleisch- und Knochendünnung;

f) „Hinterviertel, zusammen“ im Sinne der Warennummern 0201 20 50 und 0202 20 50 der hintere Teil des Tierkörpers mit allen Knochen, Keulen, Roastbeef und Filet, mit mindestens drei ganzen oder teilweise abgeschnittenen Rippenpaaren, auch ohne Hesse, Fleisch- und Knochendünnung;

g) „Hinterviertel, getrennt“ im Sinne der Warennummern 0201 20 50 und 0202 20 50 der hintere Teil des halben Tierkörpers mit allen Knochen, Keule, Roastbeef und Filet, mit mindestens drei ganzen oder teilweise abgeschnittenen Rippen, auch ohne Hesse, Fleisch- und Knochendünnung;

h) 1) „crops“ und „chucks and blades“ bezeichnete Teile im Sinne der Warennummer 0202 30 50 das Rückenstück des Vorderviertels einschließlich des oberen Teils der Schulter, das von einem Vorderviertel mit mindestens vier und höchstens zehn Rippen bei einem geraden Schnitt durch den Berührungspunkt der ersten Rippe mit der Brustbeinspitze und dem Ansatzpunkt des Zwerchfellpfeilers bei der zehnten Rippe anfällt;

2) „briskets“ bezeichnete Teilstücke im Sinne der Warennummer 0202 30 50 der untere Teil des Vorderviertels mit Brustspitze, Brustmitte und Querrippe.

B. Die in der Zusätzlichen Anmerkung 1 A Buchstabe a bis g genannten Erzeugnisse können mit oder ohne Wirbelsäule ein- oder ausgeführt werden.

C. Zur Festlegung der in der Zusätzlichen Anmerkung 1 A genannten ganzen oder teilweise abgeschnittenen Rippen werden nur die ganzen oder teilweise abgeschnittenen Rippen an der Wirbelsäule berücksichtigt. Wenn die Wirbelsäule entfernt wurde, werden nur die ganzen oder teilweise abgeschnittenen Rippen berücksichtigt, die sonst mit der Wirbelsäule verbunden wären.

2. A. Es gelten als:

a) „ganze oder halbe Tierkörper“ im Sinne der Warennummern 0203 11 10 und 0203 21 10 die Tierkörper von Hausschweinen, entblutet und ausgeweidet, von denen die Borsten und Klauen entfernt sind. Halbe Tierkörper sind die beim Trennen der ganzen Tierkörper durch die Hals-, Brust-, Lenden- und Beckenwirbel und durch das oder entlang dem Brustbein und durch die Symphysis pubica anfallenden Erzeugnisse. Diese ganzen oder halben Tierkörper können mit oder ohne Kopf, mit oder ohne Fettbacke, Pfoten (Spitzbeine), Flomen, Nieren, Schwanz oder Zwerchfell ein- oder ausgeführt werden. Halbe Tierkörper können mit oder ohne Rückenmark, Gehirn oder Zunge ein- oder ausgeführt werden. Bei ganzen und halben Tierkörpern von Sauen kann auch das Gesäuge (Milchdrüsen) entfernt sein;

b) „Schinken“ im Sinne der Warennummern 0203 12 11, 0203 22 11, 0210 11 11 und 0210 11 31 der hintere (kaudale) Teil des halben Tierkörpers mit Knochen, mit oder ohne Pfote, Eisbein, Schwarte oder Speck.

Der Schinken wird vom Rest des halben Tierkörpers derart getrennt, dass er höchstens den letzten Lendenwirbel umfasst;

c) „Vorderteile“ im Sinne der Warennummern 0203 19 11, 0203 29 11, 0210 19 30 und 0210 19 60 der vordere (kraniale) Teil des halben Tierkörpers ohne Kopf, mit oder ohne Fettbacke, mit Knochen, mit oder ohne Pfote, Eisbein, Schwarte oder Speck.

Das Vorderteil wird vom Rest des halben Tierkörpers derart getrennt, dass es höchstens den fünften Brustwirbel umfasst.

Der obere (dorsale) Teil des Vorderteils (Nacken oder Kamm), auch mit Schulterblatt und der diesem anhaftenden Muskulatur, gilt als Teil des Kotelettstrangs, wenn er vom unteren (ventralen) Teil des Vorderteils höchstens kurz unterhalb der Wirbelsäule getrennt wurde;

d) „Schultern“ im Sinne der Warennummern 0203 12 19, 0203 22 19, 0210 11 19 und 0210 11 39 der untere Teil des Vorderteils, auch mit Schulterblatt und der diesem anhaftenden Muskulatur, mit Knochen, mit oder ohne Pfote, Eisbein, Schwarte oder Speck.

Das Schulterblatt mit der ihm anhaftenden Muskulatur, allein ein- oder ausgeführt, gilt als Teil der Schulter;

e) „Kotelettstränge“ im Sinne der Warennummern 0203 19 13, 0203 29 13, 0210 19 40 und 0210 19 70 der obere Teil des halben Tierkörpers vom ersten Halswirbel bis zu den Schwanzwirbeln, mit Knochen, mit oder ohne Filet, Schulterblatt, Schwarte oder Speck.

Der Kotelettstrang wird vom unteren Teil des halben Tierkörpers kurz unterhalb der Wirbelsäule getrennt;

f) „Bäuche“ im Sinne der Warennummern 0203 19 15, 0203 29 15, 0210 12 11 und 0210 12 19 der auch als Bauchspeck oder durchwachsener Speck bezeichnete untere Teil des halben Tierkörpers zwischen Schinken und Schulter, mit oder ohne Knochen, jedoch mit Schwarte und Speck;

g) „bacon“-Hälften im Sinne der Warennummer 0210 19 10 die Schweinehälfte ohne Kopf, Backe, Fettbacke, Pfoten, Schwanz, Flomen, Niere, Filet, Schulterblatt, Brustbein, Wirbelsäule, Hüftknochen und Zwerchfell;

h) „spencers“ im Sinne der Warennummer 0210 19 10 die „bacon“-Hälfte ohne Schinken, mit oder ohne Knochen;

ij) „3/4-sides“ im Sinne der Warennummer 0210 19 20 die „bacon“-Hälfte ohne Vorderteil, mit oder ohne Knochen;

k) „middles“ im Sinne der Warennummer 0210 19 20 die „bacon“-Hälfte ohne Schinken und ohne Vorderteil, mit oder ohne Knochen.

Zu dieser Warennummer gehören auch Teile von „middles“, die Gewebe des Kotelettstrangs und des Bauches entsprechend dem natürlichen Verhältnis in den vollständigen „middles“ enthalten.

B. Teile von den in der Zusätzlichen Anmerkung 2 A Buchstabe f beschriebenen Teilstücken gehören nur dann zu denselben Warennummern, wenn sie auch die Schwarte und den Speck enthalten.

Werden die zu den Warennummern 0210 11 11 und 0210 11 19 sowie 0210 11 31, 0210 11 39, 0210 19 30 und 0210 19 60 gehörenden Teilstücke von „bacon“-Hälften gewonnen, von denen die in der Zusätzlichen Anmerkung 2 A Buchstabe g aufgeführten Knochen bereits entfernt wurden, so folgt die Schnittführung den in der Zusätzlichen Anmerkung 2 A Buchstaben b, c und d beschriebenen Linien entsprechend; diese Teilstücke oder Teile davon müssen in jedem Fall Knochen enthalten.

C. Zu den Warennummern 0206 49 00 und 0210 99 49 gehören auch Köpfe, d. h. ganze oder halbe Köpfe von Hausschweinen, mit oder ohne Gehirn, Wangen oder Zunge, sowie Teile davon.

Der Kopf wird vom Rest des halben Tierkörpers wie folgt getrennt:

– durch einen geraden Schnitt parallel zum Hinterhaupt oder
– durch einen Schnitt der bis zur Augenhöhe parallel zum Hinterhaupt und dann schräg nach vorn verläuft, wobei die Fettbacke am halben Tierkörper verbleibt.

Als Teile des Kopfes gelten auch Wangen, Rüssel und Ohren sowie das am Kopf verbleibende Fleisch insbesondere des Hinterhauptes. Die knochenlosen Teile des Vorderteils, die allein ein- oder ausgeführt werden (Brustspitze, Fettbacke oder Fettbacke und Brustspitze zusammen) gehören jedoch je nach Beschaffenheit zu der Warennummer 0203 19 55, 0203 29 55, 0210 19 50 oder 0210 19 81.

D. Als „Schweinespeck“ im Sinne der Warennummern 0209 10 11 und 0209 10 19 gilt das unter der Schwarte befindliche und mit dieser verbundene Fettgewebe von allen Körperteilen des Schweines. In jedem Fall muss das Gewicht des Fettgewebes größer sein als das der Schwarte.

Zu diesen Warennummern gehört auch Schweinespeck, von dem die Schwarte entfernt wurde.

E. Als „getrocknet oder geräuchert“ im Sinne der Warennummern 0210 11 31, 0210 11 39, 0210 12 19 und 0210 19 60 bis 0210 19 89 gelten Erzeugnisse, bei denen das Verhältnis Wasser/Protein (Stickstoffgehalt x 6,25) im Fleisch 2,8 oder weniger beträgt. Der Stickstoffgehalt ist nach dem ISO-Verfahren 937-1978 zu bestimmen.

3. A. Es gelten als:

a) „ganze Tierkörper“ im Sinne der Warennummern 0204 10 00, 0204 21 00, 0204 30 00, 0204 41 00, 0204 50 11 und 0204 50 51 die ganzen Tierkörper von Schafen oder Ziegen nach dem Ausbluten, Ausweiden und Enthäuten, mit oder ohne Kopf, mit oder ohne Füße und mit oder ohne die anderen vom Körper nicht getrennten Schlachtnebenerzeugnisse ein- oder ausgeführt. Werden die Tierkörper ohne Kopf ein- oder ausgeführt, muss Letzterer vom Tierkörper zwischen dem Hinterhauptbein und dem ersten Halswirbel abgetrennt sein. Werden die Tierkörper ohne Füße ein- oder ausgeführt, so müssen die Vorderfüße zwischen Carpus und Metacarpus, die Hinterfüße zwischen Tarsus und Metatarsus abgetrennt sein;

b) „halbe Tierkörper“ im Sinne der Warennummern 0204 10 00, 0204 21 00, 0204 30 00, 0204 41 00, 0204 50 11 und 0204 50 51 die beim symmetrischen Trennen durch die Mitte aller Hals-, Brust-, Lenden- und Beckenwirbel und durch die Mitte des Brustbeins und der Symphysis pubica anfallenden Erzeugnisse;

c) „Vorderteile“ im Sinne der Warennummern 0204 22 10, 0204 42 10, 0204 50 13 und 0204 50 53 der vordere Teil des ganzen Tierkörpers, mit oder ohne Brust, mit allen Knochen sowie Schultern, Hals und Rippenspitzen, senkrecht zur Wirbelsäule durchgeschnitten, mit mindestens fünf und höchstens sieben ganzen oder teilweise abgeschnittenen Rippenpaaren;

d) „halbe Vorderteile“ im Sinne der Warennummern 0204 22 10, 0204 42 10, 0204 50 13 und 0204 50 53 der vordere Teil des halben Tierkörpers, mit oder ohne Brust, mit allen Knochen sowie Schulter, Hals und Rippenspitzen, senkrecht zur Wirbelsäule durchgeschnitten, mit mindestens fünf und höchstens sieben ganzen oder teilweise abgeschnittenen Rippen;

e) „Rippenstücke“ und/oder „Keulenenden“ im Sinne der Warennummern 0204 22 30, 0204 42 30, 0204 50 15 und 0204 50 55 der nach dem Abtrennen des Schwanzstücks und des Vorderteils verbleibende Teil des ganzen Tierkörpers, mit oder ohne Nieren; das von dem Rippenstück getrennte Keulenende muss mindestens fünf Lendenwirbel aufweisen; das vom Keulenende getrennte Rippenstück muss mindestens fünf ganze oder teilweise abgeschnittene Rippenpaare aufweisen;

f) halbe „Rippenstücke“ und/oder „Keulenenden“ im Sinne der Warennummern 0204 22 30, 0204 42 30, 0204 50 15 und 0204 50 55 der nach dem Abtrennen des halben Schwanzstücks und des halben Vorderteils verbleibende Teil des halben Tierkörpers, mit oder ohne Niere; das von dem halben Rippenstück getrennte halbe Keulenende muss mindestens fünf Lendenwirbel aufweisen; das vom halben Keulenende getrennte halbe Rippenstück muss mindestens fünf ganze oder teilweise abgeschnittene Rippen aufweisen;

g) „Schwanzstücke“ im Sinne der Warennummern 0204 22 50, 0204 42 50, 0204 50 19 und 0204 50 59 der hintere Teil des ganzen Tierkörpers mit sämtlichen Knochen einschließlich Keulen, in Höhe des sechsten Lendenwirbels leicht unterhalb des Hüftknochens oder in Höhe des vierten Beckenwirbels durch den Hüftknochen vor der Symphysis pubica senkrecht zur Wirbelsäule durchgeschnitten;

h) „halbe Schwanzstücke“ im Sinne der Warennummern 0204 22 50, 0204 42 50, 0204 50 19 und 0204 50 59 der hintere Teil des halben Tierkörpers mit sämtlichen Knochen einschließlich Keule, in Höhe des sechsten Lendenwirbels leicht unterhalb des Hüftknochens oder in Höhe des vierten Beckenwirbels durch den Hüftknochen vor der Symphysis pubica senkrecht zur Wirbelsäule durchgeschnitten.

B. Zur Festlegung der in der Zusätzlichen Anmerkung 3 A genannten ganzen oder teilweise abgeschnittenen Rippen werden nur die ganzen oder teilweise abgeschnittenen Rippen an der Wirbelsäule berücksichtigt.

4. Es gelten als

a) „Teile von Geflügel, mit Knochen“ im Sinne der Warennummern 0207 13 20 bis 0207 13 60, 0207 14 20 bis 0207 14 60, 0207 26 20 bis 0207 26 70, 0207 27 20 bis 0207 27 70, 0207 44 21 bis 0207 44 61, 0207 45 21 bis 0207 45 61, 0207 54 21 bis 0207 54 61, 0207 55 21 bis 0207 55 61 und 0207 60 21 bis 0207 60 61: die dort genannten Teile mit allen Knochen.

Die unter Buchstabe a bezeichneten Teile von Geflügel, bei denen ein Teil der Knochen entfernt wurde, gehören zu der Warennummer 0207 13 70, 0207 14 70, 0207 26 80, 0207 27 80, 0207 44 71, 0207 44 81, 0207 45 71, 0207 45 81, 0207 54 71, 0207 54 81, 0207 55 71, 0207 55 81 und 0207 60 81;

b) „Hälften“ im Sinne der Warennummern 0207 13 20, 0207 14 20, 0207 26 20, 0207 27 20, 0207 44 21, 0207 45 21, 0207 54 21, 0207 55 21 und 0207 60 21: der halbe Schlachtkörper, der durch geraden Längsschnitt entlang des Brustbeins und des Rückgrats anfällt;

c) „Viertel“ im Sinne der Warennummern 0207 13 20, 0207 14 20, 0207 26 20, 0207 27 20, 0207 44 21, 0207 45 21, 0207 54 21, 0207 55 21 und 0207 60 21: die durch Querschnitt in zwei Teile, Vorderviertel und Hinterviertel, zerlegte Hälfte;

d) „Ganze Flügel, auch ohne Flügelspitzen“ im Sinne der Warennummern 0207 13 30, 0207 14 30, 0207 26 30, 0207 27 30, 0207 44 31, 0207 45 31, 0207 54 31, 0207 55 31 und 0207 60 31: Teile von Geflügel, bestehend aus Humerus (Oberarm), Radius (Speiche) und Ulna (Elle), einschließlich anhaftendem Muskelfleisch. Die Flügelspitze einschließlich Karpal-(Mittelhand-)knochen kann entfernt worden sein. Die Schnitte werden an den Gelenken angesetzt;

e) „Brüste“ im Sinne der Warennummern 0207 13 50, 0207 14 50, 0207 26 50, 0207 27 50, 0207 44 51, 0207 45 51, 0207 54 51, 0207 55 51 und 0207 60 51: Teile von Geflügel, bestehend aus Brustbein und beidseitigen Rippen, einschließlich anhaftendem Muskelfleisch;

f) „Schenkel“ im Sinne der Warennummern 0207 13 60, 0207 14 60, 0207 44 61, 0207 45 61, 0207 54 61, 0207 55 61 und 0207 60 61: Teile von Geflügel, bestehend aus Femur (Oberschenkelknochen), Tibia (Schienbein) und Fibula (Wadenbein), einschließlich anhaftendem Muskelfleisch. Die beiden Schnitte werden an den Gelenken angesetzt;

g) „Unterschenkel von Truthühnern“ im Sinne der Warennummern 0207 26 60 und 0207 27 60: Teile von Truthühnern, bestehend aus Tibia (Schienbein) und Fibula (Wadenbein), einschließlich anhaftendem Muskelfleisch. Die beiden Schnitte werden an den Gelenken angesetzt;

h) „Schenkel von Truthühnern, andere als Unterschenkel“ im Sinne der Warennummern 0207 26 70 und 0207 27 70: Teile von Truthühnern, bestehend aus Femur (Oberschenkelknochen), einschließlich anhaftendem Muskelfleisch, oder aus Femur (Oberschenkelknochen), Tibia (Schienbein) und Fibula (Wadenbein) einschließlich anhaftendem Muskelfleisch. Die beiden Schnitte werden an den Gelenken angesetzt;

ij) „Entenrümpfe oder Gänserümpfe“ im Sinne der Warennummern 0207 44 71, 0207 45 71, 0207 54 71 und 0207 55 71: Enten oder Gänse, gerupft und vollständig ausgenommen, ohne Kopf und Paddeln, ohne Knochen des Rumpfes (Brustbein, Rippen, Wirbelsäule und Kreuzbein), jedoch mit Femur (Oberschenkelknochen), Tibia (Unterschenkelknochen) und Humerus (Flügelknochen).“

5. –

6. a) Nichtgegartes, gewürztes Fleisch gehört zu Kapitel 16. Als „gewürzt“ gilt nichtgegartes Fleisch, bei dem die Würzstoffe in das Innere eingedrungen oder auf allen Flächen des Erzeugnisses verteilt und mit bloßem Auge oder deutlich durch Geschmack wahrnehmbar sind.

b) Erzeugnisse der Position 0210 verbleiben auch dann in dieser Position, wenn ihnen bei der Herstellung Würzstoffe zugesetzt worden sind, sofern dadurch ihr Charakter als Erzeugnis der Position 0210 nicht verändert wird.

7. Fleisch und genießbare Schlachtnebenerzeugnisse gelten nur dann als „gesalzen oder in Salzlake“ im Sinne der Unterpositionen 0210 11 bis 0210 93, wenn sie tiefgehend und in allen Teilen gleichmäßig so gesalzen sind, dass sie einen Gesamtkochsalzgehalt von 1,2 GHT oder mehr aufweisen, vorausgesetzt, die langfristige Haltbarkeit wird durch das Salzen gewährleistet. Fleisch und genießbare Schlachtnebenerzeugnisse gelten nur dann als „gesalzen oder in Salzlake“ im Sinne der Unterposition 0210 99, wenn sie tiefgehend und in allen Teilen gleichmäßig so gesalzen sind, dass sie einen Gesamtkochsalzgehalt von 1,2 GHT oder mehr aufweisen.

Warenbezeichnung	Warennummer	Besondere Maßeinheit
Fleisch von Rindern, frisch oder gekühlt:	**0201**	
– ganze oder halbe Tierkörper	0201 10 00	–
– andere Teile, mit Knochen:		
– – „quartiers compensés“	0201 20 20	–
– – Vorderviertel, zusammen oder getrennt	0201 20 30	–
– – Hinterviertel, zusammen oder getrennt	0201 20 50	–
– – anderes	0201 20 90	–
– ohne Knochen	0201 30 00	–
Fleisch von Rindern, gefroren:	**0202**	
– ganze oder halbe Tierkörper	0202 10 00	–
– andere Teile, mit Knochen:		
– – „quartiers compensés“	0202 20 10	–
– – Vorderviertel, zusammen oder getrennt	0202 20 30	–
– – Hinterviertel, zusammen oder getrennt	0202 20 50	–
– – anderes	0202 20 90	–

Warenbezeichnung	Warennummer	Besondere Maßeinheit
– ohne Knochen:		
– – Vorderviertel, ganz oder in höchstens fünf Teile zerlegt, jedes Vorderviertel in einem einzigen Gefrierblock aufgemacht; „quartiers compensés" in zwei Gefrierblöcken aufgemacht; der eine das Vorderviertel enthaltend, ganz oder in höchstens fünf Teile zerlegt, der andere das Hinterviertel enthaltend, in einem Stück, ohne Filet	0202 30 10	–
– – als „crops", „chucks and blades" und „briskets" bezeichnete Teile	0202 30 50	–
– – anderes	0202 30 90	–
Fleisch von Schweinen, frisch, gekühlt oder gefroren:	**0203**	
– frisch oder gekühlt:		
– – ganze oder halbe Tierkörper:		
– – – von Hausschweinen	0203 11 10	–
– – – andere	0203 11 90	–
– – Schinken oder Schultern und Teile davon, mit Knochen:		
– – – von Hausschweinen:		
– – – – Schinken und Teile davon	0203 12 11	–
– – – – Schultern und Teile davon	0203 12 19	–
– – – andere	0203 12 90	–
– – anderes:		
– – – von Hausschweinen:		
– – – – Vorderteile und Teile davon	0203 19 11	–
– – – – Kotelettstränge und Teile davon	0203 19 13	–
– – – – Bäuche (Bauchspeck) und Teile davon	0203 19 15	–
– – – – anderes:		
– – – – – ohne Knochen	0203 19 55	–
– – – – – anderes	0203 19 59	–
– – – anderes	0203 19 90	–
– gefroren:		
– – ganze oder halbe Tierkörper:		
– – – von Hausschweinen	0203 21 10	–
– – – andere	0203 21 90	–
– – Schinken oder Schultern und Teile davon, mit Knochen:		
– – – von Hausschweinen:		
– – – – Schinken und Teile davon	0203 22 11	–
– – – – Schultern und Teile davon	0203 22 19	–
– – – andere	0203 22 90	–
– – anderes:		
– – – von Hausschweinen:		
– – – – Vorderteile und Teile davon	0203 29 11	–
– – – – Kotelettstränge und Teile davon	0203 29 13	–
– – – – Bäuche (Bauchspeck) und Teile davon	0203 29 15	–
– – – – anderes:		
– – – – – ohne Knochen	0203 29 55	–
– – – – – anderes	0203 29 59	–
– – – anderes	0203 29 90	–

Warenbezeichnung	Warennummer	Besondere Maßeinheit
Fleisch von Schafen oder Ziegen, frisch, gekühlt oder gefroren:	**0204**	
– ganze oder halbe Tierkörper von Lämmern, frisch oder gekühlt	0204 10 00	–
– anderes Fleisch von Schafen, frisch oder gekühlt:		
– – ganze oder halbe Tierkörper	0204 21 00	–
– – andere Teile mit Knochen:		
– – – Vorderteile oder halbe Vorderteile	0204 22 10	–
– – – Rippenstücke und/oder Keulenenden oder halbe Rippenstücke und/oder halbe Keulenenden	0204 22 30	–
– – – Schwanzstücke oder halbe Schwanzstücke	0204 22 50	–
– – – andere	0204 22 90	–
– – ohne Knochen	0204 23 00	–
– ganze oder halbe Tierkörper von Lämmern, gefroren	0204 30 00	–
– anderes Fleisch von Schafen, gefroren:		
– – ganze oder halbe Tierkörper	0204 41 00	–
– – andere Teile mit Knochen:		
– – – Vorderteile oder halbe Vorderteile	0204 42 10	–
– – – Rippenstücke und/oder Keulenenden oder halbe Rippenstücke und/oder halbe Keulenenden	0204 42 30	–
– – – Schwanzstücke oder halbe Schwanzstücke	0204 42 50	–
– – – andere	0204 42 90	–
– – ohne Knochen:		
– – – von Lämmern	0204 43 10	–
– – – anderes	0204 43 90	–
– Fleisch von Ziegen:		
– – frisch oder gekühlt:		
– – – ganze oder halbe Tierkörper	0204 50 11	–
– – – Vorderteile oder halbe Vorderteile	0204 50 13	–
– – – Rippenstücke und/oder Keulenenden oder halbe Rippenstücke und/oder halbe Keulenenden	0204 50 15	–
– – – Schwanzstücke oder halbe Schwanzstücke	0204 50 19	–
– – – anderes:		
– – – – Teile mit Knochen	0204 50 31	–
– – – – Teile ohne Knochen	0204 50 39	–
– – gefroren:		
– – – ganze oder halbe Tierkörper	0204 50 51	–
– – – Vorderteile oder halbe Vorderteile	0204 50 53	–
– – – Rippenstücke und/oder Keulenenden oder halbe Rippenstücke und/oder halbe Keulenenden	0204 50 55	–
– – – Schwanzstücke oder halbe Schwanzstücke	0204 50 59	–
– – – anderes:		
– – – – Teile mit Knochen	0204 50 71	–
– – – – Teile ohne Knochen	0204 50 79	–
Fleisch von Pferden, Eseln, Maultieren oder Mauleseln, frisch, gekühlt oder gefroren:	**0205**	
– frisch oder gekühlt	0205 00 20	–
– gefroren	0205 00 80	–

Warenbezeichnung	Warennummer	Besondere Maßeinheit
Genießbare Schlachtnebenerzeugnisse von Rindern, Schweinen, Schafen, Ziegen, Pferden, Eseln, Maultieren oder Mauleseln, frisch, gekühlt oder gefroren:	**0206**	
– von Rindern, frisch oder gekühlt:		
– – zum Herstellen von pharmazeutischen Erzeugnissen	0206 10 10	–
– – andere:		
– – – Zwerchfellpfeiler (Nierenzapfen) und Saumfleisch	0206 10 95	–
– – – andere	0206 10 98	–
– von Rindern, gefroren:		
– – Zungen	0206 21 00	–
– – Lebern	0206 22 00	–
– – andere:		
– – – zum Herstellen von pharmazeutischen Erzeugnissen	0206 29 10	–
– – – andere:		
– – – – Zwerchfellpfeiler (Nierenzapfen) und Saumfleisch	0206 29 91	–
– – – – andere	0206 29 99	–
– von Schweinen, frisch oder gekühlt	0206 30 00	–
– von Schweinen, gefroren:		
– – Lebern	0206 41 00	–
– – andere	0206 49 00	–
– andere, frisch oder gekühlt:		
– – zum Herstellen von pharmazeutischen Erzeugnissen	0206 80 10	–
– – andere:		
– – – von Pferden, Eseln, Maultieren oder Mauleseln	0206 80 91	–
– – – von Schafen oder Ziegen	0206 80 99	–
– andere, gefroren:		
– – zum Herstellen von pharmazeutischen Erzeugnissen	0206 90 10	–
– – andere:		
– – – von Pferden, Eseln, Maultieren oder Mauleseln	0206 90 91	–
– – – von Schafen oder Ziegen	0206 90 99	–
Fleisch und genießbare Schlachtnebenerzeugnisse von Hausgeflügel der Position 0105, frisch, gekühlt oder gefroren:	**0207**	
– von Hühnern:		
– – unzerteilt, frisch oder gekühlt:		
– – – gerupft, entdarmt, mit Kopf und Ständern, genannt „Hühner 83 v.H."	0207 11 10	–
– – – gerupft, ausgenommen, ohne Kopf und Ständer, mit Hals, Herz, Leber und Muskelmagen, genannt „Hühner 70 v.H."	0207 11 30	–
– – – gerupft, ausgenommen, ohne Kopf und Ständer, ohne Hals, Herz, Leber und Muskelmagen, genannt „Hühner 65 v.H."; andere Angebotsformen	0207 11 90	–
– – unzerteilt, gefroren:		
– – – gerupft, ausgenommen, ohne Kopf und Ständer, mit Hals, Herz, Leber und Muskelmagen, genannt „Hühner 70 v.H."	0207 12 10	–
– – – gerupft, ausgenommen, ohne Kopf und Ständer, ohne Hals, Herz, Leber und Muskelmagen, genannt „Hühner 65 v.H."; andere Angebotsformen	0207 12 90	–

Warenbezeichnung	Warennummer	Besondere Maßeinheit
– – Teile und Schlachtnebenerzeugnisse, frisch oder gekühlt:		
– – – Teile:		
– – – – ohne Knochen	0207 13 10	–
– – – – mit Knochen:		
– – – – – Hälften oder Viertel	0207 13 20	–
– – – – – ganze Flügel, auch ohne Flügelspitzen	0207 13 30	–
– – – – – Rücken, Hälse, Rücken mit Hälsen, Sterze oder Flügelspitzen	0207 13 40	–
– – – – – Brüste und Teile davon	0207 13 50	–
– – – – – Schenkel und Teile davon	0207 13 60	–
– – – – – andere	0207 13 70	–
– – – Schlachtnebenerzeugnisse:		
– – – – Lebern	0207 13 91	–
– – – – andere	0207 13 99	–
– – Teile und Schlachtnebenerzeugnisse, gefroren:		
– – – Teile:		
– – – – ohne Knochen	0207 14 10	–
– – – – mit Knochen:		
– – – – – Hälften oder Viertel	0207 14 20	–
– – – – – ganze Flügel, auch ohne Flügelspitzen	0207 14 30	–
– – – – – Rücken, Hälse, Rücken mit Hälsen, Sterze oder Flügelspitzen	0207 14 40	–
– – – – – Brüste und Teile davon	0207 14 50	–
– – – – – Schenkel und Teile davon	0207 14 60	–
– – – – – andere	0207 14 70	–
– – – Schlachtnebenerzeugnisse:		
– – – – Lebern	0207 14 91	–
– – – – andere	0207 14 99	–
– von Truthühnern:		
– – unzerteilt, frisch oder gekühlt:		
– – – gerupft, ausgenommen ohne Kopf und Ständer, mit Hals, Herz, Leber und Muskelmagen, genannt „Truthühner 80 v.H."	0207 24 10	–
– – – gerupft, ausgenommen, ohne Kopf und Ständer, ohne Hals, Herz, Leber und Muskelmagen, genannt „Truthühner 73 v.H."; andere Angebotsformen	0207 24 90	–
– – unzerteilt, gefroren:		
– – – gerupft, ausgenommen, ohne Kopf und Ständer, mit Hals, Herz, Leber und Muskelmagen, genannt „Truthühner 80 v.H."	0207 25 10	–
– – – gerupft, ausgenommen, ohne Kopf und Ständer, ohne Hals, Herz, Leber und Muskelmagen, genannt „Truthühner 73 v.H.", andere Angebotsformen	0207 25 90	–
– – Teile und Schlachtnebenerzeugnisse, frisch oder gekühlt:		
– – – Teile:		
– – – – ohne Knochen	0207 26 10	–
– – – – mit Knochen:		
– – – – – Hälften oder Viertel	0207 26 20	–
– – – – – ganze Flügel, auch ohne Flügelspitzen	0207 26 30	–
– – – – – Rücken, Hälse, Rücken mit Hälsen, Sterze oder Flügelspitzen	0207 26 40	–
– – – – – Brüste und Teile davon	0207 26 50	–
– – – – – Schenkel und Teile davon:		
– – – – – – Unterschenkel und Teile davon	0207 26 60	–
– – – – – – andere	0207 26 70	–
– – – – – andere	0207 26 80	–
– – – Schlachtnebenerzeugnisse:		
– – – – Lebern	0207 26 91	–
– – – – andere	0207 26 99	–

Warenbezeichnung	Warennummer	Besondere Maßeinheit
– – Teile und Schlachtnebenerzeugnisse, gefroren:		
– – – Teile:		
– – – – ohne Knochen	0207 27 10	–
– – – – mit Knochen:		
– – – – – Hälften oder Viertel	0207 27 20	–
– – – – – ganze Flügel, auch ohne Flügelspitzen	0207 27 30	–
– – – – – Rücken, Hälse, Rücken mit Hälsen, Sterze oder Flügelspitzen	0207 27 40	–
– – – – – Brüste und Teile davon	0207 27 50	–
– – – – – Schenkel und Teile davon:		
– – – – – – Unterschenkel und Teile davon	0207 27 60	–
– – – – – – andere	0207 27 70	–
– – – – – andere	0207 27 80	–
– – – Schlachtnebenerzeugnisse:		
– – – – Lebern	0207 27 91	–
– – – – andere	0207 27 99	–
– von Enten:		
– – unzerteilt, frisch oder gekühlt:		
– – – gerupft, ausgeblutet, geschlossen oder entdarmt, mit Kopf und Paddeln, genannt „Enten 85 v.H."	0207 41 20	–
– – – gerupft, ausgenommen, ohne Kopf und Paddeln, mit Hals, Herz, Leber und Muskelmagen, genannt „Enten 70 v.H."	0207 41 30	–
– – – gerupft, ausgenommen, ohne Kopf und Paddeln, ohne Hals, Herz, Leber und Muskelmagen, genannt „Enten 63 v.H."; andere Angebotsformen	0207 41 80	–
– – unzerteilt, gefroren:		
– – – gerupft, ausgenommen, ohne Kopf und Paddeln, mit Hals, Herz, Leber und Muskelmagen, genannt „Enten 70 v.H."	0207 42 30	–
– – – gerupft, ausgenommen, ohne Kopf und Paddeln, ohne Hals, Herz, Leber und Muskelmagen, genannt „Enten 63 v.H."; andere Angebotsformen	0207 42 80	–
– – Fettlebern, frisch oder gekühlt	0207 43 00	–
– – andere, frisch oder gekühlt:		
– – – Teile:		
– – – – ohne Knochen	0207 44 10	–
– – – – mit Knochen:		
– – – – – Hälften oder Viertel	0207 44 21	–
– – – – – ganze Flügel, auch ohne Flügelspitzen	0207 44 31	–
– – – – – Rücken, Hälse, Rücken mit Hälsen, Sterze oder Flügelspitzen	0207 44 41	–
– – – – – Brüste und Teile davon	0207 44 51	–
– – – – – Schenkel und Teile davon	0207 44 61	–
– – – – – Entenrümpfe	0207 44 71	–
– – – – – andere	0207 44 81	–
– – – Schlachtnebenerzeugnisse:		
– – – – Lebern (ausgenommen Fettlebern)	0207 44 91	–
– – – – andere	0207 44 99	–

Warenbezeichnung	Warennummer	Besondere Maßeinheit
– – andere, gefroren:		
– – – Teile:		
– – – – ohne Knochen	0207 45 10	
– – – – mit Knochen:		
– – – – – Hälften oder Viertel	0207 45 21	–
– – – – – ganze Flügel, auch ohne Flügelspitzen	0207 45 31	–
– – – – – Rücken, Hälse, Rücken mit Hälsen, Sterze oder Flügelspitzen	0207 45 41	–
– – – – – Brüste und Teile davon	0207 45 51	–
– – – – – Schenkel und Teile davon	0207 45 61	–
– – – – – Entenrümpfe	0207 45 71	–
– – – – – andere	0207 45 81	–
– – – Schlachtnebenerzeugnisse:		
– – – – Lebern:		
– – – – – Fettlebern	0207 45 93	
– – – – – andere	0207 45 95	–
– – – – andere	0207 45 99	–
– von Gänsen:		
– – unzerteilt, frisch oder gekühlt:		
– – – gerupft, ausgeblutet, geschlossen mit Kopf und Paddeln, genannt „Gänse 82 v.H.“	0207 51 10	
– – – gerupft, ausgenommen, ohne Kopf und Paddeln, mit oder ohne Herz und Muskelmagen, genannt „Gänse 75 v.H.“; andere Angebotsformen	0207 51 90	
– – unzerteilt, gefroren:		
– – – gerupft, ausgeblutet, geschlossen mit Kopf und Paddeln, genannt „Gänse 82 v.H.“	0207 52 10	–
– – – gerupft, ausgenommen, ohne Kopf und Paddeln, mit oder ohne Herz und Muskelmagen, genannt „Gänse 75 v.H.“; andere Angebotsformen	0207 52 90	–
– – Fettlebern, frisch oder gekühlt	0207 53 00	–
– – andere, frisch oder gekühlt:		
– – – Teile:		
– – – – ohne Knochen	0207 54 10	–
– – – – mit Knochen:		
– – – – – Hälften oder Viertel	0207 54 21	–
– – – – – ganze Flügel, auch ohne Flügelspitzen	0207 54 31	–
– – – – – Rücken, Hälse, Rücken mit Hälsen, Sterze oder Flügelspitzen	0207 54 41	–
– – – – – Brüste und Teile davon	0207 54 51	–
– – – – – Schenkel und Teile davon	0207 54 61	–
– – – – – Gänserümpfe	0207 54 71	–
– – – – – andere	0207 54 81	–
– – – Schlachtnebenerzeugnisse:		
– – – – Lebern (ausgenommen Fettlebern)	0207 54 91	–
– – – – andere	0207 54 99	–

Warenbezeichnung	Warennummer	Besondere Maßeinheit
– – andere, gefroren:		
– – – Teile:		
– – – – ohne Knochen	0207 55 10	–
– – – – mit Knochen:		
– – – – – Hälften oder Viertel	0207 55 21	–
– – – – – ganze Flügel, auch ohne Flügelspitzen	0207 55 31	–
– – – – – Rücken, Hälse, Rücken mit Hälsen, Sterze oder Flügelspitzen	0207 55 41	–
– – – – – Brüste und Teile davon	0207 55 51	–
– – – – – Schenkel und Teile davon	0207 55 61	–
– – – – – Gänserümpfe	0207 55 71	–
– – – – – andere	0207 55 81	–
– – – Schlachtnebenerzeugnisse:		
– – – – Lebern:		
– – – – – Fettlebern	0207 55 93	–
– – – – – andere	0207 55 95	–
– – – – andere	0207 55 99	–
– von Perlhühnern:		
– – unzerteilt, frisch, gekühlt oder gefroren	0207 60 05	–
– – andere, frisch, gekühlt oder gefroren:		
– – – Teile:		
– – – – ohne Knochen	0207 60 10	–
– – – – mit Knochen:		
– – – – – Hälften oder Viertel	0207 60 21	–
– – – – – ganze Flügel, auch ohne Flügelspitzen	0207 60 31	–
– – – – – Rücken, Hälse, Rücken mit Hälsen, Sterze oder Flügelspitzen	0207 60 41	–
– – – – – Brüste und Teile davon	0207 60 51	–
– – – – – Schenkel und Teile davon	0207 60 61	–
– – – – – andere	0207 60 81	–
– – – Schlachtnebenerzeugnisse:		
– – – – Lebern	0207 60 91	–
– – – – andere	0207 60 99	–
Anderes Fleisch und andere genießbare Schlachtnebenerzeugnisse, frisch, gekühlt oder gefroren:	**0208**	
– von Kaninchen oder Hasen:		
– – von Hauskaninchen	0208 10 10	–
– – andere	0208 10 90	–
– von Primaten	0208 30 00	–
– von Walen, Delphinen und Tümmlern (Säugetiere der Ordnung *Cetacea*); von Rundschwanzseekühen (Manatis) und Gabelschwanzseekühen (Dugongs) (Säugetiere der Ordnung *Sirenia*); von Robben, Seelöwen und Walrössern (Säugetiere der Unterordnung *Pinnipedia*):		
– – Walfleisch	0208 40 10	–
– – Robbenfleisch	0208 40 20	–
– – andere	0208 40 80	–
– von Reptilien (einschließlich Schlangen und Schildkröten)	0208 50 00	–
– von Kamelen (*Camelidae*)	0208 60 00	–
– andere:		
– – von Haustauben	0208 90 10	–
– – von Wild (ausgenommen von Kaninchen und Hasen)	0208 90 30	–
– – von Rentieren	0208 90 60	–
– – Froschschenkel	0208 90 70	–
■ – – andere	0208 90 98	–

Warenbezeichnung	Warennummer	Besondere Maßeinheit
Schweinespeck ohne magere Teile, Schweinefett und Geflügelfett, weder ausgeschmolzen noch anders ausgezogen, frisch, gekühlt, gefroren, gesalzen, in Salzlake, getrocknet oder geräuchert:	**0209**	
– von Schweinen:		
– – Schweinespeck:		
– – – frisch, gekühlt, gefroren, gesalzen oder in Salzlake	0209 10 11	–
– – – getrocknet oder geräuchert	0209 10 19	–
– – Schweinefett	0209 10 90	–
– andere	0209 90 00	–
Fleisch und genießbare Schlachtnebenerzeugnisse, gesalzen, in Salzlake, getrocknet oder geräuchert; genießbares Mehl von Fleisch oder von Schlachtnebenerzeugnissen:	**0210**	
– Fleisch von Schweinen:		
– – Schinken oder Schultern und Teile davon, mit Knochen:		
– – – von Hausschweinen:		
– – – – gesalzen oder in Salzlake:		
– – – – – Schinken und Teile davon	0210 11 11	–
– – – – – Schultern und Teile davon	0210 11 19	–
– – – – getrocknet oder geräuchert:		
– – – – – Schinken und Teile davon	0210 11 31	–
– – – – – Schultern und Teile davon	0210 11 39	–
– – – andere	0210 11 90	–
– – Bäuche (Bauchspeck) und Teile davon:		
– – – von Hausschweinen:		
– – – – gesalzen oder in Salzlake	0210 12 11	–
– – – – getrocknet oder geräuchert	0210 12 19	–
– – – andere	0210 12 90	–
– – anderes:		
– – – von Hausschweinen:		
– – – – gesalzen oder in Salzlake:		
– – – – – „bacon"-Hälften oder „spencers"	0210 19 10	–
– – – – – „3/4-sides" oder „middles"	0210 19 20	–
– – – – – Vorderteile und Teile davon	0210 19 30	–
– – – – – Kotelettstränge und Teile davon	0210 19 40	–
– – – – – anderes	0210 19 50	–
– – – – getrocknet oder geräuchert:		
– – – – – Vorderteile und Teile davon	0210 19 60	–
– – – – – Kotelettstränge und Teile davon	0210 19 70	–
– – – – – anderes:		
– – – – – – ohne Knochen	0210 19 81	–
– – – – – – anderes	0210 19 89	–
– – – anderes	0210 19 90	–
– Fleisch von Rindern:		
– – mit Knochen	0210 20 10	–
– – ohne Knochen	0210 20 90	–

Warenbezeichnung	Warennummer	Besondere Maßeinheit
– andere, einschließlich genießbares Mehl von Fleisch oder von Schlachtnebenerzeugnissen:		
– – von Primaten	0210 91 00	–
– – von Walen, Delphinen und Tümmlern (Säugetiere der Ordnung *Cetacea*); von Rundschwanzseekühen (Manatis) und Gabelschwanzseekühen (Dugongs) (Säugetiere der Ordnung *Sirenia*); von Robben, Seelöwen und Walrössern (Säugetiere der Unterordnung *Pinnipedia*):		
– – – von Walen, Delphinen und Tümmlern (Säugetiere der Ordnung *Cetacea*); von Rundschwanzseekühen (Manatis) und Gabelschwanzseekühen (Dugongs) (Säugetiere der Ordnung *Sirenia*)	0210 92 10	–
– – – andere:		
– – – – Fleisch	0210 92 91	–
– – – – Schlachtnebenerzeugnisse	0210 92 92	–
– – – – genießbares Mehl von Fleisch oder von Schlachtnebenerzeugnissen	0210 92 99	–
– – von Reptilien (einschließlich Schlangen und Schildkröten)	0210 93 00	–
– – andere:		
– – – Fleisch:		
– – – – von Pferden, gesalzen, in Salzlake oder getrocknet	0210 99 10	–
– – – – von Schafen und Ziegen:		
– – – – – mit Knochen	0210 99 21	–
– – – – – ohne Knochen	0210 99 29	–
– – – – von Rentieren	0210 99 31	–
■ – – – – anderes	0210 99 39	–
– – – Schlachtnebenerzeugnisse:		
– – – – von Hausschweinen:		
– – – – – Lebern	0210 99 41	–
– – – – – andere	0210 99 49	–
– – – – von Rindern:		
– – – – – Zwerchfellpfeiler (Nierenzapfen) und Saumfleisch	0210 99 51	–
– – – – – andere	0210 99 59	–
– – – – andere:		
– – – – – Geflügellebern:		
– – – – – – Fettlebern von Gänsen oder Enten, gesalzen oder in Salzlake	0210 99 71	–
– – – – – – andere	0210 99 79	–
– – – – – andere	0210 99 85	–
■ – – – genießbares Mehl von Fleisch oder von Schlachtnebenerzeugnissen	0210 99 90	–

Kapitel 3

Fische und Krebstiere, Weichtiere und andere wirbellose Wassertiere

Anmerkungen

1. Zu Kapitel 3 gehören nicht:
   a) Säugetiere der Position 0106;
   b) Fleisch von Säugetieren der Position 0106 (Position 0208 oder 0210);
   c) Fische (einschließlich Fischlebern, Fischrogen und Fischmilch) und Krebstiere, Weichtiere und andere wirbellose Wassertiere, nicht lebend und zur menschlichen Ernährung nicht geeignet aufgrund ihrer Tierart oder ihres Zustandes (Kapitel 5); Mehl und Pellets von Fischen oder von Krebstieren, von Weichtieren oder anderen wirbellosen Wassertieren, zur menschlichen Ernährung nicht geeignet (Position 2301);
   d) Kaviar und Kaviarersatz, aus Fischeiern gewonnen (Position 1604).
2. In diesem Kapitel gelten als „Pellets“ Erzeugnisse, die entweder unmittelbar durch Pressen oder durch Zusatz geringer Mengen eines Bindemittels zu Zylindern, Kügelchen usw. agglomeriert worden sind.
3. ● Nicht zu den Positionen 0305 bis 0308 gehören Mehl, Pulver und Pellets, genießbar (Position 0309).

Zusätzliche Anmerkungen

1. Für die Zwecke der Warennummern 0305 32 11 und 0305 32 19 gelten Kabeljaufilets (Gadus morhua, Gadus ogac, Gadus macrocephalus) mit einem Gesamtsalzgehalt von 12 GHT oder mehr, die ohne weitere Verarbeitung für den menschlichen Verzehr geeignet sind, als gesalzener Fisch.

   Gefrorene Kabeljaufilets mit einem Gesamtsalzgehalt von weniger als 12 GHT sind in die Warennummern 0304 71 10 und 0304 71 90 einzureihen, insofern als die tatsächliche und dauerhafte Konservierung im Wesentlichen vom Einfrieren abhängt.
2. Für die Zwecke der im dritten Absatz genannten Warennummern umfasst der Begriff „Filets“ auch „Loins“, d. h. die Fleischstreifen an der oberen oder unteren, rechten oder linken Seite des Fischs, sofern sie von Kopf, Eingeweiden, Flossen (Rücken-, After-, Schwanz-, Bauch- und Brustflossen) und Gräten (Wirbelsäule oder Rückengräte, Bauchgräten, Kiemenknochen usw.) befreit sind.

   Ein Zerschneiden der Filets in Stücke ändert die Einreihung solcher Produkte als Filets nicht, vorausgesetzt, dass die Stücke erkennbar von Filets stammen.

   Die Bestimmungen der ersten beiden Absätze gelten für die folgenden Fischarten:
   a) Thunfisch der Gattung Thunnus der Warennummern 0304 49 90 und 0304 87 00;
   b) Schwertfisch (Xiphias gladius) der Warennummern 0304 45 00 und 0304 84 00;
   c) Marlin, Segelfisch und Fächerfisch, der Familie Istioporidae der Warennummern 0304 49 90 und 0304 89 90;
   d) Hochseehaie (Hexanchus griseus, Centorhinus maximus, Rhincodon typus, oder der Familien Alopiidae, Carcharhinidae, Sphyrnidae und Isuridae) der Warennummern 0304 47 90 und 0304 88 19.

Warenbezeichnung	Warennummer	Besondere Maßeinheit
Fische, lebend:	**0301**	
– Zierfische:		
– – Süßwasserfische	0301 11 00	–
– – andere	0301 19 00	–
– andere Fische, lebend:		
– – Forellen (*Salmo trutta, Oncorhynchus mykiss, Oncorhynchus clarki, Oncorhynchus aguabonita, Oncorhynchus gilae, Oncorhynchus apache* und *Oncorhynchus chrysogaster*):		
– – – der Arten *Oncorhynchus apache* und *Oncorhynchus chrysogaster*	0301 91 10	–
– – – andere	0301 91 90	–
– – Aale (*Anguilla* spp.):		
– – – mit einer Länge von weniger als 12 cm	0301 92 10	–
– – – mit einer Länge von 12 cm oder mehr, jedoch weniger als 20 cm	0301 92 30	–
– – – mit einer Länge von 20 cm oder mehr	0301 92 90	–
– – Karpfen (*Cyprinus* spp., *Carassius* spp., *Ctenopharyngodon idellus, Hypophthalmichthys* spp., *Cirrhinus* spp., *Mylopharyngodon piceus, Catla catla, Labeo* spp., *Osteochilus hasselti, Leptobarbus hoeveni, Megalobrama* spp.)	0301 93 00	–
– – Atlantischer Roter Thunfisch (*Thunnus thynnus*) und Nordpazifischer Blauflossen-Thunfisch (*Thunnus orientalis*):		
– – – Atlantischer Roter Thunfisch (*Thunnus thynnus*)	0301 94 10	–
– – – Nordpazifischer Blauflossen-Thunfisch (*Thunnus orientalis*)	0301 94 90	–
– – Südlicher Roter Thunfisch (*Thunnus maccoyii*)	0301 95 00	–
– – andere:		
– – – Süßwasserfische:		
– – – – Pazifischer Lachs (*Oncorhynchus nerka, Oncorhynchus gorbuscha, Oncorhynchus keta, Oncorhynchus tschawytscha, Oncorhynchus kisutch, Oncorhynchus masou* und *Oncorhynchus rhodurus*), Atlantischer Lachs (*Salmo salar*) und Donaulachs (*Hucho hucho*)	0301 99 11	–
– – – – andere	0301 99 17	–
– – – andere	0301 99 85	–
Fische, frisch oder gekühlt, ausgenommen Fischfilets und anderes Fischfleisch der Position 0304:	**0302**	
– Salmoniden, ausgenommen genießbare Fischnebenerzeugnisse der Unterpositionen 0302 91 bis 0302 99:		
– – Forellen (*Salmo trutta, Oncorhynchus mykiss, Oncorhynchus clarki, Oncorhynchus aguabonita, Oncorhynchus gilae, Oncorhynchus apache* und *Oncorhynchus chrysogaster*):		
– – – der Arten *Oncorhynchus apache* und *Oncorhynchus chrysogaster*	0302 11 10	–
– – – der Art *Oncorhynchus mykiss*, mit Kopf und Kiemen, ausgenommen, mit einem Stückgewicht von mehr als 1,2 kg oder ohne Kopf und Kiemen, ausgenommen, mit einem Stückgewicht von mehr als 1 kg	0302 11 20	–
– – – andere	0302 11 80	–
– – Pazifischer Lachs (*Oncorhynchus nerka, Oncorhynchus gorbuscha, Oncorhynchus keta, Oncorhynchus tschawytscha, Oncorhynchus kisutch, Oncorhynchus masou* und *Oncorhynchus rhodurus*)	0302 13 00	–
– – Atlantischer Lachs (*Salmo salar*) und Donaulachs (*Hucho hucho*)	0302 14 00	–
– – andere	0302 19 00	–

Warenbezeichnung		Warennummer	Besondere Maßeinheit
	– Plattfische (*Pleuronectidae, Bothidae, Cynoglossidae, Soleidae, Scophthalmidae* und *Citharidae*), ausgenommen genießbare Fischnebenerzeugnisse der Unterpositionen 0302 91 bis 0302 99:		
	– – Heilbutt (*Reinhardtius hippoglossoides, Hippoglossus hippoglossus, Hippoglossus stenolepis*):		
	– – – Schwarzer Heilbutt (*Reinhardtius hippoglossoides*)	0302 21 10	–
	– – – Atlantischer Heilbutt (*Hippoglossus hippoglossus*)	0302 21 30	–
	– – – Pazifischer Heilbutt (*Hippoglossus stenolepis*)	0302 21 90	–
	– – Schollen oder Goldbutt (*Pleuronectes platessa*)	0302 22 00	–
	– – Seezungen (*Solea* spp.)	0302 23 00	–
	– – Steinbutt (*Psetta maxima*)	0302 24 00	–
	– – andere:		
	– – – Scheefschnut bzw. Flügelbutt (*Lepidorhombus* spp.)	0302 29 10	–
	– – – andere	0302 29 80	–
●	**– Thunfische (der Gattung *Thunnus*), Echter Bonito (*Katsuwonus pelamis*), ausgenommen genießbare Fischnebenerzeugnisse der Unterpositionen 0302 91 bis 0302 99:**		
	– – Weißer Thun (*Thunnus alalunga*):		
	– – – zum industriellen Herstellen von Waren der Position 1604	0302 31 10	–
	– – – anderer	0302 31 90	–
	– – Gelbflossenthun (*Thunnus albacares*):		
	– – – zum industriellen Herstellen von Waren der Position 1604	0302 32 10	–
	– – – anderer	0302 32 90	–
●	**– – Echter Bonito (*Katsuwonus pelamis*):**		
	– – – zum industriellen Herstellen von Waren der Position 1604	0302 33 10	–
	– – – anderer	0302 33 90	–
	– – Großaugen-Thunfisch (*Thunnus obesus*):		
	– – – zum industriellen Herstellen von Waren der Position 1604	0302 34 10	–
	– – – anderer	0302 34 90	–
	– – Atlantischer Roter Thunfisch (*Thunnus thynnus*) und Nordpazifischer Blauflossen-Thunfisch (*Thunnus orientalis*):		
	– – – Atlantischer Roter Thunfisch (*Thunnus thynnus*):		
	– – – – zum industriellen Herstellen von Waren der Position 1604	0302 35 11	–
	– – – – anderer	0302 35 19	–
	– – – Nordpazifischer Blauflossen-Thunfisch (*Thunnus orientalis*):		
	– – – – zum industriellen Herstellen von Waren der Position 1604	0302 35 91	–
	– – – – anderer	0302 35 99	–
	– – Südlicher Roter Thunfisch (*Thunnus maccoyii*):		
	– – – zum industriellen Herstellen von Waren der Position 1604	0302 36 10	–
	– – – anderer	0302 36 90	–
	– – andere:		
	– – – zum industriellen Herstellen von Waren der Position 1604	0302 39 20	–
	– – – andere	0302 39 80	–

Warenbezeichnung	Warennummer	Besondere Maßeinheit
– Heringe (*Clupea harengus*, *Clupea pallasii*), Sardellen (*Engraulis* spp.), Sardinen (*Sardina pilchardus*, *Sardinops* spp.), Sardinellen (*Sardinella* spp.) Sprotten (*Sprattus sprattus*), Makrelen (*Scomber scombrus*, *Scomber australasicus*, *Scomber japonicus*), Indische Makrelen (*Rastrelliger* spp.), Seerfische (*Scomberomorus* spp.), Jack und Stöcker (Bastardmakrelen) (*Trachurus* spp.), Buchsen, Crevallen (*Caranx* spp.), Offiziersbarsch (*Rachycentron canadum*), Silber Butterfische (*Pampus* spp.), Pazifischer Makrelenhecht (*Cololabis saira*), Scads (*Decapterus* spp.), Lodde (*Mallotus villosus*), Schwertfisch (*Xiphias gladius*), Kawakawa (*Euthynnus affinis*), Bonitos (*Sarda* spp.), Marline, Segelfische, Speerfische (*Istiophoridae*), ausgenommen genießbare Fischnebenerzeugnisse der Unterpositionen 0302 91 bis 0302 99:		
– – Heringe (*Clupea harengus*, *Clupea pallasii*)	0302 41 00	–
– – Sardellen (*Engraulis* spp.)	0302 42 00	–
– – Sardinen (*Sardina pilchardus*, *Sardinops* spp.), Sardinellen (*Sardinella* spp.), Sprotten (*Sprattus sprattus*):		
– – – Sardinen der Arten *Sardina pilchardus*	0302 43 10	–
– – – Sardinen der Gattung *Sardinops*; Sardinellen (*Sardinella* spp.)	0302 43 30	–
– – – Sprotten (*Sprattus sprattus*)	0302 43 90	–
– – Makrelen (*Scomber scombrus*, *Scomber australasicus*, *Scomber japonicus*)	0302 44 00	–
– – Stöcker (Bastardmakrelen) (*Trachurus* spp.):		
– – – Atlantischer Stöcker (*Trachurus trachurus*)	0302 45 10	–
– – – Chilenischer Stöcker (*Trachurus murphyi*)	0302 45 30	–
– – – anderer	0302 45 90	–
– – Offiziersbarsch (*Rachycentron canadum*)	0302 46 00	–
– – Schwertfische (*Xiphias gladius*)	0302 47 00	–
– – andere:		
– – – Kawakawa (*Euthynnus affinis*):		
– – – – zum industriellen Herstellen von Waren der Position 1604	0302 49 11	–
– – – – andere	0302 49 19	–
– – – andere	0302 49 90	–
– Fische der Familien Bregmacerotidae, Euclichthyidae, Gadidae, Macrouridae, Melanonidae, Merlucciidae, Moridae und Muraenolepididae, ausgenommen genießbare Fischnebenerzeugnisse der Unterpositionen 0302 91 bis 0302 99:		
– – Kabeljau (*Gadus morhua*, *Gadus ogac*, *Gadus macrocephalus*):		
– – – der Art *Gadus morhua*	0302 51 10	–
– – – anderer	0302 51 90	–
– – Schellfisch (*Melanogrammus aeglefinus*)	0302 52 00	–
– – Köhler (*Pollachius virens*)	0302 53 00	–
– – Seehechte (*Merluccius* spp., *Urophycis* spp.):		
– – – der Gattung *Merluccius*:		
– – – – Kap-Hecht (*Merluccius capensis*) und Tiefenwasser-Kapseehecht (*Merluccius paradoxus*)	0302 54 11	–
– – – – Südlicher Seehecht (*Merluccius australis*)	0302 54 15	–
– – – – andere	0302 54 19	–
– – – der Gattung *Urophycis*	0302 54 90	–
– – Pazifischer Pollack (*Theragra chalcogramma*)	0302 55 00	–
– – Blauer Wittling (*Micromesistius poutassou*) und Südlicher Wittling (*Micromesistius australis*)	0302 56 00	–
– – andere:		
– – – Polardorsch (*Boreogadus saida*)	0302 59 10	–
– – – Merlan (*Merlangius merlangus*)	0302 59 20	–
– – – Pollack (*Pollachius pollachius*)	0302 59 30	–
– – – Leng (*Molva* spp.)	0302 59 40	–
– – – andere	0302 59 90	–

Warenbezeichnung	Warennummer	Besondere Maßeinheit
– Tilapia (*Oreochromis* spp.), Welse (*Pangasius* spp., *Silurus* spp., *Clarias* spp., *Ictalurus* spp.), Karpfen (*Cyprinus* spp., *Carassius* spp., *Ctenopharyngodon idellus, Hypophthalmichthys* spp., *Cirrhinus* spp., *Mylopharyngodon piceus, Catla catla, Labeo* spp., *Osteochilus hasselti, Leptobarbus hoeveni, Megalobrama* spp.), Aale (*Anguilla* spp.), Nilbarsch (*Lates niloticus*) und Schlangenkopffische (*Channa* spp.), ausgenommen genießbare Fischnebenerzeugnisse der Unterpositionen 0302 91 bis 0302 99:		
– – Tilapia (*Oreochromis* spp.)	0302 71 00	–
– – Welse (*Pangasius* spp., *Silurus* spp., *Clarias* spp., *Ictalurus* spp.)	0302 72 00	–
– – Karpfen (*Cyprinus* spp., *Carassius* spp., *Ctenopharyngodon idellus, Hypophthalmichthys* spp., *Cirrhinus* spp., *Mylopharyngodon piceus, Catla catla, Labeo* spp., *Osteochilus hasselti, Leptobarbus hoeveni, Megalobrama* spp.)	0302 73 00	–
– – Aale (*Anguilla* spp.)	0302 74 00	–
– – andere	0302 79 00	–
– andere Fische, ausgenommen genießbare Fischnebenerzeugnisse der Unterpositionen 0302 91 bis 0302 99:		
– – Haie:		
– – – Dornhaie (*Squalus acanthias*) und Katzenhaie (*Scyliorhinus* spp.)	0302 81 15	–
– – – Heringshaie (*Lamna nasus*)	0302 81 30	–
– – – Blauhaie (*Prionace glauca*)	0302 81 40	–
– – – andere	0302 81 80	–
– – Rochen (*Rajidae*)	0302 82 00	–
– – Zahnfische (*Dissostichus* spp.)	0302 83 00	–
– – Meerbarsche (Wolfsbarsche) (*Dicentrarchus* spp.):		
– – – Europäischer Wolfsbarsch (*Dicentrarchus labrax*)	0302 84 10	–
– – – andere	0302 84 90	–
– – Meerbrassen (*Sparidae*):		
– – – Zahnbrasse oder Meerbrasse (*Dentex dentex* oder *Pagellus* spp.)	0302 85 10	–
– – – Goldbrassen (*Sparus aurata*)	0302 85 30	–
– – – andere	0302 85 90	–
– – andere:		
– – – Süßwasserfische	0302 89 10	–
– – – andere:		
● – – – – Fische der Gattung *Euthynnus*, ausgenommen Kawakawa (*Euthynnus affinis*), die unter die Unterposition 0302 49 fallen:		
– – – – – zum industriellen Herstellen von Waren der Position 1604	0302 89 21	–
– – – – – andere	0302 89 29	–
– – – – Rotbarsche, Goldbarsche oder Tiefenbarsche (*Sebastes* spp.):		
– – – – – der Art *Sebastes marinus*	0302 89 31	–
– – – – – andere	0302 89 39	–
– – – – Brachsenmakrelen (*Brama* spp.)	0302 89 40	–
– – – – Seeteufel (*Lophius* spp.)	0302 89 50	–
– – – – Rosa Kingklip (*Genypterus blacodes*)	0302 89 60	–
– – – – andere	0302 89 90	–
– Fischlebern, Fischrogen, Fischmilch, Fischflossen, Köpfe, Schwänze, Fischblasen und andere genießbare Fischnebenerzeugnisse:		
– – Fischlebern, Fischrogen und Fischmilch	0302 91 00	–
– – Haifischflossen	0302 92 00	–
– – andere	0302 99 00	–

Warenbezeichnung	Warennummer	Besondere Maßeinheit
Fische, gefroren, ausgenommen Fischfilets und anderes Fischfleisch der Position 0304:	**0303**	
– Salmoniden, ausgenommen genießbare Fischnebenerzeugnisse der Unterpositionen 0302 91 bis 0302 99:		
– – Roter Lachs (*Oncorhynchus nerka*)	0303 11 00	–
– – andere pazifische Lachse (*Oncorhynchus gorbuscha*, *Oncorhynchus keta*, *Oncorhynchus tschawytscha*, *Oncorhynchus kisutch*, *Oncorhynchus masou* und *Oncorhynchus rhodurus*)	0303 12 00	–
– – Atlantischer Lachs (*Salmo salar*) und Donaulachs (*Hucho hucho*)	0303 13 00	–
– – Forellen (*Salmo trutta*, *Oncorhynchus mykiss*, *Oncorhynchus clarki*, *Oncorhynchus aguabonita*, *Oncorhynchus gilae*, *Oncorhynchus apache* und *Oncorhynchus chrysogaster*):		
– – – der Arten *Oncorhynchus apache* und *Oncorhynchus chrysogaster*	0303 14 10	–
– – – der Art *Oncorhynchus mykiss*, mit Kopf und Kiemen, ausgenommen, mit einem Stückgewicht von mehr als 1,2 kg oder ohne Kopf und Kiemen, ausgenommen, mit einem Stückgewicht von mehr als 1 kg	0303 14 20	–
– – – andere	0303 14 90	–
– – andere	0303 19 00	–
– Tilapia (*Oreochromis* spp.), Welse (*Pangasius* spp., *Silurus* spp., *Clarias* spp., *Ictalurus* spp.), Karpfen (Cyprinus spp., Carassius spp., *Ctenopharyngodon idellus*, *Hypophthalmichthys* spp., *Cirrhinus* spp., *Mylopharyngodon piceus*, *Catla catla*, *Labeo* spp., *Osteochilus hasselti*, *Leptobarbus hoeveni*, *Megalobrama* spp.), Aale (*Anguilla* spp.), Nilbarsch (*Lates niloticus*) und Schlangenkopffische (*Channa* spp.), ausgenommen genießbare Fischnebenerzeugnisse der Unterpositionen 0303 91 bis 0303 99:		
– – Tilapia (*Oreochromis* spp.)	0303 23 00	–
– – Welse (*Pangasius* spp., *Silurus* spp., *Clarias* spp., *Ictalurus* spp.)	0303 24 00	–
– – Karpfen (*Cyprinus* spp., *Carassius* spp., *Ctenopharyngodon idellus*, *Hypophthalmichthys* spp., *Cirrhinus* spp., *Mylopharyngodon piceus*, *Catla catla*, *Labeo* spp., *Osteochilus hasselti*, *Leptobarbus hoeveni*, *Megalobrama* spp.)	0303 25 00	–
– – Aale (*Anguilla* spp.)	0303 26 00	–
– – andere	0303 29 00	–
– Plattfische (*Pleuronectidae*, *Bothidae*, *Cynoglossidae*, *Soleidae*, *Scophthalmidae* und *Citharidae*), ausgenommen genießbare Fischnebenerzeugnisse der Unterpositionen 0303 91 bis 0303 99:		
– – Heilbutte (*Reinhardtius hippoglossoides*, *Hippoglossus hippoglossus*, *Hippoglossus stenolepis*):		
– – – Schwarzer Heilbutt (*Reinhardtius hippoglossoides*)	0303 31 10	–
– – – Atlantischer Heilbutt (*Hippoglossus hippoglossus*)	0303 31 30	–
– – – Pazifischer Heilbutt (*Hippoglossus stenolepis*)	0303 31 90	–
– – Schollen oder Goldbutt (*Pleuronectes platessa*)	0303 32 00	–
– – Seezungen (*Solea* spp.)	0303 33 00	–
– – Steinbutt (*Psetta maxima*)	0303 34 00	–
– – andere:		
– – – Flundern (*Platichthys flesus*)	0303 39 10	–
– – – Fische der Gattung *Rhombosolea*	0303 39 30	–
– – – Fische der Arten *Pelotreis flavilatus* und *Peltorhamphus novaezelandiae*	0303 39 50	–
– – – andere	0303 39 85	–

Warenbezeichnung	Warennummer	Besondere Maßeinheit
● – **Thunfische (der Gattung *Thunnus*), Echter Bonito (*Katsuwonus pelamis*), ausgenommen genießbare Fischnebenerzeugnisse der Unterpositionen 0303 91 bis 0303 99:**		
– – **Weißer Thun (*Thunnus alalunga*):**		
– – – zum industriellen Herstellen von Waren der Position 1604	0303 41 10	–
– – – anderer	0303 41 90	–
– – **Gelbflossenthun (*Thunnus albacares*):**		
– – – zum industriellen Herstellen von Waren der Position 1604	0303 42 20	–
– – – anderer	0303 42 90	–
● – – **Echter Bonito (*Katsuwonus pelamis*):**		
– – – zum industriellen Herstellen von Waren der Position 1604	0303 43 10	–
– – – anderer	0303 43 90	–
– – **Großaugen-Thunfisch (*Thunnus obesus*):**		
– – – zum industriellen Herstellen von Waren der Position 1604	0303 44 10	–
– – – anderer	0303 44 90	–
– – **Atlantischer Roter Thunfisch (*Thunnus thynnus*) und Nordpazifischer Blauflossen-Thunfisch (*Thunnus orientalis*):**		
– – – Atlantischer Roter Thunfisch (*Thunnus thynnus*):		
– – – – zum industriellen Herstellen von Waren der Position 1604	0303 45 12	–
– – – – anderer	0303 45 18	–
– – – Nordpazifischer Blauflossen-Thunfisch (*Thunnus orientalis*):		
– – – – zum industriellen Herstellen von Waren der Position 1604	0303 45 91	–
– – – – anderer	0303 45 99	–
– – **Südlicher Roter Thunfisch (*Thunnus maccoyii*):**		
– – – zum industriellen Herstellen von Waren der Position 1604	0303 46 10	–
– – – anderer	0303 46 90	–
– – **andere:**		
– – – zum industriellen Herstellen von Waren der Position 1604	0303 49 20	–
– – – andere	0303 49 85	–
– **Heringe (*Clupea harengus*, *Clupea pallasii*), Sardellen (*Engraulis* spp.), Sardinen (*Sardina pilchardus*; *Sardinops* spp.), Sardinellen (*Sardinella* spp.), Sprotten (*Sprattus sprattus*), Makrelen (*Scomber scombrus*, *Scomber australasicus*, *Scomber japonicus*), Indische Makrelen (*Rastrelliger* spp.), Seerfische (*Scomberomorus* spp.), Jack und Stöcker (Bastardmakrelen) (*Trachurus* spp.), Buchsen, Crevallen (*Caranx* spp.), Offiziersbarsch (*Rachycentron canadum*), Silber Butterfische (*Pampus* spp.), Pazifischer Makrelenhecht (*Cololabis saira*), Scads (*Decapterus* spp.), Lodde (*Mallotus villosus*), Schwertfisch (*Xiphias gladius*), Kawakawa (*Euthynnus affinis*), Bonitos (*Sarda spp.*), Marline, Segelfische, Speerfische (*Istiophoridae*), ausgenommen genießbare Fischnebenerzeugnisse der Unterpositionen 0303 91 bis 0303 99:**		
– – **Heringe (*Clupea harengus*, *Clupea pallasii*)**	0303 51 00	–
– – **Sardinen (*Sardina pilchardus*, *Sardinops* spp.), Sardinellen (*Sardinella* spp.), Sprotten (*Sprattus sprattus*):**		
– – – Sardinen der Art *Sardina pilchardus*	0303 53 10	–
– – – Sardinen der Gattung *Sardinops*; Sardinellen (*Sardinella* spp.)	0303 53 30	–
– – – Sprotten (*Sprattus sprattus*)	0303 53 90	–
– – **Makrelen (*Scomber scombrus*, *Scomber australasicus*, *Scomber japonicus*):**		
– – – der Arten *Scomber scombrus* und *Scomber japonicus*	0303 54 10	–
– – – der Art *Scomber australasicus*	0303 54 90	–
– – **Stöcker (Bastardmakrelen) (*Trachurus* spp.):**		
– – – Atlantischer Stöcker (*Trachurus trachurus*)	0303 55 10	–
– – – Chilenischer Stöcker (*Trachurus murphyi*)	0303 55 30	–
– – – andere	0303 55 90	–

Warenbezeichnung	Warennummer	Besondere Maßeinheit
– – Offiziersbarsch (*Rachycentron canadum*)	0303 56 00	–
– – Schwertfisch (*Xiphias gladius*)	0303 57 00	–
– – andere:		
– – – Sardellen (*Engraulis* spp.)	0303 59 10	–
– – – Kawakawa (*Euthynnus affinis*):		
– – – – zum industriellen Herstellen von Waren der Position 1604	0303 59 21	–
– – – – andere	0303 59 29	–
– – – andere	0303 59 90	–
– Fische der Familien Bregmacerotidae, Euclichthyidae, Gadidae, Macrouridae, Melanonidae, Merlucciidae, Moridae und Muraenolepididae, ausgenommen genießbare Fischnebenerzeugnisse der Unterpositionen 0303 91 bis 0303 99:		
– – Kabeljau (*Gadus morhua, Gadus ogac, Gadus macrocephalus*):		
– – – der Art *Gadus morhua*	0303 63 10	–
– – – der Art *Gadus ogac*	0303 63 30	–
– – – der Art *Gadus macrocephalus*	0303 63 90	–
– – Schellfisch (*Melanogrammus aeglefinus*)	0303 64 00	–
– – Köhler (*Pollachius virens*)	0303 65 00	–
– – Seehechte (*Merluccius* spp., *Urophycis* spp.):		
– – – der Gattung *Merluccius*:		
– – – – Kap-Hecht (*Merluccius capensis*) und Tiefenwasser-Kapseehecht (*Merluccius paradoxus*)	0303 66 11	–
– – – – Patagonischer Seehecht (*Merluccius hubbsi*)	0303 66 12	–
– – – – Südlicher Seehecht (*Merluccius australis*)	0303 66 13	–
– – – – andere	0303 66 19	–
– – – der Gattung *Urophycis*	0303 66 90	–
– – Pazifischer Pollack (*Theragra chalcogramma*)	0303 67 00	–
– – Blauer Wittling (*Micromesistius poutassou*) und Südlicher Wittling (*Micromesistius australis*):		
– – – Blauer Wittling (*Micromesistius poutassou*)	0303 68 10	–
– – – Südlicher Wittling (*Micromesistius australis*)	0303 68 90	–
– – andere:		
– – – Polardorsch (*Boreogadus saida*)	0303 69 10	–
– – – Merlan (*Merlangius merlangus*)	0303 69 30	–
– – – Pollack (*Pollachius pollachius*)	0303 69 50	–
– – – Langschwanzseehecht (*Macruronus novaezelandiae*)	0303 69 70	–
– – – Leng (*Molva* spp.)	0303 69 80	–
– – – andere	0303 69 90	–
– andere Fische, ausgenommen genießbare Fischnebenerzeugnisse der Unterpositionen 0303 91 bis 0303 99:		
– – Haie:		
– – – Dornhaie (*Squalus acanthias*) und Katzenhaie (*Scyliorhinus* spp.)	0303 81 15	–
– – – Heringshaie (*Lamna nasus*)	0303 81 30	–
– – – Blauhaie (*Prionace glauca*)	0303 81 40	–
– – – andere	0303 81 90	–
– – Rochen (*Rajidae*)	0303 82 00	–
– – Zahnfische (*Dissostichus* spp.)	0303 83 00	–
– – Meerbarsche (Wolfsbarsche) (*Dicentrarchus* spp.):		
– – – Europäischer Wolfsbarsch (*Dicentrarchus labrax*)	0303 84 10	–
– – – andere	0303 84 90	–

Warenbezeichnung	Warennummer	Besondere Maßeinheit
– – andere:		
– – – Süßwasserfische	0303 89 10	–
– – – andere:		
● – – – – Fische der Gattung *Euthynnus*, ausgenommen Kawakawa (*Euthynnus affinis*), die unter die Unterposition 0303 59 fallen:		
– – – – – zum industriellen Herstellen von Waren der Position 1604	0303 89 21	–
– – – – – andere	0303 89 29	–
– – – – Rotbarsche, Goldbarsche oder Tiefenbarsche (*Sebastes* spp.):		
– – – – – der Art *Sebastes marinus*	0303 89 31	–
– – – – – andere	0303 89 39	–
– – – – Fische der Art *Orcynopsis unicolor*	0303 89 40	–
– – – – Zahnbrasse oder Meerbrasse (*Dentex dentex* oder *Pagellus* spp.)	0303 89 50	–
– – – – Goldbrassen (*Sparus aurata*)	0303 89 55	–
– – – – Brachsenmakrelen (*Brama* spp.)	0303 89 60	–
– – – – Seeteufel (*Lophius* spp.)	0303 89 65	–
– – – – Rosa Kingklip (*Genypterus blacodes*)	0303 89 70	–
– – – – andere	0303 89 90	–
– Fischlebern, Fischrogen und Fischmilch, Fischflossen, Köpfe, Schwänze, Fischblasen und andere genießbare Fischnebenerzeugnisse:		
– – Fischlebern, Fischrogen und Fischmilch:		
– – – Fischrogen und Fischmilch, zum Herstellen von Desoxyribonucleinsäure oder Protaminsulfat	0303 91 10	–
– – – andere	0303 91 90	–
– – Haifischflossen	0303 92 00	–
– – andere	0303 99 00	–
Fischfilets und anderes Fischfleisch (auch fein zerkleinert), frisch, gekühlt oder gefroren:	**0304**	
– frische oder gekühlte Fischfilets von Tilapia (*Oreochromis* spp.), Welsen (*Pangasius* spp., *Silurus* spp., *Clarias* spp., *Ictalurus* spp.), Karpfen (*Cyprinus* spp., *Carassius* spp., *Ctenopharyngodon idellus*, *Hypophthalmichthys* spp., *Cirrhinus* spp., *Mylopharyngodon piceus*, *Catla catla*, *Labeo* spp., *Osteochilus hasselti*, *Leptobarbus hoeveni*, *Megalobrama* spp.), Aalen (*Anguilla* spp.), vom Nilbarsch (*Lates niloticus*) und von Schlangenkopffischen (*Channa* spp.):		
– – von Tilapia (*Oreochromis* spp.)	0304 31 00	–
– – von Welsen (*Pangasius* spp., *Silurus* spp., *Clarias* spp., *Ictalurus* spp.)	0304 32 00	–
– – vom Nilbarsch (*Lates niloticus*)	0304 33 00	–
– – andere	0304 39 00	–
– Frische oder gekühlte Filets von anderen Fischen:		
– – vom Pazifischen Lachs (*Oncorhynchus nerka*, *Oncorhynchus gorbuscha*, *Oncorhynchus keta*, *Oncorhynchus tschawytscha*, *Oncorhynchus kisutch*, *Oncorhynchus masou* und *Oncorhynchus rhodurus*), Atlantischen Lachs (*Salmo salar*) und Donaulachs (*Hucho hucho*)	0304 41 00	–
– – von Forellen (*Salmo trutta*, *Oncorhynchus mykiss*, *Oncorhynchus clarki*, *Oncorhynchus aguabonita*, *Oncorhynchus gilae*, *Oncorhynchus apache* und *Oncorhynchus chrysogaster*):		
– – – der Art *Oncorhynchus mykiss* mit einem Stückgewicht von mehr als 400 g	0304 42 10	–
– – – der Arten *Oncorhynchus apache* und *Oncorhynchus chrysogaster*	0304 42 50	–
– – – andere	0304 42 90	–
– – von Plattfischen (Pleuronectidae, Bothidae, Cynoglossidae, Soleidae, Scophthalmidae und Citharidae)	0304 43 00	–

Warenbezeichnung	Warennummer	Besondere Maßeinheit
– – von Fischen der Familien Bregmacerotidae, Euclichthyidae, Gadidae, Macrouridae, Melanonidae, Merlucciidae, Moridae und Muraenolepididae:		
– – – vom Kabeljau (*Gadus morhua*, *Gadus ogac*, *Gadus macrocephalus*) und vom Polardorsch (*Boreogadus saida*)	0304 44 10	–
– – – vom Köhler (*Pollachius virens*)	0304 44 30	–
– – – andere	0304 44 90	–
– – vom Schwertfisch (*Xiphias gladius*)	0304 45 00	–
– – von Zahnfischen (*Dissostichus* spp.)	0304 46 00	–
– – von Haien:		
– – – Dornhaie (*Squalus acanthias*) und Katzenhaie (*Scyliorhinus* spp.)	0304 47 10	–
– – – Heringshaie (*Lamna nasus*)	0304 47 20	–
– – – Blauhaie (*Prionace glauca*)	0304 47 30	–
– – – andere	0304 47 90	–
– – von Rochen (*Rajidae*)	0304 48 00	–
– – andere:		
– – – von Süßwasserfischen	0304 49 10	–
– – – andere:		
– – – – vom Rotbarsch, Goldbarsch oder Tiefenbarsch (Sebastes spp.)	0304 49 50	–
– – – – andere	0304 49 90	–
– andere, frisch oder gekühlt:		
– – von Tilapia (*Oreochromis* spp.), Welsen (*Pangasius* spp., *Silurus* spp., *Clarias* spp., *Ictalurus* spp.), Karpfen (*Cyprinus* spp., *Carassius* spp., *Ctenopharyngodon idellus*, *Hypophthalmichthys* spp., *Cirrhinus* spp., *Mylopharyngodon piceus*, *Catla catla*, *Labeo* spp., *Osteochilus hasselti*, *Leptobarbus hoeveni*, *Megalobrama* spp.) , Aalen (*Anguilla* spp.), vom Nilbarsch (*Lates niloticus*) und von Schlangenkopffischen (*Channa* spp.)	0304 51 00	–
– – von Salmoniden	0304 52 00	–
– – von Fischen der Familien Bregmacerotidae, Euclichthyidae, Gadidae, Macrouridae, Melanonidae, Merlucciidae, Moridae und Muraenolepididae	0304 53 00	–
– – vom Schwertfisch (*Xiphias gladius*)	0304 54 00	–
– – von Zahnfischen (*Dissostichus* spp.)	0304 55 00	–
– – von Haien:		
– – – Dornhaie (*Squalus acanthias*) und Katzenhaie (*Scyliorhinus* spp.)	0304 56 10	–
– – – Heringshaie (*Lamna nasus*)	0304 56 20	–
– – – Blauhaie (*Prionace glauca*)	0304 56 30	–
– – – andere	0304 56 90	–
– – von Rochen (*Rajidae*)	0304 57 00	–
– – andere:		
– – – von Süßwasserfischen	0304 59 10	–
– – – andere:		
– – – – Heringslappen	0304 59 50	–
– – – – anderes	0304 59 90	–
– gefrorene Fischfilets von Tilapia (*Oreochromis* spp.), Welsen (*Pangasius* spp., *Silurus* spp., *Clarias* spp., *Ictalurus* spp.), Karpfen (*Cyprinus* spp., *Carassius* spp., *Ctenopharyngodon idellus*, *Hypophthalmichthys* spp., *Cirrhinus* spp., *Mylopharyngodon piceus*, *Catla catla*, *Labeo* spp., *Osteochilus hasselti*, *Leptobarbus hoeveni*, *Megalobrama* spp.), Aalen (*Anguilla* spp.), vom Nilbarsch (*Lates niloticus*) und von Schlangenkopffischen (*Channa* spp.):		
– – von Tilapia (*Oreochromis* spp.)	0304 61 00	–
– – von Welsen (*Pangasius* spp., *Silurus* spp., *Clarias* spp., *Ictalurus* spp.)	0304 62 00	–
– – vom Nilbarsch (*Lates niloticus*)	0304 63 00	–
– – andere	0304 69 00	–

Warenbezeichnung	Warennummer	Besondere Maßeinheit
– Gefrorene Filets von Fischen der Familien Bregmacerotidae, Euclichthyidae, Gadidae, Macrouridae, Melanonidae, Merlucciidae, Moridae und Muraenolepididae:		
– – vom Kabeljau (*Gadus morhua*, *Gadus ogac*, *Gadus macrocephalus*):		
– – – vom Kabeljau der Art *Gadus macrocephalus*	0304 71 10	–
– – – andere	0304 71 90	–
– – vom Schellfisch (*Melanogrammus aeglefinus*)	0304 72 00	–
– – vom Köhler (*Pollachius virens*)	0304 73 00	–
– – von Seehechten (*Merluccius* spp., *Urophycis* spp.):		
– – – der Gattung *Merluccius*:		
– – – – von Kap-Hechten (*Merluccius capensis*) und von Tiefenwasser-Kapseehechten (*Merluccius paradoxus*)	0304 74 11	–
– – – – von Patagonischen Seehechten (*Merluccius hubbsi*)	0304 74 15	–
– – – – andere	0304 74 19	–
– – – der Gattung *Urophycis*	0304 74 90	–
– – vom Pazifischen Pollack (*Theragra chalcogramma*)	0304 75 00	–
– – andere:		
– – – vom Polardorsch (*Boreogadus saida*)	0304 79 10	–
– – – vom Merlan (*Merlangius merlangus*)	0304 79 30	–
– – – vom Langschwanzseehecht (*Macruronus novaezelandiae*)	0304 79 50	–
– – – vom Leng (*Molva* spp.)	0304 79 80	–
– – – andere	0304 79 90	–
– Gefrorene Filets von anderen Fischen:		
– – vom Pazifischen Lachs (*Oncorhynchus nerka*, *Oncorhynchus gorbuscha*, *Oncorhynchus keta*, *Oncorhynchus tschawytscha*, *Oncorhynchus kisutch*, *Oncorhynchus masou* und *Oncorhynchus rhodurus*), Atlantischen Lachs (*Salmo salar*) und Donaulachs (*Hucho hucho*)	0304 81 00	–
– – von Forellen (*Salmo trutta*, *Oncorhynchus mykiss*, *Oncorhynchus clarki*, *Oncorhynchus aguabonita*, *Oncorhynchus gilae*, *Oncorhynchus apache* und *Oncorhynchus chrysogaster*):		
– – – der Art *Oncorhynchus mykiss* mit einem Stückgewicht von mehr als 400 g	0304 82 10	–
– – – der Arten *Oncorhynchus apache* und *Oncorhynchus chrysogaster*	0304 82 50	–
– – – andere	0304 82 90	–
– – von Plattfischen (Pleuronectidae, Bothidae, Cynoglossidae, Soleidae, Scophthalmidae und Citharidae):		
– – – von Schollen oder Goldbutt (*Pleuronectes platessa*)	0304 83 10	–
– – – von Flundern (*Platichthys flesus*)	0304 83 30	–
– – – vom Scheefschnut bzw. Flügelbutt (*Lepidorhombus* spp.)	0304 83 50	–
– – – andere	0304 83 90	–
– – vom Schwertfisch (*Xiphias gladius*)	0304 84 00	–
– – von Zahnfischen (*Dissostichus* spp.)	0304 85 00	–
– – vom Hering (*Clupea harengus*, *Clupea pallasii*)	0304 86 00	–
– – von Thunfischen der Gattung *Thunnus* und vom Echten Bonito (*Katsuwonus pelamis*)	0304 87 00	–
– – von Haien und Rochen (*Rajidae*):		
– – – von Haien:		
– – – – Dornhaie (*Squalus acanthias*) und Katzenhaie (*Scyliorhinus* spp.)	0304 88 11	–
– – – – Heringshaie (*Lamna nasus*)	0304 88 15	–
– – – – Blauhaie (*Prionace glauca*)	0304 88 18	–
– – – – andere	0304 88 19	–
– – – von Rochen (*Rajidae*)	0304 88 90	–

Warenbezeichnung	Warennummer	Besondere Maßeinheit
– – andere:		
– – – von Süßwasserfischen	0304 89 10	–
– – – andere:		
– – – – vom Rotbarsch, Goldbarsch oder Tiefenbarsch (*Sebastes* spp.):		
– – – – – der Art *Sebastes marinus*	0304 89 21	–
– – – – – andere	0304 89 29	–
● – – – – von Fischen der Gattung *Euthynnus*	0304 89 30	–
– – – – von Makrelen (*Scomber scombrus*, *Scomber australasicus*, *Scomber japonicus*) und von Fischen der Art *Orcynopsis unicolor*:		
– – – – – von Makrelen der Art *Scomber australasicus*	0304 89 41	–
– – – – – andere	0304 89 49	–
– – – – vom Seeteufel (*Lophius* spp.)	0304 89 60	–
– – – – andere	0304 89 90	–
– andere, gefroren:		
– – vom Schwertfisch (*Xiphias gladius*)	0304 91 00	–
– – von Zahnfischen (*Dissostichus* spp.)	0304 92 00	–
– – von Tilapia (*Oreochromis* spp.), Welsen (*Pangasius* spp., *Silurus* spp., *Clarias* spp., *Ictalurus* spp.), Karpfen (*Cyprinus* spp., *Carassius* spp., *Ctenopharyngodon idellus*, *Hypophthalmichthys* spp., *Cirrhinus* spp., *Mylopharyngodon piceus*, *Catla catla*, *Labeo* spp., *Osteochilus hasselti*, *Leptobarbus hoeveni*, *Megalobrama* spp.), Aalen (*Anguilla* spp.), vom Nilbarsch (*Lates niloticus*) und von Schlangenkopffischen (*Channa* spp.):		
– – – Surimi	0304 93 10	–
– – – anderes	0304 93 90	–
– – vom Pazifischen Pollack (*Theragra chalcogramma*):		
– – – Surimi	0304 94 10	–
– – – anderes	0304 94 90	–
– – von Fischen der Familien *Bregmacerotidae*, *Euclichthyidae*, *Gadidae*, *Macrouridae*, *Melanonidae*, *Merlucciidae*, *Moridae* und *Muraenolepididae*, andere als Pazifischer Pollack (*Theragra chalcogramma*):		
– – – Surimi	0304 95 10	–
– – – anderes:		
– – – – vom Kabeljau (*Gadus morhua*, *Gadus ogac*, *Gadus macrocephalus*) und vom Polardorsch (*Boreogadus saida*):		
– – – – – der Art *Gadus macrocephalus*	0304 95 21	–
– – – – – der Art *Gadus morhua*	0304 95 25	–
– – – – – anderes	0304 95 29	–
– – – – vom Schellfisch (*Melanogrammus aeglefinus*)	0304 95 30	–
– – – – vom Köhler (*Pollachius virens*)	0304 95 40	–
– – – – von Seehechten der Gattung *Merluccius*	0304 95 50	–
– – – – vom Blauen Wittling (*Micromesistius poutassou*)	0304 95 60	–
– – – – andere	0304 95 90	–
– – von Haien:		
– – – Dornhaie (*Squalus acanthias*) und Katzenhaie (*Scyliorhinus* spp.)	0304 96 10	–
– – – Heringshaie (*Lamna nasus*)	0304 96 20	–
– – – Blauhaie (*Prionace glauca*)	0304 96 30	–
– – – andere	0304 96 90	–
– – von Rochen (*Rajidae*)	0304 97 00	–

Warenbezeichnung	Warennummer	Besondere Maßeinheit
– – andere:		
– – – Surimi	0304 99 10	–
– – – anderes:		
– – – – von Süßwasserfischen	0304 99 21	–
– – – – anderes:		
– – – – – vom Hering (*Clupea harengus*, *Clupea pallasii*)	0304 99 23	–
– – – – – vom Rotbarsch, Goldbarsch oder Tiefenbarsch (*Sebastes* spp.)	0304 99 29	–
– – – – – vom Scheefschnut bzw. Flügelbutt (*Lepidorhombus* spp.)	0304 99 55	–
– – – – – von Brachsenmakrelen (*Brama* spp.)	0304 99 61	–
– – – – – vom Seeteufel (*Lophius* spp.)	0304 99 65	–
– – – – – anderes	0304 99 99	–
● **Fische, getrocknet, gesalzen oder in Salzlake; Fische geräuchert, auch vor oder während des Räucherns gegart:**	**0305**	
– Fischlebern, Fischrogen und Fischmilch, getrocknet, geräuchert, gesalzen oder in Salzlake	0305 20 00	–
– Fischfilets, getrocknet, gesalzen oder in Salzlake, jedoch nicht geräuchert:		
– – von Tilapia (*Oreochromis* spp.), Welsen (*Pangasius* spp., *Silurus* spp., *Clarias* spp., *Ictalurus* spp.), Karpfen (*Cyprinus* spp., *Carassius* spp., *Ctenopharyngodon idellus*, *Hypophthalmichthys* spp., *Cirrhinus* spp., *Mylopharyngodon piceus*, *Catla catla*, *Labeo* spp., *Osteochilus hasselti*, *Leptobarbus hoeveni*, *Megalobrama* spp.), Aalen (*Anguilla* spp.), vom Nilbarsch (*Lates niloticus*) und von Schlangenkopffischen (*Channa* spp.)	0305 31 00	–
– – von Fischen der Familien Bregmacerotidae, Euclichthyidae, Gadidae, Macrouridae, Melanonidae, Merlucciidae, Moridae und Muraenolepididae:		
– – – vom Kabeljau (*Gadus morhua*, *Gadus ogac*, *Gadus macrocephalus*) und vom Polardorsch (*Boreogadus saida*):		
– – – – der Art *Gadus macrocephalus*	0305 32 11	–
– – – – andere	0305 32 19	–
– – – andere	0305 32 90	–
– – andere:		
– – – vom Pazifischen Lachs (*Oncorhynchus nerka*, *Oncorhynchus gorbuscha*, *Oncorhynchus keta*, *Oncorhynchus tschawytscha*, *Oncorhynchus kisutch*, *Oncorhynchus masou* und *Oncorhynchus rhodurus*), Atlantischen Lachs (*Salmo salar*) und Donaulachs (*Hucho hucho*), gesalzen oder in Salzlake	0305 39 10	–
– – – vom Schwarzen Heilbutt (*Reinhardtius hippoglossoides*), gesalzen oder in Salzlake	0305 39 50	–
– – – andere	0305 39 90	–
– Fische, geräuchert, einschließlich Fischfilets, ausgenommen genießbare Fischnebenerzeugnisse:		
– – Pazifischer Lachs (*Oncorhynchus nerka*, *Oncorhynchus gorbuscha*, *Oncorhynchus keta*, *Oncorhynchus tschawytscha*, *Oncorhynchus kisutch*, *Oncorhynchus masou* und *Oncorhynchus rhodurus*), Atlantischer Lachs (*Salmo salar*) und Donaulachs (*Hucho hucho*)	0305 41 00	–
– – Heringe (*Clupea harengus*, *Clupea pallasii*)	0305 42 00	–
– – Forellen (*Salmo trutta*, *Oncorhynchus mykiss*, *Oncorhynchus clarki*, *Oncorhynchus aguabonita*, *Oncorhynchus gilae*, *Oncorhynchus apache* und *Oncorhynchus chrysogaster*)	0305 43 00	–

Warenbezeichnung	Warennummer	Besondere Maßeinheit
– – Tilapia (*Oreochromis* spp.), Welse (*Pangasius* spp., *Silurus* spp., *Clarias* spp., *Ictalurus* spp.), Karpfen (*Cyprinus* spp., *Carassius* spp., *Ctenopharyngodon idellus*, *Hypophthalmichthys* spp., *Cirrhinus* spp., *Mylopharyngodon piceus*, *Catla catla*, *Labeo* spp., *Osteochilus hasselti*, *Leptobarbus hoeveni*, *Megalobrama* spp.), Aale (*Anguilla* spp.), Nilbarsch (*Lates niloticus*) und Schlangenkopffische (*Channa* spp.):		
– – – Aale (*Anguilla* spp.)	0305 44 10	–
– – – andere	0305 44 90	–
– – andere:		
– – – Schwarzer Heilbutt (*Reinhardtius hippoglossoides*)	0305 49 10	–
– – – Atlantischer Heilbutt (*Hippoglossus hippoglossus*)	0305 49 20	–
– – – Makrelen (*Scomber scombrus*, *Scomber australasicus*, *Scomber japonicus*)	0305 49 30	–
– – – andere	0305 49 80	–
– Fische, getrocknet, ausgenommen genießbare Fischnebenerzeugnisse, auch gesalzen, jedoch nicht geräuchert:		
– – Kabeljau (*Gadus morhua*, *Gadus ogac*, *Gadus macrocephalus*):		
– – – getrocknet, nicht gesalzen (Stockfisch)	0305 51 10	–
– – – getrocknet und gesalzen (Klippfisch)	0305 51 90	–
– – Tilapia (*Oreochromis* spp.), Welse (*Pangasius* spp., *Silurus* spp., *Clarias* spp., *Ictalurus* spp.), Karpfen (*Cyprinus* spp., *Carassius* spp., *Ctenopharyngodon idellus*, *Hypophthalmichthys* spp., *Cirrhinus* spp., *Mylopharyngodon piceus*, *Catla catla*, *Labeo* spp., *Osteochilus hasselti*, *Leptobarbus hoeveni*, *Megalobrama* spp.), Aale (*Anguilla* spp.), Nilbarsch (*Lates niloticus*) und Schlangenkopffische (*Channa* spp.)	0305 52 00	–
– – Fische der Familien Bregmacerotidae, Euclichthyidae, Gadidae, Macrouridae, Melanonidae, Merlucciidae, Moridae und Muraenolepididae, andere als Kabeljau (*Gadus morhua*, *Gadus ogac*, *Gadus macrocephalus*):		
– – – Polardorsch (*Boreogadus saida*)	0305 53 10	–
– – – andere	0305 53 90	–
– – Heringe (*Clupea harengus*, *Clupea pallasii*), Sardellen (*Engraulis* spp.), Sardinen (*Sardina pilchardus*; *Sardinops* spp.), Sardinellen (*Sardinella* spp.), Sprotten (*Sprattus sprattus*), Makrelen (*Scomber scombrus*, *Scomber australasicus*, *Scomber japonicus*), Indische Makrelen (*Rastrelliger* spp.), Seerfische (*Scomberomorus* spp.), Jack und Stöcker (Bastardmakrelen) (*Trachurus* spp.), Buchsen, Crevallen (*Caranx* spp.), Offiziersbarsch (*Rachycentron canadum*), Silber Butterfische (*Pampus* spp.), Pazifischer Makrelenhecht (*Cololabis saira*), Scads (*Decapterus* spp.), Lodde (*Mallotus villosus*), Schwertfisch (*Xiphias gladius*), Kawakawa (*Euthynnus affinis*), Bonitos (*Sarda spp.*), Marline, Segelfische, Speerfische (*Istiophoridae*):		
– – – Heringe (*Clupea harengus*, *Clupea pallasii*)	0305 54 30	–
– – – Sardellen (*Engraulis* spp.)	0305 54 50	–
– – – andere	0305 54 90	–
– – andere:		
– – – Atlantischer Heilbutt (*Hippoglossus hippoglossus*)	0305 59 70	–
– – – andere	0305 59 85	–
– Fische, gesalzen, jedoch weder getrocknet noch geräuchert, und Fische in Salzlake, ausgenommen genießbare Fischnebenerzeugnisse:		
– – Heringe (*Clupea harengus*, *Clupea pallasii*)	0305 61 00	–
– – Kabeljau (*Gadus morhua*, *Gadus ogac*, *Gadus macrocephalus*)	0305 62 00	–
– – Sardellen (*Engraulis* spp.)	0305 63 00	–

Warenbezeichnung	Warennummer	Besondere Maßeinheit
– – Tilapia (*Oreochromis* spp.), Welse (*Pangasius* spp., *Silurus* spp., *Clarias* spp., *Ictalurus* spp.), Karpfen (*Cyprinus* spp., *Carassius* spp., *Ctenopharyngodon idellus*, *Hypophthalmichthys* spp., *Cirrhinus* spp., *Mylopharyngodon piceus*, *Catla catla*, *Labeo* spp., *Osteochilus hasselti*, *Leptobarbus hoeveni*, *Megalobrama* spp.), Aale (*Anguilla* spp.), Nilbarsch (*Lates niloticus*) und Schlangenkopffische (*Channa* spp.)	0305 64 00	–
– – andere:		
– – – Polardorsch (*Boreogadus saida*)	0305 69 10	–
– – – Atlantischer Heilbutt (*Hippoglossus hippoglossus*)	0305 69 30	–
– – – Pazifischer Lachs (*Oncorhynchus nerka*, *Oncorhynchus gorbuscha*, *Oncorhynchus keta*, *Oncorhynchus tschawytscha*, *Oncorhynchus kisutch*, *Oncorhynchus masou* und *Oncorhynchus rhodurus*), Atlantischer Lachs (*Salmo salar*) und Donaulachs (*Hucho hucho*)	0305 69 50	–
– – – andere	0305 69 80	–
– Fischflossen, Fischköpfe, Fischschwänze, Fischblasen und andere genießbare Fischnebenerzeugnisse:		
– – Haifischflossen	0305 71 00	–
– – Fischköpfe, Fischschwänze und Fischblasen	0305 72 00	–
– – andere	0305 79 00	–
● **Krebstiere, auch ohne Panzer, lebend, frisch, gekühlt, gefroren, getrocknet, gesalzen oder in Salzlake; Krebstiere, auch ohne Panzer, geräuchert, auch vor oder während des Räucherns gegart; Krebstiere in ihrem Panzer, in Wasser oder Dampf gekocht, auch gekühlt, gefroren, getrocknet, gesalzen oder in Salzlake:**	**0306**	
– gefroren:		
– – Langusten (*Palinurus* spp., *Panulirus* spp., *Jasus* spp.):		
– – – Langustenschwänze	0306 11 10	–
– – – andere	0306 11 90	–
– – Hummer (*Homarus* spp.):		
– – – ganz	0306 12 10	–
– – – andere	0306 12 90	–
– – Krabben:		
– – – Krabben der Arten *Paralithodes camchaticus*, *Chionoecetes* spp. oder *Callinectes sapidus*	0306 14 10	–
– – – Taschenkrebse der Art *Cancer pagurus*	0306 14 30	–
– – – andere	0306 14 90	–
– – Kaisergranate (*Nephrops norvegicus*)	0306 15 00	–
– – Kaltwassergarnelen (*Pandalus* spp., *Crangon crangon*):		
– – – Garnelen der Art *Crangon crangon*	0306 16 91	–
– – – andere	0306 16 99	–
– – andere Garnelen:		
– – – Rosa Geißelgarnelen (*Parapenaeus longirostris*)	0306 17 91	–
– – – Garnelen der Gattung *Penaeus*	0306 17 92	–
– – – Garnelen der Familie Pandalidae, andere als der Gattung *Pandalus*	0306 17 93	–
– – – Garnelen der Gattung *Crangon*, andere als der *Crangon crangon*	0306 17 94	–
– – – andere	0306 17 99	–
● **– – andere:**		
– – – Süßwasserkrebse	0306 19 10	–
■ – – – andere	0306 19 90	–

Warenbezeichnung	Warennummer	Besondere Maßeinheit
– lebend, frisch oder gekühlt:		
– – Langusten (*Palinurus* spp., *Panulirus* spp., *Jasus* spp.)	0306 31 00	–
– – Hummer (*Homarus* spp.):		
– – – lebend	0306 32 10	–
– – – andere:		
– – – – ganz	0306 32 91	–
– – – – andere	0306 32 99	–
– – Krabben:		
– – – Taschenkrebse der Art *Cancer pagurus*	0306 33 10	–
– – – andere	0306 33 90	–
– – Kaisergranate (*Nephrops norvegicus*)	0306 34 00	–
– – Kaltwassergarnelen (*Pandalus* spp., *Crangon crangon*):		
– – – Garnelen der Art *Crangon crangon*:		
– – – – frisch oder gekühlt	0306 35 10	–
– – – – andere	0306 35 50	–
– – – andere	0306 35 90	–
– – andere Garnelen:		
– – – Garnelen der Familie Pandalidae, andere als der Gattung *Pandalus*	0306 36 10	–
– – – Garnelen der Gattung *Crangon*, andere als der Art *Crangon crangon*	0306 36 50	–
– – – andere	0306 36 90	–
● **– – andere:**		
– – – Süßwasserkrebse	0306 39 10	–
■ – – – andere	0306 39 90	–
– andere:		
– – Langusten (*Palinurus* spp., *Panulirus* spp., *Jasus* spp.)	0306 91 00	–
– – Hummer (*Homarus* spp.):		
– – – ganz	0306 92 10	–
– – – andere	0306 92 90	–
– – Krabben:		
– – – Taschenkrebse der Art *Cancer pagurus*	0306 93 10	–
– – – andere	0306 93 90	–
– – Kaisergranate (*Nephrops norvegicus*)	0306 94 00	–
– – Garnelen:		
– – – Kaltwassergarnelen (*Pandalus* spp., *Crangon crangon*):		
– – – – Garnelen der Art *Crangon crangon*:		
– – – – – nur in Wasser oder Dampf gekocht	0306 95 11	–
– – – – – andere	0306 95 19	–
– – – – Garnelen der Gattung *Pandalus* spp.	0306 95 20	–
– – – andere Garnelen:		
– – – – Garnelen der Familie Pandalidae, andere als der Gattung *Pandalus*	0306 95 30	–
– – – – Garnelen der Gattung *Crangon*, andere als der Art *Crangon crangon*	0306 95 40	–
– – – – andere	0306 95 90	–
● **– – andere:**		
– – – Süßwasserkrebse	0306 99 10	–
■ – – – andere	0306 99 90	–

Warenbezeichnung	Warennummer	Besondere Maßeinheit
● **Weichtiere, auch ohne Schale, lebend, frisch, gekühlt, gefroren, getrocknet, gesalzen oder in Salzlake; Weichtiere, auch ohne Schale, geräuchert, auch vor oder während des Räucherns gegart:**	**0307**	
– Austern:		
– – lebend, frisch oder gekühlt:		
– – – flache Austern (*Ostrea* spp.), lebend, mit einem Stückgewicht einschließlich Schale von 40 g oder weniger	0307 11 10	–
– – – andere	0307 11 90	–
– – gefroren	0307 12 00	–
– – andere	0307 19 00	–
● **– Kamm-Muscheln und andere Weichtiere der Familie Pectinidae:**		
● **– – lebend, frisch oder gekühlt:**		
● – – – Kamm-Muscheln und Pilger-Muscheln der Gattungen *Pecten, Chlamys* oder *Placopecten*	0307 21 10	–
● – – – andere	0307 21 90	–
● **– – gefroren:**		
● – – – Kamm-Muscheln und Pilger-Muscheln der Gattungen *Pecten, Chlamys* oder *Placopecten*:		
● – – – – große Pilger-Muscheln *(Pecten maximus)*	0307 22 10	–
● – – – – andere	0307 22 90	–
● – – – andere	0307 22 95	–
● **– – andere:**		
● – – – Kamm-Muscheln und Pilger-Muscheln der Gattungen *Pecten, Chlamys* oder *Placopecten*	0307 29 10	–
● – – – andere	0307 29 90	–
– Miesmuscheln (*Mytilus* spp., *Perna* spp.):		
– – lebend, frisch oder gekühlt:		
– – – *Mytilus* spp.	0307 31 10	–
– – – *Perna* spp.	0307 31 90	–
– – gefroren:		
– – – *Mytilus* spp.	0307 32 10	–
– – – *Perna* spp.	0307 32 90	–
– – andere:		
– – – *Mytilus* spp.	0307 39 20	–
– – – *Perna* spp.	0307 39 80	–
– Tintenfische und Kalmare:		
– – lebend, frisch oder gekühlt:		
– – – Tintenfische (*Sepia officinalis, Rossia macrosoma, Sepiola* spp.)	0307 42 10	–
– – – *Loligo* spp.	0307 42 20	–
– – – *Ommastrephes* spp., *Nototodarus* spp., *Sepioteuthis* spp.	0307 42 30	–
– – – Pfeilkalmar (*Todarodes sagittatus*)	0307 42 40	–
– – – *andere*	0307 42 90	–
– – gefroren:		
– – – *Sepia officinalis, Rossia macrosoma, Sepiola* spp.:		
– – – – *Sepiola* spp.:		
– – – – – *Sepiola rondeleti*	0307 43 21	–
– – – – – andere	0307 43 25	–
– – – – *Sepia officinalis, Rossia macrosoma*	0307 43 29	–
– – – *Loligo* spp.:		
– – – – *Loligo vulgaris*	0307 43 31	–
– – – – *Loligo pealei*	0307 43 33	–
– – – – *Loligo gahi*	0307 43 35	–
– – – – andere	0307 43 38	–

Warenbezeichnung	Warennummer	Besondere Maßeinheit
– – – *Ommastrephes* spp., ausgenommen *Ommastrephes sagittatus*, *Nototodarus* spp., *Sepioteuthis* spp.	0307 43 91	–
– – – *Illex* spp.	0307 43 92	–
– – – *Todarodes sagittatus* (*Ommastrephes sagittatus*)	0307 43 95	–
– – – andere	0307 43 99	–
– – andere:		
– – – *Sepia officinalis*, *Rossia macrosoma*, *Sepiola* spp.	0307 49 20	–
– – – *Loligo* spp.	0307 49 40	–
– – – *Ommastrephes* spp. ausgenommen *Ommastrephes sagittatus*, *Nototodarus* spp., *Sepioteuthis* spp.	0307 49 50	–
– – – *Todarodes sagittatus* (*Ommastrephes sagittatus*)	0307 49 60	–
– – – andere	0307 49 80	–
– Kraken (*Octopus* spp.):		
– – lebend, frisch oder gekühlt	0307 51 00	–
– – gefroren	0307 52 00	–
– – andere	0307 59 00	–
– Schnecken, ausgenommen Meeresschnecken	0307 60 00	–
– Venusmuscheln, Herzmuscheln und Archemuscheln (Familien Arcidae, Arcticidae, Cardiidae, Donacidae, Hiatellidae, Mactridae, Mesodesmatidae, Myidae, Semelidae, Solecurtidae, Solenidae, Tridacnidae und Veneridae):		
– – lebend, frisch oder gekühlt	0307 71 00	–
– – gefroren:		
– – – Sandklaffmuscheln und andere Weichtiere der Familie Veneridae	0307 72 10	–
– – – andere	0307 72 90	–
– – andere	0307 79 00	–
– Seeohren (*Haliotis* spp.) und Fechterschnecken (*Strombus* spp.):		
– – Seeohren (*Haliotis* spp.), lebend, frisch oder gekühlt	0307 81 00	–
– – Fechterschnecken (*Strombus* spp.), lebend, frisch oder gekühlt	0307 82 00	–
– – Seeohren (*Haliotis* spp.), gefroren	0307 83 00	–
– – Fechterschnecken (*Strombus* spp.), gefroren	0307 84 00	–
– – andere Seeohren (*Haliotis* spp.)	0307 87 00	–
– – andere Fechterschnecken (*Strombus* spp.)	0307 88 00	–
● **– andere:**		
■ **– – lebend, frisch oder gekühlt**	0307 91 00	–
■ **– – gefroren**	0307 92 00	–
■ **– – andere**	0307 99 00	–
● **Wirbellose Wassertiere, andere als Krebstiere und Weichtiere, lebend, frisch, gekühlt, gefroren, getrocknet, gesalzen oder in Salzlake; wirbellose Wassertiere, andere als Krebstiere und Weichtiere, geräuchert, auch vor oder während des Räucherns gegart:**	**0308**	
– Seegurken (*Stichopus japonicus*, Holothurioidea):		
– – lebend, frisch oder gekühlt	0308 11 00	–
– – gefroren	0308 12 00	–
– – andere	0308 19 00	–
– Seeigel (*Strongylocentrotus* spp., *Paracentrotus lividus*, *Loxechinus albus*, *Echinus esculentus*):		
– – lebend, frisch oder gekühlt	0308 21 00	–
– – gefroren	0308 22 00	–
– – andere	0308 29 00	–

	Warenbezeichnung	Warennummer	Besondere Maßeinheit
	– Quallen (*Rhopilema* spp.):		
	– – gefroren	0308 30 50	–
	– – andere	0308 30 80	–
	– andere:		
	– – lebend, frisch oder gekühlt	0308 90 10	–
	– – gefroren	0308 90 50	–
■	– – andere	0308 90 90	–
●	**Mehl, Pulver und Pellets von Fischen, Krebstieren, Weichtieren oder anderen wirbellosen Wassertieren, genießbar:**	**0309**	
●	**– von Fischen**	0309 10 00	–
●	**– andere**	0309 90 00	–

Kapitel 4

Milch und Milcherzeugnisse; Vogeleier; natürlicher Honig; genießbare Waren tierischen Ursprungs, anderweit weder genannt noch inbegriffen

Anmerkungen

1. Als Milch gelten Vollmilch sowie teilweise oder vollständig entrahmte Milch.
2. Joghurt im Sinne der Position 0403 kann eingedickt oder aromatisiert sein und Zusätze von Zucker oder anderen Süßmitteln, Früchten, Nüssen, Kakao, Schokolade, Gewürzen, Kaffee oder Kaffeeextrakten, Pflanzen, Pflanzenteilen, Getreide oder Backwaren enthalten, sofern keiner der zugesetzten Stoffe dazu dient, natürliche Milchbestandteile ganz oder teilweise zu ersetzen, und die Ware ihren wesentlichen Charakter als Joghurt behält.
3. Im Sinne der Position 0405 gelten als:
   a) Butter: ausschließlich aus Milch hergestellte natürliche Butter, Molkenbutter und rekombinierte Butter (frisch, gesalzen oder ranzig, einschließlich Butter in luftdicht verschlossenen Behältnissen), mit einem Milchfettgehalt von 80 GHT oder mehr, jedoch nicht mehr als 95 GHT, einem Gehalt an fettfreier Milchtrockenmasse von höchstens 2 GHT und einem Wassergehalt von höchstens 16 GHT. Butter enthält keine Zusätze von Emulgatoren, kann aber Natriumchlorid, Lebensmittelfarbstoffe, Salze aus der Neutralisierung und unschädliche Milchsäurebakterien enthalten;
   b) Milchstreichfette: kein anderes Fett als Milchfett enthaltende streichfähige Wasser-in-Öl-Emulsionen, mit einem Milchfettgehalt von 39 GHT oder mehr, jedoch weniger als 80 GHT.
4. Erzeugnisse, die durch Eindicken von Molke mit Zusatz von Milch oder Milchfett gewonnen werden, gehören als Käse zu Position 0406, wenn sie die nachstehenden drei Merkmale aufweisen:
   a) einen Milchfettgehalt, bezogen auf die Trockenmasse, von 5 GHT oder mehr;
   b) einen Trockenmassegehalt von 70 bis 85 GHT;
   c) sie geformt sind oder geformt werden können.
5. Zu Kapitel 4 gehören nicht:
   a) nicht lebende Insekten, ungenießbar (Position 0511);
   b) aus Molke hergestellte Erzeugnisse, die mehr als 95 GHT Lactose, berechnet als wasserfreie Lactose bezogen auf die Trockenmasse, enthalten (Position 1702);
   c) aus Milch hergestellte Erzeugnisse, bei denen ein oder auch mehrere natürliche Bestandteile der Milch (z. B. Milchfett) durch andere Stoffe (Pflanzenfett) ersetzt wurden (Position 1901 oder 2106); oder
   d) Albumine (einschließlich Konzentrate aus zwei oder mehr Molkenproteinen, die mehr als 80 GHT Molkenproteine bezogen auf die Trockenmasse enthalten) (Position 3502) oder Globuline (Position 3504).
6. Im Sinne der Position 0410 umfasst der Begriff „Insekten“ genießbare, nicht lebende Insekten, ganz oder in Teilen, frisch, gekühlt, gefroren, getrocknet, geräuchert, gesalzen oder in Salzlake sowie Mehl und Pulver von Insekten, genießbar. Er umfasst dagegen nicht genießbare, nicht lebende Insekten, in anderer Weise zubereitet oder haltbar gemacht (in der Regel Abschnitt IV).

Unterpositions-Anmerkungen

1. Im Sinne der Unterposition 0404 10 sind unter „modifizierter Molke“ Erzeugnisse aus Molkenbestandteilen zu verstehen, z. B. Molke, der die Lactose, die Proteine oder die Mineralstoffe ganz oder teilweise entzogen worden sind, oder Molke, der natürliche Molkenbestandteile zugesetzt worden sind, sowie Erzeugnisse, die durch Vermischen natürlicher Molkenbestandteile hergestellt worden sind.
2. Der Begriff „Butter“ im Sinne der Unterposition 0405 10 umfasst nicht entwässerte Butter und Ghee (Unterposition 0405 90).

Zusätzliche Anmerkungen

1. –
2. Für die Zwecke der Unterpositionen 0408 11 und 0408 19 gilt Folgendes:
   Der Begriff „anders haltbar gemacht" gilt auch für Eigelb, dem begrenzte Mengen an Salz (im Allgemeinen eine Menge von bis zu etwa 12 GHT) oder geringen Mengen an Chemikalien zum Zwecke der Haltbarmachung zugefügt wurden, sofern die beiden folgenden Bedingungen erfüllt sind:
   i) die Waren behalten den Charakter von Eigelb der Unterpositionen 0408 11 und 0408 19;
   ii) Salz oder Chemikalien dürfen nur in einer Menge verwendet werden, die zum Zweck der Haltbarmachung erforderlich ist.
3. Zu Milch und Milcherzeugnissen des Kapitels 4 gehören auch Molkereipermeate, die als Milcherzeugnisse durch einen hohen Gehalt an Lactose gekennzeichnet sind und durch Entzug von Milchfetten und Milcheiweißen aus Milch, Molke, Rahm und/oder süßer Buttermilch und/oder aus ähnlichen Rohstoffen durch Ultrafiltration oder sonstige Verarbeitungsverfahren gewonnen werden.
4. Für die Zwecke der Unterpositionen 0404 10 und 0404 90 gilt Folgendes:
   Milchpermeat und Molkenpermeat können analytisch durch das Vorhandensein von Stoffen (z. B. Milchsäure, Lactate und Glykomakropeptide), die mit der Molkenherstellung zusammenhängen, unterschieden werden.
   Zu Unterposition 0404 10 gehört ‚Molkenpermeat', ein Erzeugnis mit in der Regel leicht säuerlichem Geruch, das durch Ultrafiltration oder sonstige Verarbeitungsverfahren aus Molke oder Mischungen natürlicher Molkenbestandteile gewonnen wird.
   Das Vorhandensein von Stoffen, die mit der Herstellung von Molke zusammenhängen (z. B. Milchsäure, Lactate und Glykomakropeptide), ist eine Voraussetzung für die Einreihung von Molkenpermeaten in diese Unterposition.
   Zu Unterposition 0404 90 gehört ‚Milchpermeat', ein in der Regel nach Milch riechendes Erzeugnis, das durch Ultrafiltration oder sonstige Verarbeitungsverfahren aus Milch gewonnen wird. Das mengenmäßig begrenzte Vorhandensein oder das Fehlen von Milchsäure und Lactaten (weniger als 0,100 GHT in pulverförmigen Milchpermeaten oder weniger als 0,015 GHT in flüssigen Milchpermeaten) sowie das Fehlen von Glykomakropeptiden sind Voraussetzungen für die Einreihung von Milchpermeaten in Unterposition 0404 90.
   Lactate sind nach dem Verfahren ISO 8069:2005 und Labmolke (d. h. das Vorhandensein von Kaseinmakropeptiden wie Glykomakropeptide) nach dem Verfahren der Anlage II der Durchführungsverordnung (EU) 2018/150 der Kommission [1)] nachzuweisen.

Warenbezeichnung	Warennummer	Besondere Maßeinheit
Milch und Rahm, weder eingedickt noch mit Zusatz von Zucker oder anderen Süßmitteln:	**0401**	
– mit einem Milchfettgehalt von 1 GHT oder weniger:		
– – in unmittelbaren Umschließungen mit einem Inhalt von 2 l oder weniger	0401 10 10	–
– – andere	0401 10 90	–

1) Durchführungsverordnung (EU) 2018/150 der Kommission vom 30. Januar 2018 zur Änderung der Durchführungsverordnung (EU) 2016/1240 der Kommission in Bezug auf die Analyse und Qualitätsbewertung von Milch und Milcherzeugnissen, die für die öffentliche Intervention und die Beihilfe für die private Lagerhaltung in Betracht kommen (Abl. L 26, 31.1.2018, S. 14).

Warenbezeichnung	Warennummer	Besondere Maßeinheit
– mit einem Fettgehalt von mehr als 1 GHT, jedoch nicht mehr als 6 GHT:		
– – mit einem Milchfettgehalt von 3 GHT oder weniger:		
– – – in unmittelbaren Umschließungen mit einem Inhalt von 2 l oder weniger	0401 20 11	–
– – – andere	0401 20 19	–
– – mit einem Milchfettgehalt von mehr als 3 GHT:		
– – – in unmittelbaren Umschließungen mit einem Inhalt von 2 l oder weniger	0401 20 91	–
– – – andere	0401 20 99	–
– mit einem Fettgehalt von mehr als 6 GHT, jedoch nicht mehr als 10 GHT:		
– – in unmittelbaren Umschließungen mit einem Inhalt von 2 l oder weniger	0401 40 10	–
– – andere	0401 40 90	–
– mit einem Milchfettgehalt von mehr als 10 GHT:		
– – mit einem Milchfettgehalt von 21 GHT oder weniger:		
– – – in unmittelbaren Umschließungen mit einem Inhalt von 2 l oder weniger	0401 50 11	–
– – – andere	0401 50 19	–
– – mit einem Milchfettgehalt von mehr als 21 bis 45 GHT:		
– – – in unmittelbaren Umschließungen mit einem Inhalt von 2 l oder weniger	0401 50 31	–
– – – andere	0401 50 39	–
– – mit einem Milchfettgehalt von mehr als 45 GHT:		
– – – in unmittelbaren Umschließungen mit einem Inhalt von 2 l oder weniger	0401 50 91	–
– – – andere	0401 50 99	–
Milch und Rahm, eingedickt oder mit Zusatz von Zucker oder anderen Süßmitteln:	**0402**	
– in Pulverform, granuliert oder in anderer fester Form, mit einem Milchfettgehalt von 1,5 GHT oder weniger:		
– – ohne Zusatz von Zucker oder anderen Süßmitteln:		
– – – in unmittelbaren Umschließungen mit einem Gewicht des Inhalts von 2,5 kg oder weniger	0402 10 11	–
– – – andere	0402 10 19	–
– – andere:		
– – – in unmittelbaren Umschließungen mit einem Gewicht des Inhalts von 2,5 kg oder weniger	0402 10 91	–
– – – andere	0402 10 99	–
– in Pulverform, granuliert oder in anderer fester Form, mit einem Milchfettgehalt von mehr als 1,5 GHT:		
– – ohne Zusatz von Zucker oder anderen Süßmitteln:		
– – – mit einem Milchfettgehalt von 27 GHT oder weniger:		
– – – – in unmittelbaren Umschließungen mit einem Gewicht des Inhalts von 2,5 kg oder weniger	0402 21 11	–
– – – – andere	0402 21 18	–
– – – mit einem Milchfettgehalt von mehr als 27 GHT:		
– – – – in unmittelbaren Umschließungen mit einem Gewicht des Inhalts von 2,5 kg oder weniger	0402 21 91	–
– – – – andere	0402 21 99	–
– – andere:		
– – – mit einem Milchfettgehalt von 27 GHT oder weniger:		
– – – – Milch zur Ernährung von Säuglingen, in luftdicht verschlossenen Behältnissen mit einem Gewicht des Inhalts von 500 g oder weniger und mit einem Milchfettgehalt von mehr als 10 GHT	0402 29 11	–
– – – – andere:		
– – – – – in unmittelbaren Umschließungen mit einem Gewicht des Inhalts von 2,5 kg oder weniger	0402 29 15	–
– – – – – andere	0402 29 19	–

Warenbezeichnung	Warennummer	Besondere Maßeinheit
– – – mit einem Milchfettgehalt von mehr als 27 GHT:		
– – – – in unmittelbaren Umschließungen mit einem Gewicht des Inhalts von 2,5 kg oder weniger	0402 29 91	–
– – – – andere	0402 29 99	–
– andere:		
– – ohne Zusatz von Zucker oder anderen Süßmitteln:		
– – – mit einem Milchfettgehalt von 8 GHT oder weniger	0402 91 10	–
– – – mit einem Milchfettgehalt von mehr als 8 bis 10 GHT	0402 91 30	–
– – – mit einem Milchfettgehalt von mehr als 10 bis 45 GHT:		
– – – – in unmittelbaren Umschließungen mit einem Gewicht des Inhalts von 2,5 kg oder weniger	0402 91 51	–
– – – – andere	0402 91 59	–
– – – mit einem Milchfettgehalt von mehr als 45 GHT:		
– – – – in unmittelbaren Umschließungen mit einem Gewicht des Inhalts von 2,5 kg oder weniger	0402 91 91	–
– – – – andere	0402 91 99	–
– – andere:		
– – – mit einem Milchfettgehalt von 9,5 GHT oder weniger	0402 99 10	–
– – – mit einem Milchfettgehalt von mehr als 9,5 bis 45 GHT:		
– – – – in unmittelbaren Umschließungen mit einem Gewicht des Inhalts von 2,5 kg oder weniger	0402 99 31	–
– – – – andere	0402 99 39	–
– – – mit einem Milchfettgehalt von mehr als 45 GHT:		
– – – – in unmittelbaren Umschließungen mit einem Gewicht des Inhalts von 2,5 kg oder weniger	0402 99 91	–
– – – – andere	0402 99 99	–
● **Joghurt; Buttermilch, saure Milch und saurer Rahm, Kefir und andere fermentierte oder gesäuerte Milch (einschließlich Rahm), auch eingedickt oder aromatisiert, auch mit Zusatz von Zucker, anderen Süßmitteln, Früchten, Nüssen oder Kakao:**	**0403**	
– Joghurt:		
● – – weder aromatisiert noch mit Zusatz von Früchten, Nüssen, Kakao, Schokolade, Gewürze, Kaffee oder Kaffeeauszug, Pflanzen, Pflanzenteilen, Getreide oder Backwaren:		
– – – ohne Zusatz von Zucker oder anderen Süßmitteln, mit einem Milchfettgehalt von:		
● – – – – 3 GHT oder weniger	0403 20 11	–
● – – – – mehr als 3 bis 6 GHT	0403 20 13	–
● – – – – mehr als 6 GHT	0403 20 19	–
– – – anderer, mit einem Milchfettgehalt von:		
● – – – – 3 GHT oder weniger	0403 20 31	–
● – – – – mehr als 3 bis 6 GHT	0403 20 33	–
● – – – – mehr als 6 GHT	0403 20 39	–
● – – mit Zusatz von Schokolade, Gewürzen, Kaffee oder Kaffeeauszug, Pflanzen, Pflanzenteilen, Getreide oder Backwaren:		
● – – – weniger als 1,5 GHT Milchfett, 5 GHT Saccharose (einschließlich Invertzucker) oder Isoglucose, 5 GHT Glucose oder Stärke enthaltend	0403 20 41	–
● – – – anderer	0403 20 49	–
– – anderer, aromatisiert oder mit Zusatz von Früchten, Nüssen oder Kakao:		
– – – in Pulverform, granuliert oder in anderer fester Form, mit einem Milchfettgehalt von:		
● – – – – 1,5 GHT oder weniger	0403 20 51	–

Warenbezeichnung	Warennummer	Besondere Maßeinheit
● – – – – mehr als 1,5 bis 27 GHT	0403 20 53	–
● – – – – mehr als 27 GHT	0403 20 59	–
– – – anderer, mit einem Milchfettgehalt von:		
● – – – – 3 GHT oder weniger	0403 20 91	–
● – – – – mehr als 3 bis 6 GHT	0403 20 93	–
● – – – – mehr als 6 GHT	0403 20 99	–
– andere:		
– – weder aromatisiert noch mit Zusatz von Früchten, Nüssen oder Kakao:		
– – – in Pulverform, granuliert oder in anderer fester Form:		
– – – – ohne Zusatz von Zucker oder anderen Süßmitteln, mit einem Milchfettgehalt von:		
– – – – – 1,5 GHT oder weniger	0403 90 11	–
– – – – – mehr als 1,5 bis 27 GHT	0403 90 13	–
– – – – – mehr als 27 GHT	0403 90 19	–
– – – – andere, mit einem Milchfettgehalt von:		
– – – – – 1,5 GHT oder weniger	0403 90 31	–
– – – – – mehr als 1,5 bis 27 GHT	0403 90 33	–
– – – – – mehr als 27 GHT	0403 90 39	–
– – – andere:		
– – – – ohne Zusatz von Zucker oder anderen Süßmitteln, mit einem Milchfettgehalt von:		
– – – – – 3 GHT oder weniger	0403 90 51	–
– – – – – mehr als 3 bis 6 GHT	0403 90 53	–
– – – – – mehr als 6 GHT	0403 90 59	–
– – – – andere, mit einem Milchfettgehalt von:		
– – – – – 3 GHT oder weniger	0403 90 61	–
– – – – – mehr als 3 bis 6 GHT	0403 90 63	–
– – – – – mehr als 6 GHT	0403 90 69	–
– – aromatisiert oder mit Zusatz von Früchten, Nüssen oder Kakao:		
– – – in Pulverform, granuliert oder in anderer fester Form, mit einem Milchfettgehalt von:		
– – – – 1,5 GHT oder weniger	0403 90 71	–
– – – – mehr als 1,5 bis 27 GHT	0403 90 73	–
– – – – mehr als 27 GHT	0403 90 79	–
– – – andere, mit einem Milchfettgehalt von:		
– – – – 3 GHT oder weniger	0403 90 91	–
– – – – mehr als 3 bis 6 GHT	0403 90 93	–
– – – – mehr als 6 GHT	0403 90 99	–
Molke, auch eingedickt oder mit Zusatz von Zucker oder anderen Süßmitteln; Erzeugnisse, die aus natürlichen Milchbestandteilen bestehen, auch mit Zusatz von Zucker oder anderen Süßmitteln, anderweit weder genannt noch inbegriffen:	**0404**	
– Molke und modifizierte Molke, auch eingedickt oder mit Zusatz von Zucker oder anderen Süßmitteln:		
– – in Pulverform, granuliert oder in anderer fester Form:		
– – – ohne Zusatz von Zucker oder anderen Süßmitteln, mit einem Proteingehalt (Stickstoffgehalt x 6,38) von:		
– – – – 15 GHT oder weniger und mit einem Milchfettgehalt von:		
– – – – – 1,5 GHT oder weniger	0404 10 02	–
– – – – – mehr als 1,5 bis 27 GHT	0404 10 04	–
– – – – – mehr als 27 GHT	0404 10 06	–
– – – – mehr als 15 GHT und mit einem Milchfettgehalt von:		

Warenbezeichnung	Warennummer	Besondere Maßeinheit
– – – – – 1,5 GHT oder weniger	0404 10 12	–
– – – – – mehr als 1,5 bis 27 GHT	0404 10 14	–
– – – – – mehr als 27 GHT	0404 10 16	–
– – – andere, mit einem Proteingehalt (Stickstoffgehalt x 6,38) von:		
– – – – 15 GHT oder weniger und mit einem Milchfettgehalt von:		
– – – – – 1,5 GHT oder weniger	0404 10 26	–
– – – – – mehr als 1,5 bis 27 GHT	0404 10 28	–
– – – – – mehr als 27 GHT	0404 10 32	–
– – – – mehr als 15 GHT und mit einem Milchfettgehalt von:		
– – – – – 1,5 GHT oder weniger	0404 10 34	–
– – – – – mehr als 1,5 bis 27 GHT	0404 10 36	–
– – – – – mehr als 27 GHT	0404 10 38	–
– – andere:		
– – – ohne Zusatz von Zucker oder anderen Süßmitteln, mit einem Proteingehalt (Stickstoffgehalt x 6,38) von:		
– – – – 15 GHT oder weniger und mit einem Milchfettgehalt von:		
– – – – – 1,5 GHT oder weniger	0404 10 48	–
– – – – – mehr als 1,5 bis 27 GHT	0404 10 52	–
– – – – – mehr als 27 GHT	0404 10 54	–
– – – – mehr als 15 GHT und mit einem Milchfettgehalt von:		
– – – – – 1,5 GHT oder weniger	0404 10 56	–
– – – – – mehr als 1,5 bis 27 GHT	0404 10 58	–
– – – – – mehr als 27 GHT	0404 10 62	–
– – – andere, mit einem Proteingehalt (Stickstoffgehalt x 6,38) von:		
– – – – 15 GHT oder weniger und mit einem Milchfettgehalt von:		
– – – – – 1,5 GHT oder weniger	0404 10 72	–
– – – – – mehr als 1,5 bis 27 GHT	0404 10 74	–
– – – – – mehr als 27 GHT	0404 10 76	–
– – – – mehr als 15 GHT und mit einem Milchfettgehalt von:		
– – – – – 1,5 GHT oder weniger	0404 10 78	–
– – – – – mehr als 1,5 bis 27 GHT	0404 10 82	–
– – – – – mehr als 27 GHT	0404 10 84	–
– andere:		
– – ohne Zusatz von Zucker oder anderen Süßmitteln, mit einem Milchfettgehalt von:		
– – – 1,5 GHT oder weniger	0404 90 21	–
– – – mehr als 1,5 bis 27 GHT	0404 90 23	–
– – – mehr als 27 GHT	0404 90 29	–
– – andere, mit einem Milchfettgehalt von:		
– – – 1,5 GHT oder weniger	0404 90 81	–
– – – mehr als 1,5 bis 27 GHT	0404 90 83	–
– – – mehr als 27 GHT	0404 90 89	–
Butter und andere Fettstoffe aus der Milch; Milchstreichfette:	**0405**	
– Butter:		
– – mit einem Fettgehalt von 85 GHT oder weniger:		
– – – natürliche Butter:		
– – – – in unmittelbaren Umschließungen mit einem Gewicht des Inhalts von 1 kg oder weniger	0405 10 11	–
– – – – andere	0405 10 19	–
– – – rekombinierte Butter	0405 10 30	–

Warenbezeichnung	Warennummer	Besondere Maßeinheit
– – – Molkenbutter	0405 10 50	–
– – andere	0405 10 90	–
– Milchstreichfette:		
– – mit einem Fettgehalt von 39 GHT oder mehr, jedoch weniger als 60 GHT	0405 20 10	–
– – mit einem Fettgehalt von 60 GHT bis 75 GHT	0405 20 30	–
– – mit einem Fettgehalt von mehr als 75 GHT, jedoch weniger als 80 GHT	0405 20 90	–
– andere:		
– – mit einem Fettgehalt von 99,3 GHT oder mehr und mit einem Wassergehalt von 0,5 GHT oder weniger	0405 90 10	–
– – andere	0405 90 90	–
Käse und Quark:	**0406**	
– Frischkäse (nichtgereifter Käse), einschließlich Molkenkäse, und Quark:		
– – mit einem Fettgehalt von 40 GHT oder weniger:		
– – – Mozzarella, auch in Flüssigkeit	0406 10 30	–
– – – anderer	0406 10 50	–
– – anderer	0406 10 80	–
– Käse aller Art, gerieben oder in Pulverform	0406 20 00	–
– Schmelzkäse, weder gerieben noch in Pulverform:		
– – zu dessen Herstellung keine anderen Käsesorten als Emmentaler, Greyerzer und Appenzeller und gegebenenfalls als Zusatz auch Glarner Kräuterkäse (sogenannter Schabziger) verwendet worden sind, in Aufmachungen für den Einzelverkauf, mit einem Fettgehalt in der Trockenmasse von 56 GHT oder weniger	0406 30 10	–
– – andere:		
– – – mit einem Fettgehalt von 36 GHT oder weniger und mit einem Fettgehalt in der Trockenmasse von:		
– – – – 48 GHT oder weniger	0406 30 31	–
– – – – mehr als 48 GHT	0406 30 39	–
– – – mit einem Fettgehalt von mehr als 36 GHT	0406 30 90	–
– Blauschimmelkäse und anderer Käse mit Marmorierung des Teiges, hervorgerufen durch Penicillium roqueforti:		
– – Roquefort	0406 40 10	–
– – Gorgonzola	0406 40 50	–
– – andere	0406 40 90	–
– andere Käse:		
– – für die Verarbeitung	0406 90 01	–
– – andere:		
– – – Emmentaler	0406 90 13	–
– – – Greyerzer, Sbrinz	0406 90 15	–
– – – Bergkäse, Appenzeller	0406 90 17	–
– – – Fromage Fribourgeois, Vacherin Mont d'Or und Tête de Moine	0406 90 18	–
– – – Cheddar	0406 90 21	–
– – – Edamer	0406 90 23	–
– – – Tilsiter	0406 90 25	–
– – – Kashkaval	0406 90 29	–
– – – Feta	0406 90 32	–
– – – Kefalo-Tyri	0406 90 35	–
– – – Finlandia	0406 90 37	–
– – – Jarlsberg	0406 90 39	–
– – – andere:		
– – – – Schaf- oder Büffelkäse in Behältern, die Salzlake enthalten, oder in Beuteln aus Schaf- oder Ziegenfell	0406 90 50	–

Warenbezeichnung	Warennummer	Besondere Maßeinheit
– – – – andere:		
– – – – – mit einem Fettgehalt von 40 GHT oder weniger und mit einem Wassergehalt in der fettfreien Käsemasse von:		
– – – – – – 47 GHT oder weniger:		
– – – – – – – Grana Padano, Parmigiano Reggiano	0406 90 61	–
– – – – – – – Fiore Sardo, Pecorino	0406 90 63	–
– – – – – – – andere	0406 90 69	–
– – – – – – mehr als 47 bis 72 GHT:		
– – – – – – – Provolone	0406 90 73	–
– – – – – – – Maasdamer	0406 90 74	–
– – – – – – – Asiago, Caciocavallo, Montasio, Ragusano	0406 90 75	–
– – – – – – – Danbo, Fontal, Fontina, Fynbo, Havarti, Maribo, Samso	0406 90 76	–
– – – – – – – Gouda	0406 90 78	–
– – – – – – – Esrom, Italico, Kernhem, St. Nectaire, St. Paulin, Taleggio	0406 90 79	–
– – – – – – – Cantal, Cheshire, Wensleydale, Lancashire, Double Gloucester, Blarney, Colby, Monterey	0406 90 81	–
– – – – – – – Camembert	0406 90 82	–
– – – – – – – Brie	0406 90 84	–
– – – – – – – Kefalograviera, Kasseri	0406 90 85	–
– – – – – – – andere Käse, mit einem Wassergehalt in der fettfreien Käsemasse von:		
– – – – – – – – mehr als 47 bis 52 GHT	0406 90 86	–
– – – – – – – – mehr als 52 bis 62 GHT	0406 90 89	–
– – – – – – – – mehr als 62 bis 72 GHT	0406 90 92	–
– – – – – – – – mehr als 72 GHT	0406 90 93	–
– – – – – andere	0406 90 99	–
Vogeleier in der Schale, frisch, haltbar gemacht oder gekocht:	**0407**	
– Bruteier:		
– – von Hühnern (*Gallus domesticus*)	0407 11 00	St
– – andere:		
– – – von Hausgeflügel anderer Art als *Gallus domesticus*:		
– – – – von Truthühnern oder Gänsen	0407 19 11	St
– – – – andere	0407 19 19	St
– – – andere	0407 19 90	St
– andere Eier, frisch:		
– – von Hühnern (*Gallus domesticus*)	0407 21 00	1 000 St
– – andere:		
– – – von Hausgeflügel anderer Art als *Gallus domesticus*	0407 29 10	1 000 St
– – – andere	0407 29 90	St
– andere:		
– – von Hausgeflügel	0407 90 10	1 000 St
– – andere	0407 90 90	St

Warenbezeichnung	Warennummer	Besondere Maßeinheit
Vogeleier, nicht in der Schale, und Eigelb, frisch, getrocknet, in Wasser oder Dampf gekocht, geformt, gefroren oder anders haltbar gemacht, auch mit Zusatz von Zucker oder anderen Süßmitteln:	**0408**	
– Eigelb:		
– – getrocknet:		
– – – ungenießbar oder ungenießbar gemacht	0408 11 20	–
– – – anderes	0408 11 80	–
– – anderes:		
– – – ungenießbar oder ungenießbar gemacht	0408 19 20	–
– – – anderes:		
– – – – flüssig	0408 19 81	–
– – – – anderes, einschließlich gefroren	0408 19 89	–
– andere:		
– – getrocknet:		
– – – ungenießbar oder ungenießbar gemacht	0408 91 20	–
– – – andere	0408 91 80	–
– – andere:		
– – – ungenießbar oder ungenießbar gemacht	0408 99 20	–
– – – andere	0408 99 80	–
Natürlicher Honig	**0409 00 00**	–
● **Insekten und andere genießbare Waren tierischen Ursprungs, anderweit weder genannt noch inbegriffen:**	**0410**	
● **– Insekten:**		
● – – frisch, gekühlt oder gefroren	0410 10 10	–
● – – andere:		
● – – – genießbares Mehl von Fleisch oder von Schlachtnebenerzeugnissen	0410 10 91	–
● – – – anderes	0410 10 99	–
● **– andere**	0410 90 00	–

Kapitel 5

Andere Waren tierischen Ursprungs, anderweit weder genannt noch inbegriffen

Anmerkungen

1. Zu Kapitel 5 gehören nicht:
   a) genießbare Waren (ausgenommen flüssiges oder getrocknetes Tierblut und ganze oder zerteilte Därme, Blasen und Mägen von Tieren);
   b) Häute, Felle und Pelzfelle, ausgenommen Waren der Position 0505 und Schnitzel und ähnliche Abfälle roher Häute oder Felle der Position 0511 (Kapitel 41 oder 43);
   c) Spinnstoffe tierischen Ursprungs, ausgenommen Rosshaar und Rosshaarabfälle (Abschnitt XI);
   d) Pinselköpfe (Position 9603).
2. Menschenhaare, nach Längen ausgehechelt, nicht gleichgerichtet, gelten als roh (Position 0501).
3. Im Warenverzeichnis gelten als „Elfenbein" Stoffe aus den Stoßzähnen, Hörnern oder Hauern der Elefanten, des Nilpferdes, des Walrosses, des Narwals, des Nashorns und des Wildschweins sowie alle Tierzähne.
4. Im Warenverzeichnis gelten als „Rosshaar" die Haare aus Mähne oder Schweif der Tiere von der Art der Pferde oder Rinder. Zu Position 0511 gehören unter anderem Rosshaar und Rosshaarabfälle, auch in Aufmachung von Lagen, mit oder ohne Unterlage.

Warenbezeichnung	Warennummer	Besondere Maßeinheit
Menschenhaare, roh, auch gewaschen oder entfettet; Abfälle von Menschenhaar	**0501 00 00**	–
Borsten von Hausschweinen oder Wildschweinen; Dachshaare und andere Tierhaare zur Herstellung von Besen, Bürsten oder Pinseln; Abfälle dieser Borsten oder Haare:	**0502**	
– Borsten von Hausschweinen oder Wildschweinen und Abfälle dieser Borsten	0502 10 00	–
– andere	0502 90 00	–
Därme, Blasen und Mägen von anderen Tieren als Fischen, ganz oder zerteilt, frisch, gekühlt, gefroren, gesalzen, in Salzlake, getrocknet oder geräuchert	**0504 00 00**	–
Vogelbälge und andere Vogelteile, mit ihren Federn oder Daunen, Federn und Teile von Federn (auch beschnitten), Daunen, roh oder nur gereinigt, desinfiziert oder zum Haltbarmachen behandelt; Mehl und Abfälle von Federn oder Federteilen:	**0505**	
– Federn von der zum Füllen verwendeten Art; Daunen:		
– – roh	0505 10 10	–
– – andere	0505 10 90	–
– andere	0505 90 00	–

Warenbezeichnung	Warennummer	Besondere Maßeinheit
Knochen und Stirnbeinzapfen, roh, entfettet, einfach bearbeitet (aber nicht zugeschnitten), mit Säure behandelt oder entleimt; Mehl und Abfälle davon:	**0506**	
– Ossein und mit Säure behandelte Knochen	0506 10 00	–
– andere	0506 90 00	–
Elfenbein, Schildpatt, Fischbein (einschließlich Bartenfransen), Hörner, Geweihe, Hufe, Klauen, Krallen und Schnäbel, roh oder einfach bearbeitet, aber nicht zugeschnitten; Mehl und Abfälle davon:	**0507**	
– Elfenbein; Mehl und Abfälle von Elfenbein	0507 10 00	–
– andere	0507 90 00	–
Korallen und ähnliche Stoffe, roh oder einfach bearbeitet, aber nicht weiterverarbeitet; Schalen und Panzer von Weichtieren, Krebstieren oder Stachelhäutern und Schulp von Tintenfischen, roh oder einfach bearbeitet, aber nicht zugeschnitten; Mehl und Abfälle davon:	**0508**	
– Edelkoralle (*Corallium rubrum*)	0508 00 10	–
– andere	0508 00 90	–
Graue Ambra, Bibergeil, Zibet und Moschus; Kanthariden; Galle, auch getrocknet; Drüsen und andere tierische Stoffe, die zur Herstellung von Arzneiwaren verwendet werden, frisch, gekühlt, gefroren oder auf andere Weise vorläufig haltbar gemacht	**0510 00 00**	–
Waren tierischen Ursprungs, anderweit weder genannt noch inbegriffen; nichtlebende Tiere des Kapitels 1 oder 3, ungenießbar:	**0511**	
– Rindersperma	0511 10 00	St [1]
– andere:		
– – Waren aus Fischen oder Krebstieren, Weichtieren oder anderen wirbellosen Wassertieren; nicht lebende Tiere des Kapitels 3:		
– – – Abfälle von Fischen	0511 91 10	–
– – – andere	0511 91 90	–
– – andere:		
– – – Flechsen und Sehnen; Schnitzel und ähnliche Abfälle roher Häute oder Felle	0511 99 10	–
– – – natürliche Schwämme tierischen Ursprungs:		
– – – – roh	0511 99 31	–
– – – – andere	0511 99 39	–
– – – andere	0511 99 85	–

1) Portion (Spermamenge für eine Besamung)

Waren pflanzlichen Ursprungs

Anmerkung

1. In diesem Abschnitt gelten als "Pellets" Erzeugnisse, die entweder unmittelbar durch Pressen oder durch Zusatz eines Bindemittels in einer Menge von nicht mehr als 3 GHT zu Zylindern, Kügelchen usw. agglomeriert worden sind.

Kapitel 6

Lebende Pflanzen und Waren des Blumenhandels

Anmerkungen

1. Zu diesem Kapitel gehören, vorbehaltlich des zweiten Teils des Wortlauts der Position 0601, nur Waren, die gewöhnlich von Gärtnereien, von Baumschulen oder vom Blumenhandel zu Pflanz- oder Zierzwecken geliefert werden. Zu Kapitel 6 gehören jedoch nicht Kartoffeln, Speisezwiebeln, Schalotten, Knoblauch und andere Waren des Kapitels 7.
2. Sträuße, Blumenkörbe, Kränze und ähnliche Waren werden wie Blüten, Blattwerk usw. der Position 0603 oder 0604 eingereiht. Zutaten aus anderen Stoffen bleiben außer Betracht. Zu diesen Positionen gehören jedoch nicht Collagen und ähnliche dekorative Bildwerke der Position 9701.

Warenbezeichnung	Warennummer	Besondere Maßeinheit
Bulben, Zwiebeln, Knollen, Wurzelknollen, Luftwurzeln und Wurzelstöcke, ruhend, im Wachstum oder in Blüte; Zichorienpflanzen und -wurzeln (ausgenommen Zichorienwurzeln der Position 1212):	**0601**	
– Bulben, Zwiebeln, Knollen, Wurzelknollen, Luftwurzeln und Wurzelstöcke, ruhend:		
– – Hyazinthen	0601 10 10	St
– – Narzissen	0601 10 20	St
– – Tulpen	0601 10 30	St
– – Gladiolen	0601 10 40	St
– – andere	0601 10 90	St
– Bulben, Zwiebeln, Knollen, Wurzelknollen, Luftwurzeln und Wurzelstöcke, im Wachstum oder in Blüte; Zichorienpflanzen und -wurzeln:		
– – Zichorienpflanzen und -wurzeln	0601 20 10	–
– – Orchideen, Hyazinthen, Narzissen und Tulpen	0601 20 30	–
– – andere	0601 20 90	–
Andere lebende Pflanzen (einschließlich ihrer Wurzeln), Stecklinge und Pfropfreiser; Pilzmycel:	**0602**	
– Stecklinge, unbewurzelt, und Pfropfreiser:		
– – von Reben	0602 10 10	–
– – andere	0602 10 90	–
– Bäume, Sträucher und Büsche von genießbaren Früchten oder Nüssen, auch veredelt:		
– – Reben, bewurzelt, auch gepfropft	0602 20 10	–
– – andere:		
– – – wurzelnackt	0602 20 20	St
– – – andere:		
– – – – Zitruspflanzen	0602 20 30	St
– – – – andere	0602 20 80	St
– Rhododendren (Azaleen), auch veredelt	0602 30 00	St

Warenbezeichnung	Warennummer	Besondere Maßeinheit
– Rosen, auch veredelt	0602 40 00	St
– andere:		
– – Pilzmycel	0602 90 10	–
– – Ananaspflänzlinge	0602 90 20	–
– – Gemüsepflanzen und Erdbeerpflanzen	0602 90 30	–
– – andere:		
– – – Freilandpflanzen:		
– – – – Bäume und Sträucher:		
– – – – – Forstgehölze	0602 90 41	St
– – – – – andere:		
– – – – – – bewurzelte Stecklinge und Jungpflanzen	0602 90 45	St
– – – – – – andere:		
– – – – – – – wurzelnackt	0602 90 46	St
– – – – – – – andere:		
– – – – – – – – Nadelgehölze und immergrüne Pflanzen	0602 90 47	St
– – – – – – – – andere	0602 90 48	St
– – – – andere Freilandpflanzen	0602 90 50	–
– – – Zimmerpflanzen:		
– – – – bewurzelte Stecklinge und Jungpflanzen (ausgenommen Kakteen)	0602 90 70	St
– – – – andere:		
– – – – – Blütenpflanzen mit Knospen oder Blüten (ausgenommen Kakteen)	0602 90 91	St
– – – – – andere	0602 90 99	St
Blumen und Blüten sowie deren Knospen, geschnitten, zu Binde- oder Zierzwecken, frisch, getrocknet, gebleicht, gefärbt, imprägniert oder anders bearbeitet:	**0603**	
– frisch:		
– – Rosen	0603 11 00	St
– – Nelken	0603 12 00	St
– – Orchideen	0603 13 00	St
– – Chrysanthemen	0603 14 00	St
– – Lilien (*Lilium* spp.)	0603 15 00	St
– – andere:		
– – – Gladiolen	0603 19 10	St
– – – Hahnenfußgewächse	0603 19 20	St
– – – andere	0603 19 70	St
– andere	0603 90 00	–
Blattwerk, Blätter, Zweige und andere Pflanzenteile, ohne Blüten und Blütenknospen, sowie Gräser, Moose und Flechten, zu Binde- oder Zierzwecken, frisch, getrocknet, gebleicht, gefärbt, imprägniert oder anders bearbeitet:	**0604**	
– frisch:		
– – Moose und Flechten:		
– – – Rentierflechte	0604 20 11	–
– – – andere	0604 20 19	–
– – Weihnachtsbäume	0604 20 20	St
– – Zweige von Nadelgehölzen	0604 20 40	–
– – andere	0604 20 90	–
– andere:		
– – Moose und Flechten:		
– – – Rentierflechte	0604 90 11	–
– – – andere	0604 90 19	–
– – andere:		
– – – nur getrocknet	0604 90 91	–
– – – andere	0604 90 99	–

Kapitel 7

Gemüse, Pflanzen, Wurzeln und Knollen, die zu Ernährungszwecken verwendet werden

Anmerkungen

1. Zu Kapitel 7 gehören nicht Erzeugnisse zu Futterzwecken der Position 1214.
2. In den Positionen 0709 bis 0712 umfasst der Begriff „Gemüse“ auch genießbare Pilze, Trüffeln, Oliven, Kapern, Zucchini (Courgettes), Kürbisse, Auberginen, Zuckermais (*Zea mays* var. *saccharata*), Früchte der Gattungen *Capsicum* und *Pimenta*, Fenchel und Küchenkräuter wie Petersilie, Kerbel, Estragon, Kresse und Majoran (*Majorana hortensis* oder *Origanum majorana*).
3. Zu Position 0712 gehören alle getrockneten Gemüse der in den Positionen 0701 bis 0711 erfassten Arten, ausgenommen:
   a) getrocknete ausgelöste Hülsenfrüchte (Position 0713);
   b) Zuckermais in Form von Waren der Positionen 1102 bis 1104;
   c) Mehl, Grieß, Pulver, Flocken, Granulat und Pellets von Kartoffeln (Position 1105);
   d) Mehl, Grieß und Pulver von getrockneten Hülsenfrüchten der Position 0713 (Position 1106).
4. Zu diesem Kapitel gehören jedoch nicht getrocknete oder gemahlene oder sonst zerkleinerte Früchte der Gattungen *Capsicum* oder *Pimenta* (Position 0904).
5. ● Zu Position 0711 gehört Gemüse, das lediglich zum Zwecke der vorläufigen Haltbarmachung während der Beförderung oder der Lagerung vor der Verwendung behandelt wurde (beispielsweise durch Schwefeldioxid oder in Wasser mit Zusatz von Salz, Schwefel oder anderen konservierenden Stoffen), sofern es in diesem Zustand nach wie vor nicht für den unmittelbaren Genuss geeignet ist.

Warenbezeichnung	Warennummer	Besondere Maßeinheit
Kartoffeln, frisch oder gekühlt:	**0701**	
– Pflanzkartoffeln	0701 10 00	–
– andere:		
– – zum Herstellen von Stärke	0701 90 10	–
– – andere:		
– – – Frühkartoffeln, vom 1. Januar bis 30. Juni	0701 90 50	–
– – – andere	0701 90 90	–
Tomaten, frisch oder gekühlt	**0702 00 00**	–
Speisezwiebeln, Schalotten, Knoblauch, Porree/Lauch und andere Gemüse der *Allium* spp., frisch oder gekühlt:	**0703**	
– Speisezwiebeln und Schalotten:		
– – Speisezwiebeln:		
– – – für Saatzwecke (Steckzwiebeln)	0703 10 11	–
– – – andere	0703 10 19	–
– – Schalotten	0703 10 90	–
– Knoblauch	0703 20 00	–
– Porree/Lauch und andere Gemüse der *Allium* spp.	0703 90 00	–

Warenbezeichnung	Warennummer	Besondere Maßeinheit
Kohl, Blumenkohl/Karfiol, Kohlrabi, Wirsingkohl und ähnliche genießbare Kohlarten der Gattung *Brassica*, frisch oder gekühlt:	**0704**	
– Blumenkohl/Karfiol und Brokkoli		
– – Blumenkohl/Karfiol	0704 10 10	–
– – anderer	0704 10 90	–
– Rosenkohl/Kohlsprosse	0704 20 00	–
– andere:		
– – Weißkohl und Rotkohl	0704 90 10	–
– – anderer	0704 90 90	–
Salate (*Lactuca sativa*) und Chicorée (*Cichorium* spp.), frisch oder gekühlt:	**0705**	
– Salate:		
– – Kopfsalat	0705 11 00	–
– – andere	0705 19 00	–
– Chicorée:		
– – Chicorée-Witloof (*Cichorium intybus* var. *foliosum*)	0705 21 00	–
– – andere	0705 29 00	–
Karotten und Speisemöhren, Speiserüben, Rote Rüben, Schwarzwurzeln, Knollensellerie, Rettiche und ähnliche genießbare Wurzeln, frisch oder gekühlt:	**0706**	
– Karotten und Speisemöhren, Speiserüben	0706 10 00	–
– andere:		
– – Knollensellerie	0706 90 10	–
– – Meerrettich/Kren (*Cochlearia armoracia*)	0706 90 30	–
– – andere	0706 90 90	–
Gurken und Cornichons, frisch oder gekühlt:	**0707**	
– Gurken	0707 00 05	–
– Cornichons	0707 00 90	–
Hülsenfrüchte, auch ausgelöst, frisch oder gekühlt:	**0708**	
– Erbsen (*Pisum sativum*)	0708 10 00	–
– Bohnen (*Vigna* spp., *Phaseolus* spp.)	0708 20 00	–
– andere Hülsenfrüchte	0708 90 00	–
Anderes Gemüse, frisch oder gekühlt:	**0709**	
– Spargel	0709 20 00	–
– Auberginen	0709 30 00	–
– Sellerie, ausgenommen Knollensellerie	0709 40 00	–
– Pilze und Trüffeln:		
– – Pilze der Gattung *Agaricus*	0709 51 00	–
– – Pilze der Gattung *Boletus*	0709 52 00	–
– – Pilze der Gattung *Cantharellus*	0709 53 00	–
– – Shiitake (*Lentinus edodes*)	0709 54 00	–
– – Matsutake (*Tricholoma matsutake, Tricholoma magnivelare, Tricholoma anatolicum, Tricholoma dulciolens, Tricholoma caligatum*)	0709 55 00	–
– – Trüffeln (*Tuber spp.*)	0709 56 00	–
– – andere	0709 59 00	–

Warenbezeichnung	Warennummer	Besondere Maßeinheit
– Früchte der Gattungen *Capsicum* oder *Pimenta*:		
– – Gemüsepaprika oder Paprika ohne brennenden Geschmack	0709 60 10	–
– – andere:		
– – – der Gattung *Capsicum*, zum industriellen Herstellen von Capsicin oder von alkoholhaltigen Capsicum-Oleoresinen	0709 60 91	–
– – – zum industriellen Herstellen von etherischen Ölen oder von Resinoiden	0709 60 95	–
– – – andere	0709 60 99	–
– Gartenspinat, Neuseelandspinat und Gartenmelde	0709 70 00	–
– andere:		
– – Artischocken	0709 91 00	–
– – Oliven:		
– – – zu anderen Zwecken als zur Ölgewinnung bestimmt	0709 92 10	–
– – – andere	0709 92 90	–
– – Kürbisse (*Cucurbita* spp.):		
– – – Zucchini (Courgettes)	0709 93 10	–
– – – andere	0709 93 90	–
– – andere:		
– – – Salate (ausgenommen solche der Art *Lactuca sativa* sowie Chicorée (*Cichorium* spp.))	0709 99 10	–
– – – Mangold und Karde	0709 99 20	–
– – – Kapern	0709 99 40	–
– – – Fenchel	0709 99 50	–
– – – Zuckermais	0709 99 60	–
– – – anderes	0709 99 90	–
Gemüse, auch in Wasser oder Dampf gekocht, gefroren:	**0710**	
– Kartoffeln	0710 10 00	–
– Hülsengemüse, auch ausgelöst:		
– – Erbsen (*Pisum sativum*)	0710 21 00	–
– – Bohnen (*Vigna* spp., *Phaseolus* spp.)	0710 22 00	–
– – anderes	0710 29 00	–
– Gartenspinat, Neuseelandspinat und Gartenmelde	0710 30 00	–
– Zuckermais	0710 40 00	–
– anderes Gemüse:		
– – Oliven	0710 80 10	–
– – Früchte der Gattungen *Capsicum* oder *Pimenta*:		
– – – Gemüsepaprika oder Paprika ohne brennenden Geschmack	0710 80 51	–
– – – andere	0710 80 59	–
– – Pilze:		
– – – der Gattung *Agaricus*	0710 80 61	–
– – – andere	0710 80 69	–
– – Tomaten	0710 80 70	–
– – Artischocken	0710 80 80	–
– – Spargel	0710 80 85	–
– – andere	0710 80 95	–
– Mischungen von Gemüsen	0710 90 00	–

Warenbezeichnung	Warennummer	Besondere Maßeinheit
● **Gemüse, vorläufig haltbar gemacht, zum unmittelbaren Genuss nicht geeignet:**	**0711**	
– Oliven:		
– – zu anderen Zwecken als zur Ölgewinnung bestimmt	0711 20 10	–
– – andere	0711 20 90	–
– Gurken und Cornichons	0711 40 00	–
– Pilze und Trüffeln:		
– – Pilze der Gattung *Agaricus*	0711 51 00	kg/net eda
– – andere	0711 59 00	–
– anderes Gemüse; Mischungen von Gemüse:		
– – Gemüse:		
– – – Früchte der Gattungen *Capsicum* oder *Pimenta*, ausgenommen Gemüsepaprika oder Paprika ohne brennenden Geschmack	0711 90 10	–
– – – Zuckermais	0711 90 30	–
– – – Speisezwiebeln	0711 90 50	–
– – – Kapern	0711 90 70	–
– – – anderes	0711 90 80	–
– – Mischungen von Gemüse	0711 90 90	–
Gemüse, getrocknet, auch in Stücke oder Scheiben geschnitten, als Pulver oder sonst zerkleinert, jedoch nicht weiter zubereitet:	**0712**	
– Speisezwiebeln	0712 20 00	–
– Pilze, Judasohrpilze (*Auricularia* spp.), Zitterpilze (*Tremella* spp.) und Trüffeln:		
– – Pilze der Gattung *Agaricus*	0712 31 00	–
– – Judasohrpilze (*Auricularia* spp.)	0712 32 00	–
– – Zitterpilze (*Tremella* spp.)	0712 33 00	–
● **– – Shiitake (*Lentinus edodes*)**	0712 34 00	–
■ **– – andere**	0712 39 00	–
– anderes Gemüse; Mischungen von Gemüsen:		
– – Kartoffeln, auch in Stücke oder Scheiben geschnitten, jedoch nicht weiter zubereitet	0712 90 05	–
– – Zuckermais (*Zea mays* var. *saccharata*):		
– – – Hybriden zur Aussaat	0712 90 11	–
– – – andere	0712 90 19	–
– – Tomaten	0712 90 30	–
– – Karotten und Speisemöhren	0712 90 50	–
– – andere	0712 90 90	–

Warenbezeichnung	Warennummer	Besondere Maßeinheit
Getrocknete ausgelöste Hülsenfrüchte, auch geschält oder zerkleinert:	**0713**	
– Erbsen (*Pisum sativum*):		
– – zur Aussaat	0713 10 10	–
– – andere	0713 10 90	–
– Kichererbsen	0713 20 00	–
– Bohnen (*Vigna* spp., *Phaseolus* spp.):		
– – Bohnen der Art *Vigna mungo* (L.) *Hepper* oder *Vigna radiata* (L.) *Wilczek*	0713 31 00	–
– – Adzukibohnen (*Phaseolus* oder *Vigna angularis*)	0713 32 00	–
– – Gartenbohnen (*Phaseolus vulgaris*):		
– – – zur Aussaat	0713 33 10	–
– – – andere	0713 33 90	–
– – Bambara-Erdnüsse oder Erderbsen (*Vigna subterranea* oder *Voandzeia subterranea*)	0713 34 00	–
– – Kuhbohnen (*Vigna unguiculata*)	0713 35 00	–
– – andere	0713 39 00	–
– Linsen	0713 40 00	–
– Puffbohnen (Dicke Bohnen) (*Vicia faba* var. *major*), Pferdebohnen und Ackerbohnen (*Vicia faba* var. *equina* und *Vicia faba* var. *minor*)	0713 50 00	–
– Straucherbsen (*Cajanus cajan*)	0713 60 00	–
– andere	0713 90 00	–
Maniok, Pfeilwurz (Arrowroot) und Salep, Topinambur, Süßkartoffeln und ähnliche Wurzeln und Knollen mit hohem Gehalt an Stärke oder Inulin, frisch, gekühlt, gefroren oder getrocknet, auch in Stücken oder in Form von Pellets; Mark des Sagobaumes:	**0714**	
– Maniok	0714 10 00	–
– Süßkartoffeln:		
– – frisch, ganz, zum menschlichen Verzehr	0714 20 10	–
– – andere	0714 20 90	–
– Yamswurzeln (*Dioscorea* spp.)	0714 30 00	–
– Taro (*Colocasia* spp.)	0714 40 00	–
– Yautia (*Xanthosoma* spp.)	0714 50 00	–
– andere:		
– – Pfeilwurz (Arrowroot) und Salep und ähnliche Wurzeln und Knollen mit hohem Stärkegehalt	0714 90 20	–
– – andere	0714 90 90	–

Kapitel 8

Genießbare Früchte und Nüsse; Schalen von Zitrusfrüchten oder von Melonen

Anmerkungen

1. Hierher gehören nicht ungenießbare Früchte und Nüsse.
2. Gekühlte Früchte und Nüsse werden wie frische Früchte und Nüsse eingereiht.
3. Getrocknete Früchte oder getrocknete Nüsse dieses Kapitels können teilweise rehydratisiert oder zu folgenden Zwecken behandelt sein:
   a) um sie zusätzlich zu konservieren oder zu stabilisieren (z. B. durch leichte Hitzebehandlung, Schwefelung, Zusatz von Sorbinsäure oder Kaliumsorbat),
   b) um ihr Aussehen zu verbessern oder zu erhalten (z. B. durch Zusatz von pflanzlichem Öl oder geringen Mengen von Glucosesirup),

   vorausgesetzt, sie behalten den Charakter getrockneter Früchte oder getrockneter Nüsse.
4. Die Position 0812 gilt für Früchte und Nüsse, die lediglich zum Zwecke der vorläufigen Haltbarmachung während der Beförderung oder der Lagerung vor der Verwendung behandelt wurden (beispielsweise durch Schwefeldioxid oder in Wasser mit Zusatz von Salz, Schwefel oder anderen konservierenden Stoffen), sofern sie in diesem Zustand nach wie vor nicht zum unmittelbaren Genuss geeignet sind.

Zusätzliche Anmerkungen

1. Als Gehalt an verschiedenen Zuckern, berechnet als Saccharose („Zuckergehalt") der Waren des Kapitels 8, gilt der bei 20 °C refraktometrisch - nach der im Anhang der Durchführungsverordnung (EU) Nr. 974/2014 [1] der Kommission vorgesehenen Methode - ermittelte Wert, multipliziert mit dem Faktor 0,95.
2. Als „tropische Früchte" im Sinne der Warennummern 0811 90 11, 0811 90 31 und 0811 90 85 gelten Guaven, Mangofrüchte, Mangostanfrüchte, Papaya-Früchte, Tamarinden, Kaschu-Äpfel, Litschis, Jackfrüchte, Sapotpflaumen, Passionsfrüchte, Karambolen und Pitahayas.
3. Als „tropische Nüsse" im Sinne der Warennummern 0811 90 11, 0811 90 31, 0811 90 85, 0812 90 70 und 0813 50 31 gelten Kokosnüsse, Kaschu-Nüsse, Paranüsse, Areka-(Betel-)nüsse, Kolanüsse und Macadamia-Nüsse.

Warenbezeichnung	Warennummer	Besondere Maßeinheit
Kokosnüsse, Paranüsse und Kaschu-Nüsse, frisch oder getrocknet, auch ohne Schalen oder enthäutet:	**0801**	
– Kokosnüsse:		
– – getrocknet	0801 11 00	–
– – mit innerer Fruchthaut (Endokarp)	0801 12 00	–
– – andere	0801 19 00	–

1) Durchführungsverordnung (EU) Nr. 974/2014 der Kommission vom 11. September 2014 zur Festlegung der Refraktometermethode zur Bestimmung des löslichen trockenen Rückstands in Verarbeitungserzeugnissen aus Obst und Gemüse zwecks Einreihung dieser Waren in die Kombinierte Nomenklatur (ABl. L 274 vom 16.09.2014, S. 6).

Warenbezeichnung	Warennummer	Besondere Maßeinheit
– Paranüsse:		
– – in der Schale	0801 21 00	–
– – ohne Schale	0801 22 00	–
– Kaschu-Nüsse:		
– – in der Schale	0801 31 00	–
– – ohne Schale	0801 32 00	–
Andere Schalenfrüchte, frisch oder getrocknet, auch ohne Schalen oder enthäutet:	**0802**	
– Mandeln:		
– – in der Schale:		
– – – bittere Mandeln	0802 11 10	–
– – – andere	0802 11 90	–
– – ohne Schale:		
– – – bittere Mandeln	0802 12 10	–
– – – andere	0802 12 90	–
– Haselnüsse (*Corylus* spp.):		
– – in der Schale	0802 21 00	–
– – ohne Schale	0802 22 00	–
– Walnüsse:		
– – in der Schale	0802 31 00	–
– – ohne Schale	0802 32 00	–
– Esskastanien (*Castanea* spp.):		
– – in der Schale	0802 41 00	–
– – ohne Schale	0802 42 00	–
– Pistazien:		
– – in der Schale	0802 51 00	–
– – ohne Schale	0802 52 00	–
– Macadamia-Nüsse:		
– – in der Schale	0802 61 00	–
– – ohne Schale	0802 62 00	–
– Kolanüsse (*Cola* spp.)	0802 70 00	–
– Areka-(Betel-)Nüsse	0802 80 00	–
– andere:		
● – – Pinienkerne, in der Schale	0802 91 00	–
● – – Pinienkerne, geschält	0802 92 00	–
● – – andere:		
● – – – Pekan-(Hickory-)Nüsse	0802 99 10	–
● – – – andere	0802 99 90	–
Bananen, einschließlich Mehlbananen, frisch oder getrocknet:	**0803**	
– Mehlbananen:		
– – frisch	0803 10 10	–
– – getrocknet	0803 10 90	–
– andere:		
– – frisch	0803 90 10	–
– – getrocknet	0803 90 90	–

Warenbezeichnung	Warennummer	Besondere Maßeinheit
Datteln, Feigen, Ananas, Avocadofrüchte, Guaven, Mangofrüchte und Mangostanfrüchte, frisch oder getrocknet:	**0804**	
– Datteln	0804 10 00	–
– Feigen:		
– – frisch	0804 20 10	–
– – getrocknet	0804 20 90	–
– Ananas	0804 30 00	–
– Avocadofrüchte	0804 40 00	–
– Guaven, Mangofrüchte und Mangostanfrüchte	0804 50 00	–
Zitrusfrüchte, frisch oder getrocknet:	**0805**	
– Orangen:		
– – Süßorangen, frisch:		
– – – Navel-Orangen	0805 10 22	–
– – – Blondorangen	0805 10 24	–
– – – andere	0805 10 28	–
– – andere	0805 10 80	–
– Mandarinen (einschließlich Tangerinen und Satsumas); Clementinen, Wilkings und ähnliche Kreuzungen von Zitrusfrüchten:		
– – Mandarinen (einschließlich Tangerinen und Satsumas):		
– – – Satsumas	0805 21 10	–
– – – andere	0805 21 90	–
– – Clementinen	0805 22 00	–
– – andere	0805 29 00	–
– Pampelmusen und Grapefruits	0805 40 00	–
– Zitronen (*Citrus limon*, *Citrus limonum*) und Limetten (*Citrus aurantifolia*, *Citrus latifolia*):		
– – Zitronen (*Citrus limon*, *Citrus limonum*)	0805 50 10	–
– – Limetten (*Citrus aurantifolia*, *Citrus latifolia*)	0805 50 90	–
– andere	0805 90 00	–
Weintrauben, frisch oder getrocknet:	**0806**	
– frisch:		
– – Tafeltrauben	0806 10 10	–
– – andere	0806 10 90	–
– getrocknet:		
– – Korinthen	0806 20 10	–
– – Sultaninen	0806 20 30	–
– – andere	0806 20 90	–
Melonen (einschließlich Wassermelonen) und Papaya-Früchte, frisch:	**0807**	
– Melonen (einschließlich Wassermelonen):		
– – Wassermelonen	0807 11 00	–
– – andere	0807 19 00	–
– Papaya-Früchte	0807 20 00	–

Warenbezeichnung	Warennummer	Besondere Maßeinheit
Äpfel, Birnen und Quitten, frisch:	**0808**	
– Äpfel:		
– – Mostäpfel, lose geschüttet ohne Zwischenlagen, vom 16. September bis 15. Dezember	0808 10 10	–
– – andere	0808 10 80	–
– Birnen:		
– – Mostbirnen, lose geschüttet ohne Zwischenlagen, vom 1. August bis 31. Dezember	0808 30 10	–
– – andere	0808 30 90	–
– Quitten	0808 40 00	–
Aprikosen, Kirschen, Pfirsiche (einschließlich Brugnolen und Nektarinen), Pflaumen und Schlehen, frisch:	**0809**	
– Aprikosen	0809 10 00	–
– Kirschen:		
– – Sauerkirschen/Weichseln (*Prunus cerasus*)	0809 21 00	–
– – andere	0809 29 00	–
– Pfirsiche, einschließlich Brugnolen und Nektarinen:		
– – Brugnolen und Nektarinen	0809 30 10	–
– – andere	0809 30 90	–
– Pflaumen und Schlehen:		
– – Pflaumen	0809 40 05	–
– – Schlehen	0809 40 90	–
Andere Früchte, frisch:	**0810**	
– Erdbeeren	0810 10 00	–
– Himbeeren, Brombeeren, Maulbeeren und Loganbeeren:		
– – Himbeeren	0810 20 10	–
– – andere	0810 20 90	–
– schwarze, weiße oder rote Johannisbeeren und Stachelbeeren:		
– – schwarze Johannisbeeren	0810 30 10	–
– – rote Johannisbeeren	0810 30 30	–
– – andere	0810 30 90	–
– Preiselbeeren, Heidelbeeren und andere Früchte der Gattung *Vaccinium*:		
– – Preiselbeeren der Art *Vaccinium vitis-idaea*	0810 40 10	–
– – Heidelbeeren der Art *Vaccinium myrtillus*	0810 40 30	–
– – Früchte der Arten *Vaccinium macrocarpon* und *Vaccinium corymbosum*	0810 40 50	–
– – andere	0810 40 90	–
– Kiwifrüchte	0810 50 00	–
– Durian	0810 60 00	–
– Kaki	0810 70 00	–
– andere:		
– – Tamarinden, Kaschu-Äpfel, Litschis, Jackfrüchte, Sapotpflaumen, Passionsfrüchte, Karambolen und Pitahayas	0810 90 20	–
– – andere	0810 90 75	–
Früchte und Nüsse, auch in Wasser oder Dampf gekocht, gefroren, auch mit Zusatz von Zucker oder anderen Süßmitteln:	**0811**	
– Erdbeeren:		
– – mit Zusatz von Zucker oder anderen Süßmitteln:		
– – – mit einem Zuckergehalt von mehr als 13 GHT	0811 10 11	–

Warenbezeichnung	Warennummer	Besondere Maßeinheit
– – – andere	0811 10 19	–
– – andere	0811 10 90	–
– Himbeeren, Brombeeren, Maulbeeren, Loganbeeren, schwarze, weiße oder rote Johannisbeeren und Stachelbeeren:		
– – mit Zusatz von Zucker oder anderen Süßmitteln:		
– – – mit einem Zuckergehalt von mehr als 13 GHT	0811 20 11	–
– – – andere	0811 20 19	–
– – andere:		
– – – Himbeeren	0811 20 31	–
– – – schwarze Johannisbeeren	0811 20 39	–
– – – rote Johannisbeeren	0811 20 51	–
– – – Brombeeren und Maulbeeren	0811 20 59	–
– – – andere	0811 20 90	–
– andere:		
– – mit Zusatz von Zucker oder anderen Süßmitteln:		
– – – mit einem Zuckergehalt von mehr als 13 GHT:		
– – – – tropische Früchte und tropische Nüsse	0811 90 11	–
– – – – andere	0811 90 19	–
– – – andere:		
– – – – tropische Früchte und tropische Nüsse	0811 90 31	–
– – – – andere	0811 90 39	–
– – andere:		
– – – Heidelbeeren der Art *Vaccinium myrtillus*	0811 90 50	–
– – – Heidelbeeren der Arten *Vaccinium myrtilloides* und *Vaccinium angustifolium*	0811 90 70	–
– – – Kirschen:		
– – – – Sauerkirschen/Weichseln (*Prunus cerasus*)	0811 90 75	–
– – – – andere	0811 90 80	–
– – – tropische Früchte und tropische Nüsse	0811 90 85	–
– – – andere	0811 90 95	–
● **Früchte und Nüsse, vorläufig haltbar gemacht, zum unmittelbaren Genuss nicht geeignet:**	**0812**	
– Kirschen	0812 10 00	–
– andere:		
– – Aprikosen/Marillen; Orangen	0812 90 25	–
– – Papaya-Früchte	0812 90 30	–
– – Heidelbeeren der Art *Vaccinium myrtillus*	0812 90 40	–
– – Guaven, Mangofrüchte, Mangostanfrüchte, Tamarinden, Kaschu-Äpfel, Litschis, Jackfrüchte, Sapotpflaumen, Passionsfrüchte, Karambolen, Pitahayas und tropische Nüsse	0812 90 70	–
– – andere	0812 90 98	–
Früchte (ausgenommen solche der Positionen 0801 bis 0806), getrocknet; Mischungen von getrockneten Früchten oder von Schalenfrüchten dieses Kapitels:	**0813**	
– Aprikosen	0813 10 00	–
– Pflaumen	0813 20 00	–
– Äpfel	0813 30 00	–

Warenbezeichnung	Warennummer	Besondere Maßeinheit
– andere Früchte:		
– – Pfirsiche, einschließlich Brugnolen und Nektarinen	0813 40 10	–
– – Birnen	0813 40 30	–
– – Papaya-Früchte	0813 40 50	–
– – Tamarinden, Kaschu-Äpfel, Litschis, Jackfrüchte, Sapotpflaumen, Passionsfrüchte, Karambolen und Pitahayas	0813 40 65	–
– – andere	0813 40 95	–
– Mischungen von getrockneten Früchten oder von Schalenfrüchten dieses Kapitels:		
– – Mischungen von getrockneten Früchten, anderen als solchen der Positionen 0801 bis 0806:		
– – – ohne Pflaumen:		
– – – – von Papaya-Früchten, Tamarinden, Kaschu-Äpfeln, Litschis, Jackfrüchten, Sapotpflaumen, Passionsfrüchten, Karambolen und Pitahayas	0813 50 12	–
– – – – andere	0813 50 15	–
– – – mit Pflaumen	0813 50 19	–
– – Mischungen ausschließlich von Schalenfrüchten der Positionen 0801 und 0802:		
– – – von tropischen Nüssen	0813 50 31	–
– – – andere	0813 50 39	–
– – andere Mischungen von getrockneten Früchten:		
– – – ohne Pflaumen oder Feigen	0813 50 91	–
– – – andere	0813 50 99	–
Schalen von Zitrusfrüchten oder von Melonen (einschließlich Wassermelonen), frisch, gefroren, getrocknet oder zum vorläufigen Haltbarmachen in Salzlake oder in Wasser mit einem Zusatz von anderen Stoffen eingelegt	**0814 00 00**	–

Kapitel 9

Kaffee, Tee, Mate und Gewürze

Anmerkungen

1. Miteinander gemischte Waren der Positionen 0904 bis 0910 werden wie folgt eingereiht:
   a) miteinander gemischte Waren einer Position bleiben in dieser Position;
   b) miteinander gemischte Waren verschiedener Positionen gehören zu Positionen 0910.

   Waren der Positionen 0904 bis 0910 (einschließlich der unter den Buchstaben a) und b) bezeichneten Mischungen), die andere Stoffe enthalten, bleiben in Kapitel 9, vorausgesetzt, dass derartige Mischungen den Charakter der Waren dieser Positionen behalten haben; andernfalls sind diese Mischungen von Kapitel 9 ausgeschlossen; sie gehören zu Position 2103, wenn sie zusammengesetzte Würzmittel sind.
2. Zu Kapitel 9 gehören nicht Kubebenpfeffer (*Piper cubeba*) und andere Waren der Position 1211.

Warenbezeichnung	Warennummer	Besondere Maßeinheit
Kaffee, auch geröstet oder entkoffeiniert; Kaffeeschalen und Kaffeehäutchen; Kaffeemittel mit beliebigem Kaffeegehalt:	**0901**	
– Kaffee, nicht geröstet:		
– – nicht entkoffeiniert	0901 11 00	–
– – entkoffeiniert	0901 12 00	–
– Kaffee, geröstet:		
– – nicht entkoffeiniert	0901 21 00	–
– – entkoffeiniert	0901 22 00	–
– andere:		
– – Kaffeeschalen und Kaffeehäutchen	0901 90 10	–
– – Kaffeemittel mit Kaffeegehalt	0901 90 90	–
Tee, auch aromatisiert:	**0902**	
– grüner Tee (nicht fermentiert) in unmittelbaren Umschließungen mit einem Inhalt von 3 kg oder weniger	0902 10 00	–
– anderer grüner Tee (nicht fermentiert)	0902 20 00	–
– schwarzer Tee (fermentiert) und teilweise fermentierter Tee, in unmittelbaren Umschließungen mit einem Inhalt von 3 kg oder weniger	0902 30 00	–
– anderer schwarzer Tee (fermentiert) und anderer teilweise fermentierter Tee	0902 40 00	–
Mate	**0903 00 00**	–

Warenbezeichnung	Warennummer	Besondere Maßeinheit
Pfeffer der Gattung *Piper*; Früchte der Gattungen *Capsicum* oder *Pimenta*, getrocknet oder gemahlen oder sonst zerkleinert:	**0904**	
– Pfeffer:		
– – weder gemahlen noch sonst zerkleinert	0904 11 00	–
– – gemahlen oder sonst zerkleinert	0904 12 00	–
– Früchte der Gattungen *Capsicum* oder *Pimenta*:		
– – getrocknet, weder gemahlen noch sonst zerkleinert:		
– – – Gemüsepaprika oder Paprika ohne brennenden Geschmack (*Capsicum annuum*)	0904 21 10	–
– – – andere	0904 21 90	–
– – gemahlen oder sonst zerkleinert	0904 22 00	–
Vanille:	**0905**	
– weder gemahlen noch sonst zerkleinert	0905 10 00	–
– gemahlen oder sonst zerkleinert	0905 20 00	–
Zimt und Zimtblüten:	**0906**	
– weder gemahlen noch sonst zerkleinert:		
– – Zimt (*Cinnamomum zeylanicum Blume*)	0906 11 00	–
– – andere	0906 19 00	–
– gemahlen oder sonst zerkleinert	0906 20 00	–
Gewürznelken, Mutternelken und Nelkenstiele:	**0907**	
– weder gemahlen noch sonst zerkleinert	0907 10 00	–
– gemahlen oder sonst zerkleinert	0907 20 00	–
Muskatnüsse, Muskatblüte, Amomen und Kardamomen:	**0908**	
– Muskatnüsse:		
– – weder gemahlen noch sonst zerkleinert	0908 11 00	–
– – gemahlen oder sonst zerkleinert	0908 12 00	–
– Muskatblüte:		
– – weder gemahlen noch sonst zerkleinert	0908 21 00	–
– – gemahlen oder sonst zerkleinert	0908 22 00	–
– Amomen und Kardamomen:		
– – weder gemahlen noch sonst zerkleinert	0908 31 00	–
– – gemahlen oder sonst zerkleinert	0908 32 00	–
Anis-, Sternanis-, Fenchel-, Koriander-, Kreuzkümmel- und Kümmelfrüchte; Wacholderbeeren:	**0909**	
– Korianderfrüchte:		
– – weder gemahlen noch sonst zerkleinert	0909 21 00	–
– – gemahlen oder sonst zerkleinert	0909 22 00	–
– Kreuzkümmelfrüchte:		
– – weder gemahlen noch sonst zerkleinert	0909 31 00	–
– – gemahlen oder sonst zerkleinert	0909 32 00	–
– Anis-, Sternanis-, Kümmel- oder Fenchelfrüchte; Wacholderbeeren:		
– – weder gemahlen noch sonst zerkleinert	0909 61 00	–
– – gemahlen oder sonst zerkleinert	0909 62 00	–

Warenbezeichnung	Warennummer	Besondere Maßeinheit
Ingwer, Safran, Kurkuma, Thymian, Lorbeerblätter, Curry und andere Gewürze:	**0910**	
– Ingwer:		
– – weder gemahlen noch sonst zerkleinert	0910 11 00	–
– – gemahlen oder sonst zerkleinert	0910 12 00	–
– Safran:		
– – weder gemahlen noch sonst zerkleinert	0910 20 10	–
– – gemahlen oder sonst zerkleinert	0910 20 90	–
– Kurkuma	0910 30 00	–
– andere Gewürze:		
– – Mischungen im Sinne der Anmerkung 1 b) zu diesem Kapitel:		
– – – Curry	0910 91 05	–
– – – andere:		
– – – – weder gemahlen noch sonst zerkleinert	0910 91 10	–
– – – – gemahlen oder sonst zerkleinert	0910 91 90	–
– – andere:		
– – – Samen von Bockshornklee	0910 99 10	–
– – – Thymian:		
– – – – weder gemahlen noch sonst zerkleinert:		
– – – – – Feldthymian oder Sand-Thymian (*Thymus serpyllum* L.)	0910 99 31	–
– – – – – anderer	0910 99 33	–
– – – – gemahlen oder sonst zerkleinert	0910 99 39	–
– – – Lorbeerblätter	0910 99 50	–
– – – andere:		
– – – – weder gemahlen noch sonst zerkleinert	0910 99 91	–
– – – – gemahlen oder sonst zerkleinert	0910 99 99	–

Kapitel 10

Getreide

Anmerkungen

1. A. Die in den Positionen dieses Kapitels genannten Erzeugnisse gehören nur dann zu der jeweiligen Position, wenn sie als Körner, auch in Kolben oder auf dem Halm, ein- oder ausgeführt werden.
   - B. Zu diesem Kapitel gehören nicht Getreidekörner, die geschält oder anders bearbeitet wurden. Jedoch bleiben geschälter, geschliffener, polierter, glasierter und parboiled Reis sowie Bruchreis in Position 1006. Auch Quinoa, bei dem das Perikarp ganz oder teilweise entfernt wurde, um die Saponine abzutrennen, das aber nicht weiter bearbeitet wurde, bleibt in Position 1008.
2. Zu Position 1005 gehört nicht Zuckermais (Kapitel 7).

Unterpositions-Anmerkung

1. Hartweizen sind Weizen der Art *Triticum durum* und die Hybridsorten aus der Sortenkreuzung des *Triticum durum*, welche die gleiche Chromosomenanzahl (28) enthalten.

Zusätzliche Anmerkung

1. Es gelten als:
   a) „rundkörniger Reis" im Sinne der Warennummern 1006 10 30, 1006 20 11, 1006 20 92, 1006 30 21, 1006 30 42, 1006 30 61 und 1006 30 92: Reis, dessen Körner eine Länge von 5,2 mm oder weniger haben und bei denen das Verhältnis der Länge zur Breite weniger als 2 beträgt;
   b) „mittelkörniger Reis" im Sinne der Warennummern 1006 10 50, 1006 20 13, 1006 20 94, 1006 30 23, 1006 30 44, 1006 30 63 und 1006 30 94: Reis, dessen Körner eine Länge von mehr als 5,2 mm und 6,0 mm oder weniger haben und bei denen das Verhältnis der Länge zur Breite weniger als 3 beträgt;
   c) „langkörniger Reis" im Sinne der Warennummern 1006 10 71, 1006 10 79, 1006 20 15, 1006 20 17, 1006 20 96, 1006 20 98, 1006 30 25, 1006 30 27, 1006 30 46, 1006 30 48, 1006 30 65, 1006 30 67, 1006 30 96 und 1006 30 98: Reis, dessen Körner eine Länge von mehr als 6,0 mm haben;
   d) „Rohreis (Paddy-Reis)" im Sinne der Warennummern 1006 10 30, 1006 10 50, 1006 10 71 und 1006 10 79: Reis in der Strohhülse, gedroschen;
   e) „geschälter Reis" im Sinne der Warennummern 1006 20 11, 1006 20 13, 1006 20 15, 1006 20 17, 1006 20 92, 1006 20 94, 1006 20 96 und 1006 20 98: Reis, bei dem nur die Strohhülse entfernt worden ist. Hierunter fällt insbesondere Reis, der unter den Handelsbezeichnungen „Braunreis", „Cargo-Reis", „Loonzain-Reis" und „riso sbramato" bekannt ist;
   f) „halbgeschliffener Reis" im Sinne der Warennummern 1006 30 21, 1006 30 23, 1006 30 25, 1006 30 27, 1006 30 42, 1006 30 44, 1006 30 46 und 1006 30 48: Reis, bei dem die Strohhülse, ein Teil des Keimes und ganz oder teilweise die äußeren Schichten des Perikarps, nicht jedoch die inneren Schichten, entfernt worden sind;
   g) „vollständig geschliffener Reis" im Sinne der Warennummern 1006 30 61, 1006 30 63, 1006 30 65, 1006 30 67, 1006 30 92, 1006 30 94, 1006 30 96 und 1006 30 98: Reis, bei dem die Strohhülse, die äußeren und inneren Schichten des Perikarps und der Keim bei mittel- und langkörnigem Reis vollständig, bei rundkörnigem Reis zumindest teilweise, entfernt worden sind, bei dem jedoch bis zu 10 GHT der Körner weiße Längsrillen aufweisen können;
   h) „Bruchreis" im Sinne der Warennummer 1006 40 00: gebrochene Körner, die drei viertel oder weniger der durchschnittlichen Länge ganzer Körner haben.

Warenbezeichnung	Warennummer	Besondere Maßeinheit
Weizen und Mengkorn:	**1001**	
– Hartweizen:		
– – zur Aussaat	1001 11 00	–
– – andere	1001 19 00	–
– andere:		
– – zur Aussaat:		
– – – Spelz	1001 91 10	–
– – – Weichweizen und Mengkorn	1001 91 20	–
– – – andere	1001 91 90	–
– – andere	1001 99 00	–
Roggen:	**1002**	
– zur Aussaat	1002 10 00	–
– andere	1002 90 00	–
Gerste:	**1003**	
– zur Aussaat	1003 10 00	–
– andere	1003 90 00	–
Hafer:	**1004**	
– zur Aussaat	1004 10 00	–
– andere	1004 90 00	–
Mais:	**1005**	
– zur Aussaat:		
– – Hybridmais:		
– – – Dreiweghybriden	1005 10 13	–
– – – Einfachhybriden	1005 10 15	–
– – – andere	1005 10 18	–
– – anderer	1005 10 90	–
– anderer	1005 90 00	–
Reis:	**1006**	
– Rohreis (Paddy-Reis):		
– – zur Aussaat	1006 10 10	–
– – anderer:		
– – – rundkörniger	1006 10 30	–
– – – mittelkörniger	1006 10 50	–
– – – langkörniger:		
– – – – mit einem Verhältnis der Länge zur Breite von mehr als 2, jedoch weniger als 3	1006 10 71	–
– – – – mit einem Verhältnis der Länge zur Breite von 3 oder mehr	1006 10 79	–

Warenbezeichnung	Warennummer	Besondere Maßeinheit
– geschälter Reis ("Cargo-Reis" oder "Braunreis"):		
– – parboiled:		
– – – rundkörniger	1006 20 11	–
– – – mittelkörniger	1006 20 13	–
– – – langkörniger:		
– – – – mit einem Verhältnis der Länge zur Breite von mehr als 2, jedoch weniger als 3	1006 20 15	–
– – – – mit einem Verhältnis der Länge zur Breite von 3 oder mehr	1006 20 17	–
– – anderer:		
– – – rundkörniger	1006 20 92	–
– – – mittelkörniger	1006 20 94	–
– – – langkörniger:		
– – – – mit einem Verhältnis der Länge zur Breite von mehr als 2, jedoch weniger als 3	1006 20 96	–
– – – – mit einem Verhältnis der Länge zur Breite von 3 oder mehr	1006 20 98	–
– halbgeschliffener oder vollständig geschliffener Reis, auch poliert oder glasiert:		
– – halbgeschliffener Reis:		
– – – parboiled:		
– – – – rundkörniger	1006 30 21	–
– – – – mittelkörniger	1006 30 23	–
– – – – langkörniger:		
– – – – – mit einem Verhältnis der Länge zur Breite von mehr als 2, jedoch weniger als 3	1006 30 25	–
– – – – – mit einem Verhältnis der Länge zur Breite von 3 oder mehr	1006 30 27	–
– – – anderer:		
– – – – rundkörniger	1006 30 42	–
– – – – mittelkörniger	1006 30 44	–
– – – – langkörniger:		
– – – – – mit einem Verhältnis der Länge zur Breite von mehr als 2, jedoch weniger als 3	1006 30 46	–
– – – – – mit einem Verhältnis der Länge zur Breite von 3 oder mehr	1006 30 48	–
– – vollständig geschliffener Reis:		
– – – parboiled:		
– – – – rundkörniger	1006 30 61	–
– – – – mittelkörniger	1006 30 63	–
– – – – langkörniger:		
– – – – – mit einem Verhältnis der Länge zur Breite von mehr als 2, jedoch weniger als 3	1006 30 65	–
– – – – – mit einem Verhältnis der Länge zur Breite von 3 oder mehr	1006 30 67	–
– – – anderer:		
– – – – rundkörniger	1006 30 92	–
– – – – mittelkörniger	1006 30 94	–
– – – – langkörniger:		
– – – – – mit einem Verhältnis der Länge zur Breite von mehr als 2, jedoch weniger als 3	1006 30 96	–
– – – – – mit einem Verhältnis der Länge zur Breite von 3 oder mehr	1006 30 98	–
– Bruchreis	1006 40 00	

Warenbezeichnung	Warennummer	Besondere Maßeinheit
Körner-Sorghum:	**1007**	
– zur Aussaat:		
– – Hybrid-Körner-Sorghum	1007 10 10	–
– – andere	1007 10 90	–
– andere	1007 90 00	–
Buchweizen, Hirse (ausgenommen Körner-Sorghum) und Kanariensaat; anderes Getreide:	**1008**	
– Buchweizen	1008 10 00	–
– Hirse (ausgenommen Körner-Sorghum):		
– – zur Aussaat	1008 21 00	–
– – andere	1008 29 00	–
– Kanariensaat	1008 30 00	–
– Fonio (*Digitaria* spp.)	1008 40 00	–
– Quinoa (*Chenopodium quinoa*)	1008 50 00	–
– Triticale	1008 60 00	–
– anderes Getreide	1008 90 00	–

Kapitel 11

Müllereierzeugnisse; Malz; Stärke; Inulin; Kleber von Weizen

Anmerkungen

1. Zu Kapitel 11 gehören nicht:
   a) geröstetes Malz, als Kaffeemittel aufgemacht (nach Beschaffenheit Positionen 0901 und 2101);
   b) zubereitetes Mehl, zubereiteter Grobgrieß, zubereiteter Feingrieß und zubereitete Stärke der Position 1901;
   c) Cornflakes und andere Waren der Position 1904;
   d) zubereitetes oder haltbar gemachtes Gemüse der Positionen 2001, 2004 oder 2005;
   e) pharmazeutische Erzeugnisse (Kapitel 30);
   f) Stärke als zubereitetes Riech-, Körperpflege- oder Schönheitsmittel (Kapitel 33).
2. A. Müllereierzeugnisse aus den in der nachstehenden Übersicht genannten Getreidearten gehören zu Kapitel 11, wenn sie, in Gewichtshundertteilen ausgedrückt und auf die Trockenmasse bezogen, gleichzeitig Folgendes aufweisen:
   a) einen Stärkegehalt (bestimmt nach dem abgewandelten polarimetrischen Ewers-Verfahren), der höher ist als der in Spalte 2 angegebene Wert;
   b) einen Aschegehalt (abzüglich etwa zugesetzter Mineralstoffe), der gleich oder geringer ist als der in Spalte 3 angegebene Wert.

   Erzeugnisse, die die vorstehenden Voraussetzungen nicht erfüllen, gehören zu Position 2302.

   Jedoch gehören Getreidekeime, ganz, gequetscht, als Flocken oder gemahlen, zu Position 1104.

   B. Waren, die nach den vorstehenden Bestimmungen zu Kapitel 11 gehören, sind der Position 1101 oder 1102 zuzuweisen, wenn ihr Siebdurchgang (in Gewichtshundertteilen) durch ein Sieb mit einer Bespannung aus Metalldrahtgewebe mit einer lichten Maschenweite gemäß Spalte 4 oder 5 gleich oder größer ist als der jeweils bei den einzelnen Getreidearten angegebene Wert.

   Im anderen Falle sind sie der Position 1103 oder 1104 zuzuweisen.

Art des Getreides	Stärkegehalt	Aschegehalt	Siebdurchgang durch ein Sieb mit einer lichten Maschenweite von	
			315 Mikrometer	500 Mikrometer
1	2	3	4	5
Weizen und Roggen	45 %	2,5 %	80 %	–
Gerste	45 %	3 %	80 %	–
Hafer	45 %	5 %	80 %	–
Mais und Körner-Sorghum	45 %	2 %	–	90 %
Reis	45 %	1,6 %	80 %	–
Buchweizen	45 %	4 %	80 %	–
andere Getreidearten	45 %	2 %	50 %	–

3. Als Grobgrieß und Feingrieß im Sinne der Position 1103 gelten Erzeugnisse aus der Zerkleinerung von Getreidekörnern, die jeweils folgende Bedingungen erfüllen:
   a) Erzeugnisse aus Mais müssen mit einem Anteil von 95 GHT oder mehr durch ein Sieb mit einer Bespannung aus Metalldrahtgewebe mit einer lichten Maschenweite von 2 mm hindurchgehen;
   b) Erzeugnisse aus anderen Getreidearten müssen mit einem Anteil von 95 GHT oder mehr durch ein Sieb mit einer Bespannung aus Metalldrahtgewebe mit einer lichten Maschenweite von 1,25 mm hindurchgehen.

Zusätzliche Anmerkungen

1. –
2. Als „Mehl", „Grieß" und „Pulver" im Sinne der Position 1106 gelten Erzeugnisse aus dem Vermahlen oder aus jedem anderen Zerkleinerungsverfahren von getrockneten Hülsenfrüchten der Position 0713, von Sagomark und von Wurzeln oder Knollen der Position 0714 oder von Erzeugnissen des Kapitels 8, mit Ausnahme von geraspelten und getrockneten Kokosnüssen, die jeweils folgende Bedingungen erfüllen:
   a) getrocknete Hülsenfrüchte, Sagomark, Wurzeln, Knollen und die Erzeugnisse des Kapitels 8 (mit Ausnahme der Schalenfrüchte der Positionen 0801 und 0802) müssen mit einem Anteil von 95 GHT oder mehr durch ein Sieb mit einer Bespannung aus Metalldrahtgewebe mit einer lichten Maschenweite von 2 mm hindurchgehen;
   b) Schalenfrüchte der Positionen 0801 und 0802 müssen mit einem Anteil von 50 GHT oder mehr durch ein Sieb mit einer Bespannung aus Metalldrahtgewebe mit einer lichten Maschenweite von 2,5 mm hindurchgehen.

Warenbezeichnung	Warennummer	Besondere Maßeinheit
Mehl von Weizen oder Mengkorn:	**1101**	
– von Weizen:		
– – von Hartweizen	1101 00 11	–
– – von Weichweizen und Spelz	1101 00 15	–
– von Mengkorn	1101 00 90	–
Mehl von anderem Getreide als Weizen oder Mengkorn:	**1102**	
– von Mais:		
– – mit einem Fettgehalt von 1,5 GHT oder weniger	1102 20 10	–
– – anderes	1102 20 90	–
– anderes:		
– – von Gerste	1102 90 10	–
– – von Hafer	1102 90 30	–
– – von Reis	1102 90 50	–
– – von Roggen	1102 90 70	–
– – anderes	1102 90 90	–
Grobgrieß, Feingrieß und Pellets von Getreide:	**1103**	
– Grobgrieß und Feingrieß:		
– – von Weizen:		
– – – von Hartweizen	1103 11 10	–
– – – von Weichweizen und Spelz	1103 11 90	–

Warenbezeichnung	Warennummer	Besondere Maßeinheit
– – von Mais:		
– – – mit einem Fettgehalt von 1,5 GHT oder weniger	1103 13 10	–
– – – anderer	1103 13 90	–
– – von anderem Getreide:		
– – – von Roggen oder Gerste	1103 19 20	–
– – – von Hafer	1103 19 40	–
– – – von Reis	1103 19 50	–
– – – anderer	1103 19 90	–
– Pellets:		
– – von Roggen oder Gerste	1103 20 25	–
– – von Hafer	1103 20 30	–
– – von Mais	1103 20 40	–
– – von Reis	1103 20 50	–
– – von Weizen	1103 20 60	–
– – andere	1103 20 90	–
Getreidekörner, anders bearbeitet (z. B. geschält, gequetscht, als Flocken, perlförmig geschliffen, geschnitten oder geschrotet), ausgenommen Reis der Position 1006; Getreidekeime, ganz, gequetscht, als Flocken oder gemahlen:	**1104**	
– Getreidekörner, gequetscht oder als Flocken:		
– – von Hafer:		
– – – gequetscht	1104 12 10	–
– – – als Flocken	1104 12 90	–
– – von anderem Getreide:		
– – – von Weizen	1104 19 10	–
– – – von Roggen	1104 19 30	–
– – – von Mais	1104 19 50	–
– – – von Gerste:		
– – – – gequetscht	1104 19 61	–
– – – – als Flocken	1104 19 69	–
– – – andere:		
– – – – Reisflocken	1104 19 91	–
– – – – andere	1104 19 99	–
– Getreidekörner, anders bearbeitet (z. B. geschält, perlförmig geschliffen, geschnitten oder geschrotet):		
– – von Hafer:		
– – – geschält (entspelzt), auch geschnitten oder geschrotet	1104 22 40	–
– – – perlförmig geschliffen	1104 22 50	–
– – – andere	1104 22 95	–
– – von Mais:		
– – – geschält (entspelzt), auch geschnitten oder geschrotet; perlförmig geschliffen	1104 23 40	–
– – – andere	1104 23 98	–
– – von anderem Getreide:		
– – – von Gerste:		
– – – – geschält (entspelzt), auch geschnitten oder geschrotet (Grütze)	1104 29 04	–
– – – – perlförmig geschliffen	1104 29 05	–
– – – – andere	1104 29 08	–

Warenbezeichnung	Warennummer	Besondere Maßeinheit
– – – andere:		
– – – – geschält (entspelzt), auch geschnitten oder geschrotet	1104 29 17	–
– – – – perlförmig geschliffen	1104 29 30	–
– – – – nur geschrotet:		
– – – – – von Weizen	1104 29 51	–
– – – – – von Roggen	1104 29 55	–
– – – – – andere	1104 29 59	–
– – – – andere:		
– – – – – von Weizen	1104 29 81	–
– – – – – von Roggen	1104 29 85	–
– – – – – andere	1104 29 89	–
– Getreidekeime, ganz, gequetscht, als Flocken oder gemahlen:		
– – von Weizen	1104 30 10	–
– – andere	1104 30 90	–
Mehl, Grieß, Pulver, Flocken, Granulat und Pellets von Kartoffeln:	**1105**	
– Mehl, Grieß und Pulver	1105 10 00	–
– Flocken, Granulat und Pellets	1105 20 00	–
Mehl, Grieß und Pulver von getrockneten Hülsenfrüchten der Position 0713, von Sagomark und von Wurzeln oder Knollen der Position 0714 oder von Erzeugnissen des Kapitels 8:	**1106**	
– von getrockneten Hülsenfrüchten der Position 0713	1106 10 00	–
– von Sagomark und von Wurzeln oder Knollen der Position 0714:		
– – für die menschliche Ernährung ungenießbar gemacht	1106 20 10	–
– – andere	1106 20 90	–
– von Erzeugnissen des Kapitels 8:		
– – von Bananen	1106 30 10	–
– – andere	1106 30 90	–
Malz, auch geröstet:	**1107**	
– nicht geröstet:		
– – von Weizen:		
– – – in Form von Mehl	1107 10 11	–
– – – anderes	1107 10 19	–
– – anderes:		
– – – in Form von Mehl	1107 10 91	–
– – – anderes	1107 10 99	–
– geröstet	1107 20 00	–
Stärke; Inulin:	**1108**	
– Stärke:		
– – von Weizen	1108 11 00	–
– – von Mais	1108 12 00	–
– – von Kartoffeln	1108 13 00	–
– – von Maniok	1108 14 00	–
– – andere Stärke:		
– – – von Reis	1108 19 10	–
– – – andere	1108 19 90	–
– Inulin	1108 20 00	–
Kleber von Weizen, auch getrocknet	**1109 00 00**	–

Kapitel 12

Ölsamen und ölhaltige Früchte; verschiedene Samen und Früchte; Pflanzen zum Gewerbe- oder Heilgebrauch; Stroh und Futter

Anmerkungen

1. Zu Position 1207 gehören insbesondere Palmnüsse und Palmkerne, Baumwollsamen Rizinussamen, Sesamsamen, Senfsamen, Saflorsamen, Mohnsamen und Sheanüsse (Karitenüsse). Zu dieser Position gehören jedoch nicht Waren der Position 0801 oder 0802 und Oliven (Kapitel 7 oder Kapitel 20).
2. Zu Position 1208 gehören sowohl nichtentfettete als auch teilweise entfettete Mehle sowie Mehle, die entfettet, sodann vollständig oder teilweise mit ihren ursprünglichen Ölen aufgefettet worden sind. Ausgenommen sind jedoch Rückstände der Positionen 2304 bis 2306.
3. Samen von Rüben, Samen für Wiesen, Samen von Zierblumen, Samen von Gemüse, Samen von Waldbäumen, Samen von Obstbäumen, Samen von Wicken (ausgenommen solche der Art *Vicia faba*) oder Samen von Lupinen gelten als Samen zur Aussaat im Sinne der Position 1209.

   Zu dieser Position gehören jedoch nicht, auch wenn sie zur Aussaat verwendet werden sollen:
   a) Hülsenfrüchte und Zuckermais (Kapitel 7);
   b) Gewürze und andere Waren des Kapitels 9;
   c) Getreide (Kapitel 10);
   d) Waren der Positionen 1201 bis 1207 oder der Position 1211.
4. Zu Position 1211 gehören insbesondere folgende Pflanzen und Teile davon: Basilikum, Borretsch, Ginseng, Ysop, Süßholz, Minzen aller Art, Rosmarin, Raute, Salbei und Wermut.

   Zu dieser Position gehören jedoch nicht:
   a) pharmazeutische Erzeugnisse des Kapitels 30;
   b) zubereitete Riech-, Körperpflege- und Schönheitsmittel des Kapitels 33;
   c) Insektizide, Fungizide, Herbizide, Desinfektionsmittel und ähnliche Waren der Position 3808.
5. Als Algen und Tange im Sinne der Position 1212 gelten nicht:
   a) Einzeller-Mikroorganismen, nicht lebend, der Position 2102;
   b) Kulturen von Mikroorganismen der Position 3002;
   c) Düngemittel der Position 3101 oder 3105.

Unterpositions-Anmerkung

1. Als „erucasäurearme Raps- oder Rübsensamen“ im Sinne der Unterposition 1205 10 gelten Raps- oder Rübsensamen, deren fettes Öl einen Erucasäuregehalt von weniger als 2 GHT aufweist und deren feste Bestandteile einen Gehalt an Glucosinolaten von weniger als 30 Micromol je Gramm aufweisen.

Warenbezeichnung	Warennummer	Besondere Maßeinheit
Sojabohnen, auch geschrotet:	**1201**	
– zur Aussaat	1201 10 00	–
– andere	1201 90 00	–
Erdnüsse, weder geröstet noch auf andere Weise hitzebehandelt, auch geschält oder geschrotet:	**1202**	
– zur Aussaat	1202 30 00	–
– andere:		
– – ungeschält	1202 41 00	–
– – geschält, auch geschrotet	1202 42 00	–
Kopra	**1203 00 00**	–
Leinsamen, auch geschrotet:	**1204**	
– zur Aussaat	1204 00 10	–
– andere	1204 00 90	–
Raps- oder Rübsensamen, auch geschrotet:	**1205**	
– erucasäurearme Raps- oder Rübsensamen:		
– – zur Aussaat	1205 10 10	–
– – andere	1205 10 90	–
– andere	1205 90 00	–
Sonnenblumenkerne, auch geschrotet:	**1206**	
– zur Aussaat	1206 00 10	–
– andere:		
– – geschält; ungeschält, grau-weiß gestreift	1206 00 91	–
– – andere	1206 00 99	–
Andere Ölsamen und ölhaltige Früchte, auch geschrotet:	**1207**	
– Palmnüsse und Palmkerne	1207 10 00	–
– Baumwollsamen:		
– – zur Aussaat	1207 21 00	–
– – andere	1207 29 00	–
– Rizinussamen	1207 30 00	–
– Sesamsamen:		
– – zur Aussaat	1207 40 10	–
– – andere	1207 40 90	–
– Senfsamen:		
– – zur Aussaat	1207 50 10	–
– – andere	1207 50 90	–
– Saflorsamen (*Carthamus tinctorius*)	1207 60 00	–
– Melonenkerne	1207 70 00	–
– andere:		
– – Mohnsamen:		
– – – zur Aussaat	1207 91 10	–
– – – andere	1207 91 90	–
– – andere:		
– – – zur Aussaat	1207 99 20	–
– – – andere:		
– – – – Hanfsamen	1207 99 91	–
– – – – andere	1207 99 96	–

Warenbezeichnung	Warennummer	Besondere Maßeinheit
Mehl von Ölsamen oder ölhaltigen Früchten, ausgenommen Senfmehl:	**1208**	
– von Sojabohnen	1208 10 00	–
– anderes	1208 90 00	–
Samen, Früchte und Sporen, zur Aussaat:	**1209**	
– Samen von Zuckerrüben	1209 10 00	–
– Samen von Futterpflanzen:		
– – Samen von Luzerne	1209 21 00	–
– – Samen von Klee (*Trifolium* spp.):		
– – – Samen von Rotklee (*Trifolium pratense* L.)	1209 22 10	–
– – – andere	1209 22 80	–
– – Samen von Schwingel:		
– – – Samen von Wiesenschwingel (*Festuca pratensis Huds.*)	1209 23 11	–
– – – Samen von Rotschwingel (*Festuca rubra* L.)	1209 23 15	–
– – – andere	1209 23 80	–
– – Samen von Wiesenrispengras (*Poa pratensis* L.)	1209 24 00	–
– – Samen von Weidelgras (*Lolium multiflorum* Lam., *Lolium perenne* L.):		
– – – Samen von Einjährigem und Welschem Weidelgras (*Lolium multi-florum* Lam.)	1209 25 10	–
– – – Samen von Deutschem Weidelgras (*Lolium perenne* L.)	1209 25 90	–
– – andere:		
– – – Samen von Wiesenlieschgras; Samen von Wicken; Samen von Rispengras der Arten *Poa palustris* L. und *Poa trivialis* L.; Samen von Gemeinem Knaulgras (*Dactylis glomerata* L.); Samen von Straußgras (*Agrostis* spp.)	1209 29 45	–
– – – Samen von Lupinen	1209 29 50	–
– – – Samen von Futterrüben (*Beta vulgaris* var. *alba*)	1209 29 60	–
– – – andere	1209 29 80	–
– Samen von krautartigen Pflanzen, die hauptsächlich wegen der Blüten dieser Pflanzen gezogen werden	1209 30 00	–
– andere:		
– – Samen von Gemüsen:		
– – – Samen von Roten Rüben (*Beta vulgaris* var. *conditiva*)	1209 91 30	–
– – – andere	1209 91 80	–
– – andere:		
– – – Forstsamen	1209 99 10	–
– – – andere:		
– – – – Samen von Pflanzen, die hauptsächlich wegen der Blüten dieser Pflanzen gezogen werden, ausgenommen solche der Warennummer 1209 30 00	1209 99 91	–
– – – – andere	1209 99 99	–
Hopfen (Blütenzapfen), frisch oder getrocknet, auch gemahlen, sonst zerkleinert oder in Form von Pellets; Lupulin:	**1210**	
– Hopfen (Blütenzapfen), weder gemahlen, sonst zerkleinert noch in Form von Pellets	1210 10 00	–
– Hopfen (Blütenzapfen), gemahlen, sonst zerkleinert oder in Form von Pellets; Lupulin:		
– – Hopfen (Blütenzapfen), gemahlen, sonst zerkleinert oder in Form von Pellets, lupulinangereichert; Lupulin	1210 20 10	–
– – andere	1210 20 90	–

Warenbezeichnung	Warennummer	Besondere Maßeinheit
Pflanzen, Pflanzenteile, Samen und Früchte der hauptsächlich zur Herstellung von Riechmitteln oder zu Zwecken der Medizin, Insektenvertilgung, Schädlingsbekämpfung und dergleichen verwendeten Art, frisch, gekühlt, gefroren oder getrocknet, auch geschnitten, gemahlen oder ähnlich fein zerkleinert:	**1211**	
– Ginsengwurzeln	1211 20 00	–
– Cocablätter	1211 30 00	–
– Mohnstroh	1211 40 00	–
– Ephedra	1211 50 00	–
● **– Rinde vom Afrikanischen Pflaumenbaum *(Prunus africana)***	1211 60 00	–
– andere:		
– – Tonkabohnen	1211 90 30	–
■ – – andere	1211 90 86	–
Johannisbrot, Algen, Tange, Zuckerrüben und Zuckerrohr, frisch, gekühlt, gefroren oder getrocknet, auch gemahlen; Steine und Kerne von Früchten sowie andere pflanzliche Waren (einschließlich nichtgerösteter Zichorienwurzeln der Varietät *Cichorium intybus sativum*) der hauptsächlich zur menschlichen Ernährung verwendeten Art, anderweit weder genannt noch inbegriffen:	**1212**	
– Algen und Tange:		
– – genießbar	1212 21 00	–
– – andere	1212 29 00	–
– andere:		
– – Zuckerrüben:		
– – – getrocknet, auch gemahlen	1212 91 20	–
– – – andere	1212 91 80	–
– – Johannisbrot (Carob)	1212 92 00	–
– – Zuckerrohr	1212 93 00	–
– – Zichorienwurzeln	1212 94 00	–
– – andere:		
– – – Johannisbrotkerne:		
– – – – ungeschält, weder gemahlen noch sonst zerkleinert	1212 99 41	–
– – – – andere	1212 99 49	–
– – – andere	1212 99 95	–
Stroh und Spreu von Getreide, roh, auch gehäckselt, gemahlen, gepresst oder in Form von Pellets	**1213 00 00**	–
Steckrüben, Futterrüben, Wurzeln zu Futterzwecken, Heu, Luzerne, Klee, Esparsette, Futterkohl, Lupinen, Wicken und ähnliches Futter, auch in Form von Pellets:	**1214**	
– Mehl und Pellets von Luzerne	1214 10 00	–
– andere:		
– – Steckrüben, Futterrüben, Wurzeln zu Futterzwecken	1214 90 10	–
– – andere	1214 90 90	–

Kapitel 13

Schellack; Gummen, Harze und andere Pflanzensäfte und Pflanzenauszüge

Anmerkung

1. Zu Position 1302 gehören insbesondere Süßholz-Auszug, Pyrethrum-Auszug, Hopfen-Auszug, Aloe-Auszug und Opium.

   Zu dieser Position gehören dagegen nicht:

   a) Süßholz-Auszug mit einem Saccharosegehalt von mehr als 10 GHT oder als Zuckerware aufgemacht (Position 1704);

   b) Malzextrakt (Position 1901);

   c) Kaffee-, Tee- und Mate-Auszüge (Position 2101);

   d) Pflanzensäfte und Pflanzenauszüge, die alkoholhaltige Getränke sind (Kapitel 22);

   e) natürlicher Campher, Glycyrrhizin und andere Waren der Positionen 2914 und 2938;

   f) Mohnstrohkonzentrate mit einem Gehalt an Alkaloiden von 50 GHT oder mehr (Position 2939);

   ● g) Arzneiwaren der Position 3003 oder 3004 und Reagenzien zum Bestimmen der Blutgruppen oder Blutfaktoren (Position 3822);

   h) Gerbstoffauszüge und Farbstoffauszüge (Position 3201 und 3203);

   ij) ätherische Öle, einschließlich „konkrete“ oder „absolute“ Öle, Resinoide, extrahierte Oleoresine, destillierte aromatische Wässer und wässrige Lösungen ätherischer Öle sowie Zubereitungen auf der Grundlage von Riechstoffen der zum Herstellen von Getränken verwendeten Art (Kapitel 33);

   k) Naturkautschuk, Balata, Guttapercha, Guayule, Chicle gum und ähnliche natürliche Kautschukarten (Position 4001).

Zusätzliche Anmerkung

1. Mischungen aus Pektinstoffen und Zucker mit einem Zuckergehalt von mehr als 90 GHT, bezogen auf die Trockenmasse, sind von der Einreihung in die Unterposition 1302 20 ausgeschlossen und werden grundsätzlich in Kapitel 17 eingereiht, da der Charakter der Ware als vom Zucker verliehen gilt.

Warenbezeichnung	Warennummer	Besondere Maßeinheit
Schellack; natürliche Gummen, Harze, Gummiharze und Oleoresine (z. B. Balsame):	**1301**	
– Gummi arabicum	1301 20 00	–
– andere	1301 90 00	–

Warenbezeichnung	Warennummer	Besondere Maßeinheit
Pflanzensäfte und Pflanzenauszüge; Pektinstoffe, Pektinate und Pektate; Agar-Agar und andere Schleime und Verdickungsstoffe von Pflanzen, auch modifiziert:	**1302**	
– Pflanzensäfte und Pflanzenauszüge:		
– – Opium	1302 11 00	–
– – von Süßholzwurzeln	1302 12 00	–
– – von Hopfen	1302 13 00	–
– – von Ephedra	1302 14 00	–
– – andere:		
– – – Vanille-Oleoresin	1302 19 05	–
– – – andere	1302 19 70	–
– Pektinstoffe, Pektinate und Pektate:		
– – trocken	1302 20 10	–
– – andere	1302 20 90	–
– Schleime und Verdickungsstoffe von Pflanzen, auch modifiziert:		
– – Agar-Agar	1302 31 00	–
– – Schleime und Verdickungsstoffe aus Johannisbrot, Johannisbrotkernen oder Guarsamen, auch modifiziert:		
– – – aus Johannisbrot oder Johannisbrotkernen	1302 32 10	–
– – – aus Guarsamen	1302 32 90	–
– – andere	1302 39 00	–

Kapitel 14

Flechtstoffe und andere Waren pflanzlichen Ursprungs, anderweit weder genannt noch inbegriffen

Anmerkungen

1. Zu Kapitel 14 gehören nicht pflanzliche Stoffe und Fasern von der hauptsächlich zum Herstellen von Spinnstoffwaren verwendeten Art, auch beliebig bearbeitet, und andere pflanzliche Stoffe, die im Hinblick auf ihre ausschließliche Verwendung zur Herstellung von Spinnstoffen besonders bearbeitet sind (Abschnitt XI).
2. Zu Position 1401 gehören insbesondere Bambus (auch gespalten, in der Längsrichtung gesägt, auf bestimmte Längen zugeschnitten, mit abgerundeten Enden, gebleicht, feuerwiderstandsfähig gemacht, poliert oder gefärbt), Flechtweiden, Schilf und dergleichen, gespalten, Peddig und Stuhlrohr. Zu Position 1401 gehört nicht Holzspan aller Art (Position 4404).
3. Zu Position 1404 gehören nicht Holzwolle (Position 4405) und Pinselköpfe (Position 9603).

Warenbezeichnung	Warennummer	Besondere Maßeinheit
Pflanzliche Stoffe von der hauptsächlich zum Herstellen von Korb- oder Flechtwaren verwendeten Art (z. B. Bambus, Peddig und Stuhlrohr, Schilf, Binsen, Flechtweiden, Raffiabast, gereinigtes, gebleichtes oder gefärbtes Getreidestroh, Lindenbast):	**1401**	
– Bambus	1401 10 00	–
– Peddig und Stuhlrohr	1401 20 00	–
– andere	1401 90 00	–
Pflanzliche Erzeugnisse, anderweit weder genannt noch inbegriffen:	**1404**	
– Baumwoll-Linters	1404 20 00	–
– andere	1404 90 00	–

• Tierische, pflanzliche oder mikrobielle Fette und Öle und Erzeugnisse ihrer Spaltung; genießbare verarbeitete Fette; Wachse tierischen oder pflanzlichen Ursprungs

Kapitel 15

• Tierische, pflanzliche oder mikrobielle Fette und Öle und Erzeugnisse ihrer Spaltung; genießbare verarbeitete Fette; Wachse tierischen oder pflanzlichen Ursprungs

Anmerkungen

1. Zu Kapitel 15 gehören nicht:
   a) Schweinespeck und Schweinefett und Geflügelfett der Position 0209;
   b) Kakaobutter, Kakaofett und Kakaoöl (Position 1804);
   c) Lebensmittelzubereitungen mit einem Gehalt an Erzeugnissen der Position 0405 von mehr als 15 GHT (im allgemeinen Kapitel 21);
   d) Grieben (Position 2301) und Rückstände der Positionen 2304 bis 2306;
   e) Fettsäuren, zubereitete Wachse, pharmazeutische Erzeugnisse, Anstrichfarben, Lacke, Seifen, zubereitete Riech-, Körperpflege- und Schönheitsmittel, sulfonierte Öle und andere Waren des Abschnitts VI;
   f) Faktis für von Ölen abgeleiteten Kautschuk (Position 4002).
2. Zu Position 1509 gehört nicht Öl, das aus Oliven mit Hilfe von Lösemitteln gewonnen worden ist (Position 1510).
3. Zu Position 1518 gehören nicht Fette und Öle sowie deren Fraktionen, die lediglich denaturiert worden sind. Diese bleiben in der Position, zu der die entsprechenden nicht denaturierten Fette und Öle sowie deren Fraktionen gehören.
4. Zu Position 1522 gehören auch Soapstock, Öldrass, Stearinpech, Wollpech und Glycerinpech.

Unterpositions-Anmerkungen

• 1. Für die Zwecke der Unterposition 1509 30 hat natives Olivenöl einen in Ölsäure berechneten Gehalt an freien Säuren von nicht mehr als 2,0 g/100 g und kann anhand der gemäß der Codex-Alimentarius-Norm 33-1981 angegebenen Merkmale von den anderen Kategorien nativen Olivenöls unterschieden werden.
2. Als „erucasäurearmes Raps- oder Rübsenöl" im Sinne der Unterpositionen 1514 11 und 1514 19 gelten fette Öle mit einem Erucasäuregehalt von weniger als 2 GHT.

Zusätzliche Anmerkungen

1. Für die Anwendung der Unterpositionen und Warennummern 1507 10, 1508 10, 1510 00 10, 1511 10, 1512 11, 1512 21, 1513 11, 1513 21, 1514 11, 1514 91, 1515 11, 1515 21, 1515 50 11, 1515 50 19, 1515 90 21, 1515 90 29, 1515 90 40 bis 1515 90 59 und 1518 00 31 gilt Folgendes:
   a) Durch Pressen gewonnene fette pflanzliche Öle, flüssig oder fest, gelten als „roh", wenn sie keine andere Behandlung erfahren haben als
      – Absetzenlassen in allgemein üblichen Zeiträumen;
      – Abschleudern (Zentrifugieren) oder auch Filtrieren, bei dem zur Trennung der Öle von festen Bestandteilen nur „mechanische" Kräfte, wie Schwerkraft, Druck oder Fliehkraft, jedoch keine adsorptiv wirkenden Filterhilfsmittel oder andere physikalische oder chemische Verfahren angewendet worden sind.
   b) Durch Extraktion gewonnene fette pflanzliche Öle, flüssig oder fest, gelten als „roh", wenn sich ihre Beschaffenheit weder nach Farbe, Geruch und Geschmack noch durch besondere anerkannte analytische Daten von den entsprechenden durch Pressen gewonnenen fetten pflanzlichen Ölen unterscheidet.
   c) Entschleimtes Sojaöl und von Gossypol befreites Baumwollsaatöl gelten ebenfalls als „rohe" Öle.

2. A. Zu den Positionen 1509 und 1510 gehören nur Öle, die ausschließlich durch Verarbeitung von Oliven gewonnen wurden und die in Bezug auf den Gehalt an Fettsäuren und Sterinen die Merkmale gemäß Anhang I der Verordnung (EWG) Nr. 2568/91 der Kommission [1] aufweisen. Ihr Vorhandensein kann mit den Verfahren der Anhänge V und X der genannten Verordnung bestimmt werden.

   Zu den Positionen 1509 und 1510 gehören weder chemisch modifizierte (insbesondere wiederveresterte) Olivenöle noch Mischungen von Olivenöl mit anderen Ölen. Das Vorhandensein von wiederverestertem Olivenöl wird mit dem Verfahren des Anhangs VII der Verordnung (EWG) Nr. 2568/91 nachgewiesen.

   B. Zu den Warennummern 1509 20 00, 1509 30 00 und 1509 40 00 gehören nur die unter den nachstehenden Nummern 1, 2 und 3 definierten Olivenöle, die ausschließlich durch mechanische oder sonstige physikalische Verfahren unter Bedingungen, die nicht zu einer Modifizierung der Öle führen, gewonnen wurden und die keine andere Behandlung erfahren haben als Waschen, Dekantieren, Zentrifugieren und Filtrieren. Mit Lösemitteln, mit chemischen oder biochemischen Hilfsmitteln oder durch Wiederveresterungsverfahren gewonnene Olivenöle sowie alle Mischungen mit Ölen anderer Art sind von dieser Unterposition ausgeschlossen.

   1. Als „natives Olivenöl extra“ im Sinne der Warennummer 1509 20 00 gilt Olivenöl, das die Merkmale von Olivenöl der Kategorie 1 gemäß Anhang I der Verordnung (EWG) Nr. 2568/91 aufweist.
   2. Zur Warennummer 1509 30 00 gehören native Olivenöle, die die Merkmale von Olivenölen der Kategorie 2 gemäß Anhang I der Verordnung (EWG) Nr. 2568/91 aufweisen.
   3. Als „andere native Olivenöle“ im Sinne der Warennummer 1509 40 00 gelten Olivenöle, die die Merkmale von Olivenölen der Kategorie 3 gemäß Anhang I der Verordnung (EWG) Nr. 2568/91 aufweisen.

   C. Zur Warennummer 1509 90 00 gehören Olivenöle, die durch Behandeln von Olivenölen der Warennummern 1509 20 00, 1509 30 00 und 1509 40 00 gewonnen wurden, auch vermischt mit nativem Olivenöl extra oder nativem Olivenöl, und die die Merkmale von Olivenölen der Kategorien 4 und 5 gemäß Anhang I der Verordnung (EWG) Nr. 2568/91 aufweisen.

   D. Als „rohes Oliventresteröl“ im Sinne der Warennummer 1510 10 00 gilt Olivenöl, das die Merkmale von Olivenölen der Kategorie 6 gemäß Anhang I der Verordnung (EWG) Nr. 2568/91 aufweist.

   E. Als Öle der Warennummer 1510 90 00 gelten Öle, die durch Behandeln von Ölen der Warennummer 1510 10 00 gewonnen wurden, auch vermischt mit nativem Olivenöl extra oder nativem Olivenöl, sowie Öle, die nicht die Merkmale von Olivenölen gemäß den Buchstaben B, C und D dieser Zusätzlichen Anmerkung aufweisen.

   Die Öle dieser Warennummer müssen die Merkmale der Olivenöle der Kategorien 7 und 8 gemäß Anhang I der Verordnung (EWG) Nr. 2568/91 aufweisen.

3. Nicht zu den Warennummern 1522 00 31 und 1522 00 39 gehören:
   a) Rückstände aus der Verarbeitung von Fettstoffen, die Öl enthalten, dessen Iodzahl, bestimmt nach dem Verfahren des Anhangs XVI der Verordnung (EWG) Nr. 2568/91, kleiner als 70 oder größer als 100 ist;
   b) Rückstände aus der Verarbeitung von Fettstoffen, die Öle mit einer Iodzahl zwischen 70 und 100 enthalten, bei dem jedoch die gemäß Anhang V der Verordnung (EWG) Nr. 2568/91 bestimmte Fläche des Peaks, der der Retentionszeit des Beta-Sitosterins [2] entspricht, kleiner ist als 93,0 % der Gesamtfläche der Sterinpeaks.

4. Für die Bestimmung der Merkmale der oben genannten Erzeugnisse sind die in den Anhängen der Verordnung (EWG) Nr. 2568/91 beschriebenen Analyseverfahren anzuwenden. Dabei müssen auch die Fußnoten in Anhang I der Verordnung berücksichtigt werden.

5. Zu diesem Kapitel gehören nicht Lebensmittelzubereitungen aus Erzeugnissen des Kapitels 15, dosiert aufgemacht, wie Kapseln, Tabletten, Pastillen und Pillen, die zur Verwendung als Nahrungsergänzungsmittel bestimmt sind. Der wesentliche Charakter eines Nahrungsergänzungsmittels wird nicht nur durch seine Inhaltsstoffe bestimmt, sondern auch durch seine besondere Form der Darreichung, die auf seine Funktion als Nahrungsergänzungsmittel hinweist, da sie die Dosierung, die Art und Weise seiner Aufnahme und den Ort, an dem es wirken soll, bestimmt. Diese Lebensmittelzubereitungen sind in Position 2106 einzureihen, sofern sie anderweitig weder genannt noch inbegriffen sind.

---

1) Verordnung (EWG) Nr. 2568/91 der Kommission vom 11. Juli 1991 über die Merkmale von Olivenölen und Oliventresterölen sowie die Verfahren zu ihrer Bestimmung (ABl. L 248 vom 5.9.1991, S. 1).
2) Delta-5,23-Stigmastadienol, Chlerosterin, Beta-Sitosterin, Sitostanol, Delta-5-Avenasterin und Delta-5,24-Stigmastadienol.

Warenbezeichnung	Warennummer	Besondere Maßeinheit
Schweinefett (einschließlich Schweineschmalz) und Geflügelfett, ausgenommen solches der Position 0209 oder 1503:	**1501**	
– Schweineschmalz:		
– – zu industriellen Zwecken, ausgenommen zum Herstellen von Lebensmitteln	1501 10 10	–
– – anderes	1501 10 90	–
– anderes Schweinefett:		
– – zu industriellen Zwecken, ausgenommen zum Herstellen von Lebensmitteln	1501 20 10	–
– – anderes	1501 20 90	–
– anderes	1501 90 00	–
Fett von Rindern, Schafen oder Ziegen, ausgenommen solches der Position 1503:	**1502**	
– Talg:		
– – zu industriellen Zwecken, ausgenommen zum Herstellen von Lebensmitteln	1502 10 10	–
– – anderes	1502 10 90	–
– anderes:		
– – zu industriellen Zwecken, ausgenommen zum Herstellen von Lebensmitteln	1502 90 10	–
– – anderes	1502 90 90	–
Schmalzstearin, Schmalzöl, Oleostearin, Oleomargarin und Talgöl, weder emulgiert, vermischt noch anders verarbeitet:	**1503**	
– Schmalzstearin und Oleostearin:		
– – zu industriellen Zwecken	1503 00 11	–
– – andere	1503 00 19	–
– Talgöl zu industriellen Zwecken, ausgenommen zum Herstellen von Lebensmitteln	1503 00 30	–
– andere	1503 00 90	–
Fette und Öle sowie deren Fraktionen, von Fischen oder Meeressäugetieren, auch raffiniert, jedoch nicht chemisch modifiziert:	**1504**	
– Leberöle sowie deren Fraktionen, von Fischen:		
– – mit einem Gehalt an Vitamin A von 2 500 internationalen Einheiten je Gramm oder weniger	1504 10 10	–
– – andere:		
– – – von Heilbutten	1504 10 91	–
– – – andere	1504 10 99	–
– Fette und Öle sowie deren Fraktionen, von Fischen, ausgenommen Leberöle:		
– – feste Fraktionen	1504 20 10	–
– – andere	1504 20 90	–
– Fette und Öle sowie deren Fraktionen, von Meeressäugetieren:		
– – feste Fraktionen	1504 30 10	–
– – andere	1504 30 90	–
Wollfett und daraus stammende Fettstoffe, einschließlich Lanolin:	**1505**	
– Wollfett, roh	1505 00 10	–
– andere	1505 00 90	–
Andere tierische Fette und Öle sowie deren Fraktionen, auch raffiniert, jedoch nicht chemisch modifiziert	**1506 00 00**	–

Warenbezeichnung	Warennummer	Besondere Maßeinheit
Sojaöl und seine Fraktionen, auch raffiniert, jedoch nicht chemisch modifiziert:	**1507**	
– rohes Öl, auch entschleimt:		
– – zu technischen oder industriellen Zwecken, ausgenommen zum Herstellen von Lebensmitteln	1507 10 10	–
– – anderes	1507 10 90	–
– andere:		
– – zu technischen oder industriellen Zwecken, ausgenommen zum Herstellen von Lebensmitteln	1507 90 10	–
– – andere	1507 90 90	–
Erdnussöl und seine Fraktionen, auch raffiniert, jedoch nicht chemisch modifiziert:	**1508**	
– rohes Öl:		
– – zu technischen oder industriellen Zwecken, ausgenommen zum Herstellen von Lebensmitteln	1508 10 10	–
– – anderes	1508 10 90	–
– andere:		
– – zu technischen oder industriellen Zwecken, ausgenommen zum Herstellen von Lebensmitteln	1508 90 10	–
– – andere	1508 90 90	–
Olivenöl und seine Fraktionen, auch raffiniert, jedoch nicht chemisch modifiziert:	**1509**	
● **– Natives Olivenöl extra**	1509 20 00	–
● **– Natives Olivenöl**	1509 30 00	–
● **– andere native Olivenöle**	1509 40 00	–
– anderes	1509 90 00	–
Andere Öle und ihre Fraktionen, ausschließlich aus Oliven gewonnen, auch raffiniert, jedoch nicht chemisch modifiziert, einschließlich Mischungen dieser Öle oder Fraktionen mit Ölen oder Fraktionen der Position 1509:	**1510**	
● **– rohes Oliventresteröl**	1510 10 00	–
● **– andere**	1510 90 00	–
Palmöl und seine Fraktionen, auch raffiniert, jedoch nicht chemisch modifiziert:	**1511**	
– rohes Öl:		
– – zu technischen oder industriellen Zwecken, ausgenommen zum Herstellen von Lebensmitteln	1511 10 10	–
– – anderes	1511 10 90	–
– andere:		
– – feste Fraktionen:		
– – – in unmittelbaren Umschließungen mit einem Gewicht des Inhalts von 1 kg oder weniger	1511 90 11	–
– – – in anderer Aufmachung	1511 90 19	–
– – andere:		
– – – zu technischen oder industriellen Zwecken, ausgenommen zum Herstellen von Lebensmitteln	1511 90 91	–
– – – andere	1511 90 99	–

Warenbezeichnung	Warennummer	Besondere Maßeinheit
Sonnenblumenöl, Safloröl und Baumwollsamenöl sowie deren Fraktionen, auch raffiniert, jedoch nicht chemisch modifiziert:	**1512**	
– Sonnenblumenöl und Safloröl sowie deren Fraktionen:		
– – rohe Öle:		
– – – zu technischen oder industriellen Zwecken, ausgenommen zum Herstellen von Lebensmitteln	1512 11 10	–
– – – andere:		
– – – – Sonnenblumenöl	1512 11 91	–
– – – – Safloröl	1512 11 99	–
– – andere:		
– – – zu technischen oder industriellen Zwecken, ausgenommen zum Herstellen von Lebensmitteln	1512 19 10	–
– – – andere	1512 19 90	–
– Baumwollsamenöl und seine Fraktionen:		
– – rohes Öl, auch von Gossypol befreit:		
– – – zu technischen oder industriellen Zwecken, ausgenommen zum Herstellen von Lebensmitteln	1512 21 10	–
– – – anderes	1512 21 90	–
– – andere:		
– – – zu technischen oder industriellen Zwecken, ausgenommen zum Herstellen von Lebensmitteln	1512 29 10	–
– – – andere	1512 29 90	–
Kokosöl (Kopraöl), Palmkernöl und Babassuöl sowie deren Fraktionen, auch raffiniert, jedoch nicht chemisch modifiziert:	**1513**	
– Kokosöl (Kopraöl) und seine Fraktionen:		
– – rohes Öl:		
– – – zu technischen oder industriellen Zwecken, ausgenommen zum Herstellen von Lebensmitteln	1513 11 10	–
– – – anderes:		
– – – – in unmittelbaren Umschließungen mit einem Gewicht des Inhalts von 1 kg oder weniger	1513 11 91	–
– – – – in anderer Aufmachung	1513 11 99	–
– – andere:		
– – – feste Fraktionen:		
– – – – in unmittelbaren Umschließungen mit einem Gewicht des Inhalts von 1 kg oder weniger	1513 19 11	–
– – – – in anderer Aufmachung	1513 19 19	–
– – – andere:		
– – – – zu technischen oder industriellen Zwecken, ausgenommen zum Herstellen von Lebensmitteln	1513 19 30	–
– – – – andere:		
– – – – – in unmittelbaren Umschließungen mit einem Gewicht des Inhalts von 1 kg oder weniger	1513 19 91	–
– – – – – in anderer Aufmachung	1513 19 99	–

Warenbezeichnung	Warennummer	Besondere Maßeinheit
– Palmkernöl und Babassuöl sowie deren Fraktionen:		
– – rohe Öle:		
– – – zu technischen oder industriellen Zwecken, ausgenommen zum Herstellen von Lebensmitteln	1513 21 10	–
– – – andere:		
– – – – in unmittelbaren Umschließungen mit einem Gewicht des Inhalts von 1 kg oder weniger	1513 21 30	–
– – – – in anderer Aufmachung	1513 21 90	–
– – andere:		
– – – feste Fraktionen:		
– – – – in unmittelbaren Umschließungen mit einem Gewicht des Inhalts von 1 kg oder weniger	1513 29 11	–
– – – – in anderer Aufmachung	1513 29 19	–
– – – andere:		
– – – – zu technischen oder industriellen Zwecken, ausgenommen zum Herstellen von Lebensmitteln	1513 29 30	–
– – – – andere:		
– – – – – in unmittelbaren Umschließungen mit einem Gewicht des Inhalts von 1 kg oder weniger	1513 29 50	–
– – – – – in anderer Aufmachung	1513 29 90	–
Raps- und Rübsenöl und Senföl sowie deren Fraktionen, auch raffiniert, jedoch nicht chemisch modifiziert:	**1514**	
– erucasäurearmes Raps- und Rübsenöl und deren Fraktionen:		
– – rohe Öle:		
– – – zu technischen oder industriellen Zwecken, ausgenommen zum Herstellen von Lebensmitteln	1514 11 10	–
– – – andere	1514 11 90	–
– – andere:		
– – – zu technischen oder industriellen Zwecken, ausgenommen zum Herstellen von Lebensmitteln	1514 19 10	–
– – – andere	1514 19 90	–
– andere:		
– – rohe Öle:		
– – – zu technischen oder industriellen Zwecken, ausgenommen zum Herstellen von Lebensmitteln	1514 91 10	–
– – – andere	1514 91 90	–
– – andere:		
– – – zu technischen oder industriellen Zwecken, ausgenommen zum Herstellen von Lebensmitteln	1514 99 10	–
– – – andere	1514 99 90	–
● **Andere pflanzliche oder mikrobielle Fette und fette Öle (einschließlich Jojobaöl) sowie deren Fraktionen, auch raffiniert, jedoch nicht chemisch modifiziert:**	**1515**	
– Leinöl und seine Fraktionen:		
– – rohes Öl	1515 11 00	–
– – andere:		
– – – zu technischen oder industriellen Zwecken, ausgenommen zum Herstellen von Lebensmitteln	1515 19 10	–
– – – andere	1515 19 90	–

Warenbezeichnung	Warennummer	Besondere Maßeinheit
– Maisöl und seine Fraktionen:		
– – rohes Öl:		
– – – zu technischen oder industriellen Zwecken, ausgenommen zum Herstellen von Lebensmitteln	1515 21 10	–
– – – anderes	1515 21 90	–
– – andere:		
– – – zu technischen oder industriellen Zwecken, ausgenommen zum Herstellen von Lebensmitteln	1515 29 10	–
– – – andere	1515 29 90	–
– Rizinusöl und seine Fraktionen:		
– – zum Herstellen von Aminoundecansäure zum Erzeugen von synthetischen Chemiefasern oder Kunststoffen	1515 30 10	–
– – andere	1515 30 90	–
– Sesamöl und seine Fraktionen:		
– – rohes Öl:		
– – – zu technischen oder industriellen Zwecken, ausgenommen zum Herstellen von Lebensmitteln	1515 50 11	–
– – – anderes	1515 50 19	–
– – andere:		
– – – zu technischen oder industriellen Zwecken, ausgenommen zum Herstellen von Lebensmitteln	1515 50 91	–
– – – andere	1515 50 99	–
● **– mikrobielle Fette und Öle und ihre Fraktionen:**		
● – – rohes Öl:		
● – – – zu technischen oder industriellen Zwecken, ausgenommen zum Herstellen von Lebensmitteln	1515 60 11	–
● – – – andere:		
● – – – – fest, in unmittelbaren Umschließungen mit einem Gewicht des Inhalts von 1 kg oder weniger	1515 60 51	–
● – – – – fest, in anderen Aufmachungen; flüssig	1515 60 59	–
● – – andere:		
● – – – zu technischen oder industriellen Zwecken, ausgenommen zum Herstellen von Lebensmitteln	1515 60 60	–
● – – – andere:		
● – – – – fest, in unmittelbaren Umschließungen mit einem Gewicht des Inhalts von 1 kg oder weniger	1515 60 91	–
● – – – – fest, in anderen Aufmachungen; flüssig	1515 60 99	–
– andere:		
– – Tungöl (Holzöl); Jojobaöl und Oiticicaöl; Myrtenwachs und Japanwachs; deren Fraktionen	1515 90 11	–
– – Tabaksamenöl und seine Fraktionen:		
– – – rohes Öl:		
– – – – zu technischen oder industriellen Zwecken, ausgenommen zum Herstellen von Lebensmitteln	1515 90 21	–
– – – – anderes	1515 90 29	–
– – – andere:		
– – – – zu technischen oder industriellen Zwecken, ausgenommen zum Herstellen von Lebensmitteln	1515 90 31	–
– – – – andere	1515 90 39	–
– – andere Fette und Öle sowie deren Fraktionen:		
– – – rohe Fette und Öle:		
■ – – – – zu technischen oder industriellen Zwecken, ausgenommen zum Herstellen von Lebensmitteln	1515 90 40	–

Warenbezeichnung	Warennummer	Besondere Maßeinheit
– – – – andere:		
■ – – – – – fest, in unmittelbaren Umschließungen mit einem Gewicht des Inhalts von 1 kg oder weniger	1515 90 51	–
■ – – – – – fest, in anderen Aufmachungen; flüssig	1515 90 59	–
– – – andere:		
■ – – – – zu technischen oder industriellen Zwecken, ausgenommen zum Herstellen von Lebensmitteln	1515 90 60	–
– – – – andere:		
■ – – – – – fest, in unmittelbaren Umschließungen mit einem Gewicht des Inhalts von 1 kg oder weniger	1515 90 91	–
■ – – – – – fest, in anderen Aufmachungen; flüssig	1515 90 99	–
● **Tierische, pflanzliche oder mikrobielle Fette und Öle sowie deren Fraktionen, ganz oder teilweise hydriert, umgeestert, wiederverestert oder elaidiniert, auch raffiniert, jedoch nicht weiterverarbeitet:**	**1516**	
– tierische Fette und Öle sowie deren Fraktionen:		
– – in unmittelbaren Umschließungen mit einem Gewicht des Inhalts von 1 kg oder weniger	1516 10 10	–
– – in anderer Aufmachung	1516 10 90	–
– pflanzliche Fette und Öle sowie deren Fraktionen:		
– – hydriertes Rizinusöl (sogenanntes Opalwachs)	1516 20 10	–
– – andere:		
■ – – – in unmittelbaren Umschließungen mit einem Gewicht des Inhalts von 1 kg oder weniger	1516 20 91	–
– – – in anderer Aufmachung:		
– – – – Raps- und Rübsenöl, Leinöl, Sonnenblumenöl, Illipefett, Karitefett, Domorifett, Tulucunaöl oder Babassuöl, zu technischen oder industriellen Zwecken, ausgenommen zum Herstellen von Lebensmitteln	1516 20 95	–
– – – – andere:		
– – – – – Erdnussöl, Baumwollsaatöl, Sojaöl oder Sonnenblumenöl; andere Öle mit einem Gehalt an freien Fettsäuren weniger als 50 GHT und ausgenommen Palmkernöl, Illipefett, Kokosöl (Kopraöl), Raps- und Rübsenöl oder Kopaivaöl	1516 20 96	–
■ – – – – – andere	1516 20 98	–
● **– mikrobielle Fette und Öle und ihre Fraktionen:**		
● – – in unmittelbaren Umschließungen mit einem Gewicht des Inhalts von 1 kg oder weniger	1516 30 91	–
● – – andere	1516 30 98	–
● **Margarine; genießbare Mischungen und Zubereitungen von tierischen, pflanzlichen oder mikrobiellen Fetten und Ölen sowie von Fraktionen verschiedener Fette und Öle dieses Kapitels, ausgenommen genießbare Fette und Öle sowie deren Fraktionen der Position 1516:**	**1517**	
– Margarine, ausgenommen flüssige Margarine:		
– – mit einem Milchfettgehalt von mehr als 10 bis 15 GHT	1517 10 10	–
– – andere	1517 10 90	–
– andere:		
– – mit einem Milchfettgehalt von mehr als 10 bis 15 GHT	1517 90 10	–
– – andere:		
– – – Mischungen von flüssigen, fetten pflanzlichen Ölen	1517 90 91	–
– – – genießbare Mischungen und Zubereitungen der als Form- und Trennöle verwendeten Art	1517 90 93	–
– – – andere	1517 90 99	–

Warenbezeichnung	Warennummer	Besondere Maßeinheit
● **Tierische, pflanzliche oder mikrobielle Fette und Öle sowie deren Fraktionen, gekocht, oxidiert, dehydratisiert, geschwefelt, geblasen, durch Hitze im Vakuum oder in inertem Gas polymerisiert oder anders chemisch modifiziert, ausgenommen Waren der Position 1516; ungenießbare Mischungen und Zubereitungen von tierischen, pflanzlichen oder mikrobiellen Fetten und Ölen sowie von Fraktionen verschiedener Fette und Öle dieses Kapitels, anderweitig weder genannt noch inbegriffen:**	**1518**	
– Linoxyn	1518 00 10	–
– Mischungen von flüssigen, fetten pflanzlichen Ölen, zu technischen oder industriellen Zwecken, ausgenommen zum Herstellen von Lebensmitteln:		
– – roh	1518 00 31	–
– – andere	1518 00 39	–
– andere:		
– – tierische, pflanzliche oder mikrobielle Fette und Öle sowie deren Fraktionen, gekocht, oxidiert, dehydratisiert, geschwefelt, geblasen, durch Hitze im Vakuum oder in inertem Gas polymerisiert oder anders chemisch modifiziert, ausgenommen Waren der Position 1516	1518 00 91	–
– – andere:		
– – – ungenießbare Mischungen und Zubereitungen von tierischen Fetten und Ölen oder von tierischen, pflanzlichen oder mikrobiellen Fetten und Ölen sowie deren Fraktionen	1518 00 95	–
– – – andere	1518 00 99	–
Glycerin, roh; Glycerinwasser und Glycerinunterlaugen	**1520 00 00**	–
Pflanzenwachse (ausgenommen Triglyceride), Bienenwachs, andere Insektenwachse und Walrat, auch raffiniert oder gefärbt:	**1521**	
– Pflanzenwachse	1521 10 00	–
– andere:		
– – Walrat, auch raffiniert oder gefärbt	1521 90 10	–
– – Bienenwachs und andere Insektenwachse, auch raffiniert oder gefärbt:		
– – – roh	1521 90 91	–
– – – andere	1521 90 99	–
Degras; Rückstände aus der Verarbeitung von Fettstoffen oder von tierischen oder pflanzlichen Wachsen:	**1522**	
– Degras	1522 00 10	–
– Rückstände aus der Verarbeitung von Fettstoffen oder von tierischen oder pflanzlichen Wachsen:		
– – Öl enthaltend, das die Merkmale von Olivenöl aufweist:		
– – – Soapstock	1522 00 31	–
– – – andere	1522 00 39	–
– – andere:		
– – – Öldrass und Soapstock	1522 00 91	–
– – – andere	1522 00 99	–

Waren der Lebensmittelindustrie; Getränke, alkoholhaltige Flüssigkeiten und Essig; Tabak und verarbeitete Tabakersatzstoffe; Erzeugnisse auch nikotinhaltig, die zur Inhalation ohne Verbrennung bestimmt sind; andere nikotinhaltige Erzeugnisse, die zur Nikotinaufnahme in den menschlichen Körper bestimmt sind

Anmerkung

1. In diesem Abschnitt gelten als „Pellets" Erzeugnisse, die entweder unmittelbar durch Pressen oder durch Zusatz eines Bindemittels in einer Menge von 3 GHT oder weniger zu Zylindern, Kügelchen usw. agglomeriert worden sind.

Kapitel 16

Zubereitungen von Fleisch, Fischen, Krebstieren, Weichtieren, anderen wirbellosen Wassertieren oder von Insekten

Anmerkungen

1. Zu Kapitel 16 gehören nicht Fleisch, Schlachtnebenerzeugnisse, Fische, Krebstiere, Weichtiere und andere wirbellose Wassertiere sowie Insekten, zubereitet oder haltbar gemacht nach den Verfahren, die in den Kapiteln 2 und 3, der Anmerkung 6 zu Kapitel 4 und der Position 0504 aufgeführt sind.
2. Lebensmittelzubereitungen gehören nur dann zu Kapitel 16, wenn ihr Gehalt an Wurst, Fleisch, Schlachtnebenerzeugnissen, Blut, Insekten, Fischen oder Krebstieren, Weichtieren oder anderen wirbellosen Wassertieren - einzeln oder zusammen - mehr als 20 GHT beträgt. Enthalten diese Zubereitungen zwei oder mehr der vorgenannten Waren, werden sie derjenigen Position des Kapitels 16 zugewiesen, die dem gewichtsmäßig vorherrschenden Bestandteil entspricht. Diese Bestimmungen gelten weder für gefüllte Waren der Position 1902 noch für Zubereitungen der Positionen 2103 und 2104.

   Bei Leber enthaltenden Zubereitungen gilt der vorstehende zweite Satz jedoch nicht für die Bestimmung von Warennummern innerhalb der Positionen 1601 und 1602.

Unterpositions-Anmerkungen

1. Als „homogenisierte Zubereitungen" im Sinne der Unterposition 1602 10 gelten Zubereitungen aus Fleisch, Schlachtnebenerzeugnissen, Blut oder Insekten, fein homogenisiert, aufgemacht für den Einzelverkauf zur Ernährung von Säuglingen oder Kleinkindern oder zum Diätgebrauch in Behältnissen mit einem Inhalt von 250 g oder weniger. Bei Anwendung dieser Begriffsbestimmung bleiben Zutaten, die der Zubereitung ggf. zum Würzen, Haltbarmachen oder zu anderen Zwecken in geringer Menge zugesetzt sind, außer Betracht. Diese Zubereitungen können in geringer Menge sichtbare Stückchen von Fleisch oder Schlachtnebenerzeugnissen oder Insekten enthalten. Die Unterposition 1602 10 hat Vorrang vor allen anderen Unterpositionen der Position 1602.
2. Die in den Unterpositionen der Positionen 1604 und 1605 lediglich mit ihren allgemeinen Bezeichnungen aufgeführten Fische, Krebstiere, Weichtiere und andere wirbellose Wassertiere gehören zu den gleichen in Kapitel 3 unter diesen Bezeichnungen aufgeführten Arten.

Zusätzliche Anmerkungen

1. Als „nicht gegart" im Sinne der Warennummern 1602 31 11, 1602 32 11, 1602 39 21, 1602 50 10 und 1602 90 61, gelten Erzeugnisse, die keiner Wärmebehandlung oder einer Wärmebehandlung unterzogen wurden, die nicht ausreichte, um die Proteine im Fleisch bis ins Innere zu koagulieren und die bei den Erzeugnissen der Warennummern 1602 50 10 und 1602 90 61 dementsprechend Spuren einer rötlichen Flüssigkeit aufweisen, wenn sie an der dicksten Stelle durchgeschnitten werden.
2. Der Begriff „Teile" im Sinne der Warennummern 1602 41 10, 1602 42 10, 1602 49 11, 1602 49 13 und 1602 49 15 bezieht sich nur auf zubereitetes oder haltbar gemachtes Fleisch, bei dem aufgrund der Größe und Beschaffenheit des zusammenhängenden Muskelgewebes ersichtlich ist, dass es von Schinken, Schultern, Kotelettsträngen oder Nacken von Hausschweinen stammt.

Warenbezeichnung	Warennummer	Besondere Maßeinheit
● **Würste und ähnliche Erzeugnisse, aus Fleisch, Schlachtnebenerzeugnissen, Blut oder Insekten; Lebensmittelzubereitungen auf der Grundlage dieser Erzeugnisse:**	**1601**	
– aus Lebern	1601 00 10	–
– andere:		
■ – – Rohwürste, getrocknet oder streichfähig	1601 00 91	–
■ – – andere	1601 00 99	–
● **Fleisch, Schlachtnebenerzeugnisse, Blut oder Insekten, anders zubereitet oder haltbar gemacht:**	**1602**	
■ **– homogenisierte Zubereitungen**	1602 10 00	–
– aus Lebern aller Tierarten:		
– – von Gänsen oder Enten	1602 20 10	–
– – andere	1602 20 90	–
– von Geflügel der Position 0105:		
– – von Truthühnern:		
– – – mit einem Anteil an Fleisch oder Schlachtnebenerzeugnissen von Geflügel von 57 GHT oder mehr:1)		
– – – – ausschließlich nicht gegartes Fleisch von Truthühnern enthaltend	1602 31 11	–
– – – – andere	1602 31 19	–
– – – andere	1602 31 80	–
– – von Hühnern:		
– – – mit einem Anteil an Fleisch oder Schlachtnebenerzeugnissen von Geflügel von 57 GHT oder mehr:1)		
– – – – nicht gegart	1602 32 11	–
– – – – andere	1602 32 19	–
– – – mit einem Anteil an Fleisch oder Schlachtnebenerzeugnissen von Geflügel von 25 GHT oder mehr, jedoch weniger als 57 GHT 1)	1602 32 30	–
– – – andere	1602 32 90	–
– – andere:		
– – – mit einem Anteil an Fleisch oder Schlachtnebenerzeugnissen von Geflügel von 57 GHT oder mehr:1)		
– – – – nicht gegart	1602 39 21	–
– – – – andere	1602 39 29	–
– – – andere	1602 39 85	–
– von Schweinen:		
– – Schinken und Teile davon:		
– – – von Hausschweinen	1602 41 10	–
– – – andere	1602 41 90	–
– – Schultern und Teile davon:		
– – – von Hausschweinen	1602 42 10	–
– – – andere	1602 42 90	–

1) Bei der Bestimmung des Vomhundertsatzes an Geflügelfleisch wird das Gewicht der Knochen nicht mitgerechnet.

Warenbezeichnung	Warennummer	Besondere Maßeinheit
– – andere, einschließlich Mischungen:		
– – – von Hausschweinen:		
– – – – mit einem Gehalt an Fleisch oder Schlachtnebenerzeugnissen aller Art, einschließlich Schweinespeck und Fette jeder Art oder Herkunft, von 80 GHT oder mehr:		
– – – – – Kotelettstränge (ausgenommen Nacken) und Teile davon, einschließlich Mischungen aus Kotelettsträngen und Schinken	1602 49 11	–
– – – – – Nacken und Teile davon, einschließlich Mischungen aus Nacken und Schultern	1602 49 13	–
– – – – – andere Mischungen, Schinken, Schultern, Kotelettstränge oder Nacken und Teile davon enthaltend	1602 49 15	–
– – – – – andere	1602 49 19	–
– – – – mit einem Gehalt an Fleisch oder Schlachtnebenerzeugnissen aller Art, einschließlich Schweinespeck und Fette jeder Art oder Herkunft, von 40 GHT oder mehr, jedoch weniger als 80 GHT	1602 49 30	–
– – – – mit einem Gehalt an Fleisch oder Schlachtnebenerzeugnissen aller Art, einschließlich Schweinespeck und Fette jeder Art oder Herkunft, von weniger als 40 GHT	1602 49 50	–
– – – andere	1602 49 90	–
– von Rindern:		
– – nicht gegart; Mischungen aus gegartem Fleisch oder gegarten Schlachtnebenerzeugnissen und nicht gegartem Fleisch oder nicht gegarten Schlachtnebenerzeugnissen	1602 50 10	–
– – andere:		
– – – Corned Beef, in luftdicht verschlossenen Behältern	1602 50 31	–
– – – andere	1602 50 95	–
– andere, einschließlich Zubereitungen aus Blut aller Tierarten:		
– – Zubereitungen aus Blut aller Tierarten	1602 90 10	–
– – andere:		
– – – von Wild oder Kaninchen	1602 90 31	–
– – – andere:		
– – – – Fleisch oder Schlachtnebenerzeugnisse von Hausschweinen enthaltend	1602 90 51	–
– – – – andere:		
– – – – – Fleisch oder Schlachtnebenerzeugnisse von Rindern enthaltend:		
– – – – – – nicht gegart; Mischungen aus gegartem Fleisch oder gegarten Schlachtnebenerzeugnissen und nicht gegartem Fleisch oder nicht gegarten Schlachtnebenerzeugnissen	1602 90 61	–
– – – – – – andere	1602 90 69	–
– – – – – andere:		
– – – – – – von Schafen	1602 90 91	–
– – – – – – von Ziegen	1602 90 95	–
– – – – – – andere	1602 90 99	–
Extrakte und Säfte von Fleisch, Fischen, Krebstieren, Weichtieren und anderen wirbellosen Wassertieren:	**1603**	
– in unmittelbaren Umschließungen mit einem Gewicht des Inhalts von 1 kg oder weniger	1603 00 10	–
– andere	1603 00 80	–

Warenbezeichnung	Warennummer	Besondere Maßeinheit
Fische, zubereitet oder haltbar gemacht; Kaviar und Kaviarersatz, aus Fischeiern gewonnen:	**1604**	
– Fische, ganz oder in Stücken, jedoch nicht fein zerkleinert:		
– – Lachse	1604 11 00	–
– – Heringe:		
– – – Filets, roh, lediglich mit Teig umhüllt oder mit Paniermehl bestreut (paniert), auch in Öl vorgebacken, gefroren	1604 12 10	–
– – – andere:		
– – – – in luftdicht verschlossenen Behältnissen	1604 12 91	–
– – – – andere	1604 12 99	–
– – Sardinen, Sardinellen und Sprotten:		
– – – Sardinen:		
– – – – in Olivenöl	1604 13 11	–
– – – – andere	1604 13 19	–
– – – andere	1604 13 90	–
– – Thunfische, Echter Bonito und Pelamide (*Sarda* spp.):		
– – – Thunfische und Echter Bonito:		
– – – – Echter Bonito:		
– – – – – in Pflanzenöl	1604 14 21	–
– – – – – andere:		
– – – – – – Filets genannt „Loins“	1604 14 26	–
– – – – – – andere	1604 14 28	–
– – – – Gelbflossenthun (*Thunnus albacares*):		
– – – – – in Pflanzenöl	1604 14 31	–
– – – – – andere:		
– – – – – – Filets genannt „Loins“	1604 14 36	–
– – – – – – andere	1604 14 38	–
– – – – andere:		
– – – – – in Pflanzenöl	1604 14 41	–
– – – – – andere:		
– – – – – – Filets genannt „Loins“	1604 14 46	–
– – – – – – andere	1604 14 48	–
– – – Pelamide (*Sarda* spp.)	1604 14 90	–
– – Makrelen:		
– – – der Arten *Scomber scombrus* und *Scomber japonicus*:		
– – – – Filets	1604 15 11	–
– – – – andere	1604 15 19	–
– – – der Art *Scomber australasicus*	1604 15 90	–
– – Sardellen	1604 16 00	–
– – Aale	1604 17 00	–
– – Haifischflossen	1604 18 00	–

Warenbezeichnung	Warennummer	Besondere Maßeinheit
– – andere:		
– – – Salmoniden, ausgenommen Lachse	1604 19 10	–
• – – – Fische der Gattung *Euthynnus*, andere als Echter Bonito (*Katsuwonus pelamis*):		
– – – – Filets genannt „Loins“	1604 19 31	–
– – – – andere	1604 19 39	–
– – – Fische der Arten *Orcynopsis unicolor*	1604 19 50	–
– – – andere:		
– – – – Filets, roh, lediglich mit Teig umhüllt oder mit Paniermehl bestreut (paniert), auch in Öl vorgebacken, gefroren	1604 19 91	–
• – – – – andere:		
– – – – – Kabeljau (*Gadus morhua*, *Gadus ogac*, *Gadus macrocephalus*)	1604 19 92	–
– – – – – Köhler (*Pollachius virens*)	1604 19 93	–
– – – – – Seehechte (*Merluccius* spp., *Urophycis* spp.)	1604 19 94	–
– – – – – Pazifischer Pollack (*Theragra chalcogramma*) und Pollack (*Pollachius pollachius*)	1604 19 95	–
– – – – – andere	1604 19 97	–
– Fische, in anderer Weise zubereitet oder haltbar gemacht:		
– – Surimizubereitungen	1604 20 05	–
– – andere:		
– – – Lachse	1604 20 10	–
– – – Salmoniden, ausgenommen Lachse	1604 20 30	–
– – – Sardellen	1604 20 40	–
– – – Sardinen, Boniten, Makrelen der Arten *Scomber scombrus* und *Scomber japonicus*, Fische der Art *Orcynopsis unicolor*	1604 20 50	–
– – – Thunfische, Echter Bonito und andere Fische der Gattung *Euthynnus*	1604 20 70	–
– – – andere	1604 20 90	–
– Kaviar und Kaviarersatz:		
– – Kaviar	1604 31 00	–
– – Kaviarersatz	1604 32 00	–
Krebstiere, Weichtiere und andere wirbellose Wassertiere, zubereitet oder haltbar gemacht:	**1605**	
– Krabben	1605 10 00	–
– Garnelen:		
– – nicht in luftdichten Behältnissen:		
– – – in unmittelbaren Umschließungen mit einem Gewicht des Inhalts von 2 kg oder weniger	1605 21 10	–
– – – andere	1605 21 90	–
– – andere	1605 29 00	–
– Hummer:		
– – Hummerfleisch, gekocht, zum Herstellen von Hummerbutter, -pasten, -suppen oder -soßen	1605 30 10	–
– – andere	1605 30 90	–
– andere Krebstiere	1605 40 00	–
– Weichtiere:		
– – Austern	1605 51 00	–
– – Jakobs- oder Kammmuscheln	1605 52 00	–
– – Miesmuscheln:		
– – – in luftdichten verschlossenen Behältnissen	1605 53 10	–
– – – andere	1605 53 90	–

Warenbezeichnung	Warennummer	Besondere Maßeinheit
– – Tintenfische und Kalmare	1605 54 00	–
– – Kraken	1605 55 00	–
– – Venusmuscheln, Herzmuscheln und Archenmuscheln	1605 56 00	–
– – Seeohren	1605 57 00	–
– – Schnecken, andere als Meeresschnecken	1605 58 00	–
– – andere	1605 59 00	–
– andere wirbellose Wassertiere:		
– – Seegurken	1605 61 00	–
– – Seeigel	1605 62 00	–
– – Quallen	1605 63 00	–
– – andere	1605 69 00	–

Kapitel 17

Zucker und Zuckerwaren

Anmerkung

1. Zu Kapitel 17 gehören nicht:
   a) kakaohaltige Zuckerwaren (Position 1806);
   b) chemisch reine Zucker (ausgenommen Saccharose, Lactose, Maltose, Glucose und Fructose) und andere Waren der Position 2940;
   c) Arzneiwaren und andere Waren des Kapitels 30.

Unterpositions-Anmerkungen

1. Als „Rohzucker" im Sinne der Unterpositionen 1701 12, 1701 13 und 1701 14 gilt Zucker, dessen Gewichtsanteil an Saccharose, bezogen auf die Trockenmasse, einer Polarisation von weniger als 99,5 ° entspricht.
2. Zur Unterposition 1701 13 gehört nur Rohrzucker, der ohne Zentrifugation hergestellt wurde und dessen Gehalt an Saccharose, bezogen auf die Trockenmasse, einer Polarisation von 69 ° oder mehr, jedoch weniger als 93 ° entspricht. Das Produkt enthält nur natürliche xenomorphe Mikrokristalle, von unregelmäßiger Form, die mit bloßem Auge nicht erkennbar und von Melasserückständen und anderen Bestandteilen des Zuckerrohrs umgeben sind.

Zusätzliche Anmerkungen

1. Als „Rohzucker" im Sinne der Warennummern 1701 12 10, 1701 12 90, 1701 13 10, 1701 13 90, 1701 14 10 und 1701 14 90 gilt Zucker (ohne Zusatz von Aroma-, Farb- oder anderen Stoffen) mit einem nach der polarimetrischen Methode ermittelten Saccharosegehalt, bezogen auf die Trockenmasse, von weniger als 99,5 Gewichtshundertteilen.
2. –
3. Als „Weißzucker" im Sinne der Warennummer 1701 99 10 gilt Zucker (ohne Zusatz von Aroma-, Farb- oder anderen Stoffen), dessen Gewichtsanteil an Saccharose, bezogen auf die Trockenmasse, einer Polarisation von 99,5° oder mehr entspricht.
4. Für Waren der Unterpositionen 1702 20 10, 1702 60 95 und 1702 90 71 wird der Zuckergehalt (Saccharose, Fructose, Glucose und Maltose, wobei Fructose und Glucose in Saccharoseäquivalent ausgedrückt werden) mittels Hochleistungsflüssigkeitschromatographie („HPLC-Methode") nach folgender Formel bestimmt:

   $S + 0{,}95 \times (F + G) + M$

   Dabei sind:

   ‚S' der mittels HPLC-Methode bestimmte Saccharosegehalt der Ware,

   ‚F' der mittels HPLC-Methode bestimmte Fructosegehalt der Ware,

   ‚G' der mittels HPLC-Methode bestimmte Glucosegehalt der Ware,

   ‚M' der mittels HPLC-Methode bestimmte Maltosegehalt der Ware.

   Für Waren der Unterpositionen 1702 60 80, 1702 90 80 und 1702 90 95 wird der Saccharosegehalt, einschließlich des Gehalts an anderen als Saccharose berechneten Zuckern, nach der Refraktometermethode bestimmt (ausgedrückt in Brix- Werten gemäß dem Anhang der Durchführungsverordnung (EU) Nr. 974/2014 der Kommission [1]). Für Waren der Unterpositionen 1702 60 80 und 1702 90 80 werden die Ergebnisse durch Multiplikation der Brix-Werte mit dem Koeffizienten 0,95 in Saccharoseäquivalent umgerechnet.

1) Durchführungsverordnung (EU) Nr. 974/2014 der Kommission vom 11. September 2014 zur Festlegung der Refraktometermethode zur Bestimmung des löslichen trockenen Rückstands in Verarbeitungserzeugnissen aus Obst und Gemüse zwecks Einreihung dieser Waren in die Kombinierte Nomenklatur (ABl. L 274 vom 16.9.2014, S. 6).

5. Im Sinne der Unterpositionen 1702 30 10, 1702 40 10, 1702 60 10 und 1702 90 30 bezeichnet der Begriff ‚Isoglucose‘ das aus Glucose oder Glucosepolymeren gewonnene Erzeugnis mit einem Gehalt, bezogen auf die Trockenmasse, von 10 GHT oder mehr an Fructose. Für Waren dieser Unterpositionen wird der Saccharosegehalt, einschließlich des Gehalts an anderen als Saccharose berechneten Zuckern, nach der Refraktometermethode bestimmt (ausgedrückt in Brix-Werten gemäß dem Anhang der Durchführungsverordnung (EU) Nr. 974/2014).
6. Als „Inulinsirup“ gelten:
   a) im Sinne der Warennummer 1702 60 80 Erzeugnisse, die unmittelbar durch Hydrolyse von Inulin oder Oligomeren der Fructose gewonnen wurden, mit einem Gehalt, bezogen auf die Trockenmasse, von mehr als 50 GHT Fructose in chemisch nicht gebundener Form oder in Form von Saccharose.
   b) im Sinne der Warennummer 1702 90 80 Erzeugnisse, die unmittelbar durch Hydrolyse von Inulin oder Oligomeren der Fructose gewonnen wurden, mit einem Gehalt, bezogen auf die Trockenmasse, von 10 bis 50 GHT Fructose in chemisch nicht gebundener Form oder in Form von Saccharose.

   Die Menge an ‚Fructose in chemisch nicht gebundener Form oder in Form von Saccharose‘ wird bezogen auf die Trockenmasse mit der Formel F + 0,5 S/0,95 berechnet, wobei ‚F‘ der Fructosegehalt und ‚S‘ der Saccharosegehalt ist, die mittels Hochleistungsflüssigkeitschromatografie bestimmt wurden.
7. –
8. Im Warenverzeichnis werden Mischungen aus Zucker und geringen Mengen anderer Stoffe in Kapitel 17 eingereiht, es sei denn, sie haben den Charakter einer anderweitig eingereihten Zubereitung.

Warenbezeichnung	Warennummer	Besondere Maßeinheit
Rohr- und Rübenzucker und chemisch reine Saccharose, fest:	**1701**	
– Rohzucker, ohne Zusatz von Aroma- oder Farbstoffen:		
– – Rübenzucker:		
– – – zur Raffination bestimmt	1701 12 10	–
– – – anderer	1701 12 90	–
– – Rohrzucker im Sinne der Unterpositions-Anmerkung 2 zu diesem Kapitel:		
– – – zur Raffination bestimmt	1701 13 10	–
– – – anderer	1701 13 90	–
– – anderer Rohrzucker:		
– – – zur Raffination bestimmt	1701 14 10	–
– – – anderer	1701 14 90	–
– andere:		
– – mit Zusatz von Aroma- oder Farbstoffen	1701 91 00	–
– – andere:		
– – – Weißzucker	1701 99 10	–
– – – andere	1701 99 90	–

Warenbezeichnung	Warennummer	Besondere Maßeinheit
Andere Zucker, einschließlich chemisch reine Lactose, Maltose, Glucose und Fructose, fest; Zuckersirupe, ohne Zusatz von Aroma- oder Farbstoffen; Invertzuckercreme, auch mit natürlichem Honig vermischt; Zucker und Melassen, karamellisiert:	**1702**	
– Lactose und Lactosesirup:		
– – mit einem Gehalt an Lactose, berechnet als wasserfreie Lactose, in der Trockenmasse, von 99 GHT oder mehr	1702 11 00	–
– – andere	1702 19 00	–
– Ahornzucker und Ahornsirup:		
– – fester Ahornzucker, mit Zusatz von Aroma- oder Farbstoffen	1702 20 10	–
– – anderer	1702 20 90	–
– Glucose und Glucosesirup, keine Fructose enthaltend oder mit einem Gehalt an Fructose, bezogen auf die Trockenmasse, von weniger als 20 GHT:		
– – Isoglucose	1702 30 10	–
– – andere:		
– – – Glucose (Dextrose) als weißes, kristallines Pulver, auch agglomeriert	1702 30 50	–
– – – andere	1702 30 90	–
– Glucose und Glucosesirup, mit einem Gehalt an Fructose, bezogen auf die Trockenmasse, von 20 GHT oder mehr, jedoch weniger als 50 GHT, ausgenommen Invertzucker:		
– – Isoglucose	1702 40 10	–
– – andere	1702 40 90	–
– chemisch reine Fructose	1702 50 00	–
– andere Fructose und Fructosesirup, mit einem Gehalt an Fructose, bezogen auf die Trockenmasse, von mehr als 50 GHT, ausgenommen Invertzucker:		
– – Isoglucose	1702 60 10	–
– – Inulinsirup	1702 60 80	–
– – andere	1702 60 95	–
– andere, einschließlich Invertzucker und anderer Zucker und Zuckersirupe mit einem Gehalt an Fructose, bezogen auf die Trockenmasse, von 50 GHT:		
– – chemisch reine Maltose	1702 90 10	–
– – Isoglucose	1702 90 30	–
– – Maltodextrin und Maltodextrinsirup	1702 90 50	–
– – Zucker und Melassen, karamellisiert:		
– – – mit einem Gehalt an Saccharose, bezogen auf die Trockenmasse, von 50 GHT oder mehr	1702 90 71	–
– – – andere:		
– – – – als Pulver, auch agglomeriert	1702 90 75	–
– – – – andere	1702 90 79	–
– – Inulinsirup	1702 90 80	–
– – andere	1702 90 95	–
Melassen aus der Gewinnung oder Raffination von Zucker:	**1703**	
– Rohrzuckermelasse	1703 10 00	–
– andere	1703 90 00	–

Warenbezeichnung	Warennummer	Besondere Maßeinheit
Zuckerwaren ohne Kakaogehalt (einschließlich weiße Schokolade):	**1704**	
– Kaugummi, auch mit Zucker überzogen:		
– – mit einem Gehalt an Saccharose (einschließlich Invertzucker als Saccharose berechnet) von weniger als 60 GHT	1704 10 10	–
– – mit einem Gehalt an Saccharose (einschließlich Invertzucker als Saccharose berechnet) von 60 GHT oder mehr	1704 10 90	–
– andere:		
– – Süßholz-Auszug mit einem Gehalt an Saccharose von mehr als 10 GHT, ohne Zusatz anderer Stoffe	1704 90 10	–
– – weiße Schokolade	1704 90 30	–
– – andere:		
– – – Fondantmassen und andere Rohmassen sowie Marzipan, in unmittelbaren Umschließungen mit einem Gewicht des Inhalts von 1 kg oder mehr	1704 90 51	–
– – – Husten- und Kräuterbonbons und -pastillen	1704 90 55	–
– – – Dragées	1704 90 61	–
– – – andere:		
– – – – Gummibonbons und Gelee-Erzeugnisse, einschließlich Fruchtpasten in Form von Zuckerwaren	1704 90 65	–
– – – – Hartkaramellen, auch gefüllt	1704 90 71	–
– – – – Weichkaramellen	1704 90 75	–
– – – – andere:		
– – – – – Komprimate	1704 90 81	–
■ – – – – – andere	1704 90 99	–

Kapitel 18

Kakao und Zubereitungen aus Kakao

Anmerkungen

1. Zu Kapitel 18 gehören nicht:
   - a) Lebensmittelzubereitungen mit einem Gehalt an Wurst, Fleisch, Schlachtnebenerzeugnissen, Blut, Insekten, Fischen, Krebstieren, Weichtieren oder anderen wirbellosen Wassertieren von – einzeln oder zusammen – mehr als 20 GHT (Kapitel 16).
   - b) Zubereitungen der Positionen 0403, 1901, 1902, 1904, 1905, 2105, 2202, 2208, 3003 und 3004.
2. Zu Position 1806 gehören kakaohaltige Zuckerwaren und - vorbehaltlich der Anmerkung 1 - andere kakaohaltige Lebensmittelzubereitungen.

Zusätzliche Anmerkungen

1. –
2. Nicht zu den Warennummern 1806 90 11 und 1806 90 19 gehören Erzeugnisse, die ausschließlich aus einer Schokoladeart bestehen.

Warenbezeichnung	Warennummer	Besondere Maßeinheit
Kakaobohnen und Kakaobohnenbruch, roh oder geröstet	**1801 00 00**	–
Kakaoschalen, Kakaohäutchen und anderer Kakaoabfall	**1802 00 00**	–
Kakaomasse, auch entfettet:	**1803**	
– nicht entfettet	1803 10 00	–
– ganz oder teilweise entfettet	1803 20 00	–
Kakaobutter, Kakaofett und Kakaoöl	**1804 00 00**	–
Kakaopulver ohne Zusatz von Zucker oder anderen Süßmitteln	**1805 00 00**	–
Schokolade und andere kakaohaltige Lebensmittelzubereitungen:	**1806**	
– Kakaopulver mit Zusatz von Zucker oder anderen Süßmitteln:		
– – keine Saccharose enthaltend oder mit einem Gehalt an Saccharose (einschließlich Invertzucker als Saccharose berechnet) oder Isoglucose (als Saccharose berechnet) von weniger als 5 GHT	1806 10 15	–
– – mit einem Gehalt an Saccharose (einschließlich Invertzucker als Saccharose berechnet) oder Isoglucose (als Saccharose berechnet) von 5 GHT oder mehr, jedoch weniger als 65 GHT	1806 10 20	–

Warenbezeichnung	Warennummer	Besondere Maßeinheit
– – mit einem Gehalt an Saccharose (einschließlich Invertzucker als Saccharose berechnet) oder Isoglucose (als Saccharose berechnet) von 65 GHT oder mehr, jedoch weniger als 80 GHT	1806 10 30	–
– – mit einem Gehalt an Saccharose (einschließlich Invertzucker als Saccharose berechnet) oder Isoglucose (als Saccharose berechnet) von 80 GHT oder mehr	1806 10 90	–
– andere Zubereitungen, in Blöcken, Stangen oder Riegeln mit einem Gewicht von mehr als 2 kg oder flüssig, pastenförmig, als Pulver, Granulat oder in ähnlicher Form, in Behältnissen oder unmittelbaren Umschließungen mit einem Inhalt von mehr als 2 kg:		
– – mit einem Gehalt an Kakaobutter von 31 GHT oder mehr oder mit einem Gesamtgehalt an Kakaobutter und Milchfett von 31 GHT oder mehr	1806 20 10	–
– – mit einem Gesamtgehalt an Kakaobutter und Milchfett von 25 GHT oder mehr, jedoch weniger als 31 GHT	1806 20 30	–
– – andere:		
– – – mit einem Gehalt an Kakaobutter von 18 GHT oder mehr	1806 20 50	–
– – – "chocolate-milk-crumb" genannte Zubereitungen	1806 20 70	–
– – – Kakaoglasur	1806 20 80	–
– – – andere	1806 20 95	–
– andere, in Form von Tafeln, Stangen oder Riegeln:		
– – gefüllt	1806 31 00	–
– – nicht gefüllt:		
– – – mit Zusatz von Getreide, Früchten oder Nüssen	1806 32 10	–
– – – andere	1806 32 90	–
■ **– andere:**		
– – Schokolade und Schokoladeerzeugnisse:		
– – – Pralinen, auch gefüllt:		
– – – – alkoholhaltig	1806 90 11	–
– – – – andere	1806 90 19	–
– – – andere:		
– – – – gefüllt	1806 90 31	–
– – – – nicht gefüllt	1806 90 39	–
– – kakaohaltige Zuckerwaren und entsprechende kakaohaltige Zubereitungen auf der Grundlage von Zuckeraustauschstoffen	1806 90 50	–
– – kakaohaltige Brotaufstriche	1806 90 60	–
– – kakaohaltige Zubereitungen zum Herstellen von Getränken	1806 90 70	–
– – andere	1806 90 90	–

Kapitel 19

Zubereitungen aus Getreide, Mehl, Stärke oder Milch; Backwaren

Anmerkungen

1. Zu Kapitel 19 gehören nicht:
   - a) Lebensmittelzubereitungen (ausgenommen gefüllte Waren der Position 1902) mit einem Gehalt an Wurst, Fleisch, Schlachtnebenerzeugnissen, Blut, Insekten, Fischen, Krebstieren, Weichtieren oder anderen wirbellosen Wassertieren von - einzeln oder zusammen - mehr als 20 GHT (Kapitel 16);
   - b) Erzeugnisse aus Mehl oder Stärke (z. B. Kekse) die zur Tierfütterung besonders zubereitet sind (Position 2309);
   - c) Arzneiwaren und andere Waren des Kapitels 30.
2. Im Sinne der Position 1901:
   - a) gilt als „Grobgrieß“: Grobgrieß von Getreide des Kapitels 11;
   - b) gelten als „Mehl“ und „Feingrieß“:
     - 1) Mehl und Feingrieß von Getreide des Kapitels 11;
     - 2) Mehl, Grieß und Pulver pflanzlichen Ursprungs jeden Kapitels, ausgenommen Mehl, Grieß oder Pulver von getrocknetem Gemüse (Position 0712), von Kartoffeln (Position 1105) oder von getrockneten Hülsenfrüchten (Position 1106).
3. Zu Position 1904 gehören nicht Zubereitungen, die mehr als 6 GHT Kakao, berechnet als vollständig entfetteter Kakao, enthalten oder mit Schokolade oder anderen kakaohaltigen Lebensmittelzubereitungen der Position 1806 vollständig überzogen sind (Position 1806).
4. Der Begriff „in anderer Weise zubereitet“ im Sinne der Position 1904 bedeutet, dass das Getreide eine weitergehende Behandlung erfahren hat als in den Positionen oder Anmerkungen zu den Kapiteln 10 und 11 vorgesehen ist.

Zusätzliche Anmerkungen

1. –
2. Als Kekse und ähnliches Kleingebäck, gesüßt, im Sinne der Unterposition 1905 31 gelten nur Erzeugnisse mit einem Wassergehalt von 12 GHT oder weniger und einem Fettgehalt von 35 GHT oder weniger (Füllungen und Überzüge bleiben bei der Bestimmung dieser Gehalte außer Betracht).
3. Unter die Warennummer 1905 90 20 fallen nur trockene und spröde Erzeugnisse.
4. Lebensmittelzubereitungen aus Mehl, Grobgrieß, Feingrieß, Stärke oder Malzextrakt der Position 1901 sowie solche aus Waren der Positionen 0401 bis 0404, dosiert aufgemacht, wie Kapseln, Tabletten, Pastillen und Pillen, zur Verwendung als Nahrungsergänzungsmittel, sind von der Einreihung in Position 1901 ausgeschlossen. Der wesentliche Charakter eines Nahrungsergänzungsmittels wird nicht nur durch seine Zutaten bestimmt, sondern auch durch seine besondere Form der Darreichung, die auf seine Funktion als Nahrungsergänzungsmittel hinweist, da sie die Dosierung, die Art und Weise seiner Aufnahme und den Ort, an dem es wirken soll, bestimmt. Diese Lebensmittelzubereitungen sind in Position 2106 einzureihen, sofern sie anderweitig weder genannt noch inbegriffen sind.

Warenbezeichnung	Warennummer	Besondere Maßeinheit
Malzextrakt; Lebensmittelzubereitungen aus Mehl, Grobgrieß, Feingrieß, Stärke oder Malzextrakt, ohne Gehalt an Kakao oder mit einem Gehalt an Kakao, berechnet als vollständig entfetteter Kakao, von weniger als 40 GHT, anderweit weder genannt noch inbegriffen; Lebensmittelzubereitungen aus Waren der Positionen 0401 bis 0404, ohne Gehalt an Kakao oder mit einem Gehalt an Kakao, berechnet als vollständig entfetteter Kakao, von weniger als 5 GHT, anderweit weder genannt noch inbegriffen:	**1901**	
– Zubereitungen zur Ernährung von Säuglingen oder Kleinkindern, in Aufmachungen für den Einzelverkauf	1901 10 00	–
– Mischungen und Teig, zum Herstellen von Backwaren der Position 1905	1901 20 00	–
– andere:		
– – Malzextrakt:		
– – – mit einem Gehalt an Trockenmasse von 90 GHT oder mehr	1901 90 11	–
– – – anderer	1901 90 19	–
– – andere:		
■ – – – kein Milchfett, keine Saccharose, Isoglucose, Glucose oder Stärke enthaltend oder weniger als 1,5 GHT Milchfett, 5 GHT Saccharose (einschließlich Invertzucker) oder Isoglucose, 5 GHT Glucose oder Stärke enthaltend, ausgenommen Lebensmittelzubereitungen in Pulverform aus Waren der Positionen 0401 bis 0404	1901 90 91	–
– – – Lebensmittelzubereitungen in Pulverform, bestehend aus einem Gemisch aus entrahmter Milch und/oder Molke und pflanzlichen Fetten/Ölen mit einem Gehalt an Fetten/Ölen von 30 GHT oder weniger	1901 90 95	–
■ – – – andere	1901 90 99	–
Teigwaren, auch gekocht oder gefüllt (mit Fleisch oder anderen Stoffen) oder in anderer Weise zubereitet, z. B. Spaghetti, Makkaroni, Nudeln, Lasagne, Gnocchi, Ravioli, Cannelloni; Couscous, auch zubereitet:	**1902**	
– Teigwaren, weder gekocht oder gefüllt noch in anderer Weise zubereitet:		
– – Eier enthaltend	1902 11 00	–
– – andere:		
– – – weder Weichweizenmehl noch Weichweizengrieß enthaltend	1902 19 10	–
– – – andere	1902 19 90	–
– Teigwaren, gefüllt (auch gekocht oder in anderer Weise zubereitet):		
– – mehr als 20 GHT Fische, Krebstiere oder andere wirbellose Wassertiere enthaltend	1902 20 10	–
– – mehr als 20 GHT Wurst und ähnliche Erzeugnisse, Fleisch und Schlachtnebenerzeugnisse jeder Art, einschließlich Fett jeder Art oder Herkunft, enthaltend	1902 20 30	–
– – andere:		
– – – gekocht	1902 20 91	–
– – – andere	1902 20 99	–
– andere Teigwaren:		
– – getrocknet	1902 30 10	–
– – andere	1902 30 90	–
– Couscous:		
– – nicht zubereitet	1902 40 10	–
– – anderer	1902 40 90	–
Tapiokasago und Sago aus anderen Stärken, in Form von Flocken, Graupen, Perlen, Krümeln und dergleichen	**1903 00 00**	–

Warenbezeichnung	Warennummer	Besondere Maßeinheit
Lebensmittel, durch Aufblähen oder Rösten von Getreide oder Getreideerzeugnissen hergestellt (z. B. Cornflakes); Getreide (ausgenommen Mais) in Form von Körnern oder Flocken oder anders bearbeiteten Körnern, ausgenommen Mehl, Grobgrieß und Feingrieß, vorgekocht oder in anderer Weise zubereitet, anderweit weder genannt noch inbegriffen:	**1904**	
– Lebensmittel, durch Aufblähen oder Rösten von Getreide oder Getreideerzeugnissen hergestellt:		
– – auf der Grundlage von Mais	1904 10 10	–
– – auf der Grundlage von Reis	1904 10 30	–
– – andere	1904 10 90	–
– Lebensmittelzubereitungen aus ungerösteten Getreideflocken oder aus Mischungen von ungerösteten und gerösteten Getreideflocken oder aus aufgeblähtem Getreide:		
– – Zubereitungen nach Art der „Müsli" auf der Grundlage nicht gerösteter Getreideflocken	1904 20 10	–
– – andere:		
– – – auf der Grundlage von Mais	1904 20 91	–
– – – auf der Grundlage von Reis	1904 20 95	–
– – – andere	1904 20 99	–
– Bulgur-Weizen	1904 30 00	–
– andere:		
– – auf der Grundlage von Reis	1904 90 10	–
■ – – andere	1904 90 80	–
Backwaren, auch kakaohaltig; Hostien, leere Oblatenkapseln von der für Arzneiwaren verwendeten Art, Siegeloblaten, getrocknete Teigblätter aus Mehl oder Stärke und ähnliche Waren:	**1905**	
– Knäckebrot	1905 10 00	–
– Leb- und Honigkuchen und ähnliche Waren:		
– – mit einem Gehalt an Saccharose (einschließlich Invertzucker als Saccharose berechnet) von weniger als 30 GHT	1905 20 10	–
– – mit einem Gehalt an Saccharose (einschließlich Invertzucker als Saccharose berechnet) von 30 GHT oder mehr, jedoch weniger als 50 GHT	1905 20 30	–
– – mit einem Gehalt an Saccharose (einschließlich Invertzucker als Saccharose berechnet) von 50 GHT oder mehr	1905 20 90	–
– Kekse und ähnliches Kleingebäck, gesüßt; Waffeln:		
– – Kekse und ähnliches Kleingebäck, gesüßt:		
– – – ganz oder teilweise mit Schokolade oder kakaohaltigen Überzugsmassen überzogen oder bedeckt:		
– – – – in unmittelbaren Umschließungen mit einem Gewicht des Inhalts von 85 g oder weniger	1905 31 11	–
– – – – andere	1905 31 19	–
– – – andere:		
– – – – mit einem Gehalt an Milchfett von 8 GHT oder mehr	1905 31 30	–
– – – – andere:		
– – – – – Doppelkekse mit Füllung	1905 31 91	–
andere	1905 31 99	–

Warenbezeichnung	Warennummer	Besondere Maßeinheit
– – Waffeln:		
– – – mit einem Wassergehalt von mehr als 10 GHT	1905 32 05	–
– – – andere:		
– – – – ganz oder teilweise mit Schokolade oder kakaohaltigen Überzugsmassen überzogen oder bedeckt:		
– – – – – in unmittelbaren Umschließungen mit einem Gewicht des Inhalts von 85 g oder weniger	1905 32 11	–
– – – – – andere	1905 32 19	–
– – – – andere:		
– – – – – gesalzen, auch gefüllt	1905 32 91	–
– – – – – andere	1905 32 99	–
– Zwieback, geröstetes Brot und ähnliche geröstete Waren:		
– – Zwieback	1905 40 10	–
– – andere	1905 40 90	–
– andere:		
– – ungesäuertes Brot (Matzen)	1905 90 10	–
– – Hostien, leere Oblatenkapseln von der für Arzneiwaren verwendeten Art, Siegeloblaten, getrocknete Teigblätter aus Mehl oder Stärke und ähnliche Waren	1905 90 20	–
– – andere:		
– – – Brot ohne Zusatz von Honig, Eiern, Käse oder Früchten, auch mit einem Gehalt an Zuckern oder Fetten, bezogen auf die Trockenmasse, von jeweils 5 GHT oder weniger	1905 90 30	–
– – – Kekse und ähnliches Kleingebäck	1905 90 45	–
– – – extrudierte oder expandierte Erzeugnisse, gesalzen oder aromatisiert	1905 90 55	–
– – – andere:		
– – – – mit einem Gehalt an Saccharose, Invertzucker oder Isoglucose von 5 GHT oder mehr	1905 90 70	–
– – – – andere	1905 90 80	–

Kapitel 20

Zubereitungen von Gemüse, Früchten, Nüssen oder anderen Pflanzenteilen

Anmerkungen

1. Zu Kapitel 20 gehören nicht:
   a) Gemüse, Früchte oder Nüsse, zubereitet oder haltbar gemacht nach den Verfahren, die in den Kapiteln 7, 8 oder 11 aufgeführt sind;
   ● b) pflanzliche Fette und Öle (Kapitel 15);
   ● c) Lebensmittelzubereitungen mit einem Gehalt an Wurst, Fleisch, Schlachtnebenerzeugnissen, Blut, Insekten, Fischen, Krebstieren, Weichtieren oder anderen wirbellosen Wassertieren von - einzeln oder zusammen - mehr als 20 GHT (Kapitel 16);
   d) Backwaren und andere Erzeugnisse der Position 1905;
   e) zusammengesetzte homogenisierte Lebensmittelzubereitungen der Position 2104.
2. Zu den Positionen 2007 und 2008 gehören nicht Fruchtgelees, Fruchtpasten, dragierte Mandeln und dergleichen, in Form von Zuckerwaren (Position 1704) oder von Schokoladewaren (Position 1806).
3. Zu den Positionen 2001, 2004 und 2005 gehören, je nach Beschaffenheit, nur solche Erzeugnisse des Kapitels 7 oder der Position 1105 oder 1106 (ausgenommen Mehl, Grieß und Pulver von Erzeugnissen des Kapitels 8), die durch andere als die in Anmerkung 1 a) aufgeführten Verfahren zubereitet oder haltbar gemacht worden sind.
4. Zu Position 2002 gehört Tomatensaft mit einem Trockenmassegehalt von 7 GHT oder mehr.
5. Für die Anwendung der Position 2007 bedeutet der Begriff „durch Kochen hergestellt", dass die Viskosität des Erzeugnisses durch Verringern des Wassergehalts mittels Hitzebehandlung unter atmosphärischem oder vermindertem Druck oder mittels anderer Verfahren erhöht wurde.
6. Für die Anwendung der Position 2009 gelten als „Säfte, nicht gegoren, ohne Zusatz von Alkohol" Säfte mit einem Alkoholgehalt (siehe Anmerkung 2 zu Kapitel 22) von 0,5 % vol oder weniger.

Unterpositions-Anmerkungen

1. Als „Gemüse, homogenisiert" im Sinne der Unterposition 2005 10 gelten Zubereitungen aus fein homogenisiertem Gemüse, aufgemacht für den Einzelverkauf zur Ernährung von Säuglingen oder Kleinkindern oder zum Diätgebrauch in Behältnissen mit einem Inhalt von 250 g oder weniger. Bei Anwendung dieser Begriffsbestimmung bleiben Zutaten, die der Zubereitung ggf. zum Würzen, Haltbarmachen oder zu anderen Zwecken in geringer Menge zugesetzt sind, außer Betracht. Diese Zubereitungen können in geringer Menge sichtbare Stückchen von Gemüse enthalten. Die Unterposition 2005 10 hat Vorrang vor allen anderen Unterpositionen der Position 2005.
2. Als „homogenisierte Zubereitungen" im Sinne der Unterposition 2007 10 gelten Zubereitungen aus fein homogenisierten Früchten, aufgemacht für den Einzelverkauf zur Ernährung von Säuglingen oder Kleinkindern oder zum Diätgebrauch in Behältnissen mit einem Inhalt von 250 g oder weniger. Bei Anwendung dieser Begriffsbestimmung bleiben Zutaten, die der Zubereitung ggf. zum Würzen, Haltbarmachen oder zu anderen Zwecken in geringer Menge zugesetzt sind, außer Betracht. Diese Zubereitungen können in geringer Menge sichtbare Stückchen von Früchten enthalten. Die Unterposition 2007 10 hat Vorrang vor allen anderen Unterpositionen der Position 2007.
3. Für die Anwendung der Unterpositionen 2009 12, 2009 21, 2009 31, 2009 41, 2009 61 und 2009 71 gilt als „Brixwert" der von einer Brix-Senkwaage oder einem Refraktometer unmittelbar abgelesene Wert in GHT Saccharose, ermittelt bei 20 °C oder der auf 20 °C umgerechnete Wert, wenn die Bestimmung bei einer anderen Temperatur vorgenommen wurde.

Zusätzliche Anmerkungen

1. Als Waren der Position 2001 gelten Gemüse, Früchte, Nüsse und andere genießbare Pflanzenteile, mit Essig oder Essigsäure zubereitet oder haltbar gemacht nur, wenn ihr Gehalt an freier flüchtiger Säure, berechnet als Essigsäure, 0,5 GHT oder mehr beträgt. Zusätzlich darf für Pilze der Warennummer 2001 90 50 der Salzgehalt nicht mehr als 2,5 GHT betragen.
2. a) Als Gehalt an verschiedenen Zuckern, berechnet als Saccharose (‚Zuckergehalt'), der Waren dieses Kapitels gilt der bei 20 °C refraktometrisch – nach der im Anhang der Durchführungsverordnung (EU) Nr. 974/2014 [1]) vorgesehenen Methode – ermittelte Wert, multipliziert mit einem der folgenden Faktoren:
   - 0,93 bei Waren der Unterpositionen 2008 20 bis 2008 80, 2008 93, 2008 97 und 2008 99,
   - 0,95 bei Waren der übrigen Positionen.

   Als Gehalt an verschiedenen Zuckern, berechnet als Saccharose (‚Zuckergehalt'), von
   - Waren dieses Kapitels, hergestellt auf der Grundlage von Algen und Tangen, zubereitet oder haltbar gemacht nach nicht in Teil II Kapitel 12 der Kombinierten Nomenklatur vorgesehenen Verfahren,
   - Waren dieses Kapitels, hergestellt auf der Grundlage von Maniok, Pfeilwurz (Arrowroot) und Salep, Topinambur, Süßkartoffeln und ähnlichen Wurzeln und Knollen mit hohem Gehalt an Stärke oder Inulin der Position 0714,
   - Waren dieses Kapitels, hergestellt auf der Grundlage von Weinblättern,

   gilt jedoch der auf der Grundlage von Messungen mittels Hochleistungsflüssigkeitschromatographie (‚HPLC-Methode') nach folgender Formel berechnete Wert:

   $S + (G + F) \times 0{,}95$,

   wobei:

   ‚S' der mittels HPLC-Methode bestimmte Saccharosegehalt der Ware,

   ‚F' der mittels HPLC-Methode bestimmte Fructosegehalt der Ware und

   ‚G' der mittels HPLC-Methode bestimmte Glucosegehalt der Ware ist.

   b) Der in den Unterpositionen der Position 2009 verwendete Ausdruck „Brixwert" entspricht dem bei 20 °C refraktometrisch — nach der im Anhang der Durchführungsverordnung (EU) Nr. 974/2014 der Kommission [1]) vorgesehenen Methode — ermittelten Wert.
3. Erzeugnisse der Unterpositionen 2008 20 bis 2008 80, 2008 93, 2008 97 und 2008 99 gelten als „Früchte oder andere genießbare Pflanzenteile mit Zusatz von Zucker", wenn ihr „Zuckergehalt" höher ist als die folgenden für die verschiedenen Fruchtarten oder für andere genießbare Pflanzenteile aufgeführten Gewichtshundertteile:
   - Ananas, Weintrauben: 13 GHT,
   - andere Früchte, einschließlich Mischungen von Früchten oder andere genießbare Pflanzenteile: 9 GHT.
4. Für die Anwendung der Warennummern 2008 30 11 bis 2008 30 39, 2008 40 11 bis 2008 40 39, 2008 50 11 bis 2008 50 59, 2008 60 11 bis 2008 60 39, 2008 70 11 bis 2008 70 59, 2008 80 11 bis 2008 80 39, 2008 93 11 bis 2008 93 29, 2008 97 12 bis 2008 97 38 und 2008 99 11 bis 2008 99 40 versteht man unter:
   - vorhandenem Alkohol in (% mas) die Masseneinheiten reinen Alkohols, die in 100 Masseneinheiten des Erzeugnisses enthalten sind;
   - % mas: die Abkürzung für den Massengehalt.
5. Die nachfolgenden Bestimmungen sind anzuwenden auf die ein- oder ausgeführten Erzeugnisse als solche:

   a) Als Gehalt an zugesetztem Zuckern gilt bei Waren der Position 2009 der „Zuckergehalt", vermindert um die folgenden für die verschiedenen Säfte aufgeführten Werte:
   - Säfte aus Zitronen oder Tomaten: 3,
   - Säfte aus Weintrauben: 15,
   - Säfte aus anderen Früchten oder Gemüse, einschließlich Mischungen von Säften: 13.

---

1) Durchführungsverordnung (EU) Nr. 974/2014 der Kommission vom 11. September 2014 zur Festlegung der Refraktometermethode zur Bestimmung des löslichen trockenen Rückstands in Verarbeitungserzeugnissen aus Obst und Gemüse zwecks Einreihung dieser Waren in die Kombinierte Nomenklatur (ABl. L 274 vom 16. 09.2014).

b) Fruchtsäfte mit zugesetztem Zucker und einem Brix-Wert von 67 oder weniger und mit einem Gehalt von weniger als 50 GHT Fruchtsaft verlieren den ursprünglichen Charakter eines Fruchtsafts der Position 2009.

Buchstabe b) gilt nicht für konzentrierte natürliche Fruchtsäfte. Somit sind konzentrierte natürliche Fruchtsäfte nicht von Position 2009 ausgeschlossen.

6. Als „konzentrierter Traubensaft (einschließlich Traubenmost)" (Warennummern 2009 69 51 und 2009 69 7 [1]) gilt der Traubensaft (einschließlich Traubenmost), bei dem der - nach der im Anhang der Durchführungsverordnung (EU) Nr. 974/2014 der Kommission [1]) vorgesehenen Methode - bei einer Temperatur von 20 °C auf dem Refraktometer abgelesene Trockenmassegehalt nicht unter 50,9 % liegt.
7. Als „tropische Früchte" im Sinne der Warennummern 2001 90 92, 2006 00 35, 2006 00 91, 2007 10 91, 2007 99 93, 2008 97 03, 2008 97 05, 2008 97 12, 2008 97 16, 2008 97 32, 2008 97 36, 2008 97 51, 2008 97 72, 2008 97 76, 2008 97 92, 2008 97 94, 2008 97 97, 2008 99 24, 2008 99 31, 2008 99 36, 2008 99 38, 2008 99 48, 2008 99 63, 2009 89 34, 2009 89 36, 2009 89 73, 2009 89 85, 2009 89 88, 2009 89 97, 2009 90 92, 2009 90 95 und 2009 90 97 gelten Guaven, Mangofrüchte, Mangostanfrüchte, Papaya-Früchte, Tamarinden, Kaschu-Äpfel, Litschis, Jackfrüchte, Sapotpflaumen, Passionsfrüchte, Karambolen und Pitahayas.
8. Als „tropische Nüsse" im Sinne der Warennummern 2001 90 92, 2006 00 35, 2006 00 91, 2007 99 93, 2008 19 12, 2008 19 92, 2008 97 03, 2008 97 05, 2008 97 12, 2008 97 16, 2008 97 32, 2008 97 36, 2008 97 51, 2008 97 72, 2008 97 76, 2008 97 92, 2008 97 94 und 2008 97 97 gelten Kokosnüsse, Kaschu-Nüsse, Paranüsse, Areka-(Betel-)Nüsse, Kolanüsse und Macadamia-Nüsse.
9. Algen und Tange, zubereitet oder haltbar gemacht nach nicht in Kapitel 12 vorgesehenen Verfahren, wie Kochen, Rösten, Würzen oder Zusatz von Zucker, gehören als Zubereitungen von anderen Pflanzenteilen zum Kapitel 20. Algen und Tange, frisch, gekühlt, gefroren oder getrocknet, auch gemahlen, sind in Position 1212 einzureihen.

1) Durchführungsverordnung (EU) Nr. 974/2014 der Kommission vom 11. September 2014 zur Festlegung der Refraktometermethode zur Bestimmung des löslichen trockenen Rückstands in Verarbeitungserzeugnissen aus Obst und Gemüse zwecks Einreihung dieser Waren in die Kombinierte Nomenklatur (ABl. L 274 vom 16. 09.2014).

Warenbezeichnung	Warennummer	Besondere Maßeinheit
Gemüse, Früchte, Nüsse und andere genießbare Pflanzenteile, mit Essig oder Essigsäure zubereitet oder haltbar gemacht:	**2001**	
– Gurken und Cornichons	2001 10 00	kg/net eda
– andere:		
– – Mango-Chutney	2001 90 10	–
– – Früchte der Gattung *Capsicum*, mit brennendem Geschmack	2001 90 20	–
– – Zuckermais (*Zea mays* var. *saccharata*)	2001 90 30	–
– – Yamswurzeln, Süßkartoffeln und ähnliche genießbare Pflanzenteile, mit einem Stärkegehalt von 5 GHT oder mehr	2001 90 40	–
– – Pilze	2001 90 50	–
– – Oliven	2001 90 65	–
– – Gemüsepaprika oder Paprika ohne brennenden Geschmack	2001 90 70	–
– – tropische Früchte und tropische Nüsse, Palmherzen	2001 90 92	–
– – andere	2001 90 97	–
Tomaten, anders als mit Essig oder Essigsäure zubereitet oder haltbar gemacht:	**2002**	
– Tomaten, ganz oder in Stücken:		
– – geschält	2002 10 10	–
– – andere	2002 10 90	–
– andere:		
– – mit einem Gehalt an Trockenmasse von weniger als 12 GHT:		
– – – in unmittelbaren Umschließungen mit einem Gewicht des Inhalts von mehr als 1 kg	2002 90 11	–
– – – in unmittelbaren Umschließungen mit einem Gewicht des Inhalts von 1 kg oder weniger	2002 90 19	–
– – mit einem Gehalt an Trockenmasse von 12 bis 30 GHT:		
– – – in unmittelbaren Umschließungen mit einem Gewicht des Inhalts von mehr als 1 kg	2002 90 31	–
– – – in unmittelbaren Umschließungen mit einem Gewicht des Inhalts von 1 kg oder weniger	2002 90 39	–
– – mit einem Gehalt an Trockenmasse von mehr als 30 GHT:		
– – – in unmittelbaren Umschließungen mit einem Gewicht des Inhalts von mehr als 1 kg	2002 90 91	–
– – – in unmittelbaren Umschließungen mit einem Gewicht des Inhalts von 1 kg oder weniger	2002 90 99	–
Pilze und Trüffeln, anders als mit Essig oder Essigsäure zubereitet oder haltbar gemacht:	**2003**	
– Pilze der Gattung *Agaricus*:		
– – vorläufig haltbar gemacht, vollständig gegart	2003 10 20	kg/net eda
– – andere	2003 10 30	kg/net eda
– andere:		
– – Trüffeln	2003 90 10	–
– – andere	2003 90 90	–

Warenbezeichnung	Warennummer	Besondere Maßeinheit
Anderes Gemüse, anders als mit Essig oder Essigsäure zubereitet oder haltbar gemacht, gefroren, ausgenommen Erzeugnisse der Position 2006:	**2004**	
– Kartoffeln:		
– – gegart, jedoch nicht weiter zubereitet	2004 10 10	–
– – andere:		
– – – in Form von Mehl, Grieß oder Flocken	2004 10 91	–
– – – andere	2004 10 99	–
– anderes Gemüse und Mischungen von Gemüsen:		
– – Zuckermais (*Zea mays* var. *saccharata*)	2004 90 10	–
– – Sauerkraut, Kapern und Oliven	2004 90 30	–
– – Erbsen (*Pisum sativum*) und grüne Bohnen (*Phaseolus* spp.)	2004 90 50	–
– – andere, einschließlich Mischungen:		
– – – Zwiebeln, nur gegart	2004 90 91	–
– – – andere	2004 90 98	–
Anderes Gemüse, anders als mit Essig oder Essigsäure zubereitet oder haltbar gemacht, nicht gefroren, ausgenommen Erzeugnisse der Position 2006:	**2005**	
– Gemüse, homogenisiert	2005 10 00	–
– Kartoffeln:		
– – in Form von Mehl, Grieß oder Flocken	2005 20 10	–
– – andere:		
– – – in dünnen Scheiben, in Fett oder in Öl gebacken, auch gesalzen oder aromatisiert, in luftdicht verschlossenen Verpackungen, zum unmittelbaren Genuss geeignet	2005 20 20	–
– – – andere	2005 20 80	–
– Erbsen (*Pisum sativum*)	2005 40 00	–
– Bohnen (*Vigna* spp., *Phaseolus* spp.):		
– – Bohnen, ausgelöst	2005 51 00	–
– – andere	2005 59 00	–
– Spargel	2005 60 00	–
– Oliven	2005 70 00	kg/net eda
– Zuckermais (*Zea mays* var. *saccharata*)	2005 80 00	–
– anderes Gemüse und Mischungen von Gemüsen:		
– – Bambussprossen	2005 91 00	–
– – andere:		
– – – Früchte der Gattung „*Capsicum*“, mit brennendem Geschmack	2005 99 10	–
– – – Kapern	2005 99 20	–
– – – Artischocken	2005 99 30	–
– – – Mischungen von Gemüsen	2005 99 50	–
– – – Sauerkraut	2005 99 60	–
– – – andere	2005 99 80	–

Warenbezeichnung	Warennummer	Besondere Maßeinheit
Gemüse, Früchte, Nüsse, Fruchtschalen und andere Pflanzenteile, mit Zucker haltbar gemacht (durchtränkt und abgetropft, glasiert oder kandiert):	**2006**	
– Ingwer	2006 00 10	–
– andere:		
– – mit einem Zuckergehalt von mehr als 13 GHT:		
– – – Kirschen	2006 00 31	–
– – – tropische Früchte und tropische Nüsse	2006 00 35	–
– – – andere	2006 00 38	–
– – andere:		
– – – tropische Früchte und tropische Nüsse	2006 00 91	–
– – – andere	2006 00 99	–
Konfitüren, Fruchtgelees, Marmeladen, Frucht- oder Nussmuse und Frucht- oder Nusspasten, durch Kochen hergestellt, auch mit Zusatz von Zucker oder anderen Süßmitteln:	**2007**	
– homogenisierte Zubereitungen:		
– – mit einem Zuckergehalt von mehr als 13 GHT	2007 10 10	–
– – andere:		
– – – von tropischen Früchten	2007 10 91	–
– – – andere	2007 10 99	–
– andere:		
– – von Zitrusfrüchten:		
– – – mit einem Zuckergehalt von mehr als 30 GHT	2007 91 10	–
– – – mit einem Zuckergehalt von mehr als 13 bis 30 GHT	2007 91 30	–
– – – andere	2007 91 90	–
– – andere:		
– – – mit einem Zuckergehalt von mehr als 30 GHT:		
– – – – Pflaumenmus und Pflaumenpaste, in unmittelbaren Umschließungen mit einem Gewicht des Inhalts von mehr als 100 kg, zur industriellen Verarbeitung	2007 99 10	–
– – – – Maronenpaste und Maronenmus	2007 99 20	–
– – – – andere:		
– – – – – von Kirschen	2007 99 31	–
– – – – – von Erdbeeren	2007 99 33	–
– – – – – von Himbeeren	2007 99 35	–
– – – – – andere	2007 99 39	–
– – – mit einem Zuckergehalt von mehr als 13 bis 30 GHT	2007 99 50	–
– – – andere:		
– – – – von tropischen Früchten und tropischen Nüssen	2007 99 93	–
– – – – andere	2007 99 97	–

Warenbezeichnung	Warennummer	Besondere Maßeinheit
Früchte, Nüsse und andere genießbare Pflanzenteile, in anderer Weise zubereitet oder haltbar gemacht, auch mit Zusatz von Zucker, anderen Süßmitteln oder Alkohol, anderweit weder genannt noch inbegriffen:	**2008**	
– Schalenfrüchte, Erdnüsse und andere Samen, auch miteinander vermischt:		
– – Erdnüsse:		
– – – Erdnussbutter	2008 11 10	–
– – – andere, in unmittelbaren Umschließungen mit einem Gewicht des Inhalts von:		
– – – – mehr als 1 kg	2008 11 91	–
– – – – 1 kg oder weniger:		
– – – – – geröstet	2008 11 96	–
– – – – – andere	2008 11 98	–
– – andere, einschließlich Mischungen:		
– – – in unmittelbaren Umschließungen mit einem Gewicht des Inhalts von mehr als 1 kg:		
– – – – tropische Nüsse; Mischungen mit einem Gehalt an tropischen Nüssen von 50 GHT oder mehr	2008 19 12	–
– – – – andere:		
– – – – – geröstete Mandeln und Pistazien	2008 19 13	–
– – – – – andere	2008 19 19	–
– – – in unmittelbaren Umschließungen mit einem Gewicht des Inhalts von 1 kg oder weniger:		
– – – – tropische Nüsse; Mischungen mit einem Gehalt an tropischen Nüssen von 50 GHT oder mehr	2008 19 92	–
– – – – andere:		
– – – – – geröstete Nüsse:		
– – – – – – Mandeln und Pistazien	2008 19 93	–
– – – – – – andere	2008 19 95	–
– – – – – andere	2008 19 99	–
– Ananas:		
– – mit Zusatz von Alkohol:		
– – – in unmittelbaren Umschließungen mit einem Gewicht des Inhalts von mehr als 1 kg:		
– – – – mit einem Zuckergehalt von mehr als 17 GHT	2008 20 11	–
– – – – andere	2008 20 19	–
– – – in unmittelbaren Umschließungen mit einem Gewicht des Inhalts von 1 kg oder weniger:		
– – – – mit einem Zuckergehalt von mehr als 19 GHT	2008 20 31	–
– – – – andere	2008 20 39	–
– – ohne Zusatz von Alkohol:		
– – – mit Zusatz von Zucker, in unmittelbaren Umschließungen mit einem Gewicht des Inhalts von mehr als 1 kg:		
– – – – mit einem Zuckergehalt von mehr als 17 GHT	2008 20 51	–
– – – – andere	2008 20 59	–
– – – mit Zusatz von Zucker, in unmittelbaren Umschließungen mit einem Gewicht des Inhalts von 1 kg oder weniger:		
– – – – mit einem Zuckergehalt von mehr als 19 GHT	2008 20 71	–
– – – – andere	2008 20 79	–
– – – ohne Zusatz von Zucker	2008 20 90	–

Warenbezeichnung	Warennummer	Besondere Maßeinheit
– Zitrusfrüchte:		
– – mit Zusatz von Alkohol:		
– – – mit einem Zuckergehalt von mehr als 9 GHT:		
– – – – mit einem vorhandenen Alkoholgehalt von 11,85 % mas oder weniger	2008 30 11	–
– – – – andere	2008 30 19	–
– – – andere:		
– – – – mit einem vorhandenen Alkoholgehalt von 11,85 % mas oder weniger	2008 30 31	–
– – – – andere	2008 30 39	–
– – ohne Zusatz von Alkohol:		
– – – mit Zusatz von Zucker, in unmittelbaren Umschließungen mit einem Gewicht des Inhalts von mehr als 1 kg:		
– – – – Segmente von Pampelmusen und Grapefruits	2008 30 51	–
– – – – Mandarinen, einschließlich Tangerinen und Satsumas; Clementinen, Wilkings und ähnliche Kreuzungen von Zitrusfrüchten	2008 30 55	–
– – – – andere	2008 30 59	–
– – – mit Zusatz von Zucker, in unmittelbaren Umschließungen mit einem Gewicht des Inhalts von 1 kg oder weniger:		
– – – – Segmente von Pampelmusen und Grapefruits	2008 30 71	–
– – – – Mandarinen, einschließlich Tangerinen und Satsumas; Clementinen, Wilkings und ähnliche Kreuzungen von Zitrusfrüchten	2008 30 75	–
– – – – andere	2008 30 79	–
– – – ohne Zusatz von Zucker	2008 30 90	–
– Birnen:		
– – mit Zusatz von Alkohol:		
– – – in unmittelbaren Umschließungen mit einem Gewicht des Inhalts von mehr als 1 kg:		
– – – – mit einem Zuckergehalt von mehr als 13 GHT:		
– – – – – mit einem vorhandenen Alkoholgehalt von 11,85 % mas oder weniger	2008 40 11	–
– – – – – andere	2008 40 19	–
– – – – andere:		
– – – – – mit einem vorhandenen Alkoholgehalt von 11,85 % mas oder weniger	2008 40 21	–
– – – – – andere	2008 40 29	–
– – – in unmittelbaren Umschließungen mit einem Gewicht des Inhalts von 1 kg oder weniger:		
– – – – mit einem Zuckergehalt von mehr als 15 GHT	2008 40 31	–
– – – – andere	2008 40 39	–
– – ohne Zusatz von Alkohol:		
– – – mit Zusatz von Zucker, in unmittelbaren Umschließungen mit einem Gewicht des Inhalts von mehr als 1 kg:		
– – – – mit einem Zuckergehalt von mehr als 13 GHT	2008 40 51	–
– – – – andere	2008 40 59	–
– – – mit Zusatz von Zucker, in unmittelbaren Umschließungen mit einem Gewicht des Inhalts von 1 kg oder weniger:		
– – – – mit einem Zuckergehalt von mehr als 15 GHT	2008 40 71	–
– – – – andere	2008 40 79	–
– – – ohne Zusatz von Zucker	2008 40 90	–

Warenbezeichnung	Warennummer	Besondere Maßeinheit
– Aprikosen:		
– – mit Zusatz von Alkohol:		
– – – in unmittelbaren Umschließungen mit einem Gewicht des Inhalts von mehr als 1 kg:		
– – – – mit einem Zuckergehalt von mehr als 13 GHT:		
– – – – – mit einem vorhandenen Alkoholgehalt von 11,85 % mas oder weniger	2008 50 11	–
– – – – – andere	2008 50 19	–
– – – – andere:		
– – – – – mit einem vorhandenen Alkoholgehalt von 11,85 % mas oder weniger	2008 50 31	–
– – – – – andere	2008 50 39	–
– – – in unmittelbaren Umschließungen mit einem Gewicht des Inhalts von 1 kg oder weniger:		
– – – – mit einem Zuckergehalt von mehr als 15 GHT	2008 50 51	–
– – – – andere	2008 50 59	–
– – ohne Zusatz von Alkohol:		
– – – mit Zusatz von Zucker, in unmittelbaren Umschließungen mit einem Gewicht des Inhalts von mehr als 1 kg:		
– – – – mit einem Zuckergehalt von mehr als 13 GHT	2008 50 61	–
– – – – andere	2008 50 69	–
– – – mit Zusatz von Zucker, in unmittelbaren Umschließungen mit einem Gewicht des Inhalts von 1 kg oder weniger:		
– – – – mit einem Zuckergehalt von mehr als 15 GHT	2008 50 71	–
– – – – andere	2008 50 79	–
– – – ohne Zusatz von Zucker, in unmittelbaren Umschließungen mit einem Gewicht des Inhalts von:		
– – – – 5 kg oder mehr	2008 50 92	–
– – – – weniger als 5 kg	2008 50 98	–
– Kirschen:		
– – mit Zusatz von Alkohol:		
– – – mit einem Zuckergehalt von mehr als 9 GHT:		
– – – – mit einem vorhandenen Alkoholgehalt von 11,85 % mas oder weniger	2008 60 11	–
– – – – andere	2008 60 19	–
– – – andere:		
– – – – mit einem vorhandenen Alkoholgehalt von 11,85 % mas oder weniger	2008 60 31	–
– – – – andere	2008 60 39	–
– – ohne Zusatz von Alkohol:		
– – – mit Zusatz von Zucker, in unmittelbaren Umschließungen mit einem Gewicht des Inhalts von:		
– – – – mehr als 1 kg	2008 60 50	–
– – – – 1 kg oder weniger	2008 60 60	–
– – – ohne Zusatz von Zucker, in unmittelbaren Umschließungen mit einem Gewicht des Inhalts von:		
– – – – 4,5 kg oder mehr	2008 60 70	–
– – – – weniger als 4,5 kg	2008 60 90	–

Warenbezeichnung	Warennummer	Besondere Maßeinheit
– Pfirsiche, einschließlich Brugnolen und Nektarinen:		
– – mit Zusatz von Alkohol:		
– – – in unmittelbaren Umschließungen mit einem Gewicht des Inhalts von mehr als 1 kg:		
– – – – mit einem Zuckergehalt von mehr als 13 GHT:		
– – – – – mit einem vorhandenen Alkoholgehalt von 11,85 % mas oder weniger	2008 70 11	–
– – – – – andere	2008 70 19	–
– – – – andere:		
– – – – – mit einem vorhandenen Alkoholgehalt von 11,85 % mas oder weniger	2008 70 31	–
– – – – – andere	2008 70 39	–
– – – in unmittelbaren Umschließungen mit einem Gewicht des Inhalts von 1 kg oder weniger:		
– – – – mit einem Zuckergehalt von mehr als 15 GHT	2008 70 51	–
– – – – andere	2008 70 59	–
– – ohne Zusatz von Alkohol:		
– – – mit Zusatz von Zucker, in unmittelbaren Umschließungen mit einem Gewicht des Inhalts von mehr als 1 kg:		
– – – – mit einem Zuckergehalt von mehr als 13 GHT	2008 70 61	–
– – – – andere	2008 70 69	–
– – – mit Zusatz von Zucker, in unmittelbaren Umschließungen mit einem Gewicht des Inhalts von 1 kg oder weniger:		
– – – – mit einem Zuckergehalt von mehr als 15 GHT	2008 70 71	–
– – – – andere	2008 70 79	–
– – – ohne Zusatz von Zucker, in unmittelbaren Umschließungen mit einem Gewicht des Inhalts von:		
– – – – 5 kg oder mehr	2008 70 92	–
– – – – weniger als 5 kg	2008 70 98	–
– Erdbeeren:		
– – mit Zusatz von Alkohol:		
– – – mit einem Zuckergehalt von mehr als 9 GHT:		
– – – – mit einem vorhandenen Alkoholgehalt von 11,85 % mas oder weniger	2008 80 11	–
– – – – andere	2008 80 19	–
– – – andere:		
– – – – mit einem vorhandenen Alkoholgehalt von 11,85 % mas oder weniger	2008 80 31	–
– – – – andere	2008 80 39	–
– – ohne Zusatz von Alkohol:		
– – – mit Zusatz von Zucker, in unmittelbaren Umschließungen mit einem Gewicht des Inhalts von mehr als 1 kg	2008 80 50	–
– – – mit Zusatz von Zucker, in unmittelbaren Umschließungen mit einem Gewicht des Inhalts von 1 kg oder weniger	2008 80 70	–
– – – ohne Zusatz von Zucker	2008 80 90	–
– andere, einschließlich Mischungen, ausgenommen Mischungen der Unterposition 2008 19:		
– – Palmherzen	2008 91 00	–

Warenbezeichnung	Warennummer	Besondere Maßeinheit
● – – Preiselbeeren (*Vaccinium macrocarpon, Vaccinium oxycoccos*); Moosbeeren (*Vaccinium vitis-idaea*):		
– – – mit Zusatz von Alkohol:		
– – – – mit einem Zuckergehalt von mehr als 9 GHT:		
– – – – – mit einem vorhandenen Alkoholgehalt von 11,85 % mas oder weniger	2008 93 11	–
– – – – – andere	2008 93 19	–
– – – – andere:		
– – – – – mit einem vorhandenen Alkoholgehalt von 11,85 % mas oder weniger	2008 93 21	–
– – – – – andere	2008 93 29	–
– – – ohne Zusatz von Alkohol:		
– – – – mit Zusatz von Zucker, in unmittelbaren Umschließungen mit einem Gewicht des Inhalts von mehr als 1 kg	2008 93 91	–
– – – – mit Zusatz von Zucker, in unmittelbaren Umschließungen mit einem Gewicht des Inhalts von 1 kg oder weniger	2008 93 93	–
– – – – ohne Zusatz von Zucker	2008 93 99	–
– – **Mischungen:**		
– – – tropische Nüsse und tropische Früchte mit einem Gehalt an tropischen Nüssen von 50 GHT oder mehr:		
– – – – in unmittelbaren Umschließungen mit einem Gewicht des Inhalts von mehr als 1 kg	2008 97 03	–
– – – – in unmittelbaren Umschließungen mit einem Gewicht des Inhalts von 1 kg oder weniger	2008 97 05	–
– – – andere:		
– – – – mit Zusatz von Alkohol:		
– – – – – mit einem Zuckergehalt von mehr als 9 GHT:		
– – – – – – mit einem vorhandenen Alkoholgehalt von 11,85 % mas oder weniger:		
– – – – – – – von tropischen Früchten (einschließlich Mischungen mit einem Gehalt an tropischen Früchten und tropischen Nüssen von 50 GHT oder mehr)	2008 97 12	–
– – – – – – – andere	2008 97 14	–
– – – – – – andere:		
– – – – – – – von tropischen Früchten (einschließlich Mischungen mit einem Gehalt an tropischen Früchten und tropischen Nüssen von 50 GHT oder mehr)	2008 97 16	–
– – – – – – – andere	2008 97 18	–
– – – – – andere:		
– – – – – – mit einem vorhandenen Alkoholgehalt von 11,85 % mas oder weniger:		
– – – – – – – von tropischen Früchten (einschließlich Mischungen mit einem Gehalt an tropischen Früchten und tropischen Nüssen von 50 GHT oder mehr)	2008 97 32	–
– – – – – – – andere	2008 97 34	–
– – – – – – andere:		
– – – – – – – von tropischen Früchten (einschließlich Mischungen mit einem Gehalt an tropischen Früchten und tropischen Nüssen von 50 GHT oder mehr)	2008 97 36	–
– – – – – – – andere	2008 97 38	–

Warenbezeichnung	Warennummer	Besondere Maßeinheit
– – – – ohne Zusatz von Alkohol:		
– – – – – mit Zusatz von Zucker:		
– – – – – – in unmittelbaren Umschließungen mit einem Gewicht des Inhalts von mehr als 1 kg:		
– – – – – – – von tropischen Früchten (einschließlich Mischungen mit einem Gehalt an tropischen Früchten und tropischen Nüssen von 50 GHT oder mehr)	2008 97 51	–
– – – – – – – andere	2008 97 59	–
– – – – – – andere:		
– – – – – – – Mischungen von Früchten, bei denen das Gewicht keines Anteils mehr als 50 GHT des Gesamtgewichts der Früchte beträgt:		
– – – – – – – – von tropischen Früchten (einschließlich Mischungen mit einem Gehalt an tropischen Früchten und tropischen Nüssen von 50 GHT oder mehr)	2008 97 72	–
– – – – – – – – andere	2008 97 74	–
– – – – – – – andere:		
– – – – – – – – von tropischen Früchten (einschließlich Mischungen mit einem Gehalt an tropischen Früchten und tropischen Nüssen von 50 GHT oder mehr)	2008 97 76	–
– – – – – – – – andere	2008 97 78	–
– – – – – ohne Zusatz von Zucker, in unmittelbaren Umschließungen mit einem Gewicht des Inhalts von:		
– – – – – – 5 kg oder mehr:		
– – – – – – – von tropischen Früchten (einschließlich Mischungen mit einem Gehalt an tropischen Früchten und tropischen Nüssen von 50 GHT oder mehr)	2008 97 92	–
– – – – – – – andere	2008 97 93	–
– – – – – – 4,5 kg oder mehr, jedoch weniger als 5 kg:		
– – – – – – – von tropischen Früchten (einschließlich Mischungen mit einem Gehalt an tropischen Früchten und tropischen Nüssen von 50 GHT oder mehr)	2008 97 94	–
– – – – – – – andere	2008 97 96	–
– – – – – – weniger als 4,5 kg:		
– – – – – – – von tropischen Früchten (einschließlich Mischungen mit einem Gehalt an tropischen Früchten und tropischen Nüssen von 50 GHT oder mehr)	2008 97 97	–
– – – – – – – andere	2008 97 98	–
– – andere:		
– – – mit Zusatz von Alkohol:		
– – – – Ingwer:		
– – – – – mit einem vorhandenen Alkoholgehalt von 11,85 % mas oder weniger	2008 99 11	–
– – – – – anderer	2008 99 19	–
– – – – Weintrauben:		
– – – – – mit einem Zuckergehalt von mehr als 13 GHT	2008 99 21	–
– – – – – andere	2008 99 23	–

Warenbezeichnung	Warennummer	Besondere Maßeinheit
– – – – andere:		
– – – – – mit einem Zuckergehalt von mehr als 9 GHT:		
– – – – – – mit einem vorhandenen Alkoholgehalt von 11,85 % mas oder weniger:		
– – – – – – – tropische Früchte	2008 99 24	–
– – – – – – – andere	2008 99 28	–
– – – – – – andere:		
– – – – – – – tropische Früchte	2008 99 31	–
– – – – – – – andere	2008 99 34	–
– – – – – andere:		
– – – – – – mit einem vorhandenen Alkoholgehalt von 11,85 % mas oder weniger:		
– – – – – – – tropische Früchte	2008 99 36	–
– – – – – – – andere	2008 99 37	–
– – – – – – andere:		
– – – – – – – tropische Früchte	2008 99 38	–
– – – – – – – andere	2008 99 40	–
– – – ohne Zusatz von Alkohol:		
– – – – mit Zusatz von Zucker, in unmittelbaren Umschließungen mit einem Gewicht des Inhalts von mehr als 1 kg:		
– – – – – Ingwer	2008 99 41	–
– – – – – Weintrauben	2008 99 43	–
– – – – – Pflaumen	2008 99 45	–
– – – – – tropische Früchte	2008 99 48	–
– – – – – andere	2008 99 49	–
– – – – mit Zusatz von Zucker, in unmittelbaren Umschließungen mit einem Gewicht des Inhalts von 1 kg oder weniger:		
– – – – – Ingwer	2008 99 51	–
– – – – – tropische Früchte	2008 99 63	–
– – – – – andere	2008 99 67	–
– – – – ohne Zusatz von Zucker:		
– – – – – Pflaumen in unmittelbaren Umschließungen mit einem Gewicht des Inhalts von:		
– – – – – – 5 kg oder mehr	2008 99 72	–
– – – – – – weniger als 5 kg	2008 99 78	–
– – – – – Mais, ausgenommen Zuckermais (*Zea mays* var. *saccharata*)	2008 99 85	–
– – – – – Yamswurzeln, Süßkartoffeln und ähnliche genießbare Pflanzenteile, mit einem Stärkegehalt von 5 GHT oder mehr	2008 99 91	–
– – – – – andere	2008 99 99	–
● **Saft aus Früchten, Nüssen (einschließlich Traubenmost und Kokosnusswasser) und Gemüsesäfte, nicht gegoren, ohne Zusatz von Alkohol, auch mit Zusatz von Zucker oder anderen Süßmitteln:**	**2009**	
– Orangensaft:		
– – gefroren:		
– – – mit einem Brixwert von mehr als 67:		
– – – – mit einem Wert von 30 € oder weniger für 100 kg Eigengewicht	2009 11 11	–
– – – – anderer	2009 11 19	–
– – – mit einem Brixwert von 67 oder weniger:		
– – – – mit einem Wert von 30 € oder weniger für 100 kg Eigengewicht und mit einem Gehalt an zugesetztem Zucker von mehr als 30 GHT	2009 11 91	–
– – – – anderer	2009 11 99	–
– – nicht gefroren, mit einem Brixwert von 20 oder weniger	2009 12 00	–

Warenbezeichnung	Warennummer	Besondere Maßeinheit
– – anderer:		
– – – mit einem Brixwert von mehr als 67:		
– – – – mit einem Wert von 30 € oder weniger für 100 kg Eigengewicht	2009 19 11	–
– – – – anderer	2009 19 19	–
– – – mit einem Brixwert von mehr als 20, jedoch nicht mehr als 67:		
– – – – mit einem Wert von 30 € oder weniger für 100 kg Eigengewicht und mit einem Gehalt an zugesetztem Zucker von mehr als 30 GHT	2009 19 91	–
– – – – anderer	2009 19 98	–
● **– Saft aus Grapefruits oder Pampelmusen:**		
– – mit einem Brixwert von 20 oder weniger	2009 21 00	–
– – anderer:		
– – – mit einem Brixwert von mehr als 67:		
– – – – mit einem Wert von 30 € oder weniger für 100 kg Eigengewicht	2009 29 11	–
– – – – anderer	2009 29 19	–
– – – mit einem Brixwert von mehr als 20, jedoch nicht mehr als 67:		
– – – – mit einem Wert von 30 € oder weniger für 100 kg Eigengewicht und mit einem Gehalt an zugesetztem Zucker von mehr als 30 GHT	2009 29 91	–
– – – – anderer	2009 29 99	–
– Saft aus anderen Zitrusfrüchten (ausgenommen Mischungen):		
– – mit einem Brixwert von 20 oder weniger:		
– – – mit einem Wert von mehr als 30 € für 100 kg Eigengewicht:		
– – – – zugesetzten Zucker enthaltend	2009 31 11	–
– – – – keinen zugesetzten Zucker enthaltend	2009 31 19	–
– – – mit einem Wert von 30 € oder weniger für 100 kg Eigengewicht:		
– – – – Zitronensaft:		
– – – – – zugesetzten Zucker enthaltend	2009 31 51	–
– – – – – keinen zugesetzten Zucker enthaltend	2009 31 59	–
– – – – Saft aus anderen Zitrusfrüchten:		
– – – – – zugesetzten Zucker enthaltend	2009 31 91	–
– – – – – keinen zugesetzten Zucker enthaltend	2009 31 99	–
– – anderer:		
– – – mit einem Brixwert von mehr als 67:		
– – – – mit einem Wert von 30 € oder weniger für 100 kg Eigengewicht	2009 39 11	–
– – – – anderer	2009 39 19	–
– – – mit einem Brixwert von mehr als 20, jedoch nicht mehr als 67:		
– – – – mit einem Wert von mehr als 30 € für 100 kg Eigengewicht:		
– – – – – zugesetzten Zucker enthaltend	2009 39 31	–
– – – – – keinen zugesetzten Zucker enthaltend	2009 39 39	–
– – – – mit einem Wert von 30 € oder weniger für 100 kg Eigengewicht:		
– – – – – Zitronensaft:		
– – – – – – mit einem Gehalt an zugesetztem Zucker von mehr als 30 GHT	2009 39 51	–
– – – – – – mit einem Gehalt an zugesetztem Zucker von 30 GHT oder weniger	2009 39 55	–
– – – – – – keinen zugesetzten Zucker enthaltend	2009 39 59	–
– – – – – Saft aus anderen Zitrusfrüchten:		
– – – – – – mit einem Gehalt an zugesetztem Zucker von mehr als 30 GHT	2009 39 91	–
– – – – – – mit einem Gehalt an zugesetztem Zucker von 30 GHT oder weniger	2009 39 95	–
– – – – – – keinen zugesetzten Zucker enthaltend	2009 39 99	–

Warenbezeichnung	Warennummer	Besondere Maßeinheit
– Ananassaft:		
– – mit einem Brixwert von 20 oder weniger:		
– – – zugesetzten Zucker enthaltend	2009 41 92	–
– – – keinen zugesetzten Zucker enthaltend	2009 41 99	–
– – anderer:		
– – – mit einem Brixwert von mehr als 67:		
– – – – mit einem Wert von 30 € oder weniger für 100 kg Eigengewicht	2009 49 11	–
– – – – anderer	2009 49 19	–
– – – mit einem Brixwert von mehr als 20, jedoch nicht mehr als 67:		
– – – – mit einem Wert von mehr als 30 € für 100 kg Eigengewicht, zugesetzten Zucker enthaltend	2009 49 30	–
– – – – anderer:		
– – – – – mit einem Gehalt an zugesetztem Zucker von mehr als 30 GHT	2009 49 91	–
– – – – – mit einem Gehalt an zugesetztem Zucker von 30 GHT oder weniger	2009 49 93	–
– – – – – keinen zugesetzten Zucker enthaltend	2009 49 99	–
– Tomatensaft:		
– – zugesetzten Zucker enthaltend	2009 50 10	–
– – anderer	2009 50 90	–
– Traubensaft (einschließlich Traubenmost):		
– – mit einem Brixwert von 30 oder weniger:		
– – – mit einem Wert von mehr als 18 € für 100 kg Eigengewicht	2009 61 10	–
– – – mit einem Wert von 18 € oder weniger für 100 kg Eigengewicht	2009 61 90	–
– – anderer:		
– – – mit einem Brixwert von mehr als 67:		
– – – – mit einem Wert von 22 € oder weniger für 100 kg Eigengewicht	2009 69 11	–
– – – – anderer	2009 69 19	–
– – – mit einem Brixwert von mehr als 30, jedoch nicht mehr als 67:		
– – – – mit einem Wert von mehr als 18 € für 100 kg Eigengewicht:		
– – – – – konzentriert	2009 69 51	–
– – – – – anderer	2009 69 59	–
– – – – mit einem Wert von 18 € oder weniger für 100 kg Eigengewicht:		
– – – – – mit einem Gehalt an zugesetztem Zucker von mehr als 30 GHT:		
– – – – – – konzentriert	2009 69 71	–
– – – – – – anderer	2009 69 79	–
– – – – – anderer	2009 69 90	–
– Apfelsaft:		
– – mit einem Brixwert von 20 oder weniger:		
– – – zugesetzten Zucker enthaltend	2009 71 20	–
– – – keinen zugesetzten Zucker enthaltend	2009 71 99	–
– – anderer:		
– – – mit einem Brixwert von mehr als 67:		
– – – – mit einem Wert von 22 € oder weniger für 100 kg Eigengewicht	2009 79 11	–
– – – – anderer	2009 79 19	–
– – – mit einem Brixwert von mehr als 20, jedoch nicht mehr als 67:		
– – – – mit einem Wert von mehr als 18 € für 100 kg Eigengewicht, zugesetzten Zucker enthaltend	2009 79 30	–
– – – – anderer:		
– – – – – mit einem Gehalt an zugesetztem Zucker von mehr als 30 GHT	2009 79 91	–
– – – – – anderer	2009 79 98	–

Warenbezeichnung	Warennummer	Besondere Maßeinheit
● **– Saft aus anderen Früchten, Nüssen oder Gemüsen (ausgenommen Mischungen):**		
● **– – Saft aus Preiselbeeren (*Vaccinium macrocarpon*, *Vaccinium oxycoccos*); Moosbeeren (*Vaccinium vitis-idaea*):**		
– – – mit einem Brixwert von mehr als 67:		
– – – – mit einem Wert von 30 € oder weniger für 100 kg Eigengewicht	2009 81 11	–
– – – – anderer	2009 81 19	–
– – – mit einem Brixwert von 67 oder weniger:		
– – – – mit einem Wert von mehr als 30 € für 100 kg Eigengewicht, zugesetzten Zucker enthaltend	2009 81 31	–
– – – – anderer:		
– – – – – mit einem Gehalt an zugesetztem Zucker von mehr als 30 GHT	2009 81 51	–
– – – – – mit einem Gehalt an zugesetztem Zuck von 30 GHT oder weniger	2009 81 59	–
– – – – – keinen zugesetzten Zucker enthaltend:		
– – – – – – aus der Frucht der Art *Vaccinium macrocarpon*	2009 81 95	–
– – – – – – anderer	2009 81 99	–
– – anderer:		
– – – mit einem Brixwert von mehr als 67:		
– – – – Birnensaft:		
– – – – – mit einem Wert von 22 € oder weniger für 100 kg Eigengewicht	2009 89 11	–
– – – – – anderer	2009 89 19	–
– – – – anderer:		
– – – – – mit einem Wert von 30 € oder weniger für 100 kg Eigengewicht:		
– – – – – – aus tropischen Früchten	2009 89 34	–
– – – – – – anderer	2009 89 35	–
– – – – – anderer:		
– – – – – – aus tropischen Früchten	2009 89 36	–
– – – – – – anderer	2009 89 38	–
– – – mit einem Brixwert von 67 oder weniger:		
– – – – Birnensaft:		
– – – – – mit einem Wert von mehr als 18 € für 100 kg Eigengewicht, zugesetzten Zucker enthaltend	2009 89 50	–
– – – – – anderer:		
– – – – – – mit einem Gehalt an zugesetztem Zucker von mehr als 30 GHT	2009 89 61	–
– – – – – – mit einem Gehalt an zugesetztem Zucker von 30 GHT oder weniger	2009 89 63	–
– – – – – – keinen zugesetzten Zucker enthaltend	2009 89 69	–
– – – – anderer:		
– – – – – mit einem Wert von mehr als 30 € für 100 kg Eigengewicht, zugesetzten Zucker enthaltend:		
– – – – – – Kirschsaft	2009 89 71	–
– – – – – – aus tropischen Früchten	2009 89 73	–
– – – – – – anderer	2009 89 79	–
– – – – – anderer:		
– – – – – – mit einem Gehalt an zugesetztem Zucker von mehr als 30 GHT:		
– – – – – – – aus tropischen Früchten	2009 89 85	–
– – – – – – – anderer	2009 89 86	–
– – – – – – mit einem Gehalt an zugesetztem Zucker von 30 GHT oder weniger:		
– – – – – – – aus tropischen Früchten	2009 89 88	–
– – – – – – – anderer	2009 89 89	–
– – – – – – keinen zugesetzten Zucker enthaltend:		
– – – – – – – Kirschsaft	2009 89 96	–
– – – – – – – aus tropischen Früchten	2009 89 97	–
– – – – – – – anderer	2009 89 99	–

Warenbezeichnung	Warennummer	Besondere Maßeinheit
– Mischungen von Säften:		
– – mit einem Brixwert von mehr als 67:		
– – – Mischungen aus Apfel- und Birnensaft:		
– – – – mit einem Wert von 22 € oder weniger für 100 kg Eigengewicht	2009 90 11	–
– – – – andere	2009 90 19	–
– – – andere:		
– – – – mit einem Wert von 30 € oder weniger für 100 kg Eigengewicht	2009 90 21	–
– – – – andere	2009 90 29	–
– – mit einem Brixwert von 67 oder weniger:		
– – – Mischungen aus Apfel- und Birnensaft:		
– – – – mit einem Wert von 18 € oder weniger für 100 kg Eigengewicht und mit einem Gehalt an zugesetztem Zucker von mehr als 30 GHT	2009 90 31	–
– – – – andere	2009 90 39	–
– – – andere:		
– – – – mit einem Wert von mehr als 30 € für 100 kg Eigengewicht:		
– – – – – Mischungen aus Zitrusfrucht- und Ananassaft:		
– – – – – – zugesetzten Zucker enthaltend	2009 90 41	–
– – – – – – andere	2009 90 49	–
– – – – – andere:		
– – – – – – zugesetzten Zucker enthaltend	2009 90 51	–
– – – – – – andere	2009 90 59	–
– – – – mit einem Wert von 30 € oder weniger für 100 kg Eigengewicht:		
– – – – – Mischungen aus Zitrusfrucht- und Ananassaft:		
– – – – – – mit einem Gehalt an zugesetztem Zucker von mehr als 30 GHT	2009 90 71	–
– – – – – – mit einem Gehalt an zugesetztem Zucker von 30 GHT oder weniger	2009 90 73	–
– – – – – – keinen zugesetzten Zucker enthaltend	2009 90 79	–
– – – – – andere:		
– – – – – – mit einem Gehalt an zugesetztem Zucker von mehr als 30 GHT:		
– – – – – – – Mischungen von Säften aus tropischen Früchten	2009 90 92	–
– – – – – – – andere	2009 90 94	–
– – – – – – mit einem Gehalt an zugesetztem Zucker von 30 GHT oder weniger:		
– – – – – – – Mischungen von Säften aus tropischen Früchten	2009 90 95	–
– – – – – – – andere	2009 90 96	–
– – – – – – keinen zugesetzten Zucker enthaltend:		
– – – – – – – Mischungen von Säften aus tropischen Früchten	2009 90 97	–
– – – – – – – andere	2009 90 98	–

Kapitel 21

Verschiedene Lebensmittelzubereitungen

Anmerkungen

1. Zu Kapitel 21 gehören nicht:
   a) Gemüsemischungen der Position 0712;
   b) geröstete Kaffeemittel mit beliebigem Gehalt an Kaffee (Position 0901);
   c) aromatisierter Tee (Position 0902);
   d) Gewürze und andere Waren der Positionen 0904 bis 0910;
   • e) Lebensmittelzubereitungen, ausgenommen Waren der Positionen 2103 und 2104, mit einem Gehalt an Wurst, Fleisch, Schlachtnebenerzeugnissen, Blut, Insekten, Fischen, Krebstieren, Weichtieren oder anderen wirbellosen Wassertieren - einzeln oder zusammen - von mehr als 20 GHT (Kapitel 16);
   • f) Waren der Position 2404;
   g) Hefen, als Arzneiwaren aufgemacht, und andere Waren der Position 3003 oder 3004;
   h) zubereitete Enzyme der Position 3507.
2. Zu Position 2101 gehören auch Auszüge aus den in der Anmerkung 1 b) genannten Kaffeemitteln.
3. Im Sinne der Position 2104 gelten als „zusammengesetzte homogenisierte Lebensmittelzubereitungen" Zubereitungen aus einer fein homogenisierten Mischung mehrerer Grundstoffe, wie Fleisch, Fisch, Gemüse, Früchten oder Nüssen, aufgemacht für den Einzelverkauf zur Ernährung von Säuglingen oder Kleinkindern oder zum Diätgebrauch in Behältnissen mit einem Inhalt von 250 g oder weniger. Bei Anwendung dieser Begriffsbestimmung bleiben Zutaten, die der Mischung ggf. zum Würzen, Haltbarmachen oder zu anderen Zwecken in geringer Menge zugesetzt sind, außer Betracht. Diese Zubereitungen können in geringer Menge sichtbare Stückchen der Bestandteile enthalten.

Zusätzliche Anmerkungen

1. Für die Anwendung der Warennummern 2106 10 20 und 2106 90 92 umfasst der Begriff „Stärke" auch die Stärkeabbauprodukte.
2. Für die Anwendung der Warennummer 2106 90 20 gelten als „zusammengesetzte alkoholhaltige Zubereitungen der zum Herstellen von Getränken verwendeten Art, ausgenommen solche auf der Basis von Riechstoffen" die Zubereitungen mit einem Alkoholgehalt von mehr als 0,5 % vol.
3. Im Sinne der Warennummer 2106 90 30 bezeichnet der Begriff „Isoglucose" das aus Glucose oder Glucosepolymeren gewonnene Erzeugnis mit einem Gehalt, bezogen auf die Trockenmasse, von 10 GHT oder mehr an Fructose.
4. Für Waren der Warennummern 2106 90 30 und 2106 90 59 wird der Saccharosegehalt, einschließlich des Gehalts an anderen als Saccharose berechneten Zuckern, nach der Refraktometermethode bestimmt (ausgedrückt in Brix-Werten gemäß dem Anhang der Durchführungsverordnung (EU) Nr. 974/2014 der Kommission [1]).
5. Andere Lebensmittelzubereitungen, dosiert aufgemacht, wie Kapseln, Tabletten, Pastillen und Pillen, die zur Verwendung als Nahrungsergänzungsmittel bestimmt sind, werden, sofern anderweitig weder genannt noch inbegriffen, in Position 2106 eingereiht.
6. Zubereitungen auf der Grundlage von Kaffee, Tee oder Mate oder Auszüge, Essenzen und Konzentrate hieraus mit einem Zuckergehalt von 97 GHT oder mehr, bezogen auf die Trockenmasse, sind von der Einreihung in die Position 2101 ausgeschlossen und werden grundsätzlich in Kapitel 17 eingereiht. Der Charakter dieser Waren gilt nicht länger als durch Kaffee, Tee oder Mate oder Auszüge, Essenzen und Konzentrate hieraus verliehen.

---

1) Durchführungsverordnung (EU) Nr. 974/2014 der Kommission vom 11. September 2014 zur Festlegung der Refraktometermethode zur Bestimmung des löslichen trockenen Rückstands in Verarbeitungserzeugnissen aus Obst und Gemüse zwecks Einreihung dieser Waren in die Kombinierte Nomenklatur (ABl. L 274 vom 16.09.2014, S. 6).

Warenbezeichnung	Warennummer	Besondere Maßeinheit
Auszüge, Essenzen und Konzentrate aus Kaffee, Tee oder Mate und Zubereitungen auf der Grundlage dieser Waren oder auf der Grundlage von Kaffee, Tee oder Mate; geröstete Zichorien und andere geröstete Kaffeemittel sowie Auszüge, Essenzen und Konzentrate hieraus:	**2101**	
– Auszüge, Essenzen und Konzentrate aus Kaffee und Zubereitungen auf der Grundlage dieser Auszüge, Essenzen und Konzentrate oder auf der Grundlage von Kaffee:		
– – Auszüge, Essenzen und Konzentrate	2101 11 00	–
– – Zubereitungen auf der Grundlage von Auszügen, Essenzen und Konzentraten oder auf der Grundlage von Kaffee:		
– – – Zubereitungen auf der Grundlage von Auszügen, Essenzen und Konzentraten aus Kaffee	2101 12 92	–
– – – andere	2101 12 98	–
– Auszüge, Essenzen und Konzentrate aus Tee oder Mate und Zubereitungen auf der Grundlage dieser Auszüge, Essenzen und Konzentrate oder auf der Grundlage von Tee oder Mate:		
– – Auszüge, Essenzen und Konzentrate	2101 20 20	–
– – Zubereitungen:		
– – – auf der Grundlage von Auszügen, Essenzen und Konzentraten aus Tee oder Mate	2101 20 92	–
– – – andere	2101 20 98	–
– geröstete Zichorien und andere geröstete Kaffeemittel sowie Auszüge, Essenzen und Konzentrate hieraus:		
– – geröstete Zichorien und andere geröstete Kaffeemittel:		
– – – geröstete Zichorien	2101 30 11	–
– – – andere	2101 30 19	–
– – Auszüge, Essenzen und Konzentrate aus gerösteten Zichorien oder aus anderen gerösteten Kaffeemitteln:		
– – – aus gerösteten Zichorien	2101 30 91	–
– – – andere	2101 30 99	–
Hefen (lebend oder nicht lebend); andere Einzeller-Mikroorganismen, nicht lebend (ausgenommen Vaccine der Position 3002); zubereitete Backtriebmittel in Pulverform:	**2102**	
– Hefen, lebend:		
– – ausgewählte Mutterhefen (Hefekulturen)	2102 10 10	–
– – Backhefen:		
– – – getrocknet	2102 10 31	–
– – – andere	2102 10 39	–
– – andere	2102 10 90	–
– Hefen, nicht lebend; andere Einzeller-Mikroorganismen, nicht lebend:		
– – Hefen, nicht lebend:		
– – – in Form von Tabletten, Würfeln oder ähnlichen Aufmachungen, oder in unmittelbaren Umschließungen mit einem Gewicht des Inhalts von 1 kg oder weniger	2102 20 11	–
– – – andere	2102 20 19	–
– – andere	2102 20 90	–
– zubereitete Backtriebmittel in Pulverform	2102 30 00	–

Warenbezeichnung	Warennummer	Besondere Maßeinheit
Zubereitungen zum Herstellen von Würzsoßen und zubereitete Würzsoßen; zusammengesetzte Würzmittel; Senfmehl, auch zubereitet, und Senf:	**2103**	
– Sojasoße	2103 10 00	–
– Tomatenketchup und andere Tomatensoßen	2103 20 00	–
– Senfmehl, auch zubereitet, und Senf:		
– – Senfmehl	2103 30 10	–
– – Senf (einschließlich zubereitetes Senfmehl)	2103 30 90	–
– andere:		
– – Mango-Chutney, flüssig	2103 90 10	–
– – aromatische Bitter, mit einem Alkoholgehalt von 44,2 % vol bis 49,2 % vol, zubereitet unter Verwendung von 1,5 bis 6 GHT Enzian, Gewürzen und anderen Zutaten sowie 4 bis 10 GHT Zucker enthaltend, in Behältnissen mit einem Inhalt von 0,5 l oder weniger	2103 90 30	lAlk.100%
– – andere	2103 90 90	–
Zubereitungen zum Herstellen von Suppen oder Brühen; Suppen und Brühen; zusammengesetzte homogenisierte Lebensmittelzubereitungen:	**2104**	
– Zubereitungen zum Herstellen von Suppen oder Brühen; Suppen und Brühen	2104 10 00	–
– Zusammengesetzte homogenisierte Lebensmittelzubereitungen	2104 20 00	–
Speiseeis, auch kakaohaltig:	**2105**	
– kein Milchfett enthaltend oder mit einem Gehalt an Milchfett von weniger als 3 GHT	2105 00 10	–
– mit einem Gehalt an Milchfett von:		
– – 3 GHT oder mehr, jedoch weniger als 7 GHT	2105 00 91	–
– – 7 GHT oder mehr	2105 00 99	–
Lebensmittelzubereitungen, anderweit weder genannt noch inbegriffen:	**2106**	
– Eiweißkonzentrate und texturierte Eiweißstoffe:		
– – kein Milchfett und keine Saccharose, Isoglucose, Stärke oder Glucose enthaltend, oder weniger als 1,5 GHT Milchfett, 5 GHT Saccharose oder Isoglucose, 5 GHT Glucose oder Stärke enthaltend	2106 10 20	–
– – andere	2106 10 80	–
– andere:		
– – zusammengesetzte alkoholhaltige Zubereitungen der zum Herstellen von Getränken verwendeten Art, ausgenommen solche auf der Basis von Riechstoffen	2106 90 20	lAlk.100%
– – Zuckersirupe, aromatisiert oder gefärbt:		
– – – Isoglucosesirup	2106 90 30	–
– – – andere:		
– – – – Lactosesirup	2106 90 51	–
– – – – Glucose- und Maltodextrinsirup	2106 90 55	–
– – – – andere	2106 90 59	–
– – andere:		
■ – – – kein Milchfett und keine Saccharose, Isoglucose, Stärke oder Glucose enthaltend, oder weniger als 1,5 GHT Milchfett, 5 GHT Saccharose oder Isoglucose, 5 GHT Glucose oder Stärke enthaltend	2106 90 92	–
– – – andere	2106 90 98	–

Kapitel 22

Getränke, alkoholhaltige Flüssigkeiten und Essig

Anmerkungen

1. Zu Kapitel 22 gehören nicht:
   a) Erzeugnisse dieses Kapitels (andere als solche der Position 2209), die zum Kochen zubereitet und deshalb zum Trinken ungeeignet geworden sind (im Allgemeinen Position 2103);
   b) Meerwasser (Position 2501);
   c) destilliertes Wasser, Leitfähigkeitswasser oder Wasser von gleicher Reinheit (Position 2853);
   d) Lösungen von Essigsäure in Wasser, mit einem Gehalt an Essigsäure von mehr als 10 GHT (Position 2915);
   e) Arzneiwaren der Position 3003 oder 3004;
   f) Riech-, Körperpflege- und Schönheitsmittel (Kapitel 33).
2. Für die Anwendung dieses Kapitels sowie der Kapitel 20 und 21 ist der Alkoholgehalt bei einer Temperatur von 20 °C zu bestimmen.
3. Für die Anwendung der Position 2202 gelten als „nicht alkoholhaltige Getränke“ Getränke mit einem Alkoholgehalt von 0,5 % vol oder weniger. Alkoholhaltige Getränke gehören, je nach Beschaffenheit, zu den Positionen 2203 bis 2206 oder zu Position 2208.

Unterpositions-Anmerkung

1. Für die Anwendung der Unterposition 2204 10 gilt als Schaumwein solcher Wein, der in geschlossenen Behältnissen bei einer Temperatur von 20 °C einen Überdruck von 3 bar oder mehr aufweist.

Zusätzliche Anmerkungen

1. Zur Warennummer 2202 10 00 gehört nur Wasser, einschließlich Mineralwasser und kohlensäurehaltiges Wasser, mit Zusatz von Zucker oder anderen Süßmitteln oder Aromastoffen, wenn es unmittelbar als Getränk verwendet werden kann.
2. Für die Anwendung der Positionen 2204 und 2205 sowie der Warennummer 2206 00 10 versteht man jeweils unter:
   a) vorhandenem Alkoholgehalt (in % vol) die Volumeneinheiten reinen Alkohols, die bei einer Temperatur von 20 °C in 100 Volumeneinheiten des Erzeugnisses enthalten sind;
   b) potenziellem Alkoholgehalt (in % vol) die Volumeneinheiten reinen Alkohols bei einer Temperatur von 20 °C, die durch vollständiges Vergären des in 100 Volumeneinheiten des Erzeugnisses enthaltenen Zuckers gebildet werden könne;
   c) Gesamtalkoholgehalt (in % vol) die Summe des vorhandenen und des potenziellen Alkoholgehalts;
   d) natürlichem Alkoholgehalt (in % vol) den Gesamtalkoholgehalt des betreffenden Erzeugnisses vor jeglicher Anreicherung;
   e) % vol die Abkürzung für die Volumenkonzentration bei 20 °C.
3. Für die Anwendung der Warennummer 2204 30 10 gilt als „anderer Traubenmost, teilweise gegoren“ das aus der Gärung eines Traubenmosts hervorgehende Erzeugnis mit einem vorhandenen Alkoholgehalt von mehr als 1 % vol und von weniger als drei Fünfteln seines Gesamtalkoholgehalts.
4. Für die Anwendung der Unterpositionen 2204 21, 2204 22 und 2204 29:
   A. versteht man unter „Gesamttrockenmasse“ die Summe an Stoffen, ausgedrückt in Gramm und bezogen auf einen Liter, die - unter bestimmten physikalischen Voraussetzungen - sich nicht verflüchtigen.

      Die Gesamttrockenmasse ist durch Dichtemessung bei einer Temperatur von 20 °C zu ermitteln.

B. a) Waren der Warennummern 2204 21 11 bis 2204 21 98, 2204 22 22 bis 2204 22 98 und 2204 29 22 bis 2204 29 98 verbleiben in der jeweiligen Warennummer, sofern die vorhandene Gesamttrockenmasse, bezogen auf einen Liter, die nachstehend angegebenen Mengen nicht übersteigt:

1. 90 g oder weniger Gesamttrockenmasse je Liter, für Waren mit einem vorhandenen Alkoholgehalt von 13 % vol oder weniger;
2. 130 g oder weniger Gesamttrockenmasse je Liter, für Waren mit einem vorhandenen Alkoholgehalt von mehr als 13 % vol bis 15 % vol;
3. 130 g oder weniger Gesamttrockenmasse je Liter, für Waren mit einem vorhandenen Alkoholgehalt von mehr als 15 % vol bis 18 % vol;
4. 330 g oder weniger Gesamttrockenmasse je Liter, für Waren mit einem vorhandenen Alkoholgehalt von mehr als 18 % vol bis 22 % vol.

Waren, deren Gehalt an Gesamttrockenmasse die in den Ziffern 1, 2, 3 und 4 entsprechend dem jeweiligen Alkoholgehalt vorgesehenen Höchstmengen übersteigt, sind der jeweils nächstfolgenden Ziffer zuzuweisen. Waren, deren Gehalt an Gesamttrockenmasse 330 g je Liter übersteigt, sind der Warennummer 2204 21 98, 2204 22 98 und 2204 29 98 zuzuweisen.

b) Die Bestimmungen des Buchstabens a gelten nicht für Waren der Warennummern 2204 21 23 und 2204 22 33.

5. Zu den Warennummern 2204 21 11 bis 2204 21 98, 2204 22 22 bis 2204 22 98 und 2204 29 22 bis 2204 29 98 gehören z. B.:

a) Most aus frischen Weintrauben, dessen Gärung durch Zusatz von Alkohol verhindert oder unterbrochen worden ist, d. h. das Erzeugnis, das
   - einen vorhandenen Alkoholgehalt von 12 % vol oder mehr, jedoch weniger als 15 % vol aufweist und
   - durch Zusatz eines Erzeugnisses, das aus der Destillation von Wein gewonnen wurde, zu einem ungegorenen Traubenmost mit einem natürlichen Alkoholgehalt von 8,5 % vol oder mehr gewonnen wird;

b) Brennwein, d. h. das Erzeugnis, das
   - einen vorhandenen Alkoholgehalt von 18 % vol bis 24 % vol aufweist,
   - ausschließlich dadurch gewonnen wird, dass einem Wein ohne Restzucker ein nicht rektifiziertes, aus der Destillation von Wein hervorgegangenes Erzeugnis mit einem vorhandenen Alkoholgehalt von 86 % vol oder weniger zugesetzt wird, und
   - einen Gehalt an flüchtiger Säure von 1,50 g/l oder weniger, berechnet als Essigsäure, aufweist;

c) Likörwein, d. h. das Erzeugnis, das
   - einen Gesamtalkoholgehalt von 17,5 % vol oder mehr sowie einen vorhandenen Alkoholgehalt von 15 % vol bis 22 % vol aufweist und
   - aus Traubenmost oder Wein gewonnen wird, wobei diese Erzeugnisse von Rebsorten, die in dem Drittland ihrer Herkunft für die Herstellung von Likörwein zugelassen sind, stammen und einen natürlichen Alkoholgehalt von 12 % vol oder mehr aufweisen müssen:
     - durch Anwendung von Kälte oder
     - durch den Zusatz folgender Erzeugnisse während oder nach der Gärung:
       - eines Erzeugnisses, das aus der Destillation von Wein gewonnen wurde,
       - eines konzentrierten Traubenmostes oder im Falle bestimmter Likörweine mit Ursprungsbezeichnung oder einer geografischen Angabe der Liste in Verordnung (EG) Nr. 607/2009, bei denen ein solches Verfahren von jeher angewandt wird, eines Traubenmostes, der durch unmittelbare Einwirkung von Feuerwärme konzentriert worden ist und, abgesehen von diesem Vorgang, der Definition von konzentriertem Traubenmost entspricht, oder
       - einer Mischung dieser Erzeugnisse.

Jedoch können bestimmte Likörweine mit Ursprungsbezeichnung oder einer geografischen Angabe der Liste in Verordnung (EG) Nr. 607/2009 aus frischem, ungegorenem Traubenmost gewonnen werden, ohne dass dieser einen natürlichen Alkoholgehalt von 12 % vol oder mehr aufweisen muss.

6. Für die Anwendung der Unterpositionen 2204 10, 2204 21, 2204 22 und 2204 29:
   a) gelten als „Weine mit geschützter Ursprungsbezeichnung (g.U.)“ und „Weine mit geschützter geografischer Angabe (g.g.A.)“ Weine, die den Vorschriften der Artikel 93 bis 108 der Verordnung (EU) Nr. 1308/2013 des Europäischen Parlaments und Rates (ABl. L 347 vom 20.12.2013, S. 671) sowie den zur Durchführung dieser Verordnung erlassenen Bestimmungen entsprechen und die in den einzelstaatlichen Regelungen definiert sind;
   b) gelten als „Rebsortenweine“ Weine, die den Vorschriften des Artikels 120 der Verordnung (EU) Nr. 1308/2013 des Europäischen Parlaments und des Rates sowie den zur Durchführung dieser Verordnung erlassenen Bestimmungen entsprechen und die in den einzelstaatlichen Regelungen definiert sind;
   c) gelten als „in der Europäischen Union erzeugte Weine“ Weine, die den Vorschriften der Verordnung (EU) Nr. 1308/2013 des Europäischen Parlaments und des Rates und Artikel 55 der Verordnung (EG) Nr. 607/2009 der Kommission entsprechen.
7. Als „konzentrierter Traubenmost“ im Sinne der Warennummern 2204 30 92 und 2204 30 96 gilt der Traubenmost, bei dem der – unter Verwendung der im „Sammelband der internationalen Methoden zur Analyse von Weinen und Traubenmosten“ der internationalen Organisation für Wein und Rebe, veröffentlicht in Reihe C des Amtsblatts, vorgesehenen Methode – Trockenmassegehalt, abgelesen bei einer Temperatur von 20 °C auf dem Refraktometer, nicht unter 50,9 % liegt.
8. Zu Position 2205 gehören nur die Wermutweine und anderen mit Pflanzen oder anderen Stoffen aromatisierten Weine aus frischen Weintrauben, die einen vorhandenen Alkoholgehalt von 7 % vol oder mehr aufweisen.
9. Für die Anwendung der Warennummer 2206 00 10 gilt als „Tresterwein“ das Erzeugnis, das durch die Gärung von nicht behandeltem, in Wasser aufgeschwemmten Traubentrester oder durch Auslaugen von gegorenem Traubentrester mit Wasser gewonnen wird.
10. Für die Anwendung der Warennummern 2206 00 31 und 2206 00 39 gelten als „schäumend“:
    – gegorene Getränke in Flaschen mit Schaumweinstopfen, die durch besondere Haltevorrichtungen befestigt sind;
    – gegorene Getränke in anderer Aufmachung mit einem Überdruck von 3 bar oder mehr, gemessen bei einer Temperatur von 20 °C.
11. Für die Anwendung der Warennummern 2209 00 11 und 2209 00 19 gilt als „Weinessig“ der Essig, der ausschließlich durch Essigsäuregärung aus Wein hergestellt wird und einen Säuregehalt, berechnet als Essigsäure, von mindestens 60 g/l aufweist.
12. Zur Unterposition 2207 20 gehören Mischungen aus Ethylalkohol mit einem Alkoholgehalt von 50 % vol oder mehr, die als Ausgangsstoff zur Herstellung von Kraftstoffen für Kraftfahrzeuge verwendet und mit einem oder mehreren der folgenden Stoffe vergällt werden:
    a) Ottokraftstoff nach EN 228;
    b) tert-Butylethylether (Ethyl-tert-butylether, ETBE);
    c) tert-Butylmethylether (Methyl-tert-butylether; MTBE);
    d) 2-Methylpropan-2-ol (tert-Butyalkohol, tert-Butanol, TBA)
    e) 2-Methylpropan-1-ol (2-Methyl-1-propanol, Isobutanol);
    f) Propan-2-ol (Isoprophylalkohol, 2-Propanol, Isopropanol);

    Die Vergällungsmittel nach den Buchstaben e und f des ersten Absatzes müssen in Kombination mit mindestens einem der Vergällungsmittel nach den Buchstaben a bis d ersten Absatzes eingesetzt werden.
13. Für die Zwecke der Warennummern 2202 99 11 und 2202 99 15 wird der Proteingehalt ermittelt, indem der nach der Methode gemäß Anhang III Teil C Nummern 2 bis 8 der Verordnung (EG) Nr. 152/2009 der Kommission [1] berechnete Gesamtstickstoffgehalt mit dem Faktor 6,25 multipliziert wird.

1) Verordnung (EG) Nr. 152/2009 der Kommission vom 27. Januar 2009 zur Festlegung der Probenahmeverfahren und Analysemethoden für die amtliche Untersuchung von Futtermitteln (ABl. L 54 vom 26.2.2009, S. 1).

Warenbezeichnung	Warennummer	Besondere Maßeinheit
Wasser, einschließlich natürliches oder künstliches Mineralwasser und kohlensäurehaltiges Wasser, ohne Zusatz von Zucker, anderen Süßmitteln oder Aromastoffen; Eis und Schnee:	**2201**	
– Mineralwasser und kohlensäurehaltiges Wasser:		
– – natürliches Mineralwasser:		
– – – ohne Kohlensäure	2201 10 11	l
– – – anderes	2201 10 19	l
– – andere	2201 10 90	l
– andere	2201 90 00	–
● **Wasser, einschließlich Mineralwasser und kohlensäurehaltiges Wasser, mit Zusatz von Zucker, anderen Süßmitteln oder Aromastoffen, und andere nicht alkoholhaltige Getränke, ausgenommen Frucht-, Nuss- und Gemüsesäfte der Position 2009:**	**2202**	
– Wasser, einschließlich Mineralwasser und kohlensäurehaltiges Wasser, mit Zusatz von Zucker, anderen Süßmitteln oder Aromastoffen	2202 10 00	l
– andere:		
– – alkoholfreies Bier	2202 91 00	l
– – andere:		
– – – keine Erzeugnisse der Positionen 0401 bis 0404 und keine Fette aus Erzeugnissen der Positionen 0401 bis 0404 enthaltend:		
– – – – Getränke aus Soja mit einem Eiweißgehalt von 2,8 GHT oder mehr	2202 99 11	l
– – – – Getränke aus Soja mit einem Eiweißgehalt von weniger als 2,8 GHT, Getränke aus Nüssen des Kapitels 08, Getreide des Kapitels 10 und Samen des Kapitels 12	2202 99 15	l
■ – – – – andere	2202 99 19	l
– – – andere, mit einem Gehalt an Fetten aus Erzeugnissen der Positionen 0401 bis 0404 von:		
– – – – weniger als 0,2 GHT	2202 99 91	l
– – – – 0,2 oder mehr, jedoch weniger als 2 GHT	2202 99 95	l
– – – – 2 GHT oder mehr	2202 99 99	l
Bier aus Malz:	**2203**	
– in Behältnissen mit einem Inhalt von 10 l oder weniger:		
– – in Flaschen	2203 00 01	l
– – anderes	2203 00 09	l
– in Behältnissen mit einem Inhalt von mehr als 10 l	2203 00 10	l
Wein aus frischen Weintrauben, einschließlich mit Alkohol angereicherter Wein; Traubenmost, ausgenommen solcher der Position 2009:	**2204**	
– Schaumwein:		
– – Wein mit geschützter Ursprungsbezeichnung (g.U.):		
– – – Champagner	2204 10 11	l
– – – Cava	2204 10 13	l
– – – Prosecco	2204 10 15	l
– – – Asti spumante	2204 10 91	l
– – – anderer	2204 10 93	l
– – Wein mit geschützter geografischer Angabe (g.g.A.)	2204 10 94	l
– – andere Rebsortenweine	2204 10 96	l
– – anderer	2204 10 98	l

Warenbezeichnung	Warennummer	Besondere Maßeinheit
– anderer Wein; Traubenmost, dessen Gärung durch Zusatz von Alkohol verhindert oder unterbrochen worden ist:		
– – in Behältnissen mit einem Inhalt von 2 l oder weniger:		
– – – Wein, ausgenommen Wein der Unterposition 2204 10, in Flaschen mit Schaumweinstopfen, die durch besondere Haltevorrichtungen befestigt sind; Wein in anderen Umschließungen, mit einem auf gelöstes Kohlendioxid zurückzuführenden Überdruck von 1 bar oder mehr, jedoch weniger als 3 bar, gemessen bei einer Temperatur von 20 °C:		
– – – – Wein mit geschützter Ursprungsbezeichnung (g.U.)	2204 21 06	l
– – – – Wein mit geschützter geografischer Angabe (g.g.A.)	2204 21 07	l
– – – – andere Rebsortenweine	2204 21 08	l
– – – – anderer	2204 21 09	l
– – – andere:		
– – – – in der Europäischen Union erzeugt:		
– – – – – mit einem vorhandenen Alkoholgehalt von 15 % vol oder weniger:		
– – – – – – Wein mit geschützter Ursprungsbezeichnung (g.U.):		
– – – – – – – Weißwein:		
– – – – – – – – Alsace (Elsass)	2204 21 11	l
– – – – – – – – Bordeaux	2204 21 12	l
– – – – – – – – Bourgogne (Burgund)	2204 21 13	l
– – – – – – – – Val de Loire	2204 21 17	l
– – – – – – – – Mosel	2204 21 18	l
– – – – – – – – Pfalz	2204 21 19	l
– – – – – – – – Rheinhessen	2204 21 22	l
– – – – – – – – Tokaj	2204 21 23	l
– – – – – – – – Lazio	2204 21 24	l
– – – – – – – – Toscana	2204 21 26	l
– – – – – – – – Trentino (Trentin), Alto Adige (Südtirol) und Friuli	2204 21 27	l
– – – – – – – – Veneto	2204 21 28	l
– – – – – – – – Sicilia	2204 21 31	l
– – – – – – – – Vinho Verde	2204 21 32	l
– – – – – – – – Penedés	2204 21 34	l
– – – – – – – – Rioja	2204 21 36	l
– – – – – – – – Valencia	2204 21 37	l
– – – – – – – – andere	2204 21 38	l
– – – – – – – andere:		
– – – – – – – – Bordeaux	2204 21 42	l
– – – – – – – – Bourgogne (Burgund)	2204 21 43	l
– – – – – – – – Beaujolais	2204 21 44	l
– – – – – – – – Vallée du Rhône	2204 21 46	l
– – – – – – – – Languedoc-Roussillon	2204 21 47	l
– – – – – – – – Val de Loire	2204 21 48	l
– – – – – – – – Sicilia	2204 21 61	l
– – – – – – – – Piemonte (Piemont)	2204 21 62	l
– – – – – – – – Toscana	2204 21 66	l
– – – – – – – – Trentino (Trentin) und Alto Adige (Südtirol)	2204 21 67	l
– – – – – – – – Veneto	2204 21 68	l
– – – – – – – – Dão, Bairrada und Douro	2204 21 69	l
– – – – – – – – Navarra	2204 21 71	l
– – – – – – – – Penedés	2204 21 74	l
– – – – – – – – Rioja	2204 21 76	l
– – – – – – – – Valdepeñas	2204 21 77	l
– – – – – – – – andere	2204 21 78	l

Warenbezeichnung	Warennummer	Besondere Maßeinheit
– – – – – – Wein mit geschützter geografischer Angabe (g.g.A.):		
– – – – – – – Weißwein	2204 21 79	l
– – – – – – – andere	2204 21 80	l
– – – – – – andere Rebsortenweine:		
– – – – – – – Weißwein	2204 21 81	l
– – – – – – – andere	2204 21 82	l
– – – – – – andere:		
– – – – – – – Weißwein	2204 21 83	l
– – – – – – – andere	2204 21 84	l
– – – – – mit einem vorhandenen Alkoholgehalt von mehr als 15 % vol:		
– – – – – – Wein mit geschützter Ursprungsbezeichnung (g.U.) oder mit geschützter geografischer Angabe (g.g.A.):		
– – – – – – – Madeira und Moscatel de Setubal	2204 21 85	l
– – – – – – – Sherry	2204 21 86	l
– – – – – – – Marsala	2204 21 87	l
– – – – – – – Samos und Muskat de Limnos	2204 21 88	l
– – – – – – – Port	2204 21 89	l
– – – – – – – andere	2204 21 90	l
– – – – – – andere	2204 21 91	l
– – – – andere:		
– – – – – Wein mit geschützter Ursprungsbezeichnung (g.U.) oder mit geschützter geografischer Angabe (g.g.A.):		
– – – – – – Weißwein	2204 21 93	l
– – – – – – andere	2204 21 94	l
– – – – – andere Rebsortenweine:		
– – – – – – Weißwein	2204 21 95	l
– – – – – – andere	2204 21 96	l
– – – – – andere:		
– – – – – – Weißwein	2204 21 97	l
– – – – – – andere	2204 21 98	l
– – in Behältnissen mit einem Inhalt von mehr als 2 bis einschließlich 10 Litern:		
– – – Wein, ausgenommen Wein der Unterposition 2204 10, in Flaschen mit Schaumweinstopfen, die durch besondere Haltevorrichtungen befestigt sind; Wein in anderen Umschließungen, mit einem auf gelöstes Kohlendioxid zurückzuführenden Überdruck von 1 bar oder mehr, jedoch weniger als 3 bar, gemessen bei einer Temperatur von 20 °C	2204 22 10	l
– – – andere:		
– – – – in der Europäischen Union erzeugt:		
– – – – – mit einem vorhandenen Alkoholgehalt von 15 % vol oder weniger:		
– – – – – – Wein mit geschützter Ursprungsbezeichnung (g.U.):		
– – – – – – – Bordeaux	2204 22 22	l
– – – – – – – Bourgogne (Burgund)	2204 22 23	l
– – – – – – – Beaujolais	2204 22 24	l
– – – – – – – Vallée du Rhône	2204 22 26	l
– – – – – – – Languedoc-Roussillon	2204 22 27	l
– – – – – – – Val de Loire	2204 22 28	l
– – – – – – – Piemonte (Piemont)	2204 22 32	l
– – – – – – – Tokaj	2204 22 33	l
– – – – – – – andere:		
– – – – – – – – Weißwein	2204 22 38	l
– – – – – – – – andere	2204 22 78	l

Warenbezeichnung	Warennummer	Besondere Maßeinheit
– – – – – – Wein mit geschützter geografischer Angabe (g.g.A.):		
– – – – – – – Weißwein	2204 22 79	l
– – – – – – – andere	2204 22 80	l
– – – – – – andere Rebsortenweine:		
– – – – – – – Weißwein	2204 22 81	l
– – – – – – – andere	2204 22 82	l
– – – – – – andere:		
– – – – – – – Weißwein	2204 22 83	l
– – – – – – – andere	2204 22 84	l
– – – – – mit einem vorhandenen Alkoholgehalt von mehr als 15 % vol:		
– – – – – – Wein mit geschützter Ursprungsbezeichnung (g.U.) oder mit geschützter geografischer Angabe (g.g.A.):		
– – – – – – – Madeira und Moscatel de Setubal	2204 22 85	l
– – – – – – – Sherry	2204 22 86	l
– – – – – – – Samos und Muskat de Limnos	2204 22 88	l
– – – – – – – andere	2204 22 90	l
– – – – – – andere	2204 22 91	l
– – – – andere:		
– – – – – Wein mit geschützter Ursprungsbezeichnung (g.U.) oder mit geschützter geografischer Angabe (g.g.A.):		
– – – – – – Weißwein	2204 22 93	l
– – – – – – andere	2204 22 94	l
– – – – – andere Rebsortenweine:		
– – – – – – Weißwein	2204 22 95	l
– – – – – – andere	2204 22 96	l
– – – – – andere:		
– – – – – – Weißwein	2204 22 97	l
– – – – – – andere	2204 22 98	l
– – andere:		
– – – Wein, ausgenommen Wein der Unterposition 2204 10, in Flaschen mit Schaumweinstopfen, die durch besondere Haltevorrichtungen befestigt sind; Wein in anderen Umschließungen, mit einem auf gelöstes Kohlendioxid zurückzuführenden Überdruck von 1 bar oder mehr, jedoch weniger als 3 bar, gemessen bei einer Temperatur von 20 °C	2204 29 10	l
– – – andere:		
– – – – in der Europäischen Union erzeugt:		
– – – – – mit einem vorhandenen Alkoholgehalt von 15 % vol oder weniger:		
– – – – – – Wein mit geschützter Ursprungsbezeichnung (g.U.):		
– – – – – – – Bordeaux	2204 29 22	l
– – – – – – – Bourgogne (Burgund)	2204 29 23	l
– – – – – – – Beaujolais	2204 29 24	l
– – – – – – – Vallée du Rhône	2204 29 26	l
– – – – – – – Languedoc-Roussillon	2204 29 27	l
– – – – – – – Val de Loire	2204 29 28	l
– – – – – – – Piemonte (Piemont)	2204 29 32	l
– – – – – – – andere:		
– – – – – – – – Weißwein	2204 29 38	
– – – – – – – – andere	2204 29 78	l
– – – – – – Wein mit geschützter geografischer Angabe (g.g.A.):		
– – – – – – – Weißwein	2204 29 79	l
– – – – – – – andere	2204 29 80	l

Warenbezeichnung	Warennummer	Besondere Maßeinheit
– – – – – – andere Rebsortenweine:		
– – – – – – – Weißwein	2204 29 81	l
– – – – – – – andere	2204 29 82	l
– – – – – – andere:		
– – – – – – – Weißwein	2204 29 83	l
– – – – – – – andere	2204 29 84	l
– – – – – mit einem vorhandenen Alkoholgehalt von mehr als 15 % vol:		
– – – – – – Wein mit geschützter Ursprungsbezeichnung (g.U.) oder mit geschützter geografischer Angabe (g.g.A.):		
– – – – – – – Madeira und Moscatel de Setubal	2204 29 85	l
– – – – – – – Sherry	2204 29 86	l
– – – – – – – Samos und Muskat de Limnos	2204 29 88	l
– – – – – – – andere	2204 29 90	l
– – – – – – andere	2204 29 91	l
– – – – andere:		
– – – – – Wein mit geschützter Ursprungsbezeichnung (g.U.) oder mit geschützter geografischer Angabe (g.g.A.):		
– – – – – – Weißwein	2204 29 93	l
– – – – – – andere	2204 29 94	l
– – – – – andere Rebsortenweine:		
– – – – – – Weißwein	2204 29 95	l
– – – – – – andere	2204 29 96	l
– – – – – andere:		
– – – – – – Weißwein	2204 29 97	l
– – – – – – andere	2204 29 98	l
– anderer Traubenmost:		
– – teilweise gegoren, auch ohne Alkohol stummgemacht	2204 30 10	l
– – anderer:		
– – – mit einer Dichte von 1,33 g/cm³ oder weniger bei 20 °C und einem vorhandenen Alkoholgehalt von 1 % vol oder weniger:		
– – – – konzentriert	2204 30 92	l
– – – – anderer	2204 30 94	l
– – – anderer:		
– – – – konzentriert	2204 30 96	l
– – – – anderer	2204 30 98	l
Wermutwein und andere Weine aus frischen Weintrauben, mit Pflanzen oder anderen Stoffen aromatisiert:	**2205**	
– in Behältnissen mit einem Inhalt von 2 l oder weniger:		
– – mit einem vorhandenen Alkoholgehalt von 18 % vol oder weniger	2205 10 10	l
– – mit einem vorhandenen Alkoholgehalt von mehr als 18 % vol	2205 10 90	l
– andere:		
– – mit einem vorhandenen Alkoholgehalt von 18 % vol oder weniger	2205 90 10	l
– – mit einem vorhandenen Alkoholgehalt von mehr als 18 % vol	2205 90 90	l

Warenbezeichnung	Warennummer	Besondere Maßeinheit
Andere gegorene Getränke (z. B. Apfelwein, Birnenwein, Met und Sake); Mischungen gegorener Getränke und Mischungen gegorener Getränke und nicht alkoholischer Getränke, anderweit weder genannt noch inbegriffen:	**2206**	
– Tresterwein	2206 00 10	l
– andere:		
– – schäumend:		
– – – Apfelwein und Birnenwein	2206 00 31	l
– – – andere	2206 00 39	l
– – andere, in Behältnissen mit einem Inhalt von:		
– – – 2 l oder weniger:		
– – – – Apfelwein und Birnenwein	2206 00 51	l
– – – – andere	2206 00 59	l
– – – mehr als 2 l:		
– – – – Apfelwein und Birnenwein	2206 00 81	l
– – – – andere	2206 00 89	l
Ethylalkohol mit einem Alkoholgehalt von 80 % vol oder mehr, unvergällt; Ethylalkohol und Branntwein mit beliebigem Alkoholgehalt, vergällt:	**2207**	
– Ethylalkohol mit einem Alkoholgehalt von 80 % vol oder mehr, unvergällt	2207 10 00	l
– Ethylalkohol und Branntwein mit beliebigem Alkoholgehalt, vergällt	2207 20 00	l
Ethylalkohol mit einem Alkoholgehalt von weniger als 80 % vol, unvergällt; Branntwein, Likör und andere alkoholhaltige Getränke:	**2208**	
– Branntwein aus Wein oder Traubentrester:		
– – in Behältnissen mit einem Inhalt von 2 l oder weniger:		
– – – Branntwein aus Wein:		
– – – – Cognac	2208 20 12	lAlk.100%
– – – – Armagnac	2208 20 14	lAlk.100%
– – – – Brandy oder *Weinbrand*:		
– – – – – Brandy de Jerez	2208 20 16	lAlk.100%
– – – – – andere	2208 20 18	lAlk.100%
– – – – andere	2208 20 19	lAlk.100%
– – – Traubentrester:		
– – – – Grappa	2208 20 26	lAlk.100%
– – – – andere	2208 20 28	lAlk.100%
– – in Behältnissen mit einem Inhalt von mehr als 2 l:		
– – – Branntwein aus Wein:		
– – – – Cognac	2208 20 62	lAlk.100%
– – – – Brandy oder *Weinbrand*	2208 20 66	lAlk.100%
– – – – andere	2208 20 69	lAlk.100%
– – – Traubentrester:		
– – – – Grappa	2208 20 86	lAlk.100%
– – – – andere	2208 20 88	lAlk.100%
– Whisky:		
– – „Bourbon“-Whiskey, in Behältnissen mit einem Inhalt von:		
– – – 2 l oder weniger	2208 30 11	lAlk.100%
– – – mehr als 2 l	2208 30 19	lAlk.100%
– – „Scotch“-Whisky:		
– – – „single malt“-Whisky	2208 30 30	lAlk.100%

Warenbezeichnung	Warennummer	Besondere Maßeinheit
– – – „blended malt“-Whisky, in Behältnissen mit einem Inhalt von:		
– – – – 2 l oder weniger	2208 30 41	lAlk.100%
– – – – mehr als 2 l	2208 30 49	lAlk.100%
– – – „single grain“-Whisky und „blended grain“-Whisky, in Behältnissen mit einem Inhalt von:		
– – – – 2 l oder weniger	2208 30 61	lAlk.100%
– – – – mehr als 2 l	2208 30 69	lAlk.100%
– – – anderer „blended“-Whisky, in Behältnissen mit einem Inhalt von:		
– – – – 2 l oder weniger	2208 30 71	lAlk.100%
– – – – mehr als 2 l	2208 30 79	lAlk.100%
– – anderer, in Behältnissen mit einem Inhalt von:		
– – – 2 l oder weniger	2208 30 82	lAlk.100%
– – – mehr als 2 l	2208 30 88	lAlk.100%
– Rum und anderer Branntwein, gewonnen durch Destillieren vergorener Zuckerrohrerzeugnisse:		
– – in Behältnissen mit einem Inhalt von 2 l oder weniger:		
– – – Rum mit einem Gehalt an anderen flüchtigen Stoffen als Ethyl- und Methylalkohol von 225 g oder mehr pro hl reinen Alkohols (mit einer Toleranz von 10 %)	2208 40 11	lAlk.100%
– – – andere:		
– – – – mit einem Wert von mehr als 7,9 € pro l reinen Alkohols	2208 40 31	lAlk.100%
– – – – andere	2208 40 39	lAlk.100%
– – in Behältnissen mit einem Inhalt von mehr als 2 l:		
– – – Rum mit einem Gehalt an anderen flüchtigen Stoffen als Ethyl- und Methylalkohol von 225 g oder mehr pro hl reinen Alkohols (mit einer Toleranz von 10 %)	2208 40 51	lAlk.100%
– – – andere:		
– – – – mit einem Wert von mehr als 2 € pro l reinen Alkohols	2208 40 91	lAlk.100%
– – – – andere	2208 40 99	lAlk.100%
– Gin und Genever:		
– – Gin, in Behältnissen mit einem Inhalt von:		
– – – 2 l oder weniger	2208 50 11	lAlk.100%
– – – mehr als 2 l	2208 50 19	lAlk.100%
– – Genever, in Behältnissen mit einem Inhalt von:		
– – – 2 l oder weniger	2208 50 91	lAlk.100%
– – – mehr als 2 l	2208 50 99	lAlk.100%
– Wodka:		
– – mit einem Alkoholgehalt von 45,4 % vol oder weniger, in Behältnissen mit einem Inhalt von:		
– – – 2 l oder weniger	2208 60 11	lAlk.100%
– – – mehr als 2 l	2208 60 19	lAlk.100%
– – mit einem Alkoholgehalt von mehr als 45,4 % vol. in Behältnissen mit einem Inhalt von:		
– – – 2 l oder weniger	2208 60 91	lAlk.100%
– – – mehr als 2 l	2208 60 99	lAlk.100%
– Likör:		
– – in Behältnissen mit einem Inhalt von 2 l oder weniger	2208 70 10	lAlk.100%
– – in Behältnissen mit einem Inhalt von mehr als 2 l	2208 70 90	lAlk.100%
– andere:		
– – Arrak, in Behältnissen mit einem Inhalt von:		
– – – 2 l oder weniger	2208 90 11	lAlk.100%
– – – mehr als 2 l	2208 90 19	lAlk.100%

Warenbezeichnung	Warennummer	Besondere Maßeinheit
– – Pflaumenbranntwein, Birnenbranntwein und Kirschbranntwein, in Behältnissen mit einem Inhalt von:		
– – – 2 l oder weniger	2208 90 33	lAlk.100%
– – – mehr als 2 l	2208 90 38	lAlk.100%
– – anderer Branntwein und andere alkoholhaltige Getränke, in Behältnissen mit einem Inhalt von:		
– – – 2 l oder weniger:		
– – – – Ouzo	2208 90 41	lAlk.100%
– – – – andere:		
– – – – – Branntwein:		
– – – – – – Obstbranntwein:		
– – – – – – – Calvados	2208 90 45	lAlk.100%
– – – – – – – anderer	2208 90 48	lAlk.100%
– – – – – – anderer:		
– – – – – – – Tequila	2208 90 54	lAlk.100%
– – – – – – – anderer	2208 90 56	lAlk.100%
– – – – – andere alkoholhaltige Getränke	2208 90 69	lAlk.100%
– – – mehr als 2 l:		
– – – – Branntwein:		
– – – – – Obstbranntwein	2208 90 71	lAlk.100%
– – – – – Tequila	2208 90 75	lAlk.100%
– – – – – anderer	2208 90 77	lAlk.100%
– – – – andere alkoholhaltige Getränke	2208 90 78	lAlk.100%
– – Ethylalkohol mit einem Alkoholgehalt von weniger als 80 % vol, unvergällt, in Behältnissen mit einem Inhalt von:		
– – – 2 l oder weniger	2208 90 91	lAlk.100%
– – – mehr als 2 l	2208 90 99	lAlk.100%
Speiseessig:	**2209**	
– Weinessig, in Behältnissen mit einem Inhalt von:		
– – 2 l oder weniger	2209 00 11	l
– – mehr als 2 l	2209 00 19	l
– anderer, in Behältnissen mit einem Inhalt von:		
– – 2 l oder weniger	2209 00 91	l
– – mehr als 2 l	2209 00 99	l

Kapitel 23

Rückstände und Abfälle der Lebensmittelindustrie; zubereitetes Futter

Anmerkung

1. Zu Position 2309 gehören auch Erzeugnisse der zur Fütterung verwendeten Art, anderweit weder genannt noch inbegriffen, die aus der Verarbeitung von pflanzlichen oder tierischen Stoffen stammen und die durch die Verarbeitung die wesentlichen Merkmale der Ausgangsstoffe verloren haben. Dies gilt nicht für pflanzliche Abfälle, pflanzliche Rückstände und Nebenerzeugnisse aus dieser Verarbeitung.

Unterpositions-Anmerkung

1. Als „erucasäurearme Raps- oder Rübsensamen" im Sinne der Unterposition 2306 41 gelten Samen mit der Beschaffenheit, wie sie in der Unterpositions-Anmerkung 1 zu Kapitel 12 festgelegt ist.

Zusätzliche Anmerkungen

1. Zu den Warennummern 2303 10 11 und 2303 10 19 gehören nur Rückstände aus der Maisstärkegewinnung. Ausgenommen sind Mischungen aus Rückständen der Maisstärkegewinnung mit Erzeugnissen von anderen Pflanzen oder mit Erzeugnissen aus Mais, die mit anderen Verfahren als der Nassmüllerei zur Herstellung von Maisstärke gewonnen wurden.

   Ihr Stärkegehalt, bestimmt nach der Methode gemäß Anhang III Teil L der Verordnung (EG) Nr. 152/2009 der Kommission und bezogen auf die Trockenmasse, darf 28 GHT nicht übersteigen. Der Fettgehalt, bestimmt nach der Methode gemäß Anhang III Teil H der Verordnung (EG) Nr. 152/2009 der Kommission und bezogen auf die Trockenmasse, darf 4,5 GHT nicht übersteigen.
2. Zu Warennummer 2306 90 05 gehören nur Rückstände aus der Gewinnung von Maiskeimöl, die die folgenden auf die Trockenmasse bezogenen Gewichtsanteile enthalten:
   a) Erzeugnisse mit einem Gehalt an Fett von weniger als 3 GHT:
      – Stärkegehalt: weniger als 45 GHT
      – Proteingehalt (Stickstoffgehalt x 6,25): 11,5 GHT oder mehr;
   b) Erzeugnisse mit einem Gehalt an Fett von 3 GHT oder mehr, jedoch nicht mehr als 8 GHT:
      – Stärkegehalt: weniger als 45 GHT
      – Proteingehalt (Stickstoffgehalt x 6,25): 13 GHT oder mehr.

   Darüber hinaus dürfen die Rückstände nicht andere als vom Maiskorn stammende Anteile aufweisen.

   Zur Bestimmung des Stärke- und Proteingehalts sind die jeweiligen in Anlage III Teilen L und C der Verordnung (EG) Nr. 152/2009 der Kommission beschriebenen Methoden anzuwenden.

   Zur Bestimmung des Fett- und des Feuchtigkeitsgehalts sind die jeweiligen in der Anlage III Teilen H und A der Verordnung (EG) Nr. 152/2009 der Kommission beschriebenen Methoden anzuwenden.

   Erzeugnisse, die Bestandteile des Maiskorns enthalten, die dem Rückstand nach der Gewinnung des Maiskeimöls zugesetzt wurden, sind ausgenommen, wenn diese Bestandteile nicht dem Verfahren der Gewinnung des Maiskeimöls unterworfen wurden.

3. Für die Anwendung der Warennummern 2307 00 11, 2307 00 19, 2308 00 11 und 2308 00 19 versteht man jeweils unter:
   - vorhandenem Alkoholgehalt (in % mas) die Masseneinheiten reinen Alkohols, die in 100 Masseneinheiten des Erzeugnisses enthalten sind;
   - potenziellem Alkoholgehalt (in % mas) die Masseneinheiten reinen Alkohols, die durch vollständiges Vergären des in 100 Masseneinheiten des Erzeugnisses enthaltenen Zuckers gebildet werden können;
   - Gesamtalkoholgehalt (in % mas) die Summe des vorhandenen Alkoholgehalts und des potenziellen Alkoholgehalts;
   - % mas: die Abkürzung für den Massengehalt.
4. Für die Anwendung der Warennummern 2309 10 11 bis 2309 10 70 und 2309 90 31 bis 2309 90 70 gelten als Milcherzeugnisse die Waren der Positionen 0401, 0402, 0404, 0405, 0406 und der Warennummern 0403 10 11 bis 0403 10 39, 0403 90 11 bis 0403 90 69, 1702 11 00, 1702 19 00 und 2106 90 51.
5. Zur Warennummer 2309 90 20 gehören – mit Ausnahme von Mischungen aus Rückständen der Maisstärkegewinnung mit Erzeugnissen von anderen Pflanzen oder Erzeugnissen aus Mais, die aus anderen Verfahren als der Nassmüllerei zur Maisstärkeherstellung gewonnen wurden – nur Rückstände aus der Maisstärkegewinnung die enthalten:
   - 15 GHT oder weniger Rückstände vom Sichten von Mais aus dem nassmüllerischen Verfahren und/oder
   - Rückstände aus Maisquellwasser aus dem nassmüllerischen Verfahren, das zur Herstellung von Alkohol oder anderen Erzeugnissen aus Stärke gebraucht wurde.

   Diese Erzeugnisse können auch Rückstände aus der Maiskeimölgewinnung mittels nassmüllerischem Verfahren enthalten.

   Ihr Stärkegehalt, bestimmt nach der Methode gemäß Anhang III Teil L der Verordnung (EG) Nr. 152/2009 der Kommission und bezogen auf die Trockenmasse, darf 28 GHT nicht übersteigen. Der Fettgehalt, bestimmt nach der Methode gemäß Anhang III Teil H der Verordnung (EG) Nr. 152/2009 der Kommission und bezogen auf die Trockenmasse, darf 4,5 GHT nicht übersteigen. Der Proteingehalt, bestimmt nach der Methode gemäß Anhang III Teil C der Verordnung (EG) Nr. 152/2009 der Kommission und bezogen auf die Trockenmasse, darf 40 GHT nicht übersteigen.

Warenbezeichnung	Warennummer	Besondere Maßeinheit
Mehl und Pellets von Fleisch, von Schlachtnebenerzeugnissen, von Fischen oder von Krebstieren, von Weichtieren oder anderen wirbellosen Wassertieren, ungenießbar; Grieben:	**2301**	
– Mehl und Pellets von Fleisch oder von Schlachtnebenerzeugnissen; Grieben	2301 10 00	–
– Mehl und Pellets von Fischen oder von Krebstieren, von Weichtieren oder anderen wirbellosen Wassertieren	2301 20 00	–
Kleie und andere Rückstände, auch in Form von Pellets, vom Sichten, Mahlen oder von anderen Bearbeitungen von Getreide oder Hülsenfrüchten:	**2302**	
– von Mais:		
– – mit einem Gehalt an Stärke von 35 GHT oder weniger	2302 10 10	–
– – andere	2302 10 90	–
– von Weizen:		
– – mit einem Gehalt an Stärke von 28 GHT oder weniger, vorausgesetzt, dass entweder 10 GHT oder weniger der Ware durch ein Sieb mit einer Maschenweite von 0,2 mm hindurchgehen oder bei einem Siebdurchgang von mehr als 10 GHT der auf die Trockenmasse bezogene Aschegehalt des Siebdurchgangs 1,5 GHT oder mehr beträgt	2302 30 10	–
– – andere	2302 30 90	–

Warenbezeichnung	Warennummer	Besondere Maßeinheit
– von anderem Getreide:		
– – von Reis:		
– – – mit einem Gehalt an Stärke von 35 GHT oder weniger	2302 40 02	–
– – – andere	2302 40 08	–
– – andere:		
– – – mit einem Gehalt an Stärke von 28 GHT oder weniger, vorausgesetzt, dass entweder 10 GHT oder weniger der Ware durch ein Sieb mit einer Maschenweite von 0,2 mm hindurchgehen oder bei einem Siebdurchgang von mehr als 10 GHT der auf die Trockenmasse bezogene Aschegehalt des Siebdurchgangs 1,5 GHT oder mehr beträgt	2302 40 10	–
– – – andere	2302 40 90	–
– von Hülsenfrüchten	2302 50 00	–
Rückstände aus der Stärkegewinnung und ähnliche Rückstände, ausgelaugte Rübenschnitzel, Bagasse und andere Abfälle von der Zuckergewinnung, Treber, Schlempen und Abfälle aus Brauereien oder Brennereien, auch in Form von Pellets:	**2303**	
– Rückstände aus der Stärkegewinnung und ähnliche Rückstände:		
– – Rückstände aus der Maisstärkegewinnung (ausgenommen eingedicktes Maisquellwasser) mit einem auf die Trockenmasse bezogenen Proteingehalt von:		
– – – mehr als 40 GHT	2303 10 11	–
– – – 40 GHT oder weniger	2303 10 19	–
– – andere	2303 10 90	–
– ausgelaugte Rübenschnitzel, Bagasse und andere Abfälle von der Zuckergewinnung:		
– – ausgelaugte Rübenschnitzel	2303 20 10	–
– – andere	2303 20 90	–
– Treber, Schlempen und Abfälle aus Brauereien oder Brennereien	2303 30 00	–
Ölkuchen und andere feste Rückstände aus der Gewinnung von Sojaöl, auch gemahlen oder in Form von Pellets	**2304 00 00**	–
Ölkuchen und andere feste Rückstände aus der Gewinnung von Erdnussöl, auch gemahlen oder in Form von Pellets	**2305 00 00**	–
Ölkuchen und andere feste Rückstände aus der Gewinnung pflanzlicher oder mikrobieller Fette oder Öle, auch gemahlen oder in Form von Pellets, ausgenommen Waren der Positionen 2304 und 2305:	**2306**	
– aus Baumwollsamen	2306 10 00	–
– aus Leinsamen	2306 20 00	–
– aus Sonnenblumenkernen	2306 30 00	–
– aus Raps- oder Rübsensamen:		
– – aus erucasäurearmen Raps- oder Rübsensamen	2306 41 00	–
– – andere	2306 49 00	–
– aus Kokosnüssen (Kopra)	2306 50 00	–
– aus Palmnüssen oder Palmkernen	2306 60 00	–
– andere:		
– – aus Maiskeimen	2306 90 05	–
– – andere:		
– – – Olivenölkuchen und andere Rückstände aus der Gewinnung von Olivenöl:		
– – – – mit einem Gehalt an Olivenöl von 3 GHT oder weniger	2306 90 11	–
– – – – mit einem Gehalt an Olivenöl von mehr als 3 GHT	2306 90 19	–
– – – andere	2306 90 90	–

Warenbezeichnung	Warennummer	Besondere Maßeinheit
Weintrub; Weinstein, roh:	**2307**	
– Weintrub:		
– – mit einem Gesamtalkoholgehalt von 7,9 % mas oder weniger und einem Trockenmassegehalt von 25 GHT oder mehr	2307 00 11	–
– – anderer	2307 00 19	–
– Weinstein, roh	2307 00 90	–
Pflanzliche Stoffe und pflanzliche Abfälle, pflanzliche Rückstände und pflanzliche Nebenerzeugnisse der zur Fütterung verwendeten Art, auch in Form von Pellets, anderweit weder genannt noch inbegriffen:	**2308**	
– Traubentrester:		
– – mit einem Gesamtalkoholgehalt von 4,3 % mas oder weniger und einem Trockenmassegehalt von 40 GHT oder mehr	2308 00 11	–
– – anderer	2308 00 19	–
– Eicheln und Rosskastanien; Trester (ausgenommen Traubentrester)	2308 00 40	–
– andere	2308 00 90	–
Zubereitungen von der zur Fütterung verwendeten Art:	**2309**	
– Hunde- und Katzenfutter, in Aufmachungen für den Einzelverkauf:		
– – Glucose, Glucosesirup, Maltodextrin oder Maltodextrinsirup der Warennummern 1702 30 50, 1702 30 90, 1702 40 90, 1702 90 50 und 2106 90 55 oder Stärke oder Milcherzeugnisse enthaltend:		
– – – Stärke, Glucose, Glucosesirup, Maltodextrin oder Maltodextrinsirup enthaltend:		
– – – – keine Stärke enthaltend oder mit einem Gehalt an Stärke von 10 GHT oder weniger:		
– – – – – keine Milcherzeugnisse enthaltend oder mit einem Gehalt an Milcherzeugnissen von weniger als 10 GHT	2309 10 11	–
– – – – – mit einem Gehalt an Milcherzeugnissen von 10 GHT oder mehr, jedoch weniger als 50 GHT	2309 10 13	–
– – – – – mit einem Gehalt an Milcherzeugnissen von 50 GHT und mehr, jedoch weniger als 75 GHT	2309 10 15	–
– – – – – mit einem Gehalt an Milcherzeugnissen von 75 GHT oder mehr	2309 10 19	–
– – – – mit einem Gehalt an Stärke von mehr als 10 bis 30 GHT:		
– – – – – keine Milcherzeugnisse enthaltend oder mit einem Gehalt an Milcherzeugnissen von weniger als 10 GHT	2309 10 31	–
– – – – – mit einem Gehalt an Milcherzeugnissen von 10 GHT oder mehr, jedoch weniger als 50 GHT	2309 10 33	–
– – – – – mit einem Gehalt an Milcherzeugnissen von 50 GHT oder mehr	2309 10 39	–
– – – – mit einem Gehalt an Stärke von mehr als 30 GHT:		
– – – – – keine Milcherzeugnisse enthaltend oder mit einem Gehalt an Milcherzeugnissen von weniger als 10 GHT	2309 10 51	–
– – – – – mit einem Gehalt an Milcherzeugnissen von 10 GHT oder mehr, jedoch weniger als 50 GHT	2309 10 53	–
– – – – – mit einem Gehalt an Milcherzeugnissen von 50 GHT oder mehr	2309 10 59	–
– – – weder Stärke, Glucose, Glucosesirup, Maltodextrin noch Maltodextrinsirup, jedoch Milcherzeugnisse enthaltend	2309 10 70	–
– – andere	2309 10 90	–

Warenbezeichnung	Warennummer	Besondere Maßeinheit
– andere:		
– – Solubles von Fischen oder Meeressäugetieren	2309 90 10	–
– – Erzeugnisse gemäß der Zusätzlichen Anmerkung 5 zu diesem Kapitel	2309 90 20	–
– – andere, einschließlich Vormischungen:		
– – – Glucose, Glucosesirup, Maltodextrin oder Maltodextrinsirup der Warennummern 1702 30 50, 1702 30 90, 1702 40 90, 1702 90 50 und 2106 90 55 oder Stärke oder Milcherzeugnisse enthaltend:		
– – – – Stärke, Glucose, Glucosesirup, Maltodextrin oder Maltodextrinsirup enthaltend:		
– – – – – keine Stärke enthaltend oder mit einem Gehalt an Stärke von 10 GHT oder weniger:		
– – – – – – keine Milcherzeugnisse enthaltend oder mit einem Gehalt an Milcherzeugnissen von weniger als 10 GHT	2309 90 31	–
– – – – – – mit einem Gehalt an Milcherzeugnissen von 10 GHT oder mehr, jedoch weniger als 50 GHT	2309 90 33	–
– – – – – – mit einem Gehalt an Milcherzeugnissen von 50 GHT oder mehr, jedoch weniger als 75 GHT	2309 90 35	–
– – – – – – mit einem Gehalt an Milcherzeugnissen von 75 GHT oder mehr	2309 90 39	–
– – – – – mit einem Gehalt an Stärke von mehr als 10 bis 30 GHT:		
– – – – – – keine Milcherzeugnisse enthaltend oder mit einem Gehalt an Milcherzeugnissen von weniger als 10 GHT	2309 90 41	–
– – – – – – mit einem Gehalt an Milcherzeugnissen von 10 GHT oder mehr, jedoch weniger als 50 GHT	2309 90 43	–
– – – – – – mit einem Gehalt an Milcherzeugnissen von 50 GHT oder mehr	2309 90 49	–
– – – – – mit einem Gehalt an Stärke von mehr als 30 GHT:		
– – – – – – keine Milcherzeugnisse enthaltend oder mit einem Gehalt an Milcherzeugnissen von weniger als 10 GHT	2309 90 51	–
– – – – – – mit einem Gehalt an Milcherzeugnissen von 10 GHT oder mehr, jedoch weniger als 50 GHT	2309 90 53	–
– – – – – – mit einem Gehalt an Milcherzeugnissen von 50 GHT oder mehr	2309 90 59	–
– – – – weder Stärke, Glucose, Glucosesirup, Maltodextrin noch Maltodextrinsirup, jedoch Milcherzeugnisse enthaltend	2309 90 70	–
– – – andere:		
– – – – ausgelaugte Rübenschnitzel, melassiert	2309 90 91	–
– – – – andere	2309 90 96	–

Kapitel 24

• Tabak und verarbeitete Tabakersatzstoffe; Erzeugnisse, auch nikotinhaltig, die zur Inhalation ohne Verbrennung bestimmt sind; andere nikotinhaltige Erzeugnisse, die zur Nikotinaufnahme in den menschlichen Körper bestimmt sind

Anmerkungen

1. Zu Kapitel 24 gehören nicht Zigaretten für medizinische Zwecke (Kapitel 30).
2. • Kommt für die Einreihung einer Ware sowohl die Position 2404 als auch eine andere Position dieses Kapitels in Betracht, so ist die Ware der Position 2404 zuzuweisen.
3. • Für die Zwecke der Position 2404 gilt der Ausdruck „Inhalation ohne Verbrennung" für die Inhalation durch Erhitzen oder durch andere Verfahren, ohne Verbrennung.

Unterpositions-Anmerkung

1. Als Wasserpfeifentabak im Sinne der Unterposition 2403 11 gilt Tabak, der dazu bestimmt ist, in einer Wasserpfeife geraucht zu werden, und der aus einer Mischung von Tabak und Glyzerin besteht. Er kann auch aromatische Öle und Auszüge, Melassen oder Zucker enthalten, auch mit Früchten aromatisiert sein. Erzeugnisse für Wasserpfeifen, die keinen Tabak enthalten, gehören jedoch nicht zu dieser Unterposition.

Warenbezeichnung	Warennummer	Besondere Maßeinheit
Tabak, unverarbeitet; Tabakabfälle:	**2401**	
– Tabak, nicht entrippt:		
– – „light-air-cured" Tabak	2401 10 35	–
– – „sun-cured" Orienttabak	2401 10 60	–
– – „dark-air-cured" Tabak	2401 10 70	–
– – „flue-cured" Tabak	2401 10 85	–
– – anderer	2401 10 95	–
– Tabak, teilweise oder ganz entrippt:		
– – „light-air-cured" Tabak	2401 20 35	–
– – „sun-cured" Orienttabak	2401 20 60	–
– – „dark-air-cured" Tabak	2401 20 70	–
– – „flue-cured" Tabak	2401 20 85	–
– – anderer	2401 20 95	–
– Tabakabfälle	2401 30 00	–
Zigarren (einschließlich Stumpen), Zigarillos und Zigaretten, aus Tabak oder Tabakersatzstoffen:	**2402**	
– Zigarren (einschließlich Stumpen) und Zigarillos, Tabak enthaltend	2402 10 00	1 000 St
– Zigaretten, Tabak enthaltend:		
– – Nelken enthaltend	2402 20 10	1 000 St
– – andere	2402 20 90	1 000 St
– andere	2402 90 00	–

Warenbezeichnung	Warennummer	Besondere Maßeinheit
Anderer verarbeiteter Tabak und andere verarbeitete Tabakersatzstoffe; „homogenisierter" oder „rekonstituierter" Tabak; Tabakauszüge und Tabaksoßen:	**2403**	
– Rauchtabak, auch mit einem beliebigen Anteil an Tabakersatzstoffen:		
– – Wasserpfeifentabak im Sinne der Unterpositions-Anmerkung 1 zu diesem Kapitel	2403 11 00	–
– – anderer:		
– – – in unmittelbaren Umschließungen mit einem Gewicht des Inhalts von 500 g oder weniger	2403 19 10	–
– – – anderer	2403 19 90	–
– andere:		
– – „homogenisierter" oder „rekonstituierter" Tabak	2403 91 00	–
– – andere:		
– – – Kautabak und Schnupftabak (über die Nase konsumierter Tabak)	2403 99 10	–
– – – andere	2403 99 90	–
Erzeugnisse, die Tabak, rekonstituierten Tabak, Nikotin oder Tabak- oder Nikotinersatzstoffe enthalten und zur Inhalation ohne Verbrennung bestimmt sind; andere nikotinhaltige Erzeugnisse, die zur Nikotinaufnahme in den menschlichen Körper bestimmt sind:	**2404**	
– Erzeugnisse, die zur Inhalation ohne Verbrennung bestimmt sind:		
– – Tabak oder rekonstituierten Tabak enthaltend	**2404 11 00**	–
– – andere, Nikotin enthaltend	**2404 12 00**	–
– – andere:		
– – – Tabakersatzstoffe enthaltend	2404 19 10	–
– – – andere	2404 19 90	–
– andere:		
– – zur oralen Anwendung:		
– – – nikotinhaltige Erzeugnisse zur Unterstützung bei der Raucherentwöhnung	2404 91 10	–
– – – andere	2404 91 90	–
– – zur transdermalen Anwendung	**2404 92 00**	–
– – andere	**2404 99 00**	–

Mineralische Stoffe

Kapitel 25

Salz; Schwefel; Steine und Erden; Gips, Kalk und Zement

Anmerkungen

1. Zu Kapitel 25 gehören, soweit sich aus den einzelnen Positionen oder der nachstehenden Anmerkung 4 nichts anderes ergibt, nur Stoffe im Rohzustand sowie Stoffe, die geschlämmt (auch mit Hilfe chemischer Mittel, die Verunreinigungen ausscheiden, ohne die Struktur der Stoffe zu verändern), gebrochen, gemahlen, zerrieben, gesichtet, gesiebt oder durch Flotation, magnetische Trennung oder andere mechanische oder physikalische Verfahren (ausgenommen Kristallisation) angereichert sind, jedoch nicht geröstete, gebrannte oder durch Mischen gewonnene Stoffe und Stoffe, die eine weitergehende Bearbeitung erfahren haben, als bei den einzelnen Positionen angegeben ist.

   Den Stoffen dieses Kapitels kann ein Antistaubmittel zugesetzt sein, vorausgesetzt, dass dieser Zusatz die Ware nicht für bestimmte Verwendungszwecke geeigneter macht als für den allgemeinen Gebrauch.

2. Zu Kapitel 25 gehören nicht:
   a) sublimierter Schwefel, gefällter Schwefel und kolloider Schwefel (Position 2802);
   b) Farberden mit einem Gehalt an gebundenem Eisen, berechnet als Fe_2O_3, von 70 GHT oder mehr (Position 2821);
   c) Arzneiwaren und andere Erzeugnisse des Kapitels 30;
   d) zubereitete Riech-, Körperpflege- und Schönheitsmittel (Kapitel 33);
   ● e) Dolomitstampfmasse (Position 3816)
   f) Pflastersteine, Bordsteine und Pflasterplatten (Position 6801), Würfel und dergleichen für Mosaike (Position 6802), Tonschieferplatten zum Dachdecken oder zum Verkleiden von Gebäuden (Position 6803);
   g) Edelsteine und Schmucksteine (Position 7102 oder 7103);
   h) künstliche Kristalle des Natriumchlorids oder des Magnesiumoxids (ausgenommen optische Elemente) mit einem Stückgewicht von 2,5 g oder mehr der Position 3824; optische Elemente aus Natriumchlorid oder Magnesiumoxid (Position 9001);
   ij) Billardkreide (Position 9504);
   k) Schreib- und Zeichenkreide, Schneiderkreide (Position 9609).

3. Kommt für die Einreihung einer Ware sowohl die Position 2517 als auch eine andere Position dieses Kapitels in Betracht, so ist die Ware der Position 2517 zuzuweisen.

4. Zu Position 2530 gehören insbesondere: Vermiculit, Perlit und Chlorite, nicht gebläht; Farberden, auch gebrannt oder untereinander gemischt; natürlicher Eisenglimmer, natürlicher Meerschaum (auch in polierten Stücken); natürlicher Bernstein; wiedergewonnener Meerschaum und wiedergewonnener Bernstein, in Platten, Stäben, Stangen und ähnlichen Formen, nicht weiter bearbeitet; Gagat (Jett); Strontiumcarbonat (Strontianit), auch gebrannt, ausgenommen Strontiumoxid; Scherben und Bruch von keramisch hergestellten Waren; Stücke von Ziegelsteinen und gebrochenem Beton.

Warenbezeichnung	Warennummer	Besondere Maßeinheit
Salz (einschließlich präpariertes Speisesalz und denaturiertes Salz) und reines Natriumchlorid, auch in wässriger Lösung oder mit Zusatz von Rieselhilfen (Antibackmittel oder Fluidifiantien); Meerwasser:	**2501**	
– Meerwasser und Salinen-Mutterlauge	2501 00 10	–
– Salz (einschließlich präpariertes Speisesalz und denaturiertes Salz) und reines Natriumchlorid, auch in wässriger Lösung oder mit Zusatz von Rieselhilfen (Antibackmittel oder Fluidifiantien):		
– – zur chemischen Umwandlung (Spaltung in Na und Cl) zum Herstellen anderer Erzeugnisse	2501 00 31	–
– – anderes:		
– – – vergällt oder zu anderen industriellen Zwecken (einschließlich Raffinage), ausgenommen das Haltbarmachen oder Zubereiten von Lebensmitteln oder Futtermitteln	2501 00 51	–
– – – anderes:		
– – – – Speisesalz	2501 00 91	–
– – – – anderes	2501 00 99	–
Schwefelkies, nicht geröstet	**2502 00 00**	–
Schwefel aller Art, ausgenommen sublimierter Schwefel, gefällter Schwefel und kolloider Schwefel:	**2503**	
– roh oder nicht raffiniert	2503 00 10	–
– anderer	2503 00 90	–
Natürlicher Grafit:	**2504**	
– in Pulverform oder in Flocken	2504 10 00	–
– anderer	2504 90 00	–
Natürliche Sande aller Art, auch gefärbt, ausgenommen metallhaltige Sande des Kapitels 26:	**2505**	
– kieselsaure Sande und Quarzsande	2505 10 00	–
– andere	2505 90 00	–
Quarz (ausgenommen natürliche Sande); Quarzite, auch grob behauen oder durch Sägen oder auf andere Weise lediglich zerteilt, in Blöcken oder in quadratischen oder rechteckigen Platten:	**2506**	
– Quarz	2506 10 00	–
– Quarzite	2506 20 00	–
Kaolin und anderer kaolinhaltiger Ton und Lehm, auch gebrannt:	**2507**	
– Kaolin	2507 00 20	–
– anderer kaolinhaltiger Ton und Lehm	2507 00 80	–
Anderer Ton und Lehm (ausgenommen geblähter Ton der Position 6806), Andalusit, Cyanit, Sillimanit, auch gebrannt; Mullit; Schamotte-Körnungen und Ton-Dinasmassen:	**2508**	
– Bentonit	2508 10 00	–
– feuerfester Ton und Lehm	2508 30 00	–
– anderer Ton und Lehm	2508 40 00	–
– Andalusit, Cyanit und Sillimanit	2508 50 00	–
– Mullit	2508 60 00	–
– Schamotte-Körnungen und Ton-Dinasmassen	2508 70 00	–

Warenbezeichnung	Warennummer	Besondere Maßeinheit
Kreide	**2509 00 00**	–
Natürliche Calciumphosphate, natürliche Aluminiumcalciumphosphate und Phosphatkreiden:	**2510**	
– nicht gemahlen	2510 10 00	–
– gemahlen	2510 20 00	–
Natürliches Bariumsulfat (Baryt); natürliches Bariumcarbonat (Witherit), auch gebrannt, ausgenommen Bariumoxid der Position 2816:	**2511**	
– natürliches Bariumsulfat (Baryt)	2511 10 00	–
– natürliches Bariumcarbonat (Witherit), auch gebrannt	2511 20 00	–
Kieselsäurehaltige Fossilienmehle (z. B. Kieselgur, Tripel und Diatomit) und ähnliche kieselsäurehaltige Erden, auch gebrannt, mit einem Schüttgewicht von 1 oder weniger	**2512 00 00**	–
Bimsstein; Schmirgel; natürlicher Korund, natürlicher Granat und andere natürliche Schleifmittel, auch wärmebehandelt:	**2513**	
– Bimsstein	2513 10 00	–
– Schmirgel, natürlicher Korund, natürlicher Granat und andere natürliche Schleifmittel	2513 20 00	–
Tonschiefer, auch grob behauen oder durch Sägen oder auf andere Weise lediglich zerteilt, in Blöcken oder in quadratischen oder rechteckigen Platten	**2514 00 00**	–
Marmor, Travertin, Ecaussine und andere Werksteine aus Kalkstein, mit einem Schüttgewicht von 2,5 oder mehr, und Alabaster, auch grob behauen oder durch Sägen oder auf andere Weise lediglich zerteilt, in Blöcken oder in quadratischen oder rechteckigen Platten:	**2515**	
– Marmor und Travertin:		
– – roh oder grob behauen	2515 11 00	–
– – durch Sägen oder auf andere Weise lediglich zerteilt, in Blöcken oder in quadratischen oder rechteckigen Platten	2515 12 00	–
– Ecaussine und andere Werksteine aus Kalkstein; Alabaster	2515 20 00	–
Granit, Porphyr, Basalt, Sandstein und andere Werksteine, auch grob behauen oder durch Sägen oder auf andere Weise lediglich zerteilt, in Blöcken oder in quadratischen oder rechteckigen Platten:	**2516**	
– Granit:		
– – roh oder grob behauen	2516 11 00	–
– – durch Sägen oder auf andere Weise lediglich zerteilt, in Blöcken oder in quadratischen oder rechteckigen Platten	2516 12 00	–
– Sandstein	2516 20 00	–
– andere Werksteine	2516 90 00	–

Warenbezeichnung	Warennummer	Besondere Maßeinheit
Feldsteine, Kies und zerkleinerte Steine, von der beim Betonbau oder als Steinmaterial im Wege- und Bahnbau verwendeten Art, Feuerstein (Flintstein) und Kiesel, auch wärmebehandelt; Makadam aus Schlacken und ähnlichen Industrieabfällen, auch mit den im ersten Teil dieser Position aufgeführten Stoffen vermischt; Teermakadam; Körnungen/Granalien, Splitter und Mehl von Steinen der Positionen 2515 und 2516, auch wärmebehandelt:	**2517**	
– Feldsteine, Kies und zerkleinerte Steine, von der beim Betonbau oder als Steinmaterial im Wege- und Bahnbau verwendeten Art, Feuerstein (Flintstein) und Kiesel, auch wärmebehandelt:		
– – Feldsteine, Kies, Feuerstein (Flintstein) und Kiesel	2517 10 10	–
– – Dolomit und Kalksteine, zerkleinert	2517 10 20	–
– – andere	2517 10 80	–
– Makadam aus Schlacken und ähnlichen Industrieabfällen, auch mit den in der Unterposition 2517 10 aufgeführten Stoffen vermischt	2517 20 00	–
– Teermakadam	2517 30 00	–
– Körnungen/Granalien, Splitter und Mehl von Steinen der Positionen 2515 und 2516, auch wärmebehandelt:		
– – aus Marmor	2517 41 00	–
– – andere	2517 49 00	–
● **Dolomit, auch gebrannt oder gesintert, einschließlich Dolomit, grob behauen oder durch Sägen oder auf andere Weise lediglich zerteilt, in Blöcken oder in quadratischen oder rechteckigen Platten:**	**2518**	
– Dolomit, weder gebrannt noch gesintert	2518 10 00	–
– Dolomit, gebrannt oder gesintert	2518 20 00	–
Natürliches Magnesiumcarbonat (Magnesit); geschmolzene Magnesia; totgebrannte (gesinterte) Magnesia, auch mit Zusatz von geringen Mengen anderer Oxide vor dem Sintern; anderes Magnesiumoxid, auch chemisch rein:	**2519**	
– natürliches Magnesiumcarbonat (Magnesit)	2519 10 00	–
– andere:		
– – Magnesiumoxid, ausgenommen gebranntes natürliches Magnesiumcarbonat	2519 90 10	–
– – totgebrannte (gesinterte) Magnesia	2519 90 30	–
– – andere	2519 90 90	–
Gipsstein; Anhydrit; Gips (aus gebranntem Gipsstein oder aus Calciumsulfat), auch gefärbt oder mit geringen Zusätzen von Abbindebeschleunigern oder -verzögerern:	**2520**	
– Gipsstein; Anhydrit	2520 10 00	–
– Gips	2520 20 00	–
Kalksteine von der als Hochofenzuschläge oder zum Herstellen von Kalk oder Zement verwendeten Art	**2521 00 00**	–

Warenbezeichnung	Warennummer	Besondere Maßeinheit
Luftkalk, auch gelöscht, und hydraulischer Kalk, ausgenommen reines Calciumoxid und Calciumhydroxid der Position 2825:	**2522**	
– Luftkalk, ungelöscht	2522 10 00	–
– Luftkalk, gelöscht	2522 20 00	–
– hydraulischer Kalk	2522 30 00	–
Zement (einschließlich Zementklinker), auch gefärbt:	**2523**	
– Zementklinker	2523 10 00	–
– Portlandzement:		
– – weißer Zement, auch künstlich gefärbt	2523 21 00	–
– – anderer	2523 29 00	–
– Tonerdezement	2523 30 00	–
– anderer Zement	2523 90 00	–
Asbest:	**2524**	
– Krokydolith	2524 10 00	–
– anderer	2524 90 00	–
Glimmer, auch in ungleichmäßige Blätter oder Scheiben gespalten (Schuppen); Glimmerabfall:	**2525**	
– Glimmer, roh oder in ungleichmäßige Blätter oder Scheiben gespalten	2525 10 00	–
– Glimmerpulver	2525 20 00	–
– Glimmerabfall	2525 30 00	–
Natürlicher Speckstein und Talk, auch grob behauen oder durch Sägen oder auf andere Weise lediglich zerteilt, in Blöcken oder quadratischen oder rechteckigen Platten; Talkum:	**2526**	
– weder gemahlen noch sonst zerkleinert	2526 10 00	–
– gemahlen oder sonst zerkleinert	2526 20 00	–
Natürliche Borate und ihre Konzentrate (auch calciniert), ausgenommen aus natürlichen Solen ausgeschiedene Borate; natürliche Borsäure mit einem Gehalt an H_3BO_3 von nicht mehr als 85 GHT in der Trockenmasse	**2528 00 00**	–
Feldspat; Leuzit, Nephelin und Nephelinsyenit; Flussspat:	**2529**	
– Feldspat	2529 10 00	–
– Flussspat:		
– – mit einem Gehalt an Calciumfluorid von 97 GHT oder weniger	2529 21 00	–
– – mit einem Gehalt an Calciumfluorid von mehr als 97 GHT	2529 22 00	–
– Leuzit, Nephelin und Nephelinsyenit	2529 30 00	–
Mineralische Stoffe, anderweit weder genannt noch inbegriffen:	**2530**	
– Vermiculit, Perlit und Chlorite, nicht gebläht	2530 10 00	–
– Kieserit und Epsomit (natürliche Magnesiumsulfate)	2530 20 00	–
– andere	2530 90 00	–

Kapitel 26

Erze sowie Schlacken und Aschen

Anmerkungen

1. Zu Kapitel 26 gehören nicht:
   a) Schlacken und andere ähnliche Industrieabfälle, als Makadam aufbereitet (Position 2517);
   b) natürliches Magnesiumcarbonat (Magnesit), auch gebrannt (Position 2519);
   c) Schlämme aus Erdöllagertanks, überwiegend aus Ölen dieser Art bestehend (Position 2710);
   d) Dephosphorationsschlacken des Kapitels 31;
   e) Hüttenwolle, Steinwolle und ähnliche mineralische Wollen (Position 6806);
   f) Abfälle und Schrott, von Edelmetallen oder Edelmetallplattierungen; andere Abfälle und Schrott, Edelmetalle oder Edelmetallverbindungen enthaltend, von der hauptsächlich zur Wiedergewinnung von Edelmetallen verwendeten Art (Position 7112 oder 8549);
   g) aus Erzen erschmolzene Kupfer-, Nickel- und Kobaltmatten (Abschnitt XV).
2. Erze der Positionen 2601 bis 2617 sind Mineralien, die die metallurgische Industrie zum Gewinnen von Quecksilber, von Metallen der Position 2844 oder von Metallen des Abschnitts XIV oder XV verwendet, auch wenn sie zu nichtmetallurgischen Zwecken bestimmt sind. Sie dürfen jedoch nicht anders aufbereitet sein, als es bei Erzen für die metallurgische Industrie üblich ist.
3. Zu Position 2620 gehören nur:
   a) Schlacken, Aschen und Rückstände, wie sie in der Industrie zum Gewinnen von Metall oder zum Herstellen von Metallverbindungen verwendet werden, ausgenommen sind Aschen und Rückstände vom Verbrennen von Siedlungsabfällen (Position 2621), und
   b) arsenhaltige Schlacken, Aschen und Rückstände, auch Metalle enthaltend, wie sie zum Gewinnen von Arsen, der Metalle oder zum Herstellen von chemischen Verbindungen daraus verwendet werden.

Unterpositions-Anmerkungen

1. Im Sinne der Unterposition 2620 21 gelten als „bleihaltige Benzinschlämme und Schlämme von bleihaltigen Antiklopfmitteln“ Schlämme aus Lagertanks von bleihaltigem Benzin und bleihaltigen Antiklopfmitteln (z. B. Tetraethylblei), die im Wesentlichen aus Blei, Bleiverbindungen und Eisenoxid bestehen.
2. Schlacken, Aschen und Rückstände, die Arsen, Quecksilber, Thallium oder Mischungen davon enthalten, wie sie zum Gewinnen von Arsen, der genannten Metalle oder zum Herstellen von chemischen Verbindungen daraus verwendet werden, gehören zu Unterposition 2620 60.

Warenbezeichnung	Warennummer	Besondere Maßeinheit
Eisenerze und ihre Konzentrate, einschließlich Schwefelkiesabbrände:	**2601**	
– Eisenerze und ihre Konzentrate, ausgenommen Schwefelkiesabbrände:		
– – nicht agglomeriert	2601 11 00	–
– – agglomeriert	2601 12 00	–
– Schwefelkiesabbrände	2601 20 00	–

Warenbezeichnung	Warennummer	Besondere Maßeinheit
Manganerze und ihre Konzentrate, einschließlich eisenhaltige Manganerze und ihre Konzentrate, mit einem Gehalt an Mangan von 20 GHT oder mehr, bezogen auf die Trockenmasse	**2602 00 00**	–
Kupfererze und ihre Konzentrate	**2603 00 00**	–
Nickelerze und ihre Konzentrate	**2604 00 00**	–
Cobalterze und ihre Konzentrate	**2605 00 00**	–
Aluminiumerze und ihre Konzentrate	**2606 00 00**	–
Bleierze und ihre Konzentrate	**2607 00 00**	–
Zinkerze und ihre Konzentrate	**2608 00 00**	–
Zinnerze und ihre Konzentrate	**2609 00 00**	–
Chromerze und ihre Konzentrate	**2610 00 00**	–
Wolframerze und ihre Konzentrate	**2611 00 00**	–
Uran- oder Thoriumerze und deren Konzentrate:	**2612**	
– Uranerze und ihre Konzentrate:		
– – Uranerze und Pechblende, mit einem Gehalt an Uran von mehr als 5 GHT (EURATOM)	2612 10 10	–
– – andere	2612 10 90	–
– Thoriumerze und ihre Konzentrate:		
– – Monazit; Uran-Thorianit und andere Thoriumerze, mit einem Gehalt an Thorium von mehr als 20 GHT (EURATOM)	2612 20 10	–
– – andere	2612 20 90	–
Molybdänerze und ihre Konzentrate:	**2613**	
– geröstet	2613 10 00	–
– andere	2613 90 00	–
Titanerze und ihre Konzentrate	**2614 00 00**	–
Niobium-, Tantal-, Vanadium- oder Zirkonerze und deren Konzentrate:	**2615**	
– Zirkonerze und ihre Konzentrate	2615 10 00	–
– andere	2615 90 00	–
Edelmetallerze und ihre Konzentrate:	**2616**	
– Silbererze und ihre Konzentrate	2616 10 00	–
– andere	2616 90 00	–
Andere Erze und ihre Konzentrate:	**2617**	
– Antimonerze und ihre Konzentrate	2617 10 00	–
– andere	2617 90 00	–
Granulierte Schlacke (Schlackensand) aus der Eisen- und Stahlherstellung	**2618 00 00**	–

Warenbezeichnung	Warennummer	Besondere Maßeinheit
Schlacken (ausgenommen granulierte Schlacke), Zunder und andere Abfälle der Eisen- und Stahlherstellung:	**2619**	
– Abfälle, geeignet zur Wiedergewinnung von Eisen oder Mangan	2619 00 20	–
– andere	2619 00 90	–
Schlacken, Aschen und Rückstände (ausgenommen solche der Eisen- und Stahlherstellung), die Metalle, Arsen oder deren Verbindungen enthalten:	**2620**	
– überwiegend Zink enthaltend:		
– – Galvanisationsmatte (Hartzink)	2620 11 00	–
– – andere	2620 19 00	–
– überwiegend Blei enthaltend:		
– – Schlämme von bleihaltigem Benzin und Schlämme von bleihaltigen Antiklopfmitteln	2620 21 00	–
– – andere	2620 29 00	–
– überwiegend Kupfer enthaltend	2620 30 00	–
– überwiegend Aluminium enthaltend	2620 40 00	–
– Arsen, Quecksilber, Thallium oder deren Mischungen enthaltend, wie sie zum Gewinnen von Arsen, der genannten Metalle oder zum Herstellen von chemischen Verbindungen daraus verwendet werden	2620 60 00	–
– andere:		
– – Antimon, Beryllium, Cadmium, Chrom oder deren Mischungen enthaltend	2620 91 00	–
– – andere:		
– – – überwiegend Nickel enthaltend	2620 99 10	–
– – – überwiegend Niob oder Tantal enthaltend	2620 99 20	–
– – – überwiegend Zinn enthaltend	2620 99 40	–
– – – überwiegend Titan enthaltend	2620 99 60	–
– – – andere	2620 99 95	–
Andere Schlacken und Aschen, einschließlich Seetangasche; Aschen und Rückstände vom Verbrennen von Siedlungsabfällen:	**2621**	
– Aschen und Rückstände vom Verbrennen von Siedlungsabfällen	2621 10 00	–
– andere	2621 90 00	–

Kapitel 27

Mineralische Brennstoffe; Mineralöle und Erzeugnisse ihrer Destillation; bituminöse Stoffe; Mineralwachse

Anmerkungen

1. Zu Kapitel 27 gehören nicht:
   a) isolierte chemisch einheitliche organische Verbindungen; chemisch reines Methan und Propan gehören jedoch zu Position 2711;
   b) Arzneiwaren der Position 3003 oder 3004;
   c) Mischungen ungesättigter Kohlenwasserstoffe der Position 3301, 3302 oder 3805.
2. Unter der Bezeichnung „Erdöl und Öl aus bituminösen Mineralien“ in der Position 2710 sind neben Erdöl und Öl aus bituminösen Mineralien auch ähnliche Öle sowie vorwiegend aus Mischungen ungesättigter Kohlenwasserstoffe bestehende Öle ohne Rücksicht auf das Herstellungsverfahren zu verstehen, in denen die nicht aromatischen Bestandteile im Gewicht gegenüber den aromatischen Bestandteilen überwiegen.

   Die Bezeichnung gilt jedoch nicht für die flüssigen synthetischen Polyolefine, von denen bei der Vakuumdestillation bei 300 ° C – bezogen auf 1013 mbar – weniger als 60 RHT übergehen (Kapitel 39).
3. Als „Ölabfälle“ im Sinne der Position 2710 gelten Abfälle, die hauptsächlich Erdöl und Öl aus bituminösen Mineralien (gemäß Anmerkung 2 dieses Kapitels), gegebenenfalls mit Wasser vermischt, enthalten. Hierzu gehören:
   a) derartige Öle, die sich nicht länger als Primärprodukte eignen (z. B. gebrauchte Schmieröle, gebrauchte Hydrauliköle und gebrauchte Transformatorenöle);
   b) Ölschlämme aus Tanks zur Lagerung von Erdöl, die hauptsächlich derartige Öle und Zusätze (z. B. chemische Stoffe) in hoher Konzentration enthalten, die zur Herstellung von Primärprodukten eingesetzt werden, sowie
   c) derartige Öle in Form von Öl-in-Wasser-Emulsionen oder von Mischungen mit Wasser wie sie bei Ölleckagen, beim Reinigen von Tanks oder beim Einsatz von Schneidölen bei Bearbeitungsvorgängen entstehen.

Unterpositions-Anmerkungen

1. Als „Anthrazit“ im Sinne der Unterposition 2701 11 gilt Steinkohle mit einem Gehalt an flüchtigen Bestandteilen von 14 % oder weniger (bezogen auf die trockene, mineralstofffreie Substanz).
2. Als „bitumenhaltige Steinkohle“ im Sinne der Unterposition 2701 12 gilt Steinkohle mit einem Gehalt an flüchtigen Bestandteilen von mehr als 14 % (bezogen auf die trockene, mineralstofffreie Substanz) und einem Heizwert von 5833 kcal/kg oder mehr (bezogen auf die feuchte, mineralstofffreie Substanz).
3. Als „Benzole“, „Toluole“, „Xylole“ und „Naphthalin“ im Sinne der Unterpositionen 2707 10, 2707 20, 2707 30 und 2707 40 gelten Erzeugnisse, die mehr als 50 GHT Benzol bzw. Toluol, Xylol oder Naphthalin enthalten.
4. Als „Leichtöle und Zubereitungen“ im Sinne der Unterposition 2710 12 gelten Öle und Zubereitungen, bei deren Destillation nach ISO 3405 bis 210° C einschließlich der Destillationsverluste mindestens 90 RHT übergehen (entspricht ASTM D 86).
5. Als „Biodiesel“ im Sinne der Unterpositionen von Position 2710 gelten Fettsäuremonoalkylester von der als Treib- oder Brennstoff verwendeten Art, die aus tierischen, pflanzlichen oder mikrobiellen Fetten und Ölen, auch gebrauchten, hergestellt worden sind.

Zusätzliche Anmerkungen [1)]

1. Als „Phenole“ im Sinne der Warennummer 2707 99 80 gelten Erzeugnisse, die mehr als 50 GHT Phenole enthalten.
2. Im Sinne der Position 2710 gelten als:
   a) „Spezialbenzine“ (Warennummern 2710 12 21 und 2710 12 25) die Leichtöle nach Unterpositions-Anmerkung 4 zu Kapitel 27, die keine Antiklopfmittel enthalten, mit einer Spanne von höchstens 60 ° C zwischen den beiden Temperaturen, bei denen einschließlich der Destillationsverluste 5 und 90 RHT übergehen;
   b) „Testbenzin“ - white spirit - (Warennummer 2710 12 21) die Spezialbenzine nach Buchstabe a mit einem Flammpunkt über 21 ° C nach EN ISO 13736;
   c) „mittelschwere Öle“ (Warennummern 2710 19 11 bis 2710 19 29) die Öle und Zubereitungen, bei deren Destillation nach ISO 3405 (entspricht ASTM D 86) bis 210 ° C einschließlich der Destillationsverluste weniger als 90 RHT und bis 250 ° C mindestens 65 RHT übergehen;
   d) „Schweröle“ (Warennummern 2710 19 31 bis 2710 19 99 und 2710 20 11 bis 2710 20 90) die Öle und Zubereitungen, bei deren Destillation nach ISO 3405 (entspricht ASTM D 86) bis 250 ° C einschließlich der Destillationsverluste weniger als 65 RHT übergehen oder bei denen der Hundertsatz der Destillation bei 250 ° C nach dieser Methode nicht ermittelt werden kann;
   e) „Gasöl“ (Warennummern 2710 19 31 bis 2710 19 48 und 2710 20 11 bis 2710 20 19) die Schweröle nach Buchstabe d, bei deren Destillation nach ISO 3405 (entspricht ASTM D 86) bis 350 ° C einschließlich der Destillationsverluste mindestens 85 RHT übergehen;
   f) „Heizöl“ (Warennummern 2710 19 51 bis 2710 19 67 und 2710 20 32 bis 2710 20 38) die Schweröle nach Buchstabe d, ausgenommen das Gasöl nach Buchstabe e, deren Viskosität V bei einer Farbe C nach Verdünnung:
      – den Wert der Zeile I der nachstehenden Tabelle nicht übersteigt, wenn die Sulfatasche nach ISO 3987 weniger als 1 % und die Verseifungszahl nach ISO 6293-1 oder ISO 6293-2 weniger als 4 beträgt (bei Erzeugnissen, die eine oder mehrere Biokomponenten enthalten, findet die in diesem Gedankenstrich festgelegte Anforderung einer Verseifungszahl von weniger als 4 keine Anwendung);
      – den Wert der Zeile II übersteigt, wenn ihr Pourpoint nach ISO 3016 10 ° C oder mehr beträgt;
      – zwischen den Werten der Zeilen I und II liegt oder dem Wert der Zeile II gleich ist, wenn bei ihrer Destillation nach ISO 3405 (entspricht ASTM D 86) bei 300 ° C mindestens 25 RHT übergehen oder, falls dabei weniger als 25 RHT übergehen, wenn ihr Pourpoint nach ISO 3016 mehr als -10 ° C beträgt. Dies gilt nur für Öle mit einer Farbe C nach Verdünnung von weniger als 2.

Vergleichstabelle Farbe C nach Verdünnung/Viskosität V

Farbe C		0	0,5	1	1,5	2	2,5	3	3,5	4	4,5	5	5,5	6	6,5	7	7,5 und mehr
Viskosität V	I	4	4	4	5,4	9	15,1	25,3	42,4	71,1	119	200	335	562	943	1580	2650
	II	7	7	7	7	9	15,1	25,3	42,4	71,1	119	200	335	562	943	1580	2650

Die „Viskosität V“ im Sinne dieser Anmerkung ist die kinematische Viskosität bei 50 ° C in 10^{-6} m^2 s^{-1} nach EN ISO 3104.

1) Soweit nichts anderes bestimmt ist, bezieht sich jede Anführung einer Bestimmungsmethode auf die jeweils vom „Comité européen de normalisation“ (CEN), von der „International Standardisation Organisation“ (ISO) oder von der „American Society for Testing and Materials“ (ASTM) festgelegte gültige Fassung.

Die „Farbe C nach Verdünnung" im Sinne dieser Anmerkung ist die Farbe nach ISO 2049 (entspricht ASTM D 1 500) bestimmte Farbe des Erzeugnisses nach Auffüllung eines Raumhundertteils des Erzeugnisses auf 100 RHT mit Xylol, Toluol oder einem anderen geeigneten Lösungsmittel. Die Farbe muss unmittelbar nach der Verdünnung bestimmt werden.

„Biokomponenten" im Sinne dieser Anmerkung sind tierische oder pflanzliche Fette, tierische oder pflanzliche Öle oder Fettsäuremonoalkylester (FAMAE).

Zu den Warennummern 2710 19 51 bis 2710 19 67 und 2710 20 32 bis 2710 20 38 gehören nur Öle von natürlicher Farbe.

Zu diesen Warennummern gehören nicht die Schweröle nach dem vorstehenden Buchstaben d, bei denen sich nicht ermitteln lässt:

- der Hundertsatz (Null gilt als ein Hundertsatz) der Destillation bei 250 ° C nach ISO 3405 (entspricht ASTM D 86);
- oder die kinematische Viskosität bei 50 ° C nach EN ISO 3104;
- oder die Farbe C nach Verdünnung nach ISO 2049 (entspricht ASTM D 1500).

Diese Erzeugnisse gehören zu den Warennummern 2710 19 71 bis 2710 19 99 oder 2710 20 90.

g) „die Biodiesel enthalten", bedeutet, dass die Waren der Unterposition 2710 20 einen Mindestgehalt an Biodiesel, d. h. an Fettsäuremonoalkylestern (FAMAE) von der als Treib- oder Brennstoff verwendeten Art, von 0,5 % vol haben (Bestimmung mit der Testmethode EN 14078).

3. Im Sinne der Position 2712 gilt als „rohes Vaselin" (Warennummer 2712 10 10) Vaselin mit einer natürlichen Farbe dunkler als 4,5 nach ISO 2049 (entspricht ASTM D 1500).

4. Im Sinne der Warennummern 2712 90 31 bis 2712 90 39 gelten als „roh" die Erzeugnisse:

a) deren Ölgehalt mindestens 3,5 GHT beträgt und deren Viskosität bei 100 °C nach EN ISO 3104 weniger als 9×10^{-6} m^2 s^{-1} beträgt oder

b) deren natürliche Farbe nach ISO 2049 (entspricht ASTM D 1500) dunkler als 3 ist und deren Viskosität bei 100 ° C nach EN ISO 3104 mindestens 9×10^{-6} m^2 s^{-1} beträgt.

5. Als "begünstigte Verfahren" im Sinne der Positionen 2710, 2711 und 2712 gelten:

a) die Vakuumdestillation;

b) die Redestillation zur weitgehenden Zerlegung;

c) das Kracken;

d) das Reformieren;

e) die Raffination mit Selektiv-Lösemitteln;

f) die Behandlung mit konzentrierter Schwefelsäure, Oleum oder Schwefelsäureanhydrid und anschließender Neutralisation mit Alkalien sowie Bleichen und Reinigen mit von Natur aus aktiven Erden, mit Bleicherde oder Aktivkohle oder Bauxit;

g) die Polymerisation;

h) die Alkylierung;

ij) die Isomerisation;

k) nur für Erzeugnisse der Warennummern 2710 19 31 bis 2710 19 99: das Entschwefeln unter Verwendung von Wasserstoff, wenn dabei der Schwefelgehalt der Erzeugnisse um mindestens 85 % vermindert wird (EN ISO 20846, EN ISO 20884 oder EN ISO 14596 oder EN ISO 24260, EN ISO 20847 und EN ISO 8754);

l) nur für Erzeugnisse der Position 2710: das Entparaffinieren, ausgenommen einfaches Filtern;

m) nur für Erzeugnisse der Warennummern 2710 19 31 bis 2710 19 99: die Behandlung mit Wasserstoff bei einem Druck über 20 bar und bei einer Temperatur über 250° C mit Hilfe eines Katalysators zu anderen Zwecken als zum Entschwefeln, wenn dabei der Wasserstoff aktiv an einer chemischen Reaktion beteiligt ist. Die Nachbehandlung von Schmierölen der Warennummern 2710 19 71 bis 2710 19 99 mit Wasserstoff (z. B. Hydrofinishing oder Entfärbung) zur Verbesserung insbesondere der Farbe oder der Stabilität gilt jedoch nicht als begünstigtes Verfahren;

n) nur für Erzeugnisse der Warennummern 2710 19 51 bis 2710 19 67: die atmosphärische Destillation, wenn bei der Destillation der Erzeugnisse nach ISO 3405 (entspricht ASTM D 86) bei 300 ° C einschließlich der Destillationsverluste weniger als 30 RHT übergehen.

o) nur für Erzeugnisse der Warennummern 2710 19 71 bis 2710 19 99: die Bearbeitung durch elektrische Hochfrequenz-Entladung;

p) nur für Erzeugnisse der Warennummer 2712 90 31: die Entölung durch fraktionierte Kristallisation.

6. –

Warenbezeichnung	Warennummer	Besondere Maßeinheit
Steinkohle; Steinkohlenbriketts und ähnliche aus Steinkohle gewonnene feste Brennstoffe:	**2701**	
– Steinkohle, auch in Pulverform, jedoch nicht agglomeriert:		
– – Anthrazit	2701 11 00	–
– – bitumenhaltige Steinkohle:		
– – – Kokskohle	2701 12 10	–
– – – andere	2701 12 90	–
– – andere Steinkohle	2701 19 00	–
– Steinkohlenbriketts und ähnliche aus Steinkohle gewonnene feste Brennstoffe	2701 20 00	–
Braunkohle, auch agglomeriert, ausgenommen Gagat (Jett):	**2702**	
– Braunkohle, auch in Pulverform, jedoch nicht agglomeriert	2702 10 00	–
– Braunkohle, agglomeriert	2702 20 00	–
Torf (einschließlich Torfstreu), auch agglomeriert	**2703 00 00**	–
Koks und Schwelkoks, aus Steinkohle, Braunkohle oder Torf, auch agglomeriert; Retortenkohle:	**2704**	
– Koks und Schwelkoks, aus Steinkohle	2704 00 10	–
– Koks und Schwelkoks, aus Braunkohle	2704 00 30	–
– andere	2704 00 90	–
Steinkohlengas, Wassergas, Generatorgas, Schwachgas und ähnliche Gase, ausgenommen Erdgas und andere gasförmige Kohlenwasserstoffe	**2705 00 00**	1 000 m³
Teer aus Steinkohle, Braunkohle oder Torf und andere Mineralteere, auch entwässert oder teilweise destilliert, einschließlich rekonstituierte Teere	**2706 00 00**	–
Öle und andere Erzeugnisse der Destillation des Hochtemperatur-Steinkohlenteers; ähnliche Erzeugnisse, in denen die aromatischen Bestandteile in Bezug auf das Gewicht gegenüber den nicht aromatischen Bestandteilen überwiegen:	**2707**	
– Benzole	2707 10 00	–
– Toluole	2707 20 00	–
– Xylole	2707 30 00	–
– Naphthalin	2707 40 00	–
– andere Mischungen aromatischer Kohlenwasserstoffe, bei deren Destillation nach ISO 3405 bis 250 °C einschließlich der Destillationsverluste mindestens 65 RHT übergehen (entspricht ASTM D 86)	2707 50 00	–

Warenbezeichnung	Warennummer	Besondere Maßeinheit
– andere:		
– – Kreosotöle	2707 91 00	–
– – andere:		
– – – rohe Öle:		
– – – – rohe Leichtöle, bei deren Destillation 90 RHT oder mehr bis 200 °C übergehen	2707 99 11	–
– – – – andere	2707 99 19	–
– – – schwefelhaltige Kopfprodukte; Anthracen	2707 99 20	–
– – – basische Erzeugnisse	2707 99 50	–
– – – Phenole	2707 99 80	–
– – – andere:		
– – – – zum Herstellen von Waren der Position 2803	2707 99 91	–
– – – – andere	2707 99 99	–
Pech und Pechkoks aus Steinkohlenteer oder anderen Mineralteeren:	**2708**	
– Pech	2708 10 00	–
– Pechkoks	2708 20 00	–
Erdöl und Öl aus bituminösen Mineralien, roh:	**2709**	
– Erdgaskondensate	2709 00 10	–
– anderes	2709 00 90	–
Erdöl und Öl aus bituminösen Mineralien, ausgenommen rohe Öle; Zubereitungen mit einem Gehalt an Erdöl oder Öl aus bituminösen Mineralien von 70 GHT oder mehr, in denen diese Öle der Grundbestandteil sind, anderweit weder genannt noch inbegriffen; Ölabfälle:	**2710**	
– Erdöl und Öl aus bituminösen Mineralien (ausgenommen rohe Öle) und Zubereitungen mit einem Gehalt an Erdöl oder Öl aus bituminösen Mineralien von 70 GHT oder mehr, in denen diese Öle der Grundbestandteil sind, anderweit weder genannt noch inbegriffen, ausgenommen solche, die Biodiesel enthalten, und ausgenommen Ölabfälle:		
– – Leichtöle und Zubereitungen:		
– – – zur Bearbeitung in begünstigten Verfahren	2710 12 11	–
– – – zur chemischen Umwandlung, ausgenommen Verfahren der Warennummer 2710 12 11	2710 12 15	–
– – – zu anderer Verwendung:		
– – – – Spezialbenzine:		
– – – – – Testbenzin (white spirit)	2710 12 21	–
– – – – – andere	2710 12 25	–
– – – – andere:		
– – – – – Motorenbenzin:		
– – – – – – Flugbenzin	2710 12 31	–
– – – – – – anderes, mit einem Bleigehalt von:		
– – – – – – – 0,013 g/l oder weniger:		
– – – – – – – – mit einer Oktanzahl (ROZ) von weniger als 95	2710 12 41	m^3 [1]
– – – – – – – – mit einer Oktanzahl (ROZ) von 95 oder mehr, jedoch weniger als 98	2710 12 45	m^3 [1]
– – – – – – – – mit einer Oktanzahl (ROZ) von 98 oder mehr	2710 12 49	m^3 [1]
– – – – – – – mehr als 0,013 g/l	2710 12 50	m^3 [1]
– – – – – leichter Flugturbinenkraftstoff	2710 12 70	–
– – – – – andere Leichtöle	2710 12 90	–

1) Gemessen bei einer Temperatur von 15 °C.

Warenbezeichnung	Warennummer	Besondere Maßeinheit
– – andere:		
– – – mittelschwere Öle:		
– – – – zur Bearbeitung in begünstigten Verfahren	2710 19 11	–
– – – – zur chemischen Umwandlung, ausgenommen Verfahren der Warennummer 2710 19 11	2710 19 15	–
– – – – zu anderer Verwendung:		
– – – – – Leuchtöl (Kerosin):		
– – – – – – Flugturbinenkraftstoff	2710 19 21	–
– – – – – – anderes	2710 19 25	–
– – – – – andere	2710 19 29	–
– – – Schweröle:		
– – – – Gasöle:		
– – – – – zur Bearbeitung in begünstigten Verfahren	2710 19 31	–
– – – – – zur chemischen Umwandlung, ausgenommen Verfahren der Warennummer 2710 19 31	2710 19 35	–
– – – – – zu anderer Verwendung:		
– – – – – – mit einem Schwefelgehalt von 0,001 GHT oder weniger	2710 19 43	–
– – – – – – mit einem Schwefelgehalt von mehr als 0,001 GHT bis 0,002 GHT	2710 19 46	–
– – – – – – mit einem Schwefelgehalt von mehr als 0,002 GHT bis 0,1 GHT	2710 19 47	–
– – – – – – mit einem Schwefelgehalt von mehr als 0,1 GHT	2710 19 48	–
– – – – Heizöle:		
– – – – – zur Bearbeitung in begünstigten Verfahren	2710 19 51	–
– – – – – zur chemischen Umwandlung, ausgenommen Verfahren der Warennummer 2710 19 51	2710 19 55	–
– – – – – zu anderer Verwendung:		
– – – – – – mit einem Schwefelgehalt von 0,1 GHT oder weniger	2710 19 62	–
– – – – – – mit einem Schwefelgehalt von mehr als 0,1 GHT bis 0,5 GHT	2710 19 66	–
– – – – – – mit einem Schwefelgehalt von mehr als 0,5 GHT	2710 19 67	–
– – – – Schmieröle; andere Öle:		
– – – – – zur Bearbeitung in begünstigten Verfahren	2710 19 71	–
– – – – – zur chemischen Umwandlung, ausgenommen Verfahren der Warennummer 2710 19 71	2710 19 75	–
– – – – – zu anderer Verwendung:		
– – – – – – Motorenöle, Kompressorenöle, Turbinenöle	2710 19 81	–
– – – – – – Hydrauliköle	2710 19 83	–
– – – – – – Weißöle, Paraffinum liquidum	2710 19 85	–
– – – – – – Getriebeöle	2710 19 87	–
– – – – – – Metallbearbeitungsöle, Formöle, Korrosionsschutzöle	2710 19 91	–
– – – – – – Elektroisolieröle	2710 19 93	–
– – – – – – andere Schmieröle und andere Öle	2710 19 99	–
– Erdöl und Öl aus bituminösen Mineralien (ausgenommen rohe Öle) und Zubereitungen mit einem Gehalt an Erdöl oder Öl aus bituminösen Mineralien von 70 GHT oder mehr, in denen diese Öle der Grundbestandteil sind, anderweit weder genannt noch inbegriffen, die Biodiesel enthalten, ausgenommen Ölabfälle:		
– – Gasöl:		
– – – mit einem Schwefelgehalt von 0,001 GHT oder weniger	2710 20 11	–
– – – mit einem Schwefelgehalt von mehr als 0,001 GHT bis 0,1 GHT	2710 20 16	–
– – – mit einem Schwefelgehalt von mehr als 0,1 GHT	2710 20 19	–
– – Heizöle:		
– – – mit einem Schwefelgehalt von 0,5 GHT oder weniger	2710 20 32	–
– – – mit einem Schwefelgehalt von mehr als 0,5 GHT	2710 20 38	–
– – andere Öle	2710 20 90	–

Warenbezeichnung	Warennummer	Besondere Maßeinheit
– Ölabfälle:		
– – polychlorierte Biphenyle (PCB), polychlorierte Terphenyle (PCT) oder polybromierte Biphenyle (PBB) enthaltend	2710 91 00	–
– – andere	2710 99 00	–
Erdgas und andere gasförmige Kohlenwasserstoffe:	**2711**	
– verflüssigt:		
– – Erdgas	2711 11 00	TJ
– – Propan:		
– – – Propan mit einem Reinheitsgrad von 99 Hundertteilen oder mehr:		
– – – – zur Verwendung als Kraft- oder Heizstoff	2711 12 11	–
– – – – zu anderer Verwendung	2711 12 19	–
– – – anderes:		
– – – – zur Bearbeitung in begünstigten Verfahren	2711 12 91	–
– – – – zur chemischen Umwandlung, ausgenommen Verfahren der Warennummer 2711 12 91	2711 12 93	–
– – – – zu anderer Verwendung:		
– – – – – mit einem Reinheitsgrad von mehr als 90, jedoch weniger als 99 Hundertteilen	2711 12 94	–
– – – – – andere	2711 12 97	–
– – Butane:		
– – – zur Bearbeitung in begünstigten Verfahren	2711 13 10	–
– – – zur chemischen Umwandlung, ausgenommen Verfahren der Warennummer 2711 13 10	2711 13 30	–
– – – zu anderer Verwendung:		
– – – – mit einem Reinheitsgrad von mehr als 90, jedoch weniger als 95 Hundertteilen	2711 13 91	–
– – – – andere	2711 13 97	–
– – Ethylen, Propylen, Butylen und Butadien	2711 14 00	–
– – andere	2711 19 00	–
– in gasförmigem Zustand:		
– – Erdgas	2711 21 00	TJ
– – andere	2711 29 00	–
Vaselin; Paraffin, mikrokristallines Erdölwachs, paraffinische Rückstände ("slack wax"), Ozokerit, Montanwachs, Torfwachs, andere Mineralwachse und ähnliche durch Synthese oder andere Verfahren gewonnene Erzeugnisse, auch gefärbt:	**2712**	
– Vaselin:		
– – roh	2712 10 10	–
– – andere	2712 10 90	–
– Paraffin mit einem Gehalt an Öl von weniger als 0,75 GHT:		
– – synthetisches Paraffin mit einem Molekulargewicht von 460 bis 1560	2712 20 10	–
– – andere	2712 20 90	–

Warenbezeichnung	Warennummer	Besondere Maßeinheit
– andere:		
– – Ozokerit, Montanwachs oder Torfwachs (natürliche Erzeugnisse):		
– – – roh	2712 90 11	–
– – – andere	2712 90 19	–
– – andere:		
– – – roh:		
– – – – zur Bearbeitung in begünstigten Verfahren	2712 90 31	–
– – – – zur chemischen Umwandlung, ausgenommen Verfahren der Warennummer 2712 90 31	2712 90 33	–
– – – – zu anderer Verwendung	2712 90 39	–
– – – andere:		
– – – – Gemisch von 1-Alkenen mit einem Gehalt von 80 GHT oder mehr an 1-Alkenen mit einer Kettenlänge von 24 bis 28 Kohlenstoffatomen	2712 90 91	–
– – – – andere	2712 90 99	–
Petrolkoks, Bitumen aus Erdöl und andere Rückstände aus Erdöl oder Öl aus bituminösen Mineralien:	**2713**	
– Petrolkoks:		
– – nicht calciniert	2713 11 00	–
– – calciniert	2713 12 00	–
– Bitumen aus Erdöl	2713 20 00	–
– andere Rückstände aus Erdöl oder Öl aus bituminösen Mineralien:		
– – zum Herstellen von Waren der Position 2803	2713 90 10	–
– – andere	2713 90 90	–
Naturbitumen und Naturasphalt; bituminöse oder ölhaltige Schiefer und Sande; Asphaltite und Asphaltgestein:	**2714**	
– bituminöse oder ölhaltige Schiefer und Sande	2714 10 00	–
– andere	2714 90 00	–
Bituminöse Mischungen auf der Grundlage von Naturasphalt oder Naturbitumen, Bitumen aus Erdöl, Mineralteer oder Mineralteerpech (z. B. Asphaltmastix, Verschnittbitumen)	**2715 00 00**	–
Elektrischer Strom	**2716 00 00**	1 000 kWh

Erzeugnisse der chemischen Industrie und verwandter Industrien

Anmerkungen

1. A) Erzeugnisse (ausgenommen radioaktive Erze), die der Warenbeschreibung der Position 2844 oder 2845 entsprechen, gehören zu diesen Positionen, auch wenn andere Positionen des Warenverzeichnisses in Betracht kommen.
   B) Vorbehaltlich des Buchstabens A gehören Erzeugnisse, die der Warenbeschreibung der Position 2843, 2846 oder 2852 entsprechen, zu diesen Positionen, auch wenn andere Positionen dieses Abschnitts in Betracht kommen.
2. Vorbehaltlich der Anmerkung 1 sind Waren, die wegen ihrer Dosierung oder wegen ihrer Aufmachung für den Einzelverkauf zu einer der Positionen 3004, 3005, 3006, 3212, 3303, 3304, 3305, 3306, 3307, 3506, 3707 oder 3808 gehören können, dieser Position zuzuweisen, auch wenn andere Positionen des Warenverzeichnisses in Betracht kommen.
3. Warenzusammenstellungen, die aus zwei oder mehreren getrennten Bestandteilen bestehen, von denen einige oder alle zu diesem Abschnitt gehören, und die erkennbar dazu bestimmt sind, durch Mischen ein Erzeugnis des Abschnitts VI oder VII herzustellen, sind der für dieses Erzeugnis zutreffenden Position zuzuweisen unter der Voraussetzung, dass die Einzelbestandteile:
   a) ohne weiteres Umpacken aufgrund ihrer Aufmachung eindeutig erkennbar dazu bestimmt sind, zusammen verwendet zu werden,
   b) zusammen ein- oder ausgeführt werden und
   c) entweder aufgrund ihrer Beschaffenheit oder ihrer entsprechenden Mengen als einander ergänzend erkennbar sind.
4. Entspricht ein Erzeugnis der Beschreibung einer oder mehrerer Positionen des Abschnitts VI, weil seine Bezeichnung oder Funktion dort genannt ist, und auch der Beschreibung der Position 3827, so ist es in die Position einzureihen, in deren Wortlaut seine Bezeichnung oder Funktion genannt ist, und nicht in die Position 3827.

Kapitel 28

Anorganische chemische Erzeugnisse; anorganische oder organische Verbindungen von Edelmetallen, von Seltenerdmetallen, von radioaktiven Elementen oder von Isotopen

Anmerkungen

1. Zu Kapitel 28 gehören, soweit nichts anderes bestimmt ist, nur:
   a) isolierte chemische Elemente und isolierte chemisch einheitliche Verbindungen, auch wenn sie Verunreinigungen enthalten;
   b) wässrige Lösungen der in Buchstabe a genannten Erzeugnisse;
   c) andere Lösungen der in Buchstabe a genannten Erzeugnisse, sofern die Aufmachung in derartigen Lösungen ausschließlich aus Sicherheits- oder Transportgründen üblich und erforderlich ist, vorausgesetzt, dass der Zusatz des Lösemittels das Erzeugnis nicht für bestimmte Verwendungszwecke geeigneter macht als für den allgemeinen Gebrauch;
   d) die unter den Buchstaben a bis c genannten Erzeugnisse mit Zusatz eines zu ihrer Erhaltung oder ihrem Transport notwendigen Stabilisierungsmittels (einschließlich Antibackmittel);
   e) die in den Buchstaben a bis d genannten Erzeugnisse, denen ein Antistaubmittel oder zum leichteren Erkennen oder aus Sicherheitsgründen ein Farbmittel zugesetzt worden ist, vorausgesetzt, dass diese Zusätze das Erzeugnis nicht für bestimmte Verwendungszwecke geeigneter machen als für den allgemeinen Gebrauch.
2. Zu Kapitel 28 gehören außer den durch organische Stoffe stabilisierten Dithioniten und Sulfoxylaten (Position 2831), den Carbonaten und Peroxocarbonaten anorganischer Basen (Position 2836), den Cyaniden, Cyanidoxiden und komplexen Cyaniden anorganischer Basen (Position 2837), den Fulminaten, Cyanaten und Thiocyanaten anorganischer Basen (Position 2842), den organischen Erzeugnissen der Positionen 2843 bis 2846 und 2852 und den Carbiden (Position 2849), nur folgende Kohlenstoffverbindungen:
   a) Kohlenoxide, Hydrogencyanid, Knallsäure, Isocyansäure, Thiocyansäure und andere einfache oder komplexe Cyanogensäuren (Position 2811);
   b) Kohlenstoffhalogenidoxide (Position 2812);
   c) Kohlenstoffdisulfid (Position 2813);
   d) Thiocarbonate, Selenocarbonate, Tellurocarbonate, Selenocyanate, Tellurocyanate, Tetrathiocyanatodiamminochromate (Reineckate) und andere komplexe Cyanate anorganischer Basen (Position 2842);
   e) mit Harnstoff verfestigtes Wasserstoffperoxid (Position 2847), Kohlenstoffoxysulfid, Thiocarbonylhalogenide, Cyan, Cyanhalogenide und Cyanamid und seine Metallderivate (Position 2853), ausgenommen Calciumcyanamid, auch rein (Kapitel 31).
3. Nicht zu diesem Kapitel gehören unter Berücksichtigung der Bestimmungen der Anmerkung 1 zu Abschnitt VI:
   a) Natriumchlorid und Magnesiumoxid, auch rein, und andere Erzeugnisse des Abschnitts V;
   b) organisch-anorganische Verbindungen, ausgenommen die in Anmerkung 2 genannten Verbindungen;
   c) die in den Anmerkungen 2, 3, 4 oder 5 zu Kapitel 31 genannten Erzeugnisse;
   d) anorganische Erzeugnisse, die als Luminophore verwendet werden der Position 3206; Glasfritte und anderes Glas in Form von Pulver, Granalien, Schuppen oder Flocken der Position 3207;

e) künstlicher Grafit (Position 3801); Feuerlöschmittel, aufgemacht als Ladungen für Feuerlöschgeräte oder als Feuerlöschgranaten oder -bomben der Position 3813; Tintenentferner in Aufmachungen für den Einzelverkauf der Position 3824; künstliche Kristalle aus Halogensalzen der Alkali- oder Erdalkalimetalle (ausgenommen optische Elemente) mit einem Stückgewicht von 2,5 g oder mehr der Position 3824;

f) Edelsteine oder Schmucksteine (natürliche, synthetische oder rekonstituierte) oder Staub und Pulver solcher Steine (Position 7102 bis 7105) sowie Edelmetalle und deren Legierungen des Kapitels 71;

g) Metalle, auch rein, und Metall-Legierungen und Cermets, einschließlich gesinterte Metallcarbide (mit einem Metall gesinterte Metallcarbide), des Abschnitts XV;

h) optische Elemente, z. B. aus Halogensalzen der Alkali- oder Erdalkalimetalle (Position 9001).

4. Zu Position 2811 gehören chemisch einheitliche komplexe Säuren, die aus einer nicht metallischen Säure des Teilkapitels II und einer metallischen Säure des Teilkapitels IV bestehen.

5. Zu den Positionen 2826 bis 2842 gehören nur Salze und Peroxosalze (Persalze) von Metallen und von Ammonium.

   Zu Position 2842 gehören Doppel- oder Komplexsalze, soweit nichts anderes bestimmt ist.

6. Zu Position 2844 gehören nur:

   a) Technetium (Atomzahl 43), Promethium (Atomzahl 61), Polonium (Atomzahl 84) und alle Elemente mit einer höheren Atomzahl als 84;

   b) natürliche oder künstliche radioaktive Isotope (einschließlich derjenigen der Edelmetalle oder der unedlen Metalle der Abschnitte XIV und XV), auch untereinander gemischt;

   c) anorganische oder organische Verbindungen dieser Elemente oder Isotope, auch chemisch nicht einheitlich, auch untereinander gemischt;

   d) Legierungen, Dispersionen (einschließlich Cermets), keramische Erzeugnisse und Mischungen, die diese Elemente oder Isotope oder deren anorganische oder organische Verbindungen enthalten und die eine spezifische Radioaktivität von mehr als 74 Bq/g (0,002 Mikrocurie je Gramm) aufweisen;

   e) verbrauchte (bestrahlte) Brennstoffelemente (Stäbe, Kartuschen) von Kernreaktoren;

   f) radioaktive Rückstände, auch wenn sie nicht verwertbar sind.

   Als „Isotope“ im Sinne dieser Anmerkung und des Wortlauts der Positionen 2844 und 2845 gelten:

   – isolierte Nuklide, ausgenommen solche, die in der Natur als Mono-Isotope vorliegen;

   – Mischungen von Isotopen ein und desselben Elements, die an einem oder mehreren dieser Isotope angereichert sind, also Elemente, bei denen das natürliche Isotopenverhältnis künstlich verändert worden ist.

7. Zu Position 2853 gehören Verbindungen von Phosphor und Kupfer (Kupferphosphide) mit einem Gehalt an Phosphor von mehr als 15 GHT.

8. Zu diesem Kapitel gehören chemische Elemente, z. B. Silicium und Selen, zur Verwendung in der Elektronik dotiert, wenn sie in rohen gezogenen Formen oder in Form von Zylindern oder Stäben vorliegen. Zu Scheiben, Plättchen oder ähnlichen Formen geschnitten gehören sie zur Position 3818.

Unterpositions-Anmerkung

1. Als „chemisch einheitlich“ im Sinne der Unterposition 2852 10 gelten alle organischen oder anorganischen Quecksilberverbindungen, die die Bedingungen der Anmerkung 1 a) bis e) zu Kapitel 28 oder der Anmerkung 1 a) bis h) zu Kapitel 29 erfüllen.

Zusätzliche Anmerkung

1. Soweit nichts anderes bestimmt ist, gehören zu den in einer Unterposition genannten Salzen auch die sauren und basischen Salze.

Warenbezeichnung	Warennummer	Besondere Maßeinheit
I. Chemische Elemente		
Fluor, Chlor, Brom und Iod:	**2801**	
– Chlor	2801 10 00	–
– Iod	2801 20 00	–
– Fluor; Brom:		
– – Fluor	2801 30 10	–
– – Brom	2801 30 90	–
Sublimierter oder gefällter Schwefel; kolloider Schwefel	**2802 00 00**	–
Kohlenstoff (Ruß und andere Formen von Kohlenstoff, anderweit weder genannt noch inbegriffen)	**2803 00 00**	–
Wasserstoff, Edelgase und andere Nichtmetalle:	**2804**	
– Wasserstoff	2804 10 00	m^3 [1]
– Edelgase:		
– – Argon	2804 21 00	m^3 [1]
– – andere:		
– – – Helium	2804 29 10	m^3 [1]
– – – andere	2804 29 90	m^3 [1]
– Stickstoff	2804 30 00	m^3 [1]
– Sauerstoff	2804 40 00	m^3 [1]
– Bor; Tellur:		
– – Bor	2804 50 10	–
– – Tellur	2804 50 90	–
– Silicium:		
– – mit einem Gehalt an Silicium von 99,99 GHT oder mehr	2804 61 00	–
– – anderes	2804 69 00	–
– Phosphor:		
– – roter Phosphor	2804 70 10	–
– – andere	2804 70 90	–
– Arsen	2804 80 00	–
– Selen	2804 90 00	–
Alkali- oder Erdalkalimetalle; Seltenerdmetalle, Scandium und Yttrium, auch untereinander gemischt oder miteinander legiert; Quecksilber:	**2805**	
– Alkali- oder Erdalkalimetalle:		
– – Natrium	2805 11 00	–
– – Calcium	2805 12 00	–
– – andere:		
– – – Strontium und Barium	2805 19 10	–
– – – andere	2805 19 90	–

1) Bei einem Druck von 1013 mbar und einer Temperatur von 15 °C.

Warenbezeichnung	Warennummer	Besondere Maßeinheit
– Seltenerdmetalle, Scandium und Yttrium, auch untereinander gemischt oder miteinander legiert:		
– – untereinander gemischt oder miteinander legiert	2805 30 10	–
– – andere:		
– – – mit einem Reinheitsgrad von 95 GHT oder mehr:		
– – – – Cer, Lanthan, Praseodym, Neodym und Samarium	2805 30 20	–
– – – – Europium, Gadolinium, Terbium, Dysprosium, Holmium, Erbium, Thulium, Ytterbium, Lutetium und Yttrium	2805 30 30	–
– – – – Scandium	2805 30 40	–
– – – andere	2805 30 80	–
– Quecksilber:		
– – in Flaschen, mit einem Gewicht des Inhalts von 34,5 kg (Standard-Gewicht) und mit einem fob-Wert von 224 € oder weniger für 1 Flasche	2805 40 10	–
– – anderes	2805 40 90	–
II. Anorganische Säuren und anorganische Sauerstoffverbindungen der Nichtmetalle		
Chlorwasserstoff (Salzsäure); Chloroschwefelsäure:	**2806**	
– Chlorwasserstoff (Salzsäure)	2806 10 00	–
– Chloroschwefelsäure	2806 20 00	–
Schwefelsäure; Oleum	**2807 00 00**	–
Salpetersäure; Nitriersäuren	**2808 00 00**	–
Diphosphorpentaoxid; Phosphorsäure; Polyphosphorsäuren, auch chemisch nicht einheitlich:	**2809**	
– Diphosphorpentaoxid	2809 10 00	kg P_2O_5
– Phosphorsäure und Polyphosphorsäuren	2809 20 00	kg P_2O_5
Boroxide; Borsäuren:	**2810**	
– Dibortrioxid	2810 00 10	–
– andere	2810 00 90	–
Andere anorganische Säuren und andere anorganische Sauerstoffverbindungen der Nichtmetalle:	**2811**	
– andere anorganische Säuren:		
– – Fluorwasserstoff (Flusssäure)	2811 11 00	–
– – Hydrogencyanid (Cyanwasserstoffsäure) (Blausäure)	2811 12 00	–
– – andere:		
– – – Hydrogenbromid (Bromwasserstoffsäure)	2811 19 10	–
– – – andere	2811 19 80	–
– andere anorganische Sauerstoffverbindungen der Nichtmetalle:		
– – Kohlenstoffdioxid	2811 21 00	–
– – Siliciumdioxid	2811 22 00	–

Warenbezeichnung	Warennummer	Besondere Maßeinheit
– – andere:		
– – – Schwefeldioxid	2811 29 05	–
– – – Schwefeltrioxid (Schwefelsäureanhydrid); Diarsentrioxid (Arsenigsäureanhydrid)	2811 29 10	–
– – – Stickstoffoxide	2811 29 30	–
– – – andere	2811 29 90	–
III. Halogen- oder Schwefelverbindungen der Nichtmetalle		
Halogenide und Halogenoxide der Nichtmetalle:	**2812**	
– Chloride und Chloridoxide:		
– – Carbonyldichlorid (Phosgen)	2812 11 00	–
– – Phosphoroxychlorid	2812 12 00	–
– – Phosphortrichlorid	2812 13 00	–
– – Phosphorpentachlorid	2812 14 00	–
– – Schwefelmonochlorid	2812 15 00	–
– – Schwefeldichlorid	2812 16 00	–
– – Thionylchlorid	2812 17 00	–
– – andere:		
– – – des Phosphors	2812 19 10	–
– – – andere	2812 19 90	–
– andere	2812 90 00	–
Sulfide der Nichtmetalle; handelsübliches Phosphortrisulfid:	**2813**	
– Kohlenstoffdisulfid	2813 10 00	–
– andere:		
– – Phosphorsulfide, einschließlich handelsübliches Phosphortrisulfid	2813 90 10	–
– – andere	2813 90 90	–
IV. Anorganische Basen sowie Metalloxide, -hydroxide und -peroxide		
Ammoniak, wasserfrei oder in wässriger Lösung:	**2814**	
– Ammoniak, wasserfrei	2814 10 00	–
– Ammoniak in wässriger Lösung	2814 20 00	–
Natriumhydroxid (Ätznatron); Kaliumhydroxid (Ätzkali); Peroxide des Natriums oder des Kaliums:	**2815**	
– Natriumhydroxid (Ätznatron):		
– – fest	2815 11 00	–
– – in wässriger Lösung (Natronlauge)	2815 12 00	kg NaOH
– Kaliumhydroxid (Ätzkali)	2815 20 00	kg KOH
– Natrium- oder Kaliumperoxid	2815 30 00	–
Magnesiumhydroxid und -peroxid; Oxide, Hydroxide und Peroxide des Strontiums oder des Bariums:	**2816**	
– Magnesiumhydroxid und -peroxid	2816 10 00	–
– Strontium- und Bariumoxid, -hydroxid und -peroxid	2816 40 00	–
Zinkoxid; Zinkperoxid	**2817 00 00**	–

Warenbezeichnung	Warennummer	Besondere Maßeinheit
Künstlicher Korund, auch chemisch nicht einheitlich; Aluminiumoxid; Aluminiumhydroxid:	**2818**	
– künstlicher Korund, auch chemisch nicht einheitlich:		
– – mit einem Gehalt an Aluminiumoxid von 98,5 GHT oder mehr:		
– – – von dem weniger als 50 % des Gesamtgewichts eine Korngröße von mehr als 10 mm aufweisen	2818 10 11	–
– – – von dem mindestens 50 % des Gesamtgewichts eine Korngröße von mehr als 10 mm aufweisen	2818 10 19	–
– – mit einem Gehalt an Aluminiumoxid von weniger als 98,5 GHT:		
– – – von dem weniger als 50 % des Gesamtgewichts eine Korngröße von mehr als 10 mm aufweisen	2818 10 91	–
– – – von dem mindestens 50 % des Gesamtgewichts eine Korngröße von mehr als 10 mm aufweisen	2818 10 99	–
– anderes Aluminiumoxid als künstlicher Korund	2818 20 00	–
– Aluminiumhydroxid	2818 30 00	–
Chromoxide und -hydroxide:	**2819**	
– Chromtrioxid	2819 10 00	–
– andere:		
– – Chromdioxid	2819 90 10	–
– – andere	2819 90 90	–
Manganoxide:	**2820**	
– Mangandioxid	2820 10 00	–
– andere:		
– – Manganoxid mit einem Gehalt an Mangan von 77 GHT oder mehr	2820 90 10	–
– – andere	2820 90 90	–
Eisenoxide und -hydroxide; Farberden mit einem Gehalt an gebundenem Eisen von 70 GHT oder mehr, berechnet als Fe_2O_3:	**2821**	
– Eisenoxide und -hydroxide	2821 10 00	–
– Farberden	2821 20 00	–
Cobaltoxide und -hydroxide; handelsübliche Cobaltoxide	**2822 00 00**	–
Titanoxide	**2823 00 00**	–
Bleioxide; Mennige und Orangemennige:	**2824**	
– Bleimonoxid (Lithargyrum, Massicot)	2824 10 00	–
– andere	2824 90 00	–
Hydrazin und Hydroxylamin und ihre anorganischen Salze; andere anorganische Basen; andere Metalloxide, -hydroxide und -peroxide:	**2825**	
– Hydrazin und Hydroxylamin und ihre anorganischen Salze	2825 10 00	–
– Lithiumoxid und -hydroxid	2825 20 00	–
– Vanadiumoxide und -hydroxide	2825 30 00	–
– Nickeloxide und -hydroxide	2825 40 00	–
– Kupferoxide und -hydroxide	2825 50 00	–
– Germaniumoxide und Zirconiumdioxid	2825 60 00	–
– Molybdänoxide und -hydroxide	2825 70 00	–
– Antimonoxide	2825 80 00	–

Warenbezeichnung	Warennummer	Besondere Maßeinheit
– andere:		
– – Calciumoxid, -hydroxid und -peroxid:		
– – – Calciumhydroxid mit einer Reinheit von 98 GHT oder mehr in der Trockensubstanz, in Form von Partikeln, die: – zu nicht mehr als 1 GHT Abmessungen von mehr als 75 Mikrometer aufweisen und – zu nicht mehr als 4 GHT Abmessungen von weniger als 1,3 Mikrometer aufweisen	2825 90 11	–
– – – andere	2825 90 19	–
– – Berylliumoxid und -hydroxid	2825 90 20	–
– – Wolframoxide und -hydroxide	2825 90 40	–
– – Cadmiumoxid	2825 90 60	–
– – andere	2825 90 85	–

V. Metallsalze und -peroxosalze der anorganischen Säuren

Warenbezeichnung	Warennummer	Besondere Maßeinheit
Fluoride; Fluorosilicate, Fluoroaluminate und andere komplexe Fluorosalze:	**2826**	
– Fluoride:		
– – des Aluminiums	2826 12 00	–
– – andere:		
– – – des Ammoniums oder des Natriums	2826 19 10	–
– – – andere	2826 19 90	–
– Natriumhexafluoroaluminat (synthetischer Kryolith)	2826 30 00	–
– andere:		
– – Dikaliumhexafluorozirconat	2826 90 10	–
– – andere	2826 90 80	–
Chloride, Chloridoxide und Chloridhydroxide; Bromide und Bromidoxide; Iodide und Iodidoxide:	**2827**	
– Ammoniumchlorid	2827 10 00	–
– Calciumchlorid	2827 20 00	–
– andere Chloride:		
– – des Magnesiums	2827 31 00	–
– – des Aluminiums	2827 32 00	–
– – des Nickels	2827 35 00	–
– – andere:		
– – – des Zinns	2827 39 10	–
– – – des Eisens	2827 39 20	–
– – – des Cobalts	2827 39 30	–
– – – andere	2827 39 85	–
– Chloridoxide und Chloridhydroxide:		
– – des Kupfers	2827 41 00	–
– – andere:		
– – – des Bleis	2827 49 10	–
– – – andere	2827 49 90	–
– Bromide und Bromidoxide:		
– – Bromide des Natriums oder des Kaliums	2827 51 00	–
– – andere	2827 59 00	–
– Iodide und Iodidoxide	2827 60 00	–

Warenbezeichnung	Warennummer	Besondere Maßeinheit
Hypochlorite; handelsübliches Calciumhypochlorit; Chlorite; Hypobromite:	**2828**	
– handelsübliches Calciumhypochlorit und andere Calciumhypochlorite	2828 10 00	–
– andere	2828 90 00	–
Chlorate und Perchlorate; Bromate und Perbromate; Iodate und Periodate:	**2829**	
– Chlorate:		
– – des Natriums	2829 11 00	–
– – andere	2829 19 00	–
– andere:		
– – Perchlorate	2829 90 10	–
– – Bromate des Kaliums oder des Natriums	2829 90 40	–
– – andere	2829 90 80	–
Sulfide; Polysulfide, auch chemisch nicht einheitlich:	**2830**	
– Natriumsulfide	2830 10 00	–
– andere:		
– – Sulfide des Calciums, des Antimons oder des Eisens	2830 90 11	–
– – andere	2830 90 85	–
Dithionite und Sulfoxylate:	**2831**	
– des Natriums	2831 10 00	–
– andere	2831 90 00	–
Sulfite; Thiosulfate:	**2832**	
– Natriumsulfite	2832 10 00	–
– andere Sulfite	2832 20 00	–
– Thiosulfate	2832 30 00	–
Sulfate; Alaune; Peroxosulfate (Persulfate):	**2833**	
– Natriumsulfate:		
– – Dinatriumsulfat	2833 11 00	–
– – andere	2833 19 00	–
– andere Sulfate:		
– – des Magnesiums	2833 21 00	–
– – des Aluminiums	2833 22 00	–
– – des Nickels	2833 24 00	–
– – des Kupfers	2833 25 00	–
– – des Bariums	2833 27 00	–
– – andere:		
– – – des Cadmiums, des Chroms, des Zinks	2833 29 20	–
– – – des Cobalts, des Titans	2833 29 30	–
– – – des Bleis	2833 29 60	–
– – – andere	2833 29 80	–
– Alaune	2833 30 00	–
– Peroxosulfate (Persulfate)	2833 40 00	–

Warenbezeichnung	Warennummer	Besondere Maßeinheit
Nitrite; Nitrate:	**2834**	
– Nitrite	2834 10 00	–
– Nitrate:		
– – des Kaliums	2834 21 00	–
– – andere:		
– – – des Bariums, des Berylliums, des Cadmiums, des Cobalts, des Nickels, des Bleis	2834 29 20	–
– – – des Kupfers	2834 29 40	–
– – – andere	2834 29 80	–
Phosphinate (Hypophosphite), Phosphonate (Phosphite) und Phosphate; Polyphosphate, auch chemisch nicht einheitlich:	**2835**	
– Phosphinate (Hypophosphite) und Phosphonate (Phosphite)	2835 10 00	–
– Phosphate:		
– – Mononatriumdihydrogenphosphat oder Dinatriumhydrogenphosphat	2835 22 00	–
– – des Kaliums	2835 24 00	–
– – Calciumhydrogenorthophosphat (Dicalciumphosphat)	2835 25 00	–
– – andere Calciumphosphate	2835 26 00	–
– – andere:		
– – – Triammoniumphosphat	2835 29 10	–
– – – Trinatriumphosphat	2835 29 30	–
– – – andere	2835 29 90	–
– Polyphosphate:		
– – Natriumtriphosphat (Natriumtripolyphosphat)	2835 31 00	–
– – andere	2835 39 00	–
Carbonate; Peroxocarbonate (Percarbonate); handelsübliches Ammoniumcarbonat, Ammoniumcarbamat enthaltend:	**2836**	
– Dinatriumcarbonat	2836 20 00	–
– Natriumhydrogencarbonat (Natriumbicarbonat)	2836 30 00	–
– Kaliumcarbonate	2836 40 00	–
– Calciumcarbonat	2836 50 00	–
– Bariumcarbonat	2836 60 00	–
– andere:		
– – Lithiumcarbonate	2836 91 00	–
– – Strontiumcarbonat	2836 92 00	–
– – andere:		
– – – Carbonate:		
– – – – des Magnesiums, des Kupfers	2836 99 11	–
– – – – andere	2836 99 17	–
– – – Peroxocarbonate (Percarbonate)	2836 99 90	–
Cyanide, Cyanidoxide und komplexe Cyanide:	**2837**	
– Cyanide und Cyanidoxide:		
– – des Natriums	2837 11 00	–
– – andere	2837 19 00	–
– komplexe Cyanide	2837 20 00	–

Warenbezeichnung	Warennummer	Besondere Maßeinheit
Silicate; handelsübliche Silicate der Alkalimetalle:	**2839**	
– des Natriums:		
– – Natriummetasilicate	2839 11 00	–
– – andere	2839 19 00	–
– andere	2839 90 00	–
Borate; Peroxoborate (Perborate):	**2840**	
– Dinatriumtetraborat (raffinierter Borax):		
– – wasserfrei	2840 11 00	–
– – anderes:		
– – – Dinatriumtetraboratpentahydrat	2840 19 10	–
– – – andere	2840 19 90	–
– andere Borate:		
– – Natriumborate, wasserfrei	2840 20 10	–
– – andere	2840 20 90	–
– Peroxoborate (Perborate)	2840 30 00	–
Salze der Säuren der Metalloxide oder Metallperoxide:	**2841**	
– Natriumdichromat	2841 30 00	–
– andere Chromate und Dichromate; Peroxochromate	2841 50 00	–
– Manganite, Manganate und Permanganate:		
– – Kaliumpermanganat	2841 61 00	–
– – andere	2841 69 00	–
– Molybdate	2841 70 00	–
– Wolframate	2841 80 00	–
– andere:		
– – Zinkate und Vanadate	2841 90 30	–
– – andere	2841 90 85	–
Andere Salze der anorganischen Säuren oder Peroxosäuren, (einschließlich Aluminosilicate, auch chemisch nicht einheitlich), ausgenommen Azide:	**2842**	
– Doppelsilicate oder komplexe Silicate, einschließlich Aluminosilicate, auch chemisch nicht einheitlich	2842 10 00	–
– andere:		
– – Einfach-, Doppel- oder Komplexsalze der Säuren des Selens oder des Tellurs	2842 90 10	–
– – andere	2842 90 80	–

VI. Verschiedenes

Warenbezeichnung	Warennummer	Besondere Maßeinheit
Edelmetalle in kolloidem Zustand; anorganische oder organische Verbindungen der Edelmetalle, auch chemisch nicht einheitlich; Edelmetallamalgame:	**2843**	
– Edelmetalle in kolloidem Zustand:		
– – Silber	2843 10 10	–
– – andere	2843 10 90	–
– Silberverbindungen:		
– – Silbernitrat	2843 21 00	–
– – andere	2843 29 00	–
– Goldverbindungen	2843 30 00	g
– andere Verbindungen; Amalgame:		
– – Amalgame	2843 90 10	–
– – andere	2843 90 90	g

Warenbezeichnung	Warennummer	Besondere Maßeinheit
Radioaktive chemische Elemente und radioaktive Isotope (einschließlich der spaltbaren und brütbaren chemischen Elemente oder Isotope) und ihre Verbindungen; Mischungen und Rückstände, die diese Erzeugnisse enthalten:	2844	
– natürliches Uran und seine Verbindungen; Legierungen, Dispersionen (einschließlich Cermets), keramische Erzeugnisse und Mischungen, die natürliches Uran oder Verbindungen von natürlichem Uran enthalten:		
– – natürliches Uran:		
– – – roh; Bearbeitungsabfälle und Schrott (EURATOM)	2844 10 10	kg U
– – – verarbeitet (EURATOM)	2844 10 30	kg U
– – Ferrouran	2844 10 50	kg U
– – andere (EURATOM)	2844 10 90	kg U
– an U 235 angereichertes Uran und seine Verbindungen; Plutonium und seine Verbindungen; Legierungen, Dispersionen (einschließlich Cermets), keramische Erzeugnisse und Mischungen, die an U 235 angereichertes Uran, Plutonium oder Verbindungen dieser Erzeugnisse enthalten:		
– – an U 235 angereichertes Uran und seine Verbindungen; Legierungen; Dispersionen (einschließlich Cermets), keramische Erzeugnisse und Mischungen, die an U 235 angereichertes Uran enthalten:		
– – – Ferrouran	2844 20 25	g spaltbare Isotope
– – – andere (EURATOM)	2844 20 35	g spaltbare Isotope
– – Plutonium und seine Verbindungen; Legierungen, Dispersionen (einschließlich Cermets), keramische Erzeugnisse und Mischungen, die Plutonium oder Verbindungen dieser Erzeugnisse enthalten:		
– – – Mischungen von Uran und Plutonium:		
– – – – Ferrouran	2844 20 51	g spaltbare Isotope
– – – – andere (EURATOM)	2844 20 59	g spaltbare Isotope
– – – andere	2844 20 99	g spaltbare Isotope
– an U 235 abgereichertes Uran und seine Verbindungen; Thorium und seine Verbindungen; Legierungen, Dispersionen (einschließlich Cermets), keramische Erzeugnisse und Mischungen, die an U 235 abgereichertes Uran, Thorium oder Verbindungen dieser Erzeugnisse enthalten:		
– – an U 235 abgereichertes Uran; Legierungen, Dispersionen (einschließlich Cermets), keramische Erzeugnisse und Mischungen, die an U 235 abgereichertes Uran oder Verbindungen dieses Erzeugnisses enthalten:		
– – – Cermets	2844 30 11	–
– – – andere	2844 30 19	–
– – Thorium; Legierungen, Dispersionen (einschließlich Cermets), keramische Erzeugnisse und Mischungen, die Thorium oder Verbindungen dieses Erzeugnisses enthalten:		
– – – Cermets	2844 30 51	–
– – – andere (EURATOM):		
– – – – roh; Bearbeitungsabfälle und Schrott	2844 30 55	–
– – – – verarbeitet:		
– – – – – Stäbe (Stangen), Profile, Draht, Bleche, Bänder und Folien (EURATOM)	2844 30 61	–
– – – – – andere (EURATOM)	2844 30 69	–

Warenbezeichnung	Warennummer	Besondere Maßeinheit
– – Verbindungen des Thoriums, des an U 235 abgereicherten Urans, auch untereinander gemischt:		
– – – des Thoriums, des an U 235 abgereicherten Urans, auch untereinander gemischt (EURATOM), ausgenommen Salze des Thoriums	2844 30 91	–
– – – andere	2844 30 99	–
– andere radioaktive Elemente, Isotope und Verbindungen als die der Unterposition 2844 10, 2844 20 oder 2844 30; Legierungen, Dispersionen (einschließlich Cermets), keramische Erzeugnisse und Mischungen, die diese Elemente, Isotope oder Verbindungen enthalten; radioaktive Rückstände:		
– – Tritium und Tritiumverbindungen; Legierungen, Dispersionen (einschließlich Cermets), keramische Erzeugnisse und Mischungen, die Tritium oder Tritiumverbindungen enthalten:		
– – andere:		
– – – künstliches radioaktives Isotop (EURATOM); Verbindungen des künstlich radioaktiven Isotops (EURATOM)	2844 41 10	–
– – – andere	2844 41 90	–
– – Actinium-225, Actinium-227, Californium-253, Curium-240, Curium-241, Curium-242, Curium-243, Curium-244, Einsteinium-253, Einsteinium-254, Gadolinium-148, Polonium-208, Polonium-209, Polonium-210, Radium-223, Uran-230 oder Uran-232 und ihre Verbindungen; Legierungen, Dispersionen (einschließlich Cermets), keramische Erzeugnisse und Mischungen, die diese Elemente oder Verbindungen enthalten:		
– – – künstlich radioaktive Isotope (EURATOM); Verbindungen künstlicher radioaktiver Isotope (EURATOM)	2844 42 10	–
– – – andere	2844 42 90	–
– – andere radioaktive Elemente und Isotope und Verbindungen; andere Legierungen, Dispersionen (einschließlich Cermets), keramische Erzeugnisse und Mischungen, die diese Elemente, Isotope oder Verbindungen enthalten:		
– – – an U 233 abgereichertes Uran und seine Verbindungen; Legierungen, Dispersionen (einschließlich Cermets), keramische Erzeugnisse und Mischungen, die an U 233 abgereichertes Uran oder Verbindungen dieses Erzeugnisses enthalten	2844 43 10	–
– – – künstlich radioaktive Isotope (EURATOM); Verbindungen künstlicher radioaktiver Isotope (EURATOM)	2844 43 20	–
– – – andere	2844 43 80	–
– – radioaktive Rückstände	2844 44 00	–
– verbrauchte (bestrahlte) Brennstoffelemente (Stäbe, Kartuschen) von Kernreaktoren (EURATOM)	2844 50 00	g spaltbare Isotope
Isotope (ausgenommen Isotope der Position 2844); anorganische oder organische Verbindungen dieser Isotope, auch chemisch nicht einheitlich:	**2845**	
– schweres Wasser (Deuteriumoxid) (EURATOM)	2845 10 00	–
– an Bor-10 angereichertes Bor und seine Verbindungen	2845 20 00	–
– an Lithium-6 angereichertes Lithium und seine Verbindungen	2845 30 00	–
– Helium-3	2845 40 00	–

Warenbezeichnung	Warennummer	Besondere Maßeinheit
– andere:		
– – Deuterium und andere Deuteriumverbindungen; Wasserstoff und seine Verbindungen, mit Deuterium angereichert; Mischungen und Lösungen, die diese Erzeugnisse enthalten (EURATOM)	2845 90 10	–
■ – – andere	2845 90 90	–
Anorganische oder organische Verbindungen der Seltenerdmetalle, des Yttriums oder des Scandiums oder der Mischungen dieser Metalle:	**2846**	
– Cerverbindungen	2846 10 00	–
– andere:		
– – Lanthan-, Praseodym-, Neodym- oder Samariumverbindungen	2846 90 10	–
– – Europium-, Gadolinium-, Terbium-, Dysprosium-, Holmium-, Erbium-, Thulium-, Ytterbium-, Lutetium- oder Yttriumverbindungen	2846 90 20	–
– – Scandiumverbindungen	2846 90 30	–
– – Verbindungen von Metallgemischen	2846 90 90	–
Wasserstoffperoxid, auch mit Harnstoff verfestigt	**2847 00 00**	kg H_2O_2
Carbide, auch chemisch nicht einheitlich:	**2849**	
– des Calciums	2849 10 00	–
– des Siliciums	2849 20 00	–
– andere:		
– – des Bors	2849 90 10	–
– – des Wolframs	2849 90 30	–
– – des Aluminiums, des Chroms, des Molybdäns, des Vanadiums, des Tantals, des Titans	2849 90 50	–
– – andere	2849 90 90	–
Hydride, Nitride, Azide, Silicide und Boride, auch chemisch nicht einheitlich, ausgenommen Verbindungen, die zugleich Carbide der Position 2849 sind:	**2850**	
– Hydride, Nitride	2850 00 20	–
– Azide, Silicide	2850 00 60	–
– Boride	2850 00 90	–
Anorganische oder organische Verbindungen von Quecksilber, auch chemisch nicht einheitlich, ausgenommen Amalgame:	**2852**	
– chemisch einheitlich	2852 10 00	–
– andere	2852 90 00	–
Phosphide, auch chemisch nicht einheitlich, ausgenommen Ferrophosphor; andere anorganische Verbindungen (einschließlich destilliertes Wasser oder Leitfähigkeitswasser und Wasser von gleicher Reinheit); flüssige Luft (einschließlich von Edelgasen befreite flüssige Luft); Pressluft; Amalgame von anderen Metallen als Edelmetallen:	**2853**	
– Cyanogenchlorid (Chlorcyan)	2853 10 00	–
– andere:		
– – destilliertes Wasser oder Leitfähigkeitswasser und Wasser von gleicher Reinheit	2853 90 10	–
– – flüssige Luft (einschließlich der von Edelgasen befreiten flüssigen Luft); Pressluft	2853 90 30	–
– – andere	2853 90 90	–

Kapitel 29

Organische chemische Erzeugnisse

Anmerkungen

1. Zu Kapitel 29 gehören, soweit nichts anderes bestimmt ist, nur:
   a) isolierte chemisch einheitliche organische Verbindungen, auch wenn sie Verunreinigungen enthalten;
   b) Isomerengemische der gleichen organischen Verbindung (auch wenn sie Verunreinigungen enthalten), ausgenommen Isomerengemische (andere als Stereoisomere) gesättigter oder ungesättigter acyclischer Kohlenwasserstoffe (Kapitel 27);
   c) Erzeugnisse der Positionen 2936 bis 2939, Ether, Acetale und Ester von Zuckern und ihre Salze der Position 2940 und die Erzeugnisse der Position 2941, auch chemisch nicht einheitlich;
   d) wässrige Lösungen der in den vorstehenden Buchstaben a), b) oder c) genannten Erzeugnisse;
   e) andere Lösungen der in den vorstehenden Buchstaben a, b oder c genannten Erzeugnisse, sofern die Aufmachung in derartigen Lösungen ausschließlich aus Sicherheits- oder Transportgründen üblich und erforderlich ist, vorausgesetzt, dass der Zusatz des Lösemittels das Erzeugnis nicht für bestimmte Verwendungszwecke geeigneter macht als für den allgemeinen Gebrauch;
   f) die in den vorstehenden Buchstaben a), b), c), d) oder e) genannten Erzeugnisse mit Zusatz eines zu ihrer Erhaltung oder ihrem Transport notwendigen Stabilisierungsmittels (einschließlich Antibackmittel);
   ● g) die unter den vorstehenden Buchstaben a), b), c), d), e) oder f) genannten Erzeugnisse, denen ein Antistaubmittel oder zum leichteren Erkennen oder aus Sicherheitsgründen ein Farbmittel oder ein Riechstoff oder ein Brechmittel zugesetzt worden ist, vorausgesetzt, dass diese Zusätze das Erzeugnis nicht für bestimmte Verwendungszwecke geeigneter machen als für den allgemeinen Gebrauch;
   h) folgende standardisierte Erzeugnisse zum Herstellen von Azofarbstoffen: Diazoniumsalze, für diese Salze dienende Kupplungskomponenten und diazotierbare Amine und deren Salze.
2. Zu Kapitel 29 gehören nicht:
   a) Waren der Position 1504 oder rohes Glycerin (Position 1520);
   b) Ethylalkohol (Position 2207 oder 2208);
   c) Methan und Propan (Position 2711);
   d) die in der Anmerkung 2 zu Kapitel 28 aufgeführten Kohlenstoffverbindungen;
   e) immunologische Erzeugnisse (Position 3002);
   f) Harnstoff (Position 3102 oder 3105);
   g) Farbmittel pflanzlichen oder tierischen Ursprungs (Position 3203), synthetische organische Farbmittel, synthetische organische Erzeugnisse von der als fluoreszierende Aufheller oder als Luminophore verwendeten Art (Position 3204) sowie Färbemittel in Formen oder Packungen für den Einzelverkauf (Position 3212);
   h) Enzyme (Position 3507);
   ij) Metaldehyd, Hexamethylentetramin und ähnliche Erzeugnisse, in Täfelchen, Stäbchen oder ähnlichen Formen, aus denen sich ihre Verwendung als Brennstoff ergibt, sowie flüssige Brennstoffe und brennbare Flüssiggase in Behältnissen von der zum Auffüllen oder Wiederauffüllen von Feuerzeugen oder Anzündern verwendeten Art, mit einem Fassungsvermögen von 300 cm^3 oder weniger (Position 3606);
   k) Feuerlöschmittel, aufgemacht als Ladungen für Feuerlöschgeräte oder als Feuerlöschgranaten oder -bomben der Position 3813; Tintenentferner in Aufmachungen für den Einzelverkauf der Position 3824;
   l) optische Elemente, z. B. aus Ethylendiamintartrat (Position 9001).
3. Kommen für ein Erzeugnis zwei oder mehr Positionen dieses Kapitels in Betracht, so ist es der letzten dieser Positionen zuzuweisen.

- 4. In den Positionen 2904 bis 2906, 2908 bis 2911 und 2913 bis 2920 umfasst jede Erwähnung der Halogen-, Sulfo-, Nitro- oder Nitrosoderivate auch die Mischderivate, wie Sulfohalogen-, Nitrohalogen-, Nitrosulfo- und Nitrosulfohalogenderivate.

   Nitro- oder Nitrosogruppen gelten nicht als „Stickstoff-Funktionen“ im Sinne der Position 2929.

   Im Sinne der Positionen 2911, 2912, 2914, 2918 und 2922 ist der Begriff „Sauerstoff-Funktionen“ (die charakteristischen organischen Gruppen dieser Positionen, die Sauerstoff enthalten) auf die Sauerstoff-Funktionen beschränkt, die in den Positionen 2905 bis 2920 genannt sind.

5. A. Aus organischen Verbindungen mit Säurefunktion der Teilkapitel I bis VII mit organischen Verbindungen der gleichen Teilkapitel gebildete Ester sind der letzten Position dieser Teilkapitel zuzuweisen, die für eine ihrer Komponenten in Betracht kommt;

   B. aus Ethanol mit organischen Verbindungen mit Säurefunktion der Teilkapitel I bis VII gebildete Ester sind wie die entsprechende Verbindung mit Säurefunktion einzureihen;

   C. vorbehaltlich der Anmerkung 1 zu Abschnitt VI und der Anmerkung 2 zu Kapitel 28 sind:

      1) anorganische Salze organischer Verbindungen, wie solche mit Säure-, Phenol- oder Enolfunktion oder organische Basen, der Teilkapitel I bis X oder der Position 2942, der für die organische Verbindung in Betracht zu ziehenden Position zuzuweisen;

      2) Salze, die durch Reaktion von organischen Verbindungen der Teilkapitel I bis X oder der Position 2942 miteinander entstanden sind, der letzten Position dieses Kapitels zuzuweisen, die für die Base oder die Säure (einschließlich von Verbindungen mit Phenol- oder Enolfunktion), aus der sie gebildet sind, in Betracht kommt;

      3) Koordinationsverbindungen, andere als die des Teilkapitels XI oder der Position 2941, sind in die letztgenannte Position des Kapitels 29 einzureihen, entsprechend der Fragmente, die durch „Spalten“ aller Metallbindungen, andere als Metall-Kohlenstoff-Bindungen, entstehen;

   D. Metallalkoholate sind in dieselbe Position wie die entsprechenden Alkohole einzureihen, ausgenommen solche von Ethanol (Position 2905);

   E. die Halogenide der Carbonsäuren sind derselben Position zuzuweisen wie die entsprechenden Säuren.

6. Die Verbindungen der Positionen 2930 und 2931 sind organische Verbindungen, deren Moleküle außer Wasserstoff-, Sauerstoff- oder Stickstoffatomen unmittelbar an den Kohlenstoff gebundene andere Nichtmetallatome oder Metallatome (z. B. Schwefel, Arsen oder Blei) enthalten.

   Zu den Positionen 2930 (organische Thioverbindungen) und 2931 (andere organisch-anorganische Verbindungen) gehören nicht solche Sulfo- oder Halogenderivate (einschließlich Mischderivate), die, abgesehen von Wasserstoff, Sauerstoff oder Stickstoff, in unmittelbarer Bindung an den Kohlenstoff nur Schwefel- oder Halogenatome enthalten, die ihnen den Charakter von Sulfo- oder Halogenderivaten (einschließlich Mischderivate) verleihen.

7. Zu den Positionen 2932, 2933 und 2934 gehören nicht Epoxide mit dreigliedrigem Ring, Ketonperoxide, cyclische Polymere der Aldehyde oder der Thioaldehyde, Anhydride mehrbasischer Carbonsäuren, cyclische Ester mehrwertiger Alkohole oder mehrwertiger Phenole mit mehrbasischen Säuren und Imide mehrbasischer Säuren.

   Die vorstehenden Bestimmungen gelten nur, wenn die im Ring sich befindenden Heteroatome ausschließlich aus den hier aufgezählten Cyclisierungsfunktionen stammen.

8. Für die Anwendung der Position 2937:

   a) als „Hormone“ gelten auch die Hormon-Releasingfaktoren und Hormon-Stimulationsfaktoren, die Hormoninhibitoren und die Hormonantagonisten (Antihormone);

   b) der Ausdruck „hauptsächlich als Hormone verwendet“ gilt nicht nur für die Hormonderivate und strukturverwandte Verbindungen, die hauptsächlich wegen ihrer hormonellen Wirkung eingesetzt werden, sondern auch für solche Derivate und solche strukturverwandte Verbindungen, die hauptsächlich als Zwischenerzeugnisse bei der Synthese von Erzeugnissen dieser Position verwendet werden.

Unterpositions-Anmerkungen

1. Innerhalb einer Position dieses Kapitels sind die Derivate einer chemischen Verbindung (oder einer Gruppe chemischer Verbindungen) derselben Unterposition wie diese Verbindung (oder Gruppe von Verbindungen) zuzuweisen, wenn sie nicht durch eine andere Unterposition genauer erfasst werden und in der gleichen Gliederungsstufe von Unterpositionen keine Unterposition „andere“ besteht.
2. Anmerkung 3 zu Kapitel 29 ist nicht anwendbar auf Unterpositionen dieses Kapitels.

Warenbezeichnung	Warennummer	Besondere Maßeinheit
I. Kohlenwasserstoffe und ihre Halogen-, Sulfo-, Nitro- oder Nitrosoderivate		
Acyclische Kohlenwasserstoffe:	**2901**	
– gesättigt	2901 10 00	–
– ungesättigt:		
– – Ethylen	2901 21 00	–
– – Propen (Propylen)	2901 22 00	–
– – Buten (Butylen) und seine Isomere	2901 23 00	–
– – Buta-1,3-dien und Isopren	2901 24 00	–
– – andere	2901 29 00	–
Cyclische Kohlenwasserstoffe:	**2902**	
– alicyclische:		
– – Cyclohexan	2902 11 00	–
– – andere	2902 19 00	–
– Benzol	2902 20 00	–
– Toluol	2902 30 00	–
– Xylole:		
– – o-Xylol	2902 41 00	–
– – m-Xylol	2902 42 00	–
– – p-Xylol	2902 43 00	–
– – Xylol-Isomerengemische	2902 44 00	–
– Styrol	2902 50 00	–
– Ethylbenzol	2902 60 00	–
– Cumol	2902 70 00	–
– andere	2902 90 00	–
Halogenderivate der Kohlenwasserstoffe:	**2903**	
– gesättigte Chlorderivate der acyclischen Kohlenwasserstoffe:		
– – Chlormethan (Methylchlorid) und Chlorethan (Ethylchlorid)	2903 11 00	–
– – Dichlormethan (Methylenchlorid)	2903 12 00	–
– – Chloroform (Trichlormethan)	2903 13 00	–
– – Kohlenstofftetrachlorid (Tetrachlorkohlenstoff)	2903 14 00	–
– – Ethylendichlorid (ISO) (1,2-Dichlorethan)	2903 15 00	–
– – andere	2903 19 00	–

Warenbezeichnung	Warennummer	Besondere Maßeinheit
– ungesättigte Chlorderivate der acyclischen Kohlenwasserstoffe:		
– – Vinylchlorid (Chlorethylen)	2903 21 00	–
– – Trichlorethylen	2903 22 00	–
– – Tetrachlorethylen (Perchlorethylen)	2903 23 00	–
– – andere	2903 29 00	–
● – gesättigte Fluorderivate der acyclischen Kohlenwasserstoffe:		
● – – Trifluormethan (HFKW-23)	2903 41 00[1]	–
● – – Difluormethan (HFKW-32)	2903 42 00[1]	–
● – – Fluormethan (HFKW-41), 1,2-Difluorethan (HFKW-152) und 1,1-Difluorethan (HFKW-152a)	2903 43 00	–
● – – Pentafluorethan (HFKW-125), 1,1,1-Trifluorethan (HFKW-143a) und 1,1,2-Trifluorethan (HFKW-143)	2903 44 00	–
● – – 1,1,1,2-Tetrafluorethan (HFKW-134a) und 1,1,2,2-Tetrafluorethan (HFKW-134)	2903 45 00	–
● – – 1,1,1,2,3,3,3-Heptafluorpropan (HFKW-227ea), 1,1,1,2,2,3-Hexafluorprogan (HFKW-236cb), 1,1,1,2,3,3-Hexafluorpropan (HFKW-236ea) und 1,1,1,3,3,3-Hexafluorpropan (HFKW-236fa)	2903 46 00	–
● – – 1,1,1,3,3-Pentafluorpropan (HFKW-245fa) und 1,1,2,2,3-Pentafluorpropan (HFKW-245ca)	2903 47 00	–
● – – 1,1,1,3,3-Pentafluorbutan (HFKW-365mfc) und 1,1,1,2,2,3,4,5,5,5-Decafluorpentan (HFKW-43-10mee)	2903 48 00	–
● – – andere:		
● – – – andere Pentafluorpropane, Hexafluorpropane und Heptafluorpropane	2903 49 10	–
● – – – perfluorierte Derivate	2903 49 30	–
● – – – andere	2903 49 90	–
● – ungesättigte Fluorderivate der acyclischen Kohlenwasserstoffe:		
● – – 2,3,3,3-Tetrafluorpropen (HFO-1234yf), 1,3,3,3-Tetrafluorpropen (HFO-1234ze) und (Z)-1,1,1,4,4,4-Hexafluor-2-buten (HFO-1336mzz)	2903 51 00	–
● – – andere	2903 59 00	–
● – Brom- oder Iodderivate der acyclischen Kohlenwasserstoffe:		
● – – Methylbromid (Brommethan)	2903 61 00	–
● – – Ethylendibromid (ISO) (1,2-Dibromethan)	2903 62 00	–
● – – andere:		
● – – – Bromide:		
● – – – – Dibrommethan	2903 69 11	–
● – – – – andere	2903 69 19	–
● – – – Iodide	2903 69 80	–
– Halogenderivate der acyclischen Kohlenwasserstoffe mit zwei oder mehr verschiedenen Halogenen:		
● – – Chlordifluormethan (HFCKW-22)	2903 71 00	–
● – – Dichlortrifluorethane (HFCKW-123)	2903 72 00	–
● – – Dichlorfluorethane (HFCKW-141, 141b)	2903 73 00	–
● – – Chlordifluorethane (HFCKW-142, 142-b)	2903 74 00	–
● – – Dichlorpentafluorpropane (HFCKW-225, 225ca, 225cb)	2903 75 00	–
● – – Bromchlordifluormethan (Halon 1211), Bromtrifluormethan (Halon 1301) und Dibromtetrafluorethane (Halon 2402):		
● – – – Bromchlordifluormethan (Halon 1211)	2903 76 10	–
● – – – Bromtrifluormethan (Halon 1301)	2903 76 20	–
● – – – Dibromtetrafluorethane (Halon 2402)	2903 76 90	–
– – andere, nur mit Fluor und Chlor perhalogenierte Derivate:		
– – – Trichlorfluormethan, Dichlordifluormethan, Trichlortrifluorethane, Dichlortetrafluorethane und Chlorpentafluorethan	2903 77 60	–
– – – andere	2903 77 90	–

1) Bei der Einfuhr in die Europäische Union gilt die Besondere Maßeinheit t.CO_2.

Warenbezeichnung	Warennummer	Besondere Maßeinheit
– – andere perhalogenierte Derivate	2903 78 00	–
– – andere:		
– – – nur mit Brom und Chlor, Fluor und Chlor oder Fluor und Brom halogenierte Derivate	2903 79 30	–
– – – andere	2903 79 80	–
– Halogenderivate der alicyclischen Kohlenwasserstoffe:		
– – 1,2,3,4,5,6-Hexachlorcyclohexan (HCH (ISO)), einschließlich Lindan (ISO, INN)	2903 81 00	–
– – Aldrin (ISO), Chlordan (ISO) und Heptachlor (ISO)	2903 82 00	–
– – Mirex (ISO)	2903 83 00	–
– – andere:		
– – – 1,2-Dibrom-4-(1,2-dibromethyl)cyclohexan; Tetrabromcyclooctane	2903 89 10	–
– – – andere	2903 89 80	–
– Halogenderivate der aromatischen Kohlenwasserstoffe:		
– – Chlorbenzol, o-Dichlorbenzol und p-Dichlorbenzol	2903 91 00	–
– – Hexachlorbenzol (ISO) und DDT (ISO) (Clofenotan (INN), 1,1,1-Trichlor-2,2-bis[p-chlorphenyl] ethan)	2903 92 00	–
– – Pentachlorbenzol (ISO)	2903 93 00	–
– – Hexabrombiphenyle	2903 94 00	–
– – andere:		
– – – 2,3,4,5,6-Pentabromethylbenzol	2903 99 10	–
– – – andere	2903 99 80	–
Sulfo-, Nitro- oder Nitrosoderivate der Kohlenwasserstoffe, auch halogeniert:	**2904**	
– nur Sulfogruppen enthaltende Derivate, ihre Salze und ihre Ethylester	2904 10 00	–
– nur Nitro- oder nur Nitrosogruppen enthaltende Derivate	2904 20 00	–
– Perfluoroctansulfonsäure, ihre Salze und Perfluoroctansulfonylfluorid:		
– – Perfluoroctansulfonsäure	2904 31 00	–
– – Ammoniumperfluoroctansulfonat	2904 32 00	–
– – Lithiumperfluoroctansulfonat	2904 33 00	–
– – Kaliumperfluoroctansulfonat	2904 34 00	–
– – andere Salze der Perfluoroctansulfonsäure	2904 35 00	–
– – Perfluoroctansulfonylfluorid	2904 36 00	–
– andere:		
– – Trichlornitromethan (Chlorpikrin)	2904 91 00	–
– – andere	2904 99 00	–
II. Alkohole, ihre Halogen-, Sulfo-, Nitro- oder Nitrosoderivate		
Acyclische Alkohole, ihre Halogen-, Sulfo-, Nitro- oder Nitrosoderivate:	**2905**	
– einwertige gesättigte Alkohole:		
– – Methanol (Methylalkohol)	2905 11 00	–
– – Propan-1-ol (Propylalkohol) und Propan-2-ol (Isopropylalkohol)	2905 12 00	–
– – Butan-1-ol (n-Butylalkohol)	2905 13 00	–
– – andere Butanole:		
– – – 2-Methylpropan-2-ol (tert-Butylalkohol)	2905 14 10	–
– – – andere	2905 14 90	–
– – Octanol (Octylalkohol) und seine Isomere:		
– – – Octan-2-ol	2905 16 20	–
– – – andere	2905 16 85	–
– – Dodecan-1-ol (Laurylalkohol), Hexadecan-1-ol (Cetylalkohol) und Octadecan-1-ol (Stearylalkohol)	2905 17 00	–
– – andere	2905 19 00	–

Warenbezeichnung	Warennummer	Besondere Maßeinheit
– einwertige ungesättigte Alkohole:		
– – acyclische Terpenalkohole	2905 22 00	–
– – andere:		
– – – Allylalkohol	2905 29 10	–
– – – andere	2905 29 90	–
– zweiwertige Alkohole:		
– – Ethylenglykol (Ethandiol)	2905 31 00	–
– – Propylenglykol (Propan-1,2-diol)	2905 32 00	–
– – andere:		
– – – Butan-1,3-diol	2905 39 20	–
– – – Butan-1,4-diol:		
– – – – Butan-1,4-diol oder Tetramethylenglycol (1,4-Butandiol) mit einem Gehalt an biobasiertem [1] Kohlenstoff von 100 GHT	2905 39 26	–
– – – – andere	2905 39 28	–
– – – 2,4,7,9-Tetramethyldec-5-in-4,7-diol	2905 39 30	–
– – – andere	2905 39 95	–
– andere mehrwertige Alkohole:		
– – 2-Ethyl-2-(hydroxymethyl)propan-1,3-diol (Trimethylolpropan)	2905 41 00	–
– – Pentaerythritol	2905 42 00	–
– – Mannitol	2905 43 00	–
– – D-Glucitol (Sorbit):		
– – – in wässriger Lösung:		
– – – – mit einem Gehalt an D-Mannitol, bezogen auf den Gehalt an D-Glucitol, von 2 GHT oder weniger	2905 44 11	–
– – – – anderer	2905 44 19	–
– – – anderer:		
– – – – mit einem Gehalt an D-Mannitol, bezogen auf den Gehalt an D-Glucitol, von 2 GHT oder weniger	2905 44 91	–
– – – – anderer	2905 44 99	–
– – Glycerin	2905 45 00	–
– – andere	2905 49 00	–
– Halogen-, Sulfo-, Nitro- oder Nitrosoderivate der acyclischen Alkohole:		
– – Ethchlorvynol (INN)	2905 51 00	–
– – andere:		
– – – 2,2-Bis(brommethyl)propandiol	2905 59 91	–
– – – andere	2905 59 98	–
Cyclische Alkohole, ihre Halogen-, Sulfo-, Nitro- oder Nitrosoderivate:	**2906**	
– alicyclische:		
– – Menthol	2906 11 00	–
– – Cyclohexanol, Methylcyclohexanole, Dimethylcyclohexanole	2906 12 00	–
– – Sterine und Inosite:		
– – – Sterine	2906 13 10	–
– – – Inosite	2906 13 90	–
– – andere	2906 19 00	–
– aromatische:		
– – Benzylalkohol	2906 21 00	–
– – andere	2906 29 00	–

1) Definition gemäß der Norm EN 16575.

Warenbezeichnung	Warennummer	Besondere Maßeinheit
III. Phenole, Phenolalkohole und ihre Halogen-, Sulfo-, Nitro- oder Nitrosoderivate		
Phenole; Phenolalkohole:	**2907**	
– einwertige Phenole:		
– – Phenol (Hydroxybenzol) und seine Salze	2907 11 00	–
– – Kresole und ihre Salze	2907 12 00	–
– – Octylphenol, Nonylphenol und ihre Isomere; Salze dieser Erzeugnisse	2907 13 00	–
– – Naphthole und ihre Salze:		
– – – 1-Naphthol	2907 15 10	–
– – – andere	2907 15 90	–
– – andere:		
– – – Xylenole und ihre Salze	2907 19 10	–
– – – andere	2907 19 90	–
– mehrwertige Phenole; Phenolalkohole:		
– – Resorcin und seine Salze	2907 21 00	–
– – Hydrochinon und seine Salze	2907 22 00	–
– – 4,4'-Isopropylidendiphenol (Bisphenol A, Diphenylolpropan) und seine Salze	2907 23 00	–
– – andere	2907 29 00	–
Halogen-, Sulfo-, Nitro- oder Nitrosoderivate der Phenole oder Phenolalkohole:	**2908**	
– nur Halogengruppen enthaltende Derivate und ihre Salze:		
– – Pentachlorphenol (ISO)	2908 11 00	–
– – andere	2908 19 00	–
– andere:		
– – Dinoseb (ISO) und seine Salze	2908 91 00	–
– – 4,6-Dinitro-o-kresol (DNOC (ISO)) und seine Salze	2908 92 00	–
– – andere	2908 99 00	–
● **IV. Ether, Alkoholperoxide, Etherperoxide, Acetal- und Halbacetalperoxide, Ketonperoxide, Epoxide mit dreigliedrigem Ring, Acetale und Halbacetale; ihre Halogen-, Sulfo-, Nitro- oder Nitrosoderivate**		
● **Ether, Etheralkohole, Etherphenole, Etheralkoholphenole, Alkoholperoxide, Etherperoxide, Acetal- und Halbacetalperoxide, Ketonperoxide (auch chemisch nicht einheitlich); ihre Halogen-, Sulfo-, Nitro- oder Nitrosoderivate:**	**2909**	
– acyclische Ether und ihre Halogen-, Sulfo-, Nitro- oder Nitrosoderivate:		
– – Diethylether	2909 11 00	–
– – andere:		
– – – tert-Butyl-ethylether (Ethyl-tert-butylether, ETBE)	2909 19 10	–
– – – andere	2909 19 90	–
– alicyclische Ether und ihre Halogen-, Sulfo-, Nitro- oder Nitrosoderivate	2909 20 00	–
– aromatische Ether und ihre Halogen-, Sulfo-, Nitro- oder Nitrosoderivate:		
– – Diphenylether	2909 30 10	–
– – nur mit Brom halogenierte Derivate:		
– – – Pentabromdiphenylether; 1,2,4,5-Tetrabrom-3,6bis(pentabrom-phenoxy) benzol	2909 30 31	–
– – – 1,2-Bis(2,4,6-tribromphenoxy)ethan, zum Herstellen von Acrylnitril-Butadien-Styrol (ABS)	2909 30 35	–
– – – andere	2909 30 38	–
– – andere	2909 30 90	–

Warenbezeichnung	Warennummer	Besondere Maßeinheit
– Etheralkohole und ihre Halogen-, Sulfo-, Nitro- oder Nitrosoderivate:		
– – 2,2'-Oxydiethanol (Diethylenglykol, Digol)	2909 41 00	–
– – Monobutylether des Ethylenglykols oder des Diethylenglykols	2909 43 00	–
– – andere Monoalkylether des Ethylenglykols oder des Diethylenglykols	2909 44 00	–
– – andere:		
– – – 2-(2-Chlorethoxy)ethanol	2909 49 11	–
– – – andere	2909 49 80	–
– Etherphenole, Etheralkoholphenole und ihre Halogen-, Sulfo-, Nitro- oder Nitrosoderivate	2909 50 00	–
● – Alkoholperoxide, Etherperoxide, Acetal- und Halbacetalperoxide, Ketonperoxide und ihre Halogen-, Sulfo-, Nitro- oder Nitrosoderivate:		
● – – Acetal- und Halbacetalperoxide	2909 60 10	–
● – – andere	2909 60 90	–
Epoxide, Epoxyalkohole, Epoxyphenole und Epoxyether mit dreigliedrigem Ring; ihre Halogen-, Sulfo-, Nitro- oder Nitrosoderivate:	**2910**	
– Oxiran (Ethylenoxid)	2910 10 00	–
– Methyloxiran (Propylenoxid)	2910 20 00	–
– 1-Chlor-2,3-epoxypropan (Epichlorohydrin)	2910 30 00	–
– Dieldrin (ISO, INN)	2910 40 00	–
– Endrin (ISO)	2910 50 00	–
– andere	2910 90 00	–
■ **Acetale und Halbacetale, auch mit anderen Sauerstoff-Funktionen, und ihre Halogen-, Sulfo-, Nitro- oder Nitrosoderivate**	**2911 00 00**	–
V. Verbindungen mit Aldehydfunktion		
Aldehyde, auch mit anderen Sauerstoff-Funktionen; cyclische Polymere der Aldehyde; Paraformaldehyd:	**2912**	
– acyclische Aldehyde ohne andere Sauerstoff-Funktionen:		
– – Methanal (Formaldehyd)	2912 11 00	–
– – Ethanal (Acetaldehyd)	2912 12 00	–
– – andere	2912 19 00	–
– cyclische Aldehyde ohne andere Sauerstoff-Funktionen:		
– – Benzaldehyd	2912 21 00	–
– – andere	2912 29 00	–
– Aldehyalkohole, Aldehydether, Aldehydphenole und Aldehyde mit anderen Sauerstoff-Funktionen:		
– – Vanillin (4-Hydroxy-3-methoxybenzaldehyd)	2912 41 00	–
– – Ethylvanillin (3-Ethoxy-4-hydroxybenzaldehyd)	2912 42 00	–
– – andere	2912 49 00	–
– cyclische Polymere der Aldehyde	2912 50 00	–
– Paraformaldehyd	2912 60 00	–
Halogen-, Sulfo-, Nitro- oder Nitrosoderivate der Erzeugnisse der Position 2912	**2913 00 00**	–

Warenbezeichnung	Warennummer	Besondere Maßeinheit
VI. Verbindungen mit Keton- oder Chinonfunktion		
Ketone und Chinone, auch mit anderen Sauerstoff-Funktionen; ihre Halogen-, Sulfo-, Nitro- oder Nitrosoderivate:	**2914**	
– acyclische Ketone ohne andere Sauerstoff-Funktionen:		
– – Aceton	2914 11 00	–
– – Butanon (Methylethylketon)	2914 12 00	–
– – 4-Methylpentan-2-on (Methylisobutylketon)	2914 13 00	–
– – andere:		
– – – 5-Methylhexan-2-on	2914 19 10	–
– – – andere	2914 19 90	–
– alicyclische Ketone ohne andere Sauerstoff-Funktionen:		
– – Cyclohexanon, Methylcyclohexanone	2914 22 00	–
– – Jonone und Methyljonone	2914 23 00	–
– – andere	2914 29 00	–
– aromatische Ketone ohne andere Sauerstoff-Funktionen:		
– – Phenylaceton (Phenylpropan-2-on)	2914 31 00	–
– – andere	2914 39 00	–
– Ketonalkohole und Ketonaldehyde:		
– – 4-Hydroxy-4-methylpentan-2-on (Diacetonalkohol)	2914 40 10	–
– – andere	2914 40 90	–
– Ketonphenole und Ketone mit anderen Sauerstoff-Funktionen	2914 50 00	–
– Chinone:		
– – Anthrachinon	2914 61 00	–
– – Coenzym Q 10 (Ubidecarenon (INN))	2914 62 00	–
– – andere:		
– – – 1,4-Naphthochinon	2914 69 10	–
– – – andere	2914 69 80	–
– Halogen-, Sulfo-, Nitro- oder Nitrosoderivate:		
– – Chlordecon (ISO)	2914 71 00	–
– – andere	2914 79 00	–
VII. Carbonsäuren, ihre Anhydride, Halogenide, Peroxide und Peroxysäuren; ihre Halogen-, Sulfo-, Nitro- oder Nitrosoderivate		
Gesättigte acyclische einbasische Carbonsäuren und ihre Anhydride, Halogenide, Peroxide und Peroxysäuren; ihre Halogen-, Sulfo-, Nitro- oder Nitrosoderivate:	**2915**	
– Ameisensäure, ihre Salze und Ester:		
– – Ameisensäure	2915 11 00	–
– – Salze der Ameisensäure	2915 12 00	–
– – Ester der Ameisensäure	2915 13 00	–
– Essigsäure und ihre Salze; Essigsäureanhydrid:		
– – Essigsäure	2915 21 00	–
– – Essigsäureanhydrid	2915 24 00	–
– – andere	2915 29 00	–
– Ester der Essigsäure:		
– – Ethylacetat	2915 31 00	–
– – Vinylacetat	2915 32 00	–
– – n-Butylacetat	2915 33 00	–
– – Dinosebacetat	2915 36 00	–
– – andere	2915 39 00	–
– Mono-, Di- oder Trichloressigsäure, ihre Salze und Ester	2915 40 00	–

Warenbezeichnung	Warennummer	Besondere Maßeinheit
– Propionsäure, ihre Salze und Ester	2915 50 00	–
– Butansäuren, Pentansäuren, ihre Salze und Ester:		
– – Butansäuren, ihre Salze und Ester:		
– – – 1-Isopropyl-2,2-dimethyltrimethylendiisobutyrat	2915 60 11	–
– – – andere	2915 60 19	–
– – Pentansäuren, ihre Salze und Ester	2915 60 90	–
– Palmitinsäure, Stearinsäure, ihre Salze und Ester:		
– – Palmitinsäure, ihre Salze und Ester	2915 70 40	–
– – Stearinsäuere, ihre Salze und Ester	2915 70 50	–
– andere:		
– – Laurinsäure, ihre Salze und Ester	2915 90 30	–
– – andere	2915 90 70	–
Ungesättigte acyclische einbasische Carbonsäuren, cyclische einbasische Carbonsäuren, ihre Anhydride, Halogenide, Peroxide und Peroxysäuren; ihre Halogen-, Sulfo-, Nitro- oder Nitrosoderivate:	**2916**	
– ungesättigte acyclische einbasische Carbonsäuren, ihre Anhydride, Halogenide, Peroxide, Peroxysäuren und ihre Derivate:		
– – Acrylsäure und ihre Salze	2916 11 00	–
– – Ester der Acrylsäure	2916 12 00	–
– – Methacrylsäure und ihre Salze	2916 13 00	–
– – Ester der Methacrylsäure	2916 14 00	–
– – Ölsäure, Linolsäure oder Linolensäure, ihre Salze und Ester	2916 15 00	–
– – Binapacryl (ISO)	2916 16 00	–
– – andere:		
– – – Undecensäuren, ihre Salze und Ester	2916 19 10	–
– – – Crotonsäure	2916 19 40	–
– – – andere	2916 19 95	–
– alicyclische einbasische Carbonsäuren, ihre Anhydride, Halogenide, Peroxide, Peroxysäuren und ihre Derivate	2916 20 00	–
– aromatische einbasische Carbonsäuren, ihre Anhydride, Halogenide, Peroxide, Peroxysäuren und ihre Derivate:		
– – Benzoesäure, ihre Salze und Ester	2916 31 00	–
– – Benzoylperoxid und Benzoylchlorid	2916 32 00	–
– – Phenylessigsäure und ihre Salze	2916 34 00	–
– – andere:		
– – – Ester der Phenylessigsäure	2916 39 10	–
– – – andere	2916 39 90	–
Mehrbasische Carbonsäuren, ihre Anhydride, Halogenide, Peroxide und Peroxysäuren; ihre Halogen-, Sulfo-, Nitro- oder Nitrosoderivate:	**2917**	
– acyclische mehrbasische Carbonsäuren, ihre Anhydride, Halogenide, Peroxide, Peroxysäuren und ihre Derivate:		
– – Oxalsäure, ihre Salze und Ester	2917 11 00	–
– – Adipinsäure, ihre Salze und Ester	2917 12 00	–
– – Azelainsäure, Sebacinsäure, ihre Salze und Ester:		
– – – Sebacinsäure	2917 13 10	–
– – – andere	2917 13 90	–
– – Maleinsäureanhydrid	2917 14 00	–
– – andere:		
– – – Malonsäure, ihre Salze und Ester	2917 19 10	–

Warenbezeichnung	Warennummer	Besondere Maßeinheit
– – – Ethan-1,2-Dicarboxylsäure oder Butandisäure (Bernsteinsäure) mit einem Gehalt an biobasiertem [1] Kohlenstoff von 100 GHT	2917 19 20	–
– – – andere	2917 19 80	–
– alicyclische mehrbasische Carbonsäuren, ihre Anhydride, Halogenide, Peroxide, Peroxysäuren und ihre Derivate	2917 20 00	–
– aromatische mehrbasische Carbonsäuren, ihre Anhydride, Halogenide, Peroxide, Peroxysäuren und ihre Derivate:		
– – Dioctylorthophthalate	2917 32 00	–
– – Dinonyl- oder Didecylorthophthalate	2917 33 00	–
– – andere Ester der Orthophthalsäure	2917 34 00	–
– – Phthalsäureanhydrid	2917 35 00	–
– – Terephthalsäure und ihre Salze	2917 36 00	–
– – Dimethylterephthalat	2917 37 00	–
– – andere:		
– – – Ester oder Anhydrid der Tetrabromphthalsäure; Benzol-1,2,4-tricarbonsäure; Isophthaloyldichlorid mit einem Gehalt an Terephthaloyldichlorid von 0,8 GHT oder weniger; Naphthalin-1,4,5,8-tetracarbonsäure; Tetrachlorphthalsäureanhydrid; Natrium-3,5-bis(methoxycarbonyl)benzolsulfonat	2917 39 20	–
– – – andere	2917 39 95	–
Carbonsäuren mit zusätzlichen Sauerstoff-Funktionen und ihre Anhydride, Halogenide, Peroxide und Peroxysäuren; ihre Halogen-, Sulfo-, Nitro- oder Nitrosoderivate:	**2918**	
– Carbonsäuren mit Alkoholfunktion, jedoch ohne andere Sauerstoff-Funktion, ihre Anhydride, Halogenide, Peroxide, Peroxysäuren und ihre Derivate:		
– – Milchsäure, ihre Salze und Ester	2918 11 00	–
– – Weinsäure	2918 12 00	–
– – Salze und Ester der Weinsäure	2918 13 00	–
– – Citronensäure	2918 14 00	–
– – Salze und Ester der Citronensäure	2918 15 00	–
– – Gluconsäure, ihre Salze und Ester	2918 16 00	–
– – 2,2-Diphenyl-2-hydroxyessigsäure (Benzilsäure)	2918 17 00	–
– – Chlorbenzilat (ISO)	2918 18 00	–
– – andere:		
– – – Cholsäure und 3α, 12α-Dihydroxy-5β-cholan-24-säure (Desoxycholsäure), ihre Salze und Ester	2918 19 30	–
– – – 2,2-Bis(hydroxymethyl)propionsäure	2918 19 40	–
– – – andere	2918 19 98	–
– Carbonsäuren mit Phenolfunktion, jedoch ohne andere Sauerstoff-Funktion, ihre Anhydride, Halogenide, Peroxide, Peroxysäuren und ihre Derivate:		
– – Salicylsäure und ihre Salze	2918 21 00	–
– – o-Acetylsalicylsäure, ihre Salze und Ester	2918 22 00	–
– – andere Ester der Salicylsäure und ihre Salze	2918 23 00	–
– – andere	2918 29 00	–
– Carbonsäuren mit Aldehyd- oder Ketonfunktion, jedoch ohne andere Sauerstoff-Funktion, ihre Anhydride, Halogenide, Peroxide, Peroxysäuren und ihre Derivate	2918 30 00	–
– andere:		
– – 2,4,5-T (ISO) (2,4,5-Trichlorphenoxyessigsäure), ihre Salze und Ester	2918 91 00	–
– – andere:		
– – – 2,6-Dimethoxybenzoesäure, Dicamba (ISO), Natriumphenoxyacetat	2918 99 40	–
– – – andere	2918 99 90	–

1) Definition gemäß der Norm EN 16575.

Warenbezeichnung	Warennummer	Besondere Maßeinheit
VIII. Ester der anorganischen Säuren der Nichtmetalle, ihre Salze und ihre Halogen-, Sulfo-, Nitro- oder Nitrosoderivate		
Ester der Phosphorsäuren und ihre Salze, einschließlich Lactophosphate; ihre Halogen-, Sulfo-, Nitro- oder Nitrosoderivate:	**2919**	
– Tris (2,3-dibrompropyl)phosphat	2919 10 00	–
– andere	2919 90 00	–
Ester der anderen anorganischen Säuren der Nichtmetalle (ausgenommen Ester der Halogenwasserstoffsäuren) und ihre Salze; ihre Halogen-, Sulfo-, Nitro- oder Nitrosoderivate:	**2920**	
– Thiophosphorsäureester (Phosphorothioate) und ihre Salze; ihre Halogen-, Sulfo-, Nitro- oder Nitrosoderivate:		
– – Parathion (ISO) und Parathionmethyl (ISO) (Methylparathion)	2920 11 00	–
– – andere	2920 19 00	–
– Phosphitester und ihre Salze; ihre Halogen-, Sulfo-, Nitro- oder Nitrosoderivate:		
– – Dimethylphosphit	2920 21 00	–
– – Diethylphosphit	2920 22 00	–
– – Trimethylphosphit	2920 23 00	–
– – Triethylphosphit	2920 24 00	–
– – andere	2920 29 00	–
– Endosulfan (ISO)	2920 30 00	–
– andere:		
– – Ester der Schwefelsäure und Ester der Kohlensäure, ihre Salze und ihre Halogen-, Sulfo-, Nitro- oder Nitrosoderivate	2920 90 10	–
– – andere	2920 90 70	–
IX. Verbindungen mit Stickstoff-Funktionen		
Verbindungen mit Aminofunktion:	**2921**	
– acyclische Monoamine und ihre Derivate; Salze dieser Erzeugnisse:		
– – Mono-, Di- und Trimethylamin und ihre Salze	2921 11 00	kg met.am.
– – 2-(N,N-Dimethylamino)ethylchloridhydrochlorid	2921 12 00	–
– – 2-(N,N-Diethylamino)ethylchloridhydrochlorid	2921 13 00	–
– – 2-(N,N-Diisopropylamino)ethylchloridhydrochlorid	2921 14 00	–
– – andere:		
– – – 1,1,3,3-Tetramethylbutylamin	2921 19 40	–
– – – Diethylamin und seine Salze	2921 19 50	–
– – – andere	2921 19 99	–
– acyclische Polyamine und ihre Derivate; Salze dieser Erzeugnisse:		
– – Ethylendiamin und seine Salze	2921 21 00	–
– – Hexamethylendiamin und seine Salze	2921 22 00	–
– – andere	2921 29 00	–
– alicyclische Mono- oder Polyamine und ihre Derivate; Salze dieser Erzeugnisse:		
– – Cyclohexylamin, Cyclohexyldimethylamin und ihre Salze	2921 30 10	–
– – Cyclohex-1,3-ylendiamin (1,3-Diaminocyclohexan)	2921 30 91	–
– – andere	2921 30 99	–

Warenbezeichnung	Warennummer	Besondere Maßeinheit
– aromatische Monoamine und ihre Derivate; Salze dieser Erzeugnisse:		
– – Anilin und seine Salze	2921 41 00	–
– – Anilinderivate und ihre Salze	2921 42 00	–
– – Toluidine und ihre Derivate; Salze dieser Erzeugnisse	2921 43 00	–
– – Diphenylamin und seine Derivate; Salze dieser Erzeugnisse	2921 44 00	–
– – 1-Naphthylamin, 2-Naphthylamin, und ihre Derivate; Salze dieser Erzeugnisse	2921 45 00	–
– – Amfetamin (INN), Benzfetamin (INN), Dexamfetamin (INN), Etilamfetamin (INN), Fencamfamin (INN), Lefetamin (INN), Levamfetamin (INN), Mefenorex (INN) und Phentermin (INN); Salze dieser Erzeugnisse	2921 46 00	–
– – andere	2921 49 00	–
– aromatische Polyamine und ihre Derivate; Salze dieser Erzeugnisse:		
– – o-, m-, p-Phenylendiamin, Diaminotoluole und ihre Derivate; Salze dieser Erzeugnisse:		
– – – o-, m-, p-Phenylendiamin, Diaminotoluole und ihre Halogen-, Sulfo-, Nitro- oder Nitrosoderivate; Salze dieser Erzeugnisse:		
– – – – m-Phenylendiamin mit einer Reinheit von 99 GHT oder mehr und einem Gehalt an: - Wasser von 1 GHT oder weniger, - o-Phenylendiamin von 200 mg/kg oder weniger und - p-Phenylendiamin von 450 mg/kg oder weniger	2921 51 11	–
– – – – andere	2921 51 19	–
– – – andere	2921 51 90	–
– – andere:		
– – – m-Phenylenbis(methylamin); 2,2’-Dichlor-4,4’-methylendianilin; 4,4’-Bi-o-toluidin; 1,8-Naphthylendiamin	2921 59 50	–
– – – andere	2921 59 90	–
Amine mit Sauerstoff-Funktionen:	**2922**	
– Aminoalkohole, ausgenommen solche mit mehr als einer Art von Sauerstoff-Funktion, ihre Ether und Ester; Salze dieser Erzeugnisse:		
– – Monoethanolamin und seine Salze	2922 11 00	–
– – Diethanolamin und seine Salze	2922 12 00	–
– – Dextropropoxyphen (INN) und seine Salze	2922 14 00	–
– – Triethanolamin	2922 15 00	–
– – Diethanolammoniumperfluoroctansulfonat	2922 16 00	–
– – Methyldiethanolamin und Ethyldiethanolamin	2922 17 00	–
– – 2-(N,N-Diisopropylamino)ethanol	2922 18 00	–
– – andere	2922 19 00	
– Aminonaphthole und andere Aminophenole, ausgenommen solche mit mehr als einer Art von Sauerstoff-Funktion, ihre Ether und Ester; Salze dieser Erzeugnisse:		
– – Aminohydroxynaphthalinsulfonsäuren und ihre Salze	2922 21 00	–
– – andere	2922 29 00	–
– Aminoaldehyde, Aminoketone und Aminochinone, ausgenommen solche mit mehr als einer Art von Sauerstoff-Funktion; Salze dieser Erzeugnisse:		
– – Amfepramon (INN), Methadon (INN) und Normethadon (INN); Salze dieser Erzeugnisse	2922 31 00	–
– – andere	2922 39 00	–

Warenbezeichnung	Warennummer	Besondere Maßeinheit
– Aminosäuren, ausgenommen solche mit mehr als einer Art von Sauerstoff-Funktion, ihre Ester; Salze dieser Erzeugnisse:		
– – Lysin und seine Ester; Salze dieser Erzeugnisse	2922 41 00	–
– – Glutaminsäure und ihre Salze	2922 42 00	–
– – Anthranilsäure und ihre Salze	2922 43 00	–
– – Tilidin (INN) und seine Salze	2922 44 00	–
– – andere:		
– – – β-Alanin	2922 49 20	–
– – – andere	2922 49 85	–
– Aminoalkoholphenole, Aminophenolsäuren und andere Aminoverbindungen mit Sauerstoff-Funktion	2922 50 00	–
Quartäre Ammoniumsalze und –hydroxide; Lecithine und andere Phosphoaminolipoide, auch chemisch nicht einheitlich:	**2923**	
– Cholin und seine Salze	2923 10 00	–
– Lecithine und andere Phosphoaminolipoide	2923 20 00	–
– Tetraethylammoniumperfluoroctansulfonat	2923 30 00	–
– Didecyldimethylammoniumperfluoroctansulfonat	2923 40 00	–
– andere	2923 90 00	–
Verbindungen mit Carbonsäureamidfunktion; Verbindungen mit Kohlensäureamidfunktion:	**2924**	
– acyclische Amide (einschließlich acyclischer Carbamate) und ihre Derivate; Salze dieser Erzeugnisse:		
– – Meprobamat (INN)	2924 11 00	–
– – Fluoracetamid (ISO) Monocrotophos (ISO) und Phosphamidon (ISO)	2924 12 00	–
– – andere	2924 19 00	–
– cyclische Amide (einschließlich cyclischer Carbamate) und ihre Derivate; Salze dieser Erzeugnisse:		
– – Ureine und ihre Derivate; Salze dieser Erzeugnisse	2924 21 00	–
– – 2-Acetamidobenzoesäure (N-Acetylanthranilsäure) und ihre Salze	2924 23 00	–
– – Ethinamat (INN)	2924 24 00	–
– – Alachlor (ISO)	2924 25 00	–
– – andere:		
– – – Lidocain (INN)	2924 29 10	–
– – – andere	2924 29 70	–
Verbindungen mit Carbonsäureimidfunktion (einschließlich Saccharin und seine Salze) oder Verbindungen mit Iminfunktion:	**2925**	
– Imide und ihre Derivate; Salze dieser Erzeugnisse:		
– – Saccharin und seine Salze	2925 11 00	–
– – Glutethimid (INN)	2925 12 00	–
– – andere:		
– – – 3,3',4,4',5,5',6,6'-Octabrom-N,N'-ethylendiphthalimid; N,N'-Ethylen-bis(4,5-dibromhexahydro-3,6-methanophthalimid)	2925 19 20	–
– – – andere	2925 19 95	–
– Imine und ihre Derivate; Salze dieser Erzeugnisse:		
– – Chlordimeform (ISO)	2925 21 00	–
– – andere	2925 29 00	–

	Warenbezeichnung	Warennummer	Besondere Maßeinheit
	Verbindungen mit Nitrilfunktion:	**2926**	
	– Acrylnitril	2926 10 00	–
	– 1-Cyanoguanidin (Dicyandiamid)	2926 20 00	–
	– Fenproporex (INN) und seine Salze; Methadon (INN)-Zwischenerzeugnis (4-Cyano-2-dimethylamino-4,4-diphenyl-butan)	2926 30 00	–
	– alpha-Phenylacetoacetonitril	2926 40 00	–
	– andere:		
	– – Isophthalonitril	2926 90 20	–
	– – andere	2926 90 70	–
	Diazo-, Azo- oder Azoxyverbindungen	**2927 00 00**	–
	Organische Derivate des Hydrazins oder des Hydroxylamins:	**2928**	
	– N,N-Bis(2-methoxyethyl)hydroxylamin	2928 00 10	–
	– andere	2928 00 90	–
	Verbindungen mit anderen Stickstoff-Funktionen:	**2929**	
	– Isocyanate	2929 10 00	–
	– andere	2929 90 00	–

X. Organisch-anorganische Verbindungen, heterocyclische Verbindungen, Nucleinsäuren und ihre Salze, und Sulfonamide

	Warenbezeichnung	Warennummer	Besondere Maßeinheit
	Organische Thioverbindungen:	**2930**	
●	**– 2-(N,N-Dimethylamino)ethanthiol**	2930 10 00	–
	– Thiocarbamate und Dithiocarbamate	2930 20 00	–
	– Thiurammono-, -di- oder -tetrasulfide	2930 30 00	–
	– Methionin:		
	– – Methionin (INN)	2930 40 10	–
	– – anderes	2930 40 90	–
	– 2-(N,N-Diethylamino)ethanthiol	2930 60 00	–
	– Bis(2-hydroxyethyl)sulfid (Thiodiglycol (INN))	2930 70 00	–
	– Aldicarb (ISO), Captafol (ISO) und Methamidophos (ISO)	2930 80 00	–
	– andere:		
	– – Cystein und Cystin	2930 90 13	–
	– – Derivate des Cysteins oder des Cystins	2930 90 16	–
	– – DL-2-Hydroxy-4-(methylthio)buttersäure	2930 90 30	–
	– – 2,2'-Thiodiethylbis[3-(3,5-di-tert-butyl-4-hydroxyphenyl)propionat]	2930 90 40	–
	– – Isomerengemisch aus 4-Methyl-2,6-bis(methylthio)-m-phenylendiamin und 2-Methyl-4,6-bis(methylthio)-m-phenylendiamin	2930 90 50	–
■	– – andere	2930 90 98	–
	Andere organisch-anorganische Verbindungen:	**2931**	
	– Tetramethylblei und Tetraethylblei	2931 10 00	–
	– Tributylzinnverbindungen	2931 20 00	–
●	**– nicht halogenierte organische Phosphorderivate:**		
●	**– – Dimethylmethylphosphonat**	2931 41 00	–
●	**– – Dimethylpropylphosphonat**	2931 42 00	–
●	**– – Diethylethylphosphonat**	2931 43 00	–

	Warenbezeichnung	Warennummer	Besondere Maßeinheit
●	**– – Methylphosphonsäure**	2931 44 00	–
●	**– – Salze der Methylphosphonsäure und (Aminoiminomethyl)harnstoff (1 : 1)**	2931 45 00	–
●	**– – 2,4,6-Tripropyl-1,3,5,2,4,6-trioxatriphosphinan 2,4,6-trioxid**	2931 46 00	–
●	**– – (5-Ethyl-2-methyl-2-oxido-1,3,2-dioxaphosphinan-5-yl)methyl-methyl-methyl-phosphonat**	2931 47 00	–
●	**– – 3,9-Dimethyl-2,4,8,10-tetraxoa-3,9-diphosphaspiro[5.5]undecan-3,9-dioxid**	2931 48 00	–
●	**– – andere:**		
●	– – – Natrium 3-(trihydroxysilyl)propyl-methylphosphonat	2931 49 10	–
●	– – – Bis[(5-ethyl-2-methyl-2-oxido-1,3,2-dioxaphosphinan-5-yl)methyl]phosponat	2931 49 20	–
●	– – – Etidronsäure (INN) (1-Hydroxyethan-1,1-diphosphonsäure) und ihre Salze	2931 49 30	–
●	– – – (Nitrilotrimethandiyl)tris(phosphonsäure), {Ethan-1,2-diylbis[nitrilobis-(methylen)]}tetrakis(phosphonsäure), [(Bis{2-[bis(phosphonomethyl)amino]-ethyl}amino)methyl]phosphonsäure, {Hexan-1,6-diylbis[nitrilobis(methylen)]}-tetrakis(phosphonsäure), {[(2-Hydroxyethyl)imino]bis(methylen)}bis-(phosphonsäure) und [(Bis{6-[bis(phosphonomethyl)amino]hexyl}amino)-methyl]phosphonsäure; Salze dieser Erzeugnisse	2931 49 40	–
●	– – – andere	2931 49 90	–
●	**– Halogenierte organische Phosphorderivate:**		
●	**– – Methylphosphonsäuredichlorid**	2931 51 00	–
●	**– – Propylphosphonsäuredichlorid**	2931 52 00	–
●	**– – O-(3-Chlorpropyl)-O-[4-nitro-3-(trifluoromethyl)phenyl]-methylphosphon-thionat**	2931 53 00	–
●	**– – Trichlorfon (ISO)**	2931 54 00	–
●	**– – andere:**		
●	– – – Methylphosphonyldifluorid (Methylphosphonsäuredifluorid)	2931 59 10	–
●	– – – andere	2931 59 90	–
	– andere	2931 90 00	–
	Heterocyclische Verbindungen, nur mit Sauerstoff als Heteroatom(e):	**2932**	
	– Verbindungen, die einen nicht kondensierten Furanring (auch hydriert) in der Struktur enthalten:		
	– – Tetrahydrofuran	2932 11 00	–
	– – 2-Furaldehyd (Furfural)	2932 12 00	–
	– – Furfurylalkohol und Tetrahydrofurfurylalkohol	2932 13 00	–
	– – Sucralose	2932 14 00	–
	– – andere	2932 19 00	–
	– Lactone:		
	– – Phenolphthalein; 1-Hydroxy-4-[1-(4-hydroxy-3-methoxycarbonyl-1-naphthyl)-3-oxo-1H, 3H-benzo[de]isochromen-1-yl]-6-octadecyloxy-2-naphthoesäure; 3'-Chlor-6'-cyclohexylaminospiro[isobenzofuran-1(3H), 9'-xanthen]-3-on; 6'-(N-Ethyl-p-toluidin)-2'-methylspiro[isobenzofuran-1(3H), 9'-xanthen]-3-on; Methyl-6-docosyloxy-1-hydroxy-4-[1-(4-hydroxy-3-methyl-1-phenanthryl)-3-oxo-1H, 3H-naphtho[1,8-cd]pyran-1-yl]naphthalin-2-carboxylat	2932 20 10	–
	– – gamma-Butyrolacton	2932 20 20	–
	– – andere	2932 20 90	–
	– andere:		
	– – Isosafrol	2932 91 00	–
	– – 1-(1,3-Benzodioxol-5-yl)propan-2-on	2932 92 00	–
	– – Piperonal	2932 93 00	–
	– – Safrol	2932 94 00	–
	– – Tetrahydrocannabinole (alle Isomere)	2932 95 00	–
●	**– – Carbofuran (ISO)**	2932 96 00	–
■	**– – andere**	2932 99 00	–

Warenbezeichnung		Warennummer	Besondere Maßeinheit
	Heterocyclische Verbindungen, nur mit Stickstoff als Heteroatom(e):	**2933**	
	– Verbindungen, die einen nicht kondensierten Pyrazolring (auch hydriert) in der Struktur enthalten:		
	– – Phenazon (Antipyrin) und seine Derivate:		
	– – – Propyphenazon (INN)	2933 11 10	–
	– – – andere	2933 11 90	–
	– – andere:		
	– – – Phenylbutazon (INN)	2933 19 10	–
	– – – andere	2933 19 90	–
	– Verbindungen, die einen nicht kondensierten Imidazolring (auch hydriert) in der Struktur enthalten:		
	– – Hydantoin und seine Derivate	2933 21 00	–
	– – andere:		
	– – – Naphazolin-Hydrochlorid (INNM) und Naphazolin-Nitrat (INNM); Phentolamin (INN); Tolazolin-Hydrochlorid (INNM)	2933 29 10	–
	– – – andere	2933 29 90	–
	– Verbindungen, die einen nicht kondensierten Pyridinring (auch hydriert) in der Struktur enthalten:		
	– – Pyridin und seine Salze	2933 31 00	–
	– – Piperidin und seine Salze	2933 32 00	–
■	**– – Alfentanil (INN), Anileridin (INN), Bezitramid (INN), Bromazepam (INN), Carfentanil (INN), Difenoxin (INN), Diphenoxylat (INN), Dipipanon (INN), Fentanyl (INN), Ketobemidon (INN), Methylphenidat (INN), Pentazocin (INN), Pethidin (INN), Pethidin (INN)-Zwischenerzeugnis A, Phencyclidin (INN) (PCP), Phenoperidin (INN), Pipradrol (INN), Piritramid (INN), Propiram (INN); Remifentanil (INN) und Trimeperidin (INN); Salze dieser Erzeugnisse**	2933 33 00	–
●	**– – andere Fentanyle und ihre Derivate**	2933 34 00	–
●	**– – Chinuclidin-3-ol**	2933 35 00	–
●	**– – 4-Anilino-N-phenethylpiperidin (ANPP)**	2933 36 00	–
●	**– – N-Phenethyl-4-piperidon (NPP)**	2933 37 00	–
	– – andere:		
	– – – Iproniazid (INN); Cetobemidon-Hydrochlorid (INNM); Pyridostigminbromid (INN)	2933 39 10	–
	– – – 2,3,5,6-Tetrachlorpyridin	2933 39 20	–
	– – – 3,6-Dichlorpyridin-2-carbonsäure	2933 39 25	–
	– – – 2-Hydroxyethylammonium-3,6-dichlorpyridin-2-carboxylat	2933 39 35	–
	– – – 2-Butoxyethyl-(3,5,6-trichlor-2-pyridyloxy)acetat	2933 39 40	–
	– – – 3,5-Dichlor-2,4,6-trifluorpyridin	2933 39 45	–
	– – – Methylester von Fluroxypyr (ISO)	2933 39 50	–
	– – – 4-Methylpyridin	2933 39 55	–
■	– – – andere	2933 39 99	–
	– Verbindungen, die ein Chinolinringsystem oder Isochinolinringsystem (auch hydriert) in der Struktur enthalten, nicht weiter kondensiert:		
	– – Levorphanol (INN) und seine Salze	2933 41 00	–
	– – andere:		
	– – – Halogenderivate des Chinolins; Chinolincarbonsäurederivate	2933 49 10	–
	– – – Dextromethorphan (INN) und seine Salze	2933 49 30	–
	– – – andere	2933 49 90	–

Warenbezeichnung	Warennummer	Besondere Maßeinheit
– Verbindungen, die einen Pyrimidinring (auch hydriert) oder Piperazinring in der Struktur enthalten:		
– – Malonylharnstoff (Barbitursäure) und seine Salze	2933 52 00	–
– – Allobarbital (INN), Amobarbital (INN), Barbital (INN), Butalbital (INN), Butobarbital, Cyclobarbital (INN), Methylphenobarbital (INN), Pentobarbital (INN), Phenobarbital (INN), Secbutabarbital (INN), Secobarbital (INN) und Vinylbital (INN); Salze dieser Erzeugnisse:		
– – – Phenobarbital (INN), Barbital (INN), und ihre Salze	2933 53 10	–
– – – andere	2933 53 90	–
– – andere Derivate von Malonylharnstoff (Barbitursäure); Salze dieser Erzeugnisse	2933 54 00	–
– – Loprazolam (INN), Mecloqualon (INN), Methaqualon (INN) und Zipeprol (INN); Salze dieser Erzeugnisse	2933 55 00	–
– – andere:		
– – – Diazinon (ISO)	2933 59 10	–
– – – 1,4-Diazabicyclo[2.2.2]octan (Triethylenediamin)	2933 59 20	–
– – – andere	2933 59 95	–
– Verbindungen, die einen nicht kondensierten Triazinring (auch hydriert) in der Struktur enthalten:		
– – Melamin	2933 61 00	–
– – andere:		
– – – Atrazin (ISO); Propazin (ISO); Simazin (ISO); Hexahydro-1,3,5-trinitro-1,3,5-triazin (Hexogen, Trimethylentrinitramin)	2933 69 10	–
– – – Methenamin (INN) (Hexamethylentetramin); 2,6-Di-tert-butyl-4-[4,6-bis(octylthio)-1,3,5-triazin-2-ylamino]phenol	2933 69 40	–
– – – andere	2933 69 80	–
– Lactame:		
– – 6-Hexanlactam (epsilon-Caprolactam)	2933 71 00	–
– – Clobazam (INN) und Methyprylon (INN)	2933 72 00	–
– – andere Lactame	2933 79 00	–
– andere:		
– – Alprazolam (INN), Camazepam (INN), Chlordiazepoxid (INN), Clonazepam (INN), Clorazepat, Delorazepam (INN), Diazepam (INN), Estazolam (INN), Ethylloflazepat (INN), Fludiazepam (INN), Flunitrazepam (INN), Flurazepam (INN), Halazepam (INN), Lorazepam (INN), Lormetazepam (INN), Mazindol (INN), Medazepam (INN), Midazolam (INN), Nimetazepam (INN), Nitrazepam (INN), Nordazepam (INN), Oxazepam (INN), Pinazepam (INN), Prazepam (INN), Pyrovaleron (INN), Temazepam (INN), Tetrazepam (INN) und Triazolam (INN); Salze dieser Erzeugnisse:		
– – – Chlordiazepoxid (INN)	2933 91 10	–
– – – andere	2933 91 90	–
– – Azinphosmethyl (ISO)	2933 92 00	–
– – andere:		
– – – Indol, 3-Methylindol (Skatol), 6-Allyl-6,7-dihydro-5H-dibenz[c,e]-azepin (Azapetin) Phenindamin (INN) und ihre Salze; Imipramin-Hydrochlorid (INNM)	2933 99 20	–
– – – 2,4-Di-tert-butyl-6-(5-chlorobenzotriazol-2-yl)phenol	2933 99 50	–
– – – andere	2933 99 80	–

Warenbezeichnung	Warennummer	Besondere Maßeinheit
Nucleinsäuren und ihre Salze, auch chemisch nicht einheitlich; andere heterocyclische Verbindungen:	**2934**	
– Verbindungen, die einen nicht kondensierten Thiazolring (auch hydriert) in der Struktur enthalten	2934 10 00	–
– Verbindungen, die ein Benzothiazolringsystem (auch hydriert) in der Struktur enthalten, nicht weiter kondensiert:		
– – Di(benzothiazol-2-yl)disulfid; Benzothiazol-2-thiol (Mercaptobenzthiazol) und seine Salze	2934 20 20	–
– – andere	2934 20 80	–
– Verbindungen, die ein Phenothiazinringsystem (auch hydriert) in der Struktur enthalten, nicht weiter kondensiert:		
– – Thiethylperazin (INN); Thioridazin (INN) und seine Salze	2934 30 10	–
– – andere	2934 30 90	–
– andere:		
– – Aminorex (INN), Brotizolam (INN), Clotiazepam (INN), Cloxazolam (INN), Dextromoramid (INN), Haloxazolam (INN), Ketazolam (INN), Mesocarb (INN), Oxazolam (INN), Pemolin (INN), Phendimetrazin (INN), Phenmetrazin (INN) und Sufentanil (INN); Salze dieser Erzeugnisse	2934 91 00	–
● **– – andere Fentanyle und ihre Derivate**	2934 92 00	–
– – andere:		
– – – Chlorprothixen (INN); Thenalidin (INN) und seine Tartrate und Maleate; Furazolidon (INN); 7-Aminocephalosporansäure; Salze und Ester der (6R, 7R)-3-Acetoxymethyl-7-[(R)-2-formyloxy-2-phenyl-aceta-mid]-8-oxo-5-thia-1-azabicyclo[4.2.0]oct-2-en-2-carbonsäure; 1-[2-(1,3-Dioxan-2-yl)ethyl]-2-methylpyridiniumbromid	2934 99 60	–
■ – – – andere	2934 99 90	–
Sulfonamide:	**2935**	
– N-Methylperfluoroctansulfonamid	2935 10 00	–
– N-Ethylperfluoroctansulfonamid	2935 20 00	–
– N-Ethyl-N-(2-hydroxyethyl)perfluoroctansulfonamid	2935 30 00	–
– N-(2-Hydroxyethyl)-N-methylperfluoroctansulfonamid	2935 40 00	–
– andere Perfluoroctansulfonamide	2935 50 00	–
– andere:		
– – 3-{1-[7-(Hexadecylsulfonylamino)-1H-indol-3-yl]-3-oxo-1H, 3H-naphtho-[1,8-cd]pyran-1-yl}-N,N-dimethyl-1H-indol-7-sulfonamid; Metosulam (ISO)	2935 90 30	–
– – andere	2935 90 90	–

XI. Provitamine, Vitamine und Hormone

Warenbezeichnung	Warennummer	Besondere Maßeinheit
Natürliche, auch synthetisch hergestellte Provitamine und Vitamine (einschließlich natürlicher Konzentrate) und ihre hauptsächlich als Vitamine gebrauchten Derivate, auch untereinander gemischt, auch in Lösemitteln aller Art:	**2936**	
– Vitamine und ihre Derivate, ungemischt:		
– – Vitamine A und ihre Derivate	2936 21 00	–
– – Vitamin B_1 und seine Derivate	2936 22 00	–
– – Vitamin B_2 und seine Derivate	2936 23 00	–
● **– – D- oder DL-Pantothensäure (Vitamin B_5) und ihre Derivate**	2936 24 00	–
– – Vitamin B_6 und seine Derivate	2936 25 00	–
– – Vitamin B_{12} und seine Derivate	2936 26 00	–
– – Vitamin C und seine Derivate	2936 27 00	–
– – Vitamin E und seine Derivate	2936 28 00	–

Warenbezeichnung	Warennummer	Besondere Maßeinheit
– – andere Vitamine und ihre Derivate	2936 29 00	–
– andere, einschließlich natürlicher Konzentrate	2936 90 00	–
Natürliche, auch synthetisch hergestellte Hormone, Prostaglandine, Thromboxane und Leukotriene; deren Derivate und deren strukturverwandte Verbindungen, einschließlich Polypeptide mit modifizierter Kette, hauptsächlich als Hormone verwendet:	**2937**	
– Polypeptidhormone, Proteinhormone und Glycoproteinhormone, deren Derivate und deren strukturverwandte Verbindungen:		
– – Somatotropin (Wachstumshormon), seine Derivate und seine strukturverwandten Verbindungen	2937 11 00	g
– – Insulin und seine Salze	2937 12 00	g
– – andere	2937 19 00	g
– Steroidhormone, deren Derivate und deren strukturverwandte Verbindungen:		
– – Cortison, Hydrocortison, Prednison (Dehydrocortison) und Prednisolon (Dehydrohydrocortison)	2937 21 00	g
– – Halogenderivate und halogenierte Derivate der Corticosteroide (Hormone der Nebennierenrinde)	2937 22 00	g
– – Östrogene und Gestagene	2937 23 00	g
– – andere	2937 29 00	g
– Prostaglandine, Thromboxane und Leukotriene, deren Derivate und deren strukturverwandte Verbindungen	2937 50 00	g
– andere	2937 90 00	g
XII. Natürliche, auch synthetisch hergestellte Glykoside und Alkaloide, ihre Salze, Ether, Ester und andere Derivate		
Natürliche, auch synthetisch hergestellte Glykoside, ihre Salze, Ether, Ester und anderen Derivate:	**2938**	
– Rutosid (Rutin) und seine Derivate	2938 10 00	–
– andere:		
– – Digitalis-Glykoside	2938 90 10	–
– – Glycyrrhizin und Glycyrrhizinate	2938 90 30	–
– – andere	2938 90 90	–
Natürliche, auch synthetisch hergestellte Alkaloide, ihre Salze, Ether, Ester und anderen Derivate:	**2939**	
– Opiumalkaloide und ihre Derivate; Salze dieser Erzeugnisse:		
– – Mohnstrohkonzentrate; Buprenorphin (INN), Codein, Dihydrocodein (INN), Ethylmorphin, Etorphin (INN), Heroin, Hydrocodon (INN), Hydromorphon (INN), Morphin, Nicomorphin (INN), Oxycodon (INN), Oxymorphon (INN), Pholcodin (INN), Thebacon (INN) und Thebain; Salze dieser Erzeugnisse	2939 11 00	–
– – andere	2939 19 00	–
– Chinaalkaloide und ihre Derivate; Salze dieser Erzeugnisse	2939 20 00	–
– Coffein und seine Salze	2939 30 00	–
● – Ephedra-Alkaloide und ihre Derivate; Salze dieser Erzeugnisse:		
– – Ephedrin und seine Salze	2939 41 00	–
– – Pseudoephedrin (INN) und seine Salze	2939 42 00	–
– – Cathin (INN) und seine Salze	2939 43 00	–
– – Norephedrin und seine Salze	2939 44 00	–
● – – Levometamfetamin, Metamfetamin (INN), Metamfetamin-Racemat und ihre Salze	2939 45 00	–
■ – – andere	2939 49 00	–

Warenbezeichnung	Warennummer	Besondere Maßeinheit
– Theophyllin und Aminophyllin (Theophyllin-Ethylendiamin) und ihre Derivate; Salze dieser Erzeugnisse:		
– – Fenetyllin (INN) und seine Salze	2939 51 00	–
– – andere	2939 59 00	–
– Mutterkornalkaloide und ihre Derivate; Salze dieser Erzeugnisse:		
– – Ergometrin (INN) und seine Salze	2939 61 00	–
– – Ergotamin (INN) und seine Salze	2939 62 00	–
– – Lysergsäure und ihre Salze	2939 63 00	–
– – andere	2939 69 00	–
– andere, pflanzlichen Ursprungs:		
● – – Kokain, Ecgonin; ihre Salze, Ester und anderen Derivate	2939 72 00	–
– – andere:		
– – – Nikotin und seine Salze, Ether, Ester und anderen Derivate	2939 79 10	–
■ – – – andere	2939 79 90	–
– andere	2939 80 00	–

XIII. Andere organische Verbindungen

Warenbezeichnung	Warennummer	Besondere Maßeinheit
Chemisch reine Zucker, ausgenommen Saccharose, Lactose, Maltose, Glucose und Fructose (Lävulose); Zuckerether, Zuckeracetale und Zuckerester und ihre Salze, ausgenommen Erzeugnisse der Position 2937, 2938 oder 2939	**2940 00 00**	–
Antibiotika:	**2941**	
– Penicilline und ihre Derivate mit Penicillansäurestruktur; Salze dieser Erzeugnisse	2941 10 00	–
– Streptomycine und ihre Derivate; Salze dieser Erzeugnisse:		
– – Dihydrostreptomycin, seine Salze, Ester und Hydrate	2941 20 30	–
– – andere	2941 20 80	–
– Tetracycline und ihre Derivate; Salze dieser Erzeugnisse	2941 30 00	–
– Chloramphenicol und seine Derivate; Salze dieser Erzeugnisse	2941 40 00	–
– Erythromycin und seine Derivate; Salze dieser Erzeugnisse	2941 50 00	–
– andere	2941 90 00	–
Andere organische Verbindungen	**2942 00 00**	–

Kapitel 30

Pharmazeutische Erzeugnisse

Anmerkungen

1. Zu Kapitel 30 gehören nicht:
   a) Nahrungsmittel oder Getränke (wie diätetische, diabetische oder angereicherte Lebensmittel, Nahrungsergänzungsmittel, tonische Getränke und Mineralwasser), andere nicht intravenös zu verabreichende Nährstoffzubereitungen (Abschnitt IV);
   ● b) nikotinhaltige Erzeugnisse wie Tabletten, Kaugummis oder Pflaster (transdermale Systeme), zur Unterstützung bei der Raucherentwöhnung (Position 2404);
   c) besonders gebrannter oder fein gemahlener Gips, von der in der Zahnheilkunde verwendeten Art (Position 2520);
   d) destillierte aromatische Wässer und wässrige Lösungen ätherischer Öle, von der für medizinische Zwecke verwendeten Art (Position 3301);
   e) Zubereitungen der Positionen 3303 bis 3307, auch mit therapeutischen oder prophylaktischen Eigenschaften;
   f) Seifen oder andere Erzeugnisse der Position 3401 mit medikamentösen Zusätzen;
   g) Zubereitungen auf der Grundlage von Gips, von der in der Zahnheilkunde verwendeten Art (Position 3407);
   h) Blutalbumin, nicht zu therapeutischen oder prophylaktischen Zwecken zubereitet (Position 3502);
   ● ij) Diagnostikreagenzien der Position 3822.
2. Im Sinne der Position 3002 gelten als „immunologische Erzeugnisse" Peptide und Proteine (ausgenommen Erzeugnisse der Position 2937), die direkt an der Regulation immunologischer Abläufe beteiligt sind, wie monoklonale Antikörper (MAK, MAB), Antikörperfragmente, Antikörperkonjugate und Antikörperfragmentkonjugate, Interleukine, Interferone (IFN), Chemokine, sowie bestimmte Tumornekrosefaktoren (TNF), Wachstumsfaktoren (GF), Hämatopoetine und koloniestimulierende Faktoren (CSF).
3. Im Sinne der Positionen 3003 und 3004 und der Anmerkung 4 d) dieses Kapitels gelten:
   a) als ungemischte Erzeugnisse:
      1) wässrige Lösungen ungemischter Erzeugnisse;
      2) alle Erzeugnisse der Kapitel 28 oder 29;
      3) einfache Pflanzenauszüge der Position 1302, nur auf einen bestimmten Wirkungswert eingestellt oder in einem beliebigen Lösemittel gelöst;
   b) als gemischte Erzeugnisse:
      1) kolloide Lösungen und kolloide Suspensionen (ausgenommen kolloider Schwefel);
      2) Pflanzenauszüge, durch Behandlung von Mischungen pflanzlicher Stoffe erhalten;
      3) Salze und konzentrierte Wässer, durch Eindampfen natürlicher Mineralwässer erhalten.
4. Zu Position 3006 gehören nur die nachstehend aufgeführten Erzeugnisse, die dieser Position und keiner anderen Position des Warenverzeichnisses zuzuweisen sind:
   a) steriles chirurgisches Catgut, ähnliches steriles Nahtmaterial (einschließlich sterile resorbierbare Garne zu chirurgischen oder zahnärztlichen Zwecken) und sterile Klebstoffe für organische Gewebe, die in der Chirurgie zum Schließen von Wunden verwendet werden;
   b) sterile Laminariastifte und -tampons;
   c) sterile resorbierbare Blut stillende Einlagen zu chirurgischen oder zahnärztlichen Zwecken; sterile Adhäsionsbarrieren zu chirurgischen oder zahnärztlichen Zwecken, auch resorbierbar;
   d) Röntgenkontrastmittel sowie diagnostische Reagenzien zur Verwendung am Patienten, soweit es sich um ungemischte dosierte oder für die gleichen Zwecke verwendbare, aus zwei oder mehr Stoffen gemischte Erzeugnisse handelt;

- e) Placebos und Sets für blinde (oder doppelblinde) klinische Studien zur Verwendung bei anerkannten klinischen Studien, dosiert, selbst wenn sie möglicherweise Wirkstoffe enthalten;
- f) Zahnzement und andere Zahnfüllstoffe; Zement zum Wiederherstellen von Knochen;
- g) Taschen und andere Behältnisse mit Apothekenausstattung für erste Hilfe;
- h) empfängnisverhütende chemische Zubereitungen auf der Grundlage von Hormonen, von anderen Erzeugnissen der Position 2937 oder von Spermiziden;
- ij) Zubereitungen in Form von Gelen, die in der Human- oder Veterinärmedizin als Gleitmittel für Körperteile bei chirurgischen Operationen oder medizinischen Untersuchungen oder als Kontaktmittel zwischen dem Körper und den medizinischen Geräten verwendet werden;
- k) pharmazeutische Abfälle, d. h. pharmazeutische Erzeugnisse, die für den eigentlichen Verwendungszweck nicht mehr geeignet sind, z. B. weil das Verfallsdatum überschritten ist; und
- l) Vorrichtungen erkennbar zur Verwendung für Stomata, wie zugeschnittene Beutel für Colostoma, Jleostoma und Urostoma und ihre selbstklebenden Basisplatten oder Hautschutzplatten.

Unterpositions-Anmerkungen

1. Im Sinne der Unterpositionen 3002 13 und 3002 14 gilt Folgendes:
   - a) als ungemischte Erzeugnisse gelten reine Produkte, auch wenn sie Verunreinigungen enthalten;
   - b) als gemischte Erzeugnisse gelten:
     - 1) die in a) genannten Erzeugnisse in Wasser oder anderen Lösungsmitteln gelöst;
     - 2) die in a) und b) 1) genannten Erzeugnisse mit Zusatz eines zu ihrer Erhaltung oder ihrem Transport notwendigen Stabilisierungsmittels; und
     - 3) die in a), b) 1) und b) 2) genannten Erzeugnisse mit einem anderen Additiv.
2. Zu den Unterpositionen 3003 60 und 3004 60 gehören Arzneiwaren, die Artemisinin (INN) für die orale Einnahme in Kombination mit anderen pharmazeutischen Wirkstoffen, oder mit einem der folgenden Wirkstoffe, auch mit anderen pharmazeutischen Wirkstoffen kombiniert, enthalten: Amodiaquin (INN); Artelinsäure oder deren Salze; Artenimol (INN); Artemotil (INN); Artemether (INN); Artesunat (INN); Chloroquin (INN); Dihydroartemisinin (INN); Lumefantrin (INN); Mefloquin (INN); Piperaquin (INN); Pyrimethamin (INN) oder Sulfadoxin (INN).

Zusätzliche Anmerkung

1. Zu Position 3004 gehören pflanzliche Arzneizubereitungen und Zubereitungen auf der Grundlage folgender Wirkstoffe: Vitamine, Mineralstoffe, essentielle Aminosäuren oder Fettsäuren, in Aufmachungen für den Einzelverkauf. Diese Zubereitungen sind in Position 3004 einzureihen, wenn auf dem Etikett, der Verpackung oder dem Beipackzettel folgende Angaben gemacht werden:
   - a) die spezifischen Krankheiten, Leiden oder deren Symptome, bei denen diese Erzeugnisse verwendet werden sollen;
   - b) die Konzentration des enthaltenen Wirkstoffs oder der enthaltenen Wirkstoffe;
   - c) die zu verabreichende Menge und
   - d) die Art der Anwendung.

   In diese Position gehören homöopathische Arzneizubereitungen, vorausgesetzt, sie erfüllen die unter den Buchstaben a, c und d genannten Bedingungen.

   Bei Zubereitungen auf der Grundlage von Vitaminen, Mineralstoffen, essentiellen Aminosäuren oder Fettsäuren muss die Menge eines dieser Stoffe pro auf dem Etikett angegebener empfohlener Tagesdosis deutlich höher sein, als die für den Erhalt der allgemeinen Gesundheit oder des allgemeinen Wohlbefindens empfohlene Tagesdosis.

Warenbezeichnung	Warennummer	Besondere Maßeinheit
Drüsen und andere Organe zu organotherapeutischen Zwecken, getrocknet, auch als Pulver; Auszüge aus Drüsen oder anderen Organen oder ihren Absonderungen zu organotherapeutischen Zwecken; Heparin und seine Salze; andere menschliche oder tierische Stoffe, zu therapeutischen oder prophylaktischen Zwecken zubereitet, anderweit weder genannt noch inbegriffen:	**3001**	
– Auszüge aus Drüsen oder anderen Organen oder ihren Absonderungen:		
– – von Menschen	3001 20 10	–
– – andere	3001 20 90	–
– andere:		
– – von Menschen	3001 90 20	–
– – andere:		
– – – Heparin und seine Salze	3001 90 91	–
– – – andere	3001 90 98	–
● **Menschliches Blut; tierisches Blut, zu therapeutischen, prophylaktischen oder diagnostischen Zwecken zubereitet; Antisera, andere Blutfraktionen und immunologische Erzeugnisse, auch modifiziert oder in einem biotechnologischen Verfahren hergestellt; Vaccine, Toxine, Kulturen von Mikroorganismen (ausgenommen Hefen) und ähnliche Erzeugnisse; Zellkulturen, auch verändert:**	**3002**	
– Antisera, andere Blutfraktionen und immunologische Erzeugnisse, auch modifiziert oder in einem biotechnologischen Verfahren hergestellt:		
– – Antisera und andere Blutfraktionen	3002 12 00	–
■ **– – immunologische Erzeugnisse, ungemischt, weder dosiert noch in Aufmachung für den Einzelverkauf**	3002 13 00	–
■ **– – immunologische Erzeugnisse, gemischt, weder dosiert noch in Aufmachung für den Einzelverkauf**	3002 14 00	–
■ **– – immunologische Erzeugnisse, dosiert oder in Aufmachung für den Einzelverkauf**	3002 15 00	–
● **– Vaccine, Toxine, Kulturen von Mikroorganismen (ausgenommen Hefen) und ähnliche Erzeugnisse:**		
– – Vaccine für die Humanmedizin:		
● – – – Vaccine gegen SARS-assoziierte Coronaviren (SARS-CoV-Spezies)	3002 41 10	St [1]
● – – – andere	3002 41 90	–
● **– – Vaccine für die Veterinärmedizin**	3002 42 00	–
● **– – andere**	3002 49 00	–
● **– Zellkulturen, auch verändert:**		
● **– – Zelltherapieprodukte**	3002 51 00	–
● **– – andere**	3002 59 00	–
– andere:		
– – menschliches Blut	3002 90 10	–
– – tierisches Blut zu therapeutischen, prophylaktischen oder diagnostischen Zwecken zubereitet	3002 90 30	–
■ – – andere	3002 90 90	–
Arzneiwaren (ausgenommen Erzeugnisse der Position 3002, 3005 oder 3006), die aus zwei oder mehr zu therapeutischen oder prophylaktischen Zwecken gemischten Bestandteilen bestehen, weder dosiert noch in Aufmachungen für den Einzelverkauf:	**3003**	
– Penicilline oder ihre Derivate (mit Penicillansäuregerüst) oder Streptomycine oder ihre Derivate enthaltend	3003 10 00	–
– andere, Antibiotika enthaltend	3003 20 00	–

1) Dosis (bei Mehrfachdosisbehältern Dosis für Erwachsene)

Warenbezeichnung	Warennummer	Besondere Maßeinheit
– andere, Hormone oder andere Erzeugnisse der Position 2937 enthaltend:		
– – Insulin enthaltend	3003 31 00	–
– – andere	3003 39 00	–
– andere, Alkaloide oder ihre Derivate enthaltend:		
– – Ephedrin oder seine Salze enthaltend	3003 41 00	–
– – Pseudoephedrin (INN) oder seine Salze enthaltend	3003 42 00	–
– – Norephedrin oder seine Salze enthaltend	3003 43 00	–
– – andere	3003 49 00	–
– andere, in Unterpositions-Anmerkung 2 zu diesem Kapitel genannte aktive Substanzen gegen Malaria enthaltend	3003 60 00	–
– andere	3003 90 00	–
Arzneiwaren (ausgenommen Erzeugnisse der Position 3002, 3005 oder 3006), die aus gemischten oder ungemischten Erzeugnissen zu therapeutischen oder prophylaktischen Zwecken bestehen, dosiert (einschließlich solcher, die über die Haut verabreicht werden) oder in Aufmachungen für den Einzelverkauf:	**3004**	
– Penicilline oder ihre Derivate (mit Penicillansäuregerüst) oder Streptomycine oder ihre Derivate enthaltend	3004 10 00	–
– andere, Antibiotika enthaltend	3004 20 00	–
– andere, Hormone oder andere Erzeugnisse der Position 2937 enthaltend:		
– – Insulin enthaltend	3004 31 00	–
– – Corticosteroidhormone, deren Derivate oder deren strukturverwandte Verbindungen enthaltend	3004 32 00	–
– – andere	3004 39 00	–
– andere, Alkaloide oder ihre Derivate enthaltend:		
– – Ephedrin oder seine Salze enthaltend	3004 41 00	–
– – Pseudoephedrin (INN) oder seine Salze enthaltend	3004 42 00	–
– – Norephedrin oder seine Salze enthaltend	3004 43 00	–
– – andere	3004 49 00	–
– andere, Vitamine oder andere Erzeugnisse der Position 2936 enthaltend	3004 50 00	–
– andere, in Unterpositions-Anmerkung 2 zu diesem Kapitel genannte aktive Substanzen gegen Malaria enthaltend	3004 60 00	–
– andere	3004 90 00	–
Watte, Gaze, Binden und ähnliche Erzeugnisse (z. B. Verbandzeug, Pflaster zum Heilgebrauch, Senfpflaster), mit medikamentösen Stoffen getränkt oder überzogen oder in Aufmachungen für den Einzelverkauf zu medizinischen, chirurgischen, zahnärztlichen oder tierärztlichen Zwecken:	**3005**	
– Heftpflaster und andere Waren mit Klebeschicht	3005 10 00	–
– andere:		
– – Watte und Waren daraus	3005 90 10	–
– – andere:		
– – – aus Spinnstoffen:		
– – – – Gaze und Waren daraus	3005 90 31	–
– – – – andere	3005 90 50	–
– – – andere	3005 90 99	–

Warenbezeichnung	Warennummer	Besondere Maßeinheit
Pharmazeutische Zubereitungen und Waren im Sinne der Anmerkung 4 zu Kapitel 30:	**3006**	
– steriles chirurgisches Catgut, ähnliches steriles Nahtmaterial (einschließlich sterile resorbierbare Garne zu chirurgischen oder zahnärztlichen Zwecken) und sterile Klebstoffe für organische Gewebe, die in der Chirurgie zum Schließen von Wunden verwendet werden; sterile Laminariastifte und -tampons; sterile resorbierbare Blut stillende Einlagen zu chirurgischen oder zahnärztlichen Zwecken; sterile Adhäsionsbarrieren zu chirurgischen oder zahnärztlichen Zwecken, auch resorbierbar:		
– – steriles chirurgisches Catgut	3006 10 10	–
– – sterile Adhäsionsbarrieren zu chirurgischen oder zahnärztlichen Zwecken, auch resorbierbar	3006 10 30	–
– – andere	3006 10 90	–
– Röntgenkontrastmittel; diagnostische Reagenzien zur Verwendung am Patienten	3006 30 00	–
– Zahnzement und andere Zahnfüllstoffe; Zement zum Wiederherstellen von Knochen	3006 40 00	–
– Taschen und andere Behältnisse mit Apothekenausstattung für erste Hilfe	3006 50 00	–
– empfängnisverhütende chemische Zubereitungen auf der Grundlage von Hormonen, von anderen Erzeugnissen der Position 2937 oder von Spermiziden	3006 60 00	–
– Zubereitungen in Form von Gelen, die in der Human oder Veterinärmedizin als Gleitmittel für Körperteile bei chirurgischen Operationen oder medizinischen Untersuchungen oder als Kontaktmittel zwischen dem Körper und den medizinischen Geräten verwendet werden	3006 70 00	–
– andere:		
– – Vorrichtungen erkennbar zur Verwendung für Stomata	3006 91 00	–
– – pharmazeutische Abfälle	3006 92 00	–
– Placebos und Sets für blinde (oder doppelblinde) klinische Studien zur Verwendung bei einer anerkannten klinischen Studie, dosiert	3006 93 00	–

Kapitel 31

Düngemittel

Anmerkungen

1. Zu Kapitel 31 gehören nicht:
   a) Tierblut der Position 0511;
   b) isolierte chemisch einheitliche Verbindungen, ausgenommen die in den nachstehenden Anmerkungen 2 a), 3 a), 4 a) oder 5) genannten Erzeugnisse;
   c) künstliche Kristalle aus Kaliumchlorid (ausgenommen optische Elemente) mit einem Stückgewicht von 2,5 g oder mehr der Position 3824; optische Elemente aus Kaliumchlorid (Position 9001).
2. Zu Position 3102 gehören – vorausgesetzt, dass die Erzeugnisse nicht wie in Position 3105 vorgesehen aufgemacht sind – nur:
   a) folgende Erzeugnisse:
      1) Natriumnitrat (Natronsalpeter), auch rein;
      2) Ammoniumnitrat (Ammonsalpeter), auch rein;
      3) Doppelsalze aus Ammoniumsulfat und Ammoniumnitrat (Ammonsalpeter), auch rein;
      4) Ammoniumsulfat, auch rein;
      5) Doppelsalze (auch rein) oder Mischungen aus Calciumnitrat (Kalksalpeter) und Ammoniumnitrat (Ammonsalpeter);
      6) Doppelsalze (auch rein) oder Mischungen aus Calciumnitrat (Kalksalpeter) und Magnesiumnitrat (Magnesiumsalpeter);
      7) Calciumcyanamid (Kalkstickstoff), auch rein, auch mit Öl getränkt;
      8) Harnstoff, auch rein;
   b) Düngemittel, die aus untereinander gemischten Erzeugnissen des Buchstabens a bestehen;
   c) Düngemittel, die aus Mischungen von Ammoniumchlorid oder von Erzeugnissen der Buchstaben a und b mit Kreide, Gips oder anderen nicht düngenden anorganischen Stoffen bestehen;
   d) flüssige Düngemittel, die aus wässrigen oder ammoniakalischen Lösungen von Erzeugnissen der Buchstaben a) 2) oder a) 8) oder von Mischungen dieser Erzeugnisse bestehen.
3. Zu Position 3103 gehören – vorausgesetzt, dass die Erzeugnisse nicht wie in Position 3105 vorgesehen aufgemacht sind – nur:
   a) folgende Erzeugnisse:
      1) Dephosphorationsschlacken;
      2) natürliche Phosphate der Position 2510, geröstet, gebrannt oder weiter gehend thermisch behandelt, als zum Entfernen von Verunreinigungen erforderlich;
      3) Superphosphate (einfache, doppelte oder dreifache);
      4) Calciumhydrogenorthophosphat mit einem Gehalt an Fluor, bezogen auf den wasserfreien Stoff, von 0,2 GHT oder mehr;
   b) Düngemittel, die aus untereinander gemischten Erzeugnissen des Buchstabens a bestehen, ohne Rücksicht auf den Fluorgehalt;
   c) Düngemittel, die aus Mischungen von Erzeugnissen der Buchstaben a und b mit Kreide, Gips oder anderen nicht düngenden anorganischen Stoffen bestehen, ohne Berücksichtigung des Fluorgehalts.

4. Zu Position 3104 gehören – vorausgesetzt, dass die Erzeugnisse nicht wie in Position 3105 vorgesehen aufgemacht sind – nur:
   a) folgende Erzeugnisse:
      1) natürliche rohe Kalisalze (z. B. Carnallit, Kainit, Sylvinit);
      2) Kaliumchlorid, auch rein, vorbehaltlich der Anmerkung 1 c);
      3) Kaliumsulfat, auch rein;
      4) Kaliummagnesiumsulfat, auch rein;
   b) Düngemittel, die aus untereinander gemischten Erzeugnissen des Buchstabens a bestehen.
5. Ammoniumdihydrogenorthophosphat (Monoammoniumphosphat) und Diammoniumhydrogenorthophospat (Diammoniumphosphat), auch rein, und Mischungen dieser Erzeugnisse untereinander gehören zu Position 3105.
6. Als „andere Düngemittel" im Sinne der Position 3105 gelten nur Erzeugnisse von der als Düngemittel verwendeten Art, die als Hauptbestandteil einen oder mehrere der düngenden Stoffe Stickstoff, Phosphor oder Kalium enthalten.

Warenbezeichnung	Warennummer	Besondere Maßeinheit
Tierische oder pflanzliche Düngemittel, auch untereinander gemischt oder chemisch behandelt; durch Mischen oder chemische Behandlung von tierischen oder pflanzlichen Erzeugnissen gewonnene Düngemittel	**3101 00 00**	–
Mineralische oder chemische Stickstoffdüngemittel:	**3102**	
– Harnstoff, auch in wässriger Lösung:		
– – Harnstoff mit einem Gehalt an Stickstoff von mehr als 45 GHT, bezogen auf das Gewicht des wasserfreien Stoffes	3102 10 10	kg N
– – anderer	3102 10 90	kg N
– Ammoniumsulfat; Doppelsalze und Mischungen von Ammoniumsulfat und Ammoniumnitrat (Ammonsalpeter):		
– – Ammoniumsulfat	3102 21 00	kg N
– – andere	3102 29 00	kg N
– Ammoniumnitrat (Ammonsalpeter), auch in wässriger Lösung:		
– – in wässriger Lösung	3102 30 10	kg N
– – anderes	3102 30 90	kg N
– Mischungen von Ammoniumnitrat (Ammonsalpeter) und Calciumcarbonat oder anderen nicht düngenden anorganischen Stoffen:		
– – mit einem Gehalt an Stickstoff von 28 GHT oder weniger	3102 40 10	kg N
– – mit einem Gehalt an Stickstoff von mehr als 28 GHT	3102 40 90	kg N
– Natriumnitrat (Natronsalpeter)	3102 50 00	kg N
– Doppelsalze und Mischungen von Calciumnitrat (Kalksalpeter) und Ammoniumnitrat (Ammonsalpeter)	3102 60 00	kg N
– Mischungen von Harnstoff und Ammoniumnitrat (Ammonsalpeter) in wässriger oder ammoniakalischer Lösung	3102 80 00	kg N
– andere, einschließlich der in den vorhergehenden Warennummern nicht genannten Mischungen	3102 90 00	kg N

Warenbezeichnung	Warennummer	Besondere Maßeinheit
Mineralische oder chemische Phosphatdüngemittel:	**3103**	
– Superphosphate:		
– – mit einem Gehalt an Diphosphorpentaoxid (P_2O_5) von 35 GHT oder mehr	3103 11 00	kg P_2O_5
– – andere	3103 19 00	kg P_2O_5
– andere	3103 90 00	kg P_2O_5
Mineralische oder chemische Kalidüngemittel:	**3104**	
– Kaliumchlorid:		
– – mit einem Gehalt an Kalium, berechnet als K_2O, von 40 GHT oder weniger, bezogen auf den wasserfreien Stoff	3104 20 10	kg K_2O
– – mit einem Gehalt an Kalium, berechnet als K_2O, von mehr als 40 bis 62 GHT, bezogen auf den wasserfreien Stoff	3104 20 50	kg K_2O
– – mit einem Gehalt an Kalium, berechnet als K_2O, von mehr als 62 GHT, bezogen auf den wasserfreien Stoff	3104 20 90	kg K_2O
– Kaliumsulfat	3104 30 00	kg K_2O
– andere	3104 90 00	kg K_2O
Mineralische oder chemische Düngemittel, zwei oder drei der düngenden Stoffe Stickstoff, Phosphor und Kalium enthaltend; andere Düngemittel; Erzeugnisse dieses Kapitels in Tabletten oder ähnlichen Formen oder in Packungen mit einem Rohgewicht von 10 kg oder weniger:	**3105**	
– Erzeugnisse dieses Kapitels in Tabletten oder ähnlichen Formen oder in Packungen mit einem Rohgewicht von 10 kg oder weniger	3105 10 00	–
– mineralische oder chemische Düngemittel, die drei düngenden Stoffe Stickstoff, Phosphor und Kalium enthaltend:		
– – mit einem Gehalt an Stickstoff von mehr als 10 GHT, bezogen auf den wasserfreien Stoff	3105 20 10	–
– – andere	3105 20 90	–
– Diammoniumhydrogenorthophosphat (Diammoniumphosphat)	3105 30 00	–
– Ammoniumdihydrogenorthophosphat (Monoammoniumphosphat), auch mit Diammoniumhydrogenorthophosphat (Diammoniumphosphat) gemischt	3105 40 00	–
– andere mineralische oder chemische Düngemittel, die beiden düngenden Stoffe Stickstoff und Phosphor enthaltend:		
– – Nitrate und Phosphate enthaltend	3105 51 00	–
– – andere	3105 59 00	–
– mineralische oder chemische Düngemittel, die beiden düngenden Stoffe Phosphor und Kalium enthaltend	3105 60 00	–
– andere:		
– – mit einem Gehalt an Stickstoff von mehr als 10 GHT, bezogen auf den wasserfreien Stoff	3105 90 20	–
– – andere	3105 90 80	–

Kapitel 32

Gerb- und Farbstoffauszüge; Tannine und ihre Derivate; Farbstoffe, Pigmente und andere Farbmittel; Anstrichfarben und Lacke; Kitte; Tinten

Anmerkungen

1. Zu Kapitel 32 gehören nicht:
   a) isolierte chemisch einheitliche Elemente und Verbindungen (ausgenommen Waren der Position 3203 oder 3204, anorganische Erzeugnisse von der als Luminophore verwendeten Art (Position 3206), Glas aus geschmolzenem Quarz oder aus anderem geschmolzenen Siliciumdioxid in Formen im Sinne der Position 3207 und Färbemittel sowie andere Farbmittel in Formen oder Packungen für den Einzelverkauf der Position 3212);
   b) Tannate und andere Tanninderivate der in den Positionen 2936 bis 2939, 2941 oder 3501 bis 3504 erfassten Erzeugnisse;
   c) Asphaltmastix und andere bituminöse Mastix (Position 2715).
2. Zu Position 3204 gehören Mischungen von stabilisierten Diazoniumsalzen und Kupplungskomponenten für diese Salze, zum Herstellen von Azofarbstoffen.
3. Zu den Positionen 3203, 3204, 3205 und 3206 gehören auch Zubereitungen auf der Grundlage von Farbmitteln (einschließlich, soweit es die Position 3206 betrifft, Pigmente der Position 2530 oder des Kapitels 28, Metallflitter und Metallpulver) von der zum Färben beliebiger Stoffe oder zum Herstellen von Farbzubereitungen verwendeten Art. Zu diesen Positionen gehören jedoch weder in nicht wässrigen Medien dispergierte flüssige oder pastenförmige Pigmente von der zum Herstellen von Anstrichfarben verwendeten Art (Position 3212) noch die anderen Zubereitungen der Position 3207, 3208, 3209, 3210, 3212, 3213 oder 3215.
4. Zu Position 3208 gehören Lösungen von Erzeugnissen der Positionen 3901 bis 3913 (ausgenommen Collodium) in flüchtigen organischen Lösemitteln, wenn der Anteil des Lösemittels 50 GHT der Lösung übersteigt.
5. Zu den „Farbmitteln“ im Sinne dieses Kapitels gehören nicht Erzeugnisse, die als Füllstoffe in Ölfarben verwendet werden, auch wenn sie als Farbpigmente in Wasserfarben dienen können.
6. Im Sinne der Position 3212 sind „Prägefolien“ nur Folien von der zum Bedrucken von Bucheinbänden oder Hutschweißledern verwendeten Art, bestehend aus:
   a) Metallpulver (auch Edelmetallpulver) oder Pigmenten in dünnen Blättern, die durch Leim, Gelatine oder andere Bindemittel zusammengehalten werden; oder
   b) Metallen (auch Edelmetallen) oder Pigmenten, die auf eine als Unterlage dienende Folie aus Stoffen aller Art aufgebracht sind.

Warenbezeichnung	Warennummer	Besondere Maßeinheit
Pflanzliche Gerbstoffauszüge; Tannine und ihre Salze, Ether, Ester und andere Derivate:	**3201**	
– Quebrachoauszug	3201 10 00	–
– Mimosaauszug	3201 20 00	–
– andere:		
– – Sumach-, Valonea-, Eichen- oder Kastanienauszug	3201 90 20	–
– – andere	3201 90 90	–

Warenbezeichnung	Warennummer	Besondere Maßeinheit
Synthetische organische Gerbstoffe; anorganische Gerbstoffe; Gerbstoffzubereitungen, auch natürliche Gerbstoffe enthaltend; Enzymzubereitungen zum Vorgerben:	**3202**	
– synthetische organische Gerbstoffe	3202 10 00	–
– andere	3202 90 00	–
Farbmittel pflanzlichen oder tierischen Ursprungs (einschließlich Farbstoffauszüge, ausgenommen Tierisches Schwarz), auch chemisch einheitlich; Zubereitungen im Sinne der Anmerkung 3 zu diesem Kapitel auf der Grundlage von Farbmitteln pflanzlichen oder tierischen Ursprungs:	**3203**	
– pflanzliche Farbmittel und Zubereitungen auf der Grundlage dieser Farbmittel	3203 00 10	–
– tierische Farbmittel und Zubereitungen auf der Grundlage dieser Farbmittel	3203 00 90	–
Synthetische organische Farbmittel, auch chemisch einheitlich; Zubereitungen im Sinne der Anmerkung 3 zu diesem Kapitel auf der Grundlage synthetischer organischer Farbmittel; synthetische organische Erzeugnisse von der als fluoreszierende Aufheller oder als Luminophore verwendeten Art, auch chemisch einheitlich:	**3204**	
– synthetische organische Farbmittel und Zubereitungen im Sinne der Anmerkung 3 zu diesem Kapitel auf der Grundlage dieser Farbmittel:		
– – Dispersionsfarbstoffe und Zubereitungen auf der Grundlage dieser Farbstoffe	3204 11 00	–
– – Säurefarbstoffe, auch metallisiert, und Zubereitungen auf der Grundlage dieser Farbstoffe; Beizenfarbstoffe und Zubereitungen auf der Grundlage dieser Farbstoffe	3204 12 00	–
– – basische Farbstoffe und Zubereitungen auf der Grundlage dieser Farbstoffe	3204 13 00	–
– – Direktfarbstoffe und Zubereitungen auf der Grundlage dieser Farbstoffe	3204 14 00	–
– – Küpenfarbstoffe (einschließlich der in diesem Zustand als Pigmente verwendbaren) und Zubereitungen auf der Grundlage dieser Farbstoffe	3204 15 00	–
– – Reaktivfarbstoffe und Zubereitungen auf der Grundlage dieser Farbstoffe	3204 16 00	–
■ – – Pigmente (organische) und Zubereitungen auf der Grundlage dieser Farbmittel	3204 17 00	–
● – – Carotinoid-Farbstoffe und Zubereitungen auf deren Grundlage	3204 18 00	–
■ – – andere, einschließlich der Mischungen von Farbmitteln aus mehreren der Unterpositionen 3204 11 bis 3204 19	3204 19 00	–
– synthetische organische Erzeugnisse von der als fluoreszierende Aufheller verwendeten Art	3204 20 00	–
– andere	3204 90 00	–
Farblacke; Zubereitungen im Sinne der Anmerkung 3 zu diesem Kapitel auf der Grundlage von Farblacken	**3205 00 00**	–
Andere Farbmittel; Zubereitungen im Sinne der Anmerkung 3 zu diesem Kapitel, ausgenommen solche der Position 3203, 3204 oder 3205; anorganische Erzeugnisse von der als Luminophore verwendeten Art, auch chemisch einheitlich:	**3206**	
– Pigmente und Zubereitungen auf der Grundlage von Titandioxid:		
– – mit einem Gehalt an Titandioxid von 80 GHT oder mehr, bezogen auf die Trockensubstanz	3206 11 00	–
– – andere	3206 19 00	–
– Pigmente und Zubereitungen, auf der Grundlage von Chromverbindungen	3206 20 00	–

Warenbezeichnung	Warennummer	Besondere Maßeinheit
– andere Farbmittel und andere Zubereitungen:		
– – Ultramarin und seine Zubereitungen	3206 41 00	–
– – Lithopone und andere Pigmente und Zubereitungen, auf der Grundlage von Zinksulfid	3206 42 00	–
– – andere:		
– – – Magnetit	3206 49 10	–
– – – andere	3206 49 70	–
– anorganische Erzeugnisse von der als Luminophore verwendeten Art	3206 50 00	–
Zubereitete Pigmente, zubereitete Trübungsmittel und zubereitete Farben, Schmelzglasuren und andere verglasbare Massen, Engoben, flüssige Glanzmittel und ähnliche Zubereitungen von der in der Keramik-, Emaillier- oder Glasindustrie verwendeten Art; Glasfritte und anderes Glas in Form von Pulver, Granalien, Schuppen oder Flocken:	**3207**	
– zubereitete Pigmente, zubereitete Trübungsmittel, zubereitete Farben und ähnliche Zubereitungen	3207 10 00	–
– Schmelzglasuren und andere verglasbare Massen, Engoben und ähnliche Zubereitungen:		
– – Engoben	3207 20 10	–
– – andere	3207 20 90	–
– flüssige Glanzmittel und ähnliche Zubereitungen	3207 30 00	–
– Glasfritte und anderes Glas in Form von Pulver, Granalien, Schuppen oder Flocken:		
– – Glas in Form von Flocken mit einer Länge von 0,1 mm bis 3,5 mm und einer Dicke von 2 Mikrometer bis 5 Mikrometer; Glas in Form von Pulver oder Granalien, mit einem Gehalt an Siliciumdioxid von 99 GHT oder mehr	3207 40 40	–
– – anderes	3207 40 85	–
Anstrichfarben und Lacke auf der Grundlage von synthetischen Polymeren oder chemisch modifizierten natürlichen Polymeren, in einem nicht wässrigen Medium dispergiert oder gelöst; Lösungen im Sinne der Anmerkung 4 zu diesem Kapitel:	**3208**	
– auf der Grundlage von Polyestern:		
– – Lösungen im Sinne der Anmerkung 4 zu diesem Kapitel	3208 10 10	–
– – andere	3208 10 90	–
– auf der Grundlage von Acryl- oder Vinylpolymeren:		
– – Lösungen im Sinne der Anmerkung 4 zu diesem Kapitel	3208 20 10	–
– – andere	3208 20 90	–
– andere:		
– – Lösungen im Sinne der Anmerkung 4 zu diesem Kapitel:		
– – – Polyurethan aus 2,2'-(tert-Butylimino)diethanol und 4,4'-Methylendicyclohexyl-diisocyanat, in Form einer Lösung in N,N-Dimethylacetamid, mit einem Gehalt an Polymer von 48 GHT oder mehr	3208 90 11	–
– – – Copolymer aus p-Kresol und Divinylbenzol, in Form einer Lösung in N,N-Dimethylacetamid, mit einem Gehalt an Polymer von 48 GHT oder mehr	3208 90 13	–
– – – andere	3208 90 19	–
– – andere:		
– – – auf der Grundlage von synthetischen Polymeren	3208 90 91	–
– – – auf der Grundlage von chemisch modifizierten natürlichen Polymeren	3208 90 99	–

Warenbezeichnung	Warennummer	Besondere Maßeinheit
Anstrichfarben und Lacke auf der Grundlage von synthetischen Polymeren oder chemisch modifizierten natürlichen Polymeren, in einem wässrigen Medium dispergiert oder gelöst:	**3209**	
– auf der Grundlage von Acryl- oder Vinylpolymeren	3209 10 00	–
– andere	3209 90 00	–
Andere Anstrichfarben und Lacke; zubereitete Wasserpigmentfarben von der für die Lederzurichtung verwendeten Art:	**3210**	
– Anstrichfarben und Lacke auf der Grundlage von trocknenden Ölen	3210 00 10	–
– andere	3210 00 90	–
Zubereitete Sikkative	**3211 00 00**	–
Pigmente (einschließlich Metallpulver und -flitter), in nicht wässrigen Medien dispergiert, flüssig oder pastenförmig, von der zum Herstellen von Anstrichfarben verwendeten Art; Prägefolien; Färbemittel und andere Farbmittel, in Formen oder Packungen für den Einzelverkauf:	**3212**	
– Prägefolien	3212 10 00	–
– andere	3212 90 00	–
Farben für Kunstmaler, für den Unterricht, für die Plakatmalerei, für Farbtönungen, zur Unterhaltung und ähnliche Farben, in Täfelchen, Tuben, Töpfchen, Fläschchen, Näpfchen oder ähnlichen Aufmachungen:	**3213**	
– Farben in Zusammenstellungen	3213 10 00	–
– andere	3213 90 00	–
Glaserkitt, Harzzement und andere Kitte; Spachtelmassen für Anstreicherarbeiten; nicht feuerfeste Spachtel- und Verputzmassen für Fassaden, Innenwände, Fußböden, Decken und dergleichen:	**3214**	
– Glaserkitt, Harzzement und andere Kitte; Spachtelmassen für Anstreicherarbeiten:		
– – Glaserkitt, Harzzement und andere Kitte	3214 10 10	–
– – Spachtelmassen für Anstreicherarbeiten	3214 10 90	–
– andere	3214 90 00	–
Druckfarben, Tinte und Tusche zum Schreiben oder Zeichnen und andere Tinten und Tuschen, auch konzentriert oder in fester Form:	**3215**	
– Druckfarben:		
– – schwarz	3215 11 00	–
– – andere	3215 19 00	–
– andere:		
– – Tintenpatronen (ohne integrierten Druckkopf) zum Einsetzen in Apparate der Unterpositionen 8443 31, 8443 32 oder 8443 39, und mit mechanischen oder elektrischen Komponenten; Festtinte in speziellen Formen zum Einsetzen in Apparate der Unterpositionen 8443 31, 8443 32 oder 8443 39	3215 90 20	–
– – andere	3215 90 70	–

Kapitel 33

Ätherische Öle und Resinoide; zubereitete Riech-, Körperpflege- oder Schönheitsmittel

Anmerkungen

1. Zu Kapitel 33 gehören nicht:
   a) natürliche Oleoresine und Pflanzenauszüge der Position 1301 oder 1302;
   b) Seifen und andere Erzeugnisse der Position 3401;
   c) Balsam-, Holz- oder Sulfatterpentinöl und andere Erzeugnisse der Position 3805.
2. Als Riechstoffe im Sinne der Position 3302 gelten nur die Substanzen der Position 3301, die aus diesen Substanzen isolierten Riechstoffe sowie synthetische Aromastoffe.
3. Zu den Positionen 3303 bis 3307 gehören insbesondere Erzeugnisse, auch ungemischt (ausgenommen destillierte aromatische Wässer und wässrige Lösungen ätherischer Öle), die zur Verwendung als Erzeugnisse dieser Positionen geeignet und zu diesem Zweck für den Einzelverkauf aufgemacht sind.
4. Als „zubereitete Riech-, Körperpflege- oder Schönheitsmittel" im Sinne der Position 3307 gelten - unter anderem - folgende Erzeugnisse: kleine Säckchen mit Teilen von Aromapflanzen; duftende zubereitete Räuchermittel; parfümierte Papiere und Papiere, die mit Kosmetika getränkt oder überzogen sind; Lösungen für Kontaktlinsen oder künstliche Augen; mit Riechmitteln oder Kosmetika getränkte, bestrichene oder überzogene Watte, Filze oder Vliesstoffe; zubereitete Körperpflegemittel für Tiere.

Warenbezeichnung	Warennummer	Besondere Maßeinheit
Ätherische Öle (auch entterpenisiert), einschließlich „konkrete" oder „absolute" Öle; Resinoide; extrahierte Oleoresine; Konzentrate ätherischer Öle in Fetten, nicht flüchtigen Ölen, Wachsen oder ähnlichen Stoffen, durch Enfleurage oder Mazeration gewonnen; terpenhaltige Nebenerzeugnisse aus ätherischen Ölen; destillierte aromatische Wässer und wässrige Lösungen ätherischer Öle:	**3301**	
– ätherische Öle von Citrusfrüchten:		
– – Süß- und Bitterorangenöl:		
– – – nicht entterpenisiert	3301 12 10	–
– – – entterpenisiert	3301 12 90	–
– – Citronenöl:		
– – – nicht entterpenisiert	3301 13 10	–
– – – entterpenisiert	3301 13 90	–
– – andere:		
– – – nicht entterpenisiert	3301 19 20	–
– – – entterpenisiert	3301 19 80	–

Warenbezeichnung	Warennummer	Besondere Maßeinheit
– andere ätherische Öle als solche von Citrusfrüchten:		
– – Pfefferminzöl (Mentha piperita):		
– – – nicht entterpenisiert	3301 24 10	–
– – – entterpenisiert	3301 24 90	–
– – andere Minzenöle:		
– – – nicht entterpenisiert	3301 25 10	–
– – – entterpenisiert	3301 25 90	–
– – andere:		
– – – Gewürznelkenöl, Niaouliöl, Ylang-Ylang-Öl:		
– – – – nicht entterpenisiert	3301 29 11	–
– – – – entterpenisiert	3301 29 31	–
– – – andere:		
– – – – nicht entterpenisiert:		
● – – – – – Rosenöl	3301 29 42	–
● – – – – – andere	3301 29 49	–
– – – – entterpenisiert:		
– – – – – Geraniumöl, Jasminöl, Vetiveröl	3301 29 71	–
– – – – – Lavendelöl und Lavandinöl	3301 29 79	–
– – – – – andere	3301 29 91	–
– Resinoide	3301 30 00	–
– andere:		
– – terpenhaltige Nebenerzeugnisse aus ätherischen Ölen	3301 90 10	–
– – extrahierte Oleoresine:		
– – – von Süßholzwurzeln und von Hopfen	3301 90 21	–
– – – andere	3301 90 30	–
– – andere	3301 90 90	–
Mischungen von Riechstoffen und Mischungen (einschließlich alkoholische Lösungen) auf der Grundlage eines oder mehrerer dieser Stoffe, von der als Rohstoffe für die Industrie verwendeten Art; andere Zubereitungen auf der Grundlage von Riechstoffen, von der zum Herstellen von Getränken verwendeten Art:	**3302**	
– von der in der Lebensmittel- oder Getränkeindustrie verwendeten Art:		
– – von der in der Getränkeindustrie verwendeten Art:		
– – – Zubereitungen, die alle charakteristischen Aromastoffe eines Getränks enthalten:		
– – – – mit einem vorhandenen Alkoholgehalt von mehr als 0,5 % vol	3302 10 10	–
– – – – andere:		
– – – – – kein Milchfett und keine Saccharose, Isoglucose, Stärke oder Glucose enthaltend, oder weniger als 1,5 GHT Milchfett, 5 GHT Saccharose oder Isoglucose, 5 GHT Glucose oder Stärke enthaltend	3302 10 21	–
– – – – – andere	3302 10 29	–
– – – andere	3302 10 40	–
– – von der in der Lebensmittelindustrie verwendeten Art	3302 10 90	–
– andere:		
– – alkoholische Lösungen	3302 90 10	–
– – andere	3302 90 90	–
Duftstoffe (Parfüms) und Duftwässer (Toilettewässer):	**3303**	
– Duftstoffe (Parfüms)	3303 00 10	–
– Duftwässer (Toilettewässer)	3303 00 90	–

Warenbezeichnung	Warennummer	Besondere Maßeinheit
Zubereitete Schönheitsmittel oder Erzeugnisse zum Schminken und Zubereitungen zur Hautpflege (ausgenommen Arzneiwaren), einschließlich Sonnenschutz- und Bräunungsmittel; Zubereitungen für die Maniküre oder Pediküre:	**3304**	
– Schminkmittel (Make-up) für die Lippen	3304 10 00	–
– Schminkmittel (Make-up) für die Augen	3304 20 00	–
– Zubereitungen für die Maniküre oder Pediküre	3304 30 00	–
– andere:		
– – Puder, lose oder fest	3304 91 00	–
– – andere	3304 99 00	–
Zubereitete Haarbehandlungsmittel:	**3305**	
– Haarwaschmittel (Shampoo)	3305 10 00	–
– Dauerwellmittel und Entkrausungsmittel (Zubereitungen zur Haardauerverformung)	3305 20 00	–
– Haarlacke	3305 30 00	–
– andere	3305 90 00	–
Zubereitete Zahn- und Mundpflegemittel, einschließlich Haftpuder und -pasten für Zahnprothesen; Garne zum Reinigen der Zahnzwischenräume (Zahnseide), in Aufmachungen für den Einzelverkauf:	**3306**	
– Zahnputzmittel	3306 10 00	–
– Garne zum Reinigen der Zahnzwischenräume (Zahnseide)	3306 20 00	–
– andere	3306 90 00	–
Zubereitete Rasiermittel (einschließlich Vor- und Nachbehandlungsmittel), Körperdesodorierungsmittel, zubereitete Badezusätze, Haarentfernungsmittel und andere zubereitete Riech-, Körperpflege- oder Schönheitsmittel, anderweit weder genannt noch inbegriffen; zubereitete Raumdesodorierungsmittel, auch nicht parfümiert, auch mit desinfizierenden Eigenschaften:	**3307**	
– zubereitete Rasiermittel (einschließlich Vor- und Nachbehandlungsmittel)	3307 10 00	–
– Körperdesodorierungs- und Antitranspirationsmittel	3307 20 00	–
– parfümierte Badesalze und andere zubereitete Badezusätze	3307 30 00	–
– Zubereitungen zum Parfümieren oder Desodorieren von Räumen, einschließlich duftende Zubereitungen für religiöse Zeremonien:		
– – „Agarbatti“ und andere duftende zubereitete Räuchermittel	3307 41 00	–
– – andere	3307 49 00	–
– andere	3307 90 00	–

Kapitel 34

Seifen; organische grenzflächenaktive Stoffe; zubereitete Waschmittel, zubereitete Schmiermittel, künstliche Wachse, zubereitete Wachse, Schuhcreme, Scheuerpulver und dergleichen, Kerzen und ähnliche Erzeugnisse, Modelliermassen, „Dentalwachs" und Zubereitungen für zahnärztliche Zwecke auf der Grundlage von Gips

Anmerkungen

1. Zu Kapitel 34 gehören nicht:
   - a) genießbare Mischungen und Zubereitungen von tierischen, pflanzlichen oder mikrobiellen Fetten oder Ölen von der als Formtrennmittel verwendeten Art (Position 1517);
   - b) isolierte chemisch einheitliche Verbindungen;
   - c) Haarwaschmittel (Shampoo), Zahnpflegemittel, Rasiercreme und -schaum und zubereitete Badezusätze, Seife oder andere organische grenzflächenaktive Stoffe enthaltend (Position 3305, 3306 oder 3307).
2. Im Sinne der Position 3401 umfasst die Bezeichnung „Seifen" nur wasserlösliche Seifen. Die Seifen und anderen Erzeugnisse dieser Position können auch Zusätze enthalten (z. B. Stoffe mit desinfizierenden oder scheuernden Eigenschaften, Füllstoffe, Heilmittel). Erzeugnisse, die Stoffe mit scheuernden Eigenschaften enthalten, gehören jedoch nur dann zu dieser Position, wenn sie in Form von Tafeln, Riegeln oder geformten Stücken oder Figuren vorliegen. In anderen Formen sind sie als Scheuerpasten oder -pulver oder ähnliche Zubereitungen der Position 3405 zuzuweisen.
3. „Grenzflächenaktive Stoffe" im Sinne der Position 3402 sind Erzeugnisse, die, wenn man sie in einer Konzentration von 0,5 % bei einer Temperatur von 20 °C mit Wasser mischt und eine Stunde bei derselben Temperatur stehen lässt,
   - a) eine durchsichtige oder durchscheinende Flüssigkeit oder eine stabile Emulsion ohne Abscheidung unlöslicher Stoffe geben und
   - b) die Oberflächenspannung des Wassers auf $4{,}5 \times 10^{-2}$ N/m (45 dyn/cm) oder weniger herabsetzen.
4. „Erdöl oder Öl aus bituminösen Mineralien" im Sinne der Position 3403 sind die in der Anmerkung 2 zu Kapitel 27 beschriebenen Erzeugnisse.
5. Vorbehaltlich der nachstehend aufgeführten Ausnahmen sind „künstliche Wachse und zubereitete Wachse" im Sinne der Position 3404 nur:
   - a) durch ein chemisches Verfahren hergestellte organische Erzeugnisse mit den Eigenschaften von Wachsen, auch wasserlöslich;
   - b) durch Mischen verschiedener Wachse untereinander hergestellte Erzeugnisse;
   - c) Erzeugnisse mit den Eigenschaften von Wachsen auf der Grundlage von Wachsen oder Paraffin, die außerdem Fette, Harze, mineralische oder andere Stoffe enthalten.

   Zu Position 3404 gehören jedoch nicht:
   - a) Erzeugnisse der Position 1516, 3402 oder 3823, auch wenn sie die Eigenschaften von Wachsen aufweisen;
   - b) ungemischte tierische oder pflanzliche Wachse, auch raffiniert oder gefärbt, der Position 1521;
   - c) Mineralwachse und ähnliche Erzeugnisse der Position 2712, auch untereinander gemischt oder nur gefärbt;
   - d) mit einer Flüssigkeit gemischte oder in einem flüssigen Medium dispergierte oder gelöste Wachse (Positionen 3405, 3809 usw.).

Warenbezeichnung	Warennummer	Besondere Maßeinheit
Seifen; organische grenzflächenaktive Erzeugnisse und Zubereitungen, als Seife verwendbar, in Form von Tafeln, Riegeln, geformten Stücken oder Figuren, auch ohne Gehalt an Seife; organische grenzflächenaktive Erzeugnisse und Zubereitungen zum Waschen der Haut, in Form einer Flüssigkeit oder Creme, in Aufmachungen für den Einzelverkauf, auch ohne Gehalt an Seife; Papier, Watte, Filz und Vliesstoffe, mit Seife oder Reinigungsmitteln getränkt, bestrichen oder überzogen:	**3401**	
– Seifen, organische grenzflächenaktive Erzeugnisse und Zubereitungen, in Form von Tafeln, Riegeln, geformten Stücken oder Figuren, und Papier, Watte, Filz und Vliesstoffe, mit Seife oder Reinigungsmitteln getränkt, bestrichen oder überzogen:		
– – zur Körperpflege (einschließlich solcher zu medizinischen Zwecken)	3401 11 00	–
– – andere	3401 19 00	–
– Seifen in anderen Formen:		
– – Flocken, Körner oder Pulver	3401 20 10	–
– – andere	3401 20 90	–
– organische grenzflächenaktive Erzeugnisse und Zubereitungen zum Waschen der Haut, in Form einer Flüssigkeit oder Creme, in Aufmachungen für den Einzelverkauf, auch ohne Gehalt an Seife	3401 30 00	–
Organische grenzflächenaktive Stoffe (ausgenommen Seifen); grenzflächenaktive Zubereitungen, zubereitete Waschmittel (einschließlich zubereitete Waschhilfsmittel) und zubereitete Reinigungsmittel, auch Seife enthaltend, ausgenommen solche der Position 3401:	**3402**	
● – anionische organische grenzflächenaktive Stoffe, auch in Aufmachungen für den Einzelverkauf:		
● **– – lineare Alkylbenzolsulfonsäuren und ihre Salze**	3402 31 00	–
● **– – andere:**		
● – – – wässrige Lösung mit einem Gehalt an Dinatriumalkyl[oxydi(benzolsulfonat)] von 30 GHT bis 50 GHT	3402 39 10	–
● – – – andere	3402 39 90	–
● **– andere organische grenzflächenaktive Stoffe, auch in Aufmachungen für den Einzelverkauf:**		
● **– – kationische**	3402 41 00	–
● **– – nichtionische**	3402 42 00	–
● **– – andere**	3402 49 00	–
– Zubereitungen in Aufmachung für den Einzelverkauf:		
● – – grenzflächenaktive Zubereitungen	3402 50 10	–
● – – zubereitete Waschmittel, Waschhilfsmittel und zubereitete Reinigungsmittel	3402 50 90	–
– andere:		
– – grenzflächenaktive Zubereitungen	3402 90 10	–
– – zubereitete Waschmittel, Waschhilfsmittel und zubereitete Reinigungsmittel	3402 90 90	–

Warenbezeichnung	Warennummer	Besondere Maßeinheit
Zubereitete Schmiermittel (einschließlich Schneidöle, Zubereitungen zum Lösen von Schrauben oder Bolzen, zubereitete Rostschutzmittel oder Korrosionsschutzmittel und zubereitete Form- und Trennöle, auf der Grundlage von Schmierstoffen) und Zubereitungen nach Art der Schmälzmittel für Spinnstoffe oder der Mittel zum Ölen oder Fetten von Leder, Pelzfellen oder anderen Stoffen, ausgenommen solche, die als Grundbestandteil 70 GHT oder mehr an Erdöl oder Öl aus bituminösen Mineralien enthalten:	**3403**	
– Erdöl oder Öl aus bituminösen Mineralien enthaltend:		
– – Zubereitungen zum Behandeln von Spinnstoffen, Leder, Pelzfellen oder anderen Stoffen	3403 11 00	–
– – andere:		
– – – mit einem Gehalt an Erdöl oder Öl aus bituminösen Mineralien von 70 GHT oder mehr, in denen diese Öle nicht der Grundbestandteil sind	3403 19 10	–
– – – Schmiermittel mit einem Gehalt an biobasiertem [1] Kohlenstoff von mindestens 25 GHT, die mindestens zu 60 % biologisch abbaubar sind	3403 19 20	–
– – – andere	3403 19 80	–
– andere:		
– – Zubereitungen zum Behandeln von Spinnstoffen, Leder, Pelzfellen oder anderen Stoffen	3403 91 00	–
– – andere	3403 99 00	–
Künstliche Wachse und zubereitete Wachse:	**3404**	
– Poly(oxyethylen)-Wachs (Polyethylenglycolwachs)	3404 20 00	–
– andere	3404 90 00	–
Schuhcreme, Möbel- und Bohnerwachs, Poliermittel für Karosserien, Glas oder Metall, Scheuerpasten und -pulver und ähnliche Zubereitungen (auch in Form von Papier, Watte, Filz, Vliesstoff, Schaum-, Schwamm-, Zellkunststoff oder Zellkautschuk, mit diesen Zubereitungen getränkt, bestrichen oder überzogen), ausgenommen Wachse der Positionen 3404:	**3405**	
– Schuhcreme und ähnliche Schuh- oder Lederpflegemittel	3405 10 00	–
– Möbel- und Bohnerwachs und ähnliche Zubereitungen	3405 20 00	–
– Poliermittel für Karosserien und ähnliche Autopflegemittel, ausgenommen Poliermittel für Metall	3405 30 00	–
– Scheuerpasten und -pulver und ähnliche Zubereitungen	3405 40 00	–
– andere:		
– – zum Polieren von Metall	3405 90 10	–
– – andere	3405 90 90	–
Kerzen (Lichte) aller Art und dergleichen	**3406 00 00**	–
Modelliermassen, auch zur Unterhaltung für Kinder; zubereitetes „Dentalwachs" oder „Zahnabdruckmassen" in Zusammenstellungen, in Packungen für den Einzelverkauf oder in Tafeln, Hufeisenform, Stäben oder ähnlichen Formen; andere Zubereitungen für zahnärztliche Zwecke auf der Grundlage von Gips	**3407 00 00**	–

1) Definition gemäß der Norm EN 16575.

Kapitel 35

Eiweißstoffe, modifizierte Stärke; Klebstoffe; Enzyme

Anmerkungen

1. Zu Kapitel 35 gehören nicht:
   a) Hefen (Position 2102);
   b) Bestandteile (Fraktionen) des Blutes (ausgenommen nicht zu therapeutischen oder prophylaktischen Zwecken zubereitetes Blutalbumin), Arzneiwaren und andere Erzeugnisse des Kapitels 30;
   c) Enzymzubereitungen zum Vorgerben (Position 3202);
   d) zubereitete enzymatische Waschmittel und Waschhilfsmittel und andere Erzeugnisse des Kapitels 34;
   e) gehärtete Eiweißstoffe (Position 3913);
   f) Druckerzeugnisse auf Gelatine als Trägermaterial (Kapitel 49).
2. „Dextrine" im Sinne der Position 3505 sind Stärkeabbauprodukte mit einem Gehalt an reduzierenden Zuckern, berechnet als Dextrose, von 10 % oder weniger, bezogen auf die Trockenmasse.
   Erzeugnisse mit einem Gehalt an reduzierenden Zuckern von mehr als 10 % gehören zu Position 1702.

Zusätzliche Anmerkung

1. Zur Warennummer 3504 00 10 gehören Konzentrate aus Milcheiweiß mit einem Proteingehalt, bezogen auf die Trockenmasse, von mehr als 85 GHT.

Warenbezeichnung	Warennummer	Besondere Maßeinheit
Casein, Caseinate und andere Caseinderivate; Caseinleime:	**3501**	
– Casein:		
– – zum Herstellen von künstlichen Spinnstoffen	3501 10 10	–
– – zu industriellen Zwecken, ausgenommen zum Herstellen von Lebens- und Futtermitteln	3501 10 50	–
– – anderes	3501 10 90	–
– andere:		
– – Caseinleime	3501 90 10	–
– – andere	3501 90 90	–
Albumine (einschließlich Konzentrate aus zwei oder mehr Molkenproteinen, die mehr als 80 GHT Molkenproteine, bezogen auf die Trockenmasse, enthalten), Albuminate und andere Albuminderivate:	**3502**	
– Eieralbumin:		
– – getrocknet:		
– – – ungenießbar oder ungenießbar gemacht	3502 11 10	–
– – – anderes	3502 11 90	–
– – anderes:		
– – – ungenießbar oder ungenießbar gemacht	3502 19 10	–
– – – anderes	3502 19 90	–

Warenbezeichnung	Warennummer	Besondere Maßeinheit
– Molkenproteine (Lactalbumin), einschließlich Konzentrate aus zwei oder mehr Molkenproteinen:		
– – ungenießbar oder ungenießbar gemacht	3502 20 10	–
– – andere:		
– – – getrocknet (in Blättern, Flocken, Kristallen, Pulver usw.)	3502 20 91	–
– – – andere	3502 20 99	–
– andere:		
– – Albumine, ausgenommen Eieralbumin und Molkenproteine (Lactalbumin):		
– – – ungenießbar oder ungenießbar gemacht	3502 90 20	–
– – – andere	3502 90 70	–
– – Albuminate und andere Albuminderivate	3502 90 90	–
Gelatine (auch in quadratischen oder rechteckigen Blättern, auch an der Oberfläche bearbeitet oder gefärbt) und ihre Derivate; Hausenblase; andere Leime tierischen Ursprungs, ausgenommen Caseinleime der Position 3501:	**3503**	
– Gelatine und ihre Derivate	3503 00 10	–
– andere	3503 00 80	–
Peptone und ihre Derivate; andere Eiweißstoffe und ihre Derivate, anderweit weder genannt noch inbegriffen; Hautpulver, auch chromiert:	**3504**	
– Konzentrate aus Milcheiweiß im Sinne der Zusätzlichen Anmerkung 1 zu Kapitel 35	3504 00 10	–
– andere	3504 00 90	–
Dextrine und andere modifizierte Stärken (z. B. Quellstärke oder veresterte Stärke); Leime auf der Grundlage von Stärken, Dextrinen oder anderen modifizierten Stärken:	**3505**	
– Dextrine und andere modifizierte Stärken:		
– – Dextrine	3505 10 10	–
– – andere modifizierte Stärken:		
– – – veretherte Stärken und veresterte Stärken	3505 10 50	–
– – – andere	3505 10 90	–
– Leime:		
– – mit einem Gehalt an Stärken, Dextrinen oder anderen modifizierten Stärken von weniger als 25 GHT	3505 20 10	–
– – mit einem Gehalt an Stärken, Dextrinen oder anderen modifizierten Stärken von 25 oder mehr, jedoch weniger als 55 GHT	3505 20 30	–
– – mit einem Gehalt an Stärken, Dextrinen oder anderen modifizierten Stärken von 55 oder mehr, jedoch weniger als 80 GHT	3505 20 50	–
– – mit einem Gehalt an Stärken, Dextrinen oder anderen modifizierten Stärken von 80 GHT oder mehr	3505 20 90	–

Warenbezeichnung	Warennummer	Besondere Maßeinheit
Zubereitete Leime und andere zubereitete Klebstoffe, anderweit weder genannt noch inbegriffen; zur Verwendung als Klebstoff geeignete Erzeugnisse aller Art in Aufmachungen für den Einzelverkauf mit einem Gewicht des Inhalts von 1 kg oder weniger:	**3506**	
– zur Verwendung als Klebstoff geeignete Erzeugnisse aller Art in Aufmachungen für den Einzelverkauf mit einem Gewicht des Inhalts von 1 kg oder weniger	3506 10 00	–
– andere:		
– – Klebstoffe auf der Grundlage von Polymeren der Positionen 3901 bis 3913 oder von Kautschuk:		
– – – optisch klare, trägerfreie Klebebänder und optisch klare, aushärtende Flüssigklebstoffe von der ausschließlich oder hauptsächlich zur Herstellung von Flachbildschirmen oder berührungsempfindlichen Bildschirmen verwendeten Art	3506 91 10	–
– – – andere	3506 91 90	–
– – andere	3506 99 00	–
Enzyme; zubereitete Enzyme, anderweit weder genannt noch inbegriffen:	**3507**	
– Lab und seine Konzentrate	3507 10 00	–
– andere:		
– – Lipoproteinlipase; Aspergillus-Alkalin Protease	3507 90 30	–
– – andere	3507 90 90	–

Kapitel 36

Pulver und Sprengstoffe; pyrotechnische Artikel; Zündhölzer; Zündmetall-Legierungen; leicht entzündliche Stoffe

Anmerkungen

1. Zu Kapitel 36 gehören nicht isolierte chemisch einheitliche Verbindungen, ausgenommen die in der nachstehenden Anmerkung 2 Buchstabe a) oder b) aufgeführten Erzeugnisse.
2. Als „Waren aus leicht entzündlichen Stoffen" im Sinne der Position 3606 gelten ausschließlich:
   a) Metaldehyd, Hexamethylentetramin und ähnliche Erzeugnisse in Tabletten, Stäbchen oder ähnlichen Formen, aus denen sich ihre Verwendung als Brennstoff ergibt; Brennstoffe auf der Grundlage von Alkohol und ähnliche zubereitete Brennstoffe, fest oder pastenförmig;
   b) flüssige Brennstoffe und brennbare Flüssiggase, in Behältnissen von der zum Auffüllen oder Wiederauffüllen von Feuerzeugen oder Anzündern verwendeten Art mit einem Fassungsvermögen von 300 cm³ oder weniger;
   c) Pech- und Harzfackeln, Kohlenanzünder und ähnliche Erzeugnisse.

	Warenbezeichnung	Warennummer	Besondere Maßeinheit
	Schießpulver	**3601 00 00**	–
	Zubereitete Sprengstoffe, ausgenommen Schießpulver	**3602 00 00**	–
●	**Sicherheitszündschnüre; Sprengschnüre; Zündhütchen, Sprengkapseln; Zünder; elektrische Sprengzünder:**	**3603**	
●	**– Sicherheitszündschnüre**	3603 10 00	–
●	**– Sprengschnüre**	3603 20 00	–
●	**– Zündhütchen**	3603 30 00	–
●	**– Sprengkapseln**	3603 40 00	–
●	**– Zünder**	3603 50 00	–
●	**– elektrische Sprengzünder**	3603 60 00	–
	Feuerwerkskörper, Signalraketen, Raketen zum Wetterschießen und dergleichen, Knallkörper und andere pyrotechnische Artikel:	**3604**	
	– Feuerwerkskörper	3604 10 00	–
	– andere	3604 90 00	–
	Zündhölzer, ausgenommen pyrotechnische Waren der Position 3604	**3605 00 00**	–

Warenbezeichnung	Warennummer	Besondere Maßeinheit
Cer-Eisen und andere Zündmetall-Legierungen in jeder Form; Waren aus leicht entzündlichen Stoffen im Sinne der Anmerkung 2 zu diesem Kapitel:	**3606**	
– flüssige Brennstoffe und brennbare Flüssiggase, in Behältnissen von der zum Auffüllen oder Wiederauffüllen von Feuerzeugen oder Anzündern verwendeten Art mit einem Fassungsvermögen von 300 cm³ oder weniger	3606 10 00	–
– andere:		
– – Cer-Eisen und andere Zündmetall-Legierungen in jeder Form	3606 90 10	–
– – andere	3606 90 90	–

Kapitel 37

Erzeugnisse zu fotografischen oder kinematografischen Zwecken

Anmerkungen

1. Zu Kapitel 37 gehören weder Abfälle noch Ausschusswaren.
2. Im Kapitel 37 bezieht sich der Begriff „fotografisch“ auf das Verfahren, mit dem sichtbare Bilder direkt oder indirekt durch das Einwirken von Licht oder anderen Strahlenarten auf lichtempfindliche, einschließlich wärmeempfindliche, Oberflächen erzeugt werden.

Zusätzliche Anmerkungen

1. Bei Tonfilmen, die getrennt als Bild- und Tonband eingehen, ist jedes Band für sich getrennt nach seiner Beschaffenheit einzureihen.
2. Als „Wochenschaufilme“ im Sinne der Warennummer 3706 90 52 gelten Filme mit einer Länge von weniger als 330 m, die aktuelle Ereignisse, z. B. politischen, geschichtlichen, sozialen, wirtschaftlichen, sportlichen, militärischen, wissenschaftlichen, literarischen, volkskundlichen, touristischen oder gesellschaftlichen Charakters, darstellen.

Warenbezeichnung	Warennummer	Besondere Maßeinheit
Fotografische Platten und Planfilme, sensibilisiert, nicht belichtet, aus Stoffen aller Art (ausgenommen Papier, Pappe oder Spinnstoffe); fotografische Sofortbild-Planfilme, nicht belichtet, auch in Kassetten:	**3701**	
– für Röntgenaufnahmen	3701 10 00	m^2
– Sofortbild-Planfilme	3701 20 00	St
– andere Platten und Planfilme, bei denen mindestens eine Seite mehr als 255 mm misst	3701 30 00	m^2
– andere:		
– – für mehrfarbige Aufnahmen	3701 91 00	–
– – andere	3701 99 00	–
Fotografische Filme in Rollen, sensibilisiert, nicht belichtet, aus Stoffen aller Art (ausgenommen Papier, Pappe oder Spinnstoffe); fotografische Sofortbild-Rollfilme, sensibilisiert, nicht belichtet:	**3702**	
– für Röntgenaufnahmen	3702 10 00	m^2
– andere Filme, nicht gelocht, mit einer Breite von 105 mm oder weniger:		
– – für mehrfarbige Aufnahmen:		
– – – Negativfarbfilme mit: - einer Breite von 75 mm bis 105 m und - einer Länge von 100 m oder mehr zum Herstellen von Sofortbildfilmen	3702 31 91	m
– – – andere	3702 31 97	m

Warenbezeichnung	Warennummer	Besondere Maßeinheit
– – andere, mit einer Silberhalogenid-Emulsion:		
– – – mit einer Breite von 35 mm oder weniger:		
– – – – Mikrofilme; Filme für grafische Zwecke	3702 32 10	–
– – – – andere	3702 32 20	–
– – – mit einer Breite von mehr als 35 mm	3702 32 85	–
– – andere	3702 39 00	–
– andere Filme, nicht gelocht, mit einer Breite von mehr als 105 mm:		
– – mit einer Breite von mehr als 610 mm und einer Länge von mehr als 200 m, für mehrfarbige Aufnahmen	3702 41 00	m^2
– – mit einer Breite von mehr als 610 mm und einer Länge von mehr als 200 m, ausgenommen für mehrfarbige Aufnahmen	3702 42 00	m^2
– – mit einer Breite von mehr als 610 mm und einer Länge von 200 m oder weniger	3702 43 00	m^2
– – mit einer Breite von mehr als 105 mm bis 610 mm	3702 44 00	m^2
– andere Filme, für mehrfarbige Aufnahmen:		
– – mit einer Breite von 16 mm oder weniger	3702 52 00	–
– – mit einer Breite von mehr als 16 mm bis 35 mm und einer Länge von 30 m oder weniger, für Diapositive	3702 53 00	St
– – mit einer Breite von mehr als 16 mm bis 35 mm und einer Länge von 30 m oder weniger, ausgenommen für Diapositive	3702 54 00	St
– – mit einer Breite von mehr als 16 mm bis 35 mm und einer Länge von mehr als 30 m	3702 55 00	m
– – mit einer Breite von mehr als 35 mm	3702 56 00	–
– andere:		
– – mit einer Breite von 35 mm oder weniger und einer Länge von 30 m oder weniger:		
– – – Mikrofilme; Filme für grafische Zwecke	3702 96 10	–
– – – andere	3702 96 90	St
– – mit einer Breite von 35 mm oder weniger und einer Länge von mehr als 30 m:		
– – – Mikrofilme; Filme für grafische Zwecke	3702 97 10	–
– – – andere	3702 97 90	m
– – mit einer Breite von mehr als 35 mm	3702 98 00	–
Fotografische Papiere, Pappen und Spinnstoffwaren, sensibilisiert, nicht belichtet:	**3703**	
– in Rollen, mit einer Breite von mehr als 610 mm	3703 10 00	–
– andere, für mehrfarbige Aufnahmen	3703 20 00	–
– andere	3703 90 00	–
Fotografische Platten, Filme, Papiere, Pappen und Spinnstoffwaren, belichtet, jedoch nicht entwickelt:	**3704**	
– Platten und Filme	3704 00 10	–
– andere	3704 00 90	–
Fotografische Platten und Filme, belichtet und entwickelt, ausgenommen kinematografische Filme:	**3705**	
– für Offsetreproduktionen	3705 00 10	–
– andere	3705 00 90	–

Warenbezeichnung	Warennummer	Besondere Maßeinheit
Kinematografische Filme, belichtet und entwickelt, auch mit Tonaufzeichnung oder nur mit Tonaufzeichnung:	**3706**	
– mit einer Breite von 35 mm oder mehr:		
– – nur mit Tonaufzeichnung; Negative; Zwischenpositive	3706 10 20	m
– – andere Positive	3706 10 99	m
– andere:		
– – nur mit Tonaufzeichnung, Negative, Zwischenpositive, Wochenschaufilme	3706 90 52	m
– – andere, mit einer Breite von:		
– – – weniger als 10 mm	3706 90 91	m
– – – 10 mm oder mehr	3706 90 99	m
Zubereitete chemische Erzeugnisse zu fotografischen Zwecken (ausgenommen Lacke, Klebstoffe und ähnliche Zubereitungen); ungemischte Erzeugnisse zu fotografischen Zwecken, dosiert oder gebrauchsfertig in Aufmachung für den Einzelverkauf:	**3707**	
– Emulsionen zum Sensibilisieren von Oberflächen	3707 10 00	–
– andere:		
– – Entwickler und Fixierer	3707 90 20	–
– – andere	3707 90 90	–

Kapitel 38

Verschiedene Erzeugnisse der chemischen Industrie

Anmerkungen

1. Zu Kapitel 38 gehören nicht:
   a) isolierte chemisch einheitliche Elemente oder Verbindungen, ausgenommen die nachstehend aufgeführten:
      1) künstlicher Grafit (Position 3801);
      2) Insektizide, Rodentizide, Fungizide, Herbizide, Keimhemmungsmittel und Pflanzenwuchsregulatoren, Desinfektionsmittel und ähnliche Erzeugnisse, in Formen oder Aufmachungen der in Position 3808 beschriebenen Art;
      3) Feuerlöschmittel in Form von Ladungen für Feuerlöschgeräte oder von Feuerlöschgranaten oder Feuerlöschbomben (Position 3813);
      4) zertifizierte Referenzmaterialien gemäß nachstehender Anmerkung 2;
      5) die in der nachstehenden Anmerkung 3 a) oder 3 c) aufgeführten Erzeugnisse;
   b) Mischungen von chemischen Erzeugnissen und Lebensmitteln oder anderen Stoffen mit Nährwert, von der zum Zubereiten von Lebensmitteln für die menschliche Ernährung verwendeten Art (im Allgemeinen Position 2106);
   ● c) Waren der Position 2404;
   d) Schlacken, Aschen und Rückstände (einschließlich Schlämme, andere als Klärschlamm), die Metalle, Arsen oder deren Mischungen enthalten und die die Bedingungen der Anmerkung 3 a) oder 3 b) des Kapitels 26 erfüllen (Position 2620);
   e) Arzneiwaren (Position 3003 oder 3004);
   f) ausgebrauchte Katalysatoren, von der zur Gewinnung von unedlen Metallen oder zur Herstellung von chemischen Verbindungen unedler Metalle verwendeten Art (Position 2620), ausgebrauchte Katalysatoren, von der hauptsächlich zur Wiedergewinnung von Edelmetallen verwendeten Art (Position 7112) sowie Katalysatoren, die aus Metallen oder Metall-Legierungen in Form von z. B. sehr feinem Pulver oder Metallgewebe bestehen (Abschnitt XIV oder XV).
2. A. Im Sinne der Position 3822 gelten als „zertifizierte Referenzmaterialien“, solche Referenzmaterialien, die mit einem Zertifikat versehen sind, das die Angaben zu den zertifizierten Beschaffenheitsmerkmalen, zu den angewendeten Methoden, mit denen die entsprechenden Werte bestimmt wurden, und Genauigkeitsangaben für jeden Wert enthält, und die zur Analyse, zur Kalibrierung oder als Referenz geeignet sind.
   B. Mit Ausnahme der Erzeugnisse des Kapitels 28 oder 29 hat die Einreihung von zertifizierten Referenzmaterialien in die Position 3822 Vorrang vor allen anderen Positionen des Warenverzeichnisses.
3. Zu Position 3824 und nicht zu anderen Positionen des Warenverzeichnisses gehören:
   a) künstliche Kristalle aus Magnesiumoxid oder aus Halogensalzen der Alkali- oder Erdalkalimetalle (ausgenommen optische Elemente) mit einem Stückgewicht von 2,5 g oder mehr;
   b) Fuselöle; Dippelöl;
   c) Tintenentferner in Aufmachungen für den Einzelverkauf;
   d) Korrekturlacke für Dauerschablonen und andere Korrekturflüssigkeiten sowie Korrekturbänder (ausgenommen solche der Position 9612), in Aufmachungen für den Einzelverkauf; und
   e) schmelzbare Temperaturmesser für Öfen (z. B. Segerkegel).

4. Im Warenverzeichnis gelten als „Siedlungsabfälle“ solche Abfälle, die von Haushalten, Hotels, Restaurants, Krankenhäusern, Geschäften, Büros usw. entsorgt werden, und auch Abfälle der Straßenreinigung sowie Abfälle von Bau- und Abbrucharbeiten. Siedlungsabfälle enthalten allgemein eine Vielzahl von verschiedenen Materialien wie Kunststoffe, Kautschuk, Holz, Papier, Textilien, Glas, Metalle, Nahrungsmittel, defekte Möbel und andere beschädigte oder zu entsorgende Gegenstände. Der Begriff „Siedlungsabfälle“ erfasst jedoch nicht:
   - ● a) einzelne Materialien oder einzelne Erzeugnisse, die von den Abfällen getrennt wurden, wie Abfälle aus Kunststoffen, Kautschuk, Holz, Papier, Textilien, Glas oder Metall, Elektro- und Elektronikaltgeräte und -schrott (einschließlich Altbatterien), die in die vorgesehenen Positionen eingereiht werden;
   - b) Industrieabfälle;
   - c) pharmazeutische Abfälle gemäß Anmerkung 4 k) zu Kapitel 30; oder
   - d) klinische Abfälle gemäß der nachstehenden Anmerkung 6 a).
5. Im Sinne der Position 3825 gelten als „Klärschlamm“ die Schlämme, wie sie in städtischen Kläranlagen anfallen und auch vorbehandelte Abfälle, Grabenabfälle und nicht stabilisierte Schlämme. Stabilisierte Schlämme, die als Düngemittel verwendet werden, sind ausgeschlossen (Kapitel 31).
6. Im Sinne der Position 3825 gelten als „andere Abfälle“:
   - a) klinische Abfälle, wie kontaminierte Abfälle aus der medizinischen Forschung, von Analysen, von Behandlungen oder von anderen medizinischen, chirurgischen, zahnärztlichen oder veterinärmedizinischen Eingriffen, die häufig pathogene und pharmazeutische Substanzen enthalten und einer speziellen Entsorgung zuzuführen sind (z. B. gebrauchtes Verbandsmaterial, gebrauchte Handschuhe und gebrauchte Spritzen);
   - b) Abfälle von organischen Lösemitteln;
   - c) Abfälle von flüssigen Abbeizmitteln für Metalle, Hydraulikflüssigkeiten, Bremsflüssigkeiten und Gefrierschutzflüssigkeiten; und
   - d) andere Abfälle der chemischen Industrie oder verwandter Industrien.

   Als „andere Abfälle“ gelten jedoch nicht Abfälle, die überwiegend Erdöl oder Öle aus bituminösen Mineralien enthalten (Position 2710).
7. ● Als „Biodiesel“ im Sinne der Position 3826 gelten Fettsäuremonoalkylester von der als Treib- oder Brennstoff verwendeten Art, die aus tierischen, pflanzlichen oder mikrobiellen Fetten und Ölen, auch gebrauchten, hergestellt worden sind.

Unterpositions-Anmerkungen

1. ● Zu den Unterpositionen 3808 52 und 3808 59 gehören nur Erzeugnisse der Position 3808, die eine oder mehrere der folgenden Substanzen enthalten: Alachlor (ISO); Aldicarb (ISO); Aldrin (ISO); Azinphosmethyl (ISO); Binapacryl (ISO); Camphechlor (ISO) (Toxaphen); Captafol (ISO); Carbofuran (ISO); Chlordan (ISO); Chlordimeform (ISO); Chlorbenzilat (ISO); DDT (ISO) (Clofenotan (INN), 1,1,1-Trichlor-2,2-bis(p-chlorphenyl) ethan); Dieldrin (ISO, INN); 4,6-Dinitro-o-cresol (DNOC (ISO)) oder seine Salze; Dinoseb (ISO), seine Salze oder Ester; Endosulfan (ISO); Ethylendibromid (ISO) (1,2-Dibromethan); Ethylendichlorid (ISO) (1,2-Dichlorethan); Fluoracetamid (ISO); Heptachlor (ISO); Hexachlorbenzol (ISO); 1,2,3,4,5,6-Hexachlorcyclohexan (HCH (ISO)), einschließlich Lindan (ISO, INN); Methamidophos (ISO); Monocrotophos (ISO); Oxiran (Ethylenoxid); Parathion (ISO); Parathionmethyl (ISO) (Methylparathion); Penta-und-Octabromdiphenylether; Pentachlorphenol (ISO), seine Salze und Ester; Perfluoroctansulfonamide; Perfluoroctansulfonsäure und ihre Salze; Perfluoroctansulfonylfluorid; Phosphamidon (ISO); Quecksilberverbindungen; 2,4,5-T (ISO) (2,4,5-Trichlorphenoxyessigsäure), ihre Salze oder Ester; Tributylzinnverbindungen; Trichlorfon (ISO).
2. Zu den Unterpositionen 3808 61 bis 3808 69 gehören nur Erzeugnisse der Position 3808, die Alpha-Cypermethrin (ISO), Bendiocarb (ISO), Bifenthrin (ISO), Chlorfenapyr (ISO), Cyfluthrin (ISO), Deltamethrin (INN, ISO), Etofenprox (INN), Fenitrothion (ISO), Lambda-Cyhalothrin (ISO), Malathion (ISO), Pirimiphosmethyl (ISO) oder Propoxur (ISO) enthalten.

- 3. Zu den Unterpositionen 3824 81 bis 3824 89 gehören nur Mischungen und Zubereitungen, die eine oder mehrere der nachfolgenden Substanzen enthalten: Oxiran (Ethylenoxid), polybromierte Biphenyle (PBB), polychlorierte Biphenyle (PCB), polychlorierte Terphenyle (PCT), Tris (2,3-dibrompropyl) phosphat, Aldrin (ISO), Camphechlor (ISO) (Toxaphen), Chlordan (ISO), Chlordecon (ISO), DDT (ISO) (Clofenotan (INN), 1,1,1-Trichlor-2,2-bis(p-chlorphenyl) ethan), Dieldrin (ISO, INN), Endosulfan (ISO), Endrin (ISO), Heptachlor (ISO), Mirex (ISO), 1,2,3,4,5,6-Hexachlorcyclohexan (HCH (ISO)), einschließlich Lindan (ISO, INN), Pentachlorbenzol (ISO), Hexachlorbenzol (ISO), Perfluoroctansulfonsäure, ihre Salze, Perfluoroctansulfonamide, Perfluoroctansulfonylfluorid oder Tetra-, Penta- , Hexa-, Hepta- oder Octabromdiphenylether; kurzkettige Chlorparaffine.

  Kurzkettige Chlorparaffine sind Mischungen von Verbindungen mit einem Chlorierungsgrad von mehr als 48 GHT mit der folgenden Molekularformel: $C_xH_{(2x-y+2)}Cl_y$, wobei x= 10-13 und y=1-13 sind.
4. Im Sinne der Unterpositionen 3825 41 und 3825 49 gelten als „Abfälle von organischen Lösemitteln" solche Abfälle, die überwiegend organische Lösungsmittel enthalten und die nach ihren Beschaffenheitsmerkmalen nicht mehr für den eigentlichen Verwendungszweck geeignet sind, unabhängig davon, ob sie zur Rückgewinnung der Lösemittel vorgesehen sind oder nicht.

Warenbezeichnung	Warennummer	Besondere Maßeinheit
Künstlicher Grafit; kolloider oder halbkolloider Grafit; Zubereitungen auf der Grundlage von Grafit oder anderem Kohlenstoff, in Form von Pasten, Blöcken, Platten oder anderen Halbfertigerzeugnissen:	**3801**	
– künstlicher Grafit	3801 10 00	–
– kolloider und halbkolloider Grafit:		
– – kolloider Grafit in öliger Suspension; halbkolloider Grafit	3801 20 10	–
– – anderer	3801 20 90	–
– kohlenstoffhaltige Pasten für Elektroden und ähnliche Pasten für die Innenauskleidung von Öfen	3801 30 00	–
– andere	3801 90 00	–
Aktivkohle; aktivierte natürliche mineralische Stoffe; Tierisches Schwarz, auch ausgebraucht:	**3802**	
– Aktivkohle	3802 10 00	–
– andere	3802 90 00	–
Tallöl, auch raffiniert:	**3803**	
– roh	3803 00 10	–
– anderes	3803 00 90	–
Ablaugen aus der Zellstoffherstellung, auch konzentriert, entzuckert oder chemisch behandelt, einschließlich Ligninsulfonate, jedoch ausgenommen Tallöl der Position 3803	**3804 00 00**	–

Warenbezeichnung	Warennummer	Besondere Maßeinheit
Balsamterpentinöl, Holzterpentinöl, Sulfatterpentinöl und andere terpenhaltige Öle aus der Destillation oder einer anderen Behandlung der Nadelhölzer; Dipenten, roh; Sulfitterpentinöl und anderes rohes para-Cymol; Pine-Oil, alpha-Terpineol als Hauptbestandteil enthaltend:	**3805**	
– Balsamterpentinöl, Holzterpentinöl und Sulfatterpentinöl:		
– – Balsamterpentinöl	3805 10 10	–
– – Holzterpentinöl	3805 10 30	–
– – Sulfatterpentinöl	3805 10 90	–
– andere:		
– – Pine-Oil	3805 90 10	–
– – andere	3805 90 90	–
Kolofonium und Harzsäuren, und deren Derivate; leichte und schwere Harzöle; durch Schmelzen modifizierte natürliche Harze (Schmelzharze):	**3806**	
– Kolofonium und Harzsäuren	3806 10 00	–
– Salze des Kolofoniums, der Harzsäuren oder der Derivate von Kolofonium oder von Harzsäuren, ausgenommen Salze von Kolofoniumaddukten	3806 20 00	–
– Harzester	3806 30 00	–
– andere	3806 90 00	–
Holzteere; Holzteeröle; Holzkreosot; Holzgeist; pflanzliches Pech; Brauerpech und ähnliche Zubereitungen auf der Grundlage von Kolofonium, Harzsäuren oder pflanzlichem Pech:	**3807**	
– Holzteere	3807 00 10	–
– andere	3807 00 90	–
Insektizide, Rodentizide, Fungizide, Herbizide, Keimhemmungsmittel und Pflanzenwuchsregulatoren, Desinfektionsmittel und ähnliche Erzeugnisse, in Formen oder Aufmachungen für den Einzelverkauf oder als Zubereitungen oder Waren (z. B. Schwefelbänder, Schwefelfäden, Schwefelkerzen und Fliegenfänger):	**3808**	
– Erzeugnisse im Sinne der Unterpositions-Anmerkung 1 zu diesem Kapitel:		
– – DDT (ISO) (Clofenotan (INN)), in Behältnissen mit einem Nettogewicht von nicht mehr als 300 g	3808 52 00	–
■ **– – andere**	3808 59 00	–
– Erzeugnisse im Sinne der Unterpositions-Anmerkung 2 zu diesem Kapitel:		
– – in Behältnissen mit einem Nettogewicht von nicht mehr als 300 g	3808 61 00	–
– – in Behältnissen mit einem Nettogewicht von mehr als 300 g, aber nicht mehr als 7,5 kg	3808 62 00	–
– – andere	3808 69 00	–
– andere:		
– – Insektizide:		
– – – auf der Grundlage von Pyrethroiden	3808 91 10	–
■ – – – auf der Grundlage von Chlorkohlenwasserstoffen	3808 91 20	–
■ – – – auf der Grundlage von Carbamaten	3808 91 30	–
■ – – – auf der Grundlage von organischen Phosphorverbindungen	3808 91 40	–
■ – – – andere	3808 91 90	–

Warenbezeichnung	Warennummer	Besondere Maßeinheit
– – Fungizide:		
– – – anorganische:		
– – – – Zubereitungen auf der Grundlage von Kupferverbindungen	3808 92 10	–
– – – – andere	3808 92 20	–
– – – andere:		
– – – – auf der Grundlage von Dithiocarbamaten	3808 92 30	–
– – – – auf der Grundlage von Benzimidazolen	3808 92 40	–
– – – – auf der Grundlage von Diazolen oder Triazolen	3808 92 50	–
– – – – auf der Grundlage von Diazinen oder Morpholinen	3808 92 60	–
■ – – – – andere	3808 92 90	–
– – Herbizide, Keimhemmungsmittel und Pflanzenwuchsregulatoren:		
– – – Herbizide:		
– – – – auf der Grundlage von Phenoxyphytohormonen	3808 93 11	–
– – – – auf der Grundlage von Triazinen	3808 93 13	–
– – – – auf der Grundlage von Amiden	3808 93 15	–
– – – – auf der Grundlage von Carbamaten	3808 93 17	–
– – – – auf der Grundlage von Dinitroanilinderivaten	3808 93 21	–
– – – – auf der Grundlage von Harnstoff-, Uracil- oder Sulfonylharnstoffderivaten	3808 93 23	–
– – – – andere	3808 93 27	–
– – – Keimhemmungsmittel	3808 93 30	–
– – – Pflanzenwuchsregulatoren	3808 93 90	–
– – Desinfektionsmittel:		
– – – auf der Grundlage von quartären Ammoniumsalzen	3808 94 10	–
– – – auf der Grundlage von halogenierten Verbindungen	3808 94 20	–
– – – andere	3808 94 90	–
– – andere:		
– – – Rodentizide	3808 99 10	–
– – – andere	3808 99 90	–
Appretur- oder Endausrüstungsmittel, Beschleuniger zum Färben oder Fixieren von Farbstoffen und andere Erzeugnisse und Zubereitungen (z. B. zubereitete Schlichtemittel und Zubereitungen zum Beizen), von der in der Textilindustrie, Papierindustrie, Lederindustrie oder ähnlichen Industrien verwendeten Art, anderweit weder genannt noch inbegriffen:	**3809**	
– auf der Grundlage von Stärke oder Stärkederivaten:		
– – mit einem Gehalt an diesen Stoffen von weniger als 55 GHT	3809 10 10	–
– – mit einem Gehalt an diesen Stoffen von 55 GHT oder mehr, jedoch weniger als 70 GHT	3809 10 30	–
– – mit einem Gehalt an diesen Stoffen von 70 GHT oder mehr, jedoch weniger als 83 GHT	3809 10 50	–
– – mit einem Gehalt an diesen Stoffen von 83 GHT oder mehr	3809 10 90	–
– andere:		
– – von der in der Textilindustrie oder in ähnlichen Industrien verwendeten Art	3809 91 00	–
– – von der in der Papierindustrie oder in ähnlichen Industrien verwendeten Art	3809 92 00	–
– – von der in der Lederindustrie oder in ähnlichen Industrien verwendeten Art	3809 93 00	–
Zubereitungen zum Abbeizen von Metallen; Flussmittel und andere Hilfsmittel zum Schweißen oder Löten von Metallen; Pasten und Pulver zum Schweißen oder Löten, aus Metall und anderen Stoffen; Zubereitungen von der als Überzugs- oder Füllmasse für Schweißelektroden oder Schweißstäbe verwendeten Art:	**3810**	
– Zubereitungen zum Abbeizen von Metallen; Pasten und Pulver zum Schweißen oder Löten, aus Metall und anderen Stoffen	3810 10 00	–

Warenbezeichnung	Warennummer	Besondere Maßeinheit
– andere:		
– – Zubereitungen von der als Überzugs- oder Füllmasse für Schweißelektroden oder Schweißstäbe verwendeten Art	3810 90 10	–
– – andere	3810 90 90	–
Zubereitete Antiklopfmittel, Antioxidantien, Antigums, Viskositätsverbesserer, Antikorrosivadditive und andere zubereitete Additive für Mineralöle (einschließlich Kraftstoffe) oder für andere, zu denselben Zwecken wie Mineralöle verwendete Flüssigkeiten:	**3811**	
– zubereitete Antiklopfmittel:		
– – auf der Grundlage von Bleiverbindungen:		
– – – auf der Grundlage von Tetraethylblei (Ethylfluid)	3811 11 10	–
– – – andere	3811 11 90	–
– – andere	3811 19 00	–
– Additive für Schmieröle:		
– – Erdöl oder Öl aus bituminösen Mineralien enthaltend	3811 21 00	–
– – andere	3811 29 00	–
– andere	3811 90 00	–
Zubereitete Vulkanisationsbeschleuniger; zusammengesetzte Weichmacher für Kautschuk oder Kunststoffe, anderweit weder genannt noch inbegriffen; zubereitete Antioxidationsmittel und andere zusammengesetzte Stabilisatoren für Kautschuk oder Kunststoffe:	**3812**	
– zubereitete Vulkanisationsbeschleuniger	3812 10 00	–
– zusammengesetzte Weichmacher für Kautschuk oder Kunststoffe:		
– – Reaktionsgemisch, Benzyl-3-isobutyryloxy-1-isopropyl-2,2-dimethylpropylphthalat und Benzyl-3-isobutyryloxy-2,2,4-trimethylpentylphthalat enthaltend	3812 20 10	–
– – andere	3812 20 90	–
– zubereitete Antioxidationsmittel und andere zusammengesetzte Stabilisatoren für Kautschuk oder Kunststoffe:		
– – Mischungen von Oligomeren des 2,2,4-Trimethyl-1,2-dihydrochinolin (TMQ)	3812 31 00	–
– – andere:		
– – – zubereitete Antioxidationsmittel	3812 39 10	–
– – – andere	3812 39 90	–
Gemische und Ladungen für Feuerlöschgeräte; Feuerlöschgranaten und Feuerlöschbomben	**3813 00 00**	–
Zusammengesetzte organische Löse- und Verdünnungsmittel, anderweit weder genannt noch inbegriffen; Zubereitungen zum Entfernen von Farben oder Lacken:	**3814**	
– auf der Grundlage von Butylacetat	3814 00 10	–
– andere	3814 00 90	–
Reaktionsauslöser, Reaktionsbeschleuniger und katalytische Zubereitungen, anderweit weder genannt noch inbegriffen:	**3815**	
– auf Trägern fixierte Katalysatoren:		
– – mit Nickel oder einer Nickelverbindung als aktiver Substanz	3815 11 00	–
– – mit Edelmetall oder einer Edelmetallverbindung als aktiver Substanz	3815 12 00	–

Warenbezeichnung	Warennummer	Besondere Maßeinheit
– – andere:		
– – – Katalysator in Form von Körnern, die zu 90 GHT oder mehr Abmessungen von 10 Mikrometer oder weniger aufweisen, aus einer auf einem Träger aus Magnesiumsilicat fixierten Mischung von Oxiden, mit einem Gehalt an: - Kupfer von 20 GHT bis 35 GHT und - Bismut von 2 GHT bis 3 GHT und einer augenscheinlichen Dichte von 0,2 bis 1,0	3815 19 10	–
– – – andere	3815 19 90	–
– andere:		
– – Ethyltriphenylphosphoniumacetat-Katalysator, in Methanol gelöst	3815 90 10	–
– – andere	3815 90 90	–
● **Feuerfeste Zemente, feuerfeste Mörtel, feuerfester Beton und ähnliche feuerfeste Mischungen einschließlich Dolomitstampfmasse, ausgenommen Erzeugnisse der Position 3801:**	**3816**	
● – Dolomitstampfmasse	3816 00 10	–
● – andere	3816 00 90	–
Alkylbenzol-Gemische und Alkylnaphthalin-Gemische, ausgenommen Waren der Position 2707 oder 2902:	**3817**	
– lineares Alkylbenzol	3817 00 50	–
– andere	3817 00 80	–
Chemische Elemente, zur Verwendung in der Elektronik dotiert, in Scheiben, Plättchen oder ähnlichen Formen; chemische Verbindungen, zur Verwendung in der Elektronik dotiert:	**3818**	
– dotiertes Silicium	3818 00 10	–
– andere	3818 00 90	–
Flüssigkeiten für hydraulische Bremsen und andere zubereitete Flüssigkeiten für hydraulische Kraftübertragung, kein Erdöl oder Öl aus bituminösen Mineralien enthaltend oder mit einem Gehalt an Erdöl oder Öl aus bituminösen Mineralien von weniger als 70 GHT	**3819 00 00**	–
Zubereitete Gefrierschutzmittel und zubereitete Flüssigkeiten zum Enteisen	**3820 00 00**	–
Zubereitete Nährsubstrate zum Züchten und Erhalten von Mikroorganismen (einschließlich Viren und dergleichen) oder pflanzlichen, menschlichen oder tierischen Zellen	**3821 00 00**	–
● **Diagnostik- oder Laborreagenzien auf einem Träger und zubereitete Diagnostik- oder Laborreagenzien, auch auf einem Träger, auch in Sets aufgemacht, ausgenommen Waren der Position 3006; zertifizierte Referenzmaterialien:**	**3822**	
● – Diagnostik- oder Laborreagenzien auf einem Träger, zubereitete Diagnostik- oder Laborreagenzien, auch auf einem Träger, auch in Sets aufgemacht:		
● – – zur Diagnose von Malaria	3822 11 00	–
● – – zur Diagnose von Zika und anderen von Stechmücken der Gattung *Aedes* übertragenen Krankheiten	3822 12 00	–
● – – zur Bestimmung der Blutgruppe	3822 13 00	–
● – – andere	3822 19 00	–
● – andere	3822 90 00	–

Warenbezeichnung	Warennummer	Besondere Maßeinheit
Technische einbasische Fettsäuren; saure Öle aus der Raffination; technische Fettalkohole:	**3823**	
– technische einbasische Fettsäuren; saure Öle aus der Raffination:		
– – Stearinsäure	3823 11 00	–
– – Ölsäure	3823 12 00	–
– – Tallölfettsäuren	3823 13 00	–
– – andere:		
– – – destillierte Fettsäuren	3823 19 10	–
– – – Destillationsfettsäuren	3823 19 30	–
– – – andere	3823 19 90	–
– technische Fettalkohole	3823 70 00	–
Zubereitete Bindemittel für Gießereiformen oder -kerne; chemische Erzeugnisse und Zubereitungen der chemischen Industrie oder verwandter Industrien (einschließlich Mischungen von Naturprodukten), anderweit weder genannt noch inbegriffen:	**3824**	
– zubereitete Bindemittel für Gießereiformen oder -kerne	3824 10 00	–
– nicht gesinterte Metallcarbide, untereinander oder mit metallischen Bindemitteln gemischt	3824 30 00	–
– zubereitete Additive für Zement, Mörtel oder Beton	3824 40 00	–
– Mörtel und Beton, nicht feuerfest:		
– – Frischbeton	3824 50 10	–
– – anderer	3824 50 90	–
– Sorbit, ausgenommen Waren der Unterposition 2905 44:		
– – in wässriger Lösung:		
– – – mit einem Gehalt an D-Mannitol von 2 GHT oder weniger, bezogen auf den Gehalt an D-Glucitol	3824 60 11	–
– – – anderer	3824 60 19	–
– – anderer:		
– – – mit einem Gehalt an D-Mannitol von 2 GHT oder weniger, bezogen auf den Gehalt an D-Glucitol	3824 60 91	–
– – – anderer	3824 60 99	–
– Erzeugnisse im Sinne der Unterpositions-Anmerkung 3 zu diesem Kapitel:		
– – Oxiran (Ethylenoxid) enthaltend	3824 81 00	–
– – polychlorierte Biphenyle (PCB), polychlorierte Terphenyle (PCT) oder polybromierte Biphenyle (PBB) enthaltend	3824 82 00	–
– – Tris(2,3-dibrompropyl)phosphat enthaltend	3824 83 00	–
– – Aldrin (ISO), Camphechlor (ISO) (Toxaphen), Chlordan (ISO), Chlordecon (ISO), DDT (ISO) (Clofenotan (INN), 1,1,1-Trichlor-2,2-bis(p-chlorphenyl) ethan), Dieldrin (ISO, INN), Endosulfan (ISO), Endrin (ISO), Heptachlor (ISO) oder Mirex (ISO) enthaltend	3824 84 00	–
– – 1,2,3,4,5,6-Hexachlorcyclohexan (HCH (ISO)), einschließlich Lindan (ISO, INN) enthaltend	3824 85 00	–
– – Pentachlorbenzol (ISO) oder Hexachlorbenzol (ISO) enthaltend	3824 86 00	–
– – Perfluoroctansulfonsäure, ihre Salze, Perfluoroctansulfonamide oder Perfluoroctansulfonfluorid enthaltend	3824 87 00	–
– – Tetra-, Penta-, Hexa-, Hepta- oder Octabromdiphenylether enthaltend	3824 88 00	–
● **– – kurzkettige chlorierte Paraffine enthaltend**	3824 89 00	–
– andere:		
– – Mischungen und Zubereitungen, hauptsächlich aus (5-Ethyl-2-methyl-2-oxido-1,3,2-dioxaphosphinan-5-yl) methyl methyl-methylphosphonat und Bis[(5-ethyl-2-methyl-2-oxido-1,3,2-dioxaphosphinan-5-yl) methyl] methylphosphonat bestehend	3824 91 00	–

Warenbezeichnung	Warennummer	Besondere Maßeinheit
● **– – Methylphosphonsäurepolyglycolester**	3824 92 00	–
– – andere:		
– – – Petroleumsulfonate, ausgenommen solche des Ammoniums, der Alkalimetalle oder der Ethanolamine; thiophenhaltige Sulfonsäuren von Öl aus bituminösen Mineralien und ihre Salze	3824 99 10	–
– – – Ionenaustauscher	3824 99 15	–
– – – Absorbentien zum Vervollständigen des Vakuums in elektrischen Röhren	3824 99 20	–
– – – Pyrolignite (z. B. Calciumpyrolignit); rohes Calciumtartrat; rohes Calciumcitrat	3824 99 25	–
– – – Naphthensäuren, ihre wasserunlöslichen Salze und ihre Ester	3824 99 30	–
– – – andere:		
– – – – Kesselsteinmittel und dergleichen	3824 99 45	–
– – – – Zubereitungen für die Galvanotechnik	3824 99 50	–
– – – – Mischungen von Glycerinmono-, -di- und -trifettsäureestern (Emulgiermittel für Fettstoffe)	3824 99 55	–
– – – – Erzeugnisse und Zubereitungen zu pharmazeutischen oder chirurgischen Zwecken:		
– – – – – Zwischenerzeugnisse der Antibiotikagewinnung, erhalten aus der Fermentation von *Streptomyces tenebrarius*, auch getrocknet, zum Herstellen von Arzneiwaren der Position 3004 für die Humanmedizin	3824 99 61	–
– – – – – Zwischenerzeugnisse aus der Gewinnung von Salzen des Monensins	3824 99 62	–
– – – – – andere	3824 99 64	–
– – – – Hilfsmittel von der in der Gießereiindustrie verwendeten Art (ausgenommen Waren der Warennummer 3824 10 00)	3824 99 65	–
– – – – Flammschutz-, Wasserschutzmittel und ähnliche Zubereitungen für den Schutz von Bauwerken	3824 99 70	–
– – – – andere:		
– – – – – Lithium-Niobat-Scheiben, nicht dotiert	3824 99 75	–
– – – – – Mischung von Aminen aus dimerisierten Fettsäuren, mit einem mittleren Molekulargewicht von 520 bis 550	3824 99 80	–
– – – – – 3-(1-Ethyl-1-methylpropyl)isoxazol-5-ylamin, in Toluol gelöst	3824 99 85	–
– – – – – Mischungen, hauptsächlich bestehend aus Dimethylmethylphosphonat, Oxiran und Diphosphorpentaoxid	3824 99 86	–
– – – – – chemische Erzeugnisse oder Zubereitungen, überwiegend aus organischen Verbindungen bestehend, anderweit weder genannt noch inbegriffen:		
■ – – – – – – in flüssiger Form bei 20 °C	3824 99 92	–
■ – – – – – – andere	3824 99 93	–
■ – – – – – andere	3824 99 96	–
Rückstände der chemischen Industrie oder verwandter Industrien, anderweit weder genannt noch inbegriffen; Siedlungsabfälle; Klärschlamm; andere in Anmerkung 6 zu diesem Kapitel genannte Abfälle:	**3825**	
– Siedlungsabfälle	3825 10 00	–
– Klärschlamm	3825 20 00	–
– klinische Abfälle	3825 30 00	–
– Abfälle von organischen Lösemitteln:		
– – halogeniert	3825 41 00	–
– – andere	3825 49 00	–
– Abfälle von flüssigen Abbeizmitteln für Metalle, Hydraulikflüssigkeiten, Bremsflüssigkeiten und Gefrierschutzflüssigkeiten	3825 50 00	–
– andere Abfälle der chemischen Industrie oder verwandter Industrien:		
– – überwiegend organische Bestandteile enthaltend	3825 61 00	–
– – andere	3825 69 00	–

Warenbezeichnung	Warennummer	Besondere Maßeinheit
– andere:		
– – alkalische Eisenoxide (Gasreinigungsmasse)	3825 90 10	–
– – andere	3825 90 90	–
Biodiesel und Biodieselmischungen, kein Erdöl oder Öl aus bituminösen Mineralien enthaltend oder mit einem Gehalt an Erdöl oder Öl aus bituminösen Materialien von weniger als 70 GHT:	**3826**	
– Fettsäuremonoalkylester, mit einem Gehalt an Estern von 96,5 GHT oder mehr (FAMAE)	3826 00 10	–
– andere	3826 00 90	–
● **Mischungen, die halogenierte Derivate von Methan, Ethan oder Propan enthalten, anderweit weder genannt noch inbegriffen:**	**3827**	
● **– perhalogenierte Chlorfluorkohlenwasserstoffe (CFK) enthaltend, auch teilhalogenierte Chlorfluorkohlenwasserstoffe (HCFKW), perfluorierte Kohlenwasserstoffe (FKW) oder teilfluorierte Kohlenwasserstoffe (HFKW) enthaltend; teilhalogenierte Bromfluorkohlenwasserstoffe (HBFKW) enthaltend; Tetrachlorkohlenstoff enthaltend; 1,1,1-Trichlorethan (Methylchloroform) enthaltend:**		
● **– – perhalogenierte Chlorfluorkohlenwasserstoffe (CFK) enthaltend, auch teilhalogenierte Chlorfluorkohlenwasserstoffe (HCFKW), perfluorierte Kohlenwasserstoffe (FKW) oder teilfluorierte Kohlenwasserstoffe (HFKW) enthaltend**	3827 11 00	–
● **– – teilhalogenierte Bromfluorkohlenwasserstoffe (HBFKW) enthaltend**	3827 12 00	–
● **– – Tetrachlorkohlenstoff enthaltend**	3827 13 00	–
● **– – 1,1,1-Trichlorethan (Methylchloroform) enthaltend**	3827 14 00	–
● **– Bromchlordifluormethan (Halon 1211), Bromtrifluormethan (Halon 1301) oder Dibromtetrafluorethane (Halon 2402) enthaltend**	3827 20 00	–
● **– teilhalogenierte Chlorfluorkohlenwasserstoffe (HCFKW) enthaltend, auch perfluorierte Kohlenwasserstoffe (FKW) oder teilfluorierte Kohlenwasserstoffe (HFKW), jedoch keine perhalogenierten Chlorfluorkohlenwasserstoffe (CFK) enthaltend:**		
● **– – Substanzen der Unterpositionen 2903 41 bis 2903 48 enthaltend**	3827 31 00	–
● **– – andere, Substanzen der Unterpositionen 2903 71 bis 2903 75 enthaltend**	3827 32 00	–
● **– – andere**	3827 39 00	–
● **– Methylbromid (Brommethan) oder Bromchlormethan enthaltend**	3827 40 00	–
● **– Trifluormethan (HFKW-23) oder perfluorierte Kohlenwasserstoffe (FKW), jedoch keine perhalogenierten Chlorfluorkohlenstoffe (CFK) oder teilhalogenierte Chlorfluorkohlenwasserstoffe (HCFKW) enthaltend:**		
● **– – Trifluormethan (HFKW-23) enthaltend**	3827 51 00	–
● **– – andere**	3827 59 00	–
● **– andere teilfluorierte Kohlenwasserstoffe (HFKW) enthaltend, jedoch keine perhalogenierten Chlorfluorkohlenstoffe (CFK) oder teilhalogenierte Chlorfluorkohlenwasserstoffe (HCFKW) enthaltend:**		
● **– – mit einem Gehalt an 1,1,1-Trifluorethan (HFKW-143a) von 15 GHT oder mehr**	3827 61 00	–
● **– – andere, nicht in der vorstehenden Unterposition inbegriffen, mit einem Gehalt an Pentafluorethan (HFKW-125) von 55 GHT oder mehr, jedoch keine ungesättigten Fluorderivate der acyclischen Kohlenwasserstoffe (HFO) enthaltend**	3827 62 00	–
● **– – andere, nicht in den vorstehenden Unterpositionen inbegriffen, mit einem Gehalt an Pentafluorethan (HFKW-125) von 40 GHT oder mehr**	3827 63 00	–
● **– – andere, nicht in den vorstehenden Unterpositionen inbegriffen, mit einem Gehalt an 1,1,1,2-Tetrafluorethan (HFKW-134a) von 30 GHT oder mehr, jedoch keine ungesättigten Fluorderivate der acyclischen Kohlenwasserstoffe (HFO) enthaltend**	3827 64 00	–

Warenbezeichnung	Warennummer	Besondere Maßeinheit
• – – andere, nicht in den vorstehenden Unterpositionen inbegriffen, mit einem Gehalt an Difluormethan (HFKW-32) von 20 GHT oder mehr und einem Gehalt an Pentafluorethan (HFKW-125) von 20 GHT enthaltend	3827 65 00	–
• – – andere, nicht in den vorstehenden Unterpositionen inbegriffen, Substanzen der Unterpositionen 2903 41 bis 2903 48 enthaltend	3827 68 00	–
• – – andere	3827 69 00	–
• – andere	3827 90 00	–

Kunststoffe und Waren daraus; Kautschuk und Waren daraus

Anmerkungen

1. Warenzusammenstellungen, die aus zwei oder mehreren voneinander getrennten Bestandteilen bestehen, von denen einige oder alle zu diesem Abschnitt gehören, und die erkennbar dazu bestimmt sind, durch Vermischen ein Erzeugnis des Abschnitts VI oder VII herzustellen, sind der für dieses Erzeugnis zutreffenden Positionen zuzuweisen unter der Voraussetzung, dass die Einzelbestandteile:
   a) ohne weiteres Umpacken aufgrund ihrer Aufmachung eindeutig erkennbar dazu bestimmt sind, zusammen verwendet zu werden,
   b) zusammen ein- oder ausgeführt werden und
   c) entweder aufgrund ihrer Beschaffenheit oder ihrer entsprechenden Mengen als einander ergänzend erkennbar sind.
2. Mit Ausnahme der Waren der Position 3918 oder 3919 sind Kunststoffe, Kautschuk und Waren daraus, mit Motiven, Buchstaben oder bildlichen Darstellungen bedruckt, die im Hinblick auf den eigentlichen (ursprünglichen) Gebrauch der Waren nicht nur nebensächlich sind, dem Kapitel 49 zuzuweisen.

Kapitel 39

Kunststoffe und Waren daraus

Anmerkungen

1. Als „Kunststoffe“ gelten im Warenverzeichnis die Stoffe der Positionen 3901 bis 3914, die im Zeitpunkt der Polymerisation oder in einem späteren Stadium unter einer äußeren Einwirkung (im Allgemeinen Wärme und Druck, falls erforderlich auch unter Zuhilfenahme von Lösemitteln oder Weichmachern) durch Gießen, Pressen, Strangpressen, Walzen oder ein anderes Verfahren eine Form erhalten können oder erhalten haben, die auch nach Beendigung der äußeren Einwirkung erhalten bleibt.

   Der Begriff „Kunststoffe“ umfasst im Warenverzeichnis auch Vulkanfiber. Dagegen ist dieser Begriff nicht anwendbar auf Stoffe, die als Spinnstoffe des Abschnitts XI gelten.
2. Zu Kapitel 39 gehören nicht:
   a) zubereitete Schmiermittel der Position 2710 oder 3403
   b) Wachse der Position 2712 oder 3404;
   c) isolierte chemisch einheitliche organische Verbindungen (Kapitel 29);
   d) Heparin oder seine Salze (Position 3001);
   e) Lösungen von Erzeugnissen der Positionen 3901 bis 3913 (ausgenommen Kollodium) in flüchtigen organischen Lösemitteln, wenn der Anteil des Lösemittels 50 GHT der Lösung übersteigt (Position 3208); Prägefolien der Position 3212;
   f) organische grenzflächenaktive Stoffe oder Zubereitungen der Position 3402;
   g) Schmelzharze und Harzester (Position 3806);
   h) zubereitete Additives für Mineralöle (einschließlich Kraftstoffe) oder für andere, zu denselben Zwecken wie Mineralöle verwendete Flüssigkeiten (Position 3811);
   ij) zubereitete hydraulische Flüssigkeiten auf der Grundlage von Polyglykolen, Siliconen oder anderen Polymeren des Kapitels 39 (Position 3819);
   k) Diagnostik- oder Laborreagenzien auf einem Träger aus Kunststoffen (Position 3822);
   l) synthetischer Kautschuk im Sinne des Kapitels 40 und Waren daraus;
   m) Sattlerwaren (Position 4201), Koffer, Handtaschen oder andere Behältnisse der Position 4202;
   n) Flechtwaren und Korbmacherwaren des Kapitels 46;
   o) Wandverkleidungen der Position 4814;
   p) Erzeugnisse des Abschnitts XI (Spinnstoffe und Waren daraus);
   q) Waren des Abschnitts XII (z. B. Schuhe und Schuhteile, Kopfbedeckungen und Teile davon, Regenschirme, Sonnenschirme, Spazierstöcke, Peitschen, Reitpeitschen und Teile davon);
   r) Fantasieschmuck der Position 7117;
   s) Waren des Abschnitts XVI (Maschinen und Apparate, elektrotechnische Waren);
   t) Teile von Beförderungsmitteln des Abschnitts XVII;
   u) Waren des Kapitels 90 (z. B. optische Elemente, Brillenfassungen, Zeicheninstrumente);
   v) Waren des Kapitels 91 (z. B. Gehäuse für Uhren und andere Uhrmacherwaren);
   w) Waren des Kapitels 92 (z. B. Musikinstrumente und Teile davon);
   x) Waren des Kapitels 94 (z. B. Möbel, Leuchten und Beleuchtungskörper, Reklameleuchten, vorgefertigte Gebäude);
   y) Waren des Kapitels 95 (z. B. Spielzeug, Spiele, Sportgeräte);
   z) Waren des Kapitels 96 (z. B. Bürsten, Knöpfe, Reißverschlüsse, Kämme, Mundstücke und Rohre für Tabakpfeifen, Zigarettenspitzen oder dergleichen, Teile von Isolierflaschen, Kugelschreiber, Füllhalter, Drehbleistifte und Ein-, Zwei-, Dreibeinstative und ähnliche Waren).

3. Zu den Positionen 3901 bis 3911 gehören nur durch chemische Synthese hergestellte Erzeugnisse der folgenden Kategorien:
   a) flüssige synthetische Polyolefine, bei deren Destillation weniger als 60 RHT bis 300 °C übergehen, nach Umrechnung auf 1013 mbar, wenn eine Vakuumdestillation durchgeführt wird (Positionen 3901 und 3902);
   b) niedrig polymerisierte Harze vom Cumaron-Inden-Typ (Position 3911);
   c) andere synthetische Polymere aus durchschnittlich fünf oder mehr monomeren Einheiten;
   d) Silicone (Position 3910);
   e) Resole (Position 3909) und andere Prepolymere.
4. Als „Copolymere" gelten alle Polymere, bei denen keine einzelne Monomereinheit 95 GHT oder mehr zum Gesamtpolymergehalt beiträgt.

   Im Sinne des Kapitels 39 sind, wenn nichts anderes bestimmt ist, Copolymere (einschließlich Copolykondensate, Copolyadditionserzeugnisse, Blockcopolymere und Pfropfcopolymere) und Polymergemische der Position zuzuweisen, welche die Polymere derjenigen Comonomereinheit erfasst, die gewichtsmäßig gegenüber jeder anderen einzelnen Comonomereinheit überwiegt. Im Sinne dieser Anmerkung sind dabei die konstitutionellen Comonomereinheiten von Polymeren, die zur selben Position gehören, zusammenzuziehen.

   Wenn keine einzelne Comonomereinheit überwiegt, sind Copolymere oder Polymergemische der Letzten der in Betracht kommenden Positionen zuzuweisen.
5. Chemisch modifizierte Polymere – das sind solche, bei denen nur an den Seitengruppen der Hauptpolymerkette Änderungen durch chemische Reaktionen vorgenommen wurden – sind derjenigen Position zuzuweisen, die das nicht modifizierte Polymer erfasst. Diese Bestimmung gilt nicht für Pfropfcopolymere.
6. Als „Primärformen" im Sinne der Positionen 3901 bis 3914 gelten nur folgende Formen:
   a) Flüssigkeiten und Pasten, einschließlich Dispersionen (Emulsionen und Suspensionen) und Lösungen;
   b) Blöcke von unregelmäßiger Form, Brocken, Krümel, Pulver (einschließlich Formmassen), Granulate, Flocken und ähnliche lose Formen.
7. Zu Position 3915 gehören nicht Abfälle, Schnitzel und Bruch eines einzelnen thermoplastischen Stoffes, die in Primärformen umgewandelt wurden (Positionen 3901 bis 3914).
8. Als „Rohre und Schläuche" im Sinne der Position 3917 gelten Hohlprodukte, die Halb- oder Fertigerzeugnisse sind (z. B. gerippte Gartenschläuche, perforierte Rohre), wie sie üblicherweise zum Leiten, Befördern und Verteilen von Gasen oder Flüssigkeiten dienen. Diese Bezeichnungen erfassen auch schlauchförmige Wursthüllen und andere flachliegende Rohre und Schläuche. Mit Ausnahme der letztgenannten Erzeugnisse gelten jedoch solche mit einem anderen als runden, ovalen, rechteckigen (mit einer Länge von nicht mehr als dem 1,5fachen der Breite) oder ein regelmäßiges Vieleck aufweisenden Innenquerschnitt als Profile und nicht als Rohre oder Schläuche.
9. Als „Wand- oder Deckenverkleidungen aus Kunststoffen" im Sinne der Position 3918 gelten zur Verschönerung von Wänden oder Decken geeignete Erzeugnisse in Rollen mit einer Breite von 45 cm oder mehr, die aus dauerhaft auf einem Träger aus anderen Stoffen als Papier befestigtem Kunststoff bestehen und deren Kunststoffschicht (auf der Schauseite) gemasert, geprägt, farbig gemustert, mit Motiven bedruckt oder anders verziert ist.
10. Als „Tafeln, Platten, Folien, Filme, Bänder und Streifen" im Sinne der Position 3920 und 3921 gelten ausschließlich Tafeln, Platten, Folien, Filme, Bänder und Streifen (ausgenommen solche des Kapitels 54) und Blöcke von regelmäßiger geometrischer Form, auch bedruckt oder anders oberflächenbearbeitet, nicht geschnitten oder lediglich rechteckig oder quadratisch geschnitten (auch wenn sie dadurch den Charakter von Fertigwaren erhalten haben), aber nicht weiter bearbeitet.

11. Zu Position 3925 gehören nur die nachstehend aufgeführten Waren, soweit sie nicht in vorhergehenden Positionen des Teilkapitels II erfasst sind:
   a) Sammelbehälter, Tanks (einschließlich Klärtanks), Bottiche und ähnliche Behälter, mit einem Fassungsvermögen von mehr als 300 l;
   b) Bauelemente, wie sie z. B. zum Herstellen von Fußböden, Mauern, Trennwänden, Decken und Bedachungen verwendet werden;
   c) Regenrinnen und deren Zubehör;
   d) Türen, Fenster und deren Rahmen, Verkleidungen und Schwellen;
   e) Geländer, Zäune und ähnliche Absperrungen;
   f) Fensterläden, Jalousien (einschließlich Jalousetten) und ähnliche Waren, und deren Teile und Zubehör;
   g) große Regale, zur Montage und zum festen Einbau z. B. in Läden, Werkstätten oder Lagerräumen bestimmt;
   h) architektonische Ornamente, z. B. Kannelierungen, Gewölbe, Friese;
   ij) Beschläge und ähnliche Waren zur bleibenden Befestigung an Türen, Fenstern, Treppen, Wänden oder anderen Gebäudeteilen, z. B. Knöpfe, Griffe, Haken, Konsolen, Handtuchhalter, Schalterplatten und andere Abdeckplatten.

Unterpositions-Anmerkungen

1. Innerhalb einer Position dieses Kapitels sind Polymere (einschließlich Copolymere) und chemisch modifizierte Polymere gemäß den folgenden Regeln einzureihen:
   a) Besteht eine Unterposition „andere“ in derselben Gliederungsstufe von Unterpositionen, gilt Folgendes:
      1) Die dem Namen eines spezifischen Polymers in der Warenbezeichnung einer Unterposition angefügte Vorsilbe „Poly“ (z. B. Polyethylen oder Polyamid-6,6) bedeutet, dass die konstitutionelle Monomereinheit oder konstitutionellen Monomereinheiten des namentlich genannten Polymers zusammengenommen 95 GHT oder mehr zum Gesamtpolymergehalt beitragen müssen.
      2) Die in den Unterpositionen 3901 30, 3901 40, 3903 20, 3903 30 und 3904 30 genannten Copolymere sind diesen Unterpositionen zuzuweisen, wenn die Comonomereinheiten der genannten Copolymere 95 GHT oder mehr zum Gesamtpolymergehalt beitragen.
      3) Chemisch modifizierte Polymere sind in die Unterposition „andere“ einzureihen, vorausgesetzt, dass diese chemisch modifizierten Polymere nicht in einer anderen Unterposition genauer erfasst sind.
      4) Polymere, die nicht die in den vorstehenden Absätzen 1., 2. oder 3. vorgegebene Beschaffenheit aufweisen, sind innerhalb derselben Gliederungsstufe von Unterpositionen in jene Unterposition einzureihen, die Polymere derjenigen Monomereinheit erfasst, die gewichtsmäßig gegenüber jeder anderen einzelnen Comonomereinheit überwiegt. Dabei sind konstitutionelle Monomereinheiten von Polymeren, die in dieselbe Unterposition fallen, zusammenzuziehen. Nur die konstitutionellen Comonomereinheiten von Polymeren derselben Gliederungsstufe von Unterpositionen sind miteinander zu vergleichen.
   b) Besteht keine Unterposition „andere“ in derselben Gliederungsstufe von Unterpositionen, so gilt Folgendes:
      1) Polymere sind der Unterposition zuzuweisen, die Polymere derjenigen Monomereinheit erfasst, die gewichtsmäßig gegenüber jeder anderen einzelnen Comonomereinheit überwiegt. Dabei sind konstitutionelle Monomereinheiten von Polymeren, die in dieselbe Unterposition fallen, zusammenzuziehen. Nur die konstitutionellen Comonomereinheiten von Polymeren derselben Gliederungsstufe sind miteinander zu vergleichen.
      2) Chemisch modifizierte Polymere sind der für das nicht modifizierte Polymer zutreffenden Unterposition zuzuweisen.

   Polymergemische sind derselben Unterposition zuzuweisen wie die aus denselben Monomereinheiten im selben Mengenverhältnis erhaltenen Polymere.
2. Im Sinne der Unterposition 3920 43 schließt der Begriff „Weichmacher“ auch die Sekundärweichmacher ein.

Zusätzliche Anmerkung

1. In das Kapitel 39 gehören mit Zellkunststoff getränkte, bestrichene oder überzogene Fingerhandschuhe, Handschuhe ohne Fingerspitzen und Fausthandschuhe, unabhängig davon,
   – ob sie aus mit Zellkunststoff getränkten, bestrichenen oder überzogenen Geweben, Gewirken, Gestricken (anderen als solchen der Position 5903), Filzen oder Vliesstoffen konfektioniert sind oder
   – aus nicht getränkten, bestrichenen oder überzogenen Geweben, Gewirken, Gestricken, Filzen oder Vliesstoffen konfektioniert und anschließend mit Zellkunststoff getränkt, bestrichen oder überzogen worden sind,

   sofern diese Gewebe, Gewirke, Gestricke, Filze oder Vliesstoffe nur der Verstärkung dienen (Anmerkung 3 c) zu Kapitel 56 und Anmerkung 2 a) Ziffer 5) zu Kapitel 59).

Warenbezeichnung	Warennummer	Besondere Maßeinheit
I. Primärformen		
Polymere des Ethylens, in Primärformen:	**3901**	
– Polyethylen mit einer Dichte von weniger als 0,94:		
– – lineares Polyethylen	3901 10 10	–
– – anderes	3901 10 90	–
– Polyethylen mit einer Dichte von 0,94 oder mehr:		
– – Polyethylen in Formen im Sinne der Anmerkung 6 b) zu diesem Kapitel, mit einer Dichte von 0,958 oder mehr bei 23 °C und einem Gehalt an: - Aluminium von 50 mg/kg oder weniger, - Calcium von 2 mg/kg oder weniger, - Chrom von 2 mg/kg oder weniger, - Eisen von 2 mg/kg oder weniger, - Nickel von 2 mg/kg oder weniger, - Titan von 2 mg/kg oder weniger und - Vanadium von 8 mg/kg oder weniger zum Herstellen von chlorsulfoniertem Polyethylen	3901 20 10	–
– – anderes	3901 20 90	–
– Ethylen-Vinylacetat-Copolymere	3901 30 00	–
– Ethylen-alpha-Olefin-Copolymere mit einer spezifischen Dichte von weniger als 0,94	3901 40 00	–
– andere:		
– – ionomeres Harz, bestehend aus einem Salz eines Ethylen-Isobutylacrylat-Methacrylsäure-Copolymers; A-B-A-Blockcopolymer aus Polystyrol, Ethylen-Butylen-Copolymer und Polystyrol, mit einem Gehalt an Styrol von 35 GHT oder weniger, in Formen im Sinne der Anmerkung 6 b) zu diesem Kapitel	3901 90 30	–
– – andere	3901 90 80	–

Warenbezeichnung	Warennummer	Besondere Maßeinheit
Polymere des Propylens oder anderer Olefine, in Primärformen:	**3902**	
– Polypropylen	3902 10 00	–
– Polyisobutylen	3902 20 00	–
– Propylen-Copolymere	3902 30 00	–
– andere:		
– – A-B-A-Blockcopolymer aus Polystyrol, Ethylen-Butylen-Copolymer und Polystyrol, mit einem Gehalt an Styrol von 35 GHT oder weniger, in Formen im Sinne der Anmerkung 6 b) zu diesem Kapitel	3902 90 10	–
– – Poly(1-buten), 1-Buten-Ethylen-Copolymer mit einem Gehalt an Ethylen von 10 GHT oder weniger, oder eine Mischung von Poly(1-buten) und Polyethylen und/oder Polypropylen, mit einem Gehalt an Polyethylen von 10 GHT oder weniger und/oder an Polypropylen von 25 GHT oder weniger, in Formen im Sinne der Anmerkung 6 b) zu diesem Kapitel	3902 90 20	–
– – andere	3902 90 90	–
Polymere des Styrols, in Primärformen:	**3903**	
– Polystyrol:		
– – expandierbar	3903 11 00	–
– – anderes	3903 19 00	–
– Styrol-Acrylnitril-Copolymere (SAN)	3903 20 00	–
– Acrylnitril-Butadien-Styrol-Copolymere (ABS)	3903 30 00	–
– andere:		
– – Copolymer, ausschließlich aus Styrol und Allylalkohol, mit einer Acetylzahl von 175 oder mehr	3903 90 10	–
– – bromiertes Polystyrol mit einem Gehalt an Brom von 58 GHT bis 71 GHT, in Formen im Sinne der Anmerkung 6 b) zu diesem Kapitel	3903 90 20	–
– – andere	3903 90 90	–
Polymere des Vinylchlorids oder anderer halogenierter Olefine, in Primärformen:	**3904**	
– Poly(vinylchlorid), nicht mit anderen Stoffen gemischt	3904 10 00	–
– anderes Poly(vinylchlorid):		
– – nicht weich gemacht	3904 21 00	–
– – weich gemacht	3904 22 00	–
– Vinylchlorid-Vinylacetat-Copolymere	3904 30 00	–
– andere Copolymere des Vinylchlorids	3904 40 00	–
– Polymere des Vinylidenchlorids:		
– – Vinylidenchlorid-Acrylnitril-Copolymer in Form von expandierbaren Kügelchen mit einem Durchmesser von 4 Mikrometer bis 20 Mikrometer	3904 50 10	–
– – andere	3904 50 90	–
– fluorierte Polymere:		
– – Polytetrafluorethylen	3904 61 00	–
– – andere:		
– – – Poly(vinylfluorid) in Formen im Sinne der Anmerkung 6 b) zu diesem Kapitel	3904 69 10	–
– – – Fluorelastomere FKM	3904 69 20	–
– – – andere	3904 69 80	–
– andere	3904 90 00	–

Warenbezeichnung	Warennummer	Besondere Maßeinheit
Polymere des Vinylacetats oder anderer Vinylester, in Primärformen; andere Vinylpolymere, in Primärformen:	**3905**	
– Poly(vinylacetat):		
– – in wässriger Dispersion	3905 12 00	–
– – anderes	3905 19 00	–
– Vinylacetat-Copolymere:		
– – in wässriger Dispersion	3905 21 00	–
– – andere	3905 29 00	–
– Poly(vinylalkohol), auch nicht hydrolisierte Acetatgruppen enthaltend	3905 30 00	–
– andere:		
– – Copolymere	3905 91 00	–
– – andere:		
– – – Poly(vinylformal), in Formen im Sinne der Anmerkung 6 b) zu diesem Kapitel, mit einem Molekulargewicht von 10 000 bis 40 000 und einem Gehalt an: - Acetylgruppen, berechnet als Vinylacetat, von 9,5 GHT bis 13 GHT und - Hydroxylgruppen, berechnet als Vinylalkohol, von 5 GHT bis 6,5 GHT	3905 99 10	–
– – – andere	3905 99 90	–
Acrylpolymere in Primärformen:	**3906**	
– Poly(methylmethacrylat)	3906 10 00	–
– andere:		
– – Poly[N-(3-hydroxyimino-1,1-dimethylbutyl)acrylamid]	3906 90 10	–
– – Copolymer aus 2-Diisopropylaminoethylmethacrylat und Decylmethacrylat, in Form einer Lösung in N,N-Dimethylacetamid, mit einem Gehalt an Copolymer von 55 GHT oder mehr	3906 90 20	–
– – Copolymer aus Acrylsäure und 2-Ethylhexylacrylat, mit einem Gehalt an 2-Ethylhexylacrylat von 10 GHT bis 11 GHT	3906 90 30	–
– – Acrylnitril-Methylacrylat-Copolymer, modifiziert mit Polybutadien-Acrylnitril (NBR)	3906 90 40	–
– – Polymerisationserzeugnis aus Acrylsäure und Alkylmethacrylat mit geringen Mengen anderer Monomere, zur Verwendung als Verdickungsmittel in Druckpasten für den Textildruck	3906 90 50	–
– – Copolymer aus Methylacrylat, Ethylen und einem Monomer, das eine austauschbare, nicht am Kettenende befindliche Carboxylgruppe enthält, mit einem Gehalt an Methylacrylat von 50 GHT oder mehr, auch mit Kieselerde vermischt	3906 90 60	–
– – andere	3906 90 90	–
Polyacetale, andere Polyether und Epoxidharze, in Primärformen; Polycarbonate, Alkydharze, Allylpolyester und andere Polyester, in Primärformen:	**3907**	
– Polyacetale	3907 10 00	–
– andere Polyether:		
● **– – Bis(polyoxyethylen)methylphosphonat**	3907 21 00	–
● **– – andere:**		
● – – – Polyetheralkohole:		
● – – – – Polyethylenglykole	3907 29 11	–
● – – – – andere	3907 29 20	–
● – – – andere:		
● – – – – Copolymer aus 1-Chlor-2,3-epoxypropan und Ethylenoxid	3907 29 91	–
● – – – – andere	3907 29 99	–
– Epoxidharze	3907 30 00	–
– Polycarbonate	3907 40 00	–
– Alkydharze	3907 50 00	–

Warenbezeichnung	Warennummer	Besondere Maßeinheit
– Poly(ethylenterephthalat):		
– – mit einer Viskositätszahl von 78 ml/g oder mehr	3907 61 00	–
– – andere	3907 69 00	–
– Poly(milchsäure)	3907 70 00	–
– andere Polyester:		
– – ungesättigt:		
– – – flüssig	3907 91 10	–
– – – andere	3907 91 90	–
– – andere:		
– – – Thermoplastische Flüssigkristallcopolymere auf Basis aromatischer Polyester	3907 99 05	–
– – – Poly(ethylennaphthalin-2,6-dicarboxylat)	3907 99 10	–
– – – andere	3907 99 80	–
Polyamide in Primärformen:	**3908**	
– Polyamid-6, -11, -12, -6,6, -6,9, -6,10 oder -6,12	3908 10 00	–
– andere	3908 90 00	–
Aminoharze, Phenolharze und Polyurethane, in Primärformen:	**3909**	
– Harnstoffharze; Thioharnstoffharze	3909 10 00	–
– Melaminharze	3909 20 00	–
– andere Aminoharze:		
– – Poly(methylenphenylisocyanat) (rohes MDI, polymeres MDI)	3909 31 00	–
– – andere	3909 39 00	–
– Phenolharze	3909 40 00	–
– Polyurethane:		
– – Polyurethan aus 2,2'-(tert-Butylimino)diethanol und 4,4'-Methylendicyclohexyldiisocyanat, in Form einer Lösung in N,N-Dimethylacetamid, mit einem Gehalt an Polymer von 50 GHT oder mehr	3909 50 10	–
– – andere	3909 50 90	–
Silicone in Primärformen	3910 00 00	–
Petroleumharze, Cumaron-Inden-Harze, Polyterpene, Polysulfide, Polysulfone und andere Erzeugnisse im Sinne der Anmerkung 3 zu diesem Kapitel, anderweit weder genannt noch inbegriffen, in Primärformen:	**3911**	
– Petroleumharze, Cumaronharze, Indenharze oder Cumaron-Inden-Harze und Polyterpene	3911 10 00	–
● **– Poly(1,3-phenylenmethylphosphonat)**	3911 20 00	–
– andere:		
– – Kondensationspolymerisations- und Umlagerungspolymerisationserzeugnisse, auch chemisch modifiziert:		
– – – Poly(oxy-1,4-phenylensulfonyl-1,4-phenylenoxy-1,4-phenylenisopropyliden-1,4-phenylen), in Formen im Sinne der Anmerkung 6 b) zu diesem Kapitel	3911 90 11	–
– – – Poly(thio-1,4-phenylen)	3911 90 13	–
– – – andere	3911 90 19	–
– – andere:		
– – – Copolymer aus p-Kresol und Divinylbenzol, in Form einer Lösung in N,N-Dimethylacetamid, mit einem Gehalt an Polymer von 50 GHT oder mehr; hydrierte Copolymere aus Vinyltoluol und α-Methylstyrol	3911 90 92	–
■ – – – andere	3911 90 99	–

Warenbezeichnung	Warennummer	Besondere Maßeinheit
Cellulose und ihre chemischen Derivate, anderweit weder genannt noch inbegriffen, in Primärformen:	**3912**	
– Celluloseacetate:		
– – nicht weich gemacht	3912 11 00	–
– – weich gemacht	3912 12 00	–
– Cellulosenitrate (einschließlich Collodium):		
– – nicht weich gemacht:		
– – – Collodium und Celloidin	3912 20 11	–
– – – andere	3912 20 19	–
– – weich gemacht	3912 20 90	–
– Celluloseether:		
– – Carboxymethylcellulose und ihre Salze	3912 31 00	–
– – andere:		
– – – Hydroxypropylcellulose	3912 39 20	–
– – – andere	3912 39 85	–
– andere:		
– – Celluloseester	3912 90 10	–
– – andere	3912 90 90	–
Natürliche Polymere (z. B. Alginsäure) und modifizierte natürliche Polymere (z. B. gehärtete Eiweißstoffe, chemische Derivate von Naturkautschuk), anderweit weder genannt noch inbegriffen, in Primärformen:	**3913**	
– Alginsäure, ihre Salze und Ester	3913 10 00	–
– andere	3913 90 00	–
Ionenaustauscher auf der Grundlage von Polymeren der Positionen 3901 bis 3913, in Primärformen	3914 00 00	–

II. Abfälle, Schnitzel und Bruch; Halberzeugnisse; Fertigerzeugnisse

Warenbezeichnung	Warennummer	Besondere Maßeinheit
Abfälle, Schnitzel und Bruch von Kunststoffen:	**3915**	
– von Polymeren des Ethylens	3915 10 00	–
– von Polymeren des Styrols	3915 20 00	–
– von Polymeren des Vinylchlorids	3915 30 00	–
– von anderen Kunststoffen:		
– – von Polymeren des Propylens	3915 90 11	–
– – andere	3915 90 80	–
Monofile mit einem größten Durchmesser von mehr als 1 mm, Stäbe, Stangen und Profile, auch mit Oberflächenbearbeitung, jedoch nicht weiter bearbeitet, aus Kunststoffen:	**3916**	
– aus Polymeren des Ethylens	3916 10 00	–
– aus Polymeren des Vinylchlorids	3916 20 00	–
– aus anderen Kunststoffen:		
– – aus Kondensationspolymerisations- und Umlagerungspolymerisationserzeugnissen, auch chemisch modifiziert	3916 90 10	–
– – aus Additionspolymerisationserzeugnissen	3916 90 50	–
– – andere	3916 90 90	–

Warenbezeichnung	Warennummer	Besondere Maßeinheit
Rohre und Schläuche sowie Formstücke, Verschlussstücke und Verbindungsstücke (Kniestücke, Flansche und dergleichen), aus Kunststoffen:	**3917**	
– Kunstdärme aus gehärteten Eiweißstoffen oder aus Cellulosekunststoffen:		
– – aus gehärteten Eiweißstoffen	3917 10 10	–
– – aus Cellulosekunststoffen	3917 10 90	–
– Rohre und Schläuche, nicht biegsam:		
– – aus Polymeren des Ethylens:		
– – – nahtlos und mit einer Länge, die den größten Durchmesser überschreitet, auch mit Oberflächenbearbeitung, jedoch nicht weiter bearbeitet	3917 21 10	–
– – – andere	3917 21 90	–
– – aus Polymeren des Propylens:		
– – – nahtlos und mit einer Länge, die den größten Durchmesser überschreitet, auch mit Oberflächenbearbeitung, jedoch nicht weiter bearbeitet	3917 22 10	–
– – – andere	3917 22 90	–
– – aus Polymeren des Vinylchlorids:		
– – – nahtlos und mit einer Länge, die den größten Durchmesser überschreitet, auch mit Oberflächenbearbeitung, jedoch nicht weiter bearbeitet	3917 23 10	–
– – – andere	3917 23 90	–
– – aus anderen Kunststoffen	3917 29 00	–
– andere Rohre und Schläuche:		
– – biegsame Rohre und Schläuche, die einem Druck von 27,6 MPa oder mehr standhalten	3917 31 00	–
– – andere, weder mit anderen Stoffen verstärkt noch in Verbindung mit anderen Stoffen, ohne Formstücke, Verschlussstücke oder Verbindungsstücke	3917 32 00	–
– – andere, weder mit anderen Stoffen verstärkt noch in Verbindung mit anderen Stoffen, mit Formstücken, Verschlussstücken oder Verbindungsstücken	3917 33 00	–
– – andere	3917 39 00	–
– Formstücke, Verschlussstücke oder Verbindungsstücke	3917 40 00	–
Bodenbeläge aus Kunststoffen, auch selbstklebend, in Rollen oder in Form von Fliesen oder Platten; Wand- oder Deckenverkleidungen aus Kunststoffen im Sinne der Anmerkung 9 zu diesem Kapitel:	**3918**	
– aus Polymeren des Vinylchlorids:		
– – bestehend aus einem Träger, mit Poly(vinylchlorid) getränkt, bestrichen oder überzogen	3918 10 10	m^2
– – andere	3918 10 90	m^2
– aus anderen Kunststoffen	3918 90 00	m^2
Tafeln, Platten, Folien, Filme, Bänder, Streifen und andere Flacherzeugnisse, selbstklebend, aus Kunststoffen, auch in Rollen:	**3919**	
– in Rollen mit einer Breite von 20 cm oder weniger:		
– – Bänder (Streifen), mit nicht vulkanisiertem Naturkautschuk oder nicht vulkanisiertem synthetischen Kautschuk bestrichen:		
– – – aus Poly(vinylchlorid) oder aus Polyethylen	3919 10 12	–
– – – aus Polypropylen	3919 10 15	–
– – – andere	3919 10 19	–
– – andere	3919 10 80	–
– andere:		
– – selbstklebende, runde Polierscheiben von der für die Herstellung von Halbleiterscheiben (wafers) verwendeten Art	3919 90 20	–
– – andere	3919 90 80	–

Warenbezeichnung	Warennummer	Besondere Maßeinheit
Andere Tafeln, Platten, Folien, Filme, Bänder und Streifen, nicht aus Zellkunststoffen, weder verstärkt noch geschichtet (laminiert) oder auf ähnliche Weise mit anderen Stoffen verbunden, ohne Unterlage:	**3920**	
– aus Polymeren des Ethylens:		
– – mit einer Dicke von 0,125 mm oder weniger:		
– – – aus Polyethylen mit einer Dichte von:		
– – – – weniger als 0,94:		
– – – – – Polyethylenfolien mit einer Dicke von 20 Mikrometer bis 40 Mikrometer, zum Herstellen von Fotoresist-Filmen für die Halbleiterfertigung oder für gedruckte Schaltungen	3920 10 23	–
– – – – – Stretchfolien, nicht bedruckt	3920 10 24	–
– – – – – andere	3920 10 25	–
– – – – 0,94 oder mehr	3920 10 28	–
– – – andere	3920 10 40	–
– – mit einer Dicke von mehr als 0,125 mm:		
– – – synthetischer Papierhalbstoff, bestehend aus feuchten Blättern aus nicht kohärenten Polyethylenfasern (Fibrillen), auch mit Zusatz von Cellulosefasern von 15 GHT oder weniger mit in Wasser gelöstem Poly(vinylalkohol) als Feuchthaltemittel	3920 10 81	–
– – – andere	3920 10 89	–
– aus Polymeren des Propylens:		
– – mit einer Dicke von 0,10 mm oder weniger:		
– – – biaxial orientiert	3920 20 21	–
– – – andere	3920 20 29	–
– – mit einer Dicke von mehr als 0,10 mm	3920 20 80	–
– aus Polymeren des Styrols	3920 30 00	–
– aus Polymeren des Vinylchlorids:		
– – mit einem Gehalt an Weichmachern von 6 GHT oder mehr:		
– – – mit einer Dicke von 1 mm oder weniger	3920 43 10	–
– – – mit einer Dicke von mehr als 1 mm	3920 43 90	–
– – andere:		
– – – mit einer Dicke von 1 mm oder weniger	3920 49 10	–
– – – mit einer Dicke von mehr als 1 mm	3920 49 90	–
– aus Acrylpolymeren:		
– – aus Poly(methylmethacrylat)	3920 51 00	–
– – andere:		
– – – Copolymer aus Acrylsäure- und Methacrylsäureestern, in Form von Folien mit einer Dicke von 150 Mikrometer oder weniger	3920 59 10	–
– – – andere	3920 59 90	–
– aus Polycarbonaten, Alkydharzen, Allylpolyestern oder anderen Polyestern:		
– – aus Polycarbonaten	3920 61 00	–
– – aus Poly(ethylenterephthalat):		
– – – mit einer Dicke von 0,35 mm oder weniger:		
– – – – Folien aus Poly(ethylenterephthalat) mit einer Dicke von 72 Mikrometer bis 79 Mikrometer, zum Herstellen von flexiblen Magnetplatten; Folien aus Poly(ethylenterephthalat) mit einer Dicke von 100 Mikrometer bis 150 Mikrometer, zum Herstellen von Fotopolymer-Hochdruckplatten	3920 62 12	–
– – – – andere	3920 62 19	–
– – – mit einer Dicke von mehr als 0,35 mm	3920 62 90	–
– – aus ungesättigten Polyestern	3920 63 00	–
– – aus anderen Polyestern	3920 69 00	–

Warenbezeichnung	Warennummer	Besondere Maßeinheit
– aus Cellulose oder ihren chemischen Derivaten:		
– – aus regenerierter Cellulose	3920 71 00	–
– – aus Celluloseacetaten:		
– – – Filmunterlagen in Rollen oder Streifen	3920 73 10	–
– – – andere	3920 73 80	–
– – aus anderen Cellulosederivaten:		
– – – aus Vulkanfiber	3920 79 10	–
– – – andere	3920 79 90	–
– aus anderen Kunststoffen:		
– – aus Poly(vinylbutyral)	3920 91 00	–
– – aus Polyamiden	3920 92 00	–
– – aus Aminoharzen	3920 93 00	–
– – aus Phenolharzen	3920 94 00	–
– – aus anderen Kunststoffen:		
– – – aus Kondensationspolymerisations- und Umlagerungspolymerisationserzeugnissen, auch chemisch modifiziert:		
– – – – Polyimidfolien und -streifen, unbeschichtet oder nur mit Kunststoff beschichtet	3920 99 21	–
– – – – andere	3920 99 28	–
– – – aus Additionspolymerisationserzeugnissen:		
– – – – Folien aus Poly(vinylfluorid); biaxial orientierte Folien aus Poly(vinylalkohol) mit einem Gehalt an Poly(vinylalkohol) von 97 GHT oder mehr, unbeschichtet, mit einer Dicke von 1 mm oder weniger	3920 99 52	–
– – – – Ionenaustauschermembranen aus fluorierten Kunststoffen, zur Verwendung in Chloralkali-Elektrolytzellen	3920 99 53	–
– – – – andere	3920 99 59	–
– – – andere	3920 99 90	–
Andere Tafeln, Platten, Folien, Filme, Bänder und Streifen, aus Kunststoffen:	**3921**	
– aus Zellkunststoff:		
– – aus Polymeren des Styrols	3921 11 00	–
– – aus Polymeren des Vinylchlorids	3921 12 00	–
– – aus Polyurethanen:		
– – – aus Weichschaum	3921 13 10	–
– – – andere	3921 13 90	–
– – aus regenerierter Cellulose	3921 14 00	–
– – aus anderen Kunststoffen	3921 19 00	–
– andere:		
– – aus Kondensationspolymerisations- oder Umlagerungspolymerisationserzeugnissen, auch chemisch modifiziert:		
– – – aus Polyester	3921 90 10	–
– – – aus Phenolharzen	3921 90 30	–
– – – aus Aminoharzen:		
– – – – geschichtet:		
– – – – – Hochdruckschichtpressstoffe mit Dekorschicht auf einer oder auf beiden Seiten	3921 90 41	–
– – – – – andere	3921 90 43	–
– – – – andere	3921 90 49	–
– – – andere	3921 90 55	–
– – aus Additionspolymerisationserzeugnissen	3921 90 60	–
– – andere	3921 90 90	–

Warenbezeichnung	Warennummer	Besondere Maßeinheit
Badewannen, Duschen, Ausgüsse (Spülbecken), Waschbecken, Bidets, Klosettschüsseln, -sitze und -deckel, Spülkästen und ähnliche Waren zu sanitären oder hygienischen Zwecken, aus Kunststoffen:	**3922**	
– Badewannen, Duschen, Ausgüsse (Spülbecken) und Waschbecken	3922 10 00	–
– Klosettsitze und -deckel	3922 20 00	–
– andere	3922 90 00	–
Transport- oder Verpackungsmittel, aus Kunststoffen; Stöpsel, Deckel, Kapseln und andere Verschlüsse, aus Kunststoffen:	**3923**	
– Schachteln (einschließlich Dosen), Kisten, Verschläge und ähnliche Waren:		
– – Schachteln (einschließlich Dosen), Kisten, Verschläge und ähnliche Waren aus Kunststoff, besonders gestaltet oder hergerichtet für den Transport und die Verpackung von Halbleiterscheiben (wafers), Masken und Retikeln	3923 10 10	–
– – andere	3923 10 90	–
– Säcke und Beutel (einschließlich Tüten):		
– – aus Polymeren des Ethylens	3923 21 00	–
– – aus anderen Kunststoffen:		
– – – aus Poly(vinylchlorid)	3923 29 10	–
– – – andere	3923 29 90	–
– Ballons, Flaschen, Flakons und ähnliche Waren:		
– – mit einem Fassungsvermögen von 2 l oder weniger	3923 30 10	St
– – mit einem Fassungsvermögen von mehr als 2 l	3923 30 90	St
– Spulen, Spindeln, Hülsen und ähnliche Warenträger:		
– – Spulen und ähnliche Unterlagen für fotografische und kinematografische Filme oder für Bänder, Filme und dergleichen der Position 8523	3923 40 10	–
– – andere	3923 40 90	–
– Stöpsel, Deckel, Kapseln und andere Verschlüsse:		
– – Verschluss- oder Flaschenkapseln	3923 50 10	–
– – andere	3923 50 90	–
– andere	3923 90 00	–
Geschirr, andere Haushalts- oder Hauswirtschaftsartikel und Hygiene- oder Toilettengegenstände, aus Kunststoffen:	**3924**	
– Geschirr und andere Artikel für den Tisch- oder Küchengebrauch	3924 10 00	–
– andere	3924 90 00	–
Baubedarfsartikel aus Kunststoffen, anderweit weder genannt noch inbegriffen:	**3925**	
– Sammelbehälter, Tanks, Bottiche und ähnliche Behälter, mit einem Fassungsvermögen von mehr als 300 l	3925 10 00	–
– Türen, Fenster und deren Rahmen, Verkleidungen und Schwellen	3925 20 00	St [1)]
– Fensterläden, Jalousien (einschließlich Jalousetten) und ähnliche Waren und Teile davon	3925 30 00	–
– andere:		
– – Beschläge und ähnliche Waren zur bleibenden Befestigung an Türen, Fenstern, Treppen, Wänden oder anderen Gebäudeteilen	3925 90 10	–
– – Kabelkanäle für elektrische Leitungen	3925 90 20	–
– – andere	3925 90 80	–

1) Eine Tür oder ein Fenster mit oder ohne Rahmen, Verkleidung oder Schwelle gilt als ein Stück.

Warenbezeichnung	Warennummer	Besondere Maßeinheit
Andere Waren aus Kunststoffen und Waren aus anderen Stoffen der Positionen 3901 bis 3914:	**3926**	
– Büro- oder Schulartikel	3926 10 00	–
– Kleidung und Bekleidungszubehör (einschließlich Fingerhandschuhe, Handschuhe ohne Fingerspitzen und Fausthandschuhe)	3926 20 00	–
– Beschläge für Möbel, Karosserien und dergleichen	3926 30 00	–
– Statuetten und andere Ziergegenstände	3926 40 00	–
– andere:		
– – Schmutzkörbe und ähnliche Abwassersiebe, für Kanalisationsabflüsse	3926 90 50	–
– – Gesichtsschutzschirme/Visiere	3926 90 60	St
– – andere	3926 90 97	–

Kapitel 40

Kautschuk und Waren daraus

Anmerkungen

1. Als „Kautschuk“ im Sinne des Warenverzeichnisses gelten, wenn nichts anderes bestimmt ist, die folgenden Erzeugnisse, auch weich oder hart vulkanisiert: Naturkautschuk, Balata, Guttapercha, Guayule, Chicle und ähnliche natürliche Kautschukarten; synthetischer Kautschuk, Faktis und deren Regenerate.
2. Zu Kapitel 40 gehören nicht:
   a) Waren des Abschnitts XI (Spinnstoffe und Waren daraus);
   b) Schuhe und Schuhteile des Kapitels 64;
   c) Kopfbedeckungen und Teile davon (einschließlich Badekappen) des Kapitels 65;
   d) Hartkautschukteile für Maschinen, mechanische oder elektrische Apparate sowie alle Gegenstände und Teile aus Hartkautschuk zu elektrotechnischen Zwecken des Abschnitts XVI;
   e) Waren des Kapitels 90, 92, 94 oder 96;
   f) Waren des Kapitels 95, ausgenommen Fingerhandschuhe, Handschuhe ohne Fingerspitzen und Fausthandschuhe zu Sportzwecken und Waren der Positionen 4011 bis 4013.
3. Als „Primärformen“ im Sinne der Positionen 4001 bis 4003 und 4005 gelten ausschließlich:
   a) Flüssigkeiten und Pasten (einschließlich Latex, auch vorvulkanisiert, sowie andere Dispersionen und Lösungen);
   b) unregelmäßige Blöcke, Stücke, Ballen, Pulver, Granulate, Krümel und ähnliche lose Formen.
4. Als „synthetischer Kautschuk“ im Sinne der Anmerkung 1 zu Kapitel 40 und der Position 4002 gelten:
   a) ungesättigte synthetische Stoffe, die durch Vulkanisation mit Schwefel irreversibel in nicht thermoplastische Stoffe umgewandelt werden können, welche bei einer Temperatur zwischen 18 °C und 29 °C eine Dehnung bis zum Dreifachen ihrer ursprünglichen Länge aushalten ohne zu reißen, und die sich nach einer Dehnung auf das Doppelte ihrer ursprünglichen Länge innerhalb von fünf Minuten auf das Eineinhalbfache ihrer ursprünglichen Länge zusammenziehen. Für die Durchführung dieser Prüfung dürfen Stoffe zugesetzt werden, die für die Vernetzung erforderlich sind, wie Vulkanisationsaktivatoren oder -beschleuniger; erlaubt ist auch die Anwesenheit solcher Stoffe, die in Anmerkung 5 B Ziffern 2) und 3) genannt sind. Dagegen ist die Anwesenheit anderer Stoffe, die für die Vernetzung nicht erforderlich sind, wie Streckmittel, Weichmacher und Füllstoffe, nicht erlaubt;
   b) Thioplaste (TM);
   c) Naturkautschuk, modifiziert durch Pfropfen oder Mischen mit Kunststoffen, depolymerisierter Naturkautschuk sowie Mischungen von ungesättigten synthetischen Stoffen mit gesättigten synthetischen Hochpolymeren, sofern diese Erzeugnisse den in Buchstabe a festgelegten Bedingungen der Vulkanisations-, der Dehnungs- und der Kontraktionsfähigkeit entsprechen.
5. A. Zu den Positionen 4001 und 4002 gehören nicht Kautschuk oder Mischungen von Kautschuken, denen vor oder nach der Koagulation zugesetzt worden sind:
   1) Vulkanisationsmittel, Vulkanisationsbeschleuniger, Vulkanisationsverzögerer, Vulkanisationsaktivatoren (ausgenommen solche, die zum Herstellen von vorvulkanisiertem Kautschuklatex zugefügt wurden);
   2) Pigmente oder andere Farbmittel, ausgenommen solche, die nur zur Kennzeichnung zugefügt wurden;
   3) Weichmacher oder Streckmittel (ausgenommen Mineralöl bei ölgestreckten Kautschuken), inerte oder aktive Füllstoffe, organische Lösemittel oder andere Stoffe, ausgenommen Waren, die nach Buchstabe B erlaubt sind;

B. Zu Position 4001 oder 4002 gehören auch Kautschuk oder Mischungen von Kautschuken, die die folgenden Stoffe enthalten, wenn der Kautschuk oder die Mischungen von Kautschuken ihren wesentlichen Charakter als Rohstoff behalten haben:

   1) Emulgiermittel und Mittel zum Verhindern des Zusammenklebens;
   2) geringe Mengen der Zersetzungsprodukte von Emulgiermitteln;
   3) sehr geringe Mengen von wärmeempfindlichen Stoffen (im Allgemeinen, um wärmeempfindlichen Kautschuklatex zu erhalten), kationischen grenzflächenaktiven Stoffen (im Allgemeinen, um elektropositiven Kautschuklatex zu erhalten), Antioxidantien, Koagulantien, Stoffen zum Zerkrümeln, kältebeständig machenden Stoffen, Peptisiermitteln, Konservierungsmitteln, Stabilisierungsmitteln, Mitteln zum Beeinflussen der Viskosität oder anderen Additiven für spezielle Zwecke.

6. Als „Abfälle, Bruch und Schnitzel“ im Sinne der Position 4004 gelten Abfälle, Altwaren und Schnitzel, die beim Herstellen oder Bearbeiten von Kautschuk oder von Kautschukwaren anfallen, und Waren aus Kautschuk, die als solche infolge Zerschnitt, Verschleiß oder aus anderen Gründen endgültig unbrauchbar geworden sind.
7. Zu Position 4008 gehören nichtumsponnene Fäden jeden Profils aus Weichkautschuk, deren größter Durchmesser mehr als 5 mm beträgt.
8. Zu Position 4010 gehören auch Förderbänder und Treibriemen aus Geweben, die mit Kautschuk getränkt, bestrichen oder überzogen oder mit Lagen aus Kautschuk versehen sind, sowie solche, die unter Verwendung von mit Kautschuk getränkten oder bestrichenen Garnen oder Bindfäden aus Spinnstoffen hergestellt sind.
9. Als „Platten, Blätter und Streifen“ im Sinne der Positionen 4001, 4002, 4003, 4005 und 4008 gelten nur Platten, Blätter und Streifen sowie Blöcke von regelmäßiger Form, die nicht geschnitten sind oder die durch einfaches Schneiden eine quadratische oder rechteckige Form erhalten haben (auch wenn sie dadurch zu Fertigwaren geworden sind), die jedoch, abgesehen von einer einfachen Oberflächenbearbeitung (z. B. Bedrucken), nicht weiter bearbeitet sind.

   Stäbe, Stangen und Profile der Position 4008 dürfen auch auf bestimmte Längen zugeschnitten, jedoch - abgesehen von einer einfachen Oberflächenbearbeitung - nicht weiter bearbeitet sein.

Zusätzliche Anmerkung

1. In das Kapitel 40 gehören: mit Zellkautschuk getränkte, bestrichene oder überzogene Fingerhandschuhe, Handschuhe ohne Fingerspitzen und Fausthandschuhe, unabhängig davon,
   - ob sie aus mit Zellkautschuk getränkten, bestrichenen oder überzogenen Geweben, Gewirken, Gestricken (anderen als solchen der Position 5906), Filzen oder Vliesstoffen konfektioniert sind oder
   - aus nicht getränkten, bestrichenen oder überzogenen Geweben, Gewirken, Gestricken, Filzen oder Vliesstoffen konfektioniert und anschließend mit Zellkautschuk getränkt, bestrichen oder überzogen worden sind,

   sofern diese Gewebe, Gewirke, Gestricke, Filze oder Vliesstoffe nur der Verstärkung dienen (Anmerkung 3 c) zu Kapitel 56 und Anmerkung 5 letzter Absatz zu Kapitel 59).

Warenbezeichnung	Warennummer	Besondere Maßeinheit
Naturkautschuk, Balata, Guttapercha, Guayule, Chicle und ähnliche natürliche Kautschukarten, in Primärformen oder in Platten, Blättern oder Streifen:	**4001**	
– Latex von Naturkautschuk, auch vorvulkanisiert	4001 10 00	–
– Naturkautschuk in anderen Formen:		
– – geräucherte Blätter (smoked sheets)	4001 21 00	–
– – technisch spezifizierter Naturkautschuk (TSNR)	4001 22 00	–
– – andere	4001 29 00	–
– Balata, Guttapercha, Guayule, Chicle und ähnliche natürliche Kautschukarten	4001 30 00	–
Synthetischer Kautschuk und Faktis, in Primärformen oder in Platten, Blättern oder Streifen; Mischungen von Erzeugnissen der Position 4001 mit Erzeugnissen dieser Position, in Primärformen oder in Platten, Blättern oder Streifen:	**4002**	
– Styrol-Butadien-Kautschuk (SBR); carboxylierter Styrol-Butadien-Kautschuk (XSBR):		
– – Latex	4002 11 00	–
– – andere:		
– – – Styrol-Butadien-Kautschuk, durch Emulsionspolymerisation hergestellt (E-SBR), in Ballen	4002 19 10	–
– – – Styrol-Butadien-Styrol-Blockcopolymere, durch Lösungspolymerisation hergestellt (SBS, thermoplastische Elastomere), in Granulaten, Krümeln oder Pulverform	4002 19 20	–
– – – Styrol-Butadien-Kautschuk, durch Lösungspolymerisation hergestellt (S-SBR), in Ballen	4002 19 30	–
– – – andere	4002 19 90	–
– Butadien-Kautschuk (BR)	4002 20 00	–
– Butylkautschuk (IIR); Chlorbutylkautschuk und Brombutylkautschuk (CIIR oder BIIR):		
– – Butylkautschuk (IIR)	4002 31 00	–
– – andere	4002 39 00	–
– Chloropren (Chlorbutadien)-Kautschuk (CR):		
– – Latex	4002 41 00	–
– – andere	4002 49 00	–
– Acrylnitril-Butadien-Kautschuk (NBR):		
– – Latex	4002 51 00	–
– – andere	4002 59 00	–
– Isopren-Kautschuk (IR)	4002 60 00	–
– Ethylen-Propylen-Dien-Terpolymer-Kautschuk, nicht konjugiert (EPDM)	4002 70 00	–
– Mischungen von Erzeugnissen der Position 4001 mit Erzeugnissen dieser Position	4002 80 00	–
– andere:		
– – Latex	4002 91 00	–
– – andere:		
– – – durch Zusatz von Kunststoffen modifizierte Erzeugnisse	4002 99 10	–
– – – andere	4002 99 90	–
Regenerierter Kautschuk in Primärformen oder in Platten, Blättern oder Streifen	**4003 00 00**	–
Abfälle, Bruch und Schnitzel von Weichkautschuk, auch zu Pulver oder Granulat zerkleinert	**4004 00 00**	–

Warenbezeichnung	Warennummer	Besondere Maßeinheit
Kautschukmischungen, nicht vulkanisiert, in Primärformen oder in Platten, Blättern oder Streifen:	**4005**	
– Kautschuk mit Zusatz von Ruß oder Siliciumdioxid	4005 10 00	–
– Lösungen; Dispersionen, ausgenommen solche der Warennummer 4005 10 00	4005 20 00	–
– andere:		
– – Platten, Blätter und Streifen	4005 91 00	–
– – andere	4005 99 00	–
Andere Formen (z. B. Stäbe, Stangen, Rohre, Profile) und Waren (z. B. Scheiben, Ringe), aus nicht vulkanisiertem Kautschuk:	**4006**	
– Rohlaufprofile	4006 10 00	–
– andere	4006 90 00	–
Fäden und Schnüre, aus vulkanisiertem Kautschuk	**4007 00 00**	–
Platten, Blätter, Streifen, Stäbe, Stangen und Profile, aus Weichkautschuk:	**4008**	
– aus Zellkautschuk:		
– – Platten, Blätter und Streifen	4008 11 00	–
– – andere	4008 19 00	–
– aus Vollkautschuk:		
– – Platten, Blätter und Streifen:		
– – – Bodenbelag und Fußmatten	4008 21 10	m^2
– – – andere	4008 21 90	–
– – andere	4008 29 00	–
Rohre und Schläuche, aus Weichkautschuk, auch mit Formstücken, Verschlussstücken oder Verbindungsstücken (z. B. Nippel, Bögen):	**4009**	
– weder mit anderen Stoffen verstärkt noch in Verbindung mit anderen Stoffen:		
– – ohne Formstücke, Verschlussstücke oder Verbindungsstücke	4009 11 00	–
– – mit Formstücken, Verschlussstücken oder Verbindungsstücken	4009 12 00	–
– ausschließlich mit Metall verstärkt oder in Verbindung mit Metall:		
– – ohne Formstücke, Verschlussstücke oder Verbindungsstücke	4009 21 00	–
– – mit Formstücken, Verschlussstücken oder Verbindungsstücken	4009 22 00	–
– ausschließlich mit Spinnstoffen verstärkt oder in Verbindung mit Spinnstoffen:		
– – ohne Formstücke, Verschlussstücke oder Verbindungsstücke	4009 31 00	–
– – mit Formstücken, Verschlussstücken oder Verbindungsstücken	4009 32 00	–
– mit anderen Stoffen verstärkt oder in Verbindung mit anderen Stoffen:		
– – ohne Formstücke, Verschlussstücke oder Verbindungsstücke	4009 41 00	–
– – mit Formstücken, Verschlussstücken oder Verbindungsstücken	4009 42 00	–

Warenbezeichnung	Warennummer	Besondere Maßeinheit
Förderbänder und Treibriemen, aus vulkanisiertem Kautschuk:	**4010**	
– Förderbänder:		
– – nur mit Metall verstärkt	4010 11 00	–
– – nur mit textilen Spinnstoffen verstärkt	4010 12 00	–
– – andere	4010 19 00	–
– Treibriemen:		
– – endlose Treibriemen mit trapezförmigem Querschnitt (Keilriemen), V-artig gerippt, mit einem äußeren Umfang von mehr als 60 cm bis 180 cm	4010 31 00	–
– – endlose Treibriemen mit trapezförmigem Querschnitt (Keilriemen), andere als V-artig gerippt, mit einem äußeren Umfang von mehr als 60 cm bis 180 cm	4010 32 00	–
– – endlose Treibriemen mit trapezförmigem Querschnitt (Keilriemen), V-artig gerippt, mit einem äußeren Umfang von mehr als 180 cm bis 240 cm	4010 33 00	–
– – endlose Treibriemen mit trapezförmigem Querschnitt (Keilriemen), andere als V-artig gerippt, mit einem äußeren Umfang von mehr als 180 cm bis 240 cm	4010 34 00	–
– – endlose Synchrontreibriemen (Zahnriemen) mit einem äußeren Umfang von mehr als 60 cm bis 150 cm	4010 35 00	–
– – endlose Synchrontreibriemen (Zahnriemen) mit einem äußeren Umfang von mehr als 150 cm bis 198 cm	4010 36 00	–
– – andere	4010 39 00	–
Luftreifen aus Kautschuk, neu:	**4011**	
– von der für Personenkraftwagen (einschließlich Kombinationskraftwagen und Rennwagen) verwendeten Art	4011 10 00	St
– von der für Omnibusse und Kraftfahrzeuge für den Transport von Waren verwendeten Art:		
– – mit einer Tragfähigkeitskennzahl von 121 oder weniger	4011 20 10	St
– – mit einer Tragfähigkeitskennzahl von mehr als 121	4011 20 90	St
– von der für Luftfahrzeuge verwendeten Art	4011 30 00	St
– von der für Motorräder und Motorroller verwendeten Art	4011 40 00	St
– von der für Fahrräder verwendeten Art	4011 50 00	St
– von der für Maschinen und Fahrzeuge in der Land- und Forstwirtschaft verwendeten Art	4011 70 00	St
– von der für Maschinen und Fahrzeuge im Hoch- und Tiefbau, Bergbau oder für die industrielle Nutzung verwendeten Art	4011 80 00	St
– andere	4011 90 00	St
Luftreifen aus Kautschuk, runderneuert oder gebraucht; Vollreifen oder Hohlkammerreifen, Überreifen und Felgenbänder, aus Kautschuk:	**4012**	
– Luftreifen, runderneuert:		
– – von der für Personenkraftwagen (einschließlich Kombinationskraftwagen und Rennwagen) verwendeten Art	4012 11 00	St
– – von der für Omnibusse und Kraftfahrzeuge für den Transport von Waren verwendeten Art	4012 12 00	St
– – von der für Luftfahrzeuge verwendeten Art	4012 13 00	St
– – andere	4012 19 00	St
– Luftreifen, gebraucht	4012 20 00	St
– andere:		
– – Voll- oder Hohlkammerreifen	4012 90 20	–
– – Überreifen	4012 90 30	–
– – Felgenbänder	4012 90 90	–

Warenbezeichnung	Warennummer	Besondere Maßeinheit
Luftschläuche aus Kautschuk:	**4013**	
– von der für Personenkraftwagen (einschließlich Kombinationskraftwagen und Rennwagen), Omnibusse und Kraftfahrzeuge für den Transport von Waren verwendeten Art	4013 10 00	St
– von der für Fahrräder verwendeten Art	4013 20 00	St
– andere	4013 90 00	St
Waren zu hygienischen oder medizinischen Zwecken (einschließlich Sauger), aus Weichkautschuk, auch in Verbindung mit Hartkautschukteilen:	**4014**	
– Präservative	4014 10 00	–
– andere	4014 90 00	–
Kleidung und Bekleidungszubehör (einschließlich Fingerhandschuhe, Handschuhe ohne Fingerspitzen und Fausthandschuhe) für alle Zwecke, aus Weichkautschuk:	**4015**	
– Fingerhandschuhe, Handschuhe ohne Fingerspitzen und Fausthandschuhe:		
● – – von der für medizinische, chirurgische, zahnärztliche oder tierärztliche Zwecke verwendeten Art	4015 12 00	Paar
■ – – andere	4015 19 00	Paar
– andere	4015 90 00	–
Andere Waren aus Weichkautschuk:	**4016**	
– aus Zellkautschuk	4016 10 00	–
– andere:		
– – Bodenbeläge und Fußmatten	4016 91 00	–
– – Radiergummi	4016 92 00	–
– – Dichtungen	4016 93 00	–
– – Fender, auch aufblasbar	4016 94 00	–
– – andere aufblasbare Waren	4016 95 00	–
– – andere:		
– – – für Kraftfahrzeuge der Positionen 8701 bis 8705:		
– – – – Gummi-Metall-Teile	4016 99 52	–
– – – – andere	4016 99 57	–
– – – andere:		
– – – – Gummi-Metall-Teile	4016 99 91	–
– – – – andere	4016 99 97	–
Hartkautschuk (z. B. Ebonit) in allen Formen, einschließlich Abfälle und Bruch; Waren aus Hartkautschuk	**4017 00 00**	–

Häute, Felle, Leder, Pelzfelle und Waren daraus; Sattlerwaren; Reiseartikel, Handtaschen und ähnliche Behältnisse; Waren aus Därmen

Kapitel 41

Häute, Felle (andere als Pelzfelle) und Leder

Anmerkungen

1. Zu Kapitel 41 gehören nicht:
   a) Schnitzel und ähnliche Abfälle roher Häute oder Felle (Position 0511);
   b) Vogelbälge und Teile davon, mit ihren Federn oder Daunen (Position 0505 oder 6701);
   c) nicht enthaarte, rohe, gegerbte oder zugerichtete Häute und Felle (Kapitel 43). Jedoch gehören zu Kapitel 41 rohe, nicht enthaarte Häute und Felle von Rindern oder Kälbern (auch von Büffeln), von Pferden oder anderen Einhufern, von Schafen oder Lämmern (ausgenommen Felle von so genannten Astrachan-, Karakul-, Persianer-, Breitschwanz- und ähnlichen Lämmern und von indischen, chinesischen, mongolischen oder tibetanischen Lämmern), von Ziegen oder Zickeln (ausgenommen Felle von Ziegen oder Zickeln aus dem Jemen oder von mongolischen oder tibetanischen Ziegen oder Zickeln), von Schweinen (einschließlich Pekaris), von Gämsen, Gazellen, Kamelen (einschließlich Dromedaren), Rentieren, Elchen, Hirschen, Rehen oder Hunden.
2. A. Zu den Positionen 4104 bis 4106 gehören nicht Häute und Felle, die einem reversiblen Gerb- (einschließlich Vorgerbungs-)prozess unterzogen wurden (Positionen 4101 bis 4103, je nach Beschaffenheit).
   B. Im Sinne der Positionen 4104 bis 4106 umfasst der Begriff „im trockenem Zustand (crust)" Häute und Felle, die vor dem Trocknen nachgegerbt, gefärbt oder gefettet (zugerichtet) worden sind.
3. Der Begriff „rekonstituiertes Leder" umfasst in allen Teilen des Warenverzeichnisses nur Stoffe der in Position 4115 erfassten Art.

Warenbezeichnung	Warennummer	Besondere Maßeinheit
Rohe Häute und Felle von Rindern und Kälbern (einschließlich Büffeln) oder von Pferden und von anderen Einhufern (frisch oder gesalzen, getrocknet, geäschert, gepickelt oder anders konserviert, jedoch weder gegerbt noch zu Pergament- oder Rohhautleder konserviert, noch zugerichtet), auch enthaart oder gespalten:	**4101**	
– ganze Häute und Felle, ungespalten, mit einem Stückgewicht von 8 kg oder weniger, wenn sie nur getrocknet, von 10 kg oder weniger, wenn sie trocken gesalzen, oder von 16 kg oder weniger, wenn sie frisch, nass gesalzen oder anders konserviert sind:		
– – frisch	4101 20 10	St
– – nass gesalzen	4101 20 30	St
– – getrocknet oder trocken gesalzen	4101 20 50	St
– – andere	4101 20 80	St
– ganze Häute und Felle, mit einem Stückgewicht von mehr als 16 kg:		
– – frisch	4101 50 10	St
– – nass gesalzen	4101 50 30	St
– – getrocknet oder trocken gesalzen	4101 50 50	St
– – andere	4101 50 90	St
– andere, einschließlich Croupons, Halbcroupons und Bauchstücke	4101 90 00	–

Warenbezeichnung	Warennummer	Besondere Maßeinheit
Rohe Häute und Felle von Schafen und Lämmern (frisch oder gesalzen, getrocknet, geäschert, gepickelt oder anders konserviert, jedoch weder gegerbt noch zu Pergament- oder Rohhautleder konserviert, noch zugerichtet), auch enthaart oder gespalten, ausgenommen solche, die aufgrund der Anmerkung 1 c) zu Kapitel 41 ausgeschlossen sind:	**4102**	
– nicht enthaart:		
– – von Lämmern	4102 10 10	St
– – andere	4102 10 90	St
– enthaart:		
– – gepickelt	4102 21 00	St
– – andere	4102 29 00	St
Andere rohe Häute und Felle (frisch oder gesalzen, getrocknet, geäschert, gepickelt oder anders konserviert, jedoch weder gegerbt noch zu Pergament- oder Rohhautleder konserviert, noch zugerichtet), auch enthaart oder gespalten, ausgenommen solche, die aufgrund der Anmerkungen 1 b) und 1 c) zu Kapitel 41 ausgeschlossen sind:	**4103**	
– von Kriechtieren	4103 20 00	St
– von Schweinen	4103 30 00	St
– andere	4103 90 00	–
Gegerbte, auch getrocknete Häute und Felle von Rindern und Kälbern (einschließlich Büffeln) oder von Pferden und anderen Einhufern, enthaart, auch gespalten, aber nicht zugerichtet:	**4104**	
– in nassem Zustand (einschließlich wet-blue):		
– – Vollleder, ungespalten; Narbenspalt:		
– – – ganze Häute und Felle von Rindern und Kälbern (einschließlich Büffeln), mit einer Oberfläche von 2,6 m² oder weniger	4104 11 10	St
– – – andere:		
– – – – von Rindern und Kälbern (einschließlich Büffeln):		
– – – – – ganze Häute und Felle, mit einer Oberfläche von mehr als 2,6 m²	4104 11 51	St
– – – – – andere	4104 11 59	St
– – – – andere	4104 11 90	St
– – andere:		
– – – ganze Häute und Felle von Rindern und Kälbern (einschließlich Büffeln), mit einer Oberfläche von 2,6 m² oder weniger	4104 19 10	St
– – – andere:		
– – – – von Rindern und Kälbern (einschließlich Büffeln):		
– – – – – ganze Häute und Felle, mit einer Oberfläche von mehr als 2,6 m²	4104 19 51	St
– – – – – andere	4104 19 59	St
– – – – andere	4104 19 90	St

Warenbezeichnung	Warennummer	Besondere Maßeinheit
– in getrocknetem Zustand (crust):		
– – Vollleder, ungespalten; Narbenspalt:		
– – – ganze Häute und Felle von Rindern und Kälbern (einschließlich Büffeln), mit einer Oberfläche von 2,6 m^2 oder weniger:		
– – – – indisches Kipsleder, ganz, auch ohne Kopf und Füße, mit einem Stückgewicht von 4,5 kg oder weniger, nur pflanzlich gegerbt, auch weiter bearbeitet, jedoch augenscheinlich zur unmittelbaren Herstellung von Lederwaren nicht verwendbar	4104 41 11	St
– – – – andere	4104 41 19	St
– – – andere:		
– – – – von Rindern und Kälbern (einschließlich Büffeln):		
– – – – – ganze Häute und Felle, mit einer Oberfläche von mehr als 2,6 m^2	4104 41 51	St
– – – – – andere	4104 41 59	St
– – – – andere	4104 41 90	St
– – andere:		
– – – ganze Häute und Felle von Rindern und Kälbern (einschließlich Büffeln), mit einer Oberfläche von 2,6 m^2 oder weniger:		
– – – – indisches Kipsleder, ganz, auch ohne Kopf und Füße, mit einem Stückgewicht von 4,5 kg oder weniger, nur pflanzlich gegerbt, auch weiter bearbeitet, jedoch augenscheinlich zur unmittelbaren Herstellung von Lederwaren nicht verwendbar	4104 49 11	St
– – – – andere	4104 49 19	St
– – – andere:		
– – – – von Rindern und Kälbern (einschließlich Büffeln):		
– – – – – ganze Häute und Felle, mit einer Oberfläche von mehr als 2,6 m^2	4104 49 51	St
– – – – – andere	4104 49 59	St
– – – – andere	4104 49 90	St
Gegerbte, auch getrocknete Häute und Felle von Schafen oder Lämmern, enthaart, auch gespalten, aber nicht zugerichtet:	**4105**	
– in nassem Zustand (einschließlich wet-blue)	4105 10 00	St
– in getrocknetem Zustand (crust):		
– – von indischen Metis, pflanzlich vorgegerbt, auch weiterbearbeitet, jedoch augenscheinlich zur unmittelbaren Herstellung von Lederwaren nicht verwendbar	4105 30 10	St
– – andere	4105 30 90	St

Warenbezeichnung	Warennummer	Besondere Maßeinheit
Gegerbte, auch getrocknete Häute und Felle von anderen Tieren, enthaart, auch gespalten, aber nicht zugerichtet:	**4106**	
– von Ziegen oder Zickeln:		
– – in nassem Zustand (einschließlich wet-blue)	4106 21 00	St
– – in getrocknetem Zustand (crust):		
– – – von indischen Ziegen, pflanzlich vorgegerbt, auch weiter bearbeitet, jedoch augenscheinlich zur unmittelbaren Herstellung von Lederwaren nicht verwendbar	4106 22 10	St
– – – andere	4106 22 90	St
– von Schweinen:		
– – in nassem Zustand (einschließlich wet-blue)	4106 31 00	St
– – in getrocknetem Zustand (crust)	4106 32 00	St
– von Kriechtieren:		
– – pflanzlich vorgegerbt	4106 40 10	St
– – andere	4106 40 90	St
– von anderen Tieren:		
– – in nassem Zustand (einschließlich wet-blue)	4106 91 00	–
– – in getrocknetem Zustand (crust)	4106 92 00	St
Nach dem Gerben oder Trocknen zugerichtetes Leder, einschließlich Pergament- oder Rohhautleder, von Rindern und Kälbern (einschließlich Büffeln) oder von Pferden und anderen Einhufern, enthaart, auch gespalten, ausgenommen Leder der Position 4114:	**4107**	
– ganze Häute und Felle:		
– – Vollleder, ungespalten:		
– – – von Rindern und Kälbern (einschließlich Büffeln), mit einer Oberfläche von 2,6 m^2 oder weniger:		
– – – – Boxcalf	4107 11 11	m^2
– – – – anderes	4107 11 19	m^2
– – – anderes	4107 11 90	m^2
– – Narbenspalt:		
– – – von Rindern und Kälbern (einschließlich Büffeln), mit einer Oberfläche von 2,6 m^2 oder weniger:		
– – – – Boxcalf	4107 12 11	m^2
– – – – anderes	4107 12 19	m^2
– – – anderes:		
– – – – Leder von Rindern und Kälbern (einschließlich Büffeln)	4107 12 91	m^2
– – – – Rossleder und Leder von anderen Einhufern	4107 12 99	m^2
– – anderes:		
– – – von Rindern und Kälbern (einschließlich Büffeln), mit einer Oberfläche von 2,6 m^2 oder weniger	4107 19 10	m^2
– – – anderes	4107 19 90	m^2
– anderes, einschließlich Flanken:		
– – Vollleder, ungespalten:		
– – – Sohlenleder	4107 91 10	–
– – – anderes	4107 91 90	m^2
– – Narbenspalt:		
– – – von Rindern und Kälbern (einschließlich Büffeln)	4107 92 10	m^2
– – – Rossleder und Leder von anderen Einhufern	4107 92 90	m^2
– – anderes:		
– – – Leder von Rindern oder Kälbern (einschließlich Büffeln)	4107 99 10	m^2
– – – Rossleder und Leder von anderen Einhufern	4107 99 90	m^2

Warenbezeichnung	Warennummer	Besondere Maßeinheit
Nach dem Gerben oder Trocknen zugerichtetes Leder, einschließlich Pergament- oder Rohhautleder, von Schafen oder Lämmern, enthaart, auch gespalten, ausgenommen Leder der Position 4114	4112 00 00	m²
Nach dem Gerben oder Trocknen zugerichtetes Leder, einschließlich Pergament- oder Rohhautleder, von anderen Tieren, enthaart, auch gespalten, ausgenommen Leder der Position 4114:	4113	
– von Ziegen oder Zickeln	4113 10 00	m²
– von Schweinen	4113 20 00	m²
– von Kriechtieren	4113 30 00	m²
– von anderen Tieren	4113 90 00	m²
Sämischleder (einschließlich Neusämischleder); Lackleder und folienkaschierte Lackleder; metallisierte Leder:	4114	
– Sämischleder (einschließlich Neusämischleder):		
– – von Schafen oder Lämmern	4114 10 10	St
– – von anderen Tieren	4114 10 90	St
– Lackleder und folienkaschierte Lackleder; metallisierte Leder	4114 20 00	m²
Rekonstituiertes Leder auf der Grundlage von Leder oder Lederfasern hergestellt, in Platten, Blättern oder Streifen, auch in Rollen; Schnitzel und andere Abfälle von Leder, Pergament- oder Rohhautleder oder rekonstituiertem Leder, nicht zur Herstellung von Waren aus Leder verwendbar; Lederspäne, Lederpulver und Ledermehl:	4115	
– rekonstituiertes Leder auf der Grundlage von Leder oder Lederfasern hergestellt, in Platten, Blättern oder Streifen, auch in Rollen	4115 10 00	–
– Schnitzel und andere Abfälle von Leder, Pergament- oder Rohhautleder oder rekonstituiertem Leder, nicht zur Herstellung von Waren aus Leder verwendbar; Lederspäne, Lederpulver und Ledermehl	4115 20 00	–

Kapitel 42

Lederwaren; Sattlerwaren; Reiseartikel, Handtaschen und ähnliche Behältnisse; Waren aus Därmen

Anmerkungen

1. Im Sinne dieses Kapitels umfasst die Bezeichnung „Leder" auch Sämischleder (einschließlich Neusämischleder), Lackleder, folienkaschierte Lackleder und metallisierte Leder.
2. Zu Kapitel 42 gehören nicht:
   a) steriles Catgut und anderes steriles chirurgisches Nahtmaterial (Position 3006);
   b) Kleidung und Bekleidungszubehör, aus Leder (ausgenommen Fingerhandschuhe, Handschuhe ohne Fingerspitzen und Fausthandschuhe), mit Futter aus Pelzfellen oder künstlichem Pelzwerk oder mit äußeren Teilen aus Pelzfellen oder künstlichem Pelzwerk, wenn diese äußeren Teile über den Umfang eines einfachen Besatzes hinausgehen (Position 4303 oder 4304);
   c) konfektionierte Waren aus Netzstoffen der Position 5608;
   d) Waren des Kapitels 64;
   e) Kopfbedeckungen und Teile davon des Kapitels 65;
   f) Peitschen, Reitpeitschen und andere Waren der Position 6602;
   g) Manschettenknöpfe, Armbänder und anderer Fantasieschmuck (Position 7117);
   h) Zubehör und Ausstattung für Sattlerwaren (z. B. Gebisse, Steigbügel, Schnallen), gesondert ein- oder ausgeführt (im Allgemeinen Abschnitt XV);
   ij) Saiten für Musikinstrumente, Felle für Trommeln und für ähnliche Instrumente sowie andere Teile von Musikinstrumenten (Position 9209);
   k) Waren des Kapitels 94 (z. B. Möbel, Leuchten und Beleuchtungskörper);
   l) Waren des Kapitels 95 (z. B. Spielzeug, Spiele, Sportgeräte);
   m) Knöpfe, Druckknöpfe, Knopfformen und andere Teile von Knöpfen und Druckknöpfen, Knopfrohlinge, der Position 9606.
3. A. In Ergänzung der vorstehenden Anmerkung 1 gehören zu Position 4202 nicht:
      a) Einkaufstaschen, mit Griffen, aus Kunststofffolie, auch bedruckt, für eine längere Verwendung nicht vorgesehen (Position 3923);
      b) Waren aus Flechtstoffen (Position 4602);
   B. Waren der Positionen 4202 und 4203 mit Teilen aus Edelmetallen oder Edelmetallplattierungen, echten Perlen oder Zuchtperlen, Edelsteinen oder Schmucksteinen (natürlichen, synthetischen oder rekonstituierten) bleiben auch dann in diesen Positionen eingereiht, selbst wenn diese Teile mehr als geringfügige Verzierungen oder unwesentliche Zutaten darstellen, vorausgesetzt, diese Teile verleihen den Waren nicht ihren wesentlichen Charakter. Wenn die Teile jedoch den Waren ihren wesentlichen Charakter verleihen, sind die Waren in Kapitel 71 einzureihen.
4. Im Sinne der Position 4203 gelten als „Kleidung und Bekleidungszubehör" insbesondere Fingerhandschuhe, Handschuhe ohne Fingerspitzen und Fausthandschuhe (einschließlich solcher für Sport- und Schutzzwecke), Schürzen und andere Schutzkleidung für alle Berufe, Hosenträger, Gürtel, Koppel aller Art, Schulterriemen, Handgelenkbänder, ausgenommen Uhrarmbänder (Position 9113).

Zusätzliche Anmerkung

1. Der Begriff „Außenseite" im Sinne der Unterpositionen der Position 4202 bezeichnet den mit bloßem Auge wahrnehmbaren Stoff an der Oberfläche des Behältnisses, selbst wenn es sich bei diesem Stoff um die äußere Lage eines Verbundstoffes handelt, der das Außenmaterial des Behältnisses bildet.

Warenbezeichnung	Warennummer	Besondere Maßeinheit
Sattlerwaren für alle Tiere (einschließlich Zugtaue, Leinen, Kniekappen, Maulkörbe, Satteldecken, Satteltaschen, Hundedecken und dergleichen), aus Stoffen aller Art ...	4201 00 00	–
Reisekoffer, Handkoffer, Kosmetikkoffer und Aktenkoffer, Aktentaschen, Schultaschen, Brillenetuis, Etuis für Ferngläser, Fotoapparate, Filmkameras, Musikinstrumente oder Waffen und ähnliche Behältnisse; Reisetaschen, Isoliertaschen für Nahrungsmittel oder Getränke, Toilettentaschen (Necessaires), Rucksäcke, Handtaschen, Einkaufstaschen, Brieftaschen, Geldbörsen, Kartentaschen, Zigarettenetuis, Tabakbeutel, Werkzeugtaschen, Taschen für Sportartikel, Schachteln für Flakons oder Schmuckwaren, Puderdosen, Besteckkästen und ähnliche Behältnisse, aus Leder, rekonstituiertem Leder, Kunststofffolien, Spinnstoffen, Vulkanfiber oder Pappe, oder ganz oder überwiegend mit diesen Stoffen oder mit Papier überzogen:	4202	
– Reisekoffer, Handkoffer, Kosmetikkoffer und Aktenkoffer, Aktentaschen, Schultaschen und ähnliche Behältnisse:		
– – mit Außenseite aus Leder oder rekonstituiertem Leder:		
– – – Aktenkoffer, Aktentaschen, Schultaschen und ähnliche Behältnisse	4202 11 10	St
– – – andere	4202 11 90	–
– – mit Außenseite aus Kunststoff oder aus Spinnstoffen:		
– – – aus Kunststofffolien:		
– – – – Aktenkoffer, Aktentaschen, Schultaschen und ähnliche Behältnisse	4202 12 11	St
– – – – andere	4202 12 19	–
– – – aus formgepresstem Kunststoff	4202 12 50	–
– – – aus anderen Stoffen, einschließlich Vulkanfiber:		
– – – – Aktenkoffer, Aktentaschen, Schultaschen und ähnliche Behältnisse	4202 12 91	St
– – – – andere	4202 12 99	–
– – andere:		
– – – aus Aluminium	4202 19 10	–
– – – aus anderen Stoffen	4202 19 90	–
– Handtaschen, auch mit Schulterriemen, einschließlich solcher ohne Handgriff:		
– – mit Außenseite aus Leder oder rekonstituiertem Leder	4202 21 00	St
– – mit Außenseite aus Kunststofffolien oder Spinnstoffen:		
– – – aus Kunststofffolien	4202 22 10	St
– – – aus Spinnstoffen	4202 22 90	St
– – andere	4202 29 00	St

Warenbezeichnung	Warennummer	Besondere Maßeinheit
– Taschen- oder Handtaschenartikel:		
– – mit Außenseite aus Leder oder rekonstituiertem Leder	4202 31 00	–
– – mit Außenseite aus Kunststofffolien oder Spinnstoffen:		
– – – aus Kunststofffolien	4202 32 10	–
– – – aus Spinnstoffen	4202 32 90	–
– – andere	4202 39 00	–
– andere:		
– – mit Außenseite aus Leder oder rekonstituiertem Leder:		
– – – Reisetaschen, Toilettentaschen (Necessaires), Rucksäcke und Taschen für Sportartikel	4202 91 10	–
– – – andere	4202 91 80	–
– – mit Außenseite aus Kunststofffolien oder Spinnstoffen:		
– – – aus Kunststofffolien:		
– – – – Reisetaschen, Toilettentaschen (Necessaires), Rucksäcke und Taschen für Sportartikel	4202 92 11	–
– – – – Behältnisse für Musikinstrumente	4202 92 15	–
– – – – andere	4202 92 19	–
– – – aus Spinnstoffen:		
– – – – Reisetaschen, Toilettentaschen (Necessaires), Rucksäcke und Taschen für Sportartikel	4202 92 91	–
– – – – andere	4202 92 98	–
– – andere	4202 99 00	–
Kleidung und Bekleidungszubehör, aus Leder oder rekonstituiertem Leder:	**4203**	
– Kleidung	4203 10 00	–
– Fingerhandschuhe, Handschuhe ohne Fingerspitzen und Fausthandschuhe:		
– – Spezialsporthandschuhe	4203 21 00	Paar
– – andere:		
– – – Schutzhandschuhe für alle Berufe	4203 29 10	Paar
– – – andere	4203 29 90	Paar
– Gürtel, Koppel und Schulterriemen	4203 30 00	–
– anderes Bekleidungszubehör	4203 40 00	–
Andere Waren aus Leder oder rekonstituiertem Leder:	**4205**	
– zu technischen Zwecken:		
– – Treibriemen und Förderbänder	4205 00 11	–
– – andere	4205 00 19	–
– andere	4205 00 90	–
Waren aus Därmen, Goldschlägerhäutchen, Blasen oder Sehnen	**4206 00 00**	–

Kapitel 43

Pelzfelle und künstliches Pelzwerk; Waren daraus

Anmerkungen

1. Als „Pelzfelle“ im Sinne des Warenverzeichnisses gelten, abgesehen von den rohen Pelzfellen der Position 4301, die mit dem Haarkleid gegerbten oder zugerichteten Häute und Felle von Tieren aller Art:
2. Zu Kapitel 43 gehören nicht:
   a) Vogelbälge und Teile davon, mit ihren Federn oder Daunen (Position 0505 oder 6701, je nach Beschaffenheit);
   b) nicht enthaarte, rohe Häute und Felle des Kapitels 41 (siehe Anmerkung 1 Buchstabe c zu Kapitel 41);
   c) Fingerhandschuhe, Handschuhe ohne Fingerspitzen und Fausthandschuhe, die aus Leder und Pelzfellen oder aus Leder und künstlichem Pelzwerk bestehen (Position 4203);
   d) Waren des Kapitels 64;
   e) Kopfbedeckungen und Teile davon des Kapitels 65;
   f) Waren des Kapitels 95 (z. B. Spielzeug, Spiele, Sportgeräte).
3. Zu Position 4303 gehören Pelzfelle oder Teile davon, die unter Zusatz anderer Stoffe zusammengesetzt worden sind, sowie Pelzfelle oder Teile davon, die zu Kleidung, Teilen davon oder zu Bekleidungszubehör oder anderen Waren zusammengenäht worden sind.
4. Kleidung und Bekleidungszubehör aller Art (soweit sie nicht durch die Anmerkung 2 zu Kapitel 43 ausgenommen sind), mit Pelzfellen oder künstlichem Pelzwerk gefüttert, gehören je nach Beschaffenheit des Futters zu Position 4303 oder 4304. Das Gleiche gilt für Kleidung und Bekleidungszubehör, mit äußeren Teilen aus Pelzfellen oder künstlichem Pelzwerk, wenn diese Teile über den Umfang eines einfachen Besatzes hinausgehen.
5. Als „künstliches Pelzwerk“ im Sinne des Warenverzeichnisses gelten Nachahmungen von Pelzfellen, die durch Aufkleben oder Aufnähen von Wolle, anderen Tierhaaren oder anderen Fasern auf Leder, Gewebe oder andere Stoffe hergestellt worden sind. Jedoch gelten Nachahmungen, die durch Weben oder Wirken hergestellt worden sind, nicht als „künstliches Pelzwerk“ (im Allgemeinen Position 5801 oder 6001).

Warenbezeichnung	Warennummer	Besondere Maßeinheit
Rohe Pelzfelle (einschließlich Kopf, Schwanz, Klauen und andere zu Kürschnerzwecken verwendbare Teile), ausgenommen rohe Häute und Felle der Position 4101, 4102 oder 4103:	**4301**	
– von Nerzen, ganz, auch ohne Kopf, Schwanz oder Klauen	4301 10 00	St
– von Astrachan-, Karakul-, Persianer-, Breitschwanz- oder ähnlichen Lämmern, von indischen, chinesischen, mongolischen oder tibetanischen Lämmern, ganz, auch ohne Kopf, Schwanz oder Klauen	4301 30 00	St
– von Füchsen, ganz, auch ohne Kopf, Schwanz oder Klauen	4301 60 00	St
– andere Pelzfelle, ganz, auch ohne Kopf, Schwanz oder Klauen	4301 80 00	–
– Köpfe, Schwänze, Klauen und andere zu Kürschnerzwecken verwendbare Teile	4301 90 00	–

Warenbezeichnung	Warennummer	Besondere Maßeinheit
Gegerbte oder zugerichtete Pelzfelle (einschließlich Kopf, Schwanz, Klauen und anderer Teile, Abfälle und Überreste), auch zusammengesetzt (ohne Zusatz anderer Stoffe), ausgenommen solche der Position 4303 :	**4302**	
– ganze Pelzfelle, auch ohne Kopf, Schwanz oder Klauen, nicht zusammengesetzt:		
– – von Nerzen	4302 11 00	St
– – andere:		
– – – von Bibern, Bisamratten oder Füchsen	4302 19 15	St
– – – von Kaninchen oder Hasen	4302 19 35	St
– – – von Hundsrobben oder Ohrenrobben:		
– – – – von Jungtieren der Sattelrobbe (whitecoats) oder von Jungtieren der Mützenrobbe (bluebacks)	4302 19 41	St
– – – – andere	4302 19 49	St
– – – von Schafen und Lämmern:		
– – – – von Astrachan-, Karakul-, Persianer-, Breitschwanz- oder ähnlichen Lämmern, von indischen, chinesischen, mongolischen oder tibetanischen Lämmern	4302 19 75	St
– – – – andere	4302 19 80	St
– – – andere	4302 19 99	–
– Köpfe, Schwänze, Klauen und andere Teile, Abfälle und Überreste, nicht zusammengesetzt	4302 20 00	–
– ganze Pelzfelle, Teile und Überreste davon, zusammengesetzt:		
– – "ausgelassene" Pelzfelle	4302 30 10	–
– – andere:		
– – – von Kaninchen oder Hasen	4302 30 25	St
– – – von Hundsrobben oder Ohrenrobben:		
– – – – von Jungtieren der Sattelrobbe (whitecoats) oder von Jungtieren der Mützenrobbe (bluebacks)	4302 30 51	St
– – – – andere	4302 30 55	St
– – – andere	4302 30 99	–
Kleidung, Bekleidungszubehör und andere Waren, aus Pelzfellen:	**4303**	
– Kleidung und Bekleidungszubehör:		
– – aus Pelzfellen von Jungtieren der Sattelrobbe (whitecoats) oder von Jungtieren der Mützenrobbe (bluebacks)	4303 10 10	–
– – andere	4303 10 90	–
– andere	4303 90 00	–
Künstliches Pelzwerk und Waren daraus	**4304 00 00**	–

Holz und Holzwaren; Holzkohle; Kork und Korkwaren; Flechtwaren und Korbmacherwaren

Kapitel 44

Holz und Holzwaren; Holzkohle

Anmerkungen

1. Zu Kapitel 44 gehören nicht:
   a) Holz in Form von Spänen, Plättchen oder Schnitzeln, zerkleinert, gemahlen oder pulverisiert, von der hauptsächlich zur Riechmittelherstellung oder zu Zwecken der Medizin, Insektenvertilgung, Schädlingsbekämpfung und dergleichen verwendeten Art (Position 1211);
   b) Bambus oder andere holzige Stoffe von der hauptsächlich zum Herstellen von Korb- oder Flechtwaren verwendeten Art, roh, auch gespalten, in der Längsrichtung gesägt oder auf Länge zugeschnitten (Position 1401);
   c) Holz in Form von Spänen, Plättchen oder Schnitzeln, gemahlen oder pulverisiert, von der hauptsächlich zum Färben oder Gerben verwendeten Art (Position 1404);
   d) Aktivkohle (Position 3802);
   e) Waren der Position 4202;
   f) Waren des Kapitels 46;
   g) Schuhe und Teile davon des Kapitels 64;
   h) Waren des Kapitels 66 (z. B. Regenschirme, Gehstöcke und Teile);
   ij) Waren der Position 6808;
   k) Fantasieschmuck der Position 7117;
   l) Waren der Abschnitte XVI und XVII (z. B. Maschinenteile, Kästen, Behältnisse, Gehäuse für Maschinen und Apparate sowie Stellmacherwaren);
   m) Waren des Abschnitts XVIII (z. B. Uhrengehäuse und Musikinstrumente sowie Teile davon);
   n) Waffenteile (Position 9305);
   o) Waren des Kapitels 94 (z. B. Möbel, Leuchten und Beleuchtungskörper, vorgefertigte Gebäude);
   p) Waren des Kapitels 95 (z. B. Spielzeug, Spiele, Sportgeräte);
   q) Waren des Kapitels 96 (z. B. Tabakpfeifen und Teile davon, Knöpfe, Bleistifte und Ein-, Zwei- , Dreibeinstative und ähnliche Waren), ausgenommen Stiele und Fassungen, aus Holz, für Waren der Position 9603; oder
   r) Waren des Kapitels 97 (z. B. Kunstgegenstände).
2. „Verdichtetes Holz“ im Sinne dieses Kapitels ist massives oder aus Lagen zusammengesetztes Holz, das chemisch oder physikalisch behandelt ist (bei Holz aus zusammengesetzten Lagen in stärkerem Maße als es für einen guten Zusammenhalt notwendig ist) und dessen Dichte, Härte und Widerstandsfähigkeit gegen mechanische, chemische oder elektrische Einflüsse hierdurch deutlich erhöht sind.
3. Zu den Positionen 4414 bis 4421 gehören auch die entsprechenden Waren aus Spanplatten, Faserplatten, Sperrholz, furniertem Holz oder ähnlichem aus Lagen bestehendem Holz oder verdichtetem Holz.
4. Die Waren der Positionen 4410, 4411 oder 4412 können so bearbeitet sein, dass sie die für Waren der Position 4409 zugelassenen Profile erhalten haben, sie können gebogen, gewellt, perforiert, anders als quadratisch oder rechteckig zugeschnitten oder geformt sein oder eine beliebige andere Bearbeitung erfahren haben, vorausgesetzt, sie verleiht ihnen nicht den Charakter von Waren anderer Positionen.
5. Zu Position 4417 gehören nicht Werkzeuge, deren Klinge, Schneide, arbeitende Fläche oder sonstiger arbeitender Teil aus den in Anmerkung 1 zu Kapitel 82 genannten Stoffen besteht.
6. Vorbehaltlich der vorstehenden Anmerkung 1 und gegenteiliger Bestimmungen ist jede Bezugnahme auf „Holz“ in einer Position dieses Kapitels auch auf Bambus und andere holzige Stoffe anwendbar.

Warenbezeichnung	Warennummer	Besondere Maßeinheit

Unterpositions-Anmerkungen

1. Als „Holzpellets" im Sinne der Unterposition 4401 31 gelten Nebenerzeugnisse, wie Splitter, Sägespäne oder Schnitzel aus der mechanischen Holzverarbeitungsindustrie, der Möbelindustrie oder anderen Holzverarbeitungen, die durch einfachen Druck oder Zugabe eines Bindemittelanteils von nicht mehr als 3 GHT agglomeriert worden sind. Diese Pellets sind zylindrisch, mit einem Durchmesser von 25 mm oder weniger und einer Länge von 100 mm oder weniger.
2. ● Als „Holzbriketts" im Sinne der Unterposition 4401 32 gelten Nebenerzeugnisse wie Splitter, Sägespäne oder Schnitzel aus der mechanischen Holzverarbeitungsindustrie, der Möbelindustrie oder anderen Holzverarbeitungen, die durch einfachen Druck oder durch Zugabe eines Bindemittelanteils von nicht mehr als 3 GHT zusammengepresst worden sind. Diese Briketts sind würfel-, polyeder- oder zylinderförmig, mit einer Mindestquerschnittsabmessung von mehr als 25 mm.
3. ● Als „S-P-F" im Sinne der Unterposition 4407 13 gilt Holz aus Mischbeständen von Fichte, Kiefer und Tanne, bei dem der Anteil jeder Art variiert und unbekannt ist.
4. ● Als „Hem-Fir" im Sinne der Unterposition 4407 14 gilt Holz aus Mischbeständen von Western Hemlock und Tanne, bei dem der Anteil jeder Art variiert und unbekannt ist.

Zusätzliche Anmerkungen

1. Als „Holzmehl" im Sinne der Position 4405 gilt Holzpulver, das mit einem Rückstand von 8 GHT oder weniger ein Sieb mit einer lichten Maschenweite von 0,63 mm passiert.
2. ● Als „tropisches Holz" im Sinne der Warennummern 4414 10 10, 4418 21 10, 4419 20 10, 4420 11 10 und 4420 90 91 gelten folgende tropische Hölzer: Acajou d'Afrique, Alan, Azobé, Balsa, Dark Red Meranti, Dibétou, Ilomba, Imbuia, Iroko, Jelutong, Jongkong, Kapur, Kempas, Keruing, Light Red Meranti, Limba, Mahogany (Swietenia spp.), Makoré, Mansonia, Meranti Bakau, Merbau, Obéché, Okoumé, Palissandre de Para, Palissandre de Rio, Palissandre de Rose, Ramin, Sapelli, Sipo, Teak, Tiama, Virola, White Lauan, White Meranti, White Seraya und Yellow Meranti.

Warenbezeichnung	Warennummer	Besondere Maßeinheit
Brennholz in Form von Rundlingen, Scheiten, Zweigen, Reisigbündeln oder ähnlichen Formen; Holz in Form von Plättchen oder Schnitzeln; Sägespäne, Holzabfälle und Holzausschuss, auch zu Pellets, Briketts, Scheiten oder ähnlichen Formen zusammengepresst:	**4401**	
– Brennholz in Form von Rundlingen, Scheiten, Zweigen, Reisigbündeln oder ähnlichen Formen:		
– – Nadelholz	4401 11 00	–
– – anderes Holz	4401 12 00	–
– Holz in Form von Plättchen oder Schnitzeln:		
– – Nadelholz	4401 21 00	–
– – anderes Holz:		
– – – Eukalyptusholz der Art „*Eucalyptus* spp."	4401 22 10	–
– – – anderes	4401 22 90	–
– Sägespäne, Holzabfälle und Holzausschuss, zu Pellets, Briketts, Scheiten oder ähnlichen Formen zusammengepresst:		
– – Holzpellets	4401 31 00	–
● **– – Holzbriketts**	4401 32 00	–

	Warenbezeichnung	Warennummer	Besondere Maßeinheit
■	– – andere	4401 39 00	–
●	– Sägespäne, Holzabfälle und Holzausschuss, nicht zusammengepresst:		
●	– – Sägespäne	4401 41 00	–
●	– – andere	4401 49 00	–
	Holzkohle (einschließlich Kohle aus Schalen oder Nüssen), auch zusammengepresst:	**4402**	
	– aus Bambus	4402 10 00	–
●	– aus Schalen oder Nüssen	4402 20 00	–
■	– andere	4402 90 00	–
	Rohholz, auch entrindet, vom Splint befreit oder zwei- oder vierseitig grob zugerichtet:	**4403**	
	– mit Farbe, Beize, Kreosot oder anderen Konservierungsmitteln behandelt:		
	– – Nadelholz	4403 11 00	m^3
	– – anderes Holz	4403 12 00	m^3
	– anderes, von Nadelholz:		
●	– – Kiefernholz der Art „*Pinus* spp.“, dessen kleinster Durchmesser 15 cm oder mehr beträgt:		
	– – – Sägerundholz	4403 21 10	m^3
	– – – anderes	4403 21 90	m^3
	– – anderes Kiefernholz der Art „*Pinus* spp.“	4403 22 00	m^3
●	– – Tannenholz der Art „*Abies* spp.“ und Fichtenholz der Art „*Picea* spp.“, dessen kleinster Durchmesser 15 cm oder mehr beträgt:		
	– – – Sägerundholz	4403 23 10	m^3
	– – – anderes	4403 23 90	m^3
	– – anderes Tannenholz der Art „*Abies* spp.“ und anderes Fichtenholz der Art „*Picea* spp.“	4403 24 00	m^3
●	– – anderes, dessen kleinster Durchmesser 15 cm oder mehr beträgt:		
	– – – Sägerundholz	4403 25 10	m^3
	– – – anderes	4403 25 90	m^3
	– – anderes	4403 26 00	m^3
	– anderes, von tropischen Hölzern:		
	– – Dark Red Meranti, Light Red Meranti und Meranti Bakau	4403 41 00	m^3
●	– – Teak	4403 42 00	m^3
	– – anderes:		
	– – – Acajou d’Afrique, Iroko und Sapelli	4403 49 10	m^3
	– – – Okoumé und Sipo	4403 49 35	m^3
	– – – andere	4403 49 85	m^3
	– anderes:		
	– – Eichenholz (*Quercus* spp.)	4403 91 00	m^3
●	– – Buchenholz der Art „*Fagus* spp.“, dessen kleinster Durchmesser 15 cm oder mehr beträgt	4403 93 00	m^3
	– – anderes Buchenholz der Art „*Fagus* spp.“	4403 94 00	m^3
●	– – Birkenholz der Art „*Betula* spp.“, dessen kleinster Durchmesser 15 cm oder mehr beträgt:		
	– – – Sägerundholz	4403 95 10	m^3
	– – – anderes	4403 95 90	m^3
	– – anderes Birkenholz der Art „*Betula* spp.“	4403 96 00	m^3
	– – Pappelholz und Espenholz der Art „*Populus* spp.“	4403 97 00	m^3
	– – Eukalyptusholz der Art „*Eucalyptus* spp.“	4403 98 00	m^3
	– – anderes	4403 99 00	m^3

Warenbezeichnung		Warennummer	Besondere Maßeinheit
	Holz für Fassreifen; Holzpfähle, gespalten; Pfähle und Pflöcke aus Holz, gespitzt, nicht in der Längsrichtung gesägt; Holz, nur grob zugerichtet oder abgerundet, jedoch weder gedrechselt, gebogen noch anders bearbeitet, für Spazierstöcke, Regenschirme, Werkzeuggriffe, Werkzeugstiele und dergleichen; Holzspan, Holzstreifen, Holzbänder und dergleichen:	**4404**	
	– Nadelholz	4404 10 00	–
	– anderes Holz	4404 20 00	–
	Holzwolle; Holzmehl	**4405 00 00**	–
	Bahnschwellen aus Holz:	**4406**	
	– nicht imprägniert:		
	– – Nadelholz	4406 11 00	m³
	– – anderes Holz	4406 12 00	m³
	– andere:		
	– – Nadelholz	4406 91 00	m³
	– – anderes Holz	4406 92 00	m³
	Holz, in der Längsrichtung gesägt oder gesäumt, gemessert oder geschält, auch gehobelt, geschliffen oder an den Enden verbunden, mit einer Dicke von mehr als 6 mm:	**4407**	
	– Nadelholz:		
	– – Kiefernholz der Art „*Pinus* spp.“:		
■	– – – an den Enden verbunden (auch gehobelt oder geschliffen)	4407 11 10	m³
■	– – – gehobelt	4407 11 20	m³
■	– – – anderes	4407 11 90	m³
	– – Tannenholz der Art „*Abies* spp.“ und Fichtenholz der Art „*Picea* spp.“:		
■	– – – an den Enden verbunden (auch gehobelt oder geschliffen)	4407 12 10	m³
■	– – – gehobelt	4407 12 20	m³
■	– – – anderes	4407 12 90	m³
●	– – S-P-F (Fichtenholz der Art „*Picea* spp.“, Kiefernholz der Art „*Pinus* spp.“ und Tannenholz der Art „*Abies* spp.“)	4407 13 00	m³
●	– – Hem-Fir (Western Hemlock der Art „*Tsuga heterophylla*“ und Tannenholz der Art „*Abies* spp.“)	4407 14 00	m³
	– – anderes:		
■	– – – an den Enden verbunden (auch gehobelt oder geschliffen)	4407 19 10	m³
■	– – – gehobelt	4407 19 20	m³
■	– – – anderes	4407 19 90	m³
	– tropisches Holz:		
	– – Mahogany (*Swietenia* spp.):		
	– – – geschliffen; an den Enden verbunden (auch gehobelt oder geschliffen)	4407 21 10	m³
	– – – anderes:		
	– – – – gehobelt	4407 21 91	m³
	– – – – anderes	4407 21 99	m³
	– – Virola, Imbuia und Balsa:		
	– – – geschliffen; an den Enden verbunden (auch gehobelt oder geschliffen)	4407 22 10	m³
	– – – anderes:		
	– – – – gehobelt	4407 22 91	m³
	– – – – anderes	4407 22 99	m³

	Warenbezeichnung	Warennummer	Besondere Maßeinheit
●	– – **Teak:**		
●	– – – geschliffen; an den Enden verbunden (auch gehobelt oder geschliffen)	4407 23 10	m^3
●	– – – gehobelt	4407 23 20	m^3
●	– – – anderes	4407 23 90	m^3
	– – **Dark Red Meranti, Light Red Meranti und Meranti Bakau:**		
	– – – an den Enden verbunden (auch gehobelt oder geschliffen)	4407 25 10	m^3
	– – – anderes:		
	– – – – gehobelt	4407 25 30	m^3
	– – – – geschliffen	4407 25 50	m^3
	– – – – anderes	4407 25 90	m^3
	– – **White Lauan, White Meranti, White Seraya, Yellow Meranti und Alan:**		
	– – – an den Enden verbunden (auch gehobelt oder geschliffen)	4407 26 10	m^3
	– – – anderes:		
	– – – – gehobelt	4407 26 30	m^3
	– – – – geschliffen	4407 26 50	m^3
	– – – – anderes	4407 26 90	m^3
	– – **Sapelli:**		
	– – – geschliffen; an den Enden verbunden (auch gehobelt oder geschliffen)	4407 27 10	m^3
	– – – anderes:		
	– – – – gehobelt	4407 27 91	m^3
	– – – – anderes	4407 27 99	m^3
	– – **Iroko:**		
	– – – geschliffen; an den Enden verbunden (auch gehobelt oder geschliffen)	4407 28 10	m^3
	– – – anderes:		
	– – – – gehobelt	4407 28 91	m^3
	– – – – anderes	4407 28 99	m^3
	– – **anderes:**		
	– – – Abura, Acajou d'Afrique, Afrormosia, Ako, Andiroba, Aningré, Avodiré, Azobé, Balau, Bossé clair, Bossé foncé, Cativo, Cedro, Dabema, Dibétou, Doussié, Framiré, Freijo, Fromager, Fuma, Geronggang, Ilomba, Ipé, Jaboty, Jelutong, Jequitiba, Jongkong, Kapur, Kempas, Keruing, Kosipo, Kotibé, Koto, Limba, Louro, Maçaranduba, Makoré, Mandioqueira, Mansonia, Mengkulang, Merawan, Merbau, Merpauh, Mersawa, Moabi, Niangon, Nyatoh, Obéché, Okoumé, Onzabili, Orey, Ovengkol, Ozigo, Padauk, Paldao, Palissandre de Guatemala, Palissandre de Para, Palissandre de Rio, Palissandre de Rose, Pau Amarelo, Pau Marfim, Pulai, Punah, Quaruba, Ramin, Saqui-Saqui, Sepetir, Sipo, Sucupira, Suren, Tauari, Tiama, Tola:		
■	– – – – an den Enden verbunden (auch gehobelt oder geschliffen)	4407 29 15	m^3
	– – – – anderes:		
	– – – – – Palissandre de Para, Palissandre de Rio und Palissandre de Rose, gehobelt	4407 29 20	m^3
	– – – – – anderes:		
■	– – – – – – gehobelt	4407 29 83	m^3
■	– – – – – – geschliffen	4407 29 85	m^3
■	– – – – – – anderes	4407 29 95	m^3
	– – – anderes tropisches Holz:		
	– – – – gehobelt; an den Enden verbunden (auch gehobelt oder geschliffen)	4407 29 96	m^3
	– – – – anderes:		
	– – – – – geschliffen	4407 29 97	m^3
	– – – – – anderes	4407 29 98	m^3

Warenbezeichnung	Warennummer	Besondere Maßeinheit
– anderes:		
– – Eichenholz (*Quercus* spp.):		
– – – geschliffen; an den Enden verbunden (auch gehobelt oder geschliffen)	4407 91 15	m^3
– – – anderes:		
– – – – gehobelt:		
– – – – – Stäbe und Friese für Parkett, nicht zusammengesetzt	4407 91 31	m^2
– – – – – anderes	4407 91 39	m^3
– – – – anderes	4407 91 90	m^3
– – Buchenholz (*Fagus* spp.)	4407 92 00	m^3
– – Ahornholz (*Acer* spp.):		
– – – gehobelt; an den Enden verbunden (auch gehobelt oder geschliffen)	4407 93 10	m^3
– – – anderes:		
– – – – geschliffen	4407 93 91	m^3
– – – – anderes	4407 93 99	m^3
– – Kirschbaumholz (*Prunus* spp.):		
– – – gehobelt; an den Enden verbunden (auch gehobelt oder geschliffen)	4407 94 10	m^3
– – – anderes:		
– – – – geschliffen	4407 94 91	m^3
– – – – anderes	4407 94 99	m^3
– – Eschenholz (*Fraxinus* spp.):		
– – – gehobelt; an den Enden verbunden (auch gehobelt oder geschliffen)	4407 95 10	m^3
– – – anderes:		
– – – – geschliffen	4407 95 91	m^3
– – – – anderes	4407 95 99	m^3
– – Birkenholz (*Betula* spp.):		
– – – gehobelt; an den Enden verbunden (auch gehobelt oder geschliffen)	4407 96 10	m^3
– – – anderes:		
– – – – geschliffen	4407 96 91	m^3
– – – – anderes	4407 96 99	m^3
– – Pappelholz und Espenholz (*Populus* spp.):		
– – – gehobelt; an den Enden verbunden (auch gehobelt oder geschliffen)	4407 97 10	m^3
– – – anderes:		
– – – – geschliffen	4407 97 91	m^3
– – – – anderes	4407 97 99	m^3
– – anderes:		
– – – gehobelt; an den Enden verbunden (auch gehobelt oder geschliffen)	4407 99 27	m^3
– – – anderes:		
– – – – geschliffen	4407 99 40	m^3
– – – – anderes	4407 99 90	m^3
Furnierblätter (einschließlich der durch Messern von Lagenholz gewonnenen Blätter), Blätter für Sperrholz oder ähnliches Lagenholz und anderes Holz, in der Längsrichtung gesägt, gemessert oder geschält, auch gehobelt, geschliffen, an den Kanten oder an den Enden verbunden, mit einer Dicke von 6 mm oder weniger:	**4408**	
– Nadelholz:		
– – gehobelt; geschliffen; an den Enden verbunden (auch gehobelt oder geschliffen)	4408 10 15	m^3
– – anderes:		
– – – Brettchen zum Herstellen von Blei-, Kopier-, Farbstiften, Schiefergriffeln und anderen holzgefassten Stiften	4408 10 91	m^3
– – – anderes	4408 10 98	m^3

Warenbezeichnung	Warennummer	Besondere Maßeinheit
– von tropischen Hölzern:		
– – Dark Red Meranti, Light Red Meranti und Meranti Bakau:		
– – – an den Enden verbunden (auch gehobelt oder geschliffen)	4408 31 11	m^3
– – – anderes:		
– – – – gehobelt	4408 31 21	m^3
– – – – geschliffen	4408 31 25	m^3
– – – – anderes	4408 31 30	m^3
– – anderes:		
– – – Acajou d'Afrique, Limba, Mahogany (*Swietenia* spp.), Obéché, Okoumé, Palissandre de Para, Palissandre de Rio, Palissandre de Rose, Sapelli, Sipo, Virola und White Lauan:		
– – – – geschliffen; an den Enden verbunden (auch gehobelt oder geschliffen)	4408 39 15	m^3
– – – – anderes:		
– – – – – gehobelt	4408 39 21	m^3
– – – – – anderes	4408 39 30	m^3
– – – anderes:		
– – – – gehobelt; geschliffen; an den Enden verbunden (auch gehobelt oder geschliffen)	4408 39 55	m^3
– – – – anderes:		
– – – – – Brettchen zum Herstellen von Blei-, Kopier-, Farbstiften, Schiefergriffeln und anderen holzgefassten Stiften	4408 39 70	m^3
– – – – – anderes:		
– – – – – – mit einer Dicke von 1 mm oder weniger	4408 39 85	m^3
– – – – – – mit einer Dicke von mehr als 1 mm	4408 39 95	m^3
– anderes:		
– – gehobelt; geschliffen; an den Enden verbunden (auch gehobelt oder geschliffen)	4408 90 15	m^3
– – anderes:		
– – – Brettchen zum Herstellen von Blei-, Kopier-, Farbstiften, Schiefergriffeln und anderen holzgefassten Stiften	4408 90 35	m^3
– – – anderes:		
– – – – mit einer Dicke von 1 mm oder weniger	4408 90 85	m^3
– – – – mit einer Dicke von mehr als 1 mm	4408 90 95	m^3
Holz (einschließlich Stäbe und Friese für Parkett, nicht zusammengesetzt), entlang einer oder mehrerer Kanten, Enden oder Flächen profiliert (gekehlt, genutet, gefedert, gefalzt, abgeschrägt, gefriest, gerundet oder in ähnlicher Weise bearbeitet), auch gehobelt, geschliffen oder an den Enden verbunden:	**4409**	
– Nadelholz:		
– – Leisten für Rahmen für Bilder, Fotografien, Spiegel oder dergleichen	4409 10 11	m
– – anderes	4409 10 18	–
– anderes:		
– – Bambus	4409 21 00	–
– – tropisches Holz	4409 22 00	–
– – anderes:		
– – – Leisten für Rahmen für Bilder, Fotografien, Spiegel oder dergleichen	4409 29 10	m
– – – anderes:		
– – – – Stäbe und Friese für Parkett, nicht zusammengesetzt	4409 29 91	m^2
– – – – anderes	4409 29 99	–

Warenbezeichnung	Warennummer	Besondere Maßeinheit
Spanplatten, „oriented strand board"-Platten (OSB) und ähnliche Platten (z. B. „waferboard"-Platten) aus Holz oder anderen holzigen Stoffen, auch mit Harz oder anderen organischen Bindemitteln hergestellt:	**4410**	
– aus Holz:		
– – Spanplatten:		
● – – – roh oder nur geschliffen (Rohplatten)	4410 11 10	m^3
– – – auf der Oberfläche mit Melamin imprägniertem Papier beschichtet	4410 11 30	m^3
– – – auf der Oberfläche mit Dekorplatten oder Dekorfolie aus Kunststoff beschichtet	4410 11 50	m^3
– – – andere	4410 11 90	m^3
– – „oriented strand board"-Platten (OSB):		
● – – – roh oder nur geschliffen (Rohplatten)	4410 12 10	m^3
– – – andere	4410 12 90	m^3
– – andere	4410 19 00	m^3
– andere	4410 90 00	m^3
Faserplatten aus Holz oder anderen holzigen Stoffen, auch mit Harz oder anderen organischen Stoffen hergestellt:	**4411**	
– mitteldichte Faserplatten (MDF):		
– – mit einer Dicke von 5 mm oder weniger:		
● – – – weder mechanisch bearbeitet noch oberflächenbeschichtet (Rohplatten)	4411 12 10	m^3
● – – – andere:		
● – – – – mit einer Dichte von mehr als 0,8 g/cm³ (HDF)	4411 12 92	m^3
● – – – – mit einer Dichte von 0,8 g/cm³ oder weniger	4411 12 94	m^3
– – mit einer Dicke von mehr als 5 mm bis 9 mm:		
● – – – weder mechanisch bearbeitet noch oberflächenbeschichtet (Rohplatten)	4411 13 10	m^3
● – – – andere:		
● – – – – mit einer Dichte von mehr als 0,8 g/cm³ (HDF)	4411 13 92	m^3
● – – – – mit einer Dichte von 0,8 g/cm³ oder weniger	4411 13 94	m^3
– – mit einer Dicke von mehr als 9 mm:		
● – – – weder mechanisch bearbeitet noch oberflächenbeschichtet (Rohplatten)	4411 14 10	m^3
● – – – andere:		
● – – – – mit einer Dichte von mehr als 0,8 g/cm³ (HDF)	4411 14 92	m^3
● – – – – mit einer Dichte von mehr als 0,5 g/cm³, aber nicht mehr als 0,8 g/cm³	4411 14 95	m^3
● – – – – mit einer Dichte von 0,5 g/cm³ oder weniger	4411 14 97	m^3
– andere:		
– – mit einer Dichte von mehr als 0,8 g/cm³:		
● – – – weder mechanisch bearbeitet noch oberflächenbeschichtet (Rohplatten)	4411 92 10	m^3
– – – andere	4411 92 90	m^3
● **– – mit einer Dichte von mehr als 0,5 g/cm³ bis 0,8 g/cm³**	4411 93 00	m^3
– – mit einer Dichte von 0,5 g/cm³ oder weniger:		
● – – – weder mechanisch bearbeitet noch oberflächenbeschichtet (Rohplatten)	4411 94 10	m^3
– – – andere	4411 94 90	m^3
Sperrholz, furniertes Holz und ähnliches Lagenholz:	**4412**	
– aus Bambus	4412 10 00	m^3
– anderes Sperrholz, ausschließlich aus Furnieren (andere als Bambus) mit einer Dicke von 6 mm oder weniger:		

Warenbezeichnung	Warennummer	Besondere Maßeinheit
– – mit mindestens einer äußeren Lage aus tropischem Holz:		
– – – aus Acajou d'Afrique, Dark Red Meranti, Light Red Meranti, Limba, Mahogany (*Swietenia* spp.), Obéché, Okoumé, Palissandre de Para, Palissandre de Rio, Palissandre de Rose, Sapelli, Sipo, Virola oder White Lauan	4412 31 10	m^3
– – – anderes	4412 31 90	m^3
– – anderes, mit mindestens einer äußeren Lage aus anderem Holz als Nadelholz der Arten Erle (*Alnus* spp.), Esche (*Fraxinus* spp.), Buche (*Fagus* spp.), Birke (*Betula* spp.), Kirsche (*Prunus* spp.), Kastanie (*Castanea* spp.), Ulme (*Ulmus* spp.), Eukalyptus (*Eucalyptus* spp.), Hickory (*Carya* spp.), Rosskastanie (*Aesculus* spp.), Linde (*Tilia* spp.), Ahorn (*Acer* spp.), Eiche (*Quercus* spp.), Platane (*Platanus* spp.), Pappel und Espe (*Populus* spp.), Robinie (*Robinia* spp.), Tulpenholz (*Liriodendron* spp.) oder Walnuss (*Juglans* spp.):		
● – – – mit mindestens einer äußeren Lage aus Birkenholz (*Betula* spp.)	4412 33 10	m^3
● – – – ohne äußere Lage aus Birkenholz, jedoch mit mindestens einer äußeren Lage aus Pappel- oder Espenholz (*Populus* spp.)	4412 33 20	m^3
● – – – ohne äußere Lage aus Birken-, Pappel- oder Espenholz (*Populus* spp.), jedoch mit mindestens einer äußeren Lage aus Eukalyptusholz (*Eukalyptus* spp.)	4412 33 30	m^3
● – – – anderes	4412 33 90	m^3
– – anderes, mit mindestens einer äußeren Lage aus anderem Holz als Nadelholz, ausgenommen Hölzer der Unterposition 4412 33	4412 34 00	m^3
– – anderes, mit beiden äußeren Lagen aus Nadelholz	4412 39 00	m^3
● – Furnierschichtholz (FSH):		
● **– – mit mindestens einer äußeren Lage aus tropischem Holz:**		
● – – – mit mindestens einer äußeren Lage aus anderem Holz als Nadelholz	4412 41 91	m^3
● – – – anderes	4412 41 99	m^3
● **– – anderes, mit mindestens einer äußeren Lage aus anderem Holz als Nadelholz**	4412 42 00	m^3
● **– – anderes, mit beiden äußeren Lagen aus Nadelholz**	4412 49 00	m^3
● **– mit Block-, Stab-, Stäbchen- oder Streifenholzmittellage:**		
● **– – mit mindestens einer äußeren Lage aus tropischem Holz:**		
● – – – mit mindestens einer äußeren Lage aus anderem Holz als Nadelholz	4412 51 10	m^3
● – – – anderes	4412 51 90	m^3
● **– – anderes, mit mindestens einer äußeren Lage aus anderem Holz als Nadelholz**	4412 52 00	m^3
● **– – anderes, mit beiden äußeren Lagen aus Nadelholz**	4412 59 00	m^3
● **– anderes:**		
● **– – mit mindestens einer äußeren Lage aus tropischem Holz:**		
● – – – mindestens eine Spanplatte enthaltend	4412 91 10	m^3
● – – – anderes:		
● – – – – mit mindestens einer äußeren Lage aus anderem Holz als Nadelholz	4412 91 91	m^3
● – – – – anderes	4412 91 99	m^3
● **– – anderes, mit mindestens einer äußeren Lage aus anderem Holz als Nadelholz:**		
● – – – mindestens eine Spanplatte enthaltend	4412 92 10	m^3
● – – – anderes	4412 92 90	m^3
● **– – anderes, mit beiden äußeren Lagen aus Nadelholz:**		
● – – – mindestens eine Spanplatte enthaltend	4412 99 10	m^3
● – – – anderes	4412 99 90	m^3
Verdichtetes Holz in Blöcken, Platten, Brettern oder Profilen	**4413 00 00**	m^3

Warenbezeichnung	Warennummer	Besondere Maßeinheit
Holzrahmen für Bilder, Fotografien, Spiegel oder dergleichen:	**4414**	
● **– aus tropischem Holz:**		
● – – aus tropischem Holz im Sinne der Zusätzlichen Anmerkung 2 zu diesem Kapitel	4414 10 10	–
● – – andere	4414 10 90	–
● **– andere**	4414 90 00	–
Kisten, Kistchen, Verschläge, Trommeln und ähnliche Verpackungsmittel, aus Holz; Kabeltrommeln, aus Holz; Flachpaletten, Boxpaletten und andere Ladungsträger, aus Holz; Palettenaufsatzwände, aus Holz:	**4415**	
– Kisten, Kistchen, Verschläge, Trommeln und ähnliche Verpackungsmittel; Kabeltrommeln:		
– – Kisten, Kistchen, Verschläge, Trommeln und ähnliche Verpackungsmittel	4415 10 10	–
– – Kabeltrommeln	4415 10 90	–
– Flachpaletten, Boxpaletten und andere Ladungsträger; Palettenaufsatzwände:		
– – Flachpaletten; Palettenaufsatzwände	4415 20 20	St
– – andere	4415 20 90	–
Fässer, Tröge, Bottiche, Kübel und andere Böttcherwaren und Teile davon, aus Holz, einschließlich Fassstäbe	**4416 00 00**	–
Werkzeuge, Werkzeugfassungen, Werkzeuggriffe und Werkzeugstiele, Fassungen, Stiele und Griffe für Besen, Bürsten und Pinsel, aus Holz; Schuhformen, Schuhleisten und Schuhspanner, aus Holz	**4417 00 00**	–
Bautischler- und Zimmermannsarbeiten, einschließlich Verbundplatten mit Hohlraum-Mittellagen, zusammengesetzte Fußbodenplatten, Schindeln („shingles“ und „shakes“), aus Holz:	**4418**	
– Fenster, Fenstertüren, Rahmen und Verkleidungen dafür:		
● **– – aus tropischem Holz**	4418 11 00	St [1]
● **– – andere:**		
● – – – aus Nadelholz	4418 19 50	St [1]
● – – – andere	4418 19 90	St [1]
– Türen und Rahmen dafür, Türverkleidungen und -schwellen:		
● **– – aus tropischem Holz:**		
● – – – aus tropischem Holz im Sinne der Zusätzlichen Anmerkung 2 zu diesem Kapitel	4418 21 10	St [2]
● – – – andere	4418 21 90	St [2]
● **– – andere:**		
● – – – aus Nadelholz	4418 29 50	St [2]
● – – – andere	4418 29 80	St [2]
● **– Pfosten und Balken, ausgenommen Erzeugnisse der Unterpositionen 4418 81 bis 4418 89**	4418 30 00	–
– Verschalungen für Betonarbeiten	4418 40 00	–
– Schindeln („shingles“ und „shakes“)	4418 50 00	–
– zusammengesetzte Fußbodenplatten:		
– – aus Bambus oder mit mindestens der Toplage (Nutzschicht) aus Bambus:		
– – – für Mosaikfußböden	4418 73 10	m^2
– – – andere	4418 73 90	m^2

1) Ein Fenster oder eine Fenstertür mit oder ohne Rahmen oder Verkleidung gilt als ein Stück.
2) Eine Tür mit oder ohne Rahmen, Verkleidung oder Schwelle gilt als ein Stück.

	Warenbezeichnung	Warennummer	Besondere Maßeinheit
	– – andere für Mosaikfußböden	4418 74 00	m^2
	– – andere, mehrlagig	4418 75 00	m^2
	– – andere	4418 79 00	m^2
●	– Bauholzerzeugnisse:		
●	– – Brettschichtholz (BSH)	4418 81 00	–
●	– – Brettsperrholz (BSP oder KLH)	4418 82 00	–
●	– – I-Balken	4418 83 00	–
●	– – andere	4418 89 00	–
	– andere:		
■	– – aus Bambus	4418 91 00	–
●	– – Verbundplatten mit Hohlraum-Mittellagen	4418 92 00	–
●	– – andere	4418 99 00	–
	Holzwaren zur Verwendung bei Tisch oder in der Küche:	**4419**	
	– aus Bambus:		
	– – Brotbretter, Schneidebretter und ähnliche Bretter	4419 11 00	–
	– – Essstäbchen	4419 12 00	–
	– – andere	4419 19 00	–
●	– aus tropischem Holz:		
●	– – aus tropischem Holz im Sinne der Zusätzlichen Anmerkung 2 zu diesem Kapitel	4419 20 10	–
●	– – andere	4419 20 90	–
●	– andere	4419 90 00	–
	Hölzer mit Einlegearbeit (Intarsien oder Marketerie); Schmuckkassetten, Besteckkästchen und ähnliche Waren, aus Holz; Statuetten und andere Ziergegenstände, aus Holz; Innenausstattungsgegenstände aus Holz, ausgenommen Waren des Kapitels 94:	**4420**	
●	– Statuetten und andere Ziergegenstände:		
●	– – aus tropischem Holz:		
●	– – – aus tropischem Holz im Sinne der Zusätzlichen Anmerkung 2 zu diesem Kapitel	4420 11 10	–
●	– – – andere	4420 11 90	–
●	– – andere	4420 19 00	–
	– andere:		
	– – Hölzer mit Einlegearbeit (Intarsien oder Marketerie)	4420 90 10	m^3
	– – andere:		
	– – – aus tropischem Holz im Sinne der Zusätzlichen Anmerkung 2 zu diesem Kapitel	4420 90 91	–
	– – – andere	4420 90 99	–
	Andere Waren aus Holz:	**4421**	
	– Kleiderbügel	4421 10 00	St
●	– Särge	4421 20 00	St
	– andere:		
■	– – aus Bambus	4421 91 00	–
	– – andere:		
	– – – aus Faserplatten	4421 99 10	–
	– – – andere	4421 99 99	–

Kapitel 45

Kork und Korkwaren

Anmerkung

1. Zu Kapitel 45 gehören nicht:
   a) Schuhe und Teile davon des Kapitels 64;
   b) Kopfbedeckungen und Teile davon des Kapitels 65;
   c) Waren des Kapitels 95 (z. B. Spielzeug, Spiele, Sportgeräte).

Warenbezeichnung	Warennummer	Besondere Maßeinheit
Naturkork, unbearbeitet oder nur zugerichtet; Korkabfälle; Korkschrot und Korkmehl:	**4501**	
– Naturkork, unbearbeitet oder nur zugerichtet	4501 10 00	–
– anderer	4501 90 00	–
Naturkork, entrindet, zwei- oder vierseitig grob zugerichtet oder in Würfeln, Platten, Blättern oder Streifen von quadratischer oder rechteckiger Form (einschließlich scharfkantige Rohlinge zum Herstellen von Stopfen)	**4502 00 00**	–
Waren aus Naturkork:	**4503**	
– Stopfen:		
– – zylindrisch	4503 10 10	–
– – andere	4503 10 90	–
– andere	4503 90 00	–
Presskork (auch mit Bindemittel) und Waren aus Presskork:	**4504**	
– Würfel, Quader, Platten, Blätter und Streifen; Fliesen in beliebiger Form; massive Zylinder, einschließlich Scheiben:		
– – Stopfen:		
– – – für Schaumwein, auch mit Scheiben aus Naturkork	4504 10 11	–
– – – andere	4504 10 19	–
– – andere:		
– – – mit Bindemittel	4504 10 91	–
– – – andere	4504 10 99	–
– andere:		
– – Stopfen	4504 90 20	–
– – andere	4504 90 80	–

Kapitel 46

Flechtwaren und Korbmacherwaren

Anmerkungen

1. Als „Flechtstoffe" im Sinne dieses Kapitels gelten Stoffe, die aufgrund ihrer Beschaffenheit und Form zum Flechten, Weben oder für ähnliche Verarbeitungsverfahren geeignet sind; dazu gehören insbesondere Stroh, Korbweiden/Flechtweiden, Bambus und Rattan, Binsen, Schilf, Holzspan, Streifen aus anderem pflanzlichen Material (z. B. Streifen aus Rinde, schmale Blätter und Raffiabast oder andere Streifen, die aus breiten Blättern gewonnen wurden), nicht versponnene natürliche Spinnfasern, Monofile und Streifen oder dergleichen aus Kunststoffen sowie Streifen aus Papier, jedoch nicht Streifen aus Leder, rekonstituiertem Leder, Filz oder Vliesstoffen, Menschenhaar, Rosshaar, Vorgarne und Garne aus Spinnstoffen sowie Monofilamente und Streifen oder dergleichen des Kapitels 54.
2. Zu Kapitel 46 gehören nicht:
   a) Wandverkleidungen der Position 4814;
   b) Bindfäden, Seile und Taue, auch geflochten (Position 5607);
   c) Schuhe und Kopfbedeckungen oder Teile davon des Kapitels 64 oder 65;
   d) Fahrzeuge und Fahrzeugaufbauten, aus Korbgeflecht (Kapitel 87);
   ● e) Waren des Kapitels 94 (z. B. Möbel, Leuchten und Beleuchtungskörper).
3. „Parallel aneinander gefügte Flechtstoffe, Geflechte und ähnliche Waren aus Flechtstoffen" im Sinne der Position 4601 sind Waren aus Flechtstoffen, Geflechten und ähnlichen Waren, bei denen diese nebeneinander gelegt und durch Bindematerial, auch durch Garne aus Spinnstoffen, in Flächenform miteinander verbunden sind.

Warenbezeichnung	Warennummer	Besondere Maßeinheit
Geflechte und ähnliche Waren aus Flechtstoffen, auch miteinander zu Bändern verbunden; Flechtstoffe, Geflechte und ähnliche Waren aus Flechtstoffen, in Flächenform verwebt oder parallel aneinander gefügt, auch wenn sie dadurch den Charakter von Fertigwaren erhalten haben (z. B. Matten, Strohmatten, Gittergeflechte):	**4601**	
– Matten, Strohmatten und Gittergeflechte, aus pflanzlichen Stoffen:		
– – aus Bambus:		
– – – aus Geflechten oder ähnlichen Waren aus Flechtstoffen	4601 21 10	–
– – – andere	4601 21 90	–
– – aus Rattan:		
– – – aus Geflechten oder ähnlichen Waren aus Flechtstoffen	4601 22 10	–
– – – andere	4601 22 90	–
– – andere:		
– – – aus Geflechten oder ähnlichen Waren aus Flechtstoffen	4601 29 10	–
– – – andere	4601 29 90	–

Warenbezeichnung	Warennummer	Besondere Maßeinheit
– andere:		
– – aus Bambus:		
– – – Geflechte und ähnliche Waren aus Flechtstoffen, auch miteinander zu Bändern verbunden	4601 92 05	–
– – – andere:		
– – – – aus Geflechten oder ähnlichen Waren aus Flechtstoffen	4601 92 10	–
– – – – andere	4601 92 90	–
– – aus Rattan:		
– – – Geflechte und ähnliche Waren aus Flechtstoffen, auch miteinander zu Bändern verbunden	4601 93 05	–
– – – andere:		
– – – – aus Geflechten oder ähnlichen Waren aus Flechtstoffen	4601 93 10	–
– – – – andere	4601 93 90	–
– – aus anderen pflanzlichen Stoffen:		
– – – Geflechte und ähnliche Waren aus Flechtstoffen, auch miteinander zu Bändern verbunden	4601 94 05	–
– – – andere:		
– – – – aus Geflechten oder ähnlichen Waren aus Flechtstoffen	4601 94 10	–
– – – – andere	4601 94 90	–
– – andere:		
– – – Geflechte und ähnliche Waren aus Flechtstoffen, auch miteinander zu Bändern verbunden	4601 99 05	–
– – – andere:		
– – – – aus Geflechten oder ähnlichen Waren aus Flechtstoffen	4601 99 10	–
– – – – andere	4601 99 90	–
Korbmacherwaren und andere Waren, unmittelbar aus Flechtstoffen oder aus Waren der Position 4601 hergestellt; Waren aus Luffa:	**4602**	
– aus pflanzlichen Stoffen:		
– – aus Bambus	4602 11 00	–
– – aus Rattan	4602 12 00	–
– – andere:		
– – – Flaschenhülsen aus Stroh	4602 19 10	–
– – – andere	4602 19 90	–
– andere	4602 90 00	–

Halbstoffe aus Holz oder anderen cellulosehaltigen Faserstoffen; Papier oder Pappe (Abfälle und Ausschuss) zur Wiedergewinnung; Papier, Pappe und Waren daraus

Kapitel 47

Halbstoffe aus Holz oder anderen cellulosehaltigen Faserstoffen; Papier oder Pappe (Abfälle und Ausschuss) zur Wiedergewinnung

Anmerkung

1. Als „chemische Halbstoffe aus Holz, zum Auflösen“ im Sinne der Position 4702 gelten chemische Halbstoffe mit einem Anteil an unlöslichem Halbstoff von 92 GHT oder mehr bei Natron- oder Sulfatzellstoffen, bzw. 88 GHT oder mehr bei Sulfitzellstoffen, nach einstündiger Lagerung in einer 18-prozentigen Natronlauge (NaOH) bei 20 °C und mit einem Aschegehalt von 0,15 GHT oder weniger (ausschließlich bei Sulfitzellstoffen).

Warenbezeichnung	Warennummer	Besondere Maßeinheit
Mechanische Halbstoffe aus Holz (Holzschliff):	**4701**	
– thermo-mechanische Halbstoffe aus Holz	4701 00 10	kgtr 90 %
– andere	4701 00 90	kgtr 90 %
Chemische Halbstoffe aus Holz, zum Auflösen	**4702 00 00**	kgtr 90 %
Chemische Halbstoffe aus Holz (Natron- oder Sulfatzellstoff), ausgenommen solche zum Auflösen:	**4703**	
– ungebleicht:		
– – aus Nadelholz	4703 11 00	kgtr 90 %
– – aus anderem Holz	4703 19 00	kgtr 90 %
– halbgebleicht oder gebleicht:		
– – aus Nadelholz	4703 21 00	kgtr 90 %
– – aus anderem Holz	4703 29 00	kgtr 90 %
Chemische Halbstoffe aus Holz (Sulfitzellstoff), ausgenommen solche zum Auflösen:	**4704**	
– ungebleicht:		
– – aus Nadelholz	4704 11 00	kgtr 90 %
– – aus anderem Holz	4704 19 00	kgtr 90 %
– halbgebleicht oder gebleicht:		
– – aus Nadelholz	4704 21 00	kgtr 90 %
– – aus anderem Holz	4704 29 00	kgtr 90 %
Halbstoffe aus Holz, durch Kombination aus mechanischem und chemischem Aufbereitungsverfahren hergestellt	**4705 00 00**	kgtr 90 %

Warenbezeichnung	Warennummer	Besondere Maßeinheit
Halbstoffe aus der Aufbereitung von Abfällen und Ausschuss von Papier oder Pappe oder aus anderen cellulosehaltigen Faserstoffen:	**4706**	
– aus Baumwoll-Linters	4706 10 00	–
– Halbstoffe aus der Aufbereitung von Abfällen und Ausschuss von Papier oder Pappe	4706 20 00	kgtr 90 %
– andere, aus Bambus	4706 30 00	kgtr 90 %
– andere:		
– – mechanisch aufbereitet	4706 91 00	kgtr 90 %
– – chemisch aufbereitet	4706 92 00	kgtr 90 %
– – aus einer Kombination mechanischer und chemischer Aufbereitung	4706 93 00	kgtr 90 %
Papier oder Pappe (Abfälle und Ausschuss) zur Wiedergewinnung:	**4707**	
– ungebleichte Kraftpapiere oder Kraftpappen oder Wellpapiere oder Wellpappen	4707 10 00	–
– Papier oder Pappe, hauptsächlich aus gebleichten, nicht in der Masse gefärbten chemischen Halbstoffen hergestellt	4707 20 00	–
– Papier oder Pappe, hauptsächlich aus mechanischen Halbstoffen hergestellt (z. B. Zeitungen, Zeitschriften und ähnliche Drucke):		
– – alte und unverkaufte Zeitungen und Zeitschriften, Telefonbücher, Broschüren, Werbedrucke und Werbeschriften	4707 30 10	–
– – andere	4707 30 90	–
– andere (einschließlich Abfälle und Ausschuss, unsortiert):		
– – unsortiert	4707 90 10	–
– – sortiert	4707 90 90	–

Kapitel 48

Papier und Pappe; Waren aus Papierhalbstoff, Papier oder Pappe

Anmerkungen

1. Im Sinne dieses Kapitels schließt vorbehaltlich gegenteiliger Bestimmungen die Bezugnahme auf „Papier“ die Bezugnahme auf „Pappe“ (ohne Rücksicht auf die Dicke oder das Quadratmetergewicht) ein.
2. Zu Kapitel 48 gehören nicht:
   a) Waren des Kapitels 30;
   b) Prägefolien der Position 3212;
   c) parfümierte Papiere und Papiere, die mit Kosmetika getränkt oder überzogen sind (Kapitel 33);
   d) Papier und Zellstoffwatte, getränkt, gestrichen oder überzogen mit Seife oder Reinigungsmitteln (Position 3401) oder mit Schuhcreme, Möbel- oder Bohnerwachs, Poliermitteln oder ähnlichen Zubereitungen (Position 3405);
   e) lichtempfindliche Papiere und Pappen der Positionen 3701 bis 3704;
   f) Papier, mit Diagnostik- oder Laborreagenzien getränkt (Position 3822);
   g) Papier oder Pappe enthaltende Schichtpressstoffe aus Kunststoff oder Erzeugnisse aus einer Lage Papier oder Pappe, gestrichen oder überzogen mit einer Lage Kunststoff, wenn die Dicke dieser Lage mehr als die Hälfte der Gesamtdicke ausmacht, und Waren aus diesen Stoffen, ausgenommen Wandverkleidungen der Position 4814 (Kapitel 39);
   h) Waren der Position 4202 (z. B. Reiseartikel);
   ij) Waren des Kapitels 46 (Flechtwaren und Korbmacherwaren);
   k) Papiergarne und Spinnstoffwaren aus Papiergarnen (Abschnitt XI);
   l) Waren des Kapitels 64 oder 65;
   m) Schleifmittel, auf Papier oder Pappe aufgebracht (Position 6805) und Glimmer, auf Papier oder Pappe aufgebracht (Position 6814); mit Glimmerstaub überzogene Papiere und Pappen gehören jedoch zu diesem Kapitel;
   n) Folien und dünne Bänder aus Metall, auf Papier- oder Pappunterlage (im Allgemeinen Abschnitt XIV oder XV);
   o) Waren der Position 9209;
   p) Waren des Kapitels 95 (z. B. Spielzeug, Spiele, Sportgeräte); oder
   q) Waren des Kapitels 96 (z. B. Knöpfe, hygienische Binden (Einlagen) und Tampons, Windeln und Windeleinlagen).
3. Zu den Positionen 4801 bis 4805 gehören, vorbehaltlich der Anmerkung 7, auch Papiere und Pappen, durch Kalandern oder in anderer Weise geglättet, satiniert, geglänzt oder ähnlich ausgerüstet oder auch mit unechten Wasserzeichen oder einer Oberflächenbehandlung versehen, sowie Papiere, Pappen, Zellstoffwatte und Vliese aus Zellstofffasern, in der Masse (nicht auf der Oberfläche) in beliebigem Verfahren gefärbt oder marmoriert. Zu diesen Positionen gehören jedoch nicht Papiere, Pappen, Zellstoffwatte und Vliese aus Zellstofffasern, die darüber hinaus bearbeitet sind, soweit die Position 4803 nicht etwas anderes vorschreibt.
4. Als „Zeitungsdruckpapier“ im Sinne dieses Kapitels gilt Papier, weder gestrichen noch überzogen, von der zum Druck von Zeitungen verwendeten Art, mit einem auf die Gesamtfasermenge bezogenen Gehalt an mechanisch oder chemisch-mechanisch gewonnenen Holzfasern von mindestens 50 GHT, nicht oder sehr schwach geleimt, mit einer Oberflächenrauigkeit nach Parker Print Surf (1 MPa) auf jeder Seite von mehr als 2,5 Mikrometer (Mikron) und mit einem Quadratmetergewicht von mindestens 40 g bis 65 g und dies gilt nur für Papier: a) in Streifen oder Rollen mit einer Breite von mehr als 28 cm, oder b) in rechteckigen (einschließlich quadratischen) Bögen, auf einer Seite mehr als 28 cm und auf der anderen Seite mehr als 15 cm in ungefaltetem Zustand.

5. Im Sinne der Position 4802 bezeichnen die Ausdrücke „Papier und Pappen von der Art, wie sie als Schreibpapiere, Druckpapiere oder als Papiere und Pappen zu anderen grafischen Zwecken verwendet werden" und „Papiere und Pappen für Lochkarten oder Lochstreifen, nicht perforiert", Papiere und Pappen, die hauptsächlich aus gebleichtem Halbstoff hergestellt wurden oder aus Halbstoff, der in einem mechanischen oder chemisch-mechanischen Aufbereitungsverfahren gewonnen wurde, und eine der nachstehenden Voraussetzungen erfüllen:

   A) Papiere oder Pappen mit einem Quadratmetergewicht von 150 g oder weniger haben:
      a) einen Gehalt an Fasern von 10 GHT oder mehr, die in einem mechanischen oder chemisch-mechanischen Aufbereitungsverfahren gewonnen wurden, und
         1) ein Quadratmetergewicht von 80 g oder weniger oder
         2) sind in der Masse gefärbt oder
      b) einen Aschegehalt von mehr als 8 GHT und
         1) ein Quadratmetergewicht von 80 g oder weniger oder
         2) sind in der Masse gefärbt oder
      c) einen Aschegehalt von mehr als 3 GHT und einen Weißgrad (Reflexionsfaktor) von 60 % oder mehr oder
      d) einen Aschegehalt von mehr als 3 bis 8 GHT, einen Weißgrad (Reflexionsfaktor) von weniger als 60 % sowie einen Berstdruckindex von 2,5 $kPa \cdot m^2/g$ oder weniger oder
      e) einen Aschegehalt von 3 GHT oder weniger, einen Weißgrad (Reflexionsfaktor) von 60 % oder mehr und einen Berstdruckindex von 2,5 $kPa \cdot m^2/g$ oder weniger.

   B) Papiere oder Pappen mit einem Quadratmetergewicht von mehr als 150 g:
      a) sind in der Masse gefärbt oder
      b) weisen einen Weißgrad (Reflexionsfaktor) von 60 % oder mehr auf und haben
         1) eine Dicke von 225 Mikrometer (Mikron) oder weniger oder
         2) eine Dicke von mehr als 225 bis 508 Mikrometer (Mikron) und einen Aschegehalt von mehr als 3 GHT oder
      c) weisen einen Weißgrad (Reflexionsfaktor) von weniger als 60 % auf, haben eine Dicke von 254 Mikrometer (Mikron) oder weniger und einen Aschegehalt von mehr als 8 GHT.

   Zu Position 4802 gehören jedoch nicht Filterpapiere und -pappen (einschließlich Papiere für Teebeutel), Filzpapiere und -pappen.

6. Als „Kraftpapier und Kraftpappe" im Sinne dieses Kapitels gelten Papiere und Pappen mit einem auf die Gesamtfasermenge bezogenen Gehalt an Sulfat- oder Natronzellstoff von 80 GHT oder mehr.

7. Soweit der Wortlaut der Positionen nichts anderes bestimmt, gehören Papiere, Pappen, Zellstoffwatte und Vliese aus Zellstofffasern, die die Merkmale zweier oder mehrerer der Positionen 4801 bis 4811 aufweisen, zu der zuletzt genannten in Betracht kommenden Position.

8. Zu den Positionen 4803 bis 4809 gehören nur Papiere, Pappen, Zellstoffwatte und Vliese aus Zellstofffasern:
   a) in Streifen oder Rollen mit einer Breite von mehr als 36 cm oder
   b) in quadratischen oder rechteckigen Bogen, die ungefaltet auf einer Seite mehr als 36 cm und auf der anderen Seite mehr als 15 cm messen.

9. Als „Papiertapeten und ähnliche Wandverkleidungen" im Sinne der Position 4814 gelten nur:
   a) Papiere in Rollen, mit einer Breite von 45 bis 160 cm, zum Ausschmücken von Wänden oder Decken geeignet:
      1) genarbt, durch Pressen oder Prägen gemustert, farbig oder mit Motiven bedruckt oder auf andere Weise oberflächenverziert (z. B. mit Scherstaub), auch mit einer durchsichtigen Schutzschicht aus Kunststoff gestrichen oder überzogen;
      2) mit einer Oberfläche, die durch eingebettete Holz- oder Strohpartikel usw. gekörnt ist;
      3) auf der Schauseite mit einer Kunststoffschicht gestrichen oder überzogen, die genarbt, durch Pressen oder Prägen gemustert, farbig oder mit Motiven bedruckt oder auf andere Weise verziert ist; oder
      4) auf der Schauseite mit Flechtstoffen, auch in Flächenform verwebt oder parallel aneinander gefügt, überzogen;

b) Borten und Friese aus Papier, wie oben beschrieben bearbeitet, auch in Rollen, zum Ausschmücken von Wänden oder Decken geeignet;

c) Wandverkleidungen, aus Papier aus mehreren Bahnen bestehend, in Rollen oder Bogen, derart bedruckt, dass beim Anbringen auf der Wand eine Landschaft, ein Bild oder ein sonstiges Motiv entsteht.

Erzeugnisse mit Papier- oder Pappunterlage, die sich sowohl als Fußbodenbelag als auch als Wandverkleidung eignen, gehören zu Position 4823.

10. Zu Position 4820 gehören nicht lose Bogen oder Karten, zugeschnitten, auch bedruckt, durch Pressen oder Prägen gemustert oder perforiert.
11. Zu Position 4823 gehören insbesondere Papiere und Pappen, perforiert, für Jacquardvorrichtungen oder dergleichen sowie Spitzenpapier.
12. Mit Ausnahme der Waren der Positionen 4814 oder 4821 gehören Papiere, Pappen, Zellstoffwatte und Waren aus diesen Stoffen, mit Aufdrucken oder Bildern, die im Hinblick auf ihre eigentliche Zweckbestimmung nicht nebensächlicher Art sind, zu Kapitel 49.

Unterpositions-Anmerkungen

1. Als „Kraftliner“ im Sinne der Unterpositionen 4804 11 und 4804 19 gelten maschinenglatte oder einseitig glatte Papiere und Pappen, in Rollen, mit einem auf die Gesamtfasermenge bezogenen Gehalt an Sulfat- oder Natronzellstoff aus Holz von 80 GHT oder mehr, mit einem Quadratmetergewicht von mehr als 115 g und einer Berstfestigkeit nach Mullen, die den Werten in der nachstehenden Tabelle gleich ist oder die für alle anderen Gewichte den durch lineare Interpolation oder Extrapolation errechneten Werten entspricht.

Quadratmetergewicht (g/m^2)	Mindestwert der Berstfestigkeit nach Mullen (kPa)
115	393
125	417
200	637
300	824
400	961

2. Als „Kraftsackpapier“ im Sinne der Unterpositionen 4804 21 und 4804 29 gelten maschinenglatte Papiere in Rollen, mit einem auf die Gesamtfasermenge bezogenen Gehalt an Sulfat- oder Natronzellstoff von 80 GHT oder mehr, mit einem Quadratmetergewicht von 60 g bis 115 g, die einer der beiden nachstehend aufgeführten Voraussetzungen entsprechen:

   a) der Berstdruckindex nach Mullen muss 3.7 kPa·m^2/g und der Dehnungsfaktor mehr als 4,5 % in der Querrichtung und mehr als 2 % in Maschinenrichtung betragen;

   b) die Mindestwerte des Durchreißwiderstands und der Bruchdehnung müssen den Werten der nachstehenden Tabelle gleich sein oder für alle anderen Gewichte den durch lineare Interpolation ermittelten Werten entsprechen:

Quadratmetergewicht (g/m^2)	Mindestwert des Durchreißwiderstands (mN)		Mindestwert der Bruchdehnung (kN/m)	
	Maschinenrichtung	Maschinenrichtung Plus Querrichtung	Querrichtung	Maschinenrichtung plus Querrichtung
60	700	1 510	1,9	6,0
70	830	1 790	2,3	7,2
80	965	2 070	2,8	8,3
100	1 230	2 635	3,7	10,6
115	1 425	3 060	4,4	12,3

3. Als „Halbzellstoffpapier für die Welle der Wellpappe" im Sinne der Unterposition 4805 11 gilt Papier in Rollen, mit einem auf die Gesamtfasermenge bezogenen Gehalt an aus einer Kombination mechanischem und chemischem ungebleicht aufbereitetem Zellstoff aus Laubhölzern von 65 GHT oder mehr und einer Druckfestigkeit nach der CMT-Methode 30 (Corrugated Medium Test mit einer 30-minütigen Konditionierung) von mehr als 1,8 $N/g/m^2$, bei relativer Luftfeuchte von 50 % und einer Temperatur von 23 °C.
4. Zu Unterposition 4805 12 gehört Papier in Rollen, hauptsächlich hergestellt aus Halbstoff aus Stroh, der aus einer Kombination mechanischer und chemischer Aufbereitungsverfahren gewonnen wurde, mit einem Quadratmetergewicht von 130 g oder mehr und einer Druckfestigkeit nach der CMT-Methode 30 (Corrugated Medium Test mit einer 30-minütigen Konditionierung) von mehr als 1,4 $N/g/m^2$ bei relativer Luftfeuchte von 50 % und einer Temperatur von 23 °C.
5. Zu den Unterpositionen 4805 24 und 4805 25 gehören Papiere und Pappen, die ausschließlich oder hauptsächlich aus Halbstoff aus wiederaufbereitetem Papier oder wiederaufbereiteter Pappe (Abfälle und Ausschuss) gewonnen wurden. Testliner kann auch eine Außenlage aus gefärbtem Papier aus gebleichtem nicht wiederaufbereitetem Halbstoff aufweisen. Die Erzeugnisse haben einen Berstdruck nach Mullen von 2 $kPa \cdot m^2/g$ oder mehr.
6. Als „Sulfitpackpapier" im Sinne der Unterposition 4805 30 gilt einseitig glattes Papier, mit einem auf die Gesamtfasermenge bezogenen Gehalt an Sulfitzellstoff aus Holz von mehr als 40 GHT, mit einem Aschegehalt von 8 GHT oder weniger und einem Berstdruckindex nach Mullen von 1,47 $kPa \cdot m^2/g$ oder mehr.
7. Als „leichtgewichtiges gestrichenes Papier, sogenanntes LWC-Papier" im Sinne der Unterposition 4810 22 gilt beidseitig gestrichenes Papier, mit einem Quadratmetergewicht von 72 g oder weniger, mit einem Gewicht der Beschichtung je Seite von 15 g/m^2 oder weniger, auf einer Unterlage, die zu 50 GHT oder mehr (bezogen auf die Gesamtfasermenge) aus mechanisch gewonnenen Holzfasern besteht.

Warenbezeichnung	Warennummer	Besondere Maßeinheit
Zeitungspapier, in Rollen oder Bogen	**4801 00 00**	–
Papiere und Pappen, weder gestrichen noch überzogen, von der Art, wie sie als Schreibpapiere, Druckpapiere oder als Papiere und Pappen zu anderen grafischen Zwecken verwendet werden, und Papiere und Pappen für Lochkarten oder Lochstreifen, nicht perforiert, in Rollen oder quadratischen oder rechteckigen Bogen, jeder Größe, ausgenommen Papiere der Position 4801 oder 4803; Büttenpapier und Büttenpappe (handgeschöpft):	**4802**	
– Büttenpapier und Büttenpappe (handgeschöpft)	4802 10 00	–
– Rohpapier und Rohpappe für lichtempfindliche, wärmeempfindliche oder elektroempfindliche Papiere und Pappen	4802 20 00	–
– Tapetenrohpapier:		
– – ohne Gehalt an Fasern, in einem mechanischen Aufbereitungsverfahren gewonnen, oder von 10 GHT oder weniger solcher Fasern, bezogen auf die Gesamtfasermenge	4802 40 10	–
– – andere	4802 40 90	–
– andere Papiere und Pappen ohne Gehalt an Fasern, in einem mechanischen oder chemisch-mechanischen Aufbereitungsverfahren gewonnen, oder von 10 GHT oder weniger solcher Fasern, bezogen auf die Gesamtfasermenge:		
– – mit einem Quadratmetergewicht von weniger als 40 g	4802 54 00	–

Warenbezeichnung	Warennummer	Besondere Maßeinheit
– – mit einem Quadratmetergewicht von 40 g bis 150 g, in Rollen:		
– – – mit einem Quadratmetergewicht von 40 g oder mehr, jedoch weniger als 60 g	4802 55 15	–
– – – mit einem Quadratmetergewicht von 60 g oder mehr, jedoch weniger als 75 g	4802 55 25	–
– – – mit einem Quadratmetergewicht von 75 g oder mehr, jedoch weniger als 80 g	4802 55 30	–
– – – mit einem Quadratmetergewicht von 80 g oder mehr	4802 55 90	–
– – mit einem Quadratmetergewicht von 40 g bis 150 g, in Bogen, die ungefaltet auf einer Seite nicht mehr als 435 mm und auf der anderen Seite nicht mehr als 297 mm messen:		
– – – auf einer Seite 297 mm und auf der anderen Seite 210 mm messend (A 4-Format)	4802 56 20	–
– – – andere	4802 56 80	–
– – andere, mit einem Quadratmetergewicht von 40 g bis 150 g	4802 57 00	–
– – mit einem Quadratmetergewicht von mehr als 150 g:		
– – – in Rollen	4802 58 10	–
– – – andere	4802 58 90	–
– andere Papiere und Pappen, mit einem Gehalt an Fasern, in einem mechanischen oder chemisch-mechanischem Aufbereitungsverfahren gewonnen, von mehr als 10 GHT, bezogen auf die Gesamtfasermenge:		
– – in Rollen:		
– – – mit einem Quadratmetergewicht von weniger als 72 g und mit einem Gehalt an Fasern, in einem mechanischen Aufbereitungsverfahren gewonnen, von mehr als 50 GHT, bezogen auf die Gesamtfasermenge	4802 61 15	–
– – – andere	4802 61 80	–
– – in Bogen, die ungefaltet auf einer Seite nicht mehr als 435 mm und auf der anderen Seite nicht mehr als 297 mm messen	4802 62 00	–
– – andere	4802 69 00	–
Papiere von der Art, wie sie für die Herstellung von Toilettenpapier, Abschmink- oder Handtüchern, Servietten oder ähnlichen Papiererzeugnissen zur Verwendung im Haushalt, zu hygienischen Zwecken oder für die Körperpflege benutzt werden, Zellstoffwatte und Vliese aus Zellstofffasern, auch gekreppt, gefältelt, durch Pressen oder Prägen gemustert, perforiert, auf der Oberfläche gefärbt, verziert oder bedruckt, in Rollen oder Bogen:	**4803**	
– Zellstoffwatte	4803 00 10	–
– gekrepptes Papier und Vliese aus Zellstofffasern (sogenanntes Tissue), mit einem Quadratmetergewicht pro Lage von:		
– – 25 g oder weniger	4803 00 31	–
– – mehr als 25 g	4803 00 39	–
– andere	4803 00 90	–

Warenbezeichnung	Warennummer	Besondere Maßeinheit
Kraftpapier und Kraftpappe, weder gestrichen noch überzogen, in Rollen oder Bogen, ausgenommen Waren der Position 4802 oder 4803:	**4804**	
– Kraftliner:		
– – ungebleicht:		
– – – mit einem Gehalt an Sulfat- oder Natronzellstoff aus Nadelholz von 80 GHT oder mehr der Gesamtfasermenge:		
– – – – mit einem Quadratmetergewicht von weniger als 150 g	4804 11 11	–
– – – – mit einem Quadratmetergewicht von 150 g oder mehr, jedoch weniger als 175 g	4804 11 15	–
– – – – mit einem Quadratmetergewicht von 175 g oder mehr	4804 11 19	–
– – – andere	4804 11 90	–
– – anderer:		
– – – mit einem Gehalt an Sulfat- oder Natronzellstoff aus Nadelholz von 80 GHT oder mehr der Gesamtfasermenge:		
– – – – aus einer oder mehreren ungebleichten Lagen und einer äußeren gebleichten, halbgebleichten oder gefärbten Lage, mit einem Quadratmetergewicht von:		
– – – – – weniger als 175 g	4804 19 12	–
– – – – – 175 g oder mehr	4804 19 19	–
– – – – andere	4804 19 30	–
– – – andere	4804 19 90	–
– Kraftsackpapier:		
– – ungebleicht:		
– – – mit einem Gehalt an Sulfat- oder Natronzellstoff aus Nadelholz von 80 GHT oder mehr der Gesamtfasermenge	4804 21 10	–
– – – anderes	4804 21 90	–
– – anderes:		
– – – mit einem Gehalt an Sulfat- oder Natronzellstoff aus Nadelholz von 80 GHT oder mehr der Gesamtfasermenge	4804 29 10	–
– – – anderes	4804 29 90	–
– andere Kraftpapiere und Kraftpappen, mit einem Quadratmetergewicht von 150 g oder weniger:		
– – ungebleicht:		
– – – mit einem Gehalt an Sulfat- oder Natronzellstoff aus Nadelholz von 80 GHT oder mehr der Gesamtfasermenge:		
– – – – Isolierkraftpapier für elektrotechnische Zwecke	4804 31 51	–
– – – – andere	4804 31 58	–
– – – andere	4804 31 80	–
– – andere:		
– – – mit einem Gehalt an Sulfat- oder Natronzellstoff aus Nadelholz von 80 GHT oder mehr der Gesamtfasermenge:		
– – – – in der Masse einheitlich gebleicht	4804 39 51	–
– – – – andere	4804 39 58	–
– – – andere	4804 39 80	–

Warenbezeichnung	Warennummer	Besondere Maßeinheit
– andere Kraftpapiere und Kraftpappen, mit einem Quadratmetergewicht von mehr als 150 g, jedoch weniger als 225 g:		
– – ungebleicht:		
– – – sogenanntes „saturating kraft“	4804 41 91	–
– – – andere	4804 41 98	–
– – in der Masse einheitlich gebleicht, mit einem Gehalt an chemisch aufbereiteten Fasern aus Holz von mehr als 95 GHT, bezogen auf die Gesamtfasermenge	4804 42 00	–
– – andere	4804 49 00	–
– andere Kraftpapiere und Kraftpappen, mit einem Quadratmetergewicht von 225 g oder mehr:		
– – ungebleicht	4804 51 00	–
– – in der Masse einheitlich gebleicht, mit einem Gehalt an chemisch aufbereiteten Fasern aus Holz von mehr als 95 GHT, bezogen auf die Gesamtfasermenge	4804 52 00	–
– – andere:		
– – – mit einem Gehalt an Sulfat- oder Natronzellstoff aus Nadelholz von 80 GHT oder mehr der Gesamtfasermenge	4804 59 10	–
– – – andere	4804 59 90	–
Andere Papiere und Pappen, weder gestrichen noch überzogen, in Rollen oder Bogen, nicht weiter bearbeitet als in Anmerkung 3 zu diesem Kapitel angegeben:	**4805**	
– Wellenpapier:		
– – Halbzellstoffpapier für die Welle der Wellpappe (sogenanntes „fluting“)	4805 11 00	–
– – Strohpapier für die Welle der Wellpappe	4805 12 00	–
– – anderes:		
– – – Wellenstoff	4805 19 10	–
– – – anderes	4805 19 90	–
– Testliner (wiederaufbereiteter Liner):		
– – mit einem Quadratmetergewicht von 150 g oder weniger	4805 24 00	–
– – mit einem Quadratmetergewicht von mehr als 150 g	4805 25 00	–
– Sulfitpackpapier	4805 30 00	–
– Filterpapier und Filterpappe	4805 40 00	–
– Filzpapier und Filzpappe	4805 50 00	–
– andere:		
– – mit einem Quadratmetergewicht von 150 g oder weniger	4805 91 00	–
– – mit einem Quadratmetergewicht von mehr als 150 g, jedoch weniger als 225 g	4805 92 00	–
– – mit einem Quadratmetergewicht von 225 g oder mehr:		
– – – aus wiederaufbereitetem Papier	4805 93 20	–
– – – andere	4805 93 80	–
Pergamentpapier und Pergamentpappe, Pergamentersatzpapier, Naturpauspapier, Pergaminpapier und andere kalandrierte, durchsichtige oder durchscheinende Papiere, in Rollen oder Bogen:	**4806**	
– Pergamentpapier und -pappe	4806 10 00	–
– Pergamentersatzpapier	4806 20 00	–
– Naturpauspapier	4806 30 00	–
– Pergaminpapier und andere kalandrierte, durchsichtige oder durchscheinende Papiere:		
– – Pergaminpapier	4806 40 10	–
– – andere	4806 40 90	–

Warenbezeichnung	Warennummer	Besondere Maßeinheit
Papier und Pappe, zusammengeklebt, auf der Oberfläche weder gestrichen noch überzogen oder getränkt, auch mit Innenverstärkung, in Rollen oder Bogen:	**4807**	
– aus wiederaufbereitetem Papier, auch mit Papier versehen	4807 00 30	–
– andere	4807 00 80	–
Papiere und Pappen, gewellt (auch mit aufgeklebter Decke), gekreppt, gefältelt, durch Pressen oder Prägen gemustert oder perforiert, in Rollen oder Bogen, ausgenommen Waren von der in der Position 4803 beschriebenen Art:	**4808**	
– Wellpapier oder Wellpappe, auch perforiert	4808 10 00	–
– Kraftpapier, gekreppt oder gefältelt, auch durch Pressen oder Prägen gemustert oder perforiert	4808 40 00	–
– andere	4808 90 00	–
Kohlepapier, präpariertes Durchschreibepapier und anderes Vervielfältigungs- oder Umdruckpapier (einschließlich gestrichenes, überzogenes oder getränktes Papier für Dauerschablonen oder Offsetplatten), auch bedruckt, in Rollen oder Bogen:	**4809**	
– präpariertes Durchschreibepapier	4809 20 00	–
– anderes	4809 90 00	–
Papiere und Pappen, ein- oder beidseitig mit Kaolin oder anderen anorganischen Stoffen gestrichen, auch mit Bindemitteln, ausgenommen alle anders gestrichenen oder überzogenen Papiere und Pappen, auch auf der Oberfläche gefärbt, verziert oder bedruckt, in Rollen oder quadratischen oder rechteckigen Bogen, jeder Größe:	**4810**	
– Papiere und Pappen von der Art, wie sie als Schreibpapiere, Druckpapiere oder als Papiere und Pappen zu anderen grafischen Zwecken verwendet werden, ohne Gehalt an Fasern, in einem mechanischen oder chemisch-mechanischen Aufbereitungsverfahren gewonnen, oder mit einem Gehalt von 10 GHT oder weniger solcher Fasern, bezogen auf die Gesamtfasermenge:		
– – in Rollen	4810 13 00	–
– – in Bogen, die ungefaltet, auf einer Seite nicht mehr als 435 mm und auf der anderen Seite nicht mehr als 297 mm messen	4810 14 00	–
– – andere	4810 19 00	–
– Papiere und Pappen von der Art, wie sie als Schreibpapiere, Druckpapiere oder als Papiere und Pappen zu anderen grafischen Zwecken verwendet werden, mit einem Gehalt an Fasern, in einem mechanischen oder chemisch-mechanischen Aufbereitungsverfahren gewonnen, von mehr als 10 GHT, bezogen auf die Gesamtfasermenge:		
– – leichtgewichtiges gestrichenes Papier, sogenanntes „LWC-Papier"	4810 22 00	–
– – andere:		
– – – in Rollen	4810 29 30	–
– – – andere	4810 29 80	–
– Kraftpapiere und -pappen, ausgenommen Papiere und Pappen von der Art, wie sie als Schreibpapiere, Druckpapiere oder als Papiere und Pappen zu anderen grafischen Zwecken verwendet werden:		
– – in der Masse einheitlich gebleicht, mit einem Gehalt an chemisch aufbereiteten Fasern aus Holz von mehr als 95 GHT, bezogen auf die Gesamtfasermenge, mit einem Quadratmetergewicht von 150 g oder weniger	4810 31 00	–
– – in der Masse einheitlich gebleicht, mit einem Gehalt an chemisch aufbereiteten Fasern aus Holz von mehr als 95 GHT, bezogen auf die Gesamtfasermenge, mit einem Quadratmetergewicht von mehr als 150 g:		
– – – mit Kaolin gestrichen oder überzogen	4810 32 10	–
– – – andere	4810 32 90	–
– – andere	4810 39 00	–

Warenbezeichnung	Warennummer	Besondere Maßeinheit
– andere Papiere und Pappen:		
– – Multiplex:		
– – – jede Lage gebleicht	4810 92 10	–
– – – mit nur einer gebleichten Außenlage	4810 92 30	–
– – – andere	4810 92 90	–
– – andere:		
– – – Papier und Pappe, gebleicht, mit Kaolin gestrichen oder überzogen	4810 99 10	–
– – – andere	4810 99 80	–
Papiere, Pappen, Zellstoffwatte und Vliese aus Zellstofffasern, gestrichen, überzogen, getränkt, auf der Oberfläche gefärbt, verziert oder bedruckt, in Rollen oder quadratischen oder rechteckigen Bogen, jeder Größe, ausgenommen Waren von der in der Position 4803, 4809 oder 4810 beschriebenen Art:	**4811**	
– Papier und Pappe, geteert, bituminiert oder asphaltiert	4811 10 00	–
– Papier und Pappe, gummiert oder mit Klebeschicht versehen:		
– – selbstklebend:		
– – – mit einer Breite von 10 cm oder weniger, mit nicht vulkanisiertem Naturkautschuk oder nicht vulkanisiertem synthetischen Kautschuk gestrichen	4811 41 20	–
– – – andere	4811 41 90	–
– – andere	4811 49 00	–
– mit Kunstharz oder Kunststoff gestrichene, überzogene oder getränkte Papiere und Pappen, ausgenommen mit Klebeschicht versehene Papiere und Pappen:		
– – gebleicht, mit einem Quadratmetergewicht von mehr als 150 g	4811 51 00	–
– – andere	4811 59 00	–
– Papiere und Pappen, mit Wachs, Paraffin, Stearin, Öl oder Glycerin überzogen oder getränkt	4811 60 00	–
– andere Papiere und Pappen, Zellstoffwatte und Vliese aus Zellstofffasern	4811 90 00	–
Filterblöcke und Filterplatten, aus Papierhalbstoff	**4812 00 00**	–
Zigarettenpapier, auch zugeschnitten oder in Form von Heftchen oder Hülsen:	**4813**	
– in Form von Heftchen oder Hülsen	4813 10 00	–
– in Rollen mit einer Breite von 5 cm oder weniger	4813 20 00	–
– anderes:		
– – in Rollen mit einer Breite von mehr als 5 cm bis 15 cm	4813 90 10	–
– – anderes	4813 90 90	–
Papiertapeten und ähnliche Wandverkleidungen; Buntglaspapier:	**4814**	
– Tapeten und ähnliche Wandverkleidungen aus Papier, gestrichen oder überzogen, auf der Schauseite mit einer Lage Kunststoff versehen, die durch Pressen oder Prägen gemustert, farbig oder mit Motiven bedruckt oder auf andere Weise verziert wurde	4814 20 00	–
– andere:		
– – Tapeten und ähnliche Wandverkleidungen aus Papier, genarbt, durch Pressen oder Prägen gemustert, farbig oder mit Motiven bedruckt oder mit anderer Oberflächenverzierung, mit einer durchsichtigen Schutzschicht aus Kunststoff gestrichen oder überzogen	4814 90 10	–
– – andere	4814 90 70	–
Kohlepapier, präpariertes Durchschreibepapier und anderes Vervielfältigungs- und Umdruckpapier (ausgenommen Waren der Position 4809), vollständige Dauerschablonen und Offsetplatten aus Papier, auch in Kartons:	**4816**	
– präpariertes Durchschreibepapier	4816 20 00	–
– andere	4816 90 00	–

Warenbezeichnung	Warennummer	Besondere Maßeinheit
Briefumschläge, Kartenbriefe, Postkarten (ohne Bilder) und Korrespondenzkarten, aus Papier oder Pappe; Zusammenstellungen von Schreibwaren aus Papier, in Schachteln, Taschen und ähnlichen Behältnissen, aus Papier oder Pappe:	**4817**	
– Briefumschläge	4817 10 00	–
– Kartenbriefe, Postkarten (ohne Bilder) und Korrespondenzkarten	4817 20 00	–
– Zusammenstellungen von Schreibwaren aus Papier, in Schachteln, Taschen und ähnlichen Behältnissen, aus Papier oder Pappe	4817 30 00	–
Toilettenpapier und ähnliches Papier, Zellstoffwatte oder Vliese aus Zellstofffasern, von der im Haushalt oder zu sanitären Zwecken verwendeten Art, in Rollen mit einer Breite von 36 cm oder weniger, oder auf Größe oder auf Form zugeschnitten; Taschentücher, Abschminktücher, Handtücher, Tischtücher, Servietten, Betttücher und ähnliche Waren zum Gebrauch im Haushalt, im Krankenhaus, bei der Körperpflege oder zu hygienischen Zwecken, Kleidung und Bekleidungszubehör, aus Papierhalbstoff, Papier, Zellstoffwatte oder Vliesen aus Zellstofffasern:	**4818**	
– Toilettenpapier:		
– – mit einem Quadratmetergewicht pro Lage von 25 g oder weniger	4818 10 10	–
– – mit einem Quadratmetergewicht pro Lage von mehr als 25 g	4818 10 90	–
– Taschentücher, Abschminktücher und Handtücher:		
– – Taschentücher und Abschminktücher	4818 20 10	–
– – Handtücher:		
– – – in Rollen	4818 20 91	–
– – – andere	4818 20 99	–
– Tischtücher und Servietten	4818 30 00	–
– Kleidung und Bekleidungszubehör	4818 50 00	–
– andere:		
– – Waren für chirurgische, medizinische oder hygienische Zwecke, nicht in Aufmachung für den Einzelverkauf	4818 90 10	–
– – andere	4818 90 90	–
Schachteln, Kartons, Säcke, Beutel, Tüten und andere Verpackungsmittel, aus Papier, Pappe, Zellstoffwatte oder Vliesen aus Zellstofffasern; Pappwaren von der in Büros, Geschäften und dergleichen verwendeten Art:	**4819**	
– Schachteln und Kartons aus Wellpapier oder Wellpappe	4819 10 00	–
– Faltschachteln und -kartons aus nicht gewelltem Papier oder nicht gewellter Pappe	4819 20 00	–
– Säcke und Beutel mit einer Bodenbreite von 40 cm oder mehr	4819 30 00	–
– andere Säcke, Beutel oder Tüten, ausgenommen Schallplattenhüllen	4819 40 00	–
– andere Verpackungsmittel, einschließlich Schallplattenhüllen	4819 50 00	–
– Pappwaren von der in Büros, Geschäften und dergleichen verwendeten Art	4819 60 00	–

Warenbezeichnung	Warennummer	Besondere Maßeinheit
Register, Bücher für die kaufmännische Buchführung, Merkbücher, Auftragsbücher, Quittungsbücher, Notiz- und Tagebücher, auch mit Kalendarium, Notizblöcke, Briefpapierblöcke und dergleichen, Hefte, Schreibunterlagen, Ordner, Schnellhefter (für Lose-Blatt-Systeme oder andere), Einbände und Aktendeckel und andere Waren des Schulbedarfs, des Bürobedarfs und des Papierhandels, einschließlich Durchschreibesätze und -hefte, auch mit eingelegtem Kohlepapier, aus Papier oder Pappe; Alben für Muster oder für Sammlungen und Buchhüllen, aus Papier oder Pappe:	4820	
– Register, Bücher für die kaufmännische Buchführung, Merkbücher, Auftragsbücher, Quittungsbücher, Notiz- und Tagebücher, auch mit Kalendarium, Notizblöcke, Briefpapierblöcke und dergleichen:		
– – Register, Bücher für die kaufmännische Buchführung, Auftragsbücher und Quittungsbücher	4820 10 10	–
– – Briefpapierblöcke und Notizblöcke; Merkbücher und Notizbücher, ohne Kalendarium	4820 10 30	–
– – Merkbücher, Notizbücher und Tagebücher, mit Kalendarium	4820 10 50	–
– – andere	4820 10 90	–
– Hefte	4820 20 00	–
– Ordner, Schnellhefter, Einbände (andere als Buchhüllen) und Aktendeckel	4820 30 00	–
– Durchschreibesätze und -hefte, auch mit eingelegtem Kohlepapier	4820 40 00	–
– Alben für Muster oder für Sammlungen	4820 50 00	–
– andere	4820 90 00	–
Etiketten aller Art aus Papier oder Pappe, auch bedruckt:	4821	
– bedruckt:		
– – selbstklebend	4821 10 10	–
– – andere	4821 10 90	–
– andere:		
– – selbstklebend	4821 90 10	–
– – andere	4821 90 90	–
Rollen, Spulen, Spindeln und ähnliche Unterlagen, aus Papierhalbstoff, Papier oder Pappe, auch gelocht oder gehärtet:	4822	
– zum Aufwickeln von Spinnstoffgarnen	4822 10 00	–
– andere	4822 90 00	–
Andere Papiere, Pappen, Zellstoffwatte und Vliese aus Zellstofffasern, zugeschnitten; andere Waren aus Papierhalbstoff, Papier, Pappe, Zellstoffwatte oder Vliesen aus Zellstofffasern:	4823	
– Filterpapier und Filterpappe	4823 20 00	–
– Diagrammpapier für Registriergeräte, in Rollen, Bogen oder Scheiben	4823 40 00	–
– Tabletts, Schüsseln, Teller, Tassen, Becher und ähnliche Waren, aus Papier oder Pappe:		
– – aus Bambus	4823 61 00	–
– – andere:		
– – – Tabletts, Schüsseln und Teller	4823 69 10	–
– – – andere	4823 69 90	–
– formgepresste oder gepresste Waren aus Papierhalbstoff:		
– – Höckerpappe und Kleinverpackungen für Eier	4823 70 10	–
– – andere	4823 70 90	–
– andere:		
– – Papiere und Pappen zum Beschreiben, Bedrucken oder zu anderen grafischen Zwecken	4823 90 40	–
– – andere	4823 90 85	–

Kapitel 49

Bücher, Zeitungen, Bilddrucke und andere Erzeugnisse des grafischen Gewerbes; hand- oder maschinengeschriebene Schriftstücke und Pläne

Anmerkungen

1. Zu Kapitel 49 gehören nicht:
   a) fotografische Negative und Positive auf durchsichtigem Träger (Kapitel 37);
   b) Reliefkarten, -pläne und -globen, auch bedruckt (Position 9023);
   c) Spielkarten und andere Waren des Kapitels 95;
   d) Originalstiche, -schnitte und -steindrucke (Position 9702), Briefmarken, Stempelmarken, Steuerzeichen, Ersttagsbriefe, Ganzsachen und dergleichen der Position 9704 sowie Antiquitäten, mehr als 100 Jahre alt, und andere Waren des Kapitels 97.
2. Als „gedruckt" im Sinne des Kapitels 49 gelten auch Erzeugnisse, die mit einem Vervielfältigungsapparat, in einem computergesteuerten Verfahren, maschinenschriftlich oder durch Gaufrieren, Fotografieren, Fotokopieren oder Thermokopieren hergestellt worden sind.
3. Zeitungen und andere periodische Druckschriften, kartoniert, gebunden oder in Sammlungen mit mehr als einer Nummer in gemeinsamem Umschlag, gehören zu Position 4901, auch wenn sie Werbung enthalten.
4. Zu Position 4901 gehören auch:
   a) Sammlungen gedruckter Reproduktionen von Kunstwerken, Zeichnungen usw., die ein vollständiges Werk mit nummerierten Seiten sind, sich zum Binden als Bücher eignen und außerdem einen Begleittext enthalten, der sich auf diese Darstellungen oder ihre Schöpfer bezieht;
   b) Illustrationsbeilagen für Bücher, die mit den Büchern ein- oder ausgeführt werden;
   c) Bücher in Form von Teilheften oder in losen Bogen oder Blättern jeden Formats, die ein vollständiges Werk oder einen Teil davon bilden und zum Broschieren, Kartonieren oder Binden bestimmt sind.

   Jedoch gehören Bilddrucke und Illustrationen, ohne Text, in losen Bogen oder Blättern jeden Formats, zu Position 4911.
5. Vorbehaltlich der Anmerkung 3 zu Kapitel 49 gehören zu Position 4901 nicht Veröffentlichungen, die überwiegend Werbezwecken dienen (z. B. Broschüren, Prospekte, Faltblätter, Handelskataloge, von Handelsgesellschaften veröffentlichte Jahrbücher, Reisewerbung). Diese Veröffentlichungen gehören zu Position 4911.
6. „Bilderalben und Bilderbücher für Kinder" im Sinne der Position 4903 sind Kinderalben und -bücher, deren Hauptmerkmal Bilder sind, während dem Text nur untergeordnete Bedeutung zukommt.

Warenbezeichnung	Warennummer	Besondere Maßeinheit
Bücher, Broschüren und ähnliche Drucke, auch in losen Bogen oder Blättern:	**4901**	
– in losen Bogen oder Blättern, auch gefalzt	4901 10 00	–
– andere:		
– – Wörterbücher und Enzyklopädien, auch in Form von Teilheften	4901 91 00	–
– – andere	4901 99 00	–

Warenbezeichnung	Warennummer	Besondere Maßeinheit
Zeitungen und andere periodische Druckschriften, auch mit Bildern oder Werbung enthaltend:	**4902**	
– mindestens vier Mal wöchentlich erscheinend	4902 10 00	–
– andere	4902 90 00	–
Bilderalben, Bilderbücher und Zeichen- oder Malbücher, für Kinder	**4903 00 00**	–
Noten, handgeschrieben oder gedruckt, auch mit Bildern, auch gebunden	**4904 00 00**	–
Kartografische Erzeugnisse aller Art, einschließlich Atlanten, Wandkarten, topografische Pläne und Globen, gedruckt:	**4905**	
● – in Form von Büchern oder Broschüren	4905 20 00	–
● – andere	4905 90 00	–
Baupläne und -zeichnungen, technische Zeichnungen und andere Pläne und Zeichnungen zu Gewerbe-, Handels-, topografischen oder ähnlichen Zwecken, als Originale mit der Hand hergestellt; handgeschriebene Schriftstücke; auf lichtempfindlichem Papier hergestellte fotografische Reproduktionen und mit Kohlepapier hergestellte Kopien der genannten Pläne, Zeichnungen und Schriftstücke	**4906 00 00**	–
Briefmarken, Stempelmarken, Steuerzeichen und dergleichen, nicht entwertet, gültig oder zum Umlauf vorgesehen in dem Land, in dem sie einen Frankaturwert verbriefen oder verbriefen werden; Papier mit Stempel; Banknoten; Scheckformulare; Aktien; Schuldverschreibungen und ähnliche Wertpapiere:	**4907**	
– Briefmarken, Stempelmarken, Steuerzeichen und dergleichen	4907 00 10	–
– Banknoten	4907 00 30	–
– andere	4907 00 90	–
Abziehbilder aller Art:	**4908**	
– Abziehbilder, verglasbar	4908 10 00	–
– andere	4908 90 00	–
Bedruckte oder illustrierte Postkarten; Glückwunschkarten und bedruckte Karten mit persönlichen Mitteilungen, auch illustriert, auch mit Umschlägen oder Verzierungen aller Art	**4909 00 00**	–
Kalender aller Art, bedruckt, einschließlich Blöcke von Abreißkalendern	**4910 00 00**	–
Andere Drucke, einschließlich Bilddrucke und Fotografien:	**4911**	
– Werbedrucke und Werbeschriften, Verkaufskataloge und dergleichen:		
– – Verkaufskataloge	4911 10 10	–
– – andere	4911 10 90	–
– andere:		
– – Bilder, Bilddrucke und Fotografien	4911 91 00	–
– – andere	4911 99 00	–

Spinnstoffe und Waren daraus

Anmerkungen

1. Zu Abschnitt XI gehören nicht:
   a) Borsten und Tierhaare zum Herstellen von Besen, Bürsten oder Pinseln (Position 0502); Rosshaar und Rosshaarabfälle (Position 0511);
   - ● b) Menschenhaare und Waren daraus (Position 0501, 6703 oder 6704); jedoch gehören Filter- oder Presstücher aus Menschenhaaren, wie sie üblicherweise zum Pressen von Öl oder zu ähnlichen technischen Zwecken verwendet werden, zu Position 5911;
   c) Baumwoll-Linters und andere Erzeugnisse pflanzlichen Ursprungs des Kapitels 14;
   d) Asbest der Position 2524, Asbestwaren und andere Waren der Position 6812 oder 6813;
   e) Waren der Position 3005 oder 3006; Garne zum Reinigen der Zahnzwischenräume (Zahnseide), in Aufmachungen für den Einzelverkauf, der Position 3306;
   f) lichtempfindliche Spinnstoffwaren der Positionen 3701 bis 3704;
   g) Monofile, mit einem größten Durchmesser von mehr als 1 mm, und Streifen und dergleichen (z. B. künstliches Stroh), mit einer augenscheinlichen Breite von mehr als 5 mm, aus Kunststoffen (Kapitel 39), sowie Geflechte, Gewebe und andere Flechtwaren und Korbmacherwaren daraus (Kapitel 46);
   - ● h) Gewebe, Gewirke, Gestricke, Filze und Vliesstoffe, mit Kunststoff getränkt, bestrichen, überzogen oder laminiert, und Waren daraus, des Kapitels 39;
   - ● ij) Gewebe, Gewirke, Gestricke, Filze und Vliesstoffe, mit Kautschuk getränkt, bestrichen, überzogen oder laminiert, und Waren daraus, des Kapitels 40;
   k) nicht enthaarte Häute und Felle (Kapitel 41 oder 43) und Waren aus Pelzfellen sowie künstliches Pelzwerk und Waren daraus der Position 4303 oder 4304;
   l) Waren aus Spinnstoffen der Position 4201 oder 4202;
   m) Erzeugnisse und Waren des Kapitels 48 (z. B. Zellstoffwatte);
   n) Schuhe und Teile davon, Gamaschen und ähnliche Waren des Kapitels 64;
   o) Haarnetze und andere Kopfbedeckungen und Teile davon, des Kapitels 65;
   p) Waren des Kapitels 67;
   q) Spinnstoffwaren, mit Schleifmitteln überzogen (Position 6805), sowie Kohlenstofffasern und Waren daraus der Position 6815;
   r) Glasfasern und Waren daraus, Ätzstickereien sowie Stickereien ohne sichtbaren Grund, deren Stickfäden aus Glasfasern bestehen (Kapitel 70);
   - ● s) Waren des Kapitels 94 (z. B. Möbel, Bettausstattungen, Leuchten und Beleuchtungskörper);
   t) Waren des Kapitels 95 (z. B. Spielzeug, Spiele, Sportgeräte, Netze zur Sportausübung);
   - ● u) Waren des Kapitels 96 (z. B. Bürsten, Reisezusammenstellungen von Waren zum Nähen, Reißverschlüsse, Farbbänder für Schreibmaschinen, hygienische Binden (Einlagen) und Tampons, Windeln und Windeleinlagen); oder
   v) Waren des Kapitels 97.

2. A. Waren der Kapitel 50 bis 55 oder der Position 5809 oder 5902, die aus zwei oder mehr Spinnstoffen bestehen, sind so einzureihen, als beständen sie ganz aus dem Spinnstoff, der dem Gewicht nach gegenüber jedem anderen Spinnstoff vorherrscht.

   Wenn kein Spinnstoff dem Gewicht nach vorherrscht, sind die Waren so einzureihen, als beständen sie ganz aus dem Spinnstoff, der zu der von den gleichermaßen in Betracht kommenden Positionen in diesem Warenverzeichnis zuletzt genannten Position gehört.

   B. Für die Anwendung dieser Regel gilt:

   a) umsponnene Garne aus Rosshaar (Position 5110) und Metallgarne und metallisierte Garne (Position 5605) gelten mit ihrem Gesamtgewicht als Garne aus einem einheitlichen Spinnstoff; Metallfäden, die in Geweben enthalten sind, gelten für die Einreihung dieser Waren als Garne aus Spinnstoffen;

   b) die Wahl der zutreffenden Position hat in der Weise zu erfolgen, dass zuerst das Kapitel und danach innerhalb dieses Kapitels die anzuwendende Position ermittelt wird, wobei alle Spinnstoffe, die nicht zu diesem Kapitel gehören, außer Betracht bleiben;

   c) wenn die beiden Kapitel 54 und 55 und ein anderes Kapitel in Betracht kommen, so sind die Kapitel 54 und 55 wie ein einziges Kapitel zu behandeln;

   d) wenn in einem Kapitel oder in einer Position mehrere Spinnstoffe erfasst sind, werden diese als ein einheitlicher Spinnstoff behandelt.

   C. Die Bestimmungen der Absätze A und B sind auch auf die in den nachstehenden Anmerkungen 3, 4, 5 und 6 aufgeführten Garne anzuwenden.

3. A. Als „Bindfäden, Seile und Taue“ gelten im Abschnitt XI, vorbehaltlich der im nachstehenden Absatz B enthaltenen Ausnahmen, Garne (ungezwirnt oder gezwirnt):

   a) aus Seide, Schappeseide oder Bourretteseide, mit einem Titer von mehr als 20 000 dtex;

   b) aus Chemiefasern (einschließlich solcher Garne, die aus zwei oder mehr Monofilen des Kapitels 54 hergestellt sind), mit einem Titer von mehr als 10 000 dtex;

   c) aus Hanf oder Flachs:

      1) poliert oder glasiert, mit einem Titer von 1 429 dtex oder mehr;

      2) weder poliert noch glasiert, mit einem Titer von mehr als 20 000 dtex;

   d) aus Kokosfasern, drei- oder mehrdrähtig;

   e) aus anderen pflanzlichen Fasern, mit einem Titer von mehr als 20 000 dtex;

   f) mit Metalldraht verstärkt.

   B. Als „Bindfäden, Seile und Taue“ gelten nicht:

   a) Garne aus Wolle, feinen oder groben Tierhaaren oder aus Rosshaar und Papiergarne, alle diese, wenn sie nicht mit Metalldraht verstärkt sind;

   b) Kabel aus synthetischen oder künstlichen Filamenten in Form von Kabeln des Kapitels 55 und Garne aus Multifilamenten ohne Drehung oder mit weniger als 5 Drehungen je Meter, des Kapitels 54;

   c) Messinahaar der Position 5006 und Monofile des Kapitels 54;

   d) Metallgarne und metallisierte Garne der Position 5605; Garne aus Spinnstoffen, mit Metalldraht verstärkt, werden gemäß vorstehendem Absatz A Buchstabe f eingereiht;

   e) Chenillegarne, Gimpen und "Maschengarne" der Position 5606.

4. A. Als „Garne in Aufmachungen für den Einzelverkauf“ gelten in den Kapiteln 50, 51, 52, 54 und 55, vorbehaltlich der im nachstehenden Absatz B enthaltenen Ausnahmen, Garne (ungezwirnt oder gezwirnt), die aufgemacht sind:
   a) auf Karten, Spulen, Hülsen oder ähnlichen Unterlagen, sofern das Gewicht (einschließlich Unterlage) je Stück nicht mehr beträgt als:
      1) 85 g bei Garnen aus Seide, Schappeseide oder Bourretteseide oder aus synthetischen oder künstlichen Filamenten;
      2) 125 g bei anderen Garnen;
   b) in Kugeln, Knäueln oder im Strang, sofern das Gewicht je Stück nicht mehr beträgt als:
      1) 85 g bei Garnen aus synthetischen oder künstlichen Filamenten mit einem Titer von weniger als 3 000 dtex, oder aus Seide, Schappeseide oder Bourretteseide;
      2) 125 g bei anderen Garnen, mit einem Titer von weniger als 2 000 dtex;
      3) 500 g bei anderen Garnen;
   c) im Strang, sofern der Strang durch einen oder mehrere Fitzfäden in gewichtsmäßig gleiche, abtrennbare Teilstränge unterteilt ist und das Gewicht je Teilstrang nicht mehr beträgt als:
      1) 85 g bei Garnen aus Seide, Schappeseide oder Bourretteseide oder aus synthetischen oder künstlichen Filamenten;
      2) 125 g bei anderen Garnen.

   B. Als „Garne in Aufmachungen für den Einzelverkauf“ gelten nicht:
   a) ungezwirnte Garne aus Spinnstoffen aller Art, ausgenommen:
      1) ungezwirnte rohe Garne aus Wolle oder feinen Tierhaaren;
      2) ungezwirnte Garne aus Wolle oder feinen Tierhaaren, gebleicht, gefärbt oder bedruckt, mit einem Titer von mehr als 5 000 dtex;
   b) gezwirnte Garne, roh:
      1) aus Seide, Schappeseide oder Bourretteseide, in Aufmachungen aller Art;
      2) aus anderen Spinnstoffen (ausgenommen Wolle und feine Tierhaare), im Strang;
   c) gezwirnte Garne, gebleicht, gefärbt oder bedruckt, aus Seide, Schappeseide oder Bourretteseide, mit einem Titer von 133 dtex oder weniger;
   d) Garne aus Spinnstoffen aller Art, ungezwirnt oder gezwirnt, die aufgemacht sind:
      1) im Strang mit Kreuzhaspelung;
      2) auf Unterlagen oder in anderen Aufmachungen, die ihre Verwendung in der Textilindustrie anzeigen (z. B. auf Zwirnmaschinenspulen, Kanetten [Kopsen], konischen Spulen oder Konen oder in Wickel für Stickmaschinen).

5. Als „Nähgarne“ im Sinne der Positionen 5204, 5401 und 5508 gelten gezwirnte Garne, die allen nachstehenden Bedingungen entsprechen:
   a) auf Unterlagen (z. B. Rollen, Spulen) aufgemacht und mit einem Gewicht, einschließlich Unterlage, von nicht mehr als 1 000 g;
   b) appretiert für die Verwendung als Nähgarn;
   c) mit einer Z-Drehung als letzter Drehung.

6. Als „hochfeste Garne“ im Sinne des Abschnitts XI gelten Garne, deren Festigkeit, ausgedrückt in cN/tex (centinewton je tex), die nachstehenden Grenzwerte überschreitet:
   – ungezwirnte Garne aus Nylon oder anderen Polyamiden oder aus Polyestern: 60 cN/tex
   – gezwirnte Garne aus Nylon oder anderen Polyamiden oder aus Polyestern: 53 cN/tex
   – ungezwirnte oder gezwirnte Garne aus Viskose: 27 cN/tex

7. Als „konfektioniert" im Sinne des Abschnitts XI gelten:
   a) Waren in anderer als quadratischer oder rechteckiger Form zugeschnitten;
   b) Waren, die abgepasst hergestellt und gebrauchsfertig sind oder durch bloßes Zerschneiden der nicht gebundenen Fäden ohne Nähen oder eine andere zusätzliche Arbeit gebrauchsfertig werden (z. B. Putztücher, Handtücher, Tischtücher, Halstücher und Decken);
   c) zugeschnittene Waren mit mindestens einem heiß versiegeltem Rand mit einem sichtbaren sich verjüngendem oder zusammengedrückten/zusammengepressten Rand und anderen Rändern, die entsprechend den übrigen Buchstaben dieser Anmerkung behandelt wurden, nicht als konfektioniert gelten Spinnstoffwaren, deren Schnittkanten wegen des Fehlens der Webkante in einfacher Weise gegen Ausriefeln gesichert oder heiß zugeschnitten sind;
   d) Waren, deren Ränder entweder durch Säume aller Art, auch Rollsäume, oder durch geknüpfte Fransen aus den Fäden der Waren selbst oder aus nachträglich angebrachten Fäden befestigt sind; Meterwaren, deren Schnittkanten wegen des Fehlens eines festen Randes in einfacher Weise gegen Ausriefeln gesichert sind, gelten nicht als konfektioniert;
   e) Waren, beliebig zugeschnitten, mit Ausziehearbeit;
   f) Waren, durch Nähen, Kleben oder in anderer Weise zusammengefügt, ausgenommen:
      – Meterwaren, die aus zwei oder mehr Stücken des gleichen Spinnstofferzeugnisses bestehen, die an ihren Enden zu einem Stück von größerer Länge vereinigt sind; und
      – Meterwaren, die aus zwei oder mehr mit ihrer ganzen Fläche aufeinander liegenden und so miteinander verbundenen Spinnstofferzeugnissen bestehen, auch mit Zwischenlagen aus einem Polsterfüllstoff;
   g) Waren, abgepasst gewirkt oder abgepasst gestrickt, als Einzelstücke oder als Meterware, die mehrere Einzelstücke umfasst.
8. Für die Anwendung der Kapitel 50 bis 60 gilt:
   a) konfektionierte Waren im Sinne der vorstehenden Anmerkung 7 gehören nicht zu den Kapitel 50 bis 55 und 60 und, soweit nichts anderes bestimmt ist, nicht zu den Kapiteln 56 bis 59;
   b) zu den Kapiteln 50 bis 55 und 60 gehören nicht die Waren der Kapitel 56 bis 59.
9. Den Geweben der Kapitel 50 bis 55 werden Erzeugnisse gleichgestellt, die aus Lagen parallel gelegter Spinnstoffgarne bestehen und bei denen die Lagen im spitzen oder rechten Winkel übereinander liegen. Diese Lagen sind an den Berührungspunkten der Garne durch ein Bindemittel verklebt oder verschweißt.
10. Elastische Erzeugnisse aus Spinnstoffen in Verbindung mit Kautschukfäden, gehören zu Abschnitt XI.
11. Im Abschnitt XI gilt als „getränkt" auch „getaucht" („gedippt").
12. Im Abschnitt XI gelten als „Polyamide" auch „Aramide".
13. In diesem Abschnitt und gegebenenfalls im übrigen Warenverzeichnis gelten als „Elastomergarne" Filamentgarne (einschließlich Monofile) aus synthetischen Spinnstoffen, andere als texturierte Garne, die, ohne zu reißen, eine Dehnung bis zum Dreifachen ihrer ursprünglichen Länge aushalten, und die, wenn sie eine Dehnung auf das Doppelte ihrer ursprünglichen Länge erfahren haben, sich innerhalb von fünf Minuten mindestens auf das Eineinhalbfache ihrer ursprünglichen Länge zusammenziehen.
14. Soweit nichts anderes bestimmt ist, werden Kleidungsstücke aus Spinnstoff, die zu verschiedenen Positionen gehören, auch dann getrennt in diese Positionen eingereiht, wenn sie als Warenzusammenstellungen für den Einzelverkauf aufgemacht sind. Als „Kleidungsstücke aus Spinnstoff" im Sinne dieser Anmerkung gilt Kleidung der Positionen 6101 bis 6114 und 6201 bis 6211.

● 15. Vorbehaltlich der Anmerkung 1 zu Abschnitt XI werden Spinnstoffe, Kleidung und andere Spinnstofferzeugnisse, die chemische, mechanische oder elektronische Bestandteile für zusätzliche Funktionen enthalten, auch eingebaut, eingesponnen oder eingewebt, in ihre jeweiligen Positionen des Abschnitts XI eingereiht, vorausgesetzt, sie behalten den wesentlichen Charakter von Waren dieses Abschnitts.

Abschnitt XI

Unterpositions-Anmerkungen

1. Im Abschnitt XI und in allen anderen Teilen des Warenverzeichnisses gelten als:
   a) rohe Garne:
      1) Garne, die die natürliche Farbe ihrer Fasern aufweisen und weder gebleicht noch gefärbt (auch nicht in der Masse) noch bedruckt sind, oder
      2) Garne, die von unbestimmter Farbe aus Reißspinnstoffen hergestellt sind („Grau-Garne").

      Diese Garne können farblos appretiert oder flüchtig gefärbt (die Anfärbung lässt sich durch bloßes Waschen mit Seife entfernen) und, im Falle der Garne aus Chemiefasern, in der Masse mit Mattierungsstoffen (z. B. Titandioxid) behandelt sein;
   b) gebleichte Garne:
      1) Garne, die einen Bleichprozess erfahren haben oder aus gebleichten Fasern hergestellt sind, oder, sofern nichts anderes bestimmt ist, weiß gefärbt sind (auch in der Masse) oder weiß appretiert sind, oder
      2) Garne, die aus einer Mischung von rohen und gebleichten Fasern bestehen, oder
      3) Garne, die gezwirnt sind und aus rohen und gebleichten Garnen bestehen;
   c) farbige Garne (gefärbt oder bedruckt):
      1) Garne, die (auch in der Masse) anders als weiß oder flüchtig gefärbt sind oder bedruckt oder aus gefärbten oder bedruckten Fasern hergestellt sind, oder
      2) Garne, die aus einer Mischung von verschieden gefärbten Fasern oder einer Mischung von rohen oder gebleichten Fasern und farbigen Fasern bestehen (Jaspé-Garne oder melierte Garne), oder in Abständen mit einer oder mehreren Farben bedruckt sind in der Weise, dass eine Art Punktierung entsteht, oder
      3) Garne, deren Vorgarn oder Lunte bedruckt worden ist, oder
      4) Garne, die gezwirnt sind und aus rohen oder gebleichten Garnen und aus farbigen Garnen bestehen.

      Die vorstehenden Bestimmungen gelten sinngemäß auch für Monofile, Streifen und dergleichen des Kapitels 54;
   d) rohe Gewebe:

      Gewebe, die aus rohen Garnen hergestellt und weder gebleicht noch gefärbt noch bedruckt sind. Diese Gewebe können farblos appretiert oder flüchtig gefärbt sein;
   e) gebleichte Gewebe:
      1) Gewebe, die im Stück gebleicht oder, wenn nichts anderes bestimmt ist, weiß gefärbt oder weiß appretiert sind, oder
      2) Gewebe, die aus gebleichten Garnen bestehen, oder
      3) Gewebe, die aus rohen Garnen und gebleichten Garnen bestehen;
   f) gefärbte Gewebe:
      1) Gewebe, die im Stück in einer einzigen einheitlichen Farbe, anders als weiß (wenn nichts anderes bestimmt ist), gefärbt sind oder farbig appretiert sind, anders als weiß (wenn nichts anderes bestimmt ist), oder
      2) Gewebe, die aus farbigen Garnen mit einer einzigen einheitlichen Farbe bestehen;
   g) buntgewebte Gewebe:

      Gewebe (andere als bedruckte Gewebe):
      1) die aus verschiedenfarbigen Garnen oder aus Garnen mit verschiedenen Schattierungen der gleichen Farbe (einer anderen als der natürlichen Farbe der verwendeten Fasern) bestehen oder
      2) die aus rohen oder gebleichten Garnen und farbigen Garnen bestehen oder
      3) die aus Jaspé-Garnen oder melierten Garnen bestehen.

      (Garne, die die Webkante bilden oder aus denen die Stückenden bestehen, bleiben außer Betracht);

h) bedruckte Gewebe:

Gewebe, die im Stück bedruckt sind, auch wenn sie aus verschiedenfarbigen Garnen bestehen.

(Den bedruckten Geweben werden Gewebe gleichgestellt, die Muster aufweisen, die z. B. mit Pinsel, Bürste, Spritzpistole, Transferpapier, durch Beflocken oder in einem Batikverfahren hergestellt sind.)

Bei Anwendung der vorstehenden Bestimmungen bleibt das Mercerisieren ohne Einfluss auf die Einreihung der Garne und Gewebe.

Die vorstehenden Bestimmungen der Buchstaben d bis h gelten sinngemäß auch für Gewirke oder Gestricke;

ij) Leinwandbindung:

eine Gewebebindung, in der jeder Schussfaden abwechselnd oberhalb und unterhalb der aufeinander folgenden Kettfäden und jeder Kettfaden abwechselnd oberhalb und unterhalb der aufeinander folgenden Schussfäden verläuft.

2. A. Waren der Kapitel 56 bis 63, die aus zwei oder mehr Spinnstoffen bestehen, sind so zu behandeln, als beständen sie ganz aus dem Spinnstoff, der nach Anmerkung 2 zu Abschnitt XI ermittelt werden müsste bei der Einreihung einer aus den gleichen Spinnstoffen bestehenden Ware der Kapitel 50 bis 55 oder der Position 5809.

B. Hierbei ist zu beachten:

a) es ist gegebenenfalls nur der Teil zu berücksichtigen, der im Sinne der Allgemeinen Vorschrift 3 für die Auslegung des Warenverzeichnisses maßgebend ist;

b) bei Spinnstofferzeugnissen aus einem Grund und einer Flor- oder Schlingenoberfläche bleibt der Grund außer Betracht;

c) bei Stickereien der Position 5810 und Waren daraus wird nur der Stickgrund berücksichtigt. Bei Stickereien ohne sichtbaren Stickgrund und Waren daraus richtet sich die Einreihung jedoch ausschließlich nach den Stickfäden.

Kapitel 50

Seide

Warenbezeichnung	Warennummer	Besondere Maßeinheit
Seidenraupenkokons, zum Abhaspeln geeignet	**5001 00 00**	–
Grège, weder gedreht noch gezwirnt	**5002 00 00**	–
Abfälle von Seide (einschließlich nicht abhaspelbare Kokons, Garnabfälle und Reißspinnstoff)	**5003 00 00**	–
Seidengarne (andere als Schappeseidengarne oder Bourretteseidengarne), nicht in Aufmachungen für den Einzelverkauf:	**5004**	
– roh, abgekocht oder gebleicht	5004 00 10	–
– andere	5004 00 90	–
Schappeseidengarne oder Bourretteseidengarne, nicht in Aufmachungen für den Einzelverkauf:	**5005**	
– roh, abgekocht oder gebleicht	5005 00 10	–
– andere	5005 00 90	–
Seidengarne, Schappeseidengarne oder Bourretteseidengarne, in Aufmachungen für den Einzelverkauf; Messinahaar:	**5006**	
– Seidengarne	5006 00 10	–
– Schappeseidengarne oder Bourretteseidengarne; Messinahaar	5006 00 90	–

Warenbezeichnung	Warennummer	Besondere Maßeinheit
Gewebe aus Seide, Schappeseide oder Bourretteseide:	**5007**	
– Gewebe aus Bourretteseide	5007 10 00	m²
– andere Gewebe, mit einem Anteil an Seide oder Schappeseide von 85 GHT oder mehr:		
– – Kreppgewebe:		
– – – roh, abgekocht oder gebleicht	5007 20 11	m²
– – – andere	5007 20 19	m²
– – Pongée-, Habutai-, Honan-, Shantung- oder Corahgewebe und ähnliche ostasiatische Gewebe, ganz aus Seide (nicht mit Schappeseide, Bourretteseide oder anderen Spinnstoffen gemischt):		
– – – taftbindig, roh oder nur abgekocht	5007 20 21	m²
– – – andere:		
– – – – taftbindig	5007 20 31	m²
– – – – andere	5007 20 39	m²
– – andere:		
– – – undichte Gewebe	5007 20 41	m²
– – – andere:		
– – – – roh, abgekocht oder gebleicht	5007 20 51	m²
– – – – gefärbt	5007 20 59	m²
– – – – buntgewebt:		
– – – – – mit einer Breite von mehr als 57 bis 75 cm	5007 20 61	m²
– – – – – andere	5007 20 69	m²
– – – – bedruckt	5007 20 71	m²
– andere Gewebe:		
– – roh, abgekocht oder gebleicht	5007 90 10	m²
– – gefärbt	5007 90 30	m²
– – buntgewebt	5007 90 50	m²
– – bedruckt	5007 90 90	m²

Kapitel 51

Wolle, feine und grobe Tierhaare; Garne und Gewebe aus Rosshaar

Anmerkung

1. Im Warenverzeichnis gelten als:
   a) „Wolle“ die natürliche Faser des Haarkleides von Schafen;
   b) „feine Tierhaare“ die Haare folgender Tiere: Alpaka, Lama, Vikunja, Kamel (einschließlich Dromedare), Jak, Angora-, Tibet-, Kaschmir- und ähnliche Ziegen (ausgenommen gemeine Ziegen), Kaninchen (auch Angorakaninchen), Hasen, Biber, Nutria und Bisamratten;
   c) „grobe Tierhaare“ die Haare der vorstehend nicht genannten Tiere, ausgenommen Haare und Borsten zum Herstellen von Besen, Bürsten oder Pinseln (Position 0502) und Rosshaar (Position 0511).

Warenbezeichnung	Warennummer	Besondere Maßeinheit
Wolle, weder gekrempelt noch gekämmt:	**5101**	
– Schweißwolle, einschließlich auf dem Rücken gewaschene Wolle:		
– – Schurwolle	5101 11 00	–
– – andere	5101 19 00	–
– entschweißt, nicht carbonisiert:		
– – Schurwolle	5101 21 00	–
– – andere	5101 29 00	–
– carbonisiert	5101 30 00	–
Feine oder grobe Tierhaare, weder gekrempelt noch gekämmt:	**5102**	
– feine Tierhaare:		
– – Kaschmirziegenhaare (cashmere)	5102 11 00	–
– – andere:		
– – – Angorakaninchenhaare	5102 19 10	–
– – – Alpaka-, Lama- und Vikunjahaare	5102 19 30	–
– – – Kamel- (einschließlich Dromedar) und Jakhaare; Angora-, Tibetziegenhaare und ähnliche Ziegenhaare	5102 19 40	–
– – – Kaninchenhaare (ausgenommen Angorakaninchenhaare), Hasenhaare, Biber-, Nutria- und Bisamrattenhaare	5102 19 90	–
– grobe Tierhaare	5102 20 00	–
Abfälle von Wolle oder feinen oder groben Tierhaaren (einschließlich Garnabfälle), ausgenommen Reißspinnstoff:	**5103**	
– Kämmlinge von Wolle oder feinen Tierhaaren:		
– – nicht carbonisiert	5103 10 10	–
– – carbonisiert	5103 10 90	–
– andere Abfälle von Wolle oder feinen Tierhaaren	5103 20 00	–
– Abfälle von groben Tierhaaren	5103 30 00	–

Warenbezeichnung	Warennummer	Besondere Maßeinheit
Reißspinnstoff aus Wolle oder feinen oder groben Tierhaaren	**5104 00 00**	–
Wolle, feine oder grobe Tierhaare, gekrempelt oder gekämmt (einschließlich gekämmte Wolle in loser Form):	**5105**	
– gekrempelte Wolle	5105 10 00	–
– gekämmte Wolle:		
– – gekämmte Wolle in loser Form („open tops“)	5105 21 00	–
– – andere	5105 29 00	–
– feine Tierhaare, gekrempelt oder gekämmt:		
– – Kaschmirziegenhaare (cashmere)	5105 31 00	–
– – andere	5105 39 00	–
– grobe Tierhaare, gekrempelt oder gekämmt	5105 40 00	–
Streichgarne aus Wolle, nicht in Aufmachungen für den Einzelverkauf:	**5106**	
– mit einem Anteil an Wolle von 85 GHT oder mehr:		
– – roh	5106 10 10	–
– – andere	5106 10 90	–
– mit einem Anteil an Wolle von weniger als 85 GHT:		
– – mit einem Anteil an Wolle und feinen Tierhaaren von 85 GHT oder mehr	5106 20 10	–
– – andere:		
– – – roh	5106 20 91	–
– – – andere	5106 20 99	–
Kammgarne aus Wolle, nicht in Aufmachungen für den Einzelverkauf:	**5107**	
– mit einem Anteil an Wolle von 85 GHT oder mehr:		
– – roh	5107 10 10	–
– – andere	5107 10 90	–
– mit einem Anteil an Wolle von weniger als 85 GHT:		
– – mit einem Anteil an Wolle und feinen Tierhaaren von 85 GHT oder mehr:		
– – – roh	5107 20 10	–
– – – andere	5107 20 30	–
– – andere:		
– – – hauptsächlich oder ausschließlich mit synthetischen Spinnfasern gemischt:		
– – – – roh	5107 20 51	–
– – – – andere	5107 20 59	–
– – – anders gemischt:		
– – – – roh	5107 20 91	–
– – – – andere	5107 20 99	–
Streichgarne oder Kammgarne aus feinen Tierhaaren, nicht in Aufmachungen für den Einzelverkauf:	**5108**	
– Streichgarne:		
– – roh	5108 10 10	–
– – andere	5108 10 90	–
– Kammgarne:		
– – roh	5108 20 10	–
– – andere	5108 20 90	–

Warenbezeichnung	Warennummer	Besondere Maßeinheit
Garne aus Wolle oder feinen Tierhaaren, in Aufmachungen für den Einzelverkauf:	**5109**	
– mit einem Anteil an Wolle oder feinen Tierhaaren von 85 GHT oder mehr:		
– – in Kugeln, Knäueln oder im Strang, mit einem Gewicht von mehr als 125 g bis 500 g	5109 10 10	–
– – andere	5109 10 90	–
– andere	5109 90 00	–
Garne aus groben Tierhaaren oder aus Rosshaar (einschließlich umsponnene Garne aus Rosshaar), auch in Aufmachungen für den Einzelverkauf	**5110 00 00**	–
Streichgarngewebe aus Wolle oder feinen Tierhaaren:	**5111**	
– mit einem Anteil an Wolle oder feinen Tierhaaren von 85 GHT oder mehr:		
– – mit einem Quadratmetergewicht von 300 g oder weniger	5111 11 00	m^2
– – andere	5111 19 00	m^2
– andere, hauptsächlich oder ausschließlich mit synthetischen oder künstlichen Filamenten gemischt	5111 20 00	m^2
– andere, hauptsächlich oder ausschließlich mit synthetischen oder künstlichen Spinnfasern gemischt:		
– – mit einem Quadratmetergewicht von 300 g oder weniger	5111 30 10	m^2
– – mit einem Quadratmetergewicht von mehr als 300 g	5111 30 80	m^2
– andere:		
– – mit einem Anteil an Spinnstoffen des Kapitels 50 von mehr als 10 GHT	5111 90 10	m^2
– – andere:		
– – – mit einem Quadratmetergewicht von 300 g oder weniger	5111 90 91	m^2
– – – mit einem Quadratmetergewicht von mehr als 300 g	5111 90 98	m^2
Kammgarngewebe aus Wolle oder feinen Tierhaaren:	**5112**	
– mit einem Anteil an Wolle oder feinen Tierhaaren von 85 GHT oder mehr:		
– – mit einem Quadratmetergewicht von 200 g oder weniger	5112 11 00	m^2
– – andere	5112 19 00	m^2
– andere, hauptsächlich oder ausschließlich mit synthetischen oder künstlichen Filamenten gemischt	5112 20 00	m^2
– andere, hauptsächlich oder ausschließlich mit synthetischen oder künstlichen Spinnfasern gemischt:		
– – mit einem Quadratmetergewicht von 200 g oder weniger	5112 30 10	m^2
– – mit einem Quadratmetergewicht von mehr als 200 g	5112 30 80	m^2
– andere:		
– – mit einem Anteil an Spinnstoffen des Kapitels 50 von mehr als 10 GHT	5112 90 10	m^2
– – andere:		
– – – mit einem Quadratmetergewicht von 200 g oder weniger	5112 90 91	m^2
– – – mit einem Quadratmetergewicht von mehr als 200 g	5112 90 98	m^2
Gewebe aus groben Tierhaaren oder aus Rosshaar	**5113 00 00**	m^2

Kapitel 52

Baumwolle

Unterpositions-Anmerkung

1. Als „Denim" im Sinne der Unterpositionen 5209 42 und 5211 42 gelten buntgewebte Gewebe aus 3- oder 4-bindigem Kettköper, einschließlich Kreuzkettköper, deren Kettfäden von ein und derselben Farbe und deren Schussfäden roh, gebleicht, grau gefärbt oder in einem helleren Farbton als die Kettfäden gefärbt sind.

Warenbezeichnung	Warennummer	Besondere Maßeinheit
Baumwolle, weder kardiert noch gekämmt:	**5201**	
– hydrophil oder gebleicht	5201 00 10	–
– andere	5201 00 90	–
Abfälle von Baumwolle (einschließlich Garnabfälle und Reißspinnstoff):	**5202**	
– Garnabfälle	5202 10 00	–
– andere:		
– – Reißspinnstoff	5202 91 00	–
– – andere	5202 99 00	–
Baumwolle, kardiert oder gekämmt	**5203 00 00**	–
Nähgarne aus Baumwolle, auch in Aufmachungen für den Einzelverkauf:	**5204**	
– nicht in Aufmachungen für den Einzelverkauf:		
– – mit einem Anteil an Baumwolle von 85 GHT oder mehr	5204 11 00	–
– – andere	5204 19 00	–
– in Aufmachungen für den Einzelverkauf	5204 20 00	–
Garne aus Baumwolle (andere als Nähgarne), mit einem Anteil an Baumwolle von 85 GHT oder mehr, nicht in Aufmachungen für den Einzelverkauf:	**5205**	
– ungezwirnte Garne aus nicht gekämmten Fasern:		
– – mit einem Titer von 714,29 dtex oder mehr (Nm 14 oder weniger)	5205 11 00	–
– – mit einem Titer von weniger als 714,29 dtex, jedoch nicht weniger als 232,56 dtex (mehr als Nm 14 bis Nm 43)	5205 12 00	–
– – mit einem Titer von weniger als 232,56 dtex, jedoch nicht weniger als 192,31 dtex (mehr als Nm 43 bis Nm 52)	5205 13 00	–
– – mit einem Titer von weniger als 192,31 dtex, jedoch nicht weniger als 125 dtex (mehr als Nm 52 bis Nm 80)	5205 14 00	–
– – mit einem Titer von weniger als 125 dtex (mehr als Nm 80):		
– – – mit einem Titer von weniger als 125 dtex, jedoch nicht weniger als 83,33 dtex (mehr als Nm 80 bis Nm 120)	5205 15 10	–
– – – mit einem Titer von weniger als 83,33 dtex (mehr als Nm 120)	5205 15 90	–

Warenbezeichnung	Warennummer	Besondere Maßeinheit
– ungezwirnte Garne aus gekämmten Fasern:		
– – mit einem Titer von 714,29 dtex oder mehr (Nm 14 oder weniger)	5205 21 00	–
– – mit einem Titer von weniger als 714,29 dtex, jedoch nicht weniger als 232,56 dtex (mehr als Nm 14 bis Nm 43)	5205 22 00	–
– – mit einem Titer von weniger als 232,56 dtex, jedoch nicht weniger als 192,31 dtex (mehr als Nm 43 bis Nm 52)	5205 23 00	–
– – mit einem Titer von weniger als 192,31 dtex, jedoch nicht weniger als 125 dtex (mehr als Nm 52 bis Nm 80)	5205 24 00	–
– – mit einem Titer von weniger als 125 dtex, jedoch nicht weniger als 106,38 dtex (mehr als Nm 80 bis Nm 94)	5205 26 00	–
– – mit einem Titer von weniger als 106,38 dtex, jedoch nicht weniger als 83,33 dtex (mehr als Nm 94 bis Nm 120)	5205 27 00	–
– – mit einem Titer von weniger als 83,33 dtex (mehr als Nm 120)	5205 28 00	–
– gezwirnte Garne aus nicht gekämmten Fasern:		
– – mit einem Titer der einfachen Garne von 714,29 dtex oder mehr (Nm 14 oder weniger der einfachen Garne)	5205 31 00	–
– – mit einem Titer der einfachen Garne von weniger als 714,29 dtex, jedoch nicht weniger als 232,56 dtex (mehr als Nm 14 bis Nm 43 der einfachen Garne)	5205 32 00	–
– – mit einem Titer der einfachen Garne von weniger als 232,56 dtex, jedoch nicht weniger als 192,31 dtex (mehr als Nm 43 bis Nm 52 der einfachen Garne)	5205 33 00	–
– – mit einem Titer der einfachen Garne von weniger als 192,31 dtex, jedoch nicht weniger als 125 dtex (mehr als Nm 52 bis Nm 80 der einfachen Garne)	5205 34 00	–
– – mit einem Titer der einfachen Garne von weniger als 125 dtex (mehr als Nm 80 der einfachen Garne)	5205 35 00	–
– gezwirnte Garne aus gekämmten Fasern:		
– – mit einem Titer der einfachen Garne von 714,29 dtex oder mehr (Nm 14 oder weniger der einfachen Garne)	5205 41 00	–
– – mit einem Titer der einfachen Garne von weniger als 714,29 dtex, jedoch nicht weniger als 232,56 dtex (mehr als Nm 14 bis Nm 43 der einfachen Garne)	5205 42 00	–
– – mit einem Titer der einfachen Garne von weniger als 232,56 dtex, jedoch nicht weniger als 192,31 dtex (mehr als Nm 43 bis Nm 52 der einfachen Garne)	5205 43 00	–
– – mit einem Titer der einfachen Garne von weniger als 192,31 dtex, jedoch nicht weniger als 125 dtex (mehr als Nm 52 bis Nm 80 der einfachen Garne)	5205 44 00	–
– – mit einem Titer der einfachen Garne von weniger als 125 dtex, jedoch nicht weniger als 106,38 dtex (mehr als Nm 80 bis Nm 94 der einfachen Garne)	5205 46 00	–
– – mit einem Titer der einfachen Garne von weniger als 106,38 dtex, jedoch nicht weniger als 83,33 dtex (mehr als Nm 94 bis Nm 120 der einfachen Garne)	5205 47 00	–
– – mit einem Titer der einfachen Garne von weniger als 83,33 dtex (mehr als Nm 120 der einfachen Garne)	5205 48 00	–
Garne aus Baumwolle (andere als Nähgarne), mit einem Anteil an Baumwolle von weniger als 85 GHT, nicht in Aufmachungen für den Einzelverkauf:	**5206**	
– ungezwirnte Garne aus nicht gekämmten Fasern:		
– – mit einem Titer von 714,29 dtex oder mehr (Nm 14 oder weniger)	5206 11 00	–
– – mit einem Titer von weniger als 714,29 dtex, jedoch nicht weniger als 232,56 dtex (mehr als Nm 14 bis Nm 43)	5206 12 00	–
– – mit einem Titer von weniger als 232,56 dtex, jedoch nicht weniger als 192,31 dtex (mehr als Nm 43 bis Nm 52)	5206 13 00	–
– – mit einem Titer von weniger als 192,31 dtex, jedoch nicht weniger als 125 dtex (mehr als Nm 52 bis Nm 80)	5206 14 00	–
– – mit einem Titer von weniger als 125 dtex (mehr als Nm 80)	5206 15 00	–

Warenbezeichnung	Warennummer	Besondere Maßeinheit
– ungezwirnte Garne aus gekämmten Fasern:		
– – mit einem Titer von weniger als 714,29 dtex oder mehr (Nm 14 oder weniger)	5206 21 00	–
– – mit einem Titer von weniger als 714,29 dtex, jedoch nicht weniger als 232,56 dtex (mehr als Nm 14 bis Nm 43)	5206 22 00	–
– – mit einem Titer von weniger als 232,56 dtex, jedoch nicht weniger als 192,31 dtex (mehr als Nm 43 bis Nm 52)	5206 23 00	–
– – mit einem Titer von weniger als 192,31 dtex, jedoch nicht weniger als 125 dtex (mehr als Nm 52 bis Nm 80)	5206 24 00	–
– – mit einem Titer von weniger als 125 dtex (mehr als Nm 80)	5206 25 00	–
– gezwirnte Garne aus nicht gekämmten Fasern:		
– – mit einem Titer der einfachen Garne von 714,29 dtex oder mehr (Nm 14 oder weniger der einfachen Garne)	5206 31 00	–
– – mit einem Titer der einfachen Garne von weniger als 714,29 dtex, jedoch nicht weniger als 232,56 dtex (mehr als Nm 14 bis Nm 43 der einfachen Garne)	5206 32 00	–
– – mit einem Titer der einfachen Garne von weniger als 232,56 dtex, jedoch nicht weniger als 192,31 dtex (mehr als Nm 43 bis Nm 52 der einfachen Garne)	5206 33 00	–
– – mit einem Titer der einfachen Garne von weniger als 192,31 dtex, jedoch nicht weniger als 125 dtex (mehr als Nm 52 bis Nm 80 der einfachen Garne)	5206 34 00	–
– – mit einem Titer der einfachen Garne von weniger als 125 dtex (mehr als Nm 80 der einfachen Garne)	5206 35 00	–
– gezwirnte Garne aus gekämmten Fasern:		
– – mit einem Titer der einfachen Garne von 714,29 dtex oder mehr (Nm 14 oder weniger der einfachen Garne)	5206 41 00	–
– – mit einem Titer der einfachen Garne von weniger als 714,29 dtex, jedoch nicht weniger als 232,56 dtex (mehr als Nm 14 bis Nm 43 der einfachen Garne)	5206 42 00	–
– – mit einem Titer der einfachen Garne von weniger als 232,56 dtex, jedoch nicht weniger als 192,31 dtex (mehr als Nm 43 bis Nm 52 der einfachen Garne)	5206 43 00	–
– – mit einem Titer der einfachen Garne von weniger als 192,31 dtex, jedoch nicht weniger als 125 dtex (mehr als Nm 52 bis Nm 80 der einfachen Garne)	5206 44 00	–
– – mit einem Titer der einfachen Garne von weniger als 125 dtex (mehr als Nm 80 der einfachen Garne)	5206 45 00	–
Garne aus Baumwolle (andere als Nähgarne), in Aufmachungen für den Einzelverkauf:	**5207**	
– mit einem Anteil an Baumwolle von 85 GHT oder mehr	5207 10 00	–
– andere	5207 90 00	–
Gewebe aus Baumwolle, mit einem Anteil an Baumwolle von 85 GHT oder mehr und einem Quadratmetergewicht von 200 g oder weniger:	**5208**	
– roh:		
– – in Leinwandbindung, mit einem Quadratmetergewicht von 100 g oder weniger:		
– – – Gewebe für die Herstellung von Binden, Verbandzeug und Mull	5208 11 10	m^2
– – – andere	5208 11 90	m^2
– – in Leinwandbindung, mit einem Quadratmetergewicht von mehr als 100 g:		
– – – in Leinwandbindung, mit einem Quadratmetergewicht von mehr als 100 g bis 130 g und mit einer Breite von:		
– – – – 165 cm oder weniger	5208 12 16	m^2
– – – – mehr als 165 cm	5208 12 19	m^2
– – – in Leinwandbindung, mit einem Quadratmetergewicht von mehr als 130 g und mit einer Breite von:		
– – – – 165 cm oder weniger	5208 12 96	m^2
– – – – mehr als 165 cm	5208 12 99	m^2

Warenbezeichnung	Warennummer	Besondere Maßeinheit
– – in 3- oder 4-bindigem Köper, einschließlich Doppelköper	5208 13 00	m^2
– – andere Gewebe	5208 19 00	m^2
– gebleicht:		
– – in Leinwandbindung, mit einem Quadratmetergewicht von 100 g oder weniger:		
– – – Gewebe für die Herstellung von Binden, Verbandzeug und Mull	5208 21 10	m^2
– – – andere	5208 21 90	m^2
– – in Leinwandbindung, mit einem Quadratmetergewicht von mehr als 100 g:		
– – – in Leinwandbindung, mit einem Quadratmetergewicht von mehr als 100 g bis 130 g und mit einer Breite von:		
– – – – 165 cm oder weniger	5208 22 16	m^2
– – – – mehr als 165 cm	5208 22 19	m^2
– – – in Leinwandbindung, mit einem Quadratmetergewicht von mehr als 130 g und mit einer Breite von:		
– – – – 165 cm oder weniger	5208 22 96	m^2
– – – – mehr als 165 cm	5208 22 99	m^2
– – in 3- oder 4-bindigem Köper, einschließlich Doppelköper	5208 23 00	m^2
– – andere Gewebe	5208 29 00	m^2
– gefärbt:		
– – in Leinwandbindung, mit einem Quadratmetergewicht von 100 g oder weniger	5208 31 00	m^2
– – in Leinwandbindung, mit einem Quadratmetergewicht von mehr als 100 g:		
– – – in Leinwandbindung, mit einem Quadratmetergewicht von mehr als 100 g bis 130 g und mit einer Breite von:		
– – – – 165 cm oder weniger	5208 32 16	m^2
– – – – mehr als 165 cm	5208 32 19	m^2
– – – in Leinwandbindung, mit einem Quadratmetergewicht von mehr als 130 g und mit einer Breite von:		
– – – – 165 cm oder weniger	5208 32 96	m^2
– – – – mehr als 165 cm	5208 32 99	m^2
– – in 3- oder 4-bindigem Köper, einschließlich Doppelköper	5208 33 00	m^2
– – andere Gewebe	5208 39 00	m^2
– buntgewebt:		
– – in Leinwandbindung, mit einem Quadratmetergewicht von 100 g oder weniger	5208 41 00	m^2
– – in Leinwandbindung, mit einem Quadratmetergewicht von mehr als 100 g	5208 42 00	m^2
– – in 3- oder 4-bindigem Köper, einschließlich Doppelköper	5208 43 00	m^2
– – andere Gewebe	5208 49 00	m^2
– bedruckt:		
– – in Leinwandbindung, mit einem Quadratmetergewicht von 100 g oder weniger	5208 51 00	m^2
– – in Leinwandbindung, mit einem Quadratmetergewicht von mehr als 100 g	5208 52 00	m^2
– – andere Gewebe:		
– – – in 3- oder 4-bindigem Köper, einschließlich Doppelköper	5208 59 10	m^2
– – – andere	5208 59 90	m^2

Warenbezeichnung	Warennummer	Besondere Maßeinheit
Gewebe aus Baumwolle, mit einem Anteil an Baumwolle von 85 GHT oder mehr und mit einem Quadratmetergewicht von mehr als 200 g:	5209	
– roh:		
– – in Leinwandbindung	5209 11 00	m²
– – in 3- oder 4-bindigem Köper, einschließlich Doppelköper	5209 12 00	m²
– – andere Gewebe	5209 19 00	m²
– gebleicht:		
– – in Leinwandbindung	5209 21 00	m²
– – in 3- oder 4-bindigem Köper, einschließlich Doppelköper	5209 22 00	m²
– – andere Gewebe	5209 29 00	m²
– gefärbt:		
– – in Leinwandbindung	5209 31 00	m²
– – in 3- oder 4-bindigem Köper, einschließlich Doppelköper	5209 32 00	m²
– – andere Gewebe	5209 39 00	m²
– buntgewebt:		
– – in Leinwandbindung	5209 41 00	m²
– – Denim	5209 42 00	m²
– – andere Gewebe in 3- oder 4-bindigem Köper, einschließlich Doppelköper	5209 43 00	m²
– – andere Gewebe	5209 49 00	m²
– bedruckt:		
– – in Leinwandbindung	5209 51 00	m²
– – in 3- oder 4-bindigem Köper, einschließlich Doppelköper	5209 52 00	m²
– – andere Gewebe	5209 59 00	m²
Gewebe aus Baumwolle, mit einem Anteil an Baumwolle von weniger als 85 GHT, hauptsächlich oder ausschließlich mit Chemiefasern gemischt, mit einem Quadratmetergewicht von 200 g oder weniger:	5210	
– roh:		
– – in Leinwandbindung	5210 11 00	m²
– – andere Gewebe	5210 19 00	m²
– gebleicht:		
– – in Leinwandbindung	5210 21 00	m²
– – andere Gewebe	5210 29 00	m²
– gefärbt:		
– – in Leinwandbindung	5210 31 00	m²
– – in 3- oder 4-bindigem Köper, einschließlich Doppelköper	5210 32 00	m²
– – andere Gewebe	5210 39 00	m²
– buntgewebt:		
– – in Leinwandbindung	5210 41 00	m²
– – andere Gewebe	5210 49 00	m²
– bedruckt:		
– – in Leinwandbindung	5210 51 00	m²
– – andere Gewebe	5210 59 00	m²
Gewebe aus Baumwolle, mit einem Anteil an Baumwolle von weniger als 85 GHT, hauptsächlich oder ausschließlich mit Chemiefasern gemischt, mit einem Quadratmetergewicht von mehr als 200 g:	5211	
– roh:		
– – in Leinwandbindung	5211 11 00	m²
– – in 3- oder 4-bindigem Köper, einschließlich Doppelköper	5211 12 00	m²
– – andere Gewebe	5211 19 00	m²

Warenbezeichnung	Warennummer	Besondere Maßeinheit
– gebleicht	5211 20 00	m^2
– gefärbt:		
– – in Leinwandbindung	5211 31 00	m^2
– – in 3- oder 4-bindigem Köper, einschließlich Doppelköper	5211 32 00	m^2
– – andere Gewebe	5211 39 00	m^2
– buntgewebt:		
– – in Leinwandbindung	5211 41 00	m^2
– – Denim	5211 42 00	m^2
– – andere Gewebe in 3- oder 4-bindigem Köper, einschließlich Doppelköper	5211 43 00	m^2
– – andere Gewebe:		
– – – Jacquard-Gewebe	5211 49 10	m^2
– – – andere	5211 49 90	m^2
– bedruckt:		
– – in Leinwandbindung	5211 51 00	m^2
– – in 3- oder 4-bindigem Köper, einschließlich Doppelköper	5211 52 00	m^2
– – andere Gewebe	5211 59 00	m^2
Andere Gewebe aus Baumwolle:	**5212**	
– mit einem Quadratmetergewicht von 200 g oder weniger:		
– – roh:		
– – – hauptsächlich oder ausschließlich mit Flachs gemischt	5212 11 10	m^2
– – – anders gemischt	5212 11 90	m^2
– – gebleicht:		
– – – hauptsächlich oder ausschließlich mit Flachs gemischt	5212 12 10	m^2
– – – anders gemischt	5212 12 90	m^2
– – gefärbt:		
– – – hauptsächlich oder ausschließlich mit Flachs gemischt	5212 13 10	m^2
– – – anders gemischt	5212 13 90	m^2
– – buntgewebt:		
– – – hauptsächlich oder ausschließlich mit Flachs gemischt	5212 14 10	m^2
– – – anders gemischt	5212 14 90	m^2
– – bedruckt:		
– – – hauptsächlich oder ausschließlich mit Flachs gemischt	5212 15 10	m^2
– – – anders gemischt	5212 15 90	m^2
– mit einem Quadratmetergewicht von mehr als 200 g:		
– – roh:		
– – – hauptsächlich oder ausschließlich mit Flachs gemischt	5212 21 10	m^2
– – – anders gemischt	5212 21 90	m^2
– – gebleicht:		
– – – hauptsächlich oder ausschließlich mit Flachs gemischt	5212 22 10	m^2
– – – anders gemischt	5212 22 90	m^2
– – gefärbt:		
– – – hauptsächlich oder ausschließlich mit Flachs gemischt	5212 23 10	m^2
– – – anders gemischt	5212 23 90	m^2
– – buntgewebt:		
– – – hauptsächlich oder ausschließlich mit Flachs gemischt	5212 24 10	m^2
– – – anders gemischt	5212 24 90	m^2
– – bedruckt:		
– – – hauptsächlich oder ausschließlich mit Flachs gemischt	5212 25 10	m^2
– – – anders gemischt	5212 25 90	m^2

Kapitel 53

Andere pflanzliche Spinnstoffe; Papiergarne und Gewebe aus Papiergarnen

Zusätzliche Anmerkungen

1. A. Als „Garne in Aufmachungen für den Einzelverkauf" gelten in den Warennummern 5306 10 90, 5306 20 90 und 5308 20 90, vorbehaltlich der im nachstehenden Buchstaben B enthaltenen Ausnahmen, Garne (ungezwirnt oder gezwirnt), die aufgemacht sind:
   a) auf Karten, Spulen, Hülsen oder ähnlichen Unterlagen, in Kugeln oder Knäueln, sofern das Gewicht (einschließlich Unterlage) je Stück nicht mehr als 200 g beträgt;
   b) im Strang mit einem Gewicht von nicht mehr als 125 g;
   c) im Strang, sofern der Strang durch einen oder mehrere Fitzfäden in gewichtsmäßig gleiche, abtrennbare Teilstränge unterteilt ist und das Gewicht je Teilstrang nicht mehr als 125 g beträgt.

   B. Als „Garne in Aufmachungen für den Einzelverkauf" gelten nicht:
   a) gezwirnte Garne, roh, im Strang;
   b) gezwirnte Garne, die aufgemacht sind:
      1) im Strang mit Kreuzhaspelung;
      2) auf Unterlagen oder in anderen Aufmachungen, die ihre Verwendung in der Textilindustrie anzeigen (z. B. auf Zwirnmaschinenspulen, Kanetten (Kopsen), konischen Spulen oder Konen oder in Wickel für Stickmaschinen).

Warenbezeichnung	Warennummer	Besondere Maßeinheit
Flachs (Leinen), roh oder bearbeitet, jedoch nicht versponnen; Werg und Abfälle von Flachs (Leinen) (einschließlich Garnabfälle und Reißspinnstoff):	**5301**	
– Flachs (Leinen), roh oder geröstet	5301 10 00	–
– Flachs (Leinen), gebrochen, geschwungen, gehechelt oder anders bearbeitet, jedoch nicht versponnen:		
– – gebrochen oder geschwungen	5301 21 00	–
– – anderer	5301 29 00	–
– Werg und Abfälle von Flachs (Leinen)	5301 30 00	–
Hanf (*Cannabis sativa* L.), roh oder bearbeitet, jedoch nicht versponnen; Werg und Abfälle von Hanf (einschließlich Garnabfälle und Reißspinnstoff):	**5302**	
– Hanf, roh oder geröstet	5302 10 00	–
– andere	5302 90 00	–
Jute und andere textile Bastfasern (ausgenommen Flachs, Hanf und Ramie), roh oder bearbeitet, jedoch nicht versponnen; Werg und Abfälle von diesen Spinnstoffen (einschließlich Garnabfälle und Reißspinnstoff):	**5303**	
– Jute und andere textile Bastfasern, roh oder geröstet	5303 10 00	–
– andere	5303 90 00	–

Warenbezeichnung	Warennummer	Besondere Maßeinheit
Kokos, Abaca (Manilahanf oder *Musa textilis* Nee), Ramie und andere pflanzliche Spinnstoffe, anderweit weder genannt noch inbegriffen, roh oder bearbeitet, jedoch nicht versponnen; Werg und Abfälle von diesen Spinnstoffen (einschließlich Garnabfälle und Reißspinnstoff)	**5305 00 00**	–
Garne aus Flachs (Leinengarne):	**5306**	
– ungezwirnt:		
– – nicht in Aufmachungen für den Einzelverkauf:		
– – – mit einem Titer von 833,3 dtex oder mehr (Nm 12 oder weniger)	5306 10 10	–
– – – mit einem Titer von weniger als 833,3 dtex, jedoch nicht weniger als 277,8 dtex (mehr als Nm 12 bis Nm 36)	5306 10 30	–
– – – mit einem Titer von weniger als 277,8 dtex (mehr als Nm 36)	5306 10 50	–
– – in Aufmachungen für den Einzelverkauf	5306 10 90	–
– gezwirnt:		
– – nicht in Aufmachungen für den Einzelverkauf	5306 20 10	–
– – in Aufmachungen für den Einzelverkauf	5306 20 90	–
Garne aus Jute oder anderen textilen Bastfasern der Position 5303:	**5307**	
– ungezwirnt	5307 10 00	–
– gezwirnt	5307 20 00	–
Garne aus anderen pflanzlichen Spinnstoffen; Papiergarne:	**5308**	
– Kokosgarne	5308 10 00	–
– Hanfgarne:		
– – nicht in Aufmachungen für den Einzelverkauf	5308 20 10	–
– – in Aufmachungen für den Einzelverkauf	5308 20 90	–
– andere:		
– – Ramiegarne:		
– – – mit einem Titer von 277,8 dtex oder mehr (Nm 36 oder weniger)	5308 90 12	–
– – – mit einem Titer von weniger als 277,8 dtex (mehr als Nm 36)	5308 90 19	–
– – Papiergarne	5308 90 50	–
– – andere	5308 90 90	–
Gewebe aus Flachs (Leinengewebe):	**5309**	
– mit einem Anteil an Flachs von 85 GHT oder mehr:		
– – roh oder gebleicht:		
– – – roh	5309 11 10	m²
– – – gebleicht	5309 11 90	m²
– – andere	5309 19 00	m²
– mit einem Anteil an Flachs von weniger als 85 GHT:		
– – roh oder gebleicht	5309 21 00	m²
– – andere	5309 29 00	m²
Gewebe aus Jute oder anderen textilen Bastfasern der Position 5303:	**5310**	
– roh:		
– – mit einer Breite von 150 cm oder weniger	5310 10 10	m²
– – mit einer Breite von mehr als 150 cm	5310 10 90	m²
– andere	5310 90 00	m²
Gewebe aus anderen pflanzlichen Spinnstoffen; Gewebe aus Papiergarnen:	**5311**	
– Gewebe aus Ramie	5311 00 10	m²
– andere	5311 00 90	m²

Kapitel 54

Synthetische oder künstliche Filamente; Streifen und dergleichen aus synthetischer oder künstlicher Spinnmasse

Anmerkungen

1. Als „Chemiefasern" gelten in allen Teilen des Warenverzeichnisses Spinnfasern und Filamente aus organischen Polymeren, die hergestellt sind:
   a) durch Polymerisation von organischen Monomeren, um Polymere wie Polyamide, Polyester, Polyolefine oder Polyurethane zu erhalten, oder durch chemische Modifikation von Polymeren von aus diesem Prozess hervorgegangenen Polymeren (z. B. Poly(vinylalkohol) hergestellt aus der Hydrolyse von Poly(vinylacetat));
   b) durch Auflösung oder durch chemische Behandlung von natürlichen organischen Polymeren (z. B. Cellulose), um Polymere wie Kupferseide (Cupra) oder Viskose zu erhalten oder durch chemische Modifikation von natürlichen organischen Polymeren (z. B. Cellulose, Kasein und andere Proteine, Alginsäure), um Polymere wie Acetat-Cellulose oder Alginate zu erhalten.

   Als „synthetisch" gelten die unter a) und als „künstlich" die unter b) definierten Fasern. Streifen und dergleichen der Position 5404 oder 5405 gelten nicht als synthetische oder künstliche Fasern.

   Die Begriffe „synthetisch" und „künstlich" gelten bei Anwendung auf die Begriffe „Spinnstoffe" und „Spinnmasse" sinngemäß.
2. Zu den Positionen 5402 und 5403 gehören nicht die Kabel aus synthetischen oder künstlichen Filamenten des Kapitels 55.

Warenbezeichnung	Warennummer	Besondere Maßeinheit
Nähgarne aus synthetischen oder künstlichen Filamenten, auch in Aufmachungen für den Einzelverkauf:	**5401**	
– aus synthetischen Filamenten:		
– – nicht in Aufmachungen für den Einzelverkauf:		
– – – Umspinnungsgarn (sogenanntes „Core Yarn"):		
– – – – Polyester-Filamente mit Baumwollfasern umsponnen	5401 10 12	–
– – – – andere	5401 10 14	–
– – – andere:		
– – – – texturierte Garne	5401 10 16	–
– – – – andere	5401 10 18	–
– – in Aufmachungen für den Einzelverkauf	5401 10 90	–
– aus künstlichen Filamenten:		
– – nicht in Aufmachungen für den Einzelverkauf	5401 20 10	–
– – in Aufmachungen für den Einzelverkauf	5401 20 90	–

Warenbezeichnung	Warennummer	Besondere Maßeinheit
Garne aus synthetischen Filamenten (ausgenommen Nähgarne), nicht in Aufmachungen für den Einzelverkauf, einschließlich synthetische Monofile von weniger als 67 dtex:	**5402**	
– hochfeste Garne aus Nylon oder anderen Polyamiden, auch texturiert:		
– – aus Aramid	5402 11 00	–
– – andere	5402 19 00	–
– hochfeste Garne aus Polyester, auch texturiert	5402 20 00	–
– texturierte Garne:		
– – aus Nylon oder anderen Polyamiden, mit einem Titer der einfachen Garne von 50 tex oder weniger	5402 31 00	–
– – aus Nylon oder anderen Polyamiden, mit einem Titer der einfachen Garne von mehr als 50 tex	5402 32 00	–
– – aus Polyestern	5402 33 00	–
– – aus Polypropylen	5402 34 00	–
– – andere	5402 39 00	–
– andere Garne, ungezwirnt, ungedreht oder mit 50 Drehungen oder weniger je Meter:		
– – aus Elastomeren	5402 44 00	–
– – andere, aus Nylon oder anderen Polyamiden	5402 45 00	–
– – andere, aus Polyestern, teilverstreckt	5402 46 00	–
– – andere, aus Polyestern	5402 47 00	–
– – andere, aus Polypropylen	5402 48 00	–
– – andere	5402 49 00	–
– andere Garne, ungezwirnt, mit mehr als 50 Drehungen je Meter:		
– – aus Nylon oder anderen Polyamiden	5402 51 00	–
– – aus Polyestern	5402 52 00	–
– – aus Polypropylen	5402 53 00	–
– – andere	5402 59 00	–
– andere Garne, gezwirnt:		
– – aus Nylon oder anderen Polyamiden	5402 61 00	–
– – aus Polyestern	5402 62 00	–
– – aus Polypropylen	5402 63 00	–
– – andere	5402 69 00	–
Garne aus künstlichen Filamenten (ausgenommen Nähgarne), nicht in Aufmachungen für den Einzelverkauf, einschließlich künstliche Monofile von weniger als 67 dtex:	**5403**	
– hochfeste Garne aus Viskose	5403 10 00	–
– andere Garne, ungezwirnt:		
– – aus Viskose, ungedreht oder mit 120 Drehungen oder weniger je Meter	5403 31 00	–
– – aus Viskose, mit mehr als 120 Drehungen je Meter	5403 32 00	–
– – aus Celluloseacetat	5403 33 00	–
– – andere	5403 39 00	–
– andere Garne, gezwirnt:		
– – aus Viskose	5403 41 00	–
– – aus Celluloseacetat	5403 42 00	–
– – andere	5403 49 00	–

Warenbezeichnung	Warennummer	Besondere Maßeinheit
Synthetische Monofile von 67 dtex oder mehr und einem größten Durchmesser von 1 mm oder weniger; Streifen und dergleichen (z. B. künstliches Stroh) aus synthetischer Spinnmasse, mit einer augenscheinlichen Breite von 5 mm oder weniger:	**5404**	
– Monofile:		
– – aus Elastomeren	5404 11 00	–
– – andere, aus Polypropylen	5404 12 00	–
– – andere	5404 19 00	–
– andere:		
– – aus Polypropylen	5404 90 10	–
– – andere	5404 90 90	–
Künstliche Monofile von 67 dtex oder mehr und einem größten Durchmesser von 1 mm oder weniger; Streifen und dergleichen (z. B. künstliches Stroh) aus künstlicher Spinnmasse, mit einer augenscheinlichen Breite von 5 mm oder weniger	**5405 00 00**	–
Garne aus synthetischen oder künstlichen Filamenten (ausgenommen Nähgarne), in Aufmachungen für den Einzelverkauf	**5406 00 00**	–
Gewebe aus Garnen aus synthetischen Filamenten, einschließlich Gewebe aus Erzeugnissen der Position 5404:	**5407**	
– Gewebe aus hochfesten Garnen aus Nylon oder anderen Polyamiden oder aus Polyester	5407 10 00	m^2
– Gewebe aus Streifen oder dergleichen:		
– – aus Polyethylen oder Polypropylen, mit einer Breite von:		
– – – weniger als 3 m	5407 20 11	m^2
– – – 3 m oder mehr	5407 20 19	m^2
– – andere	5407 20 90	m^2
– Gewebe im Sinne der Anmerkung 9 zu Abschnitt XI	5407 30 00	m^2
– andere Gewebe, mit einem Anteil an Filamenten aus Nylon oder anderen Polyamiden von 85 GHT oder mehr:		
– – roh oder gebleicht	5407 41 00	m^2
– – gefärbt	5407 42 00	m^2
– – buntgewebt	5407 43 00	m^2
– – bedruckt	5407 44 00	m^2
– andere Gewebe, mit einem Anteil an texturierten Polyester-Filamenten von 85 GHT oder mehr:		
– – roh oder gebleicht	5407 51 00	m^2
– – gefärbt	5407 52 00	m^2
– – buntgewebt	5407 53 00	m^2
– – bedruckt	5407 54 00	m^2

Warenbezeichnung	Warennummer	Besondere Maßeinheit
– andere Gewebe, mit einem Anteil an Polyester-Filamenten von 85 GHT oder mehr:		
– – mit einem Anteil an nicht texturierten Polyester-Filamenten von 85 GHT oder mehr:		
– – – roh oder gebleicht	5407 61 10	m^2
– – – gefärbt	5407 61 30	m^2
– – – buntgewebt	5407 61 50	m^2
– – – bedruckt	5407 61 90	m^2
– – andere:		
– – – roh oder gebleicht	5407 69 10	m^2
– – – andere	5407 69 90	m^2
– andere Gewebe, mit einem Anteil an synthetischen Filamenten von 85 GHT oder mehr:		
– – roh oder gebleicht	5407 71 00	m^2
– – gefärbt	5407 72 00	m^2
– – buntgewebt	5407 73 00	m^2
– – bedruckt	5407 74 00	m^2
– andere Gewebe, mit einem Anteil an synthetischen Filamenten von weniger als 85 GHT, hauptsächlich oder ausschließlich mit Baumwolle gemischt:		
– – roh oder gebleicht	5407 81 00	m^2
– – gefärbt	5407 82 00	m^2
– – buntgewebt	5407 83 00	m^2
– – bedruckt	5407 84 00	m^2
– andere Gewebe:		
– – roh oder gebleicht	5407 91 00	m^2
– – gefärbt	5407 92 00	m^2
– – buntgewebt	5407 93 00	m^2
– – bedruckt	5407 94 00	m^2
Gewebe aus Garnen aus künstlichen Filamenten, einschließlich Gewebe aus Erzeugnissen der Position 5405:	**5408**	
– Gewebe aus hochfesten Viskose-Garnen	5408 10 00	m^2
– andere Gewebe, mit einem Anteil an künstlichen Filamenten, Streifen oder dergleichen von 85 GHT oder mehr:		
– – roh oder gebleicht	5408 21 00	m^2
– – gefärbt:		
– – – mit einer Breite von mehr als 135 cm bis 155 cm, in Leinwand-, Köper- oder Satinbindung	5408 22 10	m^2
– – – andere	5408 22 90	m^2
– – buntgewebt	5408 23 00	m^2
– – bedruckt	5408 24 00	m^2
– andere Gewebe:		
– – roh oder gebleicht	5408 31 00	m^2
– – gefärbt	5408 32 00	m^2
– – buntgewebt	5408 33 00	m^2
– – bedruckt	5408 34 00	m^2

Kapitel 55

Synthetische oder künstliche Spinnfasern

Anmerkung

1. Als „Kabel aus synthetischen oder künstlichen Filamenten“ im Sinne der Positionen 5501 und 5502 gelten ausschließlich Kabel, die aus einem Bündel parallel liegender Filamente von einheitlicher und gleicher Länge wie die Kabel bestehen und folgenden Bedingungen entsprechen:
   a) Länge des Kabels mehr als 2 m;
   b) Zahl der Drehungen des Kabels weniger als 5 je Meter;
   c) Einzeltiter der Filamente weniger als 67 dtex;
   d) Kabel aus synthetischen Filamenten müssen verstreckt sein, d. h. sie dürfen nicht um mehr als 100 % ihrer Länge dehnbar sein;
   e) Gesamttiter des Kabels mehr als 20 000 dtex.

   Kabel mit einer Länge von 2 m oder weniger gehören zu Position 5503 oder 5504.

Warenbezeichnung	Warennummer	Besondere Maßeinheit
Kabel aus synthetischen Filamenten:	**5501**	
● **– aus Nylon oder anderen Polyamiden:**		
● **– – aus Aramid**	5501 11 00	–
● **– – andere**	5501 19 00	–
– aus Polyestern	5501 20 00	–
– aus Polyacryl oder Modacryl	5501 30 00	–
– aus Polypropylen	5501 40 00	–
– andere	5501 90 00	–
Kabel aus künstlichen Filamenten:	**5502**	
– aus Zelluloseacetat	5502 10 00	–
– andere	5502 90 00	–
Synthetische Spinnfasern, weder gekrempelt noch gekämmt noch anders für die Spinnerei bearbeitet:	**5503**	
– aus Nylon oder anderen Polyamiden:		
– – aus Aramid	5503 11 00	–
– – andere	5503 19 00	–
– aus Polyestern	5503 20 00	–
– aus Polyacryl oder Modacryl	5503 30 00	–
– aus Polypropylen	5503 40 00	–
– andere	5503 90 00	–

Warenbezeichnung	Warennummer	Besondere Maßeinheit
Künstliche Spinnfasern, weder gekrempelt noch gekämmt noch anders für die Spinnerei bearbeitet:	**5504**	
– aus Viskose	5504 10 00	–
– andere	5504 90 00	–
Abfälle von Chemiefasern (einschließlich Kämmlinge, Garnabfälle und Reißspinnstoff):	**5505**	
– aus synthetischen Chemiefasern:		
– – aus Nylon oder anderen Polyamiden	5505 10 10	–
– – aus Polyester	5505 10 30	–
– – aus Polyacryl oder Modacryl	5505 10 50	–
– – aus Polypropylen	5505 10 70	–
– – andere	5505 10 90	–
– aus künstlichen Chemiefasern	5505 20 00	–
Synthetische Spinnfasern, gekrempelt, gekämmt oder anders für die Spinnerei bearbeitet:	**5506**	
– aus Nylon oder anderen Polyamiden	5506 10 00	–
– aus Polyestern	5506 20 00	–
– aus Polyacryl oder Modacryl	5506 30 00	–
– aus Polypropylen	5506 40 00	–
– andere	5506 90 00	–
Künstliche Spinnfasern, gekrempelt, gekämmt oder anders für die Spinnerei bearbeitet	**5507 00 00**	–
Nähgarne aus synthetischen oder künstlichen Spinnfasern, auch in Aufmachungen für den Einzelverkauf:	**5508**	
– aus synthetischen Spinnfasern:		
– – nicht in Aufmachungen für den Einzelverkauf	5508 10 10	–
– – in Aufmachungen für den Einzelverkauf	5508 10 90	–
– aus künstlichen Spinnfasern:		
– – nicht in Aufmachungen für den Einzelverkauf	5508 20 10	–
– – in Aufmachungen für den Einzelverkauf	5508 20 90	–
Garne aus synthetischen Spinnfasern (ausgenommen Nähgarne), nicht in Aufmachungen für den Einzelverkauf:	**5509**	
– mit einem Anteil an Nylon- oder anderen Polyamid-Spinnfasern von 85 GHT oder mehr:		
– – ungezwirnt	5509 11 00	–
– – gezwirnt	5509 12 00	–
– mit einem Anteil an Polyester-Spinnfasern von 85 GHT oder mehr:		
– – ungezwirnt	5509 21 00	–
– – gezwirnt	5509 22 00	–
– mit einem Anteil an Polyacryl- oder Modacryl-Spinnfasern von 85 GHT oder mehr:		
– – ungezwirnt	5509 31 00	–
– – gezwirnt	5509 32 00	–
– andere Garne, mit einem Anteil an synthetischen Spinnfasern von 85 GHT oder mehr:		
– – ungezwirnt	5509 41 00	–
– – gezwirnt	5509 42 00	–

Warenbezeichnung	Warennummer	Besondere Maßeinheit
– andere Garne, aus Polyester-Spinnfasern:		
– – hauptsächlich oder ausschließlich mit künstlichen Spinnfasern gemischt	5509 51 00	–
– – hauptsächlich oder ausschließlich mit Wolle oder feinen Tierhaaren gemischt	5509 52 00	–
– – hauptsächlich oder ausschließlich mit Baumwolle gemischt	5509 53 00	–
– – andere	5509 59 00	–
– andere Garne, aus Polyacryl- oder Modacryl-Spinnfasern:		
– – hauptsächlich oder ausschließlich mit Wolle oder feinen Tierhaaren gemischt	5509 61 00	–
– – hauptsächlich oder ausschließlich mit Baumwolle gemischt	5509 62 00	–
– – andere	5509 69 00	–
– andere Garne:		
– – hauptsächlich oder ausschließlich mit Wolle oder feinen Tierhaaren gemischt	5509 91 00	–
– – hauptsächlich oder ausschließlich mit Baumwolle gemischt	5509 92 00	–
– – andere	5509 99 00	–
Garne aus künstlichen Spinnfasern (ausgenommen Nähgarne), nicht in Aufmachungen für den Einzelverkauf:	**5510**	
– mit einem Anteil an künstlichen Spinnfasern von 85 GHT oder mehr:		
– – ungezwirnt	5510 11 00	–
– – gezwirnt	5510 12 00	–
– andere Garne, hauptsächlich oder ausschließlich mit Wolle oder feinen Tierhaaren gemischt	5510 20 00	–
– andere Garne, hauptsächlich oder ausschließlich mit Baumwolle gemischt	5510 30 00	–
– andere Garne	5510 90 00	–
Garne aus synthetischen oder künstlichen Spinnfasern (ausgenommen Nähgarne), in Aufmachungen für den Einzelverkauf:	**5511**	
– aus synthetischen Spinnfasern mit einem Anteil an diesen Spinnfasern von 85 GHT oder mehr	5511 10 00	–
– aus synthetischen Spinnfasern, mit einem Anteil an diesen Spinnfasern von weniger als 85 GHT	5511 20 00	–
– aus künstlichen Spinnfasern	5511 30 00	–
Gewebe aus synthetischen Spinnfasern, mit einem Anteil an diesen Spinnfasern von 85 GHT oder mehr:	**5512**	
– mit einem Anteil an Polyester-Spinnfasern von 85 GHT oder mehr:		
– – roh oder gebleicht	5512 11 00	m^2
– – andere:		
– – – bedruckt	5512 19 10	m^2
– – – andere	5512 19 90	m^2
– mit einem Anteil an Polyacryl- oder Modacryl-Spinnfasern von 85 GHT oder mehr:		
– – roh oder gebleicht	5512 21 00	m^2
– – andere:		
– – – bedruckt	5512 29 10	m^2
– – – andere	5512 29 90	m^2
– andere:		
– – roh oder gebleicht	5512 91 00	m^2
– – andere:		
– – – bedruckt	5512 99 10	m^2
– – – andere	5512 99 90	m^2

Warenbezeichnung	Warennummer	Besondere Maßeinheit
Gewebe aus synthetischen Spinnfasern, mit einem Anteil an diesen Spinnfasern von weniger als 85 GHT, hauptsächlich oder ausschließlich mit Baumwolle gemischt und mit einem Quadratmetergewicht von 170 g oder weniger:	**5513**	
– roh oder gebleicht:		
– – aus Polyester-Spinnfasern, in Leinwandbindung:		
– – – mit einer Breite von 165 cm oder weniger	5513 11 20	m²
– – – mit einer Breite von mehr als 165 cm	5513 11 90	m²
– – aus Polyester-Spinnfasern, in 3- oder 4-bindigem Köper, einschließlich Doppelköper	5513 12 00	m²
– – andere Gewebe aus Polyester-Spinnfasern	5513 13 00	m²
– – andere Gewebe	5513 19 00	m²
– gefärbt:		
– – aus Polyester-Spinnfasern, in Leinwandbindung	5513 21 00	m²
– – andere Gewebe aus Polyester-Spinnfasern:		
– – – in 3- oder 4-bindigem Köper, einschließlich Doppelköper	5513 23 10	m²
– – – andere	5513 23 90	m²
– – andere Gewebe	5513 29 00	m²
– buntgewebt:		
– – aus Polyester-Spinnfasern, in Leinwandbindung	5513 31 00	m²
– – andere Gewebe	5513 39 00	m²
– bedruckt:		
– – aus Polyester-Spinnfasern, in Leinwandbindung	5513 41 00	m²
– – andere Gewebe	5513 49 00	m²
Gewebe aus synthetischen Spinnfasern, mit einem Anteil an diesen Fasern von weniger als 85 GHT, hauptsächlich oder ausschließlich mit Baumwolle gemischt, mit einem Quadratmetergewicht von mehr als 170 g:	**5514**	
– roh oder gebleicht:		
– – aus Polyester-Spinnfasern, in Leinwandbindung	5514 11 00	m²
– – aus Polyester-Spinnfasern, in 3- oder 4-bindigem Köper, einschließlich Doppelköper	5514 12 00	m²
– – andere Gewebe:		
– – – aus Polyester-Spinnfasern	5514 19 10	m²
– – – andere	5514 19 90	m²
– gefärbt:		
– – aus Polyester-Spinnfasern, in Leinwandbindung	5514 21 00	m²
– – aus Polyester-Spinnfasern, in 3- oder 4-bindigem Köper, einschließlich Doppelköper	5514 22 00	m²
– – andere Gewebe aus Polyester-Spinnfasern	5514 23 00	m²
– – andere Gewebe	5514 29 00	m²
– buntgewebt:		
– – aus Polyester-Spinnfasern, in Leinwandbindung	5514 30 10	m²
– – aus Polyester-Spinnfasern, in 3- oder 4-bindigem Köper, einschließlich Doppelköper	5514 30 30	m²
– – andere Gewebe aus Polyester-Spinnfasern	5514 30 50	m²
– – andere Gewebe	5514 30 90	m²
– bedruckt:		
– – aus Polyester-Spinnfasern, in Leinwandbindung	5514 41 00	m²
– – aus Polyester-Spinnfasern, in 3- oder4-bindigem Köper, einschließlich Doppelköper	5514 42 00	m²
– – andere Gewebe aus Polyester-Spinnfasern	5514 43 00	m²
– – andere Gewebe	5514 49 00	m²

Warenbezeichnung	Warennummer	Besondere Maßeinheit
Andere Gewebe aus synthetischen Spinnfasern:	**5515**	
– aus Polyester-Spinnfasern:		
– – hauptsächlich oder ausschließlich mit Viskose-Spinnfasern gemischt:		
– – – roh oder gebleicht	5515 11 10	m^2
– – – bedruckt	5515 11 30	m^2
– – – andere	5515 11 90	m^2
– – hauptsächlich oder ausschließlich mit synthetischen oder künstlichen Filamenten gemischt:		
– – – roh oder gebleicht	5515 12 10	m^2
– – – bedruckt	5515 12 30	m^2
– – – andere	5515 12 90	m^2
– – hauptsächlich oder ausschließlich mit Wolle oder feinen Tierhaaren gemischt:		
– – – hauptsächlich oder ausschließlich mit gestrichener Wolle oder mit gestrichenen feinen Tierhaaren gemischt:		
– – – – roh oder gebleicht	5515 13 11	m^2
– – – – andere	5515 13 19	m^2
– – – hauptsächlich oder ausschließlich mit gekämmter Wolle oder mit gekämmten feinen Tierhaaren gemischt:		
– – – – roh oder gebleicht	5515 13 91	m^2
– – – – andere	5515 13 99	m^2
– – andere:		
– – – roh oder gebleicht	5515 19 10	m^2
– – – bedruckt	5515 19 30	m^2
– – – andere	5515 19 90	m^2
– aus Polyacryl- oder Modacryl-Spinnfasern:		
– – hauptsächlich oder ausschließlich mit synthetischen oder künstlichen Filamenten gemischt:		
– – – roh oder gebleicht	5515 21 10	m^2
– – – bedruckt	5515 21 30	m^2
– – – andere	5515 21 90	m^2
– – hauptsächlich oder ausschließlich mit Wolle oder feinen Tierhaaren gemischt:		
– – – hauptsächlich oder ausschließlich mit gestrichener Wolle oder mit gestrichenen feinen Tierhaaren gemischt:		
– – – – roh oder gebleicht	5515 22 11	m^2
– – – – andere	5515 22 19	m^2
– – – hauptsächlich oder ausschließlich mit gekämmter Wolle oder mit gekämmten feinen Tierhaaren gemischt:		
– – – – roh oder gebleicht	5515 22 91	m^2
– – – – andere	5515 22 99	m^2
– – andere	5515 29 00	m^2
– andere Gewebe:		
– – hauptsächlich oder ausschließlich mit synthetischen oder künstlichen Filamenten gemischt:		
– – – roh oder gebleicht	5515 91 10	m^2
– – – bedruckt	5515 91 30	m^2
– – – andere	5515 91 90	m^2
– – andere:		
– – – roh oder gebleicht	5515 99 20	m^2
– – – bedruckt	5515 99 40	m^2
– – – andere	5515 99 80	m^2

Warenbezeichnung	Warennummer	Besondere Maßeinheit
Gewebe aus künstlichen Spinnfasern:	**5516**	
– mit einem Anteil an künstlichen Spinnfasern von 85 GHT oder mehr:		
– – roh oder gebleicht	5516 11 00	m^2
– – gefärbt	5516 12 00	m^2
– – buntgewebt	5516 13 00	m^2
– – bedruckt	5516 14 00	m^2
– mit einem Anteil an künstlichen Spinnfasern von weniger als 85 GHT, hauptsächlich oder ausschließlich mit synthetischen oder künstlichen Filamenten gemischt:		
– – roh oder gebleicht	5516 21 00	m^2
– – gefärbt	5516 22 00	m^2
– – buntgewebt:		
– – – Jacquard-Gewebe mit einer Breite von 140 cm oder mehr (Matratzendrelle)	5516 23 10	m^2
– – – andere	5516 23 90	m^2
– – bedruckt	5516 24 00	m^2
– mit einem Anteil an künstlichen Spinnfasern von weniger als 85 GHT, hauptsächlich oder ausschließlich mit Wolle oder feinen Tierhaaren gemischt:		
– – roh oder gebleicht	5516 31 00	m^2
– – gefärbt	5516 32 00	m^2
– – buntgewebt	5516 33 00	m^2
– – bedruckt	5516 34 00	m^2
– mit einem Anteil an künstlichen Spinnfasern von weniger als 85 GHT, hauptsächlich oder ausschließlich mit Baumwolle gemischt:		
– – roh oder gebleicht	5516 41 00	m^2
– – gefärbt	5516 42 00	m^2
– – buntgewebt	5516 43 00	m^2
– – bedruckt	5516 44 00	m^2
– andere:		
– – roh oder gebleicht	5516 91 00	m^2
– – gefärbt	5516 92 00	m^2
– – buntgewebt	5516 93 00	m^2
– – bedruckt	5516 94 00	m^2

Kapitel 56

Watte, Filze und Vliesstoffe; Spezialgarne; Bindfäden, Seile und Taue; Seilerwaren

Anmerkungen

1. Zu Kapitel 56 gehören nicht:
   a) Watte, Filze oder Vliesstoffe, mit Stoffen oder Zubereitungen (z. B. Riechmittel oder Kosmetika des Kapitels 33, Seifen oder Reinigungsmittel der Position 3401, Poliermittel, Schuhcreme oder ähnliche Zubereitungen der Position 3405, Weichmacher der Position 3809 für Spinnstofferzeugnisse) getränkt, bestrichen oder überzogen, sofern die Spinnstoffe lediglich als Unterlage dienen;
   b) Spinnstofferzeugnisse der Position 5811;
   c) natürliche oder künstliche Schleifstoffe, in Pulver- oder Körnerform, aufgebracht auf Filz- oder Vliesstoffunterlagen (Position 6805);
   d) agglomerierter oder wiedergewonnener Glimmer auf Filz- oder Vliesstoffunterlagen (Position 6814);
   e) Metallfolien auf Filz- oder Vliesstoffunterlagen (im Allgemeinen Abschnitt XIV oder XV); oder
   f) hygienische Binden (Einlagen) und Tampons, Windeln und Windeleinlagen und ähnliche Waren der Position 9619.
2. Als „Filze“ gelten sowohl Nadelfilze als auch Flächenerzeugnisse, die aus einer Faserlage aus Spinnstoffen bestehen, deren Zusammenhalt durch ein Nähwirkverfahren mittels Fasern aus der Faserlage selbst verstärkt worden ist.
3. Zu den Positionen 5602 und 5603 gehören auch Filze und Vliesstoffe, mit Kunststoff oder Kautschuk getränkt, bestrichen oder überzogen oder laminiert, ohne Rücksicht auf die Beschaffenheit dieser Stoffe (fest oder zellförmig).

   Zu Position 5603 gehören auch Vliesstoffe, die als Bindemittel Kunststoff oder Kautschuk enthalten.

   Zu den Positionen 5602 und 5603 gehören jedoch nicht:
   a) Filze, mit Kunststoff oder Kautschuk getränkt, bestrichen oder überzogen oder laminiert, mit einem Anteil an Spinnstoffen von 50 GHT oder weniger, oder Filze, ganz in Kunststoff oder Kautschuk eingebettet (Kapitel 39 oder 40);
   b) Vliesstoffe, entweder ganz in Kunststoff oder Kautschuk eingebettet oder vollständig auf beiden Seiten mit diesen Stoffen bestrichen oder überzogen, vorausgesetzt, dass ein solches Bestreichen oder Überziehen mit bloßem Auge wahrnehmbar ist; dabei bleiben Veränderungen der Farbe, die hierdurch hervorgerufen sind, außer Betracht (Kapitel 39 oder 40);
   c) Platten, Blätter oder Streifen aus Zellkunststoff oder Zellkautschuk, in Verbindung mit Filz oder Vliesstoff, bei denen der Spinnstoff nur der Verstärkung dient (Kapitel 39 oder 40).
4. Zu Position 5604 gehören nicht Garne aus Spinnstoffen und nicht Streifen und dergleichen der Position 5404 oder 5405, bei denen das Tränken, Bestreichen oder Überziehen mit bloßem Auge nicht wahrnehmbar ist (im Allgemeinen Kapitel 50 bis 55); dabei bleiben Veränderungen der Farbe, die hierdurch hervorgerufen sind, außer Betracht.

Warenbezeichnung	Warennummer	Besondere Maßeinheit
Watte aus Spinnstoffen und Waren daraus; Spinnstofffasern mit einer Länge von 5 mm oder weniger (Scherstaub), Knoten und Noppen aus Spinnstoffen:	**5601**	
– Watte aus Spinnstoffen und Waren daraus:		
– – aus Baumwolle:		
– – – hydrophil	5601 21 10	–
– – – andere	5601 21 90	–
– – aus Chemiefasern:		
– – – Watterollen mit einem Durchmesser von 8 mm oder weniger	5601 22 10	–
– – – andere	5601 22 90	–
– – andere	5601 29 00	–
– Scherstaub, Knoten und Noppen, aus Spinnstoffen	5601 30 00	–
Filze, auch getränkt, bestrichen, überzogen oder laminiert:	**5602**	
– Nadelfilze und nähgewirkte Flächenerzeugnisse:		
– – weder getränkt, bestrichen, überzogen noch laminiert:		
– – – Nadelfilze:		
– – – – aus Jute oder anderen textilen Bastfasern der Position 5303	5602 10 11	–
– – – – aus anderen Spinnstoffen	5602 10 19	–
– – – nähgewirkte Flächenerzeugnisse:		
– – – – aus Wolle oder feinen Tierhaaren	5602 10 31	–
– – – – aus anderen Spinnstoffen	5602 10 38	–
– – getränkt, bestrichen, überzogen oder laminiert	5602 10 90	–
– andere Filze, weder getränkt, bestrichen, überzogen noch laminiert:		
– – aus Wolle oder feinen Tierhaaren	5602 21 00	–
– – aus anderen Spinnstoffen	5602 29 00	–
– andere	5602 90 00	–
Vliesstoffe, auch getränkt, bestrichen, überzogen oder laminiert:	**5603**	
– aus synthetischen oder künstlichen Filamenten:		
– – mit einem Quadratmetergewicht von 25 g oder weniger:		
– – – bestrichen oder überzogen	5603 11 10	–
– – – andere	5603 11 90	–
– – mit einem Quadratmetergewicht von mehr als 25 g bis 70 g:		
– – – bestrichen oder überzogen	5603 12 10	–
– – – andere	5603 12 90	–
– – mit einem Quadratmetergewicht von mehr als 70 g bis 150 g:		
– – – bestrichen oder überzogen	5603 13 10	–
– – – andere	5603 13 90	–
– – mit einem Quadratmetergewicht von mehr als 150 g:		
– – – bestrichen oder überzogen	5603 14 10	–
– – – andere	5603 14 90	–

Warenbezeichnung	Warennummer	Besondere Maßeinheit
– andere:		
– – mit einem Quadratmetergewicht von 25 g oder weniger:		
– – – bestrichen oder überzogen	5603 91 10	–
– – – andere	5603 91 90	–
– – mit einem Quadratmetergewicht von mehr als 25 g bis 70 g:		
– – – bestrichen oder überzogen	5603 92 10	–
– – – andere	5603 92 90	–
– – mit einem Quadratmetergewicht von mehr als 70 g bis 150 g:		
– – – bestrichen oder überzogen	5603 93 10	–
– – – andere	5603 93 90	–
– – mit einem Quadratmetergewicht von mehr als 150 g:		
– – – bestrichen oder überzogen	5603 94 10	–
– – – andere	5603 94 90	–
Fäden und Schnüre, aus Kautschuk, mit einem Überzug aus Spinnstoffen; Streifen und dergleichen der Position 5404 oder 5405, Garne aus Spinnstoffen, mit Kautschuk oder Kunststoff getränkt, bestrichen, überzogen oder umhüllt:	**5604**	
– Fäden und Schnüre, aus Kautschuk, mit einem Überzug aus Spinnstoffen	5604 10 00	–
– andere:		
– – hochfeste Garne aus Polyester, Nylon oder anderen Polyamiden oder aus Viskose, getränkt oder bestrichen	5604 90 10	–
– – andere	5604 90 90	–
Metallgarne und metallisierte Garne, auch umsponnen, bestehend aus Streifen oder dergleichen der Position 5404 oder 5405 oder aus Garnen aus Spinnstoffen, in Verbindung mit Metall in Form von Fäden, Streifen oder Pulver oder mit Metall überzogen	**5605 00 00**	–
Gimpen, umsponnene Streifen und dergleichen der Position 5404 oder 5405 (ausgenommen Waren der Position 5605 und umsponnene Garne aus Rosshaar); Chenillegarne; „Maschengarne“:	**5606**	
– „Maschengarne“	5606 00 10	–
– andere:		
– – Gimpen	5606 00 91	–
– – andere	5606 00 99	–
Bindfäden, Seile und Taue, auch geflochten, auch mit Kautschuk oder Kunststoff getränkt, bestrichen, überzogen oder umhüllt:	**5607**	
– aus Sisal oder anderen textilen Agavefasern:		
– – Bindegarne oder Pressengarne	5607 21 00	–
– – andere	5607 29 00	–
– aus Polyethylen oder Polypropylen:		
– – Bindegarne oder Pressengarne	5607 41 00	–
– – andere:		
– – – mit einem Titer von mehr als 50 000 dtex (5 g/m):		
– – – – geflochten	5607 49 11	–
– – – – andere	5607 49 19	–
– – – mit einem Titer von 50 000 dtex (5 g/m) oder weniger	5607 49 90	–

Warenbezeichnung	Warennummer	Besondere Maßeinheit
– aus anderen synthetischen Chemiefasern:		
– – aus Nylon oder anderen Polyamiden oder aus Polyestern:		
– – – mit einem Titer von mehr als 50 000 dtex (5 g/m):		
– – – – geflochten	5607 50 11	–
– – – – andere	5607 50 19	–
– – – mit einem Titer von 50 000 dtex (5 g/m) oder weniger	5607 50 30	–
– – aus anderen synthetischen Chemiefasern	5607 50 90	–
– andere:		
– – aus Abaca (Manilahanf oder *Musa textilis Nee*) oder aus anderen harten Blattfasern; aus Jute oder anderen textilen Bastfasern der Position 5303	5607 90 20	–
– – andere	5607 90 90	–
Geknüpfte Netze, in Stücken oder als Meterware, aus Bindfäden, Seilen oder Tauen; konfektionierte Fischernetze und andere konfektionierte Netze, aus Spinnstoffen:	**5608**	
– aus synthetischen oder künstlichen Spinnstoffen:		
– – konfektionierte Fischernetze:		
– – – aus Bindfäden, Seilen oder Tauen	5608 11 20	–
– – – andere	5608 11 80	–
– – andere:		
– – – konfektionierte Netze:		
– – – – aus Nylon oder anderen Polyamiden:		
– – – – – aus Bindfäden, Seilen oder Tauen	5608 19 11	–
– – – – – andere	5608 19 19	–
– – – – andere	5608 19 30	–
– – – andere	5608 19 90	–
– andere	5608 90 00	–
Waren aus Garnen, aus Streifen oder dergleichen der Position 5404 oder 5405, aus Bindfäden, Seilen und Tauen, anderweit weder genannt noch inbegriffen	**5609 00 00**	–

Kapitel 57

Teppiche und andere Fußbodenbeläge, aus Spinnstoffen

Anmerkungen

1. Als „Teppiche und andere Fußbodenbeläge, aus Spinnstoffen“ im Sinne des Kapitels 57 gelten Fußbodenbeläge, bei denen die Spinnstoffe die Schauseite der Ware bei deren Verwendung bilden. Hierzu gehören auch Waren, die die charakteristischen Merkmale von Fußbodenbelägen aus Spinnstoffen aufweisen, jedoch zu anderen Zwecken bestimmt sind.
2. Zu Kapitel 57 gehören nicht Teppichunterlagen.

Warenbezeichnung	Warennummer	Besondere Maßeinheit
Geknüpfte Teppiche aus Spinnstoffen, auch konfektioniert:	**5701**	
– aus Wolle oder feinen Tierhaaren:		
– – mit einem Anteil an Seide oder Schappeseide von mehr als 10 GHT	5701 10 10	m²
– – andere	5701 10 90	m²
– aus anderen Spinnstoffen:		
– – aus Seide, Schappeseide, synthetischen Chemiefasern oder metallisierten Garnen der Position 5605 oder aus Spinnstoffen und Metallfäden	5701 90 10	m²
– – aus anderen Spinnstoffen	5701 90 90	m²
Teppiche und andere Fußbodenbeläge, aus Spinnstoffen, gewebt, weder getuftet noch beflockt, auch konfektioniert, einschließlich Kelim, Sumak, Karamanie und ähnliche handgewebte Teppiche:	**5702**	
– Kelim, Sumak, Karamanie und ähnliche handgewebte Teppiche	5702 10 00	m²
– Fußbodenbeläge aus Kokosfasern	5702 20 00	m²
– andere, mit Flor, nicht konfektioniert:		
– – aus Wolle oder feinen Tierhaaren:		
– – – Axminster-Teppiche	5702 31 10	m²
– – – andere	5702 31 80	m²
– – aus synthetischen oder künstlichen Spinnstoffen	5702 32 00	m²
– – aus anderen Spinnstoffen	5702 39 00	m²
– andere, mit Flor, konfektioniert:		
– – aus Wolle oder feinen Tierhaaren:		
– – – Axminster-Teppiche	5702 41 10	m²
– – – andere	5702 41 90	m²
– – aus synthetischen oder künstlichen Spinnstoffen	5702 42 00	m²
– – aus anderen Spinnstoffen	5702 49 00	m²

	Warenbezeichnung	Warennummer	Besondere Maßeinheit
	– andere, ohne Flor, nicht konfektioniert:		
	– – aus Wolle oder feinen Tierhaaren	5702 50 10	m²
	– – aus synthetischen oder künstlichen Spinnstoffen:		
	– – – aus Polypropylen	5702 50 31	m²
	– – – andere	5702 50 39	m²
	– – aus anderen Spinnstoffen	5702 50 90	m²
	– andere, ohne Flor, konfektioniert:		
	– – aus Wolle oder feinen Tierhaaren	5702 91 00	m²
	– – aus synthetischen oder künstlichen Spinnstoffen:		
	– – – aus Polypropylen	5702 92 10	m²
	– – – andere	5702 92 90	m²
	– – aus anderen Spinnstoffen	5702 99 00	m²
●	**Teppiche und andere Fußbodenbeläge, aus Spinnstoffen (einschließlich Kunstrasen), getuftet (Nadelflor), auch konfektioniert:**	**5703**	
	– aus Wolle oder feinen Tierhaaren	5703 10 00	m²
	– aus Nylon oder anderen Polyamiden:		
●	**– – Kunstrasen**	5703 21 00	m²
	– – andere:		
	– – – bedruckt:		
●	– – – – Fliesen mit einer Oberfläche von 1 m² oder weniger	5703 29 10	m²
●	– – – – andere	5703 29 19	m²
	– – – andere:		
●	– – – – Fliesen mit einer Oberfläche von 1 m² oder weniger	5703 29 91	m²
●	– – – – andere	5703 29 99	m²
	– aus anderen synthetischen Spinnstoffen oder aus künstlichen Spinnstoffen:		
●	**– – Kunstrasen**	5703 31 00	m²
	– – andere:		
	– – – aus Polypropylen:		
●	– – – – Fliesen mit einer Oberfläche von 1 m² oder weniger	5703 39 10	m²
●	– – – – andere	5703 39 19	m²
	– – – andere:		
●	– – – – Fliesen mit einer Oberfläche von 1 m² oder weniger	5703 39 91	m²
●	– – – – andere	5703 39 99	m²
	– aus anderen Spinnstoffen:		
	– – Fliesen mit einer Oberfläche von 1 m² oder weniger	5703 90 20	m²
	– – andere	5703 90 80	m²
	Teppiche und andere Fußbodenbeläge, aus Filz, weder getuftet noch beflockt, auch konfektioniert:	**5704**	
	– Fliesen mit einer Oberfläche von 0,3 m² oder weniger	5704 10 00	m²
	– Fliesen mit einer Oberfläche von mehr als 0,3 m² bis 1 m²	5704 20 00	m²
	– andere	5704 90 00	m²
	Andere Teppiche und andere Fußbodenbeläge, aus Spinnstoffen, auch konfektioniert:	**5705**	
	– aus synthetischen oder künstlichen Spinnstoffen	5705 00 30	m²
	– aus anderen Spinnstoffen	5705 00 80	m²

Kapitel 58

Spezialgewebe; getuftete Spinnstofferzeugnisse; Spitzen; Tapisserien; Posamentierwaren; Stickereien

Anmerkungen

● 1. Zu Kapitel 58 gehören nicht die in Anmerkung 1 zu Kapitel 59 erfassten Gewebe, getränkt, bestrichen, überzogen oder laminiert, sowie die übrigen Waren des Kapitels 59.

2. Zu Position 5801 gehören auch noch nicht aufgeschnittener Schusssamt und Schussplüsch ohne Flor oder Schlingen auf der Oberfläche.

3. Als „Drehergewebe" im Sinne der Position 5803 gelten Gewebe, deren Kette ganz oder teilweise aus Stehfäden und Drehfäden besteht; die Drehfäden führen um die Stehfäden eine Halbdrehung, eine Ganzdrehung oder mehr als eine Ganzdrehung aus und bilden so Schlingen, durch die die Schussfäden hindurchlaufen.

4. Zu Position 5804 gehören nicht geknüpfte Netze, in Stücken oder als Meterware, aus Bindfäden, Seilen oder Tauen, der Position 5608.

5. Als Bänder im Sinne der Position 5806 gelten:
   a) Schmalgewebe mit Kette und Schuss (einschließlich Samt), mit einer Breite von 30 cm oder weniger, mit echten Webkanten, Streifen, aus Geweben mit Kette und Schuss geschnitten, mit einer Breite von 30 cm oder weniger, mit unechten (gewebten, geklebten oder in anderer Weise hergestellten) Webkanten;
   b) Schlauchgewebe mit Kette und Schuss, in flach gedrücktem Zustand mit einer Breite von 30 cm oder weniger;
   c) Schrägbänder mit gefalzten Rändern, in ungefalztem Zustand mit einer Breite von 30 cm oder weniger;

   Bänder mit angewebten Fransen gehören zu Position 5808.

6. Als „Stickereien" der Position 5810 gelten auch Applikationen (Aufnäh- oder Aufstickarbeiten) von Flittern, Perlen oder verzierenden Motiven aus Spinnstoffen oder anderen Stoffen sowie mit Metallfäden oder Glasfäden ausgeführte Stickarbeiten. Zu Position 5810 gehören nicht Tapisserien als Nadelarbeit (Position 5805).

● 7. Neben den Erzeugnissen der Position 5809 gehören zu diesem Kapitel auch Waren aus Metallfäden, von der zur Bekleidung, Innenausstattung oder zu ähnlichen Zwecken verwendeten Art.

Warenbezeichnung	Warennummer	Besondere Maßeinheit
Samt und Plüsch, gewebt, und Chenillegewebe, ausgenommen Waren der Position 5802 oder 5806:	**5801**	
– aus Wolle oder feinen Tierhaaren	5801 10 00	m²
– aus Baumwolle:		
– – Schusssamt und Schussplüsch, nicht aufgeschnitten	5801 21 00	m²
– – Rippenschusssamt und Rippenschussplüsch, aufgeschnitten	5801 22 00	m²
– – anderer Schusssamt und Schussplüsch	5801 23 00	m²
– – Chenillegewebe	5801 26 00	m²
– – Kettsamt und Kettplüsch	5801 27 00	m²

Warenbezeichnung	Warennummer	Besondere Maßeinheit
– aus Chemiefasern:		
– – Schusssamt und Schussplüsch, nicht aufgeschnitten	5801 31 00	m^2
– – Rippenschusssamt und Rippenschussplüsch, aufgeschnitten	5801 32 00	m^2
– – anderer Schusssamt und Schussplüsch	5801 33 00	m^2
– – Chenillegewebe	5801 36 00	m^2
– – Kettsamt und Kettplüsch	5801 37 00	m^2
– aus anderen Spinnstoffen:		
– – aus Flachs	5801 90 10	m^2
– – andere	5801 90 90	m^2
Schlingengewebe nach Art der Frottiergewebe, ausgenommen Waren der Position 5806; getuftete Spinnstofferzeugnisse, ausgenommen Erzeugnisse der Position 5703:	**5802**	
● **– Schlingengewebe nach Art der Frottiergewebe, aus Baumwolle**	5802 10 00	m^2
– Schlingengewebe nach Art der Frottiergewebe, aus anderen Spinnstoffen	5802 20 00	m^2
– getuftete Spinnstofferzeugnisse	5802 30 00	m^2
Drehergewebe, ausgenommen Waren der Position 5806:	**5803**	
– aus Baumwolle	5803 00 10	m^2
– aus Seide, Schappeseide oder Bourretteseide	5803 00 30	m^2
– andere	5803 00 90	m^2
Tülle (einschließlich Bobinetgardinenstoffe) und geknüpfte Netzstoffe; Spitzen, als Meterware, Streifen oder als Motive, ausgenommen Erzeugnisse der Positionen 6002 bis 6006:	**5804**	
– Tülle (einschließlich Bobinetgardinenstoffe) und geknüpfte Netzstoffe:		
– – ungemustert	5804 10 10	–
– – andere	5804 10 90	–
– maschinengefertigte Spitzen:		
– – aus Chemiefasern	5804 21 00	–
– – aus anderen Spinnstoffen	5804 29 00	–
– handgefertigte Spitzen	5804 30 00	–
Tapisserien, handgewebt (Gobelins, Flandrische Gobelins, Aubusson, Beauvais und ähnliche), und Tapisserien als Nadelarbeit (z. B. Petit Point, Kreuzstich), auch konfektioniert	**5805 00 00**	–
Bänder, ausgenommen Waren der Position 5807; schusslose Bänder aus parallel gelegten und geklebten Garnen oder Fasern (Bolducs):	**5806**	
– Bänder aus Samt, Plüsch, Chenillegewebe oder aus Schlingengewebe nach Art der Frottiergewebe	5806 10 00	–
– andere Bänder, mit einem Anteil an Elastomergarnen oder Kautschukfäden von 5 GHT oder mehr	5806 20 00	–

Warenbezeichnung	Warennummer	Besondere Maßeinheit
– andere Bänder:		
– – aus Baumwolle	5806 31 00	–
– – aus Chemiefasern:		
– – – mit echten Webkanten	5806 32 10	–
– – – andere	5806 32 90	–
– – aus anderen Spinnstoffen	5806 39 00	–
– schusslose Bänder aus parallel gelegten und geklebten Garnen oder Fasern (Bolducs)	5806 40 00	–
Etiketten, Abzeichen und ähnliche Waren, aus Spinnstoffen, als Meterware, Streifen oder zugeschnitten, nicht bestickt:	**5807**	
– gewebt:		
– – mit eingewebten Inschriften oder Motiven	5807 10 10	–
– – andere	5807 10 90	–
– andere:		
– – aus Filz oder aus Vliesstoffen	5807 90 10	–
– – andere	5807 90 90	–
Geflechte als Meterware; Posamentierwaren und ähnliche Zierwaren, als Meterware, ohne Stickerei, andere als solche aus Gewirken oder Gestricken; Quasten, Troddeln, Oliven, Nüsse, Pompons und ähnliche Waren:	**5808**	
– Geflechte als Meterware	5808 10 00	–
– andere	5808 90 00	–
Gewebe aus Metallfäden und Gewebe aus Metallgarnen oder aus metallisierten Garnen der Position 5605, von der zur Bekleidung, Innenausstattung oder zu ähnlichen Zwecken verwendeten Art, anderweit weder genannt noch inbegriffen	**5809 00 00**	–
Stickereien als Meterware, Streifen oder als Motive:	**5810**	
– Ätzstickereien und Stickereien mit herausgeschnittenem Grund:		
– – mit einem Wert von mehr als 35 € je kg Eigengewicht	5810 10 10	–
– – andere	5810 10 90	–
– andere Stickereien:		
– – aus Baumwolle:		
– – – mit einem Wert von mehr als 17,50 € je kg Eigengewicht	5810 91 10	–
– – – andere	5810 91 90	–
– – aus Chemiefasern:		
– – – mit einem Wert von mehr als 17,50 € je kg Eigengewicht	5810 92 10	–
– – – andere	5810 92 90	–
– – aus anderen Spinnstoffen:		
– – – mit einem Wert von mehr als 17,50 € je kg Eigengewicht	5810 99 10	–
– – – andere	5810 99 90	–
Wattierte Spinnstofferzeugnisse als Meterware, aus einer oder mehreren Spinnstofflagen, mit Wattierungsstoff verbunden, durch Steppen oder auf andere Weise abgeteilt, ausgenommen Stickereien der Position 5810	**5811 00 00**	m^2

Kapitel 59

Getränkte, bestrichene, überzogene oder laminierte Gewebe; Waren des technischen Bedarfs, aus Spinnstoffen

Anmerkungen

1. Als „Gewebe“ im Sinne des Kapitels 59 gelten, wenn nichts anderes bestimmt ist, die Gewebe der Kapitel 50 bis 55 und der Positionen 5803 und 5806, Geflechte, Posamentierwaren und ähnliche Zierwaren, als Meterware, der Position 5808 sowie Gewirke und Gestricke der Positionen 6002 bis 6006.
2. Zu Position 5903 gehören:
   - ● a) Gewebe, mit Kunststoff getränkt, bestrichen, überzogen oder laminiert, ohne Rücksicht auf das Quadratmetergewicht und die Beschaffenheit des Kunststoffs (fest oder zellförmig), ausgenommen:
     1) Gewebe, bei denen das Tränken, Bestreichen oder Überziehen mit bloßem Auge nicht wahrnehmbar ist (im Allgemeinen Kapitel 50 bis 55, 58 oder 60); dabei bleiben Veränderungen der Farbe, die hierdurch hervorgerufen sind, außer Betracht;
     2) Erzeugnisse, die von Hand bei einer Temperatur zwischen 15 und 30 °C nicht auf einen Dorn von 7 mm Durchmesser aufgerollt werden können, ohne rissig zu werden (im Allgemeinen Kapitel 39);
     3) Erzeugnisse, bei denen das Gewebe entweder ganz in Kunststoff eingebettet ist oder auf beiden Seiten vollständig mit Kunststoff bestrichen oder überzogen ist, vorausgesetzt, dass das Bestreichen oder Überziehen mit bloßem Auge wahrnehmbar ist; dabei bleiben Veränderungen der Farbe, die hierdurch hervorgerufen sind, außer Betracht (Kapitel 39);
     4) Gewebe, die mit Kunststoff teilweise bestrichen oder überzogen sind und durch diese Behandlung Muster aufweisen (im Allgemeinen Kapitel 50 bis 55, 58 oder 60);
     5) Platten, Folien oder Streifen aus Zellkunststoff, in Verbindung mit Geweben, sofern die Gewebe nur der Verstärkung dienen (Kapitel 39);
     6) Spinnstofferzeugnisse der Position 5811;
   - b) Gewebe aus Garnen, Streifen oder dergleichen, mit Kunststoff getränkt, bestrichen, überzogen oder umhüllt, der Position 5604.
3. ● Als „laminierte Gewebe“ im Sinne der Position 5903 gelten Waren, die durch Zusammenfügen einer oder mehrerer Lagen aus Gewebe und einer oder mehrerer Folien oder eines oder mehrerer Filme aus Kunststoff durch ein beliebiges Verfahren, das die Lagen miteinander verbindet, hergestellt werden, unabhängig davon, ob die Kunststofffolien oder -filme im Querschnitt mit bloßem Auge zu erkennen sind.
4. Als „Wandverkleidungen aus Spinnstoffen“ im Sinne der Position 5905 gelten zum Ausschmücken von Wänden oder Decken geeignete Erzeugnisse in Rollen, mit einer Breite von 45 cm oder mehr, mit einer Oberfläche aus Spinnstoffen, die entweder auf eine Unterlage aufgebracht oder - bei fehlender Unterlage - auf der Rückseite behandelt sind (getränkt oder bestrichen, um ein Ankleben zu ermöglichen).

   Zu dieser Position gehören jedoch nicht Wandverkleidungen, bei denen Scherstaub unmittelbar aufgebracht worden ist auf eine Papierunterlage (Position 4814) oder auf eine Spinnstoffunterlage (im Allgemeinen Position 5907).
5. Als „kautschutierte Gewebe“ im Sinne der Position 5906 gelten:
   - ● a) mit Kautschuk getränkte, bestrichene, überzogene oder laminierte Gewebe,
     - mit einem Quadratmetergewicht von 1 500 g oder weniger; oder
     - mit einem Quadratmetergewicht von mehr als 1 500 g und einem Anteil an Spinnstoffen von mehr als 50 GHT;
   - b) Gewebe aus Garnen, Streifen oder dergleichen, mit Kautschuk getränkt, bestrichen, überzogen oder umhüllt, der Position 5604;

c) Flächenerzeugnisse aus parallel liegenden und miteinander durch Kautschuk verklebten Garnen aus Spinnstoffen.

Zu dieser Position gehören jedoch nicht Platten, Blätter oder Streifen aus Zellkautschuk in Verbindung mit Geweben, sofern die Gewebe nur der Verstärkung dienen (Kapitel 40), und Spinnstofferzeugnisse der Position 5811.

6. Zu Position 5907 gehören nicht:
   a) Gewebe, bei denen das Tränken, Bestreichen oder Überziehen mit bloßem Auge nicht wahrnehmbar ist (im allgemeinen Kapitel 50 bis 55, 58 oder 60); dabei bleiben Veränderungen der Farbe, die hierdurch hervorgerufen sind, außer Betracht;
   b) bemalte Gewebe (andere als bemalte Gewebe für Theaterdekorationen, Atelierhintergründe und dergleichen);
   c) Gewebe, die mit Scherstaub, Korkmehl oder dergleichen teilweise überzogen sind und durch diese Behandlung Muster aufweisen; jedoch bleiben Nachahmungen von Samt in dieser Position;
   d) Gewebe, mit den üblichen Schlussappreturen auf der Grundlage von stärkehaltigen oder ähnlichen Stoffen ausgerüstet;
   e) Furnierblätter auf einer Unterlage aus Gewebe (Position 4408);
   f) natürlich oder künstliche Schleifmittel, in Pulver- oder Körnerform, auf einer Unterlage aus Gewebe (Position 6805);
   g) agglomerierter oder rekonstituierter Glimmer auf einer Unterlage aus Gewebe (Position 6814);
   h) dünne Bänder und Folien, aus Metall, auf einer Unterlage aus Gewebe (im Allgemeinen Abschnitt XIV oder XV).
7. Zu Position 5910 gehören nicht:
   a) Förderbänder und Treibriemen, aus Spinnstoffen, mit einer Dicke von weniger als 3 mm, als Meterware oder in Längen geschnitten;
   - ● b) Förderbänder und Treibriemen, aus Geweben, mit Kautschuk getränkt, bestrichen, überzogen oder laminiert, sowie Förderbänder und Treibriemen, aus mit Kautschuk getränkten, bestrichenen, überzogenen oder umhüllten Spinnstoffgarnen oder -bindfäden (Position 4010).
8. Zu Position 5911, und nicht zu anderen Positionen des Abschnitts XI, gehören die folgenden Waren:
   - ● a) Die nachstehend erschöpfend aufgeführten Erzeugnisse aus Spinnstoffen, als Meterware, auf Länge geschnitten oder nur quadratisch oder rechteckig zugeschnitten (ausgenommen Waren der Positionen 5908 bis 5910):
     - Gewebe, Filze oder mit Filz belegte Gewebe, mit Kautschuk, Leder oder anderen Stoffen bestrichen, überzogen oder laminiert, von der zum Herstellen von Kratzengarnituren verwendeten Art, sowie ähnliche Erzeugnisse zu anderen technischen Zwecken, einschließlich Bänder aus mit Kautschuk getränktem Samt zum Überziehen von Kett- oder Warenbäumen;
     - Müllergaze;
     - Filter- oder Presstücher, von der zum Pressen von Öl oder zu ähnlichen technischen Zwecken verwendeten Art, aus Spinnstoffen oder Menschenhaaren;
     - Gewebe, auch verfilzt, auch getränkt oder bestrichen, von der auf Maschinen oder zu anderen technischen Zwecken verwendeten Art, flach gewebt, mit mehrfacher Kette oder mehrfachem Schuss;
     - Gewebe mit Metalleinlagen, von der zu technischen Zwecken verwendeten Art;
     - Schnüre, Seile, Geflechte und ähnliche Spinnstofferzeugnisse, von der zu technischen Zwecken als Schmier- oder Dichtungsmaterial verwendeten Art, auch getränkt, bestrichen oder mit Metalleinlagen;
   - b) Waren des technischen Bedarfs, aus Spinnstoffen (ausgenommen Waren der Positionen 5908 bis 5910)

     (z. B. Gewebe und Filze, endlos oder mit Verbindungsvorrichtungen, von der auf Papiermaschinen oder ähnlichen Maschinen verwendeten Art [z. B. zum Herstellen von Halbstoff oder Asbestzement], Polierscheiben, Dichtungen, Unterlegscheiben und andere Teile von Maschinen oder Apparaten).

Warenbezeichnung	Warennummer	Besondere Maßeinheit
Gewebe, mit Leim oder stärkehaltigen Stoffen bestrichen, von der zum Einbinden von Büchern, zum Herstellen von Futteralen, Kartonagen oder zu ähnlichen Zwecken verwendeten Art; Pausleinwand; präparierte Malleinwand; Bougram und ähnliche steife Gewebe, von der für die Hutmacherei verwendeten Art:	**5901**	
– Gewebe, mit Leim oder stärkehaltigen Stoffen bestrichen, von der zum Einbinden von Büchern, zum Herstellen von Futteralen, Kartonagen oder zu ähnlichen Zwecken verwendeten Art	5901 10 00	m^2
– andere	5901 90 00	m^2
Reifencordgewebe aus hochfesten Garnen aus Nylon oder anderen Polyamiden, Polyestern oder Viskose:	**5902**	
– aus Nylon oder anderen Polyamiden:		
– – mit Kautschuk getränkt	5902 10 10	m^2
– – andere	5902 10 90	m^2
– aus Polyestern:		
– – mit Kautschuk getränkt	5902 20 10	m^2
– – andere	5902 20 90	m^2
– andere:		
– – mit Kautschuk getränkt	5902 90 10	m^2
– – andere	5902 90 90	m^2
Gewebe, mit Kunststoff getränkt, bestrichen, überzogen oder laminiert, andere als solche der Position 5902:	**5903**	
– mit Poly(vinylchlorid):		
– – getränkt	5903 10 10	m^2
– – bestrichen, überzogen oder laminiert	5903 10 90	m^2
– mit Polyurethan:		
– – getränkt	5903 20 10	m^2
– – bestrichen, überzogen oder laminiert	5903 20 90	m^2
– andere:		
– – getränkt	5903 90 10	m^2
– – bestrichen, überzogen oder laminiert:		
– – – mit Cellulosederivaten oder anderem Kunststoff, mit Schauseite aus Spinnstoffen	5903 90 91	m^2
– – – andere	5903 90 99	m^2
Linoleum, auch zugeschnitten; Fußbodenbeläge, aus einer Spinnstoffunterlage mit einer Deckschicht oder einem Überzug bestehend, auch zugeschnitten:	**5904**	
– Linoleum	5904 10 00	m^2
– andere	5904 90 00	m^2
Wandverkleidungen aus Spinnstoffen:	**5905**	
– aus parallel auf eine Unterlage aufgebrachten Garnen bestehend	5905 00 10	–
– andere:		
– – aus Flachs	5905 00 30	–
– – aus Jute	5905 00 50	–
– – aus Chemiefasern	5905 00 70	–
– – andere	5905 00 90	–

Warenbezeichnung	Warennummer	Besondere Maßeinheit
Kautschutierte Gewebe, andere als solche der Position 5902:	**5906**	
– Klebebänder, mit einer Breite von 20 cm oder weniger	5906 10 00	–
– andere:		
– – aus Gewirken oder Gestricken	5906 91 00	–
– – andere:		
● – – – gewebeähnliche Erzeugnisse im Sinne der Anmerkung 5 c) zu diesem Kapitel	5906 99 10	–
– – – andere	5906 99 90	–
Andere Gewebe, getränkt, bestrichen oder überzogen; bemalte Gewebe für Theaterdekorationen, Atelierhintergründe oder dergleichen	**5907 00 00**	m2
Dochte, gewebt, geflochten, gewirkt oder gestrickt, aus Spinnstoffen, für Lampen, Kocher, Feuerzeuge, Kerzen oder dergleichen; Glühstrümpfe und schlauchförmige Gewirke oder Gestricke für Glühstrümpfe, auch getränkt	**5908 00 00**	–
Pumpenschläuche und ähnliche Schläuche, aus Spinnstoffen, auch mit Armaturen oder Zubehör aus anderen Stoffen:	**5909**	
– aus synthetischen Chemiefasern	5909 00 10	–
– aus anderen Spinnstoffen	5909 00 90	–
● **Förderbänder und Treibriemen, aus Spinnstoffen, auch mit Kunststoff getränkt, bestrichen, überzogen oder laminiert oder mit Metall oder anderen Stoffen verstärkt**	**5910 00 00**	–
● **Erzeugnisse und Waren des technischen Bedarfs, aus Spinnstoffen, aufgeführt in Anmerkung 8 zu diesem Kapitel:**	**5911**	
● – Gewebe, Filze oder mit Filz belegte Gewebe, mit Kautschuk, Leder oder anderen Stoffen bestrichen, überzogen oder laminiert, von der zum Herstellen von Kratzengarnituren verwendeten Art, sowie ähnliche Erzeugnisse zu anderen technischen Zwecken, einschließlich Bänder aus mit Kautschuk getränktem Samt zum Überziehen von Kett- oder Warenbäumen	5911 10 00	–
– Müllergaze, auch konfektioniert	5911 20 00	–
– Gewebe und Filze, endlos oder mit Verbindungsvorrichtungen, von der auf Papiermaschinen oder ähnlichen Maschinen verwendeten Art (z. B. zum Herstellen von Halbstoff oder Asbestzement):		
– – mit einem Quadratmetergewicht von weniger als 650 g:		
– – – aus Seide oder Chemiefasern:		
– – – – Gewebe von der auf Papiermaschinen verwendeten Art (z. B. Formiersiebe)	5911 31 11	m2
– – – – andere	5911 31 19	–
– – – aus anderen Spinnstoffen	5911 31 90	–
– – mit einem Quadratmetergewicht von 650 g oder mehr:		
– – – aus Seide oder Chemiefasern:		
– – – – Gewebe mit einer mittels Vernadelung aufgebrachten Faserauflage, von der auf Papiermaschinen verwendeten Art (z. B. Pressfilze)	5911 32 11	m2
– – – – andere	5911 32 19	m2
– – – aus anderen Spinnstoffen	5911 32 90	–

Warenbezeichnung	Warennummer	Besondere Maßeinheit
■ **– Filter- oder Presstücher, von der zum Pressen von Öl oder zu ähnlichen technischen Zwecken verwendeten Art, auch aus Menschenhaaren**	5911 40 00	–
– andere:		
– – aus Filz	5911 90 10	–
– – andere:		
– – – selbstklebende, runde Polierscheiben von der für die Herstellung von Halbleiterscheiben (wafers) verwendeten Art	5911 90 91	–
– – – andere	5911 90 99	–

Kapitel 60

Gewirke und Gestricke

Anmerkungen

1. Zu Kapitel 60 gehören nicht:
   a) Häkelspitzen der Position 5804;
   b) Etiketten, Abzeichen und ähnliche Waren, aus Gewirken oder Gestricken der Position 5807;
   c) Gewirke oder Gestricke, getränkt, bestrichen, überzogen oder laminiert, des Kapitels 59. Jedoch gehören Samt und Plüsch, gewirkt oder gestrickt, Schlingengewirke und Schlingengestricke, getränkt, bestrichen, überzogen oder laminiert, zu Position 6001.
2. Zu Kapitel 60 gehören auch Gewirke und Gestricke aus Metallfäden, von der zur Herstellung von Bekleidung, Innenausstattungen oder zu ähnlichen Zwecken verwendeten Art.
3. Als „Gewirke" im Sinne des Warenverzeichnisses gelten auch nähgewirkte Waren, bei denen die Maschen aus Spinnstoffgarnen gebildet werden.

Unterpositions-Anmerkung

1. Zu Unterposition 6005 35 gehören Gewirke aus Polyethylenmonofilamenten oder aus Polyestermultifilamenten mit einem Gewicht von nicht weniger als 30 g/m2 und nicht mehr als 55 g/m2, mit einer Maschengröße von nicht weniger als 20 Maschen/cm2 und nicht mehr als 100 Maschen/cm2 und die mit Alpha- Cypermethrin (ISO), Chlorfenapyr (ISO), Deltamethrin (INN, ISO), Lambdacyhalothrin (ISO), Permethrin (ISO) oder Pirimiphosmethyl (ISO) getränkt oder überzogen sind.

Warenbezeichnung	Warennummer	Besondere Maßeinheit
Samt, Plüsch (einschließlich „Hochflorerzeugnisse"), gewirkt oder gestrickt, Schlingengewirke und Schlingengestricke:	**6001**	
– „Hochflorerzeugnisse"	6001 10 00	–
– Schlingengewirke und Schlingengestricke:		
– – aus Baumwolle	6001 21 00	–
– – aus Chemiefasern	6001 22 00	–
– – aus anderen Spinnstoffen	6001 29 00	–
– andere:		
– – aus Baumwolle	6001 91 00	–
– – aus Chemiefasern	6001 92 00	–
– – aus anderen Spinnstoffen	6001 99 00	–
Gewirke und Gestricke mit einer Breite von 30 cm oder weniger und mit einem Anteil an Elastomergarnen oder Kautschukfäden von 5 GHT oder mehr, andere als solche der Position 6001:	**6002**	
– mit einem Anteil an Elastomergarnen von 5 GHT oder mehr, jedoch keine Kautschukfäden enthaltend	6002 40 00	–
– andere	6002 90 00	–

Warenbezeichnung	Warennummer	Besondere Maßeinheit
Gewirke und Gestricke mit einer Breite von 30 cm oder weniger, andere als solche der Positionen 6001 und 6002:	**6003**	
– aus Wolle oder feinen Tierhaaren	6003 10 00	–
– aus Baumwolle	6003 20 00	–
– aus synthetischen Chemiefasern:		
– – Raschelspitzen	6003 30 10	–
– – andere	6003 30 90	–
– aus künstlichen Chemiefasern	6003 40 00	–
– andere	6003 90 00	–
Gewirke und Gestricke mit einer Breite von mehr als 30 cm und mit einem Anteil an Elastomergarnen oder Kautschukfäden von 5 GHT oder mehr, andere als solche der Position 6001:	**6004**	
– mit einem Anteil an Elastomergarnen von 5 GHT oder mehr, jedoch keine Kautschukfäden enthaltend	6004 10 00	–
– andere	6004 90 00	–
Kettengewirke (einschließlich solcher, die auf Häkelgalonmaschinen hergestellt sind), andere als solche der Positionen 6001 bis 6004:	**6005**	
– aus Baumwolle:		
– – roh oder gebleicht	6005 21 00	–
– – gefärbt	6005 22 00	–
– – buntgewirkt	6005 23 00	–
– – bedruckt	6005 24 00	–
– aus synthetischen Chemiefasern:		
– – Gewirke im Sinne der Unterpositions-Anmerkung 1 zu diesem Kapitel	6005 35 00	–
– – andere, roh oder gebleicht	6005 36 00	–
– – andere, gefärbt	6005 37 00	–
– – andere, aus verschiedenfarbigen Garnen	6005 38 00	–
– – andere, bedruckt	6005 39 00	–
– aus künstlichen Chemiefasern:		
– – roh oder gebleicht	6005 41 00	–
– – gefärbt	6005 42 00	–
– – buntgewirkt	6005 43 00	–
– – bedruckt	6005 44 00	–
– andere:		
– – aus Wolle oder feinen Tierhaaren	6005 90 10	–
– – andere	6005 90 90	–

Warenbezeichnung	Warennummer	Besondere Maßeinheit
Andere Gewirke und Gestricke:	**6006**	
– aus Wolle oder feinen Tierhaaren	6006 10 00	–
– aus Baumwolle:		
– – roh oder gebleicht	6006 21 00	–
– – gefärbt	6006 22 00	–
– – buntgewirkt	6006 23 00	–
– – bedruckt	6006 24 00	–
– aus synthetischen Chemiefasern:		
– – roh oder gebleicht	6006 31 00	–
– – gefärbt	6006 32 00	–
– – buntgewirkt	6006 33 00	–
– – bedruckt	6006 34 00	–
– aus künstlichen Chemiefasern:		
– – roh oder gebleicht	6006 41 00	–
– – gefärbt	6006 42 00	–
– – buntgewirkt	6006 43 00	–
– – bedruckt	6006 44 00	–
– andere	6006 90 00	–

Kapitel 61

Kleidung und Bekleidungszubehör, aus Gewirken oder Gestricken

Anmerkungen

1. Zu Kapitel 61 gehören nur konfektionierte Waren aus Gewirken oder Gestricken.
2. Zu Kapitel 61 gehören nicht:
   a) Waren der Position 6212;
   b) Altwaren der Position 6309;
   c) orthopädische Apparate und andere orthopädische Vorrichtungen, z. B. Bruchbänder, medizinisch-chirurgische Gürtel (Position 9021).
3. Im Sinne der Positionen 6103 und 6104 gilt:
   a) Die Begriffe „Anzüge“ und „Kostüme“ beziehen sich auf eine Zusammenstellung von Kleidungsstücken, die aus zwei oder drei hinsichtlich ihrer Schauseite aus dem gleichen Flächenerzeugnis hergestellten Teilen besteht und sich zusammensetzt aus:
      – einer einzigen Jacke zum Bedecken des Oberkörpers, deren Außenseite, ohne Ärmel, aus vier oder mehr Teilen (Bahnen) zusammengesetzt ist, möglicherweise um eine geschneiderte Weste ergänzt, deren Vorderseite aus dem gleichen Flächenerzeugnis wie die Schauseite der anderen Teile der Zusammenstellung und deren Rückseite aus dem gleichen Flächenerzeugnis wie der Futterstoff der Jacke hergestellt ist, und
      – einem einzigen Kleidungsstück zum Bedecken des Unterkörpers, nämlich einer langen Hose, einer Kniebundhose oder ähnlichen Hose, einer kurzen Hose (ausgenommen Badehose), einem Rock oder einem Hosenrock, alle diese ohne Träger oder Latz.

   Alle Teile eines „Anzugs“ oder „Kostüms“ müssen aus einem Flächenerzeugnis gleicher Struktur, gleicher Farbe und gleicher stofflicher Zusammensetzung sein; sie müssen auch von gleichem Stil und gleicher oder einander entsprechender Größe sein. Diese Teile dürfen jedoch eine Biese oder Paspel aus einem anderen Flächenerzeugnis aufweisen (ein in die Naht eingenähter Besatz).

   Wenn mehrere zum Bedecken des Unterkörpers bestimmte Kleidungsstücke gemeinsam vorliegen (z. B. eine lange und eine kurze Hose oder zwei lange Hosen, oder ein Rock oder Hosenrock und eine lange Hose), gilt als wesentliches zum Bedecken des Unterkörpers bestimmtes Kleidungsstück des „Anzugs“ eine lange Hose, oder, im Falle des „Kostüms“, der Rock oder Hosenrock; die anderen Kleidungsstücke sind getrennt einzureihen.

   Der Begriff „Anzug“ umfasst, auch wenn nicht alle vorstehenden Bedingungen erfüllt sind, auch folgende Zusammenstellungen von Kleidungsstücken:
      – Cut, bestehend aus einem einfarbigen Sakko mit hinten weit herabhängenden, abgerundeten Schößen und einer längsgestreiften Hose;
      – Frack, gewöhnlich in schwarz, dessen Jacke vorn verhältnismäßig kurz ist, stets offen getragen wird und schmale, auf der Hüfte angesetzte Schöße aufweist, die hinten herabhängen;
      – Smoking, dessen Jacke im Schnitt einem gewöhnlichen Sakko ähnlich ist (vorn aber auch mit einem größeren Ausschnitt versehen), die aber glänzende Revers aus Seide oder Seidenimitation aufweist.

   b) Der Begriff „Kombination“ bezieht sich auf eine Zusammenstellung von Kleidungsstücken (ausgenommen „Anzüge“, „Kostüme“ und Zusammenstellungen ganz oder zum Teil aus Waren der Position 6107, 6108 oder 6109), die aus mehreren, aus dem gleichen Flächenerzeugnis hergestellten Teilen besteht, für den Einzelverkauf aufgemacht ist und sich zusammensetzt aus:
      – einem einzigen Kleidungsstück zum Bedecken des Oberkörpers; als zweites Oberteil ist ein Pullover, wenn er mit dem ersten Kleidungsstück ein Twinset bildet, oder eine Weste zulässig, und

- einem oder zwei verschiedenen Kleidungsstücken zum Bedecken des Unterkörpers: entweder eine lange Hose, eine Latzhose, eine Kniebundhose oder ähnliche Hose, eine kurze Hose (ausgenommen Badehose), einen Rock oder einen Hosenrock.

Alle Teile einer Kombination müssen von gleicher Struktur, gleichem Stil, gleicher Farbe und gleicher stofflicher Zusammensetzung sein; sie müssen sich in der Größe gleichen oder entsprechen. Der Begriff „Kombination" umfasst nicht Trainingsanzüge und Skianzüge der Position 6112.

4. Zu den Positionen 6105 und 6106 gehören nicht Kleidungsstücke mit Taschen unterhalb der Taille, mit einem gerippten Bund oder einem anderen verengenden Abschluss am unteren Ende, sowie Kleidungsstücke, die, gezählt auf einer Fläche von 10 x 10 cm oder mehr, in jeder Richtung durchschnittlich weniger als 10 Maschen je linearen Zentimeter aufweisen. Zu Position 6105 gehören nicht ärmellose Kleidungsstücke.

● „Hemden", und „Hemdblusen" sind Kleidungsstücke zum Bedecken des Oberkörpers, mit langen oder kurzen Ärmeln und einer durchgehenden oder teilweisen, vom Halsausschnitt ausgehenden Öffnung. „Blusen" sind weit geschnittene Kleidungsstücke, die ebenfalls den Oberkörper bedecken, auch ärmellos, auch mit Öffnung am Halsausschnitt. „Hemden", „Hemdblusen" und „Blusen" können auch einen Kragen haben.

5. Zu Position 6109 gehören nicht Kleidungsstücke mit einer Zugkordel, einem gerippten Bund oder einem anderen verengenden Abschluss am unteren Ende des Kleidungsstücks.

6. Im Sinne der Position 6111 gilt Folgendes:

   a) Der Begriff „Kleidung und Bekleidungszubehör für Kleinkinder" umfasst Waren für Kleinkinder mit einer Körpergröße von 86 cm oder weniger;

   b) Waren, für die sowohl die Position 6111 als auch andere Positionen des Kapitels 61 in Betracht kommen, gehören zu Position 6111.

7. Als „Skianzüge" im Sinne der Position 6112 gelten Kleidungsstücke oder Zusammenstellungen von Kleidungsstücken, die aufgrund ihres allgemeinen Aussehens und ihrer Beschaffenheit erkennen lassen, dass sie hauptsächlich beim Skisport (Alpinskilauf oder Skilanglauf) getragen werden. Sie bestehen:

   a) entweder aus einem „Ski-Overall", d. h. einem einteiligen Kleidungsstück zum Bedecken des Ober- und Unterkörpers; zusätzlich zu den Ärmeln und einem Kragen kann der Ski-Overall Taschen und Fußstege haben;

   b) oder aus einer „Skikombination", d. h. einer Zusammenstellung von zwei oder drei Kleidungsstücken, die für den Einzelverkauf aufgemacht ist und umfasst:

      - ein einziges Kleidungsstück in der Art eines Anoraks, einer Windjacke, eines Blousons oder einer ähnlichen Ware, mit einem Reißverschluss versehen, auch um eine Weste ergänzt, und
      - eine einzige lange Hose, die über die Taille hinausreichen kann, oder eine einzige Kniebundhose oder ähnliche Hose oder eine einzige Latzhose.

   Die „Skikombination" kann auch aus einem Overall der in Buchstabe a beschriebenen Art und aus einer Art wattierter ärmelloser Jacke, die über dem Overall getragen wird, bestehen.

   Alle Kleidungsstücke einer „Skikombination" müssen von gleicher Struktur, gleichem Stil, gleicher stofflicher Zusammensetzung, jedoch nicht von gleicher Farbe sein; sie müssen sich in der Größe gleichen oder entsprechen.

8. Kleidung, für die sowohl die Position 6113 als auch andere Positionen des Kapitels 61, ausgenommen Position 6111, in Betracht kommen, gehört zu Position 6113.

9. Kleidungsstücke dieses Kapitels, die vorn einen Verschluss „links über rechts" aufweisen, gelten als Männer- oder Knabenkleidung, und solche, die vorn einen Verschluss „rechts über links" aufweisen, als Frauen- oder Mädchenkleidung. Diese Bestimmungen werden nicht angewendet, wenn der Schnitt eines Kleidungsstücks klar erkennen lässt, dass es für das eine oder für das andere Geschlecht bestimmt ist.

   Kleidungsstücke, die nicht als Männer- oder Knabenkleidung oder als Frauen- oder Mädchenkleidung erkennbar sind, werden als Frauen- oder Mädchenkleidung eingereiht.

10. Waren des Kapitels 61 können aus Metallfäden hergestellt sein.

Zusätzliche Anmerkungen

1. Für die Anwendung der Anmerkung 3 b) zu diesem Kapitel müssen die Kleidungsstücke einer Kombination, abgesehen von den sonstigen in vorbezeichneter Anmerkung genannten Bedingungen, vollständig aus ein und demselben Flächenerzeugnis hergestellt sein.

   Hierbei

   - kann das verwendete Flächenerzeugnis roh, gebleicht, gefärbt, buntgewirkt, buntgestrickt oder bedruckt sein,
   - ist ein Pullover oder eine Weste auch dann als Bestandteil einer Kombination zugelassen, wenn diese Kleidungsstücke Bündchen aufweisen, das zum Bedecken des Unterkörpers bestimmte Kleidungsstück aber nicht, vorausgesetzt, die Bündchen sind nicht angenäht, sondern unmittelbar im Wirk- oder Strickvorgang entstanden.

   Nicht als Kombination gelten Zusammenstellungen von Kleidungsstücken, wenn die Kleidungsstücke aus verschiedenen Flächenerzeugnissen hergestellt sind, selbst wenn diese Verschiedenheit sich nur aus ihren jeweiligen Farben ergibt.

   Alle Kleidungsstücke einer Kombination müssen zusammen als eine selbstständige Einheit für den Einzelverkauf aufgemacht sein. Getrennte Unterverpackung oder getrennte Etikettierung einer solchen Einheit beeinflussen nicht ihre Einreihung als Kombination.

2. Der Begriff „Unterhemden" im Sinne der Position 6109 schließt Kleidungsstücke ein, die auch modisch gestaltet sein können und unmittelbar auf der Haut getragen werden, ohne Kragen, mit oder ohne Ärmel, einschließlich solche mit Trägern.

   Diese Kleidungsstücke, die den Oberkörper bedecken, haben mit den T-Shirts oder anderen mehr herkömmlichen Typen von Unterhemden meistens mehrere charakteristische Merkmale gemeinsam.

3. Zu Position 6111 oder zu den Warennummern 6116 10 20 bzw. 6116 10 80 gehören mit Kautschuk oder Kunststoff getränkte, bestrichene oder überzogene Fingerhandschuhe, Handschuhe ohne Fingerspitzen und Fausthandschuhe unabhängig davon:

   - ob sie aus Kunststoff oder Kautschuk getränkten, bestrichenen oder überzogenen Gewirken oder Gestricken der Position 5903 oder 5906 konfektioniert sind oder
   - aus nicht getränkten, bestrichenen oder überzogenen Gewirken oder Gestricken konfektioniert und anschließend mit Kunststoff oder Kautschuk getränkt, bestrichen oder überzogen worden sind.

- In die Kapitel 39 bzw. 40 gehören mit Zellkautschuk oder Zellkunststoff getränkte, bestrichene oder überzogene Fingerhandschuhe, Handschuhe ohne Fingerspitzen und Fausthandschuhe, auch wenn sie aus nicht getränkten, bestrichenen oder überzogenen Gewirken oder Gestricken konfektioniert und anschließend mit Zellkunststoff oder Zellkautschuk getränkt, bestrichen oder überzogen worden sind, sofern die Gewirke oder Gestricke nur der Verstärkung dienen (Anmerkung 2 a) Ziffer 5 und Anmerkung 5 letzter Absatz zu Kapitel 59).

Warenbezeichnung	Warennummer	Besondere Maßeinheit
Mäntel (einschließlich Kurzmäntel), Umhänge, Anoraks, Windjacken, Blousons und ähnliche Waren, aus Gewirken oder Gestricken, für Männer oder Knaben, ausgenommen Waren der Position 6103:	**6101**	
– aus Baumwolle:		
– – Mäntel (einschließlich Kurzmäntel), Umhänge und ähnliche Waren	6101 20 10	St
– – Anoraks, Windjacken, Blousons und ähnliche Waren	6101 20 90	St
– aus Chemiefasern:		
– – Mäntel (einschließlich Kurzmäntel), Umhänge und ähnliche Waren	6101 30 10	St
– – Anoraks, Windjacken, Blousons und ähnliche Waren	6101 30 90	St
– aus anderen Spinnstoffen:		
– – Mäntel (einschließlich Kurzmäntel), Umhänge und ähnliche Waren	6101 90 20	St
– – Anoraks, Windjacken, Blousons und ähnliche Waren	6101 90 80	St
Mäntel (einschließlich Kurzmäntel), Umhänge, Anoraks, Windjacken, Blousons und ähnliche Waren, aus Gewirken oder Gestricken, für Frauen oder Mädchen, ausgenommen Waren der Position 6104:	**6102**	
– aus Wolle oder feinen Tierhaaren:		
– – Mäntel (einschließlich Kurzmäntel), Umhänge und ähnliche Waren	6102 10 10	St
– – Anoraks, Windjacken, Blousons und ähnliche Waren	6102 10 90	St
– aus Baumwolle:		
– – Mäntel (einschließlich Kurzmäntel), Umhänge und ähnliche Waren	6102 20 10	St
– – Anoraks, Windjacken, Blousons und ähnliche Waren	6102 20 90	St
– aus Chemiefasern:		
– – Mäntel (einschließlich Kurzmäntel), Umhänge und ähnliche Waren	6102 30 10	St
– – Anoraks, Windjacken, Blousons und ähnliche Waren	6102 30 90	St
– aus anderen Spinnstoffen:		
– – Mäntel (einschließlich Kurzmäntel), Umhänge und ähnliche Waren	6102 90 10	St
– – Anoraks, Windjacken, Blousons und ähnliche Waren	6102 90 90	St
Anzüge, Kombinationen, Jacken, lange Hosen (einschließlich Kniebundhosen und ähnliche Hosen), Latzhosen und kurze Hosen (ausgenommen Badehosen), aus Gewirken oder Gestricken, für Männer oder Knaben:	**6103**	
– Anzüge:		
– – aus Wolle oder feinen Tierhaaren	6103 10 10	St
– – aus anderen Spinnstoffen	6103 10 90	St
– Kombinationen:		
– – aus Baumwolle	6103 22 00	St
– – aus synthetischen Chemiefasern	6103 23 00	St
– – aus anderen Spinnstoffen	6103 29 00	St
– Jacken:		
– – aus Wolle oder feinen Tierhaaren	6103 31 00	St
– – aus Baumwolle	6103 32 00	St
– – aus synthetischen Chemiefasern	6103 33 00	St
– – aus anderen Spinnstoffen	6103 39 00	St
– lange Hosen (einschließlich Kniebundhosen und ähnliche Hosen), Latzhosen und kurze Hosen:		
– – aus Wolle oder feinen Tierhaaren	6103 41 00	St
– – aus Baumwolle	6103 42 00	St
– – aus synthetischen Chemiefasern	6103 43 00	St
– – aus anderen Spinnstoffen	6103 49 00	St

Warenbezeichnung	Warennummer	Besondere Maßeinheit
Kostüme, Kombinationen, Jacken, Kleider, Röcke, Hosenröcke, lange Hosen (einschließlich Kniebundhosen und ähnliche Hosen), Latzhosen und kurze Hosen (ausgenommen Badehosen), aus Gewirken oder Gestricken, für Frauen oder Mädchen:	**6104**	
– Kostüme:		
– – aus synthetischen Chemiefasern	6104 13 00	St
– – aus anderen Spinnstoffen:		
– – – aus Baumwolle	6104 19 20	St
– – – aus anderen Spinnstoffen	6104 19 90	St
– Kombinationen:		
– – aus Baumwolle	6104 22 00	St
– – aus synthetischen Chemiefasern	6104 23 00	St
– – aus anderen Spinnstoffen:		
– – – aus Wolle oder feinen Tierhaaren	6104 29 10	St
– – – aus anderen Spinnstoffen	6104 29 90	St
– Jacken:		
– – aus Wolle oder feinen Tierhaaren	6104 31 00	St
– – aus Baumwolle	6104 32 00	St
– – aus synthetischen Chemiefasern	6104 33 00	St
– – aus anderen Spinnstoffen	6104 39 00	St
– Kleider:		
– – aus Wolle oder feinen Tierhaaren	6104 41 00	St
– – aus Baumwolle	6104 42 00	St
– – aus synthetischen Chemiefasern	6104 43 00	St
– – aus künstlichen Chemiefasern	6104 44 00	St
– – aus anderen Spinnstoffen	6104 49 00	St
– Röcke und Hosenröcke:		
– – aus Wolle oder feinen Tierhaaren	6104 51 00	St
– – aus Baumwolle	6104 52 00	St
– – aus synthetischen Chemiefasern	6104 53 00	St
– – aus anderen Spinnstoffen	6104 59 00	St
– lange Hosen (einschließlich Kniebundhosen und ähnliche Hosen), Latzhosen und kurze Hosen:		
– – aus Wolle oder feinen Tierhaaren	6104 61 00	St
– – aus Baumwolle	6104 62 00	St
– – aus synthetischen Chemiefasern	6104 63 00	St
– – aus anderen Spinnstoffen	6104 69 00	St
Hemden aus Gewirken oder Gestricken, für Männer oder Knaben:	**6105**	
– aus Baumwolle	6105 10 00	St
– aus Chemiefasern:		
– – aus synthetischen Chemiefasern	6105 20 10	St
– – aus künstlichen Chemiefasern	6105 20 90	St
– aus anderen Spinnstoffen:		
– – aus Wolle oder feinen Tierhaaren	6105 90 10	St
– – aus anderen Spinnstoffen	6105 90 90	St

Warenbezeichnung	Warennummer	Besondere Maßeinheit
Blusen und Hemdblusen, aus Gewirken oder Gestricken, für Frauen oder Mädchen:	**6106**	
– aus Baumwolle	6106 10 00	St
– aus Chemiefasern	6106 20 00	St
– aus anderen Spinnstoffen:		
– – aus Wolle oder feinen Tierhaaren	6106 90 10	St
– – aus Seide, Schappeseide oder Bourretteseide	6106 90 30	St
– – aus Flachs (Leinen) oder Ramie	6106 90 50	St
– – aus anderen Spinnstoffen	6106 90 90	St
Slips und andere Unterhosen, Nachthemden, Schlafanzüge, Bademäntel und -jacken, Hausmäntel und ähnliche Waren, aus Gewirken oder Gestricken, für Männer oder Knaben:	**6107**	
– Slips und andere Unterhosen:		
– – aus Baumwolle	6107 11 00	St
– – aus Chemiefasern	6107 12 00	St
– – aus anderen Spinnstoffen	6107 19 00	St
– Nachthemden und Schlafanzüge:		
– – aus Baumwolle	6107 21 00	St
– – aus Chemiefasern	6107 22 00	St
– – aus anderen Spinnstoffen	6107 29 00	St
– andere:		
– – aus Baumwolle	6107 91 00	St
– – aus anderen Spinnstoffen	6107 99 00	St
Unterkleider, Unterröcke, Slips und andere Unterhosen, Nachthemden, Schlafanzüge, Negligees, Bademäntel und -jacken, Hausmäntel und ähnliche Waren, aus Gewirken oder Gestricken, für Frauen oder Mädchen:	**6108**	
– Unterkleider und Unterröcke:		
– – aus Chemiefasern	6108 11 00	St
– – aus anderen Spinnstoffen	6108 19 00	St
– Slips und andere Unterhosen:		
– – aus Baumwolle	6108 21 00	St
– – aus Chemiefasern	6108 22 00	St
– – aus anderen Spinnstoffen	6108 29 00	St
– Nachthemden und Schlafanzüge:		
– – aus Baumwolle	6108 31 00	St
– – aus Chemiefasern	6108 32 00	St
– – aus anderen Spinnstoffen	6108 39 00	St
– andere:		
– – aus Baumwolle	6108 91 00	St
– – aus Chemiefasern	6108 92 00	St
– – aus anderen Spinnstoffen	6108 99 00	St
T-Shirts und Unterhemden, aus Gewirken oder Gestricken:	**6109**	
– aus Baumwolle	6109 10 00	St
– aus anderen Spinnstoffen:		
– – aus Wolle oder feinen Tierhaaren oder Chemiefasern	6109 90 20	St
– – aus anderen Spinnstoffen	6109 90 90	St

Warenbezeichnung	Warennummer	Besondere Maßeinheit
Pullover, Strickjacken, Westen und ähnliche Waren, einschließlich Unterziehpullis, aus Gewirken oder Gestricken:	**6110**	
– aus Wolle oder feinen Tierhaaren:		
– – aus Wolle:		
– – – Pullover mit einem Anteil an Wolle von 50 GHT oder mehr und mit einem Stückgewicht von 600 g oder mehr	6110 11 10	St
– – – andere:		
– – – – für Männer oder Knaben	6110 11 30	St
– – – – für Frauen oder Mädchen	6110 11 90	St
– – aus Kaschmirziegenhaaren (Cashmere):		
– – – für Männer oder Knaben	6110 12 10	St
– – – für Frauen oder Mädchen	6110 12 90	St
– – andere:		
– – – für Männer oder Knaben	6110 19 10	St
– – – für Frauen oder Mädchen	6110 19 90	St
– aus Baumwolle:		
– – Unterziehpullis	6110 20 10	St
– – andere:		
– – – für Männer oder Knaben	6110 20 91	St
– – – für Frauen oder Mädchen	6110 20 99	St
– aus Chemiefasern:		
– – Unterziehpullis	6110 30 10	St
– – andere:		
– – – für Männer oder Knaben	6110 30 91	St
– – – für Frauen oder Mädchen	6110 30 99	St
– aus anderen Spinnstoffen:		
– – aus Flachs (Leinen) oder Ramie	6110 90 10	St
– – aus anderen Spinnstoffen	6110 90 90	St
Kleidung und Bekleidungszubehör, aus Gewirken oder Gestricken, für Kleinkinder:	**6111**	
– aus Baumwolle:		
– – Handschuhe	6111 20 10	Paar
– – andere	6111 20 90	–
– aus synthetischen Chemiefasern:		
– – Handschuhe	6111 30 10	Paar
– – andere	6111 30 90	–
– aus anderen Spinnstoffen:		
– – aus Wolle oder feinen Tierhaaren:		
– – – Handschuhe	6111 90 11	Paar
– – – andere	6111 90 19	–
– – aus anderen Spinnstoffen	6111 90 90	–

Warenbezeichnung	Warennummer	Besondere Maßeinheit
Trainingsanzüge, Skianzüge, Badeanzüge und Badehosen, aus Gewirken oder Gestricken:	**6112**	
– Trainingsanzüge:		
– – aus Baumwolle	6112 11 00	St
– – aus synthetischen Chemiefasern	6112 12 00	St
– – aus anderen Spinnstoffen	6112 19 00	St
– Skianzüge	6112 20 00	–
– Badeanzüge und Badehosen, für Männer oder Knaben:		
– – aus synthetischen Chemiefasern:		
– – – mit einem Anteil an Kautschukfäden von 5 GHT oder mehr	6112 31 10	St
– – – andere	6112 31 90	St
– – aus anderen Spinnstoffen:		
– – – mit einem Anteil an Kautschukfäden von 5 GHT oder mehr	6112 39 10	St
– – – andere	6112 39 90	St
– Badeanzüge und Badehosen, für Frauen oder Mädchen:		
– – aus synthetischen Chemiefasern:		
– – – mit einem Anteil an Kautschukfäden von 5 GHT oder mehr	6112 41 10	St
– – – andere	6112 41 90	St
– – aus anderen Spinnstoffen:		
– – – mit einem Anteil an Kautschukfäden von 5 GHT oder mehr	6112 49 10	St
– – – andere	6112 49 90	St
Kleidung aus Gewirken oder Gestricken der Position 5903, 5906 oder 5907:	**6113**	
– aus Gewirken oder Gestricken der Position 5906	6113 00 10	–
– andere	6113 00 90	–
Andere Kleidung aus Gewirken oder Gestricken:	**6114**	
– aus Baumwolle	6114 20 00	–
– aus Chemiefasern	6114 30 00	–
– aus anderen Spinnstoffen	6114 90 00	–
Strumpfhosen, Strümpfe, Kniestrümpfe, Socken und andere Strumpfwaren, einschließlich solcher mit degressiver Kompression (z. B. Krampfaderstrümpfe), aus Gewirken oder Gestricken:	**6115**	
– Strumpfhosen, Strümpfe und Kniestrümpfe mit degressiver Kompression (z. B. Krampfaderstrümpfe):		
– – aus synthetischen Chemiefasern	6115 10 10	Paar
– – andere	6115 10 90	–
– andere Strumpfhosen:		
– – aus synthetischen Chemiefasern, mit einem Titer der einfachen Garne von weniger als 67 dtex	6115 21 00	St
– – aus synthetischen Chemiefasern, mit einem Titer der einfachen Garne von 67 dtex oder mehr	6115 22 00	St
– – aus anderen Spinnstoffen	6115 29 00	St
– andere Strümpfe für Frauen (einschließlich Kniestrümpfe) mit einem Titer der einfachen Garne von weniger als 67 dtex:		
– – aus synthetischen Chemiefasern:		
– – – Kniestrümpfe	6115 30 11	Paar
– – – andere	6115 30 19	Paar
– – aus anderen Spinnstoffen	6115 30 90	Paar

Warenbezeichnung	Warennummer	Besondere Maßeinheit
– **andere:**		
– – **aus Wolle oder feinen Tierhaaren**	6115 94 00	Paar
– – **aus Baumwolle**	6115 95 00	Paar
– – **aus synthetischen Chemiefasern:**		
– – – Kniestrümpfe	6115 96 10	Paar
– – – andere:		
– – – – Strümpfe für Frauen	6115 96 91	Paar
– – – – andere	6115 96 99	Paar
– – **aus anderen Spinnstoffen**	6115 99 00	Paar
Fingerhandschuhe, Handschuhe ohne Fingerspitzen und Fausthandschuhe, aus Gewirken oder Gestricken:	**6116**	
● – **mit Kunststoff oder Kautschuk getränkt, bestrichen, überzogen oder laminiert:**		
■ – – Fingerhandschuhe, mit Kautschuk getränkt, bestrichen, überzogen oder laminiert	6116 10 20	Paar
■ – – andere	6116 10 80	Paar
– **andere:**		
■ – – **aus Wolle oder feinen Tierhaaren**	6116 91 00	Paar
■ – – **aus Baumwolle**	6116 92 00	Paar
■ – – **aus synthetischen Chemiefasern**	6116 93 00	Paar
■ – – **aus anderen Spinnstoffen**	6116 99 00	Paar
Anderes konfektioniertes Bekleidungszubehör, aus Gewirken oder Gestricken; Teile von Kleidung oder von Bekleidungszubehör, aus Gewirken oder Gestricken:	**6117**	
– **Schals, Umschlagtücher, Halstücher, Kopftücher, Schleier und ähnliche Waren**	6117 10 00	–
– **anderes Bekleidungszubehör:**		
– – aus elastischen oder kautschutierten Gewirken oder Gestricken	6117 80 10	–
– – anderes	6117 80 80	–
– **Teile**	6117 90 00	–

Kapitel 62

Kleidung und Bekleidungszubehör, ausgenommen aus Gewirken oder Gestricken

Anmerkungen

1. Zu Kapitel 62 gehören nur konfektionierte Waren aus anderen textilen Flächenerzeugnissen als Watte. Nicht zu diesem Kapitel gehören Waren aus Gewirken oder Gestricken (ausgenommen Waren der Position 6212).
2. Zu Kapitel 62 gehören nicht:
   a) Altwaren der Position 6309;
   b) orthopädische Apparate und andere orthopädische Vorrichtungen, z. B. Bruchbänder, medizinisch-chirurgische Gürtel (Position 9021).
3. Im Sinne der Positionen 6203 und 6204 gilt:
   a) Die Begriffe „Anzüge" und „Kostüme" beziehen sich auf eine Zusammenstellung von Kleidungsstücken, die aus zwei oder drei hinsichtlich ihrer Schauseite aus dem gleichen Flächenerzeugnis hergestellten Teilen besteht und sich zusammensetzt aus:
      – einer einzigen Jacke zum Bedecken des Oberkörpers, deren Außenseite ohne Ärmel, aus vier oder mehr Teilen (Bahnen) zusammengesetzt ist, möglicherweise um eine geschneiderte Weste ergänzt, deren Vorderseite aus dem gleichen Flächenerzeugnis wie die Schauseite der anderen Teile der Zusammenstellung und deren Rückseite aus dem gleichen Flächenerzeugnis wie der Futterstoff der Jacke hergestellt ist, und
      – einem einzigen Kleidungsstück zum Bedecken des Unterkörpers, nämlich einer langen Hose, einer Kniebundhose oder ähnlichen Hose, einer kurzen Hose (ausgenommen Badehose), einem Rock oder einem Hosenrock, alle diese ohne Träger oder Latz.

      Alle Teile eines „Anzugs" oder „Kostüms" müssen aus einem Flächenerzeugnis gleicher Struktur, gleicher Farbe und gleicher stofflicher Zusammensetzung sein; sie müssen auch von gleichem Stil und gleicher oder einander entsprechender Größe sein. Diese Teile dürfen jedoch eine Biese oder Paspel aus einem anderen Flächenerzeugnis aufweisen (ein in die Naht eingenähter Besatz).

      Wenn mehrere zum Bedecken des Unterkörpers bestimmte Kleidungsstücke gemeinsam vorliegen (z. B. zwei lange Hosen oder eine lange Hose und eine kurze Hose oder ein Rock oder Hosenrock und eine lange Hose), gilt als wesentliches unteres Kleidungsstück des „Anzugs" eine lange Hose oder im Falle des „Kostüms" der Rock oder Hosenrock; die anderen Kleidungsstücke sind getrennt einzureihen.

      Der Begriff „Anzug" umfasst, auch wenn nicht alle vorstehenden Bedingungen erfüllt sind, auch folgende Zusammenstellungen von Kleidungsstücken:
      – Cut, bestehend aus einem einfarbigen Sakko mit hinten weit herabhängenden, abgerundeten Schößen und einer längsgestreiften Hose;
      – Frack, gewöhnlich in schwarz, dessen Jacke vorn verhältnismäßig kurz ist, stets offen getragen wird und schmale, auf der Hüfte angesetzte Schöße aufweist, die hinten herabhängen;
      – Smoking, dessen Jacke im Schnitt einem gewöhnlichen Sakko ähnlich ist (vorn aber auch mit einem größeren Ausschnitt versehen), die aber glänzende Revers aus Seide oder Seidenimitation aufweist.
   b) Der Begriff „Kombination" bezieht sich auf eine Zusammenstellung von Kleidungsstücken (ausgenommen „Anzüge", „Kostüme" und Zusammenstellungen ganz oder zum Teil aus Waren der Position 6207 oder 6208), die aus mehreren, aus dem gleichen Flächenerzeugnis hergestellten Teilen besteht, für den Einzelverkauf aufgemacht ist und sich zusammensetzt aus:
      – einem einzigen Kleidungsstück zum Bedecken des Oberkörpers; als zweites Oberteil ist eine Weste zulässig, und

- einem oder zwei verschiedenen Kleidungsstücken zum Bedecken des Unterkörpers: entweder eine lange Hose, eine Latzhose, eine Kniebundhose oder ähnliche Hose, eine kurze Hose (ausgenommen Badehose), einen Rock oder einen Hosenrock.

Alle Teile einer Kombination müssen von gleicher Struktur, gleichem Stil, gleicher Farbe und gleicher stofflicher Zusammensetzung sein; sie müssen sich in der Größe gleichen oder entsprechen. Der Begriff „Kombination" umfasst nicht Trainingsanzüge und Skianzüge der Position 6211.

● 4. Zu den Positionen 6205 und 6206 gehören nicht Kleidungsstücke mit Taschen unterhalb der Taille, mit geripptem Bund oder einem anderen verengenden Abschluss am unteren Ende. Zu Position 6205 gehören nicht ärmellose Kleidungsstücke.

„Hemden" und „Hemdblusen" sind Kleidungsstücke zum Bedecken des Oberkörpers, mit langen oder kurzen Ärmeln und einer durchgehenden oder teilweisen, vom Halsausschnitt ausgehenden Öffnung. „Blusen" sind weit geschnittene Kleidungsstücke, die ebenfalls den Oberkörper bedecken, auch ärmellos, auch mit Öffnung am Halsausschnitt. „Hemden", „Hemdblusen" und „Blusen" können auch einen Kragen haben.

5. Im Sinne der Position 6209 gilt Folgendes:
   a) Der Begriff „Kleidung und Bekleidungszubehör für Kleinkinder" umfasst Waren für Kleinkinder mit einer Körpergröße von 86 cm oder weniger;
   b) Waren, für die sowohl die Position 6209 als auch andere Positionen des Kapitels 62 in Betracht kommen, gehören zu Position 6209.
6. Kleidung, für die sowohl die Position 6210 als auch andere Positionen des Kapitels 62, ausgenommen Position 6209, in Betracht kommen, gehört zu Position 6210.
7. Als „Skianzüge" im Sinne der Position 6211 gelten Kleidungsstücke oder Zusammenstellungen von Kleidungsstücken, die aufgrund ihres allgemeinen Aussehens und ihrer Beschaffenheit erkennen lassen, dass sie hauptsächlich beim Skisport (Alpinskilauf oder Skilanglauf) getragen werden. Sie bestehen:
   a) entweder aus einem „Ski-Overall", d. h. einem einteiligen Kleidungsstück zum Bedecken des Ober- und Unterkörpers; zusätzlich zu den Ärmeln und einem Kragen kann der Ski-Overall Taschen und Fußstege haben;
   b) oder aus einer „Skikombination", d. h. einer Zusammenstellung von zwei oder drei Kleidungsstücken, die für den Einzelverkauf aufgemacht ist und umfasst:
      - ein einziges Kleidungsstück in der Art eines Anoraks, einer Windjacke, eines Blousons oder einer ähnlichen Ware, mit einem Reißverschluss versehen, auch um eine Weste ergänzt, und
      - eine einzige lange Hose, die über die Taille hinausreichen kann, oder eine einzige Kniebundhose oder ähnliche Hose oder eine einzige Latzhose.

   Die „Skikombination" kann auch aus einem Overall der in Buchstabe a beschriebenen Art und aus einer Art wattierter, ärmelloser Jacke, die über dem Overall getragen wird, bestehen.

   Alle Kleidungsstücke einer „Skikombination" müssen von gleicher Struktur, gleichem Stil, gleicher stofflicher Zusammensetzung, jedoch nicht von gleicher Farbe sein; sie müssen sich in der Größe gleichen oder entsprechen.
8. Halstücher und ähnliche Waren der Position 6214 von quadratischer oder annähernd quadratischer Form, bei denen jede Seite 60 cm oder weniger misst, werden wie Ziertaschentücher der Position 6213 behandelt. Taschentücher und Ziertaschentücher, bei denen eine Seite mehr als 60 cm misst, gehören zu Position 6214.
9. Kleidungsstücke dieses Kapitels, die vorn einen Verschluss „links über rechts" aufweisen, gelten als Männer- oder Knabenkleidung, und solche, die vorn einen Verschluss „rechts über links" aufweisen, als Frauen- oder Mädchenkleidung. Diese Bestimmungen werden nicht angewendet, wenn der Schnitt eines Kleidungsstücks klar erkennen lässt, dass es für das eine oder für das andere Geschlecht bestimmt ist.

   Kleidungsstücke, die nicht als Männer- oder Knabenkleidung oder als Frauen- oder Mädchenkleidung erkennbar sind, werden als Frauen- oder Mädchenkleidung eingereiht.
10. Waren des Kapitels 62 können aus Metallfäden hergestellt sein.

Warenbezeichnung	Warennummer	Besondere Maßeinheit

Zusätzliche Anmerkungen

1. Für die Anwendung der Anmerkung 3 b) zu diesem Kapitel müssen die Kleidungsstücke einer Kombination, abgesehen von den sonstigen in vorbezeichneter Anmerkung genannten Bedingungen, vollständig aus ein und demselben Flächenerzeugnis hergestellt sein.

   Hierbei kann das verwendete Flächenerzeugnis roh, gebleicht, gefärbt, buntgewebt oder bedruckt sein.

   Nicht als Kombination gelten Zusammenstellungen von Kleidungsstücken, wenn die Kleidungsstücke aus verschiedenen Flächenerzeugnissen hergestellt sind, selbst wenn diese Verschiedenheit sich nur aus ihren jeweiligen Farben ergibt.

   Alle Kleidungsstücke einer Kombination müssen zusammen als eine selbstständige Einheit für den Einzelverkauf aufgemacht sein. Getrennte Unterverpackung oder getrennte Etikettierung einer solchen Einheit beeinflussen nicht ihre Einreihung als Kombination.

2. Zu Position 6209 bzw. 6216 gehören mit Kautschuk oder Kunststoff getränkte, bestrichene oder überzogene Fingerhandschuhe, Handschuhe ohne Fingerspitzen und Fausthandschuhe unabhängig davon:
   – ob sie aus einem mit Kunststoff oder Kautschuk getränkten, bestrichenen oder überzogenen textilen Flächenerzeugnis (anders als Gewirke oder Gestricke) der Position 5903 oder 5906 konfektioniert sind oder
   – aus einem nicht getränkten, bestrichenen oder überzogenen textilen Flächenerzeugnis (anders als Gewirke oder Gestricke) konfektioniert und anschließend mit Kunststoff oder Kautschuk getränkt, bestrichen oder überzogen worden sind.

● In die Kapitel 39 bzw. 40 gehören mit Zellkautschuk oder Zellkunststoff getränkte, bestrichene oder überzogene Fingerhandschuhe, Handschuhe ohne Fingerspitzen und Fausthandschuhe, auch wenn sie aus einem nicht getränkten, bestrichenen oder überzogenen textilen Flächenerzeugnis (anderes als Gewirke oder Gestricke) konfektioniert und anschließend mit Zellkunststoff oder Zellkautschuk getränkt, bestrichen oder überzogen worden sind, sofern dieses textile Flächenerzeugnis nur der Verstärkung dient (Anmerkung 2 a) Ziffer 5 und Anmerkung 5 letzter Absatz zu Kapitel 59).

Warenbezeichnung	Warennummer	Besondere Maßeinheit
Mäntel (einschließlich Kurzmäntel), Umhänge, Anoraks, Windjacken, Blousons und ähnliche Waren, für Männer oder Knaben, ausgenommen Waren der Position 6203:	**6201**	
● **– aus Wolle oder feinen Tierhaaren**	6201 20 00	St
● **– aus Baumwolle:**		
● – – mit einem Stückgewicht von 1 kg oder weniger	6201 30 10	St
● – – mit einem Stückgewicht von mehr als 1 kg	6201 30 90	St
● **– aus Chemiefasern:**		
● – – mit einem Stückgewicht von 1 kg oder weniger	6201 40 10	St
● – – mit einem Stückgewicht von mehr als 1 kg	6201 40 90	St
● **– aus anderen Spinnstoffen**	6201 90 00	St

Warenbezeichnung	Warennummer	Besondere Maßeinheit
Mäntel (einschließlich Kurzmäntel), Umhänge, Anoraks, Windjacken, Blousons und ähnliche Waren, für Frauen oder Mädchen, ausgenommen Waren der Position 6204:	**6202**	
● **– aus Wolle oder feinen Tierhaaren**	6202 20 00	St
● **– aus Baumwolle:**		
● – – mit einem Stückgewicht von 1 kg oder weniger	6202 30 10	St
● – – mit einem Stückgewicht von mehr als 1 kg	6202 30 90	St
● **– aus Chemiefasern:**		
● – – mit einem Stückgewicht von 1 kg oder weniger	6202 40 10	St
● – – mit einem Stückgewicht von mehr als 1 kg	6202 40 90	St
● **– aus anderen Spinnstoffen**	6202 90 00	St
Anzüge, Kombinationen, Jacken, lange Hosen (einschließlich Kniebundhosen und ähnliche Hosen), Latzhosen und kurze Hosen (ausgenommen Badehosen), für Männer oder Knaben:	**6203**	
– Anzüge:		
– – aus Wolle oder feinen Tierhaaren	6203 11 00	St
– – aus synthetischen Chemiefasern	6203 12 00	St
– – aus anderen Spinnstoffen:		
– – – aus Baumwolle	6203 19 10	St
– – – aus künstlichen Chemiefasern	6203 19 30	St
– – – aus anderen Spinnstoffen	6203 19 90	St
– Kombinationen:		
– – aus Baumwolle:		
– – – Arbeits- und Berufskleidung	6203 22 10	St
– – – andere	6203 22 80	St
– – aus synthetischen Chemiefasern:		
– – – Arbeits- und Berufskleidung	6203 23 10	St
– – – andere	6203 23 80	St
– – aus anderen Spinnstoffen:		
– – – aus künstlichen Chemiefasern:		
– – – – Arbeits- und Berufskleidung	6203 29 11	St
– – – – andere	6203 29 18	St
– – – aus Wolle oder feinen Tierhaaren	6203 29 30	St
– – – aus anderen Spinnstoffen	6203 29 90	St

Warenbezeichnung	Warennummer	Besondere Maßeinheit
– Jacken:		
– – aus Wolle oder feinen Tierhaaren	6203 31 00	St
– – aus Baumwolle:		
– – – Arbeits- und Berufskleidung	6203 32 10	St
– – – andere	6203 32 90	St
– – aus synthetischen Chemiefasern:		
– – – Arbeits- und Berufskleidung	6203 33 10	St
– – – andere	6203 33 90	St
– – aus anderen Spinnstoffen:		
– – – aus künstlichen Chemiefasern:		
– – – – Arbeits- und Berufskleidung	6203 39 11	St
– – – – andere	6203 39 19	St
– – – aus anderen Spinnstoffen	6203 39 90	St
– lange Hosen (einschließlich Kniebundhosen und ähnliche Hosen), Latzhosen und kurze Hosen:		
– – aus Wolle oder feinen Tierhaaren:		
– – – lange Hosen (einschließlich Kniebundhosen und ähnliche Hosen)	6203 41 10	St
– – – Latzhosen	6203 41 30	St
– – – andere	6203 41 90	St
– – aus Baumwolle:		
– – – lange Hosen (einschließlich Kniebundhosen und ähnliche Hosen):		
– – – – Arbeits- und Berufskleidung	6203 42 11	St
– – – – andere:		
– – – – – aus Denim	6203 42 31	St
– – – – – aus Rippenschusssamt und Rippenschussplüsch, aufgeschnitten	6203 42 33	St
– – – – – andere	6203 42 35	St
– – – Latzhosen:		
– – – – Arbeits- und Berufskleidung	6203 42 51	St
– – – – andere	6203 42 59	St
– – – andere	6203 42 90	St
– – aus synthetischen Chemiefasern:		
– – – lange Hosen (einschließlich Kniebundhosen und ähnliche Hosen):		
– – – – Arbeits- und Berufskleidung	6203 43 11	St
– – – – andere	6203 43 19	St
– – – Latzhosen:		
– – – – Arbeits- und Berufskleidung	6203 43 31	St
– – – – andere	6203 43 39	St
– – – andere	6203 43 90	St
– – aus anderen Spinnstoffen:		
– – – aus künstlichen Chemiefasern:		
– – – – lange Hosen (einschließlich Kniebundhosen und ähnliche Hosen):		
– – – – – Arbeits- und Berufskleidung	6203 49 11	St
– – – – – andere	6203 49 19	St
– – – – Latzhosen:		
– – – – – Arbeits- und Berufskleidung	6203 49 31	St
– – – – – andere	6203 49 39	St
– – – – andere	6203 49 50	St
– – – aus anderen Spinnstoffen	6203 49 90	St

Warenbezeichnung	Warennummer	Besondere Maßeinheit
Kostüme, Kombinationen, Jacken, Kleider, Röcke, Hosenröcke, lange Hosen (einschließlich Kniebundhosen und ähnliche Hosen), Latzhosen und kurze Hosen (ausgenommen Badehosen), für Frauen und Mädchen:	**6204**	
– Kostüme:		
– – aus Wolle oder feinen Tierhaaren	6204 11 00	St
– – aus Baumwolle	6204 12 00	St
– – aus synthetischen Chemiefasern	6204 13 00	St
– – aus anderen Spinnstoffen:		
– – – aus künstlichen Chemiefasern	6204 19 10	St
– – – aus anderen Spinnstoffen	6204 19 90	St
– Kombinationen:		
– – aus Wolle oder feinen Tierhaaren	6204 21 00	St
– – aus Baumwolle:		
– – – Arbeits- und Berufskleidung	6204 22 10	St
– – – andere	6204 22 80	St
– – aus synthetischen Chemiefasern:		
– – – Arbeits- und Berufskleidung	6204 23 10	St
– – – andere	6204 23 80	St
– – aus anderen Spinnstoffen:		
– – – aus künstlichen Chemiefasern:		
– – – – Arbeits- und Berufskleidung	6204 29 11	St
– – – – andere	6204 29 18	St
– – – aus anderen Spinnstoffen	6204 29 90	St
– Jacken:		
– – aus Wolle oder feinen Tierhaaren	6204 31 00	St
– – aus Baumwolle:		
– – – Arbeits- und Berufskleidung	6204 32 10	St
– – – andere	6204 32 90	St
– – aus synthetischen Chemiefasern:		
– – – Arbeits- und Berufskleidung	6204 33 10	St
– – – andere	6204 33 90	St
– – aus anderen Spinnstoffen:		
– – – aus künstlichen Chemiefasern:		
– – – – Arbeits- und Berufskleidung	6204 39 11	St
– – – – andere	6204 39 19	St
– – – aus anderen Spinnstoffen	6204 39 90	St
– Kleider:		
– – aus Wolle oder feinen Tierhaaren	6204 41 00	St
– – aus Baumwolle	6204 42 00	St
– – aus synthetischen Chemiefasern	6204 43 00	St
– – aus künstlichen Chemiefasern	6204 44 00	St
– – aus anderen Spinnstoffen:		
– – – aus Seide, Schappeseide oder Bourretteseide	6204 49 10	St
– – – aus anderen Spinnstoffen	6204 49 90	St
– Röcke und Hosenröcke:		
– – aus Wolle oder feinen Tierhaaren	6204 51 00	St
– – aus Baumwolle	6204 52 00	St
– – aus synthetischen Chemiefasern	6204 53 00	St
– – aus anderen Spinnstoffen:		
– – – aus künstlichen Chemiefasern	6204 59 10	St
– – – aus anderen Spinnstoffen	6204 59 90	St

Warenbezeichnung	Warennummer	Besondere Maßeinheit
– lange Hosen (einschließlich Kniebundhosen und ähnliche Hosen), Latzhosen und kurze Hosen:		
– – aus Wolle oder feinen Tierhaaren:		
– – – lange Hosen (einschließlich Kniebundhosen und ähnliche Hosen)	6204 61 10	St
– – – andere	6204 61 85	St
– – aus Baumwolle:		
– – – lange Hosen (einschließlich Kniebundhosen und ähnliche Hosen):		
– – – – Arbeits- und Berufskleidung	6204 62 11	St
– – – – andere:		
– – – – – aus Denim	6204 62 31	St
– – – – – aus Rippenschusssamt und Rippenschussplüsch, aufgeschnitten	6204 62 33	St
– – – – – andere	6204 62 39	St
– – – Latzhosen:		
– – – – Arbeits- und Berufskleidung	6204 62 51	St
– – – – andere	6204 62 59	St
– – – andere	6204 62 90	St
– – aus synthetischen Chemiefasern:		
– – – lange Hosen (einschließlich Kniebundhosen und ähnliche Hosen):		
– – – – Arbeits- und Berufskleidung	6204 63 11	St
– – – – andere	6204 63 18	St
– – – Latzhosen:		
– – – – Arbeits- und Berufskleidung	6204 63 31	St
– – – – andere	6204 63 39	St
– – – andere	6204 63 90	St
– – aus anderen Spinnstoffen:		
– – – aus künstlichen Chemiefasern:		
– – – – lange Hosen (einschließlich Kniebundhosen und ähnliche Hosen):		
– – – – – Arbeits- und Berufskleidung	6204 69 11	St
– – – – – andere	6204 69 18	St
– – – – Latzhosen:		
– – – – – Arbeits- und Berufskleidung	6204 69 31	St
– – – – – andere	6204 69 39	St
– – – – andere	6204 69 50	St
– – – aus anderen Spinnstoffen	6204 69 90	St
Hemden für Männer oder Knaben:	**6205**	
– aus Baumwolle	6205 20 00	St
– aus Chemiefasern	6205 30 00	St
– aus anderen Spinnstoffen:		
– – aus Flachs (Leinen) oder Ramie	6205 90 10	St
– – aus anderen Spinnstoffen	6205 90 80	St
Blusen und Hemdblusen, für Frauen oder Mädchen:	**6206**	
– aus Seide, Schappeseide oder Bourretteseide	6206 10 00	St
– aus Wolle oder feinen Tierhaaren	6206 20 00	St
– aus Baumwolle	6206 30 00	St
– aus Chemiefasern	6206 40 00	St
– aus anderen Spinnstoffen:		
– – aus Flachs (Leinen) oder Ramie	6206 90 10	St
– – aus anderen Spinnstoffen	6206 90 90	St

Warenbezeichnung	Warennummer	Besondere Maßeinheit
Unterhemden, Slips und andere Unterhosen, Nachthemden, Schlafanzüge, Bademäntel und -jacken, Hausmäntel und ähnliche Waren, für Männer oder Knaben:	**6207**	
– Slips und andere Unterhosen:		
– – aus Baumwolle	6207 11 00	St
– – aus anderen Spinnstoffen	6207 19 00	St
– Nachthemden und Schlafanzüge:		
– – aus Baumwolle	6207 21 00	St
– – aus Chemiefasern	6207 22 00	St
– – aus anderen Spinnstoffen	6207 29 00	St
– andere:		
– – aus Baumwolle	6207 91 00	–
– – aus anderen Spinnstoffen:		
– – – aus Chemiefasern	6207 99 10	–
– – – aus anderen Spinnstoffen	6207 99 90	–
Unterhemden, Unterkleider, Unterröcke, Slips und andere Unterhosen, Nachthemden, Schlafanzüge, Negligees, Bademäntel und -jacken, Hausmäntel und ähnliche Waren, für Frauen oder Mädchen:	**6208**	
– Unterkleider und Unterröcke:		
– – aus Chemiefasern	6208 11 00	St
– – aus anderen Spinnstoffen	6208 19 00	St
– Nachthemden und Schlafanzüge:		
– – aus Baumwolle	6208 21 00	St
– – aus Chemiefasern	6208 22 00	St
– – aus anderen Spinnstoffen	6208 29 00	St
– andere:		
– – aus Baumwolle	6208 91 00	–
– – aus Chemiefasern	6208 92 00	–
– – aus anderen Spinnstoffen	6208 99 00	–
Kleidung und Bekleidungszubehör, für Kleinkinder:	**6209**	
– aus Baumwolle	6209 20 00	–
– aus synthetischen Chemiefasern	6209 30 00	–
– aus anderen Spinnstoffen:		
– – aus Wolle oder feinen Tierhaaren	6209 90 10	–
– – aus anderen Spinnstoffen	6209 90 90	–
Kleidung aus Erzeugnissen der Position 5602, 5603, 5903, 5906 oder 5907:	**6210**	
– aus Erzeugnissen der Position 5602 oder 5603:		
– – aus Erzeugnissen der Position 5602	6210 10 10	–
– – aus Erzeugnissen der Position 5603:		
– – – Einwegkittel, von der durch Patienten bzw. Chirurgen bei chirurgischen Eingriffen verwendeten Art	6210 10 92	–
– – – andere	6210 10 98	–
■ **– andere Kleidung, von der in der Position 6201 beschriebenen Art**	6210 20 00	St
■ **– andere Kleidung, von der in der Position 6202 beschriebenen Art**	6210 30 00	St
■ **– andere Kleidung für Männer oder Knaben**	6210 40 00	–
■ **– andere Kleidung für Frauen oder Mädchen**	6210 50 00	–

Warenbezeichnung	Warennummer	Besondere Maßeinheit
Trainingsanzüge, Skianzüge, Badeanzüge und Badehosen; andere Kleidung:	**6211**	
– Badeanzüge und Badehosen:		
– – für Männer oder Knaben	6211 11 00	St
– – für Frauen oder Mädchen	6211 12 00	St
– Skianzüge	6211 20 00	St
– andere Kleidung für Männer oder Knaben:		
– – aus Baumwolle:		
– – – Arbeits- und Berufskleidung	6211 32 10	–
– – – Trainingsanzüge, gefüttert:		
– – – – mit Außenseite aus ein und demselben Flächenerzeugnis	6211 32 31	St
– – – – andere:		
– – – – – Oberteile	6211 32 41	St
– – – – – Unterteile	6211 32 42	St
– – – andere	6211 32 90	–
– – aus Chemiefasern:		
– – – Arbeits- und Berufskleidung	6211 33 10	–
– – – Trainingsanzüge, gefüttert:		
– – – – mit Außenseite aus ein und demselben Flächenerzeugnis	6211 33 31	St
– – – – andere:		
– – – – – Oberteile	6211 33 41	St
– – – – – Unterteile	6211 33 42	St
– – – andere	6211 33 90	–
– – aus anderen Spinnstoffen	6211 39 00	–
– andere Kleidung für Frauen oder Mädchen:		
– – aus Baumwolle:		
– – – Schürzen, Kittel und andere Arbeits- und Berufskleidung	6211 42 10	–
– – – Trainingsanzüge, gefüttert:		
– – – – mit Außenseite aus ein und demselben Flächenerzeugnis	6211 42 31	St
– – – – andere:		
– – – – – Oberteile	6211 42 41	St
– – – – – Unterteile	6211 42 42	St
– – – andere	6211 42 90	–
– – aus Chemiefasern:		
– – – Schürzen, Kittel und andere Arbeits- und Berufskleidung	6211 43 10	–
– – – Trainingsanzüge, gefüttert:		
– – – – mit Außenseite aus ein und demselben Flächenerzeugnis	6211 43 31	St
– – – – andere:		
– – – – – Oberteile	6211 43 41	St
– – – – – Unterteile	6211 43 42	St
– – – andere	6211 43 90	–
– – aus anderen Spinnstoffen	6211 49 00	–
Büstenhalter, Hüftgürtel, Korsette, Hosenträger, Strumpfhalter, Strumpfbänder und ähnliche Waren, Teile davon, auch aus Gewirken oder Gestricken:	**6212**	
– Büstenhalter:		
– – aufgemacht in Warenzusammenstellungen für den Einzelverkauf, bestehend aus einem Büstenhalter und einem Slip bzw. einer anderen Unterhose	6212 10 10	St
– – andere	6212 10 90	St
– Hüftgürtel und Miederhosen	6212 20 00	St
– Korseletts	6212 30 00	St
– andere	6212 90 00	–

Warenbezeichnung	Warennummer	Besondere Maßeinheit
Taschentücher und Ziertaschentücher:	**6213**	
– aus Baumwolle	6213 20 00	St
– aus anderen Spinnstoffen	6213 90 00	St
Schals, Umschlagtücher, Halstücher, Kopftücher, Schleier und ähnliche Waren:	**6214**	
– aus Seide, Schappeseide oder Bourretteseide	6214 10 00	St
– aus Wolle oder feinen Tierhaaren	6214 20 00	St
– aus synthetischen Chemiefasern	6214 30 00	St
– aus künstlichen Chemiefasern	6214 40 00	St
– aus anderen Spinnstoffen	6214 90 00	St
Krawatten, Schleifen (z. B. Querbinder) und Krawattenschals:	**6215**	
– aus Seide, Schappeseide oder Bourretteseide	6215 10 00	St
– aus Chemiefasern	6215 20 00	St
– aus anderen Spinnstoffen	6215 90 00	St
Fingerhandschuhe, Handschuhe ohne Fingerspitzen und Fausthandschuhe	**6216 00 00**	Paar
Anderes konfektioniertes Bekleidungszubehör; Teile von Kleidung oder von Bekleidungszubehör, ausgenommen solche der Position 6212:	**6217**	
– Bekleidungszubehör	6217 10 00	–
– Teile	6217 90 00	–

Kapitel 63

Andere konfektionierte Spinnstoffwaren; Warenzusammenstellungen; Altwaren und Lumpen

Anmerkungen

1. Zu Teilkapitel I gehören nur konfektionierte Waren aus Spinnstofferzeugnissen aller Art.
2. Zu Teilkapitel I gehören nicht:
   a) Waren der Kapitel 56 bis 62;
   b) Altwaren der Position 6309.
3. Zu Position 6309 gehören nur folgende Waren:
   a) Waren aus Spinnstoffen:
      – Kleidung und Bekleidungszubehör und Teile davon;
      – Decken;
      – Bettwäsche, Tischwäsche, Wäsche zur Körperpflege und Küchenwäsche;
      – Waren zur Innenausstattung, ausgenommen Teppiche der Positionen 5701 bis 5705 und Tapisserien der Position 5805;
   b) Schuhe und Kopfbedeckungen aus Stoffen aller Art, ausgenommen aus Asbest.

   Die vorstehend aufgeführten Waren werden von der Position 6309 nur dann erfasst, wenn sie die beiden folgenden Voraussetzungen erfüllen:
   – sie müssen augenscheinlich gebraucht sein,
   – sie müssen lose in Massenladungen oder in Ballen, Säcken oder ähnlichen Verpackungen ein- oder ausgeführt werden.

Unterpositions-Anmerkung

1. Zu Unterposition 6304 20 gehören konfektionierte Waren aus Kettengewirken, die mit Alpha-Cypermethrin (ISO), Chlorfenapyr (ISO), Deltamethrin (INN, ISO), Lambdacyhalothrin (ISO), Permethrin (ISO) oder Pirimiphosmethyl (ISO) getränkt oder überzogen sind.

Warenbezeichnung	Warennummer	Besondere Maßeinheit
I. Andere konfektionierte Spinnstoffwaren		
Decken:	**6301**	
– Decken mit elektrischer Heizvorrichtung	6301 10 00	St
– Decken (ausgenommen Decken mit elektrischer Heizvorrichtung) aus Wolle oder feinen Tierhaaren:		
– – aus Gewirken oder Gestricken	6301 20 10	St
– – andere	6301 20 90	St

Warenbezeichnung	Warennummer	Besondere Maßeinheit
– Decken (ausgenommen Decken mit elektrischer Heizvorrichtung) aus Baumwolle:		
– – aus Gewirken oder Gestricken	6301 30 10	St
– – andere	6301 30 90	St
– Decken (ausgenommen Decken mit elektrischer Heizvorrichtung) aus synthetischen Chemiefasern:		
– – aus Gewirken oder Gestricken	6301 40 10	St
– – andere	6301 40 90	St
– andere Decken:		
– – aus Gewirken oder Gestricken	6301 90 10	St
– – andere	6301 90 90	St
Bettwäsche, Tischwäsche, Wäsche zur Körperpflege und Küchenwäsche:	**6302**	
– Bettwäsche aus Gewirken oder Gestricken	6302 10 00	–
– andere Bettwäsche, bedruckt:		
– – aus Baumwolle	6302 21 00	–
– – aus Chemiefasern:		
– – – aus Vliesstoffen	6302 22 10	–
– – – andere	6302 22 90	–
– – aus anderen Spinnstoffen:		
– – – aus Flachs (Leinen) oder Ramie	6302 29 10	–
– – – andere	6302 29 90	–
– andere Bettwäsche:		
– – aus Baumwolle	6302 31 00	–
– – aus Chemiefasern:		
– – – aus Vliesstoffen	6302 32 10	–
– – – andere	6302 32 90	–
– – aus anderen Spinnstoffen:		
– – – aus Flachs (Leinen) oder Ramie	6302 39 20	–
– – – andere	6302 39 90	–
– Tischwäsche aus Gewirken oder Gestricken	6302 40 00	–
– andere Tischwäsche:		
– – aus Baumwolle	6302 51 00	–
– – aus Chemiefasern:		
– – – aus Vliesstoffen	6302 53 10	–
– – – andere	6302 53 90	–
– – aus anderen Spinnstoffen:		
– – – aus Flachs (Leinen)	6302 59 10	–
– – – andere	6302 59 90	–
– Wäsche zur Körperpflege und Küchenwäsche, aus Frottierware aus Baumwolle	6302 60 00	–
– andere:		
– – aus Baumwolle	6302 91 00	–
– – aus Chemiefasern:		
– – – aus Vliesstoffen	6302 93 10	–
– – – andere	6302 93 90	–
– – aus anderen Spinnstoffen:		
– – – aus Flachs (Leinen)	6302 99 10	–
– – – andere	6302 99 90	–

Warenbezeichnung	Warennummer	Besondere Maßeinheit
Gardinen, Vorhänge und Innenrollos; Fenster- und Bettbehänge (Schabracken):	**6303**	
– aus Gewirken oder Gestricken:		
– – aus synthetischen Chemiefasern	6303 12 00	m^2
– – aus anderen Spinnstoffen	6303 19 00	m^2
– andere:		
– – aus Baumwolle	6303 91 00	m^2
– – aus synthetischen Chemiefasern:		
– – – aus Vliesstoffen	6303 92 10	m^2
– – – andere	6303 92 90	m^2
– – aus anderen Spinnstoffen:		
– – – aus Vliesstoffen	6303 99 10	m^2
– – – andere	6303 99 90	m^2
Andere Waren zur Innenausstattung, ausgenommen Waren der Position 9404:	**6304**	
– Bettüberwürfe:		
– – aus Gewirken oder Gestricken	6304 11 00	St
– – andere:		
– – – aus Baumwolle	6304 19 10	St
– – – aus Flachs (Leinen) oder Ramie	6304 19 30	St
– – – aus anderen Spinnstoffen	6304 19 90	St
– Netze für Betten im Sinne der Unterpositions-Anmerkung 1 zu diesem Kapitel	6304 20 00	St
– andere:		
– – aus Gewirken oder Gestricken	6304 91 00	–
– – aus Baumwolle (ausgenommen aus Gewirken oder Gestricken)	6304 92 00	–
– – aus synthetischen Chemiefasern (ausgenommen aus Gewirken oder Gestricken)	6304 93 00	–
– – aus anderen Spinnstoffen (ausgenommen aus Gewirken oder Gestricken)	6304 99 00	–
Säcke und Beutel zu Verpackungszwecken:	**6305**	
– aus Jute oder anderen textilen Bastfasern der Position 5303:		
– – gebraucht	6305 10 10	–
– – andere	6305 10 90	–
– aus Baumwolle	6305 20 00	–
– aus synthetischen oder künstlichen Spinnstoffen:		
– – flexible Schüttgutbehälter:		
– – – aus Streifen oder dergleichen, aus Polyethylen oder Polypropylen:		
– – – – aus Gewirken oder Gestricken	6305 32 11	–
– – – – andere	6305 32 19	–
– – – andere	6305 32 90	–
– – andere, aus Streifen oder dergleichen, aus Polyethylen oder Polypropylen:		
– – – aus Gewirken oder Gestricken	6305 33 10	–
– – – andere	6305 33 90	–
– – andere	6305 39 00	–
– aus anderen Spinnstoffen	6305 90 00	–

Warenbezeichnung	Warennummer	Besondere Maßeinheit
● **Planen und Markisen; Zelte (einschließlich Faltpavillons und ähnliche Waren); Segel für Wasserfahrzeuge, für Surfbretter oder für Landfahrzeuge; Campingausrüstungen:**	**6306**	
– Planen und Markisen:		
– – aus synthetischen Chemiefasern	6306 12 00	–
– – aus anderen Spinnstoffen	6306 19 00	–
● **– Zelte (einschließlich Faltpavillons und ähnliche Waren):**		
– – aus synthetischen Chemiefasern	6306 22 00	–
– – aus anderen Spinnstoffen	6306 29 00	–
– Segel	6306 30 00	–
– Luftmatratzen	6306 40 00	St
– andere	6306 90 00	–
Andere konfektionierte Waren, einschließlich Schnittmuster zum Herstellen von Kleidung:	**6307**	
– Scheuertücher, Wischtücher, Spültücher, Staubtücher und ähnliche Reinigungstücher:		
– – aus Gewirken oder Gestricken	6307 10 10	–
– – aus Vliesstoffen	6307 10 30	–
– – andere	6307 10 90	–
– Schwimmwesten und Rettungsgürtel	6307 20 00	–
– andere:		
– – aus Gewirken oder Gestricken	6307 90 10	–
– – andere:		
– – – aus Filz	6307 90 91	–
– – – andere:		
– – – – Einweg-Abdecktücher aus Erzeugnissen der Position 5603, von der bei chirurgischen Eingriffen verwendeten Art	6307 90 92	–
– – – – Gesichtsschutzmasken:		
● – – – – – filtrierende Halbmasken (FFP) gemäß EN 149; andere Masken, die einer ähnlichen Norm für Masken als Atemschutzgeräte zum Schutz gegen Partikel entsprechen	6307 90 93	St
– – – – – andere	6307 90 95	St
– – – – andere	6307 90 98	–

II. Warenzusammenstellungen

Warenzusammenstellungen, aus Geweben und Garn, auch mit Zubehör, für die Herstellung von Teppichen, Tapisserien, bestickten Tischdecken oder Servietten oder ähnlichen Spinnstoffwaren, in Aufmachungen für den Einzelverkauf	**6308 00 00**	–

III. Altwaren und Lumpen

Altwaren	**6309 00 00**	–
Lumpen, aus Spinnstoffen; Bindfäden, Seile, Taue und Waren daraus, aus Spinnstoffen, in Form von Abfällen oder unbrauchbar gewordenen Waren:	**6310**	
– sortiert	6310 10 00	–
– andere	6310 90 00	–

Schuhe, Kopfbedeckungen, Regen- und Sonnenschirme, Gehstöcke, Sitzstöcke, Peitschen, Reitpeitschen und Teile davon; zugerichtete Federn und Waren aus Federn; künstliche Blumen; Waren aus Menschenhaaren

Kapitel 64

Schuhe, Gamaschen und ähnliche Waren; Teile davon

Anmerkungen

1. Zu Kapitel 64 gehören nicht:
   a) Einwegartikel zum Bedecken der Füße oder Schuhe, aus leichtem oder wenig widerstandsfähigem Material (z. B. Papier, Kunststofffolie), ohne angebrachte Sohlen (Einreihung nach stofflicher Beschaffenheit);
   b) Fußbekleidung aus Spinnstoffen, ohne an das Oberteil durch Kleben, Nähen oder auf andere Weise angebrachte Laufsohle (Abschnitt XI);
   c) gebrauchte Schuhe der Position 6309;
   d) Waren aus Asbest (Position 6812);
   e) orthopädische Schuhe, orthopädische Apparate und andere orthopädische Vorrichtungen, Teile davon (Position 9021);
   f) Schuhe, die den Charakter von Spielzeug haben, und Schuhe mit fest angebrachten Schlittschuhen oder Rollschuhen; Schienbeinschützer und ähnliche Sportschutzausrüstungen (Kapitel 95).
2. Als „Teile“ im Sinne der Position 6406 gelten nicht Stifte, Sohlenschützer, Ösen, Haken, Schnallen, Tressen, Pompons, Schnürsenkel und andere Zier- und Posamentierwaren (Einreihung nach stofflicher Beschaffenheit), Schuhknöpfe und andere Waren der Position 9606.
3. Im Sinne des Kapitels 64 gelten als:
   a) „Kautschuk“ und „Kunststoff“ auch Gewebe und andere Spinnstofferzeugnisse, welche auf der Außenseite mit einer mit bloßem Auge wahrnehmbaren Kautschuk- oder Kunststoffschicht versehen sind; dabei bleiben Veränderungen der Farbe, die durch diese Behandlungen zur Erlangung dieser Außenschicht hervorgerufen sind, außer Betracht;
   b) „Leder“ Erzeugnisse der Positionen 4107 und 4112 bis 4114.
4. Vorbehaltlich der Anmerkung 3 zu Kapitel 64 gelten als:
   a) Stoff des Oberteils der Stoff, der den größten Teil der Außenfläche bildet, unabhängig von Zubehör- oder Verstärkungsteilen wie Randeinfassungen, Knöchelschützer, Verzierungen, Schnallen, Laschen, Ösen oder ähnliche Vorrichtungen;
   b) Stoff der Laufsohle der Stoff, der den größten Teil der Berührungsfläche mit dem Boden bildet, unabhängig von Zubehör- oder Verstärkungsteilen wie Dornen, Stollen, Nägel, Sohlenschützer oder ähnliche Vorrichtungen.

Unterpositions-Anmerkung

1. Als „Sportschuhe“ im Sinne der Unterpositionen 6402 12, 6402 19, 6403 12, 6403 19 und 6404 11 gelten nur:
   a) Schuhe, die für die Ausübung einer Sportart bestimmt und mit Dornen, Krampen, Klammern, Stollen oder ähnlichen Vorrichtungen versehen oder für deren Anbringung hergerichtet sind;
   b) Schuhe für Schlittschuhe oder Rollschuhe, Skistiefel, Skilanglaufschuhe, Snowboardschuhe, Ringerschuhe, Boxerstiefel oder Radsportschuhe.

Zusätzliche Anmerkungen

1. Im Sinne der Anmerkung 4 a) gelten als „Verstärkungsteile" alle Teile (z. B. aus Kunststoff oder Leder), die die Außenfläche des Oberteils bedecken, ihm eine höhere Festigkeit verleihen und mit der Sohle verbunden sein können. Nach Entfernung der Verstärkungsteile muss der sichtbare Teil die charakteristischen Merkmale eines Oberteils und nicht die eines Futters aufweisen und dem Fuß genügend Halt bieten, um dem Benutzer bei angebrachter Befestigung das Laufen zu ermöglichen.

   Bei der Bestimmung des Stoffes, aus dem das Oberteil besteht, sind die Flächen des Oberteils zu berücksichtigen, die von Zubehör- oder Verstärkungsteilen bedeckt sind.
2. Im Sinne der Anmerkung 4 b) sind eine oder mehrere textile Lagen, die nicht die an eine normal genutzte Laufsohle gestellten Anforderungen (z. B. Dauerhaftigkeit, Widerstandsfähigkeit usw.) erfüllen, für Einreihungszwecke außer Betracht zu lassen.

Warenbezeichnung	Warennummer	Besondere Maßeinheit
Wasserdichte Schuhe mit Laufsohlen und Oberteil aus Kautschuk oder Kunststoff, bei denen weder das Oberteil mit der Laufsohle noch das Oberteil selbst durch Nähen, Nieten, Nageln, Schrauben, Stecken oder ähnliche Verfahren zusammengefügt ist:	**6401**	
– Schuhe, mit einem Metallschutz in der Vorderkappe	6401 10 00	Paar
– andere Schuhe:		
– – den Knöchel, jedoch nicht das Knie bedeckend:		
– – – mit Oberteil aus Kautschuk	6401 92 10	Paar
– – – mit Oberteil aus Kunststoff	6401 92 90	Paar
– – andere	6401 99 00	Paar
Andere Schuhe mit Laufsohlen und Oberteil aus Kautschuk oder Kunststoff:	**6402**	
– Sportschuhe:		
– – Skistiefel, Skilanglaufschuhe und Snowboardschuhe:		
– – – Skistiefel und Skilanglaufschuhe	6402 12 10	Paar
– – – Snowboardschuhe	6402 12 90	Paar
– – andere	6402 19 00	Paar
– Schuhe mit Oberteil aus Bändern oder Riemen, mit der Sohle durch Zapfen zusammengesteckt	6402 20 00	Paar
– andere Schuhe:		
– – den Knöchel bedeckend:		
– – – mit einem Metallschutz in der Vorderkappe	6402 91 10	Paar
– – – andere	6402 91 90	Paar

Warenbezeichnung	Warennummer	Besondere Maßeinheit
– – andere:		
– – – mit einem Metallschutz in der Vorderkappe	6402 99 05	Paar
– – – andere:		
– – – – mit Oberteil aus Kautschuk	6402 99 10	Paar
– – – – mit Oberteil aus Kunststoff:		
– – – – – Schuhe, deren Blatt aus Riemen gefertigt oder nicht geschlossen ist:		
– – – – – – mit Absatz und Sohle mit einer größten Höhe von mehr als 3 cm	6402 99 31	Paar
– – – – – – andere	6402 99 39	Paar
– – – – – Pantoffeln und andere Hausschuhe	6402 99 50	Paar
– – – – – andere, mit einer Länge der Innensohle von:		
– – – – – – weniger als 24 cm	6402 99 91	Paar
– – – – – – 24 cm oder mehr:		
– – – – – – – Schuhe, die nicht als Männer- oder Frauenschuhe erkennbar sind	6402 99 93	Paar
– – – – – – – andere:		
– – – – – – – – für Männer	6402 99 96	Paar
– – – – – – – – für Frauen	6402 99 98	Paar
Schuhe mit Laufsohlen aus Kautschuk, Kunststoff, Leder oder rekonstituiertem Leder und Oberteil aus Leder:	**6403**	
– Sportschuhe:		
– – Skistiefel, Skilanglaufschuhe und Snowboardschuhe	6403 12 00	Paar
– – andere	6403 19 00	Paar
– Schuhe mit Laufsohlen aus Leder und Oberteil aus Lederriemen, die über den Spann und um die große Zehen führen	6403 20 00	Paar
– andere Schuhe, mit einem Metallschutz in der Vorderkappe	6403 40 00	Paar
– andere Schuhe, mit Laufsohlen aus Leder:		
– – den Knöchel bedeckend:		
– – – mit einer Hauptsohle aus Holz, ohne Innensohle	6403 51 05	Paar
– – – andere:		
– – – – den Knöchel, jedoch nicht die Wade bedeckend, mit einer Länge der Innensohle von:		
– – – – – weniger als 24 cm	6403 51 11	Paar
– – – – – 24 cm oder mehr:		
– – – – – – für Männer	6403 51 15	Paar
– – – – – – für Frauen	6403 51 19	Paar
– – – – andere, mit einer Länge der Innensohle von:		
– – – – – weniger als 24 cm	6403 51 91	Paar
– – – – – 24 cm oder mehr:		
– – – – – – für Männer	6403 51 95	Paar
– – – – – – für Frauen	6403 51 99	Paar

Warenbezeichnung	Warennummer	Besondere Maßeinheit
– – andere:		
– – – mit einer Hauptsohle aus Holz, ohne Innensohle	6403 59 05	Paar
– – – andere:		
– – – – Schuhe, deren Blatt aus Riemen gefertigt oder nicht geschlossen ist:		
– – – – – mit Absatz und Sohle mit einer größten Höhe von mehr als 3 cm	6403 59 11	Paar
– – – – – andere, mit einer Länge der Innensohle von:		
– – – – – – weniger als 24 cm	6403 59 31	Paar
– – – – – – 24 cm oder mehr:		
– – – – – – – für Männer	6403 59 35	Paar
– – – – – – – für Frauen	6403 59 39	Paar
– – – – Pantoffeln und andere Hausschuhe	6403 59 50	Paar
– – – – andere, mit einer Länge der Innensohle von:		
– – – – – weniger als 24 cm	6403 59 91	Paar
– – – – – 24 cm oder mehr:		
– – – – – – für Männer	6403 59 95	Paar
– – – – – – für Frauen	6403 59 99	Paar
– andere Schuhe:		
– – den Knöchel bedeckend:		
– – – mit einer Hauptsohle aus Holz, ohne Innensohle	6403 91 05	Paar
– – – andere:		
– – – – den Knöchel, jedoch nicht die Wade bedeckend, mit einer Länge der Innensohle von:		
– – – – – weniger als 24 cm	6403 91 11	Paar
– – – – – 24 cm oder mehr:		
– – – – – – Schuhe, die nicht als Männer- oder Frauenschuhe erkennbar sind	6403 91 13	Paar
– – – – – – andere:		
– – – – – – – für Männer	6403 91 16	Paar
– – – – – – – für Frauen	6403 91 18	Paar
– – – – andere, mit einer Länge der Innensohle von:		
– – – – – weniger als 24 cm	6403 91 91	Paar
– – – – – 24 cm oder mehr:		
– – – – – – Schuhe, die nicht als Männer- oder Frauenschuhe erkennbar sind	6403 91 93	Paar
– – – – – – andere:		
– – – – – – – für Männer	6403 91 96	Paar
– – – – – – – für Frauen	6403 91 98	Paar
– – andere:		
– – – mit einer Hauptsohle aus Holz, ohne Innensohle	6403 99 05	Paar
– – – andere:		
– – – – Schuhe, deren Blatt aus Riemen gefertigt oder nicht geschlossen ist:		
– – – – – mit Absatz und Sohle mit einer größten Höhe von mehr als 3 cm	6403 99 11	Paar
– – – – – andere, mit einer Länge der Innensohle von:		
– – – – – – weniger als 24 cm	6403 99 31	Paar
– – – – – – 24 cm oder mehr:		
– – – – – – – Schuhe, die nicht als Männer- oder Frauenschuhe erkennbar sind	6403 99 33	Paar
– – – – – – – andere:		
– – – – – – – – für Männer	6403 99 36	Paar
– – – – – – – – für Frauen	6403 99 38	Paar

Warenbezeichnung	Warennummer	Besondere Maßeinheit
– – – – Pantoffeln und andere Hausschuhe	6403 99 50	Paar
– – – – andere, mit einer Länge der Innensohle von:		
– – – – – weniger als 24 cm	6403 99 91	Paar
– – – – – 24 cm oder mehr:		
– – – – – – Schuhe, die nicht als Männer- oder Frauenschuhe erkennbar sind	6403 99 93	Paar
– – – – – – andere:		
– – – – – – – für Männer	6403 99 96	Paar
– – – – – – – für Frauen	6403 99 98	Paar
Schuhe mit Laufsohlen aus Kautschuk, Kunststoff, Leder oder rekonstituiertem Leder und Oberteil aus Spinnstoffen:	**6404**	
– Schuhe mit Laufsohlen aus Kautschuk oder Kunststoff:		
– – Sportschuhe; Tennisschuhe, Basketballschuhe, Turnschuhe, Trainingsschuhe und ähnliche Schuhe	6404 11 00	Paar
– – andere:		
– – – Pantoffeln und andere Hausschuhe	6404 19 10	Paar
– – – andere	6404 19 90	Paar
– Schuhe mit Laufsohlen aus Leder oder rekonstituiertem Leder:		
– – Pantoffeln und andere Hausschuhe	6404 20 10	Paar
– – andere	6404 20 90	Paar
Andere Schuhe:	**6405**	
– mit Oberteil aus Leder oder rekonstituiertem Leder	6405 10 00	Paar
– mit Oberteil aus Spinnstoffen:		
– – mit Laufsohlen aus Holz oder Kork	6405 20 10	Paar
– – mit Laufsohlen aus anderen Stoffen:		
– – – Pantoffeln und andere Hausschuhe	6405 20 91	Paar
– – – andere	6405 20 99	Paar
– andere:		
– – Laufsohlen aus Kautschuk, Kunststoff, Leder oder rekonstituiertem Leder	6405 90 10	Paar
– – mit Laufsohlen aus anderen Stoffen	6405 90 90	Paar
Schuhteile (einschließlich Schuhoberteile, auch an Sohlen befestigt, nicht jedoch an Laufsohlen); Einlegesohlen, Fersenstücke und ähnliche herausnehmbare Waren; Gamaschen und ähnliche Waren sowie Teile davon:	**6406**	
– Schuhoberteile und Teile davon, ausgenommen Verstärkungen:		
– – aus Leder	6406 10 10	–
– – aus anderen Stoffen	6406 10 90	–
– Laufsohlen und Absätze, aus Kautschuk oder Kunststoff:		
– – aus Kautschuk	6406 20 10	–
– – aus Kunststoff	6406 20 90	–
– andere:		
– – Zusammensetzungen aus Schuhoberteilen, die mit einer Brandsohle oder anderen Bodenteilen (ausgenommen Laufsohlen) verbunden sind	6406 90 30	Paar
– – Einlegesohlen und anderes herausnehmbares Zubehör	6406 90 50	–
– – Laufsohlen aus Leder oder rekonstituiertem Leder	6406 90 60	–
– – andere	6406 90 90	–

Kapitel 65

Kopfbedeckungen und Teile davon

Anmerkungen

1. Zu Kapitel 65 gehören nicht:
   a) gebrauchte Kopfbedeckungen der Position 6309;
   b) Kopfbedeckungen aus Asbest (Position 6812);
   c) Puppenhüte und andere Kopfbedeckungen, die den Charakter von Spielzeug haben, und Karnevalsartikel (Kapitel 95).
2. Zu Position 6502 gehören auch Hutstumpen und Hutrohlinge, die aus Streifen spiralförmig zusammengenäht sind. Andere durch Nähen hergestellte Hutstumpen und Hutrohlinge gehören nicht zu Position 6502.

Warenbezeichnung	Warennummer	Besondere Maßeinheit
Hutstumpen, weder geformt noch randgeformt, aus Filz; Hutplatten, Bandeaux (auch aufgeschnitten), aus Filz, zum Herstellen von Hüten	**6501 00 00**	St
Hutstumpen oder Hutrohlinge, geflochten oder durch Verbindung von Streifen aus Stoffen aller Art hergestellt, weder geformt noch randgeformt noch ausgestattet	**6502 00 00**	St
Hüte und andere Kopfbedeckungen, geflochten oder durch Verbindung von Streifen aus Stoffen aller Art hergestellt, auch ausgestattet	**6504 00 00**	St
Hüte und andere Kopfbedeckungen, gewirkt oder gestrickt oder aus einem oder mehreren Stücken (ausgenommen Streifen) von Spitzen, Filz oder anderen Spinnstofferzeugnissen hergestellt, auch ausgestattet; Haarnetze aus Stoffen aller Art, auch ausgestattet:	**6505**	
– aus Haarfilz oder aus Woll-Haarfilz, aus Hutstumpen oder Hutplatten der Warennummer 6501 00 00	6505 00 10	St
– andere:		
– – Mützen, Uniformkappen und dergleichen, mit Schirm	6505 00 30	St
– – andere	6505 00 90	–

Warenbezeichnung	Warennummer	Besondere Maßeinheit
Andere Hüte und Kopfbedeckungen, auch ausgestattet:	**6506**	
– Sicherheitskopfbedeckungen:		
– – aus Kunststoff	6506 10 10	St
– – aus anderen Stoffen	6506 10 80	St
– andere:		
– – aus Kautschuk oder Kunststoff	6506 91 00	St
– – aus anderen Stoffen:		
– – – aus Haarfilz oder aus Woll-Haarfilz, aus Hutstumpen oder Hutplatten der Warennummer 6501 00 00	6506 99 10	St
– – – andere	6506 99 90	St
Bänder zur Innenausrüstung, Innenfutter, Bezüge, Gestelle, Schirme und Kinnbänder, für Kopfbedeckungen	**6507 00 00**	–

Kapitel 66

Regenschirme, Sonnenschirme, Gehstöcke, Sitzstöcke, Peitschen, Reitpeitschen und Teile davon

Anmerkungen

1. Zu Kapitel 66 gehören nicht:
   a) Messstöcke und dergleichen (Position 9017);
   b) Stockflinten, Stockdegen, Spazierstöcke mit Bleifüllung und dergleichen (Kapitel 93);
   c) Waren des Kapitels 95 (z. B. Regen- und Sonnenschirme, die den Charakter von Spielzeug haben).
2. Zu Position 6603 gehören nicht Teile, Ausstattungen und Zubehör, aus Spinnstoffen, sowie Schirmhüllen, Schirmbezüge, Quasten, Troddeln und dergleichen, aus Stoffen aller Art, für die in den Positionen 6601 und 6602 erfassten Waren. Derartige Waren werden nach eigener Beschaffenheit eingereiht. Dies gilt auch dann, wenn sie mit den Gegenständen, für die sie bestimmt sind, ein- oder ausgeführt werden, sofern sie mit diesen Gegenständen nicht verbunden sind.

Warenbezeichnung	Warennummer	Besondere Maßeinheit
Regenschirme und Sonnenschirme (einschließlich Stockschirme, Gartenschirme und ähnliche Waren):	**6601**	
– Gartenschirme und ähnliche Waren	6601 10 00	St
– andere:		
– – Schirme mit Teleskopauszug	6601 91 00	St
– – andere:		
– – – mit Bezug aus Geweben aus Spinnstoffen	6601 99 20	St
– – – andere	6601 99 90	St
Gehstöcke, Sitzstöcke, Peitschen, Reitpeitschen und ähnliche Waren	**6602 00 00**	–
Teile, Ausstattungen und Zubehör für Waren der Positionen 6601 und 6602:	**6603**	
– Schirmgestelle, zusammengesetzt, auch mit Unterstock oder Griffstock	6603 20 00	–
– andere:		
– – Griffe und Knäufe	6603 90 10	–
– – andere	6603 90 90	–

Kapitel 67

Zugerichtete Federn und Daunen und Waren aus Federn oder Daunen; künstliche Blumen; Waren aus Menschenhaaren

Anmerkungen

1. Zu Kapitel 67 gehören nicht:
   a) Filter- oder Presstücher aus Menschenhaaren (Position 5911);
   b) Blumenmotive aus Spitzen, Stickereien oder anderen Spinnstoffwaren (Abschnitt XI);
   c) Schuhe (Kapitel 64);
   d) Kopfbedeckungen und Haarnetze (Kapitel 65);
   e) Spielzeug, Sportgeräte und Karnevalsartikel (Kapitel 95);
   f) Staubwedel, Puderquasten und Siebe aus Menschenhaaren (Kapitel 96).
2. Zu Position 6701 gehören nicht:
   a) Waren, bei denen die Federn oder Daunen nur als Füllung der Polsterung dienen, insbesondere Bettausstattungen der Position 9404;
   b) Kleidung und Bekleidungszubehör, bei denen die Federn oder Daunen nur Besätze oder Auspolsterungen sind;
   c) künstliche Blumen, künstliches Blattwerk, Teile davon und daraus hergestellte Waren der Position 6702.
3. Zu Position 6702 gehören nicht:
   a) Waren aus Glas (Kapitel 70);
   b) künstliche Blumen, künstliches Blattwerk oder künstliche Früchte, aus keramischen Stoffen, Stein, Metall, Holz oder anderen Stoffen, die durch Gießen, Schmieden, Behauen, Stanzen oder in anderer Weise in einem Stück hergestellt sind oder die aus mehreren Teilen bestehen, die anders als durch Binden, Kleben, Ineinanderstecken oder ähnliche Verfahren miteinander verbunden sind.

Warenbezeichnung	Warennummer	Besondere Maßeinheit
Vogelbälge und andere Vogelteile mit ihren Federn oder Daunen, Federn, Teile von Federn, Daunen und Waren daraus (ausgenommen Waren der Position 0505 und bearbeitete Federspulen und -kiele)	**6701 00 00**	–
Künstliche Blumen, künstliches Blattwerk und künstliche Früchte sowie Teile davon; Waren aus künstlichen Blumen, künstlichem Blattwerk oder künstlichen Früchten:	**6702**	
– aus Kunststoff	6702 10 00	–
– aus anderen Stoffen	6702 90 00	–
Menschenhaare, gleichgerichtet, gedünnt, gebleicht oder in anderer Weise zugerichtet; Wolle, Tierhaare und andere Spinnstoffe, für die Herstellung von Perücken und ähnlichen Waren zugerichtet	**6703 00 00**	–

Warenbezeichnung	Warennummer	Besondere Maßeinheit
Perücken, Bärte, Augenbrauen, Augenwimpern, Locken und dergleichen, aus Menschenhaaren, Tierhaaren oder Spinnstoffen; Waren aus Menschenhaaren, anderweit weder genannt noch inbegriffen:	6704	
– aus synthetischen Spinnstoffen:		
– – vollständige Perücken	6704 11 00	–
– – andere	6704 19 00	–
– aus Menschenhaaren	6704 20 00	–
– aus anderen Stoffen	6704 90 00	–

Waren aus Steinen, Gips, Zement, Asbest, Glimmer oder ähnlichen Stoffen; keramische Waren; Glas und Glaswaren

Kapitel 68

Waren aus Steinen, Gips, Zement, Asbest, Glimmer oder ähnlichen Stoffen

Anmerkungen

1. Zu Kapitel 68 gehören nicht:
   a) Waren des Kapitels 25;
   b) gestrichene, überzogene oder getränkte Papiere und Pappen der Position 4810 oder 4811 (z. B. mit Glimmerstaub oder Grafit überzogene oder mit Bitumen oder Asphalt getränkte Papiere und Pappen);
   c) bestrichene, überzogene oder getränkte textile Flächenerzeugnisse des Kapitels 56 oder 59 und andere Spinnstofferzeugnisse (z. B. mit Glimmerstaub überzogene oder mit Bitumen oder Asphalt getränkte Gewebe);
   d) Waren des Kapitels 71;
   e) Werkzeuge und Werkzeugteile des Kapitels 82;
   f) Lithografiesteine (Position 8442);
   g) elektrische Isolatoren der Position 8546 und Isolierteile der Position 8547;
   h) kleine Schleifscheiben, Trennscheiben und dergleichen, für Dentalbohrmaschinen (Position 9018);
   ij) Waren des Kapitels 91 (z. B. Gehäuse für Uhren oder für andere Uhrmacherwaren):
   ● k) Waren des Kapitels 94 (z. B. Möbel, Leuchten und Beleuchtungskörper, vorgefertigte Gebäude);
   l) Waren des Kapitels 95 (z. B. Spielzeug, Spiele, Sportgeräte);
   m) Waren der Position 9602, wenn sie aus den in Anmerkung 2 Buchstabe b) zu Kapitel 96 genannten Stoffen bestehen, Waren der Position 9606 (z. B. Knöpfe), der Position 9609 (z. B. Schiefergriffel) oder der Position 9610 (z. B. Schiefertafeln zum Schreiben oder Zeichnen) oder der Position 9620 (Ein-, Zwei-, Dreibeinstative und ähnliche Waren);
   n) Waren des Kapitels 97 (z. B. Kunstgegenstände).
2. Der Begriff „bearbeitete Werksteine“ in Position 6802 bezieht sich nicht nur auf Steine der in der Position 2515 oder 2516 erfassten Art, sondern auch auf alle anderen natürlichen Steine (z. B. Quarzit, Flintstein, Dolomit und Speckstein), die in gleicher Weise bearbeitet sind; das gilt jedoch nicht für Tonschiefer.

Warenbezeichnung	Warennummer	Besondere Maßeinheit
Pflastersteine, Randsteine und Pflasterplatten, aus Naturstein (ausgenommen Schiefer)	**6801 00 00**	–
Bearbeitete Werksteine (ausgenommen Schiefer) und Waren daraus, ausgenommen Waren der Position 6801; Würfel und dergleichen für Mosaike aus Naturstein (einschließlich Schiefer), auch auf Unterlagen, Körnungen, Splitter und Mehl von Naturstein (einschließlich Schiefer), künstlich gefärbt:	**6802**	
– Fliesen, Würfel und dergleichen, auch in anderer als quadratischer oder rechteckiger Form, deren größte Fläche in ein Quadrat mit einer Seitenlänge von weniger als 7 cm eingeschlossen werden kann; Körnungen, Splitter und Mehl, künstlich gefärbt	6802 10 00	–

Warenbezeichnung	Warennummer	Besondere Maßeinheit
– andere Werksteine und Waren daraus, lediglich geschnitten oder gesägt, mit ebener oder glatter Oberfläche:		
– – Marmor, Travertin und Alabaster	6802 21 00	–
– – Granit	6802 23 00	–
– – andere Steine	6802 29 00	–
– andere:		
– – Marmor, Travertin und Alabaster	6802 91 00	–
– – andere Kalksteine	6802 92 00	–
– – Granit:		
– – – poliert, verziert oder anders bearbeitet, jedoch ohne Bildhauerarbeit, mit einem Eigengewicht von 10 kg oder mehr	6802 93 10	–
– – – andere	6802 93 90	–
– – andere Steine:		
– – – poliert, verziert oder anders bearbeitet, jedoch ohne Bildhauerarbeit, mit einem Eigengewicht von 10 kg oder mehr	6802 99 10	–
– – – andere	6802 99 90	–
Bearbeiteter Tonschiefer und Waren aus Tonschiefer oder aus Pressschiefer:	**6803**	
– Schiefer für Dächer oder Fassaden	6803 00 10	–
– andere	6803 00 90	–
Mühlsteine, Schleifsteine und dergleichen, ohne Gestell, zum Mahlen, Zerfasern, Brechen, Schleifen, Polieren, Richten, Schneiden oder Trennen, Wetz- oder Poliersteine zum Handgebrauch und Teile davon, aus Natursteinen, aus agglomerierten natürlichen oder künstlichen Schleifstoffen oder keramisch hergestellt, auch mit Teilen aus anderen Stoffen:	**6804**	
– Mühlsteine und Steine zum Mahlen, Zerfasern oder Brechen	6804 10 00	–
– andere Mühlsteine, Schleifsteine und dergleichen:		
– – aus agglomerierten synthetischen oder natürlichen Diamanten	6804 21 00	–
– – aus anderen agglomerierten Schleifstoffen oder keramisch hergestellt:		
– – – aus künstlichen Schleifstoffen, mit Bindemittel:		
– – – – aus Kunstharz:		
– – – – – nicht verstärkt	6804 22 12	–
– – – – – verstärkt	6804 22 18	–
– – – – aus keramischen Stoffen oder Silicaten	6804 22 30	–
– – – – aus anderen Stoffen	6804 22 50	–
– – – andere	6804 22 90	–
– – aus Naturstein	6804 23 00	–
– Wetz- oder Poliersteine zum Handgebrauch	6804 30 00	–
Natürliche oder künstliche Schleifmittel, in Pulver- oder Körnerform, auf einer Unterlage aus Spinnstoffen, Papier, Pappe oder anderen Stoffen, auch zugeschnitten, genäht oder anders zusammengefügt:	**6805**	
– nur auf einer Unterlage aus Gewebe aus Spinnstoffen	6805 10 00	–
– nur auf einer Unterlage aus Papier oder Pappe	6805 20 00	–
– auf einer Unterlage aus anderen Stoffen	6805 30 00	–

Warenbezeichnung	Warennummer	Besondere Maßeinheit
Hüttenwolle/Schlackenwolle, Steinwolle und ähnliche mineralische Wollen; geblähter Vermiculit, geblähter Ton, Schaumschlacke und ähnliche geblähte mineralische Erzeugnisse; Mischungen und Waren aus mineralischen Stoffen zu Wärme-, Kälte- oder Schallschutzzwecken, ausgenommen Waren der Positionen 6811 und 6812 oder des Kapitels 69:	**6806**	
– Hüttenwolle/Schlackenwolle, Steinwolle und ähnliche mineralische Wollen, auch miteinander gemischt, lose, in Platten oder in Rollen	6806 10 00	–
– geblähter Vermiculit, geblähter Ton, Schaumschlacke und ähnliche geblähte mineralische Erzeugnisse, auch miteinander gemischt:		
– – geblähter Ton	6806 20 10	–
– – andere	6806 20 90	–
– andere	6806 90 00	–
Waren aus Asphalt oder aus ähnlichen Stoffen (z. B. Erdölpech, Kohlenteerpech):	**6807**	
– in Rollen	6807 10 00	m²
– andere	6807 90 00	–
Platten, Dielen, Fliesen, Blöcke und dergleichen, aus Pflanzenfasern, Stroh oder aus Holzspänen, -schnitzeln, -fasern, Sägemehl oder anderen Holzabfällen, mit Zement, Gips oder anderen mineralischen Bindemitteln hergestellt	**6808 00 00**	–
Waren aus Gips oder aus Mischungen auf der Grundlage von Gips:	**6809**	
– Platten, Tafeln, Dielen, Fliesen und ähnliche Waren, nicht verziert:		
– – nur mit Papier oder Pappe überzogen oder verstärkt	6809 11 00	m²
– – andere	6809 19 00	m²
– andere	6809 90 00	–
Waren aus Zement, Beton oder Kunststein, auch bewehrt:	**6810**	
– Ziegel, Fliesen, Mauersteine und dergleichen:		
– – Baublöcke und Mauersteine:		
– – – aus Leichtbeton (auf Basis von Bimskies, granulierter Schlacke usw.)	6810 11 10	–
– – – andere	6810 11 90	–
– – andere	6810 19 00	–
– andere:		
– – vorgefertigte Bauelemente	6810 91 00	–
– – andere	6810 99 00	–
Waren aus Asbestzement, Cellulosezement oder dergleichen:	**6811**	
– Asbest enthaltend	6811 40 00	–
– keinen Asbest enthaltend:		
– – Wellplatten	6811 81 00	–
– – andere Platten, Tafeln, Fliesen, Ziegel und dergleichen	6811 82 00	–
– – andere	6811 89 00	–

Warenbezeichnung	Warennummer	Besondere Maßeinheit
Bearbeitete Asbestfasern; Mischungen auf der Grundlage von Asbest oder auf der Grundlage von Asbest und Magnesiumcarbonat; Waren aus solchen Mischungen oder aus Asbest (z. B. Garne, Gewebe, Kleidung, Kopfbedeckungen, Schuhe, Dichtungen), auch bewehrt, ausgenommen Waren der Position 6811 oder 6813:	**6812**	
– aus Krokydolith:		
– – bearbeitete Fasern; Mischungen auf der Grundlage von Asbest oder auf der Grundlage von Asbest und Magnesiumcarbonat	6812 80 10	–
– – andere	6812 80 90	–
– andere:		
– – Kleidung, Bekleidungszubehör, Schuhe und Kopfbedeckungen	6812 91 00	–
– – andere:		
– – – bearbeitete Asbestfasern; Mischungen auf der Grundlage von Asbest oder auf der Grundlage von Asbest und Magnesiumcarbonat	6812 99 10	–
■ – – – andere	6812 99 90	–
Reibungsbeläge (z. B. Platten, Rollen, Streifen, Segmente, Scheiben, Ringe, Klötze), nicht montiert, für Bremsen, Kupplungen und dergleichen, auf der Grundlage von Asbest, anderen mineralischen Stoffen oder Zellstoff, auch in Verbindung mit Spinnstoffen oder anderen Stoffen:	**6813**	
– Asbest enthaltend	6813 20 00	–
– keinen Asbest enthaltend:		
– – Bremsbeläge und Bremsklötze	6813 81 00	–
– – andere	6813 89 00	–
Bearbeiteter Glimmer und Glimmerwaren, einschließlich agglomerierter oder rekonstituierter Glimmer, auch auf Unterlagen aus Papier, Pappe oder aus anderen Stoffen:	**6814**	
– Platten, Blätter oder Streifen aus agglomeriertem oder rekonstituiertem Glimmer, auch auf Unterlagen	6814 10 00	–
– andere	6814 90 00	–
Waren aus Steinen oder anderen mineralischen Stoffen (einschließlich Kohlenstofffasern, Waren aus Kohlenstofffasern und Waren aus Torf), anderweit weder genannt noch inbegriffen:	**6815**	
● **– Kohlenstofffasern; Waren aus Kohlenstofffasern, für nicht elektrische Zwecke; andere Waren aus Grafit oder anderem Kohlenstoff, für nicht elektrische Zwecke:**		
● – – Kohlenstofffasern	6815 11 00	–
● – – Flächenerzeugnisse aus Kohlenstofffasern	6815 12 00	–
● – – andere Waren aus Kohlenstofffasern	6815 13 00	–
● – – andere	6815 19 00	–
– Waren aus Torf	6815 20 00	–
– andere:		
■ **– – Magnesit, Magnesia in Form von Periklas, Dolomit, auch in Form von Dolomitkalk, oder Chromit enthaltend**	6815 91 00	–
■ **– – andere**	6815 99 00	–

Kapitel 69

Keramische Waren

Anmerkungen

● 1. Zu Kapitel 69 gehören nur keramische Waren, die nach vorheriger Formgebung gebrannt sind:

a) Zu den Positionen 6904 bis 6914 gehören nicht Waren der Positionen 6901 bis 6903;

b) Waren, die für die Zwecke der Aushärtung von Harzen, der Beschleunigung der Hydratation oder der Entfernung von Wasser oder anderen flüchtigen Bestandteilen auf Temperaturen von weniger als 800 °C erhitzt werden, gelten nicht als gebrannt. Diese Waren gehören nicht zu Kapitel 69;

c) Keramische Waren werden durch Brennen anorganischer, nichtmetallischer Materialien, die zuvor – in der Regel bei Raumtemperatur – bearbeitet und geformt wurden, erhalten. Rohstoffe sind unter anderem Ton, kieselsäurehaltige Materialien, einschließlich geschmolzenes Siliciumdioxid, Materialien mit hohem Schmelzpunkt wie Oxide, Carbide, Nitride, Grafit oder anderer Kohlenstoff und in einigen Fällen Bindemittel wie feuerfester Ton oder Phosphate.

2. Zu Kapitel 69 gehören nicht:

a) Waren der Position 2844;

b) Waren der Position 6804;

c) Waren des Kapitels 71 (z. B. Fantasieschmuck);

d) Cermets der Position 8113;

e) Waren des Kapitels 82;

f) elektrische Isolatoren der Position 8546 und Isolierteile der Position 8547;

g) künstliche Zähne aus keramischen Stoffen (Position 9021);

h) Waren des Kapitels 91 (z. B. Uhren und Gehäuse für Uhren);

● ij) Waren des Kapitels 94 (z. B. Möbel, Leuchten und Beleuchtungskörper, vorgefertigte Gebäude);

k) Waren des Kapitels 95 (z. B. Spielzeug, Spiele, Sportgeräte);

l) Waren der Position 9606 (z. B. Knöpfe) oder der Position 9614 (z. B. Tabakpfeifen);

m) Waren des Kapitels 97 (z. B. Kunstgegenstände).

Warenbezeichnung	Warennummer	Besondere Maßeinheit
I. Waren aus kieselsäurehaltigen fossilen Mehlen oder ähnlichen kieselsäurehaltigen Erden und feuerfeste Waren		
Steine, Platten, Fliesen und andere keramische Waren aus kieselsäurehaltigen fossilen Mehlen (z. B. Kieselgur, Tripel, Diatomit) oder aus ähnlichen kieselsäurehaltigen Erden	**6901 00 00**	–
Feuerfeste Steine, Platten, Fliesen und ähnliche feuerfeste keramische Bauteile, ausgenommen Waren aus kieselsäurehaltigen fossilen Mehlen oder ähnlichen kieselsäurehaltigen Erden:	**6902**	
– mit einem Gehalt der Elemente Mg, Ca oder Cr, berechnet als MgO, CaO oder Cr_2O_3, einzeln oder gemeinsam, von mehr als 50 GHT	6902 10 00	–

Warenbezeichnung	Warennummer	Besondere Maßeinheit
– mit einem Gehalt an Tonerde (Al_2O_3), an Kieselsäure (SiO_2) oder einer Mischung oder Verbindung dieser Erzeugnisse von mehr als 50 GHT:		
– – mit einem Gehalt an Kieselsäure (SiO_2) von 93 GHT oder mehr	6902 20 10	–
– – andere:		
– – – mit einem Gehalt an Tonerde (Al_2O_3) von mehr als 7, jedoch weniger als 45 GHT	6902 20 91	–
– – – andere	6902 20 99	–
– andere	6902 90 00	–
Andere feuerfeste keramische Waren (z. B. Retorten, Schmelztiegel, Muffeln, Ausgüsse, Stopfen, Stützen, Kapellen, Rohre, Schutzrohre, Stäbe und Schieber), ausgenommen Waren aus kieselsäurehaltigen fossilen Mehlen oder aus ähnlichen kieselsäurehaltigen Erden:	**6903**	
– mit einem Gehalt an freiem Kohlenstoff von mehr als 50 GHT	6903 10 00	–
– mit einem Gehalt an Tonerde (Al_2O_3) oder einer Mischung oder Verbindung von Tonerde und Kieselsäure (SiO_2) von mehr als 50 GHT:		
– – mit einem Gehalt an Tonerde (Al_2O_3) von weniger als 45 GHT	6903 20 10	–
– – mit einem Gehalt an Tonerde (Al_2O_3) von 45 GHT oder mehr	6903 20 90	–
– andere:		
– – mit einem Gehalt an Grafit oder anderem Kohlenstoff, auch untereinander gemischt, von mehr als 25 bis 50 GHT	6903 90 10	–
– – andere	6903 90 90	–

II. Andere keramische Waren

Warenbezeichnung	Warennummer	Besondere Maßeinheit
Mauerziegel, Hourdis, Deckenziegel und dergleichen, aus keramischen Stoffen:	**6904**	
– Mauerziegel	6904 10 00	St
– andere	6904 90 00	–
Dachziegel, Schornsteinteile/Elemente für Rauchfänge, Rauchleitungen, Bauzierrate und andere Baukeramik:	**6905**	
– Dachziegel	6905 10 00	St
– andere	6905 90 00	–
Keramische Rohre, Rohrleitungen, Rinnen, Rohrformstücke, Rohrverschlussstücke und Rohrverbindungsstücke	**6906 00 00**	–
Keramische Fliesen, Boden- und Wandplatten; keramische Steinchen, Mosaiksteine und ähnliche Waren, auch auf Unterlage; fertige Formstücke:	**6907**	
– Fliesen, Boden- und Wandplatten, andere als solche der Unterpositionen 6907 30 und 6907 40:		
– – mit einem Wasseraufnahmekoeffizienten von 0,5 % oder weniger	6907 21 00	m^2
– – mit einem Wasseraufnahmekoeffizienten von mehr als 0,5 % bis 10 %	6907 22 00	m^2
– – mit einem Wasseraufnahmekoeffizienten von mehr als 10 %	6907 23 00	m^2
– Mosaiksteine und ähnliche Waren, andere als solche der Unterposition 6907 40	6907 30 00	m^2
– fertige Formstücke	6907 40 00	m^2

Warenbezeichnung	Warennummer	Besondere Maßeinheit
Keramische Waren zu chemischen und anderen technischen Zwecken; keramische Tröge, Wannen und ähnliche Behältnisse für die Landwirtschaft; keramische Krüge und ähnliche Behältnisse zu Transport- oder Verpackungszwecken:	**6909**	
– Waren zu chemischen und anderen technischen Zwecken:		
– – aus Porzellan	6909 11 00	–
– – Waren mit einer Mohsschen Härte von 9 oder mehr	6909 12 00	–
– – andere	6909 19 00	–
– andere	6909 90 00	–
Keramische Ausgüsse (Spülbecken), Waschbecken, Waschbeckensockel, Badewannen, Bidets, Klosettbecken, Spülkästen, Urinierbecken und ähnliche Installationsgegenstände zu sanitären Zwecken:	**6910**	
– aus Porzellan	6910 10 00	–
– andere	6910 90 00	–
Geschirr, andere Haushalts- oder Hauswirtschaftsartikel, Hygiene- oder Toilettengegenstände, aus Porzellan:	**6911**	
– Geschirr und andere Artikel für den Tisch- oder Küchengebrauch	6911 10 00	–
– andere	6911 90 00	–
Anderes keramisches Geschirr, andere keramische Haushalts- oder Hauswirtschaftsartikel, Hygiene- oder Toilettengegenstände:	**6912**	
– Geschirr und andere Artikel für den Tisch- oder Küchengebrauch:		
– – aus gewöhnlichem Ton	6912 00 21	–
– – aus Steinzeug	6912 00 23	–
– – aus Steingut oder feinen Erden	6912 00 25	–
– – andere	6912 00 29	–
– andere:		
– – aus gewöhnlichem Ton	6912 00 81	–
– – aus Steinzeug	6912 00 83	–
– – aus Steingut oder feinen Erden	6912 00 85	–
– – andere	6912 00 89	–
Statuetten und andere keramische Ziergegenstände:	**6913**	
– aus Porzellan	6913 10 00	–
– andere:		
– – aus gewöhnlichem Ton	6913 90 10	–
– – andere:		
– – – aus Steingut oder feinen Erden	6913 90 93	–
– – – andere	6913 90 98	–
Andere keramische Waren:	**6914**	
– aus Porzellan	6914 10 00	–
– andere	6914 90 00	–

Kapitel 70

Glas und Glaswaren

Anmerkungen

1. Zu Kapitel 70 gehören nicht:
   a) Waren der Position 3207 (z. B. Schmelzglasuren und andere verglasbare Massen, Glasfritten, anderes Glas in Form von Pulver, Granalien oder Flocken);
   b) Waren des Kapitels 71 (z. B. Fantasieschmuck);
   c) Kabel aus optischen Fasern der Position 8544, elektrische Isolatoren (Position 8546) oder Isolierteile der Position 8547;
   ● d) Frontscheiben (Windschutzscheiben), Heckscheiben und andere Scheiben, gerahmt, für Fahrzeuge der Kapitel 86 bis 88;
   ● e) Frontscheiben (Windschutzscheiben), Heckscheiben und andere Scheiben, auch gerahmt, mit Heizvorrichtungen oder anderen elektrischen oder elektronischen Vorrichtungen ausgerüstet, für Kraftfahrzeuge der Kapitel 86 bis 88;
   f) optische Fasern, optisch bearbeitete optische Elemente, Injektionsspritzen, künstliche Augen, Thermometer, Barometer, Dichtemesser und andere Waren des Kapitels 90;
   ● g) Leuchten und Beleuchtungskörper, Leuchtschilder, Reklameleuchten, Namensschilder und ähnliche Waren, mit fest angebrachter Lichtquelle, und Teile davon, der Position 9405;
   h) Spielzeug, Spiele, Sportgeräte, Weihnachtsartikel und andere Waren des Kapitels 95, ausgenommen Augen ohne Mechanismus für Puppen oder für andere Waren des Kapitels 95;
   ij) Knöpfe, Parfümzerstäuber, Vakuumisolierflaschen und andere Waren des Kapitels 96.
2. Für die Anwendung der Positionen 7003, 7004 und 7005:
   a) werden die vor dem Aushärten liegenden Arbeitsvorgänge bei dem Merkmal „bearbeitet“ nicht berücksichtigt;
   b) bleibt ein Zuschneiden auf bestimmte Formen für die Einreihung von Glas in Platten oder Tafeln ohne Einfluss;
   c) gelten als „absorbierende, reflektierende oder nicht reflektierende Schicht“ mikroskopisch dünne Überzüge aus Metall oder einer chemischen Verbindung (z. B. Metalloxid), die z. B. Infrarotlicht absorbieren oder das Reflexionsvermögen des Glases verbessern, ohne es undurchsichtig oder lichtundurchlässig zu machen oder die Lichtreflexion an der Glasoberfläche verhindern.
3. Waren der Position 7006 bleiben in dieser Position, auch wenn sie den Charakter von Fertigwaren haben.
4. Als „Glaswolle“ im Sinne der Position 7019 gelten:
   a) mineralische Wollen mit einem Gehalt an Siliciumdioxid (SiO_2) von 60 GHT oder mehr;
   b) mineralische Wollen mit einem Gehalt an Siliciumdioxid (SiO_2) von weniger als 60 GHT, jedoch mit einem Gehalt an Alkalioxiden (K_2O oder Na_2O) von mehr als 5 GHT oder mit einem Gehalt an Bortrioxid (B_2O_3) von mehr als 2 GHT.

   Mineralische Wollen, welche die vorstehenden Voraussetzungen nicht erfüllen, gehören zu Position 6806.
5. Als „Glas“ im Sinne des Warenverzeichnisses gelten auch geschmolzener Quarz und anderes geschmolzenes Siliciumdioxid.

Unterpositions-Anmerkung

1. Als „Bleikristall“ im Sinne der Unterpositionen 7013 22, 7013 33, 7013 41 und 7013 91 gilt nur Glas mit einem Gehalt an Bleimonoxid (PbO) von 24 GHT oder mehr.

Warenbezeichnung	Warennummer	Besondere Maßeinheit
● **Bruchglas und andere Abfälle und Scherben von Glas, ausgenommen Glas von Kathodenstrahlröhren oder sonstiges beschichtetes Glas der Position 8549; Glasmasse:**	**7001**	
■ – Bruchglas und andere Abfälle und Scherben von Glas	7001 00 10	–
– Glasmasse:		
– – optisches Glas	7001 00 91	–
– – anderes	7001 00 99	–
Glas in Kugeln (ausgenommen Mikrokugeln der Position 7018), Stangen, Stäben oder Rohren, nicht bearbeitet:	**7002**	
– Kugeln	7002 10 00	–
– Stangen oder Stäbe:		
– – aus optischem Glas	7002 20 10	–
– – andere	7002 20 90	–
– Rohre:		
– – aus geschmolzenem Quarz oder aus anderem geschmolzenen Siliciumdioxid	7002 31 00	–
– – aus anderem Glas, mit einem linearen Ausdehnungskoeffizienten von 5 x 10^{-6} oder weniger je Kelvin in einem Temperaturbereich von 0 °C bis 300 °C	7002 32 00	–
– – andere	7002 39 00	–
Gegossenes oder gewalztes Glas, in Platten, Tafeln oder Profilen, auch mit absorbierender, reflektierender oder nicht reflektierender Schicht, jedoch nicht anders bearbeitet:	**7003**	
– Platten oder Tafeln, nicht mit Drahteinlagen oder dergleichen verstärkt:		
– – in der Masse gefärbt, undurchsichtig, überfangen oder mit absorbierender, reflektierender oder nicht reflektierender Schicht:		
– – – aus optischem Glas	7003 12 10	m^2
– – – andere:		
– – – – mit nicht reflektierender Schicht	7003 12 91	m^2
– – – – andere	7003 12 99	m^2
– – andere:		
– – – aus optischem Glas	7003 19 10	m^2
– – – andere	7003 19 90	m^2
– Platten oder Tafeln, mit Drahteinlage oder dergleichen verstärkt	7003 20 00	m^2
– Profile	7003 30 00	–
Gezogenes oder geblasenes Glas in Tafeln, auch mit absorbierender, reflektierender oder nicht reflektierender Schicht, jedoch nicht anders bearbeitet:	**7004**	
– in der Masse gefärbt, undurchsichtig, überfangen oder mit absorbierender, reflektierender oder nicht reflektierender Schicht:		
– – optisches Glas	7004 20 10	m^2
– – anderes:		
– – – mit nicht reflektierender Schicht	7004 20 91	m^2
– – – anderes	7004 20 99	m^2
– anderes:		
– – optisches Glas	7004 90 10	m^2
– – anderes	7004 90 80	m^2

Warenbezeichnung	Warennummer	Besondere Maßeinheit
Feuerpoliertes Glas (float-glass) und auf einer oder beiden Seiten geschliffenes oder poliertes Glas, in Platten oder Tafeln, auch mit absorbierender, reflektierender oder nicht reflektierender Schicht, jedoch nicht anders bearbeitet:	**7005**	
– nicht mit Drahteinlagen oder dergleichen verstärkt, mit absorbierender, reflektierender oder nicht reflektierender Schicht:		
– – mit nicht reflektierender Schicht	7005 10 05	m^2
– – anderes, mit einer Dicke von:		
– – – 3,5 mm oder weniger	7005 10 25	m^2
– – – mehr als 3,5 mm bis 4,5 mm	7005 10 30	m^2
– – – mehr als 4,5 mm	7005 10 80	m^2
– anderes, nicht mit Drahteinlagen oder dergleichen verstärkt:		
– – in der Masse gefärbt, undurchsichtig, überfangen oder nur geschliffen:		
– – – mit einer Dicke von 3,5 mm oder weniger	7005 21 25	m^2
– – – mit einer Dicke von mehr als 3,5 mm bis 4,5 mm	7005 21 30	m^2
– – – mit einer Dicke von mehr als 4,5 mm	7005 21 80	m^2
– – anderes:		
– – – mit einer Dicke von 3,5 mm oder weniger	7005 29 25	m^2
– – – mit einer Dicke von mehr als 3,5 mm bis 4,5 mm	7005 29 35	m^2
– – – mit einer Dicke von mehr als 4,5 mm	7005 29 80	m^2
– mit Drahteinlagen oder dergleichen verstärkt	7005 30 00	m^2
Glas der Position 7003, 7004 oder 7005, gebogen, mit bearbeiteten Kanten, graviert, gelocht, emailliert oder anders bearbeitet, jedoch weder gerahmt noch in Verbindung mit anderen Stoffen:	**7006**	
– optisches Glas	7006 00 10	–
– anderes	7006 00 90	–
Vorgespanntes Einschichten-Sicherheitsglas und Mehrschichten-Sicherheitsglas (Verbundglas):	**7007**	
– vorgespanntes Einschichten-Sicherheitsglas:		
– – in Abmessungen und Formen von der in Kraftfahrzeugen, Luftfahrzeugen, Wasserfahrzeugen oder anderen Fahrzeugen verwendeten Art:		
– – – in Abmessungen und Formen von der in Kraftfahrzeugen verwendeten Art	7007 11 10	–
– – – anderes	7007 11 90	–
– – anderes:		
– – – emailliert	7007 19 10	m^2
– – – in der Masse gefärbt, undurchsichtig, überfangen oder mit absorbierender oder reflektierender Schicht	7007 19 20	m^2
– – – anderes	7007 19 80	m^2
– Mehrschichten-Sicherheitsglas (Verbundglas):		
– – in Abmessungen und Formen von der in Kraftfahrzeugen, Luftfahrzeugen, Wasserfahrzeugen oder anderen Fahrzeugen verwendeten Art:		
– – – in Abmessungen und Formen von der in Kraftfahrzeugen verwendeten Art	7007 21 20	–
– – – anderes	7007 21 80	–
– – anderes	7007 29 00	m^2

Warenbezeichnung	Warennummer	Besondere Maßeinheit
Mehrschichtige Isolierverglasungen:	**7008**	
– in der Masse gefärbt, undurchsichtig, überfangen oder mit absorbierender oder reflektierender Schicht	7008 00 20	m^2
– andere:		
– – bestehend aus zwei entlang der Ränder durch eine luftdichte Abdichtung verschweißte Glasplatten und getrennt durch eine Schicht aus Luft, anderen Gasen oder durch ein Vakuum	7008 00 81	m^2
– – andere	7008 00 89	m^2
Spiegel aus Glas, auch gerahmt, einschließlich Rückspiegel:	**7009**	
– Rückspiegel für Fahrzeuge	7009 10 00	St
– andere:		
– – nicht gerahmt	7009 91 00	–
– – gerahmt	7009 92 00	–
Flaschen, Glasballons, Korbflaschen, Flakons, Krüge, Töpfe, Röhrchen, Ampullen und andere Behältnisse aus Glas, von der zu Transport- oder Verpackungszwecken verwendeten Art; Konservengläser; Stopfen, Deckel und andere Verschlüsse, aus Glas:	**7010**	
– Ampullen	7010 10 00	St
– Stopfen, Deckel und andere Verschlüsse	7010 20 00	–
– andere:		
– – Haushaltskonservengläser	7010 90 10	St
– – andere:		
– – – hergestellt aus Glasröhren	7010 90 21	St
– – – andere, mit einem Nenninhalt von:		
– – – – 2,5 l oder mehr	7010 90 31	St
– – – – weniger als 2,5 l:		
– – – – – für Nahrungsmittel und Getränke:		
– – – – – – Flaschen:		
– – – – – – – aus nicht gefärbtem Glas, mit einem Nenninhalt von:		
– – – – – – – – 1 l oder mehr	7010 90 41	St
– – – – – – – – mehr als 0,33 l, jedoch weniger als 1 l	7010 90 43	St
– – – – – – – – 0,15 l bis 0,33 l	7010 90 45	St
– – – – – – – – weniger als 0,15 l	7010 90 47	St
– – – – – – – aus gefärbtem Glas, mit einem Nenninhalt von:		
– – – – – – – – 1 l oder mehr	7010 90 51	St
– – – – – – – – mehr als 0,33 l, jedoch weniger als 1 l	7010 90 53	St
– – – – – – – – 0,15 l bis 0,33 l	7010 90 55	St
– – – – – – – – weniger als 0,15 l	7010 90 57	St
– – – – – – andere, mit einem Nenninhalt von:		
– – – – – – – 0,25 l oder mehr	7010 90 61	St
– – – – – – – weniger als 0,25 l	7010 90 67	St
– – – – – für pharmazeutische Erzeugnisse, mit einem Nenninhalt von:		
– – – – – – mehr als 0,055 l	7010 90 71	St
– – – – – – 0,055 l oder weniger	7010 90 79	St
– – – – – für andere Erzeugnisse:		
– – – – – – aus nicht gefärbtem Glas	7010 90 91	St
– – – – – – aus gefärbtem Glas	7010 90 99	St

Warenbezeichnung	Warennummer	Besondere Maßeinheit
• **Offene Glaskolben und Glasrohre, Glasteile davon, ohne Ausrüstung, für elektrische Lampen und Lichtquellen, Kathodenstrahlröhren oder dergleichen:**	**7011**	
– für elektrische Beleuchtung	7011 10 00	–
– für Kathodenstrahlröhren	7011 20 00	–
– andere	7011 90 00	–
Glaswaren zur Verwendung bei Tisch, in der Küche, bei der Toilette, im Büro, zur Innenausstattung oder zu ähnlichen Zwecken (ausgenommen Waren der Position 7010 oder 7018):	**7013**	
– aus Glaskeramik	7013 10 00	St
– Trinkgläser mit Stiel, ausgenommen Waren aus Glaskeramik:		
– – aus Bleikristall:		
– – – handgefertigt (manuelle Glasentnahme)	7013 22 10	St
– – – mechanisch gefertigt (mechanische Glasentnahme)	7013 22 90	St
– – andere:		
– – – handgefertigt (manuelle Glasentnahme)	7013 28 10	St
– – – mechanisch gefertigt (mechanische Glasentnahme)	7013 28 90	St
– andere Trinkgläser, ausgenommen Waren aus Glaskeramik:		
– – aus Bleikristall:		
– – – handgefertigt (manuelle Glasentnahme):		
– – – – geschliffen oder anders bearbeitet	7013 33 11	St
– – – – andere	7013 33 19	St
– – – mechanisch gefertigt (mechanische Glasentnahme):		
– – – – geschliffen oder anders bearbeitet	7013 33 91	St
– – – – andere	7013 33 99	St
– – andere:		
– – – aus vorgespanntem Glas	7013 37 10	St
– – – andere:		
– – – – handgefertigt (manuelle Glasentnahme):		
– – – – – geschliffen oder anders bearbeitet	7013 37 51	St
– – – – – andere	7013 37 59	St
– – – – mechanisch gefertigt (mechanische Glasentnahme):		
– – – – – geschliffen oder anders bearbeitet	7013 37 91	St
– – – – – andere	7013 37 99	St
– Glaswaren zur Verwendung bei Tisch (ausgenommen Trinkgläser) oder in der Küche, ausgenommen Waren aus Glaskeramik:		
– – aus Bleikristall:		
– – – handgefertigt (manuelle Glasentnahme)	7013 41 10	St
– – – mechanisch gefertigt (mechanische Glasentnahme)	7013 41 90	St
– – aus anderem Glas, mit einem linearen Ausdehnungskoeffizienten von 5 x 10^{-6} oder weniger je Kelvin bei Temperaturen von 0 °C bis 300 °C	7013 42 00	St
– – andere:		
– – – aus vorgespanntem Glas	7013 49 10	St
– – – andere:		
– – – – handgefertigt (manuelle Glasentnahme)	7013 49 91	St
– – – – mechanisch gefertigt (mechanische Glasentnahme)	7013 49 99	St
– andere Glaswaren:		
– – aus Bleikristall:		
– – – handgefertigt (manuelle Glasentnahme)	7013 91 10	St
– – – mechanisch gefertigt (mechanische Glasentnahme)	7013 91 90	St
– – andere	7013 99 00	St

Warenbezeichnung	Warennummer	Besondere Maßeinheit
Glaswaren für Signalvorrichtungen und optische Elemente, aus Glas (ausgenommen Waren der Position 7015), jedoch nicht optisch bearbeitet	**7014 00 00**	–
Gläser für Uhren und ähnliche Gläser, Gläser für einfache oder medizinische Brillen, gewölbt, gebogen, hohl oder dergleichen, nicht optisch bearbeitet; Hohlkugeln und Hohlkugelsegmente, aus Glas, zum Herstellen solcher Gläser:	**7015**	
– Gläser für medizinische Brillen	7015 10 00	–
– andere	7015 90 00	–
Bausteine, Platten, Fliesen, Dachziegel und andere Waren, aus gepresstem oder geformtem Glas, auch mit Drahteinlagen oder dergleichen verstärkt, zu Bauzwecken; Glaswürfel und andere Glaskurzwaren, auch auf Unterlagen, für Mosaike oder zu ähnlichen Zierzwecken; Kunstverglasungen; vielzelliges Glas oder Schaumglas, in Blöcken, Tafeln, Platten, Schalen oder dergleichen:	**7016**	
– Glaswürfel und andere Glaskurzwaren, auch auf Unterlagen, für Mosaike oder zu ähnlichen Zierzwecken	7016 10 00	–
– andere:		
– – Kunstverglasungen	7016 90 10	m^2
– – Glassteine, zu Bauzwecken	7016 90 40	–
– – andere	7016 90 70	–
Glaswaren für Laboratorien, hygienische oder pharmazeutische Bedarfsartikel aus Glas, auch mit Skalen oder Eichzeichen:	**7017**	
– aus geschmolzenem Quarz oder anderem geschmolzenen Siliciumdioxid	7017 10 00	–
– aus anderem Glas, mit einem linearen Ausdehnungskoeffizienten von 5 x 10^{-6} oder weniger je Kelvin in einem Temperaturbereich von 0 °C bis 300 °C	7017 20 00	–
– andere	7017 90 00	–
Glasperlen, Nachahmungen von Perlen, Edelsteinen oder Schmucksteinen und ähnliche Glaskurzwaren und Waren daraus, ausgenommen Fantasieschmuck; Glasaugen, ausgenommen Prothesen; Zier- und Fantasiegegenstände aus lampengeblasenem (gesponnenem) Glas, ausgenommen Fantasieschmuck; Mikrokugeln aus Glas, mit einem Durchmesser von 1 mm oder weniger:	**7018**	
– Glasperlen, Nachahmungen von Perlen, Edelsteinen oder Schmucksteinen und ähnliche Glaskurzwaren:		
– – Glasperlen:		
– – – geschliffen und mechanisch poliert	7018 10 11	–
– – – andere	7018 10 19	–
– – Nachahmungen von Perlen	7018 10 30	–
– – Nachahmungen von Edelsteinen und Schmucksteinen:		
– – – geschliffen und mechanisch poliert	7018 10 51	–
– – – andere	7018 10 59	–
– – andere	7018 10 90	–
– Mikrokugeln mit einem Durchmesser von 1 mm oder weniger	7018 20 00	–
– andere:		
– – Glasaugen; Erzeugnisse aus Glaskurzwaren	7018 90 10	–
– – andere	7018 90 90	–

	Warenbezeichnung	Warennummer	Besondere Maßeinheit
●	**Glasfasern (einschließlich Glaswolle) und Waren daraus (z. B. Garne, Glasseidenstränge (Rovings), Gewebe):**	**7019**	
●	**– Vorgarne (Lunten), Glasseidenstränge (Rovings), Garne und Stapelfasern und Matten daraus:**		
●	**– – Stapelfasern mit einer Länge von 50 mm oder weniger (chopped strands)**	7019 11 00	–
	– – Glasseidenstränge (Rovings)	7019 12 00	–
●	**– – andere Garne, Vorgarne (Lunten)**	7019 13 00	–
●	**– – mechanisch gebundene Matten**	7019 14 00	–
●	**– – chemisch gebundene Matten**	7019 15 00	–
●	**– – andere**	7019 19 00	–
●	**– mechanisch gebundene Flächenerzeugnisse:**		
●	**– – geschlossene Gewebe aus Glasseidensträngen (Rovings)**	7019 61 00	–
●	**– – andere geschlossene Flächenerzeugnisse aus Glasseidensträngen (Rovings)**	7019 62 00	–
●	**– – geschlossene Gewebe, in Leinwandbindung, aus Garnen, nicht bestrichen oder laminiert**	7019 63 00	–
●	**– – geschlossene Gewebe, in Leinwandbindung, aus Garnen, bestrichen oder laminiert**	7019 64 00	–
●	**– – offene Gewebe mit einer Breite von 30 cm oder weniger**	7019 65 00	–
●	**– – offene Gewebe mit einer Breite von mehr als 30 cm**	7019 66 00	–
●	**– – andere:**		
●	– – – genähte und vernadelte Flächenerzeugnisse	7019 69 10	–
●	– – – andere	7019 69 90	–
●	**– chemisch gebundene Flächenerzeugnisse:**		
●	**– – Vliese (thin sheets)**	7019 71 00	–
●	**– – andere geschlossene Flächenerzeugnisse**	7019 72 00	–
●	**– – andere offene Flächenerzeugnisse**	7019 73 00	–
●	**– Glaswolle und Waren aus Glaswolle:**		
●	– – Platten, Matratzen und ähnliche Erzeugnisse	7019 80 10	–
●	– – andere	7019 80 90	–
■	**– andere**	7019 90 00	–
	Andere Waren aus Glas:	**7020**	
	– Reagenzröhren und Halterungen aus Quarz zur Verwendung in Diffusions- und Oxidationsöfen bei der Herstellung von Halbleitermaterialien	7020 00 05	–
	– Glaskolben für Vakuum-Isolierflaschen oder für andere Vakuum-Isolierbehälter:		
	– – unfertig	7020 00 07	–
	– – fertig	7020 00 08	–
	– andere:		
	– – aus geschmolzenem Quarz oder anderem geschmolzenen Siliciumdioxid	7020 00 10	–
	– – aus anderem Glas, mit einem linearen Ausdehnungskoeffizienten von 5×10^{-6} oder weniger je Kelvin in einem Temperaturbereich von 0 °C bis 300 °C	7020 00 30	–
	– – andere	7020 00 80	–

Echte Perlen oder Zuchtperlen, Edelsteine oder Schmucksteine, Edelmetalle, Edelmetallplattierungen und Waren daraus; Fantasieschmuck; Münzen

Kapitel 71

Echte Perlen oder Zuchtperlen, Edelsteine oder Schmucksteine, Edelmetalle, Edelmetallplattierungen und Waren daraus; Fantasieschmuck; Münzen

Anmerkungen

1. Zu Kapitel 71 gehören, vorbehaltlich der Anmerkung 1 a) zu Abschnitt VI und der nachstehenden Ausnahmen, alle Waren, die ganz oder teilweise bestehen:
   a) aus echten Perlen oder Zuchtperlen oder aus Edelsteinen oder Schmucksteinen (natürlichen, synthetischen oder rekonstituierten), oder
   b) aus Edelmetallen oder Edelmetallplattierungen.
2. A. Zu den Positionen 7113, 7114 und 7115 gehören nicht Waren, die Edelmetalle oder Edelmetallplattierungen nur als geringfügige Verzierungen oder als unwesentliche Zutaten (z. B. Monogramme, Ringbeschläge, Kanten) enthalten; auf diese Waren findet die vorstehende Anmerkung 1 b) keine Anwendung.
   B. Zu Position 7116 gehören nur Waren, die Edelmetalle oder Edelmetallplattierungen nicht oder nur als geringfügige Verzierungen oder unwesentliche Zutaten enthalten.
3. Zu Kapitel 71 gehören nicht:
   a) Edelmetallamalgame oder Edelmetalle in kolloidem Zustand (Position 2843);
   b) steriles chirurgisches Nahtmaterial, Zahnfüllstoffe und andere Waren des Kapitels 30;
   c) Waren des Kapitels 32 (z. B. flüssige Glanzmittel);
   d) auf Trägern fixierte Katalysatoren (Position 3815);
   e) Waren der Position 4202 oder 4203, die in Anmerkung 3 B zu Kapitel 42 genannt sind;
   f) Waren der Position 4303 oder 4304;
   g) Waren des Abschnitts XI (Spinnstoffe und Waren daraus);
   h) Schuhe, Kopfbedeckungen und andere Waren des Kapitels 64 oder 65;
   ij) Schirme, Gehstöcke und andere Waren des Kapitels 66;
   k) Waren aus Schleifmitteln, die Pulver von Edelsteinen oder Schmucksteinen (natürlichen, synthetischen oder rekonstituierten) enthalten, der Position 6804 oder 6805 oder des Kapitels 82, Werkzeuge oder andere Waren des Kapitels 82, mit arbeitendem Teil aus Edelsteinen oder Schmucksteinen (natürlichen, synthetischen oder rekonstituierten); Maschinen, Apparate, elektrotechnische Erzeugnisse oder Teile davon, des Abschnitts XVI; Waren und Teile davon, ganz aus Edelsteinen oder Schmucksteinen (natürlichen, synthetischen oder rekonstituierten), bleiben jedoch im Kapitel 71, ausgenommen bearbeitete, nicht montierte Saphire und Diamanten für Tonabnehmer-Abtastnadeln (Position 8522);
   l) Waren des Kapitels 90, 91 oder 92 (wissenschaftliche Instrumente, Uhrmacherwaren und Musikinstrumente);
   m) Waffen und Teile davon (Kapitel 93);
   n) Waren, die von Anmerkung 2 zu Kapitel 95 erfasst sind;
   o) Waren des Kapitels 96 gemäß Anmerkung 4 zu jenem Kapitel;
   p) Originalerzeugnisse der Bildhauerkunst (Position 9703), Sammlungsstücke (Position 9705) und Antiquitäten, mehr als 100 Jahre alt (Position 9706). Echte Perlen oder Zuchtperlen, Edelsteine oder Schmucksteine bleiben jedoch in Kapitel 71.

4. A. Als „Edelmetalle“ gelten Silber, Gold und Platin.
   B. Als „Platin“ gelten Platin, Iridium, Osmium, Palladium, Rhodium und Ruthenium.
   C. Als „Edelsteine oder Schmucksteine (natürliche, synthetische oder rekonstituierte)“ gelten nicht die in Anmerkung 2 b) zu Kapitel 96 genannten Stoffe.
5. Als „Edelmetalllegierungen“ im Sinne des Kapitels 71 gelten alle Legierungen (einschließlich gesinterte Mischungen und intermetallische Verbindungen), die ein oder mehrere Edelmetalle enthalten, vorausgesetzt, dass das Gewicht eines Edelmetalls 2 GHT oder mehr der Legierung beträgt. Edelmetalllegierungen sind wie folgt einzureihen:
   a) alle Legierungen, die 2 GHT oder mehr Platin enthalten, als Platinlegierungen;
   b) alle Legierungen, die 2 GHT oder mehr Gold, jedoch kein Platin oder weniger als 2 GHT Platin enthalten, als Goldlegierungen;
   c) andere Legierungen, die 2 GHT oder mehr Silber enthalten, als Silberlegierungen.
6. Der Begriff „Edelmetalle“ oder die Nennung eines bestimmten Edelmetalls umfasst im Warenverzeichnis, wenn nichts anderes bestimmt ist, auch die Legierungen, die nach Anmerkung 5 als Edelmetalllegierungen einzureihen sind, jedoch weder Edelmetallplattierungen nach Anmerkung 7 noch unedle Metalle oder Nichtmetalle, die platiniert, vergoldet oder versilbert sind.
7. Als „Edelmetallplattierungen“ im Sinne des Warenverzeichnisses gelten Waren, bei denen auf einer Metallunterlage auf einer Seite oder mehreren Seiten Edelmetalle durch Löten, Schweißen, Warmwalzen oder ähnliche mechanische Verfahren aufgebracht sind. Waren aus unedlen Metallen mit eingelegten Edelmetallen sind, wenn nichts anderes bestimmt ist, als Edelmetallplattierungen einzureihen.
8. Vorbehaltlich der Anmerkung 1 A zu Abschnitt VI sind Waren, die den Merkmalen der Position 7112 entsprechen, dieser Position und nicht einer anderen Position des Warenverzeichnisses zuzuweisen.
9. Als „Schmuckwaren“ im Sinne der Position 7113 gelten:
   a) kleine Gegenstände, die als Schmuck dienen (z. B. Ringe, Armbänder, Halsketten, Broschen, Ohrringe, Uhrketten, Uhrgehänge, Anhänger, Krawattennadeln, Manschettenknöpfe, Anstecknadeln, religiöse oder andere Medaillen oder Abzeichen);
   b) Gegenstände des persönlichen Gebrauchs, die dazu bestimmt sind, an der Person getragen zu werden, sowie Taschen- und Handtaschenartikel (z. B. Zigaretten- oder Zigarrenetuis, Schnupftabakdosen, Bonbonnieren und Puderdosen, Pillendosen, Rosenkränze).

   Diese Waren können auch echte Perlen, Zuchtperlen oder Imitationsperlen, Edelsteine oder Schmucksteine (natürliche, synthetische oder rekonstituierte) sowie Edelstein- oder Schmucksteinimitationen enthalten oder auch Teile aus Schildpatt, Perlmutter, Elfenbein, natürlichem oder rekonstituiertem Bernstein, Gagat (Jett) oder Korallen enthalten.
10. Als „Gold- und Silberschmiedewaren“ im Sinne der Position 7114 gelten Waren wie Tafelgeräte, Toilettengarnituren, Schreibtischgarnituren, Rauchservice, Gegenstände zur Innenausstattung und Geräte für religiöse Zwecke.
11. Als „Fantasieschmuck“ im Sinne der Position 7117 gelten Waren von der in der Anmerkung 9 a) genannten Art (ausgenommen Knöpfe und andere Waren der Position 9606, Einsteckkämme, Haarspangen und ähnliche Waren sowie Haarnadeln der Position 9615), wenn sie weder echte Perlen oder Zuchtperlen, Edelsteine oder Schmucksteine (natürliche, synthetische oder rekonstituierte), noch - abgesehen von geringfügigen Verzierungen oder unwesentlichen Zutaten - Edelmetalle oder Edelmetallplattierungen enthalten.

Unterpositions-Anmerkungen

1. Die Begriffe „Pulver“ und „als Pulverform“ im Sinne der Unterpositionen 7106 10, 7108 11, 7110 11, 7110 21, 7110 31 und 7110 41 umfassen Erzeugnisse, die mit einem Anteil von 90 GHT oder mehr durch ein Sieb mit einer lichten Maschenweite von 0,5 mm hindurchgehen.
2. Der Begriff „Platin“ im Sinne der Unterpositionen 7110 11 und 7110 19 umfasst, abweichend von Anmerkung 4 B zu Kapitel 71, nicht Iridium, Osmium, Palladium, Rhodium und Ruthenium.
3. Bei der Einreihung von Legierungen in die Unterpositionen der Position 7110 wird jede Legierung so behandelt wie das Metall Platin, Palladium, Rhodium, Iridium, Osmium oder Ruthenium, das gewichtsmäßig gegenüber jedem anderen dieser Metalle vorherrscht.

Warenbezeichnung	Warennummer	Besondere Maßeinheit
I. Echte Perlen oder Zuchtperlen, Edelsteine oder Schmucksteine		
Echte Perlen oder Zuchtperlen, auch bearbeitet oder einheitlich zusammengestellt, jedoch weder aufgereiht noch montiert oder gefasst; echte Perlen oder Zuchtperlen, zur Erleichterung der Versendung vorübergehend aufgereiht:	**7101**	
– echte Perlen	7101 10 00	g
– Zuchtperlen:		
– – roh	7101 21 00	g
– – bearbeitet	7101 22 00	g
Diamanten, auch bearbeitet, jedoch weder montiert noch gefasst:	**7102**	
– nicht sortiert	7102 10 00	Karat
– Industriediamanten:		
– – roh oder nur gesägt, gespalten oder rau geschliffen	7102 21 00	Karat
– – andere	7102 29 00	Karat
– andere:		
– – roh oder nur gesägt, gespalten oder rau geschliffen	7102 31 00	Karat
– – andere	7102 39 00	Karat
Edelsteine (ausgenommen Diamanten) und Schmucksteine, auch bearbeitet oder einheitlich zusammengestellt, jedoch weder aufgereiht noch montiert oder gefasst; Edelsteine (ausgenommen Diamanten) und Schmucksteine, nicht einheitlich zusammengestellt, zur Erleichterung der Versendung vorübergehend aufgereiht:	**7103**	
– roh oder nur gesägt oder grob geformt	7103 10 00	–
– anders bearbeitet:		
– – Rubine, Saphire und Smaragde	7103 91 00	g
– – andere	7103 99 00	g
Synthetische oder rekonstituierte Edelsteine und Schmucksteine, auch bearbeitet oder einheitlich zusammengestellt, jedoch weder aufgereiht noch montiert oder gefasst; synthetische oder rekonstituierte Edelsteine und Schmucksteine, nicht einheitlich zusammengestellt, zur Erleichterung der Versendung vorübergehend aufgereiht:	**7104**	
– piezoelektrischer Quarz	7104 10 00	g
– andere, roh oder nur gesägt oder grob geformt:		
● – – Diamanten	7104 21 00	g
● – – andere	7104 29 00	g
– andere:		
● – – Diamanten	7104 91 00	g
● – – andere	7104 99 00	g
Staub und Pulver von Edelsteinen, Schmucksteinen oder synthetischen Edelsteinen und Schmucksteinen:	**7105**	
– von Diamanten	7105 10 00	g
– andere	7105 90 00	g

Warenbezeichnung	Warennummer	Besondere Maßeinheit
II. Edelmetalle und Edelmetallplattierungen		
Silber (einschließlich vergoldetes oder platiniertes Silber), in Rohform oder als Halbzeug oder Pulver:	**7106**	
– Pulver	7106 10 00	g
– anderes:		
– – in Rohform	7106 91 00	g
– – als Halbzeug	7106 92 00	g
Silberplattierungen auf unedlen Metallen, in Rohform oder als Halbzeug	**7107 00 00**	–
Gold (einschließlich platiniertes Gold), in Rohform oder als Halbzeug oder Pulver:	**7108**	
– zu nicht monetären Zwecken:		
– – Pulver	7108 11 00	g
– – in Rohform	7108 12 00	g
– – als Halbzeug:		
– – – Stäbe, Drähte und Profile, massiv; Bleche und Bänder, mit einer Dicke (ohne Unterlage) von mehr als 0,15 mm	7108 13 10	g
– – – anderes	7108 13 80	g
– zu monetären Zwecken	7108 20 00	g
Goldplattierungen auf unedlen Metallen oder auf Silber, in Rohform oder als Halbzeug	**7109 00 00**	–
Platin, in Rohform oder als Halbzeug oder Pulver:	**7110**	
– Platin:		
– – in Rohform oder als Pulver	7110 11 00	g
– – anderes:		
– – – Stäbe, Drähte und Profile, massiv; Bleche und Bänder, mit einer Dicke (ohne Unterlage) von mehr als 0,15 mm	7110 19 10	g
– – – anderes	7110 19 80	g
– Palladium:		
– – in Rohform oder als Pulver	7110 21 00	g
– – anderes	7110 29 00	g
– Rhodium:		
– – in Rohform oder als Pulver	7110 31 00	g
– – anderes	7110 39 00	g
– Iridium, Osmium und Ruthenium:		
– – in Rohform oder als Pulver	7110 41 00	g
– – anderes	7110 49 00	g
Platinplattierungen auf unedlen Metallen, auf Silber oder auf Gold, in Rohform oder als Halbzeug	**7111 00 00**	–

Warenbezeichnung	Warennummer	Besondere Maßeinheit
● Abfälle und Schrott von Edelmetallen oder Edelmetallplattierungen; andere Abfälle und Schrott, Edelmetalle oder Edelmetallverbindungen enthaltend, von der hauptsächlich zur Wiedergewinnung von Edelmetallen verwendeten Art, ausgenommen Waren der Position 8549:	**7112**	
– Aschen, Edelmetalle oder Edelmetallverbindungen enthaltend	7112 30 00	–
– andere:		
■ – – von Gold, einschließlich Goldplattierungen, ausgenommen andere Edelmetalle enthaltende Rückstände (Gekrätz)	7112 91 00	–
■ – – von Platin, einschließlich Platinplattierungen, ausgenommen andere Edelmetalle enthaltende Rückstände (Gekrätz)	7112 92 00	–
■ – – andere	7112 99 00	–
III. Schmuckwaren, Gold- und Silberschmiedewaren und andere Waren		
Schmuckwaren und Teile davon, aus Edelmetallen oder Edelmetallplattierungen:	**7113**	
– aus Edelmetallen, auch mit Edelmetallen überzogen oder plattiert:		
– – aus Silber, auch mit anderen Edelmetallen überzogen oder plattiert	7113 11 00	g
– – aus anderen Edelmetallen, auch mit Edelmetallen überzogen oder plattiert	7113 19 00	g
– aus Edelmetallplattierungen auf unedlen Metallen	7113 20 00	–
Gold- und Silberschmiedewaren und Teile davon, aus Edelmetallen oder Edelmetallplattierungen:	**7114**	
– aus Edelmetallen, auch mit Edelmetallen überzogen oder plattiert:		
– – aus Silber, auch mit anderen Edelmetallen überzogen oder plattiert	7114 11 00	g
– – aus anderen Edelmetallen, auch mit Edelmetallen überzogen oder plattiert	7114 19 00	g
– aus Edelmetallplattierungen auf unedlen Metallen	7114 20 00	–
Andere Waren aus Edelmetallen oder Edelmetallplattierungen:	**7115**	
– Katalysatoren in Form von Geweben oder Gittern, aus Platin	7115 10 00	–
– andere	7115 90 00	–
Waren aus echten Perlen oder Zuchtperlen, aus Edelsteinen oder Schmucksteinen (natürlichen, synthetischen oder rekonstituierten):	**7116**	
– aus echten Perlen oder Zuchtperlen	7116 10 00	g
– aus Edelsteinen oder Schmucksteinen (natürlichen, synthetischen oder rekonstituierten):		
– – Halsketten, Armbänder und andere Waren, ausschließlich aus natürlichen Edelsteinen oder Schmucksteinen, nur aufgereiht, ohne Verschlüsse oder anderes Zubehör	7116 20 11	g
– – andere	7116 20 80	g
Fantasieschmuck:	**7117**	
– aus unedlen Metallen, auch versilbert, vergoldet oder platiniert:		
– – Manschettenknöpfe und ähnliche Knöpfe	7117 11 00	–
– – anderer	7117 19 00	–
– anderer	7117 90 00	–
Münzen:	**7118**	
– Münzen (ausgenommen Goldmünzen), ausgenommen gesetzliche Zahlungsmittel	7118 10 00	g
– andere	7118 90 00	g

Abschnitt XV

Unedle Metalle und Waren daraus

Anmerkungen

1. Zu Abschnitt XV gehören nicht:
   a) Farben und Tinten, auf der Grundlage von Metallpulver oder Metallflitter, sowie Prägefolien (Positionen 3207 bis 3210, 3212, 3213 oder 3215);
   b) Cer-Eisen und andere Zündmetalllegierungen (Position 3606);
   c) Kopfbedeckungen und Teile davon, aus Metall, der Position 6506 oder 6507;
   d) Schirmgestelle und andere Waren der Position 6603;
   e) Waren des Kapitels 71 (z. B. Edelmetalllegierungen, Edelmetallplattierungen auf unedlen Metallen, Fantasieschmuck);
   f) Waren des Abschnitts XVI (Maschinen und Apparate; elektrotechnische Waren);
   g) zusammengesetzte Eisenbahn- oder Straßenbahnschienen (Position 8608) und andere Waren des Abschnitts XVII (Land-, Wasser- und Luftfahrzeuge);
   h) Instrumente und Apparate des Abschnitts XVIII, einschließlich Uhrfedern;
   ij) Jagdschrot (Position 9306) und andere Waren des Abschnitts XIX (Waffen und Munition);
   k) Waren des Kapitels 94 (z. B. Möbel, Sprungrahmen, Leuchten und Beleuchtungskörper, beleuchtete Zeichen, Leuchtschilder, vorgefertigte Gebäude);
   l) Waren des Kapitels 95 (z. B. Spielzeug, Spiele, Sportgeräte);
   m) Handsiebe, Knöpfe, Federhalter, Kugelschreiber, Füllbleistifte, Ein-, Zwei-, Dreibeinstative und ähnliche Waren, oder andere Waren des Kapitels 96 (verschiedene Waren);
   n) Waren des Kapitels 97 (z. B. Kunstgegenstände).
2. Im Warenverzeichnis gelten als „Teile mit allgemeiner Verwendungsmöglichkeit“:
   a) Waren der Position 7307, 7312, 7315, 7317 oder 7318 und gleichartige Waren aus anderen unedlen Metallen, ausgenommen Waren, die nach ihrer Beschaffenheit zur ausschließlichen Verwendung als oder in Implantaten für medizinische, chirurgische, zahnärztliche oder tierärztliche Zwecke konzipiert sind (Position 9021);
   b) Federn und Federblätter, aus unedlen Metallen, ausgenommen Uhrfedern (Position 9114);
   c) Waren der Positionen 8301, 8302, 8308, 8310 sowie Rahmen und Spiegel, aus unedlen Metallen, der Position 8306.

   In den Kapiteln 73 bis 76 und 78 bis 82 (ausgenommen Position 7315) bezieht sich die Bezeichnung „Teile“ nicht auf „Teile mit allgemeiner Verwendungsmöglichkeit“.

   Vorbehaltlich des vorstehenden Absatzes und der Anmerkung 1 zu Kapitel 83 gehören Waren der Kapitel 82 und 83 nicht zu den Kapiteln 72 bis 76 und 78 bis 81.
3. Im Warenverzeichnis gelten als „unedle Metalle“: Eisen und Stahl, Kupfer, Nickel, Aluminium, Blei, Zink, Zinn, Wolfram, Molybdän, Tantal, Magnesium, Cobalt, Bismut, Cadmium, Titan, Zirconium, Antimon, Mangan, Beryllium, Chrom, Germanium, Vanadium, Gallium, Hafnium, Indium, Niob (Columbium), Rhenium und Thallium.
4. Im Warenverzeichnis gelten als „Cermets“ Erzeugnisse mit mikroskopisch heterogener Zusammensetzung aus einem Metall und einem keramischen Erzeugnis als Bestandteil. Der Begriff „Cermets“ erfasst auch gesinterte Metallcarbide (mit einem Metall gesinterte Metallcarbide).

5. Einreihung von Legierungen (andere als Ferrolegierungen und Kupfervorlegierungen der Kapitel 72 und 74):
   a) Legierungen unedler Metalle werden wie das gegenüber jedem anderen Metall gewichtsmäßig vorherrschende Metall eingereiht;
   b) Legierungen aus unedlen Metallen des Abschnitts XV und Stoffen anderer Abschnitte werden wie Legierungen unedler Metalle des Abschnitts XV eingereiht, wenn das Gesamtgewicht dieser Metalle gleich oder größer ist als das der anderen Stoffe;
   c) gesinterte Mischungen von Metallpulver, innige heterogene, durch Verschmelzen hergestellte Mischungen (ausgenommen Cermets) und intermetallische Verbindungen gelten als Legierungen.
6. Soweit nichts anderes bestimmt ist, umfasst im Warenverzeichnis jede Nennung eines unedlen Metalls auch die Legierungen, die ihm nach Anmerkung 5 gleichgestellt sind.
7. Einreihung zusammengesetzter Waren:

   Soweit der Wortlaut der Positionen nichts anderes bestimmt, werden Waren aus unedlen Metallen oder diesen in Anwendung der Allgemeinen Vorschriften gleichgestellte Waren, wenn sie aus zwei oder mehr unedlen Metallen bestehen, wie entsprechende Waren aus dem Metall eingereiht, das gewichtsmäßig gegenüber jedem anderen Metall vorherrscht.

   Bei Anwendung dieser Anmerkung
   a) werden Eisen und Stahl oder ihre verschiedenen Sorten als einheitliches Metall angesehen;
   b) werden Legierungen mit ihrem Gesamtgewicht so behandelt wie das Metall, das für die Einreihung nach Anmerkung 5 maßgebend ist;
   c) wird ein Cermet der Position 8113 als ein einheitliches unedles Metall angesehen.
- 8. In Abschnitt XV gelten als:
   a) Abfälle und Schrott
      i) jegliche Abfälle und jeglicher Schrott aus Metallen;
      ii) Waren aus Metall, die durch Bruch, Verschnitt, Verschleiß oder aus anderen Gründen als solche endgültig unbrauchbar sind;
   b) Pulver

      Erzeugnisse, die mit einem Anteil von 90 GHT oder mehr durch ein Sieb mit einer lichten Maschenweite von 1 mm hindurchgehen.
- 9. Im Sinne der Kapitel 74 bis 76 und 78 bis 81 gelten als:
   a) Stangen (Stäbe):

      gewalzte, stranggepresste, gezogene oder geschmiedete massive Erzeugnisse, nicht in Rollen, mit über die gesamte Länge gleichbleibendem Querschnitt in Form eines Kreises, Ovals, Quadrats, Rechtecks, gleichseitigen Dreiecks oder regelmäßig konvexen Vielecks (einschließlich „abgeflachte Kreise“ und „modifizierte Rechtecke“, bei denen zwei gegenüberliegende Seiten die Form von konvexen Bogen aufweisen, während die beiden anderen Seiten gerade, von gleicher Länge und parallel sind). Erzeugnisse mit quadratischem, rechteckigem, dreieckigem oder vieleckigem Querschnitt können auch über die gesamte Länge abgerundete Kanten aufweisen. Die Dicke der Erzeugnisse mit rechteckigem Querschnitt (einschließlich der Erzeugnisse mit „modifiziert rechteckigem“ Querschnitt) muss mehr als 1/10 der Breite betragen. Als Stangen (Stäbe) gelten auch gegossene oder gesinterte Erzeugnisse mit den gleichen Formen und Abmessungen, die nach der Herstellung eine über grobes Abgraten oder Entzundern hinausgehende Bearbeitung erfahren haben, wenn sie durch diese Bearbeitung nicht den Charakter von Waren erhalten haben, die von anderen Positionen erfasst werden.

      Drahtbarren und Knüppel des Kapitels 74 gelten jedoch als Kupfer in Rohform der Position 7403, wenn sie an ihren Enden zugespitzt oder anders bearbeitet worden sind, um lediglich das Einführen in Maschinen zu erleichtern, in denen sie z. B. zu Walzdraht oder Rohren umgeformt werden. Dies gilt entsprechend für die Waren des Kapitels 81.

Warenbezeichnung	Warennummer	Besondere Maßeinheit

b) Profile:

gewalzte, stranggepresste, gezogene, geschmiedete oder geformte Erzeugnisse, auch in Rollen, mit über die gesamte Länge gleichbleibendem Querschnitt, die keiner der Begriffsbestimmungen für Stangen (Stäbe), Draht, Bleche, Bänder, Folien oder Rohre entsprechen. Als Profile gelten auch gegossene oder gesinterte Erzeugnisse mit den gleichen Formen, die nach der Herstellung eine über grobes Abgraten oder Entzundern hinausgehende Bearbeitung erfahren haben, wenn sie durch diese Bearbeitung nicht den Charakter von Waren erhalten haben, die von anderen Positionen erfasst werden.

c) Draht:

gewalzte, stranggepresste oder gezogene massive Erzeugnisse, in Ringen oder Rollen, mit über die gesamte Länge gleichbleibendem Querschnitt in Form eines Kreises, Ovals, Quadrats, Rechtecks, gleichseitigen Dreiecks oder regelmäßig konvexen Vielecks (einschließlich „abgeflachte Kreise" und „modifizierte Rechtecke", bei denen zwei gegenüberliegende Seiten die Form von konvexen Bogen aufweisen, während die beiden anderen Seiten gerade, von gleicher Länge und parallel sind). Erzeugnisse mit quadratischem, rechteckigem, dreieckigem oder vieleckigem Querschnitt können über die gesamte Länge auch abgerundete Kanten aufweisen. Die Dicke der Erzeugnisse mit rechteckigem Querschnitt (einschließlich der Erzeugnisse mit „modifiziert rechteckigem" Querschnitt) muss mehr als 1/10 der Breite betragen.

d) Bleche, Bänder und Folien:

massive Flacherzeugnisse (ausgenommen Erzeugnisse in Rohform) auch in Rollen, mit rechteckigem Querschnitt, auch mit abgerundeten Kanten (einschließlich „modifizierte Rechtecke", bei denen zwei gegenüberliegende Seiten die Form von konvexen Bogen aufweisen, während die beiden anderen Seiten gerade, von gleicher Länge und parallel sind), mit gleichbleibender Dicke,

- in quadratischer oder rechteckiger Form, deren Dicke 1/10 der Breite oder weniger beträgt,
- in anderer als quadratischer oder rechteckiger Form mit beliebigen Abmessungen, wenn sie nicht den Charakter von Waren haben, die von anderen Positionen erfasst werden.

Zu den Positionen, die Bleche, Bänder und Folien erfassen, gehören insbesondere auch Bleche, Bänder und Folien mit Mustern (z.B. Rillen, Riffeln, Waffeln, Tränen, Warzen, Rauten) und gelochte, gewellte, polierte oder überzogene Erzeugnisse, sofern sie durch diese Bearbeitungen nicht den Charakter von Waren erhalten haben, die von anderen Positionen erfasst werden.

e) Rohre:

Hohlerzeugnisse, auch in Rollen, mit über die gesamte Länge gleichbleibendem, nur einen einzigen geschlossenen Hohlraum aufweisenden Querschnitt in Form eines Kreises, Ovals, Quadrats, Rechtecks, gleichseitigen Dreiecks oder regelmäßig konvexen Vielecks und mit gleichmäßiger Wanddicke. Als Rohre gelten auch Erzeugnisse mit Querschnitten in Form eines Quadrats, Rechtecks, gleichseitigen Dreiecks oder regelmäßig konvexen Vielecks, die über die gesamte Länge abgerundete Kanten aufweisen, sofern der innere und der äußere Querschnitt die gleiche Form, die gleiche Richtung und den gleichen Mittelpunkt haben. Rohre mit den vorstehend genannten Querschnitten können poliert, überzogen, gebogen, mit Gewinde versehen, gelocht, eingezogen, ausgeweitet, konisch oder mit Flanschen, Schellen oder Ringen versehen sein.

Kapitel 72

Eisen und Stahl

Anmerkungen

1. Im Sinne des Kapitels 72 - und in Bezug auf die Buchstaben d), e) und f) im Warenverzeichnis insgesamt - gelten als:

   a) Roheisen

   Eisen-Kohlenstoff-Legierungen, die gewöhnlich nicht plastisch verformbar sind, mit einem Kohlenstoffgehalt von mehr als 2 GHT und die eines oder mehrere andere Elemente mit folgenden Anteilen enthalten können:

   - 10 GHT oder weniger Chrom,
   - 6 GHT oder weniger Mangan,
   - 3 GHT oder weniger Phosphor,
   - 8 GHT oder weniger Silicium,
   - 10 GHT oder weniger andere Elemente insgesamt.

   b) Spiegeleisen

   Eisen-Kohlenstoff-Legierungen, die mehr als 6 bis 30 GHT Mangan enthalten und die im Übrigen der Begriffsbestimmung der Anmerkung 1 a) entsprechen.

   c) Ferrolegierungen

   Legierungen, die im Allgemeinen nicht plastisch verformbar sind und üblicherweise als Zusatzstoff bei der Herstellung anderer Legierungen oder als Desoxidations- oder Entschwefelungsmittel oder zu ähnlichen Zwecken in der Eisen- und Stahlindustrie verwendet werden, in Masseln, Blöcken, Klumpen oder ähnlichen Rohformen, in im Stranggussverfahren hergestellten Formen oder als Körner oder Pulver, auch agglomeriert, mit einem Eisengehalt von 4 GHT oder mehr und mit einem oder mehreren Elementen mit folgenden Anteilen:

   - mehr als 10 GHT Chrom,
   - mehr als 30 GHT Mangan,
   - mehr als 3 GHT Phosphor,
   - mehr als 8 GHT Silicium,
   - mehr als insgesamt 10 GHT andere Elemente, ausgenommen Kohlenstoff, jedoch 10 GHT oder weniger Kupfer.

   d) Stahl

   Andere Eisenwerkstoffe als die der Position 7203, die mit Ausnahme bestimmter Stahlgussstücke gewöhnlich plastisch verformbar sind und 2 GHT oder weniger Kohlenstoff enthalten. Chromstähle dürfen jedoch höhere Kohlenstoffgehalte aufweisen.

   e) Nicht rostender Stahl

   Legierte Stähle, die 1,2 GHT oder weniger Kohlenstoff und 10,5 GHT oder mehr Chrom enthalten, auch mit anderen Elementen.

f) Anderer legierter Stahl

Stähle, die nicht der Begriffsbestimmung für nicht rostenden Stahl entsprechen und eines oder mehrere der folgenden Elemente mit den angegebenen Anteilen enthalten:

- 0,3 GHT oder mehr Aluminium,
- 0,0008 GHT oder mehr Bor,
- 0,3 GHT oder mehr Chrom,
- 0,3 GHT oder mehr Cobalt,
- 0,4 GHT oder mehr Kupfer,
- 0,4 GHT oder mehr Blei,
- 1,65 GHT oder mehr Mangan,
- 0,08 GHT oder mehr Molybdän,
- 0,3 GHT oder mehr Nickel,
- 0,06 GHT oder mehr Niob,
- 0,6 GHT oder mehr Silicium,
- 0,05 GHT oder mehr Titan,
- 0,3 GHT oder mehr Wolfram,
- 0,1 GHT oder mehr Vanadium,
- 0,05 GHT oder mehr Zirconium,
- 0,1 GHT oder mehr von jedem anderen einzelnen Element (ausgenommen Schwefel, Phosphor, Kohlenstoff und Stickstoff).

g) Abfallblöcke aus Eisen oder Stahl

Grob in Masseln oder Rohblöcke ohne Gießköpfe gegossene Erzeugnisse mit deutlich sichtbaren Oberflächenfehlern, die hinsichtlich ihrer chemischen Zusammensetzung nicht den Begriffsbestimmungen für Roheisen, Spiegeleisen oder Ferrolegierungen entsprechen.

h) Körner

Erzeugnisse, die mit einem Anteil von weniger als 90 GHT durch ein Sieb mit einer lichten Maschenweite von 1 mm und mit einem Anteil von 90 GHT oder mehr durch ein Sieb mit einer lichten Maschenweite von 5 mm hindurchgehen.

ij) Halbzeug

Stranggegossene, massive Erzeugnisse, auch warm vorgewalzt, und andere massive Erzeugnisse, nur warm vorgewalzt oder nur vorgeschmiedet, einschließlich vorprofiliertes Halbzeug.

Diese Erzeugnisse sind nicht aufgerollt.

k) Flachgewalzte Erzeugnisse

Gewalzte massive Erzeugnisse mit rechteckigem (nicht quadratischem) Querschnitt, die der Begriffsbestimmung des vorstehenden Buchstabens ij) nicht entsprechen,

- in Rollen (Coils) mit übereinander liegenden Lagen, oder
- nicht in Rollen (Coils), mit einer Breite von mindestens dem Zehnfachen der Dicke, sofern diese weniger als 4,75 mm beträgt, oder mit einer Breite von mehr als 150 mm, sofern die Dicke 4,75 mm oder mehr, jedoch nicht mehr als die Hälfte der Breite beträgt.

Als „flachgewalzte Erzeugnisse" gelten auch solche Erzeugnisse, die unmittelbar vom Walzen herrührende Oberflächenmuster (z. B. Rillen, Riefen, Waffelungen, Tränen, Warzen, Rauten) aufweisen oder die gelocht, gewellt oder poliert sind, sofern sie durch diese Bearbeitungen nicht den Charakter anderweit genannter Waren erhalten haben.

Flachgewalzte Erzeugnisse beliebiger Abmessungen von anderer als quadratischer oder rechteckiger Form sind wie Erzeugnisse mit einer Breite von 600 mm oder mehr einzureihen, sofern sie nicht den Charakter von Waren erhalten haben, die von anderen Positionen erfasst werden.

l) Walzdraht

In Ringen regellos aufgehaspelte warmgewalzte massive Erzeugnisse mit Querschnitt in Form eines Kreises, Kreisabschnitts, Ovals, Quadrats, Rechtecks, Dreiecks oder eines anderen konvexen Vielecks (einschließlich „abgeflachte Kreise“ und „modifizierte Rechtecke“, bei denen zwei gegenüberliegende Seiten die Form von konvexen Bogen aufweisen, während die beiden anderen Seiten gerade, von gleicher Länge und parallel sind). Diese Erzeugnisse können vom Walzen herrührende Einschnitte, Rippen (Wülste), Vertiefungen oder Erhöhungen aufweisen (Betonarmierungsstähle).

m) Stabstahl

Massive Erzeugnisse, die weder den Begriffsbestimmungen der vorstehenden Buchstaben ij), k) oder l) noch der Begriffsbestimmung für Draht entsprechen, mit über die gesamte Länge gleich bleibendem Querschnitt in Form eines Kreises, Kreisabschnitts, Ovals, Quadrats, Rechtecks, Dreiecks oder anderen konvexen Vielecks (einschließlich „abgeflachte Kreise“ und „modifizierte Rechtecke“, bei denen zwei gegenüberliegende Seiten die Form von konvexen Bogen aufweisen, während die beiden anderen Seiten gerade, von gleicher Länge und parallel sind).

Diese Erzeugnisse können:

- vom Walzen herrührende Einschnitte, Rippen (Wülste), Vertiefungen oder Erhöhungen aufweisen (Betonarmierungsstähle);
- nach dem Walzen verwunden sein.

n) Profile

Massive Erzeugnisse mit über die gesamte Länge gleich bleibendem Querschnitt, die weder den Begriffsbestimmungen der vorstehenden Buchstaben ij), k), l) oder m) noch der Begriffsbestimmung für Draht entsprechen.

Zu Kapitel 72 gehören nicht Erzeugnisse der Position 7301 oder 7302.

o) Draht

Kalthergestellte massive Erzeugnisse, mit beliebigem, über die gesamte Länge gleich bleibendem Querschnitt, in Ringen oder Rollen, die der Begriffsbestimmung für flachgewalzte Erzeugnisse nicht entsprechen.

p) Hohlbohrerstäbe

Hohlstäbe, zum Herstellen von Bohrern geeignet, mit beliebiger Form des Querschnitts, dessen größte äußere Abmessung mehr als 15 mm bis 52 mm und mindestens das Doppelte der größten inneren Abmessung beträgt. Hohlstäbe aus Eisen oder Stahl, die dieser Begriffsbestimmung nicht entsprechen, gehören zu Position 7304.

2. Eisen- oder Stahlerzeugnisse, die mit Eisen oder Stahl anderer Sorten plattiert sind, werden wie Erzeugnisse der Eisen- oder Stahlsorte behandelt, die gewichtsmäßig vorherrscht.
3. Durch Elektrolyse, Druckgießen oder Sintern hergestellte Eisen- oder Stahlerzeugnisse sind je nach Form, Zusammensetzung und Aussehen den Positionen für die entsprechenden warmgewalzten Erzeugnisse zuzuweisen.

Unterpositions-Anmerkungen

1. In Kapitel 72 gelten als:

a) legiertes Roheisen

Roheisen, das eines oder mehrere der nachstehenden Elemente mit den angegebenen Anteilen enthält:

- mehr als 0,2 GHT Chrom
- mehr als 0,3 GHT Kupfer
- mehr als 0,3 GHT Nickel
- mehr als 0,1 GHT eines der nachstehenden Elemente, Aluminium, Molybdän, Titan, Wolfram, Vanadium;

b) nicht legierter Automatenstahl

nicht legierte Stähle, die eines oder mehrere der nachstehenden Elemente mit den angegebenen Anteilen enthalten:

- 0,08 GHT oder mehr Schwefel,
- 0,1 GHT oder mehr Blei,
- mehr als 0,05 GHT Selen,
- mehr als 0,01 GHT Tellur,
- mehr als 0,05 GHT Bismut;

c) Silicium-Elektrostahl

legierte Stähle, die 0,6 bis 6 GHT Silicium und 0,08 GHT oder weniger Kohlenstoff enthalten. Mit Ausnahme von 1 GHT oder weniger Aluminium dürfen sie andere Elemente nicht mit einem Anteil enthalten, der ihnen den Charakter anderer legierter Stähle verleiht;

d) Schnellarbeitsstahl

legierte Stähle, die mindestens zwei der drei Elemente Molybdän, Wolfram und Vanadium mit insgesamt 7 GHT oder mehr sowie Kohlenstoff mit 0,6 GHT oder mehr und Chrom mit 3 bis 6 GHT enthalten. Sie dürfen andere Elemente enthalten;

e) Mangan-Silicium-Stahl

legierte Stähle, die

- 0,7 GHT oder weniger Kohlenstoff,
- 0,5 bis 1,9 GHT Mangan, und
- 0,6 bis 2,3 GHT Silicium enthalten. Sie dürfen andere Elemente nur mit einem Anteil enthalten, der ihnen nicht den Charakter anderer legierter Stähle verleiht.

2. Für die Einreihung von Ferrolegierungen in die Unterpositionen der Position 7202 gilt:

Eine Ferrolegierung gilt als binär und wird der betreffenden Unterposition (soweit vorhanden) zugewiesen, wenn nur eines der Legierungselemente den in der Anmerkung 1 c) zu Kapitel 72 festgesetzten Mindestanteil überschreitet. Entsprechend gilt eine Ferrolegierung als ternär oder quaternär, sofern zwei oder drei Legierungselemente die Mindestanteile übersteigen.

Für die Anwendung dieser Bestimmung müssen die in Anmerkung 1 c) zu Kapitel 72 nicht gesondert aufgeführten "anderen Elemente" einzeln einen Anteil von mehr als 10 GHT aufweisen.

Zusätzliche Anmerkung

1. Es gelten folgende Begriffsbestimmungen:
   - Elektrobleche und -bänder (Warennummern 7209 16 10, 7209 17 10, 7209 18 10, 7209 26 10, 7209 27 10, 7209 28 10 und 7211 23 20) sind flachgewalzte Erzeugnisse mit Ummagnetisierungsverlusten je Kilogramm von (ermittelt nach dem Epstein-Verfahren mit einem Strom von 50 Perioden und einer Induktion von 1 Tesla):
     - 2,1 Watt oder weniger bei Blechen oder Bändern mit einer Dicke von 0,2 mm oder weniger,
     - 3,6 Watt oder weniger bei Blechen oder Bändern mit einer Dicke von mehr als 0,2 mm, jedoch weniger als 0,6 mm,
     - 6 Watt oder weniger bei Blechen oder Bändern mit einer Dicke von 0,6 mm bis 1,5 mm,
   - Weißbleche und -bänder (Warennummern 7210 12 20, 7210 70 10, 7212 10 10 und 7212 40 20) sind flachgewalzte Erzeugnisse mit einer Dicke von weniger als 0,5 mm und mit einer metallischen Überzugsschicht mit einem Zinngehalt von 97 GHT oder mehr.

- Werkzeugstahl (Warennummern 7224 10 10, 7224 90 02, 7225 30 10, 7225 40 12, 7226 91 20, 7228 30 20, 7228 40 10, 7228 50 20 und 7228 60 20) ist legierter Stahl (anderer als nicht rostender Stahl oder Schnellarbeitsstahl), der eine der folgenden Zusammensetzungen mit den angegebenen Anteilen enthält, auch mit anderen Elementen:
  - weniger als 0,6 GHT Kohlenstoff
    und
    0,7 GHT oder mehr Silicium und 0,05 GHT oder mehr Vanadium
    oder
    4 GHT oder mehr Wolfram;
  - 0,8 GHT oder mehr Kohlenstoff
    und
    0,05 GHT oder mehr Vanadium;
  - mehr als 1,2 GHT Kohlenstoff
    und
    11 GHT bis 15 GHT Chrom;
  - 0,16 bis 0,5 GHT Kohlenstoff
    und
    3,8 GHT bis 4,3 GHT Nickel
    und
    1,1 GHT bis 1,5 GHT Chrom
    und
    0,15 GHT bis 0,5 GHT Molybdän;
  - 0,3 bis 0,5 GHT Kohlenstoff
    und
    1,4 GHT bis 2,1 GHT Chrom
    und
    0,15 GHT bis 0,5 GHT Molybdän
    und
    weniger als 1,2 GHT Nickel;
  - 0,3 GHT oder mehr Kohlenstoff
    und
    weniger als 5,2 GHT Chrom
    und
    0,65 GHT oder mehr Molybdän oder 0,4 GHT oder mehr Wolfram;
  - 0,5 GHT bis 0,6 GHT Kohlenstoff
    und
    1,25 GHT bis 1,8 GHT Nickel
    und
    0,5 GHT bis 1,2 GHT Chrom
    und
    0,15 GHT bis 0,5 GHT Molybdän.

Warenbezeichnung	Warennummer	Besondere Maßeinheit
I. Grunderzeugnisse; Körner oder Pulver		
Roheisen und Spiegeleisen, in Masseln, Blöcken oder anderen Rohformen:	**7201**	
– Roheisen, nicht legiert, mit einem Phosphorgehalt von 0,5 GHT oder weniger:		
– – mit einem Mangangehalt von 0,4 GHT oder mehr:		
– – – mit einem Siliciumgehalt von 1 GHT oder weniger	7201 10 11	–
– – – mit einem Siliciumgehalt von mehr als 1 GHT	7201 10 19	–
– – mit einem Mangangehalt von 0,1 oder mehr, jedoch weniger als 0,4 GHT	7201 10 30	–
– – mit einem Mangangehalt von weniger als 0,1 GHT	7201 10 90	–
– Roheisen, nicht legiert, mit einem Phosphorgehalt von mehr als 0,5 GHT	7201 20 00	–
– Roheisen, legiert; Spiegeleisen:		
– – Roheisen, legiert, mit einem Gehalt an Titan von 0,3 bis 1 GHT und an Vanadium von 0,5 bis 1 GHT	7201 50 10	–
– – anderes	7201 50 90	–
Ferrolegierungen:	**7202**	
– Ferromangan:		
– – mit einem Kohlenstoffgehalt von mehr als 2 GHT:		
– – – mit einer Körnung von 5 mm oder weniger und einem Mangangehalt von mehr als 65 GHT	7202 11 20	–
– – – anderes	7202 11 80	–
– – anderes	7202 19 00	–
– Ferrosilicium:		
– – mit einem Siliciumgehalt von mehr als 55 GHT	7202 21 00	–
– – anderes:		
– – – mit einem Magnesiumgehalt von 4 bis 10 GHT	7202 29 10	–
– – – anderes	7202 29 90	–
– Ferrosiliciummangan	7202 30 00	–
– Ferrochrom:		
– – mit einem Kohlenstoffgehalt von mehr als 4 GHT:		
– – – mit einem Kohlenstoffgehalt von mehr als 4 bis 6 GHT	7202 41 10	–
– – – mit einem Kohlenstoffgehalt von mehr als 6 GHT	7202 41 90	–
– – anderes:		
– – – mit einem Kohlenstoffgehalt von 0,05 GHT oder weniger	7202 49 10	–
– – – mit einem Kohlenstoffgehalt von mehr als 0,05 bis 0,5 GHT	7202 49 50	–
– – – mit einem Kohlenstoffgehalt von mehr als 0,5 bis 4 GHT	7202 49 90	–
– Ferrosiliciumchrom	7202 50 00	–
– Ferronickel	7202 60 00	–
– Ferromolybdän	7202 70 00	–
– Ferrowolfram und Ferrosiliciumwolfram	7202 80 00	–
– andere:		
– – Ferrotitan und Ferrosiliciumtitan	7202 91 00	–
– – Ferrovanadium	7202 92 00	–
– – Ferroniob	7202 93 00	–
– – andere:		
– – – Ferrophosphor	7202 99 10	–
– – – Ferrosiliciummagnesium	7202 99 30	–
– – – andere	7202 99 80	–

Warenbezeichnung	Warennummer	Besondere Maßeinheit
Durch Direktreduktion aus Eisenerzen hergestellte Eisenerzeugnisse und anderer Eisenschwamm, in Stücken, Pellets oder ähnlichen Formen; Eisen mit einer Reinheit von 99,94 GHT oder mehr, in Stücken, Pellets oder ähnlichen Formen:	**7203**	
– durch Direktreduktion aus Eisenerzen hergestellte Eisenerzeugnisse	7203 10 00	–
– andere	7203 90 00	–
Abfälle und Schrott, aus Eisen oder Stahl; Abfallblöcke aus Eisen oder Stahl:	**7204**	
– Abfälle und Schrott, aus Gusseisen	7204 10 00	–
– Abfälle und Schrott, aus legiertem Stahl:		
– – aus nicht rostendem Stahl:		
– – – mit einem Nickelgehalt von 8 GHT oder mehr	7204 21 10	–
– – – andere	7204 21 90	–
– – andere	7204 29 00	–
– Abfälle und Schrott, aus verzinntem Eisen oder Stahl	7204 30 00	–
– andere Abfälle und anderer Schrott:		
– – Drehspäne, Frässpäne, Hobelspäne, Schleifspäne, Sägespäne, Feilspäne und Stanz- oder Schneidabfälle, auch paketiert:		
– – – Drehspäne, Frässpäne, Hobelspäne, Schleifspäne, Sägespäne und Feilspäne	7204 41 10	–
– – – Stanz- oder Schneidabfälle:		
– – – – paketiert	7204 41 91	–
– – – – andere	7204 41 99	–
– – andere:		
– – – geschreddert	7204 49 10	–
– – – andere:		
– – – – paketiert	7204 49 30	–
– – – – andere	7204 49 90	–
– Abfallblöcke	7204 50 00	–
Körner und Pulver, aus Roheisen, Spiegeleisen, Eisen oder Stahl:	**7205**	
– Körner	7205 10 00	–
– Pulver:		
– – aus legiertem Stahl	7205 21 00	–
– – andere	7205 29 00	–

II. Eisen und nicht legierter Stahl

Warenbezeichnung	Warennummer	Besondere Maßeinheit
Eisen und nicht legierter Stahl, in Rohblöcken (Ingots) oder anderen Rohformen, ausgenommen Eisen der Position 7203:	**7206**	
– Rohblöcke (Ingots)	7206 10 00	–
– andere	7206 90 00	–

Warenbezeichnung	Warennummer	Besondere Maßeinheit
Halbzeug aus Eisen oder nicht legiertem Stahl:	**7207**	
– mit einem Kohlenstoffgehalt von weniger als 0,25 GHT:		
– – mit quadratischem Querschnitt oder mit rechteckigem Querschnitt und einer Breite von weniger als dem Zweifachen der Dicke:		
– – – warm vorgewalzt oder stranggegossen:		
– – – – aus Automatenstahl	7207 11 11	–
– – – – anderes:		
– – – – – mit einer Dicke von 130 mm oder weniger	7207 11 14	–
– – – – – mit einer Dicke von mehr als 130 mm	7207 11 16	–
– – – vorgeschmiedet	7207 11 90	–
– – anderes, mit rechteckigem (nicht quadratischem) Querschnitt:		
– – – warm vorgewalzt oder stranggegossen	7207 12 10	–
– – – vorgeschmiedet	7207 12 90	–
– – anderes:		
– – – mit rundem oder vieleckigem Querschnitt:		
– – – – warm vorgewalzt oder stranggegossen	7207 19 12	–
– – – – vorgeschmiedet	7207 19 19	–
– – – anderes	7207 19 80	–
– mit einem Kohlenstoffgehalt von 0,25 GHT oder mehr:		
– – mit quadratischem Querschnitt oder mit rechteckigem Querschnitt und einer Breite von weniger als dem Zweifachen der Dicke:		
– – – warm vorgewalzt oder stranggegossen:		
– – – – aus Automatenstahl	7207 20 11	–
– – – – anderes, mit einem Kohlenstoffgehalt von:		
– – – – – 0,25 GHT oder mehr, jedoch weniger als 0,6 GHT	7207 20 15	–
– – – – – 0,6 GHT oder mehr	7207 20 17	–
– – – vorgeschmiedet	7207 20 19	–
– – anderes, mit rechteckigem (nicht quadratischem) Querschnitt:		
– – – warm vorgewalzt oder stranggegossen	7207 20 32	–
– – – vorgeschmiedet	7207 20 39	–
– – mit rundem oder vieleckigem Querschnitt:		
– – – warm vorgewalzt oder stranggegossen	7207 20 52	–
– – – vorgeschmiedet	7207 20 59	–
– – anderes	7207 20 80	–
Flachgewalzte Erzeugnisse aus Eisen oder nicht legiertem Stahl, mit einer Breite von 600 mm oder mehr, warmgewalzt, weder plattiert noch überzogen:	**7208**	
– in Rollen (Coils), nur warmgewalzt, mit Oberflächenmuster	7208 10 00	–
– andere, in Rollen (Coils), nur warmgewalzt, gebeizt:		
– – mit einer Dicke von 4,75 mm oder mehr	7208 25 00	–
– – mit einer Dicke von 3 mm oder mehr, jedoch weniger als 4,75 mm	7208 26 00	–
– – mit einer Dicke von weniger als 3 mm	7208 27 00	–
– andere, in Rollen (Coils), nur warmgewalzt:		
– – mit einer Dicke von mehr als 10 mm	7208 36 00	–
– – mit einer Dicke von 4,75 mm bis 10 mm	7208 37 00	–
– – mit einer Dicke von 3 mm oder mehr, jedoch weniger als 4,75 mm	7208 38 00	–
– – mit einer Dicke von weniger als 3 mm	7208 39 00	–
– nicht in Rollen (Coils), nur warmgewalzt, mit Oberflächenmuster	7208 40 00	–

Warenbezeichnung	Warennummer	Besondere Maßeinheit
– andere, nicht in Rollen (Coils), nur warmgewalzt:		
– – mit einer Dicke von mehr als 10 mm:		
– – – mit einer Dicke von mehr als 15 mm	7208 51 20	–
– – – mit einer Dicke von mehr als 10 mm bis 15 mm, mit einer Breite von:		
– – – – 2 050 mm oder mehr	7208 51 91	–
– – – – weniger als 2 050 mm	7208 51 98	–
– – mit einer Dicke von 4,75 mm bis 10 mm:		
– – – auf vier Flächen oder in geschlossenen Kalibern gewalzt, mit einer Breite von 1 250 mm oder weniger	7208 52 10	–
– – – andere, mit einer Breite von:		
– – – – 2 050 mm oder mehr	7208 52 91	–
– – – – weniger als 2 050 mm	7208 52 99	–
– – mit einer Dicke von 3 mm oder mehr, jedoch weniger als 4,75 mm:		
– – – auf vier Flächen oder in geschlossenen Kalibern gewalzt, mit einer Breite von 1 250 mm oder weniger und einer Dicke von 4 mm oder mehr	7208 53 10	–
– – – andere	7208 53 90	–
– – mit einer Dicke von weniger als 3 mm	7208 54 00	–
– andere:		
– – gelocht	7208 90 20	–
– – andere	7208 90 80	–
Flachgewalzte Erzeugnisse aus Eisen oder nicht legiertem Stahl, mit einer Breite von 600 mm oder mehr, kaltgewalzt, weder plattiert noch überzogen:	**7209**	
– in Rollen (Coils), nur kaltgewalzt:		
– – mit einer Dicke von 3 mm oder mehr	7209 15 00	–
– – mit einer Dicke von mehr als 1 mm, jedoch weniger als 3 mm:		
– – – Elektrobleche	7209 16 10	–
– – – andere	7209 16 90	–
– – mit einer Dicke von 0,5 mm bis 1 mm:		
– – – Elektrobleche	7209 17 10	–
– – – andere	7209 17 90	–
– – mit einer Dicke von weniger als 0,5 mm:		
– – – Elektrobleche	7209 18 10	–
– – – andere:		
– – – – mit einer Dicke von 0,35 mm oder mehr, jedoch weniger als 0,5 mm	7209 18 91	–
– – – – mit einer Dicke von weniger als 0,35 mm	7209 18 99	–
– nicht in Rollen (Coils), nur kaltgewalzt:		
– – mit einer Dicke von 3 mm oder mehr	7209 25 00	–
– – mit einer Dicke von mehr als 1 mm, jedoch weniger als 3 mm:		
– – – Elektrobleche	7209 26 10	–
– – – andere	7209 26 90	–
– – mit einer Dicke von 0,5 mm bis 1 mm:		
– – – Elektrobleche	7209 27 10	–
– – – andere	7209 27 90	–
– – mit einer Dicke von weniger als 0,5 mm:		
– – – Elektrobleche	7209 28 10	–
– – – andere	7209 28 90	–
– andere:		
– – gelocht	7209 90 20	–
– – andere	7209 90 80	–

Warenbezeichnung	Warennummer	Besondere Maßeinheit
Flachgewalzte Erzeugnisse aus Eisen oder nicht legiertem Stahl, mit einer Breite von 600 mm oder mehr, plattiert oder überzogen:	**7210**	
– verzinnt:		
– – mit einer Dicke von 0,5 mm oder mehr	7210 11 00	–
– – mit einer Dicke von weniger als 0,5 mm:		
– – – Weißbleche	7210 12 20	–
– – – andere	7210 12 80	–
– verbleit, einschließlich Terneblech oder -band	7210 20 00	–
– elektrolytisch verzinkt	7210 30 00	–
– anders verzinkt:		
– – gewellt	7210 41 00	–
– – andere	7210 49 00	–
– mit Chromoxiden oder mit Chrom und Chromoxiden überzogen	7210 50 00	–
– mit Aluminium überzogen:		
– – mit Aluminium-Zink-Legierungen überzogen	7210 61 00	–
– – andere	7210 69 00	–
– mit Farbe versehen, lackiert oder mit Kunststoff überzogen:		
– – Weißbleche, lackiert; mit Chromoxiden oder mit Chrom und Chromoxiden überzogene Erzeugnisse, lackiert	7210 70 10	–
– – andere	7210 70 80	–
– andere:		
– – plattiert	7210 90 30	–
– – verzinnt und bedruckt	7210 90 40	–
– – andere	7210 90 80	–
Flachgewalzte Erzeugnisse aus Eisen oder nicht legiertem Stahl, mit einer Breite von weniger als 600 mm, weder plattiert noch überzogen:	**7211**	
– nur warmgewalzt:		
– – auf vier Flächen oder in geschlossenen Kalibern gewalzt, mit einer Breite von mehr als 150 mm und einer Dicke von 4 mm oder mehr, nicht in Rollen (Coils), ohne Oberflächenmuster	7211 13 00	–
– – andere, mit einer Dicke von 4,75 mm oder mehr	7211 14 00	–
– – andere	7211 19 00	–
– nur kaltgewalzt:		
– – mit einem Kohlenstoffgehalt von weniger als 0,25 GHT:		
– – – Elektrobänder	7211 23 20	–
– – – andere:		
– – – – mit einer Dicke von 0,35 mm oder mehr	7211 23 30	–
– – – – mit einer Dicke von weniger als 0,35 mm	7211 23 80	–
– – andere	7211 29 00	–
– andere:		
– – gelocht	7211 90 20	–
– – andere	7211 90 80	–

Warenbezeichnung	Warennummer	Besondere Maßeinheit
Flachgewalzte Erzeugnisse aus Eisen oder nicht legiertem Stahl, mit einer Breite von weniger als 600 mm, plattiert oder überzogen:	**7212**	
– verzinnt:		
– – Weißbleche und -bänder, nur oberflächenbearbeitet	7212 10 10	–
– – andere	7212 10 90	–
– elektrolytisch verzinkt	7212 20 00	–
– anders verzinkt	7212 30 00	–
– mit Farbe versehen, lackiert oder mit Kunststoff überzogen:		
– – Weißbleche und -bänder, nur lackiert; mit Chromoxiden oder mit Chrom und Chromoxiden überzogene Erzeugnisse, lackiert	7212 40 20	–
– – andere	7212 40 80	–
– anders überzogen:		
– – mit Chromoxiden oder mit Chrom und Chromoxiden überzogen	7212 50 20	–
– – verchromt oder vernickelt	7212 50 30	–
– – verkupfert	7212 50 40	–
– – mit Aluminium überzogen:		
– – – mit Aluminium-Zink-Legierungen überzogen	7212 50 61	–
– – – andere	7212 50 69	–
– – andere	7212 50 90	–
– plattiert	7212 60 00	–
Walzdraht aus Eisen oder nicht legiertem Stahl:	**7213**	
– mit vom Walzen herrührenden Einschnitten, Rippen (Wülsten), Vertiefungen oder Erhöhungen	7213 10 00	–
– anderer, aus Automatenstahl	7213 20 00	–
– anderer:		
– – mit kreisförmigem Querschnitt mit einem Durchmesser von weniger als 14 mm:		
– – – von der für Betonarmierung verwendeten Art	7213 91 10	–
– – – von der für Reifencord verwendeten Art	7213 91 20	–
– – – anderer:		
– – – – mit einem Kohlenstoffgehalt von 0,06 GHT oder weniger	7213 91 41	–
– – – – mit einem Kohlenstoffgehalt von mehr als 0,06 GHT, jedoch weniger als 0,25 GHT	7213 91 49	–
– – – – mit einem Kohlenstoffgehalt von 0,25 GHT bis 0,75 GHT	7213 91 70	–
– – – – mit einem Kohlenstoffgehalt von mehr als 0,75 GHT	7213 91 90	–
– – anderer:		
– – – mit einem Kohlenstoffgehalt von weniger als 0,25 GHT	7213 99 10	–
– – – mit einem Kohlenstoffgehalt von 0,25 GHT oder mehr	7213 99 90	–
Stabstahl aus Eisen oder nicht legiertem Stahl, nur geschmiedet, nur warmgewalzt, nur warmgezogen oder nur warmstranggepresst, auch nach dem Walzen verwunden:	**7214**	
– geschmiedet	7214 10 00	–
– mit vom Walzen herrührenden Einschnitten, Rippen (Wülsten), Vertiefungen oder Erhöhungen oder nach dem Walzen verwunden	7214 20 00	–
anderer, aus Automatenstahl	7214 30 00	–

Warenbezeichnung	Warennummer	Besondere Maßeinheit
– anderer:		
– – mit rechteckigem (nicht quadratischem) Querschnitt:		
– – – mit einem Kohlenstoffgehalt von weniger als 0,25 GHT	7214 91 10	–
– – – mit einem Kohlenstoffgehalt von 0,25 GHT oder mehr	7214 91 90	–
– – anderer:		
– – – mit einem Kohlenstoffgehalt von weniger als 0,25 GHT:		
– – – – von der für Betonarmierung verwendeten Art	7214 99 10	–
– – – – anderer, mit kreisförmigem Querschnitt mit einem Durchmesser von:		
– – – – – 80 mm oder mehr	7214 99 31	–
– – – – – weniger als 80 mm	7214 99 39	–
– – – – anderer	7214 99 50	–
– – – mit einem Kohlenstoffgehalt von 0,25 GHT oder mehr:		
– – – – mit kreisförmigem Querschnitt mit einem Durchmesser von:		
– – – – – 80 mm oder mehr	7214 99 71	–
– – – – – weniger als 80 mm	7214 99 79	–
– – – – anderer	7214 99 95	–
Anderer Stabstahl aus Eisen oder nicht legiertem Stahl:	**7215**	
– aus Automatenstahl, nur kalthergestellt oder nur kaltfertiggestellt	7215 10 00	–
– anderer, nur kalthergestellt oder nur kaltfertiggestellt:		
– – mit einem Kohlenstoffgehalt von weniger als 0,25 GHT:		
– – – mit rechteckigem (nicht quadratischem) Querschnitt	7215 50 11	–
– – – anderer	7215 50 19	–
– – mit einem Kohlenstoffgehalt von 0,25 GHT oder mehr	7215 50 80	–
– anderer	7215 90 00	–
Profile aus Eisen oder nicht legiertem Stahl:	**7216**	
– U-, I- oder H-Profile, nur warmgewalzt, nur warmgezogen oder nur warmstranggepresst, mit einer Höhe von weniger als 80 mm	7216 10 00	–
– L- oder T-Profile, nur warmgewalzt, nur warmgezogen oder nur warmstranggepresst, mit einer Höhe von weniger als 80 mm:		
– – L-Profile	7216 21 00	–
– – T-Profile	7216 22 00	–
– U-, I- oder H-Profile, nur warmgewalzt, nur warmgezogen oder nur warmstranggepresst, mit einer Höhe von 80 mm oder mehr:		
– – U-Profile:		
– – – mit einer Höhe von 80 mm bis 220 mm	7216 31 10	–
– – – mit einer Höhe von mehr als 220 mm	7216 31 90	–
– – I-Profile:		
– – – mit einer Höhe von 80 mm bis 220 mm:		
– – – – mit parallelen Flanschflächen	7216 32 11	–
– – – – andere	7216 32 19	–
– – – mit einer Höhe von mehr als 220 mm:		
– – – – mit parallelen Flanschflächen	7216 32 91	–
– – – – andere	7216 32 99	–
– – H-Profile:		
– – – mit einer Höhe von 80 mm bis 180 mm	7216 33 10	–
– – – mit einer Höhe von mehr als 180 mm	7216 33 90	–
– L- oder T-Profile, nur warmgewalzt, nur warmgezogen oder nur warmstranggepresst, mit einer Höhe von 80 mm oder mehr:		
– – L-Profile	7216 40 10	–
– – T-Profile	7216 40 90	–

Warenbezeichnung	Warennummer	Besondere Maßeinheit
– andere Profile, nur warmgewalzt, nur warmgezogen oder nur warmstranggepresst:		
– – mit einem Querschnitt, der in ein Quadrat mit einer Seite von 80 mm passt	7216 50 10	–
– – andere:		
– – – Wulstflachprofile (Wulstflachstahl)	7216 50 91	–
– – – andere	7216 50 99	–
– Profile, nur kalthergestellt oder nur kaltfertiggestellt:		
– – aus flachgewalzten Erzeugnissen hergestellt:		
– – – C-, L-, U-, Z-, Omega- oder Schlitzprofile	7216 61 10	–
– – – andere	7216 61 90	–
– – andere	7216 69 00	–
– andere:		
– – aus flachgewalzten Erzeugnissen kalthergestellt oder kaltfertiggestellt:		
– – – profilierte Bleche	7216 91 10	–
– – – andere	7216 91 80	–
– – andere	7216 99 00	–
Draht aus Eisen oder nicht legiertem Stahl:	**7217**	
– nicht überzogen, auch poliert:		
– – mit einem Kohlenstoffgehalt von weniger als 0,25 GHT:		
– – – mit einer größten Querschnittsabmessung von weniger als 0,8 mm	7217 10 10	–
– – – mit einer größten Querschnittsabmessung von 0,8 mm oder mehr:		
– – – – mit vom Walzen herrührenden Einschnitten, Rippen (Wülsten), Vertiefungen oder Erhöhungen	7217 10 31	–
– – – – anderer	7217 10 39	–
– – mit einem Kohlenstoffgehalt von 0,25 GHT oder mehr, jedoch weniger als 0,6 GHT	7217 10 50	–
– – mit einem Kohlenstoffgehalt von 0,6 GHT oder mehr	7217 10 90	–
– verzinkt:		
– – mit einem Kohlenstoffgehalt von weniger als 0,25 GHT:		
– – – mit einer größten Querschnittsabmessung von weniger als 0,8 mm	7217 20 10	–
– – – mit einer größten Querschnittsabmessung von 0,8 mm oder mehr	7217 20 30	–
– – mit einem Kohlenstoffgehalt von 0,25 GHT oder mehr, jedoch weniger als 0,6 GHT	7217 20 50	–
– – mit einem Kohlenstoffgehalt von 0,6 GHT oder mehr	7217 20 90	–
– mit anderen unedlen Metallen überzogen:		
– – mit einem Kohlenstoffgehalt von weniger als 0,25 GHT:		
– – – verkupfert	7217 30 41	–
– – – anderer	7217 30 49	–
– – mit einem Kohlenstoffgehalt von 0,25 GHT oder mehr, jedoch weniger als 0,6 GHT	7217 30 50	–
– – mit einem Kohlenstoffgehalt von 0,6 GHT oder mehr	7217 30 90	–
– anderer:		
– – mit einem Kohlenstoffgehalt von weniger als 0,25 GHT	7217 90 20	–
– – mit einem Kohlenstoffgehalt von 0,25 GHT oder mehr, jedoch weniger als 0,6 GHT	7217 90 50	–
– – mit einem Kohlenstoffgehalt von 0,6 GHT oder mehr	7217 90 90	–

Warenbezeichnung	Warennummer	Besondere Maßeinheit
III. Nicht rostender Stahl		
Nicht rostender Stahl in Rohblöcken (Ingots) oder anderen Rohformen; Halbzeug aus nicht rostendem Stahl:	**7218**	
– Rohblöcke (Ingots) und andere Rohformen	7218 10 00	–
– andere:		
– – mit rechteckigem (nicht quadratischem) Querschnitt:		
– – – mit einem Nickelgehalt von 2,5 GHT oder mehr	7218 91 10	–
– – – mit einem Nickelgehalt von weniger als 2,5 GHT	7218 91 80	–
– – andere:		
– – – mit quadratischem Querschnitt:		
– – – – warm vorgewalzt oder stranggegossen	7218 99 11	–
– – – – vorgeschmiedet	7218 99 19	–
– – – andere:		
– – – – warm vorgewalzt oder stranggegossen	7218 99 20	–
– – – – vorgeschmiedet	7218 99 80	–
Flachgewalzte Erzeugnisse aus nicht rostendem Stahl, mit einer Breite von 600 mm oder mehr:	**7219**	
– nur warmgewalzt, in Rollen (Coils):		
– – mit einer Dicke von mehr als 10 mm	7219 11 00	–
– – mit einer Dicke von 4,75 mm bis 10 mm:		
– – – mit einem Nickelgehalt von 2,5 GHT oder mehr	7219 12 10	–
– – – mit einem Nickelgehalt von weniger als 2,5 GHT	7219 12 90	–
– – mit einer Dicke von 3 mm oder mehr, jedoch weniger als 4,75 mm:		
– – – mit einem Nickelgehalt von 2,5 GHT oder mehr	7219 13 10	–
– – – mit einem Nickelgehalt von weniger als 2,5 GHT	7219 13 90	–
– – mit einer Dicke von weniger als 3 mm:		
– – – mit einem Nickelgehalt von 2,5 GHT oder mehr	7219 14 10	–
– – – mit einem Nickelgehalt von weniger als 2,5 GHT	7219 14 90	–
– nur warmgewalzt, nicht in Rollen (Coils):		
– – mit einer Dicke von mehr als 10 mm:		
– – – mit einem Nickelgehalt von 2,5 GHT oder mehr	7219 21 10	–
– – – mit einem Nickelgehalt von weniger als 2,5 GHT	7219 21 90	–
– – mit einer Dicke von 4,75 mm bis 10 mm:		
– – – mit einem Nickelgehalt von 2,5 GHT oder mehr	7219 22 10	–
– – – mit einem Nickelgehalt von weniger als 2,5 GHT	7219 22 90	–
– – mit einer Dicke von 3 mm oder mehr, jedoch weniger als 4,75 mm	7219 23 00	–
– – mit einer Dicke von weniger als 3 mm	7219 24 00	–
– nur kaltgewalzt:		
– – mit einer Dicke von 4,75 mm oder mehr	7219 31 00	–
– – mit einer Dicke von 3 mm oder mehr, jedoch weniger als 4,75 mm:		
– – – mit einem Nickelgehalt von 2,5 GHT oder mehr	7219 32 10	–
– – – mit einem Nickelgehalt von weniger als 2,5 GHT	7219 32 90	–
– – mit einer Dicke von mehr als 1 mm, jedoch weniger als 3 mm:		
– – – mit einem Nickelgehalt von 2,5 GHT oder mehr	7219 33 10	–
– – – mit einem Nickelgehalt von weniger als 2,5 GHT	7219 33 90	–
– – mit einer Dicke von 0,5 mm bis 1 mm:		
– – – mit einem Nickelgehalt von 2,5 GHT oder mehr	7219 34 10	–
– – – mit einem Nickelgehalt von weniger als 2,5 GHT	7219 34 90	–

Warenbezeichnung	Warennummer	Besondere Maßeinheit
– – mit einer Dicke von weniger als 0,5 mm:		
– – – mit einem Nickelgehalt von 2,5 GHT oder mehr	7219 35 10	–
– – – mit einem Nickelgehalt von weniger als 2,5 GHT	7219 35 90	–
– andere:		
– – gelocht	7219 90 20	–
– – andere	7219 90 80	–
Flachgewalzte Erzeugnisse aus nicht rostendem Stahl, mit einer Breite von weniger als 600 mm:	**7220**	
– nur warmgewalzt:		
– – mit einer Dicke von 4,75 mm oder mehr	7220 11 00	–
– – mit einer Dicke von weniger als 4,75 mm	7220 12 00	–
– nur kaltgewalzt:		
– – mit einer Dicke von 3 mm oder mehr, mit einem Nickelgehalt von:		
– – – 2,5 GHT oder mehr	7220 20 21	–
– – – weniger als 2,5 GHT	7220 20 29	–
– – mit einer Dicke von mehr als 0,35 mm, jedoch weniger als 3 mm, mit einem Nickelgehalt von:		
– – – 2,5 GHT oder mehr	7220 20 41	–
– – – weniger als 2,5 GHT	7220 20 49	–
– – mit einer Dicke von 0,35 mm oder weniger, mit einem Nickelgehalt von:		
– – – 2,5 GHT oder mehr	7220 20 81	–
– – – weniger als 2,5 GHT	7220 20 89	–
– andere:		
– – gelocht	7220 90 20	–
– – andere	7220 90 80	–
Walzdraht aus nicht rostendem Stahl:	**7221**	
– mit einem Nickelgehalt von 2,5 GHT oder mehr	7221 00 10	–
– mit einem Nickelgehalt von weniger als 2,5 GHT	7221 00 90	–
Stabstahl und Profile, aus nicht rostendem Stahl:	**7222**	
– Stabstahl, nur warmgewalzt, nur warmgezogen oder nur warmstranggepresst:		
– – mit kreisförmigem Querschnitt:		
– – – mit einem Durchmesser von 80 mm oder mehr, mit einem Nickelgehalt von:		
– – – – 2,5 GHT oder mehr	7222 11 11	–
– – – – weniger als 2,5 GHT	7222 11 19	–
– – – mit einem Durchmesser von weniger als 80 mm, mit einem Nickelgehalt von:		
– – – – 2,5 GHT oder mehr	7222 11 81	–
– – – – weniger als 2,5 GHT	7222 11 89	–
– – anderer:		
– – – mit einem Nickelgehalt von 2,5 GHT oder mehr	7222 19 10	–
– – – mit einem Nickelgehalt von weniger als 2,5 GHT	7222 19 90	–

Warenbezeichnung	Warennummer	Besondere Maßeinheit
– Stabstahl, nur kalthergestellt oder nur kaltfertiggestellt:		
– – mit kreisförmigem Querschnitt:		
– – – mit einem Durchmesser von 80 mm oder mehr, mit einem Nickelgehalt von:		
– – – – 2,5 GHT oder mehr	7222 20 11	–
– – – – weniger als 2,5 GHT	7222 20 19	–
– – – mit einem Durchmesser von 25 mm oder mehr, jedoch weniger als 80 mm, mit einem Nickelgehalt von:		
– – – – 2,5 GHT oder mehr	7222 20 21	–
– – – – weniger als 2,5 GHT	7222 20 29	–
– – – mit einem Durchmesser von weniger als 25 mm, mit einem Nickelgehalt von:		
– – – – 2,5 GHT oder mehr	7222 20 31	–
– – – – weniger als 2,5 GHT	7222 20 39	–
– – anderer, mit einem Nickelgehalt von:		
– – – 2,5 GHT oder mehr	7222 20 81	–
– – – weniger als 2,5 GHT	7222 20 89	–
– anderer Stabstahl:		
– – geschmiedet, mit einem Nickelgehalt von:		
– – – 2,5 GHT oder mehr	7222 30 51	–
– – – weniger als 2,5 GHT	7222 30 91	–
– – anderer	7222 30 97	–
– Profile:		
– – nur warmgewalzt, nur warmgezogen oder nur warmstranggepresst	7222 40 10	–
– – nur kalthergestellt oder kaltfertiggestellt	7222 40 50	–
– – andere	7222 40 90	–
Draht aus nicht rostendem Stahl:	**7223**	
– mit einem Nickelgehalt von 2,5 GHT oder mehr:		
– – mit einem Gehalt an Nickel von 28 bis 31 GHT und an Chrom von 20 bis 22 GHT	7223 00 11	–
– – anderer	7223 00 19	–
– mit einem Nickelgehalt von weniger als 2,5 GHT:		
– – mit einem Gehalt an Chrom von 13 bis 25 GHT und an Aluminium von 3,5 bis 6 GHT	7223 00 91	–
– – anderer	7223 00 99	–
IV. Anderer legierter Stahl; Hohlbohrerstäbe aus legiertem oder nicht legiertem Stahl		
Anderer legierter Stahl in Rohblöcken (Ingots) oder anderen Rohformen; Halbzeug aus anderem legierten Stahl:	**7224**	
– Rohblöcke (Ingots) und andere Rohformen:		
– – aus Werkzeugstahl	7224 10 10	–
– – anderer	7224 10 90	–

Warenbezeichnung	Warennummer	Besondere Maßeinheit
– andere:		
– – aus Werkzeugstahl	7224 90 02	–
– – andere:		
– – – mit quadratischem oder rechteckigem Querschnitt:		
– – – – warm vorgewalzt oder stranggegossen:		
– – – – – mit einer Breite von weniger als dem Zweifachen der Dicke:		
– – – – – – aus Schnellarbeitsstahl	7224 90 03	–
– – – – – – aus Stahl mit einem Gehalt an Kohlenstoff von 0,7 GHT oder weniger, an Mangan von 0,5 bis 1,2 GHT und an Silicium von 0,6 bis 2,3 GHT; aus Stahl mit einem Borgehalt von 0,0008 GHT oder mehr, ohne dass ein anderes Element den in der Anmerkung 1 f) zu Kapitel 72 angegebenen Mindestanteil erreicht	7224 90 05	–
– – – – – – andere	7224 90 07	–
– – – – – andere	7224 90 14	–
– – – – vorgeschmiedet	7224 90 18	–
– – – andere:		
– – – – warm vorgewalzt oder stranggegossen:		
– – – – – mit einem Gehalt an Kohlenstoff von 0,9 bis 1,15 GHT und an Chrom von 0,5 bis 2 GHT, auch mit einem Gehalt an Molybdän von 0,5 GHT oder weniger	7224 90 31	–
– – – – – andere	7224 90 38	–
– – – – vorgeschmiedet	7224 90 90	–
Flachgewalzte Erzeugnisse aus anderem legierten Stahl, mit einer Breite von 600 mm oder mehr:	**7225**	
– aus Silicium-Elektrostahl:		
– – kornorientiert	7225 11 00	–
– – andere:		
– – – warmgewalzt	7225 19 10	–
– – – kaltgewalzt	7225 19 90	–
– andere, nur warmgewalzt, in Rollen (Coils):		
– – aus Werkzeugstahl	7225 30 10	–
– – aus Schnellarbeitsstahl	7225 30 30	–
– – andere	7225 30 90	–
– andere, nur warmgewalzt, nicht in Rollen (Coils):		
– – aus Werkzeugstahl	7225 40 12	–
– – aus Schnellarbeitsstahl	7225 40 15	–
– – andere:		
– – – mit einer Dicke von mehr als 10 mm	7225 40 40	–
– – – mit einer Dicke von 4,75 mm bis 10 mm	7225 40 60	–
– – – mit einer Dicke von weniger als 4,75 mm	7225 40 90	–
– andere, nur kaltgewalzt:		
– – aus Schnellarbeitsstahl	7225 50 20	–
– – andere	7225 50 80	–
– andere:		
– – elektrolytisch verzinkt	7225 91 00	–
– – anders verzinkt	7225 92 00	–
– – andere	7225 99 00	–

Warenbezeichnung	Warennummer	Besondere Maßeinheit
Flachgewalzte Erzeugnisse aus anderem legierten Stahl, mit einer Breite von weniger als 600 mm:	**7226**	
– aus Silicium-Elektrostahl:		
– – kornorientiert	7226 11 00	–
– – andere:		
– – – nur warmgewalzt	7226 19 10	–
– – – andere	7226 19 80	–
– aus Schnellarbeitsstahl	7226 20 00	–
– andere:		
– – nur warmgewalzt:		
– – – aus Werkzeugstahl	7226 91 20	–
– – – andere:		
– – – – mit einer Dicke von 4,75 mm oder mehr	7226 91 91	–
– – – – mit einer Dicke von weniger als 4,75 mm	7226 91 99	–
– – nur kaltgewalzt	7226 92 00	–
– – andere:		
– – – elektrolytisch verzinkt	7226 99 10	–
– – – anders verzinkt	7226 99 30	–
– – – andere	7226 99 70	–
Walzdraht aus anderem legierten Stahl:	**7227**	
– aus Schnellarbeitsstahl	7227 10 00	–
– aus Mangan-Silicium-Stahl	7227 20 00	–
– anderer:		
– – mit einem Borgehalt von 0,0008 GHT oder mehr, ohne dass ein anderes Element den in der Anmerkung 1 f) zu Kapitel 72 angegebenen Mindestanteil erreicht	7227 90 10	–
– – mit einem Gehalt an Kohlenstoff von 0,9 bis 1,15 GHT und an Chrom von 0,5 bis 2 GHT, auch mit einem Gehalt an Molybdän von 0,5 GHT oder weniger	7227 90 50	–
– – anderer	7227 90 95	–
Stabstahl und Profile, aus anderem legierten Stahl; Hohlbohrerstäbe aus legiertem oder nicht legiertem Stahl:	**7228**	
– Stabstahl aus Schnellarbeitsstahl:		
– – nur warmgewalzt, nur warmgezogen oder nur warmstranggepresst; warmgewalzt, warmgezogen oder warmstranggepresst, nur plattiert	7228 10 20	–
– – geschmiedet	7228 10 50	–
– – anderer	7228 10 90	–
– Stabstahl aus Mangan-Silicium-Stahl:		
– – mit rechteckigem (nicht quadratischem) Querschnitt, auf vier Flächen warmgewalzt	7228 20 10	–
– – anderer:		
– – – nur warmgewalzt, nur warmgezogen oder nur warmstranggepresst; warmgewalzt, warmgezogen oder warmstranggepresst, nur plattiert	7228 20 91	–
– – – anderer	7228 20 99	–

Warenbezeichnung	Warennummer	Besondere Maßeinheit
– anderer Stabstahl, nur warmgewalzt, nur warmgezogen oder nur warmstranggepresst:		
– – aus Werkzeugstahl	7228 30 20	–
– – mit einem Gehalt an Kohlenstoff von 0,9 bis 1,15 GHT und an Chrom von 0,5 bis 2 GHT, auch mit einem Gehalt an Molybdän von 0,5 GHT oder weniger:		
– – – mit kreisförmigem Querschnitt mit einem Durchmesser von 80 mm oder mehr	7228 30 41	–
– – – anderer	7228 30 49	–
– – anderer:		
– – – mit kreisförmigem Querschnitt mit einem Durchmesser von:		
– – – – 80 mm oder mehr	7228 30 61	–
– – – – weniger als 80 mm	7228 30 69	–
– – – mit rechteckigem (nicht quadratischem) Querschnitt, auf vier Flächen warmgewalzt	7228 30 70	–
– – – anderer	7228 30 89	–
– anderer Stabstahl, nur geschmiedet:		
– – aus Werkzeugstahl	7228 40 10	–
– – anderer	7228 40 90	–
– anderer Stabstahl, nur kalthergestellt oder nur kaltfertiggestellt:		
– – aus Werkzeugstahl	7228 50 20	–
– – mit einem Gehalt an Kohlenstoff von 0,9 bis 1,15 GHT und an Chrom von 0,5 bis 2 GHT, auch mit einem Gehalt an Molybdän von 0,5 GHT oder weniger	7228 50 40	–
– – anderer:		
– – – mit kreisförmigem Querschnitt mit einem Durchmesser von:		
– – – – 80 mm oder mehr	7228 50 61	–
– – – – weniger als 80 mm	7228 50 69	–
– – – anderer	7228 50 80	–
– anderer Stabstahl:		
– – aus Werkzeugstahl	7228 60 20	–
– – anderer	7228 60 80	–
– Profile:		
– – nur warmgewalzt, nur warmgezogen oder nur warmstranggepresst	7228 70 10	–
– – andere	7228 70 90	–
– Hohlbohrerstäbe	7228 80 00	–
Draht aus anderem legierten Stahl:	**7229**	
– aus Mangan-Silicium-Stahl	7229 20 00	–
– anderer:		
– – aus Schnellarbeitsstahl	7229 90 20	–
– – mit einem Gehalt an Kohlenstoff von 0,9 bis 1,15 GHT und an Chrom von 0,5 bis 2 GHT, auch mit einem Gehalt an Molybdän von 0,5 GHT oder weniger	7229 90 50	–
– – anderer	7229 90 90	–

Kapitel 73

Waren aus Eisen oder Stahl

Anmerkungen

1. Als „Gusseisen“ im Sinne des Kapitels 73 gelten durch Gießen hergestellte Erzeugnisse, deren chemische Zusammensetzung nicht der für Stahl nach Anmerkung 1 d) zu Kapitel 72 entspricht und in denen Eisen gegenüber jedem anderen Element gewichtsmäßig vorherrscht.
2. Als „Draht“ im Sinne des Kapitels 73 gelten warm- oder kalthergestellte Erzeugnisse mit beliebiger Form des Querschnitts, dessen größte Abmessung 16 mm oder weniger beträgt.

Warenbezeichnung	Warennummer	Besondere Maßeinheit
Spundwanderzeugnisse aus Eisen oder Stahl, auch gelocht oder aus zusammengesetzten Elementen hergestellt; durch Schweißen hergestellte Profile aus Eisen oder Stahl:	**7301**	
– Spundwanderzeugnisse	7301 10 00	–
– Profile	7301 20 00	–
Oberbaumaterial für Bahnen, aus Eisen oder Stahl, wie Schienen, Leitschienen und Zahnstangen, Weichenzungen, Herzstücke, Zungenverbindungsstangen und anderes Material für Kreuzungen oder Weichen, Bahnschwellen, Laschen, Schienenstühle, Winkel, Unterlagsplatten, Klemmplatten, Spurplatten und Spurstangen und anderes für das Verlegen, Zusammenfügen oder Befestigen von Schienen besonders hergerichtetes Material:	**7302**	
– Schienen:		
– – Stromschienen mit einem Leiter aus Nichteisenmetall	7302 10 10	–
– – andere:		
– – – neu:		
– – – – Vignolschienen:		
– – – – – mit einem Gewicht je Meter von 36 kg oder mehr	7302 10 22	–
– – – – – mit einem Gewicht je Meter von weniger als 36 kg	7302 10 28	–
– – – – Rillenschienen	7302 10 40	–
– – – – andere	7302 10 50	–
– – – gebraucht	7302 10 90	–
– Weichenzungen, Herzstücke, Zungenverbindungsstangen und anderes Material für Kreuzungen oder Weichen	7302 30 00	–
– Laschen und Unterlagsplatten	7302 40 00	–
– andere	7302 90 00	–
Rohre und Hohlprofile, aus Gusseisen:	**7303**	
– Druckrohre	7303 00 10	–
– andere	7303 00 90	–

	Warenbezeichnung	Warennummer	Besondere Maßeinheit
	Rohre und Hohlprofile, nahtlos, aus Eisen (ausgenommen Gusseisen) oder Stahl:	**7304**	
	– Rohre von der für Öl- oder Gasfernleitungen verwendeten Art (line pipe):		
	– – aus nicht rostendem Stahl	7304 11 00	–
	– – andere:		
	– – – mit einem äußeren Durchmesser von 168,3 mm oder weniger	7304 19 10	–
	– – – mit einem äußeren Durchmesser von mehr als 168,3 mm bis 406,4 mm	7304 19 30	–
	– – – mit einem äußeren Durchmesser von mehr als 406,4 mm	7304 19 90	–
	– Futterrohre, Steigrohre und Bohrgestänge von der für das Bohren oder Fördern von Öl oder Gas verwendeten Art (casing, tubing, drill pipe):		
	– – Bohrgestänge (drill pipe) aus nicht rostendem Stahl	7304 22 00	–
	– – andere Bohrgestänge (drill pipe)	7304 23 00	–
	– – andere, aus nicht rostendem Stahl	7304 24 00	–
	– – andere:		
	– – – mit einem äußeren Durchmesser von 168,3 mm oder weniger	7304 29 10	–
	– – – mit einem äußeren Durchmesser von mehr als 168,3 mm bis 406,4 mm	7304 29 30	–
	– – – mit einem äußeren Durchmesser von mehr als 406,4 mm	7304 29 90	–
	– andere, mit kreisförmigem Querschnitt, aus Eisen oder nicht legiertem Stahl:		
	– – kaltgezogen oder kaltgewalzt:		
	– – – Präzisionsstahlrohre	7304 31 20	–
	– – – andere	7304 31 80	–
	– – andere:		
●	– – – Gewinderohre (glattendig oder mit Gewinde)	7304 39 50	–
●	– – – andere, mit einem äußeren Durchmesser von:		
●	– – – – 168,3 mm oder weniger	7304 39 82	–
●	– – – – mehr als 168,3 mm bis 406,4 mm	7304 39 83	–
●	– – – – mehr als 406,4 mm	7304 39 88	–
	– andere, mit kreisförmigem Querschnitt, aus nicht rostendem Stahl:		
	– – kaltgezogen oder kaltgewalzt	7304 41 00	–
	– – andere:		
●	– – – mit einem äußeren Durchmesser von 168,3 mm oder weniger	7304 49 83	–
●	– – – mit einem äußeren Durchmesser von mehr als 168,3 mm bis 406,4 mm	7304 49 85	–
●	– – – mit einem äußeren Durchmesser von mehr als 406,4 mm	7304 49 89	–
	– andere, mit kreisförmigem Querschnitt, aus anderem legierten Stahl:		
	– – kaltgezogen oder kaltgewalzt:		
●	– – – gerade und von gleichmäßiger Wanddicke, aus legiertem Stahl mit einem Gehalt an Kohlenstoff von 0,9 bis 1,15 GHT und an Chrom von 0,5 bis 2 GHT, auch mit einem Gehalt an Molybdän von 0,5 GHT oder weniger	7304 51 10	–
	– – – andere:		
	– – – – Präzisionsstahlrohre	7304 51 81	–
	– – – – andere	7304 51 89	–
	– – andere:		
●	– – – gerade und von gleichmäßiger Wanddicke, aus legiertem Stahl mit einem Gehalt an Kohlenstoff von 0,9 bis 1,15 GHT und an Chrom von 0,5 bis 2 GHT, auch mit einem Gehalt an Molybdän von 0,5 GHT oder weniger	7304 59 30	–
	– – – andere:		
●	– – – – mit einem äußeren Durchmesser von 168,3 mm oder weniger	7304 59 82	–
●	– – – – mit einem äußeren Durchmesser von mehr als 168,3 mm bis 406,4 mm	7304 59 83	–
●	– – – – mit einem äußeren Durchmesser von mehr als 406,4 mm	7304 59 89	–
	– andere	7304 90 00	–

Warenbezeichnung	Warennummer	Besondere Maßeinheit
Andere Rohre (z. B. geschweißt oder genietet) mit kreisförmigem Querschnitt und einem äußeren Durchmesser von mehr als 406,4 mm, aus Eisen oder Stahl:	**7305**	
– Rohre von der für Öl- oder Gasfernleitungen verwendeten Art (line pipe):		
– – mit verdecktem Lichtbogen längsnahtgeschweißt	7305 11 00	–
– – anders längsnahtgeschweißt	7305 12 00	–
– – andere	7305 19 00	–
– Futterrohre von der für das Fördern von Öl oder Gas verwendeten Art (casing)	7305 20 00	–
– andere, geschweißt:		
– – längsnahtgeschweißt	7305 31 00	–
– – andere	7305 39 00	–
– andere	7305 90 00	–
Andere Rohre und Hohlprofile (z. B. geschweißt, genietet, gefalzt oder mit einfach aneinander gelegten Rändern), aus Eisen oder Stahl:	**7306**	
– Rohre von der für Öl- oder Gasfernleitungen verwendeten Art (line pipe):		
● **– – geschweißt, aus nicht rostendem Stahl**	7306 11 00	–
● **– – andere**	7306 19 00	–
– Futterrohre und Steigrohre von der für das Fördern von Öl oder Gas verwendeten Art (casing und tubing):		
– – geschweißt, aus nicht rostendem Stahl	7306 21 00	–
– – andere	7306 29 00	–
– andere, geschweißt, mit kreisförmigem Querschnitt, aus Eisen oder nicht legiertem Stahl:		
● – – Präzisionsstahlrohre:		
● – – – kaltgezogen oder kaltgewalzt	7306 30 12	–
● – – – andere	7306 30 18	–
– – andere:		
– – – Gewinderohre (glattendig oder mit Gewinde):		
– – – – verzinkt	7306 30 41	–
– – – – andere	7306 30 49	–
– – – andere, mit einem äußeren Durchmesser von:		
– – – – 168,3 mm oder weniger:		
– – – – – verzinkt	7306 30 72	–
– – – – – andere	7306 30 77	–
– – – – mehr als 168,3 mm bis 406,4 mm	7306 30 80	–
– andere, geschweißt, mit kreisförmigem Querschnitt, aus nicht rostendem Stahl:		
– – kaltgezogen oder kaltgewalzt	7306 40 20	–
– – andere	7306 40 80	–
– andere, geschweißt, mit kreisförmigem Querschnitt, aus anderem legierten Stahl:		
● – – Präzisionsstahlrohre:		
● – – – kaltgezogen oder kaltgewalzt	7306 50 21	–
● – – – andere	7306 50 29	–
– – andere	7306 50 80	–
– andere, geschweißt, mit nicht kreisförmigem Querschnitt:		
– – mit quad ratischem oder rechteckigem Querschnitt:		
– – – aus nicht rostendem Stahl	7306 61 10	–
– – – andere:		
– – – – mit einer Wanddicke von 2 mm oder weniger	7306 61 92	–
– – – – mit einer Wanddicke von mehr als 2 mm	7306 61 99	–
– – mit anderem nicht kreisförmigem Querschnitt:		
– – – aus nicht rostendem Stahl	7306 69 10	–
– – – andere	7306 69 90	–
– andere	7306 90 00	–

Warenbezeichnung	Warennummer	Besondere Maßeinheit
Rohrformstücke, Rohrverschlussstücke und Rohrverbindungsstücke (z. B. Bogen, Muffen), aus Eisen oder Stahl:	7307	
– gegossen:		
– – aus nicht verformbarem Gusseisen:		
– – – von der für Druckrohre verwendeten Art	7307 11 10	–
– – – andere	7307 11 90	–
– – andere:		
– – – aus Gusseisen	7307 19 10	–
– – – andere	7307 19 90	–
– andere, aus nicht rostendem Stahl:		
– – Flansche	7307 21 00	–
– – Bogen, Winkel und Muffen, mit Gewinde:		
– – – Muffen	7307 22 10	–
– – – Bogen und Winkel	7307 22 90	–
– – Formstücke, Verschlussstücke und Verbindungsstücke, zum Stumpfschweißen:		
– – – Bogen und Winkel	7307 23 10	–
– – – andere	7307 23 90	–
– – andere:		
– – – mit Gewinde	7307 29 10	–
– – – andere	7307 29 80	–
– andere:		
– – Flansche	7307 91 00	–
– – Bogen, Winkel und Muffen, mit Gewinde:		
– – – Muffen	7307 92 10	–
– – – Bogen und Winkel	7307 92 90	–
– – Formstücke, Verschlussstücke und Verbindungsstücke, zum Stumpfschweißen:		
– – – mit einem größten äußeren Durchmesser von 609,6 mm oder weniger:		
– – – – Bogen und Winkel	7307 93 11	–
– – – – andere	7307 93 19	–
– – – mit einem größten äußeren Durchmesser von mehr als 609,6 mm:		
– – – – Bogen und Winkel	7307 93 91	–
– – – – andere	7307 93 99	–
– – andere:		
– – – mit Gewinde	7307 99 10	–
– – – andere	7307 99 80	–
Konstruktionen und Konstruktionsteile (z. B. Brücken und Brückenelemente, Schleusentore, Türme, Gittermaste, Pfeiler, Säulen, Gerüste, Dächer, Dachstühle, Tore, Türen, Fenster, und deren Rahmen und Verkleidungen, Tor- und Türschwellen, Tür- und Fensterläden, Geländer), aus Eisen oder Stahl, ausgenommen vorgefertigte Gebäude der Position 9406; zu Konstruktionszwecken vorgearbeitete Bleche, Stäbe, Profile, Rohre und dergleichen, aus Eisen oder Stahl:	7308	
– Brücken und Brückenelemente	7308 10 00	–
– Türme und Gittermaste	7308 20 00	–
– Tore, Türen, Fenster, und deren Rahmen und Verkleidungen, Tor- und Türschwellen	7308 30 00	St [1]
– Gerüst-, Schalungs- oder Stützmaterial	7308 40 00	
– andere:		
– – ausschließlich oder hauptsächlich aus Blech:		
– – – Verbundplatten aus zwei Profilblechen und einer isolierenden Mittellage	7308 90 51	–
– – – andere	7308 90 59	–
– – andere	7308 90 98	–

1) Ein Tor, eine Tür oder ein Fenster mit oder ohne Rahmen, Verkleidung oder Schwelle gilt als ein Stück.

Warenbezeichnung	Warennummer	Besondere Maßeinheit
Sammelbehälter, Fässer, Bottiche und ähnliche Behälter, aus Eisen oder Stahl, für Stoffe aller Art (ausgenommen verdichtete oder verflüssigte Gase), mit einem Fassungsvermögen von mehr als 300 l, ohne mechanische oder wärmetechnische Einrichtungen, auch mit Innenauskleidung oder Wärmeschutzverkleidung:	**7309**	
– für gasförmige Stoffe (ausgenommen verdichtete oder verflüssigte Gase)	7309 00 10	–
– für flüssige Stoffe:		
– – mit Innenauskleidung oder Wärmeschutzverkleidung	7309 00 30	–
– – andere, mit einem Fassungsvermögen von:		
– – – mehr als 100 000 l	7309 00 51	–
– – – 100 000 l oder weniger	7309 00 59	–
– für feste Stoffe	7309 00 90	–
Sammelbehälter, Fässer, Trommeln, Kannen, Dosen und ähnliche Behälter, aus Eisen oder Stahl, für Stoffe aller Art (ausgenommen verdichtete oder verflüssigte Gase), mit einem Fassungsvermögen von 300 l oder weniger, ohne mechanische oder wärmetechnische Einrichtungen, auch mit Innenauskleidung oder Wärmeschutzverkleidung:	**7310**	
– mit einem Fassungsvermögen von 50 l oder mehr	7310 10 00	–
– mit einem Fassungsvermögen von weniger als 50 l:		
– – Dosen, die durch Schweißen, Löten oder Falzen verschlossen werden:		
– – – Dosen von der für Nahrungsmittel verwendeten Art	7310 21 11	–
– – – Dosen von der für Getränke verwendeten Art	7310 21 19	–
– – – andere, mit einer Wanddicke von:		
– – – – weniger als 0,5 mm	7310 21 91	–
– – – – 0,5 mm oder mehr	7310 21 99	–
– – andere:		
– – – mit einer Wanddicke von weniger als 0,5 mm	7310 29 10	–
– – – mit einer Wanddicke von 0,5 mm oder mehr	7310 29 90	–
Behälter aus Eisen oder Stahl, für verdichtete oder verflüssigte Gase:	**7311**	
– nahtlos:		
– – für einen Druck von mindestens 165 bar, mit einem Fassungsvermögen von:		
– – – weniger als 20 l	7311 00 11	St
– – – 20 l oder mehr, jedoch nicht mehr als 50 l	7311 00 13	St
– – – mehr als 50 l	7311 00 19	St
– – andere	7311 00 30	St
– andere, mit einem Fassungsvermögen von:		
– – weniger als 1 000 l	7311 00 91	–
– – 1 000 l oder mehr	7311 00 99	–
Litzen, Kabel, Seile, Seilschlingen und ähnliche Waren, aus Eisen oder Stahl, ausgenommen isolierte Erzeugnisse für die Elektrotechnik:	**7312**	
– Litzen, Kabel und Seile:		
– – aus nicht rostendem Stahl	7312 10 20	–
– – andere, mit einer größten Querschnittsabmessung von:		
– – – 3 mm oder weniger:		
– – – – mit Kupfer-Zink-Legierungen (Messing) überzogen	7312 10 41	–
– – – – andere	7312 10 49	–
– – – mehr als 3 mm:		
– – – – Litzen:		
– – – – – nicht überzogen	7312 10 61	–

Warenbezeichnung	Warennummer	Besondere Maßeinheit
– – – – – überzogen:		
– – – – – – verzinkt	7312 10 65	–
– – – – – – andere	7312 10 69	–
– – – – Kabel und Seile (einschließlich verschlossene Seile):		
– – – – – nicht überzogen oder nur verzinkt, mit einer größten Querschnittsabmessung von:		
– – – – – – mehr als 3 mm bis 12 mm	7312 10 81	–
– – – – – – mehr als 12 mm bis 24 mm	7312 10 83	–
– – – – – – mehr als 24 mm bis 48 mm	7312 10 85	–
– – – – – – mehr als 48 mm	7312 10 89	–
– – – – – andere	7312 10 98	–
– andere	7312 90 00	–
Stacheldraht aus Eisen oder Stahl; verwundene Drähte oder Bänder, auch mit Stacheln, von der für Einzäunungen verwendeten Art, aus Eisen oder Stahl	**7313 00 00**	–
Gewebe (einschließlich endlose Gewebe), Gitter und Geflechte, aus Eisen- oder Stahldraht; Streckbleche und -bänder, aus Eisen oder Stahl:	**7314**	
– Gewebe:		
– – endlose Gewebe für Maschinen, aus nicht rostendem Stahl	7314 12 00	–
– – andere, aus nicht rostendem Stahl	7314 14 00	–
– – andere	7314 19 00	–
– Gitter und Geflechte, an den Kreuzungsstellen verschweißt, mit einer Maschengröße von 100 cm² oder mehr, aus Draht mit einer größten Querschnittsabmessung von 3 mm oder mehr:		
– – aus geripptem Draht	7314 20 10	–
– – andere	7314 20 90	–
– andere Gitter und Geflechte, an den Kreuzungsstellen verschweißt:		
– – verzinkt	7314 31 00	–
– – andere	7314 39 00	–
– andere Gitter und Geflechte:		
– – verzinkt	7314 41 00	–
– – mit Kunststoff überzogen	7314 42 00	–
– – andere	7314 49 00	–
– Streckbleche und -bänder	7314 50 00	–
Ketten und Teile davon, aus Eisen oder Stahl:	**7315**	
– Gelenkketten und Teile davon:		
– – Rollenketten:		
– – – von der für Fahrräder, Mopeds und Krafträder verwendeten Art	7315 11 10	–
– – – andere	7315 11 90	–
– – andere Gelenkketten	7315 12 00	–
– – Teile	7315 19 00	–
– Gleitschutzketten	7315 20 00	–
– andere Ketten:		
– – Stegketten	7315 81 00	–
– – andere Ketten, mit geschweißten Gliedern	7315 82 00	–
– – andere	7315 89 00	–
– andere Teile	7315 90 00	–
Schiffsanker, Draggen, und Teile davon, aus Eisen oder Stahl	**7316 00 00**	–

Warenbezeichnung	Warennummer	Besondere Maßeinheit
Stifte, Nägel, Reißnägel, Krampen, gewellte oder abgeschrägte Klammern (ausgenommen Klammern der Position 8305) und ähnliche Waren, aus Eisen oder Stahl, auch mit Kopf aus anderen Stoffen, ausgenommen mit Kopf aus Kupfer:	**7317**	
– aus Draht:		
– – Nägel, zusammenhängend in Streifen oder Rollen	7317 00 20	–
– – andere	7317 00 60	–
– andere	7317 00 80	–
Schrauben, Bolzen, Muttern, Schwellenschrauben, Schraubhaken, Niete, Splinte, Keile, Unterlegscheiben (einschließlich Federringe und -scheiben) und ähnliche Waren, aus Eisen oder Stahl:	**7318**	
– Waren mit Gewinde:		
– – Schwellenschrauben	7318 11 00	–
– – andere Holzschrauben:		
– – – aus nicht rostendem Stahl	7318 12 10	–
– – – andere	7318 12 90	–
– – Schraubhaken, Ring- und Ösenschrauben	7318 13 00	–
– – gewindeformende Schrauben:		
– – – aus nicht rostendem Stahl	7318 14 10	–
– – – andere:		
– – – – Blechschrauben	7318 14 91	–
– – – – andere	7318 14 99	–
– – andere Schrauben und Bolzen, auch mit dazugehörenden Muttern oder Unterlegscheiben:		
– – – zum Befestigen von Oberbaumaterial für Bahnen	7318 15 20	–
– – – andere:		
– – – – ohne Kopf:		
– – – – – aus nicht rostendem Stahl	7318 15 35	–
– – – – – andere, mit einer Zugfestigkeit von:		
– – – – – – weniger als 800 MPa	7318 15 42	–
– – – – – – 800 MPa oder mehr	7318 15 48	–
– – – – mit Kopf:		
– – – – – mit Schlitz oder Kreuzschlitz:		
– – – – – – aus nicht rostendem Stahl	7318 15 52	–
– – – – – – andere	7318 15 58	–
– – – – – mit Innensechskant:		
– – – – – – aus nicht rostendem Stahl	7318 15 62	–
– – – – – – andere	7318 15 68	–
– – – – – mit Außensechskant:		
– – – – – – aus nicht rostendem Stahl	7318 15 75	–
– – – – – – andere, mit einer Zugfestigkeit von:		
– – – – – – – weniger als 800 MPa	7318 15 82	–
– – – – – – – 800 MPa oder mehr	7318 15 88	–
– – – – – andere	7318 15 95	–
– – Muttern:		
– – – aus nicht rostendem Stahl:		
– – – – Blindnietmuttern	7318 16 31	–
– – – – andere	7318 16 39	–
– – – andere:		
– – – – Blindnietmuttern	7318 16 40	–
– – – – Sicherungsmuttern	7318 16 60	–

Warenbezeichnung	Warennummer	Besondere Maßeinheit
– – – – andere, mit einer Lochweite von:		
– – – – – 12 mm oder weniger	7318 16 92	–
– – – – – mehr als 12 mm	7318 16 99	–
– – andere	7318 19 00	–
– Waren ohne Gewinde:		
– – Federringe und -scheiben und andere Sicherungsringe und -scheiben	7318 21 00	–
– – andere Unterlegscheiben	7318 22 00	–
– – Niete	7318 23 00	–
– – Splinte und Keile	7318 24 00	–
– – andere	7318 29 00	–
Nähnadeln, Stricknadeln, Schnürnadeln, Häkelnadeln, Stichel zum Sticken und ähnliche Waren, zum Handgebrauch, aus Eisen oder Stahl; Sicherheitsnadeln, Stecknadeln und ähnliche Nadeln, aus Eisen oder Stahl, anderweit weder genannt noch inbegriffen:	**7319**	
– Sicherheitsnadeln, Stecknadeln und ähnliche Nadeln	7319 40 00	–
– andere:		
– – Nähnadeln, Stopfnadeln oder Sticknadeln	7319 90 10	–
– – andere	7319 90 90	–
Federn und Federblätter, aus Eisen oder Stahl:	**7320**	
– Blattfedern und Federblätter dafür:		
– – warmgeformt:		
– – – Parabelfedern und Federblätter dafür	7320 10 11	–
– – – andere	7320 10 19	–
– – andere	7320 10 90	–
– schraubenlinienförmige Federn:		
– – warmgeformt	7320 20 20	–
– – andere:		
– – – Druckfedern (ausgenommen Kegelstumpffedern)	7320 20 81	–
– – – Zugfedern	7320 20 85	–
– – – andere	7320 20 89	–
– andere:		
– – Spiralflachfedern	7320 90 10	–
– – Tellerfedern	7320 90 30	–
– – andere	7320 90 90	–
Raumheizöfen, Kesselöfen, Küchenherde (auch zusätzlich für Zentralheizung verwendbar), Grillgeräte, Kohlenbecken, Gaskocher, Tellerwärmer und ähnliche nicht elektrische Haushaltsgeräte, und Teile davon, aus Eisen oder Stahl:	**7321**	
– Back-, Brat-, Grill-, Koch- und Warmhaltevorrichtungen sowie Tellerwärmer:		
– – für Feuerung mit gasförmigen Brennstoffen oder mit Gas und anderen Brennstoffen:		
– – – mit Backofen, einschließlich Einbau-Backöfen	7321 11 10	St
– – – andere	7321 11 90	St
– – für Feuerung mit flüssigen Brennstoffen	7321 12 00	St
– – andere, einschließlich Geräte für Festbrennstoffe	7321 19 00	St
– andere Geräte:		
– – für Feuerung mit gasförmigen Brennstoffen oder mit Gas und anderen Brennstoffen	7321 81 00	St
– – für Feuerung mit flüssigen Brennstoffen	7321 82 00	St
– – andere, einschließlich Geräte für Festbrennstoffe	7321 89 00	St
– Teile	7321 90 00	–

Warenbezeichnung	Warennummer	Besondere Maßeinheit
Heizkörper für Zentralheizungen, nicht elektrisch beheizt, und Teile davon, aus Eisen oder Stahl; Heißlufterzeuger und -verteiler (einschließlich der Verteiler, die auch frische oder klimatisierte Luft verteilen können), nicht elektrisch beheizt, mit motorbetriebenem Ventilator oder Gebläse, und Teile davon, aus Eisen oder Stahl:	**7322**	
– Heizkörper und Teile davon:		
– – aus Gusseisen	7322 11 00	–
– – andere	7322 19 00	–
– andere	7322 90 00	–
Haushaltsartikel, Hauswirtschaftsartikel, und Teile davon, aus Eisen oder Stahl; Eisen- oder Stahlwolle; Schwämme, Putzlappen, Handschuhe und ähnliche Waren, zum Scheuern, Polieren oder dergleichen, aus Eisen oder Stahl:	**7323**	
– Eisen- oder Stahlwolle; Schwämme, Putzlappen, Handschuhe und ähnliche Waren, zum Scheuern, Polieren oder dergleichen	7323 10 00	–
– andere:		
– – aus Gusseisen, nicht emailliert	7323 91 00	–
– – aus Gusseisen, emailliert	7323 92 00	–
– – aus nicht rostendem Stahl	7323 93 00	–
– – aus Eisen (ausgenommen Gusseisen) oder Stahl, emailliert	7323 94 00	–
– – andere	7323 99 00	–
Sanitär-, Hygiene- oder Toilettenartikel, und Teile davon, aus Eisen oder Stahl:	**7324**	
– Abwasch- und Waschbecken, aus nicht rostendem Stahl	7324 10 00	–
– Badewannen:		
– – aus Gusseisen, auch emailliert	7324 21 00	St
– – andere	7324 29 00	St
– andere, einschließlich Teile	7324 90 00	–
Andere Waren aus Eisen oder Stahl, gegossen:	**7325**	
– aus nicht verformbarem Gusseisen	7325 10 00	–
– andere:		
– – Mahlkugeln und ähnliche Mahlkörper	7325 91 00	–
– – andere:		
– – – aus Gusseisen	7325 99 10	–
– – – andere	7325 99 90	–
Andere Waren aus Eisen oder Stahl:	**7326**	
– geschmiedet, jedoch nicht weiter bearbeitet:		
– – Mahlkugeln und ähnliche Mahlkörper	7326 11 00	–
– – andere:		
– – – freiformgeschmiedet	7326 19 10	–
– – – andere	7326 19 90	–
– Waren aus Eisen- oder Stahldraht	7326 20 00	–
– andere:		
– – Leitern und Trittschemel	7326 90 30	–
– – Paletten und ähnliche stapelfähige Transportmittel	7326 90 40	–
– – Rollen und Trommeln für Kabel, Schläuche und dergleichen	7326 90 50	–
– – nicht mechanische Dachentlüfter, Dachrinnen, Haken und andere Bauartikel	7326 90 60	–
– – andere Waren aus Eisen oder Stahl:		
– – – freiformgeschmiedet	7326 90 92	–
– – – gesenkgeschmiedet	7326 90 94	–
– – – gesintert	7326 90 96	–
– – – andere	7326 90 98	–

Kapitel 74

Kupfer und Waren daraus

Anmerkung

1. Im Sinne des Kapitels 74 gelten als:
   a) raffiniertes Kupfer:
   Metall mit einem Kupfergehalt von 99,85 GHT oder mehr oder
   Metall mit einem Kupfergehalt von 97,5 GHT oder mehr, sofern der Gehalt an jedem anderen Element die in der nachstehenden Tabelle angegebenen Höchstgrenzen nicht überschreitet:

Andere Elemente

Element		Höchstgrenze in GHT	Element		Höchstgrenze in GHT
Ag	Silber	0,25	S	Schwefel	0,7
As	Arsen	0,5	Sn	Zinn	0,8
Cd	Cadmium	1,3	Te	Tellur	0,8
Cr	Chrom	1,4	Zn	Zink	1
Mg	Magnesium	0,8	Zr	Zirconium	0,3
Pb	Blei	1,5	Andere Elemente [1], je		0,3

1) Andere Elemente, z. B. Al, Be, Co, Fe, Mn, Ni, Si.

   b) Kupferlegierungen:
   metallische Stoffe, ausgenommen nicht raffiniertes Kupfer, in denen Kupfer gegenüber jedem der anderen Elemente gewichtsmäßig vorherrscht, sofern
   1) der Gehalt an mindestens einem dieser anderen Elemente die in der vorstehenden Tabelle angegebene Höchstgrenze überschreitet oder
   2) der Gesamtgehalt an diesen anderen Elementen mehr als 2,5 GHT beträgt.

   c) Kupfervorlegierungen:
   Legierungen, die neben anderen Elementen mehr als 10 GHT Kupfer enthalten, gewöhnlich nicht plastisch verformbar sind und üblicherweise als Zusatzstoffe bei der Herstellung anderer Legierungen oder als Desoxidations- oder Entschwefelungsmittel oder zu ähnlichen Zwecken in der Metallurgie der Nichteisenmetalle verwendet werden. Jedoch gehören Verbindungen von Phosphor und Kupfer (Kupferphosphide), die mehr als 15 GHT Phosphor enthalten, zu Position 2853.

Warenbezeichnung	Warennummer	Besondere Maßeinheit

Unterpositions-Anmerkung

1. Im Sinne des Kapitels 74 gelten als:
   a) Kupfer-Zink-Legierungen (Messing):
   Legierungen aus Kupfer und Zink, auch mit anderen Elementen. Sind andere Elemente vorhanden:
   – muss Zink gegenüber jedem dieser anderen Elemente gewichtsmäßig vorherrschen;
   – muss ein etwaiger Nickelgehalt weniger als 5 GHT betragen (siehe Kupfer-Nickel-Zink-Legierungen [Neusilber]);
   – muss ein etwaiger Zinngehalt weniger als 3 GHT betragen (siehe Kupfer-Zinn-Legierungen [Bronze]).
   b) Kupfer-Zinn-Legierungen (Bronze):
   Legierungen aus Kupfer und Zinn, auch mit anderen Elementen. Sind andere Elemente vorhanden, muss Zinn gegenüber jedem dieser anderen Elemente gewichtsmäßig vorherrschen. Beträgt der Zinngehalt jedoch 3 GHT oder mehr, darf der Zinkgehalt gegenüber dem Zinngehalt vorherrschen, sofern er weniger als 10 GHT beträgt.
   c) Kupfer-Nickel-Zink-Legierungen (Neusilber):
   Legierungen aus Kupfer, Nickel und Zink, auch mit anderen Elementen. Der Nickelgehalt muss 5 GHT oder mehr betragen (siehe Kupfer-Zink-Legierungen [Messing]).
   d) Kupfer-Nickel-Legierungen (Kupfernickel):
   Legierungen aus Kupfer und Nickel, auch mit anderen Elementen, jedoch nur 1 GHT oder weniger Zink enthaltend. Sind andere Elemente vorhanden, muss Nickel gegenüber jedem dieser anderen Elemente gewichtsmäßig vorherrschen.

Warenbezeichnung	Warennummer	Besondere Maßeinheit
Kupfermatte; Zementkupfer (gefälltes Kupfer)	**7401 00 00**	–
Nicht raffiniertes Kupfer; Kupferanoden zum elektrolytischen Raffinieren	**7402 00 00**	–
Raffiniertes Kupfer und Kupferlegierungen, in Rohform:	**7403**	
– raffiniertes Kupfer:		
– – Kathoden und Kathodenabschnitte	7403 11 00	–
– – Drahtbarren	7403 12 00	–
– – Knüppel	7403 13 00	–
– – anderes	7403 19 00	–
– Kupferlegierungen:		
– – Kupfer-Zink-Legierungen (Messing)	7403 21 00	–
– – Kupfer-Zinn-Legierungen (Bronze)	7403 22 00	–
– – andere Kupferlegierungen (ausgenommen Kupfervorlegierungen der Position 7405)	7403 29 00	–

Abfälle und Schrott, aus Kupfer:	**7404**	
– aus raffiniertem Kupfer	7404 00 10	–
– aus Kupferlegierungen:		
– – aus Kupfer-Zink-Legierungen (Messing)	7404 00 91	–
– – andere	7404 00 99	–
Kupfervorlegierungen	**7405 00 00**	–
Pulver und Flitter, aus Kupfer:	**7406**	
– Pulver ohne Lamellenstruktur	7406 10 00	–
– Pulver mit Lamellenstruktur; Flitter	7406 20 00	–
Stangen (Stäbe) und Profile, aus Kupfer:	**7407**	
– aus raffiniertem Kupfer	7407 10 00	–
– aus Kupferlegierungen:		
– – aus Kupfer-Zink-Legierungen (Messing):		
– – – Stangen (Stäbe)	7407 21 10	–
– – – Profile	7407 21 90	–
– – andere	7407 29 00	–
Draht aus Kupfer:	**7408**	
– aus raffiniertem Kupfer:		
– – mit einer größten Querschnittsabmessung von mehr als 6 mm	7408 11 00	–
– – anderer:		
– – – mit einer größten Querschnittsabmessung von mehr als 0,5 mm	7408 19 10	–
– – – mit einer größten Querschnittsabmessung von 0,5 mm oder weniger	7408 19 90	–
– aus Kupferlegierungen:		
– – aus Kupfer-Zink-Legierungen (Messing)	7408 21 00	–
– – aus Kupfer-Nickel-Legierungen (Kupfernickel) oder Kupfer-Nickel-Zink-Legierungen (Neusilber)	7408 22 00	–
– – anderer	7408 29 00	–
Bleche und Bänder, aus Kupfer, mit einer Dicke von mehr als 0,15 mm:	**7409**	
– aus raffiniertem Kupfer:		
– – in Rollen	7409 11 00	–
– – andere	7409 19 00	–
– aus Kupfer-Zink-Legierungen (Messing):		
– – in Rollen	7409 21 00	–
– – andere	7409 29 00	–
– aus Kupfer-Zinn-Legierungen (Bronze):		
– – in Rollen	7409 31 00	–
– – andere	7409 39 00	–
– aus Kupfer-Nickel-Legierungen (Kupfernickel) oder Kupfer-Nickel-Zink-Legierungen (Neusilber)	7409 40 00	–
– aus anderen Kupferlegierungen	7409 90 00	–

Warenbezeichnung	Warennummer	Besondere Maßeinheit
Folien und dünne Bänder, aus Kupfer (auch bedruckt oder auf Papier, Pappe, Kunststoff oder ähnlichen Unterlagen), mit einer Dicke (ohne Unterlage) von 0,15 mm oder weniger:	**7410**	
– ohne Unterlage:		
– – aus raffiniertem Kupfer	7410 11 00	–
– – aus Kupferlegierungen	7410 12 00	–
– auf Unterlage:		
– – aus raffiniertem Kupfer	7410 21 00	–
– – aus Kupferlegierungen	7410 22 00	–
Rohre aus Kupfer:	**7411**	
– aus raffiniertem Kupfer:		
– – gerade	7411 10 10	–
– – andere	7411 10 90	–
– aus Kupferlegierungen:		
– – aus Kupfer-Zink-Legierungen (Messing):		
– – – gerade	7411 21 10	–
– – – andere	7411 21 90	–
– – aus Kupfer-Nickel-Legierungen (Kupfernickel) oder Kupfer-Nickel-Zink-Legierungen (Neusilber)	7411 22 00	–
– – andere	7411 29 00	–
Rohrformstücke, Rohrverschlussstücke und Rohrverbindungsstücke (z. B. Bogen, Muffen), aus Kupfer:	**7412**	
– aus raffiniertem Kupfer	7412 10 00	–
– aus Kupferlegierungen	7412 20 00	–
Litzen, Kabel, Seile und ähnliche Waren, aus Kupfer, ausgenommen isolierte Erzeugnisse für die Elektrotechnik	**7413 00 00**	–
Stifte, Nägel, Reißnägel, Krampen, Klammern (ausgenommen Klammern der Position 8305) und ähnliche Waren, aus Kupfer oder mit Schaft aus Eisen oder Stahl und Kupferkopf; Schrauben, Bolzen, Muttern, Schraubhaken, Niete, Splinte, Keile, Unterlegscheiben (einschließlich Federringe und -scheiben) und ähnliche Waren, aus Kupfer:	**7415**	
– Stifte und Nägel, Reißnägel, Krampen, Klammern und ähnliche Waren	7415 10 00	–
– andere Waren, ohne Gewinde:		
– – Unterlegscheiben (einschließlich Federringe und -scheiben)	7415 21 00	–
– – andere	7415 29 00	–
– andere Waren, mit Gewinde:		
– – Schrauben; Bolzen und Muttern	7415 33 00	–
– – andere	7415 39 00	–

Warenbezeichnung	Warennummer	Besondere Maßeinheit
Haushaltsartikel, Hauswirtschaftsartikel, Sanitär-, Hygiene- oder Toilettenartikel, und Teile davon, aus Kupfer; Schwämme, Putzlappen, Handschuhe und ähnliche Waren, zum Scheuern, Polieren oder dergleichen, aus Kupfer:	**7418**	
– Haushaltsartikel, Hauswirtschaftsartikel, und Teile davon; Schwämme, Putzlappen, Handschuhe und ähnliche Waren, zum Scheuern, Polieren oder dergleichen:		
– – nicht elektrische Koch- und Heizgeräte von der im Haushalt verwendeten Art und Teile davon	7418 10 10	–
– – andere	7418 10 90	–
– Sanitär-, Hygiene- oder Toilettenartikel, und Teile davon	7418 20 00	–
Andere Waren aus Kupfer:	**7419**	
● **– gegossen oder geschmiedet, jedoch nicht weiter bearbeitet**	7419 20 00	–
– andere:		
● – – Gewebe (einschließlich endlose Gewebe), Gitter und Geflechte, aus Kupferdraht; mit einem größten Durchmesser von 6 mm oder weniger; Streckbleche und -bänder	7419 80 10	–
● – – Federn	7419 80 30	–
● – – andere	7419 80 90	–

Kapitel 75

Nickel und Waren daraus

Unterpositions-Anmerkungen

1. Im Sinne des Kapitels 75 gelten als:
   a) nicht legiertes Nickel:
   Metall mit einem Nickel- und Cobaltgehalt von insgesamt 99 GHT oder mehr, sofern
   1) der Cobaltgehalt 1,5 GHT oder weniger beträgt und
   2) der Gehalt an jedem der anderen Elemente die in der nachstehenden Tabelle angegebenen Höchstgrenzen nicht überschreitet:

Andere Elemente

Element		Höchstgrenze in GHT
Fe	Eisen	0,5
O	Sauerstoff	0,4
Andere Elemente, je		0,3

   b) Nickellegierungen:
   metallische Stoffe, in denen Nickel gegenüber jedem der anderen Elemente gewichtsmäßig vorherrscht, sofern
   1) der Cobaltgehalt mehr als 1,5 GHT beträgt,
   2) der Gehalt an mindestens einem der anderen Elemente die in der vorstehenden Tabelle angegebene Höchstgrenze überschreitet oder
   3) der Gesamtgehalt an anderen Elementen als Nickel und Cobalt mehr als 1 GHT beträgt.

● 2. Abweichend von Anmerkung 9 c) zu Abschnitt XV gilt der Begriff „Draht“ im Sinne der Unterposition 7508 10 nur für Erzeugnisse, auch in Ringen oder Rollen, mit beliebiger Form des Querschnitts, dessen größte Abmessung 6 mm oder weniger beträgt.

Warenbezeichnung	Warennummer	Besondere Maßeinheit
Nickelmatte, Nickeloxidsinter und andere Zwischenerzeugnisse der Nickelmetallurgie:	**7501**	
– Nickelmatte	7501 10 00	–
– Nickeloxidsinter und andere Zwischenerzeugnisse der Nickelmetallurgie	7501 20 00	–

Nickel in Rohform:	**7502**	
– nicht legiertes Nickel	7502 10 00	–
– Nickellegierungen	7502 20 00	–
Abfälle und Schrott, aus Nickel:	**7503**	
– aus nicht legiertem Nickel	7503 00 10	–
– aus Nickellegierungen	7503 00 90	–
Pulver und Flitter, aus Nickel	**7504 00 00**	–
Stangen (Stäbe), Profile und Draht, aus Nickel:	**7505**	
– Stangen (Stäbe) und Profile:		
– – aus nicht legiertem Nickel	7505 11 00	–
– – aus Nickellegierungen	7505 12 00	–
– Draht:		
– – aus nicht legiertem Nickel	7505 21 00	–
– – aus Nickellegierungen	7505 22 00	–
Bleche, Bänder und Folien, aus Nickel:	**7506**	
– aus nicht legiertem Nickel	7506 10 00	–
– aus Nickellegierungen	7506 20 00	–
Rohre, Rohrformstücke, Rohrverschlussstücke und Rohrverbindungsstücke (z. B. Bogen, Muffen), aus Nickel:	**7507**	
– Rohre:		
– – aus nicht legiertem Nickel	7507 11 00	–
– – aus Nickellegierungen	7507 12 00	–
– Rohrformstücke, Rohrverschlussstücke und Rohrverbindungsstücke	7507 20 00	–
Andere Waren aus Nickel:	**7508**	
– Gewebe, Gitter und Geflechte, aus Nickeldraht	7508 10 00	–
– andere	7508 90 00	–

Kapitel 76

Aluminium und Waren daraus

Unterpositions-Anmerkungen

1. Im Sinne des Kapitels 76 gelten als:
   a) nicht legiertes Aluminium:
   Metall mit einem Aluminiumgehalt von 99 GHT oder mehr, sofern der Gehalt an jedem anderen Element die in der nachstehenden Tabelle angegebenen Höchstgrenzen nicht überschreitet:

Andere Elemente

Element	Höchstgrenze in GHT
Fe + Si (Eisen und Silicium zusammen)	1
Andere Elemente[1)], je	0,1[2)]

1) Andere Elemente, insbesondere Cr, Cu, Mg, Mn, Ni, Zn.
2) Ein Kupfergehalt von mehr als 0,1 bis 0,2 GHT ist zugelassen, sofern der Chrom- und Mangangehalt jeweils 0,05 GHT oder weniger betragen.

   b) Aluminiumlegierungen:
   metallische Stoffe, in denen Aluminium gegenüber jedem der anderen Elemente gewichtsmäßig vorherrscht, sofern
   1) der Gehalt an einem der anderen Elemente oder an Eisen und Silicium zusammen die in der vorstehenden Tabelle angegebenen Höchstgrenzen überschreitet oder
   2) der Gesamtgehalt an diesen anderen Elementen mehr als 1 GHT beträgt.

● 2. Abweichend von Anmerkung 9 c) zu Abschnitt XV gilt der Begriff „Draht“ im Sinne der Unterposition 7616 91 nur für Erzeugnisse, auch in Ringen oder Rollen, mit beliebiger Form des Querschnitts, dessen größte Abmessung 6 mm oder weniger beträgt.

Zusätzliche Anmerkung

1. Im Sinne der Warennummer 7601 20 20 gelten als:
   – Barren: Waren in Rohform mit über die gesamte Länge gleich bleibendem Querschnitt in Form eines Rechtecks oder anderen Vielecks, mit einer Breite von mehr als 800 mm und einer Dicke von mehr als 280 mm, wobei die Länge immer die Breite und die Dicke überschreitet. Diese Waren sind zum Walzen bestimmt;
   – Bolzen: Waren in Rohform mit über die gesamte Länge gleich bleibendem Querschnitt in Form eines Kreises (einschließlich „abgeflachte Kreise“), mit einem Durchmesser von mehr als 125 mm. Diese Waren sind zum Strangpressen bestimmt.

2. Im Sinne der Warennummern 7606 12 11 und 7606 12 19 gelten als:
   - Bänder für Getränkedosenkörper: Bleche oder Bänder in Rollen, gewalzt, mit Mangan als vorherrschendem Legierungselement und mit einer Mindestzugfestigkeit von 262 MPa. Die Bleche oder Bänder haben über die gesamte Länge einen gleichbleibenden Querschnitt, eine Breite von 300 mm oder mehr, jedoch nicht mehr als 2000 mm und eine Dicke von mehr als 0,2 mm, jedoch nicht mehr als 0,4 mm, wobei die Länge immer die Breite und die Dicke überschreitet. Die Bänder für Getränkedosenkörper sind geschmiert und haben eine glänzende Oberfläche;
   - Bänder für Getränkedosendeckel und Getränkedosenlaschen: Bleche oder Bänder in Rollen, gewalzt, mit Magnesium als vorherrschendem Legierungselement und mit einer Mindestzugfestigkeit von 345 MPa. Die Bleche oder Bänder haben über die gesamte Länge einen gleichbleibenden Querschnitt, eine Breite von 30 mm oder mehr, jedoch nicht mehr als 2000 mm und eine Dicke von mehr als 0,2 mm, jedoch nicht mehr als 0,35 mm, wobei die Länge immer die Breite und die Dicke überschreitet. Die Bänder für Getränkedosendeckel sind auf beiden Seiten lackiert. Die Bänder für Getränkedosenlaschen sind entfettet und geölt.

   Diese Waren werden für die Herstellung von starren Getränkedosen, einschließlich der Getränkedosendeckel und Getränkedosenlaschen, verwendet.
3. Im Sinne der Unterpositionen 7606 11 30, 7606 12 30 und 7607 20 91 gelten als:
   - Aluminium-Verbundplatte: Laminierte Erzeugnisse aus zwei flachgewalzten Aluminiumblechen oder -folien, auch mit Legierung, jeweils mit einer Dicke von 0,08 mm oder mehr, jedoch nicht mehr als 0,55 mm, und einem durchgehenden Kern aus nichtporösen Polymer- oder Mineralstoffen, zusammengehalten durch einen Klebstoff, mit einer Gesamtdicke von 1,0 mm oder mehr, jedoch nicht mehr als 6,1 mm. Die beiden äußeren Deckbleche oder -folien können unterschiedliche Oberflächenbehandlungen aufweisen. Die Waren dürfen nicht gerollt sein.

Warenbezeichnung	Warennummer	Besondere Maßeinheit
Aluminium in Rohform:	**7601**	
– nicht legiertes Aluminium	7601 10 00	–
– Aluminiumlegierungen:		
– – Barren und Bolzen	7601 20 20	–
– – andere	7601 20 80	–
Abfälle und Schrott, aus Aluminium:	**7602**	
– Abfälle:		
– – Drehspäne, Frässpäne, Hobelspäne, Schleifspäne, Sägespäne und Feilspäne; Abfälle von bunten, beschichteten oder kaschierten Folien und dünnen Bändern, mit einer Dicke (ohne Unterlage) von 0,2 mm oder weniger	7602 00 11	–
– – andere (einschließlich der fehlerhaften oder der bei der Be- oder Verarbeitung unbrauchbar gewordenen Werkstücke)	7602 00 19	–
– Schrott	7602 00 90	–
Pulver und Flitter, aus Aluminium:	**7603**	
– Pulver ohne Lamellenstruktur	7603 10 00	–
– Pulver mit Lamellenstruktur; Flitter	7603 20 00	–
Stangen (Stäbe) und Profile, aus Aluminium:	**7604**	
– aus nicht legiertem Aluminium:		
– – Stangen (Stäbe)	7604 10 10	–
– – Profile	7604 10 90	–

Warenbezeichnung	Warennummer	Besondere Maßeinheit
– aus Aluminiumlegierungen:		
– – Hohlprofile	7604 21 00	–
– – andere:		
– – – Stangen (Stäbe)	7604 29 10	–
– – – Profile	7604 29 90	–
Draht aus Aluminium:	**7605**	
– aus nicht legiertem Aluminium:		
– – mit einer größten Querschnittsabmessung von mehr als 7 mm	7605 11 00	–
– – anderer	7605 19 00	–
– aus Aluminiumlegierungen:		
– – mit einer größten Querschnittsabmessung von mehr als 7 mm	7605 21 00	–
– – anderer	7605 29 00	–
Bleche und Bänder, aus Aluminium, mit einer Dicke von mehr als 0,2 mm:	**7606**	
– quadratisch oder rechteckig:		
– – aus nicht legiertem Aluminium:		
● – – – Aluminium-Verbundplatte	7606 11 30	m^2
● – – – andere:		
● – – – – mit Farbe versehen, lackiert oder mit Kunststoff beschichtet	7606 11 50	–
● – – – – andere, mit einer Dicke von:		
● – – – – – weniger als 3 mm	7606 11 91	–
● – – – – – 3 mm oder mehr, jedoch weniger als 6 mm	7606 11 93	–
● – – – – – 6 mm oder mehr	7606 11 99	–
– – aus Aluminiumlegierungen:		
– – – Bänder für Getränkedosenkörper, Getränkedosendeckel und Getränkedosenlaschen:		
– – – – Bänder für Getränkedosenkörper	7606 12 11	–
– – – – Bänder für Getränkedosendeckel und Getränkedosenlaschen	7606 12 19	–
● – – – Aluminium-Verbundplatte	7606 12 30	m^2
– – – andere:		
● – – – – mit Farbe versehen, lackiert oder mit Kunststoff beschichtet	7606 12 50	–
– – – – andere, mit einer Dicke von:		
– – – – – weniger als 3 mm	7606 12 92	–
– – – – – 3 mm oder mehr, jedoch weniger als 6 mm	7606 12 93	–
– – – – – 6 mm oder mehr	7606 12 99	–
– andere:		
– – aus nicht legiertem Aluminium	7606 91 00	–
– – aus Aluminiumlegierungen	7606 92 00	–
Folien und dünne Bänder, aus Aluminium (auch bedruckt oder auf Papier, Pappe, Kunststoff oder ähnlichen Unterlagen), mit einer Dicke (ohne Unterlage) von 0,2 mm oder weniger:	**7607**	
– ohne Unterlage:		
– – nur gewalzt:		
– – – mit einer Dicke von weniger als 0,021 mm:		
– – – – in Rollen mit einem Stückgewicht von 10 kg oder weniger	7607 11 11	–
– – – – andere	7607 11 19	–
– – – mit einer Dicke von 0,021 mm bis 0,2 mm	7607 11 90	–
– – andere:		
– – – mit einer Dicke von weniger als 0,021 mm	7607 19 10	–
– – – mit einer Dicke von 0,021 mm bis 0,2 mm	7607 19 90	–

Warenbezeichnung	Warennummer	Besondere Maßeinheit
– auf Unterlage:		
– – mit einer Dicke (ohne Unterlage) von weniger als 0,021 mm	7607 20 10	–
● – – mit einer Dicke (ohne Unterlage) von 0,021 mm bis 0,2 mm:		
● – – – Aluminium-Verbundplatte	7607 20 91	m^2
● – – – andere	7607 20 99	–
Rohre aus Aluminium:	**7608**	
– aus nicht legiertem Aluminium	7608 10 00	–
– aus Aluminiumlegierungen:		
– – geschweißt	7608 20 20	–
– – andere:		
– – – nur stranggepresst	7608 20 81	–
– – – andere	7608 20 89	–
Rohrformstücke, Rohrverschlussstücke und Rohrverbindungsstücke (z. B. Bogen, Muffen), aus Aluminium	**7609 00 00**	–
Konstruktionen und Konstruktionsteile (z. B. Brücken und Brückenelemente, Türme, Gittermaste, Pfeiler, Säulen, Gerüste, Dächer, Dachstühle, Tore, Türen, Fenster, und deren Rahmen und Verkleidungen, Tor- und Türschwellen, Geländer), aus Aluminium, ausgenommen vorgefertigte Gebäude der Position 9406; zu Konstruktionszwecken vorgearbeitete Bleche, Stangen (Stäbe), Profile, Rohre und dergleichen, aus Aluminium:	**7610**	
– Tore, Türen, Fenster, und deren Rahmen und Verkleidungen, Tor- und Türschwellen	7610 10 00	St 1)
– andere:		
– – Brücken und Brückenelemente, Türme und Gittermaste	7610 90 10	–
– – andere	7610 90 90	–
Sammelbehälter, Fässer, Bottiche und ähnliche Behälter, aus Aluminium, für Stoffe aller Art (ausgenommen verdichtete oder verflüssigte Gase), mit einem Fassungsvermögen von mehr als 300 l, ohne mechanische oder wärmetechnische Einrichtungen, auch mit Innenauskleidung oder Wärmeschutzverkleidung	**7611 00 00**	–
Sammelbehälter, Fässer, Trommeln, Kannen, Dosen und ähnliche Behälter (einschließlich Verpackungsröhrchen und Tuben), aus Aluminium, für Stoffe aller Art (ausgenommen verdichtete oder verflüssigte Gase), mit einem Fassungsvermögen von 300 l oder weniger, ohne mechanische oder wärmetechnische Einrichtungen, auch mit Innenauskleidung oder Wärmeschutzverkleidung:	**7612**	
– Tuben	7612 10 00	–
– andere:		
– – Behälter von der für Aerosole verwendeten Art	7612 90 20	St
– – aus Folie hergestellt, deren Dicke 0,2 mm oder weniger beträgt	7612 90 30	–
– – andere	7612 90 80	–
Behälter aus Aluminium für verdichtete oder verflüssigte Gase	**7613 00 00**	–
Litzen, Kabel, Seile und ähnliche Waren, aus Aluminium, ausgenommen isolierte Erzeugnisse für die Elektrotechnik:	**7614**	
– mit Stahlseele	7614 10 00	–
– andere	7614 90 00	–

1) Ein Tor, eine Tür oder ein Fenster mit oder ohne Rahmen, Verkleidung oder Schwelle gilt als ein Stück.

Warenbezeichnung	Warennummer	Besondere Maßeinheit
Haushaltsartikel, Hauswirtschaftsartikel, Sanitär-, Hygiene- oder Toilettenartikel, und Teile davon, aus Aluminium; Schwämme, Putzlappen, Handschuhe und ähnliche Waren, zum Scheuern, Polieren oder dergleichen, aus Aluminium:	**7615**	
– Haushaltsartikel, Hauswirtschaftsartikel, und Teile davon; Schwämme, Putzlappen, Handschuhe und ähnliche Waren, zum Scheuern, Polieren oder dergleichen:		
– – gegossen	7615 10 10	–
– – aus Folie hergestellt, deren Dicke 0,2 mm oder weniger beträgt	7615 10 30	–
– – andere	7615 10 80	–
– Sanitär-, Hygiene- oder Toilettenartikel, und Teile davon	7615 20 00	–
Andere Waren aus Aluminium:	**7616**	
– Stifte, Nägel, Krampen, Klammern (ausgenommen Klammern der Position 8305), Schrauben, Bolzen, Muttern, Schraubhaken, Niete, Splinte, Keile, Unterlegscheiben und ähnliche Waren	7616 10 00	–
– andere:		
– – Gewebe, Gitter und Geflechte, aus Aluminiumdraht	7616 91 00	–
– – andere:		
– – – gegossen	7616 99 10	–
– – – andere	7616 99 90	–

Kapitel 78

Blei und Waren daraus

Unterpositions-Anmerkung

1. Als „raffiniertes Blei“ im Sinne des Kapitels 78 gilt:
   Metall mit einem Bleigehalt von 99,9 GHT oder mehr, sofern der Gehalt an jedem der anderen Elemente die in der nachstehenden Tabelle angegebenen Höchstgrenzen nicht überschreitet:

Andere Elemente

Element		Höchstgrenze in GHT	Element		Höchstgrenze in GHT
Ag	Silber	0,02	Fe	Eisen	0,002
As	Arsen	0,005	S	Schwefel	0,002
Bi	Bismut	0,05	Sb	Antimon	0,005
Ca	Calcium	0,002	Sn	Zinn	0,005
Cd	Cadmium	0,002	Zn	Zink	0,002
Cu	Kupfer	0,08	Andere (z. B. Te), je		0,001

Warenbezeichnung	Warennummer	Besondere Maßeinheit
Blei in Rohform:	**7801**	
– raffiniertes Blei	7801 10 00	–
– anderes:		
– – Antimon als gewichtsmäßig vorherrschendes anderes Element enthaltend	7801 91 00	–
– – anderes:		
– – – mit einem Silbergehalt von 0,02 GHT oder mehr, zum Raffinieren (Werkblei)	7801 99 10	–
– – – anderes	7801 99 90	–
Abfälle und Schrott, aus Blei	**7802 00 00**	–

Platten, Bleche, Bänder und Folien, aus Blei; Pulver und Flitter, aus Blei:	**7804**	
– Platten, Bleche, Bänder und Folien:		
– – Bänder und Folien, mit einer Dicke (ohne Unterlage) von 0,2 mm oder weniger	7804 11 00	–
– – andere	7804 19 00	–
– Pulver und Flitter	7804 20 00	–
Andere Waren aus Blei:	**7806**	
– Verpackungsmittel mit Abschirmung aus Blei gegen Strahlung, zum Befördern oder Lagern radioaktiver Stoffe (EURATOM)	7806 00 10	–
– andere	7806 00 80	–

Kapitel 79

Zink und Waren daraus

Unterpositions-Anmerkung

1. Im Sinne des Kapitels 79 gelten als:
   a) nicht legiertes Zink:
   Metall mit einem Zinkgehalt von 97,5 GHT oder mehr.
   b) Zinklegierungen:
   metallische Stoffe, in denen Zink gegenüber jedem der anderen Elemente gewichtsmäßig vorherrscht, sofern der Gesamtgehalt an diesen anderen Elementen mehr als 2,5 GHT beträgt.
   c) Zinkstaub:
   Staub, der durch Kondensieren von Zinkdämpfen gewonnen wird und aus kugelförmigen Partikeln besteht, die feiner als beim Pulver sind. Sie müssen mit einem Anteil von 80 GHT oder mehr durch ein Sieb mit einer lichten Maschenweite von 63 µm (Mikron) hindurchgehen und 85 GHT oder mehr metallisches Zink enthalten.

Warenbezeichnung	Warennummer	Besondere Maßeinheit
Zink in Rohform:	**7901**	
– nicht legiertes Zink:		
– – mit einem Zinkgehalt von 99,99 GHT oder mehr ...	7901 11 00	–
– – mit einem Zinkgehalt von weniger als 99,99 GHT:		
– – – mit einem Zinkgehalt von 99,95 GHT oder mehr, jedoch weniger als 99,99 GHT ...	7901 12 10	–
– – – mit einem Zinkgehalt von 98,5 GHT oder mehr, jedoch weniger als 99,95 GHT ...	7901 12 30	–
– – – mit einem Zinkgehalt von 97,5 GHT oder mehr, jedoch weniger als 98,5 GHT ...	7901 12 90	–
– Zinklegierungen ...	7901 20 00	–
Abfälle und Schrott, aus Zink ...	**7902 00 00**	–
Staub, Pulver und Flitter, aus Zink:	**7903**	
– Zinkstaub ...	7903 10 00	–
– andere ...	7903 90 00	–
Stangen (Stäbe), Profile und Draht, aus Zink ...	**7904 00 00**	–
Bleche, Bänder und Folien, aus Zink ...	**7905 00 00**	–
Andere Waren aus Zink ...	**7907 00 00**	–

Kapitel 80

Zinn und Waren daraus

Unterpositions-Anmerkung

1. Im Sinne des Kapitels 80 gelten als:
   a) nicht legiertes Zinn:
   Metall mit einem Zinngehalt von 99 GHT oder mehr, sofern ein etwaiger Gehalt an Bismut oder Kupfer unter den in der nachstehenden Tabelle angegebenen Höchstgrenzen liegt:

Andere Elemente

Element		Höchstgrenze in GHT
Bi	Bismut	0,1
Cu	Kupfer	0,4

   b) Zinnlegierungen:
   metallische Stoffe, in denen Zinn gegenüber jedem anderen Element gewichtsmäßig vorherrscht, sofern
   1) der Gesamtgehalt an diesen anderen Elementen mehr als 1 GHT beträgt oder
   2) der Gehalt an Bismut oder Kupfer der jeweiligen Höchstgrenze in der vorstehenden Tabelle entspricht oder sie überschreitet.

Warenbezeichnung	Warennummer	Besondere Maßeinheit
Zinn in Rohform:	**8001**	
– nicht legiertes Zinn	8001 10 00	–
– Zinnlegierungen	8001 20 00	–
Abfälle und Schrott, aus Zinn	**8002 00 00**	–
Stangen (Stäbe), Profile und Draht, aus Zinn	**8003 00 00**	–
Andere Waren aus Zinn:	**8007**	
– Bleche und Bänder, mit einer Dicke von mehr als 0,2 mm	8007 00 10	–
– andere	8007 00 80	–

Kapitel 81

Andere unedle Metalle; Cermets; Waren daraus

Warenbezeichnung	Warennummer	Besondere Maßeinheit
Wolfram und Waren daraus, einschließlich Abfälle und Schrott:	**8101**	
– Pulver	8101 10 00	–
– andere:		
– – Wolfram in Rohform, einschließlich nur gesinterte Stangen (Stäbe)	8101 94 00	–
– – Draht	8101 96 00	–
– – Abfälle und Schrott	8101 97 00	–
– – andere:		
– – – Stangen (Stäbe), ausgenommen nur gesinterte, Profile, Bleche, Bänder und Folien	8101 99 10	–
– – – andere	8101 99 90	–
Molybdän und Waren daraus, einschließlich Abfälle und Schrott:	**8102**	
– Pulver	8102 10 00	–
– andere:		
– – Molybdän in Rohform, einschließlich nur gesinterte Stangen (Stäbe)	8102 94 00	–
– – Stangen (Stäbe), ausgenommen nur gesinterte, Profile, Bleche, Bänder und Folien	8102 95 00	–
– – Draht	8102 96 00	–
– – Abfälle und Schrott	8102 97 00	–
– – andere	8102 99 00	–
Tantal und Waren daraus, einschließlich Abfälle und Schrott:	**8103**	
– Tantal in Rohform, einschließlich nur gesinterte Stangen (Stäbe); Pulver	8103 20 00	–
– Abfälle und Schrott	8103 30 00	–
– andere:		
• **– – Schmelztiegel**	8103 91 00	–
– – andere:		
• – – – Stangen (Stäbe), ausgenommen nur gesinterte, Profile, Draht, Bleche, Bänder und Folien	8103 99 10	–
• – – – andere	8103 99 90	–

Warenbezeichnung	Warennummer	Besondere Maßeinheit
Magnesium und Waren daraus, einschließlich Abfälle und Schrott:	**8104**	
– Magnesium in Rohform:		
– – mit einem Magnesiumgehalt von 99,8 GHT oder mehr	8104 11 00	–
– – anderes	8104 19 00	–
– Abfälle und Schrott	8104 20 00	–
– Drehspäne und Körner, nach Größe sortiert; Pulver	8104 30 00	–
– andere	8104 90 00	–
Cobaltmatte und andere Zwischenerzeugnisse der Cobaltmetallurgie; Cobalt und Waren daraus, einschließlich Abfälle und Schrott:	**8105**	
– Cobaltmatte und andere Zwischenerzeugnisse der Cobaltmetallurgie; Cobalt in Rohform; Pulver	8105 20 00	–
– Abfälle und Schrott	8105 30 00	–
– andere	8105 90 00	–
Bismut und Waren daraus, einschließlich Abfälle und Schrott:	**8106**	
● – mit einem Bismutgehalt von mehr als 99,99 GHT:		
● – – Bismut in Rohform; Abfälle und Schrott; Pulver	8106 10 10	–
● – – andere	8106 10 90	–
● – andere:		
● – – Bismut in Rohform; Abfälle und Schrott; Pulver	8106 90 10	–
● – – andere	8106 90 90	–
Titan und Waren daraus, einschließlich Abfälle und Schrott:	**8108**	
– Titan in Rohform; Pulver	8108 20 00	–
– Abfälle und Schrott	8108 30 00	–
– andere:		
– – Stangen (Stäbe), Profile und Draht	8108 90 30	–
– – Bleche, Bänder und Folien	8108 90 50	–
– – Rohre	8108 90 60	–
– – andere	8108 90 90	–
Zirconium und Waren daraus, einschließlich Abfälle und Schrott:	**8109**	
● – Zirconium in Rohform; Pulver:		
● – – mit einem Hafniumgehalt von weniger als 1 GHT Hafnium auf 500 GHT Zirkonium	8109 21 00	–
● – – andere	8109 29 00	–
● – Abfälle und Schrott:		
● – – mit einem Hafniumgehalt von weniger als 1 GHT Hafnium auf 500 GHT Zirkonium	8109 31 00	–
● – – andere	8109 39 00	–
● – andere:		
● – – mit einem Hafniumgehalt von weniger als 1 GHT Hafnium auf 500 GHT Zirkonium	8109 91 00	–
● – – andere	8109 99 00	–
Antimon und Waren daraus, einschließlich Abfälle und Schrott:	**8110**	
– Antimon in Rohform; Pulver	8110 10 00	–
– Abfälle und Schrott	8110 20 00	–
– andere	8110 90 00	–

Warenbezeichnung	Warennummer	Besondere Maßeinheit
Mangan und Waren daraus, einschließlich Abfälle und Schrott:	**8111**	
– Mangan in Rohform; Abfälle und Schrott; Pulver:		
– – Mangan in Rohform; Pulver	8111 00 11	–
– – Abfälle und Schrott	8111 00 19	–
– andere	8111 00 90	–
● **Beryllium, Chrom, Hafnium, Rhenium, Thallium, Cadmium, Germanium, Vanadium, Gallium, Indium, Niob (Columbium) und Waren daraus, einschließlich Abfälle und Schrott:**	**8112**	
– Beryllium:		
– – in Rohform; Pulver	8112 12 00	–
– – Abfälle und Schrott	8112 13 00	–
– – andere	8112 19 00	–
– Chrom:		
– – in Rohform; Pulver:		
– – – Chromlegierungen mit einem Nickelgehalt von mehr als 10 GHT	8112 21 10	–
– – – andere	8112 21 90	–
– – Abfälle und Schrott	8112 22 00	–
– – andere	8112 29 00	–
● **– Hafnium:**		
● **– – in Rohform; Abfälle und Schrott; Pulver**	8112 31 00	–
● **– – andere**	8112 39 00	–
● **– Rhenium:**		
● **– – in Rohform; Abfälle und Schrott; Pulver:**		
● – – – Abfälle und Schrott	8112 41 10	–
● – – – andere	8112 41 90	–
● **– – andere**	8112 49 00	–
– Thallium:		
– – in Rohform; Pulver	8112 51 00	–
– – Abfälle und Schrott	8112 52 00	–
– – andere	8112 59 00	–
● **– Cadmium:**		
● **– – Abfälle und Schrott**	8112 61 00	–
● **– – andere:**		
● – – – Cadmium in Rohform; Pulver	8112 69 10	–
● – – – andere	8112 69 90	–
– andere:		
– – in Rohform; Abfälle und Schrott; Pulver:		
● – – – Niob (Columbium), Gallium, Indium, Vanadium, Germanium:		
– – – – Abfälle und Schrott	8112 92 21	–
– – – – andere:		
● – – – – – Niob (Columbium)	8112 92 40	–
– – – – – Indium	8112 92 81	–
– – – – – Gallium	8112 92 89	–
– – – – – Vanadium	8112 92 91	–
– – – – – Germanium	8112 92 95	–
– – andere:		
● – – – Germanium	8112 99 40	–
● – – – Niob (Columbium)	8112 99 50	–
– – – Gallium, Indium, Vanadium	8112 99 70	–

Warenbezeichnung	Warennummer	Besondere Maßeinheit
Cermets und Waren daraus, einschließlich Abfälle und Schrott:	**8113**	
– in Rohform	8113 00 20	–
– Abfälle und Schrott	8113 00 40	–
– andere	8113 00 90	–

Kapitel 82

Werkzeuge, Schneidwaren und Essbestecke, aus unedlen Metallen; Teile davon, aus unedlen Metallen

Anmerkungen

1. Außer Lötlampen, tragbaren Feldschmieden, Schleifsteine mit Gestell, Zusammenstellungen für die Hand- oder Fußpflege und Waren der Position 8209 erfasst Kapitel 82 nur Waren mit Klinge oder arbeitendem Teil:
   a) aus unedlem Metall;
   b) aus Metallcarbiden oder aus Cermets;
   c) aus Edelsteinen oder Schmucksteinen (natürlichen, synthetischen oder rekonstituierten), auf einem Träger aus unedlem Metall, Metallcarbid oder Cermet;
   d) aus Schleifstoffen auf einem Träger aus unedlem Metall, sofern es sich um Werkzeuge handelt, deren Zähne, Schneiden oder andere trennende oder schneidende Teile auch nach Aufbringen von Schleifstoffen ihre eigentliche Funktion beibehalten.
2. Teile aus unedlen Metallen von Waren des Kapitels 82 werden wie die entsprechenden Waren eingereiht, ausgenommen Werkzeughalter für Handwerkzeug der Position 8466 und besonders genannte Teile. Teile mit allgemeiner Verwendungsmöglichkeit im Sinne der Anmerkung 2 zu Abschnitt XV gehören in keinem Fall zu Kapitel 82.

   Köpfe, Kämme, Klingen, Messer und Schneidblätter für elektrische Rasierapparate oder elektrische Haarschneide- und -schermaschinen gehören zur Position 8510.
3. Zu Position 8215 gehören Zusammenstellungen aus einem oder mehreren Messern der Position 8211 und einer zumindest gleichen Anzahl von Waren der Position 8215.

Warenbezeichnung	Warennummer	Besondere Maßeinheit
Spaten, Schaufeln, Spitzhacken, Hacken aller Art, Gabeln, Rechen und Schaber; Äxte, Beile, Haumesser und ähnliche Werkzeuge zum Hauen oder Spalten; Geflügelscheren, Gartenscheren, Baumscheren und ähnliche Scheren; Sensen und Sicheln, Heu- und Strohmesser, Heckenscheren, Keile und andere Handwerkzeuge für die Landwirtschaft, den Gartenbau oder die Forstwirtschaft:	**8201**	
– Spaten und Schaufeln	8201 10 00	St
– Spitzhacken, Hacken aller Art, Rechen und Schaber	8201 30 00	–
– Äxte, Beile, Haumesser und ähnliche Werkzeuge zum Hauen oder Spalten	8201 40 00	–
– Gartenscheren, Rosenscheren und ähnliche mit einer Hand zu betätigende Scheren (einschließlich Geflügelscheren)	8201 50 00	St
– Heckenscheren, Baumscheren und ähnliche mit zwei Händen zu betätigende Scheren	8201 60 00	–
– andere Handwerkzeuge für die Landwirtschaft, den Gartenbau oder die Forstwirtschaft	8201 90 00	–

Warenbezeichnung	Warennummer	Besondere Maßeinheit
Handsägen; Sägeblätter aller Art (einschließlich Frässägeblätter und nicht gezahnte Sägeblätter):	**8202**	
– Handsägen	8202 10 00	–
– Bandsägeblätter	8202 20 00	–
– Kreissägeblätter, einschließlich Frässägeblätter:		
– – mit arbeitendem Teil aus Stahl	8202 31 00	–
– – andere, einschließlich Teile	8202 39 00	–
– Sägeketten	8202 40 00	–
– andere Sägeblätter:		
– – Langsägeblätter für die Metallbearbeitung	8202 91 00	–
– – andere:		
– – – für die Metallbearbeitung	8202 99 20	–
– – – für die Bearbeitung anderer Stoffe	8202 99 80	–
Feilen, Raspeln, Kneifzangen/Beißzangen und andere Zangen (auch zum Schneiden), Pinzetten, Scheren zum Schneiden von Metallen, Rohrschneider, Bolzenschneider, Locheisen, Lochzangen, und ähnliche Handwerkzeuge:	**8203**	
– Feilen, Raspeln, und ähnliche Werkzeuge	8203 10 00	–
– Kneifzangen/Beißzangen und andere Zangen (auch zum Schneiden), Pinzetten, und ähnliche Werkzeuge	8203 20 00	–
– Scheren zum Schneiden von Metallen und ähnliche Werkzeuge	8203 30 00	–
– Rohrschneider, Bolzenschneider, Locheisen, Lochzangen, und ähnliche Werkzeuge	8203 40 00	–
Von Hand zu betätigende Schrauben- und Spannschlüssel (einschließlich Drehmomentschlüssel); auswechselbare Steckschlüsseleinsätze, auch mit Griff:	**8204**	
– von Hand zu betätigende Schrauben- und Spannschlüssel:		
– – mit nicht verstellbarer Spannweite	8204 11 00	–
– – mit verstellbarer Spannweite	8204 12 00	–
– auswechselbare Steckschlüsseleinsätze, auch mit Griff	8204 20 00	–
Handwerkzeuge (einschließlich Glasschneidediamanten), anderweit weder genannt noch inbegriffen; Lötlampen und dergleichen; Schraubstöcke, Schraubzwingen und dergleichen, die nicht Zubehör oder Teile von Werkzeugmaschinen oder Wasserstrahlschneidemaschinen sind; Ambosse; tragbare Feldschmieden; Schleifsteine mit Gestell zum Hand- oder Fußbetrieb:	**8205**	
– Bohrwerkzeuge, Gewindeschneid- und Gewindebohrwerkzeuge	8205 10 00	–
– Hämmer und Fäustel	8205 20 00	–
– Hobel, Stechbeitel, Hohlbeitel und ähnliche schneidende Werkzeuge für die Holzbearbeitung	8205 30 00	–
– Schraubenzieher (Schraubendreher)	8205 40 00	–
– andere Handwerkzeuge (einschließlich Glasschneidediamanten):		
– – Haushaltswerkzeuge	8205 51 00	–
– – andere:		
– – – Werkzeuge für Maurer, Former und Gießer, Zementarbeiter, Gipser und Maler	8205 59 10	–
– – – andere	8205 59 80	–

Warenbezeichnung	Warennummer	Besondere Maßeinheit
– Lötlampen und dergleichen	8205 60 00	–
– Schraubstöcke, Schraubzwingen und dergleichen	8205 70 00	–
– andere, einschließlich Zusammenstellungen von Waren aus zwei oder mehr der Unterpositionen dieser Position:		
– – Ambosse; tragbare Feldschmieden; Schleifsteine mit Gestell zum Hand- oder Fußbetrieb	8205 90 10	–
– – Zusammenstellungen von Waren aus zwei oder mehr der Unterpositionen dieser Position	8205 90 90	–
Zusammenstellungen von Werkzeugen aus zwei oder mehr der Positionen 8202 bis 8205, in Aufmachungen für den Einzelverkauf	**8206 00 00**	–
Auswechselbare Werkzeuge zur Verwendung in mechanischen oder nicht mechanischen Handwerkzeugen oder in Werkzeugmaschinen (z. B. zum Pressen, Prägen, Tiefziehen, Gesenkschmieden, Stanzen, Lochen, zum Herstellen von Innen- und Außengewinden, Bohren, Reiben, Räumen, Fräsen, Drehen, Schrauben), einschließlich Ziehwerkzeuge und Pressmatrizen zum Ziehen oder Strang- und Fließpressen von Metallen, und Erd-, Gesteins- oder Tiefbohrwerkzeuge:	**8207**	
– Erd-, Gesteins- oder Tiefbohrwerkzeuge:		
– – mit arbeitendem Teil aus Cermets	8207 13 00	–
– – andere, einschließlich Teile:		
– – – mit arbeitendem Teil aus Diamant oder agglomeriertem Diamant	8207 19 10	–
– – – andere	8207 19 90	–
– Ziehwerkzeuge und Pressmatrizen zum Ziehen oder Strang- und Fließpressen von Metallen:		
– – mit arbeitendem Teil aus Diamant oder agglomeriertem Diamant	8207 20 10	–
– – mit arbeitendem Teil aus anderen Stoffen	8207 20 90	–
– Press-, Präge-, Tiefzieh-, Gesenkschmiede-, Stanz- oder Lochwerkzeuge:		
– – für die Metallbearbeitung	8207 30 10	–
– – andere	8207 30 90	–
– Werkzeuge zum Herstellen von Innen- und Außengewinden:		
– – für die Metallbearbeitung:		
– – – Werkzeuge zum Herstellen von Innengewinden	8207 40 10	–
– – – Werkzeuge zum Herstellen von Außengewinden	8207 40 30	–
– – andere	8207 40 90	–
– Bohrwerkzeuge:		
– – mit arbeitendem Teil aus Diamant oder agglomeriertem Diamant	8207 50 10	–
– – mit arbeitendem Teil aus anderen Stoffen:		
– – – Mauerbohrer	8207 50 30	–
– – – andere:		
– – – – für die Metallbearbeitung, mit arbeitendem Teil:		
– – – – – aus Cermets	8207 50 50	–
– – – – – aus Schnellarbeitsstahl	8207 50 60	–
– – – – – aus anderen Stoffen	8207 50 70	–
– – – – andere	8207 50 90	–

Warenbezeichnung	Warennummer	Besondere Maßeinheit
– Reibahlen, Ausbohr- und Räumwerkzeuge:		
– – mit arbeitendem Teil aus Diamant oder agglomeriertem Diamant	8207 60 10	–
– – mit arbeitendem Teil aus anderen Stoffen:		
– – – Reibahlen und Ausbohrwerkzeuge:		
– – – – für die Metallbearbeitung	8207 60 30	–
– – – – andere	8207 60 50	–
– – – Räumwerkzeuge:		
– – – – für die Metallbearbeitung	8207 60 70	–
– – – – andere	8207 60 90	–
– Fräswerkzeuge:		
– – für die Metallbearbeitung, mit arbeitendem Teil:		
– – – aus Cermets	8207 70 10	–
– – – aus anderen Stoffen:		
– – – – Schaftfräser	8207 70 31	–
– – – – andere	8207 70 37	–
– – andere	8207 70 90	–
– Drehwerkzeuge:		
– – für die Metallbearbeitung, mit arbeitendem Teil:		
– – – aus Cermets	8207 80 11	–
– – – aus anderen Stoffen	8207 80 19	–
– – andere	8207 80 90	–
– andere auswechselbare Werkzeuge:		
– – mit arbeitendem Teil aus Diamant oder agglomeriertem Diamant	8207 90 10	–
– – mit arbeitendem Teil aus anderen Stoffen:		
– – – Schraubendrehereinsätze	8207 90 30	–
– – – Verzahnwerkzeuge	8207 90 50	–
– – – andere, mit arbeitendem Teil:		
– – – – aus Cermets:		
– – – – – für die Metallbearbeitung	8207 90 71	–
– – – – – andere	8207 90 78	–
– – – – aus anderen Stoffen:		
– – – – – für die Metallbearbeitung	8207 90 91	–
– – – – – andere	8207 90 99	–
Messer und Schneidklingen, für Maschinen oder mechanische Geräte:	**8208**	
– für die Metallbearbeitung	8208 10 00	–
– für die Holzbearbeitung	8208 20 00	–
– für Küchenmaschinen oder Maschinen für die Nahrungsmittelindustrie	8208 30 00	–
– für Maschinen für die Landwirtschaft, den Gartenbau oder die Forstwirtschaft	8208 40 00	–
– andere	8208 90 00	–
Plättchen, Stäbchen, Spitzen und ähnliche Formstücke für Werkzeuge, nicht gefasst, aus Cermets:	**8209**	
– Wendeschneidplatten	8209 00 20	–
– andere	8209 00 80	–
Von Hand zu betätigende mechanische Geräte, mit einem Gewicht von 10 kg oder weniger, zum Vorbereiten, Zubereiten oder Anrichten von Speisen oder Getränken	**8210 00 00**	–

Warenbezeichnung	Warennummer	Besondere Maßeinheit
Messer (ausgenommen Messer der Position 8208) mit schneidender Klinge, auch gezahnt (einschließlich Klappmesser für den Gartenbau), und Klingen dafür:	**8211**	
– Zusammenstellungen	8211 10 00	–
– andere:		
– – Tischmesser mit feststehender Klinge	8211 91 00	–
– – andere Messer mit feststehender Klinge	8211 92 00	–
– – Messer mit nicht feststehender Klinge, einschließlich Klappmesser für den Gartenbau	8211 93 00	–
– – Klingen	8211 94 00	–
– – Griffe aus unedlen Metallen	8211 95 00	–
Rasiermesser, Rasierapparate und Rasierklingen (einschließlich Rasierklingenrohlinge im Band):	**8212**	
– Rasiermesser und Rasierapparate:		
– – Rasierapparate mit nicht auswechselbaren Klingen	8212 10 10	St
– – andere	8212 10 90	St
– Rasierklingen, einschließlich Rasierklingenrohlinge im Band	8212 20 00	1 000 St
– andere Teile	8212 90 00	–
Scheren und Scherenblätter	**8213 00 00**	–
Andere Schneidwaren (z. B. Haarschneide- und -scherapparate, Spaltmesser, Hackmesser, Wiegemesser für Metzger/Fleischhauer oder für den Küchengebrauch, Papiermesser); Instrumente und Zusammenstellungen, für die Maniküre oder Pediküre (einschließlich Nagelfeilen):	**8214**	
– Papiermesser, Brieföffner, Radiermesser, Bleistiftspitzer, und Klingen dafür	8214 10 00	–
– Instrumente und Zusammenstellungen, für die Maniküre oder Pediküre (einschließlich Nagelfeilen)	8214 20 00	–
– andere	8214 90 00	–
Löffel, Gabeln, Schöpflöffel, Schaumlöffel, Tortenheber, Fischmesser, Buttermesser, Zuckerzangen und ähnliche Waren:	**8215**	
– Zusammenstellungen, die mindestens einen versilberten, vergoldeten oder platinierten Bestandteil enthalten:		
– – nur versilberte, vergoldete oder platinierte Bestandteile enthaltend	8215 10 20	–
– – andere:		
– – – aus nicht rostendem Stahl	8215 10 30	–
– – – andere	8215 10 80	–
– andere Zusammenstellungen:		
– – aus nicht rostendem Stahl	8215 20 10	–
– – andere	8215 20 90	–
– andere:		
– – versilbert, vergoldet oder platiniert	8215 91 00	–
– – andere:		
– – – aus nicht rostendem Stahl	8215 99 10	–
– – – andere	8215 99 90	–

Kapitel 83

Verschiedene Waren aus unedlen Metallen

Anmerkungen

1. Teile aus unedlen Metallen von Waren des Kapitels 83 werden wie die entsprechenden Waren eingereiht. Jedoch gelten Waren aus Eisen oder Stahl der Position 7312, 7315, 7317, 7318 oder 7320 sowie die gleichen Waren aus anderen unedlen Metallen (Kapitel 74 bis 76 und 78 bis 81) nicht als Teile von Waren des Kapitels 83.
2. Als „Laufrädchen oder -rollen" im Sinne der Position 8302 gelten solche mit einem Durchmesser (auch mit aufgebrachter Lauffläche) von 75 mm oder weniger oder solche mit einem Durchmesser (auch mit aufgebrachter Lauffläche) von mehr als 75 mm und einer Radbreite oder einer Breite der aufgebrachten Lauffläche von weniger als 30 mm.

Warenbezeichnung	Warennummer	Besondere Maßeinheit
Vorhängeschlösser, Schlösser und Sicherheitsriegel (zum Schließen mit Schlüssel, als Kombinationsschlösser oder als elektrische Schlösser), aus unedlen Metallen; Verschlüsse und Verschlussbügel, mit Schloss, aus unedlen Metallen; Schlüssel für diese Waren, aus unedlen Metallen:	**8301**	
– Vorhängeschlösser	8301 10 00	–
– Schlösser von der für Kraftfahrzeuge verwendeten Art	8301 20 00	–
– Schlösser von der für Möbel verwendeten Art	8301 30 00	–
– andere Schlösser; Sicherheitsriegel:		
– – Schlösser von der für Gebäudetüren verwendeten Art:		
– – – Zylinderschlösser	8301 40 11	–
– – – andere	8301 40 19	–
– – andere Schlösser; Sicherheitsriegel	8301 40 90	–
– Verschlüsse und Verschlussbügel, mit Schloss	8301 50 00	–
– Teile	8301 60 00	–
– Schlüssel, gesondert gestellt	8301 70 00	–
Beschläge und ähnliche Waren, aus unedlen Metallen, für Möbel, Türen, Treppen, Fenster, Fensterläden, Karosserien, Sattlerwaren, Koffer, Reisekisten oder andere derartige Waren; Kleiderhaken, Huthalter, Konsolen, Stützen und ähnliche Waren, aus unedlen Metallen; Laufrädchen oder -rollen mit Befestigungsvorrichtung aus unedlen Metallen; automatische Türschließer aus unedlen Metallen:	**8302**	
– Scharniere	8302 10 00	–
– Laufrädchen oder -rollen	8302 20 00	–
– andere Beschläge und ähnliche Waren, für Kraftfahrzeuge	8302 30 00	–

Warenbezeichnung	Warennummer	Besondere Maßeinheit
– andere Beschläge und andere ähnliche Waren:		
– – Baubeschläge:		
– – – für Türen	8302 41 10	–
– – – für Fenster und Fenstertüren	8302 41 50	–
– – – andere	8302 41 90	–
– – andere, für Möbel	8302 42 00	–
– – andere	8302 49 00	–
– Kleiderhaken, Huthalter, Konsolen, Stützen und ähnliche Waren	8302 50 00	–
– automatische Türschließer	8302 60 00	–
Panzerschränke, Türen und Fächer für Stahlkammern, Sicherheitskassetten und ähnliche Waren, aus unedlen Metallen:	**8303**	
– Panzerschränke, Türen und Fächer für Stahlkammern	8303 00 40	–
– Sicherheitskassetten und ähnliche Waren	8303 00 90	–
Sortierkästen, Ablegekästen, Karteikästen, Manuskriptständer, Federschalen, Stempelhalter und ähnliche Ausstattungsgegenstände für Büros, aus unedlen Metallen, ausgenommen Büromöbel der Position 9403	**8304 00 00**	–
Mechaniken für Schnellhefter oder Aktenordner, Briefklammern, Heftecken, Aktenklammern, Karteireiter und ähnliches Büromaterial, aus unedlen Metallen; Heftklammern, zusammenhängend in Streifen (z. B. zur Verwendung im Büro, beim Dekorieren oder Verpacken), aus unedlen Metallen:	**8305**	
– Mechaniken für Schnellhefter oder Aktenordner	8305 10 00	–
– Heftklammern, zusammenhängend in Streifen	8305 20 00	–
– andere, einschließlich Teile	8305 90 00	–
Glocken, Klingeln, Gongs und ähnliche Waren, nicht elektrisch, aus unedlen Metallen; Statuetten und andere Ziergegenstände, aus unedlen Metallen; Rahmen für Fotografien, Bilder oder dergleichen, aus unedlen Metallen; Spiegel aus unedlen Metallen:	**8306**	
– Glocken, Klingeln, Gongs und ähnliche Waren	8306 10 00	–
– Statuetten und andere Ziergegenstände:		
– – versilbert, vergoldet oder platiniert	8306 21 00	–
– – andere	8306 29 00	–
– Rahmen für Fotografien, Bilder oder dergleichen; Spiegel	8306 30 00	–
Schläuche aus unedlen Metallen, auch mit Verschlussstücken oder Verbindungsstücken:	**8307**	
– aus Eisen oder Stahl	8307 10 00	–
– aus anderen unedlen Metallen	8307 90 00	–
Verschlüsse, Verschlussbügel, Schnallen, Spangen, Klammern, Haken, Ösen und ähnliche Waren, aus unedlen Metallen, für Kleidung oder Bekleidungszubehör, Schuhe, Schmuck, Armbanduhren, Bücher, Planen, Lederwaren, Reiseartikel, Sattlerwaren oder andere konfektionierte Waren; Hohlniete und Zweispitzniete, aus unedlen Metallen; Perlen und zugeschnittener Flitter, aus unedlen Metallen:	**8308**	
– Klammern, Haken und Ösen	8308 10 00	–
– Hohlniete oder Zweispitzniete	8308 20 00	–
– andere, einschließlich Teile	8308 90 00	–

Warenbezeichnung	Warennummer	Besondere Maßeinheit
Stopfen (einschließlich Kronenverschlüsse, Stopfen mit Schraubgewinde und Gießpfropfen), Deckel, Flaschenkapseln, Spunde mit Schraubgewinde, Spundbleche, Plomben und anderes Verpackungszubehör, aus unedlen Metallen:	**8309**	
– Kronenverschlüsse	8309 10 00	–
– andere:		
– – Verschluss- oder Flaschenkapseln, aus Blei; Verschluss- oder Flaschenkapseln, aus Aluminium, mit einem Durchmesser von mehr als 21 mm	8309 90 10	–
– – andere	8309 90 90	–
Aushängeschilder, Hinweisschilder, Namensschilder und ähnliche Schilder, Zahlen, Buchstaben und andere Zeichen, aus unedlen Metallen, ausgenommen Schilder und Zeichen der Position 9405	**8310 00 00**	–
Drähte, Stäbe, Rohre, Platten, Elektroden und ähnliche Waren, aus unedlen Metallen oder aus Metallcarbiden, mit Dekapier- oder Flussmitteln umhüllt oder gefüllt, zum Schweißen oder Löten oder zum Auftragen von Metall oder von Metallcarbiden; Drähte und Stäbe, aus agglomeriertem Pulver von unedlen Metallen, zum Metallisieren im Aufspritzverfahren:	**8311**	
– umhüllte Elektroden aus unedlen Metallen, für das Lichtbogenschweißen	8311 10 00	–
– gefüllte Drähte aus unedlen Metallen, für das Lichtbogenschweißen	8311 20 00	–
– umhüllte Stäbe und gefüllte Drähte, aus unedlen Metallen, für das Löten oder das Autogenschweißen	8311 30 00	–
– andere	8311 90 00	–

Maschinen, Apparate, mechanische Geräte und elektrotechnische Waren, Teile davon; Tonaufnahme- oder Tonwiedergabegeräte, Fernseh-Bild- und -Tonaufzeichnungsgeräte oder Fernseh-Bild- und -Tonwiedergabegeräte, Teile und Zubehör für diese Geräte

Anmerkungen

1. Zu Abschnitt XVI gehören nicht:
   a) Förderbänder oder Treibriemen, aus Kunststoffen des Kapitels 39 oder aus vulkanisiertem Kautschuk (Position 4010) oder andere Waren von der Art wie sie in Maschinen, Apparaten, mechanischen Geräten oder elektrotechnischen Waren verwendet werden oder zu anderen technischen Zwecken aus Weichkautschuk (Position 4016);
   b) Waren zu technischen Zwecken aus Leder oder rekonstituiertem Leder (Position 4205) oder aus Pelzfellen (Position 4303);
   c) Spulen, Hülsen, Röhrchen und ähnliche Träger, aus Stoffen aller Art (z. B. Kapitel 39, 40, 44, 48 oder Abschnitt XV);
   d) Lochkarten für Jacquard- oder ähnliche Maschinen (z. B. Kapitel 39 oder 48 bzw. Abschnitt XV);
   e) Förderbänder und Treibriemen, aus Spinnstoffen (Position 5910), sowie Gegenstände des technischen Bedarfs aus Spinnstoffen (Position 5911);
   f) Edelsteine oder Schmucksteine (natürliche, synthetische oder rekonstituierte) der Positionen 7102 bis 7104 sowie Waren ganz aus diesen Steinen, der Position 7116, ausgenommen bearbeitete, nicht montierte Saphire und Diamanten für Tonabnehmer-Abtastnadeln (Position 8522);
   g) Teile mit allgemeiner Verwendungsmöglichkeit im Sinne der Anmerkung 2 zu Abschnitt XV, aus unedlen Metallen (Abschnitt XV), und gleichartige Waren aus Kunststoffen (Kapitel 39);
   h) Bohrgestänge (Position 7304);
   ij) endlose Gewebe und Bänder, aus Metalldraht oder -streifen (Abschnitt XV);
   k) Waren des Kapitels 82 oder 83;
   l) Waren des Abschnitts XVII;
   m) Waren des Kapitels 90;
   n) Uhrmacherwaren (Kapitel 91);
   o) auswechselbare Werkzeuge der Position 8207 und Bürsten von der als Maschinenteile verwendeten Art (Position 9603) sowie ähnliche, nach Stoffbeschaffenheit ihres arbeitenden Teils einzureihende auswechselbare Werkzeuge (z. B. Kapitel 40, 42, 43, 45 oder 59 bzw. Position 6804 oder 6909);
   p) Waren des Kapitels 95;
   q) Bänder für Schreibmaschinen oder ähnliche Bänder, auch auf Spulen oder in Kassetten (Einreihung nach stofflicher Beschaffenheit oder in die Position 9612, wenn sie mit Tinte oder anders für Abdrucke präpariert sind), oder Ein-, Zwei-, Dreibeinstative und ähnliche Waren der Position 9620.

2. Teile von Maschinen (ausgenommen Teile von Waren der Position 8484, 8544, 8545, 8546 oder 8547), die nicht durch Anmerkung 1 zu Abschnitt XVI, Anmerkung 1 zu Kapitel 84 oder Anmerkung 1 zu Kapitel 85 von Abschnitt XVI ausgenommen werden, sind nach folgenden Regeln einzureihen:
   a) Teile, die sich als Waren einer Position des Kapitels 84 oder 85 (ausgenommen die Positionen 8409, 8431, 8448, 8466, 8473, 8487, 8503, 8522, 8529, 8538 und 8548) darstellen, sind dieser Position zuzuweisen, ohne Rücksicht darauf, für welche Maschine sie bestimmt sind;
   ● b) andere Teile sind, wenn sie erkennbar ausschließlich oder hauptsächlich für eine bestimmte Maschine oder für mehrere in der gleichen Position (auch in Position 8479 oder Position 8543) erfasste Maschinen bestimmt sind, der Position für diese Maschine oder Maschinen oder, soweit zutreffend, der Position 8409, 8431, 8448, 8466, 8473, 8503, 8522, 8529 oder 8538 zuzuweisen. Teile, die hauptsächlich sowohl für Waren der Position 8517 als auch für Waren der Positionen 8525 bis 8528 bestimmt sind, gehören jedoch zu Position 8517, und Teile, die ausschließlich oder hauptsächlich für Waren der Position 8524 bestimmt sind, gehören zu Position 8529;
   c) alle übrigen Teile sind der Position 8409, 8431, 8448, 8466, 8473, 8503, 8522, 8529 oder 8538 oder, soweit diese nicht zutreffen, der Position 8487 oder 8548 zuzuweisen.
3. Soweit nichts anderes bestimmt ist, sind kombinierte Maschinen aus zwei oder mehr Maschinen verschiedener Art, die zusammen arbeiten sollen und ein Ganzes bilden, sowie Maschinen, die ihrer Beschaffenheit nach dazu bestimmt sind zwei oder mehrere verschiedene, sich abwechselnde oder ergänzende Tätigkeiten (Funktionen) auszuführen, nach der das Ganze kennzeichnenden Haupttätigkeit (Hauptfunktion) einzureihen.
4. Besteht eine Maschine oder eine Kombination aus Maschinen aus entweder voneinander getrennten oder durch Leitungen, Übertragungsvorrichtungen, elektrischen Kabeln oder anderen Vorrichtungen miteinander verbundenen Einzelkomponenten, die gemeinsam eine genau bestimmte, in einer der Positionen des Kapitels 84 oder 85 erfasste Funktion ausüben, so ist das Ganze in die Position einzureihen, die diese Funktion erfasst.
5. Bei der Anwendung der Anmerkungen des Abschnitts XVI umfasst der Begriff „Maschinen“ alle Maschinen, Apparate, Geräte und Vorrichtungen der in den Positionen des Kapitels 84 oder 85 genannten Art.
● 6. A) Als „Abfälle oder Schrott von elektrischen und elektronischen Geräten“ gelten in der Nomenklatur elektrische und elektronische Baugruppen, Leiterplatten und elektrische oder elektronische Waren, die:
      a) durch Bruch, Zerstörung oder andere Verfahren für ihren ursprünglichen Zweck unbrauchbar gemacht wurden oder aus wirtschaftlichen Gründen nicht mehr für eine Reparatur, Wiederaufarbeitung oder Wiederinstandsetzung, um sie wieder ihrem ursprünglichen Zweck zuzuführen, geeignet sind; und
      b) auf eine Weise verpackt oder versandt werden, die nicht dazu bestimmt ist, einzelne Waren vor einer Beschädigung beim Transport oder beim Be- oder Entladen zu schützen.
   B) Gemischte Sendungen von „Abfällen oder Schrott von elektrischen und elektronischen Geräten“ und anderen Abfällen und Schrott sind in die Position 8549 einzureihen.
   C) Dieser Abschnitt gilt nicht für Siedlungsabfälle im Sinne der Anmerkung 4 zu Kapitel 38.

Zusätzliche Anmerkungen

1. Zur Montage oder zur Instandhaltung der Maschinen benötigte Werkzeuge sind wie die Maschinen einzureihen, zu denen sie gehören, wenn sie mit ihnen zusammen ein- oder ausgeführt werden. Dies gilt auch für auswechselbare Werkzeuge, wenn sie mit den Maschinen, deren übliche Ausrüstung sie darstellen, ein- oder ausgeführt und üblicherweise zusammen mit ihnen verkauft werden.
2. Auf Verlangen der Anmeldestelle hat der Anmelder zur Ergänzung der Anmeldung erläuternde Unterlagen (z. B. eine Warenbeschreibung, Prospekte, Katalogauszüge, Fotografien) beizufügen, aus denen die geläufige Bezeichnung der Maschine, ihre Verwendung und ihre wesentlichen Merkmale hervorgehen. Bei zerlegten oder nicht zusammengesetzten Maschinen hat der Anmelder auf Verlangen der Anmeldestelle ferner einen Montageplan und ein Verzeichnis des Inhalts der einzelnen Packstücke als Beleg zur Anmeldung vorzulegen.
3. Auf Antrag des Anmelders und bei Beachtung der von den zuständigen Behörden festzusetzenden Voraussetzungen werden die Bestimmungen der Allgemeinen Vorschrift 2 a) auch auf Maschinen angewendet, die in Teilsendungen ein- oder ausgehen.

Kapitel 84

Kernreaktoren, Kessel, Maschinen, Apparate und mechanische Geräte; Teile davon

Anmerkungen

1. Zu Kapitel 84 gehören nicht:
   a) Mühlsteine, Schleifsteine und andere Waren des Kapitels 68;
   b) Maschinen, Apparate und Geräte (z. B. Pumpen), aus keramischen Stoffen, und Teile aus keramischen Stoffen für Maschinen, Apparate und Geräte, aus Stoffen aller Art (Kapitel 69);
   c) Glaswaren für Laboratorien (Position 7017); Glaswaren zu technischen Zwecken (Position 7019 oder 7020);
   d) Waren der Position 7321 oder 7322 sowie ähnliche Waren aus anderen unedlen Metallen (Kapitel 74 bis 76 oder 78 bis 81);
   e) Staubsauger der Position 8508;
   f) elektromechanische Haushaltsgeräte der Position 8509; digitale Fotoapparate der Position 8525;
   g) Kühler für Waren des Abschnitts XVII;
   h) nicht motorbetriebene Handkehrgeräte (Position 9603).
2. Vorbehaltlich der Anmerkung 3 zu Abschnitt XVI und der Anmerkung 11 zu diesem Kapitel sind Maschinen, Apparate und Geräte, die sowohl in die Positionen 8401 bis 8424 oder die Position 8486 als auch in die Positionen 8425 bis 8480 eingereiht werden können, in die Positionen 8401 bis 8424 oder die Position 8486 einzureihen.

   ● A) Zu Position 8419 gehören jedoch nicht:
      a) Brutapparate und Aufzuchtapparate, für die Geflügelzucht, sowie Keimapparate (Position 8436);
      b) Getreidenetzapparate für die Müllerei (Position 8437);
      c) Diffuseure für die Zuckerherstellung (Position 8438);
      d) Maschinen und Apparate zum Warmbehandeln von Garnen, Geweben oder anderen Spinnstoffwaren (Position 8451);
      e) Apparate, Vorrichtungen oder Laborausstattung, die eine mechanische Arbeit verrichten, bei der eine Temperaturänderung zwar notwendig, aber nur von untergeordneter Bedeutung ist.

   B) Zu Position 8422 gehören jedoch nicht:
      a) Nähmaschinen zum Verschließen von Verpackungen (Position 8452)
      b) Büromaschinen und -apparate der Position 8472.

   C) Zu Position 8424 gehören jedoch nicht:
      a) Tintenstrahldruckmaschinen (Position 8443);
      b) Wasserstrahlschneidemaschinen (Position 8456).
3. Werkzeugmaschinen zum Abtragen von Stoffen aller Art, die sowohl in die Position 8456 als auch in die Position 8457, 8458, 8459, 8460, 8461, 8464 oder 8465 eingereiht werden können, sind der Position 8456 zuzuweisen.
4. Zu Position 8457 gehören nur metallbearbeitende Werkzeugmaschinen, ausgenommen Drehmaschinen (einschließlich Drehzentren), die mehrere verschiedenartige Bearbeitungsvorgänge ausführen können, und zwar entweder
   a) durch automatischen Werkzeugwechsel aus einem Werkzeugmagazin oder dergleichen entsprechend einem Bearbeitungsprogramm (Bearbeitungszentren) oder
   b) durch automatischen Einsatz verschiedener Bearbeitungseinheiten, die gleichzeitig oder nacheinander ein feststehendes Werkstück bearbeiten (Mehrwegemaschinen) oder

c) durch automatisches Zuführen des Werkstücks zu verschiedenen Bearbeitungseinheiten (Transfermaschinen).

● 5. Im Sinne der Position 8462 ist eine „Längsteilanlage“ für Flacherzeugnisse eine Verarbeitungsanlage, die aus einem Abwickelgerät, einer Richtmaschine, einer Längsteilmaschine und einem Aufwickelgerät besteht. Eine „Ablänganlage“ für Flacherzeugnisse ist eine Verarbeitungsanlage, die aus einem Abwickelgerät, einer Richtmaschine und einer Trennschere besteht.

6. A. Als „automatische Datenverarbeitungsmaschinen“ im Sinne der Position 8471 gelten Maschinen, die
   1) das Datenverarbeitungsprogramm oder die Datenverarbeitungsprogramme und mindestens die Daten speichern können, die zur Durchführung dieses Programms oder dieser Programme unmittelbar benötigt werden;
   2) frei programmiert werden können entsprechend den Benutzeranforderungen;
   3) Rechenoperationen entsprechend den Anweisungen des Benutzers durchzuführen vermögen, und
   4) in der Lage sind, ohne menschliche Mitwirkung ein Datenverarbeitungsprogramm durchzuführen, dessen Ausführung sie während des Programmablaufs aufgrund logischer Entscheidung selbst ändern können.

   B. Automatische Datenverarbeitungsmaschinen können in Form von Systemen vorkommen, die aus einer unterschiedlichen Anzahl gesonderter Einheiten bestehen.

   C. Vorbehaltlich der Bestimmungen der nachstehenden Absätze D und E wird eine Einheit dann als Teil eines automatischen Datenverarbeitungssystems angesehen, wenn sie alle folgenden Bedingungen erfüllt:
   1) sie ist von der ausschließlich oder hauptsächlich in einem automatischen Datenverarbeitungssystem verwendeten Art;
   2) sie ist an die Zentraleinheit unmittelbar oder über eine oder mehrere andere Einheiten anschließbar, und
   3) sie ist in der Lage, Daten in einer Form (Codes oder Signale) zu empfangen oder zu liefern, die vom System verwendbar sind.

   Gesondert ein- oder ausgeführte Einheiten einer automatischen Datenverarbeitungsmaschine sind in die Position 8471 einzureihen.

   Tastaturen, X/Y-Koordinateneingabegeräte und Plattenspeichereinheiten, die die Bedingungen der vorstehenden Absätze C 2 und C 3 erfüllen, sind jedoch stets als Einheiten in die Position 8471 einzureihen.

● D. Die Position 8471 erfasst nicht die nachstehenden, gesondert gestellten Apparate, selbst wenn sie alle Bedingungen der Anmerkung 6 C erfüllen:
   1) Drucker, Kopierer, Fernkopierer, auch kombiniert;
   2) Sende- oder Empfangsgeräte für Töne, Bilder oder andere Daten, einschließlich Geräte für die Kommunikation in einem drahtgebundenen oder drahtlosen Netzwerk (wie ein lokales Netzwerk oder ein Weitverkehrsnetzwerk);
   3) Lautsprecher und Mikrofone;
   4) Fernsehkameras, digitale Fotoapparate und Videokameraaufnahmegeräte;
   5) Monitore und Projektoren, ohne eingebautes Fernsehempfangsgerät.

   E. Maschinen, in die eine automatische Datenverarbeitungsmaschine eingebaut ist oder die mit einer automatischen Datenverarbeitungsmaschine zusammenarbeiten und die eine eigene Funktion (andere als die Datenverarbeitung) ausführen, sind in die ihrer Funktion entsprechende Position oder, falls keine solche vorhanden ist, in eine Sammelposition einzureihen.

7. Zu Position 8482 gehören nur solche polierten Stahlkugeln, deren Grenzabmaß nicht mehr als ± 1 v. H. vom angegebenen Durchmesser (Nennmaß), höchstens jedoch ± 0,05 mm beträgt.

   Stahlkugeln, die dieser Begriffsbestimmung nicht entsprechen, gehören zu Position 7326.

8. Maschinen mit vielseitiger Verwendungsmöglichkeit gehören, wenn nichts anderes bestimmt ist und vorbehaltlich der Anmerkung 2 zu Kapitel 84 und der Anmerkung 3 zu Abschnitt XVI, zu der Position, die ihrem Hauptverwendungszweck entspricht. Besteht eine derartige Position nicht oder ist der Hauptverwendungszweck nicht feststellbar, sind sie der Position 8479 zuzuweisen.

   Zu Position 8479 gehören jedoch stets Maschinen, die aus beliebigen Stoffen Bindfäden, Seile, Taue oder Kabel herstellen (z. B. Litzenschlagmaschinen, Seilschlagmaschinen und Kabelmaschinen).

9. Im Sinne der Position 8470 gilt der Begriff „im Taschenformat" nur für Geräte, deren Abmessungen 170 mm x 100 mm x 45 mm nicht übersteigen.

● 10. Im Sinne der Position 8485 bezeichnet der Begriff „additive Fertigung" (auch als 3D-Druck bezeichnet) den Aufbau physischer Gegenstände anhand eines digitalen Modells durch schichtweises Auftragen sowie Härtung und Verfestigung eines Werkstoffs (z. B. von Metall, Kunststoffen oder Keramik).

   Vorbehaltlich der Bestimmungen der Anmerkung 1 zu Abschnitt XVI und der Anmerkung 1 zu Kapitel 84 sind Maschinen, Apparate und Geräte, die dem Wortlaut der Position 8485 entsprechen, in Position 8485 und nicht in eine andere Position der Nomenklatur einzureihen.

● 11. A. Die Anmerkungen 12 a) und 12 b) zu Kapitel 85 gelten auch für die in dieser Anmerkung oder in der Position 8486 verwendeten Begriffe „Halbleiterbauelemente" und „elektronische integrierte Schaltungen". Im Sinne dieser Anmerkung und der Position 8486 umfasst der Begriff „Halbleiterbauelemente" jedoch auch lichtempfindliche Halbleiterbauelemente und Leuchtdioden (LED).

   B. Im Sinne dieser Anmerkung und der Position 8486 umfasst der Begriff „Herstellen von Flachbildschirmen" die Herstellung der Trägermaterialien, die in solchen Flachbildschirmen verwendet werden. Er umfasst nicht die Herstellung von Glas oder die Montage von gedruckten Schaltungen oder anderen elektronischen Komponenten auf einen Flachbildschirm. Der Begriff „Flachbildschirm" umfasst nicht die Kathodenstrahlröhrentechnologie.

   C. Zur Position 8486 gehören auch Maschinen, Apparate und Geräte von der Art, wie sie ausschließlich oder hauptsächlich verwendet werden zum:

      1) Herstellen oder zur Reparatur von Masken und Reticles;
      2) Zusammenbauen von Halbleiterbauelementen oder elektronischen integrierten Schaltungen;
      3) Heben, Fördern, Laden und Entladen von Halbleiterbarren (boules), Halbleiterscheiben (wafers) oder Halbleiterbauelementen, elektronischen integrierten Schaltungen und Flachbildschirmen.

   D. Vorbehaltlich der Bestimmungen der Anmerkung 1 zu Abschnitt XVI und der Anmerkung 1 zu Kapitel 84 sind Maschinen, Apparate und Geräte, die dem Wortlaut der Position 8486 entsprechen, in Position 8486 und nicht in eine andere Position des Warenverzeichnisses einzureihen.

Unterpositions-Anmerkungen

1. Im Sinne der Unterposition 8465 20 bezieht sich der Begriff „Bearbeitungszentren" nur auf Werkzeugmaschinen für die Bearbeitung von Holz, Kork, Knochen, Hartkautschuk, Hartkunststoff oder ähnlichen harten Stoffen, welche verschiedenartige Bearbeitungen durch automatischen Werkzeugwechsel aus einem Werkzeugmagazin oder dergleichen entsprechend einem Bearbeitungsprogramm ermöglichen.

● 2. Im Sinne der Unterposition 8471 49 umfasst der Begriff „System" automatische Datenverarbeitungsmaschinen, deren Einheiten die Bedingungen der Anmerkung 6 C zu Kapitel 84 erfüllen und die mindestens aus einer Zentraleinheit, einer Eingabeeinheit (z. B. einer Tastatur oder einem Scanner) und einer Ausgabeeinheit (z. B. einem Bildschirm oder einem Drucker) bestehen.

3. Im Sinne der Unterposition 8481 20 bezieht sich der Begriff „Ventile für ölhydraulische oder pneumatische Energieübertragung" auf Ventile, die speziell in der „Fluidtechnik" bei der Übertragung in einem hydraulischen oder pneumatischen System verwendet werden, bei dem Energie in Form von unter Druck stehenden Medien (Flüssigkeit oder Gas) übertragen wird. Diese Ventile können von jeder Bauart sein (zum Beispiel Druckminderventile, Rückschlagventile). Unterposition 8481 20 hat gegenüber allen anderen Unterpositionen der Position 8481 Vorrang.

4. Zu Unterposition 8482 40 gehören nur Wälzlager mit zylindrischen Rollen, deren gleichbleibender Durchmesser 5 mm oder weniger und deren Länge mindestens das Dreifache des Durchmessers beträgt. Die Rollen können an den Enden abgerundet sein.

Zusätzliche Anmerkungen

1. Als „Motoren für Luftfahrzeuge“ der Unterpositionen 8407 10 und 8409 10 gelten nur Motoren, die ihrer Beschaffenheit nach zum Anbringen einer Luftschraube oder eines Rotors bestimmt sind.
2. Zur Warennummer 8471 70 30 gehören auch CD-ROM-Leser, die Speichereinheiten von automatischen Datenverarbeitungsmaschinen sind und aus Laufwerken bestehen, die ihrer Beschaffenheit nach zum Lesen von CD-ROM-, CD-Audio- und CD-Foto-Signalen bestimmt und mit einem Kopfhöreranschluss, einem Lautstärkeregler oder einem Ein-Aus-Schalter ausgestattet sind.

Warenbezeichnung	Warennummer	Besondere Maßeinheit
Kernreaktoren; nicht bestrahlte Brennstoffelemente für Kernreaktoren; Maschinen und Apparate für die Isotopentrennung:	**8401**	
– Kernreaktoren (EURATOM)	8401 10 00	–
– Maschinen und Apparate für die Isotopentrennung sowie Teile davon (EURATOM)	8401 20 00	–
– nicht bestrahlte Brennstoffelemente (EURATOM)	8401 30 00	g spaltbare Isotope
– Teile von Kernreaktoren (EURATOM)	8401 40 00	–
Dampfkessel (Dampferzeuger), ausgenommen Zentralheizungskessel, die sowohl heißes Wasser als auch Niederdruckdampf erzeugen können; Kessel zum Erzeugen von überhitztem Wasser:	**8402**	
– Dampfkessel:		
– – Wasserrohrkessel mit einer Dampfleistung von mehr als 45 t/h	8402 11 00	–
– – Wasserrohrkessel mit einer Dampfleistung von 45 t/h oder weniger	8402 12 00	–
– – andere Dampfkessel, einschließlich kombinierte Kessel (Hybridkessel):		
– – – Flammrohrkessel und Rauchrohrkessel	8402 19 10	–
– – – andere	8402 19 90	–
– Kessel zum Erzeugen von überhitztem Wasser	8402 20 00	–
– Teile	8402 90 00	–
Zentralheizungskessel, ausgenommen solche der Position 8402:	**8403**	
– Heizkessel:		
– – aus Gusseisen	8403 10 10	–
– – andere	8403 10 90	–
– Teile:		
– – aus Gusseisen	8403 90 10	–
– – andere	8403 90 90	–
Hilfsapparate für Kessel der Position 8402 oder 8403 (z. B. Vorwärmer, Überhitzer, Rußbläser und Rauchgasrückführungen); Kondensatoren für Dampfkraftmaschinen:	**8404**	
– Hilfsapparate für Kessel der Position 8402 oder 8403	8404 10 00	–
– Kondensatoren für Dampfkraftmaschinen	8404 20 00	–
– Teile	8404 90 00	–

Warenbezeichnung	Warennummer	Besondere Maßeinheit
Generatorgas- und Wassergaserzeuger, auch mit ihren Gasreinigern; Acetylenentwickler und ähnliche mit Wasser arbeitende Gaserzeuger, auch mit ihren Gasreinigern:	**8405**	
– Generatorgas- und Wassergaserzeuger, auch mit ihren Gasreinigern; Acetylenentwickler und ähnliche mit Wasser arbeitende Gaserzeuger, auch mit ihren Gasreinigern	8405 10 00	–
– Teile	8405 90 00	–
Dampfturbinen:	**8406**	
– Turbinen für den Antrieb von Wasserfahrzeugen	8406 10 00	–
– andere Turbinen:		
– – mit einer Leistung von mehr als 40 MW	8406 81 00	–
– – mit einer Leistung von 40 MW oder weniger	8406 82 00	–
– Teile:		
– – Lauf- und Leitschaufeln, Rotoren	8406 90 10	–
– – andere	8406 90 90	–
Hub- und Rotationskolbenverbrennungsmotoren mit Fremdzündung:	**8407**	
– Motoren für Luftfahrzeuge	8407 10 00	St
– Antriebsmotoren für Wasserfahrzeuge:		
– – Außenbordmotoren:		
– – – mit einem Hubraum von 325 cm^3 oder weniger	8407 21 10	St
– – – mit einem Hubraum von mehr als 325 cm^3:		
– – – – mit einer Leistung von 30 kW oder weniger	8407 21 91	St
– – – – mit einer Leistung von mehr als 30 kW	8407 21 99	St
– – andere	8407 29 00	St
– Hubkolbenmotoren von der zum Antrieb von Fahrzeugen des Kapitels 87 verwendeten Art:		
– – mit einem Hubraum von 50 cm^3 oder weniger	8407 31 00	St
– – mit einem Hubraum von mehr als 50 cm^3 bis 250 cm^3:		
– – – mit einem Hubraum von mehr als 50 cm^3 bis 125 cm^3	8407 32 10	St
– – – mit einem Hubraum von mehr als 125 cm^3 bis 250 cm^3	8407 32 90	St
– – mit einem Hubraum von mehr als 250 cm^3 bis 1 000 cm^3:		
– – – mit einem Hubraum von mehr als 250 cm^3 bis 500 cm^3	8407 33 20	St
– – – mit einem Hubraum von mehr als 500 cm^3 bis 1 000 cm^3	8407 33 80	St
– – mit einem Hubraum von mehr als 1 000 cm^3:		
– – – für die industrielle Montage: von Einachsschleppern der Unterposition 8701 10, von Kraftfahrzeugen der Position 8703, von Kraftfahrzeugen der Position 8704, mit Motor mit einem Hubraum von weniger als 2 800 cm^3, von Kraftfahrzeugen der Position 8705	8407 34 10	St
– – – andere:		
– – – – gebraucht	8407 34 30	St
– – – – neu, mit einem Hubraum von:		
– – – – – 1 500 cm^3 oder weniger	8407 34 91	St
– – – – – mehr als 1 500 cm^3	8407 34 99	St

Warenbezeichnung	Warennummer	Besondere Maßeinheit
– andere Motoren:		
– – mit einem Hubraum von 250 cm^3 oder weniger	8407 90 10	St
– – mit einem Hubraum von mehr als 250 cm^3:		
– – – für die industrielle Montage: von Einachsschleppern der Unterposition 8701 10, von Kraftfahrzeugen der Position 8703, von Kraftfahrzeugen der Position 8704, mit Motor mit einem Hubraum von weniger als 2 800 cm^3, von Kraftfahrzeugen der Position 8705	8407 90 50	St
– – – andere:		
– – – – mit einer Leistung von 10 kW oder weniger	8407 90 80	St
– – – – mit einer Leistung von mehr als 10 kW	8407 90 90	St
Kolbenverbrennungsmotoren mit Selbstzündung (Diesel- oder Halbdieselmotoren):	**8408**	
– Antriebsmotoren für Wasserfahrzeuge:		
– – gebraucht:		
– – – für Schiffe für die Seeschifffahrt der Positionen 8901 bis 8906, für Schlepper der Warennummer 8904 00 10 und für Kriegsschiffe der Warennummer 8906 10 00	8408 10 11	St
– – – andere	8408 10 19	St
– – neu, mit einer Leistung von:		
– – – 50 kW oder weniger:		
– – – – für Schiffe für die Seeschifffahrt der Positionen 8901 bis 8906, für Schlepper der Warennummer 8904 00 10 und für Kriegsschiffe der Warennummer 8906 10 00	8408 10 23	St
– – – – andere	8408 10 27	St
– – – mehr als 50 kW bis 100 kW:		
– – – – für Schiffe für die Seeschifffahrt der Positionen 8901 bis 8906, für Schlepper der Warennummer 8904 00 10 und für Kriegsschiffe der Warennummer 8906 10 00	8408 10 31	St
– – – – andere	8408 10 39	St
– – – mehr als 100 kW bis 200 kW:		
– – – – für Schiffe für die Seeschifffahrt der Positionen 8901 bis 8906, für Schlepper der Warennummer 8904 00 10 und für Kriegsschiffe der Warennummer 8906 10 00	8408 10 41	St
– – – – andere	8408 10 49	St
– – – mehr als 200 kW bis 300 kW:		
– – – – für Schiffe für die Seeschifffahrt der Positionen 8901 bis 8906, für Schlepper der Warennummer 8904 00 10 und für Kriegsschiffe der Warennummer 8906 10 00	8408 10 51	St
– – – – andere	8408 10 59	St
– – – mehr als 300 kW bis 500 kW:		
– – – – für Schiffe für die Seeschifffahrt der Positionen 8901 bis 8906, für Schlepper der Warennummer 8904 00 10 und für Kriegsschiffe der Warennummer 8906 10 00	8408 10 61	St
– – – – andere	8408 10 69	St
– – – mehr als 500 kW bis 1 000 kW:		
– – – – für Schiffe für die Seeschifffahrt der Positionen 8901 bis 8906, für Schlepper der Warennummer 8904 00 10 und für Kriegsschiffe der Warennummer 8906 10 00	8408 10 71	St
– – – – andere	8408 10 79	St

Warenbezeichnung	Warennummer	Besondere Maßeinheit
– – – mehr als 1 000 kW bis 5 000 kW:		
– – – – für Schiffe für die Seeschifffahrt der Positionen 8901 bis 8906, für Schlepper der Warennummer 8904 00 10 und für Kriegsschiffe der Warennummer 8906 10 00	8408 10 81	St
– – – – andere	8408 10 89	St
– – – mehr als 5 000 kW:		
– – – – für Schiffe für die Seeschifffahrt der Positionen 8901 bis 8906, für Schlepper der Warennummer 8904 00 10 und für Kriegsschiffe der Warennummer 8906 10 00	8408 10 91	St
– – – – andere	8408 10 99	St
– Motoren von der zum Antrieb von Fahrzeugen des Kapitels 87 verwendeten Art:		
– – für die industrielle Montage: von Einachsschleppern der Unterposition 8701 10, von Kraftfahrzeugen der Position 8703, von Kraftfahrzeugen der Position 8704, mit Motor mit einem Hubraum von weniger als 2 800 cm^3, von Kraftfahrzeugen der Position 8705	8408 20 10	St
– – andere:		
– – – für Acker- und Forstschlepper auf Rädern, mit einer Leistung von:		
– – – – 50 kW oder weniger	8408 20 31	St
– – – – mehr als 50 kW bis 100 kW	8408 20 35	St
– – – – mehr als 100 kW	8408 20 37	St
– – – für andere Fahrzeuge des Kapitels 87, mit einer Leistung von:		
– – – – 50 kW oder weniger	8408 20 51	St
– – – – mehr als 50 kW bis 100 kW	8408 20 55	St
– – – – mehr als 100 kW bis 200 kW	8408 20 57	St
– – – – mehr als 200 kW	8408 20 99	St
– andere Motoren:		
– – Antriebsmotoren für Schienenfahrzeuge	8408 90 21	St
– – andere:		
– – – gebraucht	8408 90 27	St
– – – neu, mit einer Leistung von:		
– – – – 15 kW oder weniger	8408 90 41	St
– – – – mehr als 15 kW bis 30 kW	8408 90 43	St
– – – – mehr als 30 kW bis 50 kW	8408 90 45	St
– – – – mehr als 50 kW bis 100 kW	8408 90 47	St
– – – – mehr als 100 kW bis 200 kW	8408 90 61	St
– – – – mehr als 200 kW bis 300 kW	8408 90 65	St
– – – – mehr als 300 kW bis 500 kW	8408 90 67	St
– – – – mehr als 500 kW bis 1 000 kW	8408 90 81	St
– – – – mehr als 1 000 kW bis 5 000 kW	8408 90 85	St
– – – – mehr als 5 000 kW	8408 90 89	St
Teile, erkennbar ausschließlich oder hauptsächlich für Motoren der Position 8407 oder 8408 bestimmt:	**8409**	
– von Motoren für Luftfahrzeuge	8409 10 00	–
– andere:		
– – erkennbar ausschließlich oder hauptsächlich für Kolbenverbrennungsmotoren mit Fremdzündung bestimmt	8409 91 00	–
– – andere	8409 99 00	–

Warenbezeichnung	Warennummer	Besondere Maßeinheit
Wasserturbinen, Wasserräder und Regler dafür:	**8410**	
– Wasserturbinen und Wasserräder:		
– – mit einer Leistung von 1 000 kW oder weniger	8410 11 00	–
– – mit einer Leistung von mehr als 1 000 kW bis 10 000 kW	8410 12 00	–
– – mit einer Leistung von mehr als 10 000 kW	8410 13 00	–
– Teile, einschließlich Regler	8410 90 00	–
Turbo-Strahltriebwerke, Turbo-Propellertriebwerke und andere Gasturbinen:	**8411**	
– Turbo-Strahltriebwerke:		
– – mit einer Schubkraft von 25 kN oder weniger	8411 11 00	St
– – mit einer Schubkraft von mehr als 25 kN:		
– – – mit einer Schubkraft von mehr als 25 kN bis 44 kN	8411 12 10	St
– – – mit einer Schubkraft von mehr als 44 kN bis 132 kN	8411 12 30	St
– – – mit einer Schubkraft von mehr als 132 kN	8411 12 80	St
– Turbo-Propellertriebwerke:		
– – mit einer Leistung von 1 100 kW oder weniger	8411 21 00	St
– – mit einer Leistung von mehr als 1 100 kW:		
– – – mit einer Leistung von mehr als 1 100 kW bis 3 730 kW	8411 22 20	St
– – – mit einer Leistung von mehr als 3 730 kW	8411 22 80	St
– andere Gasturbinen:		
– – mit einer Leistung von 5 000 kW oder weniger	8411 81 00	St
– – mit einer Leistung von mehr als 5 000 kW:		
– – – mit einer Leistung von mehr als 5 000 kW bis 20 000 kW	8411 82 20	St
– – – mit einer Leistung von mehr als 20 000 kW bis 50 000 kW	8411 82 60	St
– – – mit einer Leistung von mehr als 50 000 kW	8411 82 80	St
– Teile:		
– – von Turbo-Strahltriebwerken oder Turbo-Propellertriebwerken	8411 91 00	–
– – andere	8411 99 00	–
Andere Motoren und Kraftmaschinen:	**8412**	
– Strahltriebwerke, andere als Turbo-Strahltriebwerke	8412 10 00	St
– Wasserkraftmaschinen und Hydromotoren:		
– – linear arbeitend (Zylinder):		
– – – Hydrosysteme	8412 21 20	–
– – – andere	8412 21 80	–
– – andere:		
– – – Hydrosysteme	8412 29 20	–
– – – andere:		
– – – – Hydromotoren	8412 29 81	–
– – – – andere	8412 29 89	–
– Druckluftmotoren:		
– – linear arbeitend (Zylinder)	8412 31 00	–
– – andere	8412 39 00	–
– andere:		
– – Dampfkraftmaschinen für Wasserdampf oder anderen Dampf	8412 80 10	–
– – andere	8412 80 80	–
– Teile:		
– – von Strahltriebwerken, anderen als Turbo-Strahltriebwerken	8412 90 20	–
– – von Hydromotoren	8412 90 40	–
– – andere	8412 90 80	–

Warenbezeichnung	Warennummer	Besondere Maßeinheit
Flüssigkeitspumpen, auch mit Flüssigkeitsmesser; Hebewerke für Flüssigkeiten:	**8413**	
– Pumpen, mit Messvorrichtung ausgestattet oder ihrer Beschaffenheit nach zur Aufnahme einer Messvorrichtung bestimmt:		
– – Ausgabepumpen für Kraftstoffe oder Schmiermittel, von der in Tankstellen oder Kraftfahrzeugwerkstätten verwendeten Art	8413 11 00	St
– – andere	8413 19 00	St
– Handpumpen, ausgenommen solche der Unterposition 8413 11 oder 8413 19	8413 20 00	St
– Kraftstoff-, Öl- oder Kühlmittelpumpen für Kolbenverbrennungsmotoren:		
– – Einspritzpumpen	8413 30 20	St
– – andere	8413 30 80	St
– Betonpumpen	8413 40 00	St
– andere oszillierende Verdrängerpumpen:		
– – Hydroaggregate	8413 50 20	–
– – Dosierpumpen	8413 50 40	St
– – andere:		
– – – Kolbenpumpen:		
– – – – Hydropumpen	8413 50 61	St
– – – – andere	8413 50 69	St
– – – andere	8413 50 80	St
– andere rotierende Verdrängerpumpen:		
– – Hydroaggregate	8413 60 20	–
– – andere:		
– – – Zahnradpumpen:		
– – – – Hydropumpen	8413 60 31	St
– – – – andere	8413 60 39	St
– – – Flügelzellenpumpen:		
– – – – Hydropumpen	8413 60 61	St
– – – – andere	8413 60 69	St
– – – Schraubenspindelpumpen	8413 60 70	St
– – – andere	8413 60 80	St
– andere Kreiselpumpen:		
– – Tauchmotorpumpen:		
– – – einstufig	8413 70 21	St
– – – mehrstufig	8413 70 29	St
– – Umlaufbeschleuniger für Heizungs- und Heißwasseranlagen, ohne Wellenabdichtung	8413 70 30	St
– – andere, mit einer Nennweite des Austrittsstutzens von:		
– – – 15 mm oder weniger	8413 70 35	St
– – – mehr als 15 mm:		
– – – – Kanalradpumpen und Seitenkanalpumpen	8413 70 45	St
– – – – Radialkreiselpumpen:		
– – – – – einstufig:		
– – – – – – einströmig:		
– – – – – – – in Blockbauweise	8413 70 51	St
– – – – – – – andere	8413 70 59	St
– – – – – – mehrströmig	8413 70 65	St
– – – – – mehrstufig	8413 70 75	St
– – – – andere Kreiselpumpen:		
– – – – – einstufig	8413 70 81	St
– – – – – mehrstufig	8413 70 89	St

Warenbezeichnung	Warennummer	Besondere Maßeinheit
– andere Pumpen; Hebewerke für Flüssigkeiten:		
– – Pumpen	8413 81 00	St
– – Hebewerke für Flüssigkeiten	8413 82 00	St
– Teile:		
– – von Pumpen	8413 91 00	–
– – von Hebewerken für Flüssigkeiten	8413 92 00	–
● **Luft- oder Vakuumpumpen, Luft- oder andere Gaskompressoren sowie Ventilatoren; Abluft- oder Umluftabzugshauben mit eingebautem Ventilator, auch mit Filter; gasdichte biologische Sicherheitswerkbänke, auch mit Filter:**	**8414**	
– Vakuumpumpen:		
– – von der für die Herstellung von Halbleitern oder ausschließlich oder hauptsächlich für die Herstellung von Flachbildschirmen verwendeten Art	8414 10 15	St
– – andere:		
– – – Drehschieberpumpen, Sperrschieberpumpen, Molekularpumpen und Wälzkolbenpumpen	8414 10 25	St
– – – andere:		
– – – – Diffusionspumpen, Kryopumpen und Adsorptionspumpen	8414 10 81	St
– – – – andere	8414 10 89	St
– hand- oder fußbetriebene Luftpumpen:		
– – Handpumpen für Fahrräder	8414 20 20	St
– – andere	8414 20 80	St
– Kompressoren von der für Kältemaschinen verwendeten Art:		
– – mit einer Leistung von 0,4 kW oder weniger	8414 30 20	St
– – mit einer Leistung von mehr als 0,4 kW:		
– – – hermetische oder halbhermetische	8414 30 81	St
– – – andere	8414 30 89	St
– Luftkompressoren, auf Anhängerfahrgestell montiert:		
– – mit einer Liefermenge je Minute von 2 m^3 oder weniger	8414 40 10	St
– – mit einer Liefermenge je Minute von mehr als 2 m^3	8414 40 90	St
– Ventilatoren:		
– – Tisch-, Boden-, Wand-, Decken-, Dach- oder Fensterventilatoren, mit eingebautem Elektromotor mit einer Leistung von 125 W oder weniger	8414 51 00	St
– – andere:		
– – – Ventilatoren von der ausschließlich oder hauptsächlich für die Kühlung von Mikroprozessoren, Telekommunikationsgeräten, automatischen Datenverarbeitungsmaschinen oder Einheiten automatischer Datenverarbeitungsmaschinen verwendeten Art	8414 59 15	St
– – – andere:		
– – – – Axialventilatoren	8414 59 25	St
– – – – Zentrifugalventilatoren	8414 59 35	St
– – – – andere	8414 59 95	St
■ **– Abzugshauben mit einer größten horizontalen Seitenlänge von 120 cm oder weniger**	8414 60 00	St
● **– gasdichte, biologische Sicherheitswerkbänke**	8414 70 00	St

Warenbezeichnung	Warennummer	Besondere Maßeinheit
– andere:		
– – Turbokompressoren:		
– – – einstufig	8414 80 11	St
– – – mehrstufig	8414 80 19	St
– – oszillierende Verdrängerkompressoren zum Erzeugen eines Überdrucks von:		
– – – 15 bar oder weniger, mit einer Liefermenge je Stunde von:		
– – – – 60 m³ oder weniger	8414 80 22	St
– – – – mehr als 60 m³	8414 80 28	St
– – – mehr als 15 bar, mit einer Liefermenge je Stunde von:		
– – – – 120 m³ oder weniger	8414 80 51	St
– – – – mehr als 120 m³	8414 80 59	St
– – rotierende Verdrängerkompressoren:		
– – – einwellig	8414 80 73	St
– – – mehrwellig:		
– – – – Schraubenkompressoren	8414 80 75	St
– – – – andere	8414 80 78	St
■ – – andere	8414 80 80	St
■ **– Teile**	8414 90 00	–
Klimageräte, bestehend aus einem motorbetriebenen Ventilator und Vorrichtungen zum Ändern der Temperatur und des Feuchtigkeitsgehalts der Luft, einschließlich solcher, bei denen der Luftfeuchtigkeitsgrad nicht unabhängig von der Lufttemperatur reguliert wird:	**8415**	
– von der zur Befestigung an Fenstern, Wänden, Decken oder am Boden verwendeten Art, als Kompaktgerät oder „Split-System“ (Anlagen aus getrennten Elementen):		
– – Kompaktgeräte	8415 10 10	–
– – „Split-Systeme“ (Anlagen aus getrennten Einzelelementen)	8415 10 90	–
– von der zum Komfort von Personen in Kraftfahrzeugen verwendeten Art	8415 20 00	–
– andere:		
– – mit Kälteerzeugungsvorrichtung und einem Ventil zum Umkehren des Kühl-Heizkreislaufs (Umkehrwärmepumpen)	8415 81 00	–
– – andere, mit Kälteerzeugungsvorrichtung	8415 82 00	–
– – ohne Kälteerzeugungsvorrichtung	8415 83 00	–
– Teile	8415 90 00	–
Brenner für Feuerungen, die mit flüssigem Brennstoff, pulverisiertem festem Brennstoff oder Gas betrieben werden; automatische Feuerungen, einschließlich ihrer mechanischen Beschicker, mechanischen Roste, mechanischen Entascher und ähnlichen Vorrichtungen:	**8416**	
– Brenner für flüssigen Brennstoff:		
– – mit fest angebauter automatischer Steuerung	8416 10 10	St
– – andere	8416 10 90	St
– andere Brenner, einschließlich kombinierte Brenner:		
– – ausschließlich für Gas, in Blockbauweise, mit eingebautem Ventilator und Kontrollvorrichtung	8416 20 10	St
– – andere:		
– – – kombinierte Brenner	8416 20 20	St
– – – andere	8416 20 80	–
– automatische Feuerungen, einschließlich ihrer mechanischen Beschicker, mechanischen Roste, mechanischen Entascher und ähnlichen Vorrichtungen	8416 30 00	–
– Teile	8416 90 00	–

Warenbezeichnung	Warennummer	Besondere Maßeinheit
Nicht elektrische Industrie- und Laboratoriumsöfen, einschließlich Verbrennungsöfen:	**8417**	
– Öfen zum Rösten, Schmelzen oder anderem Warmbehandeln von Erzen, Schwefelkies oder Metallen	8417 10 00	–
– Backöfen:		
– – Tunnelöfen	8417 20 10	–
– – andere	8417 20 90	–
– andere:		
– – Öfen zum Brennen von keramischen Produkten	8417 80 30	St
– – Öfen zum Brennen von Zement, Glas oder chemischen Produkten	8417 80 50	St
– – andere	8417 80 70	–
– Teile	8417 90 00	–
Kühl- und Gefrierschränke, Gefrier- und Tiefkühltruhen und andere Einrichtungen, Maschinen, Apparate und Geräte zur Kälteerzeugung, mit elektrischer oder anderer Ausrüstung; Wärmepumpen, ausgenommen Klimageräte der Position 8415:	**8418**	
– kombinierte Kühl- und Gefrierschränke mit gesonderten Außentüren oder Schubladen oder Kombinationen davon:		
– – mit einem Inhalt von mehr als 340 l	8418 10 20	St
– – andere	8418 10 80	St
– Haushaltskühlschränke:		
– – Kompressorkühlschränke:		
– – – mit einem Inhalt von mehr als 340 l	8418 21 10	St
– – – andere:		
– – – – Tischkühlschränke	8418 21 51	St
– – – – Einbaukühlschränke	8418 21 59	St
– – – – andere, mit einem Inhalt von:		
– – – – – 250 l oder weniger	8418 21 91	St
– – – – – mehr als 250 l bis 340 l	8418 21 99	St
– – andere	8418 29 00	St
– Gefrier- und Tiefkühltruhen mit einem Inhalt von 800 l oder weniger:		
– – mit einem Inhalt von 400 l oder weniger	8418 30 20	St
– – mit einem Inhalt von mehr als 400 l bis 800 l	8418 30 80	St
– Gefrier- und Tiefkühlschränke mit einem Inhalt von 900 l oder weniger:		
– – mit einem Inhalt von 250 l oder weniger	8418 40 20	St
– – mit einem Inhalt von mehr als 250 l bis 900 l	8418 40 80	St
– andere Möbel (Truhen, Schränke, Vitrinen, Theken und dergleichen) zur Aufbewahrung und Auslage von Waren, mit eingebauter Ausrüstung zum Kühlen, Tiefkühlen oder Gefrieren:		
– – Schaukühlmöbel (mit eingebautem Kältesatz oder Verdampfer):		
– – – für tiefgekühlte Waren	8418 50 11	St
– – – andere	8418 50 19	St
– – andere Kühlmöbel	8418 50 90	St
– andere Einrichtungen, Maschinen, Apparate und Geräte zur Kälteerzeugung; Wärmepumpen:		
– – Wärmepumpen, andere als Klimageräte der Position 8415	8418 61 00	–
– – andere	8418 69 00	–
– Teile:		
– – Möbel, ihrer Beschaffenheit nach zur Aufnahme einer Kälteerzeugungseinrichtung bestimmt	8418 91 00	–

Warenbezeichnung	Warennummer	Besondere Maßeinheit
– – andere:		
– – – Verdampfer und Kondensatoren, ausgenommen für Haushaltsgeräte	8418 99 10	–
– – – andere	8418 99 90	–
Apparate, Vorrichtungen oder Laborausstattung auch elektrisch beheizt (ausgenommen Öfen und andere Apparate der Position 8514), zum Behandeln von Stoffen durch auf einer Temperaturänderung beruhende Vorgänge, z. B. Heizen, Kochen, Rösten, Destillieren, Rektifizieren, Sterilisieren, Pasteurisieren, Dämpfen, Trocknen, Verdampfen, Kondensieren oder Kühlen, ausgenommen Haushaltsapparate; nicht elektrische Durchlauferhitzer und Heißwasserspeicher:	**8419**	
– nicht elektrische Durchlauferhitzer und Heißwasserspeicher:		
– – Gasdurchlauferhitzer	8419 11 00	–
● – – solare Warmwasserbereiter	8419 12 00	–
■ **– – andere**	8419 19 00	–
– Sterilisierapparate für medizinische oder chirurgische Zwecke oder für Laboratorien	8419 20 00	–
– Trockner:		
● **– – Lyophilisierungsanlagen, Gefriertrockner und Sprühtrockner**	8419 33 00	–
● **– – andere, für landwirtschaftliche Erzeugnisse**	8419 34 00	–
● **– – andere, für Holz, Papierhalbstoff, Paper oder Pappe**	8419 35 00	–
■ **– – andere**	8419 39 00	–
– – andere	8419 39 00	–
– Destillier- und Rektifizierapparate	8419 40 00	–
– Wärmeaustauscher:		
– – Wärmeaustauscher aus Fluorpolymeren und mit Bohrungen für Eingangs- und Ausgangsleitungen mit Innendurchmessern von 3 cm oder weniger	8419 50 20	–
– – andere	8419 50 80	–
– Apparate und Vorrichtungen für die Luft- oder andere Gasverflüssigung	8419 60 00	–
– andere Apparate und Vorrichtungen:		
– – zum Zubereiten heißer Getränke oder zum Kochen oder Wärmen von Speisen:		
– – – Dampffiltriermaschinen und andere Maschinen zum Zubereiten von Kaffee oder anderen heißen Getränken	8419 81 20	–
– – – andere	8419 81 80	–
– – andere:		
– – – Wasserrückkühlvorrichtungen und -apparate, in denen der Wärmeaustausch nicht über Wandungen erfolgt	8419 89 10	–
– – – Apparate und Vorrichtungen zum Aufdampfen von Metall im Vakuum	8419 89 30	–
– – – andere	8419 89 98	–
– Teile:		
– – von Sterilisierapparaten der Warennummer 8419 20 00	8419 90 15	–
– – andere	8419 90 85	–
Kalander und Walzwerke (ausgenommen Metallwalzwerke und Glaswalzmaschinen) sowie Walzen für diese Maschinen:	**8420**	
– Kalander und Walzwerke:		
– – von der in der Textilindustrie verwendeten Art	8420 10 10	–
– – von der in der Papierindustrie verwendeten Art	8420 10 30	–
– – andere:		
– – – Rollenlaminatoren von der ausschließlich oder hauptsächlich für die Herstellung von gedruckten Schaltungen oder von Substraten für gedruckte Schaltungen verwendeten Art	8420 10 81	–
– – – andere	8420 10 89	–

	Warenbezeichnung	Warennummer	Besondere Maßeinheit
	– Teile:		
	– – Walzen:		
	– – – aus Gusseisen	8420 91 10	–
	– – – andere	8420 91 80	–
	– – andere	8420 99 00	–
	Zentrifugen, einschließlich Zentrifugaltrockner; Apparate zum Filtrieren oder Reinigen von Flüssigkeiten oder Gasen:	**8421**	
	– Zentrifugen, einschließlich Zentrifugaltrockner:		
	– – Milchentrahmer	8421 11 00	–
	– – Wäscheschleudern	8421 12 00	St
	– – andere:		
	– – – Zentrifugen von der in Laboratorien verwendeten Art	8421 19 20	–
	– – – andere	8421 19 70	–
	– Apparate zum Filtrieren oder Reinigen von Flüssigkeiten:		
	– – zum Filtrieren oder Reinigen von Wasser	8421 21 00	–
	– – zum Filtrieren oder Reinigen von Getränken, ausgenommen Wasser	8421 22 00	–
	– – Öl- und Kraftstofffilter für Kolbenverbrennungsmotoren	8421 23 00	–
	– – andere:		
	– – – aus Fluorpolymeren und mit Filter- oder Reinigungsmembran mit einer Dicke von nicht mehr als 140 Mikrometern	8421 29 20	–
	– – – andere	8421 29 80	–
	– Apparate zum Filtrieren oder Reinigen von Gasen:		
	– – Luftansaugfilter für Kolbenverbrennungsmotoren	8421 31 00	–
●	**– – Katalysatoren oder Partikelfilter, auch kombiniert, zum Reinigen oder Filtern der Abgase von Kolbenverbrennungsmotoren**	8421 32 00	–
	– – andere:		
	– – – mit Gehäuse aus nicht rostendem Stahl und mit Bohrungen für Eingangs- und Ausgangsleitungen mit Innendurchmessern von nicht mehr als 1,3 cm	8421 39 15	–
	– – – andere:		
	– – – – Apparate zum Filtrieren oder Reinigen von Luft	8421 39 25	–
	– – – – Apparate zum Filtrieren oder Reinigen von anderen Gasen:		
■	– – – – – durch katalytisches Verfahren	8421 39 35	–
■	– – – – – andere	8421 39 85	–
	– Teile:		
	– – von Zentrifugen, einschließlich Zentrifugaltrockner	8421 91 00	–
	– – andere:		
	– – – Teile von Maschinen, Apparaten und Geräten der Warennummern 8421 29 20 oder 8421 39 15	8421 99 10	–
■	– – – andere	8421 99 90	–

Warenbezeichnung	Warennummer	Besondere Maßeinheit
Geschirrspülmaschinen; Maschinen und Apparate zum Reinigen oder Trocknen von Flaschen oder anderen Behältnissen; Maschinen und Apparate zum Füllen, Verschließen, Versiegeln oder Etikettieren von Flaschen, Dosen, Schachteln, Säcken oder anderen Behältnissen; Maschinen und Apparate zum Verkapseln von Flaschen, Gläsern, Tuben oder ähnlichen Behältnissen; andere Maschinen und Apparate zum Verpacken oder Umhüllen von Waren (einschließlich Schrumpffolienverpackungsmaschinen); Maschinen und Apparate zum Versetzen von Getränken mit Kohlensäure:	**8422**	
– Geschirrspülmaschinen:		
– – Haushaltsgeschirrspülmaschinen	8422 11 00	St
– – andere	8422 19 00	St
– Maschinen und Apparate zum Reinigen oder Trocknen von Flaschen oder anderen Behältnissen	8422 20 00	–
– Maschinen und Apparate zum Füllen, Verschließen, Versiegeln oder Etikettieren von Flaschen, Dosen, Schachteln, Säcken oder anderen Behältnissen; Maschinen und Apparate zum Verkapseln von Flaschen, Gläsern, Tuben oder ähnlichen Behältnissen; Maschinen und Apparate zum Versetzen von Getränken mit Kohlensäure	8422 30 00	–
– andere Maschinen und Apparate zum Verpacken oder Umhüllen von Waren (einschließlich Schrumpffolienverpackungsmaschinen)	8422 40 00	–
– Teile:		
– – von Geschirrspülmaschinen	8422 90 10	–
– – andere	8422 90 90	–
Waagen (einschließlich Zähl- und Kontrollwaagen), ausgenommen Waagen mit einer Empfindlichkeit von 50 mg oder feiner; Gewichte für Waagen aller Art:	**8423**	
– Personenwaagen, einschließlich Säuglingswaagen; Haushaltswaagen:		
– – Haushaltswaagen	8423 10 10	St
– – andere	8423 10 90	St
– Waagen für Stetigförderer, zum kontinuierlichen Wiegen:		
– – mit Verwendung elektronischer Mittel zur Gewichtsbestimmung	8423 20 10	St
– – andere	8423 20 90	St
– Absackwaagen, Abfüllwaagen, Dosierwaagen und andere Waagen zur Verwiegung konstanter Gewichtsmengen:		
– – mit Verwendung elektronischer Mittel zur Gewichtsbestimmung	8423 30 10	St
– – andere	8423 30 90	St
– andere Waagen:		
– – für eine Höchstlast von 30 kg oder weniger:		
– – – mit Verwendung elektronischer Mittel zur Gewichtsbestimmung:		
– – – – Sortierwaagen und selbsttätige Kontrollwaagen zum Überprüfen eines vorgegebenen Gewichts	8423 81 21	St
– – – – Apparate und Geräte zum Wiegen und Etikettieren verpackter Waren	8423 81 23	St
– – – – Ladenwaagen	8423 81 25	St
– – – – andere	8423 81 29	St
– – – andere	8423 81 80	St
– – für eine Höchstlast von mehr als 30 kg bis 5 000 kg:		
– – – mit Verwendung elektronischer Mittel zur Gewichtsbestimmung, ausgenommen Maschinen zum Wiegen von Kraftfahrzeugen	8423 82 20	St
– – – andere:		
– – – – Sortierwaagen und selbsttätige Kontrollwaagen zum Überprüfen eines vorgegebenen Gewichts	8423 82 81	St
– – – – andere	8423 82 89	St

Warenbezeichnung	Warennummer	Besondere Maßeinheit
– – andere:		
– – – mit Verwendung elektronischer Mittel zur Gewichtsbestimmung	8423 89 20	St
– – – andere	8423 89 80	St
– Gewichte für Waagen aller Art; Teile von Waagen:		
– – Teile von Waagen der Warennummern 8423 30 10, 8423 81 21, 8423 81 23, 8423 81 25, 8423 81 29, 8423 82 20 oder 8423 89 20	8423 90 10	–
– – andere	8423 90 90	–
Mechanische Apparate, auch handbetrieben, zum Verteilen, Verspritzen oder Zerstäuben von Flüssigkeiten oder Pulver; Feuerlöscher, auch mit Füllung; Spritzpistolen und ähnliche Apparate; Sandstrahlmaschinen, Dampfstrahlapparate und ähnliche Strahlapparate:	**8424**	
– Feuerlöscher, auch mit Füllung	8424 10 00	–
– Spritzpistolen und ähnliche Apparate	8424 20 00	–
– Sandstrahlmaschinen, Dampfstrahlapparate und ähnliche Strahlapparate:		
– – Wasserstrahlreinigungsapparate mit eingebautem Motor:		
– – – mit Heizvorrichtung	8424 30 01	St
– – – andere	8424 30 08	St
– – andere Maschinen und Apparate:		
– – – mit Druckluft betrieben	8424 30 10	–
– – – andere	8424 30 90	–
– Spritz-/Sprühgeräte für die Landwirtschaft oder den Gartenbau:		
– – tragbare Spritz-/Sprühgeräte	8424 41 00	St
– – andere:		
– – – Spritz-, Sprüh- und Stäubegeräte, ihrer Beschaffenheit nach für den Schlepperanbau oder Schlepperzug bestimmt	8424 49 10	St
– – – andere	8424 49 90	St
– andere Apparate:		
– – für die Landwirtschaft oder den Gartenbau:		
– – – Apparate zur Bewässerung	8424 82 10	–
– – – andere	8424 82 90	–
– – andere:		
– – – mechanische Apparate zum Verteilen, Verspritzen oder Zerstäuben, von der ausschließlich oder hauptsächlich für die Herstellung von gedruckten Schaltungen oder von Baugruppen gedruckter Schaltungen verwendeten Art	8424 89 40	–
– – – andere	8424 89 70	–
– Teile:		
– – Teile von mechanischen Apparaten der Warennummer 8424 89 40	8424 90 20	–
– – andere	8424 90 80	–
Flaschenzüge; Zugwinden und Spille; Hubwinden:	**8425**	
– Flaschenzüge:		
– – mit Elektromotor	8425 11 00	St
– – andere	8425 19 00	St
– Zugwinden; Spille:		
– – mit Elektromotor	8425 31 00	St
– – andere	8425 39 00	St
– Hubwinden:		
– – ortsfeste Hebebühnen von der in Kraftfahrzeugwerkstätten verwendeten Art	8425 41 00	St
– – andere hydraulische Hubwinden	8425 42 00	St
– – andere	8425 49 00	St

Warenbezeichnung	Warennummer	Besondere Maßeinheit
Derrickkrane; Kabelkrane, Laufkrane, Verladebrücken und andere Krane; fahrbare Hubportale, Portalhubkraftkarren und Krankraftkarren:	**8426**	
– Laufkrane, Transportkrane, Verladebrücken, fahrbare Hubportale und Portalhubkraftkarren:		
– – Konsol- oder Wandlaufkrane	8426 11 00	–
– – auf Reifen fahrende Hubportale sowie Portalhubkraftkarren	8426 12 00	–
– – andere	8426 19 00	–
– Turmdrehkrane	8426 20 00	–
– Portalkrane	8426 30 00	–
– andere selbstfahrende Maschinen, Apparate und Geräte:		
– – mit Reifen	8426 41 00	–
– – andere	8426 49 00	–
– andere Maschinen, Apparate und Geräte:		
– – ihrer Beschaffenheit nach zum Aufbau auf Straßenfahrzeuge bestimmt:		
– – – hydraulische Fahrzeug-Selbstladekrane	8426 91 10	St
– – – andere	8426 91 90	–
– – andere	8426 99 00	–
Gabelstapler; andere mit Hebevorrichtung ausgerüstete Karren zum Fördern und für das Hantieren:	**8427**	
– Elektrokraftkarren:		
– – zum Heben auf eine Höhe von 1 m oder mehr	8427 10 10	St
– – andere	8427 10 90	St
– andere selbstfahrende Karren:		
– – zum Heben auf eine Höhe von 1 m oder mehr:		
– – – geländegängige Gabelstapler und Stapelkraftkarren	8427 20 11	St
– – – andere	8427 20 19	St
– – andere	8427 20 90	St
– andere Karren	8427 90 00	St
Andere Maschinen, Apparate und Geräte zum Heben, Beladen, Entladen oder Fördern (z. B. Aufzüge, Rolltreppen, Stetigförderer und Seilschwebebahnen):	**8428**	
– Personen- und Lastenaufzüge:		
– – elektrische	8428 10 20	–
– – andere	8428 10 80	–
– pneumatische Stetigförderer:		
– – für Schüttgut	8428 20 20	–
– – andere	8428 20 80	–
– andere Stetigförderer für Waren:		
– – ihrer Beschaffenheit nach für Arbeiten unter Tage bestimmt	8428 31 00	–
– – andere, mit Kübeln	8428 32 00	–
– – andere, mit Bändern oder Gurten	8428 33 00	–
– – andere:		
– – – Scheibenrollenbahnen und andere Rollenbahnen	8428 39 20	–
– – – andere	8428 39 90	–
– Rolltreppen und Rollsteige	8428 40 00	–
– Seilschwebebahnen, Sessellifte und Schlepplifte; Zugmechanismen für Standseilbahnen	8428 60 00	–
● **– Industrieroboter**	8428 70 00	–

Warenbezeichnung	Warennummer	Besondere Maßeinheit
– andere Maschinen, Apparate und Geräte:		
– – Lademaschinen, ihrer Beschaffenheit nach besonders zur Verwendung in der Landwirtschaft bestimmt:		
– – – ihrer Beschaffenheit nach zum Anbau an Ackerschlepper bestimmt	8428 90 71	–
– – – andere	8428 90 79	–
■ – – andere	8428 90 90	–
Selbstfahrende Planiermaschinen (Bulldozer und Angledozer), Erd- oder Straßenhobel (Grader), Schürfwagen (Scraper), Bagger, Schürf- und andere Schaufellader, Straßenwalzen und andere Bodenverdichter:	**8429**	
– Planiermaschinen (Bulldozer und Angledozer):		
– – auf Gleisketten	8429 11 00	St
– – andere	8429 19 00	St
– Erd- oder Straßenhobel (Grader)	8429 20 00	St
– Schürfwagen (Scraper)	8429 30 00	St
– Straßenwalzen und andere Bodenverdichter:		
– – Straßenwalzen:		
– – – Vibrationswalzen	8429 40 10	St
– – – andere	8429 40 30	St
– – andere Bodenverdichter	8429 40 90	St
– Bagger sowie Schürf- und andere Schaufellader:		
– – Frontschaufellader:		
– – – Lader, ihrer Beschaffenheit nach besonders zur Verwendung unter Tage bestimmt	8429 51 10	St
– – – andere:		
– – – – Schaufellader auf Gleisketten	8429 51 91	St
– – – – andere	8429 51 99	St
– – Maschinen mit um 360 ° drehbarem Oberwagen:		
– – – Bagger auf Gleisketten	8429 52 10	St
– – – andere	8429 52 90	St
– – andere	8429 59 00	St
Andere Maschinen, Apparate und Geräte zur Erdbewegung, zum Planieren, Verdichten oder Bohren des Bodens oder zum Abbauen von Erzen oder anderen Mineralien; Rammen und Pfahlzieher; Schneeräumer:	**8430**	
– Rammen und Pfahlzieher	8430 10 00	St
– Schneeräumer	8430 20 00	St
– Schrämmaschinen und andere Abbaumaschinen sowie Tunnelbohrmaschinen und andere Streckenvortriebsmaschinen:		
– – selbstfahrend	8430 31 00	–
– – andere	8430 39 00	–
– andere Bohrmaschinen und Tiefbohrgeräte:		
– – selbstfahrend	8430 41 00	–
– – andere	8430 49 00	–
– andere selbstfahrende Maschinen, Apparate und Geräte	8430 50 00	–
– andere nicht selbstfahrende Maschinen, Apparate und Geräte:		
– – Maschinen, Apparate und Geräte zum Feststampfen oder Verdichten des Bodens	8430 61 00	St
– – andere	8430 69 00	–

Warenbezeichnung	Warennummer	Besondere Maßeinheit
Teile, erkennbar ausschließlich oder hauptsächlich für Maschinen, Apparate und Geräte der Positionen 8425 bis 8430 bestimmt:	**8431**	
– von Maschinen, Apparaten und Geräten der Position 8425	8431 10 00	–
– von Maschinen, Apparaten und Geräten der Position 8427	8431 20 00	–
– von Maschinen, Apparaten und Geräten der Position 8428:		
– – von Personenaufzügen, Lastenaufzügen oder Rolltreppen	8431 31 00	–
– – andere	8431 39 00	–
– von Maschinen, Apparaten und Geräten der Position 8426, 8429 oder 8430:		
– – Eimer, Kübel, Schaufeln, Löffel, Greifer und Zangen	8431 41 00	–
– – Planierschilde für Planiermaschinen (Bulldozer oder Angledozer)	8431 42 00	–
– – Teile von Bohrmaschinen oder Tiefbohrgeräten der Unterposition 8430 41 oder 8430 49	8431 43 00	–
– – andere:		
– – – aus Eisen oder Stahl, gegossen	8431 49 20	–
– – – andere	8431 49 80	–
Maschinen, Apparate und Geräte für die Land- und Forstwirtschaft oder den Gartenbau, zum Bearbeiten oder Bestellen des Bodens oder zur Pflege der Pflanzen; Walzen für Rasenflächen oder Sportplätze:	**8432**	
– Pflüge	8432 10 00	St
– Eggen, Vertikutierer, Grubber (Kultivatoren), Jätmaschinen und Hackmaschinen:		
– – Scheibeneggen	8432 21 00	St
– – andere:		
– – – Vertikutierer und Grubber (Kultivatoren)	8432 29 10	St
– – – Eggen	8432 29 30	St
– – – Motorhacken	8432 29 50	St
– – – andere	8432 29 90	St
– Sämaschinen, Pflanzmaschinen und Setzmaschinen:		
– – Direktsaatmaschinen, Direktpflanzmaschinen, Direktsetzmaschinen	8432 31 00	St
– – andere:		
– – – Sämaschinen:		
– – – – Einzeldrill-, Einzelkorndrillmaschinen mit Zentralantrieb	8432 39 11	St
– – – – andere	8432 39 19	St
– – – Pflanz- und Setzmaschinen	8432 39 90	St
– Miststreuer und Düngerstreuer:		
– – Miststreuer	8432 41 00	St
– – Düngerstreuer	8432 42 00	St
– andere Maschinen, Apparate und Geräte	8432 80 00	–
– Teile	8432 90 00	–
Maschinen, Apparate und Geräte zum Ernten oder Dreschen von landwirtschaftlichen Erzeugnissen, einschließlich Stroh- oder Futterpressen; Rasenmäher und andere Mähmaschinen; Maschinen zum Reinigen oder Sortieren von Eiern, Obst oder anderen landwirtschaftlichen Erzeugnissen, ausgenommen Maschinen, Apparate und Geräte der Position 8437:	**8433**	
– Rasenmäher:		
– – mit Motor und horizontal rotierendem Schneidwerk:		
– – – mit Elektromotor	8433 11 10	St
– – – andere:		
– – – – selbstfahrend:		
– – – – – mit Sitz	8433 11 51	St
– – – – – andere	8433 11 59	St
– – – – andere	8433 11 90	St

Warenbezeichnung	Warennummer	Besondere Maßeinheit
– – andere:		
– – – mit Motor:		
– – – – mit Elektromotor	8433 19 10	St
– – – – andere:		
– – – – – selbstfahrend:		
– – – – – – mit Sitz	8433 19 51	St
– – – – – – andere	8433 19 59	St
– – – – – andere	8433 19 70	St
– – – ohne Motor	8433 19 90	St
– andere Mähmaschinen, einschließlich Mähbalken für Schlepperanbau:		
– – mit Motor	8433 20 10	St
– – andere:		
– – – ihrer Beschaffenheit nach für den Schlepperanbau oder Schlepperzug bestimmt	8433 20 50	St
– – – andere	8433 20 90	St
– andere Heuernte- (Heuwerbungs-)maschinen, -apparate und -geräte	8433 30 00	St
– Stroh- und Futterpressen, einschließlich Aufnahmepressen	8433 40 00	St
– andere Erntemaschinen, -apparate und -geräte; Dreschmaschinen und -geräte:		
– – Mähdrescher	8433 51 00	St
– – andere Dreschmaschinen und -geräte	8433 52 00	St
– – Maschinen zum Ernten von Wurzeln oder Knollenfrüchten:		
– – – Kartoffelerntemaschinen	8433 53 10	St
– – – Rübenköpf- und andere Rübenerntemaschinen	8433 53 30	St
– – – andere	8433 53 90	St
– – andere:		
– – – Feldhäcksler:		
– – – – selbstfahrend	8433 59 11	St
– – – – andere	8433 59 19	St
– – – andere	8433 59 85	St
– Maschinen zum Reinigen oder Sortieren von Eiern, Obst oder anderen landwirtschaftlichen Erzeugnissen	8433 60 00	–
– Teile	8433 90 00	–
Melkmaschinen und andere milchwirtschaftliche Maschinen, Apparate und Geräte:	**8434**	
– Melkmaschinen	8434 10 00	–
– andere milchwirtschaftliche Maschinen, Apparate und Geräte	8434 20 00	–
– Teile	8434 90 00	–
Pressen, Mühlen und ähnliche Maschinen, Apparate und Geräte, zum Bereiten von Wein, Most, Fruchtsäften oder ähnlichen Getränken:	**8435**	
– Maschinen, Apparate und Geräte	8435 10 00	–
– Teile	8435 90 00	–
Andere Maschinen, Apparate und Geräte für die Land- und Forstwirtschaft, den Gartenbau, die Geflügel- oder Bienenhaltung, einschließlich Keimapparate mit mechanischen oder wärmetechnischen Vorrichtungen und Brut- und Aufzuchtapparate für die Geflügelzucht:	**8436**	
– Maschinen, Apparate und Geräte für die Futterbereitung	8436 10 00	–
– Maschinen, Apparate und Geräte für die Geflügelhaltung, einschließlich Brut- und Aufzuchtapparate:		
– – Brut- und Aufzuchtapparate	8436 21 00	–
– – andere	8436 29 00	–

Warenbezeichnung	Warennummer	Besondere Maßeinheit
– andere Maschinen, Apparate und Geräte:		
– – für die Forstwirtschaft	8436 80 10	St
– – andere	8436 80 90	–
– Teile:		
– – von Maschinen, Apparaten und Geräten für die Geflügelhaltung, einschließlich Geflügelzucht	8436 91 00	–
– – andere	8436 99 00	–
Maschinen, Apparate und Geräte zum Reinigen, Sortieren oder Sieben von Körner- oder Hülsenfrüchten; Maschinen, Apparate und Geräte für die Müllerei oder zum Behandeln von Getreide oder Hülsenfrüchten, ausgenommen Maschinen, Apparate und Geräte von der in der Landwirtschaft verwendeten Art:	**8437**	
– Maschinen, Apparate und Geräte zum Reinigen, Sortieren oder Sieben von Körner- oder Hülsenfrüchten	8437 10 00	St
– andere Maschinen, Apparate und Geräte	8437 80 00	–
– Teile	8437 90 00	–
● **Maschinen und Apparate, in Kapitel 84 anderweit weder genannt noch inbegriffen, zum industriellen Auf- oder Zubereiten oder Herstellen von Lebensmitteln, Futtermitteln oder Getränken, ausgenommen Maschinen und Apparate zum Gewinnen oder Aufbereiten von tierischen oder fetten pflanzlichen oder mikrobiellen Ölen oder Fetten:**	**8438**	
– Maschinen und Apparate zum Herstellen von Back- oder Teigwaren:		
– – zum Herstellen von Backwaren	8438 10 10	–
– – zum Herstellen von Teigwaren	8438 10 90	–
– Maschinen und Apparate zum Herstellen von Süßwaren, Kakao oder Schokolade	8438 20 00	–
– Maschinen und Apparate zum Herstellen von Zucker	8438 30 00	–
– Brauereimaschinen und -apparate	8438 40 00	–
– Maschinen und Apparate zum Verarbeiten von Fleisch	8438 50 00	–
– Maschinen und Apparate zum Be- oder Verarbeiten von Früchten oder Gemüsen	8438 60 00	–
– andere Maschinen und Apparate:		
– – zum Auf- oder Zubereiten oder Verarbeiten von Kaffee oder Tee	8438 80 10	–
– – andere:		
– – – zum Zubereiten oder Herstellen von Getränken	8438 80 91	–
■ – – – andere	8438 80 99	–
– Teile	8438 90 00	–
Maschinen und Apparate zum Herstellen von Halbstoff aus cellulosehaltigen Faserstoffen oder zum Herstellen oder Fertigstellen von Papier oder Pappe:	**8439**	
– Maschinen und Apparate zum Herstellen von Halbstoff aus cellulosehaltigen Faserstoffen	8439 10 00	–
– Maschinen und Apparate zum Herstellen von Papier oder Pappe	8439 20 00	–
– Maschinen und Apparate zum Fertigstellen von Papier oder Pappe	8439 30 00	–
– Teile:		
– – von Maschinen und Apparaten zum Herstellen von Halbstoff aus cellulosehaltigen Faserstoffen	8439 91 00	–
– – andere	8439 99 00	–

Warenbezeichnung	Warennummer	Besondere Maßeinheit
Buchbindereimaschinen und -apparate, einschließlich Fadenheftmaschinen:	**8440**	
– Maschinen und Apparate:		
– – Falzmaschinen	8440 10 10	–
– – Zusammentragmaschinen	8440 10 20	–
– – Faden-, Draht- und Klammerheftmaschinen	8440 10 30	–
– – Klebebindemaschinen	8440 10 40	–
– – andere	8440 10 90	–
– Teile	8440 90 00	–
Andere Maschinen und Apparate zum Be- oder Verarbeiten von Papierhalbstoff, Papier oder Pappe, einschließlich Schneidemaschinen aller Art:	**8441**	
– Schneidemaschinen:		
– – kombinierte Rollenschneide- und -wickelmaschinen	8441 10 10	–
– – Längs- und Querschneider	8441 10 20	–
– – Schnellschneider	8441 10 30	–
– – andere	8441 10 70	–
– Maschinen zum Herstellen von Tüten, Beuteln, Säcken oder Briefumschlägen	8441 20 00	–
– Maschinen zum Herstellen von Schachteln, Hülsen, Trommeln oder ähnlichen, nicht durch Formpressen hergestellten Behältnissen	8441 30 00	–
– Maschinen zum Formpressen von Waren aus Papierhalbstoff, Papier oder Pappe	8441 40 00	–
■ **– andere Maschinen und Apparate**	8441 80 00	–
– Teile:		
– – von Schneidemaschinen	8441 90 10	–
– – andere	8441 90 90	–
Maschinen, Apparate und Geräte (ausgenommen Maschinen der Positionen 8456 bis 8465) zum Zurichten oder Herstellen von Druckplatten, Druckformzylindern oder anderen Druckformen; Druckplatten, Druckformzylinder und andere Druckformen; Lithografiesteine, Platten und Zylinder, für den Druck zugerichtet (z. B. geschliffen, gekörnt, poliert):	**8442**	
– Maschinen, Apparate und Geräte	8442 30 00	St
– Teile der vorstehend genannten Maschinen, Apparate und Geräte	8442 40 00	–
– Druckplatten, Druckformzylinder und andere Druckformen; Lithografiesteine, Platten und Zylinder, für den Druck zugerichtet (z. B. geschliffen, gekörnt, poliert)	8442 50 00	–
Maschinen, Apparate und Geräte zum Drucken mittels Druckplatten, Druckformzylindern und anderen Druckformen der Position 8442; andere Drucker, Kopiergeräte und Fernkopierer, auch miteinander kombiniert; Teile und Zubehör für diese Maschinen, Apparate oder Geräte:	**8443**	
– Maschinen, Apparate und Geräte zum Drucken mittels Druckplatten, Druckformzylinder und anderen Druckformen der Position 8442:		
– – Rollenoffsetdruckmaschinen, –apparate und –geräte	8443 11 00	St
– – Bogenoffsetdruckmaschinen, –apparate und –geräte, für Bogen, die ungefaltet auf einer Seite nicht mehr als 22 cm und auf der anderen Seite nicht mehr als 36 cm messen	8443 12 00	St
– – andere Offsetdruckmaschinen, –apparate und –geräte:		
– – – Bogenoffsetdruckmaschinen, –apparate und –geräte:		
– – – – gebraucht	8443 13 10	St

Warenbezeichnung	Warennummer	Besondere Maßeinheit
– – – – neu, für ein Format von:		
– – – – – 53 x 75 cm oder weniger	8443 13 32	St
– – – – – mehr als 53 x 75 cm bis 75 x 107 cm	8443 13 34	St
– – – – – mehr als 75 x 107 cm	8443 13 38	St
– – – andere	8443 13 90	St
– – Rollenhochdruckmaschinen, -apparate und -geräte, ausgenommen Flexodruckmaschinen, -apparate und -geräte	8443 14 00	St
– – Hochdruckmaschinen, -apparate und -geräte, andere als Rollendruckmaschinen, ausgenommen Flexodruckmaschinen, -apparate und -geräte	8443 15 00	St
– – Flexodruckmaschinen, -apparate und -geräte	8443 16 00	St
– – Tiefdruckmaschinen, -apparate und -geräte	8443 17 00	St
– – andere:		
– – – zum Bedrucken von Spinnstoffen	8443 19 20	St
– – – zur Verwendung bei der Herstellung von Halbleitern	8443 19 40	St
– – – andere	8443 19 70	St
– andere Drucker, Kopiergeräte und Fernkopierer, auch miteinander kombiniert:		
– – Maschinen, die mindestens zwei der Funktionen Drucken, Kopieren oder Übertragen von Fernkopien ausführen und die an eine automatische Datenverarbeitungsmaschine oder ein Netzwerk angeschlossen werden können	8443 31 00	St
– – andere Maschinen, die an eine automatische Datenverarbeitungsmaschine oder ein Netzwerk angeschlossen werden können:		
– – – Drucker	8443 32 10	St
– – – andere	8443 32 80	St
– – andere	8443 39 00	St
– Teile und Zubehör:		
– – Teile und Zubehör für Maschinen, Apparate oder Geräte zum Drucken mittels Druckplatten, Druckformzylindern oder anderen Druckformen der Position 8442:		
– – – von Apparaten der Warennummer 8443 19 40	8443 91 10	–
– – – andere:		
– – – – aus Eisen oder Stahl, gegossen	8443 91 91	–
– – – – andere	8443 91 99	–
– – andere:		
– – – zusammengesetzte elektronische Schaltungen (Baugruppen)	8443 99 10	–
– – – andere	8443 99 90	–
Maschinen zum Düsenspinnen, Verstrecken, Texturieren oder Schneiden von synthetischen oder künstlichen Spinnstoffen:	**8444**	
– Düsenspinnmaschinen	8444 00 10	St
– andere	8444 00 90	St
Maschinen zum Vorbereiten oder Aufbereiten von Spinnstoffen; Maschinen zum Spinnen, Dublieren oder Zwirnen von Spinnstoffen und andere Maschinen und Apparate zum Herstellen von Spinnstoffgarnen; Maschinen zum Spulen (einschließlich Schussspulmaschinen), Wickeln oder Haspeln von Spinnstoffen sowie Maschinen zum Vorbereiten von Spinnstoffgarnen zur Verwendung auf Maschinen der Position 8446 oder 8447:	**8445**	
– Maschinen zum Vorbereiten oder Aufbereiten von Spinnstoffen:		
– – Krempeln (Karden)	8445 11 00	St
– – Kämmmaschinen	8445 12 00	St
– – Vorspinnmaschinen (Spindelbänke, Flyer)	8445 13 00	St
– – andere	8445 19 00	St
– Maschinen zum Spinnen von Spinnstoffen	8445 20 00	St

Warenbezeichnung	Warennummer	Besondere Maßeinheit
– Maschinen zum Dublieren oder Zwirnen von Spinnstoffen	8445 30 00	St
– Maschinen zum Spulen (einschließlich Schussspulmaschinen), Wickeln oder Haspeln von Spinnstoffen	8445 40 00	St
– andere	8445 90 00	St
Webmaschinen:	**8446**	
– Webmaschinen zum Herstellen von Geweben mit einer Breite von 30 cm oder weniger	8446 10 00	St
– Webmaschinen mit Schusseintrag durch Webschützen, zum Herstellen von Geweben mit einer Breite von mehr als 30 cm:		
– – motorbetrieben	8446 21 00	St
– – andere	8446 29 00	St
– Webmaschinen mit schützenlosem Schusseintrag, zum Herstellen von Geweben mit einer Breite von mehr als 30 cm	8446 30 00	St
Wirk-, Strick-, Nähwirk-, Gimpen-, Tüll-, Spitzen-, Stick-, Posamentier-, Flecht-, Netzknüpf- und Tuftingmaschinen:	**8447**	
– Rundwirk- und Rundstrickmaschinen:		
– – mit einem Zylinderdurchmesser von 165 mm oder weniger	8447 11 00	St
– – mit einem Zylinderdurchmesser von mehr als 165 mm	8447 12 00	St
– Flachwirk- und Flachstrickmaschinen; Nähwirkmaschinen:		
– – Flachkettenwirkmaschinen, einschließlich Raschelmaschinen; Nähwirkmaschinen	8447 20 20	St
– – andere	8447 20 80	St
– andere	8447 90 00	St
Hilfsmaschinen und -apparate für Maschinen der Position 8444, 8445, 8446 oder 8447 (z. B. Schaftmaschinen, Jacquardmaschinen, Kett- und Schussfadenwächter und Webschützenwechsler); Teile und Zubehör, erkennbar ausschließlich oder hauptsächlich für Maschinen und Apparate dieser Position oder der Position 8444, 8445, 8446 oder 8447 bestimmt (z. B. Spindeln, Spindelflügel, Kratzengarnituren, Webeblätter, Nadelstäbe, Spinndüsen, Webschützen, Weblitzen, Webschäfte, Nadeln und Platinen):	**8448**	
– Hilfsmaschinen und -apparate für Maschinen der Position 8444, 8445, 8446 oder 8447:		
– – Schaftmaschinen und Jacquardmaschinen; Kartensparvorrichtungen, Kartenschlagmaschinen, Kartenkopiermaschinen und Kartenbindemaschinen	8448 11 00	–
– – andere	8448 19 00	–
– Teile und Zubehör für Maschinen der Position 8444 oder deren Hilfsmaschinen oder -apparate	8448 20 00	–
– Teile und Zubehör für Maschinen der Position 8445 oder deren Hilfsmaschinen oder -apparate:		
– – Kratzengarnituren	8448 31 00	–
– – für Maschinen zum Vorbereiten oder Aufbereiten von Spinnstoffen, ausgenommen Kratzengarnituren	8448 32 00	–
– – Spindeln, Spindelflügel, Spinnringe und Ringläufer	8448 33 00	–
– – andere	8448 39 00	–
– Teile und Zubehör für Webmaschinen oder deren Hilfsmaschinen oder -apparate:		
– – Webeblätter, Weblitzen und Webschäfte	8448 42 00	–
– – andere	8448 49 00	–
– Teile und Zubehör für Maschinen der Position 8447 oder deren Hilfsmaschinen oder -apparate:		
– – Platinen, Nadeln und andere Waren zur Maschenbildung:		
– – – Platinen	8448 51 10	–

Warenbezeichnung	Warennummer	Besondere Maßeinheit
– – – andere	8448 51 90	–
– – andere	8448 59 00	–
Maschinen und Apparate zum Herstellen oder Ausrüsten von Filz oder Vliesstoffen (als Meterware oder geformt), einschließlich Maschinen und Apparate zum Herstellen von Filzhüten; Formen für die Hutmacherei	**8449 00 00**	–
Maschinen zum Waschen von Wäsche, auch mit Trockenvorrichtung:	**8450**	
– Maschinen mit einem Fassungsvermögen an Trockenwäsche von 10 kg oder weniger:		
– – Waschvollautomaten:		
– – – mit einem Fassungsvermögen an Trockenwäsche von 6 kg oder weniger:		
– – – – Frontlader	8450 11 11	St
– – – – Toplader	8450 11 19	St
– – – mit einem Fassungsvermögen an Trockenwäsche von mehr als 6 kg bis 10 kg	8450 11 90	St
– – andere Waschmaschinen, mit eingebautem Zentrifugaltrockner	8450 12 00	St
– – andere	8450 19 00	St
– Maschinen mit einem Fassungsvermögen an Trockenwäsche von mehr als 10 kg	8450 20 00	St
– Teile	8450 90 00	–
Maschinen und Apparate (ausgenommen Maschinen der Position 8450) zum Waschen, Reinigen, Wringen, Trocknen, Bügeln, Pressen (einschließlich Fixierpressen), Bleichen, Färben, Appretieren, Ausrüsten, Überziehen oder Imprägnieren von Garnen, Geweben oder anderen Spinnstoffwaren und Maschinen zum Beschichten von Geweben oder anderen Unterlagen, zum Herstellen von Fußbodenbelägen (z. B. Linoleum); Maschinen zum Auf- oder Abwickeln, Falten, Schneiden oder Auszacken von textilen Flächenerzeugnissen:	**8451**	
– Maschinen für die chemische Reinigung	8451 10 00	–
– Trockner:		
– – mit einem Fassungsvermögen an Trockenwäsche von 10 kg oder weniger	8451 21 00	–
– – andere	8451 29 00	–
– Bügelmaschinen und Bügelpressen, einschließlich Fixierpressen	8451 30 00	St
– Maschinen zum Waschen, Bleichen oder Färben	8451 40 00	–
– Maschinen zum Auf- oder Abwickeln, Falten, Schneiden oder Auszacken von textilen Flächenerzeugnissen	8451 50 00	–
– andere Maschinen und Apparate:		
– – Maschinen zum Herstellen von Linoleum oder anderem Fußbodenbelag durch Beschichten von Geweben oder anderen Unterlagen	8451 80 10	–
– – Maschinen zum Appretieren oder Ausrüsten	8451 80 30	–
– – andere	8451 80 80	–
– Teile	8451 90 00	–
Nähmaschinen, andere als Fadenheftmaschinen der Position 8440; Möbel, Sockel und Deckel, ihrer Beschaffenheit nach besonders für Nähmaschinen bestimmt; Nähmaschinennadeln:	**8452**	
– Haushaltsnähmaschinen:		
– – Steppstichnähmaschinen, deren Kopf ohne Motor 16 kg oder weniger oder mit Motor 17 kg oder weniger wiegt; Steppstichnähmaschinenköpfe, die ohne Motor 16 kg oder weniger oder mit Motor 17 kg oder weniger wiegen:		
– – – Nähmaschinen mit einem Stückwert (Gestelle, Tische und Möbel nicht inbegriffen) von mehr als 65 €	8452 10 11	St
– – – andere	8452 10 19	St
– – andere Nähmaschinen und andere Nähmaschinenköpfe	8452 10 90	St

Warenbezeichnung	Warennummer	Besondere Maßeinheit
– andere Nähmaschinen:		
– – Nähautomaten	8452 21 00	St
– – andere	8452 29 00	St
– Nähmaschinennadeln	8452 30 00	1 000 St
– Möbel, Sockel und Deckel für Nähmaschinen sowie Teile davon; andere Nähmaschinenteile	8452 90 00	–
Maschinen und Apparate zum Aufbereiten, Gerben oder Bearbeiten von Häuten, Fellen oder Leder oder zum Herstellen oder Instandsetzen von Schuhen oder anderen Waren aus Häuten, Fellen oder Leder, ausgenommen Nähmaschinen:	**8453**	
– Maschinen und Apparate zum Aufbereiten, Gerben oder Bearbeiten von Häuten, Fellen oder Leder	8453 10 00	–
– Maschinen und Apparate zum Herstellen oder Instandsetzen von Schuhen	8453 20 00	–
– andere Maschinen und Apparate	8453 80 00	–
– Teile	8453 90 00	–
Konverter, Gießpfannen, Gießformen zum Gießen von Ingots, Masseln oder dergleichen und Gießmaschinen für Gießereien, Stahlwerke oder andere metallurgische Betriebe:	**8454**	
– Konverter	8454 10 00	–
– Gießformen zum Gießen von Ingots, Masseln oder dergleichen sowie Gießpfannen	8454 20 00	–
– Gießmaschinen:		
– – Druckgießmaschinen	8454 30 10	–
– – andere	8454 30 90	–
– Teile	8454 90 00	–
Metallwalzwerke und Walzen dafür:	**8455**	
– Rohrwalzwerke	8455 10 00	–
– andere Walzwerke:		
– – Warmwalzwerke und kombinierte Warm- und Kaltwalzwerke	8455 21 00	–
– – Kaltwalzwerke	8455 22 00	–
– Walzen für Walzwerke:		
– – aus Gusseisen	8455 30 10	–
– – aus Stahl, freiformgeschmiedet:		
– – – Arbeitswalzen für Warmwalzwerke; Stützwalzen für Warm- und Kaltwalzwerke	8455 30 31	–
– – – Arbeitswalzen für Kaltwalzwerke	8455 30 39	–
– – andere	8455 30 90	–
– andere Teile	8455 90 00	–
Werkzeugmaschinen zum Abtragen von Stoffen aller Art durch Laser-, Licht- oder anderen Photonenstrahl, Ultraschall, Elektroerosion, elektrochemische Verfahren oder Elektronen-, Ionen- oder Plasmastrahl; Wasserstrahlschneidemaschinen:	**8456**	
– Laser-, Licht- und andere Photonenstrahlwerkzeugmaschinen:		
– – mit Laser betrieben:		
– – – von der ausschließlich oder hauptsächlich für die Herstellung von gedruckten Schaltungen, Baugruppen gedruckter Schaltungen, Teilen der Position 8517 oder Teilen von automatischen Datenverarbeitungsmaschinen verwendeten Art	8456 11 10	St
– – – andere	8456 11 90	St

Warenbezeichnung	Warennummer	Besondere Maßeinheit
– – mit anderen Licht- oder Photonenstrahlverfahren betrieben:		
– – – von der ausschließlich oder hauptsächlich für die Herstellung von gedruckten Schaltungen, Baugruppen gedruckter Schaltungen, Teilen der Position 8517 oder Teilen von automatischen Datenverarbeitungsmaschinen verwendeten Art	8456 12 10	St
– – – andere	8456 12 90	St
– Ultraschallwerkzeugmaschinen	8456 20 00	St
– Elektroerosionswerkzeugmaschinen:		
– – numerisch gesteuert:		
– – – Drahterodiermaschinen	8456 30 11	St
– – – andere	8456 30 19	St
– – andere	8456 30 90	St
– im Plasmalichtbogenverfahren betrieben	8456 40 00	St
– Wasserstrahlschneidemaschinen	8456 50 00	St
– andere	8456 90 00	St
Bearbeitungszentren, Mehrwegemaschinen und Transfermaschinen, zum Bearbeiten von Metallen:	**8457**	
– Bearbeitungszentren:		
– – Horizontal-Maschinenzentren	8457 10 10	St
– – andere	8457 10 90	St
– Mehrwegemaschinen	8457 20 00	St
– Transfermaschinen:		
– – numerisch gesteuert	8457 30 10	St
– – andere	8457 30 90	St
Drehmaschinen (einschließlich Drehzentren) zur spanabhebenden Metallbearbeitung:	**8458**	
– Horizontal-Drehmaschinen:		
– – numerisch gesteuert:		
– – – Drehzentren	8458 11 20	St
– – – Drehautomaten:		
– – – – Einspindeldrehautomaten	8458 11 41	St
– – – – Mehrspindeldrehautomaten	8458 11 49	St
– – – andere	8458 11 80	St
– – andere	8458 19 00	St
– andere Drehmaschinen:		
– – numerisch gesteuert:		
– – – Drehzentren	8458 91 20	St
– – – andere	8458 91 80	St
– – andere	8458 99 00	St
Spanabhebende Werkzeugmaschinen (einschließlich Bearbeitungseinheiten auf Schlitten) zum Bohren, Ausbohren, Fräsen oder Außen- oder Innengewindeschneiden von Metallen, ausgenommen Drehmaschinen (einschließlich Drehzentren) der Position 8458:	**8459**	
– Bearbeitungseinheiten auf Schlitten	8459 10 00	St
– andere Bohrmaschinen:		
– – numerisch gesteuert	8459 21 00	St
– – andere	8459 29 00	St
– andere kombinierte Ausbohr- und Fräsmaschinen:		
– – numerisch gesteuert	8459 31 00	St
– – andere	8459 39 00	St

Warenbezeichnung	Warennummer	Besondere Maßeinheit
– andere Ausbohrmaschinen:		
– – numerisch gesteuert	8459 41 00	St
– – andere	8459 49 00	St
– Konsolfräsmaschinen:		
– – numerisch gesteuert	8459 51 00	St
– – andere	8459 59 00	St
– andere Fräsmaschinen:		
– – numerisch gesteuert:		
– – – Werkzeugfräsmaschinen	8459 61 10	St
– – – andere	8459 61 90	St
– – andere:		
– – – Werkzeugfräsmaschinen	8459 69 10	St
– – – andere	8459 69 90	St
– andere Außen- oder Innengewindeschneidemaschinen	8459 70 00	St
Werkzeugmaschinen zum Entgraten, Schärfen, Schleifen, Honen, Läppen, Polieren oder zu anderem Fertigbearbeiten von Metallen oder Cermets mit Hilfe von Schleifscheiben, Schleifstoffen oder Poliermitteln, ausgenommen Verzahnmaschinen und Zahnfertigbearbeitungsmaschinen der Position 8461:	**8460**	
– Flach- oder Planschleifmaschinen:		
– – numerisch gesteuert	8460 12 00	St
– – andere	8460 19 00	St
– andere Schleifmaschinen:		
– – spitzenlose Schleifmaschinen, numerisch gesteuert	8460 22 00	St
– – andere Rundschleifmaschinen, numerisch gesteuert	8460 23 00	St
– – andere, numerisch gesteuert	8460 24 00	St
– – andere:		
– – – Rundschleifmaschinen	8460 29 10	St
– – – andere	8460 29 90	St
– Schärfmaschinen:		
– – numerisch gesteuert	8460 31 00	St
– – andere	8460 39 00	St
– Honmaschinen und Läppmaschinen:		
– – numerisch gesteuert	8460 40 10	St
– – andere	8460 40 90	St
– andere	8460 90 00	St
Hobelmaschinen, Waagerecht- und Senkrechtstoßmaschinen, Räummaschinen, Verzahnmaschinen, Zahnfertigbearbeitungsmaschinen, Sägemaschinen, Trennmaschinen und andere Werkzeugmaschinen zur spanabhebenden Bearbeitung von Metallen oder Cermets, anderweit weder genannt noch inbegriffen:	**8461**	
– Waagerecht- und Senkrechtstoßmaschinen	8461 20 00	St
– Räummaschinen:		
– – numerisch gesteuert	8461 30 10	St
– – andere	8461 30 90	St
– Verzahnmaschinen und Zahnfertigbearbeitungsmaschinen:		
– – Verzahnmaschinen:		
– – – für zylindrische Verzahnungen:		
– – – – numerisch gesteuert	8461 40 11	St
– – – – andere	8461 40 19	St
– – – für andere Verzahnungen:		
– – – – numerisch gesteuert	8461 40 31	St
– – – – andere	8461 40 39	St

	Warenbezeichnung	Warennummer	Besondere Maßeinheit
	– – Maschinen zum Fertigbearbeiten der Zähne:		
	– – – mit einer Einstellgenauigkeit in einer der Achsen von mindestens 0,01 mm:		
	– – – – numerisch gesteuert	8461 40 71	St
	– – – – andere	8461 40 79	St
	– – – andere	8461 40 90	St
	– Sägemaschinen und Trennmaschinen:		
	– – Sägemaschinen:		
	– – – Kreissägemaschinen	8461 50 11	St
	– – – andere	8461 50 19	St
	– – Trennmaschinen	8461 50 90	St
	– andere	8461 90 00	St
●	**Werkzeugmaschinen (einschließlich Pressen) zum Schmieden, Gesenkschmieden oder Hämmern von Metallen (ausgenommen Walzwerke); Werkzeugmaschinen (einschließlich Pressen, Längsteilanlagen und Ablänganlagen) zum Biegen, Abkanten, Richten, Scheren, Lochstanzen, Ausklinken oder Nibbeln von Metallen (ausgenommen Ziehbänke); Pressen zum Bearbeiten von Metallen oder Metallcarbiden, vorstehend nicht genannt:**	**8462**	
●	**– Warmumformungsmaschinen (einschließlich Pressen) zum Schmieden, Gesenkschmieden und Hämmern:**		
●	**– – Maschinen zum Schmieden mit geschlossenem Gesenk:**		
●	– – – numerisch gesteuert	8462 11 10	St
●	– – – andere	8462 11 90	St
●	**– – andere:**		
●	– – – numerisch gesteuert	8462 19 10	St
●	– – – andere	8462 19 90	St
●	**– Biegemaschinen, Abkantmaschinen und Richtmaschinen (einschließlich Abkantpressen) für Flacherzeugnisse:**		
●	**– – Profilformmaschinen:**		
●	– – – numerisch gesteuert	8462 22 10	St
●	– – – andere	8462 22 90	St
●	**– – Abkantpressen, numerisch gesteuert**	8462 23 00	St
●	**– – Blechbiegemaschinen, numerisch gesteuert**	8462 24 00	St
●	**– – Maschinen zum Rollformen von Profilen, numerisch gesteuert**	8462 25 00	St
●	**– – andere Maschinen zum Biegen, Abkanten oder Richten, numerisch gesteuert**	8462 26 00	St
●	**– – andere:**		
■	– – – numerisch gesteuert	8462 29 10	St
●	– – – andere	8462 29 90	St
●	**– Längsteilanlagen, Ablänganlagen und andere Maschinen (ausgenommen Pressen) zum Scheren von Flacherzeugnissen, ausgenommen mit Lochstanzen kombinierte Scheren:**		
●	**– – Längsteilanlagen und Ablänganlagen:**		
●	– – – numerisch gesteuert	8462 32 10	St
●	– – – andere	8462 32 90	St
●	**– – numerisch gesteuerte Scheren**	8462 33 00	St
●	**– – andere**	8462 39 00	St
●	**– Maschinen (ausgenommen Pressen) zum Lochstanzen, Ausklinken oder Nibbeln von Flacherzeugnissen, einschließlich mit Lochstanzen kombinierte Scheren:**		
●	**– – numerisch gesteuert**	8462 42 00	St
●	**– – andere**	8462 49 00	St
●	**– Maschinen zum Bearbeiten von Rohren, Hohlprofilen, Stäben und Stangen (ausgenommen Pressen):**		
●	**– – numerisch gesteuert**	8462 51 00	St
●	**– – andere**	8462 59 00	St

	Warenbezeichnung	Warennummer	Besondere Maßeinheit
●	**– Pressen zum Kaltbearbeiten von Metall:**		
●	**– – hydraulische Pressen:**		
●	– – – numerisch gesteuert	8462 61 10	St
●	– – – andere	8462 61 90	St
●	**– – mechanische Pressen:**		
●	– – – numerisch gesteuert	8462 62 10	St
●	– – – andere	8462 62 90	St
●	**– – Servopressen:**		
●	– – – numerisch gesteuert	8462 63 10	St
●	– – – andere	8462 63 90	St
●	**– – andere:**		
●	– – – numerisch gesteuert	8462 69 10	St
●	– – – andere	8462 69 90	St
●	**– andere:**		
●	– – numerisch gesteuert	8462 90 10	St
●	– – andere	8462 90 90	St
	Andere Werkzeugmaschinen zum spanlosen Be- oder Verarbeiten von Metallen oder Cermets:	**8463**	
	– Ziehbänke für Stangen, Rohre, Profile, Drähte oder dergleichen:		
	– – Drahtziehmaschinen	8463 10 10	St
	– – andere	8463 10 90	St
	– Gewindewalz- oder Gewinderollmaschinen	8463 20 00	St
	– Maschinen zum Be- oder Verarbeiten von Metalldraht	8463 30 00	St
■	**– andere**	8463 90 00	St
	Werkzeugmaschinen zum Bearbeiten von Steinen, keramischen Waren, Beton, Asbestzement oder ähnlichen mineralischen Stoffen oder zum Kaltbearbeiten von Glas:	**8464**	
	– Sägemaschinen	8464 10 00	St
	– Schleifmaschinen und Poliermaschinen:		
	– – Maschinen zum Bearbeiten von Glas:		
	– – – von optischen Gläsern	8464 20 11	St
	– – – andere	8464 20 19	–
	– – andere	8464 20 80	–
	– andere	8464 90 00	–
	Werkzeugmaschinen (einschließlich Nagel-, Heft-, Klebe-, Verleim- und andere Zusammenfügemaschinen) zum Bearbeiten von Holz, Kork, Bein, Hartkautschuk, harten Kunststoffen oder ähnlichen harten Stoffen:	**8465**	
	– Maschinen, die verschiedenartige Bearbeitungen ohne Werkzeugwechsel zwischen diesen Vorgängen durchführen können:		
	– – Maschinen, denen das Werkstück bei jedem Bearbeitungsvorgang von Hand zugeführt wird	8465 10 10	St
	– – Maschinen, denen das Werkstück zwischen jedem Bearbeitungsvorgang automatisch zugeführt wird	8465 10 90	St
	– Bearbeitungszentren	8465 20 00	St
	– andere:		
	– – Sägemaschinen:		
	– – – Bandsägen	8465 91 10	St
	– – – Kreissägen	8465 91 20	St
	– – – andere	8465 91 90	St
	– – Hobelmaschinen, Fräsmaschinen und Kehlmaschinen	8465 92 00	St

Warenbezeichnung	Warennummer	Besondere Maßeinheit
– – Schleifmaschinen und Poliermaschinen	8465 93 00	St
– – Biegemaschinen und Zusammenfügemaschinen	8465 94 00	St
– – Bohrmaschinen und Stemmmaschinen	8465 95 00	St
– – Spaltmaschinen, Hackmaschinen und Schälmaschinen	8465 96 00	St
■ **– – andere**	8465 99 00	St
Teile und Zubehör, erkennbar ausschließlich oder hauptsächlich für Maschinen der Positionen 8456 bis 8465 bestimmt, einschließlich Werkstück- und Werkzeughalter, selbstöffnende Gewindeschneidköpfe, Teilköpfe und andere Spezialvorrichtungen für Maschinen; Werkzeughalter für von Hand zu führende Werkzeuge aller Art:	**8466**	
– Werkzeughalter und selbstöffnende Gewindeschneidköpfe:		
– – Werkzeughalter:		
– – – Dorne, Spannzangen und Hülsen	8466 10 20	–
– – – andere:		
– – – – für Drehmaschinen	8466 10 31	–
– – – – andere	8466 10 38	–
– – selbstöffnende Gewindeschneidköpfe	8466 10 80	–
– Werkstückhalter:		
– – werkstückgebundene Vorrichtungen; Vorrichtungssätze zum Zusammenstellen von werkstückgebundenen Vorrichtungen	8466 20 20	–
– – andere:		
– – – für Drehmaschinen	8466 20 91	–
– – – andere	8466 20 98	–
– Teilköpfe und andere Spezialvorrichtungen für Maschinen	8466 30 00	–
– andere:		
– – für Maschinen der Position 8464:		
– – – aus Eisen oder Stahl, gegossen	8466 91 20	–
– – – andere	8466 91 95	–
– – für Maschinen der Position 8465:		
– – – aus Eisen oder Stahl, gegossen	8466 92 20	–
– – – andere	8466 92 80	–
– – für Maschinen der Positionen 8456 bis 8461:		
– – – Teile und Zubehör von Maschinen der Unterpositionen und Warennummern 8456 11 10, 8456 12 10, 8456 20, 8456 30, 8457 10, 8458 91, 8459 21 00, 8459 61 oder 8461 50 von der ausschließlich oder hauptsächlich zur Herstellung von gedruckten Schaltungen, Baugruppen gedruckter Schaltungen, Teilen der Position 8517 oder Teilen von Maschinen für automatische Datenverarbeitung verwendeten Art	8466 93 40	–
– – – andere:		
– – – – für Maschinen der Warennummer 8456 50 00	8466 93 50	–
– – – – andere	8466 93 60	–
■ **– – für Maschinen der Positionen 8462 oder 8463**	8466 94 00	–
Pneumatische, hydraulische oder von eingebautem Motor (elektrisch oder nicht elektrisch) betriebene Werkzeuge, von Hand zu führen:	**8467**	
– pneumatische Werkzeuge:		
– – rotierende (auch schlagende) Werkzeuge:		
– – – zum Bearbeiten von Metallen	8467 11 10	–
– – – andere	8467 11 90	–
– – andere	8467 19 00	–

Warenbezeichnung	Warennummer	Besondere Maßeinheit
– mit eingebautem Elektromotor:		
– – Bohrmaschinen aller Art:		
– – – zum Betrieb ohne externe Energiequelle	8467 21 10	St
– – – andere:		
– – – – elektropneumatische	8467 21 91	St
– – – – andere	8467 21 99	St
– – Sägen:		
– – – Kettensägen	8467 22 10	St
– – – Kreissägen	8467 22 30	St
– – – andere	8467 22 90	St
– – andere:		
– – – zum Betrieb ohne externe Energiequelle	8467 29 20	St
– – – andere:		
– – – – Schleifmaschinen:		
– – – – – Winkelschleifer	8467 29 51	St
– – – – – Bandschleifmaschinen	8467 29 53	St
– – – – – andere	8467 29 59	St
– – – – Hobelmaschinen	8467 29 70	St
– – – – Heckenscheren, Grasscheren und Rasenkantenschneider	8467 29 80	St
– – – – andere	8467 29 85	St
– andere Werkzeuge:		
– – Kettensägen	8467 81 00	St
– – andere	8467 89 00	–
– Teile:		
– – von Kettensägen	8467 91 00	–
– – von pneumatischen Werkzeugen	8467 92 00	–
– – andere	8467 99 00	–
Maschinen, Apparate und Geräte zum Löten oder Schweißen, auch wenn sie zum Brennschneiden verwendbar sind, jedoch ausgenommen solche der Position 8515; Maschinen und Apparate zum autogenen Oberflächenhärten:	**8468**	
– Handapparate und -geräte (Brenner)	8468 10 00	–
– andere Autogenmaschinen, -apparate und -geräte	8468 20 00	–
– andere Maschinen, Apparate und Geräte	8468 80 00	–
– Teile	8468 90 00	–
Rechenmaschinen und Geräte im Taschenformat, zum Aufzeichnen, Wiedergeben und Anzeigen von Daten, mit Rechenfunktionen; Abrechnungsmaschinen, Frankiermaschinen, Fahrkarten- oder Eintrittskarten-Ausgabemaschinen und ähnliche Maschinen, mit eingebautem Rechenwerk; Registrierkassen:	**8470**	
– elektronische Rechenmaschinen, die ohne externe elektrische Energiequelle betrieben werden können, und Geräte im Taschenformat, zum Aufzeichnen, Wiedergeben und Anzeigen von Daten, mit Rechenfunktionen	8470 10 00	St
– andere elektronische Rechenmaschinen:		
– – druckende	8470 21 00	St
– – andere	8470 29 00	St
– andere Rechenmaschinen	8470 30 00	St
– Registrierkassen	8470 50 00	St
– andere	8470 90 00	St

Warenbezeichnung	Warennummer	Besondere Maßeinheit
Automatische Datenverarbeitungsmaschinen und ihre Einheiten; magnetische oder optische Leser, Maschinen zum Aufzeichnen von Daten auf Datenträger in codierter Form und Maschinen zum Verarbeiten solcher Daten, anderweit weder genannt noch inbegriffen:	**8471**	
– tragbare automatische Datenverarbeitungsmaschinen mit einem Gewicht von 10 kg oder weniger, mindestens aus einer Zentraleinheit, einer Tastatur und einem Bildschirm bestehend	8471 30 00	St
– andere automatische Datenverarbeitungsmaschinen:		
– – mindestens eine Zentraleinheit sowie eine Eingabe- und eine Ausgabeeinheit, auch kombiniert, in einem gemeinsamen Gehäuse enthaltend	8471 41 00	St
– – andere, als System gestellt	8471 49 00	St
– Verarbeitungseinheiten (ausgenommen solche der Unterposition 8471 41 oder 8471 49), auch wenn sie eine oder zwei der Einheitenarten Speichereinheiten, Eingabeeinheiten, Ausgabeeinheiten in einem gemeinsamen Gehäuse enthalten	8471 50 00	St
– Ein- oder Ausgabeeinheiten, auch wenn sie in einem gemeinsamen Gehäuse Speichereinheiten enthalten:		
– – Tastaturen	8471 60 60	St
– – andere	8471 60 70	St
– Speichereinheiten:		
– – Zentralspeichereinheiten	8471 70 20	St
– – andere:		
– – – Plattenspeichereinheiten:		
– – – – optisch, einschließlich magneto-optisch	8471 70 30	St
– – – – andere:		
– – – – – Festplattenspeichereinheiten	8471 70 50	St
– – – – – andere	8471 70 70	St
– – – Bandspeichereinheiten	8471 70 80	St
– – – andere	8471 70 98	St
– andere Einheiten von automatischen Datenverarbeitungsmaschinen	8471 80 00	St
– andere	8471 90 00	St
Andere Büromaschinen und -apparate (z. B. Hektografen, Schablonenvervielfältiger, Adressiermaschinen, automatische Banknotenausgabegeräte, Münzsortier-, Münzzähl- oder Münzeinwickelmaschinen, Bleistiftspitzmaschinen, Perforiermaschinen und Büroheftmaschinen):	**8472**	
– Vervielfältigungsmaschinen	8472 10 00	St
– Briefsortiermaschinen, Brieffaltmaschinen, Briefkuvertier- und Streifbandanlegemaschinen, Brieföffnungsmaschinen, Briefschließmaschinen, Briefsiegelmaschinen, Markenfrankiermaschinen und Briefmarkenentwertungsmaschinen	8472 30 00	St
– andere:		
– – Münzsortier-, Münzzähl- oder Münzeinwickelmaschinen	8472 90 10	St
– – andere	8472 90 80	–
Teile und Zubehör (ausgenommen Koffer, Schutzhüllen und dergleichen), erkennbar ausschließlich oder hauptsächlich für Maschinen, Apparate oder Geräte der Positionen 8470 bis 8472 bestimmt:	**8473**	
– Teile und Zubehör, für Maschinen und Geräte der Position 8470:		
– – für elektronische Rechenmaschinen und Geräte der Unterposition 8470 10, 8470 21 oder 8470 29:		
– – – zusammengesetzte elektronische Schaltungen (Baugruppen)	8473 21 10	–
– – – andere	8473 21 90	–
– – andere:		
– – – zusammengesetzte elektronische Schaltungen (Baugruppen)	8473 29 10	–

Warenbezeichnung	Warennummer	Besondere Maßeinheit
– – – andere	8473 29 90	–
– Teile und Zubehör, für Maschinen der Position 8471:		
– – zusammengesetzte elektronische Schaltungen (Baugruppen)	8473 30 20	–
– – andere	8473 30 80	–
– Teile und Zubehör, für Maschinen und Apparate der Position 8472:		
– – zusammengesetzte elektronische Schaltungen (Baugruppen)	8473 40 10	–
– – andere	8473 40 80	–
– Teile und Zubehör, gleichermaßen für die Verwendung mit Maschinen, Apparaten oder Geräten der Positionen 8470 bis 8472 bestimmt:		
– – zusammengesetzte elektronische Schaltungen (Baugruppen)	8473 50 20	–
– – andere	8473 50 80	–
Maschinen und Apparate zum Sortieren, Sieben, Trennen, Waschen, Zerkleinern, Mahlen, Mischen oder Kneten von Erden, Steinen, Erzen oder anderen festen (auch pulver- oder breiförmigen) mineralischen Stoffen; Maschinen zum Pressen oder Formen von festen mineralischen Brennstoffen, keramischen Massen, Zement, Gips oder anderen pulver- oder breiförmigen mineralischen Stoffen; Maschinen zum Herstellen von Gießformen aus Sand:	**8474**	
– Maschinen und Apparate zum Sortieren, Sieben, Trennen oder Waschen	8474 10 00	–
– Maschinen und Apparate zum Zerkleinern oder Mahlen	8474 20 00	–
– Maschinen und Apparate zum Mischen oder Kneten:		
– – Beton- und Mörtelmischmaschinen	8474 31 00	–
– – Maschinen zum Mischen mineralischer Stoffe mit Bitumen	8474 32 00	–
– – andere	8474 39 00	–
– andere Maschinen und Apparate:		
– – Maschinen zum Pressen oder Formen von keramischen Massen	8474 80 10	–
– – andere	8474 80 90	–
– Teile:		
– – aus Eisen oder Stahl, gegossen	8474 90 10	–
– – andere	8474 90 90	–
Maschinen zum Zusammenbauen von mit Glaskolben oder Glasröhre ausgestatteten elektrischen Lampen, Elektronenröhren oder Blitzlampen; Maschinen zum Herstellen oder Warmbearbeiten von Glas oder Glaswaren:	**8475**	
– Maschinen zum Zusammenbauen von mit Glaskolben oder Glasröhre ausgestatteten elektrischen Lampen, Elektronenröhren oder Blitzlampen	8475 10 00	–
– Maschinen zum Herstellen oder Warmbearbeiten von Glas oder Glaswaren:		
– – Maschinen zum Herstellen von optischen Fasern oder deren Vorformen	8475 21 00	–
■ **– – andere**	8475 29 00	–
– Teile:		
– – Teile von Maschinen der Warennummer 8475 21 00	8475 90 10	–
■ – – andere	8475 90 90	–
Warenverkaufsautomaten (z. B. Briefmarken-, Zigaretten-, Lebensmittel- oder Getränkeautomaten), einschließlich Geldwechselautomaten:	**8476**	
– Getränkeverkaufsautomaten:		
– – mit Heiz- oder Kühlvorrichtungen	8476 21 00	St
– – andere	8476 29 00	St
– andere Maschinen:		
– – mit Heiz- oder Kühlvorrichtungen	8476 81 00	St
– – andere:		
– – – Geldwechselautomaten	8476 89 10	St
– – – andere	8476 89 90	St

	Warenbezeichnung	Warennummer	Besondere Maßeinheit
	– Teile:		
	– – Teile von Geldwechselautomaten	8476 90 10	–
	– – andere	8476 90 90	–
	Maschinen und Apparate zum Be- oder Verarbeiten von Kautschuk oder Kunststoffen oder zum Herstellen von Waren aus diesen Stoffen, in Kapitel 84 anderweit weder genannt noch inbegriffen:	**8477**	
	– Spritzgießmaschinen	8477 10 00	St
	– Extruder	8477 20 00	St
	– Blasformmaschinen	8477 30 00	St
	– Vakuumformmaschinen und andere Warmformmaschinen	8477 40 00	St
	– andere Maschinen und Apparate zum Formen:		
	– – zum Formen oder Runderneuern von Luftreifen oder zum Formen von Luftschläuchen	8477 51 00	St
	– – andere:		
	– – – Pressen	8477 59 10	St
	– – – andere	8477 59 80	St
	– andere Maschinen und Apparate:		
	– – Maschinen zum Herstellen von Zellkunststoff oder Zellkautschuk:		
■	– – – Maschinen für die Verarbeitung von Reaktionsharzen	8477 80 11	St
■	– – – andere	8477 80 19	St
	– – andere:		
	– – – Zerkleinerungsmaschinen	8477 80 91	St
	– – – Mischer, Kneter und Rührwerke	8477 80 93	St
	– – – Schneid-, Spalt- und Schälmaschinen	8477 80 95	St
■	– – – andere	8477 80 99	–
	– Teile:		
	– – aus Eisen oder Stahl, gegossen	8477 90 10	–
■	– – andere	8477 90 80	–
	Maschinen und Apparate zum Aufbereiten oder Verarbeiten von Tabak, in diesem Kapitel anderweit weder genannt noch inbegriffen:	**8478**	
	– Maschinen und Apparate	8478 10 00	–
	– Teile	8478 90 00	–
	Maschinen, Apparate und mechanische Geräte mit eigener Funktion, in diesem Kapitel anderweit weder genannt noch inbegriffen:	**8479**	
	– Maschinen, Apparate und Geräte für den Straßen-, Hoch- oder Tiefbau oder für ähnliche Arbeiten	8479 10 00	–
■	**– Maschinen, Apparate und Geräte zum Gewinnen oder Aufbereiten von tierischen oder fetten pflanzlichen oder mikrobiellen Ölen oder Fetten**	8479 20 00	–
	– Pressen zum Herstellen von Span- oder Faserplatten aus Holz oder anderen holzartigen Stoffen und andere Maschinen und Apparate zum Behandeln von Holz oder Kork:		
	– – Pressen	8479 30 10	–
	– – andere	8479 30 90	–
	– Maschinen zum Herstellen von Bindfäden, Seilen, Tauen oder Kabeln	8479 40 00	St
	– Industrieroboter, anderweit weder genannt noch inbegriffen	8479 50 00	–
	– Verdunstungsluftkühler	8479 60 00	–
	– Fahrgastbrücken:		
	– – von der auf Flughäfen verwendeten Art	8479 71 00	–
	– – andere	8479 79 00	–

Warenbezeichnung	Warennummer	Besondere Maßeinheit
– andere Maschinen, Apparate und Geräte:		
■ **– – zum Behandeln von Metallen, einschließlich Spulenwickelmaschinen für elektrotechnische Zwecke**	8479 81 00	–
– – zum Mischen, Kneten, Zerkleinern, Mahlen, Sieben, Sichten, Homogenisieren, Emulgieren oder Rühren	8479 82 00	–
● **– – kaltisostatische Pressen**	8479 83 00	–
– – andere:		
– – – schreitender hydraulischer Grubenausbau	8479 89 30	–
– – – Zentralschmiersysteme	8479 89 60	–
– – – elektronische Bestückungsautomaten von der ausschließlich oder hauptsächlich für die Herstellung von Baugruppen gedruckter Schaltungen verwendeten Art	8479 89 70	–
■ – – – andere	8479 89 97	–
– Teile:		
– – Teile von Maschinen der Warennummer 8479 89 70	8479 90 15	–
– – andere:		
– – – aus Eisen oder Stahl, gegossen	8479 90 20	–
■ – – – andere	8479 90 70	–
Gießerei-Formkästen; Grundplatten für Formen; Gießereimodelle; Formen für Metalle (andere als solche zum Gießen von Ingots, Masseln oder dergleichen), Metallcarbide, Glas, mineralische Stoffe, Kautschuk oder Kunststoffe:	**8480**	
– Gießerei-Formkästen	8480 10 00	–
– Grundplatten für Formen	8480 20 00	–
– Gießereimodelle:		
– – aus Holz	8480 30 10	–
– – andere	8480 30 90	–
– Formen für Metalle oder Metallcarbide:		
– – zum Druckgießen (einschließlich Spritzgießen)	8480 41 00	–
– – andere	8480 49 00	–
– Formen für Glas	8480 50 00	–
– Formen für mineralische Stoffe	8480 60 00	–
– Formen für Kautschuk oder Kunststoffe:		
– – zum Spritzgießen oder Formpressen	8480 71 00	–
– – andere	8480 79 00	–
Armaturen und ähnliche Apparate für Rohr- oder Schlauchleitungen, Dampfkessel, Sammelbehälter, Wannen oder ähnliche Behälter, einschließlich Druckminderventile und thermostatisch gesteuerte Ventile:	**8481**	
– Druckminderventile:		
– – kombiniert mit Filtern oder Ölern	8481 10 05	–
– – andere:		
– – – aus Gusseisen oder aus Stahl	8481 10 19	–
– – – andere	8481 10 99	–
– Ventile für ölhydraulische oder pneumatische Energieübertragung:		
– – Ventile für ölhydraulische Energieübertragung	8481 20 10	–
– – Ventile für pneumatische Energieübertragung	8481 20 90	–
– Rückschlagklappen und -ventile:		
– – aus Gusseisen oder aus Stahl	8481 30 91	–
– – andere	8481 30 99	–
– Überdruckventile und Sicherheitsventile:		
– – aus Gusseisen oder aus Stahl	8481 40 10	–
– – andere	8481 40 90	–

Warenbezeichnung	Warennummer	Besondere Maßeinheit
– andere Armaturen und ähnliche Apparate:		
– – Sanitärarmaturen:		
– – – Mischarmaturen	8481 80 11	–
– – – andere	8481 80 19	–
– – Armaturen für Heizkörper von Zentralheizungen:		
– – – Thermostatventile	8481 80 31	–
– – – andere	8481 80 39	–
– – Ventile für Reifen oder Luftschläuche	8481 80 40	–
– – andere:		
– – – Regelventile:		
– – – – Temperaturregelventile	8481 80 51	–
– – – – andere	8481 80 59	–
– – – andere:		
– – – – Schieber:		
– – – – – aus Gusseisen	8481 80 61	–
– – – – – aus Stahl	8481 80 63	–
– – – – – andere	8481 80 69	–
– – – – Ventile:		
– – – – – aus Gusseisen	8481 80 71	–
– – – – – aus Stahl	8481 80 73	–
– – – – – andere	8481 80 79	–
– – – – Kugel-, Kegel- und Zylinderhähne	8481 80 81	–
– – – – Klappen	8481 80 85	–
– – – – Membranarmaturen	8481 80 87	–
– – – – andere	8481 80 99	–
– Teile	8481 90 00	–
Wälzlager (Kugellager, Rollenlager und Nadellager):	**8482**	
– Kugellager:		
– – mit einem größten äußeren Durchmesser von 30 mm oder weniger	8482 10 10	–
– – andere	8482 10 90	–
– Kegelrollenlager, einschließlich der Zusammenstellungen aus Kegeln und Kegelrollen	8482 20 00	–
– Tonnenlager (Pendelrollenlager)	8482 30 00	–
● **– Nadellager, einschließlich Zusammenstellungen aus Käfig und Nadelrollen (Nadelkränze)**	8482 40 00	–
● **– andere Zylinderrollenlager, einschließlich Zusammenstellungen aus Käfig und Zylinderrollen**	8482 50 00	–
– andere, einschließlich kombinierte Wälzlager	8482 80 00	–
– Teile:		
– – Kugeln, Rollen und Nadeln:		
– – – Kegelrollen	8482 91 10	–
– – – andere	8482 91 90	–
– – andere	8482 99 00	–

Warenbezeichnung	Warennummer	Besondere Maßeinheit
Wellen (einschließlich Nockenwellen und Kurbelwellen) und Kurbeln; Lagergehäuse mit eingebautem Wälzlager; Wellengleitlager; Lagergehäuse und Lagerschalen; Zahnräder, Zahnstangen, Friktionsräder, Kettenräder und Getriebe, auch in Form von Wechsel- oder Schaltgetrieben oder Drehmomentwandlern; Kugel- oder Rollenrollspindeln; Schwungräder, Riemen- und Seilscheiben (einschließlich Seilrollenblöcke für Flaschenzüge); Schaltkupplungen und andere Wellenkupplungen (einschließlich Universalkupplungen):	**8483**	
– Wellen (einschließlich Nockenwellen und Kurbelwellen) und Kurbeln:		
– – Kurbeln und Kurbelwellen:		
– – – aus Eisen oder Stahl, gegossen	8483 10 21	–
– – – aus Stahl, freiformgeschmiedet	8483 10 25	–
– – – andere	8483 10 29	–
– – Gelenkwellen	8483 10 50	–
– – andere	8483 10 95	–
– Lagergehäuse mit eingebautem Wälzlager	8483 20 00	–
– Lagergehäuse ohne eingebaute Wälzlager; Wellengleitlager und Lagerschalen:		
– – Lagergehäuse:		
– – – für Wälzlager aller Art	8483 30 32	–
– – – andere	8483 30 38	–
– – Wellengleitlager und Lagerschalen	8483 30 80	–
– Getriebe, auch in Form von Wechsel- oder Schaltgetrieben oder Drehmomentwandlern, ausgenommen Zahnräder, Kettenräder und andere Kraftübertragungsvorrichtungen, gesondert gestellt; Kugel- oder Rollenrollspindeln:		
– – Zahnradgetriebe (ausgenommen Schaltgetriebe):		
– – – Stirnradgetriebe	8483 40 21	–
– – – Kegelrad- und Kegelstirnradgetriebe	8483 40 23	–
– – – Schneckengetriebe	8483 40 25	–
– – – andere	8483 40 29	–
– – Kugel- oder Rollenrollspindeln	8483 40 30	–
– – Schaltgetriebe:		
– – – Zahnradschaltgetriebe	8483 40 51	–
– – – andere	8483 40 59	–
– – andere	8483 40 90	–
– Schwungräder sowie Riemen- und Seilscheiben (einschließlich Seilrollenblöcke für Flaschenzüge):		
– – aus Eisen oder Stahl, gegossen	8483 50 20	–
– – andere	8483 50 80	–
– Schaltkupplungen und andere Wellenkupplungen (einschließlich Universalkupplungen):		
– – aus Eisen oder Stahl, gegossen	8483 60 20	–
– – andere	8483 60 80	–
– Zahnräder, Kettenräder und andere Kraftübertragungsvorrichtungen, gesondert gestellt; Teile:		
– – Teile von Lagergehäusen für Wälzlager aller Art	8483 90 20	–
– – andere:		
– – – aus Eisen oder Stahl, gegossen	8483 90 81	–
– – – andere	8483 90 89	–

Warenbezeichnung	Warennummer	Besondere Maßeinheit
Metalloplastische Dichtungen; Sätze oder Zusammenstellungen von Dichtungen verschiedener stofflicher Beschaffenheit, in Beuteln, Kartons oder ähnlichen Umschließungen; mechanische Dichtungen:	**8484**	
– metalloplastische Dichtungen	8484 10 00	–
– mechanische Dichtungen	8484 20 00	–
– andere	8484 90 00	–
● **Maschinen für die additive Fertigung:**	**8485**	
● **– durch Metallablagerung**	8485 10 00	St
● **– durch Kunststoff- oder Kautschukablagerung**	8485 20 00	St
● **– durch Gips-, Zement-, Keramik- oder Glasablagerung:**		
● – – durch Gips-, Zement- oder Keramikablagerung	8485 30 10	St
● – – andere	8485 30 90	St
● **– andere**	8485 80 00	St
● **– Teile:**		
● – – Teile von mechanischen Apparaten der Warennummer 8485 30 10	8485 90 10	–
● – – andere	8485 90 90	–
● **Maschinen, Apparate und Geräte von der ausschließlich oder hauptsächlich zum Herstellen von Halbleiterbarren (boules), Halbleiterscheiben (wafers) oder Halbleiterbauelementen, elektronischen integrierten Schaltungen oder Flachbildschirmen verwendeten Art; in Anmerkung 11 C zu diesem Kapitel genannte Maschinen, Apparate und Geräte; Teile und Zubehör:**	**8486**	
– Maschinen, Apparate und Geräte zum Herstellen von Halbleiterbarren (boules) oder Halbleiterscheiben (wafers)	8486 10 00	–
– Maschinen, Apparate und Geräte zum Herstellen von Halbleiterbauelementen oder elektronischen integrierten Schaltungen:		
– Maschinen, Apparate und Geräte zum Herstellen von Halbleiterbauelementen oder elektronischen integrierten Schaltungen	8486 20 00	–
– Maschinen, Apparate und Geräte zum Herstellen von Flachbildschirmen	8486 30 00	–
● **– in Anmerkung 11 C zu diesem Kapitel genannte Maschinen, Apparate und Geräte**	8486 40 00	–
– Teile und Zubehör	8486 90 00	–
Teile von Maschinen, Apparaten oder Geräten, in diesem Kapitel anderweit weder genannt noch inbegriffen, ausgenommen Teile mit elektrischer Isolierung, elektrischen Anschlussstücken, Wicklungen, Kontakten oder anderen charakteristischen Merkmalen elektrotechnischer Waren:	**8487**	
– Schiffsschrauben und Schraubenflügel dafür:		
– – aus Bronze	8487 10 10	St
– – andere	8487 10 90	St
– andere:		
– – aus Gusseisen	8487 90 40	–
– – aus Eisen oder Stahl:		
– – – aus Stahl, gegossen	8487 90 51	–
– – – aus freiformgeschmiedetem oder gesenkgeschmiedetem Eisen oder Stahl	8487 90 57	–
– – – andere	8487 90 59	–
– – andere	8487 90 90	–

Kapitel 85

Elektrische Maschinen, Apparate, Geräte und andere elektrotechnische Waren, Teile davon; Tonaufnahme- oder Tonwiedergabegeräte, Bild- und Tonaufzeichnungs- oder -wiedergabegeräte, für das Fernsehen, Teile und Zubehör für diese Geräte

Anmerkungen

1. Zu Kapitel 85 gehören nicht:
   a) Bettdecken, Heizkissen, Fußwärmer und ähnliche Gegenstände, mit elektrischer Heizvorrichtung; Kleidung, Schuhe, Ohrenschützer und andere am Körper zu tragende Gegenstände, mit elektrischer Heizvorrichtung;
   b) Glaswaren der Position 7011;
   c) Maschinen, Apparate und Geräte der Position 8486;
   d) Staubsauger von der für medizinische, chirurgische, zahnärztliche oder tierärztliche Zwecke verwendeten Art (Position 9018); oder
   e) elektrisch beheizte Möbel des Kapitels 94.
2. Waren, die sowohl der Position 8501 bis 8504 als auch der Position 8511, 8512, 8540, 8541 oder 8542 zugewiesen werden können, sind in eine der fünf zuletzt genannten Positionen einzureihen.
   Quecksilberdampfgleichrichter mit Metallgefäß gehören jedoch zu Position 8504.
3. Im Sinne der Position 8507 umfasst der Begriff „Akkumulatoren" auch solche Waren, die mit Nebenaggregaten ein- oder ausgeführt werden, die der Funktion des Akkumulators (des Speicherns oder der Versorgung mit Strom) dienen oder vor Zerstörung schützen, wie z. B. elektrische Stecker, Temperaturreglereinheiten (z. B. Thermistoren) und Stromkreisschutzvorrichtungen. Auch umfasst sind Teile des Schutzgehäuses, in dem sie verwendet werden sollen.
4. Zu Position 8509 gehören folgende elektromechanische Geräte, sofern sie von einer üblicherweise im Haushalt verwendeten Art sind:
   a) Bohnergeräte, Lebensmittelzerkleinerungs- und -mischgeräte, Frucht- und Gemüsepressen, mit beliebigem Gewicht;
   b) andere Geräte mit einem Höchstgewicht von 20 kg, ausgenommen Ventilatoren und Abluft- oder Umluftabzugshauben mit eingebautem Ventilator, auch mit Filter (Position 8414), Wäscheschleudern (Position 8421), Geschirrspülmaschinen (Position 8422), Waschmaschinen für Wäsche (Position 8450), Bügelkalander und andere Bügelmaschinen (Position 8420 oder 8451), Nähmaschinen (Position 8452), elektrische Handscheren (Position 8467) und Elektrowärmegeräte (Position 8516).
5. ● Im Sinne der Position 8517 bezeichnet der Begriff „Smartphones" Telefone für zellulare Netzwerke, ausgestattet mit einem mobilen Betriebssystem, das dafür ausgelegt ist, die Funktionen einer automatischen Datenverarbeitungsmaschine wie Herunterladen und gleichzeitiges Ausführen mehrerer Anwendungen auszuführen, auch Anwendungen Dritter, auch andere Funktionen wie digitale Kameras und Navigationssysteme umfassend.
6. Im Sinne der Position 8523 gelten:
   a) als „nicht flüchtige Halbleiterspeichervorrichtungen" (z. B. „Flash Memory Card" oder „Flash Electronic Storage Card") Speichervorrichtungen mit einer elektrischen Anschlussvorrichtung, die im gleichen Gehäuse einen oder mehrere Flashspeicher (z. B. „Flash E2PROM") in Form von auf gedruckten Schaltungen montierten integrierten Schaltungen enthalten. Sie können einen Controller in Form einer integrierten Schaltung und diskrete passive Bauelemente wie Kondensatoren und Widerstände enthalten;
   b) als „intelligente Karten (smart cards)", Karten, mit einer oder mehreren in ihnen als Mikroplättchen (Chip) eingelassenen elektronischen integrierten Schaltungen (Mikroprozessor, Schreib-/Lesespeicher (RAM –

random access memory) oder Festwertspeicher (ROM – read-only memory)). Diese Karten dürfen Kontakte, einen Magnetstreifen oder eine eingelassene Antenne, aber keine anderen aktiven oder passiven Bauelemente enthalten.

● 7. Im Sinne der Position 8524 bezeichnen „Flachbildschirmmodule" Geräte oder Apparate zur Informationsanzeige, mindestens mit einem Anzeigebildschirm ausgestattet, die dazu bestimmt sind, vor Gebrauch in Waren anderer Positionen eingebaut zu werden. Anzeigebildschirme für Flachbildschirmmodule umfassen unter anderem Bildschirme mit flacher, gekrümmter, biegsamer, faltbarer oder dehnbarer Form. Flachbildschirmmodule können zusätzliche Elemente enthalten, auch solche, die zum Empfang von Videosignalen und zur Pixelzuweisung dieser Signale auf der Anzeige nötig sind. Die Position 8524 umfasst jedoch nicht Anzeigemodule, die mit Komponenten für die Umwandlung von Videosignalen (z. B. einem integrierten Skalierungsschaltkreis, einem integrierten Dekodierschaltkreis oder einem Anwendungsprozessor) ausgestattet sind oder auf andere Weise den Charakter von Waren anderer Positionen erhalten haben.

Die Einreihung von Flachbildschirmmodulen im Sinne dieser Anmerkung in die Position 8524 hat Vorrang vor allen anderen Positionen der Nomenklatur.

8. „Gedruckte Schaltungen" im Sinne der Position 8534 sind Schaltungen, bei denen auf einem isolierenden Träger durch ein beliebiges Druckverfahren (z. B. durch Ausstanzen, Elektroplattieren oder Ätzen) oder in der Technik der „Schichtschaltungen" Leiterbahnen, Kontakte oder andere aufgedruckte Elemente (z. B. Induktionsspulen, Widerstände oder Kondensatoren) – einzeln oder miteinander nach einem vorher festgelegten Schaltplan verbunden – aufgebracht sind, nicht jedoch Bauelemente (wie z. B. Halbleiterbauelemente), die ein elektrisches Signal erzeugen, umformen, verändern oder verstärken können.

Der Begriff „gedruckte Schaltungen" umfasst weder Schaltungen, die mit anderen als gedruckten Elementen versehen sind, noch einzelne diskrete Widerstände, Kondensatoren oder Induktionsspulen. Gedruckte Schaltungen können jedoch mit nicht durch Drucken hergestellten Anschlussstücken ausgestattet sein.

Dünnschicht- oder Dickschichtschaltungen gehören zu Position 8542, wenn sie passive und aktive Elemente enthalten, die während des gleichen technologischen Vorgangs hergestellt worden sind.

9. Im Sinne der Position 8536 gelten als „Verbinder für optische Fasern, Bündel aus optischen Fasern oder optische Kabel" Verbinder, die lediglich dazu dienen, die optischen Fasern in einem digitalen drahtgebundenen System an den Enden zueinander mechanisch auszurichten. Sie üben keine andere Funktion, wie z. B. Verstärken, Wiederherstellen oder Verändern eines Signals aus.

10. Zu Position 8537 gehören nicht kabellose Infrarot-Fernbedienungen für Fernsehempfangsgeräte oder andere elektrische Apparate (Position 8543).

● 11. Im Sinne der Position 8539 umfasst der Begriff „Leuchtdiodenlichtquellen (LED-Lichtquellen)":

a) „Leuchtdiodenmodule (LED-Module)", bei denen es sich um elektrische Lichtquellen handelt, die auf Leuchtdioden (LED) basieren, welche in elektrischen Schaltkreisen angeordnet sind und weitere, z. B. elektrische, mechanische, thermische oder optische Bauelemente enthalten. Sie können auch mit diskreten aktiven Bauelementen, diskreten passiven Bauelementen oder Waren der Position 8536 oder 8542 zur Stromversorgung oder -regelung ausgestattet sein. Leuchtdiodenmodule (LED-Module) besitzen keinen Sockel, der zum einfachen Einsetzen oder Austauschen in einer Leuchte dient und der den mechanischen Halt und elektrischen Kontakt ermöglicht.

b) „Leuchtdiodenlampen (LED-Lampen)", bei denen es sich um elektrische Lichtquellen handelt, die mindestens ein Leuchtdiodenmodul (LED-Modul) enthalten, welches weitere, z. B. elektrische, mechanische, thermische oder optische Bauelemente enthält. Leuchtdiodenmodule (LED-Module) unterscheiden sich darin von Leuchtdiodenlampen (LED-Lampen), dass die Lampen einen Sockel besitzen, der zum einfachen Einsetzen oder Austauschen in einer Leuchte dient und der den mechanischen Halt und elektrischen Kontakt ermöglicht.

● 12. Im Sinne der Positionen 8541 und 8542 sind:

a) 1) „Halbleiterbauelemente" Bauelemente, deren Arbeitsweise auf der Veränderung des spezifischen Widerstandes unter dem Einfluss eines elektrischen Feldes beruht, oder halbleiterbasierte Transducer.

Halbleiterbauelemente können auch Baugruppen aus vielen Bauelementen umfassen, die auch mit Nebenfunktionen erfüllenden aktiven und passiven Bauelementen ausgestattet sein können.

Im Sinne dieser Definition sind „halbleiterbasierte Transducer" halbleiterbasierte Sensoren, halbleiterbasierte Aktuatoren, halbleiterbasierte Resonatoren und halbleiterbasierte Oszillatoren, bei denen es sich um Arten von diskreten Halbleiterbauelementen handelt, die eine intrinsische Funktion erfüllen und in der Lage sind, jede Art physikalischer oder chemischer Phänomene oder eine Aktion in ein elektrisches Signal bzw. ein elektrisches Signal in eine beliebige Art physikalischer Phänomene oder eine Aktion umzuwandeln.

Alle in halbleiterbasierten Transducern enthaltenen Bauelemente sind auf praktisch untrennbare Weise verbunden und können auch untrennbar vereinigte, für ihren Bau oder ihre Funktion notwendige Materialien enthalten.

Die folgenden Ausdrücke haben die jeweilige Bedeutung:

1) „Halbleiterbasiert“ bedeutet auf einem Halbleitersubstrat aufgebaut oder hergestellt oder aus Halbleitermaterialien hergestellt, durch Halbleitertechnologie hergestellt, wobei das Halbleitersubstrat oder -material hinsichtlich Funktion und Leistung des Transducers eine wesentliche und nicht ersetzbare Rolle spielt und die Arbeitsweise auf Halbleitereigenschaften beruht, einschließlich physikalischer, elektrischer, chemischer und optischer Eigenschaften.

2) „Physikalische oder chemische Phänomene“ beziehen sich auf Phänomene, wie Druck, Schallwellen, Beschleunigung, Vibration, Bewegung, Orientierung, Belastung, magnetische Feldstärke, elektrische Feldstärke, Licht, Radioaktivität, Feuchte, Durchfluss, chemische Konzentrationen usw.

3) Ein „halbleiterbasierter Sensor“ ist ein Typ eines Halbleiterbauelements, das aus mikroelektronischen oder mechanischen Strukturen besteht, die in der Masse oder auf der Oberfläche eines Halbleiters erzeugt werden und der Erfassung physikalischer oder chemischer Größen und der Umwandlung dieser in elektrische Signale dienen, hervorgerufen durch Veränderungen elektrischer Eigenschaften oder eine Verschiebung der mechanischen Struktur.

4) Ein „halbleiterbasierter Aktuator“ ist ein Typ eines Halbleiterbauelements, das aus mikroelektronischen oder mechanischen Strukturen besteht, die in der Masse oder auf der Oberfläche eines Halbleiters erzeugt werden und dazu dienen, elektrische Signale in physikalische Bewegung umzuwandeln.

5) Ein „halbleiterbasierter Resonator“ ist ein Typ eines Halbleiterbauelements, das aus mikroelektronischen oder mechanischen Strukturen besteht, die in der Masse oder auf der Oberfläche eines Halbleiters erzeugt werden und dazu dienen, eine mechanische oder elektrische Schwingung mit festgelegter Frequenz zu erzeugen, die bei äußerer Anregung von der physikalischen Geometrie dieser Strukturen abhängig ist.

6) Ein „halbleiterbasierter Oszillator“ ist ein Typ eines Halbleiterbauelements, das aus mikroelektronischen oder mechanischen Strukturen besteht, die in der Masse oder auf der Oberfläche eines Halbleiters erzeugt werden und dazu dienen, eine mechanische oder elektrische Schwingung mit festgelegter Frequenz zu erzeugen, die von der physikalischen Geometrie dieser Strukturen abhängig ist.

2) „Leuchtdioden (LED)“ sind auf Halbleitermaterialien basierende Halbleiterbauelemente, die elektrische Energie in sichtbare, infrarote oder ultraviolette Strahlung umwandeln, auch untereinander elektrisch verbunden und mit Schutzdioden kombiniert.
Leuchtdioden (LED) der Position 8541 enthalten keine Elemente für die Stromversorgung oder -regelung;

b) „elektronische integrierte Schaltungen“:

1) monolithische integrierte Schaltungen, bei denen die Schaltungselemente (Dioden, Transistoren, Widerstände, Kondensatoren, Induktivitäten usw.) hauptsächlich im halbleitenden Material sowie auf der Oberfläche halbleitenden Materials (z. B. dotiertes Silicium, Galliumarsenid, Silicium-Germanium, Indiumphosphid) hergestellt worden sind und ein untrennbares Ganzes bilden;

2) hybride integrierte Schaltungen, bei denen passive Bauelemente (Widerstände, Kondensatoren, Induktivitäten usw.), die in der Dünnschicht- oder Dickschichttechnik hergestellt worden sind, und aktive Bauelemente (Dioden, Transistoren, monolithische integrierte Schaltungen usw.), die in der Halbleitertechnik hergestellt worden sind, auf praktisch untrennbare Weise auf dem gleichen isolierenden Träger (z. B. Glas oder Keramik) vereinigt und durch Leiterbahnen oder Drähte verbunden sind. Diese Schaltungen können auch diskrete Bauelemente enthalten;

3) integrierte Multichip-Schaltungen, bei denen zwei oder mehr monolithische integrierte Schaltungen miteinander verbunden und auf praktisch untrennbare Weise vereinigt sind, auch auf einem oder mehreren isolierenden Trägern, auch mit Anschlussrahmen (Leadframes), jedoch ohne andere aktive oder passive Bauelemente.

4) Multikomponente Integrierte Schaltungen (MCOs): eine Kombination aus einer oder mehreren monolithischen, hybriden oder integrierten Multichip-Schaltungen mit mindestens einer der folgenden

Komponenten: Silizium-basierende Sensoren, Aktuatoren, Oszillatoren, Resonatoren oder Kombinationen davon, oder Komponenten, die die Funktionen von Waren der Positionen 8532, 8533, 8541 ausführen, oder Induktoren der Position 8504, auf praktisch untrennbare Weise zu einer einzigen integrierten Schaltung verbunden, als Bestandteil von der für die Montage auf einer Leiterplatte (PCB) oder einem anderen Träger, durch Verbindung mittels Stiften (pins), Leitungen (leads), Lötbuckeln (balls), (lands), (bumps) oder Anschlussflächen (pads) verwendeten Art.

Im Sinne dieser Definition gilt:

1. „Komponenten" können diskret und unabhängig gefertigt und erst danach auf den Rest des MCO montiert oder in andere Komponenten integriert worden sein.
2. „auf der Basis von Silizium" bedeutet auf einem Siliziumsubstrat aufgebaut oder aus Siliziummaterialien hergestellt oder bei der Fertigung auf den Chip eines integrierten Schaltkreises aufgebracht.
3. a) „Sensoren auf der Basis von Silizium" bestehen aus mikroelektronischen oder mechanischen Strukturen, die in der Masse oder auf der Oberfläche eines Halbleiters erzeugt werden und der Erfassung physikalischer oder chemischer Größen und der Wandlung dieser in elektrische Signale dienen, hervorgerufen durch Veränderungen elektrischer Eigenschaften oder einer Verschiebung der mechanischen Struktur. „Physikalische oder chemische Größen" bezieht sich auf Phänomene, wie Druck, Schallwellen, Beschleunigung, Vibration, Bewegung, Orientierung, Belastung, magnetische Feldstärke, elektrische Feldstärke, Licht, Radioaktivität, Feuchte, Durchfluss, chemische Konzentrationen usw.

   b) „Aktuatoren auf der Basis von Silizium" bestehen aus mikroelektronischen und mechanischen Strukturen, die in der Masse oder auf der Oberfläche eines Halbleiters erzeugt werden und dazu dienen, elektrische Signale in physikalische Bewegung umzuwandeln.

   c) „Resonatoren auf der Basis von Silizium" sind Komponenten, die aus mikroelektronischen oder mechanischen Strukturen bestehen, die in der Masse oder auf der Oberfläche eines Halbleiters erzeugt werden und dazu dienen, eine mechanische oder elektrische Schwingung mit festgelegter Frequenz zu erzeugen, die bei äußerer Anregung von der physikalischen Geometrie dieser Strukturen abhängig ist.

   d) „Oszillatoren auf der Basis von Silizium" sind aktive Komponenten, die aus mikroelektronischen oder mechanischen Strukturen bestehen, die in der Masse oder auf der Oberfläche eines Halbleiters erzeugt werden und dazu dienen, eine mechanische oder elektrische Schwingung mit festgelegter Frequenz zu erzeugen, die von der physikalischen Geometrie dieser Strukturen abhängig ist.

Mit Ausnahme der Position 8523 haben die Positionen 8541 und 8542 für die in dieser Anmerkung beschriebenen Waren Vorrang vor jeder anderen Position des Warenverzeichnisses, die für diese Waren, insbesondere wegen ihrer Funktion, in Betracht kommen könnte.

Unterpositions-Anmerkungen

1. Zu der Unterposition 8525 81 gehören nur Hochgeschwindigkeits-Fernsehkameras, digitale Fotoapparate und -Videokameraaufnahmegeräte mit einer oder mehreren der folgenden Eigenschaften:
   - Aufzeichnungsgeschwindigkeit größer als 0,5 mm/μs
   - zeitliche Auflösung von 50 ns oder weniger
   - Bildrate größer als 225 000 Bilder/s
2. Für die Unterposition 8525 82 gilt, dass strahlungsfeste oder strahlungsresistente Fernsehkameras, digitale Fotoapparate und Videokameraaufnahmegeräte so ausgelegt oder abgeschirmt sind, dass sie in einer hoch strahlenden Umgebung funktionieren können. Diese Kameras sind so konstruiert, dass sie ohne Funktionseinbußen einer Gesamtstrahlendosis von mehr als 50×10^3 Gy (Silizium) (5×10^6 RAD (Silizium)) standhalten können.
3. Zur Unterposition 8525 83 gehören Nachtsicht-Fernsehkameras, digitale Fotoapparate und -Videokameraaufnahmegeräte, in denen eine Fotokathode dazu dient, das vorhandene Licht in Elektronen umzuwandeln, die verstärkt und in ein sichtbares Bild umgewandelt werden können. Zu dieser Unterposition gehören nicht Wärmebildkameras (sie fallen in der Regel in die Unterposition 8525 89).

4. Zu der Unterposition 8527 12 gehören nur Kassettengeräte mit eingebautem Verstärker aber ohne eingebauten Lautsprecher, die ohne externe elektrische Energiequelle betrieben werden können und deren Abmessungen 170 mm x 100 mm x 45 mm oder weniger betragen.
5. Als „ausgebrauchte elektrische Primärelemente und Primärbatterien sowie ausgebrauchte elektrische Akkumulatoren“ im Sinne der Unterpositionen 8549 11 bis 8549 19 gelten derartige Waren, die wegen Bruchs, Zerstörung, Abnutzung oder anderer Gründe als solche nicht mehr verwendet werden können oder nicht wiederaufladbar sind.

Zusätzliche Anmerkungen

1. Tonwiedergabegeräte mit Laserabnehmersystem gehören nicht zur Warennummer 8519 20 10 oder 8519 30 00.
2. Nur für die Zwecke der Warennummern 8528 71 15 und 8528 71 91 erfasst der Begriff „Modem“ Geräte oder Vorrichtungen, die Eingangs- und Ausgangssignale modulieren und demodulieren, wie V.90-Modems oder Kabelmodems, sowie andere Geräte, die für den Zugang zum Internet ähnliche Technologien verwenden, wie WLAN, ISDN und Ethernet. Der Zugang zum Internet kann durch den Dienstanbieter beschränkt sein.

   Geräte dieser Warennummern müssen einen wechselseitigen Kommunikationsprozess oder einen wechselseitigen Informationsfluss zur Herstellung eines interaktiven Informationsaustausches ermöglichen.

Warenbezeichnung	Warennummer	Besondere Maßeinheit
Elektromotoren und elektrische Generatoren, ausgenommen Stromerzeugungsaggregate:	**8501**	
– Motoren mit einer Leistung von 37,5 W oder weniger:		
– – Synchronmotoren mit einer Leistung von 18 W oder weniger	8501 10 10	St
– – andere:		
– – – Allstrom-(Universal-)motoren	8501 10 91	St
– – – Wechselstrommotoren	8501 10 93	St
– – – Gleichstrommotoren	8501 10 99	St
– Allstrom-(Universal-)motoren mit einer Leistung von mehr als 37,5 W	8501 20 00	St
● **– andere Gleichstrommotoren; Gleichstromgeneratoren, ausgenommen fotovoltaische Generatoren:**		
■ **– – mit einer Leistung von 750 W oder weniger**	8501 31 00	St
■ **– – mit einer Leistung von mehr als 750 W bis 75 kW**	8501 32 00	St
■ **– – mit einer Leistung von mehr als 75 kW bis 375 kW**	8501 33 00	St
■ **– – mit einer Leistung von mehr als 375 kW**	8501 34 00	St
– andere Einphasen-Wechselstrommotoren:		
– – mit einer Leistung von 750 W oder weniger	8501 40 20	St
– – mit einer Leistung von mehr als 750 W	8501 40 80	St
– andere Mehrphasen-Wechselstrommotoren:		
– – mit einer Leistung von 750 W oder weniger	8501 51 00	St
– – mit einer Leistung von mehr als 750 W bis 75 kW:		
– – – mit einer Leistung von mehr als 750 W bis 7,5 kW	8501 52 20	St
– – – mit einer Leistung von mehr als 7,5 kW bis 37 kW	8501 52 30	St
– – – mit einer Leistung von mehr als 37 kW bis 75 kW	8501 52 90	St
– – mit einer Leistung von mehr als 75 kW:		
– – – Fahrmotoren	8501 53 50	St
– – – andere, mit einer Leistung von:		
– – – – mehr als 75 kW bis 375 kW	8501 53 81	St
– – – – mehr als 375 kW bis 750 kW	8501 53 94	St
– – – – mehr als 750 kW	8501 53 99	St
● **– Wechselstromgeneratoren, ausgenommen fotovoltaische Generatoren:**		
– – mit einer Leistung von 75 kVA oder weniger:		
■ – – – mit einer Leistung von 7,5 kVA oder weniger	8501 61 20	St
■ – – – mit einer Leistung von mehr als 7,5 kVA bis 75 kVA	8501 61 80	St
■ **– – mit einer Leistung von mehr als 75 kVA bis 375 kVA**	8501 62 00	St
■ **– – mit einer Leistung von mehr als 375 kVA bis 750 kVA**	8501 63 00	St
■ **– – mit einer Leistung von mehr als 750 kVA**	8501 64 00	St
● **– fotovoltaische Gleichstromgeneratoren:**		
● **– – mit einer Leistung von 50 W oder weniger:**	8501 71 00	St
● **– – mit einer Leistung von mehr als 50 W**	8501 72 00	St
● **– fotovoltaische Wechselstromgeneratoren**	8501 80 00	St

Warenbezeichnung	Warennummer	Besondere Maßeinheit
Stromerzeugungsaggregate und elektrische rotierende Umformer:	**8502**	
– Stromerzeugungsaggregate, angetrieben durch Kolbenverbrennungsmotor mit Selbstzündung (Diesel- oder Halbdieselmotor):		
– – mit einer Leistung von 75 kVA oder weniger:		
– – – mit einer Leistung von 7,5 kVA oder weniger	8502 11 20	St
– – – mit einer Leistung von mehr als 7,5 kVA bis 75 kVA	8502 11 80	St
– – mit einer Leistung von mehr als 75 kVA bis 375 kVA	8502 12 00	St
– – mit einer Leistung von mehr als 375 kVA:		
– – – mit einer Leistung von mehr als 375 kVA bis 750 kVA	8502 13 20	St
– – – mit einer Leistung von mehr als 750 kVA bis 2 000 kVA	8502 13 40	St
– – – mit einer Leistung von mehr als 2 000 kVA	8502 13 80	St
– Stromerzeugungsaggregate, angetrieben durch Kolbenverbrennungsmotor mit Fremdzündung:		
– – mit einer Leistung von 7,5 kVA oder weniger	8502 20 20	St
– – mit einer Leistung von mehr als 7,5 kVA bis 375 kVA	8502 20 40	St
– – mit einer Leistung von mehr als 375 kVA bis 750 kVA	8502 20 60	St
– – mit einer Leistung von mehr als 750 kVA	8502 20 80	St
– andere Stromerzeugungsaggregate:		
– – windgetrieben	8502 31 00	St
– – andere:		
– – – Turbogeneratoren	8502 39 20	St
– – – andere	8502 39 80	St
– elektrische rotierende Umformer	8502 40 00	St
Teile, erkennbar ausschließlich oder hauptsächlich für Maschinen der Position 8501 oder 8502 bestimmt:	**8503**	
– amagnetische Schrumpfringe	8503 00 10	–
– andere:		
– – aus Eisen oder Stahl, gegossen	8503 00 91	–
– – andere	8503 00 99	–
Elektrische Transformatoren, elektrische Stromrichter (z. B. Gleichrichter) sowie Drossel- und andere Selbstinduktionsspulen:	**8504**	
– Vorschaltgeräte für Entladungslampen:		
– – Vorschaltdrosselspulen (Einfach- und Doppeldrosselspulen), auch mit angeschaltetem Kondensator	8504 10 20	St
– – andere	8504 10 80	St
– Transformatoren mit Flüssigkeitsisolation:		
– – mit einer Leistung von 650 kVA oder weniger	8504 21 00	St
– – mit einer Leistung von mehr als 650 kVA bis 10 000 kVA:		
– – – mit einer Leistung von mehr als 650 kVA bis 1 600 kVA	8504 22 10	St
– – – mit einer Leistung von mehr als 1 600 kVA bis 10 000 kVA	8504 22 90	St
– – mit einer Leistung von mehr als 10 000 kVA	8504 23 00	St
– andere Transformatoren:		
– – mit einer Leistung von 1 kVA oder weniger:		
– – – Messwandler:		
– – – – Spannungswandler	8504 31 21	St
– – – – andere	8504 31 29	St
– – – andere	8504 31 80	St
– – mit einer Leistung von mehr als 1 kVA bis 16 kVA	8504 32 00	St
– – mit einer Leistung von mehr als 16 kVA bis 500 kVA	8504 33 00	St
– – mit einer Leistung von mehr als 500 kVA	8504 34 00	St

Warenbezeichnung	Warennummer	Besondere Maßeinheit
– Stromrichter:		
– – von der mit Telekommunikationsgeräten oder automatischen Datenverarbeitungsmaschinen und ihren Einheiten verwendeten Art	8504 40 30	St
– – andere:		
– – – Akkumulatorenladegeräte	8504 40 55	St
– – – andere:		
– – – – Gleichrichter	8504 40 82	–
– – – – Wechselrichter:		
– – – – – mit einer Leistung von 7,5 kVA oder weniger	8504 40 84	–
– – – – – mit einer Leistung von mehr als 7,5 kVA	8504 40 88	–
– – – – andere	8504 40 90	–
– andere Drosselspulen und andere Selbstinduktionsspulen	8504 50 00	–
– Teile:		
– – von Transformatoren und Selbstinduktionsspulen:		
– – – Ferritkerne	8504 90 11	–
– – – Stahl-Elektrobleche und –kerne, auch geschichtet oder gewickelt	8504 90 13	–
– – – andere	8504 90 17	–
– – von Stromrichtern	8504 90 90	–
Elektromagnete; Dauermagnete und Waren, die dazu bestimmt sind, nach Magnetisierung Dauermagnete zu werden; Spannplatten, Spannfutter und ähnliche dauermagnetische oder elektromagnetische Aufspannvorrichtungen; elektromagnetische Kupplungen und Bremsen; elektromagnetische Hebeköpfe:	**8505**	
– Dauermagnete und Waren, die dazu bestimmt sind, nach Magnetisierung Dauermagnete zu werden:		
– – aus Metall	8505 11 00	–
– – andere:		
– – – Dauermagnete aus agglomeriertem Ferrit	8505 19 10	–
– – – andere	8505 19 90	–
– elektromagnetische Kupplungen und Bremsen	8505 20 00	–
– andere, einschließlich Teile:		
– – Elektromagnete; Spannplatten und Spannfutter und ähnliche dauermagnetische oder elektromagnetische Aufspannvorrichtungen:		
– – – Elektromagnete von der ausschließlich oder hauptsächlich für bildgebende Magnetresonanzgeräte verwendeten Art, außer Elektromagneten der Position 9018	8505 90 21	–
– – – andere	8505 90 29	–
– – elektromagnetische Hebeköpfe	8505 90 50	–
– – Teile	8505 90 90	–

Warenbezeichnung	Warennummer	Besondere Maßeinheit
Elektrische Primärelemente und Primärbatterien:	**8506**	
– Mangandioxidelemente und -batterien:		
– – alkalische:		
– – – Rundzellen	8506 10 11	St
– – – andere	8506 10 18	St
– – andere:		
– – – Rundzellen	8506 10 91	St
– – – andere	8506 10 98	St
– Quecksilberoxidelemente und -batterien	8506 30 00	St
– Silberoxidelemente und -batterien	8506 40 00	St
– Lithiumelemente und -batterien:		
– – Rundzellen	8506 50 10	St
– – Knopfzellen	8506 50 30	St
– – andere	8506 50 90	St
– Luft-Zink-Elemente und -Batterien	8506 60 00	St
– andere Primärelemente und Primärbatterien:		
– – Zink-Kohle-Trockenbatterien mit einer Spannung von 5,5 V bis 6,5 V	8506 80 05	St
– – andere	8506 80 80	St
– Teile	8506 90 00	–
Elektrische Akkumulatoren, einschließlich Scheider (Separatoren) dafür, auch in quadratischer oder rechteckiger Form:	**8507**	
– Blei-Akkumulatoren von der zum Starten von Kolbenverbrennungsmotoren verwendeten Art (Starterbatterien):		
– – mit flüssigem Elektrolyt arbeitend	8507 10 20	St
– – andere	8507 10 80	St
– andere Blei-Akkumulatoren:		
– – mit flüssigem Elektrolyt arbeitend	8507 20 20	AnzZel
– – andere	8507 20 80	AnzZel
– Nickel-Cadmium-Akkumulatoren:		
– – gasdichte	8507 30 20	St
– – andere	8507 30 80	AnzZel
– Nickelhydrid-Akkumulatoren	8507 50 00	St
– Lithium-Ionen-Akkumulatoren	8507 60 00	St
– andere Akkumulatoren	8507 80 00	St
– Teile:		
– – Scheider (Separatoren)	8507 90 30	–
– – andere	8507 90 80	–
Staubsauger:	**8508**	
– mit eingebautem Elektromotor:		
– – mit einer Leistung von 1 500 W oder weniger und mit einem Fassungsvermögen des Staubbehälters von 20 l oder weniger	8508 11 00	St
– – andere	8508 19 00	St
– andere Staubsauger	8508 60 00	St
– Teile	8508 70 00	–

Warenbezeichnung	Warennummer	Besondere Maßeinheit
Elektromechanische Haushaltsgeräte mit eingebautem Elektromotor, ausgenommen Staubsauger der Position 8508:	**8509**	
– Lebensmittelzerkleinerungs- und -mischgeräte (Küchenmaschinen); Frucht- und Gemüsepressen	8509 40 00	St
– andere Geräte	8509 80 00	–
– Teile	8509 90 00	–
Rasierapparate, Haarschneide- und Schermaschinen sowie Haarentferner (Epilatoren), mit eingebautem Elektromotor:	**8510**	
– Rasierapparate	8510 10 00	St
– Haarschneide- und Schermaschinen	8510 20 00	St
– Haarentferner (Epilatoren)	8510 30 00	St
– Teile	8510 90 00	–
Elektrische Zündapparate, Zündvorrichtungen und Anlasser, für Verbrennungsmotoren mit Fremd- oder Selbstzündung (z. B. Magnetzünder, Lichtmagnetzünder, Zündspulen, Zündkerzen und Glühkerzen); mit den vorstehend genannten Motoren verwendete Lichtmaschinen (z. B. Gleich- und Wechselstrommaschinen) und Lade- oder Rückstromschalter:	**8511**	
– Zündkerzen	8511 10 00	–
– Magnetzünder; Lichtmagnetzünder; Schwungmagnetzünder	8511 20 00	–
– Zündverteiler; Zündspulen	8511 30 00	–
– Anlasser und Lichtanlasser	8511 40 00	–
– andere Lichtmaschinen	8511 50 00	–
– andere Apparate und Vorrichtungen	8511 80 00	–
– Teile	8511 90 00	–
Elektrische Beleuchtungs- und Signalgeräte (ausgenommen Waren der Position 8539), Scheibenwischer, Scheibenentfroster und Vorrichtungen gegen das Beschlagen der Fensterscheiben, von der für Kraftfahrzeuge oder Fahrräder verwendeten Art:	**8512**	
– Beleuchtungs- und Sichtsignalgeräte von der für Fahrräder verwendeten Art	8512 10 00	–
– andere Beleuchtungs- und Sichtsignalgeräte	8512 20 00	–
– Hörsignalgeräte:		
– – Diebstahlalarmanlagen von der für Kraftfahrzeuge verwendeten Art	8512 30 10	St
– – andere	8512 30 90	–
– Scheibenwischer, Scheibenentfroster und Vorrichtungen gegen das Beschlagen der Fensterscheiben	8512 40 00	–
– Teile:		
– – von Geräten der Warennummer 8512 30 10	8512 90 10	–
– – andere	8512 90 90	–
Tragbare elektrische Leuchten zum Betrieb mit eigener Stromquelle (z. B. Primärbatterien, Akkumulatoren oder Dynamos), ausgenommen Beleuchtungsgeräte der Position 8512:	**8513**	
– Leuchten	8513 10 00	–
– Teile	8513 90 00	–

Warenbezeichnung	Warennummer	Besondere Maßeinheit
Elektrische Industrie- oder Laboratoriumsöfen, einschließlich solcher Induktionsöfen oder solcher Öfen mit dielektrischer Erwärmung; andere Industrie- oder Laboratoriumsapparate zum Warmbehandeln von Stoffen mittels Induktion oder dielektrischer Erwärmung:	**8514**	
– Widerstandsöfen mit indirekter Beheizung:		
● **– – heißisostatische Pressen**	8514 11 00	St
● **– – andere:**		
● – – – Backöfen für Brotfabriken, Bäckereien, Konditoreien und Keksfabriken	8514 19 10	St
● – – – andere	8514 19 80	St
– Induktionsöfen oder Öfen mit dielektrischer Erwärmung:		
– – Induktionsöfen	8514 20 10	St
– – Öfen mit dielektrischer Erwärmung	8514 20 80	St
● **– andere Öfen:**		
● – – Elektronenstrahlöfen:		
● – – – von der ausschließlich oder hauptsächlich für die Herstellung gedruckter Schaltungen oder Baugruppen gedruckter Schaltungen verwendeten Art	8514 31 10	St
● – – – andere	8514 31 90	St
● – – Plasma- und Vakuum-Lichtbogenöfen:		
● – – – von der ausschließlich oder hauptsächlich für die Herstellung gedruckter Schaltungen oder Baugruppen gedruckter Schaltungen verwendeten Art	8514 32 10	St
● – – – andere	8514 32 90	St
● – – andere:		
● – – – von der ausschließlich oder hauptsächlich für die Herstellung gedruckter Schaltungen oder Baugruppen gedruckter Schaltungen verwendeten Art	8514 39 10	St
● – – – andere	8514 39 90	St
– andere Apparate zum Warmbehandeln von Stoffen mittels Induktion oder dielektrischer Erwärmung	8514 40 00	St
– Teile:		
● – – von anderen Öfen der Warennummern 8514 31 10, 8514 32 10 oder 8514 39 10	8514 90 30	–
– – andere	8514 90 70	–
Löt- und Schweißmaschinen, -apparate und -geräte (auch wenn sie zum Schneiden verwendbar sind), elektrisch (auch mit elektrisch beheiztem Gas) oder mit Laser-, Licht- oder anderem Photonenstrahl, mit Ultraschall, Elektronenstrahl, magnetischen Impulsen oder Plasmastrahl arbeitend; elektrische Maschinen, Apparate und Geräte zum Spritzen schmelzflüssiger Metalle oder Cermets:	**8515**	
– Maschinen, Apparate und Geräte zum Hart- oder Weichlöten:		
– – Lötkolben und Lötpistolen	8515 11 00	–
– – andere:		
– – – Wellenlötmaschinen von der ausschließlich oder hauptsächlich für die Herstellung von Baugruppen gedruckter Schaltungen verwendeten Art	8515 19 10	–
– – – andere	8515 19 90	–
– andere Maschinen, Apparate und Geräte zum Widerstandsschweißen von Metallen:		
– – voll- oder teilautomatische	8515 21 00	–
– – andere	8515 29 00	–
– Maschinen, Apparate und Geräte zum Lichtbogen- oder Plasmaschweißen von Metallen:		
– – voll- oder teilautomatische	8515 31 00	–
– – andere:		
– – – zum manuellen Schweißen, mit umhüllten Elektroden, bestehend aus Schweißköpfen oder Schweißzangen und:		
– – – – Transformator	8515 39 13	–

Warenbezeichnung	Warennummer	Besondere Maßeinheit
– – – – Generator oder rotierendem Umformer oder Stromrichter	8515 39 18	–
– – – andere	8515 39 90	–
– andere Maschinen, Apparate und Geräte:		
– – zum Behandeln von Metallen	8515 80 10	St
– – andere	8515 80 90	St
– Teile:		
– – von Wellenlötmaschinen der Warennummer 8515 19 10	8515 90 20	–
– – andere	8515 90 80	–
Elektrische Warmwasserbereiter und Tauchsieder; elektrische Geräte zum Raum- oder Bodenbeheizen oder zu ähnlichen Zwecken; Elektrowärmegeräte zur Haarpflege (z. B. Haartrockner, Dauerwellengeräte und Brennscherenwärmer) oder zum Händetrocknen; elektrische Bügeleisen; andere Elektrowärmegeräte für den Haushalt; elektrische Heizwiderstände, ausgenommen solche der Position 8545:	**8516**	
– elektrische Warmwasserbereiter und Tauchsieder:		
– – Durchlauferhitzer	8516 10 11	St
– – andere	8516 10 80	St
– elektrische Geräte zum Raum- oder Bodenbeheizen oder zu ähnlichen Zwecken:		
– – Speicherheizgeräte	8516 21 00	St
– – andere:		
– – – Radiatoren mit Flüssigkeitsumlauf	8516 29 10	St
– – – Konvektoren	8516 29 50	St
– – – andere:		
– – – – mit eingebautem Ventilator	8516 29 91	St
– – – – andere	8516 29 99	St
– Elektrowärmegeräte zur Haarpflege oder zum Händetrocknen:		
– – Haartrockner	8516 31 00	St
– – andere Elektrowärmegeräte zur Haarpflege	8516 32 00	–
– – Händetrockner	8516 33 00	St
– elektrische Bügeleisen	8516 40 00	St
– Mikrowellengeräte	8516 50 00	St
– andere Öfen; Küchenherde, Kochplatten, Grillgeräte und Bratgeräte:		
– – Vollherde	8516 60 10	St
– – Einzel- oder Mehrfachkochplatten und Kochmulden	8516 60 50	St
– – Grillgeräte und Bratgeräte	8516 60 70	St
– – Einbau-Backöfen	8516 60 80	St
– – andere	8516 60 90	St
– andere Elektrowärmegeräte:		
– – Kaffeemaschinen und Teemaschinen	8516 71 00	St
– – Brotröster (Toaster)	8516 72 00	St
– – andere:		
– – – Fritteusen	8516 79 20	St
– – – andere	8516 79 70	St
– elektrische Heizwiderstände:		
– – mit einem Träger aus Isolierstoff versehen	8516 80 20	–
– – andere	8516 80 80	–
– Teile	8516 90 00	–

Warenbezeichnung	Warennummer	Besondere Maßeinheit
● Fernsprechapparate, einschließlich Smartphones und andere Telefone für zellulare Netzwerke oder für andere drahtlose Netzwerke; andere Sende- oder Empfangsgeräte für Töne, Bilder oder andere Daten, einschließlich Apparate für die Kommunikation in einem drahtgebundenen oder drahtlosen Netzwerk (wie ein lokales Netzwerk oder ein Weitverkehrsnetzwerk), ausgenommen solche der Position 8443, 8525, 8527 oder 8528:	**8517**	
● – Fernsprechapparate, einschließlich Smartphones und andere Telefone für zellulare Netzwerke oder für andere drahtlose Netzwerke:		
– – Fernsprechapparate für die drahtgebundene Fernsprechtechnik mit schnurlosem Hörer	8517 11 00	St
● – – Smartphones	8517 13 00	St
● – – andere Telefone für zellulare Netzwerke oder andere drahtlose Netzwerke	8517 14 00	St
– – andere	8517 18 00	–
– andere Sende- oder Empfangsgeräte für Töne, Bilder oder andere Daten, einschließlich Apparate für die Kommunikation in einem drahtgebundenen oder drahtlosen Netzwerk (wie ein lokales Netzwerk oder ein Weitverkehrsnetzwerk):		
– – Basisstationen	8517 61 00	St
– – Geräte zum Empfangen, Konvertieren und Senden oder Regenerieren von Tönen, Bildern oder anderen Daten, einschließlich Geräte für die Vermittlung (switching) und Wegewahl (routing)	8517 62 00	–
– – andere:		
– – – Videofone	8517 69 10	St
– – – Gegensprechanlagen	8517 69 20	–
– – – Empfangsgeräte für den Funksprech- oder Funktelegrafieverkehr	8517 69 30	St
– – – andere	8517 69 90	–
● – Teile:		
● – – Antennen und Antennenreflektoren aller Art; Teile, die erkennbar mit diesen Waren verwendet werden	8517 71 00	–
● – – andere	8517 79 00	–
Mikrofone und Haltevorrichtungen dafür; Lautsprecher, auch in Gehäusen; Kopf- und Ohrhörer, auch mit Mikrofon kombiniert, und Zusammenstellungen, aus einem Mikrofon und einem oder mehreren Lautsprechern bestehend; elektrische Tonfrequenzverstärker; elektrische Tonverstärkereinrichtungen:	**8518**	
– Mikrofone und Haltevorrichtungen dafür	8518 10 00	–
– Lautsprecher, auch in Gehäusen:		
– – Einzellautsprecher im Gehäuse	8518 21 00	St
– – zwei oder mehr Lautsprecher in einem gemeinsamen Gehäuse (Mehrfachlautsprecher)	8518 22 00	St
– – andere	8518 29 00	St
– Kopf- und Ohrhörer, auch mit Mikrofon kombiniert, und Zusammenstellungen, aus einem Mikrofon und einem oder mehreren Lautsprechern bestehend	8518 30 00	–
– elektrische Tonfrequenzverstärker	8518 40 00	St
– elektrische Tonverstärkereinrichtungen	8518 50 00	St
– Teile	8518 90 00	–

Warenbezeichnung	Warennummer	Besondere Maßeinheit
Tonaufnahmegeräte; Tonwiedergabegeräte; Tonaufnahme- und -wiedergabegeräte:	**8519**	
– Geräte, die durch Eingabe von Münzen, Banknoten, Bankkarten, Wertmarken oder anderer Zahlungsmittel betätigt werden:		
– – münz- oder markenbetätigte Schallplatten-Musikautomaten	8519 20 10	St
– – andere:		
– – – mit Laserabnehmersystem	8519 20 91	St
– – – andere	8519 20 99	St
– Plattenteller	8519 30 00	St
– andere Geräte:		
■ **– – magnetische, optische oder Halbleiter-Aufzeichnungsträger verwendend**	8519 81 00	St
– – andere	8519 89 00	St
Videogeräte zur Bild- und Tonaufzeichnung oder -wiedergabe, auch mit eingebautem Videotuner:	**8521**	
– Magnetbandgeräte:		
– – für Magnetbänder mit einer Breite von 1,3 cm oder weniger und einer Bandlaufgeschwindigkeit bei der Bild- und Tonaufzeichnung oder -wiedergabe von 50 mm oder weniger pro Sekunde	8521 10 20	St
– – andere	8521 10 95	St
– andere	8521 90 00	St
Teile und Zubehör, erkennbar ausschließlich oder hauptsächlich für Geräte der Positionen 8519 oder 8521 bestimmt:	**8522**	
– Tonabnehmer für Rillentonträger	8522 10 00	–
– andere	8522 90 00	–

Warenbezeichnung	Warennummer	Besondere Maßeinheit
Platten, Bänder, nicht flüchtige Halbleiterspeichervorrichtungen, „intelligente Karten (smart cards)“ und andere Tonträger oder ähnliche Aufzeichnungsträger, mit oder ohne Aufzeichnung, einschließlich der zur Plattenherstellung dienenden Matrizen und Galvanos, ausgenommen Waren des Kapitels 37:	**8523**	
– magnetische Aufzeichnungsträger:		
– – Karten mit Magnetstreifen	8523 21 00	St
– – andere:		
– – – Magnetbänder, Magnetplatten:		
– – – – ohne Aufzeichnung	8523 29 15	St
– – – – andere	8523 29 19	St
– – – andere	8523 29 90	–
– optische Aufzeichnungsträger:		
– – ohne Aufzeichnung:		
– – – Platten („discs“) für Laserabnehmersysteme, mit einer Aufnahmekapazität von 900 Megabytes oder weniger, nicht löschbar	8523 41 10	St
– – – Platten („discs“) für Laserabnehmersysteme, mit einer Aufnahmekapazität von mehr als 900 Megabytes bis 18 Gigabytes, nicht löschbar	8523 41 30	St
– – – andere	8523 41 90	–
– – andere:		
– – – Platten („discs“) für Laserabnehmersysteme:		
– – – – „Digital versatile discs (DVD)“	8523 49 10	St
– – – – andere	8523 49 20	St
– – – andere	8523 49 90	St
– Halbleiter-Aufzeichnungsträger:		
– – nicht flüchtige Halbleiterspeichervorrichtungen:		
– – – ohne Aufzeichnung	8523 51 10	St
– – – andere	8523 51 90	St
– – „intelligente Karten (smart cards)“	8523 52 00	St
– – andere:		
– – – ohne Aufzeichnung	8523 59 10	St
– – – andere	8523 59 90	St
– andere:		
– – ohne Aufzeichnung	8523 80 10	–
– – andere	8523 80 90	–
● **Flachbildschirmmodule, auch berührungsempfindliche Bildschirme enthaltend:**	**8524**	
● **– ohne Treiber oder Steuerschaltkreise:**		
● **– – aus Flüssigkristallen**	8524 11 00	St
● **– – aus organischen Leuchtdioden (OLED)**	8524 12 00	St
● **– – andere**	8524 19 00	St
● **– andere:**		
● **– – aus Flüssigkristallen**	8524 91 00	St
● **– – aus organischen Leuchtdioden (OLED)**	8524 92 00	St
● **– – andere**	8524 99 00	St

Warenbezeichnung	Warennummer	Besondere Maßeinheit
Sendegeräte für den Rundfunk oder das Fernsehen, auch mit eingebautem Empfangsgerät oder Tonaufnahme- oder Tonwiedergabegerät; Fernsehkameras, digitale Fotoapparate und Videokameraaufnahmegeräte:	**8525**	
– Sendegeräte	8525 50 00	St
– Sendegeräte mit eingebautem Empfangsgerät	8525 60 00	St
– Fernsehkameras, digitale Fotoapparate und Videokameraaufnahmegeräte:		
● – – Hochgeschwindigkeits-Erzeugnisse gemäß der Unterpositions-Anmerkung 1 zu diesem Kapitel	8525 81 00	St
● – – andere, strahlungsfeste oder strahlungsresistente Erzeugnisse gemäß der Unterpositions-Anmerkung 2 zu diesem Kapitel	8525 82 00	St
● – – andere Nachtsicht-Erzeugnisse gemäß der Unterpositions-Anmerkung 3 zu diesem Kapitel	8525 83 00	St
● – – andere	8525 89 00	St
Funkmessgeräte (Radargeräte), Funknavigationsgeräte und Funkfernsteuergeräte:	**8526**	
– Funkmessgeräte (Radargeräte)	8526 10 00	–
– andere:		
– – Funknavigationsgeräte:		
– – – Funknavigationsempfangsgeräte	8526 91 20	St
– – – andere	8526 91 80	–
– – Funkfernsteuergeräte	8526 92 00	–
Rundfunkempfangsgeräte, auch in einem gemeinsamen Gehäuse mit einem Tonaufnahme- oder Tonwiedergabegerät oder einer Uhr kombiniert:	**8527**	
– Rundfunkempfangsgeräte, die ohne externe Energiequelle betrieben werden können:		
– – Radiokassettengeräte im Taschenformat	8527 12 00	St
– – andere Geräte, kombiniert mit Tonaufnahme- oder Tonwiedergabegeräten	8527 13 00	St
– – andere	8527 19 00	St
– Rundfunkempfangsgeräte von der in Kraftfahrzeugen verwendeten Art, die nur mit externer Energiequelle betrieben werden können:		
– – kombiniert mit Tonaufnahme- oder Tonwiedergabegeräten:		
– – – Geräte, die digitale Radio-Daten-System-Signale (RDS) empfangen und decodieren können:		
– – – – mit Laserabnehmersystem	8527 21 20	St
– – – – andere:		
– – – – – Kassettengeräte mit analogem und digitalem Abnehmersystem	8527 21 52	St
– – – – – andere	8527 21 59	St
– – – andere:		
– – – – mit Laserabnehmersystem	8527 21 70	St
– – – – andere:		
– – – – – Kassettengeräte mit analogem und digitalem Abnehmersystem	8527 21 92	St
– – – – – andere	8527 21 98	St
– – andere	8527 29 00	St
– andere:		
– – kombiniert mit Tonaufnahme- oder Tonwiedergabegeräten	8527 91 00	St
– – nicht mit Tonaufnahme- oder Tonwiedergabegeräten, jedoch mit Uhr kombiniert	8527 92 00	St
– – andere	8527 99 00	St

Warenbezeichnung	Warennummer	Besondere Maßeinheit
Monitore und Projektoren, ohne eingebautes Fernsehempfangsgerät; Fernsehempfangsgeräte, auch mit eingebautem Rundfunkempfangsgerät oder Ton- oder Bildaufzeichnungs- oder -wiedergabegerät:	**8528**	
– Monitore mit Kathodenstrahlröhre:		
– – zum direkten Anschluss an und für die Verwendung mit einer automatischen Datenverarbeitungsmaschine der Position 8471	8528 42 00	St
– – andere	8528 49 00	St
– andere Monitore:		
– – zum direkten Anschluss an und für die Verwendung mit einer automatischen Datenverarbeitungsmaschine der Position 8471:		
– – – von der ausschließlich oder hauptsächlich in einem automatischen Datenverarbeitungssystem der Position 8471 verwendeten Art	8528 52 10	St
– – – andere:		
– – – – mit einem Bildschirm mit Flüssigkristallanzeige (LCD)	8528 52 91	St
– – – – andere	8528 52 99	St
– – andere	8528 59 00	St
– Projektoren:		
– – zum direkten Anschluss an und für die Verwendung mit einer automatischen Datenverarbeitungsmaschine der Position 8471	8528 62 00	St
– – andere:		
– – – für einfarbiges Bild	8528 69 20	St
– – – andere	8528 69 80	St
– Fernsehempfangsgeräte, auch mit eingebautem Rundfunkempfangsgerät oder Ton- oder Bildaufzeichnungs- oder -wiedergabegerät:		
– – der Beschaffenheit nach nicht für den Einbau eines Videobildschirms hergerichtet:		
– – – Videotuner:		
– – – – zusammengesetzte elektronische Schaltungen (Baugruppen) zum Einbau in automatische Datenverarbeitungsmaschinen	8528 71 11	St
– – – – Geräte auf Mikroprozessorenbasis, mit eingebautem Modem für den Internetanschluss, für den interaktiven Informationsaustausch, geeignet zum Empfang von Fernsehsignalen (sogenannte „Set-Top-Boxen (STB) mit Kommunikationsfunktion“, einschließlich Geräte, die mit einer Aufnahme- oder Wiedergabefunktion ausgestattet sind, vorausgesetzt, das Gerät behält den wesentlichen Charakter einer Set-Top-Box mit Kommunikationsfunktion)	8528 71 15	St
– – – – andere	8528 71 19	St
– – – andere:		
– – – – Geräte auf Mikroprozessorenbasis, mit eingebautem Modem für den Internetanschluss, für den interaktiven Informationsaustausch, geeignet zum Empfang von Fernsehsignalen (sogenannte „Set-Top-Boxen (STB) mit Kommunikationsfunktion“, einschließlich Geräte, die mit einer Aufnahme- oder Wiedergabefunktion ausgestattet sind, vorausgesetzt, das Gerät behält den wesentlichen Charakter einer Set-Top-Box mit Kommunikationsfunktion)	8528 71 91	St
– – – – andere	8528 71 99	St
– – andere, für mehrfarbiges Bild:		
– – – Projektionsfernsehgeräte	8528 72 10	St
– – – Geräte mit eingebautem Videoaufnahme- oder Videowiedergabegerät	8528 72 20	St
– – – andere:		
– – – – mit eingebauter Bildröhre	8528 72 30	St

Warenbezeichnung	Warennummer	Besondere Maßeinheit
– – – – mit einem Bildschirm mit Flüssigkristallanzeige (LCD)	8528 72 40	St
– – – – mit einem Bildschirm mit Plasmaanzeige (PDP)	8528 72 60	St
– – – – andere	8528 72 80	St
– – andere, für einfarbiges Bild	8528 73 00	St
■ **Teile, erkennbar ausschließlich oder hauptsächlich für Geräte der Positionen 8524 bis 8528 bestimmt:**	8529	
– Antennen und Antennenreflektoren aller Art; Teile, die erkennbar mit diesen Waren verwendet werden:		
– – Antennen:		
– – – Teleskop- und Stabantennen für Taschen-, Koffer- und Kraftfahrzeugempfangsgeräte	8529 10 11	–
– – – Außenantennen für Rundfunk- und Fernsehempfang	8529 10 30	–
– – – Innenantennen für Rundfunk- und Fernsehempfang, einschließlich Geräteeinbauantennen	8529 10 65	–
– – – andere	8529 10 69	–
– – Filter und Weichen, für Antennen	8529 10 80	–
– – andere	8529 10 95	–
– andere:		
– – Module mit organischen Leuchtdioden und Tafeln mit organischen Leuchtdioden für Geräte der Unterposition 8528 72 oder 8528 73	8529 90 15	–
– – andere:		
● – – – für Waren der Warennummern 8524 11 00 und 8524 19 00	8529 90 18	–
● – – – von digitalen Fotoapparaten der Warennummern 8525 81 00, 8525 82 00, 8525 83 00 und 8525 89 00; von Apparaten der Warennummern 8525 60 00, 8528 42 00, 8528 52 10 und 8528 62 00	8529 90 20	–
– – – andere:		
● – – – – Möbel und Gehäuse	8529 90 40	–
– – – – zusammengesetzte elektronische Schaltungen (Baugruppen)	8529 90 65	–
– – – – andere:		
– – – – – LED-Hintergrundbeleuchtungsmodule, d. h. Lichtquellen, bestehend aus einer oder mehreren Leuchtdioden (LED) und einem oder mehreren Anschlussstücken, die auf eine gedruckte Schaltung oder ein ähnliches Substrat montiert sind, und anderen passiven Komponenten, auch in Kombination mit optischen Komponenten oder Schutzdioden, und die als Hintergrundbeleuchtung für Flüssigkristalldisplays (LCD) verwendet werden	8529 90 91	–
– – – – – andere:		
● – – – – – – für Fernsehkameras der Unterpositionen 8525 81, 8525 82, 8525 83 und 8525 89 und Geräte der Positionen 8527 und 8528	8529 90 92	–
– – – – – – andere	8529 90 97	–
Elektrische Verkehrssignal-, Verkehrssicherungs-, Verkehrsüberwachungs- und Verkehrssteuergeräte für Schienenwege oder dergleichen, Straßen, Binnenwasserstraßen, Parkplätze oder Parkhäuser, Hafenanlagen oder Flughäfen (ausgenommen solche der Position 8608):	8530	
– Geräte für Schienenwege oder dergleichen	8530 10 00	–
– andere Geräte	8530 80 00	–
– Teile	8530 90 00	–

Warenbezeichnung	Warennummer	Besondere Maßeinheit
Elektrische Hör- und Sichtsignalgeräte (z. B. Läutewerke, Sirenen, Anzeigetafeln, Einbruchs- oder Diebstahlalarmgeräte und Feuermelder), ausgenommen solche der Position 8512 oder 8530:	**8531**	
– Einbruchs- oder Diebstahlalarmgeräte, Feuermelder und ähnliche Geräte:		
– – von der für Gebäude verwendeten Art	8531 10 30	St
– – andere	8531 10 95	St
– Anzeigetafeln mit Flüssigkristallanzeige (LCD) oder Leuchtdiodenanzeige (LED):		
– – mit Leuchtdiodenanzeige (LED)	8531 20 20	–
– – mit Flüssigkristallanzeige (LCD):		
– – – mit aktiver Matrix-Flüssigkristallanzeige (LCD)	8531 20 40	–
– – – andere	8531 20 95	–
– andere Geräte:		
– – Läutwerke, Summer, Türklingeln und ähnliches	8531 80 40	–
– – andere	8531 80 70	–
– Teile	8531 90 00	–
Elektrische Festkondensatoren, Drehkondensatoren und andere einstellbare Kondensatoren:	**8532**	
– Festkondensatoren, ihrer Beschaffenheit nach für Ströme mit 50/60 Hz bestimmt und mit einer Blindleistung von 0,5 kvar oder mehr (Leistungskondensatoren)	8532 10 00	–
– andere Festkondensatoren:		
– – Tantalkondensatoren	8532 21 00	–
– – Aluminium-Elektrolytkondensatoren	8532 22 00	–
– – einschichtige Keramikkondensatoren	8532 23 00	–
– – mehrschichtige Keramikkondensatoren	8532 24 00	–
– – Papierkondensatoren und Kunststoffkondensatoren	8532 25 00	–
– – andere	8532 29 00	–
– Drehkondensatoren und andere einstellbare Kondensatoren	8532 30 00	–
– Teile	8532 90 00	–
Elektrische Widerstände (einschließlich Rheostate und Potenziometer), ausgenommen Heizwiderstände:	**8533**	
– Kohlemasse- und Kohleschichtfestwiderstände	8533 10 00	–
– andere Festwiderstände:		
– – für eine Leistung von 20 W oder weniger	8533 21 00	–
– – andere	8533 29 00	–
– Draht-Stellwiderstände (einschließlich Rheostate und Potenziometer):		
– – für eine Leistung von 20 W oder weniger	8533 31 00	–
– – andere	8533 39 00	–
– andere Stellwiderstände (einschließlich Rheostate und Potenziometer):		
– – für eine Leistung von 20 W oder weniger	8533 40 10	–
– – andere	8533 40 90	–
– Teile	8533 90 00	–
Gedruckte Schaltungen:	**8534**	
– nur mit Leiterbahnen oder Kontakten:		
– – Mehrlagenschaltungen	8534 00 11	–
– – andere	8534 00 19	–
– mit anderen passiven Elementen	8534 00 90	–

Warenbezeichnung	Warennummer	Besondere Maßeinheit
Elektrische Geräte zum Schließen, Unterbrechen, Schützen oder Verbinden von elektrischen Stromkreisen (z. B. Schalter, Sicherungen, Blitzschutzvorrichtungen, Spannungsbegrenzer, Überspannungsableiter, Steckvorrichtungen und andere Verbindungselemente sowie Verbindungskästen), für eine Spannung von mehr als 1 000 V:	**8535**	
– Sicherungen	8535 10 00	–
– Leistungsschalter:		
– – für eine Spannung von weniger als 72,5 kV	8535 21 00	–
– – andere	8535 29 00	–
– Trennschalter sowie Ein- und Ausschalter:		
– – für eine Spannung von weniger als 72,5 kV	8535 30 10	–
– – andere	8535 30 90	–
– Blitzschutzvorrichtungen, Spannungsbegrenzer und Überspannungsableiter	8535 40 00	–
– andere	8535 90 00	–
Elektrische Geräte zum Schließen, Unterbrechen, Schützen oder Verbinden von elektrischen Stromkreisen (z. B. Schalter, Relais, Sicherungen, Überspannungsableiter, Steckvorrichtungen, Lampenfassungen und andere Verbindungselemente, Verbindungskästen), für eine Spannung von 1 000 V oder weniger; Verbinder für optische Fasern, Bündel aus optischen Fasern oder optische Kabel:	**8536**	
– Sicherungen:		
– – für eine Stromstärke von 10 A oder weniger	8536 10 10	–
– – für eine Stromstärke von mehr als 10 A bis 63 A	8536 10 50	–
– – für eine Stromstärke von mehr als 63 A	8536 10 90	–
– Leistungsschalter:		
– – für eine Stromstärke von 63 A oder weniger	8536 20 10	–
– – für eine Stromstärke von mehr als 63 A	8536 20 90	–
– andere Geräte zum Schützen von elektrischen Stromkreisen:		
– – für eine Stromstärke von 16 A oder weniger	8536 30 10	–
– – für eine Stromstärke von mehr als 16 A bis 125 A	8536 30 30	–
– – für eine Stromstärke von mehr als 125 A	8536 30 90	–
– Relais:		
– – für eine Spannung von 60 V oder weniger:		
– – – für eine Stromstärke von 2 A oder weniger	8536 41 10	–
– – – für eine Stromstärke von mehr als 2 A	8536 41 90	–
– – andere	8536 49 00	–
– andere Schalter:		
– – elektronische Wechselstromschalter, aus optisch gekoppelten Ein- und Ausgangsschaltkreisen (Thyristor-Wechselstromschalter)	8536 50 03	–
– – elektronische Schalter, auch temperaturgeschützt, aus einem Transistor und einem Logikschaltkreis (Chip-on-chip-Technologie)	8536 50 05	–
– – elektromechanische Schnappschalter für eine Stromstärke von 11 A oder weniger	8536 50 07	–
– – andere:		
– – – für eine Spannung von 60 V oder weniger:		
– – – – Tastenschalter	8536 50 11	–
– – – – Drehschalter	8536 50 15	–
– – – – andere	8536 50 19	–
– – – andere	8536 50 80	–
– Lampenfassungen und Steckvorrichtungen:		
– – Lampenfassungen:		
– – – mit Edisongewinde	8536 61 10	–
– – – andere	8536 61 90	–

Warenbezeichnung	Warennummer	Besondere Maßeinheit
– – andere:		
– – – für Koaxialkabel	8536 69 10	–
– – – für gedruckte Schaltungen	8536 69 30	–
– – – andere	8536 69 90	–
– Verbinder für optische Fasern, Bündel aus optischen Fasern oder optische Kabel	8536 70 00	–
– andere Geräte:		
– – vorgefertigte Schienenverteilungen für elektrische Leitungen	8536 90 01	–
– – Verbindungs- und Kontaktelemente für Drähte und Kabel	8536 90 10	–
– – Batterieklemmen von der für Kraftfahrzeuge der Position 8702, 8703, 8704 oder 8711 verwendeten Art	8536 90 40	–
– – andere	8536 90 95	–
Tafeln, Felder, Konsolen, Pulte, Schränke und andere Träger, mit mehreren Geräten der Position 8535 oder 8536 ausgerüstet, zum elektrischen Schalten oder Steuern oder für die Stromverteilung, einschließlich solcher mit eingebauten Instrumenten oder Geräten des Kapitels 90, sowie numerische Steuerungen, ausgenommen Vermittlungseinrichtungen der Position 8517:	**8537**	
– für eine Spannung von 1 000 V oder weniger:		
– – Steuerschränke für numerische Steuerungen mit eingebauter automatischer Datenverarbeitungsmaschine	8537 10 10	–
– – andere:		
– – – speicherprogrammierbare Steuerungen	8537 10 91	–
– – – berührungsempfindliche Dateneingabegeräte (sogenannte Touchscreens) ohne Display-Funktionen zum Einbau in Apparate mit Display, deren Funktion auf der Erkennung einer Berührung und der Stelle dieser Berührung auf der Display-Fläche beruht	8537 10 95	–
– – – andere	8537 10 98	–
– für eine Spannung von mehr als 1 000 V:		
– – für eine Spannung von mehr als 1 000 V bis 72,5 kV	8537 20 91	–
– – für eine Spannung von mehr als 72,5 kV	8537 20 99	–
Teile, erkennbar ausschließlich oder hauptsächlich für Geräte der Position 8535, 8536 oder 8537 bestimmt:	**8538**	
– Tafeln, Felder, Konsolen, Pulte, Schränke und andere Träger für Waren der Position 8537, nicht mit den zugehörigen Geräten ausgerüstet	8538 10 00	–
– andere:		
– – für Wafer-Prober:		
– – – zusammengesetzte elektronische Schaltungen (Baugruppen)	8538 90 11	–
– – – andere	8538 90 19	–
– – andere:		
– – – zusammengesetzte elektronische Schaltungen (Baugruppen)	8538 90 91	–
– – – andere	8538 90 99	–
● **Elektrische Glühlampen und Entladungslampen, einschließlich innenverspiegelte Scheinwerferlampen (sealed beam lamp units) und Ultraviolett- und Infrarotlampen; Bogenlampen; Leuchtdiodenlichtquellen (LED-Lichtquellen):**	**8539**	
– innenverspiegelte Scheinwerferlampen (sealed beam lamp units)	8539 10 00	St
– andere Glühlampen, ausgenommen Ultraviolett- und Infrarotlampen:		
– – Wolfram-Halogen-Glühlampen:		
– – – Lampen von der für Krafträder oder andere Kraftfahrzeuge verwendeten Art	8539 21 30	St
– – – andere, für eine Spannung von:		
– – – – mehr als 100 V	8539 21 92	St
– – – – 100 V oder weniger	8539 21 98	St

Warenbezeichnung	Warennummer	Besondere Maßeinheit
– – andere, mit einer Leistung von 200 W oder weniger und für eine Spannung von mehr als 100 V:		
– – – Reflektorlampen	8539 22 10	St
– – – andere	8539 22 90	St
– – andere:		
– – – Lampen von der für Krafträder oder andere Kraftfahrzeuge verwendeten Art	8539 29 30	St
– – – andere, für eine Spannung von:		
– – – – mehr als 100 V	8539 29 92	St
– – – – 100 V oder weniger	8539 29 98	St
– Entladungslampen, ausgenommen Ultraviolettlampen:		
– – Glühkathoden-Leuchtstofflampen:		
– – – mit zwei Lampensockeln	8539 31 10	St
– – – andere	8539 31 90	St
– – Quecksilber- oder Natriumdampflampen; Halogen-Metalldampflampen:		
– – – Quecksilber- oder Natriumdampflampen	8539 32 20	St
– – – Halogen-Metalldampflampen	8539 32 90	St
– – andere:		
– – – Kaltkathoden-Fluoreszenzlampen (CCF-Lampen) für die Hintergrundbeleuchtung von Flachbildschirmen	8539 39 20	St
– – – andere	8539 39 80	St
– Ultraviolett- und Infrarotlampen; Bogenlampen:		
– – Bogenlampen	8539 41 00	St
– – andere	8539 49 00	St
● **– Leuchtdiodenlichtquellen (LED-Lichtquellen):**		
● **– – Leuchtdiodenmodule (LED-Module)**	8539 51 00	St
● **– – Leuchtdiodenlampen (LED-Lampen)**	8539 52 00	St
– Teile:		
– – Lampensockel	8539 90 10	–
■ – – andere	8539 90 90	–
Glühkathoden-, Kaltkathoden- und Fotokathoden-Elektronenröhren (z. B. Vakuumröhren, dampf- oder gasgefüllte Röhren, Quecksilberdampfgleichrichterröhren, Kathodenstrahlröhren und Bildaufnahmeröhren für Fernsehkameras):	**8540**	
– Kathodenstrahlröhren für Fernsehempfangsgeräte, einschließlich Kathodenstrahlröhren für Videomonitore:		
– – für mehrfarbiges Bild	8540 11 00	St
– – für einfarbiges Bild	8540 12 00	St
– Bildaufnahmeröhren für Fernsehkameras; Bildwandler- und Bildverstärkerröhren; andere Fotokathodenröhren:		
– – Bildaufnahmeröhren für Fernsehkameras	8540 20 10	St
– – andere	8540 20 80	St
– Anzeigeröhren für Datenmonitore, für einfarbiges Bild; Anzeigeröhren für Datenmonitore für mehrfarbiges Bild, mit einem Phosphor-Bildpunkteabstand von weniger als 0,4 mm	8540 40 00	St
– andere Kathodenstrahlröhren	8540 60 00	St
– Höchstfrequenzröhren (z. B. Magnetrone, Klystrone, Wanderfeldröhren, Karcinotrone), ausgenommen gittergesteuerte Röhren:		
– – Magnetrone	8540 71 00	St
– – andere	8540 79 00	St
– andere Elektronenröhren:		
– – Empfänger- und Verstärkerröhren	8540 81 00	St
– – andere	8540 89 00	St

Warenbezeichnung	Warennummer	Besondere Maßeinheit
– Teile:		
– – von Kathodenstrahlröhren	8540 91 00	–
– – andere	8540 99 00	–
● Halbleiterbauelemente (z.B. Dioden, Transistoren, halbleiterbasierte Transducer); lichtempfindliche Halbleiterbauelemente (einschließlich Fotoelemente, auch zu Modulen zusammengesetzt oder in Form von Tafeln); Leuchtdioden (LED); auch mit anderen Leuchtdioden (LED) zusammengesetzt; gefasste oder montierte piezoelektrische Kristalle:	**8541**	
– Dioden, andere als Fotodioden und Leuchtdioden (LED)	8541 10 00	–
– Transistoren, andere als Fototransistoren:		
– – mit einer Verlustleistung von weniger als 1 W	8541 21 00	–
– – andere	8541 29 00	–
– Thyristoren, Diacs und Triacs, ausgenommen lichtempfindliche Halbleiterbauelemente	8541 30 00	–
● – lichtempfindliche Halbleiterbauelemente (einschließlich Fotoelemente, auch zu Modulen zusammengesetzt oder in Form von Tafeln); Leuchtdioden (LED):		
● – – Leuchtdioden (LED)	8541 41 00	–
● – – Fotoelemente, weder zu Modulen zusammengesetzt noch in Form von Tafeln	8541 42 00	–
● – – Fotoelemente, zu Modulen zusammengesetzt oder in Form von Tafeln	8541 43 00	–
● – – andere	8541 49 00	–
● – andere Halbleiterbauelemente:		
● – – halbleiterbasierte Transducer	8541 51 00	–
● – – andere	8541 59 00	–
– gefasste oder montierte piezoelektrische Kristalle	8541 60 00	–
– Teile	8541 90 00	–
Elektronische integrierte Schaltungen:	**8542**	
– elektronische integrierte Schaltungen:		
– – Prozessoren und Steuer- und Kontrollschaltungen, auch in Verbindung mit Speichern, Wandlern, logischen Schaltungen, Verstärkern, Uhren und Taktgeberschaltungen oder anderen Schaltungen:		
● – – – in Anmerkung 12 b), Ziffern 3 und 4, zu diesem Kapitel genannte Waren:		
– – – – Multikomponente Integrierte Schaltungen (MCOs)	8542 31 11	–
– – – – andere	8542 31 19	–
– – – andere	8542 31 90	–
– – Speicher:		
● – – – in Anmerkung 12 b), Ziffern 3 und 4, zu diesem Kapitel genannte Waren:		
– – – – Multikomponente Integrierte Schaltungen (MCOs)	8542 32 11	–
– – – – andere	8542 32 19	–
– – – andere:		
– – – – dynamische Schreib-Lesespeicher mit wahlfreiem Zugriff (so genannte dynamische RAMs, DRAMs):		
– – – – – mit einer Speicherkapazität von 512 Mbit oder weniger	8542 32 31	St
– – – – – mit einer Speicherkapazität von mehr als 512 Mbit	8542 32 39	St
– – – – statische Schreib-Lesespeicher mit wahlfreiem Zugriff (so genannte statische RAMs, SRAMs), einschließlich Cache-Schreib-Lesespeicher mit wahlfreiem Zugriff (so genannte Cache-RAMs)	8542 32 45	St
– – – – UV-löschbare, programmierbare Lesespeicher (so genannte EPROMs)	8542 32 55	St
– – – – elektrisch löschbare, programmierbare Lesespeicher (so genannte E^2PROMs), einschließlich Flash E^2PROMs:		
– – – – – Flash E^2PROMs:		
– – – – – – mit einer Speicherkapazität von 512 Mbit oder weniger	8542 32 61	St
– – – – – – mit einer Speicherkapazität von mehr als 512 Mbit	8542 32 69	St

Warenbezeichnung	Warenummer	Besondere Maßeinheit
– – – – – andere	8542 32 75	St
– – – – andere Speicher	8542 32 90	–
– – **Verstärker:**		
– – – Multikomponente Integrierte Schaltungen (MCOs)	8542 33 10	–
– – – andere	8542 33 90	–
– – **andere:**		
● – – – in Anmerkung 12 b), Ziffern 3 und 4, zu diesem Kapitel genannte Waren:		
– – – – Multikomponente Integrierte Schaltungen (MCOs)	8542 39 11	–
– – – – andere	8542 39 19	–
– – – andere	8542 39 90	–
– **Teile**	8542 90 00	–
Elektrische Maschinen, Apparate und Geräte, mit eigener Funktion, in diesem Kapitel anderweit weder genannt noch inbegriffen:	**8543**	
– **Teilchenbeschleuniger**	8543 10 00	–
– **Signalgeneratoren**	8543 20 00	–
– **Maschinen, Apparate und Geräte für die Galvanotechnik, Elektrolyse oder Elektrophorese:**		
– – Maschinen für die Galvanotechnik und Elektrolyse von der ausschließlich oder hauptsächlich für die Herstellung gedruckter Schaltungen verwendeten Art	8543 30 40	–
– – andere	8543 30 70	–
● – **elektronische Zigaretten und ähnliche elektrische Verdampfungsvorrichtungen zum persönlichen Gebrauch**	8543 40 00	–
– **andere Maschinen, Apparate und Geräte:**		
– – Waren, die speziell für den Anschluss an telegrafische oder telefonische Apparate oder Instrumente oder an telegrafische oder telefonische Netze konstruiert sind	8543 70 01	–
– – Mikrowellenverstärker	8543 70 02	–
– – schnurlose Infrarot-Fernbedienungen für Videospielkonsolen	8543 70 03	–
– – digitale Flugdatenschreiber	8543 70 04	–
– – tragbare, akkubetriebene elektronische Lesegeräte zum Speichern und Anzeigen von Text-, Standbild- und Audiodateien	8543 70 05	–
– – digitale Signalverarbeitungsapparate, die an drahtgebundene oder drahtlose Netze zum Mischen von Ton angeschlossen werden können	8543 70 06	–
– – tragbare, interaktive, elektronische Lernprodukte, hauptsächlich konstruiert für Kinder	8543 70 07	–
– – Plasmareinigungsmaschinen zur Entfernung organischer Verunreinigungen von Proben für die Elektronenmikroskopie und Probenhaltern	8543 70 08	–
– – berührungsempfindliche Dateneingabegeräte (sogenannte Touchscreens) ohne Display-Funktionen zum Einbau in Apparate mit Display, deren Funktion auf der Erkennung einer Berührung und der Stelle dieser Berührung auf der Display-Fläche beruht	8543 70 09	–
– – Geräte mit Übersetzungs- oder Wörterbuchfunktionen	8543 70 10	–
– – Antennenverstärker	8543 70 30	–
– – Sonnenbänke, Sonnenlampen und ähnliche Bräunungsgeräte	8543 70 50	St
– – Elektrozaungeräte	8543 70 60	–
■ – – andere	8543 70 90	–
■ – **Teile**	8543 90 00	–

Warenbezeichnung	Warennummer	Besondere Maßeinheit
Isolierte (auch lackisolierte oder elektrolytisch oxidierte) Drähte, Kabel (einschließlich Koaxialkabel) und andere isolierte elektrische Leiter, auch mit Anschlussstücken; Kabel aus optischen, einzeln umhüllten Fasern, auch elektrische Leiter enthaltend oder mit Anschlussstücken versehen:	**8544**	
– Wickeldrähte:		
– – aus Kupfer:		
– – – lackiert	8544 11 10	–
– – – andere	8544 11 90	–
– – andere	8544 19 00	–
– Koaxialkabel und andere koaxiale elektrische Leiter	8544 20 00	–
– Zündkabelsätze und andere Kabelsätze von der für Beförderungsmittel verwendeten Art	8544 30 00	–
– andere elektrische Leiter, für eine Spannung von 1 000 V oder weniger:		
– – mit Anschlussstücken versehen:		
– – – von der für die Telekommunikation verwendeten Art	8544 42 10	–
– – – andere	8544 42 90	–
– – andere:		
– – – von der für die Telekommunikation verwendeten Art, für eine Spannung von 80 V oder weniger	8544 49 20	–
– – – andere:		
– – – – Drähte und Kabel, mit einem Durchmesser der Leitereinzeldrähte von mehr als 0,51 mm	8544 49 91	–
– – – – andere:		
– – – – – für eine Spannung von 80 V oder weniger	8544 49 93	–
– – – – – für eine Spannung von mehr als 80 V, jedoch weniger als 1 000 V	8544 49 95	–
– – – – – für eine Spannung von 1 000 V	8544 49 99	–
– andere elektrische Leiter, für eine Spannung von mehr als 1 000 V:		
– – mit Kupferleitern	8544 60 10	–
– – mit anderen Leitern	8544 60 90	–
– Kabel aus optischen Fasern	8544 70 00	–
Kohleelektroden, Kohlebürsten, Lampenkohlen, Batterie- und Elementekohlen und andere Waren für elektrotechnische Zwecke, aus Grafit oder anderem Kohlenstoff, auch in Verbindung mit Metall:	**8545**	
– Elektroden:		
– – von der für Öfen verwendeten Art	8545 11 00	–
– – andere	8545 19 00	–
– Kohlebürsten	8545 20 00	–
– andere:		
– – Heizwiderstände	8545 90 10	–
– – andere	8545 90 90	–
Elektrische Isolatoren aus Stoffen aller Art:	**8546**	
– aus Glas	8546 10 00	–
– aus keramischen Stoffen	8546 20 00	–
– andere:		
– – aus Kunststoffen	8546 90 10	–
– – andere	8546 90 90	–

Warenbezeichnung	Warennummer	Besondere Maßeinheit
Isolierteile, ganz aus Isolierstoffen oder nur mit in die Masse eingepressten einfachen Metallteilen zum Befestigen (z. B. mit eingepressten Hülsen mit Innengewinde), für elektrische Maschinen, Apparate, Geräte oder Installationen, ausgenommen Isolatoren der Position 8546; Isolierrohre und Verbindungsstücke dazu, aus unedlen Metallen, mit Innenisolierung:	**8547**	
– Isolierteile aus keramischen Stoffen	8547 10 00	–
– Isolierteile aus Kunststoffen	8547 20 00	–
– andere	8547 90 00	–
● **Elektrische Teile von Maschinen, Apparaten und Geräten, in Kapitel 85 anderweit weder genannt noch inbegriffen:**	**8548 00**	
● – Speicher in Form von Mehrfachkombinationen wie Stack-D-RAMs oder Module	8548 00 20	–
● – LED-Hintergrundbeleuchtungsmodule, d. h. Lichtquellen, bestehend aus einer oder mehreren Leuchtdioden (LED) und einem oder mehreren Anschlussstücken, die auf eine gedruckte Schaltung oder ein ähnliches Substrat montiert sind, und anderen passiven Komponenten, auch in Kombination mit optischen Komponenten oder Schutzdioden, und die als Hintergrundbeleuchtung für Flüssigkristalldisplays (LCD) verwendet werden	8548 00 30	–
● – andere	8548 00 90	–
● **Abfälle oder Schrott von elektrischen und elektronischen Geräten:**	**8549**	
● **– Abfälle und Schrott von elektrischen Primärelementen, Primärbatterien und Akkumulatoren; ausgebrauchte elektrische Primärelemente, Primärbatterien und Akkumulatoren:**		
● **– – Abfälle und Schrott von Blei-Akkumulatoren; ausgebrauchte Blei-Akkumulatoren:**		
● – – – ausgebrauchte Blei-Akkumulatoren	8549 11 10	–
● – – – Abfälle und Schrott von Blei-Akkumulatoren	8549 11 90	–
● **– – andere, Blei, Cadmium oder Quecksilber enthaltend:**		
● – – – ausgebrauchte elektrische Primärelemente und Primärbatterien	8549 12 10	St
● – – – ausgebrauchte elektrische Akkumulatoren	8549 12 20	–
● – – – andere	8549 12 90	–
● **– – nach chemischem Typ sortiert, kein Blei, Cadmium oder Quecksilber enthaltend:**		
● – – – ausgebrauchte elektrische Primärelemente und Primärbatterien	8549 13 10	St
● – – – ausgebrauchte elektrische Akkumulatoren	8549 13 20	–
● – – – andere	8549 13 90	–
● **– – unsortiert, kein Blei, Cadmium oder Quecksilber enthaltend:**		
● – – – ausgebrauchte elektrische Primärelemente und Primärbatterien	8549 14 10	St
● – – – ausgebrauchte elektrische Akkumulatoren	8549 14 20	–
● – – – andere	8549 14 90	–
● **– – andere:**		
● – – – ausgebrauchte elektrische Primärelemente und Primärbatterien	8549 19 10	St
● – – – ausgebrauchte elektrische Akkumulatoren	8549 19 20	–
● – – – andere	8549 19 90	–
● **– von der hauptsächlich zur Wiedergewinnung von Edelmetallen verwendeten Art:**		
● **– – elektrische Primärelemente, Primärbatterien und Akkumulatoren, Quecksilberschalter, Glas aus Kathodenstrahlröhren oder sonstiges beschichtetes Glas oder elektrische oder elektronische Bauteile enthaltend, Cadmium, Quecksilber, Blei oder polychlorierte Biphenyle (PCB) enthaltend**	8549 21 00	–
● **– – andere**	8549 29 00	–
● **– andere elektrische und elektronische Baugruppen und Leiterplatten:**		
● **– – elektrische Primärelemente, Primärbatterien und Akkumulatoren, Quecksilberschalter, Glas aus Kathodenstrahlröhren oder sonstiges beschichtetes Glas**		

Warenbezeichnung	Warennummer	Besondere Maßeinheit
oder elektrische oder elektronische Bauteile enthaltend, Cadmium, Quecksilber, Blei oder polychlorierte Biphenyle (PCB) enthaltend	8549 31 00	–
● – – andere	8549 39 00	–
● – andere:		
● – – elektrische Primärelemente, Primärbatterien und Akkumulatoren, Quecksilberschalter, Glas aus Kathodenstrahlröhren oder sonstiges beschichtetes Glas oder elektrische oder elektronische Bauteile enthaltend, Cadmium, Quecksilber, Blei oder polychlorierte Biphenyle (PCB) enthaltend	8549 91 00	–
● – – andere	8549 99 00	–

Beförderungsmittel

Anmerkungen

1. Zu Abschnitt XVII gehören nicht die in Position 9503 oder 9508 erfassten Waren sowie Rodelschlitten, Bobschlitten und dergleichen (Position 9506).
2. Folgende Waren sind nicht als „Teile" oder als „Zubehör" einzureihen, auch wenn sie erkennbar für Waren des Abschnitts XVII bestimmt sind:
   a) Dichtungen und dergleichen aus Stoffen aller Art (Einreihung nach Stoffbeschaffenheit oder nach Position 8484) sowie andere Waren aus Weichkautschuk (Position 4016);
   b) Teile mit allgemeiner Verwendungsmöglichkeit im Sinne der Anmerkung 2 zu Abschnitt XV, aus unedlen Metallen (Abschnitt XV), und gleichartige Waren aus Kunststoffen (Kapitel 39);
   c) Waren des Kapitels 82 (Werkzeuge);
   d) Waren der Position 8306;
   e) Maschinen, Apparate und Geräte der Positionen 8401 bis 8479 sowie Teile davon, ausgenommen Kühler für Waren dieses Abschnitts; Waren der Position 8481 oder 8482 und die in Position 8483 erfassten Teile von Motoren oder anderen Kraftmaschinen;
   f) elektrische Maschinen, Apparate und Geräte sowie elektrisches Zubehör (Kapitel 85);
   g) Instrumente, Apparate und Geräte des Kapitels 90;
   h) Waren des Kapitels 91;
   ij) Waffen (Kapitel 93);
   ● k) Leuchten und Beleuchtungskörper sowie deren Teile und Teile davon, der Position 9405;
   l) Bürsten, die Fahrzeugteile sind (Position 9603).
3. „Teile" und „Zubehör" im Sinne der Kapitel 86 bis 88 sind nur Teile und Zubehör, die erkennbar ausschließlich oder hauptsächlich für Waren des Kapitels 86, 87 oder 88 bestimmt sind. Teile und Zubehör, für die zwei oder mehr Positionen der Kapitel 86 bis 88 in Betracht kommen, sind der Position zuzuweisen, die dem Hauptverwendungszweck der Teile oder des Zubehörs entspricht.
4. In diesem Abschnitt werden:
   a) Fahrzeuge, die ihrer Beschaffenheit nach zur Fortbewegung sowohl auf der Straße als auch auf Schienen gebaut sind, in die in Betracht kommende Position des Kapitels 87 eingereiht;
   b) schwimmfähige Kraftfahrzeuge (Amphibienfahrzeuge) in die in Betracht kommende Position des Kapitels 87 eingereiht;
   c) Luftfahrzeuge, die ihrer Beschaffenheit nach so gebaut sind, dass sie auch als Landfahrzeuge verwendet werden können, in die in Betracht kommende Position des Kapitels 88 eingereiht.
5. Luftkissenfahrzeuge sind wie die Fahrzeuge einzureihen, denen sie am ähnlichsten sind, und zwar:
   a) in Kapitel 86, wenn sie ihrer Beschaffenheit nach dazu bestimmt sind, sich über einer Führungsschiene fortzubewegen (Luftkissenzüge);
   b) in Kapitel 87, wenn sie ihrer Beschaffenheit nach dazu bestimmt sind, sich über dem Boden oder in gleichem Maße über dem Boden und über dem Wasser fortzubewegen;

c) in Kapitel 89, wenn sie ihrer Beschaffenheit nach dazu bestimmt sind, sich über dem Wasser fortzubewegen, auch wenn sie am Strand oder auf Landungsbrücken landen oder sich über Eisflächen fortbewegen können.

Teile und Zubehör für Luftkissenfahrzeuge sind wie Teile und Zubehör von Fahrzeugen der Position einzureihen, der die Luftkissenfahrzeuge aufgrund der vorstehenden Bestimmungen zugewiesen werden.

Ortsfestes Material für Verkehrswege von Luftkissenfahrzeugen ist wie ortsfestes Gleismaterial einzureihen; Signal-, Sicherungs-, Überwachungs- oder Steuergeräte für Verkehrswege von Luftkissenfahrzeugen sind wie Signal-, Sicherungs-, Überwachungs- oder Steuergeräte für Schienenwege einzureihen.

Zusätzliche Anmerkungen

1. Vorbehaltlich der Zusätzlichen Anmerkung 3 zu Kapitel 89 sind Werkzeuge und andere Waren zur Instandhaltung und Instandsetzung von Beförderungsmitteln wie die Beförderungsmittel einzureihen, zu denen sie gehören, wenn sie mit ihnen zusammen ein- oder ausgeführt werden. Dies gilt auch für anderes Zubehör, das mit den Beförderungsmitteln, deren übliche Ausrüstung es darstellt, ein- oder ausgeführt und üblicherweise zusammen mit ihnen verkauft wird.
2. Auf Antrag des Anmelders und bei Beachtung der von den zuständigen Behörden festgesetzten Voraussetzungen werden die Bestimmungen der Allgemeinen Vorschrift 2 a auch auf Waren der Positionen 8608, 8805, 8905 und 8907 angewendet, die in Teilsendungen ein- oder ausgehen.

Kapitel 86

Schienenfahrzeuge und ortsfestes Gleismaterial, Teile davon; mechanische (auch elektromechanische) Signalgeräte für Verkehrswege

Anmerkungen

1. Zu Kapitel 86 gehören nicht:
   a) Bahnschwellen aus Holz oder aus Beton, für Schienenwege, sowie Betonelemente zum Bau von Führungsschienen für Luftkissenzüge (Position 4406 oder 6810);
   b) Oberbaumaterial für Bahnen, aus Eisen oder Stahl, der Position 7302;
   c) elektrische Signal-, Sicherungs-, Überwachungs- oder Steuergeräte der Position 8530.
2. Zu Position 8607 gehören insbesondere:
   a) Achsen, Räder, Radsätze, Radreifen, Radsprengringe, Radkörper und andere Radteile;
   b) Untergestelle, Drehgestelle und Lenkgestelle;
   c) Achslager, Bremsvorrichtungen aller Art;
   d) Puffer, Zughaken und andere Kupplungsvorrichtungen, Faltenbälge;
   e) Wagenkästen und andere Aufbauten.
3. Vorbehaltlich der Anmerkung 1 zu Kapitel 86 gehören zu Position 8608 insbesondere:
   a) zusammengesetzte Gleise, Drehscheiben, Prellböcke und Lademaße;
   b) bewegliche Scheiben- und Flügelsignale, Bahnschrankenbetätigungsvorrichtungen für schienengleiche Bahnübergänge, Vorrichtungen zur Nahbedienung der Weichen (Handstellböcke), Stellwerke zur Fernbedienung der Weichen oder Signale und andere mechanische (auch elektromechanische) Signal-, Sicherungs-, Überwachungs- oder Steuergeräte, auch mit elektrischer Beleuchtungsvorrichtung ausgestattet, für Schienenwege oder dergleichen, Straßen, Binnenwasserstraßen, Parkplätze oder Parkhäuser, Hafenanlagen oder Flughäfen.

Warenbezeichnung	Warennummer	Besondere Maßeinheit
Elektrische Lokomotiven mit Stromspeisung aus dem Stromnetz oder aus Akkumulatoren:	**8601**	
– mit Stromspeisung aus dem Stromnetz	8601 10 00	St
– mit Stromspeisung aus Akkumulatoren	8601 20 00	St
Andere Lokomotiven; Lokomotivtender:	**8602**	
– dieselelektrische Lokomotiven	8602 10 00	–
– andere	8602 90 00	–
Triebwagen und Schienenbusse, ausgenommen solche der Position 8604:	**8603**	
– mit Stromspeisung aus dem Stromnetz	8603 10 00	St
– andere	8603 90 00	St

Warenbezeichnung	Warennummer	Besondere Maßeinheit
Schienenfahrzeuge zur Gleisunterhaltung und andere Bahndienstfahrzeuge, auch selbstfahrend (z. B. Gerätewagen, Kranwagen, Wagen mit Gleisstopfmaschinen, Gleiskorrekturwagen, Messwagen und Draisinen)	**8604 00 00**	St
Personenwagen, Gepäckwagen, Postwagen und andere schienengebundene Spezialwagen (ausgenommen Wagen der Position 8604)	**8605 00 00**	St
Schienengebundene Güterwagen:	**8606**	
– Kesselwagen und dergleichen	8606 10 00	St
– Selbstentladewagen, ausgenommen solche der Unterposition 8606 10	8606 30 00	St
– andere:		
– – gedeckt und geschlossen:		
– – – ihrer Beschaffenheit nach zum Befördern von Waren mit starker Radioaktivität bestimmt (EURATOM)	8606 91 10	St
– – – andere	8606 91 80	St
– – offen, mit nicht abnehmbaren Stirn- und Seitenwänden, deren Höhe mehr als 60 cm beträgt	8606 92 00	St
– – andere	8606 99 00	St
Teile von Schienenfahrzeugen:	**8607**	
– Drehgestelle, Lenkgestelle, Achsen und Räder, Teile davon:		
– – Triebgestelle	8607 11 00	–
– – andere Drehgestelle und Lenkgestelle	8607 12 00	–
– – andere, einschließlich Teile davon:		
– – – Achsen, Radsätze, Räder und Radteile	8607 19 10	–
– – – Teile von Drehgestellen und Lenkgestellen	8607 19 90	–
– Bremsvorrichtungen und Teile davon:		
– – Druckluftbremsvorrichtungen und Teile davon:		
– – – aus Eisen oder Stahl, gegossen	8607 21 10	–
– – – andere	8607 21 90	–
– – andere	8607 29 00	–
– Zughaken und andere Kupplungsvorrichtungen, Puffer, Teile davon	8607 30 00	–
– andere:		
– – von Lokomotiven:		
– – – Achslager und Teile davon	8607 91 10	–
– – – andere	8607 91 90	–
– – andere:		
– – – Achslager und Teile davon	8607 99 10	–
– – – andere	8607 99 80	–
Ortsfestes Gleismaterial; mechanische (auch elektromechanische) Signal-, Sicherungs-, Überwachungs- oder Steuergeräte für Schienenwege oder dergleichen, Straßen, Binnenwasserstraßen, Parkplätze oder Parkhäuser, Hafenanlagen oder Flughäfen; Teile davon	**8608 00 00**	–
Warenbehälter (Container), einschließlich solcher für Flüssigkeiten oder Gase, ihrer Beschaffenheit nach für eine oder mehrere Beförderungsarten besonders bestimmt und ausgestattet:	**8609**	
– Warenbehälter (Container), die zum Schutz gegen Strahlung mit Blei verkleidet und zum Befördern radioaktiver Stoffe bestimmt sind (EURATOM)	8609 00 10	St
– andere	8609 00 90	St

Kapitel 87

Zugmaschinen, Kraftwagen, Krafträder, Fahrräder und andere nicht schienengebundene Landfahrzeuge, Teile davon und Zubehör

Anmerkungen

1. Zu Kapitel 87 gehören nicht Fahrzeuge, die aufgrund ihrer Beschaffenheit dazu bestimmt sind, nur auf Schienen zu fahren.
2. Im Sinne des Kapitels 87 sind Zugmaschinen Kraftfahrzeuge, die im Wesentlichen zum Ziehen oder Schieben anderer Fahrzeuge, Geräte oder Lasten gebaut sind. Sie können auch Zusatzvorrichtungen haben, die es möglich machen, im Zusammenhang mit der Hauptverwendung der Zugmaschinen Werkzeuge, Geräte, Saatgut, Düngemittel usw. zu befördern.

   Maschinen und Arbeitsgeräte, die ihrer Beschaffenheit nach auswechselbare Vorrichtungen zum Anbringen an Zugmaschinen der Position 8701 sind, werden in die für sie zutreffende Position eingereiht, selbst wenn sie mit der Zugmaschine, auch an ihr montiert, ein- oder ausgeführt werden.
3. Kraftwagenfahrgestelle mit Fahrerhaus gehören nicht zu Position 8706, sondern zu den Positionen 8702 bis 8704.
4. Zu Position 8712 gehören alle zweirädrigen Kinderfahrräder. Andere Kinderfahrräder gehören zu Position 9503.

Unterpositions-Anmerkung

● 1. Zu Kapitel 8708 22 gehören:
   a) Frontscheiben (Windschutzscheiben), Heckscheiben und andere Scheiben, gerahmt, und
   b) Frontscheiben (Windschutzscheiben), Heckscheiben und andere Scheiben, auch gerahmt, mit Heizvorrichtungen oder anderen elektrischen oder elektronischen Vorrichtungen ausgerüstet,

   sofern erkennbar ausschließlich oder hauptsächlich für Kraftfahrzeuge der Positionen 8701 bis 8705 bestimmt.

Warenbezeichnung	Warennummer	Besondere Maßeinheit
Zugmaschinen (ausgenommen Zugkraftkarren der Position 8709):	**8701**	
– Einachsschlepper	8701 10 00	St
● **– Sattel-Straßenzugmaschinen:**		
● **– – ausschließlich mit Kolbenverbrennungsmotor mit Selbstzündung (Diesel- oder Halbdieselmotor):**		
● – – – neu	8701 21 10	St
● – – – gebraucht	8701 21 90	St
● **– – mit Kolbenverbrennungsmotor mit Selbstzündung (Diesel- oder Halbdieselmotor) und mit Elektromotor angetrieben:**		
● – – – neu	8701 22 10	St
● – – – gebraucht	8701 22 90	St
● **– – mit Kolbenverbrennungsmotor mit Fremdzündung und mit Elektromotor angetrieben:**		
● – – – neu	8701 23 10	St
● – – – gebraucht	8701 23 90	St

Warenbezeichnung	Warennummer	Besondere Maßeinheit
● – – **ausschließlich mit Elektromotor angetrieben:**		
● – – – neu	8701 24 10	St
● – – – gebraucht	8701 24 90	St
● – – **andere**	8701 29 00	St
– **Gleiskettenzugmaschinen**	8701 30 00	St
– **andere, mit einer Motorleistung von:**		
– – **18 kW oder weniger:**		
– – – Ackerschlepper und Forstschlepper, auf Rädern	8701 91 10	St
– – – andere	8701 91 90	St
– – **mehr als 18 kW bis 37 kW:**		
– – – Ackerschlepper und Forstschlepper, auf Rädern	8701 92 10	St
– – – andere	8701 92 90	St
– – **mehr als 37 kW bis 75 kW:**		
– – – Ackerschlepper und Forstschlepper, auf Rädern	8701 93 10	St
– – – andere	8701 93 90	St
– – **mehr als 75 kW bis 130 kW:**		
– – – Ackerschlepper und Forstschlepper, auf Rädern	8701 94 10	St
– – – andere	8701 94 90	St
– – **mehr als 130 kW:**		
– – – Ackerschlepper und Forstschlepper, auf Rädern	8701 95 10	St
– – – andere	8701 95 90	St
Kraftfahrzeuge zum Befördern von zehn oder mehr Personen, einschließlich Fahrer:	**8702**	
– **ausschließlich mit Kolbenverbrennungsmotor mit Selbstzündung (Diesel- oder Halbdieselmotor):**		
– – mit einem Hubraum von mehr als 2 500 cm³:		
– – – neu	8702 10 11	St
– – – gebraucht	8702 10 19	St
– – mit einem Hubraum von 2 500 cm³ oder weniger:		
– – – neu	8702 10 91	St
– – – gebraucht	8702 10 99	St
– **mit Kolbenverbrennungsmotor mit Selbstzündung (Diesel- oder Halbdieselmotor) und mit Elektromotor angetrieben:**		
– – mit einem Hubraum von mehr als 2 500 cm³	8702 20 10	St
– – mit einem Hubraum von 2 500 cm³ oder weniger	8702 20 90	St
● – **mit Kolbenverbrennungsmotor mit Fremdzündung und mit Elektromotor angetrieben:**		
– – mit einem Hubraum von mehr als 2 800 cm³	8702 30 10	St
– – mit einem Hubraum von 2 800 cm³ oder weniger	8702 30 90	St
– **ausschließlich mit Elektromotor angetrieben**	8702 40 00	St
– **andere:**		
– – mit Kolbenverbrennungsmotor mit Fremdzündung:		
– – – mit einem Hubraum von mehr als 2 800 cm³:		
– – – – neu	8702 90 11	St
– – – – gebraucht	8702 90 19	St
– – – mit einem Hubraum von 2 800 cm³ oder weniger:		
– – – – neu	8702 90 31	St
– – – – gebraucht	8702 90 39	St
– – andere	8702 90 90	St

Warenbezeichnung	Warennummer	Besondere Maßeinheit
Personenkraftwagen und andere Kraftfahrzeuge, ihrer Beschaffenheit nach hauptsächlich zur Personenbeförderung bestimmt (ausgenommen solche der Position 8702), einschließlich Kombinationskraftwagen und Rennwagen:	**8703**	
– Schneespezialfahrzeuge (einschließlich Motorschlitten); Spezialfahrzeuge zur Personenbeförderung auf Golfplätzen sowie ähnliche Fahrzeuge:		
– – Schneespezialfahrzeuge (einschließlich Motorschlitten), mit Kolbenverbrennungsmotor	8703 10 11	St
– – andere	8703 10 18	St
● **– andere Fahrzeuge ausschließlich mit Kolbenverbrennungsmotor mit Fremdzündung:**		
– – mit einem Hubraum von 1 000 cm³ oder weniger:		
– – – neu	8703 21 10	St
– – – gebraucht	8703 21 90	St
– – mit einem Hubraum von mehr als 1 000 cm³ bis 1 500 cm³:		
– – – neu	8703 22 10	St
– – – gebraucht	8703 22 90	St
– – mit einem Hubraum von mehr als 1 500 cm³ bis 3 000 cm³:		
– – – neu:		
– – – – Wohnmobile	8703 23 11	St
– – – – andere	8703 23 19	St
– – – gebraucht	8703 23 90	St
– – mit einem Hubraum von mehr als 3 000 cm³:		
– – – neu	8703 24 10	St
– – – gebraucht	8703 24 90	St
– andere Fahrzeuge ausschließlich mit Kolbenverbrennungsmotor mit Selbstzündung (Diesel- oder Halbdieselmotor):		
– – mit einem Hubraum von 1 500 cm³ oder weniger:		
– – – neu	8703 31 10	St
– – – gebraucht	8703 31 90	St
– – mit einem Hubraum von mehr als 1 500 cm³ bis 2 500 cm³:		
– – – neu:		
– – – – Wohnmobile	8703 32 11	St
– – – – andere	8703 32 19	St
– – – gebraucht	8703 32 90	St
– – mit einem Hubraum von mehr als 2 500 cm³:		
– – – neu:		
– – – – Wohnmobile	8703 33 11	St
– – – – andere	8703 33 19	St
– – – gebraucht	8703 33 90	St
● **– andere Fahrzeuge mit Kolbenverbrennungsmotor mit Fremdzündung und mit Elektromotor angetrieben, ausgenommen solche, die durch Anstecken an externe elektrische Energiequellen aufgeladen werden:**		
– – neu	8703 40 10	St
– – gebraucht	8703 40 90	St
– andere Fahrzeuge mit Kolbenverbrennungsmotor mit Selbstzündung (Diesel- oder Halbdieselmotor) und mit Elektromotor angetrieben, ausgenommen solche, die durch Anstecken an externe elektrische Energiequellen aufgeladen werden	8703 50 00	St
● **– andere Fahrzeuge mit Kolbenverbrennungsmotor mit Fremdzündung und mit Elektromotor angetrieben, die durch Anstecken an externe elektrische Energiequellen aufgeladen werden:**		
– – neu	8703 60 10	St
– – gebraucht	8703 60 90	St

Warenbezeichnung	Warennummer	Besondere Maßeinheit
– andere Fahrzeuge mit Kolbenverbrennungsmotor mit Selbstzündung (Diesel- oder Halbdieselmotor) und mit Elektromotor angetrieben, die durch Anstecken an externe elektrische Energiequellen aufgeladen werden	8703 70 00	St
– andere Fahrzeuge ausschließlich mit Elektromotor angetrieben:		
– – neu	8703 80 10	St
– – gebraucht	8703 80 90	St
– andere	8703 90 00	St
Kraftfahrzeuge für den Transport von Waren:	**8704**	
– Muldenkipper (Dumper), ihrer Beschaffenheit nach zur Verwendung außerhalb des Straßennetzes bestimmt:		
– – mit Kolbenverbrennungsmotor	8704 10 10	St
– – andere	8704 10 90	St
● **– andere, ausschließlich mit Kolbenverbrennungsmotor mit Selbstzündung (Diesel- oder Halbdieselmotor):**		
– – mit einem zulässigen Gesamtgewicht von 5 t oder weniger:		
■ – – – ihrer Beschaffenheit nach zum Befördern von Waren mit starker Radioaktivität besonders bestimmt (EURATOM)	8704 21 10	St
– – – andere:		
– – – – mit Motor mit einem Hubraum von mehr als 2 500 cm^3:		
■ – – – – – neu	8704 21 31	St
■ – – – – – gebraucht	8704 21 39	St
– – – – mit Motor mit einem Hubraum von 2 500 cm^3 oder weniger:		
■ – – – – – neu	8704 21 91	St
■ – – – – – gebraucht	8704 21 99	St
– – mit einem zulässigen Gesamtgewicht von mehr als 5 t bis 20 t:		
■ – – – ihrer Beschaffenheit nach zum Befördern von Waren mit starker Radioaktivität besonders bestimmt (EURATOM)	8704 22 10	St
– – – andere:		
■ – – – – neu	8704 22 91	St
■ – – – – gebraucht	8704 22 99	St
– – mit einem zulässigen Gesamtgewicht von mehr als 20 t:		
■ – – – ihrer Beschaffenheit nach zum Befördern von Waren mit starker Radioaktivität besonders bestimmt (EURATOM)	8704 23 10	St
– – – andere:		
■ – – – – neu	8704 23 91	St
■ – – – – gebraucht	8704 23 99	St
● **– andere, ausschließlich mit Kolbenverbrennungsmotor mit Fremdzündung:**		
– – mit einem zulässigen Gesamtgewicht von 5 t oder weniger:		
■ – – – ihrer Beschaffenheit nach zum Befördern von Waren mit starker Radioaktivität besonders bestimmt (EURATOM)	8704 31 10	St
– – – andere:		
– – – – mit Motor mit einem Hubraum von mehr als 2 800 cm^3:		
■ – – – – – neu	8704 31 31	St
■ – – – – – gebraucht	8704 31 39	St
– – – – mit Motor mit einem Hubraum von 2800 cm^3 oder weniger:		
■ – – – – – neu	8704 31 91	St
■ – – – – – gebraucht	8704 31 99	St
– – mit einem zulässigen Gesamtgewicht von mehr als 5 t:		
■ – – – ihrer Beschaffenheit nach zum Befördern von Waren mit starker Radioaktivität besonders bestimmt (EURATOM)	8704 32 10	St
– – – andere:		
■ – – – – neu	8704 32 91	St
■ – – – – gebraucht	8704 32 99	St

	Warenbezeichnung	Warennummer	Besondere Maßeinheit
●	**– andere, mit Kolbenverbrennungsmotor mit Selbstzündung (Diesel- oder Halbdieselmotor) und mit Elektromotor angetrieben:**		
●	**– – mit einem zulässigen Gesamtgewicht von 5 t oder weniger:**		
●	– – – ihrer Beschaffenheit nach zum Befördern von Waren mit starker Radioaktivität besonders bestimmt (EURATOM)	8704 41 10	St
●	– – – andere:		
●	– – – – mit Motor mit einem Hubraum von mehr als 2 500 cm³:		
●	– – – – – neu	8704 41 31	St
●	– – – – – gebraucht	8704 41 39	St
●	– – – – mit Motor mit einem Hubraum von 2500 cm³ oder weniger:		
●	– – – – – neu	8704 41 91	St
●	– – – – – gebraucht	8704 41 99	St
●	**– – mit einem zulässigen Gesamtgewicht von mehr als 5 t bis 20 t:**		
●	– – – ihrer Beschaffenheit nach zum Befördern von Waren mit starker Radioaktivität besonders bestimmt (EURATOM)	8704 42 10	St
●	– – – andere:		
●	– – – – neu	8704 42 91	St
●	– – – – gebraucht	8704 42 99	St
●	**– – mit einem zulässigen Gesamtgewicht von mehr als 20 t:**		
●	– – – ihrer Beschaffenheit nach zum Befördern von Waren mit starker Radioaktivität besonders bestimmt (EURATOM)	8704 43 10	St
●	– – – andere:		
●	– – – – neu	8704 43 91	St
●	– – – – gebraucht	8704 43 99	St
●	**– andere, mit Kolbenverbrennungsmotor mit Fremdzündung und mit Elektromotor angetrieben:**		
●	**– – mit einem zulässigen Gesamtgewicht von 5 t oder weniger:**		
●	– – – ihrer Beschaffenheit nach zum Befördern von Waren mit starker Radioaktivität besonders bestimmt (EURATOM)	8704 51 10	St
●	– – – andere:		
●	– – – – mit Motor mit einem Hubraum von mehr als 2 800 cm³:		
●	– – – – – neu	8704 51 31	St
●	– – – – – gebraucht	8704 51 39	St
●	– – – – mit Motor mit einem Hubraum von 2800 cm³ oder weniger:		
●	– – – – – neu	8704 51 91	St
●	– – – – – gebraucht	8704 51 99	St
●	**– – mit einem zulässigen Gesamtgewicht von mehr als 5 t:**		
●	– – – ihrer Beschaffenheit nach zum Befördern von Waren mit starker Radioaktivität besonders bestimmt (EURATOM)	8704 52 10	St
●	– – – andere:		
●	– – – – neu	8704 52 91	St
●	– – – – gebraucht	8704 52 99	St
●	**– andere, ausschließlich mit Elektromotor angetrieben**	8704 60 00	St
■	**– andere**	8704 90 00	St

Warenbezeichnung	Warennummer	Besondere Maßeinheit
Kraftfahrzeuge zu besonderen Zwecken, ihrer Beschaffenheit nach nicht hauptsächlich zur Personen- oder Güterbeförderung bestimmt (z. B. Abschleppwagen, Kranwagen, Feuerwehrwagen, Betonmischwagen, Straßenkehrwagen, Straßensprengwagen, Werkstattwagen, Wagen mit Röntgenanlage):	**8705**	
– Kranwagen (Autokrane)	8705 10 00	St
– Kraftfahrzeuge mit Bohrturm zum Tiefbohren	8705 20 00	St
– Feuerwehrwagen	8705 30 00	St
– Betonmischwagen (LKW-Betonmischer)	8705 40 00	St
– andere:		
– – Betonpumpenwagen	8705 90 30	St
– – andere	8705 90 80	St
Fahrgestelle für Kraftfahrzeuge der Positionen 8701 bis 8705, mit Motor:	**8706**	
– Fahrgestelle für Zugmaschinen der Position 8701; Fahrgestelle für Kraftwagen der Position 8702, 8703 oder 8704, mit Kolbenverbrennungsmotor mit Selbstzündung (Diesel- oder Halbdieselmotor), mit einem Hubraum von mehr als 2 500 cm^3, oder mit Kolbenverbrennungsmotor mit Fremdzündung und einem Hubraum von mehr als 2 800 cm^3:		
– – für Kraftfahrzeuge der Position 8702 oder 8704	8706 00 11	St
– – andere	8706 00 19	St
– andere:		
– – für Kraftfahrzeuge der Position 8703	8706 00 91	St
– – andere	8706 00 99	St
Karosserien (einschließlich Fahrerhäuser) für Kraftfahrzeuge der Positionen 8701 bis 8705:	**8707**	
– für Kraftfahrzeuge der Position 8703:		
– – für die industrielle Montage	8707 10 10	St
– – andere	8707 10 90	St
– andere:		
– – für die industrielle Montage: von Einachsschleppern der Unterposition 8701 10, von Kraftfahrzeugen der Position 8704, mit Kolbenverbrennungsmotor mit Selbstzündung (Diesel- oder Halbdieselmotor) und einem Hubraum von 2 500 cm^3 oder weniger oder mit Kolbenverbrennungsmotor mit Fremdzündung und einem Hubraum von 2 800 cm^3 oder weniger, von Kraftfahrzeugen der Position 8705	8707 90 10	St
– – andere	8707 90 90	St
Teile und Zubehör für Kraftfahrzeuge der Positionen 8701 bis 8705:	**8708**	
– Stoßstangen und Teile davon:		
– – für die industrielle Montage: von Kraftfahrzeugen der Position 8703, von Kraftfahrzeugen der Position 8704, mit Kolbenverbrennungsmotor mit Selbstzündung (Diesel- oder Halbdieselmotor) und einem Hubraum von 2 500 cm^3 oder weniger oder mit Kolbenverbrennungsmotor mit Fremdzündung und einem Hubraum von 2 800 cm^3 oder weniger, von Kraftfahrzeugen der Position 8705	8708 10 10	–
– – andere	8708 10 90	–

	Warenbezeichnung	Warennummer	Besondere Maßeinheit
	– andere Karosserieteile und anderes Karosseriezubehör (auch für Fahrerhäuser):		
	– – Sicherheitsgurte:		
	– – – für die industrielle Montage: von Kraftfahrzeugen der Position 8703, von Kraftfahrzeugen der Position 8704, mit Kolbenverbrennungsmotor mit Selbstzündung (Diesel- oder Halbdieselmotor) und einem Hubraum von 2 500 cm^3 oder weniger oder mit Kolbenverbrennungsmotor mit Fremdzündung und einem Hubraum von 2 800 cm^3 oder weniger, von Kraftfahrzeugen der Position 8705	8708 21 10	St
●	**– – Frontscheiben (Windschutzscheiben), Heckscheiben und andere Scheiben, gemäß der Unterpositions-Anmerkung 1 zu diesem Kapitel:**		
●	– – – für die industrielle Montage: von Einachsschleppern der Unterposition 8701 10, von Kraftfahrzeugen der Position 8703, von Kraftfahrzeugen der Position 8704, mit Kolbenverbrennungsmotor mit Selbstzündung (Diesel- oder Halbdieselmotor) und einem Hubraum von 2 500 cm^3 oder weniger oder mit Kolbenverbrennungsmotor mit Fremdzündung und einem Hubraum von 2 800 cm^3 oder weniger, von Kraftfahrzeugen der Position 8705	8708 22 10	–
●	– – – andere	8708 22 90	–
	– – andere:		
■	– – – für die industrielle Montage: von Einachsschleppern der Unterposition 8701 10, von Kraftfahrzeugen der Position 8703, von Kraftfahrzeugen der Position 8704, mit Kolbenverbrennungsmotor mit Selbstzündung (Diesel- oder Halbdieselmotor) und einem Hubraum von 2 500 cm^3 oder weniger oder mit Kolbenverbrennungsmotor mit Fremdzündung und einem Hubraum von 2 800 cm^3 oder weniger, von Kraftfahrzeugen der Position 8705	8708 29 10	–
■	– – – andere	8708 29 90	–
	– Bremsen und Servobremsen; Teile davon:		
	– – für die industrielle Montage: von Einachsschleppern der Unterposition 8701 10, von Kraftfahrzeugen der Position 8703, von Kraftfahrzeugen der Position 8704, mit Kolbenverbrennungsmotor mit Selbstzündung (Diesel- oder Halbdieselmotor) und einem Hubraum von 2 500 cm^3 oder weniger oder mit Kolbenverbrennungsmotor mit Fremdzündung und einem Hubraum von 2 800 cm^3 oder weniger, von Kraftfahrzeugen der Position 8705	8708 30 10	–
	– – andere:		
	– – – für Scheibenbremsen	8708 30 91	–
	– – – andere	8708 30 99	–
	– Schaltgetriebe und Teile davon:		
	– – für die industrielle Montage: von Einachsschleppern der Unterposition 8701 10, von Kraftfahrzeugen der Position 8703,von Kraftfahrzeugen der Position 8704, mit Kolbenverbrennungsmotor mit Selbstzündung (Diesel- oder Halbdieselmotor) und einem Hubraum von 2 500 cm^3 oder weniger oder mit Kolbenverbrennungsmotor mit Fremdzündung und einem Hubraum von 2 800 cm^3 oder weniger, von Kraftfahrzeugen der Position 8705	8708 40 20	–
	– – andere:		
	– – – Schaltgetriebe	8708 40 50	–
	– – – Teile:		
	– – – – aus Stahl, gesenkgeschmiedet	8708 40 91	–
	– – – – andere	8708 40 99	–

Warenbezeichnung	Warennummer	Besondere Maßeinheit
– Triebachsen mit Differenzial, auch mit anderen Kraftübertragungsvorrichtungen versehen, und nicht angetriebene Achsen; Teile davon:		
– – für die industrielle Montage: von Kraftfahrzeugen der Position 8703, von Kraftfahrzeugen der Position 8704, mit Kolbenverbrennungsmotor mit Selbstzündung (Diesel- oder Halbdieselmotor) und einem Hubraum von 2 500 cm³ oder weniger oder mit Kolbenverbrennungsmotor mit Fremdzündung und einem Hubraum von 2 800 cm³ oder weniger, von Kraftfahrzeugen der Position 8705	8708 50 20	–
– – andere:		
– – – Triebachsen mit Differenzial, auch mit anderen Kraftübertragungsvorrichtungen versehen, und nicht angetriebene Achsen	8708 50 35	–
– – – Teile:		
– – – – aus Stahl, gesenkgeschmiedet	8708 50 55	–
– – – – andere:		
– – – – – für nicht angetriebene Achsen	8708 50 91	–
– – – – – andere	8708 50 99	–
– Räder sowie Teile davon und Zubehör:		
– – für die industrielle Montage: von Einachsschleppern der Unterposition 8701 10, von Kraftfahrzeugen der Position 8703, von Kraftfahrzeugen der Position 8704, mit Kolbenverbrennungsmotor mit Selbstzündung (Diesel- oder Halbdieselmotor) und einem Hubraum von 2 500 cm³ oder weniger oder mit Kolbenverbrennungsmotor mit Fremdzündung und einem Hubraum von 2 800 cm³ oder weniger, von Kraftfahrzeugen der Position 8705	8708 70 10	–
– – andere:		
– – – Räder aus Aluminium; Teile davon und Zubehör, aus Aluminium	8708 70 50	–
– – – in einem Stück gegossene Radteile in Sternform, aus Eisen oder Stahl	8708 70 91	–
– – – andere	8708 70 99	–
– Aufhängesysteme und Teile davon (einschließlich Stoßdämpfer):		
– – für die industrielle Montage: von Kraftfahrzeugen der Position 8703, von Kraftfahrzeugen der Position 8704, mit Kolbenverbrennungsmotor mit Selbstzündung (Diesel- oder Halbdieselmotor) und einem Hubraum von 2 500 cm³ oder weniger oder mit Kolbenverbrennungsmotor mit Fremdzündung und einem Hubraum von 2 800 cm³ oder weniger, von Kraftfahrzeugen der Position 8705	8708 80 20	–
– – andere:		
– – – Stoßdämpfer	8708 80 35	–
– – – Stabilisatoren; Drehstabfedern	8708 80 55	–
– – – andere:		
– – – – aus Stahl, gesenkgeschmiedet	8708 80 91	–
– – – – andere	8708 80 99	–
– andere Teile und anderes Zubehör:		
– – Kühler und Teile davon:		
– – – für die industrielle Montage: von Einachsschleppern der Unterposition 8701 10, von Kraftfahrzeugen der Position 8703, von Kraftfahrzeugen der Position 8704, mit Kolbenverbrennungsmotor mit Selbstzündung (Diesel- oder Halbdieselmotor) und einem Hubraum von 2 500 cm³ oder weniger oder mit Kolbenverbrennungsmotor mit Fremdzündung und einem Hubraum von 2 800 cm³ oder weniger, von Kraftfahrzeugen der Position 8705	8708 91 20	–
– – – andere:		
– – – – Kühler	8708 91 35	–
– – – – Teile:		
– – – – – aus Stahl, gesenkgeschmiedet	8708 91 91	–
– – – – – andere	8708 91 99	–

Warenbezeichnung	Warennummer	Besondere Maßeinheit
– – Auspufftöpfe (Schalldämpfer) und Auspuffrohre; Teile davon:		
– – – für die industrielle Montage: von Einachsschleppern der Unterposition 8701 10, von Kraftfahrzeugen der Position 8703, von Kraftfahrzeugen der Position 8704, mit Kolbenverbrennungsmotor mit Selbstzündung (Diesel- oder Halbdieselmotor) und einem Hubraum von 2 500 cm^3 oder weniger oder mit Kolbenverbrennungsmotor mit Fremdzündung und einem Hubraum von 2 800 cm^3 oder weniger, von Kraftfahrzeugen der Position 8705	8708 92 20	–
– – – andere:		
– – – – Auspufftöpfe (Schalldämpfer) und Auspuffrohre	8708 92 35	–
– – – – Teile:		
– – – – – aus Stahl, gesenkgeschmiedet	8708 92 91	–
– – – – – andere	8708 92 99	–
– – Schaltkupplungen und Teile davon:		
– – – für die industrielle Montage: von Einachsschleppern der Unterposition 8701 10, von Kraftfahrzeugen der Position 8703, von Kraftfahrzeugen der Position 8704, mit Kolbenverbrennungsmotor mit Selbstzündung (Diesel- oder Halbdieselmotor) und einem Hubraum von 2 500 cm^3 oder weniger oder mit Kolbenverbrennungsmotor mit Fremdzündung und einem Hubraum von 2 800 cm^3 oder weniger, von Kraftfahrzeugen der Position 8705	8708 93 10	–
– – – andere	8708 93 90	–
– – Lenkräder, Lenksäulen und Lenkgetriebe; Teile davon:		
– – – für die industrielle Montage: von Kraftfahrzeugen der Position 8703, von Kraftfahrzeugen der Position 8704, mit Kolbenverbrennungsmotor mit Selbstzündung (Diesel- oder Halbdieselmotor) und einem Hubraum von 2 500 cm^3 oder weniger oder mit Kolbenverbrennungsmotor mit Fremdzündung und einem Hubraum von 2 800 cm^3 oder weniger, von Kraftfahrzeugen der Position 8705	8708 94 20	–
– – – andere:		
– – – – Lenkräder, Lenksäulen und Lenkgetriebe	8708 94 35	–
– – – – Teile:		
– – – – – aus Stahl, gesenkgeschmiedet	8708 94 91	–
– – – – – andere	8708 94 99	–
– – Aufblasbare Sicherheits-Luftsäcke mit Füllsystem (Airbags); Teile davon:		
– – – für die industrielle Montage: von Einachsschleppern der Unterposition 8701 10, von Kraftfahrzeugen der Position 8703, von Kraftfahrzeugen der Position 8704, mit Kolbenverbrennungsmotor mit Selbstzündung (Diesel- oder Halbdieselmotor) und einem Hubraum von 2 500 cm^3 oder weniger oder mit Kolbenverbrennungsmotor mit Fremdzündung und einem Hubraum von 2 800 cm^3 oder weniger, von Kraftfahrzeugen der Position 8705	8708 95 10	St
– – – andere:		
– – – – aus Stahl, gesenkgeschmiedet	8708 95 91	–
– – – – andere	8708 95 99	–
– – andere:		
– – – für die industrielle Montage: von Einachsschleppern der Unterposition 8701 10, von Kraftfahrzeugen der Position 8703, von Kraftfahrzeugen der Position 8704, mit Kolbenverbrennungsmotor mit Selbstzündung (Diesel- oder Halbdieselmotor) und einem Hubraum von 2 500 cm^3 oder weniger oder mit Kolbenverbrennungsmotor mit Fremdzündung und einem Hubraum von 2 800 cm^3 oder weniger, von Kraftfahrzeugen der Position 8705	8708 99 10	–

Warenbezeichnung	Warennummer	Besondere Maßeinheit
– – – andere:		
– – – – aus Stahl, gesenkgeschmiedet	8708 99 93	–
– – – – andere	8708 99 97	–
Kraftkarren ohne Hebevorrichtung, von der in Fabriken, Lagerhäusern, Hafenanlagen oder auf Flugplätzen zum Kurzstreckentransport von Waren verwendeten Art; Zugkraftkarren von der auf Bahnhöfen verwendeten Art; Teile davon:	**8709**	
– Kraftkarren:		
– – Elektrokarren:		
– – – ihrer Beschaffenheit nach zum Befördern von Waren mit starker Radioaktivität besonders bestimmt (EURATOM)	8709 11 10	St
– – – andere	8709 11 90	St
– – andere:		
– – – ihrer Beschaffenheit nach zum Befördern von Waren mit starker Radioaktivität besonders bestimmt (EURATOM)	8709 19 10	St
– – – andere	8709 19 90	St
– Teile	8709 90 00	–
Panzerkampfwagen und andere selbstfahrende gepanzerte Kampffahrzeuge, auch mit Waffen; Teile davon	**8710 00 00**	–
Krafträder (einschließlich Mopeds) und Fahrräder mit Hilfsmotor, auch mit Beiwagen; Beiwagen:	**8711**	
◗ **– mit Kolbenverbrennungsmotor mit einem Hubraum von 50 cm³ oder weniger**	8711 10 00	St
◗ **– mit Kolbenverbrennungsmotor mit einem Hubraum von mehr als 50 cm³ bis 250 cm³:**		
– – Motorroller	8711 20 10	St
– – andere, mit einem Hubraum von:		
– – – mehr als 50 cm³ bis 125 cm³	8711 20 92	St
– – – mehr als 125 cm³ bis 250 cm³	8711 20 98	St
◗ **– mit Kolbenverbrennungsmotor mit einem Hubraum von mehr als 250 cm³ bis 500 cm³:**		
– – mit einem Hubraum von mehr als 250 cm³ bis 380 cm³	8711 30 10	St
– – mit einem Hubraum von mehr als 380 cm³ bis 500 cm³	8711 30 90	St
◗ **– mit Kolbenverbrennungsmotor mit einem Hubraum von mehr als 500 cm³ bis 800 cm³**	8711 40 00	St
◗ **– mit Kolbenverbrennungsmotor mit einem Hubraum von mehr als 800 cm³**	8711 50 00	St
– mit Elektromotor angetrieben:		
– – Zweiräder, Dreiräder und Vierräder, mit Trethilfe, mit Elektrohilfsmotor mit einer Nenndauerleistung von 250 Watt oder weniger	8711 60 10	St
– – andere	8711 60 90	St
– andere	8711 90 00	St
Zweiräder und andere Fahrräder (einschließlich Lastendreiräder), ohne Motor:	**8712**	
– Zweiräder mit Kugellager	8712 00 30	St
– andere	8712 00 70	St
Rollstühle und andere Fahrzeuge für Behinderte, auch mit Motor oder anderer Vorrichtung zur mechanischen Fortbewegung:	**8713**	
– ohne Vorrichtung zur mechanischen Fortbewegung	8713 10 00	St
– andere	8713 90 00	St

Warenbezeichnung	Warennummer	Besondere Maßeinheit
Teile und Zubehör für Fahrzeuge der Positionen 8711 bis 8713:	**8714**	
– für Krafträder (einschließlich Mopeds):		
– – Bremsen und Teile davon	8714 10 10	–
– – Schaltgetriebe und Teile davon	8714 10 20	–
– – Räder sowie Teile davon und Zubehör	8714 10 30	–
– – Auspufftöpfe (Schalldämpfer) und Auspuffrohre; Teile davon	8714 10 40	–
– – Schaltkupplungen und Teile davon	8714 10 50	–
– – andere	8714 10 90	–
– für Rollstühle und andere Fahrzeuge für Behinderte	8714 20 00	–
– andere:		
– – Rahmen und Gabeln sowie Teile davon:		
– – – Rahmen	8714 91 10	St
– – – Vorderradgabeln	8714 91 30	St
– – – Teile	8714 91 90	–
– – Felgen und Speichen:		
– – – Felgen	8714 92 10	St
– – – Speichen	8714 92 90	–
– – Naben (andere als Bremsnaben) und Freilaufzahnkränze	8714 93 00	–
– – Bremsen, einschließlich Bremsnaben, und Teile davon:		
– – – Bremsen	8714 94 20	–
– – – Teile	8714 94 90	–
– – Sättel	8714 95 00	–
– – Pedale und Kurbelgarnituren sowie Teile davon:		
– – – Pedale	8714 96 10	Paar
– – – Kurbelgarnituren	8714 96 30	–
– – – Teile	8714 96 90	–
– – andere:		
– – – Lenker	8714 99 10	St
– – – Gepäckträger	8714 99 30	St
– – – Kettenschaltungen	8714 99 50	–
– – – andere; Teile	8714 99 90	–
Kinderwagen und Teile davon:	**8715**	
– Kinderwagen	8715 00 10	St
– Teile	8715 00 90	–
Anhänger, einschließlich Sattelanhänger, für Fahrzeuge aller Art; andere nicht selbstfahrende Fahrzeuge; Teile davon:	**8716**	
– Wohnanhänger, zum Wohnen oder Campen:		
– – mit einem Gewicht von 1 600 kg oder weniger	8716 10 92	St
– – mit einem Gewicht von mehr als 1 600 kg	8716 10 98	St
– Anhänger und Sattelanhänger für landwirtschaftliche Zwecke, mit Selbstlade- oder -entladevorrichtung	8716 20 00	St
– andere Anhänger und Sattelanhänger zum Befördern von Gütern:		
– – Anhänger und Sattelanhänger mit Tankaufbau	8716 31 00	St
– – andere:		
– – – ihrer Beschaffenheit nach zum Befördern von Waren mit starker Radioaktivität besonders bestimmt (EURATOM)	8716 39 10	St

Warenbezeichnung	Warennummer	Besondere Maßeinheit
– – – andere:		
– – – – neu:		
– – – – – Sattelanhänger	8716 39 30	St
– – – – – andere	8716 39 50	St
– – – – gebraucht	8716 39 80	St
– andere Anhänger und Sattelanhänger	8716 40 00	–
– andere Fahrzeuge	8716 80 00	–
– Teile:		
– – Fahrgestelle	8716 90 10	–
– – Karosserien und Aufbauten	8716 90 30	–
– – Achsen	8716 90 50	–
– – andere Teile	8716 90 90	–

Kapitel 88

Luftfahrzeuge und Raumfahrzeuge, Teile davon

Anmerkung

● 1. Im Sinne dieses Kapitels bezeichnet der Ausdruck „unbemanntes Luftfahrzeug“ jedes Luftfahrzeug, außer jene der Position 8801, die dazu bestimmt sind, ohne einen Piloten an Bord geflogen zu werden. Sie können so konstruiert sein, dass sie eine Nutzlast tragen oder mit fest eingebauten Digitalkameras oder anderen Geräten ausgerüstet werden können, sodass sie in der Lage sind, während des Flugs funktionellen Zwecken zu dienen.

Der Ausdruck „unbemanntes Luftfahrzeug“ umfasst jedoch kein Flugspielzeug, das ausschließlich zur Unterhaltung dient (Position 9503).

Unterpositions-Anmerkungen

1. Als „Leergewicht“ im Sinne der Unterpositionen 8802 11 bis 8802 40 gilt das Gewicht des Luftfahrzeugs im flugbereiten Zustand unter Ausschluss des Gewichts der Besatzung, des Treibstoffs sowie der Ausrüstung, die nicht fest eingebaut ist.

● 2. Im Sinne der Unterpositionen 8806 21 bis 8806 24 und 8806 91 bis 8806 94 bezeichnet der Ausdruck „Starthöchstgewicht“ das Höchstgewicht der Maschine im normalen Flugbetrieb beim Start, einschließlich des Gewichts der Nutzlast, der Ausrüstung und des Treibstoffs.

Warenbezeichnung	Warennummer	Besondere Maßeinheit
Ballone und Luftschiffe; Segelflugzeuge, Hanggleiter und andere nicht für maschinellen Antrieb bestimmte Luftfahrzeuge:	**8801**	
– Ballone und Luftschiffe; Segelflugzeuge und Hanggleiter	8801 00 10	St
– andere	8801 00 90	St
● **Andere Luftfahrzeuge (z.B. Hubschrauber und Starrflugzeuge), ausgenommen unbemannte Luftfahrzeuge der Position 8806; Raumfahrzeuge (einschließlich Satelliten) und Trägerraketen für Raumfahrzeuge sowie Suborbitalfahrzeuge:**	**8802**	
– Hubschrauber:		
■ **– – mit einem Leergewicht von 2 000 kg oder weniger**	8802 11 00	St
■ **– – mit einem Leergewicht von mehr als 2 000 kg**	8802 12 00	St
■ **– Starrflügelflugzeuge und andere Luftfahrzeuge, mit einem Leergewicht von 2 000 kg oder weniger**	8802 20 00	St
■ **– Starrflügelflugzeuge und andere Luftfahrzeuge, mit einem Leergewicht von mehr als 2 000 kg bis 15 000 kg**	8802 30 00	St
■ **– Starrflügelflugzeuge und andere Luftfahrzeuge, mit einem Leergewicht von mehr als 15 000 kg**	8802 40 00	St
– Raumfahrzeuge (einschließlich Satelliten) und Trägerraketen für Raumfahrzeuge sowie Suborbitalfahrzeuge:		
– – Raumfahrzeuge (einschließlich Satelliten):		
– – – Telekommunikationssatelliten	8802 60 11	St
– – – andere	8802 60 19	St
– – Trägerraketen für Raumfahrzeuge sowie Suborbitalfahrzeuge	8802 60 90	St

Warenbezeichnung	Warennummer	Besondere Maßeinheit
Fallschirme (einschließlich lenkbare und rotierende Fallschirme) und Gleitschirme; Teile davon und Zubehör	**8804 00 00**	–
Startvorrichtungen für Luftfahrzeuge; Abbremsvorrichtungen für Schiffsdecks und ähnliche Landehilfen für Luftfahrzeuge; Bodengeräte zur Flugausbildung; Teile davon:	**8805**	
– Startvorrichtungen für Luftfahrzeuge und Teile davon; Abbremsvorrichtungen für Schiffsdecks und ähnliche Landehilfen für Luftfahrzeuge, Teile davon:		
– – Startvorrichtungen für Luftfahrzeuge und Teile davon	8805 10 10	–
– – andere	8805 10 90	–
– Bodengeräte zur Flugausbildung und Teile davon:		
– – Luftkampfsimulatoren und Teile davon	8805 21 00	–
– – andere	8805 29 00	–
● **Unbemannte Luftfahrzeuge:**	**8806**	
● **– zur Beförderung von Passagieren bestimmt:**		
● – – mit einem Leergewicht von 2 000 kg oder weniger	8806 10 10	St
● – – mit einem Leergewicht von mehr als 2 000 kg	8806 10 90	St
● **– andere, ausschließlich für ferngesteuerten Flug:**		
● **– – mit einem Starthöchstgewicht von 250 g oder weniger:**		
● – – –Multicopter, ausgestattet mit einem fest eingebauten Gerät der Unterposition 8525 89 zum Aufnehmen und Aufzeichnen von Videos und Fotos	8806 21 10	St
● – – – andere	8806 21 90	St
● **– – mit einem Starthöchstgewicht von mehr als 250 g bis 7 kg:**		
● – – –Multicopter, ausgestattet mit einem fest eingebauten Gerät der Unterposition 8525 89 zum Aufnehmen und Aufzeichnen von Videos und Fotos	8806 22 10	St
● – – – andere	8806 22 90	St
● **– – mit einem Starthöchstgewicht von mehr als 7 kg bis 25 kg**	8806 23 00	St
● **– – mit einem Starthöchstgewicht von mehr als 25 kg bis 150 kg**	8806 24 00	St
● **– – andere:**		
● – – – mit einem Leergewicht von 2 000 kg oder weniger	8806 29 10	St
● – – – mit einem Leergewicht von mehr als 2 000 kg	8806 29 20	St
● **– andere:**		
● **– – mit einem Starthöchstgewicht von 250 g oder weniger**	8806 91 00	St
● **– – mit einem Starthöchstgewicht von mehr als 250 g bis 7 kg**	8806 92 00	St
● **– – mit einem Starthöchstgewicht von mehr als 7 kg bis 25 kg**	8806 93 00	St
● **– – mit einem Starthöchstgewicht von mehr als 25 kg bis 150 kg**	8806 94 00	St
● **– – andere:**		
● – – – mit einem Leergewicht von 2 000 kg oder weniger	8806 99 10	St
● – – – mit einem Leergewicht von mehr als 2 000 kg	8806 99 20	St
● **Teile von Waren der Position 8801, 8802 oder 8806:**	**8807**	
● **– Propeller und Rotoren, Teile davon**	8807 10 00	–
● **– Fahrgestelle und Teile davon**	8807 20 00	–
● **– andere Teile von Starrflügelflugzeugen, Hubschraubern oder unbemannten Luftfahrzeugen**	8807 30 00	–
● **– andere:**		
● – – von Drachen	8807 90 10	–
● – – von Raumfahrzeugen (einschließlich Satelliten):		
● – – – von Telekommunikationssatelliten	8807 90 21	–
● – – – andere	8807 90 29	–
● – – von Trägerraketen für Raumfahrzeuge sowie Suborbitalfahrzeuge	8807 90 30	–
● – – andere	8807 90 90	–

Kapitel 89

Wasserfahrzeuge und schwimmende Vorrichtungen

Anmerkung

1. Rümpfe von Wasserfahrzeugen und unvollständige oder unfertige Wasserfahrzeuge, auch zerlegt, sowie zerlegte vollständige Wasserfahrzeuge sind, wenn die Wasserfahrzeuggattung zweifelhaft ist, in die Position 8906 einzureihen.

Zusätzliche Anmerkungen

● 1. Zu den Warennummern 8901 10 10, 8901 20 10, 8901 30 10, 8901 90 10, 8902 00 10, 8903 22 10, 8903 23 10, 8903 32 10, 8903 33 10, 8904 00 91 und 8906 90 10 gehören nur Wasserfahrzeuge, die ihrer Beschaffenheit nach seetüchtig sind und deren größte Rumpflänge (ohne Berücksichtigung überragender Teile) 12 m oder mehr beträgt. Fischereifahrzeuge und Rettungsfahrzeuge, die ihrer Beschaffenheit nach seetüchtig sind, gelten ohne Rücksicht auf ihre Rumpflänge stets als Wasserfahrzeuge für die Seeschifffahrt.

2. Zu den Warennummern 8905 10 10 und 8905 90 10 gehören nur Wasserfahrzeuge und Schwimmdocks, die ihrer Beschaffenheit nach seetüchtig sind.

3. Die Position 8908 erfasst mit dem Begriff „Wasserfahrzeuge und andere schwimmende Vorrichtungen, zum Abwracken“ auch folgende Waren, sofern sie mit Wasserfahrzeugen und anderen schwimmenden Vorrichtungen zum Abwracken ein- oder ausgeführt werden und zu deren üblicher Ausrüstung gehören:
   - gebrauchte oder neue Ersatzteile (z. B. Schiffsschrauben),
   - bewegliche Gegenstände (Möbel, Küchengeräte, Geschirr usw.), augenscheinlich gebraucht.

Warenbezeichnung	Warennummer	Besondere Maßeinheit
Fahrgastschiffe, Kreuzfahrtschiffe, Fährschiffe, Frachtschiffe, Lastkähne und ähnliche Wasserfahrzeuge zum Befördern von Personen oder Gütern:	**8901**	
– Fahrgastschiffe, Kreuzfahrtschiffe und ähnliche, ihrer Beschaffenheit nach hauptsächlich zur Personenbeförderung bestimmte Wasserfahrzeuge; Fährschiffe:		
– – für die Seeschifffahrt	8901 10 10	St
– – andere	8901 10 90	St
– Tankschiffe:		
– – für die Seeschifffahrt	8901 20 10	St
– – andere	8901 20 90	Lade-t
– Kühlschiffe, ausgenommen solche der Unterposition 8901 20:		
– – für die Seeschifffahrt	8901 30 10	St
– – andere	8901 30 90	Lade-t
– andere Wasserfahrzeuge zum Befördern von Gütern sowie Wasserfahrzeuge, die ihrer Beschaffenheit nach zur Personen- und Güterbeförderung bestimmt sind:		
– – für die Seeschifffahrt	8901 90 10	St
– – andere	8901 90 90	Lade-t

	Warenbezeichnung	Warennummer	Besondere Maßeinheit
	Fischereifahrzeuge; Fabrikschiffe und andere Schiffe für das Verarbeiten oder Konservieren von Fischereierzeugnissen:	**8902**	
	– für die Seeschifffahrt	8902 00 10	St
	– andere	8902 00 90	St
	Jachten und andere Vergnügungs- oder Sportboote; Ruderboote und Kanus:	**8903**	
●	**– aufblasbare Boote (einschließlich Festrumpfschlauchboote):**		
●	**– – mit einem Motor ausgerüstet oder für die Ausrüstung mit einem Motor bestimmt, mit einem Leergewicht (Nettogewicht) ohne Motor von 100 kg oder weniger**	8903 11 00	St
●	**– – nicht für den Einsatz mit einem Motor bestimmt und mit einem Leergewicht (Nettogewicht) von 100 kg oder weniger**	8903 12 00	St
●	**– – andere**	8903 19 00	St
●	**– Segelboote, ausgenommen aufblasbare Boote, auch mit Hilfsmotor:**		
●	**– – mit einer Länge von 7,5 m oder weniger**	8903 21 00	St
●	**– – mit einer Länge von mehr als 7,5 m bis 24 m:**		
●	– – – für die Seeschifffahrt	8903 22 10	St
●	– – – andere	8903 22 90	St
●	**– – mit einer Länge von mehr 24 m:**		
●	– – – für die Seeschifffahrt	8903 23 10	St
●	– – – andere	8903 23 90	St
●	**– Motorboote, ausgenommen aufblasbare Boote, ausgenommen solche mit Außenbordmotor:**		
●	**– – mit einer Länge von 7,5 m oder weniger**	8903 31 00	St
●	**– – mit einer Länge von mehr als 7,5 m bis 24 m:**		
●	– – – für die Seeschifffahrt	8903 32 10	St
●	– – – andere	8903 32 90	St
●	**– – mit einer Länge von mehr 24 m:**		
●	– – – für die Seeschifffahrt	8903 33 10	St
●	– – – andere	8903 33 90	St
●	**– andere:**		
●	**– – mit einer Länge von 7,5 m oder weniger:**		
●	– – – mit einem Gewicht von 100 kg oder weniger	8903 93 10	St
●	– – – andere	8903 93 90	St
	– – andere:		
■	– – – mit einem Gewicht von 100 kg oder weniger	8903 99 10	St
■	– – – andere	8903 99 99	St
	Schlepper und Schubschiffe:	**8904**	
	– Schlepper	8904 00 10	St
	– Schubschiffe:		
	– – für die Seeschifffahrt	8904 00 91	St
	– – andere	8904 00 99	–

Warenbezeichnung	Warennummer	Besondere Maßeinheit
Feuerschiffe, Feuerlöschschiffe, Schwimmbagger, Schwimmkrane und andere Wasserfahrzeuge, bei denen das Fahren im Vergleich zu ihrer Hauptfunktion von untergeordneter Bedeutung ist; Schwimmdocks, schwimmende oder tauchende Bohr- oder Förderplattformen:	**8905**	
– Schwimmbagger:		
– – für die Seeschifffahrt	8905 10 10	St
– – andere	8905 10 90	St
– schwimmende oder tauchende Bohr- oder Förderplattformen	8905 20 00	St
– andere:		
– – für die Seeschifffahrt	8905 90 10	St
– – andere	8905 90 90	St
Andere Wasserfahrzeuge, einschließlich Kriegsschiffe und Rettungsfahrzeuge, ausgenommen Ruderboote:	**8906**	
– Kriegsschiffe	8906 10 00	St
– andere:		
– – für die Seeschifffahrt	8906 90 10	St
– – andere:		
– – – mit einem Gewicht von 100 kg oder weniger	8906 90 91	St
– – – andere	8906 90 99	St
Andere schwimmende Vorrichtungen (z. B. Flöße, Schwimmtanks, Senkkästen, Festmachetonnen, Bojen und schwimmende Baken):	**8907**	
– aufblasbare Flöße	8907 10 00	St
– andere	8907 90 00	St
Wasserfahrzeuge und andere schwimmende Vorrichtungen, zum Abwracken	**8908 00 00**	–

Optische, fotografische oder kinematografische Instrumente, Apparate und Geräte; Mess-, Prüf- oder Präzisionsinstrumente, -apparate und -geräte; medizinische und chirurgische Instrumente, Apparate und Geräte; Uhrmacherwaren; Musikinstrumente; Teile und Zubehör für diese Instrumente, Apparate und Geräte

Kapitel 90

Optische, fotografische oder kinematografische Instrumente, Apparate und Geräte; Mess-, Prüf- oder Präzisionsinstrumente, -apparate und -geräte; medizinische und chirurgische Instrumente, Apparate und Geräte; Teile und Zubehör für diese Instrumente, Apparate und Geräte

Anmerkungen

1. Zu Kapitel 90 gehören nicht:
   a) Waren von der in Maschinen, Vorrichtungen oder für andere technische Zwecke verwendeten Art, aus Weichkautschuk (Position 4016), aus Leder oder rekonstituiertem Leder (Position 4205) oder aus Spinnstoffen (Position 5911);
   b) Stützgürtel oder andere Stützvorrichtungen aus Spinnstoffen, deren Wirkung auf den Körperteil, der gestützt oder gehalten werden soll, sich ausschließlich aus ihrer Elastizität herleitet (z. B. Schwangerschaftsgürtel, Brustbandagen, Leibbinden, Muskel- oder Gelenkbandagen) (Abschnitt XI);
   c) feuerfeste Waren der Position 6903; Waren zu chemischen oder anderen technischen Zwecken der Position 6909;
   d) Spiegel aus Glas, nicht optisch bearbeitet, der Position 7009 und Spiegel aus unedlen Metallen oder Edelmetallen, die nicht die charakterbestimmenden Merkmale optischer Elemente haben (Position 8306 oder Kapitel 71);
   e) Glaswaren der Position 7007, 7008, 7011, 7014, 7015 oder 7017;
   ● f) Teile mit allgemeiner Verwendungsmöglichkeit im Sinne der Anmerkung 2 zu Abschnitt XV, aus unedlen Metallen (Abschnitt XV) und gleichartige Waren aus Kunststoffen (Kapitel 39); Waren, die speziell zur ausschließlichen Verwendung als oder in Implantaten für medizinische, chirurgische, zahnärztliche oder tierärztliche Zwecke konzipiert sind, werden jedoch in die Position 9021 eingereiht;
   g) Ausgabepumpen mit Flüssigkeitsmesser der Position 8413; Zähl- und Kontrollwaagen und gesondert gestellte Gewichte (Position 8423); Maschinen, Apparate und Geräte zum Heben oder Fördern (Positionen 8425 bis 8428); Papier- oder Pappeschneidemaschinen aller Art (Position 8441); Spezialvorrichtungen zum Einstellen der Werkstücke oder Werkzeuge an Werkzeugmaschinen oder Wasserstrahlschneidemaschinen, auch mit optischer Ablesevorrichtung (z. B. sogenannte „optische" Teilköpfe), der Position 8466 (ausgenommen rein optische Vorrichtungen, wie z. B. Zentrierfernrohre und Fluchtfernrohre); Rechenmaschinen (Position 8470); Druckminderventile sowie andere Ventile und Armaturen der Position 8481; Maschinen und Apparate (einschließlich Apparate zum Projizieren oder Aufbringen von Schaltungsbildern auf sensibilisierte Halbleitermaterialien) der Position 8486;
   h) Scheinwerfer von der für Kraftfahrzeuge oder Fahrräder verwendeten Art (Position 8512); tragbare elektrische Leuchten der Position 8513; kinematografische Tonaufnahme- oder Tonwiedergabegeräte, sowie Geräte zum serienweisen Kopieren von Tonträgern (Position 8519); Tonabnehmer (Position 8522); Fernsehkameras, digitale Fotoapparate und Videokameraaufnahmegeräte (Position 8525); Funkmessgeräte, Funknavigationsgeräte und Funkfernsteuergeräte (Position 8526); Verbinder für optische Fasern, Bündel aus optischen Fasern oder optische Kabel (Position 8536); numerische Steuerungen der Position 8537; innenverspiegelte Scheinwerferlampen (Position 8539); Kabel aus optischen Fasern, der Position 8544;
   ij) Scheinwerfer der Position 9405;
   k) Waren des Kapitels 95;
   l) Ein-, Zwei-, Dreibeinstative und ähnliche Waren der Position 9620;
   m) Hohlmaße; sie sind nach ihrer stofflichen Beschaffenheit einzureihen;
   n) Spulen und ähnliche Materialträger (Einreihung nach ihrer stofflichen Beschaffenheit, z. B. nach Position 3923 oder Abschnitt XV).

2. Vorbehaltlich der vorstehenden Anmerkung 1 sind Teile und Zubehör für Maschinen, Apparate, Geräte, Instrumente oder andere Waren des Kapitels 90 nach folgenden Regeln einzureihen:
   a) Teile und Zubehör, die sich als Waren einer Position des Kapitels 90 oder des Kapitels 84, 85 oder 91 (ausgenommen der Position 8487, 8548 oder 9033) darstellen, sind dieser Position zuzuweisen, ohne Rücksicht darauf, für welche Maschinen, Apparate, Geräte oder Instrumente sie bestimmt sind;
   b) andere Teile und anderes Zubehör sind, wenn zu erkennen ist, dass sie ausschließlich oder hauptsächlich für eine bestimmte Maschine, einen bestimmten Apparat oder ein bestimmtes Gerät oder Instrument oder für mehrere Maschinen, Apparate, Geräte oder Instrumente der gleichen Position (auch der Position 9010, 9013 oder 9031) bestimmt sind, der Position für diese Maschinen, Apparate, Geräte oder Instrumente zuzuweisen;
   c) alle übrigen Teile und alles übrige Zubehör sind nach Position 9033 einzureihen.
3. Die Bestimmungen der Anmerkungen 3 und 4 zu Abschnitt XVI gelten auch für dieses Kapitel.
4. Nicht zu Position 9005 gehören Zielfernrohre für Waffen, Periskope für Unterseeboote oder Kampffahrzeuge sowie Fernrohre für Maschinen, Apparate, Geräte oder Instrumente des Kapitels 90 oder des Abschnitts XVI (Position 9013).
5. Optische Instrumente, Geräte oder Maschinen zum Messen oder Prüfen, für die sowohl die Position 9013 als auch die Position 9031 in Betracht kommen, sind der Position 9031 zuzuweisen.
6. Im Sinne der Position 9021 gelten als „orthopädische Apparate und Vorrichtungen" Apparate und Vorrichtungen
   – zum Verhüten oder Korrigieren körperlicher Fehlbildungen oder
   – zum Stützen oder Halten von Körperteilen oder Organen nach einer Krankheit, Operation oder Verletzung.

   Zu den orthopädischen Apparaten und Vorrichtungen gehören auch Schuhe und spezielle Einlegesohlen zum Korrigieren orthopädischer Leiden unter der Voraussetzung, dass sie 1) maßgerecht gefertigt sind oder 2) serienmäßig hergestellt sind, einzeln und nicht paarweise ein- oder ausgeführt werden und passend zu jedem Fuß gleichermaßen hergerichtet sind.
7. Zu Position 9032 gehören nur:
   a) Instrumente, Apparate und Geräte zum Regeln der Durchflussmenge, der Füllhöhe, des Druckes oder anderer veränderlicher Größen von Flüssigkeiten oder Gasen oder zum Regeln von Temperaturen, auch wenn deren Arbeitsweise auf einer elektrischen Erscheinung beruht, die sich mit der zu regelnden Größe ändert. Diese Instrumente, Apparate und Geräte sind dazu bestimmt, die zu regelnde Größe auf einen vorgegebenen Wert zu bringen und ihn aufgrund fortlaufender oder periodischer Messungen des jeweiligen tatsächlichen Wertes gegen störende Einflüsse aufrechtzuerhalten;
   b) selbsttätige Regler für elektrische Größen und Instrumente, Apparate oder Geräte zum Regeln nichtelektrischer Größen, deren Arbeitsweise auf einer elektrischen Erscheinung beruht, die sich mit der zu regelnden Größe ändert. Diese Instrumente, Apparate und Geräte sind dazu bestimmt, die zu regelnde Größe auf einen vorgegebenen Wert zu bringen und ihn aufgrund fortlaufender oder periodischer Messungen des jeweiligen tatsächlichen Wertes gegen störende Einflüsse aufrechtzuerhalten.

Zusätzliche Anmerkungen

1. Als „elektronisch" im Sinne der Warennummern 9015 30 10, 9025 80 40, 9026 10 21, 9026 10 29, 9026 20 20, 9026 80 20, 9027 10 10, und 9032 10 20 gelten Instrumente, Apparate und Geräte, die eine oder mehrere Waren der Position 8540, 8541 oder 8542 enthalten. Bei der Anwendung dieser Anmerkung bleiben jedoch solche Waren der Position 8540, 8541 oder 8542 unberücksichtigt, die nur eine Gleichrichterfunktion haben oder die zum Stromversorgungsteil der Instrumente, Apparate oder Geräte gehören.
2. Im Sinne der Warennummer 9021 10 10 bezeichnet der Ausdruck ‚orthopädische Apparate und Vorrichtungen' Apparate und Vorrichtungen, die im Unterschied zu Erzeugnissen, welche für verschiedene Zwecke verwendet werden können (beispielsweise Erzeugnisse für überbeanspruchte Gelenke, Bänder oder Sehnen, verursacht durch sportliche Aktivitäten oder Maschineschreiben, und Erzeugnisse, die lediglich – beispielsweise entzündungsbedingte – Schmerzen in dem beschädigten oder versehrten Körperteil lindern) besonders für einen bestimmten orthopädischen Zweck konzipiert sind.

Warenbezeichnung	Warennummer	Besondere Maßeinheit
Die ‚orthopädischen Apparate und Vorrichtungen' müssen eine bestimmte Bewegung des beschädigten oder versehrten Körperteils (z. B. Gelenke, Bänder Sehnen) vollständig verhindern, sodass weitere Verletzungen oder körperliche Fehlbildungen oder auch eine Verschlimmerung solcher Verletzungen oder Fehlbildungen ausgeschlossen werden, was sie von anderen Erzeugnissen unterscheidet, die bestimmte Bewegungen zwar nicht verhindern können, aber dennoch aufgrund ihrer relativen Steifheit reflexartige Bewegungen (d. h. unbewusst ausgeführte Bewegungen) verhindern, beispielsweise flexible Schienen, Druckpelotten, nicht elastische Spinnstoffe, bewegungseinschränkende Klettverschlussbänder.		
Optische Fasern und Bündel aus optischen Fasern; Kabel aus optischen Fasern, ausgenommen solche der Position 8544; polarisierende Stoffe in Form von Folien oder Platten; Linsen (einschließlich Kontaktlinsen), Prismen, Spiegel und andere optische Elemente, aus Stoffen aller Art, nicht gefasst (ausgenommen solche aus optisch nicht bearbeitetem Glas):	**9001**	
– optische Fasern sowie Bündel und Kabel aus optischen Fasern:		
– – Kabel zur Bildübertragung	9001 10 10	–
– – andere	9001 10 90	–
– polarisierende Stoffe in Form von Folien oder Platten	9001 20 00	–
– Kontaktlinsen	9001 30 00	St
– Brillengläser aus Glas:		
– – ohne Korrektionswirkung	9001 40 20	St
– – mit Korrektionswirkung:		
– – – beide Flächen fertig bearbeitet:		
– – – – Einstärkengläser (unifokal)	9001 40 41	St
– – – – andere	9001 40 49	St
– – – andere	9001 40 80	St
– Brillengläser aus anderen Stoffen:		
– – ohne Korrektionswirkung	9001 50 20	St
– – mit Korrektionswirkung:		
– – – beide Flächen fertig bearbeitet:		
– – – – Einstärkengläser (unifokal)	9001 50 41	St
– – – – andere	9001 50 49	St
– – – andere	9001 50 80	St
– andere	9001 90 00	–
Linsen, Prismen, Spiegel und andere optische Elemente, aus Stoffen aller Art, für Instrumente, Apparate und Geräte, gefasst (ausgenommen solche aus optisch nicht bearbeitetem Glas):	**9002**	
– Objektive:		
– – für Kameras, Projektoren oder fotografische oder kinematografische Vergrößerungs- oder Verkleinerungsapparate	9002 11 00	St
– – andere	9002 19 00	St
– Filter	9002 20 00	St
– andere	9002 90 00	–
Fassungen für Brillen oder für ähnliche Waren sowie Teile davon:	**9003**	
– Fassungen:		
– – aus Kunststoffen	9003 11 00	St
– – aus anderen Stoffen	9003 19 00	St
– Teile	9003 90 00	–

Warenbezeichnung	Warennummer	Besondere Maßeinheit
Brillen (Korrektionsbrillen, Schutzbrillen und andere Brillen) und ähnliche Waren:	**9004**	
– Sonnenbrillen:		
– – mit optisch bearbeiteten Gläsern	9004 10 10	St
– – andere:		
– – – mit Brillengläsern aus Kunststoffen	9004 10 91	St
– – – andere	9004 10 99	St
– andere:		
– – mit Brillengläsern aus Kunststoffen	9004 90 10	–
– – andere	9004 90 90	–
Ferngläser, Fernrohre, astronomische Fernrohre, optische Teleskope und Montierungen dafür; andere astronomische Instrumente und Montierungen dafür (ausgenommen Instrumente für Radioastronomie):	**9005**	
– Ferngläser	9005 10 00	St
– andere Instrumente	9005 80 00	–
– Teile und Zubehör (einschließlich Montierungen)	9005 90 00	–
Fotoapparate; Blitzlichtgeräte und -vorrichtungen für fotografische Zwecke sowie Fotoblitzlampen (ausgenommen Entladungslampen der Position 8539):	**9006**	
– Fotoapparate, ihrer Beschaffenheit nach besonders für Unterwasser- oder Luftbildaufnahmen, für die medizinische Untersuchung innerer Organe oder für gerichtsmedizinische oder kriminalistische Laboratorien bestimmt	9006 30 00	St
– Sofortbildkameras	9006 40 00	St
– andere Fotoapparate:		
● **– – für Filme in Rollen mit einer Breite von 35 mm:**		
– – – Wegwerffotoapparate	9006 53 10	St
■ – – – andere	9006 53 80	St
■ **– – andere**	9006 59 00	St
– Blitzlichtgeräte und -vorrichtungen, für fotografische Zwecke, sowie Fotoblitzlampen:		
– – Blitzlichtgeräte mit Entladungslampe (Elektronenblitzgeräte)	9006 61 00	St
– – andere	9006 69 00	St
– Teile und Zubehör:		
– – für Fotoapparate	9006 91 00	–
– – andere	9006 99 00	–
Filmkameras und Filmvorführapparate, auch mit eingebauten Tonaufnahme- oder Tonwiedergabegeräten:	**9007**	
– Filmkameras	9007 10 00	St
– Filmvorführapparate	9007 20 00	St
– Teile und Zubehör:		
– – für Filmkameras	9007 91 00	–
– – für Filmvorführapparate	9007 92 00	–

Warenbezeichnung	Warennummer	Besondere Maßeinheit
Stehbildwerfer; fotografische Vergrößerungs- oder Verkleinerungsapparate:	**9008**	
– Stehbildwerfer; fotografische Vergrößerungs- oder Verkleinerungsapparate	9008 50 00	St
– Teile und Zubehör	9008 90 00	–
Apparate und Ausrüstungen für fotografische oder kinematografische Laboratorien, in Kapitel 90 anderweit weder genannt noch inbegriffen; Negativbetrachter; Lichtbildwände:	**9010**	
– Filmentwicklungsmaschinen und -ausrüstungen, zum automatischen Entwickeln von fotografischen oder kinematografischen Filmen oder von fotografischem Papier in Rollen sowie Maschinen und Ausrüstungen, die automatisch von entwickelten Filmen Abzüge auf fotografischem Papier in Rollen herstellen	9010 10 00	–
– andere Apparate und Ausrüstungen für fotografische oder kinematografische Laboratorien; Negativbetrachter	9010 50 00	–
– Lichtbildwände	9010 60 00	–
– Teile und Zubehör:		
– – von Apparaten und Ausrüstungen der Warennummer 9010 50 00 oder 9010 60 00	9010 90 20	–
– – andere	9010 90 80	–
Optische Mikroskope, einschließlich solcher für Mikrofotografie, Mikrokinematografie oder Mikroprojektion:	**9011**	
– Stereomikroskope	9011 10 00	St
– andere Mikroskope für Mikrofotografie, Mikrokinematografie oder Mikroprojektion:		
– – Mikrofotografie-Mikroskope, mit Vorrichtungen versehen, die ihrer Beschaffenheit nach zum Handhaben und Transportieren von Halbleiterscheiben (wafers) oder Reticles besonders bestimmt sind	9011 20 10	St
– – andere	9011 20 90	St
– andere Mikroskope	9011 80 00	St
– Teile und Zubehör	9011 90 00	–
Andere als optische Mikroskope; Diffraktografen:	**9012**	
– andere als optische Mikroskope; Diffraktografen	9012 10 00	–
– Teile und Zubehör	9012 90 00	–
● **Laser, ausgenommen Laserdioden; andere in diesem Kapitel anderweit weder genannte noch inbegriffene optische Instrumente, Apparate und Geräte:**	**9013**	
– Zielfernrohre für Waffen; Periskope; Fernrohre für Maschinen, Apparate, Geräte oder Instrumente des Kapitels 90 oder des Abschnitts XVI:		
– – Fernrohre für Maschinen, Apparate, Geräte oder Instrumente des Kapitels 90 oder des Abschnitts XVI	9013 10 10	–
– – andere	9013 10 90	–
– Laser, ausgenommen Laserdioden	9013 20 00	–
● **– andere Vorrichtungen, Instrumente, Apparate und Geräte**	9013 80 00	–

Warenbezeichnung	Warennummer	Besondere Maßeinheit
– Teile und Zubehör:		
– – für Zielfernrohre für Waffen oder für Periskope	9013 90 05	–
– – andere	9013 90 80	–
Kompasse, einschließlich Navigationskompasse; andere Navigationsinstrumente, -apparate und -geräte:	**9014**	
– Kompasse, einschließlich Navigationskompasse	9014 10 00	–
– Navigationsinstrumente, -apparate und -geräte für die Luft- oder Raumfahrt (andere als Kompasse):		
– – Trägheitsnavigationssysteme	9014 20 20	St
– – andere	9014 20 80	–
– andere Navigationsinstrumente, -apparate und -geräte	9014 80 00	–
– Teile und Zubehör	9014 90 00	–
Instrumente, Apparate und Geräte für die Geodäsie, Topografie, Fotogrammetrie, Hydrografie, Ozeanografie, Hydrologie, Meteorologie oder Geophysik, ausgenommen Kompasse; Entfernungsmesser:	**9015**	
– Entfernungsmesser	9015 10 00	–
– Theodolite und Tachymeter	9015 20 00	–
– Nivellierinstrumente:		
– – elektronische	9015 30 10	–
– – andere	9015 30 90	–
– Instrumente, Apparate und Geräte für die Fotogrammetrie	9015 40 00	–
– andere Instrumente, Apparate und Geräte:		
– – für die Meteorologie, Hydrologie oder Geophysik	9015 80 20	–
– – für die Geodäsie, Topografie oder Hydrografie	9015 80 40	–
– – andere	9015 80 80	–
– Teile und Zubehör	9015 90 00	–
Waagen mit einer Empfindlichkeit von 50 mg oder feiner, auch mit Gewichten:	**9016**	
– Waagen	9016 00 10	St
– Teile und Zubehör	9016 00 90	–
Zeichen-, Anreiß- oder Recheninstrumente und -geräte (z. B. Zeichenmaschinen, Pantografen, Winkelmesser, Reißzeuge, Rechenschieber und Rechenscheiben); Längenmessinstrumente und -geräte, für den Handgebrauch (z. B. Maßstäbe und Maßbänder, Mikrometer, Schieblehren und andere Lehren), in diesem Kapitel anderweit weder genannt noch inbegriffen:	**9017**	
– Zeichentische und Zeichenmaschinen, auch automatische:		
– – Plotter	9017 10 10	St
– – andere	9017 10 90	St
– andere Zeichen-, Anreiß- oder Recheninstrumente und -geräte:		
– – Plotter	9017 20 05	St
– – andere Zeicheninstrumente und -geräte	9017 20 10	–
– – Anreißinstrumente und -geräte	9017 20 39	St
– – Recheninstrumente und -geräte	9017 20 90	St
– Mikrometer, Schieblehren und andere Lehren sowie Eichmaße	9017 30 00	St
– andere Instrumente und Geräte:		
– – Maßstäbe, Maßbänder und Lineale mit Maßeinteilung	9017 80 10	–
– – andere	9017 80 90	–
– Teile und Zubehör	9017 90 00	–

Warenbezeichnung	Warennummer	Besondere Maßeinheit
Medizinische, chirurgische, zahnärztliche oder tierärztliche Instrumente, Apparate und Geräte, einschließlich Szintigrafen und andere elektromedizinische Apparate und Geräte, sowie Apparate und Geräte zum Prüfen der Sehschärfe:	**9018**	
– Elektrodiagnoseapparate und -geräte (einschließlich der Apparate und Geräte für Funktionsprüfungen oder zum Überwachen von physiologischen Parametern):		
– – Elektrokardiografen	9018 11 00	–
– – Ultraschalldiagnosegeräte	9018 12 00	–
– – Magnetresonanzgeräte	9018 13 00	–
– – Szintigrafiegeräte	9018 14 00	–
– – andere:		
– – – Überwachungsapparate und -geräte, zur gleichzeitigen Überwachung von zwei oder mehr Parametern	9018 19 10	–
– – – andere	9018 19 90	–
– Ultraviolett- oder Infrarotbestrahlungsgeräte	9018 20 00	–
– Spritzen, Nadeln, Katheter, Kanülen und dergleichen:		
– – Spritzen, auch mit Nadeln:		
– – – aus Kunststoffen	9018 31 10	–
– – – andere	9018 31 90	–
– – Hohlnadeln aus Metall und Operationsnähnadeln:		
– – – Hohlnadeln aus Metall	9018 32 10	–
– – – Operationsnähnadeln	9018 32 90	–
– – andere	9018 39 00	–
– andere zahnärztliche Instrumente, Apparate und Geräte:		
– – Dentalbohrmaschinen, auch mit anderen zahnärztlichen Ausrüstungen auf einem gemeinsamen Sockel	9018 41 00	–
– – andere:		
– – – Schleifrädchen, Scheiben, Fräser und Bürsten, zur Verwendung in Dentalbohrmaschinen	9018 49 10	–
– – – andere	9018 49 90	–
– andere augenärztliche Instrumente, Apparate und Geräte:		
– – nicht optische	9018 50 10	–
– – optische	9018 50 90	–
– andere Instrumente, Apparate und Geräte:		
– – Blutdruckmessgeräte	9018 90 10	–
– – Endoskope	9018 90 20	–
– – künstliche Nieren	9018 90 30	–
– – Apparate und Geräte für Diathermie	9018 90 40	–
– – Transfusionsgeräte, einschließlich Infusionsgeräte	9018 90 50	–
– – Apparate und Geräte für Anästhesie	9018 90 60	–
– – Apparate und Geräte zur Nervenreizung	9018 90 75	–
■ – – andere	9018 90 84	–

Warenbezeichnung	Warennummer	Besondere Maßeinheit
Apparate und Geräte für Mechanotherapie; Massageapparate und -geräte; Apparate und Geräte für Psychotechnik; Apparate und Geräte für Ozontherapie, Sauerstofftherapie oder Aerosoltherapie, Beatmungsapparate zum Wiederbeleben und andere Apparate und Geräte für Atmungstherapie:	**9019**	
– Apparate und Geräte für Mechanotherapie; Massageapparate und -geräte; Apparate und Geräte für Psychotechnik:		
– – elektrische Vibrationsmassagegeräte	9019 10 10	–
– – andere	9019 10 90	–
– Apparate und Geräte für Ozontherapie, Sauerstofftherapie oder Aerosoltherapie, Beatmungsapparate zum Wiederbeleben und andere Apparate und Geräte für Atmungstherapie:		–
– – Geräte für die mechanische Beatmung, für invasive Beatmung geeignet	9019 20 10	St
– – Geräte für die mechanische Beatmung, nicht-invasiv	9019 20 20	St
– – andere, einschließlich Teile und Zubehör	9019 20 90	–
Andere Atmungsapparate und -geräte und Gasmasken, ausgenommen Schutzmasken ohne mechanische Teile und ohne auswechselbares Filterelement:	**9020**	
– Gasmasken	9020 00 10	St
– andere, einschließlich Teile und Zubehör	9020 00 90	–
Orthopädische Apparate und Vorrichtungen, einschließlich Krücken sowie medizinisch-chirurgische Gürtel und Bandagen; Schienen und andere Vorrichtungen zum Behandeln von Knochenbrüchen; künstliche Körperteile und Organe; Schwerhörigengeräte und andere Vorrichtungen zum Tragen in der Hand oder zum Implantieren in den oder zum Tragen am Körper, zum Beheben von Funktionsschäden oder Gebrechen:	**9021**	
– Apparate und Vorrichtungen zu orthopädischen Zwecken oder zum Behandeln von Knochenbrüchen:		
■ – – orthopädische Apparate und Vorrichtungen	9021 10 10	–
■ – – Schienen und andere Vorrichtungen zum Behandeln von Knochenbrüchen	9021 10 90	–
– künstliche Zähne und andere Waren der Zahnprothetik:		
– – künstliche Zähne:		
– – – aus Kunststoffen	9021 21 10	100 St
– – – aus anderen Stoffen	9021 21 90	100 St
– – andere	9021 29 00	–
– andere künstliche Körperteile und Organe:		
– – künstliche Gelenke	9021 31 00	–
– – andere:		
– – – Augenprothesen	9021 39 10	–
– – – andere	9021 39 90	–
– Schwerhörigengeräte, ausgenommen Teile und Zubehör	9021 40 00	St
– Herzschrittmacher, ausgenommen Teile und Zubehör	9021 50 00	St
– andere:		
– – Teile und Zubehör für Schwerhörigengeräte	9021 90 10	–
– – andere	9021 90 90	–

Warenbezeichnung	Warennummer	Besondere Maßeinheit
● **Röntgenapparate und -geräte und Apparate und Geräte, die Alpha-, Beta-, Gamma- oder andere ionisierende Strahlen verwenden, auch für medizinische, chirurgische, zahnärztliche oder tierärztliche Zwecke, einschließlich Apparate und Geräte für Schirmbildfotografie oder Strahlentherapie, Röntgenröhren und andere Vorrichtungen zum Erzeugen von Röntgenstrahlen, Hochspannungsgeneratoren, Schaltpulte, Durchleuchtungsschirme, Untersuchungs- und Behandlungstische, -sessel und dergleichen:**	**9022**	
– Röntgenapparate und -geräte, auch für medizinische, chirurgische, zahnärztliche oder tierärztliche Zwecke, einschließlich Apparate und Geräte für Schirmbildfotografie oder Strahlentherapie:		
– – Apparate für die Computertomografie	9022 12 00	St
– – andere, für zahnärztliche Zwecke	9022 13 00	St
– – andere, für medizinische, chirurgische oder tierärztliche Zwecke	9022 14 00	St
– – für andere Zwecke	9022 19 00	St
● **– Apparate und Geräte, die Alpha-, Beta-, Gamma- oder andere ionisierende Strahlen verwenden, auch für medizinische, chirurgische, zahnärztliche oder tierärztliche Zwecke, einschließlich Apparate und Geräte für die Schirmbildfotografie oder Strahlentherapie:**		
■ **– – für medizinische, chirurgische, zahnärztliche oder tierärztliche Zwecke**	9022 21 00	St
■ **– – für andere Zwecke**	9022 29 00	St
– Röntgenröhren	9022 30 00	St
– andere, einschließlich Teile und Zubehör:		
– – Teile und Zubehör für Röntgenapparate und -geräte	9022 90 20	–
– – andere	9022 90 80	–
Instrumente, Apparate, Geräte und Modelle, ihrer Beschaffenheit nach zu Vorführzwecken bestimmt (z. B. beim Unterricht oder auf Ausstellungen), nicht zu anderer Verwendung geeignet:	**9023**	
– von der für den Unterricht in Physik, Chemie oder Technik verwendeten Art	9023 00 10	–
– andere	9023 00 80	–
Maschinen, Apparate und Geräte zum Prüfen der Härte, Zugfestigkeit, Druckfestigkeit, Elastizität oder anderer mechanischer Eigenschaften von Materialien (z. B. von Metallen, Holz, Spinnstoffen, Papier oder Kunststoffen):	**9024**	
– Materialprüfmaschinen, -apparate und -geräte für Metalle:		
– – Universal- und Zugfestigkeitsprüfmaschinen, -apparate und -geräte	9024 10 20	–
– – Härteprüfmaschinen, -apparate und -geräte	9024 10 40	–
– – andere	9024 10 80	–
– andere Maschinen, Apparate und Geräte	9024 80 00	–
– Teile und Zubehör	9024 90 00	–

Warenbezeichnung	Warennummer	Besondere Maßeinheit
Dichtemesser (Aräometer, Senkwaagen) und ähnliche schwimmende Instrumente, Thermometer, Pyrometer, Barometer, Hygrometer und Psychrometer, auch mit Registriervorrichtung, auch miteinander kombiniert:	**9025**	
– Thermometer und Pyrometer, nicht mit anderen Instrumenten kombiniert:		
– – unmittelbar ablesbare, flüssigkeitsgefüllt:		
– – – Fieberthermometer	9025 11 20	St
– – – andere	9025 11 80	St
– – andere	9025 19 00	St
– andere Instrumente:		
– – Barometer, nicht mit anderen Instrumenten kombiniert	9025 80 20	St
– – andere:		
– – – elektronische	9025 80 40	–
– – – andere	9025 80 80	–
– Teile und Zubehör	9025 90 00	–
Instrumente, Apparate und Geräte zum Messen oder Überwachen von Durchfluss, Füllhöhe, Druck oder anderen veränderlichen Größen von Flüssigkeiten oder Gasen (z. B. Durchflussmesser, Flüssigkeitsstand- oder Gasstandanzeiger, Manometer, Wärmemengenzähler), ausgenommen Instrumente, Apparate und Geräte der Position 9014, 9015, 9028 oder 9032:	**9026**	
– zum Messen oder Überwachen von Durchfluss oder Füllhöhe von Flüssigkeiten:		
– – elektronische:		
– – – Durchflussmesser	9026 10 21	St
– – – andere	9026 10 29	St
– – andere:		
– – – Durchflussmesser	9026 10 81	St
– – – andere	9026 10 89	St
– zum Messen oder Überwachen des Druckes:		
– – elektronische	9026 20 20	St
– – andere:		
– – – Manometer mit Metallfedermesswerk (mit Kapsel-, Platten-, Rohr- oder Schneckenfeder)	9026 20 40	St
– – – andere	9026 20 80	St
– andere Instrumente, Apparate und Geräte:		
– – elektronische	9026 80 20	–
– – andere	9026 80 80	–
– Teile und Zubehör	9026 90 00	–

Warenbezeichnung	Warennummer	Besondere Maßeinheit
Instrumente, Apparate und Geräte für physikalische oder chemische Untersuchungen (z. B. Polarimeter, Refraktometer, Spektrometer und Untersuchungsgeräte für Gase oder Rauch); Instrumente, Apparate und Geräte zum Bestimmen der Viskosität, Porosität, Dilatation, Oberflächenspannung oder dergleichen oder für kalorimetrische, akustische oder fotometrische Messungen (einschließlich Belichtungsmesser); Mikrotome:	**9027**	
– Untersuchungsgeräte für Gase oder Rauch:		
– – elektronische	9027 10 10	St
– – andere	9027 10 90	St
– Chromatografen und Elektrophoresegeräte	9027 20 00	–
– Spektrometer, Spektrofotometer und Spektrografen, die optische Strahlen (UV-Strahlen, sichtbares Licht, Infrarotstrahlen) verwenden	9027 30 00	–
– andere Instrumente, Apparate und Geräte, die optische Strahlen (UV-Strahlen, sichtbares Licht, Infrarotstrahlen) verwenden	9027 50 00	–
– andere Instrumente, Apparate und Geräte:		
● **– – Massenspektrometer**	9027 81 00	St
● **– – andere:**		–
● – – – Belichtungsmesser	9027 89 10	–
● – – – ph-Messer, rH-Messer und andere Geräte zum Messen der Leitfähigkeit	9027 89 30	–
● – – – andere	9027 89 90	–
– Mikrotome; Teile und Zubehör	9027 90 00	–
Gaszähler, Flüssigkeitszähler oder Elektrizitätszähler, einschließlich Eichzähler dafür:	**9028**	
– Gaszähler	9028 10 00	St
– Flüssigkeitszähler	9028 20 00	St
– Elektrizitätszähler:		
– – Wechselstromzähler:		
– – – Einphasen-Wechselstromzähler	9028 30 11	St
– – – Drehstromzähler	9028 30 19	St
– – andere	9028 30 90	St
– Teile und Zubehör:		
– – für Elektrizitätszähler	9028 90 10	–
– – andere	9028 90 90	–
Andere Zähler (z. B. Tourenzähler, Produktionszähler, Taxameter, Kilometerzähler oder Schrittzähler); Tachometer und andere Geschwindigkeitsmesser, ausgenommen solche der Position 9014 oder 9015; Stroboskope:	**9029**	
– Tourenzähler, Produktionszähler, Taxameter, Kilometerzähler, Schrittzähler und andere Zähler	9029 10 00	–
– Tachometer und andere Geschwindigkeitsmesser; Stroboskope:		
– – Tachometer und andere Geschwindigkeitsmesser:		
– – – Geschwindigkeitsmesser für Landfahrzeuge	9029 20 31	–
– – – andere	9029 20 38	–
– – Stroboskope	9029 20 90	–
– Teile und Zubehör	9029 90 00	–

Warenbezeichnung	Warennummer	Besondere Maßeinheit
Oszilloskope, Spektralanalysatoren und andere Instrumente, Apparate und Geräte zum Messen oder Prüfen elektrischer Größen, ausgenommen Zähler der Position 9028; Instrumente, Apparate und Geräte zum Messen oder zum Nachweis von Alpha-, Beta-, Gamma-, Röntgenstrahlen, kosmischen oder anderen ionisierenden Strahlen:	**9030**	
– Instrumente, Apparate und Geräte zum Messen oder zum Nachweis von ionisierenden Strahlen	9030 10 00	–
– Oszilloskope und Oszillografen	9030 20 00	–
● – andere Instrumente, Apparate und Geräte zum Messen oder Prüfen von Spannung, Stromstärke, Widerstand oder Leistung (ausgenommen solche zum Messen oder Prüfen von Halbleiterscheiben (wafers) oder Halbleiterbauelementen):		
– – Multimeter, ohne Registriervorrichtung	9030 31 00	–
– – Multimeter, mit Registriervorrichtung	9030 32 00	–
– – andere, ohne Registriervorrichtung:		
– – – Instrumente zur Widerstandsmessung	9030 33 20	–
– – – andere	9030 33 70	–
– – andere, mit Registriervorrichtung	9030 39 00	–
– andere Instrumente, Apparate und Geräte, ihrer Beschaffenheit nach besonders für die Telekommunikation bestimmt (z. B. Nebensprechmesser, Verstärkungsgradmesser, Verzerrungsmesser und Geräuschspannungsmesser)	9030 40 00	–
– andere Instrumente, Apparate und Geräte:		
● – – zum Messen oder Prüfen von Halbleiterscheiben (wafers) oder Halbleiterbauelementen (einschließlich integrierter Schaltungen)	9030 82 00	–
– – andere, mit Registriervorrichtung	9030 84 00	–
– – andere	9030 89 00	–
– Teile und Zubehör	9030 90 00	–
Instrumente, Apparate, Geräte und Maschinen zum Messen oder Prüfen, in diesem Kapitel anderweit weder genannt noch inbegriffen; Profilprojektoren:	**9031**	
– Auswuchtmaschinen	9031 10 00	–
– Prüfstände	9031 20 00	–
– andere optische Instrumente, Apparate und Geräte:		
● – – zum Prüfen von Halbleiterscheiben (wafers) oder Halbleiterbauelementen (einschließlich integrierter Schaltungen) oder zum Prüfen von Fotomasken und Reticles für die Herstellung von Halbleiterbauelementen (einschließlich integrierter Schaltungen)	9031 41 00	–
– – andere:		
– – – Profilprojektoren	9031 49 10	St
– – – andere	9031 49 90	–
– andere Instrumente, Apparate, Geräte und Maschinen:		
– – zum Messen oder Prüfen geometrischer Größen	9031 80 20	–
– – andere	9031 80 80	–
– Teile und Zubehör	9031 90 00	–
Instrumente, Apparate und Geräte zum Regeln:	**9032**	
– Thermostate:		
– – elektronische	9032 10 20	St
– – andere	9032 10 80	St
– Druckregler	9032 20 00	St
– andere Regler:		
– – hydraulische oder pneumatische	9032 81 00	–
– – andere	9032 89 00	–
– Teile und Zubehör	9032 90 00	–

Warenbezeichnung	Warennummer	Besondere Maßeinheit
Teile und Zubehör (im Kapitel 90 anderweit weder genannt noch inbegriffen) für Maschinen, Apparate, Geräte, Instrumente oder andere Waren des Kapitels 90:	**9033**	
– LED-Hintergrundbeleuchtungsmodule, d. h. Lichtquellen, bestehend aus einer oder mehreren Leuchtdioden (LED) und einem oder mehreren Anschlussstücken, die auf eine gedruckte Schaltung oder ein ähnliches Substrat montiert sind, und anderen passiven Komponenten, auch in Kombination mit optischen Komponenten oder Schutzdioden, und die als Hintergrundbeleuchtung für Flüssigkristalldisplays (LCD) verwendet werden	9033 00 10	–
– andere	9033 00 90	–

Kapitel 91

Uhrmacherwaren

Anmerkungen

1. Zu Kapitel 91 gehören nicht:
   a) Uhrgläser und Uhrgewichte (Einreihung nach ihrer stofflichen Beschaffenheit);
   b) Uhrketten (Position 7113 oder 7117, je nach Beschaffenheit);
   c) Teile mit allgemeiner Verwendungsmöglichkeit im Sinne der Anmerkung 2 zu Abschnitt XV, aus unedlen Metallen (Abschnitt XV), und gleichartige Waren aus Kunststoffen (Kapitel 39) oder aus Edelmetallen oder Edelmetallplattierungen (im Allgemeinen Position 7115); Uhrfedern (einschließlich Spiralfedern) gehören jedoch zu Position 9114;
   d) Kugeln für Kugellager (Position 7326 oder 8482, je nach Beschaffenheit);
   e) Waren der Position 8412, die so konstruiert sind, dass sie ohne Hemmung laufen;
   f) Kugellager (Position 8482);
   g) Waren des Kapitels 85, noch nicht miteinander oder mit anderen Bauelementen zu Uhrwerken oder zu Teilen zusammengesetzt, die ihrer Beschaffenheit nach erkennbar ausschließlich oder hauptsächlich für Uhrwerke bestimmt sind (Kapitel 85).
2. Zu Position 9101 gehören nur Uhren, deren Gehäuse ganz aus Edelmetallen oder Edelmetallplattierungen bestehen oder aus diesen Stoffen hergestellt und mit echten Perlen oder Zuchtperlen, Edelsteinen oder Schmucksteinen (natürlichen, synthetischen oder rekonstituierten) der Positionen 7101 bis 7104 besetzt sind. Uhren mit Gehäuse aus unedlem Metall mit darin eingelegten Edelmetallen sind der Position 9102 zuzuweisen.
3. Als „Kleinuhr-Werke“ im Sinne des Kapitels 91 gelten Vorrichtungen, deren Gang durch eine Unruh mit Spiralfeder, einen Quarz oder ein anderes geeignetes Zeitteilersystem geregelt wird und die eine Anzeige oder ein System zur Aufnahme einer mechanischen Anzeige besitzen. Diese Uhrwerke dürfen eine Dicke von 12 mm und eine Breite, Länge oder einen Durchmesser von 50 mm nicht überschreiten.
4. Vorbehaltlich der Anmerkung 1 zu Kapitel 91 bleiben Werke und Teile, die sowohl für Waren des Kapitels 91 als auch für andere Waren (z. B. für Mess- oder Präzisionsinstrumente) verwendet werden können, in Kapitel 91.

Warenbezeichnung	Warennummer	Besondere Maßeinheit
Armbanduhren, Taschenuhren und ähnliche Uhren (einschließlich Stoppuhren vom gleichen Typ), mit Gehäuse aus Edelmetallen oder Edelmetallplattierungen:	**9101**	
– Armbanduhren, elektrisch betrieben, auch mit Stoppeinrichtung:		
– – nur mit mechanischer Anzeige	9101 11 00	St
– – andere	9101 19 00	St
– andere Armbanduhren, auch mit Stoppeinrichtung:		
– – mit automatischem Aufzug	9101 21 00	St
– – andere	9101 29 00	St
– andere:		
– – elektrisch betrieben	9101 91 00	St
– – andere	9101 99 00	St

Warenbezeichnung	Warennummer	Besondere Maßeinheit
Armbanduhren, Taschenuhren und ähnliche Uhren (einschließlich Stoppuhren vom gleichen Typ), ausgenommen Uhren der Position 9101:	**9102**	
– Armbanduhren, elektrisch betrieben, auch mit Stoppeinrichtung:		
– – nur mit mechanischer Anzeige	9102 11 00	St
– – nur mit optoelektronischer Anzeige	9102 12 00	St
– – andere	9102 19 00	St
– andere Armbanduhren, auch mit Stoppeinrichtung:		
– – mit automatischem Aufzug	9102 21 00	St
– – andere	9102 29 00	St
– andere:		
– – elektrisch betrieben	9102 91 00	St
– – andere	9102 99 00	St
Uhren mit Kleinuhr-Werk, ausgenommen Uhren der Position 9101, 9102 oder 9104:	**9103**	
– elektrisch betrieben	9103 10 00	St
– andere	9103 90 00	St
Armaturenbrettuhren und ähnliche Uhren, für Kraftfahrzeuge, Luftfahrzeuge, Schiffe oder andere Fahrzeuge	**9104 00 00**	St
Andere Uhren:	**9105**	
– Wecker:		
– – elektrisch betrieben	9105 11 00	St
– – andere	9105 19 00	St
– Wanduhren:		
– – elektrisch betrieben	9105 21 00	St
– – andere	9105 29 00	St
– andere:		
– – elektrisch betrieben	9105 91 00	St
– – andere	9105 99 00	St
Zeitkontrollapparate und Zeitmesser, mit Uhrwerk oder Synchronmotor (z. B. Arbeitszeitregistrieruhren, Zeit- und Datumstempeluhren):	**9106**	
– Arbeitszeitregistrieruhren; Zeit- und Datumstempeluhren	9106 10 00	St
– andere	9106 90 00	St
Zeitschalter und andere Zeitauslöser, mit Uhrwerk oder Synchronmotor	**9107 00 00**	St
Kleinuhr-Werke, vollständig und zusammengesetzt:	**9108**	
– elektrisch betrieben:		
– – nur mit mechanischer Anzeige oder mit Vorrichtung zur Aufnahme einer mechanischen Anzeige	9108 11 00	St
– – nur mit optoelektronischer Anzeige	9108 12 00	St
– – andere	9108 19 00	St
– mit automatischem Aufzug	9108 20 00	St
– andere	9108 90 00	St

Warenbezeichnung	Warennummer	Besondere Maßeinheit
Andere Uhrwerke (ausgenommen Kleinuhr-Werke), vollständig und zusammengesetzt:	**9109**	
– elektrisch betrieben	9109 10 00	St
– andere	9109 90 00	St
Nicht oder nur teilweise zusammengesetzte, vollständige Uhrwerke (Schablonen); unvollständige, zusammengesetzte Uhrwerke; Uhrrohwerke:	**9110**	
– Kleinuhr-Werke:		
– – nicht oder nur teilweise zusammengesetzte, vollständige Uhrwerke (Schablonen):		
– – – mit einer Unruh mit Spiralfeder	9110 11 10	St
– – – andere	9110 11 90	St
– – unvollständige, zusammengesetzte Uhrwerke	9110 12 00	–
– – Uhrrohwerke	9110 19 00	–
– andere	9110 90 00	–
Gehäuse für Uhren der Positionen 9101 oder 9102, Teile davon:	**9111**	
– Gehäuse aus Edelmetallen oder Edelmetallplattierungen	9111 10 00	St
– Gehäuse aus unedlen Metallen, auch vergoldet oder versilbert	9111 20 00	St
– andere Gehäuse	9111 80 00	St
– Teile	9111 90 00	–
Gehäuse für andere Uhrmacherwaren, Teile davon:	**9112**	
– Gehäuse	9112 20 00	St
– Teile	9112 90 00	–
Uhrarmbänder und Teile davon:	**9113**	
– aus Edelmetallen oder Edelmetallplattierungen:		
– – aus Edelmetallen	9113 10 10	–
– – aus Edelmetallplattierungen	9113 10 90	–
– aus unedlen Metallen, auch vergoldet oder versilbert	9113 20 00	–
– andere	9113 90 00	–
Andere Uhrenteile:	**9114**	
– Zifferblätter	9114 30 00	–
– Werkplatten und Brücken	9114 40 00	–
● – andere:		
● – – Uhrfedern, einschließlich Spiralfedern	9114 90 10	–
● – – andere	9114 90 90	–

Kapitel 92

Musikinstrumente; Teile und Zubehör für diese Instrumente

Anmerkungen

1. Zu Kapitel 92 gehören nicht:
   a) Teile mit allgemeiner Verwendungsmöglichkeit im Sinne der Anmerkung 2 zu Abschnitt XV, aus unedlen Metallen (Abschnitt XV), und gleichartige Waren aus Kunststoffen (Kapitel 39);
   b) Mikrofone, Verstärker, Lautsprecher, Kopfhörer, Schalter, Stroboskope und andere Instrumente, Apparate und zusätzliche Ausrüstungsstücke zur Verwendung mit den Waren des Kapitels 92, wenn sie nicht in diese Waren oder nicht mit diesen Waren in das gleiche Gehäuse eingebaut sind (Kapitel 85 oder 90);
   c) Instrumente und Geräte, die den Charakter von Spielzeug haben (Position 9503);
   d) Wischer und andere Bürstenwaren zum Reinigen von Musikinstrumenten (Position 9603); oder Ein-, Zwei-, Dreibeinstative und ähnliche Waren (Position 9620);
   e) Instrumente und Geräte, die den Charakter von Sammlungsstücken oder Antiquitäten haben (Position 9705 oder 9706).
2. Bogen, Schlägel und dergleichen für Musikinstrumente der Position 9202 oder 9206 werden wie die Instrumente eingereiht, für die sie bestimmt sind, wenn sie mit diesen Instrumenten gestellt werden und ihnen der Anzahl nach entsprechen.

   Karten, Scheiben und Walzen der Position 9209 werden auch dann getrennt eingereiht, wenn sie mit den Instrumenten oder Geräten zusammen ein- oder ausgeführt werden, für die sie bestimmt sind.

Warenbezeichnung	Warennummer	Besondere Maßeinheit
Klaviere, einschließlich selbsttätige Klaviere; Cembalos und andere Saiteninstrumente mit Klaviatur:	**9201**	
– Klaviere mit aufrecht stehendem Rahmen:		
– – neu	9201 10 10	St
– – gebraucht	9201 10 90	St
– Flügel	9201 20 00	St
– andere	9201 90 00	–
Andere Saiteninstrumente (z. B. Gitarren, Geigen und Harfen):	**9202**	
– Streichinstrumente:		
– – Geigen	9202 10 10	St
– – andere	9202 10 90	St
– andere:		
– – Gitarren	9202 90 30	St
– – andere	9202 90 80	St

Warenbezeichnung	Warennummer	Besondere Maßeinheit
Blasinstrumente (z. B. Pfeifenorgeln mit Klaviatur, Akkordeons, Klarinetten, Trompeten, Dudelsäcke), andere als Orchestrien und Drehorgeln:	**9205**	
– Blechblasinstrumente	9205 10 00	St
– andere:		
– – Akkordeons und ähnliche Musikinstrumente	9205 90 10	St
– – Mundharmonikas	9205 90 30	St
– – Orgeln (mit Pfeifen und Klaviatur); Harmonien und ähnliche Musikinstrumente mit Klaviatur und durchschlagenden Metallzungen	9205 90 50	–
– – andere	9205 90 90	–
Schlaginstrumente (z. B. Trommeln, Xylofone, Becken, Kastagnetten und Maracas)	**9206 00 00**	–
Musikinstrumente, bei denen der Ton elektrisch erzeugt wird oder elektrisch verstärkt werden muss (z. B. derartige Orgeln, Gitarren und Akkordeons):	**9207**	
– Instrumente mit Klaviatur, ausgenommen Akkordeons:		
– – Orgeln	9207 10 10	St
– – Digital-Pianos	9207 10 30	St
– – Synthesizer	9207 10 50	St
– – andere	9207 10 80	–
– andere:		
– – Gitarren	9207 90 10	St
– – andere	9207 90 90	–
Spieldosen, Orchestrien, Drehorgeln, singende mechanische Vögel, singende Sägen und andere in diesem Kapitel anderweit nicht erfasste Musikinstrumente; Lockpfeifen aller Art; Signalpfeifen, Signalhörner und andere Mundblasinstrumente zu Ruf- oder Signalzwecken:	**9208**	
– Spieldosen	9208 10 00	–
– andere	9208 90 00	–
Teile und Zubehör für Musikinstrumente (z. B. Musikwerke für Spieldosen, Karten, Scheiben und Walzen für mechanische Musikinstrumente); Metronome, Stimmgabeln und Stimmpfeifen aller Art:	**9209**	
– Musiksaiten	9209 30 00	–
– andere:		
– – Teile und Zubehör für Klaviere	9209 91 00	–
– – Teile und Zubehör für Musikinstrumente der Position 9202	9209 92 00	–
– – Teile und Zubehör für Musikinstrumente der Position 9207	9209 94 00	–
– – andere:		
– – – Teile und Zubehör für Musikinstrumente der Position 9205	9209 99 20	–
– – – andere:		
– – – – Metronome, Stimmgabeln und Stimmpfeifen	9209 99 40	–
– – – – Musikwerke für Spieldosen	9209 99 50	–
– – – – andere	9209 99 70	–

Waffen und Munition; Teile davon und Zubehör

Kapitel 93

Waffen und Munition; Teile davon und Zubehör

Anmerkungen

1. Zu Kapitel 93 gehören nicht:
   a) Waren des Kapitels 36 (z. B. Zündhütchen, Sprengkapseln, Sprengzünder, Leuchtraketen, Raketen zum Wetterschießen);
   b) Teile mit allgemeiner Verwendungsmöglichkeit im Sinne der Anmerkung 2 zu Abschnitt XV, aus unedlen Metallen (Abschnitt XV), und gleichartige Waren aus Kunststoffen (Kapitel 39);
   c) Panzerwagen und andere gepanzerte Kampffahrzeuge (Position 8710);
   d) Zielfernrohre und andere optische Vorrichtungen, für Waffen, ausgenommen solche, die auf Waffen montiert sind oder die mit den Waffen, für die sie bestimmt sind, zusammen ein- oder ausgeführt werden (Kapitel 90);
   e) Armbrüste, Bogen und Pfeile für den Schießsport, stumpfe Waffen für den Fechtsport und Spielzeugwaffen (Kapitel 95);
   f) Sammlungsstücke oder Antiquitäten (Position 9705 oder 9706).
2. Als „Teile" im Sinne der Position 9306 gelten nicht Funk- oder Radargeräte der Position 8526.

Warenbezeichnung	Warennummer	Besondere Maßeinheit
Kriegswaffen, ausgenommen Revolver, Pistolen und Waffen der Position 9307:	**9301**	
– Artilleriewaffen (z. B. Kanonen, Haubitzen, Mörser (Granatwerfer))	9301 10 00	St
– Raketenwerfer, Flammenwerfer, Granatwerfer, Torpedorohre und ähnliche Werfer	9301 20 00	St
– andere	9301 90 00	St
Revolver und Pistolen, ausgenommen solche der Position 9303 oder 9304	**9302 00 00**	St
Andere Feuerwaffen und ähnliche Geräte, bei denen die Explosionswirkung einer Treibladung genutzt wird (z. B. Jagd- und Sportgewehre, Vorderlader, Leuchtpistolen und andere nur Leuchtraketen abfeuernde Geräte, Schreckschusspistolen und -revolver, Bolzen-Viehtötungsapparate und Leinenschießgeräte):	**9303**	
– Vorderlader	9303 10 00	St
– andere Jagd- und Sportgewehre mit mindestens einem glatten Lauf:		
– – mit einem Lauf, glatt	9303 20 10	St
– – andere	9303 20 95	St
– andere Jagd- und Sportgewehre	9303 30 00	St
– andere	9303 90 00	St
Andere Waffen (z. B. Feder-, Luft- und Gasdruckgewehre, -büchsen und -pistolen und Schlagstöcke), ausgenommen Waffen der Position 9307	**9304 00 00**	St

Warenbezeichnung	Warennummer	Besondere Maßeinheit
Teile und Zubehör für Waren der Position 9301 bis 9304:	**9305**	
– für Revolver oder Pistolen	9305 10 00	–
– für Gewehre der Position 9303	9305 20 00	–
– andere:		
– – von Kriegswaffen der Position 9301	9305 91 00	–
– – andere	9305 99 00	–
Bomben, Granaten, Torpedos, Minen, Raketen, Patronen und andere Munition und Geschosse, Teile davon, einschließlich Rehposten, Jagdschrot und Patronenpfropfen:	**9306**	
– Patronen für Gewehre mit glattem Lauf, Teile davon; Geschosse für Luftgewehre und -pistolen:		
– – Patronen	9306 21 00	1 000 St
– – andere	9306 29 00	–
– andere Patronen und Teile davon:		
– – für Revolver und Pistolen der Position 9302 und für Maschinenpistolen der Position 9301	9306 30 10	–
– – andere:		
– – – für Kriegswaffen	9306 30 30	–
– – – andere	9306 30 90	–
– andere:		
– – zu Kriegszwecken	9306 90 10	–
– – andere	9306 90 90	–
Säbel, Degen, Bajonette, Lanzen und andere blanke Waffen, Teile davon und Scheiden für diese Waffen	**9307 00 00**	–

Verschiedene Waren

Kapitel 94

Möbel; medizinisch-chirurgische Möbel; Bettausstattungen und ähnliche • Waren; Leuchten und Beleuchtungskörper, anderweit weder genannt noch inbegriffen; Reklameleuchten, Leuchtschilder, beleuchtete Namensschilder und dergleichen; vorgefertigte Gebäude

Anmerkungen

1. Zu Kapitel 94 gehören nicht:
   a) aufblasbare Matratzen, Kopfkissen oder Kissen; Matratzen, Kopfkissen oder Kissen für Wasserfüllung, des Kapitels 39, 40 oder 63;
   b) auf dem Boden stehende Spiegel, z. B. schwenkbare Ankleidespiegel der Position 7009;
   c) Waren des Kapitels 71;
   d) Teile mit allgemeiner Verwendungsmöglichkeit im Sinne der Anmerkung 2 zu Abschnitt XV, aus unedlen Metallen (Abschnitt XV), gleichartige Waren aus Kunststoff (Kapitel 39) oder Panzerschränke der Position 8303;
   e) Möbel als besondere Teile von Einrichtungen, Maschinen, Apparaten und Geräten zur Kälteerzeugung der Position 8418, auch wenn sie unausgerüstet ein- oder ausgeführt werden; Möbel, die zum Einbau von Nähmaschinen (Position 8452) besonders hergerichtet sind;
   • f) Leuchten und Beleuchtungskörper und Teile davon des Kapitels 85;
   g) Möbel als besondere Teile von Geräten der Positionen 8518 (Position 8518), 8519 bis 8521 (Position 8522) oder 8525 bis 8528 (Position 8529);
   h) Waren der Position 8714;
   ij) Dentalstühle mit eingebauten Zahnbehandlungsgeräten der Position 9018 sowie Speibecken für die zahnärztliche Praxis (Position 9018);
   k) Waren des Kapitels 91 (z. B. Uhren und Uhrengehäuse);
   • l) Möbel oder Leuchten und Beleuchtungskörper, die den Charakter von Spielzeug haben (Position 9503), Billardtische oder andere Spielmöbel der Position 9504, Möbel für Zauberkunststücke oder Dekorationsartikel (ausgenommen Lichterketten) wie Lampions, Papierlaternen (Position 9505);
   m) Ein-, Zwei-, Dreibeinstative und ähnliche Waren (Position 9620).
2. Die in den Positionen 9401 bis 9403 erfassten Waren (ausgenommen Teile) müssen dazu bestimmt sein, auf den Boden gestellt zu werden.
   Es bleiben jedoch in diesen Positionen, selbst wenn sie aufgehängt, an der Wand befestigt oder aufeinander gestellt werden:
   a) Schränke, Bücherschränke, Regale (einschließlich Regale aus einem Regalboden mit dazugehörigen Haltevorrichtungen zum Befestigen an der Wand) und Möbel aus zusammengehörenden Einzelstücken;
   b) Sitze und Bettgestelle.
3. A. Als Teile von Waren im Sinne der Positionen 9401 bis 9403 gelten nicht Platten aus Glas (einschließlich Spiegel), Marmor oder Stein oder aus einem anderen in Kapitel 68 oder 69 genannten Stoff, auch zugeschnitten, jedoch nicht mit anderen Teilen verbunden, wenn sie gesondert ein- oder ausgeführt werden.
   B. Gesondert ein- oder ausgeführte Waren der Position 9404 verbleiben in dieser Position, auch wenn sie zugleich Teile von Möbeln der Positionen 9401 bis 9403 sind.

4. Als „vorgefertigte Gebäude“ im Sinne der Position 9406 gelten Gebäude, die im Werk fertig gestellt worden sind oder als Einzelteile geliefert, gemeinsam zur Abfertigung gestellt, auf der Baustelle zusammengesetzt werden, wie Wohngebäude, Baustellenunterkünfte, Bürogebäude, Schulen, Kaufhäuser, Schuppen, Garagen oder ähnliche Gebäude.

● „Vorgefertigte Gebäude“ umfassen auch „Fertigbaumodule, aus Stahl“, die in der Regel die Größe und Form eines Standard-Frachtcontainers haben, innen allerdings weitgehend oder vollständig eingerichtet sind. Solche Fertigbaumodule sind in der Regel dafür ausgelegt, zu festen Gebäuden zusammengesetzt zu werden.

Zusätzliche Anmerkung

1. Im Sinne der Position 9404 umfasst die Formulierung „gepolstert oder mit Füllung aus Stoffen aller Art“ Material jeder Dicke.

Warenbezeichnung	Warennummer	Besondere Maßeinheit
Sitzmöbel (ausgenommen solche der Position 9402), auch wenn sie in Liegen umgewandelt werden können, und Teile davon:	**9401**	
– Sitze von der für Luftfahrzeuge verwendeten Art	9401 10 00	–
– Sitze von der für Kraftfahrzeuge verwendeten Art	9401 20 00	–
● **– Drehstühle mit verstellbarer Sitzhöhe:**		
● **– – aus Holz**	9401 31 00	–
● **– – andere**	9401 39 00	–
● **– in Liegen umwandelbare Sitzmöbel, ausgenommen Gartenmöbel und Campingausstattungen:**		
● **– – aus Holz**	9401 41 00	–
● **– – andere**	9401 49 00	–
– Sitzmöbel aus Stuhlrohr, Korbweiden/Flechtweiden, Bambus oder ähnlichen Stoffen:		
– – aus Bambus	9401 52 00	–
– – aus Rattan	9401 53 00	–
– – andere	9401 59 00	–
– andere Sitzmöbel, mit Gestell aus Holz:		
– – gepolstert	9401 61 00	–
– – andere	9401 69 00	–
– andere Sitzmöbel, mit Gestell aus Metall:		
– – gepolstert	9401 71 00	–
– – andere	9401 79 00	–
– andere Sitzmöbel	9401 80 00	–
– Teile:		
● **– – aus Holz:**		
● – – – von Sitzen von der für Luftfahrzeuge verwendeten Art	9401 91 10	–
● – – – andere	9401 91 90	–
● **– – andere:**		
● – – – von Sitzen von der für Luftfahrzeuge verwendeten Art	9401 99 10	–
● – – – andere	9401 99 90	–

Warenbezeichnung	Warennummer	Besondere Maßeinheit
Möbel für die Human-, Zahn-, Tiermedizin oder die Chirurgie (z. B. Operationstische, Untersuchungstische, Betten mit mechanischen Vorrichtungen für Krankenanstalten, Dentalstühle); Friseurstühle und ähnliche Stühle, mit Schwenk-, Kipp- und Hebevorrichtung; Teile davon:	**9402**	
– Dentalstühle, Friseurstühle oder ähnliche Stühle und Teile davon	9402 10 00	–
– andere	9402 90 00	–
Andere Möbel und Teile davon:	**9403**	
– Metallmöbel von der in Büros verwendeten Art:		
– – mit einer Höhe von 80 cm oder weniger:		
– – – Schreibtische	9403 10 51	–
– – – andere	9403 10 58	–
– – mit einer Höhe von mehr als 80 cm:		
– – – Schränke mit Türen und Rollläden	9403 10 91	–
– – – Karteischränke und andere Schränke mit Schubladen	9403 10 93	–
– – – andere	9403 10 98	–
– andere Metallmöbel:		
– – Betten	9403 20 20	–
– – andere	9403 20 80	–
– Holzmöbel von der in Büros verwendeten Art:		
– – mit einer Höhe von 80 cm oder weniger:		
– – – Schreibtische	9403 30 11	–
– – – andere	9403 30 19	–
– – mit einer Höhe von mehr als 80 cm:		
– – – Schränke	9403 30 91	–
– – – andere	9403 30 99	–
– Holzmöbel von der in der Küche verwendeten Art:		
– – Einbauküchenelemente	9403 40 10	–
– – andere	9403 40 90	–
– Holzmöbel von der im Schlafzimmer verwendeten Art	9403 50 00	–
– andere Holzmöbel:		
– – Holzmöbel von der in Ess- und Wohnzimmern verwendeten Art	9403 60 10	–
– – Holzmöbel von der in Läden verwendeten Art	9403 60 30	–
– – andere Holzmöbel	9403 60 90	–
– Kunststoffmöbel	9403 70 00	–
– Möbel aus anderen Stoffen, einschließlich Stuhlrohr, Korbweide/Flechtweide, Bambus oder ähnliche Stoffe:		
– – aus Bambus	9403 82 00	–
– – aus Rattan	9403 83 00	–
– – andere	9403 89 00	–
– Teile:		
● **– – aus Holz**	9403 91 00	–
– – andere:		
● – – – aus Metall	9403 99 10	–
● – – – aus anderen Stoffen	9403 99 90	–

Warenbezeichnung	Warennummer	Besondere Maßeinheit
Sprungrahmen; Bettausstattungen und ähnliche Waren (z. B. Auflegematratzen, Steppdecken, Deckbetten, Polster, Schlummerrollen und Kopfkissen) mit Federung oder gepolstert oder mit Füllung aus Stoffen aller Art oder aus Zellkautschuk oder Zellkunststoff, auch überzogen:	**9404**	
– Sprungrahmen	9404 10 00	–
– Auflegematratzen:		
– – aus Zellkautschuk oder Zellkunststoff, auch überzogen:		
– – – aus Zellkautschuk	9404 21 10	–
– – – aus Zellkunststoff	9404 21 90	–
– – aus anderen Stoffen:		
– – – mit Federkern	9404 29 10	–
– – – andere	9404 29 90	–
– Schlafsäcke	9404 30 00	St
● **– Steppdecken, Tagesdecken, Bettüberwürfe, Deck- und Federbetten:**		
● – – mit Federn oder Daunen gefüllt	9404 40 10	–
● – – andere	9404 40 90	–
– andere:		
– – mit Federn oder Daunen gefüllt	9404 90 10	–
– – andere	9404 90 90	–
● **Leuchten und Beleuchtungskörper (einschließlich Scheinwerfer) und Teile davon, anderweit weder genannt noch inbegriffen; Reklameleuchten, Leuchtschilder, beleuchtete Namensschilder und dergleichen, mit fest angebrachter Lichtquelle, und Teile davon, anderweit weder genannt noch inbegriffen:**	**9405**	
– Lüster und andere elektrische Decken- und Wandleuchten, ausgenommen solche von der für öffentliche Plätze oder Verkehrswege verwendeten Art:		
● **– – ausschließlich zur Verwendung mit Leuchtdioden-Lichtquellen (LED-Lichtquellen) bestimmt:**		
● – – – aus Kunststoffen oder aus keramischen Stoffen	9405 11 40	–
● – – – aus Glas	9405 11 50	–
● – – – aus anderen Stoffen	9405 11 90	–
● **– – andere:**		
● – – – aus Kunststoffen oder aus keramischen Stoffen	9405 19 40	–
● – – – aus Glas	9405 19 50	–
● – – – aus anderen Stoffen	9405 19 90	–
● **– elektrische Tisch-, Schreibtisch-, Nachttisch- oder Stehleuchten:**		
● **– – ausschließlich zur Verwendung mit Leuchtdioden-Lichtquellen (LED-Lichtquellen) bestimmt:**		
● – – – aus Kunststoffen oder aus keramischen Stoffen	9405 21 40	–
● – – – aus Glas	9405 21 50	–
● – – – aus anderen Stoffen	9405 21 90	–
● **– – andere:**		
● – – – aus Kunststoffen oder aus keramischen Stoffen	9405 29 40	–
● – – – aus Glas	9405 29 50	–
● – – – aus anderen Stoffen	9405 29 90	–
● **– Lichterketten von der für Weihnachtsbäume verwendeten Art:**		
● **– – ausschließlich zur Verwendung mit Leuchtdioden-Lichtquellen (LED-Lichtquellen) bestimmt**	9405 31 00	–

Warenbezeichnung	Warennummer	Besondere Maßeinheit
● – – **andere**	9405 39 00	–
● – **andere elektrische Leuchten und Beleuchtungskörper:**		
● – – **fotovoltaisch, ausschließlich zur Verwendung mit Leuchtdioden-Lichtquellen (LED-Lichtquellen) bestimmt:**		
● – – – Scheinwerfer	9405 41 10	–
● – – – andere:		
● – – – – aus Kunststoffen	9405 41 31	–
● – – – – andere	9405 41 39	–
● – – **andere, ausschließlich zur Verwendung mit Leuchtdioden-Lichtquellen (LED-Lichtquellen) bestimmt:**		
● – – – Scheinwerfer	9405 42 10	–
● – – – andere:		
● – – – – aus Kunststoffen	9405 42 31	–
● – – – – andere	9405 42 39	–
● – – **andere:**		
● – – – Scheinwerfer	9405 49 10	–
● – – – andere:		
● – – – – aus Kunststoffen	9405 49 40	–
● – – – – aus anderen Stoffen	9405 49 90	–
● – **nicht elektrische Leuchten und Beleuchtungskörper**	9405 50 00	–
● – **Reklameleuchten, Leuchtschilder, beleuchtete Namensschilder und dergleichen:**		
● – – **ausschließlich zur Verwendung mit Leuchtdioden-Lichtquellen (LED-Lichtquellen) bestimmt:**		
● – – – aus Kunststoffen	9405 61 20	–
● – – – aus anderen Stoffen	9405 61 80	–
● – – **andere:**		
● – – – aus Kunststoffen	9405 69 20	–
● – – – aus anderen Stoffen	9405 69 80	–
– **Teile:**		
– – **aus Glas:**		
– – – Waren zum Ausstatten von elektrischen Beleuchtungskörpern (ausgenommen Scheinwerfer)	9405 91 10	–
– – – andere	9405 91 90	–
– – **aus Kunststoffen**	9405 92 00	–
■ – – **aus anderen Stoffen**	9405 99 00	–
Vorgefertigte Gebäude:	**9406**	
– **aus Holz**	9406 10 00	–
● – **Fertigbaumodule, aus Stahl**	9406 20 00	–
– **andere:**		
– – Mobilheime	9406 90 10	–
– – andere:		
– – – aus Eisen oder Stahl:		
– – – – Gewächshäuser	9406 90 31	–
■ – – – – andere	9406 90 38	–
– – – aus anderen Stoffen	9406 90 90	–

Kapitel 95

Spielzeug, Spiele, Unterhaltungsartikel und Sportgeräte; Teile davon und Zubehör

Anmerkungen

1. Zu Kapitel 95 gehören nicht:
   a) Kerzen (Position 3406);
   b) Feuerwerkskörper oder andere pyrotechnische Artikel der Position 3604;
   c) Garne, Monofile, Schnüre oder Messinahaar oder dergleichen für den Fischfang, auch abgepasst, jedoch nicht zusammengesetzte Angelleinen, des Kapitels 39, der Position 4206 oder des Abschnitts XI;
   d) Taschen für Sportgeräte und andere Behältnisse der Position 4202, 4303 oder 4304;
   e) Maskenkostüme aus Spinnstoffen des Kapitels 61 oder 62; Sportkleidung und spezielle Bekleidung aus Spinnstoffen des Kapitels 61 oder 62, auch mit integrierten Schutzkomponenten wie Kissen oder Polstern im Ellbogen-, Knie- oder Leistenbereich (zum Beispiel Fechtkleidung oder Fußballtorwarttrikots);
   f) Fahnen und Wimpelgirlanden, aus Spinnstoffen, sowie Segel für Boote, Windsurfbretter oder Segelwagen, des Kapitels 63;
   g) Sportschuhe (ausgenommen solche, an denen Schlittschuhe oder Rollschuhe fest angebracht sind) des Kapitels 64 und besondere Kopfbedeckungen zu Sportzwecken des Kapitels 65;
   h) Gehstöcke, Peitschen, Reitpeitschen oder dergleichen (Position 6602), Teile davon (Position 6603);
   ij) Glasaugen, nicht montiert, für Puppen oder anderes Spielzeug, der Position 7018;
   k) Teile mit allgemeiner Verwendungsmöglichkeit im Sinne der Anmerkung 2 zu Abschnitt XV, aus unedlen Metallen (Abschnitt XV), und gleichartige Waren aus Kunststoff (Kapitel 39);
   l) Glocken, Klingeln, Gongs und ähnliche Waren der Position 8306;
   m) Flüssigkeitspumpen (Position 8413), Apparate zum Filtrieren oder Reinigen von Flüssigkeiten oder Gasen (Position 8421), Elektromotoren (Position 8501), elektrische Transformatoren (Position 8504), Platten, Bänder, nicht flüchtige Halbleiterspeichervorrichtungen, „intelligente Karte (smart cards)“ und andere Tonträger oder ähnliche Aufzeichnungsträger, mit oder ohne Aufzeichnung (Position 8523), Geräte für die Funksteuerung (Position 8526) oder schnurlose infrarot Fernbedienungen (Position 8543);
   n) Sportfahrzeuge (ausgenommen Rodelschlitten, Bobschlitten und dergleichen) des Abschnitts XVII;
   o) Zweirädrige Kinderfahrräder (Position 8712);
   ● p) unbemannte Luftfahrzeuge (Position 8806);
   q) Sportboote, wie Kanus und Ruderboote (Kapitel 89), und Fortbewegungsmittel dazu (Kapitel 44, wenn sie aus Holz sind);
   r) Schutzbrillen für Sport und Freiluftspiele (Position 9004);
   s) Lockpfeifen und Signalpfeifen (Position 9208);
   t) Waffen und andere Waren des Kapitels 93;
   u) elektrische Girlanden aller Art (Position 9405);
   v) Ein-, Zwei-, Dreibeinstative und ähnliche Waren (Position 9620);
   w) Saiten für Schläger, Zelte, Campingausrüstungen und Fingerhandschuhe, Handschuhe ohne Fingerspitzen und Fausthandschuhe aus Stoffen aller Art (Einreihung nach ihrer stofflichen Beschaffenheit);
   x) Geschirr, Küchenartikel, Toilettenartikel, Teppiche und andere textile Fußbodenbeläge, Kleidung, Bettwäsche, Tischwäsche, Wäsche zur Körperpflege, Küchenwäsche und ähnliche Erzeugnisse, die einen Gebrauchswert haben (Einreihung nach ihrer stofflichen Beschaffenheit).

Warenbezeichnung	Warennummer	Besondere Maßeinheit

2. Die Waren dieses Kapitels können einfache Verzierungen oder unwesentliche Zutaten aus echten Perlen oder Zuchtperlen, Edelsteinen oder Schmucksteinen (natürlichen, synthetischen oder rekonstituierten), Edelmetallen oder Edelmetallplattierungen enthalten.
3. Vorbehaltlich der vorstehenden Anmerkung 1 werden Teile und Zubehör, erkennbar ausschließlich oder hauptsächlich für Waren dieses Kapitels bestimmt, wie diese Waren eingereiht.
4. Vorbehaltlich der Bestimmungen der vorstehenden Anmerkung 1 zu diesem Kapitel gehören zu Position 9503 insbesondere auch Kombinationen von Waren dieser Position mit einem oder mehreren Bestandteilen, die nicht als Zusammenstellung nach den Bedingungen der Allgemeinen Vorschrift 3 b betrachtet werden können und die gesondert ein- oder ausgeführt in andere Positionen eingereiht werden würden, vorausgesetzt die Waren sind für den Einzelverkauf aufgemacht und die Kombination hat den wesentlichen Charakter von Spielzeug.
5. Zu Position 9503 gehören nicht Waren, die aufgrund ihrer Aufmachung, Form oder des verwendeten Materials erkennbar ausschließlich für Tiere bestimmt sind, z. B. Spielzeuge für Haustiere (Einreihung nach Beschaffenheit).
6. ● Im Sinne der Position 9508 bezeichnet
   a) der Ausdruck „Vergnügungspark-Fahrgeschäft“ eine Vorrichtung oder eine Kombination von Vorrichtungen oder eine Ausstattung, die eine oder mehrere Personen hauptsächlich zu Vergnügungs- oder Unterhaltungszwecken durch einen festen oder begrenzten Parcours, auch einen Wasserlauf, oder innerhalb einer abgegrenzten Fläche trägt, befördert oder lenkt. Solche Fahrgeschäfte können in einem Vergnügungspark, Themenpark, Wasserpark oder Jahrmarkt kombiniert werden. Diese Vergnügungspark-Fahrgeschäfte umfassen keine Ausstattungen der üblicherweise in Wohnanlagen oder Spielplätzen errichteten Art;
   b) der Ausdruck „Wasserparkattraktionen“ eine Vorrichtung, eine Kombination von Vorrichtungen oder eine Ausstattung, welche durch einen abgegrenzten, Wasser enthaltenden Bereich ohne eigens dafür angelegten Wasserlauf gekennzeichnet ist. Zu den Wasserparkattraktionen gehören lediglich speziell für Wasserparks entworfene Ausstattungen; und
   c) der Ausdruck „Schaustellerattraktionen“ Glücks-, Kraft- oder Geschicklichkeitsspiele, die in der Regel einer Bedien- oder Aufsichtsperson bedürfen und in festen Gebäuden oder eigenen Konzessionsständen aufgebaut sein können. Zu den Schaustellerattraktionen gehören keine Ausstattungen der Position 9504.

   Diese Position umfasst keine Ausstattung, die an anderer Stelle in der Nomenklatur genauer eingereiht ist.

Unterpositions-Anmerkung

1. Unterposition 9504 50 umfasst:
   a) Videospielkonsolen, bei denen das Bild auf einem Fernsehempfangsgerät, einem Monitor oder einem anderen externen Wandschirm dargestellt wird, oder
   b) Videospielgeräte mit eigenem Videomonitor, auch tragbar.

   Zu dieser Unterposition gehören nicht Video-Spielkonsolen oder -geräte, die durch Einwurf eines Geldstücks, einer Banknote, einer Bankkarte, einer Spielmarke oder jedes anderen Zahlungsmittels in Gang gesetzt werden (Unterposition 9504 30).

Zusätzliche Anmerkung

1. Zu Unterposition 9505 10 gehören:
   a) Gegenstände, die weithin als traditionell in der Weihnachtszeit/Adventszeit verwendete Artikel angesehen werden und ausschließlich als Weihnachtsartikel hergestellt und konzipiert wurden.

      Dazu gehören:
      1) Gegenstände, die mit der Geburt Christi in Zusammenhang gebracht werden (z. B. Gegenstände für die traditionelle Weihnachtskrippe), wie Krippenfiguren, Krippentiere, der Stern von Bethlehem, die Heiligen Drei Könige und Weihnachtskrippen,

2) Gegenstände, die aufgrund althergebrachter nationaler Traditionen als in der Weihnachtszeit/Adventszeit verwendete Artikel angesehen werden, wie z. B.:
— künstliche Weihnachtsbäume,
— Weihnachtssocken,
— Weihnachtsholzscheite,
— Weihnachtsknallbonbons,
— Weihnachtsmänner (auch mit Schlitten),
— Weihnachtsengel.

Zu dieser Unterposition gehören nicht Winterartikel, die sich für eine allgemeinere Verwendung als Dekorationsartikel in dieser Jahreszeit eignen, weil ihre objektiven Merkmale darauf hindeuten, dass sie nicht ausschließlich für die Weihnachtszeit/Adventszeit, sondern vor allem zur Dekoration in der Winterzeit verwendet werden, z. B. Eiszapfen, Schneekristalle, Sterne, Rentiere, Rotkehlchen, Schneemänner und andere Motive der Winterzeit, unabhängig davon, ob die Farben oder die Aufmachung usw. einen Bezug zum Weihnachtsfest nahelegen.

b) Dekorationsartikel für Weihnachtsbäume.

Hierbei handelt es sich um Gegenstände, die dazu bestimmt sind, an einen Weihnachtsbaum gehängt zu werden (d. h. im Allgemeinen Gegenstände aus leichtem, nicht dauerhaftem Material zum Schmücken eines Weihnachtsbaums). Diese Gegenstände müssen einen Bezug zu Weihnachten haben.

Warenbezeichnung	Warennummer	Besondere Maßeinheit
Dreiräder, Roller, Autos mit Tretwerk und ähnliche Spielfahrzeuge; Puppenwagen; Puppen; anderes Spielzeug; maßstabgetreu verkleinerte Modelle und ähnliche Modelle zur Unterhaltung, auch mit Antrieb; Puzzles aller Art:	**9503**	
– Dreiräder, Roller, Autos mit Tretwerk und ähnliche Spielfahrzeuge; Puppenwagen ...	9503 00 10	–
– Puppen, nur Nachbildungen von Menschen darstellend, einschließlich Teile davon und Zubehör:		
– – Puppen	9503 00 21	–
– – Teile und Zubehör	9503 00 29	–
– elektrische Eisenbahnen, einschließlich Schienen, Signale und anderes Zubehör; maßstabgetreu verkleinerte Modelle zum Zusammenbauen	9503 00 30	–
– andere Bausätze und Baukastenspielzeug:		
– – aus Kunststoff	9503 00 35	–
– – aus anderen Stoffen	9503 00 39	–
– Spielzeug, Tiere oder nicht menschliche Wesen darstellend:		
● – – gefüllt	9503 00 41	–
– – andere	9503 00 49	–
– Musikspielzeuginstrumente und -geräte	9503 00 55	–
– Puzzles:		
– – aus Holz	9503 00 61	–
– – andere	9503 00 69	–
– anderes Spielzeug, aufgemacht in Zusammenstellungen oder Aufmachungen	9503 00 70	–
– anderes Spielzeug und Modelle, mit eingebautem Motor:		
– – aus Kunststoff	9503 00 75	–
– – aus anderen Stoffen	9503 00 79	–
– andere:		
– – Spielzeugwaffen	9503 00 81	–

Warenbezeichnung	Warennummer	Besondere Maßeinheit
– – im Gussverfahren hergestellte Miniaturmodelle aus Metall	9503 00 85	–
– – tragbare, interaktive, elektronische Lernprodukte, hauptsächlich konstruiert für Kinder	9503 00 87	–
– – andere:		
– – – aus Kunststoff	9503 00 95	–
– – – andere	9503 00 99	–
● **Videospielkonsolen und -geräte; Gesellschaftsspiele, einschließlich mechanisch betriebene Spiele, Billardspiele, Glücksspieltische und automatische Kegelbahnen (z. B. Bowlingbahnen), Vergnügungsmaschinen, mit Münzen, Geldscheinen, Bankkarten, Spielmarken oder anderen Zahlungsmitteln betrieben:**	**9504**	
– Billardspiele aller Art und Zubehör	9504 20 00	–
– andere Spiele, mit Münzen, Geldscheinen, Bankkarten, Spielmarken oder anderen Zahlungsmitteln betrieben, ausgenommen automatische Kegelbahnen (Bowlingbahnen):		
– – Spiele mit Bildschirm	9504 30 10	St
– – andere Spiele	9504 30 20	St
– – Teile	9504 30 90	–
– Spielkarten	9504 40 00	–
– Videospielkonsolen und -geräte, andere als solche der Unterposition 9504 30	9504 50 00	–
– andere:		
– – elektrische Auto-Rennspiele, die den Charakter von Gesellschaftsspielen haben	9504 90 10	–
– – andere	9504 90 80	–
Fest-, Karnevals-/Faschings- oder andere Unterhaltungsartikel, einschließlich Zauber- und Scherzartikel:	**9505**	
– Weihnachtsartikel:		
– – aus Glas	9505 10 10	–
– – aus anderen Stoffen	9505 10 90	–
– andere	9505 90 00	–
Geräte und Ausrüstungsgegenstände für die allgemeine körperliche Ertüchtigung, Gymnastik, Leicht- und Schwerathletik, andere Sportarten (einschließlich Tischtennis) oder Freiluftspiele, in diesem Kapitel anderweit weder genannt noch inbegriffen; Schwimm- und Planschbecken:	**9506**	
– Ski und Skiausrüstungen für den Wintersport:		
– – Ski:		
– – – Langlaufski	9506 11 10	Paar
– – – Ski für den alpinen Skilauf:		
– – – – Monoski und Snowboards	9506 11 21	St
– – – – andere	9506 11 29	Paar
– – – andere Ski	9506 11 80	Paar
– – Skibindungen	9506 12 00	–
– – andere	9506 19 00	–
– Wasserski, Surfbretter, Windsurfer und andere Ausrüstungen für den Wassersport:		
– – Windsurfer	9506 21 00	–
– – andere	9506 29 00	–
– Golfschläger und andere Golfausrüstungen:		
– – vollständige Golfschläger	9506 31 00	St
– – Bälle	9506 32 00	St
– – andere:		
– – – Teile von Golfschlägern	9506 39 10	–
– – – andere	9506 39 90	–

Warenbezeichnung	Warennummer	Besondere Maßeinheit
– Geräte und Ausrüstungen für Tischtennis	9506 40 00	–
– Tennis-, Federball- oder ähnliche Schläger, auch ohne Bespannung:		
– – Tennisschläger, auch ohne Bespannung	9506 51 00	–
– – andere	9506 59 00	–
– Bälle, ausgenommen Golf- und Tischtennisbälle:		
– – Tennisbälle	9506 61 00	–
– – aufblasbare Bälle	9506 62 00	–
– – andere:		
– – – Kricket- und Polobälle	9506 69 10	–
– – – andere	9506 69 90	–
– Schlittschuhe und Rollschuhe, einschließlich Stiefel mit fest angebrachten Roll- oder Schlittschuhen:		
– – Schlittschuhe	9506 70 10	Paar
– – Rollschuhe	9506 70 30	Paar
– – Teile und Zubehör	9506 70 90	–
– andere:		
– – Geräte und Ausrüstungsgegenstände für die allgemeine körperliche Ertüchtigung, Gymnastik oder Leicht- und Schwerathletik:		
– – – Übungsgeräte mit Systemen zum Einstellen unterschiedlicher Belastungen	9506 91 10	–
– – – andere	9506 91 90	–
– – andere:		
– – – Kricket- und Poloausrüstungen, ausgenommen Bälle	9506 99 10	–
– – – andere	9506 99 90	–
Angelruten, Angelhaken und anderes Angelgerät; Handnetze zum Landen von Fischen, Schmetterlingsnetze und ähnliche Netze; Lockgeräte (ausgenommen solche der Position 9208 oder 9705) und ähnliche Jagdgeräte:	**9507**	
– Angelruten	9507 10 00	–
– Angelhaken, auch mit Vorfach:		
– – Angelhaken, nicht montiert	9507 20 10	–
– – andere	9507 20 90	–
– Angelrollen	9507 30 00	–
– andere	9507 90 00	–
● **Wanderzirkusse und Wandertierschauen; Vergnügungspark-Fahrgeschäfte und Wasserparkattraktionen; Schaustellerattraktionen, einschließlich Schießbuden; Wanderbühnen:**	**9508**	
– Wanderzirkusse und Wandertierschauen	9508 10 00	–
● – Vergnügungspark-Fahrgeschäfte und Wasserparkattraktionen:		
● – – Achterbahnen	9508 21 00	–
● – – Karusselle und Luftschaukeln	9508 22 00	–
● – – Autoscooter	9508 23 00	–
● – – Bewegungssimulatoren und dynamische Kinos	9508 24 00	–
● – – Wasserbahnen	9508 25 00	–
● – – Wasserparkattraktionen	9508 26 00	–
● – – andere	9508 29 00	–
● – Schaustellerattraktionen	9508 30 00	–
● – Wanderbühnen	9508 40 00	–

Kapitel 96

Verschiedene Waren

Anmerkungen

1. Zu Kapitel 96 gehören nicht:
   a) Schminkstifte und Stifte für die Körperpflege (Kapitel 33);
   b) Waren des Kapitels 66 (z. B. Teile von Regenschirmen oder Gehstöcken);
   c) Fantasieschmuck (Position 7117);
   d) Teile mit allgemeiner Verwendungsmöglichkeit im Sinne der Anmerkung 2 zu Abschnitt XV, aus unedlen Metallen (Abschnitt XV) und gleichartige Waren aus Kunststoff (Kapitel 39);
   e) Waren des Kapitels 82 (Werkzeuge, Schneidwaren, Essbestecke) mit Griffen oder Teilen aus Schnitz- oder Formstoffen; gesondert ein- oder ausgeführt gehören diese Griffe und Teile zu Position 9601 oder 9602;
   f) Waren des Kapitels 90 (z. B. Brillenfassungen (Position 9003), Reißfedern (Position 9017), Bürstenwaren, die offensichtlich in der Medizin, in der Chirurgie, in der Zahn- oder Tierheilkunde Verwendung finden (Position 9018);
   g) Waren des Kapitels 91 (z. B. Uhrengehäuse);
   h) Musikinstrumente, Teile und Zubehör davon (Kapitel 92);
   ij) Waren des Kapitels 93 (Waffen und Teile davon);
   k) Waren des Kapitels 94 (z. B. Möbel, Leuchten und Beleuchtungskörper);
   l) Waren des Kapitels 95 (z. B. Spielzeug, Spiele, Sportgeräte);
   m) Waren des Kapitels 97 (Kunstgegenstände, Sammlungsstücke, Antiquitäten).
2. Als „pflanzliche oder mineralische Schnitzstoffe" im Sinne der Position 9602 gelten:
   a) harte Samen, Kerne, Schalen und Nüsse und ähnliche pflanzliche Stoffe, von der zum Schnitzen verwendeten Art (z. B. Steinnuss und Dumpalmnüsse);
   b) Meerschaum und Bernstein, auch rekonstituiert, Gagat (Jett) und jettähnliche mineralische Schnitz- und Formstoffe.
3. Als „Pinselköpfe" im Sinne der Position 9603 gelten ungefasste Bündel aus Tierhaaren, Pflanzenfasern oder anderen Stoffen, die ohne Teilung zum Herstellen von Pinseln oder ähnlichen Waren geeignet sind oder die hierzu nur einer geringen ergänzenden Bearbeitung bedürfen, wie Gleichrichten oder Schleifen der Enden.
4. Waren des Kapitels 96, ausgenommen Waren der Positionen 9601 bis 9606 und 9615, die ganz oder teilweise aus Edelmetallen, Edelmetallplattierungen, Edelsteinen oder Schmucksteinen (natürlichen, synthetischen oder rekonstituierten) oder aus echten Perlen oder Zuchtperlen bestehen, verbleiben in diesem Kapitel. Jedoch verbleiben Waren der Positionen 9601 bis 9606 und 9615 nur dann in Kapitel 96, wenn sie nur geringfügige Verzierungen oder unwesentliche Zutaten aus Edelmetallen, Edelmetallplattierungen, echten Perlen oder Zuchtperlen, Edelsteinen oder Schmucksteinen (natürlichen, synthetischen oder rekonstituierten) enthalten.

Zusätzliche Anmerkung

1. Zu den Warennummern 9619 00 71 bis 9619 00 89 gehören Waren aus Papierhalbstoff, Papier, Zellstoffwatte oder Vliesen aus Zellstofffasern.
   Zu diesen Warennummern gehören auch Waren aus Verbundstoffen mit:
   a) einer inneren Schicht (z. B. aus Vliesstoffen) zum Absorbieren von ausgeschiedenen Körperflüssigkeiten, um ein Wundreiben zu vermeiden,
   b) einem absorbierenden Kern zum Auffangen und Speichern der Flüssigkeiten, bis die Ware entsorgt werden kann, und
   c) einer äußeren Schicht (z. B. aus Kunststoff), um ein Auslaufen der Flüssigkeit aus dem absorbierenden Kern zu vermeiden.

Warenbezeichnung	Warennummer	Besondere Maßeinheit
Elfenbein, Bein, Schildpatt, Horn, Geweihe, Korallen, Perlmutter und andere tierische Schnitzstoffe, bearbeitet, und Waren aus diesen Stoffen (einschließlich durch Formen hergestellte Waren):	**9601**	
– Elfenbein, bearbeitet, und Waren aus Elfenbein	9601 10 00	–
– andere	9601 90 00	–
Pflanzliche oder mineralische Schnitzstoffe, bearbeitet, und Waren aus diesen Stoffen; geformte oder geschnitzte Waren aus Wachs, aus Paraffin, aus Stearin, aus natürlichen Gummen oder Harzen oder aus Modelliermassen, und andere geformte oder geschnitzte Waren, anderweit weder genannt noch inbegriffen; nicht gehärtete Gelatine, bearbeitet (ausgenommen Gelatine der Position 3503) und Waren aus nicht gehärteter Gelatine	**9602 00 00**	–
Besen, Bürsten und Pinsel (einschließlich solcher, die Teile von Maschinen Apparaten oder Fahrzeugen sind), von Hand zu führende mechanische Fußbodenkehrer ohne Motor, Mopps und Staubwedel; Pinselköpfe; Kissen und Roller zum Anstreichen; Wischer aus Kautschuk oder ähnlichen geschmeidigen Stoffen:	**9603**	
– Besen, aus Reisig oder anderen pflanzlichen Stoffen, gebunden, auch mit Stiel	9603 10 00	St
– Zahnbürsten, Rasierpinsel, Haarbürsten, Nagelbürsten, Wimpernbürstchen und andere Bürsten zur Körperpflege, einschließlich Bürsten, die Teile von Apparaten sind:		
– – Zahnbürsten, einschließlich Bürsten für künstliche Gebisse	9603 21 00	St
– – andere:		
– – – Haarbürsten	9603 29 30	St
– – – andere	9603 29 80	–
– Pinsel für Kunstmaler, Schreibpinsel und ähnliche Pinsel zum Auftragen von kosmetischen Erzeugnissen:		
– – Pinsel für Kunstmaler und Schreibpinsel	9603 30 10	St
– – Pinsel zum Auftragen von kosmetischen Erzeugnissen	9603 30 90	St
– Bürsten und Pinsel zum Auftragen von Anstrichfarben, Lack oder dergleichen (ausgenommen Bürsten und Pinsel der Unterposition 9603 30); Kissen und Roller zum Anstreichen:		
– – Bürsten und Pinsel zum Auftragen von Anstrichfarben, Lack oder dergleichen	9603 40 10	St
– – Kissen und Roller zum Anstreichen	9603 40 90	St
– andere Bürsten, die Teile von Maschinen, Apparaten oder Fahrzeugen sind	9603 50 00	–
– andere:		
– – von Hand zu führende mechanische Fußbodenkehrer ohne Motor	9603 90 10	St
– – andere:		
– – – Bürstenwaren für die Straßen- und Haushaltsreinigung, einschließlich Schuh- und Kleiderbürsten; Bürsten für die Tierpflege	9603 90 91	–
– – – andere	9603 90 99	–
Handsiebe	**9604 00 00**	–
Reisezusammenstellungen zur Körperpflege, zum Nähen, zum Reinigen von Schuhen oder Kleidung	**9605 00 00**	–

Warenbezeichnung	Warennummer	Besondere Maßeinheit
Knöpfe, Druckknöpfe; Knopfformen und andere Teile; Knopfrohlinge:	**9606**	
– Druckknöpfe und Teile davon	9606 10 00	–
– Knöpfe:		
– – aus Kunststoff, nicht mit Spinnstoffen überzogen	9606 21 00	–
– – aus unedlen Metallen, nicht mit Spinnstoffen überzogen	9606 22 00	–
– – andere	9606 29 00	–
– Knopfformen und andere Knopfteile; Knopfrohlinge	9606 30 00	–
Reißverschlüsse und Teile davon:	**9607**	
– Reißverschlüsse:		
– – mit Zähnen aus unedlen Metallen	9607 11 00	m
– – andere	9607 19 00	m
– Teile:		
– – aus unedlen Metallen (einschließlich Bänder und Streifen mit Zähnen aus unedlen Metallen)	9607 20 10	–
– – andere	9607 20 90	–
Kugelschreiber; Schreiber und Markierstifte, mit Filzspitze oder anderer poröser Spitze; Füllfederhalter, andere Füllhalter und andere Schreibgeräte; Durchschreibstifte; Füllbleistifte; Federhalter, Bleistifthalter und ähnliche Waren; Teile davon (einschließlich Kappen und Klipse), ausgenommen Waren der Position 9609:	**9608**	
– Kugelschreiber:		
– – mit flüssiger Tinte	9608 10 10	St
– – andere:		
– – – mit auswechselbarer Mine	9608 10 92	St
– – – andere	9608 10 99	St
– Schreiber und Markierstifte, mit Filzspitze oder anderer poröser Spitze	9608 20 00	St
– Füllfederhalter, andere Füllhalter und andere Schreibgeräte	9608 30 00	St
– Füllbleistifte (Dreh- und Druckstifte)	9608 40 00	St
– Zusammenstellungen von Waren aus zwei oder mehr der vorstehenden Unterpositionen	9608 50 00	–
– Minen für Kugelschreiber, aus Kugeln und Tintenbehälter bestehend	9608 60 00	St
– andere:		
– – Schreibfedern und Schreibfederspitzen	9608 91 00	–
– – andere	9608 99 00	–
Blei-, Kopier- und Farbstifte (ausgenommen Waren der Position 9608), Griffel, Minen für Stifte, Pastellstifte, Zeichenkohle, Schreib- oder Zeichenkreide und Schneiderkreide:	**9609**	
• **– Stifte mit Schutzmantel:**		
– – Bleistifte	9609 10 10	–
– – andere	9609 10 90	–
– Minen für Stifte	9609 20 00	–
– andere:		
– – Pastellstifte und Zeichenkohle	9609 90 10	–
– – andere	9609 90 90	–
Schiefertafeln und Tafeln zum Schreiben oder Zeichnen, auch gerahmt	**9610 00 00**	–
Datumstempel, Siegel, Nummernstempel und ähnliche Waren (einschließlich Geräte zum Drucken oder Prägen von Etiketten), für den Handgebrauch; Zusammensetzstempel und Druckkästen, für den Handgebrauch	**9611 00 00**	–

Warenbezeichnung	Warennummer	Besondere Maßeinheit
Bänder für Schreibmaschinen und ähnliche Bänder, mit Tinte oder anders für Abdrucke präpariert, auch auf Spulen oder in Kassetten; Stempelkissen, auch getränkt, auch mit Schachteln:	**9612**	
– Bänder:		
– – aus Kunststoff	9612 10 10	–
– – aus Chemiefasern, mit einer Breite von weniger als 30 mm, dauerhaft in Kunststoff- oder Metallkassetten eingeschlossen, von der in automatischen Schreibmaschinen, automatischen Datenverarbeitungsmaschinen und anderen Maschinen verwendeten Art	9612 10 20	–
– – andere	9612 10 80	–
– Stempelkissen	9612 20 00	–
Feuerzeuge und andere Anzünder (ausgenommen Anzünder der Position 3603), auch mechanisch oder elektrisch, und Teile davon, ausgenommen Feuersteine und Dochte:	**9613**	
– Taschenfeuerzeuge, für Gas, nicht nachfüllbar	9613 10 00	St
– Taschenfeuerzeuge, für Gas, nachfüllbar	9613 20 00	St
– andere Feuerzeuge und Anzünder	9613 80 00	–
– Teile	9613 90 00	–
● **Pfeifen zum Rauchen (einschließlich Pfeifenköpfe), Zigarren- und Zigarettenspitzen, und Teile davon:**	**9614**	
– Pfeifenrohformen aus Wurzelholz oder anderem Holz	9614 00 10	–
– andere	9614 00 90	–
Frisierkämme, Einsteckkämme, Haarspangen und dergleichen; Haarnadeln, Frisiernadeln, Haarklammern, Lockenwickler und ähnliche Waren, ausgenommen Waren der Position 8516, und Teile davon:	**9615**	
– Frisierkämme, Einsteckkämme, Haarspangen und dergleichen:		
– – aus Hartkautschuk oder Kunststoff	9615 11 00	–
– – andere	9615 19 00	–
– andere	9615 90 00	–
Parfümzerstäuber und ähnliche Zerstäuber zu Toilettenzwecken und Vorrichtungen und Köpfe dafür; Puderquasten und Kissen, zum Auftragen von Kosmetik- oder Körperpflegemitteln:	**9616**	
– Parfümzerstäuber und ähnliche Zerstäuber zu Toilettenzwecken, und Vorrichtungen und Köpfe dafür:		
– – Zerstäuber	9616 10 10	–
– – Vorrichtungen und Köpfe	9616 10 90	–
– Puderquasten und Kissen, zum Auftragen von Kosmetik- oder Körperpflegemitteln	9616 20 00	–
Vakuum-Isolierflaschen und andere Vakuum-Isolierbehälter; Teile davon, ausgenommen Glaskolben	**9617 00 00**	–
Schneiderpuppen, Schaufensterpuppen und ähnliche Waren; bewegliche Figuren und Ausstellungsstücke für Schaufenster	**9618 00 00**	–

Warenbezeichnung	Warennummer	Besondere Maßeinheit
● **Hygienische Binden (Einlagen) und Tampons, Windeln, Windeleinlagen und ähnliche Waren aus Stoffen aller Art:**	**9619**	
– aus Spinnstoffwatte	9619 00 30	–
– aus anderen Spinnstoffen:		
– – Hygienische Binden (Einlagen), Tampons und ähnliche Waren	9619 00 40	–
– – Windeln und Windeleinlagen für Säuglinge und Kleinkinder und ähnliche Waren	9619 00 50	–
– aus anderen Stoffen:		
– – Hygienische Binden (Einlagen), Tampons und ähnliche Waren:		
– – – Hygienische Binden (Einlagen)	9619 00 71	–
– – – Tampons	9619 00 75	–
– – – andere	9619 00 79	–
– – Windeln und Windeleinlagen für Säuglinge und Kleinkinder und ähnliche Waren:		
– – – Windeln und Windeleinlagen für Säuglinge und Kleinkinder	9619 00 81	–
– – – andere (z. B. Artikel für Inkontinenz)	9619 00 89	–
Ein-, Zwei-, Dreibeinstative und ähnliche Waren:	**9620**	
– von der für Digitalkameras, Fotoapparate oder Videokameras, Filmkameras und Filmvorführapparate verwendeten Art; von der für andere Geräte des Kapitels 90 verwendeten Art	9620 00 10	–
– andere:		
– – aus Kunststoff oder aus Aluminium	9620 00 91	–
– – andere	9620 00 99	–

Kunstgegenstände, Sammlungsstücke und Antiquitäten

Kapitel 97

Kunstgegenstände, Sammlungsstücke und Antiquitäten

Anmerkungen

1. Zu Kapitel 97 gehören nicht:
   a) Briefmarken, Stempelmarken, Steuerzeichen, Ganzsachen und dergleichen, nicht entwertet, der Position 4907;
   b) bemalte Gewebe für Theaterdekorationen, Atelierhintergründe oder dergleichen (Position 5907), ausgenommen solche, die zu Position 9706 gehören;
   c) echte Perlen oder Zuchtperlen sowie Edelsteine und Schmucksteine (Positionen 7101 bis 7103).
2. Zu Position 9701 gehören keine Mosaike, die den Charakter einer Handelsware haben (Serienerzeugnisse, Abgüsse und handwerkliche Erzeugnisse), selbst wenn diese Waren von Künstlern entworfen oder gestaltet wurden.
3. Originalstiche, -schnitte und -steindrucke im Sinne der Position 9702 sind Drucke, die von einer oder mehreren vom Künstler vollständig handgearbeiteten Platten in beliebigem, jedoch keinem mechanischen oder fotomechanischen Verfahren auf einen beliebigen Stoff in Schwarzweiß oder Farbig unmittelbar abgezogen sind.
4. Zu Position 9703 gehören nicht Bildhauerarbeiten, die den Charakter einer Handelsware haben (Serienerzeugnisse, Abgüsse und handwerkliche Erzeugnisse); selbst wenn diese Waren von Künstlern entworfen oder gestaltet wurden.
5. A) Vorbehaltlich der vorstehenden Anmerkungen 1 bis 4 gehören Waren, bei deren Einreihung Kapitel 97 und andere Kapitel des Warenverzeichnisses in Betracht kommen, zu Kapitel 97.
   B) Zu Position 9706 gehören nicht Waren mit den Merkmalen der Positionen 9701 bis 9705.
6. Rahmen um Gemälde, Zeichnungen, Collagen und ähnliche dekorative Bildwerke, Stiche, Schnitte oder Steindrucke werden wie diese eingereiht, wenn sie ihnen nach Art und Wert entsprechen.
   Rahmen, die nach Art und Wert den in dieser Anmerkung erwähnten Waren nicht entsprechen, sind getrennt einzureihen.

Zusätzliche Anmerkung

1. Zu Position 9705 gehören Sammlerkraft- und -luftfahrzeuge von geschichtlichem oder völkerkundlichem Wert, die:
   a) sich in ihrem Originalzustand befinden, d. h. an denen keine wesentlichen Änderungen an Fahrgestell, Karosserie, Lenkung, Bremsen, Getriebe, Aufhängesystem, Motor oder Kotflügel usw. vorgenommen wurden. Instandsetzung und Wiederaufbau ist zulässig, defekte oder verschlissene Teile, Zubehör und Einheiten können ersetzt worden sein, sofern sich das Kraft- oder Luftfahrzeug in historisch einwandfreiem Zustand befindet. Modernisierte oder umgebaute Kraft- und Luftfahrzeuge sind ausgeschlossen;
   b) im Fall von Kraftfahrzeugen mindestens 30, im Fall von Luftfahrzeugen mindestens 50 Jahre alt sind;
   c) einem nicht mehr hergestellten Modell oder Typ entsprechen.

   Die erforderlichen Eigenschaften für die Aufnahme in eine Sammlung, wie verhältnismäßig selten, normalerweise nicht ihrem ursprünglichen Zweck entsprechend verwendet, Gegenstand eines Spezialhandels außerhalb des üblichen Handels mit ähnlichen Gebrauchsgegenständen und von hohem Wert, werden für Kraft- und Luftfahrzeuge, die die zuvor genannten drei Kriterien erfüllen, als gegeben angesehen.

   Zu dieser Position gehören auch folgende Sammlerstücke:
   – Kraft- und Luftfahrzeuge, die unabhängig von ihrem Herstellungsdatum nachweislich bei einem geschichtlichen Ereignis im Einsatz waren,
   – Rennkraftfahrzeuge und Rennluftfahrzeuge, die nachweislich ausschließlich für den Motorsport entworfen, gebaut und verwendet worden sind und bei angesehenen nationalen und internationalen Ereignissen bedeutende sportliche Erfolge errungen haben.

Teile und Zubehör für Kraft- und Luftfahrzeuge werden in diese Position eingereiht, sofern es sich um Originalteile oder Originalzubehör handelt, ihr Alter (bei Kraftfahrzeugen) mindestens 30 bzw. (bei Luftfahrzeugen) mindestens 50 Jahre beträgt und sie nicht mehr hergestellt werden.

Nachbildungen und Nachbauten sind ausgeschlossen, es sei denn, sie erfüllen selbst die drei oben genannten Kriterien.

	Warenbezeichnung	Warennummer	Besondere Maßeinheit
●	**Gemälde (z. B. Ölgemälde, Aquarelle, Pastelle) und Zeichnungen, vollständig mit der Hand geschaffen, ausgenommen Zeichnungen der Position 4906 und handbemalte oder handverzierte gewerbliche Erzeugnisse; Collagen, Mosaike und ähnliche dekorative Bildwerke:**	**9701**	
●	– mehr als 100 Jahre alt:		
●	– – Gemälde (z. B. Ölgemälde, Aquarelle, Pastelle) und Zeichnungen	9701 21 00	–
●	– – Mosaike	9701 22 00	–
●	– – andere	9701 29 00	–
●	– andere:		
●	– – Gemälde (z.B. Ölgemälde, Aquarelle, Pastelle) und Zeichnungen	9701 91 00	–
●	– – Mosaike	9701 92 00	–
●	– – andere	9701 99 00	–
●	**Originalstiche, -schnitte und -steindrucke:**	**9702**	
●	– mehr als 100 Jahre alt	9702 10 00	–
●	– andere	9702 90 00	–
●	**Originalerzeugnisse der Bildhauerkunst, aus Stoffen aller Art:**	**9703**	
●	– mehr als 100 Jahre alt	9703 10 00	–
●	– andere	9703 90 00	–
	Briefmarken, Stempelmarken, Steuerzeichen, Ersttagsbriefe, Ganzsachen und dergleichen, entwertet oder nicht entwertet, ausgenommen die Waren der Position 4907	**9704 00 00**	–
●	**Sammlungen und Sammlungsstücke von archäologischem, ethnografischem, historischem, zoologischem, botanischem, mineralogischem, anatomischem, paläontologischem oder münzkundlichem Wert:**	**9705**	
●	– Sammlungen und Sammlungsstücke von archäologischem, ethnografischem oder historischem Wert	9705 10 00	–
●	– Sammlungen und Sammlungsstücke von zoologischem, botanischem, mineralogischem, anatomischem oder paläontologischem Wert:		
●	– – menschliche Exemplare und Teile davon	9705 21 00	–
●	– – Exemplare ausgestorbener oder gefährdeter Arten und Teile davon	9705 22 00	–
●	– – andere	9705 29 00	–
●	– Sammlungen und Sammlungsstücke von münzkundlichem Wert:		
●	– – mehr als 100 Jahre alt	9705 31 00	–
●	– – andere	9705 39 00	–
●	**Antiquitäten, mehr als 100 Jahre alt:**	**9706**	
●	– mehr als 250 Jahre alt	9706 10 00	–
●	– andere	9706 90 00	–

Kapitel 98

Vollständige Fabrikationsanlagen

Vorbemerkungen

- Die Durchführungsverordnung (EU) Nr. 2020/1197 der Kommission vom 30. Juli 2020 [1] erlaubt ein vereinfachtes Anmeldeverfahren zur Erfassung der Ausfuhr und der Eingänge oder Versendungen vollständiger Fabrikationsanlagen, deren Gesamtwert drei Millionen Euro [2] übersteigt, in der Statistik des Außenhandels mit Drittländern und des innergemeinschaftlichen Handels der EU. Verschiedene Waren, die unter ein und dasselbe Kapitel des Warenverzeichnisses fallen, werden hierbei zu so genannten „Komponenten" zusammengefasst und einer vom Statistischen Bundesamt festzulegenden besonderen Warennummer zugeordnet. Unter einer „vollständigen Fabrikationsanlage" versteht man in diesem Zusammenhang eine Kombination von Maschinen, Apparaten, Geräten, Ausrüstungen, Instrumenten und Materialien, die zusammen als Großanlage zur Herstellung von Gütern oder zur Erbringung von Dienstleistungen dient.

Die besonderen Warennummern dürfen jedoch nur mit Genehmigung des Statistischen Bundesamtes verwendet werden. Der Antrag auf eine entsprechende Genehmigung muss folgende Angaben enthalten:

- genaue Bezeichnung der vollständigen Fabrikationsanlage (mit Auftragsnummer oder dergleichen),
- Bestimmungsland bzw. Versendungsland,
- Gesamtwert (ggf. einschließlich der Zulieferungen aus anderen Ländern, jedoch ohne Dienstleistungen im Ausland),
- Lieferzeitraum (voraussichtlicher Beginn und Abschluss der Lieferungen),
- Aufstellung aller zu liefernden Waren,
- welche Länder außer Deutschland mit welchen Anteilen am Gesamtwert ggf. an der Errichtung der Anlage beteiligt sind.

Soweit diese Angaben aus dem Liefervertrag ersichtlich sind, kann dem Antrag auch eine Kopie dieses Vertrages zur Einsichtnahme beigefügt werden.

Die Genehmigung legt die zu verwendenden Warenbezeichnungen und Warennummern für die anzumeldenden Komponenten der vollständigen Fabrikationsanlage und andere Einzelheiten fest. Die Genehmigung ist nicht übertragbar.

Die zuzuteilenden Warennummern werden nach folgendem Schema gebildet:

a) Die Stellen 1 bis 4 sind „9880",
b) die Stellen 5 und 6 bezeichnen das Kapitel, zu dem die Waren, aus denen sich eine Komponente zusammensetzt, gehören,
c) die Stellen 7 und 8 sind jeweils „0".

Diese Warennummern dürfen nur mit besonderer Genehmigung des Statistischen Bundesamtes benutzt werden!

1) ABl. L 271 vom 18.08.2020, S. 126.
2) Bei gebrauchten (wieder verwendeten) Anlagen darf der Wert darunter liegen.

Kapitel 99

Zusammenstellungen verschiedener Waren; besondere Warenbewegungen

Vorbemerkungen

- Die Warennummern dieses Kapitels dienen der statistischen Erfassung des Außenhandels von Warenzusammenstellungen, die in den Kapiteln 01 bis 98 nicht erfasst sind. Zum Teil dürfen diese Warennummern bei der Anmeldung nur mit besonderer Genehmigung des Statistischen Bundesamtes benutzt werden; im Übrigen sind die jeweiligen Hinweise zu beachten. Diese Warennummern kommen nicht in Betracht, wenn aufgrund anderer Rechtsvorschriften eine detaillierte Einreihung der Einzelwaren in die Kombinierte Nomenklatur erforderlich ist. Beispielsweise sind sie für außenwirtschaftsrechtlich genehmigungspflichtige Waren nicht zulässig, selbst wenn ihrer statistischen Verwendung nichts im Wege steht.

Warenbezeichnung	Warennummer
● **Waren, ausschließlich für den Zweck der Zollanmeldung (nach Verordnung (EG) Nr. 1186/2009 des Rates[1]); *im Extrahandel[2] anwendbar:***	
– Übersiedlungsgut von natürlichen Personen, die ihren gewöhnlichen Wohnsitz verlegen	**9905 00 00**
– Die folgenden Waren, andere als die oben genannten:	
– – Aussteuer und Hausrat einer Person, die ihren gewöhnlichen Wohnsitz aus Anlass ihrer Eheschließung verlegt; Erbschaftsgut	**9919 00 00**
– – Ausstattung, Ausbildungsmaterial und Haushaltsgegenstände von Schülern und Studenten	**9919 00 00**
– – Särge mit Verstorbenen und Urnen mit der Asche Verstorbener sowie Gegenstände zur Grabausschmückung	**9919 00 00**
– – für Organisationen der Wohlfahrtspflege bestimmte Waren und für Katastrophenopfer bestimmte Waren	**9919 00 00**
● **Schiffs- und Luftfahrzeugbedarf, Bordvorräte nach § 21 AHStatDV[3]; *für Exporte im Intra- und Extrahandel[2] anwendbar:***	**9930**
– Waren der Kapitel 1 bis 24 des Warenverzeichnisses	9930 24 00
– Waren des Kapitels 27 des Warenverzeichnisses	9930 27 00
– Waren anderer Kapitel (als der vorgenannten)	9930 99 00
● **Betriebs- und Versorgungsgüter für Einrichtungen auf hoher See, z. B. Bohrinseln, nach § 22 AHStatDV[3]; *im Intra- und Extrahandel[2] anwendbar:***	**9931**
– Waren der Kapitel 1 bis 24 des Warenverzeichnisses	9931 24 00
– Waren des Kapitels 27 des Warenverzeichnisses	9931 27 00
– Waren anderer Kapitel (als der vorgenannten)	9931 99 00

1) Verordnung (EG) Nr. 1186/2009 des Rates vom 16. November 2009 über das gemeinschaftliche System der Zollbefreiungen (ABl. L 324 vom 10. 12.2009, S. 23).

2) Extrahandel: Warenverkehre mit Staaten außerhalb der EU
Intrahandel: Warenverkehre mit Staaten innerhalb der EU

3) Verordnung zur Durchführung des Gesetzes über die Statistik des Warenverkehrs mit dem Ausland (Außenhandelsstatistik-Durchführungsverordnung - AHStatDV) vom 07.07.2021 (BGBl. Jg. 2021, Teil I Nr. 43, S. 2580).

Warenbezeichnung	Warennummer
● **Zusammenstellungen (Sortimente);** ***im Intra- und Extrahandel[2] anwendbar:***	**9990**
Zusammenstellungen (Sortimente) von kleinen Mengen von Chemikalien	9990 29 00
Diese Warennummer gilt für Zusammenstellungen (Sortimente) von mindestens drei verschiedenen Waren des Abschnitts VI (gegebenenfalls auch mit Waren anderer Abschnitte des Warenverzeichnisses), wie sie üblicherweise in Laboratorien verwendet werden. Für die einzelne Ware darf ein Wert von 500,- € je Warennummer und ein Gewicht von 100 kg nicht überschritten werden.	
Muster von Textilien, auch auf Karten oder in Katalogen	9990 63 00
Diese Warennummer gilt für zweifelsfrei als Muster erkennbare Spinnstofferzeugnisse. Bei der Aufmachung auf Karten oder in Katalogen müssen die Spinnstofferzeugnisse den Charakter der Ware bestimmen.	
Zusammenstellungen (Sortimente) von Werkzeugen, ausgenommen solche der Warennummern 8205 90 90 und 8206 00 00	9990 82 00
Diese Warennummer gilt für Zusammenstellungen (Sortimente) von Werkzeugen der Positionen 8201 bis 8209 (gegebenenfalls auch mit Waren anderer Abschnitte des Warenverzeichnisses, wie sie in Werkzeugsortimenten üblich sind, z. B. Wasserwaagen, Maßstäbe, Lehren), sofern sie in Etuis, Kästen oder dergleichen aufgemacht sind oder sich aus mindestens drei verschiedenen Waren zusammensetzen.	
Zusammenstellungen (Sortimente) von Warenmustern, ausgenommen solche der Warennummer 9990 63 00	9990 99 20
Diese Warennummer gilt für Zusammenstellungen (Sortimente) von Waren, die sich durch ihre Aufmachung, Beschaffenheit oder Menge als Muster darstellen und sich dadurch von Waren des üblichen Warenverkehrs unterscheiden. Für die einzelne Ware darf ein Wert von 500 € je Warennummer nicht überschritten werden.	
Zusammenstellungen (Sortimente) von Waren zum Errichten und Ausstatten von Messe- und Ausstellungsständen zur vorübergehenden oder nach vorübergehender Verwendung im Ausland	9990 99 21
Hierher gehören nicht die auszustellenden Waren; diese sind unter den jeweils zutreffenden Warennummern anzumelden.	
Zusammenstellungen (Sortimente) von Montagewerkzeugen, Montagegeräten und Baugerätschaften zur vorübergehenden oder nach vorübergehender Verwendung im Ausland	9990 99 22
● Andere Zusammenstellungen (Sortimente) von Waren, die im Rahmen von zur Anmeldung zur Außenhandelsstatistik befreiten Warenverkehren exportiert werden	9990 99 30
Diese Warennummer gilt für Zusammenstellungen (Sortimente) von Waren der sog. Befreiungsliste nach Anlage 4 AHStatDV, zuvor nicht genannt, sowie von Warenlieferungen an Schiffe in ausländischen Häfen, die sich im wirtschaftlichen Eigentum einer gebietsansässigen Person befinden.	
● **Nur mit besonderer Genehmigung des Statistischen Bundesamtes** ***und nur für den Intrahandel sowie für Ausfuhren im Extrahandel[2] anwendbar (gemäß § 30 AHStatDV)[3]:***	
■ **Zusammenstellungen (Sortimente) von Kraftfahrzeugteilen:**	
– für die Montage von Kraftfahrzeugen (sogenannte Produktionsteilesätze)	9990 87 02
– zum Instandhalten, Instandsetzen oder Ausstatten von Kraftfahrzeugen (sogenannte Ersatzteilsortimente)	9990 87 04
■ **Zusammenstellungen (Sortimente) von Luftfahrzeugteilen:**	
– für zivile Luftfahrzeuge	9990 88 02
– andere	9990 88 09
Zusammenstellungen (Sortimente) von Kleinwaren aus unedlen Metallen	9990 99 23
Zusammenstellungen (Sortimente) von Schreib- und Zeichenmitteln	9990 99 24
■ **Andere Zusammenstellungen (Sortimente)**	9990 99 25

Alphabetisches Stichwortverzeichnis

Dieses Stichwortverzeichnis soll lediglich das Auffinden der gesuchten Waren erleichtern; es erhebt keinen Anspruch auf Vollständigkeit. Die Nummern sind nur Hinweise und in jedem Fall anhand des systematischen Verzeichnisses auf 8 Stellen zu ergänzen.

Acrylnitril Polymer	3906 90
Acrylnitril-Butadien-Kautschuk	4002 5
Acrylnitrilbutadienstyrol-Copolymere	3903 30
Acrylpolymere	3906
Acrylsäure	2916 11
Acrylsäureester Monomer	2916 12
Acrylsäureester Polymer	3906 90
Additive Zubereitung für Mineralöle	3811
Additive Zubereitung für Zement/Beton	3824 40
Adhäsionsbarrieren steril	3006 10
Adipinsäure	2917 12
Adipinsäureester	2917 12
Adrenalin	2937 90
Adressenprägemaschinen	8472 90
Adressiermaschinen	8472 90
Adsorptionspumpen	8414 10
Adzukibohnen	0713 32
Aerosoldosen aus Aluminium	7612 90
Aerosoltherapiegeräte	9019 20
Affenhaare	5102 20
Agar Agar	1302 31
Agarbatti Räuchermittel	3307 41
Agavefasern	14
Agavefasern	5305
Ahlen aus Stahl mit Öhr	7319 90
Ahornsirup	1702 20
Ahornzucker	1702 20
Airbags	8708 95
Akkordeons elektrisch	9207 90
Akkordeons nicht elektrisch	9205 90
Akkuleuchten tragbare	8513 10
Akkumulatoren elektrische	8507
Akkumulatorenladegeräte	8504 40
Aktendeckel	4820 30
Aktenklammern	8305 90
Aktenkoffer	4202 1
Aktentaschen	4202 1
Aktenvernichter	8472 90
Aktien	4907 00
Aktivkohle	3802 10
Akustikkoppler	8517
Alabaster	2515 20
Alabaster	6802
Alaune	2833 30
Alben	4820 50
Albuminate	3502 90
Albuminderivate	3502 90
Albumine	3502
Aldehydalkohole	2912 49
Aldehyde	2912
Aldehydether	2912 4
Aldehydphenole	2912 4
Aldrin (ISO)	2903 82
Alexandrinerkleesamen	1209 22
Alfentanil (INN)	2933 33
Algen	1212 2
Alginsäure	3913 10

Alkalimetalle	2805 1
Alkaloide	2939
Alkaloidpräparate dosierte Arzneiwaren	3004 4
Alkaloidpräparate undosierte Arzneiwaren	3003 4
Alkohole (Ethanol)	2208
Alkohole acyclische	2905
Alkohole cyclische	2906
Alkoholperoxide	2909 60
Alkydharze	3907 50
Alkylbenzolgemische	3817 00
Alkylnaphthalingemische	3817 00
Allobarbital (INN)	2933 53
Allstrommotoren	8501
Alltagsmasken	6307 90
Allylalkohol	2905 29
Allylpolyester	3907
Aloefasern	5305
Aloesaft	1302 19
Alpakahaare	5102 19
Alprazolam (INN)	2933 91
Altpapier	4707
Altwaren aus Hartkautschuk	4017 00
Altwaren aus Spinnstoffen	6309 00
Aluminate	2841 90
Aluminium Rohformen	7601
Aluminiumammoniumbisulfat	2833 30
Aluminiumcalciumphosphate natürlich	2510
Aluminiumcarbid	2849 90
Aluminiumchlorid	2827 32
Aluminiumerze	2606 00
Aluminiumfluorid	2826 12
Aluminiumhaltiger Rückstand	2620 40
Aluminiumhydroxid	2818 30
Aluminiumlegierungen Rohformen	7601 20
Aluminiumoxid	2818
Aluminiumsulfat	2833 22
Aluminosilicate	2842 10
Amalgame von Edelmetallen	2843 90
Amalgame von unedlen Metallen	2853 90
Ambosse	8205 90
Ambra	0510 00
Ameisensäure	2915 11
Amfepramon (INN)	2922 31
Amfetamin (INN)	2921 46
Amide	2924
Amine alicyclische	2921 30
Aminoaldehyde	2922
Aminoalkohole	2922 1
Aminoalkoholphenole	2922 50
Aminobenzoesäure-4	2922 49
Aminocephalosporansäure	2934 99
Aminochinone	2922
Aminoharze	3909 3
Aminohydroxynaphthalinsulfonsäure	2922 21
Aminoketone	2922
Aminonaphthole	2922 2
Aminophenole	2922 2

Aminophenolsäuren	2922 50
Aminophyllin	2939 59
Aminorex (INN)	2934 91
Aminosäuren	2922 4
Ammoniak	2814
Ammoniumcarbonate	2836 99
Ammoniumchlorid	2827 10
Ammoniumdihydrogenorthophosphat	3105 40
Ammoniumfluoride	2826 19
Ammoniumhydroxide Quartaer Organ	2923
Ammoniumnitrat	3102 30
Ammoniumnitrat/Calciumcarbonat-Mischung	3102 40
Ammoniumpolyphosphate	2835 39
Ammoniumsalze Quartaer Organ	2923
Ammoniumsulfat	3102 21
Ammoniumsulfat/Nitrat-Mischung	3102 29
Ammonsalpeter	3102 30
Amobarbital (INN)	2933 53
Amomen gemahlen	0908 32
Amomen nicht gemahlen	0908 31
Amoxicillin	2941 10
Ampicillin	2941 10
Ampullen aus Glas	7010 10
Amylacetat	2915 39
Amylalkohol	2905 19
Amylopektin	3913 90
Amylose	3913 90
Analog-Digital-Wandler IC	8542
Analysewaagen	9016 00
Ananas	0804 30
Ananas	2008 20
Ananaspflänzlinge	0602 90
Ananassaft	2009 4
Anästhesieapparate	9018 90
Anbauplanierschilde	8431 42
Andalusit	2508 50
Andalusit	7103
Angelgeräte	9507
Angelhaken	9507 20
Angelrollen	9507 30
Angelruten	9507 10
Angledozer	8429 1
Angorakaninchenhaare	5102 19
Angoraziegenhaare	5102 19
Anhänger für Kraftfahrzeuge	8716
Anhänger mit Tankaufbau	8716 31
Anhydrit	2520 10
Anileridin (INN)	2933 33
Anilin	2921 41
Anilinophenethylpiperidin	2933 36
Anis gemahlen	0909 62
Anis nicht gemahlen	0909 61
Anisidine	2922 29
Ankerwinden	8425 3
Anlasser für Verbrennungsmotoren	8511 40
Annähdruckknöpfe	9606 10
Anoraks aus Geweben für Frauen	6202 9

Anoraks aus Geweben für Männer	6201 9
Anoraks aus Gewirken für Frauen	6102
Anoraks aus Gewirken für Männer	6101
Anreißinstrumente/Geräte	9017 20
Anrufbeantworter	8519 81
Ansichtspostkarten	4909 00
Anstrichfarben gebrauchsfertig	3208
Anstrichfarben gebrauchsfertig	3209
Anstrichfarben gebrauchsfertig	3210 00
Antennen	8529 10
Antennenfilter	8529 10
Antennenreflektoren	8529 10
Antennenverstärker	8543 70
Antennenweichen	8529 10
Anthracen	2707 99
Anthracen	2902 90
Anthrachinon	2914 61
Anthranilsäure	2922 43
Anthrazit	2701 11
Antibiotika	2941
Antibiotika dosierte Arzneiwaren	3004
Antigums für Mineralöle	3811
Antikglas	7004
Antiklopfmittel für Mineralöle	3811
Antikörper	3002 1
Antikorrosivadditive für Mineralöle	3811
Antimon Rohformen	8110 10
Antimonate	2841 90
Antimonerze	2617 10
Antimonoxide	2825 80
Antimonsulfid	2830 90
Antioxidantien zubereitet für Kautschuk	3812 3
Antioxidantien zubereitet für Kunststoff	3812 3
Antioxidantien zubereitet für Mineralöle	3811
Antipyrin	2933 11
Antiquitäten › 100 Jahre	9706
Antisera	3002 12
Antitranspirationsmittel	3307 20
Antriebsakkumulatoren	8507
Anzeigeröhren	8540
Anzeigetafeln mit LCD-/LED-Anzeigen	8531 20
Anzüge aus Geweben für Männer	6203 1
Anzüge aus Gewirken für Männer	6103 1
Äpfel	0808 10
Äpfel	0813 30
Äpfel	2008 99
Apfelmus	2007 99
Apfelsaft	2009 7
Äpfelsäure	2918 19
Apfelsinen	0805 10
Apfelsinen	0812 90
Apfelsinen	2008 30
Apfelwein	2206 00
Apparate ärztliche	9018
Apparate chirurgische	9018
Apparate elektromedizinische	9018
Apparate f. d. Fotogrammmetrie	9015 40

Apparate für Mikrofotografie	9011 20
Apparate für Mikrokinematografie	9011 20
Apparate geodätische	9015
Apparate geophysikalische	9015 80
Apparate hydrografische	9015 80
Apparate hydrologische	9015 80
Apparate meteorologische	9015 80
Apparate orthopädische	9021 10
Apparate ozeanografische	9015 80
Apparate psychotechnische	9019 10
Apparate tierärztliche	9018
Apparate topografische	9015
Apparate zahnärztliche	9018 4
Appenzellerkäse	0406
Appretiermaschinen für Textilindustrie	8451 80
Appreturen für Texil/Leder	3809
Aprikosen	0809 10
Aprikosen	0812 90
Aprikosen	0813 10
Aprikosen	2008 50
Aquarelle	9701
Äquatoreale	9005 80
Aräometer	9025 80
Arbeitskleidung aus Geweben	6211
Arbeitskleidung aus Geweben für Frauen	6204
Arbeitskleidung aus Geweben für Männer	6203
Arbeitswagen Schienenfahrzeug	8604 00
Arbeitszeitregistrieruhren	9106 10
Arekanüsse	0802 80
Argon	2804 21
Armagnac	2208 20
Armaturen	8481
Armaturenbrettuhren	9104 00
Armbänder aus echten Perlen	7116 10
Armbänder aus Edel-/Schmuckstein	7116 20
Armbänder aus unedlen Metallen	7117 1
Armbanduhren	9101
Armbanduhren	9102
Armierungsstähle für Beton aus Stahl	7214
Ärmlinge aus Geweben	6217 10
Ärmlinge aus Gewirken/Gestricken	6117 80
Armprothesen	9021 39
Armstulpen aus Gewirken/Gestricken	6117 80
Arrak	2208 90
Arsen	2804 80
Arsenhaltiger Rückstand	2620 60
Arsenigsäureanhydrid	2811 29
Artilleriewaffen	9301
Artischocken	0709 91
Artischocken	0710 80
Artischocken	2005 99
Arzneipflanzen	1211
Arzneiwaren	30
Arzneiwaren undosiert	3003
Asbest bearbeitet	6812
Asbest unbearbeitet	2524
Asbestwaren	6812

Asbestzementwaren	6811
Aschen metallhaltig	2620
Ascorbinsäure	2936 27
Asiagokäse	0406
Asparagus schnittgrün frisch	0604 20
Aspergillus Alkalin Protease	3507 90
Asphaltgestein	2714 90
Asphaltite	2714 90
Asphaltmastix	2715 00
Asti spumante	2204 10
Astrachanfelle roh	4301
Astrachanfelle zugerichtet	4302
Aszu Tokayer	2204 2
Atelierhintergründe Gewebe bemalt	5907 00
Atemschutzgeräte	9020 00
Atemschutzmasken	6307 90
Atlanten	4905 20
Atmungsgeräte	9020 00
Atrazin	2933 69
Ätzkali fest	2815 20
Ätznatron fest	2815 11
Ätzstickereien aus Spinnstoffen	5810 10
Auberginen	0709 30
Aubusson	5805 00
Audiometer	9018 19
Auf- Abwickelmaschinen für Gewebe	8451 50
Aufbauten für Anhänger	8716 90
Aufbewahrungshüllen aus Spinnstoffen	6305
Aufhängesysteme für Kfz	8708 80
Aufheller optische für Spinnstoffe	3204 20
Auflegematratzen	9404 2
Aufnahmepressen für Heu/Stroh	8433 40
Aufschieber	8428 90
Aufschnittschneidegeräte Haushalt	8210 00
Aufschnittschneidemaschinen	8438 50
Aufschnittschneidemaschinen elektr. Hausha.	8509 80
Aufspanntische für Werkzeugmaschinen	8466 20
Aufspannvorrichtungen magnetische	8505 90
Auftragsbücher	4820 10
Aufwickelvorrichtungen für Bleche	8479 81
Aufzeichnungsträger optische	8523
Aufzuchtapparate für Geflügel	8436 21
Aufzüge	8428 10
augenärztliche Instrumente Apparate Geräte	9018 50
Augenbrauen falsche	6704
Augen-Make-up	3304 20
Augenprothesen	9021 39
Augenwimpern falsche	6704
Ausbohr- Fräsmaschinen kombiniert	8459 3
Ausbohrmaschinen für Metall	8459
Ausbohrwerkzeuge	8207 60
Ausgabeeinheiten für EDV	8471 60
Ausgabepumpe mit Flüssigkeitsmesser	8413 1
Ausgüsse aus Keramik feuerfest	6903
Ausgüsse aus Keramik Sanitär	6910
Aushängeschilder aus unedlem Metall	8310 00
Ausklinkmaschinen für Metall	8462 4

Bänder aus Zink	7905 00
Bänder aus Zinn	8007 00
Bänder für Schreibmaschinen	9612 10
Bänder z. Innenausr. v. Kopfbedeckungen	6507 00
Bandförderer	8428 3
Bandmaß	9017 80
Bandsägeblätter	8202 20
Bandsägemaschinen für Holz/Kunststoffe	8465 91
Bandsägemaschinen für Metall	8461 50
Bandschleifer elektrisch handgeführt	8467 29
Bandspeichereinheiten für EDV	8471 70
Bandstahl aus anderem legierten Stahl	7226
Bandstahl aus nicht legiertem Stahl	7211
Bandstahl aus nicht legiertem Stahl	7212
Bandstahl aus nicht rostendem Stahl	7220
Bandwebmaschinen	8446 10
Banjos	9202 90
Bankautomaten	8472 90
Banknoten	4907 00
Barbital (INN)	2933 53
Barbitursäure	2933 52
Barcodeleser für EDV	8471 90
Barium	2805 19
Bariumcarbonat künstlich	2836 60
Bariumcarbonat natürlich	2511 20
Bariumchlorid	2827 39
Bariumhydroxid	2816 40
Bariumnitrat	2834 29
Bariumoxid	2816 40
Bariumperoxid	2816 40
Bariumsulfat künstlich	2833 27
Bariumsulfat natürlich	2511 10
Barometer	9025 80
Bärte falsche	6704
Bartenfransen	0507 90
Baryt natürlich	2511 10
Basalt	2516 90
Basalt	6802
Baskenmützen	6505 00
Basketballschuhe Oberteil Spinnstoffe	6404 11
Bast aus synthetischer Spinnmasse	5404 90
Bast natürlich	1401
Bastardweidelgrassamen	1209 29
Bastfasern textile	5303
Batterieklemmen	8536 90
Batterien elektrisch ausgebraucht	8549 1
Bauaufzüge	8428 10
Baubeschläge aus Kunststoff	3925 90
Baubeschläge aus Metall	8302 41
Baublöcke aus Kalksandstein	6810 11
Baublöcke aus Leichtbeton	6810 11
Bauchspeck	0203
Bauchspeck	0210 12
Bauelemente aus Beton vorgefertigt	6810 91
Baugips	2520 20
Baukastenspielzeug aus Kunststoff	9503 00
Baukeramik	6905 90
Bäume bewurzelt	0602
Bäummaschinen für Spinnstoffe	8445 90
Baumscheren	8201 60
Baumwollabfälle	5202
Baumwolle kardiert/gekämmt	5203 00
Baumwolle weder kardiert noch gekämmt	5201 00
Baumwollentkernungsmaschinen	8445 90
Baumwollgarnabfälle	5202 10
Baumwollgarne	5204
Baumwollgarne	5205
Baumwollgarne	5206
Baumwollgarne	5207
Baumwollgewebe	5208
Baumwollgewebe	5209
Baumwollgewebe	5210
Baumwollgewebe	5211
Baumwollgewebe	5212
Baumwoll-Linters	1404 20
Baumwollölkuchen	2306 10
Baumwollsamen	1207
Baumwollsamenöl	1512 2
Baumwollwatte	5601 21
Baupläne handgefertigt	4906 00
Baustahlmatten	7314 20
Bautenschutzzubereitungen	3824 99
Bauwinden	8425 3
Bauxit	2606 00
Bauzierate aus Keramik	6905 90
Bazookas	9301 20
Bearbeitungszentren für Metallbearbeitung	8457 10
Beatmungsapparate zum Wiederbeleben	9019 20
Beauvais	5805 00
Becher aus Edelmetall	7114
Becken Schlaginstrumente	9206 00
Bedachungen aus Stahl	7308 90
Beeren	0810
Behälter aus Alu über 300 l Inhalt	7611 00
Behälter aus Glas Verpackung	7010
Behälter aus Stahl 50-300 l Inhalt	7310 10
Behälter aus Stahl über 300 l Inhalt	7309 00
Behandlungstische für Röntgenapparate	9022 90
Beile	8201 40
Bein bearbeitet	9601 90
Beinprothesen	9021 39
Beiwagen für Krafträder	8711 90
Beizenfarbstoffe synthetische organische	3204 12
Beizzubereitungen für Textil	3809
Bekleidung aus Asbest	6812 91
Bekleidung aus Gestricken	61
Bekleidung aus Geweben	62
Bekleidung aus Geweben kautschutiert	6210
Bekleidung aus Geweben kunststoffbestr	6210
Bekleidung aus Gewirken	61
Bekleidung aus Gewirken kautschutiert	6113 00
Bekleidung aus Gewirken kunststoffbestr	6113 00
Bekleidung aus Kunststofffolien	3926 20
Bekleidung aus Leder	4203 10

Bekleidung aus Papier	4818 50
Bekleidung aus Pelzfellen	4303 10
Bekleidung aus Weichkautschuk	4015 90
Bekleidungsleder Kalbleder zugerichtet	4107
Bekleidungsleder Lammleder	4105
Bekleidungsleder Rindleder zugerichtet	4107
Bekleidungsleder Schafleder	4105
Bekleidungsleder Ziegenleder	4106 2
Bekleidungszubehör aus Geweben	6217 10
Bekleidungszubehör aus Gewirken/Gestricken	6117
Bekleidungszubehör aus Kunststoff	3926 20
Bekleidungszubehör aus Leder	4203 40
Bekleidungszubehör aus Papier	4818 50
Bekleidungszubehör aus Pelzfellen	4303 10
Bekleidungszubehör aus W-Kautschuk	4015 90
Bekleidungszubehör gebraucht	6309 00
Belegleser für EDV	8471 60
Beleuchtungsgeräte für Fahrrad	8512 10
Beleuchtungsgeräte für Kfz	8512 20
Beleuchtungskörper	9405
Belichtungsmesser	9027 89
Bentonit	2508 10
Benzaldehyd	2912 21
Benzfetamin (INN)	2921 46
Benzilsäure	2918 17
Benzimidazol-2-thiol	2933 99
Benzin	2710 12
Benzinkanister aus Stahlblech	7310 29
Benzoesäure	2916 31
Benzofuran	2932 99
Benzol	2902 20
Benzole	2707 10
Benzoltricarbonsäure	2917 39
Benzothiazolthiol	2934 20
Benzothiazolthiolderivate	2934 20
Benzoylchlorid	2916 32
Benzoylperoxid	2916 32
Benzylacetat	2915 39
Benzylalkohol	2906 21
Bergamotteöl	3301 29
Bergkäse	0406
Bernstein bearbeitet	9602 00
Bernstein roh	2530 90
Berufskleidung aus Geweben	6211
Berufskleidung aus Geweben für Frauen	6204
Berufskleidung aus Geweben für Männer	6203
Beryllium Rohformen	8112 12
Berylliumhydroxid	2825 90
Berylliumnitrat	2834 29
Berylliumoxid	2825 90
Beschicker mechanisch für Feuerungen	8416 30
Beschickungseinrichtung	8428 90
Beschläge aus unedlem Metall	8302
Besen	9603
Besenfassungen aus Holz	4417 00
Besenstiele aus Holz	4417 00
Bestecke	8215
Bestecke aus Edelmetall	7114
Besteckgriffe aus Holz	4417 00
Besteckkasten	4202 9
Betätigungsmagnete elektrisch	8505 90
Betelnüsse	0802 80
Beton feuerfest	3816 00
Betonmischmaschinen	8474 31
Betonmischwagen	8705 40
Betonplattenpressen	8474 80
Betonpumpen	8413 40
Betonrohrpressen	8474 80
Betonschaltafeln aus Holz	4418 40
Betonspritzmaschinen	8424 20
Betonstraßenfestiger	8479 10
Betonvibratoren Druckluft handgeführt	8467 19
Betonwaren	6810
Betonzusatzmittel zubereitet	3824 40
Bettausstattungen gepolstert	9404
Bettbehänge aus Spinnstoffen fertiggest	6303
Betten	94
Bettfedern	6701 00
Bettfedern	0505 10
Bettpolster	9404
Betttücher aus Papier	4818 90
Bettwäsche aus Spinnstoffen	6302
Beutel aus Kunststoff	3923 2
Beutel aus Papier	4819
Beutel aus Spinnstoffen	6305
Bewegungssimulatoren	9508 24
Bezitramid (INN)	2933 33
Biberfelle roh	4301
Biberfelle zugerichtet	4302
Bibergeil	0510 00
Biberhaare	5102 19
Bidets aus Keramik	6910
Bidets aus Kunststoff	3922 90
Bidets aus Stahlblech	7324 90
Biegemaschinen für Holz	8465 94
Biegemaschinen für Metall	8462 2
Bienenhonig	0409 00
Bienenwachs	1521 90
Bier	2203 00
Bier, alkoholfrei	2202 91
Bildaufnahmeröhren für Fernsehkamera	8540 20
Bilddrucke	4911 91
Bilder	4911 91
Bilder handgeschaffen	97
Bilderalben für Kinder	4903 00
Bilderbücher für Kinder	4903 00
Bilderrahmen aus Holz	4414 9
Bilderrahmen aus unedlem Metall	8306 30
Bildhauerkunst aus Stoffen aller Art	9703
Bildhauerwerke aus Stoffen aller Art	9703
Bildkalender	4910 00
Bildmustergeneratoren	8543 20
Bildplattenspieler	8521 90
Bildpostkarten	4909 00

Blooms aus nicht legiertem Stahl	7207
Blousons aus Geweben für Frauen	6202 9
Blousons aus Geweben für Männer	6201 9
Blousons aus Gewirken für Frauen	6102
Blousons aus Gewirken für Männer	6101
Bluebacks roh	4301
Bluebacks zugerichtet	4302
Blumen künstliche	6702
Blumen natürliche	0603
Blumenknolle	0601
Blumenkohl	0704 10
Blumensamen	1209
Blumenzwiebeln	0601
Blusen aus Geweben für Frauen	6206
Blusen aus Gewirken für Frauen	6106
Blut menschliches	3002 90
Blut tierisch zu therapeutischen Zwecken	3002 90
Blutbestandteile	3002 12
Blutdruckmessgeräte	9018 90
Blüten geschnitten	0603
Blütenknospen geschnitten	0603
Blütenpflanzen	0602 90
Blutgluboline	3002 12
Blutzuckermessgeräte	9027
Bobinetgardinenstoff	5804 10
Bockwinden	8425 3
Bodenbelag aus Weichkautschuk	4008 21
Bodenbelag aus Weichkautschuk	4016 91
Bodenbelagbeschichtungsmaschinen	8451 80
Bodenbeläge aus Kunststoff	3918
Bodengeräte zur Flugausbildung	8805 21
Bodennäherungswarngeräte	9014 20
Bodenplatten aus Beton	6810 19
Bodenplatten aus Keramik	6907
Bodenventilatoren	8414 51
Bodenverdichter nicht selbstfahrend	8430 61
Bodenverdichter selbstfahrend	8429 40
Bodenvermörtelungsmaschinen	8479 10
Bogenanlageapparate f. Druckmaschinen	8443
Bogenlampen	8539 41
Bogenoffsetdruckmaschinen	8443 1
Bohnen	0708 20
Bohnen	0710 22
Bohnen	0713
Bohnen	2004 90
Bohnen	2005 5
Bohnergeräte Elektro Haushalt	8509 80
Bohnerwachs	3405 20
Bohrer zahnärztliche	9018 49
Bohrfutter für Werkzeugmaschinen	8466 10
Bohrhämmer Druckluft handgeführt	8467 11
Bohrmaschinen elektr. handgeführt	8467 21
Bohrmaschinen für Holz/Kunststoff	8465 95
Bohrmaschinen für Metall	8459
Bohrplattformen Schwimm/Tauch	8905 20
Bohrstangen für Werkzeugmaschinen	8466 10
Bohrvorrichtungen f. Werkzeugmaschinen	8466 20
Bohrwerkzeuge	8205 10
Bohrwerkzeuge	8207
Bohrwinden	8205 10
Bojen	8907 90
Bolducs aus Spinnstoffen	5806 40
Bolzen aus Aluminium	7616 10
Bolzen aus Kupfer	7415
Bolzen aus Stahl	7318
Bolzen für Luftgewehre	9306 90
Bolzenschneider	8203 40
Bolzensetzwerkzeuge	8205 59
Bomben	9306 90
Bonbons mit Kakao	1806 90
Bonbons ohne Kakao	1704 90
Bonito echter	0302 33
Bonito echter	0303 43
Bonito echter	0304
Bonito echter	0305
Bonito echter	1604
Boote aufblasbare	8903 1
Bootsaussetzwinden	8425 3
Bootsmotoren	8407
Bootsmotoren	8408
Bor	2804 50
Borate künstlich	2840
Borate natürlich	2528
Borax raffiniert	2840 1
Borcarbid	2849 90
Boride	2850 00
Borkonzentrate natürlich roh	2528
Boroxide	2810 00
Borsäure natürlich roh	2528
Borsäuren	2810 00
Borsten von Schweinen	0502 10
Borstenabfälle	0502 10
Böttcherwaren aus Holz	4416
Bottiche aus Alu über 300 l Inhalt	7611 00
Bottiche aus Holz	4416 00
Bottiche aus Kunststoff über 300 l	3925 10
Bottiche aus Stahl 50-300 l Inhalt	7310 10
Bottiche aus Stahl über 300 l Inhalt	7309 00
Bougram	5901 90
Bourbon-Whiskey	2208 30
Bourretteseidengarne	5005 00
Bourretteseidengarne	5006 00
Bourretteseidengewebe	5007 10
Bowlingbahnen	9504 90
Boxcalf zugerichtet	4107
Boxhandschuhe aus Leder	4203 21
Boxpaletten aus Holz	4415 20
Brachsenmakrelen	0302 89
Brachsenmakrelen	0303 89
Brachsenmakrelen	0304
Brachsenmakrelen	0305
Brammen aus anderem legierten Stahl	7224 90
Brammen aus nicht legiertem Stahl	7207
Brammen aus nicht rostendem Stahl	7218 91

Bruteier von Hausgeflügel	0407 19
Buchbindereimaschinen	8440 10
Buchbindestoffe leimbestrichen	5901 10
Bücher	4901
Buchführungsbücher	4820 10
Buchhüllen aus Papier	4820 90
Buchstaben aus unedlem Metall	8310 00
Buchweizen	1008 10
Büffelkäse	0406
Bügeleisen elektrisch	8516 40
Bügelmaschinen	8451 30
Bügelpressen	8451 30
Bulben von Pflanzen	0601
Bulgur-Weizen	1904 30
Bulldozer	8429 1
Bunde aus Stahl	7307
Buntglaspapier	4814 90
Buprenorphin (INN)	2939 11
Büroartikel aus Glas	7013
Büroartikel aus Kunststoff	3926 10
Büroheftmaschinen	8472 90
Büroklammern	8305 90
Büromaschinenpapierstreifen	4823
Büromöbel aus Holz	9403 30
Büromöbel aus Metall	9403 10
Bürsten	9603
Bürsten für Dentalbohrmaschinen	9018 49
Bürstenfassungen aus Holz	4417 00
Büsche bewurzelt	0602
Büstenhalter	6212 10
Büstenmieder	6212 90
Butadien	2711 14
Butadien	2901 24
Butadienkautschuk	4002 20
Butalbital (INN)	2933 53
Butanal	2912 19
Butandiol	2905 39
Butane	2711 13
Butanole	2905 1
Butanon	2914 12
Butansäuren	2915 60
Buten	2901 23
Büttenpapier handgeschöpft	4802 10
Büttenpappe handgeschöpft	4802 10
Butter	0405
Butterfett	0405
Butterkäse	0406
Buttermesser	8215 9
Buttermilch	0403 90
Buttermilchpulver	0403 90
Buttersäure	2915 60
Butterschmalz	0405 90
Butterungsmaschinen	8434 20
Butylacetat	2915 33
Butylalkohole	2905 1
Butylen	2711 14
Butylen	2901 23
Butylkautschuk	4002 31
Butylphenol p-tert	2907 19
Butyraldehyd	2912 19

C

Caciocavallokäse	0406
Cadmium Rohformen	8107 20
Cadmiumnitrat	2834 29
Cadmiumoxid	2825 90
Cadmiumpigmente	3206 49
Cadmiumsulfat	2833 29
Cadmiumsulfid	2830 90
Calcium	2805 12
Calcium/Ammoniumnitrat-Mischung	3102 60
Calciumcarbid	2849 10
Calciumcarbonat	2836 50
Calciumchlorid	2827 20
Calciumcitrat roh	3824 99
Calciumcyanamid	3102 90
Calciumhydrogenorthophosphat	2835 25
Calciumhydroxid	2825 90
Calciumhypochlorit	2828 10
Calciumperoxid	2825 90
Calciumphosphate künstlich	2835 2
Calciumphosphate natürlich	2510
Calciumpyrolignit	3824 99
Calciumsulfid	2830 90
Calciumtartrat roh	3824 99
Calvados	2208 90
Camazepam (INN)	2933 91
Camembertkäse	0406 90
Campher	2914 29
Campingwohnanhänger	8716 10
Cannelloni	1902
Cantalkäse	0406
Caprolactam Epsilon-	2933 71
Capsicumfrüchte Gemüse	0709 60
Capsicumfrüchte Gemüse	0710 80
Capsicumfrüchte Gemüse	0711 90
Capsicumfrüchte Gemüse	2001 90
Capsicumfrüchte Gemüse	2005 99
Capsicumfrüchte getrocknet/gemahlen	0904 22
Captafol (ISO)	2930 80
Carbamate	2924
Carbide	2849
Carbofuran	2932 96
Carboxymethylcellulose	3912 31
Carfentanil (INN)	2933 33
Cargoreis	1006 20
Carnallit	3104 90
Casein	3501 10
Caseinate	3501 90
Caseinderivate	3501 90
Caseinleime	3501 90
Caseinleime	3506 10
Casing Rohre aus Stahl geschweißt	7305 20
Casing Rohre aus Stahl geschweißt	7306 2

Casing Rohre aus Stahl nahtlos	7304 2
Catgut nicht steril	4206 00
Catgut steril	3006 10
Cathin (INN)	2939 43
CD-Player	8519 81
CD-Rohlinge ohne Aufzeichnung	8523 41
CD-ROM mit Aufzeichnung	8523 49
Celli	9202 10
Celloidin	3912 20
Celluloid	3912 20
Cellulose	47
Celluloseacetate	3912 1
Cellulosebreiherstellungsmaschinen	8439 10
Celluloseester	3912 90
Celluloseether	3912 3
Celluloseklebstoffe	3506 10
Celluloseklebstoffe	3912
Cellulosenitrate	3912 20
Cellulosezementwaren	6811
Cembalos	9201 90
Cereisen	3606 90
Cermets Rohformen	8113 00
Cerverbindungen	2846 10
Cetobemidonhydrochlorid	2933 39
Cetylalkohol	2905 17
Champagner	2204 10
Champignonbrut	0602 90
Champignons	0709 51
Chechias	6505 00
Cheddarkäse	0406
Chemischreinigungsmaschinen	8451 10
Chenillegarne	5606 00
Chenillegewebe	5801
Cheshire Käse	0406
Chicle	4001 30
Chicoree	0705 2
Chinaalkaloide	2939 20
Chinakohl	0704 90
Chinarinde	1211 90
Chinin	2939 20
Chininsulfat	2939 20
Chinolin	2933 49
Chinolincarbonsäurederivate	2933 49
Chinolinhalogenderivate	2933 49
Chinone	2914 6
Chinuclidinol	2933 35
Chiolith natürlich	2530 90
Chips elektronisch	8542
Chlor	2801 10
Chloramphenicol	2941 40
Chlorate	2829
Chlorbenzilat (ISO)	2918 18
Chlorbenzol	2903 91
Chlorbutadienkautschuk	4002 4
Chlorbutylkautschuk	4002 39
Chlordan (ISO)	2903 82
Chlordiazepoxid	2933 91
Chlordifluorethane	2903 74
Chlordifluormethan	2903 71
Chlordimeform (ISO)	2925 21
Chlorepoxypropan	2910 30
Chloressigsäuren	2915 40
Chlorethan	2903 11
Chlorethoxyethanol	2909 49
Chlorethylen	2903 21
Chlorformiate	2915 90
Chlorite nicht gebläht	2530 10
Chlormethan	2903 11
Chloroform	2903 13
Chloroprenkautschuk	4002 4
Chloroschwefelsäure	2806 20
Chlorospinnfasern	5503 90
Chlorospinnfasern	5506 90
Chlorparaffine flüssig	3824 89
Chlorpentafluorethan	2903 77
Chlorprothixen (INN)	2934 99
Chlorwasserstoff	2806 10
Chocolate-milk-crumb	1806 20
Cholin	2923 10
Cholinchlorid	2923 10
Cholsäure	2918 19
Chomhydroxide	2819 90
Christbaumbeleuchtung elektrisch	9405 30
Christbaumbeleuchtung elektrisch	9405 3
Christbaumschmuck	9505 10
Chrom Rohformen	8112 21
Chromatografen	9027 20
Chromcarbid	2849 90
Chromdioxid	2819 90
Chromerze	2610 00
Chromitsteine nicht gebrannt	6815 91
Chromoersatzkarton	4805 2
Chromoxide	2819
Chrompigmente Farbmittel	3206 20
Chromsulfat	2833 29
Chromtrioxid	2819 10
Chrysanthemen Schnittblumen	0603 14
Chucks vom Rind gefroren	0202 30
Cinnamylalkohol	2906 29
Citronellol	2905 22
Citronellöl	3301 29
Citronenöl	3301 13
Citronensäure	2918 14
Clementinen	0805 22
Clementinen	2008 30
Clobazam (INN)	2933 72
Clofenotan(INN)	2903 92
Clonazepam (INN)	2933 91
Clorazepat (INN)	2933 91
Clotiazepam (INN)	2934 91
Cloxazolam (INN)	2934 91
Cobalamine	2936 26
Cobalt Rohformen	8105 20
Cobaltacetate	2915 29

D

E

Eigelb	0408
Eimer aus Holz	4416 00
Eimer für Bagger	8431 41
Ein-/Ausschalter elektrisch	8536 50
Ein-/Ausschalter elektrisch >1 kV	8535 30
Einachsschlepper	8701 10
Einbände aus Papier oder Pappe	4820 30
Einbaugasbacköfen aus Stahl	7321 11
Einbauküchenelemente aus Holz	9403 40
Einbruchsalarmgeräte elektrisch	8531 10
Eingabeeinheiten für EDV	8471 60
Einkaufsnetze aus Spinnstoffen geknüpft	5608
Einkaufstaschen	4202 9
Einkomponentenwaagen	8423 30
Einlagen blutstillend steril	3006 10
Einlegesohlen	6406 90
Einnietdruckknöpfe	9606 10
Einspindeldrehautomaten für Metall	8458 1
Einspritzpumpen	8413 30
Einsteckkämme	9615 1
Eintrittskartenausg. Masch. m. Rechenwerk	8470 90
Einweg-Abdecktücher	6307 90
Einweggeschirr aus Holz	4419
Einweggeschirr aus Papier oder Pappe	4823
Einwegkittel	6210 10
Einweg-Kleidung	6210
Einwegmasken	6307 90
Einwickelmaschinen	8422 40
Einzelbild-Videokameras digitale	8525 8
Einzelkorndrillgeräte/-maschinen	8432 39
Einzellermikroorganismen nicht lebend	2102 20
Eipulver	0408
Eis	2201 90
Eisbergsalat	0705 11
Eisbrecher	8906 90
Eisen gekörnt	7205 10
Eisenchlorid	2827 39
Eisenerze	2601
Eisenhydroxide	2821 10
Eisenoxide	2821 10
Eisenpulver	7205 2
Eisenschrott	7204
Eisenschwamm	7203
Eisensulfate	2833 29
Eisensulfid	2830 90
Eisenwolle	7323 10
Eispulver mit Kakao	1806 90
Eiweißkonzentrate	2106 10
Eiweißstoffe gehärtet	3913
Eiweißstoffe texturiert	2106 10
Elastikschlüpfer	6212 20
Elastizitätsprüfmaschinen/-gerät	9024
Elastomergarne aus synth. Filament	5402 44
Elastomermonofile	5404 11
Elektrizitätszähler	9028 30
Elektrobandstahl aus legiertem Stahl	7226 11
Elektrobandstahl aus nicht legiertem Stahl	7211

Elektrobleche aus legierten Stahl	7225 19
Elektrobleche aus nicht legiertem Stahl	7209
Elektroden aus Kohle oder Grafit	8545 1
Elektrodenpasten kohlenstoffhaltig	3801 30
Elektrodiagnoseapparate/-geräte	9018 1
Elektroencephalografen	9018 19
Elektroerosionswerkzeugmaschinen	8456 30
Elektroflaschenzüge	8425 11
Elektroherde Haushalt	8516 60
Elektrokardiografen	9018 11
Elektrokarren ohne Hebevorrichtung	8709 11
Elektrolokomotiven	8601
Elektrolysegeräte	8543 30
Elektrolytkondensatoren	8532
Elektromagnete	8505
Elektromotoren	8501
Elektronenblitzgeräte	9006 61
Elektronenmikroskope	9012 10
Elektronenröhren	8540
Elektronenstrahlschweißmaschinen	8515 80
Elektronenstrahlwerkzeugmaschinen	8456 90
Elektrophoresegeräte	8543 30
Elektrophoresegeräte	9027 20
Elektrowerkzeuge handgeführt	8467
Elektrozaungeräte	8543 70
Elemente radioaktive	2844
Elfenbein	0507 10
Elfenbein bearbeitet	9601 10
Elfenbeinwaren	9601 10
Emetin	2939 79
Emmentalerkäse	0406
Empfängerröhren	8540 81
Empfängnisverhütungsmittel chemisch	3006 60
Emulgiermaschinen universell verwendb	8479 82
Endivie	0705 29
Endlosformulare	4811 90
Endlosformulare	4823
Endlosformularpapierrollen	4802
Endlosformularsätze	4820 40
Endoskope	9018 90
Engoben	3207 20
Entascher mechanisch für Feuerungen	8416 30
Enteisungsflüssigkeiten Zubereitungen	3820 00
Enten geschlachtet	0207
Enten lebend	0105
Entenlebern Zubereitungen	1602 20
Entfernungsmesser	9015 10
Entfleischmaschinen für Häute	8453 10
Entgasungsöfen nicht elektrisch	8417 80
Enthaarungsmaschinen für Schlachthof	8438 50
Entkrausungsmittel	3305 20
Entladungslampen	8539 3
Entwässerungspressen für Wäschereien	8451 80
Entwickler fotografisch zubereitet	3707 90
Enzyklopädien	4901 91
Enzyme	3507
Enzymzubereitungen für Gerberei	3202 90

Fleischmehl ungenießbar	2301 10
Fleischsäfte	1603 00
Fleischwölfe gewerblich	8438 50
Flexodruckmaschinen	8443 16
Flicken aus Geweben, auch aufbügelbar	6217 10
Fliegenfänger	3808 91
Fliesen aus Gips	6809 1
Fliesen aus Glas	7016 90
Fliesen aus Keramik	6907
Fliesen aus Keramik feuerfest	6902
Fliesen aus Kieselgur gebrannt	6901 00
Fliesen aus Kunststoff	3918
Fliesen aus Naturstein	6802
Fliesen aus Tripel gebrannt	6901 00
Flintstein	2517 10
Flipper Spielautomaten	9504 30
Flitter aus Aluminium	7603 20
Flitter aus Blei	7804 20
Flitter aus Kupfer	7406 20
Flitter aus Nickel	7504 00
Flitter aus unedlem Metall	8308 90
Flitter aus Zink	7903 90
Flitter aus Zinn	8007 00
Floatglas	7005
Flocken aus Glasfasern	7019 90
Floppydisklaufwerke für EDV	8471 70
Flöße aufblasbar	8907 10
Fluchtstäbe	9015 80
Fludiazepam (INN)	2933 91
Flugbenzin	2710 12
Flügel Musikinstrumente	9201 20
Flügelzellenpumpen	8413 60
Flugturbinenkraftstoff, leicht	2710 12
Flugturbinenkraftstoff, mittelschwer	2710 19
Flugzeugbremsvorrichtung für Schiffdeck	8805 10
Flundern	0302 29
Flundern	0303 39
Flundern	0304
Flundern	0305
Flunitrazepam (INN)	2933 91
Fluor	2801 30
Fluoracetamid(ISO)	2924 12
Fluorelastomere	3904 69
Fluorwasserstoff	2811 11
Flurazepam (INN)	2933 91
Flüssigkeitsfilter	8421 2
Flüssigkeitspumpen	8413
Flüssigkeitsringverdichter	8414 80
Flüssigkeitsstandanzeiger	9026 10
Flüssigkeitszähler	9028 20
Flüssigkristallvorrichtungen	9013 80
Flussmittel zum Löten/Schweißen	3810 90
Flusssäure	2811 11
Flussspat	2529 2
Flutingpapier	4805
Flyer mit Werbung	4911
Flyer zum Vorspinnen	8445 13

Flyerketten aus Stahl	7315 12
Folien aus Aluminium	7607
Folien aus Blei	7804 1
Folien aus Gold	7108 13
Folien aus Kunststoff	3920
Folien aus Kunststoff	3921
Folien aus Kunststoff selbstklebend	3919
Folien aus Kupfer	7410
Folien aus Magnesium	8104 90
Folien aus Molybdän	8102 95
Folien aus Nickel	7506
Folien aus Platin	7110 19
Folien aus Silber	7106 92
Folien aus Tantal	8103 90
Folien aus Titan	8108 90
Folien aus Vulkanfiber	3920 79
Folien aus Wolfram	8101 99
Folien aus Zink	7905 00
Folien aus Zinn	8007 00
Folien polarisierend	9001 20
Folsäure	2936 29
Fondantmassen	1704 90
Fondantwaren	1704 90
Fontalkäse	0406
Förderbänder aus Leder	4205 00
Förderbänder aus Spinnstoffen	5910 00
Förderbänder aus Weichkautschuk	4010
Förderbandwaagen	8423 20
Förderplattformen schwimmende/tauchende	8905 20
Fördervorrichtung mit Skips Bergbau	8428 10
Forellen	0301 91
Forellen	0302 11
Forellen	0303 14
Forellen	0304
Forellen	0305
Formaldehyd	2912 11
Formbindemittel für Gießer zubereitet	3824 10
Formen für Glas	8480 50
Formen für Kautschuk/Kunststoff	8480 7
Formen für Metalle	8454 20
Formen für Metalle	8480 4
Formen für Mineralstoffe	8480 60
Former für Wäschereien	8451 80
Formmaschinen für Mineralstoffe	8474 80
Formöle	3403
Formpressen für Kunststoff	8477 59
Formsandaufbereitungsmaschinen	8474 10
Formulare	4911 99
Forstgehölze	0602 90
Forstsamen	1209 99
Forstschlepper	8701
Fossilienmehle kieselsäurehaltig	2512 00
Fotoapparate	9006
Fotoblitzlampen	9006 69
Fotochemikalien zubereitete	3707
Fotodioden	8541 41
Fotoelemente	8541 49

G

Güllenwagen für Schlepperzug	8716 31
Gummen, natürliche	1301
Gummi arabicum	1301 20
Gummibonbons	1704 90
Gummiharze	1301 90
Gummilösungen	3506 10
Gummilösungen	4005 20
Gummi-Metall-Teile	4016 99
Gummistiefel	6401
Gurken	0707 00
Gurken	0711 40
Gurken	2001 10
Gürtel aus Geweben	6217 10
Gürtel aus Gewirken	6117 80
Gürtel aus Leder	4203 30
Gürtel medizinische	9021 10
Gurtwebmaschinen	8446 10
Güterwagen EURATOM, Schienengebunden	8606 9
Güterwagen Schienenfahrzeug	8606
Guttapercha	4001 30
Gymnastikgeräte	9506 91

H

Haarbänder aus Geweben	6217 10
Haarbänder aus Gewirken/Gestricken	6117 80
Haarbehandlungsmittel	3305
Haarbürsten	9603 29
Haarentferner mit Elektromotor	8510 30
Haarentfernungsmittel	3307 90
Haarersatz	6704
Haarfilzhüte	65
Haargummis aus Geweben	6217 10
Haargummis aus Gewirken	6117 80
Haarklammern	9615 90
Haarlacke	3305 30
Haarnadeln	9615 90
Haarnetze	6505 00
Haarpflegegeräte elektrisch	8516 3
Haarschneideapparate elektrisch	8510 20
Haarschneideapparate nicht elektrisch	8214 90
Haarshampoo	3305 10
Haarspangen	9615 1
Haartrockner elektrisch	8516 31
Haarwaschmittel	3305 10
Haarwässer	3305 90
Habutaigewebe aus Seide	5007 20
Hacken	8201 30
Hackmaschinen für Holz	8465 96
Hackmaschinen für Landwirtschaft	8432 29
Hackmesser	8214 90
Häckselmaschinen	8433 59
Häckselmaschinen für Futteraufbereitung	8436 10
Hafer	1004
Hafer gequetscht	1104 12
Haferflocken	1104 12
Hafergrieß	1103 19
Hafergrütze	1104 22
Hafermehl	1102 90
Haferpellets	1103 20
Haferschrot	1104 22
Hafnium Rohformen	8112 92
Haftpuder/-pasten für Zahnprothesen	3306 90
Hähne	8481 80
Haie	0302 81
Haie	0303 81
Haie	0304
Haie	0305
Hainrispensamen	1209 29
Häkelnadeln aus Aluminium	7616 99
Häkelnadeln aus Stahl	7319 90
Haken aus Stahl	7317 00
Haken für Bekleidung usw	8308 10
Hakennägel aus Stahl	7317 00
Halazepam (INN)	2933 91
Halbacetale	2911 00
Halbacetalperoxide	2909 60
Halbcroupons Rindshäute	4101 90
Halbleiter (boules)-Herstellungsmaschinen	8486 10
Halbleiter (wafers)-Herstellungsmaschinen	8486 10
Halbleiter-Aufzeichnungsträger	8523 5
Halbleiterbarren-Herstellungsmaschinen	8486 10
Halbleiterbauelemente	8541
Halbleiterbauelemente-Herstellungsmasch	8486 20
Halbleitergleichrichtergeräte	8504 40
Halbleiterscheiben-Herstellungsmaschinen	8486 10
Halbstoff aus Baumwolllinters	4706 10
Halbstoff aus Holz	47
Halbzellstoff aus Holz	4705 00
Halbzellstoffpapier	4805
Halbzeug aus Gold	7108 13
Halbzeug aus Silber	7106 92
Hallen vorgefertigt	9406
Halogenderivate der Kohlenwasserstoffe	2903
Halogenderivate der Phenole	2908 19
Halogenide der Nichtmetalle	2812
Halogen-Metalldampflampen	8539 32
Halogenoxide der Nichtmetalle	2812
Haloxazolam (INN)	2934 91
Halsketten aus Edel-/Schmuckstein	7116 20
Halstücher aus Geweben	6214
Halstücher aus Gewirken	6117 10
Haltevorrichtungen für Mikrofone	8518 10
Hämatitroheisen	7201 10
Hämmer	8205 20
Hämoglobin	3002 12
Handarbeitsgarne aus Wolle	5109
Handarbeitspackungen textile	6308 00
Handblechscheren elektrische	8467 29
Handbohrmaschinen elektrische	8467 21
Händetrockner elektrisch	8516 33
Handfeuerlöscher	8424 10
Handgebläse elektrische	8467 29
Handhobelmaschinen elektrische	8467 29
Handhubroller	8427 90

Handhubwagen	8427 90
Handkettenflaschenzüge	8425 19
Handkettensägen elektrische	8467 22
Handkoffer	4202 1
Handkreissägen elektrische	8467 22
Handmixer elektrisch Haushalt	8509 40
Handnetze zum Fischen	9507 90
Handpoliermaschinen elektrisch	8467 29
Handpumpen	8413 20
Handpumpen	8414 20
Handrührgeräte elektrisch Haushalt	8509 40
Handsägen	8202 10
Handsägen elektrische	8467 22
Handschleifmaschinen elektrische	8467 29
Handschuhe aus Aluminium z. Scheuern	7615 10
Handschuhe aus Geweben	6216 00
Handschuhe aus Gewirken für Kleinkinder	6111
Handschuhe aus Gewirken/Gestricken	6116
Handschuhe aus Kunststoff	3926 20
Handschuhe aus Kupfer zum Scheuern	7418 10
Handschuhe aus Leder	4203 2
Handschuhe aus Stahl zum Scheuern	7323 10
Handschuhe aus Weichkautschuk	4015 1
Handsiebe	9604 00
Handstemmaschinen elektrische	8467 29
Handstempel	9611 00
Handstrickgarne aus Baumwolle	5207
Handstücke für Dentalbohrmaschinen	9018 49
Handtaschen	4202 2
Handtaschenverschlüsse aus Metall	8308 90
Handteppichkehrer	9603 90
Handtransportfahrzeuge	8716 80
Handtücher aus Baumwollfrottee	6302 60
Handtücher aus Papier	4818 20
Handtuchrollen aus Papier	4818 20
Handwerkernähmaschinen	8452 2
Handys	8517 14
Hanf Cannabis sativa	5302
Hanfabfälle	5302 90
Hanfgarne	5308 20
Hanfgewebe	5311 00
Hanfsamen	1207 99
Hanfwerg	5302 90
Hängematten aus Spinnstoffen	6306 9
Hanggleiter	8801 00
Harfen	9202 90
Harmonien mit Klaviatur und Metallzungen	9205 90
Harnstoff	3102 10
Harnstoffharze	3909 10
Härteprüfmaschinen für Metalle	9024 10
Hartkaramellen mit Kakao	1806 90
Hartkaramellen ohne Kakao	1704 90
Hartkautschukwaren	4017 00
Hartmetallformstücke für Werkzeuge	8209 00
Hartmetallplättchen für Werkzeuge	8209 00
Hartmetallspitzen für Werkzeuge	8209 00
Hartmetallstäbchen für Werkzeuge	8209 00
Hartpapierbehältnisse	4819 50
Hartweizen	1001 1
Hartzink	2620 11
Harze, natürliche	1301
Harzester	3806 30
Harzöle	3806 90
Harzsäuren	3806 90
Harzsäurensalze	3806 20
Harzzement	3214 10
Haselnüsse	0802 2
Hasenfelle roh	4301
Hasenfelle zugerichtet	4302
Hasenfleisch	0208 10
Hasenhaare	5102 19
Haspelmaschinen für Spinnstoffe	8445 40
Haumesser	8201 40
Hausenblase	3503 00
Hausgeflügel geschlachtet	0207
Hausgeflügel lebend	0105
Haushaltsartikel aus Aluminium	7615
Haushaltsartikel aus Glas	7013
Haushaltsartikel aus Keramik	6912 00
Haushaltsartikel aus Kupfer	7418
Haushaltsartikel aus Porzellan	6911
Haushaltsartikel aus Stahl	7323
Haushaltsgaszähler	9028 10
Haushaltsgegenstände aus Kunststoff	3924
Haushaltsgeräte aus Holz	4419
Haushaltsgeräte elektromechanisch	8509
Haushaltskonservengläser	7010 9
Haushaltskühlschränke	8418 2
Haushaltsnähmaschinen	8452 10
Haushaltswaagen	8423 10
Haushaltswäsche aus Spinnstoffen	6302
Haushaltswäsche aus Spinnstoffen gebr	6309 00
Hauskaninchen lebend	0106 14
Hausmäntel aus Geweben für Frauen	6208 9
Hausmäntel aus Geweben für Männer	6207 9
Hausmäntel aus Gewirken für Frauen	6108 9
Hausmäntel aus Gewirken für Männer	6107 9
Hausschuhe	6402 99
Hausschuhe	6403
Hausschuhe	6404
Hausschuhe	6405 20
Haustaubenfleisch	0208 90
Hauswasserzähler	9028 20
Hauswirtschaftsartikel aus Aluminium	7615
Hauswirtschaftsartikel aus Kupfer	7418
Hauswirtschaftsartikel aus Stahl	7323
Hautcremes	3304 99
Häute	41
Häute roh	4101
Häute roh Schafen/Lämmern	4102
Häute roh v.and. Tieren	4103
Häuteabfälle ungegerbt	0511 99
Hautemulsionen	3304 99
Hautöle	3304 99

I

Kabeltrommeln aus Holz	4415 10
Kabeltrommeln aus Stahl	7326 90
Kaffee	0901
Kaffeeauszüge	2101
Kaffee-Extrakte	2101
Kaffeehäutchen	0901 90
Kaffeekonzentrate	2101
Kaffeemaschinen elektrisch Haushalt	8516 71
Kaffeemittel mit Kaffeegehalt	0901 90
Kaffeemittel ohne Kaffeegehalt	2101 30
Kaffeemittelauszüge	2101 30
Kaffeemittelextrakte	2101 30
Kaffeemühlen gewerblich	8438 80
Kaffeemühlen Haushalt elektrisch	8509 40
Kaffeemühlen Haushalt nichtelektrisch	8210 00
Kaffeeröstmaschinen	8419 89
Kaffeeschalen	0901 90
Käfige aus Holz	4421 9
Kaisergranate	0306
Kaisergranate Zubereitungen	1605 40
Kakaoabfall	1802 00
Kakaobohnen	1801 00
Kakaobohnenbruch	1801 00
Kakaobutter	1804 00
Kakaofett	1804 00
Kakaoglasur	1806 20
Kakaohäutchen	1802 00
Kakaoherstellungsmaschinen	8438 20
Kakaomasse entfettet	1803 20
Kakaomasse nicht entfettet	1803 10
Kakaoöl	1804 00
Kakaopulver gesüßt	1806 10
Kakaoschalen	1802 00
Kakteen	0602 90
Kalander	8420 10
Kälber lebend	0102
Kalbfelle roh	4101
Kalbfleisch	0201
Kalbfleisch	0202
Kalbfleisch	0210 20
Kalbfleisch Zubereitungen	1602 50
Kalbleder	4104
Kaleidoskope	9013 80
Kalender	4910 00
Kalidüngemittel	3104
Kalilauge	2815 20
Kalisalze roh, natürlich	3104 90
Kalium	2805 19
Kaliumbromat	2829 90
Kaliumbromid	2827 51
Kaliumcarbonate	2836 40
Kaliumchlorid	3104 20
Kaliumdichromat	2841 50
Kaliumfluorosilicat	2826
Kaliumguajacolsulfonate	2909 50
Kaliumhydroxid	2815 20
Kaliumjodid	2827 60
Kaliumnatriumnitrat natürlich	3105 90
Kaliumnitrat	2834 21
Kaliumnitrit	2834 10
Kaliumpermanganat	2841 61
Kaliumperoxid	2815 30
Kaliumphosphate	2835
Kaliumpolyphosphat	2835 39
Kaliumpolysulfid	2830 90
Kaliumsilicate	2839 90
Kaliumsulfat	3104 30
Kaliumsuperphosphate	3105 60
Kalk gebrannt	2522
Kalk hydraulischer	2522 30
Kalkammonsalpeter	3102 40
Kalksteine für Kalk/Zement	2521 00
Kalkstein-Werksteine	2515
Kalkstickstoff	3102 90
Kalmare	0307 4
Kalorimeter	9027 89
Kältemaschinen	8418 6
Kälteschutzgemische mineralisch	6806
Kaltkathodenröhren	8540
Kamelhaare	5102 19
Kamillenblüten	1211 90
Kämme	9615 1
Kammgarne aus feinen Tierhaaren	5108 20
Kammgarne aus Wolle	5107
Kammgarngewebe aus feinen Tierhaaren	5112
Kammgarngewebe aus Wolle	5112
Kämmlinge von Chemiefasern	5505
Kämmlinge von feinen Tierhaaren	5103 10
Kämmlinge von Seide	5003
Kämmlinge von Wolle	5103 10
Kämmmaschinen für Spinnstoffe	8445 12
Kamm-Muscheln genießbar	0307 2
Kammzug aus künstlichen Spinnfasern	5507 00
Kammzug aus synthetischen Spinnfasern	5506
Kampffahrzeuge gepanzert	8710 00
Kampfpanzer	8710 00
Kanalisationserzeugnis aus Grauguss	7325 10
Kanalradpumpen	8413 70
Kanariensaat	1008 30
Kandiszucker	1701 99
Kaninchenfelle roh	4301
Kaninchenfelle zugerichtet	4302
Kaninchenfleisch Zubereitungen	1602 90
Kaninchenhaare	5102 19
Kannen aus Aluminium	7612 90
Kanthariden	0510 00
Kantillen aus Gold	7108 13
Kantillen aus Silber	7106 92
Kanülen medizinische	9018 39
Kanus	8903 9
Kaolin	2507 00
Kapellen aus Keramik feuerfest	6903
Kapern	0709 99
Kapern	0711 90

Kapern	2004 90
Kapern	2005 99
Kapok	14
Kapselmaschinen für Flaschen	8422 30
Kapuzenbadetücher aus Baumwollfrottee	6302 60
Karabinerhaken aus Stahl	7326 90
Karakulfelle roh	4301
Karakulfelle zugerichtet	4302
Karamanie	5702 10
Karambolen	0810 90
Karamelkochapparate	8419 89
Karamellen mit Kakao	1806 90
Karamellen ohne Kakao	1704 90
Karamelzucker	1702 90
Karcinotrone	8540 79
Kardamomen gemahlen	0908 32
Kardamomen nicht gemahlen	0908 31
Karden Krempeln	8445 11
Karnevalsartikel	9505 90
Karosserien für Anhänger	8716 90
Karosserien für Kraftfahrzeuge	8707
Karosserieteile für Kraftfahrzeuge	8708 29
Karotten	0706 10
Karotten	0712 90
Karotten	2005 99
Karpfen	0301 93
Karpfen	0302 73
Karpfen	0303 25
Karpfen	0304
Karpfen	0305
Karteikartensortierapparate	8472 90
Karteikästen aus unedlen Metallen	8304 00
Karteireiter	8305 90
Karteischränke aus Holz	9403 30
Karteischränke aus Metall	9403 10
Kartenbindemaschinen	8448 11
Kartenbriefe	4817 20
Kartenkopiermaschinen	8448 11
Kartenlocher für EDV	8471 90
Kartenschlagmaschinen	8448 11
Kartensparvorrichtungen	8448 11
Kartentaschen	4202 9
Kartoffelchips	2005 20
Kartoffelerntemaschinen	8433 53
Kartoffelflocken	1105 20
Kartoffelgrieß	1105 10
Kartoffellegemaschinen	8432
Kartoffelmehl	1105 10
Kartoffeln	0701
Kartoffeln	0710 10
Kartoffeln	0712 90
Kartoffeln	2004 10
Kartoffeln	2005 20
Kartoffelschälmaschinen gewerblich	8438 60
Kartoffelschälmaschinen Haushalt elektr.	8509 80
Kartoffelsortiermaschinen	8433 60
Kartoffelstärke	1108 13
Kartoffelsticks	2005 20
Kartographikerzeugnisse	4905
Kartonagen	4819
Kartonagenherstellungsmaschinen	8441
Kartuschen für Bolzensetzwerkzeuge	9306 30
Kartuschen für Nietwerkzeuge	9306 30
Kartuschen für Viehtötungsapparate	9306 30
Karusselldrehmaschinen für Metall	8458
Karusselle	9508 22
Kaschmirziegenhaare	5102 11
Kaschmirziegenhaare gekämmt	5105 31
Kaschuäpfel	0810 90
Kaschunüsse	0801
Kaschunüsse	2008 19
Käse	0406
Käsepressen	8434 20
Kashkavalkäse	0406
Kasserikäse	0406
Kassettentonbandgeräte	8519
Kastagnetten Schlaginstrumente	9206 00
Kastanienauszug	3201 90
Kataloge für Werbezwecke	4911 10
Katalysatoren	8421 32
Katalysatoren aus Edelmetall	7115
Katalysatoren zubereitet	3815
Katechu	3203 00
Katheter	9018 39
Kathodenstrahlröhren	8540
Katzenfutter	2309
Katzenhaare	5102 20
Katzenhaie	0302 81
Katzenhaie	0303 81
Katzenhaie	0304
Katzenhaie	0305
Kaugummi	1704 10
Kautabak	2403 99
Kautschuk regenerierter	4003 00
Kautschuk synthetischer roh	4002
Kautschukderivate chemische	3913 90
Kautschukdispersionen	4005 20
Kautschukdrucktücher	4008 21
Kautschukdrucktücher	4016 99
Kautschukdrucktücher	5911 10
Kautschukfäden mit Spinnstoffüberzug	5604 10
Kautschukklebstoffe	3506 91
Kautschukkordel mit Spinnstoffüberzug	5604 10
Kautschuklösungen	3506 10
Kautschuklösungen	4005 20
Kautschukmischungen unvulkanisiert	4005
Kautschukwaren	40
Kaviar	1604 31
Kaviarersatz	1604 32
Kefalogravierakäse	0406
Kefir	0403 90
Kegelanlagen automatisch	9504 90
Kegelhähne	8481 80
Kegelradgetriebe für Maschinen	8483 40

Kegelrollen für Wälzlager	8482 91
Kegelrollenlager	8482 20
Kegelstirnradgetriebe für Maschinen	8483 40
Kegelzahnräder	8483 90
Kehlmaschinen für Holz	8465 92
Kehrichtschaufeln	8201 10
Kehrmaschinen	8479 89
Keile aus Aluminium	7616 10
Keile aus Kupfer	7415 29
Keile aus Stahl	7318 24
Keile zum Spalten	8201 40
Keilriemen aus Weichkautschuk	4010
Keimapparate für Landwirtschaft	8436 80
Keimhemmungsmittel	3808 93
Kekse	1905
Kelim	5702 10
Keltern	8435 10
Keltertrauben	0806 10
Keramikkondensatoren	8532 2
Kernbindemittel für Gießer zubereitet	3824 10
Kernhemkäse	0406
Kernreaktoren	8401 10
Kernstrahlungsmessgeräte	9030 10
Kerzen	3406 00
Kerzengießmaschinen	8479 89
Kerzenleuchter	9405 50
Kessel für überhitztes Wasser	8402 20
Kesselöfen Stahl Haushalt nicht elektrisch	7321 8
Kesselsteinmittel	3824 99
Kesselwagen Schienenfahrzeug	8606 10
Ketazolam (INN)	2934 91
Ketobemidon (INN)	2933 33
Ketonaldehyde	2914 40
Ketonalkohole	2914 40
Ketone	2914
Ketonmoschus	2914 79
Ketonperoxide	2909 60
Ketonphenole	2914 50
Kettbäume	8448 49
Ketten aus Kupfer	7419 10
Ketten aus Stahl	7315
Kettengewirke	6005
Kettenräder für Maschinen	8483 90
Kettensägen elektrisch handgeführt	8467 22
Kettensägen Verbrennungsmotor handg	8467 81
Kettenschaltungen für Fahrräder	8714 99
Kettfadenwächter	8448 19
Kettplüsch aus Spinnstoffen	5801
Kettsamt aus Spinnstoffen	5801
Keyboards für EDV	8471 60
Kfz-Rundfunkempfangsgeräte	8527 2
Kichererbsen	0713 20
Kies	2517 10
Kiesel	2517 10
Kieselgur	2512 00
Kieserit	2530 20
Kilometerzähler	9029 10
Kinderfahrzeuge	9503 00
Kindernährmittel	1901 10
Kinderwagen	8715 00
Kinnbänder für Kopfbedeckungen	6507 00
Kinofilme belichtet nicht entwickelt	3704 00
Kinofilme entwickelt	3706
Kinofilme unbelichtet	3702
Kinos dynamische	9508 24
Kipper	8428 90
Kipsleder indisches	4104
Kirschbranntwein	2208 90
Kirschen	0809 29
Kirschen	0811 90
Kirschen	0812 10
Kirschen	2006 00
Kirschen	2008 60
Kirschsaft	2009 89
Kissen	9404 90
Kissen für Kosmetika	9616 20
Kisten aus Holz	4415 10
Kisten aus Kunststoff	3923 10
Kitte	3214 10
Kittel aus Geweben	6211
Kittel aus Gewirken	6114
Kiwifrüchte	0810 50
Kiwifrüchte	0811 90
Klammerheftmaschinen für Buchbinder	8440 10
Klammern aus Aluminium	7616 10
Klammern aus Kupfer	7415 10
Klammern aus Stahl	7317 00
Klammern für Bekleidung usw	8308 10
Klappen	8481
Klappmesser	8211 93
Klarinetten	9205 90
Klärschlamm	3825 20
Klauen	0507 90
Klauenkupplungen für Maschinen	8483 60
Klauenöl	1506 00
Klaviere	9201 10
Klebebänder aus Kunststoff	3919
Klebebänder aus Papier	48
Klebebänder aus Spinnstoffen kautschut	5906 10
Klebebindemaschinen für Buchbinderei	8440 10
Klebepressen für Filme	9010 50
Kleber von Weizen	1109 00
Klebestreifen aus Kunststoff	3919
Klebestreifen aus Papier	48
Klebstoffe für Chirurgie steril	3006 10
Klebstoffe in Packung bis 1 kg	3506 10
Klee	1214 90
Kleesamen	1209 22
Kleider aus Geweben	6204 4
Kleider aus Gewirken	6104 4
Kleiderbügel aus Holz	4421 10
Kleiderbürsten	9603 90
Kleiderhaken	8302 50
Kleidung aus Gewirken für Kleinkinder	6111

Kokosgewebe	5311 00
Kokosnüsse	0801
Kokosnussölkuchen	2306 50
Kokosnussraspel	0801
Kokosöl	1513 1
Kokosteppiche	5702 20
Koks	2704 00
Koksausdrückmaschinen	8428 90
Kokskohle	2701 12
Kolanüsse	0802 70
Kolben für Waffen	9305
Kolbenrohlinge für Waffen	9305
Kolbenverbrennungsmotoren	8407
Kolbenverbrennungsmotoren	8408
Kolliers aus echten Perlen	7116 10
Kolliers aus Edelstein/Schmuckstein	7116 20
Kolofonium	3806 10
Kolofoniumsalze	3806 20
Kombinationen aus Geweben für Frauen	6204 2
Kombinationen aus Geweben für Männer	6203 2
Kombinationen aus Gewirken für Frauen	6104 2
Kombinationen aus Gewirken für Männer	6103 2
Kombinationskraftwagen	8703
Kompasse	9014 10
Kompensatoren aus unedlen Metallen	8307
Kompensatoren aus Weichkautschuk	4016 99
Kompressionskältemaschinen	8418 6
Kompressionsstrümpfe aus Gewirken	6115 1
Kompressionswärmepumpen	8418 61
Kompressoren	8414
Kompressoren für Kältemaschinen	8414 30
Komprimate für Zuckerwaren	1704 90
Kondensatoren für Dampfkraftmaschinen	8404 20
Kondensatoren für Kältemaschinen	8418 99
Konfitüren aus Früchten	2007
Koniferenharze	1301 90
Koniferennadelöl	3301 29
Konserven Fischkonserven	1604
Konserven Wurstkonserven	1601 00
Konservendosen aus Stahlblech	7310 21
Konservendosenreinigungsmaschinen	8422 20
Konservengläser aus Glas	7010 90
Konsolen	8302 50
Konsolfräsmaschinen für Metall	8459 5
Konsollaufkrane	8426 11
Konstruktionen aus Aluminium	7610
Konstruktionen aus Eisen/Stahl	7308
Konstruktionsteile aus Aluminium	7610
Kontaktelemente elektrisch	8535
Kontaktelemente elektrisch	8536
Kontaktlinsen	9001 30
Kontrollbausteine elektronisch	8542
Kontrollwaagen	8423 8
Konvektoren aus Stahl für Zentralheizung	7322 19
Konvektoren elektrisch	8516 29
Konverter	8454 10
Koordinatografen	9015 40
Kopfbänder aus Geweben	6217 10
Kopfbänder aus Gewirken/Gestricken	6117 80
Kopfbedeckungen aus Asbest	6812 91
Kopfbedeckungen aus Filz	65
Kopfbedeckungen aus Geflechten	6504 00
Kopfbedeckungen gebraucht	6309 00
Kopfbedeckungen gewirkt/gestrickt	6505 00
Kopfkissen	9404 90
Kopfsalat	0705 11
Kopftücher aus Geweben	6214
Kopftücher aus Gewirken	6117 10
Kopierdrehmaschinen für Holz	8465 99
Kopierdrehmaschinen für Metall	8458 1
Kopiergeräte mit optischem System	8443
Kopierrohpapier	4802 20
Kopierrohpapier	4810
Koppel aus Leder	4203 30
Kopra	1203
Kopraöl	1513 1
Korallen bearbeitet	9601 90
Korallen unbearbeitet	0508 00
Körbe aus Flechtstoffen	4602
Korbflaschen	7010
Korbmacherwaren	4602
Korbrechen	8433 30
Korbweiden	1401 90
Kordeln aus Weichkautschuk	4007 00
Korianderfrüchte gemahlen	0909 22
Korianderfrüchte nicht gemahlen	0909 21
Korinthen	0806 20
Korkabfälle	4501 90
Korkblätter	4502 00
Korkblätter	4504 10
Korken	4503 10
Korken	4504 90
Korkfliesen	4504 10
Korkmehl	4501 90
Korkplatten	4502 00
Korkplatten	4504 10
Korkquader	4504 10
Korkscheiben	4503 90
Korkscheiben	4504 10
Korkschrot	4501 90
Korkstopfen	4503 10
Korkstopfen	4504 90
Korkstreifen	4502 00
Korkstreifen	4504 10
Korkwürfel	4502 00
Korkwürfel	4504 10
Kornbranntwein	2208 90
Körner aus Magnesium sortiert	8104 30
Körnermühlen elektrisch Haushalt	8509 40
Körnungen von Steinen gefärbt	6802 10
Körperdesodorierungsmittel	3307 20
Körperpflegemittel	3304
Körperpflegemittel	3307
Körperpflegewäsche aus Spinnstoffen	6302

L

Lammfleisch	0204
Lammleder nicht zugerichtet	4105
Lampantöl	1509
Lampen	9405
Lampen zum Abbrennen von Farbe	8205 60
Lampenfassungen	8536 61
Lampenschirme	9405 9
Lampensockel	8539 51
Lampensockel	8539 90
Lancashire Käse	0406
Landebrücken aus Stahl	7308 90
Landehilfen für Luftfahrzeuge	8805 10
Landkarten	4905 90
Langdrehautomaten für Metall	8458 1
Langfräsemaschinen für Metall	8459 6
Langlaufski	9506 11
Längs-/Querschneider für Papier	8441 10
Langsägeblätter für Metall	8202 91
Langusten	0306
Langusten Zubereitungen	1605 40
Lanolin	1505
Lanzen	9307 00
Läppmaschinen für Metall	8460 40
Laptops	8471 30
Lasagne	1902
Laschen aus Stahl für Bahnbau	7302 40
Laser allgemein verwendbar	9013 20
Laserdioden	8541 41
Laserschweißgeräte	8515 80
Laserstrahlwerkzeugmaschinen	8456 11
Lastenaufzüge	8428 10
Lastendreiräder ohne Motor	8712 00
Lasthebemagnete elektrische	8505 90
Lastkraftkarren ohne Hebevorrichtung	8709
Lastkraftwagen	8704
Lastkraftwagenfahrgestelle mit Motor	8706 00
Latex von Naturkautschuk	4001 10
Latex von Synthesekautschuk	4002
Lätzchen aus Geweben für Kleinkinder	6209
Lätzchen aus Gewirken für Kleinkinder	6111
Latzhosen aus Geweben für Frauen	6204 6
Latzhosen aus Geweben für Männer	6203 4
Latzhosen aus Gewirken für Frauen	6104 6
Latzhosen aus Gewirken für Männer	6103 4
Lauch	0703 90
Laufdecken für Fahrzeuge gebraucht	4012
Laufdecken für Fahrzeuge neu	4011
Laufdecken für Fahrzeuge runderneuert	4012
Läufe für Waffen	9305
Laufkrane	8426 11
Laufrädchen	8302 20
Laufrollen	8302 20
Laurinsäure	2915 90
Laurylalkohol	2905 17
Läutewerke elektrisch	8531
Lautsprecher	8518 2
Lava	2516 90
Lava	6802
Lavandinöl	3301 29
Lavendelöl	3301 29
Lebensmittelverkaufsautomaten	8476
Lebensmittelzubereitung homogenisiert	1602 10
Lebensmittelzubereitung homogenisiert	2104 20
Lebern Schlachtnebenerzeugnis	0206
Lebern Schlachtnebenerzeugnis	0207
Lebern Schlachtnebenerzeugnis	0210
Lebern Zubereitungen	1602 20
Leberöle von Fischen	1504 10
Lebertran	1504 10
Leberwurst im Darm	1601 00
Leberwurst in Dosen	1602 20
Lebkuchen	1905 20
Lecithine	2923 20
Leder	41
Leder rekonstituiert	4115 10
Lederabfälle	4115
Lederbearbeitungsmaschinen	8453 10
Lederfettungsmittel	3403
Lederhilfsmittel	3403
Lederhilfsmittel	3809
Ledermehl	4115
Lederpflegemittel	3405 10
Lederpulver	4115
Lederschnitzel	4115
Lederspäne	4115
Lederverarbeitungsmaschinen	8453
Lederwaren	42
Lefetamin (INN)	2921 46
Legebatterien für Geflügelhaltung	8436 29
Lehm	2507 00
Lehm	2508
Lehren für Handgebrauch verstellbar	9017 30
Lehren nicht verstellbar	9031 80
Lehrmittel Physik/Chemie/Technik	9023 00
Leibwäsche aus Geweben für Frauen	6208
Leibwäsche aus Geweben für Männer	6207
Leibwäsche aus Gewirken für Frauen	6108
Leibwäsche aus Gewirken für Männer	6107
Leichtathletikgeräte	9506 91
Leimauftragmaschinen für Holz	8479 30
Leinen	5301
Leinen für Tiere	4201 00
Leinengarne	5306
Leinengewebe	5309
Leinenschießgeräte	9303 90
Leinöl	1515 1
Leinöl modifiziert	1518 00
Leinölkuchen	2306 20
Leinsamen	1204
Leistungsgleichrichterdioden	8541 10
Leistungskondensatoren	8532 10
Leistungsprüfmaschinen	9031 20
Leistungsreglerbausteine elektronisch	8542
Leistungsschalter elektrisch	8536 20

Leistungsschalter elektrisch >1 kV	8535 2
Leitern aus Stahl	7326 90
Leitfähigkeitsmessgeräte	9027 89
Leitfähigkeitswasser	2853 90
Leitschienen aus Stahl für Bahnbau	7302 90
Leitungen elektrische isoliert	8544
Leng	0302 59
Leng	0303 69
Leng	0304
Leng	0305
Lenker für Fahrräder	8714 99
Lenkgestelle für Schienenfahrzeuge	8607 12
Lenkgetriebe für Kraftfahrzeuge	8708 94
Lenkräder für Kraftfahrzeuge	8708 94
Lenksäulen für Kraftfahrzeuge	8708 94
Lesespeicher IC	8542
Leuchtdioden	8541 41
Leuchtdiodenlampen (LED)	8539 52
Leuchten	9405
Leuchten elektrisch tragbare	8513 10
Leuchtöl mittelschwer	2710 19
Leuchtpistolen	9303 90
Leuchtschilder	9405 6
Leuchtstofflampen	8539 31
Leukotriene	2937 50
Leuzit	2529 30
Levamfetamin (INN)	2921 46
Levometamfetamin	2939 45
Levorphanol (INN)	2933 41
Lichtanlasser für Verbrennungsmotoren	8511 40
Lichtbildwände	9010 60
Lichtbogenöfen	8512 3
Lichtbogenschweißgeräte für Metall	8515 3
Lichtmagnetzünder f. Verbrennungsmotoren	8511 20
Lichtmaschinen für Verbrennungsmotoren	8511 50
Lichtpausmaschinen	8443
Lichtpauspapier	3703 90
Lichtstrahlwerkzeugmaschinen	8456
Lichtwurflampen	8539 2
Lidocain	2924 29
Ligninsulfonate	3804 00
Likör	2208 70
Likörwein	2204 2
Lilien	0603 15
Limetten	0805 50
Limettenöl	3301 19
Limonaden	2202
Linalool	2905 22
Lindan ISO	2903 81
Lindenbast	1401 90
Line pipes aus Stahl geschweißt	7306 1
Line pipes aus Stahl geschweißt >406,4 mm	7305 1
Line pipes aus Stahl nahtlos	7304 1
Lineale mit Maßeinteilung	9017 80
Lineale ohne Maßeinteilung	9017 20
Linolensäure	2916 15
Linoleum mit Pappunterlage	48
Linoleum mit Spinnstoffunterlage	5904 10
Linoleumherstellungsmaschinen	8451 80
Linolsäure	2916 15
Linotypemaschinen	8442 30
Linoxyn	1518 00
Linsen Gemüse	0713 40
Linsen optische gefasst	9002
Linsen optische ungefasst	9001 90
Lipoproteinlipase	3507 90
Lippen-Make-up	3304 10
Lippenstifthülsen aus Kupfer	7419 99
Lippenstifthülsen aus Stahl	7326 90
Lithargyrum	2824 10
Lithiumcarbonate	2836 91
Lithiumelemente/Batterien	8506 50
Lithiumhydroxid	2825 20
Lithium-Ionenakkumulatoren	8507 60
Lithiumoxid	2825 20
Lithographiesteine	8442 50
Lithophone Farbmittel	3206 42
Litschis	0810 90
Litzen aus Aluminiumdraht	7614
Litzen aus Kupferdraht	7413 00
Litzen aus Stahldraht	7312 10
Litzenschlagmaschinen	8479 40
LKW-Betonmischer	8705 40
LKW-Betonpumpenwagen	8705 90
LKW-Ladekrane	8426 91
Locheisen	8203 40
Lochkarten ungelocht	4823
Lochkartenpapier	4802
Lochstanzen für Metall	8462 4
Lochstreifenkarten	4823
Lochwerkzeuge	8207 30
Lochzangen	8203 40
Locken falsche	6704
Lockenwickler	9615 90
Lockgeräte für Jagd	9507 90
Lockpfeifen	9208 90
Löffel	8215 9
Löffel für Bagger	8431 41
Loganbeeren	0810 20
Loganbeeren	0811 20
Logikbausteine IC	8542
Loins	1604 19
Lokomotiven	86
Lokomotivtender	8602 90
Loopschals aus Gewirken/Gestricken	6117 80
Loprazolam (INN)	2933 55
Lorazepam (INN)	2933 91
Lorbeerblätter	0910 99
Lorbeerblätter zu Bindezwecken	0604
Lormetazepam (INN)	2933 91
Lösungsmittelgemische für Lacke	3814 00
Lötbäder elektrisch	8515 19
Lötkolben/Pistolen elektrisch	8515 11
Lötlampen	8205 60

M

Malpinsel	9603 30
Maltodextrin	1702 90
Maltodextrinsirup	1702 90
Maltodextrinsirup aromat./gefärbt	2106 90
Maltose	1702 90
Malz auch geröstet	1107
Mälzbottiche mit Rührwerk	8438 40
Malzextrakt	1901 90
Malzschrotmühlen	8438 40
Mandarinen	0805 21
Mandarinen	2008 30
Mandeln	0802 1
Mandelsäure	2918 19
Mangan Rohformen	8111 00
Manganate	2841
Mangandioxid	2820 10
Mangandioxidelemente/Batterien	8506 10
Manganerze	2602 00
Manganite	2841 69
Manganoxide	2820
Mangeln	8451 80
Mango-Chutney	2001 90
Mango-Chutney flüssig	2103 90
Mangofrüchte	0804 50
Mangold	0709 99
Mangostanfrüchte	0804 50
Maniküreszubereitungen	3304 30
Manilahanf	5305
Manilahanfabfälle	5305
Manilahanfwerg	5305
Maniokknollen	0714 10
Maniokstärke	1108 14
Manipulatoren für Walzwerke	8428 90
Manna (Esche)	1302 19
Männerhüte aus Geweben	6505 00
Mannitol	2905 43
Mannose	2940 00
Manometer	9026 20
Manschettenknöpfe	7113
Manschettenknöpfe	7117
Mäntel aus Geweben für Frauen	6202 1
Mäntel aus Geweben für Männer	6201 1
Mäntel aus Gewirken für Frauen	6102
Mäntel aus Gewirken für Männer	6101
Manuskriptständer aus unedlen Metallen	8304 00
Maracas Schlaginstrumente	9206 00
Margarine	1517 10
Maribokäse	0406
Markenfrankiermaschinen	8472 30
Markisen aus Spinnstoffen	6306 1
Marmeladen	2007
Marmor	2515 1
Marmor	6802
Maronen	0802 41
Maronenmus	2007 99
Maronenpaste	2007 99
Marzipanmassen	1704 90
Marzipanwaren mit Kakao	1806 90
Marzipanwaren ohne Kakao	1704 90
Maschenfangnadeln aus Stahl	7319 90
Maschengarne aus Spinnstoffen	5606 00
Maschinen für additive Fertigung	8485
Maschinenbürsten	9603 50
Maschineneinführungen drehbar	8487 90
Maschinengewehre	9301 90
Maschinenpistolen	9301 90
Maschinenschraubstöcke	8466 20
Maschinenspitzen aus Spinnstoffen	5804 2
Massageapparate/-geräte	9019 10
Maßbänder Maßstäbe	9017 80
Massenspektrometer	9027 81
Maßgriffe mit Radioisotopen	9022 2
Massicot	2824 10
Mastix von Chios	1301 90
Mate	0903 0
Mateauszüge	2101 20
Mateextrakte	2101 20
Matekonzentrate	2101 20
Materialprüfmaschinen/-geräte	9024
Maternprägepressen	8442 30
Matratzen aus Glasfasern	7019 39
Matratzendrelle aus künstl. Spinnfasern	5516 23
Matratzenfedern aus Stahl	7320 20
Matrizen für Schriftgießmaschinen	8442 50
Matrizen zum Herstellen von Schallplatten	8523 80
Matten aus Bambus	4601 21
Matten aus Glasfasern	7019
Matten aus Rattan	4601 22
Matzen	1905 90
Mauerbohrer	8207 50
Mauersteine aus Kalksandstein	6810 11
Mauersteine aus Leichtbeton	6810 11
Mauerziegel aus Keramik	6904 10
Maul- und Klauenseuche-Vaccine	3002 42
Maulbeeren	0810 20
Maulbeeren	0811 20
Maulkörbe	4201 00
Maultiere lebend	0101 90
Maultierfleisch	0205 00
Mayonnaise	2103 90
MAZ-Geräte für Fernsehen	8521 10
Mazindol (INN)	2933 91
Mechaniken für Schnellheft/Aktenordner	8305 10
Mechanotherapiegeräte	9019 10
Mecloqualon (INN)	2933 55
Medaillen aus Edelmetall	7114
Medazepam (INN)	2933 91
Medizinische Gele	3006 70
Meerbarsche	0303 84
Meerbarsche	0302 84
Meerbarsche	0303 84
Meerbarsche	0304
Meerbarsche	0305
Meerrettich	0706 90

Monoammoniumphosphat	3105 40
Monocrotophos(ISO)	2924 12
Monofile aus künstlicher Spinnmasse	5405 00
Monofile aus Kunststoff	3916
Monofile aus synthetischer Spinnmasse	5402 1
Monofile aus synthetischer Spinnmasse	5404 1
Monomethylamin	2921 11
Mononatriumglutamat	2922 42
Mononatriumhydrogenphosphat	2835 22
Monoski	9506 11
Monotypemaschinen	8442 30
Montanwachs	2712 90
Montanwachs modifiziert	3404 90
Montasiokäse	0406
Montereykäse	0406
Moose zu Bindezwecken	0604 20
Mopedketten aus Stahl	7315 11
Mopeds	8711 10
Mops	9603 90
Morphin (INN)	2939 11
Mörtel feuerfest	3816 00
Mörtel nicht feuerfest	3824 50
Mörtelmischmaschinen	8474 31
Mosaikparkett	4418 7
Mosaiksteinchen aus Glas	7016 10
Mosaiksteinchen aus Naturstein	6802
Mosaiksteine aus Keramik	6907 30
Moscatel	2204 2
Moschus	0510 00
Mostäpfel	0808 10
Mostbirnen	0808 30
Mostpressen	8435 10
Motherboards für EDV mit CPU	8471
Motherboards für EDV ohne CPU	8473 30
Motorboote	8903 3
Motoren elektrische	8501
Motoren Verbrennungsmotoren	8407
Motoren Verbrennungsmotoren	8408
Motoren Verbrennungsmotoren	8412
Motorenbenzin	2710 12
Motorenöl	2710 19
Motorflugzeuge	8802
Motorhacken	8432 29
Motorjachten	8903 3
Motormäher	8433 20
Motorräder	8711
Motorroller	8711
Motorschlitten	8703 10
Mozzarella	0406
MP3 Videoplayer	8521 90
Muffeln aus Keramik feuerfest	6903
Muffelöfen nicht elektrisch	8417 80
Muffenrohre aus Stahl geschweißt	7306
Muffenrohre aus Stahl nahtlos	7304
Mühlen für Mineralstoffe	8474 20
Mühlsteine	6804 10
Muldenchargierkrane	8426 11
Muldenkipper	8704 10
Müllereierzeugnisse	11
Müllereimaschinen	8437
Müllereirückstände	2302
Müllergaze	5911 20
Müllgefäße aus Stahl	7323 99
Mullit	2508 60
Müllraupen	8479 89
Multimeter	9030 3
Multiplexpapier gestrichen	4810 92
Mundblasinstrumente zu Signalzwecken	9208 90
Mundharmonikas	9205 90
Mundpflegemittel	3306 90
Mundschutz medizinisch	6307 90
Mundschutzmasken	6307 90
Munition	9306
Münzeinwickelmaschinen	8472 90
Münzen	7118
Münzen als Sammlungsstücke	9705
Münzsortiermaschinen	8472 90
Murmeltierfelle roh	4301
Murmeltierfelle zugerichtet	4302
Mus von Früchten	2007
Musa textilis Nee	5305
Muscheln genießbar	0307
Muscheln ungenießbar	0511 91
Musikautomaten münzbetätigt	8519 20
Musikinstrumente als Spielzeug	9503 00
Musikinstrumente elektronisch	9207
Musikkassetten mit Aufzeichnung	8523 29
Musiksaiten	9209 30
Musikwerke für Spieldosen	9209 99
Muskatblüte gemahlen	0908 22
Muskatblüte nicht gemahlen	0908 21
Muskatnüsse gemahlen	0908 12
Muskatnüsse nicht gemahlen	0908 11
Musteralben leer	4820 50
Mutterhefen	2102 10
Mutterkornalkaloide	2939 6
Muttern aus Aluminium	7616 10
Muttern aus Kupfer	7415 33
Muttern aus Stahl	7318 16
Mutternelken gemahlen	0907 20
Mutternelken nicht gemahlen	0907 10
Mützen mit Schirm	6505 00
Mützenschirme	6507 00
Myrtenwachs	1515 90

N

Naben für Fahrräder	8714 93
Nachthemden aus Geweben für Frauen	6208 2
Nachthemden aus Geweben für Männer	6207 2
Nachthemden aus Gewirken für Frauen	6108 3
Nachthemden aus Gewirken für Männer	6107 2
Nadelfilze aus Spinnstoffen	5602 10
Nadelflorgewebe aus Spinnstoffen	5802 30
Nadelgehölzzweige frisch	0604 20

Nadelholz	0604 20
Nadellager	8482 40
Nadeln für Tonwiedergabegeräte	8522 90
Nadeln für Wirk-/Strickmaschinen	8448 51
Nadeln medizinische	9018 3
Nadelstäbe für Spinnereimaschinen	8448 32
Nägel aus Aluminium	7616 10
Nägel aus Kupfer	7415 10
Nägel aus Stahl	7317 00
Nagelbürsten	9603 29
Nagelfeilen	8214 20
Nagelgeräte Druckluft handgeführt	8467 19
Nähautomaten	8452 21
Nähgarne aus Baumwolle	5204
Nähgarne aus künstlichen Filamenten	5401 20
Nähgarne aus künstlichen Spinnfasern	5508 20
Nähgarne aus synthetischen Filamenten	5401 10
Nähgarne aus synthetischen Spinnfasern	5508 10
Nähgarnrollen aus Holz	4421 9
Nähmaschinen	8452
Nähmaschinenmöbel	8452 90
Nähmaschinennadeln	8452 30
Nähnadeln aus Stahl	7319 90
Nährsubstrate für Mikrobenkulturen	3821 00
Nahtmaterial chirurgisch steril	3006 10
Nähwirkflächenerzeugn. aus Spinnstoffen	5602 10
Namensschilder aus unedlen Metallen	8310 00
Namensschilder beleuchtet	9405 6
Naphazolinhydrochlorid	2933 29
Naphazolinnitrat	2933 29
Naphthalin	2707 40
Naphthalin	2902 90
Naphthalintetracarbonsäure	2917 39
Naphthensäureester	3824 99
Naphthensäuren	3824 99
Naphthochinon	2914 69
Naphthole	2907 15
Naphthylamine	2921 45
Naphtylendiamin	2921 59
Narkoseapparate	9018 90
Narzissenzwiebeln	0601
Natrium	2805 11
Natriumacetat	2915 29
Natriumbicarbonat	2836 30
Natriumborate künstlich	2840
Natriumborate natürlich roh	2528
Natriumbromat	2829 90
Natriumbromid	2827 51
Natriumcarbonat	2836 20
Natriumchlorat	2829 11
Natriumchlorid	2501 00
Natriumcyanid	2837 11
Natriumdampflampen	8539 32
Natriumdichromat	2841 30
Natriumfluoride	2826 19
Natriumfluorosilicat	2826
Natriumhexafluoroaluminat	2826 30
Natriumhydrogencarbonat	2836 30
Natriumhydrogenglutamat	2922 42
Natriumhydroxid	2815 1
Natriumjodid	2827 60
Natriummetasilicate	2839 11
Natriummethoxycarbonylbenzolsulfonat	2917 39
Natriumnitrat	3102 50
Natriumperborat	2840 30
Natriumperchlorat	2829 90
Natriumperoxid	2815 30
Natriumphenoxyacetat	2918 99
Natriumphosphate	2835
Natriumphosphit	2835 10
Natriumsilicate	2839 1
Natriumsulfate	2833 1
Natriumsulfide	2830 10
Natriumsulfoxylat	2831 10
Natriumtriphosphat	2835 31
Natriumtripolyphosphat	2835 31
Natronlauge	2815 12
Natronpapier	4804
Natronsalpeter	4702 00
Natronzellstoff	4702 00
Natronzellstoff	4703
Naturasphalt	2714 90
Naturbitumen	2714 90
Naturkautschuk roh	4001
Naturkork unbearbeitet	4501 10
Naturkorkwaren	4503
Naturpauspapier	4806 30
Navigationsinstrumente	9014
Navigationskompasse	9014 10
Nebensprechmesser Telekommunikation	9030 40
Negativbetrachter	9010 50
Negligés aus Geweben	6208 9
Negligés aus Gewirken	6108 9
Nektarinen	0809 30
Nektarinen	0813 40
Nelken Schnittblumen	0603 12
Nelkenstiele gemahlen	0907 20
Nelkenstiele nicht gemahlen	0907 10
Neon	2804 29
Nepermeter	9030 40
Nephelin	2529 30
Nephelinsyenit	2529 30
Nerol	2905 22
Nerzfelle roh	4301
Nerzfelle zugerichtet	4302
Netze aus Spinnstoffen geknüpft	5608
Netzknüpfmaschinen	8447 90
Netzstoffe aus Spinnstoffen geknüpft	5804 10
Neusämischleder	4114
Neuseelandspinat	0709 70
Neuseelandspinat	0710 30
Neusilber Rohformen	7403 29
Niaouliöl	3301 29
Nickel Rohformen	7502

O

P

Papier für Handtuchpapier	4803 00
Papier für Haushaltspapier	4803 00
Papier für Hygienepapier	4803 00
Papier für Körperpflegepapier	4803 00
Papier für Krepppapier	4803 00
Papier für Serviettenpapier	4803 00
Papier für Tissues	4803 00
Papier gestrichen	4810
Papier gestrichen	4811
Papier gummiert	4811
Papier kunststoffüberzogen	4811
Papier mehrlagig gegautscht	4804
Papier mehrlagig gegautscht	4805 2
Papier oberflächengefärbt	4803 00
Papier zusammengeklebt	4807
Papierabfälle	4707
Papierbeutelherstellungsmaschinen	8441 20
Papierblumen	6702 90
Papiergarne	5308 90
Papiergarngewebe	5311 00
Papierhalbstoffe	47
Papierhalbstoffherstellmaschinen	8439 10
Papierherstellungsmaschinen	8439 20
Papierhilfsmittel	3809
Papierkalander	8420 10
Papierkondensatoren	8532 25
Papiermaschinenfilze endlos	5911 3
Papiermesser	8214 10
Papiersackherstellungsmaschinen	8441 20
Papiertapeten	4814
Papierverarbeitungsmaschinen	8441
Papierwaren für hygienische Zwecke	4818
Papierwäsche	4818
Pappbecher für Verpackung	4819 50
Pappbecher zum Trinken	4823
Pappe aus Altpapier für Verpackung	4805
Pappe aus Altpapier geklebt	4807
Pappe aus Asbest	6812 92
Pappe bituminiert	4811 10
Pappe gestrichen	4810
Pappe gestrichen	4811
Pappe kunststoffüberzogen	4811
Pappe mehrlagig gegautscht	4804
Pappe mehrlagig gegautscht	4805 2
Pappe zusammengeklebt	4807
Pappeabfälle	4707
Pappeherstellungsmaschinen	8439 20
Pappteller	4823
Pappwaren für Büros	4819 60
Paprikafrüchte Gemüse	0709 60
Paprikafrüchte Gemüse	0710 80
Paprikafrüchte Gemüse	0711 90
Paprikafrüchte Gemüse	2001 90
Paprikafrüchte Gemüse	2005 99
Paprikafrüchte getrocknet/gemahlen	0904 22
Paraaminobenzoesäure	2922 49
Parabelfedern aus Stahl	7320 10
Paracetamol	2924 29
Para-Cymol roh	3805 90
Paradichlorbenzol	2903 91
Paraffin	2712 20
Paraffinpapier	4811
Paraformaldehyd	2912 60
Paranüsse	0801
Paranüsse	2008 19
Parathion (ISO)	2920 11
Paratolylacetat	2915 39
Parfüms	3303 00
Parfümzerstäuber	9616 10
Parkettfriese aus Holz	4409
Parkettstäbe aus Holz	4407
Parkettstäbe aus Holz	4409
Parketttafeln aus Holz	4418 7
Parkuhren	9106 90
Parmigiano Reggiano Käse	0406
Partikelfilter	8421 32
Passionsfrüchte zubereitet	2008 99
Passionsfruchtsaft	2009 89
Pastelle	9701
Pastellstifte	9609 90
Pasteurisierapparate	8419 89
Patentknöpfe	9606 10
Patientenlifter	8428 90
Patientenüberwachungssysteme	9018 19
Patronenhülsen	9306
Pauken Schlaginstrumente	9206 00
Pausleinwand	5901 90
Pech	2708 10
Pech pflanzlich	3807 00
Pechblende	2612 10
Pechkoks	2708 20
Pecorinokäse	0406
Pedale für Fahrräder	8714 96
Peddig	1401 20
Pedikürezubereitungen	3304 30
Pegelmesser für Fernmeldetechnik	9030 40
Peitschen	6602 00
Pekannüsse	0802 99
Pekannüsse	2008 19
Pektate	1302 20
Pektinate	1302 20
Pektinstoffe	1302 20
Pellets aus Getreide	1103 2
Pellets aus Holz	4401 31
Pellets aus Ölkuchen	2304 00
Pellets aus Ölkuchen	2305 00
Pellets aus Ölkuchen	2306
Pelzabfälle gegerbt oder zugerichtet	4302 20
Pelzbekleidung	4303 10
Pelzfelle	43
Pelzfelle gegerbt oder zugerichtet	4302
Pelzfelle roh	4301
Pelzfellteile roh	4301 90
Pelzmützen	6506 99

Phenetidine	2922 29
Phenindamin	2933 99
Phenobarbital (INN)	2933 53
Phenol	2907 11
Phenolalkohole	2907 29
Phenole	2707 99
Phenolgemische	2707 99
Phenolharze	3909 40
Phenolphthalein	2932 20
Phenolsäuren	2918 2
Phenoperidin (INN)	2933 33
Phentermin (INN)	2921 46
Phentolamin	2933 29
Phenylaceton	2914 31
Phenylbutazon	2933 19
Phenylendiamine	2921 51
Phenylenmethylamin	2921 59
Phenylessigsäure	2916 34
Phenylglykolsäure	2918 19
Phenylpropan-2-on	2914 31
Phenylpropylacetate	2915 39
Phenylsalicylat	2918 23
PH-Messgeräte	9027 89
Pholcodin (INN)	2939 11
Phosgen (Carbonylchlorid)	2812 11
Phosphamidon (ISO)	2924 12
Phosphatdüngemittel	3103
Phosphatkreiden	2510
Phosphide	2853 90
Phosphinate	2835 10
Phosphoaminolipoide	2923 20
Phosphonate	2835 10
Phosphor	2804 70
Phosphorchloride	2812
Phosphorkupfer	2853 90
Phosphorothioate	2920 19
Phosphorsäure	2809 20
Phosphorsäureester	2919 90
Phosphorsulfide	2813 90
Phosphortrichlorid	2812 13
Phosphortrichloridoxid	2812 12
Phosphorverbindungen, organisch, halogeniert	2931 5
Phosphorverbindungen, organisch, nicht halogeniert	2931 4
Phosphoryltrichlorid	2812 12
Photographien	4911 91
Photokopierpapier zugeschnitten	4823
Photonenstrahlwerkzeugmaschinen	8456
Photopapier entwickelt	4911
Photopostkarten	4909 00
Photorohpapier	4802 20
Photorohpapier gestrichen	4810
Photosetzmaschinen	8442 30
Photovoltaikgenerator, AC	8501 80
Photovoltaikgenerator, DC	8501 7
Photovoltaikmodule	8541 43
Photovoltaikzelle	8541 42
Phthalsäureanhydrid	2917 35
Phthalsäureester	2917 3
Pigmente a.Grundl.v. Hexacyanoferrat	3206 49
Pigmente zubereitet für Keramik Emaille	3207 10
Pigmentfarbstoffe synthetische organische	3204 17
Pilgermuscheln	0307 2
Pilze	0709
Pilze	0710 80
Pilze	0712 3
Pilze	2001 90
Pilze	2003
Pilzmyzel	0602 90
Pilzvertilgungsmittel	3808 92
Pimentafrüchte Gemüse	0709 60
Pimentafrüchte Gemüse	0710 80
Pimentafrüchte Gemüse	0711 90
Pimentafrüchte getrocknet/gemahlen	0904 22
Pinazepam (INN)	2933 91
Pine-Öl	3805 90
Pinienkerne	0802
Pinsel	9603
Pinselfassungen aus Holz	4417 00
Pinselköpfe	9603 90
Pinzetten	8203 20
Piperidin	2933 32
Piperonal	2932 93
Pipradrol (INN)	2933 33
Piritramid (INN)	2933 33
Pistazien	0802 51
Pistazien	2008 19
Pistolen	9302 00
Pistolen	9303
Pistolen	9304 00
Pitahayas	0810 90
Pivampicillin	2941 10
PK-Dünger	3105 60
Plandrehmaschinen für Metall	8458 1
Planen aus Spinnstoffen	6306 1
Planengewebe mit Wachs imprägniert	5907 00
Planetengetriebe für Maschinen	8483 40
Planfeinschleifmaschinen für Metall	8460 1
Planfilme fotografische unbelichtet	3701
Planfräsmaschinen für Metall	8459 6
Planiermaschinen selbstfahrend	8429 1
Planierschilde für Planiermaschinen	8431 42
Planschbecken	9506 9
Planscheiben für Werkzeugmaschinen	8466 20
Plasmaschweißgeräte für Metall	8515 3
Plasmastrahlwerkzeugmaschinen	8456 90
Platin Rohformen	7110 11
Platinabfälle	7112 92
Platinasche	7112 30
Platinen aus anderem legierten Stahl	7224 90
Platinen aus nicht legiertem Stahl	7207
Platinen aus nicht rostendem Stahl	7218 91
Platinen für Wirk-/Strickmaschinen	8448 51
Platinerze	2616 90

Pulver aus Germanium	8112 92
Pulver aus Gold	7108 11
Pulver aus Iridium	7110 4
Pulver aus Kupfer	7406
Pulver aus Magnesium	8104 30
Pulver aus Mangan	8111 00
Pulver aus Molybdän	8102 10
Pulver aus Nickel	7504 00
Pulver aus Osmium	7110 4
Pulver aus Palladium	7110 2
Pulver aus Platin	7110 11
Pulver aus Rhodium	7110 3
Pulver aus Ruthenium	7110 4
Pulver aus Silber	7106 10
Pulver aus Tantal	8103 20
Pulver aus Titan	8108 20
Pulver aus Vanadium	8112 92
Pulver aus Wolfram	8101 10
Pulver aus Zink	7903 90
Pulver aus Zinn	8007 00
Pulver aus Zirconium	8109 20
Pumpen für Flüssigkeitspumpen	8413
Pumpen für Verbrennungsmotoren	8413 30
Pumpenschläuche aus Spinnstoffen	5909 00
Puppen	9503 00
Puppenglieder	9503 00
Puppenkleider	9503 00
Puppenkopfbedeckungen	9503 00
Puppenköpfe	9503 00
Puppenschuhe	9503 00
Puppenwagen	9503 00
Püreepressen Küchengeräte	8210 00
Putzlappen aus Aluminium zum Scheuern	7615 10
Putzlappen aus Kupfer zum Scheuern	7418 10
Putzlappen aus Stahl zum Scheuern	7323 10
Puzzles	9503 00
Puzzolanzement	2523 90
Pyrethrumwurzel/Rinde/Blüten	1211 90
Pyridin	2933 31
Pyridostigminbromid	2933 39
Pyridoxin	2936 25
Pyrolignite	3824 99
Pyrometer optische	9025 19
Pyrovaleron (INN)	2933 91

Q

Quark	0406
Quartiers Compensés gefroren	0202 20
Quarz piezoelektronisch natürlich	7103
Quarz piezoelektronisch synthetisch	7104 10
Quarze	2506 10
Quarze	6802
Quarze	7103
Quarzite	2506 20
Quarzite	6802
Quarzsand	2505 10
Quassiaholzauszug	1302 19
Quasten aus Spinnstoffen	5808 90
Quebrachoauszug	3201 10
Quebrachoauszug	5808 90
Quecksilber	2805 40
Quecksilberdampfgleichrichterröhren	8540 89
Quecksilberdampflampen	8539 32
Quecksilberdampfstromrichter	8504 40
Quecksilberoxidelemente/Batterien	8506 30
Quecksilberthermometer	9025 1
Quecksilberverbindungen	2852
Quellstärke	3505 10
Querbinder aus Geweben	6215
Querbinder aus Gewirken	6117 80
Quetschmühlen für Körner	8437 80
Quitten	0808 40
Quittungsbücher	4820 10

R

Radarantennen	8529 10
Radargeräte	8526 10
Räder für Kfz	8708 70
Räder für Kraftfahrzeuge	8708 70
Räder für Schienenfahrzeuge	8607 19
Radialbohrmaschinen für Metall	8459 2
Radialkolbenpumpen	8413 50
Radialkreiselpumpen	8413 70
Radialventilatoren	8414 59
Radiatoren elektrisch	8516 29
Radiermesser	8214 10
Radieschen	0706 90
Radiokassettenger., Taschenformat.	8527 12
Radiowecker	8527 92
Radsätze für Schienenfahrzeuge	8607 19
Raffiabast	1401 90
Raffinose	2940 00
Ragusanokäse	0406
Rahm	0401 50
Rahm	0402
Rahmen für Fahrräder	8714 91
Raketen	3604
Raketen	9306 90
Raketenwerfer	9301 20
Ramie	5305
Ramieabfälle	5305
Ramiegarne	5308 90
Ramiegewebe	5311 00
Ramiewerg	5305
Rammen	8430 10
Rams	8542
Randsteine aus Naturstein	6801 00
Rapsöl	1514
Rapsölkuchen	2306
Rapssamen	1205
Raschelmaschinen	8447 20
Raschelsäcke aus PE-/PP-Streifen	6305 33
Rasenkantenschneider	8467 89
Rasenkantenschneider elektrisch	8467 29

Resinoide	3301 30
Resorcin	2907 21
Retorten aus Keramik feuerfest	6903
Retortenkohle	2704 00
Rettich	0706 90
Rettungsgürtel aus Spinnstoffen	6307 20
Revolver	9302 00
Revolverdrehmaschinen für Metall	8458 1
Revolverköpfe für Werkzeugmaschinen	8466 10
Rhamnose	2940 00
Rhenium Rohformen	8112 92
Rheostate	8533
RH-Messgeräte	9027 89
Rhodinol	2905 22
Rhodinylacetat	2915 39
Rhodium	7110 3
Rhodiumabfälle	7112 92
Rhodiumasche	7112 30
Rhodiumgekrätz	7112 92
Rhodiumschrott	7112 92
Rhododendren	0602 30
Riboflavin	2936 23
Richtgeräte für Orthodontie	9021 10
Richtmaschinen für Metall	8462 2
Riechstoffmischungen	3302
Riemenscheiben	8483 50
Riemenverbinder aus Stahl	7326 90
Riffelbleche aus nicht legiertem Stahl	7208
Rillenschienen	7302 10
Rinden	1404 90
Rinder lebend	0102
Rinderembryonen	0511 99
Rinderfett	1502 90
Rinderhaare, nur Körperhaare	5102 20
Rindersperma	0511 10
Rindertalg	1502 10
Rindfleisch	0201
Rindfleisch	0202
Rindfleisch	0210 20
Rindfleisch Zubereitungen	1602 50
Rindleder	4104
Rindshäute roh	4101
Ringläufer für Spinnmaschinen	8448 33
Ringschrauben aus Kupfer	7415 3
Ringschrauben aus Stahl	7318 13
Rinnen aus Keramik	6906 00
Rippenschussplüsch aus Spinnstoffen	5801
Rippenschusssamt aus Spinnstoffen	5801
Rispengrassamen	1209 2
Rizinusöl	1515 30
Rizinusöl hydriert	1516 20
Robbenfleisch	0208 90
Robbenfleisch Zubereitungen	1602 90
Röcke aus Geweben	6204 5
Röcke aus Gewirken	6104 5
Rodelschlitten	9506 99
Rodentizide	3808 99
Roggen	1002
Roggenflocken	1104 19
Roggengrieß	1103 19
Roggenmehl	1102 90
Roggenpellets	1103 20
Roggenschrot	1104 29
Roggenstärke	1108 19
Rohblöcke aus anderem legierten Stahl	7224 10
Rohblöcke aus nicht legiertem Stahl	7206 10
Rohblöcke aus nicht rostendem Stahl	7218 10
Roheisen	7201
Rohhautleder nicht zugerichtet	4106 2
Rohholz	4403
Rohkaffee	0901 1
Rohlaufprofile aus Kautschuk unvulkanisiert	4006 10
Rohluppen aus Eisen/Stahl	7206 90
Rohmassen Zuckerwaren	1704 90
Rohrbogen aus Aluminium	7609 00
Rohrbogen aus Blei	7806 00
Rohrbogen aus Kupfer	7412
Rohrbogen aus Nickel	7507 20
Rohrbogen aus Stahl	7307
Rohrbogen aus Temperguss	7307 19
Rohrbogen aus Zink	7907 00
Rohrbogen aus Zinn	8007 00
Röhrchen aus Glas	7010
Rohre aus Aluminium	7608
Rohre aus Beton	6810 99
Rohre aus Blei	7806 00
Rohre aus Cellulosezement	6811 89
Rohre aus Glas	7002 3
Rohre aus Gold	7108 13
Rohre aus Gusseisen	7303 00
Rohre aus Hartkautschuk	4017 00
Rohre aus Keramik	6906 00
Rohre aus Keramik feuerfest	6903
Rohre aus Kunststoff	3917
Rohre aus Kupfer	7411
Rohre aus Magnesium	8104 90
Rohre aus Nickel	7507 1
Rohre aus Platin	7110 19
Rohre aus Silber	7106 92
Rohre aus Stahl nahtlos	7304
Rohre aus Titan	8108 90
Rohre aus Weichkautschuk	4009
Rohre aus Zink	7907 00
Rohre aus Zinn	8007 00
Rohreis	1006 10
Rohrflansche aus Stahl	7307
Rohrformstücke aus Aluminium	7609 00
Rohrformstücke aus Blei	7806 00
Rohrformstücke aus Cellulosezement	6811 89
Rohrformstücke aus Gusseisen	7307 11
Rohrformstücke aus Keramik	6906 00
Rohrformstücke aus Kunststoff	3917 40
Rohrformstücke aus Kupfer	7412
Rohrformstücke aus Nickel	7507 20

Sanitärartikel aus Aluminium	7615 20
Sanitärartikel aus Keramik	6910
Sanitärartikel aus Kunststoff	3922
Sanitärartikel aus Kupfer	7418 20
Sanitärartikel aus Stahl	7324
Sanitärartikel aus Weichkautschuk	4014
Santalylacetat	2915 39
Saphire	7103
Saphire für Tonwiedergabegeräte	8522 90
Sapotpflaumen	0810 90
Sardellen	0302 42
Sardellen	0303 53
Sardellen	0304
Sardellen	0305
Sardellen	1604
Sardinellen	0302 43
Sardinellen	0303 53
Sardinellen	0304
Sardinellen	0305
Sardinen	0302 43
Sardinen	0303 53
Sardinen	0304
Sardinen	0305
Sardinen	1604
Särge aus Holz	4421 20
Satelliten	8802 60
Satellitenempfänger für Fernsehsignale	8528
Satellitenempfangsantennen	8529 10
Satsumas	0805 21
Satsumas	2008 30
Sättel für Fahrräder	8714 95
Sättel für Krafträder/Mopeds	8714 10
Sättel für Tiere	4201 00
Sattelanhänger	8716 3
Satteldecken	4201 00
Satteltaschen	4201 00
Sattelzugmasch, Benzinhybrid	8701 23
Sattelzugmasch, Diesel	8701 21
Sattelzugmasch, Dieselhybrid	8701 22
Sattelzugmaschine, Elektr	8701 24
Sattelzugmaschinen	8701 2
Sattlerwaren	4201 00
Saturatingkraftpapier	4804 41
Sauen lebend	0103
Sauerkirschen	0809 21
Sauerkirschen	0811 90
Sauerkirschen	0812 10
Sauerkirschen	2008 60
Sauerkraut	2004 90
Sauerkraut	2005 99
Sauermilch	0403 90
Sauerstoff	2804 40
Sauerstofftherapiegeräte	9019 20
Sauger aus Weichkautschuk	4014 90
Säuglingskleidung aus Geweben	6209
Säuglingskleidung aus Gewirken	6111
Säuglingswaagen	8423 10
Säulen aus Aluminium	7610 90
Saumfleisch vom Rind	0206
Saumfleisch vom Rind	0210 99
Saunatücher aus Baumwollfrottee	6302 60
Säurefarbstoffe synthetische organische	3204 12
Sbrinzkäse	0406
Scandium	2805 30
Scandiumverbindungen	2846 90
Scanner für EDV	8471 60
Schaber aus Metall für Garten	8201 30
Schablonenvervielfältiger	8472 10
Schabracken aus Spinnstoff fertiggestellt	6303
Schachtausbau aus Stahl	7308 40
Schachteln aus Pappe	4819
Schachteln für Schmuckwaren	4202 9
Schädlingsbekämpfungsmittel	3808
Schafdärme	0504 00
Schafe lebend	0104 10
Schaffelle bewollt (ganze) zugerichtet	4302 19
Schaffelle bewollt roh	4102 10
Schaffelle enthaart roh	4102 2
Schaffleisch	0204
Schaffleisch	0210 99
Schaffleisch Zubereitungen	1602 90
Schafkäse	0406
Schafleder nicht zugerichtet	4105
Schafschwingelsamen	1209 23
Schaftalg	1502 10
Schäfte für Waffen	9305
Schaftfräser	8207 70
Schaftmaschinen	8448 11
Schaftrohlinge für Waffen	9305
Schalen aus Glasfasern	7019 39
Schalen von Weichtieren	0508 00
Schalenfrüchte	0801
Schalenfrüchte	0802
Schalenfrüchte	2008 1
Schalldämpfer für Kraftfahrzeuge	8708 92
Schallplatten	8523 80
Schallplattenhüllen aus Papier	4819 50
Schallschutzgemische mineralisch	6806
Schälmaschinen für Holz	8465 96
Schälmaschinen für Kautschuk/Kunststoff	8477 80
Schalotten	0703 10
Schals aus Geweben	6214
Schals aus Gewirken für Kleinkinder	6111
Schals aus Gewirken/Gestricken	6117
Schälschrapper	8430 69
Schalter elektrisch	8535
Schalter elektrisch	8536
Schaltfelder elektrisch ausgerüstet	8537
Schaltgetriebe für Kraftfahrzeuge	8708 40
Schaltgetriebe für Maschinen	8483 40
Schaltkonsolen elektrisch ausgerüstet	8537
Schaltkupplungen für Kraftfahrzeuge	8708 93
Schaltkupplungen für Maschinen	8483 60
Schaltpulte elektrisch ausgerüstet	8537

Schnittblumen	0603
Schnittholz	4407
Schnittlauch	0703 90
Schnittmuster aus Spinnstoffen	6307 90
Schnittstellenbausteine elektronisch	8542
Schnittstellenkonverter für DVM	8471 80
Schnitzel aus Gold	7108 13
Schnitzel aus Kunststoff	3915
Schnitzel aus Silber	7106 92
Schnitzel aus Weichkautschuk	4004 00
Schnupftabak	2403 99
Schnüre aus Asbest	6812 99
Schnüre aus Glasfasern	7019 90
Schnürnadeln aus Stahl	7319 90
Schnürsenkel aus Spinnstoffen	6307 90
Schokolade	1806
Schokolade weiße	1704 90
Schokoladeherstellungsmaschinen	8438 20
Schokoladeriegel	1806 3
Schokoladestangen	1806 3
Schokoladetafeln	1806 3
Schokoladeüberzugsmasse	1806
Schokoladewaren	1806
Schollen	0302 22
Schollen	0303 32
Schollen	0304
Schollen	0305
Schönheitsmittel	3304
Schönheitsmittel	3307
Schöpflöffel	8215 9
Schornsteinaufsätze aus Stahl	7326 90
Schornsteinteile aus Keramik	6905 90
Schotter	2517 10
Schrämmaschinen	8430 3
Schränke	9403
Schraubbolzen aus Stahl	7318
Schrauben aus Aluminium	7616 10
Schrauben aus Kupfer	7415 3
Schrauben aus Nickel	7508 90
Schrauben aus Stahl	7318
Schraubendreher	8205 40
Schraubendrehereinsätze	8207 90
Schraubenflügel für Schiffsschrauben	8487 10
Schraubenkompressoren	8414 80
Schraubenlösemittel	3403
Schraubenschlüssel unverstellbar	8204 11
Schraubenschlüssel verstellbar	8204 12
Schraubenspindelpumpen	8413 60
Schraubenverdichter	8414
Schraubenwinden	8425 4
Schraubenzieher	8205 40
Schraubenzieherklingen	8207 90
Schraubhaken aus Aluminium	7616 10
Schraubhaken aus Kupfer	7415 3
Schraubhaken aus Stahl	7318 13
Schraubstöcke	8205 70
Schraubzwingen	8205 70
Schreckschussrevolver	9303 90
Schreibblöcke	4820 10
Schreibfedern	9608 91
Schreibfederspitzen	9608 91
Schreibkreide	9609 90
Schreib-Lesespeicher IC	8542
Schreibmaschinen	8472 90
Schreibmaschinenpapier	48
Schreibmaschinenpapier	4802
Schreibpapier	4802
Schreibpapier	4810
Schreibpapier	4823
Schreibpinsel	9603 30
Schreibprojektoren	9008
Schreibtafeln	9610 00
Schreibtische aus Holz	9403 30
Schreibtische aus Metall	9403 10
Schriftgieß-/Setzmaschinen kombiniert	8442 30
Schriftgießmaschinen	8442 30
Schriftleser für EDV	8471 9
Schriftsetzmaschinen	8442 30
Schriftstücke handgeschrieben	4906 00
Schriftstücke maschinengeschrieben	4901
Schrittzähler	9029 10
Schrot Schießbedarf	9306 29
Schrotmühlen für Körner	8437 80
Schrott aus Aluminium	7602 00
Schrott aus Antimon	8110 20
Schrott aus Beryllium	8112 13
Schrott aus Bismut	8106 00
Schrott aus Blei	7802 00
Schrott aus Cadmium	8107 30
Schrott aus Cermets	8113 00
Schrott aus Chrom	8112 22
Schrott aus Cobalt	8105 30
Schrott aus Columbium	8112 92
Schrott aus Eisen/Stahl	7204
Schrott aus Gallium	8112 92
Schrott aus Germanium	8112 92
Schrott aus Gold	7112 91
Schrott aus Gusseisen	7204 10
Schrott aus Hafnium	8112 92
Schrott aus Indium	8112 92
Schrott aus Kupfer	7404 00
Schrott aus Magnesium	8104 20
Schrott aus Mangan	8111 00
Schrott aus Molybdän	8102 97
Schrott aus Nickel	7503 00
Schrott aus Niob	8112 92
Schrott aus Platin	7112 92
Schrott aus Rhenium	8112 92
Schrott aus Silber	7112 99
Schrott aus Tantal	8103 30
Schrott aus Thallium	8112 52
Schrott aus Thorium	2844 30
Schrott aus Titan	8108 30
Schrott aus Vanadium	8112 92

Senkkästen	8907 90
Senkrechtstoßmaschinen für Metall	8461 20
Senkwaagen	9025 80
Sensen	8201 90
Separatoren für Akkumulatoren	8507 90
Sepiolith	2530 90
Serumglobuline	3002 12
Servietten aus Papier	4818 30
Servobremsen für Kraftfahrzeuge	8708 30
Sesamöl	1515 50
Sesamölkuchen	2306 90
Sesamsamen	1207 40
Sessellifte	8428 60
Setzmaschinen	8432
Sextanten	9014 80
Shampoo	3305
Shantunggewebe aus Seide	5007 20
Sheanüsse	1207
Sherry	2204 2
Shiitake	0709 54
Shorts aus Geweben für Frauen	6204 6
Shorts aus Geweben für Männer	6203 4
Shorts aus Gewirken für Frauen	6104 6
Shorts aus Gewirken für Männer	6103 4
Sicheln	8201 90
Sicherheitsetikett mit Antenne	8523 5
Sicherheitsglas	7008
Sicherheitsgurte für Kraftfahrzeuge	8708 21
Sicherheitsgurtverschlüsse	8308 90
Sicherheitskästen	8303 00
Sicherheitskopfbedeckungen	6506 10
Sicherheits-Luftsäcke mit Füllsystem f. Kfz	8708 95
Sicherheitsnadeln aus Stahl	7319 40
Sicherheitsriegel	8301 40
Sicherheitsventile	8481 40
Sicherheitswerk gasdicht	8414 70
Sicherheitswerkbänke biologisch	8414 70
Sicherheitszündschnüre	3603 10
Sicherungen elektrisch < 1 kV	8536 10
Sicherungen elektrisch >1 kV	8535 10
Sicherungsbleche aus Stahl	7318 29
Sicherungsringe aus Stahl	7318 29
Sicherungsscheiben aus Stahl	7318 21
Sichtsignalgeräte für Kraftfahrzeuge	8512 20
Siebdruckmaschinen	8443 1
Siebgewebe aus Spinnstoffen	5911
Siebmaschinen für Mineralstoffe	8474 10
Siebmaschinen universell verwendbar	8479 82
Siedlungsabfallasche	2621 10
Siedlungsabfälle	3825 10
Siegel	9611 00
Siegellack	3404 90
Siegeloblaten	1905 90
Siegelwachs	3404 90
Signalgeneratoren	8543 20
Signalgeräte elektrisch	8531
Signalgeräte elektrisch für Kfz/Fahrrad	8512

Signalgläser	7014 00
Signalhörner	9208 90
Signalpfeifen	9208 90
Signalraketen	3604 90
Signalumsetzer für DVM	8471 80
Sikkative zubereitet	3211 00
Silber Rohformen	7106 91
Silberabfälle	7112 99
Silberasche	7112 30
Silberbarren	7106 91
Silbererze	2616 10
Silbergekrätz	7112 99
Silberkolloid	2843 10
Silbernitrat	2843 21
Silberoxidelemente/Batterien	8506 40
Silberplattierungen	7107 00
Silberpulver	7106 10
Silberschmiedewaren	7114
Silberschrott	7112 99
Silberverbindungen	2843 2
Silicide	2850 00
Silicium	2804 6
Siliciumcarbid	2849 20
Siliciumdioxid	2811 22
Siliciumscheiben dotiert für Elektronik	3818 00
Silicone	3910 00
Sillimanit	2508 50
Simazin	2933 69
Sintermagnesit	2519 90
Sirenen elektrisch	8531
Sisal	5305
Sisalabfälle	5305
Sisalgarne	5308 90
Sitzbänke	9401
Sitze für Kraftfahrzeuge	9401 20
Sitze für Luftfahrzeuge	9401 10
Sitzmöbel	9401
Sitzmöbelteile	9401 9
Sitzstöcke	6602 00
Skatol	2933 99
Ski für Wintersport	9506 11
Skianzüge aus Geweben	6211 20
Skianzüge aus Gewirken	6112 20
Skibindungen	9506 12
Skilanglaufschuhe	6402 12
Skilanglaufschuhe	6403 12
Skilifte	8428 60
Skistiefel	6402 12
Skistiefel	6403 12
Skistöcke	9506 19
Slack Wax	2712 90
Slips aus Geweben für Frauen	6208 9
Slips aus Geweben für Männer	6207 1
Slips aus Gewirken für Frauen	6108 2
Slips aus Gewirken für Männer	6107 1
Smaragde	7103
smart cards, intelligente Karten	8523 52

Smartphones	8517 13
Smoked sheets Naturkautschuk	4001 21
Snowboards	9506 11
Snowboardschuhe	6402 12
Snowboardschuhe	6403 12
Soapstock	1522 00
Socken aus Gewirken	6115
Socken aus Gewirken für Kleinkinder	6111
Sockenhalter	6212 90
Soda	2836 20
Sofortbild-Planfilme unbelichtet	3701 20
Sofortbild-Rollfilme unbelichtet	3702
Software auf Diskette	8523
Sohlenplatten aus Weichkautschuk	4008 21
Sojabohnen	1201
Sojabohnenmehl	1208 10
Sojaöl	1507
Sojaölkuchen	2304 00
Sojasoße	2103 10
Solarabsorber	8419 19
Solarkollektoren	8419 19
Solarzellen	8541 4
Solubles von Fischen oder Walen	2309 90
Solventnaphtha	2707 50
Somatotropin	2937 11
Sonnenbänke	8543 70
Sonnenblumenkerne	1206
Sonnenblumenöl	1512 1
Sonnenblumenölkuchen	2306 30
Sonnenbrillen	9004 10
Sonnenhimmel	8543 70
Sonnenschirme	6601
Sonnenschutzmittel	3304
Sonnensegel aus Spinnstoffen	6306 9
Sorbinsäure	2916 19
Sorbit	2905 44
Sorbit	3824 60
Sorghorispen	14
Sorghum	1007
Sortierkästen aus unedlen Metallen	8304 00
Sortiermaschinen für Mineralstoffe	8474 10
Sortierwaagen	8423 8
Spachtelmassen	3214 10
Spaghetti	1902
Spaltmaschinen für Holz	8465 96
Spaltmaschinen für Kautschuk/Kunststoff	8477 80
Spaltmesser	8214 90
Spaltplatten aus Keramik	6907
Späne aus Eisen/Stahl	7204 41
Spangen aus Metall für Schuhe usw	8308 90
Spannfutter magnetische	8505 90
Spannhülsen aus Stahl	7318 29
Spannhülsen für Wälzlager	8482 99
Spannplatten magnetische	8505 90
Spannschlüssel unverstellbar	8204 11
Spannschlüssel verstellbar	8204 12
Spannungsbegrenzer › 1 kV	8535 40
Spannungsreglerbausteine elektronisch	8542
Spannungsteiler	8533
Spannungswandler	8504 3
Spannzangen für Werkzeugmaschinen	8466 10
Spanplatten aus Holz	4410 11
Spanplattenpressen	8479 30
Spargel	0709 20
Spargel	0710 80
Spargel	2005 60
Spaten	8201 10
Spatienkeile	8442 40
Spazierstöcke	6602 00
Speckstein natürlich	2526
Speichen für Fahrräder	8714 92
Speichereinheiten für EDV	8471 70
Speicherheizgeräte elektrisch	8516 21
Speiseeis auch kakaohaltig	2105 00
Speiseeisbereiter	8418 50
Speiseessig	2209 00
Speisekartoffeln	0701 90
Speisemöhren	0706 10
Speisemöhren	0712 90
Speiserüben	0706 10
Speisesalz	2501 00
Speisetransportgefäße aus Stahlblech	7310 29
Speisezwiebeln	0703 10
Speisezwiebeln	0711 90
Speisezwiebeln	0712 20
Speisezwiebeln	2001 90
Speisezwiebeln	2004 90
Spektralanalysatoren	9030
Spektrofotometer	9027 30
Spektrografen	9027 30
Spektrometer	9027 30
Spelz	1001 91
Spencers vom Schwein	0210 19
Sperrholz	4412
Sperrschiebervakuumpumpen	8414 10
Spezialbenzine	2710 12
Spezialfußeinlagen	9021 10
Spiegel aus Glas	7009
Spiegel aus unedlen Metallen	8306 30
Spiegel optische gefasst	9002 90
Spiegel optische ungefasst	9001 90
Spiegeleisen	7201 50
Spiegelrahmen aus Holz	4414 9
Spiegelreflexkameras	9006 5
Spielautomaten mit Münzeinwurf	9504 30
Spieldosen	9208 10
Spiele	95
Spielfahrzeuge für Kinder	9503 00
Spielkarten	9504 40
Spielzeug	9503 00
Spielzeugaugen aus Glas	7018 90
Spielzeugeisenbahnen elektrisch	9503 00
Spielzeugmodelle	9503 00
Spielzeugwaffen	9503 00

T

Tafeln aus Gips	6809 1
Tafeln aus Kunststoff	3920
Tafeln aus Kunststoff	3921
Tafeln aus Kunststoff selbstklebend	3919
Tafeln zum Schreiben/Zeichnen	9610 00
Tafelschokolade	1806 3
Tafeltrauben	0806 10
Taffia	2208 40
Tagebücher	4820 10
Tagesdecken aus Spinnstoffen	6304
Taleggiokäse	0406
Talg	1502 10
Talgöl	1503 00
Talk	2526
Talkum	2526 20
Tallöl	3803 00
Tallölfettsäuren	3823 13
Tamarinden	0810 90
Tamarinden	0813 40
Tamarinden	2008 99
Tampons hygien. aus Spinnstoffen	9619
Tampons hygien. aus Zellstoffwatte	9619 00
Tange	1212 2
Tangerinen	0805 21
Tangerinen	2008 30
Tanks aus Kunststoff über 300 l	3925 10
Tankschiffe	8901 20
Tannine	3201 90
Tantalcarbid	2849 90
Tantalerze	2615 90
Tantalhaltiger Rückstand	2620 99
Tantalkondensatoren	8532 21
Tapeten aus Papier	4814
Tapetendruckmaschinen	8443
Tapetenrohpapier	4802 40
Tapetenrohpapier	4810 29
Tapiokasago	1903 00
Tapisserien als Nadelarbeit	5805 00
Tapisserien handgewebt	5805 00
Tarifschaltuhren	9107 00
Taschen für erste Hilfe	3006 50
Taschen für Sportartikel	4202 9
Taschenfeuerzeuge	9613
Taschenkalender	4820 10
Taschenkrebse	0306
Taschenleuchten elektrisch	8513 10
Taschenrechner	8470 10
Taschenschirme	6601 91
Taschentücher aus Geweben	6213
Taschentücher aus Zellstoff	4818 20
Taschenuhren	9101
Taschenuhren	9102
Tastaturen für EDV	8471 60
Tastenschalter	8536 50
Tauben lebend	0106 39
Tauchmotorpumpen	8413 70
Tauchsieder	8516 10
Taue aus Spinnstoffen	5607
Taxameter	9029 10
Tee schwarzer/grüner	0902
Teeauszüge	2101 20
Teeextrakte	2101 20
Teekonzentrate	2101 20
Teelichte	3406 00
Teemaschinen elektrisch Haushalt	8516 71
Teermakadam	2517 30
Teerpappe	4811 10
Teigblätter getrocknet	1905 90
Teigwaren auch gefüllt/gekocht	1902
Teigwarenherstellungsmaschinen	8438 10
Teigzubereitung für Backwaren	1901 20
Teilapparate für Werkzeugmaschinen	8466 30
Teilchenbeschleuniger	8543 1
Teile für Beleuchtungskörper	9405 9
Teile von Bekleidungszubehör	6117 90
Teile von Bekleidungszubehör	6217 90
Teile von Kleidung	6117 90
Teile von Kleidung	6217 90
Teilkettbäume	8448 49
Teilköpfe für Werkzeugmaschinen	8466 30
Telefaxgeräte	8443 3
Telefonanrufbeantworter	8519 81
Telegrafiegeräte	8517
Teleskopantennen für Kraftfahrzeuge	8529 10
Teleskope optische	9005 80
Teller aus Pappe	4823 69
Tellerfedern aus Stahl	7320 90
Tellur	2804 50
Temazepam (INN)	2933 91
Temperaturregelventile	8481 80
Temperiermaschinen für Schokolade	8419 89
Tennisbälle	9506 61
Tennisschläger	9506 51
Tennisschuhe Oberteil Spinnstoff	6404 11
Teppiche aus Spinnstoffen	57
Terephthalsäure	2917 36
Terpenalkohole acyclisch	2905 22
Terphenyle	2902 90
Terpineole	2906 19
Terrassenschirme	6601 10
Testbenzin	2710 12
Testliner	4805
Testosteron	2937 29
Tête de Moine	0406
Tetrabromcyclooctane	2903 89
Tetrachlorethylen	2903 23
Tetrachlorkohlenstoff	2903 14
Tetrachlorphthalsäureanhydrid	2917 39
Tetrachlorpyridin	2933 39
Tetracycline	2941 30
Tetracycline dosierte Arzneiwaren	3004 20
Tetracycline undosierte Arzneiwaren	3003 20
Tetraethylblei	2931 10
Tetrahydrocannabinole	2932 95

Ultraschallwerkzeugmaschinen	8456 20
Ultraviolettbestrahlungsgeräte	8543 70
Ultraviolettbestrahlungsgeräte	9018 20
Ultraviolettlampen	8539 49
Umdruckpapier	4809 90
Umformer elektrische rotierend	8502 40
Umhänge aus Geweben für Frauen	6202 1
Umhänge aus Geweben für Männer	6201 1
Umhänge aus Gewirken für Frauen	6102
Umhänge aus Gewirken für Männer	6101
Umlaufbeschleuniger für Heizung	8413 70
Umschlagtücher aus Geweben	6214
Umschlagtücher aus Gewirken	6117 10
Umspinnungsgarn aus synth. Filamenten	5401 10
Undecensäure	2916 19
ungenießbare Ölmischungen pflanzlich/tierisch	1518 00
Uniformmützen mit Schirm	6505 00
Uniformmützen ohne Schirm	6505 00
Universalbagger	8429 52
Universalküchenmaschinen elektrisch	8509 40
Universalmotoren elektrische	8501
Untergestelle für Schienenfahrzeuge	8607 99
Unterhaltungsartikel	9505
Unterhemden aus Geweben für Frauen	6208 9
Unterhemden aus Geweben für Männer	6207 9
Unterhemden aus Gewirken	6109
Unterhosen aus Geweben für Frauen	6208 9
Unterhosen aus Geweben für Männer	6207 1
Unterhosen aus Gewirken für Frauen	6108 2
Unterhosen aus Gewirken für Männer	6107 1
Unterkleider aus Gewirken für Frauen	6108 1
Unterkleidung aus Geweben für Frauen	6208
Unterkleidung aus Geweben für Männer	6207
Unterkleidung aus Gewirken für Männer	6107
Unterlagsplatten aus Stahl für Bahnbau	7302 40
Unterlegscheiben aus Aluminium	7616 10
Unterlegscheiben aus Filz	5911 90
Unterlegscheiben aus Kupfer	7415 21
Unterlegscheiben aus Nickel	7508 90
Unterlegscheiben aus Stahl	7318 22
Unterrichtsmodelle	9023 00
Unterröcke aus Geweben für Frauen	6208 1
Unterröcke aus Gewirken für Frauen	6108 1
Untersuchungsstühle	9402 90
Untersuchungstische	9402 90
Untersuchungstische für Röntgenapparate	9022 90
Unterwasserkameras	9006 30
Unterziehpullis aus Gewirken	6110
Uran abgereichert	2844 30
Uran angereichert	2844 20
Uran natürlich	2844 10
Uran, abgereichertes U 235	2844 30
Uranerze	2612 10
Uranplutoniumgemische	2844 20
Uran-Thorianit	2612 20
Uranverbindungen abgereichert	2844 30
Uranverbindungen angereichert	2844 20
Uranverbindungen nicht angereichert	2844 10
Uranverbindungen, abgereichert U 235	2844 30
Uranverbindungen, angereichertes U 235	2844 20
Ureine	2924 21
Urinierbecken aus Keramik	6910
USB-Sticks Aufzeichnungsträger	8523 5
USB-Sticks WLAN	8517

V

Vaccine für Humanmedizin	3002 41
Vaccine für Veterinärmedizin	3002 42
Vacherin Mont d'Or	0406
Vachetten Rindleder zugerichtet	4107
Vakuumaufdampfapparate	8419 89
Vakuumformmaschinen für Kunststoff	8477 40
Vakuumisolierbehälter	9617 00
Vakuumisolierflaschen	9617 00
Vakuumpumpen	8414 10
Vakuumröhren	8540 89
Valeriansäure	2915 60
Valoneaauszug	3201 90
Vanadate	2841 90
Vanadium Rohformen	8112 92
Vanadium Schrott	8112 92
Vanadium verarbeitet	8112 99
Vanadiumcarbid	8112 99
Vanadiumerze	2615 90
Vanadiumhydroxide	2825 30
Vanadiumoxide	2825 30
Vanille	0905
Vanille-Oleoresin	1302 19
Vanillezucker	1701 91
Vanillin	2912 41
Vanillinzucker	1701 91
Vaselin	2712 10
Ventilatoren	8414
Ventile	8481
Venturimesser	9026 10
Verbandmull	3005 90
Verbandmull aus Baumwolle	5208
Verbandzeug	3005
Verbindungselemente elektrisch	8535
Verbindungselemente elektrisch	8536
Verbrennungsmotoren	8408
Verbrennungsmotoren	8407
Verbundglas	7007
Verbundlampen	8539 3
Verdampfer für Kältemaschinen	8418 99
Verdampfer nicht für Kältemaschinen	8419
Verdichter	8414
Verdickungsstoffe von Pflanzen	1302 3
Verdrängerkompressoren	8414 80
Verdünnungsmittelgemisch für Lacke	3814 00
Verdunstungsluftkühler	8479 60
Vergnügungsboote	8903
Vergnügungspark-Fahrgeschäfte	9508
Vergoldepressen für Buchbinderei	8440 10

Waschmaschinen für Wäsche	8450
Waschmittel für Haushalt	3402
Waschvollautomaten	8450 11
Wasser	2201
Wasser destilliertes	2853 90
Wasser mit Zusatz	2202
Wasser schweres	2845 10
Wasserbahnen	9508 25
Wasserbombenwerfer	9301 20
Wasserdampfturbinen	8406
Wasserfahrzeuge zum Abwracken	8908 00
Wasserfässer aus Stahlblech 50 - 300l	7310 10
Wassergas	2705 00
Wasserkalk	2522 30
Wasserkraftmaschinen	8412 2
Wassermelonen	0807 11
Wasserparkattraktionen	9508
Wasserpigmentfarben	3210 00
Wasserräder	8410
Wasserreinigungsapparate	8421 21
Wasserrohrkessel	8402 1
Wasserrückkühlvorrichtungen	8419 89
Wasserrückstoßmotoren	8412 29
Wasserschutzmittel für Bautenschutz	3824 99
Wasserski	9506 29
Wassersportgeräte	9506 29
Wasserstoff	2804 10
Wasserstoff Deuteriumhaltig	2845 90
Wasserstoff, an Deuterium angereichert	2845 90
Wasserstoffperoxid	2847 00
Wasserstrahlreinigungsapparate	8424 30
Wasserstrahlschneidemaschinen	8456 50
Wassertiere wirbellose	0307
Wasserturbinen	8410
Wasserwaagen	9031 80
Wasserzähler	9028 20
Watte aus Spinnstoffen	5601 2
Watte medizinisch	3005 90
Wattepads aus Vliesstoffen, konfekt	6307 90
Watterollen	5601 2
Wattestäbchen aus Spinnstoffen	5601 2
Wattetupfer medizinisch	3005 90
Wattewaren aus Spinnstoffen	5601 2
Webeblätter	8448 42
Weberkarden zu Bindezwecken	0604
Weblitzen	8448 42
Webmaschinen	8446
Webschäfte	8448 42
Webschützen	8448 49
Webschützenwechsler	8448 19
Webspitzen aus Spinnstoffen	5804 2
Webteppiche	5702
Wechselgetriebe für Maschinen	8483 40
Wechselrichter	8504 40
Wechselstromgeneratoren	8501 6
Wechselstrommotoren	8501
Wechselstromzähler	9028 30

Weckeruhren	9105 1
Wegwerffotoapparate	9006 53
Wehre aus Stahl	7308 90
Weichenmaterial aus Stahl für Bahnbau	7302 30
Weichenzungen aus Stahl für Bahnbau	7302 30
Weichkaramellen mit Kakao	1806 90
Weichkaramellen ohne Kakao	1704 90
Weichkautschukwaren	40
Weichmacher zubereitet für Kautschuk	3812 20
Weichmacher zubereitet für Kunststoff	3812 20
Weichtiere genießbar	0307
Weichtiere ungenießbar	0511 91
Weichtiere Zubereitungen	1605
Weichtierextrakte	1603 00
Weichtiermehl ungenießbar	2301 20
Weichweizen	1001 91
Weidelgrassamen	1209 25
Weihnachtsartikel	9505 10
Weihnachtsbaumbeleuchtung elektrisch	9405 3
Weihnachtsbäume bewurzelt	0602 90
Weihnachtsbäume künstlich	9505 10
Weihnachtsbäume unbewurzelt	0604 20
Weihnachtskarten	4909 00
Wein	2204
Wein aromatisiert	2205
Weinbrand	2208 20
Weinessig	2209 00
Weinsäure	2918 12
Weinstein roh	2307 00
Weintrauben	0806
Weintrauben	2008 99
Weintrub	2307 00
Weißband	7212
Weißbleche	7210
Weißkleesamen	1209 22
Weißkohl	0704 90
Weißwein	2204 2
Weizen	1001
Weizenflocken	1104 19
Weizengrieß	1103 11
Weizenkeime	1104 30
Weizenkleber	1109 00
Weizenmehl	1101 00
Weizenpellets	1103 20
Weizenschrot	1104 29
Weizenstärke	1108 11
Wellbleche aus nicht legiertem Stahl verzinkt	7210
Wellen biegsame mit Anschlussstück	8483 10
Wellen für Maschinen	8483 10
Wellenkupplungen für Maschinen	8483 60
Wellpapier	4808 10
Wellpappe	4808 10
Wellpappenrohpapier	4804
Wellpappenrohpapier	4805
Wellplatten aus Asbestzement	6811 40
Wellplatten aus Cellulosezement	6811 81
Wellplatten aus Polyester	3921 90

Wender für Walzwerke	8428 90
Wendeschneidplatten Cermets	8209 00
Wensleydale Käse	0406
Werbedrucke	4911 10
Werbeschriften	4911 10
Werg aus Flachs	5301 30
Werg aus Hanf	5302 90
Werg aus Jute	5303 90
Werg aus Manilahanf	5305
Werg aus Ramie	5305
Werkblei	7801 99
Werkplatten für Uhren	9114 40
Werkstattmaßstäbe	9017 80
Werkstattmöbel aus Holz	9403 60
Werkstattmöbel aus Metall	9403 20
Werksteine bearbeitet	6802
Werkstückhalter für Werkzeugmaschinen	8466 20
Werkzeuge aus Holz	4417 00
Werkzeugfassungen aus Holz	4417 00
Werkzeugfräsmaschinen	8459 6
Werkzeuggriffe aus Holz	4417 00
Werkzeughalter für Werkzeugmaschinen	8466 10
Werkzeugmaschinen für Holz/Kunststoff	8465
Werkzeugmaschinen für Metall	8457
Werkzeugmaschinen für Metall	8458
Werkzeugmaschinen für Metall	8459
Werkzeugmaschinen für Metall	8460
Werkzeugmaschinen für Metall	8461
Werkzeugmaschinen für Metall	8462
Werkzeugmaschinen für Metall	8463
Werkzeugmaschinen für Mineralstoffe	8464
Werkzeugmaschinen mit Laserstrahl arb	8456
Werkzeugstiele aus Holz	4417 00
Werkzeugtaschen leer	4202 9
Wermutwein	2205
Wertpapiere	4907 00
Westen aus Gewirken/Gestricken	6110
Wetzsteine	6804
Whisky	2208 30
White Spirit	2710 12
Whitecoats roh	4301
Whitecoats zugerichtet	4302
Wickeldrähte isolierte	8544 1
Wickelmaschinen für Bürsten/Pinsel	8479 89
Wickelmaschinen für Spinnstoffe	8445 40
Wicken zu Futterzwecken	1214 90
Wickensamen	1209 29
Widerstandsöfen	8514 19
Widerstandsschweißmaschinen	8515
Wiegemesser	8214 90
Wiesenlieschgrassamen	1209 29
Wiesenrispengrassamen	1209 24
Wiesenschwingelsamen	1209 23
Wiesenwalzen	8432 80
Wildbret Zubereitungen	1602 90
Wildfleisch	0208
Wildgeflügelfleisch	0208 90
Wildkatzenfelle roh	4301
Wildkatzenfelle zugerichtet	4302
Wilkings	2008 30
Wimpernbürstchen	9603 29
Windeisen	8205 10
Windeleinlagen aus Zellstoff	9619 00
Windeln aus Papier/Zellstoff	9619 00
Windeln aus Spinnstoffen	9619
Winden	8425
Windjacken aus Geweben für Frauen	6202 9
Windjacken aus Geweben für Männer	6201 9
Windjacken aus Gewirken für Frauen	6102
Windjacken aus Gewirken für Männer	6101
Windsurfer	9506 21
Winkelmesser Zeicheninstrument	9017 20
Winkelschleifer elektrisch handgeführt	8467 29
Wirkmaschinen	8447
Wirsingkohl	0704 90
Wischer aus Kautschuk	9603 90
Wischtücher aus Spinnstoffen	6307 10
Witherit	2511 20
Witloof-Chicoree	0705 21
Wittling Blauer	0302 56
Wittling Blauer	0303 68
Wittling Blauer	0304
Wittling Blauer	0305
Wobbelsender	8543 20
Wochenschaufilme Positiv	3706 90
Wodka	2208 60
Wohnanhänger für Kraftfahrzeuge	8716 10
Wohnmobile	8703
Wohnzimmermöbel aus Holz	9403 60
Wolfram Rohformen	8101 94
Wolframate	2841 80
Wolframcarbid	2849 90
Wolframerze	2611 00
Wolfram-Halogen-Glühlampen	8539 21
Wolframhydroxide	2825 90
Wolframoxide	2825 90
Wolfsbarsche	0302 84
Wolfsbarsche	0303 84
Wolfsbarsche	0302 84
Wolfsbarsche	0303 84
Wolfsbarsche	0304
Wolfsbarsche	0305
Wollabfälle	5103 20
Wolle fabrikgewaschen	5101 2
Wolle für Haarersatz zugerichtet	6703 00
Wolle gekämmt	5105 2
Wolle gekrempelt	5105 10
Wolle roh	5101 1
Wolle rückengewaschen	5101 1
Wollfett	1505
Wollhaarfilzhüte	65
Wollkämmlinge	5103 10
Wörterbücher	4901 91
Wörterbuchgeräte	8543 70

Länderverzeichnis für die Außenhandelsstatistik

Das nachstehende Länderverzeichnis für die Außenhandelsstatistik gibt den seit Januar 2021 gültigen Stand wieder und dient nur statistischen Zwecken. Aus den Bezeichnungen kann keine Bestätigung oder Anerkennung des politischen Status eines Landes oder der Grenzen seines Gebietes abgeleitet werden.

Aktuelle Informationen siehe unter: www.destatis.de/laenderverzeichnis.

Afghanistan	AF
Ägypten	EG
Albanien	AL
Algerien	DZ
Amerikanische Jungferninseln	VI
Amerikanische Überseeinseln, kleinere	UM
Amerikanisch-Samoa	AS
Andorra	AD
Angola	AO
Anguilla	AI
Antarktis	AQ
Antigua und Barbuda	AG
Äquatorialguinea	GQ
Argentinien	AR
Armenien	AM
Aruba	AW
Aserbaidschan	AZ
Äthiopien	ET
Australien	AU
Bahamas	BS
Bahrain	BH
Bangladesch	BD
Barbados	BB
Belarus	BY
Belgien	BE
Belize	BZ
Benin	BJ
Bermuda	BM
Besetzte palästinensische Gebiete	PS
Bhutan	BT
Bolivien, Plurinationaler Staat	BO
Bonaire, Sint Eustatius und Saba	BQ
Bosnien und Herzegowina	BA
Botsuana	BW
Bouvetinsel	BV
Brasilien	BR
Britische Jungferninseln	VG
Britisches Territorium im Indischen Ozean	IO
Brunei Darussalam	BN
Bulgarien	BG
Burkina Faso	BF
Burundi	BI
Cabo Verde	CV
Ceuta	XC
Chile	CL
China	CN
Cookinseln	CK
Costa Rica	CR
Côte d'Ivoire	CI
Curaçao	CW
Dänemark	DK
Deutschland	DE
Dominica	DM
Dominikanische Republik	DO
Dschibuti	DJ
Ecuador	EC
El Salvador	SV
Eritrea	ER
Estland	EE
Eswatini	SZ
Falklandinseln	FK
Färöer	FO
Fidschi	FJ
Finnland	FI
Föderierte Staaten von Mikronesien	FM
Frankreich	FR
Französische Südgebiete	TF
Französisch-Polynesien	PF
Gabun	GA
Gambia	GM
Georgien	GE
Ghana	GH
Gibraltar	GI
Grenada	GD
Griechenland	GR
Grönland	GL
Guam	GU
Guatemala	GT
Guinea	GN
Guinea-Bissau	GW

Guyana	GY	Macau	MO
Haiti	HT	Madagaskar	MG
Heard und die McDonaldinseln	HM	Malawi	MW
Heiliger Stuhl (Vatikanstadt)	VA	Malaysia	MY
Honduras	HN	Malediven	MV
Hongkong	HK	Mali	ML
Indien	IN	Malta	MT
Indonesien	ID	Marokko	MA
Irak	IQ	Marshallinseln	MH
Iran, Islamische Republik	IR	Mauretanien	MR
Irland	IE	Mauritius	MU
Island	IS	Melilla	XL
Israel	IL	Mexiko	MX
Italien	IT	Moldau, Republik	MD
Jamaika	JM	Mongolei	MN
Japan	JP	Montenegro	ME
Jemen	YE	Montserrat	MS
Jordanien	JO	Mosambik	MZ
Kaimaninseln	KY	Myanmar	MM
Kambodscha	KH	Namibia	NA
Kamerun	CM	Nauru	NR
Kanada	CA	Nepal	NP
Kasachstan	KZ	Neukaledonien	NC
Katar	QA	Neuseeland	NZ
Kenia	KE	Nicaragua	NI
Kirgisistan	KG	Niederlande	NL
Kiribati	KI	Niger	NE
Kokosinseln (Keelinginseln)	CC	Nigeria	NG
Kolumbien	CO	Niue	NU
Komoren	KM	Nordirland	XI
Kongo	CG	Nördliche Marianen	MP
Kongo, demokratische Republik	CD	Nordmazedonien	MK
Korea, demokratische Volksrepublik	KP	Norfolkinsel	NF
Korea, Republik	KR	Norwegen	NO
Kosovo	XK	Oman	OM
Kroatien	HR	Österreich	AT
Kuba	CU	Pakistan	PK
Kuwait	KW	Palau	PW
Laos, demokratische Volksrepublik	LA	Panama	PA
Lesotho	LS	Papua-Neuguinea	PG
Lettland	LV	Paraguay	PY
Libanon	LB	Peru	PE
Liberia	LR	Philippinen	PH
Libyen	LY	Pitcairn	PN
Liechtenstein	LI	Polen	PL
Litauen	LT	Portugal	PT
Luxemburg	LU	Ruanda	RW

Rumänien	RO
Russische Föderation	RU
Salomonen	SB
Sambia	ZM
Samoa	WS
San Marino	SM
São Tomé und Príncipe	ST
Saudi-Arabien	SA
Schweden	SE
Schweiz	CH
Senegal	SN
Serbien	XS
Seychellen	SC
Sierra Leone	SL
Simbabwe	ZW
Singapur	SG
Sint Maarten (niederländischer Teil)	SX
Slowakei	SK
Slowenien	SI
Somalia	SO
Spanien	ES
Sri Lanka	LK
St. Barthélemy	BL
St. Helena, Ascension und Tristan da Cunha	SH
St. Kitts und Nevis	KN
St. Lucia	LC
St. Pierre und Miquelon	PM
St. Vincent und die Grenadinen	VC
Südafrika	ZA
Sudan	SD
Südgeorgien und die Südlichen Sandwichinseln	GS
Südsudan	SS
Suriname	SR
Syrien, Arabische Republik	SY
Tadschikistan	TJ
Taiwan	TW
Tansania, Vereinigte Republik	TZ
Thailand	TH
Timor-Leste	TL
Togo	TG
Tokelau	TK
Tonga	TO
Trinidad und Tobago	TT
Tschad	TD
Tschechien	CZ
Tunesien	TN
Türkei	TR
Turkmenistan	TM
Turks- und Caicosinseln	TC
Tuvalu	TV
Uganda	UG
Ukraine	UA
Ungarn	HU
Uruguay	UY
Usbekistan	UZ
Vanuatu	VU
Venezuela, Bolivarische Republik	VE
Vereinigte Arabische Emirate	AE
Vereinigte Staaten	US
Vereinigtes Königreich	GB
Vereinigtes Königreich (ohne Nordirland)	XU
Vietnam	VN
Wallis und Futuna	WF
Weihnachtsinsel	CX
Westsahara	EH
Zentralafrikanische Republik	CF
Zypern	CY

Länder der Bundesrepublik Deutschland

01 Schleswig–Holstein	09 Bayern
02 Hamburg	10 Saarland
03 Niedersachsen	11 Berlin
04 Bremen	12 Brandenburg
05 Nordrhein-Westfalen	13 Mecklenburg-Vorpommern
06 Hessen	14 Sachsen
07 Rheinland-Pfalz	15 Sachsen-Anhalt
08 Baden-Württemberg	16 Thüringen